사회심리학

홍 대 식 편저

博 英 社

서 문

사회심리학은 인간의 사회적 행동을 탐구하는 과학이다. 인간의 정치, 경제, 사회, 문화 등의 제반 현상들의 대부분이 인간의 사회적 행동에 기반을 둔다고 전제할 때, 사회심리학은 이러한 제반 현상들을 이해하는 데에 필수적인 학문이라고 할 수 있을 것이다. 따라서 이 학문의 발전은 인간 이해와 아울러 인접 사회과학들의 발전에 도움이 될 뿐만 아니라, 우리 사회의 발전과 복지에도 크게 기여할 것으로 사료된다.

본인은 우리 나라에서 이 분야를 소개하고 강의에 도움을 주고자 Freedman, Carlsmith 및 Sears(4판, 1981)와 그 후의 개정판을 번역한 바 있다. 그 후에 이 분야는 눈부시게 발전해 왔으며, 몇 개의 우수한 교과서들이 출간되어 왔다. 그리하여, 이번에는 몇 개의 교과서들을 기본으로 해서 편집의 형태로 책을 마련하게 되었다. 이는 출간된 몇 개의 사회심리학 교과서들이 모두 우수하고 독특한 특징들을 갖고 있지만, 각각이 특정 주제들에 따라 내용의 포괄성이나 제시의 간명성에서 보다 더 훌륭하다고 판단되었기 때문이다.

본서에서 참고된 책들은 Sears, Peplau 및 Taylor(1991), Worchel, Cooper 및 Goethals(1991), Baron과 Byrne(1991), Brigham(1991), Deaux와 Wrightsman(1988) 등의 사회심리학 교과서들이다. 본서에서는 이들의 교과서들에서 본인의 주관으로 가장 적절하게 제시하고 있다고 판단되는 주제들을 번역하거나 통합시켜서 포함시켰다. 따라서 본서에 포함된 내용들은 상기의 각 책들보다 더 많게 되었다.

본서의 내용목차에서 보이는 바와 같이, 본서는 19개의 장으로 구성되었다. 따라서 지금까지 나온 교과서들보다 더 광범하고 자세한 주제들이 취급되었다. 그리고 장에 따라서 어떤 장들은 너무 상세하게 취급되고 너무 많은 내용들이 포함된 느낌도 든다. 실제의 강의에서는 본서의 전체 내용들이나 각 장의 내용들을 모두 취급할 시간이 부족할 수 있다. 강의자들은 전체의 장들에서 적절하다고 판단되는 것들을 선택해서, 그리고 각 장에서도 보다 더 중요하다고 판단되는 것들을 중심으로 강의를 설계하는 것이 좋을 것으로 사료된다.

끝으로, 본인이 이 분야에서 작은 일이나마 할 수 있도록 지도 편달해 주신 여러 은사님들께 감사드리며, 특히 개인적 및 학문적으로 지도해 주신 정양은 교수님께 이 자리를 빌어 감사드린다. 그리고 본인의 공부를 격려해 주시고 도와 주신 선배님들, 동학들 그리고 사회심리분과학회의 회원들 여러분께 진심으로 감사드린다. 또한 본서의 출간을 허락해 주신 (주)청암미디어(구 양영각)의 안종만 사장님께 감사드리며, 본서의 출간을 지도해 주시고 직접 담당해서 수고를 아끼지 않으신 권덕현 이사님, 김영공 선생, 이지홍 선생 그리고 관계 제작진 여러분께 진심으로 감사드린다.

아무쪼록 본서가 우리 나라에서의 사회심리학의 소개와 강의에 미력이나마 보탬이 되기를 바라며, 나아가서 이 분야의 발전에 기여하기를 간절히 바란다.

1994년 1월 27일
편저자 씀

목 차

제4장 귀 인

제 12 장 갈등의 심화와 해결

제 6 부
집단내 행동

제 13 장 사회적 영향

제 14 장 집 단 역 학

제 7 부

사회심리학의 응용

제 16 장 정치심리학

제 19 장 보건심리학

제 1 부

사회심리학의 개관

제 1 장

사회심리학의 본질

우리들의 인생에서 타인들은 매우 중요한 역할을 하고 있다. 여러 시점들과 상황들에서 타인들은 사랑, 칭찬, 도움과 같은 가장 만족을 주는 유쾌감들의 대부분과 아울러 비평, 괴롭힘, 배척과 같은 가장 괴로움을 주는 고통들의 대부분의 근원이 되고 있다. 우리는 타인들과 상대하고, 그들에 관해서 생각하고, 그들을 이해하려고 노력하면서 상당히 많은 시간을 소비하고 있다. 시작을 위해서, 사회심리학자들에 의해서 연구되는 많은 주제들 중의 몇 개만을 예로 들어보자.

첫 인상과 지속적 대인관계　당신이 적절한 속도로 차를 몰고 학교에 가면서 라디오에서 나오는 음악을 듣고 있는 동안에, 당신은 자신의 차를 가로질러 가는 어떤 젊은 여자에 의해서 자신의 편안한 상태에 갑자기 충격을 받았다. 그녀는 새빨간 스포츠카를 제한속도보다도 상당히 더 빨리 몰고 있었다. 그녀는 길모퉁이를 끽 소리를 내면서 돌아서 멀리 사라져 버렸다. 당신은 약간 놀랐지만, 바로 자신의 경험을 되살려보았다. 당신은 설사 자신이 아주 짧은 조우를 했을 뿐인데도, 얼마나 신속하게 그녀에 대해서 강한 부정적인 감정을 갖게 되었는가를 알고서는 놀라워했다. 당신은 아마 그녀를 대학 근처의 고급주택지역에서 살고 있는 부잣집 딸로서, 버르장머리 없는 부잣집 계집애라고 신속하게 범주화했다. 당신은 또한 그녀의 행동에 관해서 신속한 판단을 하게 되었다는 것을 알았다. 즉, 당신은 그녀가 패인 길이나 다른 운전자를 피하려고 했기 때문이거나 회전할 준비가 되었기 때문이 아니라, 그녀가 일반적으로 분별없는 운전자이기 때문에 당신 앞을 가로질러 갔다고 신속한 판단을 내렸다. 우리는 흔히 극히 짧은 순간의 만남에서도 타인에 대한 분명한 인상을 형성한다.

인상형성에 관한 다른 예를 들어보자. 진영이라는 여학생은 식당에서 점심을 들면서 지난 주말에 참석했던 미팅에 관해서 생각하게 되었다. 그녀는 약 1시간 가량 만나서 이야기한 K라는 남학생에 관해서 생각하기 시작했다. 그는 매우 잘 생겼고 유머감각이 좋은 것 같았다. 그녀의 기숙사의 한방 친구의 오빠는 그와 고등학교 동창인데, 그가 좋은 학생이었고 다른 사람들이 그를 좋아했다고 말했다. 그녀는 그가 종교적인 목걸이를 걸고 있는 것을 보았고 그 종교는 그녀의 종교와는 달랐다. 그는 주말에 일찍부터 종교적 봉사활동에 참가하려고 한다고 말했고, 따라서 그는 신앙심이 있는 것같이 보이며, 그녀는 그가 전통적인 가정출신이고 그의 어머니는 요리와 청소를 천직으로 알고 있는 여자라는 것을 알았다. 그는 그녀의 어머니가 손수 큰 사업을 하고 있다는 사실에 놀라움을 표시했으며, 그녀의 아버지가 그러한 상황에 대해 어떻게 생각하는지를 알고 싶어했다. 그는 결혼한 여자가 직업을 갖는 것에 대해 회의를 표시했다. 그녀는 그에게 관심이 있었지만, 자기들이 어울리는 부부가 될 수 있는지에 대해 의심을 품었다.

도대체 신체적 매력은 좋은 관계를 맺는 데에 얼마나 중요한가? 가치관의 차이들은 어떠한가? 사회적 관계들은 항상 이와 같은 요소들을 내포하고 있다. 성공적 관계들에서 중요한 것은 무엇인가? 개인적 관계들은 시간경과에 따라 어떻게 변화되는가? 대인관계들에 관한 연구는 사회심리학의 핵심이다.

곤경에 처한 여자 : 아무도 도와 주지 않았다 1983년 3월 6일 일요일 오후 9시경에, 21세된 한 여자가 미국의 매사추세츠주의 뉴베드포드시의 공장지역 근처에 있는 어떤 바에 걸어 들어가서 한 잔 마시기 위해서 자리에 앉았다. 뒤에 그녀는 자신이 떠나려고 할 때, 어떤 남자가 출입문을 막고서 그녀를 덮쳐서 스웨터만 제외하고는 옷을 벗기면서 덤벼들었다고 진술했다. 두 명의 다른 남자들이 그녀를 쓰러뜨린 채로 강제로 구강성행위를 하려고 들었다. 그녀가 몸부림치면서 소리지르고 바에 있는 다른 손님들에게 도와 달라고 간청할 때, 그녀는 큰 테이블 위로 들리워져서는 강간을 당했다. 경찰의 말을 빌리면, "그녀는 도와 달라고 소리질렀고, 도움을 간청했고, 도움을 애원했지만, 아무도 그녀를 도와 주지 않았다." 술집지배인은 자기가 한 손님에게 동전을 주면서 경찰을 불러달라고 부탁했지만, 그 손님이 틀린 전화번호를 돌렸다고 진술했다. 아무도 그 여자를 도와 주러 가지 않았는데, 이는 습격자들 중의 한 명이 식사용 칼을 휘둘러댔기 때문이라고 술집지배인은 말했다.

그 여자는 마침내 도망쳐서 하반신이 나체인 채로 그 선술집을 뛰어나왔다. 그녀는 차를 세워서 탔고 운전사는 그녀를 공중전화가 있는 곳으로 데려다주었다. 그녀는 병원에서 치료받은 후에 퇴원했다. 그 후에 경찰은 비록 이 사건을 목격했던 사람들이 출두하지는 않았지만, 23세에서 26세 사이의 여섯 명의 남자들을 체포했다. 시민들의 압력을 받아서, 그 술집의 주인은 이틀 후에 자기의 술집 면허장을 내놓았고, 그 술집은 문을 닫게 되었다. 결국에 네 명의 남자들이 난폭한 강간을 범했고, 장기형을 선고받았다.

도움을 거절한 또 다른 널리 보도된 사건들이 있으며, 특히 또 다른 여자인 키티 제노베스의 사건이 있다. 1964년에, 그녀가 밤 늦게 직장에서 귀가하고 있었을 때, 그녀는 뉴욕주의 키우 가든스에 있는 자신의 아파트 건물 앞에서 습격을 당했고 거듭해서 칼로 찔렸다. 습격자에 대한 그녀의 30분간의 저항 동안에, 그녀는 자신이 칼에 찔렸으니 도와달라고 계속해서 비명을 질렀다. 인근의 주택과 아파트에서 살고 있었던 38명의 사람들은 그 뒤에 자기들이 그녀의 비명소리를 들었다고 말했다. 그러나 아무도 도와주러 나오거나 경찰을 부르지조차 않았다. 그들은 자기들이 관여되는 것을 원치 않았다고 말했다. 그녀가 사망한 지 20분 후까지 경찰에게 신고되지조차 않았다. 그 후 경찰은 2분 후에 도착했다. 그 후에도, 그녀의 이웃들은 병원차가 그녀의 시체를 싣고 가기 위해서 도착했을 때까지 아무도 길거리로 나오지 않았다.

왜 이들 피해자들은 아무런 도움을 받지 못했을까? 구경꾼들은 이러한 두 경우의 피해자들을 어떻게 지각했는가? 그들은 자기들 자신과 타인들의 행위에 대한 그들 자신의 책임감과 아울러 도덕성을 어떻게 지각했는가? 우리는 지진이나 홍수에 의해서 생명이 위협받는 사람들을 구하기 위해서 자원자들이 몇 시간 동안이나 지칠 줄 모르고서 일하는 사례들을 알고 있다. 또는 노상강도를 당한 사람을 돕기 위해서 자신의 생명을 무릅쓰는 사례들도 있다. 어떤 조건하에서 사람들은 타인을 도우러 다가가며, 어느 때에 그들은 곤경에 처한 것을 그저 수동적으로 보고만 있는가? 사회심리학자들은 이와 같은 의문들에 대한 답변들을 알아내는 데에 관심을 두고 있다.

아이히만의 항변: 그저 명령에 따랐을 뿐 제2차 세계대전 전에, 약 900만 명의 유태인들이 유럽에서 살았다. 유럽계의 유태인 사회는 문화적·예술적 및 지적 성취와 아울러 종교적 신앙심의 측면에서 오랜, 그리고 빛나는 전통을 가졌었다. 아돌프 히틀러와 나치당은 아리안 인종이 유태인들과 집시들과 같은 '잡종 인종들'보다 더 우수하며, 유럽은 인종적으로 순수화되어야만 될 필요가 있다고 주장하면서, 1933년에 독일에서 집권하게 되었다. 몇 년 이내에, 나치 정권은 독일에서 유태인들을 체포하고 구금하기 시작했다. 1939년경에 독일이 폴란드를 침략했을 당시에, 수십만 명이 이미 수용소에 감금되었다.

얼마 되지 않아서, 나치 간부들은 "유태인 문제에 대한 최후의 해결책"에 관한 공문을 비밀리에 하달하기 시작했다. 평생 직업관료이었던 아돌프 아이히만의 효과적인 지휘하에서, 전 유럽에서 유태인들은 체계적으로 체포되고 대부분 열차편으로 다차우와 아우슈비츠와 같은 수용소로 이송되었으며, 그 곳에서 그들은 굶어 죽었고, 가스로 죽었고, 총살당했고, 화형에 처해졌고, 집단으로 매장당했다. 1945년경에 제2차 세계대전이 끝났을 때, 약 6백만 명의 유태인들이 죽었다. 독일이 완전히 점령했던 21개의 국가들에서 전쟁 전에 살고 있었던 유태인들 중에서, 네 명 중의 세 명이 죽었다. 일본에 투하된 원자탄을 쓰더라도 그만한 숫자의 사람들을 죽이려면 100개의 도시에 원자탄이 투하되었어야만 하는 인원수이다.

아이히만은 종전 후에 아르헨티나로 도주했으며, 그 곳에서 그는 마침내 1961년에 이스라엘 수사관들에게 체포당했다. 그는 이스라엘로 송치되었으며 살인죄로 재판에 회부되었다. 그의 항변은 자기가 그저 명령에 따랐기 때문에 자신은 유태인들의 죽음에 대해서 개인적인 책임이 없다는 것이었다. 그의 주장은 거부당했고, 그는 자신의 죄값을 받고서 사형당했다. '아이히만의 항변'은 사람은 자신이 "그저 명령에 따랐을 뿐"이기 때문에 가공스런 행위를 저지르더라도 정당화될 수 있다는 주장을 대표하게끔 되었다.

유럽계 유태인 사회의 실질적 전멸이 수천 명의 보통의 독일인들, 즉 관리들, 군인들, 수위들, 의사들, 철도 근로자들, 목수들의 의식적 협조에 의해서만 수행될 수 있었다는 데 대해서는 의문의 여지가 없다. 그러한 행동들은 독일인들의 병적인 특징들에서 나

왔는가? 보다 더 끔찍스럽게도, 그것들은 권위에 대한 단순한 복종과 같은 일상의 사회적 과정들의 정상적 작용에서 나왔는가? 어떤 조건들하에서 사람들은 명령을 받게 되면 가공할 만한 행위들을 저지르게 될 것인가? 사회심리학자들에 대해서, 이러한 사건들은 권위에 대한 복종과 아울러 사람들이 자기 자신의 도덕기준들에 위배되는 명령에 따르거나 저항하게 될 조건들에 관한 기본적 의문들을 제기시킨다.

이들 예들이 시사하는 바와 같이, 사회심리학의 범위는 매우 넓다. 본서를 읽음에 있어서, 당신은 어떤 사회심리학자들은 사회적 지각들과 태도들, 즉 사람들이 서로 상대방을 어떻게 보며 다른 사람들의 행동을 어떻게 해석하며, 그들의 태도들이 어떻게 형성되고 변화되는가를 연구한다는 것을 알게 될 것이다. 다른 사회심리학자들은 교우관계와 사랑, 공격, 이타성, 동조 및 권력을 포함하는 사람들간의 여러 가지 유형의 상호작용들을 연구한다. 사회심리학자들은 또한 사람들이 집단 속에서 어떻게 행동하며, 집단이 그 멤버들에게 어떤 영향을 주는가를 연구한다. 사회심리학의 아이디어들과 방법들은 편견, 정치적 행동, 성역할들, 환경의 영향들, 신체건강의 사회적 요인들, 직장생활에서의 사람들의 행동들을 포함해서 광범하게 다양한 중요한 사회문제들과 일상적 경험들에 응용되어왔다. 이와 같은 의문들의 모두가 충분하게 답변되어 오지는 않았다. 사회심리학자들의 일은 중요한 의문들을 제기하고 나서 그 답변들을 찾아내는 것이다.

사회심리학의 정의

거의 모든 분야들에 대해서 어떤 공식적 정의를 제시하는 것은 하나의 복잡한 과제이다. 사회심리학의 경우에, 이러한 난점들은 이 분야의 커다란 다양성과 아울러 급속한 변화의 속도의 두 가지 요인들에 의해서 증가되고 있다. 그렇지만, 연구를 위해서 선택되는 주제들의 광범성에도 불구하고, 대부분의 사회심리학자들은 그들의 많은 관심을 한 가지 핵심적 과제, 즉 사회적 맥락들 속의 사람들의 행동과 사고를 이해하는 것에 집중시키고 있는 것 같다. 간단히 말해서, 사회심리학자들은 타인들이 포함된 상황들에서 사람들이 어떻게 그리고 왜 행동하고, 사고하고 느끼는가를 이해하는 것에 주로 관계하고 있다(이와 같은 측면에서, Allport. G., 1985는 사회심리학을 "개인들의 사고, 감정 및 행동이 실제적이거나 상상적이거나 은연적인 타인들의 존재에 의해서 어떻게 영향받고 있는가를 이해하고 설명하려는 학문으로 정의했다). 이러한 핵심적 초점을 고려하면서, 사회심리학에 대한 우리의 작업상의 정의는 다음과 같다: 사회심리학은 사회적 상황들 속에서의 개인의 행동의 본질과 원인들을 이해하고자 하는 과학이다. 다시 말해서, 사회심리학은 우리가 타인들에 관해서 어떻게 생각하고 상호작용하는가를 이해하고자 한다. 우리는 이제 이러한 정의의 몇 가지 측면들과 함축들을 명료화시킬 것이다.

과학적 성질을 갖고 있는 사회심리학

많은 사람들의 머리 속에서, 과학이라는 용어는 주로(또는 심지어 전적으로) 화학, 물리학 및 생물학과 같은 특수분야들을 일컫는다. 물론, 그러한 사람들은 사회심리학이 또한 과학적인 것이라는 우리의 제안에 대해서 다소 당황할 것이다. 사랑의 본질, 갈등과 공격의 원인들 그리고 이와 비슷한 기타의 모든 것들을 연구하고자 하는 분야가 어떻게 핵물리학이나 생화학과 동일한 의미에서 과학이 될 수 있겠는가? 그 답변은 놀라울 정도로 간단하다. 실제에 있어서, 과학이라는 용어는 매우 발전된 일군의 분야들을 일컫는 것은 아니다. 오히려, 이것은 일조의 일반적 방법들, 즉 광범한 주제들을 연구하기 위해서 사용될 수 있는 기법들을 일컫는다. 따라서 어떤 분야가 과학인지 아닌지를 결정함에 있어서 결정적 질문은 그것이 그러한 절차들을 사용하고 있는가 이다. 만일 그렇다면, 그 분야는 과학적 관점이나 자세를 갖고 있는 것으로서 간주될 수 있다. 만일 그렇지 못하다면, 그 분야는 과학의 분야의 밖에 해당되는 것으로 간주될 수 있다.

이러한 기법들과 절차들의 내용은 무엇인가? 우리는 본장의 뒷 절에서 이것들을 자세하게 논의할 것이다. 현재로서, 우리는 단지 이것들이 관심을 두고 있는 여러 현상들에 관한 체계적 정보를 수집하는 노력들과 아울러 회의적 태도, 즉 자연계에 관한 모든 사실들과 주장들은 그것들이 정확한 것이라고 수용되기 이전에 검증되고, 재검증되고 또 다시 검증되어야만 된다는 것을 주로 포함하고 있다고 지적할 것이다. 이와 같은 접근을 일반적으로 과학이라고 간주되지 않는 여러 분야들(예 : 점성술, 점치기, 관상술)에서 사용되는 방법들과 비교해 보라. 쉽게 이해될 수 있는 바와 같이, 이 둘 사이의 접근들과 방법들은 큰 차이가 있다.

그렇다면, 사회심리학은 과학적인 것인가? 우리의 답변은 확실히 그렇다는 것이다. 비록 사회심리학자들이 연구하는 주제들이 오랜 전통을 갖고 있고 더 잘 확립되어 있는 분야들에 포함된 주제들과는 확실히 매우 다를지라도, 그들이 사용하는 방법들은 그 성질과 자세에 있어서 매우 비슷하다. 이러한 이유로, 사회심리학을 본질상 기본적으로 과학적이라고 기술하는 것은 매우 사리에 맞는다.

개인의 행동에 초점을 두고 있는 사회심리학

여러 사회들은 그들의 사고의 전반적인 완고성의 정도에서 큰 차이가 있지만, 특수한 집단들에 관한 고정관념을 갖고 있고, 그들에 대해서 부정적 감정들을 느끼고 있고, 그들을 자기들의 이웃이나 직장이나 학교로부터 추방하려고 드는 개인들로 구성되어 있다. 이와 비슷하게 타인들에게 도움을 주고, 폭력행위를 저지르고, 사랑하거나 싫어하는 것은 특정의 개인들이다. 간단히 말해서, 사회적 행동과 사회적 사고는 집단들이 아니라 전적으로 개인들에 달려 있다. 따라서, 사회심리학자들은 그들의 관심의 대부분을 사회적 상황들 속에서의 개인들의 행동들과 사고들에 두기로 작정해왔다. 물론, 그들은 그러한 행동이 사회문화적 요인들(예 : 어떤 특정 사회의 규범들과 가치들)의 배경 속에서 항상 일어난다는 것을 인식하고 있다. 그러나 그들의 주요 관심은 사회적 상황들 내에서의 개인의 행동들과 사고들을 형성시키는 요인들을 이해하는 데에 있다.

사회적 행동과 사고의 원인들을 이해하고자 하는 사회심리학

어떤 의미에서, 이 절의 제목은 우리의 정의의 가장 핵심적 측면을 진술하고 있다. 즉, 이것은 우리의 분야의 본질 자체를 규정하고 있다. 이것은 사회심리학자들이 타인들과 관련해서 개인들의 사회적 행동과 사고, 즉 그들의 행위들, 감정들, 생각들이나 신념들 및 기억들을 형성시키는 광범한 조건들을 이해하는 것에 주로 관계하고 있다는 것을 의미한다. 간단히 말해서, 우리의 사회적 행동과 사고를 형성시키는 많은 요인들을 규명하는 과제는 복잡하다. 개인의 행동과 사고에는 너무 많은 변인들이 작용하고 있으므로, 사회심리학자들은 실제로 이것들에 적합하게 대응하고 있다. 그러나, 사회적 반응들에 영향을 주는 특수한 요인들의 수가 크기는 하지만, 그 대부분은 다음의 네 가지 범주들에 해당된다: 즉, ① 타인들의 행동과 특징들, ② 사회적 인지, 타인들에 관한 우리의 사고들, 생각들, 신념들 및 판단들의 배후에 있는 기억과 추론과 같은 기본적 인지과정들, ③ 생태학적 변인들(물리적 환경의 직접적 및 간접적 영향들) 및 ④ 사회적 행동과 사고가 일어나는 문화적 맥락과 사회적 행동에 관련된 우리의 본성의 생물학적 측면들이다. 아마 이들 각각의 범주에 대한 간략한 설명이 이것들의 근본적 성질을 명료화시키는 데에 도움이 될 것이다.

타인들의 행동들과 특징들 다음과 같은 일들을 생각해 보자:

- 당신은 어떤 파티에서 당신을 유혹하는 것으로만 해석될 수 있는 시선을 당신에게 보내고 있는 잘 생긴 이성을 목격한다.
- 다른 운전자가 교통혼잡 속에서 몰염치하게 당신의 차 앞으로 무리하게 끼어든다.
- 당신이 백화점에서 긴 줄 속에 서서 기다리는데, 당신 차례에 점원이 갑자기 전등을 끄면서 "판매 끝"이라는 안내판을 당신 앞에 내세운다.

타인들에 의한 이러한 행위들은 당신의 행동과 사고에 영향을 줄 것인가? 분명히 그렇다. 이것들의 모두는 우리가 타인들의 행위에 의해서 얼마나 자주 그리고 얼마나 강하게 영향받는가를 예시해 준다.

이제, 당신이 이전에 못생긴 사람들보다도 잘생긴 사람들에 대해서 달리 반응한 일이 있었는가를 솔직하게 대답해 보라. 젊은이들보다도 늙은이들에게는 달리 행동했는가? 당신 자신과 인종이 다른 사람들에게는 어떻게 행동했는가? 또 다시 당신의 답변은 우리가 흔히 타인들의 외면적 특징들에 의해서 강하게 영향받기 때문에 아마 그럴 것이다라는 것일 것이다. 이와 같은 요인들도 또한 흔히 사회적 행동과 사고에서 중요한 역할을 한다.

인지과정들 이번에는 당신이 한 동료직원을 위한 추천서를 써달라는 요청을 받은 상황을 가정해 보자: 당신은 이 사람에 관해서 무엇을 기억하는가? 당신은 자신이 기억하는 정보들을 이 사람에 관한 판단들을 수행하기 위해서 어떻게 종합하는가? 이 예는 우리가 타인들에 관해서 어떻게 생각하는가를 이해하기 위해서 그러한 사고들, 추론들 및 판단들의 배후에 있는 기본적 인지과정들에 초점을 두는 것이 흔히 필요하다는 것을 예시해 준다. 간단히 말해서, 우리는 인간의 사회적 행동의 많은 측면들을 이해하기 위한 우리의 노력에서 기억, 우리의 정보처리능력들 및 추론들과 판단들을 왜곡시킬 수 있는 다양한 오류원들을 주의깊게 고려해야만 된다(Wyer와 Srull, 1986).

생태학적 변인들 : 물리적 환경의 영향 사람들은 정말로 어떤 TV 드라마에서 보여주었던 바와 같이 다른 날보다도 음력 보름날 밤에 야수적이고 충동적인 행동을 하는 경향이 더 많은가(하나의 입증되지 못한 제안임 : Rotton과 Kelly, 1985)? 우리는 기후가 시원하고 안락할 때보다도 무덥고 습기가 많을 때에 더 많이 화를 내고 공공연하게 공격적으로 되는가? 이와 같은 의문들은 사회적 행동에 대한 물리적 환경의 중요한 영향에 대한 관심을 일으킨다. 연구의 발견들은 이러한 유형의 많은 요인들이 중요하다는 것을 나타내며(예 : 과밀, 소음 및 대기오염 : Bell, Fisher 및 Baum, 1990 참조), 따라서 이것들은 확실히 현대 사회심리학의 영역에 해당된다.

문화적 및 생물학적 요인들 끝으로, 우리는 사회적 행동이 어떤 문화적이거나 생물학적 진공 속에서 발생되지는 않는다는 점을 주목해야만 된다. 전자의 측면에서, 문화규범들(사람들이 특정의 상황들에서 어떻게 행동해야만 되는가에 관한 사회적 규칙들), 여러 집단들에 대한 소속 및 사회적 가치들의 변화와 같은 요인들이 정치적 태도들로부터 결혼상대의 선택과 원하는 자녀수에 이르는 사회적 행동과 사고의 많은 측면들에 영향을 줄 수 있다. 더욱이 이러한 요인들이 문화에 따라 크게 다를 수 있기 때문에 전세계의 사회적 행동을 연구할 경우에 이것들을 고려하는 것이 중요하다. 다음 절에서 지적되는 것처럼 문화의 영향들에 대한 관심은 현대 사회심리학의 하나의 점증하는 중요한 추세이다.

생물학적 요인들에 대해서도, 이것들이 역시 사회적 행동의 핵심적 측면들에서 한 역할을 할 수 있다는 것이 분명하다. 점증하는 증거들은 많은 우리의 선호들, 행동들 및 심지어 인지능력들이 어느 정도 우리의 생물학적 유전에 의해서 영향받고 있다는 것을 시사한다(Arvey 등 1989). 유전변인들이 사회적 행동의 어떤 측면들에서 한 역할을 한다는 사실이 결코 이러한 영향들이 지배적인 것이라거나 수정될 수 없는 것들이라는 것을 뜻하지는 않는다. 전혀 그렇지 않다. 대부분이 유전적으로 결정된 시각결함들을 지닌 사람들이라도 적절한 안경을 착용함으로써 쉽게 교정될 수도 있다. 따라서, 유전요인들이 사회적 행동의 어떤 측면들에서 한 역할을 한다고 제안하는 것은 결코 이들 행동들이 변화될 수가 없다는 것을 뜻하지는 않는다. 그렇지만, 생물학적 요인들의 영향은 이것들이 최소한 사회적 행동의 핵심적 측면들에서 중요한 역할을 하는 것 같기 때문에 간과되어서는 안된다.

사회심리학의 요약

결론적으로, 사회심리학은 주로 사회적 행동과 사회적 사고의 원인들에 대한 이해, 즉 사회적 상황들에서의 우리의 행동들, 감정들 및 사고들은 형성하는 요인들을 규명하는 것에 초점을 두고 있다. 사회심리학은 근본적으로 과학적 방법들의 사용을 통해서 그 목표를 달성하고자 하며, 사회적 행동과 사회적 사고가 광범한 요인들에 의해서 영향받고 있다는 사실에 유의한다.

본서의 나머지 부분들은 이러한 지식들을 추구하는 과정에서 사회심리학에 의해서 획득된 발견들을 요약적으로 제시한다. 이러한 정보는 매우 호기심이 가는 것이며 우리는 당신이 이것에 관심을 갖게 될 것이라고 확신한다. 그러나 이러한 정보는 놀라운 사실들로 꽉 차 있으며 사람들과 그들의 관계들에 관한 당신의 현재의 많은 생각들에 이의를 제기할 것이다. 따라서 본서를 읽고 나서 당신은 결코 이전과 매우 동일한 방식으로 사회적 관계들을 생각하지는 않게 될 것이다. 만일 당신이 이러한 변화에 가치를 두고 있고 새로운 통찰들을 얻기를 원한다면, 이하의 내용들을 주의깊게 읽어주기 바란다.

사회심리학과 다른 학문들 간의 관계

위에서 우리는 사회심리학 자체의 특징들과 연구변인들을 중심으로 사회심리학을 정의했다. 그러나 대부분의 학문들처럼 사회심리학은 많은 관련된 학문들과 연관되어 있으며, 어떤 경우에는 학문적 구분이 곤란하다. 많은 분야들이나 주제들에 대해서 사회심리학과 관련된 다른 학문들 간에는 관심과 접근이 중첩되고 있다(도 1-1 참조).

프랑스의 사회심리학자인 Moscovici(1989)는 사회심리학을 다른 학문들 사이에 존재하는 일종의 "다리"라고 특징짓고 있다. 사회심리학은 커다란 사회체제 속의 개인의 중요성을 인식하고 있고 따라서 사회학, 정치학, 인류학 및 경제학에 의지한다. 이 학문은 또한 광범위한 인간 활동들과 인간 행동에 대한 문화와 아울러 과거의 역사의 영향을 인정한다. 이러한 초점을 견지함에 있어서, 사회심리학은 철학, 역사, 예술, 음악과 엇갈리

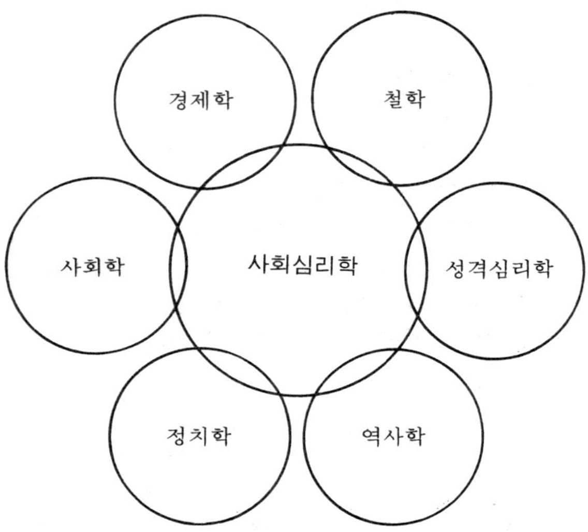

주: 이들 학문들 이외에도, 사회심리학은 기업, 교육, 건축, 의학, 법률과도 긴밀한 관계들을 발전시키고 있다.
자료원: Worchel, Cooper 및 Goethals (1991).

도 1-1. 사회심리학과 주요 인접 학문들

고 있다. 이러한 일반적 관점 이외에도, 사회심리학은 사회적 행동에 대한 인간의 내부적 활동들의 관련성을 이해하고 있다. 예컨대, 사회심리학은 어떤 무서운 사건을 겪고 난 후에 타인들과 함께 있게 되는 것이 어떻게 혈압과 심박과 같은 생리적 흥분수준들에 영향을 주는가를 질문할 수도 있다. 이와 같은 관점 때문에, 당신은 사회심리학의 연구들에 대한 본서의 기술들에서 지각, 인지 및 생리적 반응들과 같은 주제들을 발견하게 될 것이다. 따라서, 비록 사회심리학이 독자적인 흥미있고도 특유한 정체성을 갖고 있을지라도, 이 학문이 인문학들, 사회과학들 및 자연과학들과 긴밀한 관련을 갖고 있다고 보는 것이 옳을 것이다. 정말로, 우리는 본서를 읽은 후에 당신이 사회심리학에 관해서 더 많이 알려는 동기를 가질 뿐만 아니라, 또한 다른 관점들로부터 인간의 사회적 행동에 관해서 배우는 데에 더 큰 관심을 갖게 되기를 바란다.

사회심리학적 접근의 독특한 특징들 위에서 지적된 바와 같이, 다른 분야들도 또한 사회적 행동에 관한 문제들을 취급하고 있다. 사회학자들, 도시 지리학자들, 인류학자들, 경제학자들, 정치학자들 및 다른 유형의 심리학자들은 모두 사회적 행동에 관계하고 있다. 사회심리학자들의 접근에 대해서 독특한 것은 무엇인가? 가장 단순한 수준에서 다른 사회과학들의 학자들은 사회의 분석수준을 사용하는 경향이 있다. 즉, 그들은 사회적 행동을 설명하기 위해서 일반적인 사회의 요인들을 사용한다. 사람들은 계층간 갈등들, 경쟁적인 인종 집단들간의 충돌들, 어떤 특정 지역이 생산할 수 있는 곡물들, 국가의 정부기구들, 또는 경제에서의 기술변화들과 같은 경제적, 역사적 또는 사회적 압력들 때문에 그처럼 행동한다. 또 다른 극단적 수준에서, 임상 및 성격심리학자들은 개인적 분석수준을 사용한다. 즉, 그들은 행동을 설명하기 위해서 사람의 독특한 개인적 특징들을 사용한다. 특히, 그들은 우리 모두가 어떤 특정 상황에서 다소 달리 행동하는 이유를 설명하기 위해서 각 개인의 독특한 성격특성들을 사용한다.

사회심리학자들은 그 사이의 어느 곳에 있는 분석수준, 즉 이른바 대인적 수준이라는 것을 사용한다. 그들은 행동을 현재의 개인의 사회적 또는 대인적 상황의 측면에서 주로 설명한다. 그 사회적 상황에는 환경 내의 타인들, 타인들의 속성들과 행동들, 타인들이 행동하고 있는 맥락 등등이 포함된다. 예컨대, 타인의 어떤 측면들이 우리가 그 사람을 좋아하거나 싫어하게 될 여부를 결정짓는가? 신체적 매력이나 종교적 태도들이 보다 더 중요한가? 타인과 상황의 어떤 측면들이 우리로 하여금 복종할 가능성이 보다 더 많게끔 만들 것인가? 그 사람은 어떤 공식적 역할을 갖고 있어야만 되는가? 권위적 양식으로 행동해야 되는가? 어떤 사무실이나 실험실과 같은 공식적 장소에서 명령을 내려야만 되는가? 만일 복종하지 않으면, 처벌로 위협해야만 되는가? 이러한 모든 케이스들에서, 사회심리학자들은 인간 행동을 결정짓는 즉각적인 사회적 상황의 측면들을 확인하고자 한다.

이제 이러한 세 가지 수준의 설명들을 하나의 특수한 예를 들어서 비교해 보자. 우리가 폭력범죄의 근원들을 분석하는 데에 관심이 있다고 하자. 경제학자들, 정치학자들 및 사회학자들에 특유한 사회적 수준의 접근은 일반적인 사회적 설명들을 추구한다. 이들 사회과학자들은 높은 폭력범죄율들이 빈곤, 급속한 도시화 및 어떤 사회의 산업화에 연관되어 있는 경향이 있다고 지적할 수 있다. 이러한 결론에 대한 증거를 제시하기 위

사회적 수준에서, 우리는 데모 행진들이 왜 한국에서 특히 보편적인지 또는 이 데모가 왜 그 시기에 일어났는가를 물을 수 있다. 대인적 수준에서, 우리는 어떤 상황들이 이 사람들에게 데모하게끔 만들었는가를 물을 수 있다. 개인적 수준에서, 그러한 상황에서 왜 어떤 사람들은 참여했고 어떤 사람들은 참여하지 않았는가를 물을 수 있다.

해서, 그들은 다음과 같은 어떤 사실들을 지적할 수 있다. 빈곤층의 사람들이 부유층의 사람들 보다도 몇 배나 더 많은 폭력범죄들을 저지른다. 폭력범죄는 부유층 거주지역에서보다도 빈민가 지역에서 훨씬 더 보편적이다. 범죄율들은 경제적 불황 동안에 상승되고 경제적 회복기 때에는 하강된다. 이러한 설명들은 도 1-2의 오른쪽 끝에서 보이고 있는 결과들에 왼쪽 끝에 있는 대규모의 사회적 요력들을 단순하게 관련시키고 있다. 그들은 각 개인에 대해서는 전혀 관심을 두지 않거나, 각 개인의 즉각적 상황에 관심을 두지 않는다.

심리학 내의 다른 분야들이 취하는 개인적 접근은 범죄를 저지른 개인의 독특한 내력들과 특징들에서 범죄에 대한 설명을 찾는 경향이 있을 것이다. 발달, 성격 및 임상심리학자들은 어떤 개인차들이 어떤 사람들로 하여금 외관상으로는 동일한 상황들에 있는 다른 사람들(동일한 수입·연령·인종 등등을 가진 도시의 주민들)이 범죄를 저지르지 않을 때에 범죄를 저지르게끔 만드는가를 물을 수 있다. 범죄를 일으키는 개인차들을 이해하기 위해서, 그들은 개인의 배경에 초점을 둔다. 그 사람은 어떻게 양육되었는가? 그 부모들은 어떤 종류의 훈육법을 사용했는가? 그들은 자식에게 욕설을 퍼부었거나 알콜중독자이었거나 자식에게 애정이 없었는가? 아마 학대적인 부모들은 적절하게 행동하는 것을 배우지 못하거나, 세상에 대해서 분노하거나, 통상적인 문화적 가치들과 도덕들을 배우지 못하는 자녀들을 만드는 경향이 있을 것이다. 한 선의 연구는 자기 부모로부터 학대받은 아동들과 신체적 처벌을 사용하지 않았던 부모의 아동들의 범죄행동 발생을 비교할 수 있다. 그렇지 않다면, 그 연구는 비행아들과 비비행아들의 가정배경을 비교하거나, 오랜 기간 동안 큰 집단의 아동들을 추적해서 그들의 가정배경과 그들의 범죄적이거나 비범죄적 행동을 관련시켜 볼 수 있다. 도 1-2의 아래 부분은 그러한 분석들이 동일한 상황 속에 있는 사람들이 독특한 과거경험 때문에 어떻게 상이하게 행동할 수 있는가에 대해서 어떻게 초점을 두고 있는가를 보이고 있다.

이에 비해서, 사회심리학의 특수한 초점은 사람들이 즉각적인 사회적 상황들에 어떻게 반응하는가를 이해하는 것이다. 이것은 어떤 특정의 사회적 상황에서 어떤 주관적 감정들과 사고들이 생기게 되며, 그 다음에 이러한 반응들이 외현적 행동에 대해 어떻게 영향을 주는가를 고려한다. 어떤 종류의 대인적 상황들이 분노의 감정을 일으키며, 공격

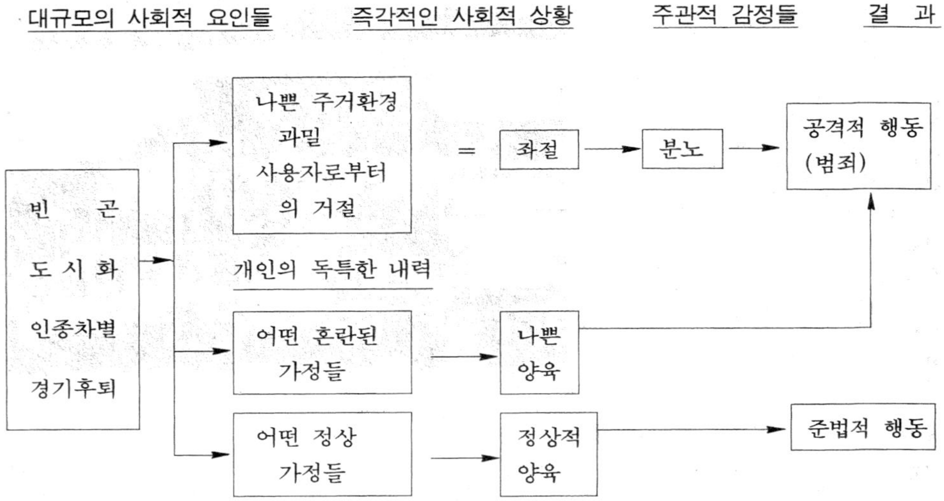

도 1-2. 공격적 범죄에 관한 세 가지 접근들의 비교

적 행동을 증가시키거나 감소시키는가?

예컨대, 사회심리학의 한 가지 기본원리는 좌절상황들이 사람들을 화나게끔 만들며, 그들이 공격행동을 하게 될 가능성이 보다 더 많게 된다는 것이다. 좌절상황들이 갖는 이러한 효과는 범죄에 대한 한 가지 설명이 된다. 이 설명은 실험실들과 아울러 외부 세상에서 검증되어 왔다. 이러한 특수한 관계는 어떤 상황에서 공격이 왜 일어나는가 뿐만 아니라 어떤 경제적 및 사회적 요인들이 왜 범죄를 일으키는가를 또한 설명할 수 있다. 예컨대, 빈곤하며 도시 빈민가에서 복작대고 사는 사람들은 좌절되어 있다. 그들은 자기가 원하는 물건을 살 수 없으며, 좋은 일자리를 구할 수 없으며, 자기가 바라는 양식으로 살 수가 없다. 한편, 이러한 좌절은 많은 범죄행동의 직접적 원인이 될 수 있다. 사회심리학적 접근은 또한 대개 대인적 상황에 의해서 유발된 어떤 주관적 감정들을 포함하고 있는데, 이 감정들은 후에 개인의 외현적 행동에 영향을 준다. 따라서 좌절-공격 가설은 범죄행동을 사회나 개인적 설명들과는 아주 다른 수준에서 설명한다. 이것은 즉각적인 사회적 상황과 이러한 상황이 많은 상이한 배경들을 지닌 사람들에게 일으키는 주관적 감정들에 초점을 둔다.

이들 접근들의 각각은 만일 우리가 복잡한 사회적 행동을 충분하게 이해하고자 한다면, 가치있고도 정말로 필수적인 것이다. 그리고 물론, 수행되어 온 연구의 종류들의 면에서 학문들간에 상당한 중첩이 있다. 요점은 범죄가 왜 일어나는가와 같은 단일한 의문은 많은 상이한 양식들로 제기되고 답변될 수 있다는 것이다. 본서는 당신에게 인간 행동에 대한 사회심리학적 조망을 소개할 것이다.

사회심리학의 역사

정확하게 언제 사회심리학이 시작되었는가? 이러한 의문은 사회적 행동에 관한 사색이 고대의 인간사회에 관한 철학적 사상들로까지 거슬러 올라가는 긴 역사를 갖고 있기 때문에 답변하기가 곤란하다(Allport, 1985). 따라서 사회심리학의 역사적 연원들에 관한 완전한 모습을 제시하고자 하는 모든 시도는 곧바로 우리에게 역사적 인물들의 성명들과 연도들에 관한 끝없는 목록들을 검토하게끔 만든다. 분명히 우리는 이와 같은 함정을 피하고 싶어하기 때문에, 우리의 논의는 그 범위가 매우 한정되게 될 것이다. 우리는 독립된 학문으로서의 사회심리학의 대두, 최근 몇 십년간의 성장, 현재의 위치 및 다음에 지향될 것으로 생각되는 방향에 주로 초점을 두게 될 것이다.

사회심리학이 출발된 초창기

공식적인 행사를 갖고서 출발하는 분야들은 드물다. 그 대신에, 각 분야는 점증하는 숫자의 학자들이나 과학자들이 특수한 주제들에 관심을 갖게 되고 기존의 주제들을 연구하기 위한 새로운 방법들을 개발함에 따라 서서히 발전한다. 사회심리학이 바로 이와 같은 패턴에 해당된다. 과학의 분야로 입장하는 아무런 공식적 행사가 없었기 때문에, 공식적 입장의 특정의 시기를 선택하기가 곤란하다. 비록 최초의 사회심리학 실험이 아동들에게 혼자서나 다른 아동들의 존재 속에서 낚시용 릴을 감도록 만든 실험실연구에서 Triplett(1897)에 의해서 수행되었지만, 아마 1908년과 1924년 사이가 사회심리학이 하나의 독립된 과학적 학문으로서 처음으로 등장한 시기로서 간주될 수 있을 것이다. 이들 두 연도들에서, 제목으로서 사회심리학이라는 단어를 싣고 있는 중요한 교과서들이 출간되었다.

McDougall(1908)에 의한 첫번째의 교과서는 사회적 행동이 선천적 성향들이나 본능들에서 나온다는 견해에 주로 기초되었다(주: 같은 해에 사회학자인 Ross에 의해서도 동일한 제목의 교과서가 출간되었다). 이러한 견해는 현재 거의 모든 사회심리학자들에 의해서 거부당하고 있으므로, 이 분야가 그 당시에는 현대적 조망을 취하지 못하고 있었던 것이 분명하다.

Allport F.(1924)에 의한 두번째의 책은 상당히 다르다. 이 책은 이 책의 출간년도가 이른 것을 전제할 때에 매우 놀라울 정도로 이 분야의 현대적 관점에 훨씬 더 가깝다. 이 책에서, Allport는 사회적 행동이 타인들의 존재와 그들의 특수한 행동들을 포함해서 많은 상이한 요인들로부터 나온다고 주장했다. 더욱이, 이 책은 사회적 동조, 타인들의 안면표정들에서 그들의 정서를 인식하는 능력 및 과제수행에 대한 관중들의 영향과 같은 주제들에 관해서 이전에 수행된 실제의 연구들에 관한 논의들을 싣고 있었다. 이러한 모든 주제들이 최근에 사회심리학자들에 의해서 연구되어 왔기 때문에, 격동의 20세기경에 사회심리학이 대두되었으며 오늘날 계속 연구되고 있는 문제들과 주제들 중의 많은 것들에 초점을 두기 시작했다는 결론을 내릴 수 있는 것 같다.

Allport의 교과서의 출간 이후의 20년 동안은 급속한 성장의 특징이 있었다. 새로운 연구문제들이 연구되었고, 이것들을 연구하기 위한 체계적 방법들이 신속하게 고안되었다. 이 기간 동안의 이 분야의 발전에서 중요한 이정표들은 이 분야의 창설자들 중의 두 명인 Sherif와 Lewin에 의한 연구들을 포함하고 있다. Sherif(1935)는 **사회규범들**, 즉 개인들이 어떻게 행동해야만 되는가를 지시하는 규칙들의 성질과 영향을 연구했으며 따라서 **동조쪽**으로의 압력들에 관한 우리의 이해에 많은 통찰을 주었다. Lewin과 그의 동료들(Lewin, Lippitt 및 White, 1939)은 리더십과 아울러 이와 관련된 집단과정들의 본질을 밝혀 주는 연구를 수행했다. 간단히 말해서, 1930년대 말경에 사회심리학은 인간의 사회적 행동에 관한 우리의 지식에 이미 많은 기여를 했던 하나의 활동적이며 성장하는 분야가 되었다.

사회심리학의 성장기: 1940년대, 1950년대 및 1960년대

이차대전에 의해서 잠시 중단된 후에, 사회심리학은 1940년대 말과 1950년대 동안에 성장을 계속했다. 이 기간 동안에, 이 분야는 몇 개의 방향으로 범위를 넓혀 갔다. 사회심리학자들은 집단들과 집단소속이 개인의 행동에 미치는 영향에 관심을 집중시켰다(Forsyth, 1983). 그리고 그들은 여러 가지 성격특성들과 사회적 행동 간의 연관을 검토했다. 그러나, 아마 이 시기의 가장 중요한 사건은 **인지부조화이론**(Festinger, 1957)의 발전이었을 것이다. 이 이론은 인간이 인지적 비일관성을 싫어하며 이것을 감소시키려고 노력할 것이라고 제안했다. 특수하게 말해서, 이 이론은 사람들이 그들의 태도들 사이의 비일관성이나 모순 또는 그들의 태도와 행동 사이의 비일관성이나 모순을 불쾌하게 여기며 이것을 감소시키고자 노력한다고 주장한다. 이러한 아이디어들이 그리 놀라운 것은 못될지라도, 이것들은 실제로 많은 예상치 못했던 예언들을 내놓았다. 예컨대, 이것들은 사람들이 실제로는 갖고 있지 않은 견해들을 진술하는 것에 대해서 큰 보수보다도 작은 보수를 제공받는 것이 그들의 의견을 변화시키게끔 만드는 데에 흔히 더 효과적일 수 있다는 것을 제안한다. Festinger의 이론은 많은 사회심리학자들의 관심을 끌었으며 몇 십 년 동안이나 하나의 주요 연구주제로서 남아 왔다(우리는 이 주제를 5장에서 다시 검토하게 될 것이다).

어떤 의미에서, 1960년대는 사회심리학이 독자적 분야로 된 시기로 간주될 수 있다. 이 10년간의 격동의 사회변화 동안에, 사회심리학자들의 숫자는 급격하게 증가되었으며, 이 분야는 우리가 상상할 수 있는 사회적 상호작용의 거의 모든 측면들을 포함하게끔 확장되었다. 우리가 여기에서 그 모두를 열거하지 못할 정도로 이 기간 동안에 매우 많은 계통의 연구들이 개시되거나 발전되었다. 주요 관심사가 되었던 의문들과 연구문제들의 한 표본이 표 1-1에 제시되어 있다. 알 수 있는 바와 같이, 사회심리학은 이 기간 동안에 많은 새로운 영역들로 확실히 이동되었다.

사회심리학의 성숙기: 1970년대와 1980년대

1970년대 동안에도 급속한 변화의 추세는 늦추어지지 않았으며 오히려 가속된 편이

표 1-1. 1960년대 동안의 사회심리학의 주요 연구주제들

주 제	내 용
사회적 지각	우리가 타인들을 이해하는 과정(우리는 어떻게 타인에 관한 인상을 형성하는가? 우리는 어떻게 타인의 중요 성격특성들을 알아내는가?)
대인매력	타인들에 대한 우리의 호감이나 오감의 근거(매력은 유사성 또는 비유사성에서 나오는가? 매력의 한 결정요인으로서 신체적 매력이 얼마나 중요한가?)
친사회적 행동	타인들에게 도움을 주는 경향성(사람들은 타인의 위기 동안에 왜 도움을 주지 못하는가? 사람들은 사회적 책임감에서 타인을 도와주는가?)
집단의사결정	집단들이 의사결정을 행하는 과정(집단들은 개인들보다도 다소 모험을 걸기가 더 쉬운가? 집단들은 개인들보다도 다소 더 정확한 의사결정을 하는가?)

었다. 1960년대 동안에 시작된 많은 계통의 연구들이 계속되고 확장되었다. 몇 개의 새로운 주제들이 눈에 띄게 부상되었으며 새로운 그리고 보다 더 세련된 조망에서 연구되었다. 이것들 중에서 가장 중요한 것들은 **귀인**(우리는 타인의 행동의 배후의 원인들을 어떻게 추론하는가?), **성차들과 성차별**(여러 상황들에서 여성과 남성의 행동은 어느 정도로 실제로 차이가 있는가? 여성들에 대한 완전한 평등에 역행해서 작용하는 압력들은 무엇인가?) 및 **환경심리학**(고온, 과밀, 소음 및 공해와 같은 요인들과 물리적 환경이 사회적 행동에 미치는 영향은 무엇인가?)이었다.

이 이외에도, 두 개의 대규모의 추세가 1980년대 동안에 모습을 드러냈고 계속 확장되었다. 이 두 개의 추세들이 현대 사회심리학에 대한 우리의 이해에 중요성이 크므로, 우리는 여기에서 이것들을 제시할 것이다.

인지적 관점의 영향력의 증가 앞에서 지적된 바와 같이, 사회심리학은 태도들, 신념들, 가치들 및 추론들과 같은 인지요인들이 사회적 행동에서 하나의 핵심적 역할을 한다는 것을 오랫동안 인식해 왔다. 그러나, 1970년대 말경에서 시작해서, 이와 같은 주제들에 대한 관심은 흥분을 일으키는 하나의 새로운 형태를 취하게 되었다. 현재로서, 많은 사회심리학자들은 사회적 행동의 거의 모든 측면들에 대한 우리의 이해가 그것들의 저변에 있는 인지과정들에 초점을 둠으로써 크게 향상될 수 있다고 믿는다(예 ; Markus와 Zajonc, 1985 ; Wyer와 Srull, 1986). 이러한 관점과 일치해서, 그들은 고정관념들(Schaller와 Maass, 1989), 자기평가(Markus와 Wurf, 1987), 집단의사결정(Kaplan과 Miller, 1987) 및 설득(Petty와 Cacioppo, 1986)을 포함해서 광범한 사회적 과정들에 대해 인지적 관점

을 적용시켜 왔다. 간단히 말해서, 이러한 접근은 ① 기억이 어떻게 작용하는가, ② 추론이 어떻게 일어나는가, ③ 새로운 정보는 기존의 정신적 구조들 속으로 어떻게 통합되는가 및 ④ 타인들에 관한 사용가능한 정보들은 그들에 관한 판단들이나 평가들 속으로 어떻게 종합되는가와 같은 문제들에 관한 기본적 지식들을 응용하려는 노력들을 포함하고 있다. 한 가지만 예를 든다면, 이러한 관점에서 고정관념들의 형성과 지속은 기억의 측면들(어떤 유형의 정보들만을 회상하는 경향들)과 사회적 추론의 측면들(사람들에게 타인에 관해 잘못된 결론들에 이르게끔 만드는 경향성들)의 맥락 내에서 이해되고 있다. 우리는 이와 같은 주제들을 2, 3 및 4장에서 논의하게 될 것이다.

사회적 지식의 응용에 대한 강조의 증가 1970년대와 1980년대는 사회심리학의 두 번째의 주요 추세, 즉 사회적 지식의 응용에 대한 관심의 증가에 의해서 특징지어지고 있다(예 : Spacapan과 Oskamp, 1988). 점증하는 숫자의 사회심리학자들이 개인적 건강(예 : 어떤 요인들이 사람들에게 스트레스의 나쁜 영향에 저항하도록 도와 주는가? 어떤 생활스타일들이 심장마비들과 아울러 이것들에 관련된 질병에 관련되어 있는가?), 법률과정(예 : 목격자증언은 얼마나 타당한가? 판사들의 의사결정을 형성하는 데에 가장 영향력있는 정보는 무엇인가?) 및 근로상황들 속에서의 행동의 많은 측면들(예 : 근로자들이 자신이 공정하거나 불공정하게 보상받고 있다고 결론짓게끔 만드는 요인들은 무엇인가? 응시자들의 외모와 같은 개인적 요인들이 취직면접시험의 결과에 영향주는가?)에 관심을 돌리어 왔다. 특수한 초점에 관계없이, 이와 같은 연구들은 사회심리학의 발견들과 원리들을 실제의 문제들의 해결에 응용하고자 한다. 이러한 주제는 확실히 사회심리학에서 새로운 것은 아니다. 이미 사회심리학의 창설자들 중의 일원인 Lewin은 이와 같은 연구들을 강력하게 권고했으며 흔히 "훌륭한 이론처럼 실용적인 것도 없다"라고 체계적 연구를 통해 개발된 사회적 행동과 사고에 관한 이론들이 흔히 실제적 문제들을 해결하는 데에 극히 유용한 것으로 판명된다는 것을 뜻하는 진술을 제시했다. 그러나, 실제의 문제들에 대해 사회심리학의 지식을 응용하는 데 대한 관심은 많은 유익한 결과들을 가지면서 분명히 최근에 증가되어 왔다.

1990년대와 그 이후: 장래에 대한 전망

앞에서 우리는 다양성이 사회심리학의 하나의 주요 특징이라고 지적한 바 있다. 이러한 사실을 전제할 때, 사회심리학의 장래에 대한 예측들은 대체로 말해서 불확실하다. 그렇지만, 장차의 사건들과 추세들에 의해서 잘못된 것으로 판명될 수도 있는 위험성을 안으면서, 우리는 사회심리학이 곧 다가오는 시대들에서 어떻게 변화되고 발전되게 될 것인가에 관해서 이하의 추측들을 제시하고자 한다.

인지와 응용: 탐험의 계속 우리의 예측들 중의 첫번째 것은 아마 가장 확고한 바탕을 갖고 있을 것이다: 즉, 위에서 기술된 바 있는 두 가지 주요 추세들, 즉 인지적 관점의 영향력의 증가와 응용에 대한 관심의 증가가 계속될 것이다. 인지과정들(기억, 의사결정)에 관한 지식이 급속하게 축적되고 있다. 이러한 사실을 전제할 때, 사회심리학자들이 사회적 행동과 특히 사회적 사고를 이해하려는 노력에서 그 지식을 사용하는 것은 매

우 당연한 일일 것이다. 이러한 연구들은 이미 가치있는 결과들을 내놓아 왔으며, 우리는 앞으로도 그렇게 계속될 것이라고 확신하고 있다.

우리는 사회심리학의 원리들과 발견들을 응용하는 데 대한 관심이 또한 지속될 것이라고 예측한다. 이와 같은 응용들에 대한 관심의 증가는 거의 모든 분야에서 성숙과 세련의 증가의 하나의 자연적 부산물인 것 같다. 따라서 사회심리학이 발전함에 따라, 이것의 점증하는 지식적 기반을 많은 실제적 문제들에 응용하려는 노력들이 계속되고 아마 확장될 것이다.

사회심리학의 국제화: 다중 문화적 관점의 채택 사회심리학이 항상 많은 국가들에서 존재해 왔지만, 이것의 초기의 성장과 발전은 주로 미국에서 일어났다. 오늘날도, 대다수의 사회심리학 연구자들이 북미에서 살고 있다. 이 때문에, 사회심리학의 모든 연구들의 상당한 부분이 미국과 캐나다에서 수행되어 왔다. 이러한 연구들의 발견들은 다른 문화들에도 일반화되는가? 이와 같은 연구들에서 확립된 원리들은 전세계의 사람들에게 적용될 수 있는가? 우리는 몇 가지 이유에서 이와 같은 의문들에 대한 관심이 앞으로도 계속 증가될 것이라고 예측한다. 첫째로, 국제적인 교역과 여행의 증가는 여러 문화들간의 차이들에 대해 사회심리학자들을 포함해서 수많은 사람들의 관심을 증가시켜 왔다. 둘째로, 미국 자체가 국민들의 인종적 및 문화적 배경의 측면에서 점점 더 다양해져 왔고, 따라서 이와 같은 차이들의 본질과 영향에 관한 관심이 폭증하고 있다. 셋째로, 최근에 사회심리학자들은 인간 행동의 어떤 측면들이 여러 문화들에서 존재하는 조건들의 결과로 문화에 특유하고, 어떤 측면들이 우리의 공통적인 인간적 유전의 일부로서 지구상의 모든 지역들과 많은 문화들에서 발생되는가에 관한 의문에 점점 더 많은 관심을 보여왔다. 어떤 의미에서, 이것은 다중 문화적 관점에서 수행된 연구들의 최근의 폭증의 배후에 있는 이와 같은 의문에 대한 관심의 증가를 나타낸다. 종합적으로, 이러한 세 가지 추세들이 그 접근과 내용이 진정으로 다중 문화적인 사회심리학의 계속적 발전을 보장해 주는 것 같다.

사회심리학의 이론들

어떤 사회적 관계가 왜 존재하는가 또는 그것이 어떻게 기능하는가에 관해서 어떤 설명을 제시하는 사람은 누구나간에 한 수준에서의 사회적 행동에 관한 한 이론을 반영하고 있다. 이러한 의미에서, 비록 우리 자신의 이론들이 애매하고, 개인 자신만이 이해될 수 있고 입증불가능하더라도, 우리들 모두는 우리들의 주위에서 일어나는 사건들에 대한 설명들을 형성시키고 있는 이론가들이다.

과학내에서, 이론이라는 용어는 보다 더 특수하게 사용되고 있으며, 이론들은 과학적 과업에 필수적인 것으로 간주되고 있다. 일반적으로 말해서, 우리는 한 이론이 현실을 표상하는 한 가지 방법으로서 만들어진 한 세트의 규칙들이나 규약들이라고 생각할 수 있다(Hall과 Lindzey, 1978). 이론에 대한 하나의 보다 더 공식적 정의는 "한 현상이나 한 세트의 현상들에 관한 한 세트의 상호관련된 가설들이나 명제들"이다(Shaw와 Costanzo, 1982, p. 4).

모든 이론들은 그 이론들이 기술하고 설명하고자 하는 행동의 본질에 대해서 다소 인위적인 한 세트의 가정들을 제시하고 있다. 이론은 또한 한 세트의 경험적 정의들과 구성개념들(constructs)을 갖고 있다. 상이한 과학자들의 집단들에 의해 개발된 이론들은 그들의 가정들, 구성개념들 및 강조점들이 다르지만, 그래도 모든 이론들은 공통적인 목적들을 달성시켜 주고 있다. 이들 목적들 중의 하나는 사회적 현상들에 관한 다양한 지식들 사이의 관계를 조직화시키고 설명하는 것이다(Hendrick과 Jones, 1972). 우리 모두는 인간 행동에 관한 엄청난 지식의 축적을 갖고 있다. 이들 지식들 중의 어떤 것들은 개인적 경험에 기초되어 있고; 어떤 것들은 최근의 공적 사건들에 기초되어 있고; 어떤 것들은 우리가 책들, 영화들 또는 친구들의 설명들에서 수집한 것들에 기초되어 있다. 이와 비슷하게, 인간의 사회적 행동에 관한 과학자들은 하나의 광범한 세트의 관찰들과 경험적 자료들, 그리고 이것들을 조직화시키는 하나의 편리한 방법을 제공해 주는 이론을 갖고 있다(Shaw와 Costanzo, 1982). 간단히 말해서, 한 이론은 하나의 논리적으로 일관성있고 꽤 단순한 틀 속에서 알려져 있는 경험적 발견들을 통합시킨다(Hall과 Lindzey, 1978).

사회심리학에서 모든 이론이 하는 또 다른 중요한 기능은 지식의 간격들을 지적해서, 앞으로의 연구들이 사회적 현상들에 대한 보다 더 포괄적인 이해를 일으킬 수 있도록 만드는 것이다. 이론은 장차의 연구들을 안내해 준다; 이론은 이 세상에 관한 예언들을 검증하기 위한 가설들(hypotheses)의 한 원천을 제공해 준다. 이론은 또한 설사 특수한 조건들이 아직 접해 보지 않는 것들일지라도, 우리가 발생을 기대할 수 있는 사상(事象)들의 종류들을 예상할 수 있다(Shaw와 Costanzo, 1982). 예컨대, 물리학에서, 공간과 시간 사이의 관계에 관해서 아인슈타인에 의해서 수십 년 전에 제시된 이론적으로 유도된 가설들은 초음속 여행의 등장으로, 최근에 와서 겨우 검증되어 왔다.

어떤 이론에 의해서 나온 자료들은 원래의 이론적 틀을 항상 지지하지는 않을 수 있다. 실제로, 연구들은 그 이론이 개정되거나 심지어 거부되어야만 된다는 것을 보일 수 있다. 한 이론은 단순히 행동에 관한 한 모형이며, 따라서 한정된 생명력을 갖고 있을 수 있다. 그러나, 어떤 이론을 사용하지 않는다면, 다양한 사회적 행동을 이해하는 과업은 엄청나게 곤란할 것이다.

어떤 이론의 궁극적인 타당성이나 "훌륭함"을 판단하기는 곤란하며 흔히 상당한 자료들의 축적을 요한다. Shaw와 Costanzo(1982)는 훌륭한 이론의 세 가지 필수적 특징들을 제시했다: (1) 한 이론의 명제들은 그것들간에 논리적으로 일관성이 있어야만 되며, (2) 그 이론은 알려진 사실들과 아울러 앞으로의 관찰들과 합치되어야만 되며, (3) 그 이론은 그 유용성을 결정짓기 위해서 검증될 수 있어야만 된다. Shaw와 Costanzo가 지적한 어떤 이론의 또 다른 바람직스러운 특징들은 단순성, 현실적 관찰들에 관련짓기 쉬움 및 장차의 연구들을 내놓는 데 대한 유용성을 포함하고 있다.

이들 준거들에 의하면, 어떤 이론들은 다른 이론들보다 더 우수하다. 그렇지만 몇 개의 이론들이 이러한 준거들에 부합될 수 있다는 것도 또한 사실이다. 단 한 개의 이론이 모든 사회적 현상들을 적절하게 설명해 주지는 못하며, 몇 개의 이론들의 각각은 어떤 단일한 현상을 설명하는 데에는 우수할 수 있다. 다시 말하면, 한 개의 완전한 이론이란 없다. 사회과학자는 가설들을 내놓고 사상들을 해석하기 위해서 다양한 조망들을 사용할 수 있다(Georgoudi와 Rosnow, 1985 : Gergen, 1985). 자신의 조망론(perspectivism)이라는 용어의 사용을 설명하면서 McGuire가 말한 바와 같이, "어떤 한 이론적 관점은 알려진 사실을 단지 한 개의 조망에서만 기술하며… 창의적인 과학자는 그 사실을 여러 이론적 관점들에서 보아야만 된다"(1984, p. 29).

이 장에서, 우리는 세 개의 폭넓은 사회심리학이론들, 즉 학습이론, 인지이론 및 역할이론을 주로 기술하고 생물학적 접근을 마지막에 추가시킬 것이다. 이들 각 이론은 서로 다른 관점, 가정들의 세트 및 구성개념들의 세트를 갖고 있다. 이들 일반적인 이론적 접근들의 각각의 내에서, 훨씬 더 좁은 범위의 인간 행동을 설명하고자 하는 보다 더 제한적 모델들(때로는 "소이론들"이라고 불리는)을 발전시킬 수 있다. 이러한 보다 더 한정된 이론들의 많은 것들이 이 장에서 그리고 다음 장들에서 논의되게 될 것이다.

우리는 어떤 연구자가 채택하는 이론적 접근이 어떻게 그 연구자에게 자신이 연구하고 있는 행동에 관한 어떤 종류의 행동들을 질문하고 다른 질문들을 무시하게끔 만들게 되는가를 보여주고 싶다. 어떤 이론들은 개인에 초점을 두는 반면에, 다른 이론들은 상황이나 사회구조를 강조할 것이다. 한 개인이 처한 현재의 상황들이 어떤 이론들에 의해서 강조되고 있지만, 다른 이론들은 초기의 개인의 학습이나 생물학적 원인들에 더 많은 주의를 기울일 것이다. 사회심리학에 관한 세 개의 가장 두드러진 관점들을 논의함에 있어서, 우리는 각 이론의 기본 개념들과 가정들을 먼저 고려할 것이다. 그 다음에 우리는 각 이론적 관점에 의해서 인도되어 온 연구들의 예들을 제시할 것이다. 그리고 마지막으로, 우리는 세 개의 이론들에 대한 몇 가지 비교들을 제시할 것이다.

학 습 이 론

기본 가정들과 개념들

사회적 행동에 대한 첫번째 접근은 강화와 학습에 관한 심리학적 원리들에 의지한다. 학습이론가들은 개인의 생활내력과 과거 경험을 강조한다. 그들은 한 개인이 과거에 연합, 강화 및 관찰학습의 기제들을 통해서 배운 것의 측면에서 현재의 행동을 분석한다. 우리가 알고 있는 바와 같이, 금세기 초에 실험심리학자들은 Watson의 행동주의 원리들에 의해 강력하게 영향받았다. Hull, Spence 및 Skinner와 같은 그 후의 심리학자들은 학습이 일어나는 과정을 상세화시켰다. 학습이론(learning theory)의 핵심적 초점은 자극들과 반응들 간의 관계의 분석이다. 자극(stimulus)은 개인의 행동의 어떤 변화를 일으키는 하나의 외부나 내부 사상이다(Kimble, 1961). 이러한 행동의 변화는 반응(response)이라고 불린다. 만일 어떤 반응이 개인에 대해 좋은 결과를 일으킨다면, 강화(reinforcement)의 상태가 있게 된다 ; 즉 그 사람은 자기 자신의 반응에 대해 보수를 받아 온 것이다. 사회학자인 Homans가 사회적 행동에 대해 강화이론을 응용하면서 쓴 바와 같이, "만일 어떤 사람이 어떤 보수가 뒤따르는 어떤 행위를 한다면, 그 사람이 그 행동을 하게 될 확률은 증가된다"(1970, p. 321). 이와는 반대로, 보수를 받지 못한 행위들은 등한시되는 경향이 있으며, 처벌받은 행위들은 적극적으로 회피될 수 있다.

Pavlov를 포함하는 초기의 강화이론가들은 일반화와 변별의 개념들을 발전시킴으로써 그들의 설명력을 확장시켰다. **자극일반화**(stimulus generalization)는 "어떤 새로운 자극이 어떤 별개의 그러나 유사한 자극에 대해 이전에 학습했던 어떤 반응을 일으키는 과정"이다(Shaw와 Costonzo, 1982, p. 33). 다시 말해서, 만일 당신이 어떤 사람에게 친절하게 대하는 것에 대해 강화받아 왔다면, 당신은 설사 과거에 그러한 행동에 대해 강화받았던 일이 전혀 없을지라도, 또 다른 어떤 사람에게 친절하게 대하게 될 것이라고 강화이론은 예언할 것이다. 이 원리는 강화이론가들에게 각각의 단일한 행동이 별개로 강화되어야만 되는 경우보다도 더 광범한 행동들을 설명하게끔 해 준다. 일반화의 반대의 측면은 **자극변별**(stimulus discrimination), 즉 자극들을 구별하는 것을 학습하는 과정이다. 따라서, 경험을 통해서 우리는 어떤 교수는 유쾌하지만 다른 교수는 다소 퉁명스럽다는 것을 학습할 수 있다. 이러한 구별들을 짓는 우리의 능력은 우리에게 우리의 사회적 환경에 대한 보다 더 복잡한 반응양식들을 발전시키게끔 해 준다.

기본적 강화이론가들〔때로는 S－R(자극－반응)이론가들이라고 불리는〕은 전통적으로 자극과 반응 사이에서 진행되는 것, 즉 유기체 자체의 인지적 및 현상적 경험에 대해 거의 관심을 기울이지 않는다. 그들은 특수한 사전조건과 후속결과들을 취급하고 있는 "관찰가능한 것들에 관한 용어"를 사용한다(Lott와 Lott, 1985, p. 110). 학습이론가들은 어떤 특정의 행동이 어떻게 학습되었고 어떻게 유지되고 있는가를 알아내고자 한다. 따라서 그들은 현재의 행동의 결정요인들로서 과거의 사상들을 강조한다.

강화이론의 기본적 아이디어들이 계속 영향이 있어 왔지만, 일반적으로 사회심리학자들은 단순한 S－R모형을 넘어서고 있다. 하나의 주요 발전은 기능하고 있는 개인을 자극과 반응 사이의 중간단계에 있는 것으로 간주하면서, 인지원리들에 대한 의존의 증가였다. 이러한 모형을 때로는 S－O－R모형이라고 하는데, 여기에서 O는 인간 유기체를 일컫고 있다. 우리는 사회심리학에서 걸출한 두 가지 형태의 학습이론들, 즉 사회적 학습이론과 사회적 교환이론을 살펴볼 것이다.

사회적 학습이론 1941년에 Miller와 Dollard는 모방이 자극, 보수 및 강화의 원리들에 의해서 설명될 수 있다고 제안함으로써 현대 사회적 학습이론을 위한 초석들을 놓았다. 그들의 기본가정들은 ① 모방은 대부분의 다른 인간 행동들처럼, 학습된 것이며 ② 사회적 행동과 사회적 학습은 일반적 학습원리들을 사용함으로써 이해될 수 있다는 것이었다. Miller와 Dollard는 그들이 아동이 어떻게 사회적으로 행동을 학습하는가 그리고 특수하게 말해서, 그들이 어떻게 말하기——이것은 결국 하나의 사회적 행위이다——를 배우는가를 설명하는 데에 있어서 모방에 핵심적 위치를 부여했다. 더욱이, 그들은 모방이 규율과 어떤 사회의 규범들에 대한 동조를 유지시키는 데에 있어서 중요하다고 제안했다. 예컨대, 어린 소년이 아버지가 퇴근하는 것을 자기의 형과 함께 기다리고 있다고 가정하자. 그 아버지는 통상적으로 각각의 아들에게 과자봉지를 사다 준다. 형은 어떤 차가 집 앞의 찻길에서 서는 것을 들을 때에는 차고쪽을 향해서 달려간다. 어린 동생은 자기의 형의 반응을 모방하고 형이 그렇게 하는 데 대해 보수를 받고 있다는 것을 발견한다. 어린 동생은 다른 상황들에서도 자기 형의 행동을 계속 흉내낸다: 그는 자기의 형이 하는 대로 좌절에 대해서 앙앙 우는 것으로 반응한다; 그는 형과 똑같은 식으로 머리를 빗는다; 그는 형과 동일한 단어들을 사용하기 시작한다. 이러한 모방은 보수받아 왔으며, 모방적 반응은 많은 상황들에 일반화되게 되었다.

보다 더 최근에, Bandura(1973, 1977)는 하나의 폭넓은 **사회적 학습이론**(social learning theory)을 발전시켜 왔다. 이 이론에 의하면, 사회적 학습은 반응들의 결과들을 통해서 직접적으로나, 보다 더 흔히 타인들의 행동의 관찰을 통해서 일어날 수 있다. 다른 사람(모델이라고 일컬어짐)의 행동이 하나의 정보원이 되어 준다. 그러면 관찰자는 설사 아무런 강화가 있지 않더라도, 이러한 정보를 동일한 행동을 수행하는 여부를 결정짓는 데에 사용한다. 실제로, Bandura와 그의 동료들은 강화가 어떤 행동이 처음에 학습되게 되는 여부를 결정짓는 것이 아니라, 그 행동이 수행되게 되는 여부를 결정짓는 데에 있어서 주로 영향을 준다고 주장할 것이다. 이와 같은 형태의 학습은 학습의 여부를 결정짓기가 어려운 문제를 가질 수 있다: Kaufmann(1973)이 지적한 바와 같이, 5세 소년은 어떤 음란한 말들을 들을 수 있지만 그가 자기의 선생과 학급 앞에서 그것들을 말할 때까지는 그것들을 학습했다는 아무런 증거를 보이지 않는다.

우리가 시사한 바와 같이, 현대판의 사회적 학습이론은 몇 가지 인지과정들이 학습에 동반한다고 가정한다. 특별논의 1-1은 관찰학습의 과정 내에서 몇 가지 가정된 단계들을 예시해 주고 있다. 첫번째 단계에서 관찰자는 모델에 대해 주의를 기울여야만 된다. 주어지는 주의는 모델(모델은 당신이 좋아하는 사람인가, 그 사람의 행동은 당신 자신의 관심사들에 관련이 있는가)과 아울러 관찰자(관찰자는 정신을 바짝 차리고 있는가, 진행되고 있는 바를 인식하고 있는가)의 특징들에 의해 영향받게 된다. 파지단계에서, 인지과정들이 강력하게 작용하게 된다; Bandura는 개인이 관찰된 사상을 부호화시키고, 이것을 과거 경험에 비추어 조직화시키고 행동을 상징적으로 연습할 것이라고 시사한다. 관찰학습의 세

특별논의 1-1. 관찰학습

우리는 우리가 알고 있는 모든 것들을 어떻게 학습하는가? 때로는 아이나 어른으로서, 우리는 곱셈을 어떻게 하는가, 차를 어떻게 운전해야 되는가, 테니스에서 어떻게 좋은 서브를 하는가 등등에 관해서 주의깊게 가르침을 받아야만 된다. 그러나 많은 우리의 학습은 우리가 행하고 싶어하는 것들을 다른 사람들이 행하고 있는 것을 관찰하는 과정을 통해서, 덜 공식적으로 획득되고 있다.

부모들은 흔히 의도적으로나 비의도적으로, 자기 자식들의 행동에 대한 모델이 된다. 예컨대, 화장을 하고 있는 어머니는 자신이 자기 자녀의 학습에서 하나의 교사가 되고 있다는 것을 알지 못할 수 있다. "엄마"처럼 보이고 싶어서, 그녀의 딸은 면밀하게 주시하고 그 다음에 그 행동을 흉내내고자 시도한다. 비록 그 최종의 결과는 처음 몇 번에서는 다소 엉성할 수 있지만 ― 어린 아이들의 주위에 있어 왔던 모든 사람들이 인식하는 바와 같이 ― 행동의 요소들은 확립되어 왔으며, 연습은 그 기술들을 세련시킬 것이다.

번째 단계인 운동재생은 관찰된 행동을 실제로 수행하는 개인의 능력에 일부 달려 있다. 예컨대, 나는 유명한 정구선수가 테니스경기를 하는 것을 주의깊게 관찰하고, 그 사람이 어떻게 서브하는가를 마음 속으로 연습하기는 하지만, 내가 그 정구코트 밖으로 나왔을 때에는 그 선수의 행동을 전혀 그대로 복사하지 못할 수 있다. 마지막으로, 강화들의 존재 —타인들로부터나 자기 자신으로부터의 —가 학습된 행동이 실제로 수행되게 될지의 여부를 결정지을 것이다.

사회적 학습이론은 이전의 강화모형들이 했던 것보다도 훨씬 더 복잡한 학습형태들을 취급할 수 있다. 그렇지만 그 선구자들처럼, 사회적 학습이론은 사회적 행동들을 유발시키는 자극들과 개인이 예상하는 강화들에 집중적으로 관심을 두고 있다. 그리고 기본적 학습이론처럼, 이것은 주로 개인 행동에 관한 하나의 모형이다.

사회적 교환이론 강화의 원리들에 의지하는 두번째 이론은 두 사람간의 상호작용들에 더 강력하게 초점을 두고 있다. 사회적 교환이론(social exchange theory)에 의하면, 이러한 상호작용들은 관여된 보수들과 부담들에 달려 있다. 즉, 사람들은 부담들보다도 더 큰 보수들을 약속해 주는 관계들을 추구할 것이고 부담들이 보수들을 초과하는 관계들을 피할 것이다.

사회적 교환의 최초의 모형들 중의 하나를 제시한 Homans(1958, 1974)는 사람들이 기본적으로 쾌락추구적이라고, 다시 말해서, 사람들이 쾌락을 최대화시키고 고통을 최소화시키고자 한다고 가정한다. 서로 상호작용함에 있어서, 사람들은 쾌락을 얻기 위해서 교환들을 행한다. 교환들은 물질적이거나 비물질적 상품들로 이루어질 수 있다: 예컨대, 인정과 권위는 비물질적 상품들이다: 돈은 하나의 물질적 보수로 간주되고 있다. 하나의 교환은 흔히 이 두 가지 영역들을 포함한다. 예컨대, 당신은 지역사회에서 권위나 영향력을 얻기 위해서, 그 대가로 자신이 좋아하는 정치후보자에게 금전을 기부할 수 있다. Homans에 대해서, 사회적 교환의 한 기본원리는 분배정의(distributive justice), 즉 어떤 보수가 개인의 투자에 비례해야만 된다는 규칙이다. 이 모형 내에서, 분배정의의 원리가 고용상황에서의 근로자들과 가족관계 내에서의 배우자들에 대해서 똑같이 잘 적용된다고 믿어지고 있다.

Thibaut와 Kelley는 보다 더 복잡한 형태의 사회적 교환이론, 즉 그들의 용어로는 하나의 상호의존이론을 제시했다(Kelley와 Thibaut, 1978; Thibaut와 Kelley, 1959). 그들의 이론은 이자간 상호작용의 역동적 측면들, 즉 타인과 함께 행동하고 타인에게 반응하고 있는 개인이 자신의 행위들에 대해서 영향받게 되는 과정을 강조한다. 그들의 모형과 Homans의 더 단순한 틀을 구분짓는 하나의 결정적 요소는 사람들이 자신의 현재의 상호작용의 결과들과 가능한 다른 대안관계들을 비교한다는 가정이다(Jones, 1985). 다시 말하면, 우리는 어떤 현재의 교환에 포함된 보수들과 부담들을 평가할 뿐만 아니라 어떤 다른 관계에 수반될 수 있는 보수들과 부담들도 또한 고려한다.

상호작용 과정을 분석하기 위해서, Thibaut와 Kelley는 결과행렬(outcome matrix)을 도입시켰다(도 1-3 참조). 기본적으로, 이 행렬은 어떤 상호작용 속에서 각 개인이 여러 가지 보수들과 부담들을 수반하는 한 세트의 대안관계들에 당면한다고 시사한다. 상호작용의 과정은 양측 참가자들의 만족을 최대화시키는 것에 달려 있다. 만일 단 한 사람의 가치들만이 상대방과는 관계없이 고려되게 된다면, 그 상호작용은 깨지게 될 것이다.

결과행렬이 어떻게 이용되고 있는가를 알아보기 위해서 하나의 단순한 예를 고려해 보자. 기숙사의 한방 친구들인 영자와 순영이 토요일을 어떻게 보낼 것인가를 결정하고자 노력하고 있다. 영자는 자기들의 기숙사가 더럽다는 것을 보고서, 자기들이 함께 청소하자고 제안한다. 순영은 사이클링을 가기로 계획해 왔으며 영자도 함께 가자고 제안한다. 우리의 목적을 위해서 우리는 이것들이 각자에게 주어진 청소와 사이클링이라는 두 개의 선택지들이라고 가정할 것이다. 순영에 대해서는 사이클링은 보다 더 많은 보수를 준다; 영자에 대해서는 청소가 보다 더 많은 보수를 준다. 만일 이 두 사람이 상호작용하지 않는다면, 어느 선택이 이루어질 것인가에 관해서 전혀 의문이 없다: 순영은 자전거를 잡을 것이고 영자는 빗자루를 잡을 것이다. 그렇지만, 이들 두 선택의 결과들이 상호관련되어 있기 때문에, 우리는 각각을 다른 것과 관련시켜서 고려해야만 된다. 순영에 대해서 자신이 영자가 그녀의 공평한 몫의 일 이상을 하고 있다는 것을 잘 알기 때문에, 죄의식은 사이클을 선택하는 것에 대한 하나의 부담일 수 있다. 한편, 영자는 순영의 즐거움 추구에 의해서 생긴 자신의 분개 때문에 그 상황이 부정적이라는 것을 알게 될 것이다. 따라서, 교환관계들 속에서, 참가자들은 어느 결과가 두 사람에 대해서 가장 유익할 것인가를 결정짓기 위해서, 각각의 가능한 조치들의 조합에 수반된 보수들과 부담들을 계산해야만 된다.

훨씬 더 복잡한 교환들에 적용될 수 있는 Thibaut와 Kelley의 모형은 참가자들이 각자의 선호들과 자기들의 교환들의 결과들을 고려함에 따라 관계들이 시간경과에 따라 어떻게 변화되는가를 또한 고려한다.

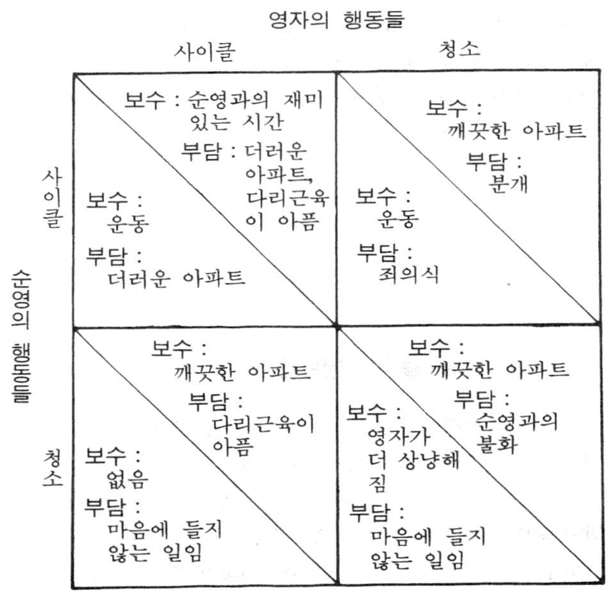

도 1-3. 하나의 사회적 교환의 결과행렬. 네 개의 상황들의 각각에 있는 대각선의 우측에 있는 단어들은 영자가 특수한 행동들의 조합에 수반된다고 알고 있는 보수들과 부담들을 기술하고 있다. 대각선의 좌측 아래에 있는 단어들은 순영의 보수들과 부담들을 기술하고 있다.

사회심리학에 대한 기여들

사회심리학자들은 학습이론의 원리들을 광범한 분야들에 적용시켜 왔다. 아마 가장 좋은 예는 공격행동에 관한 연구에서 보여지고 있을 것이다. Dollard와 그의 동료들(Dollard 등, 1939)의 좌절-공격이론은 그 당시에 유행하는 행동주의적 모형들로부터 많은 개념들을 빌어 왔다. 보다 더 최근에 아동들의 공격행동의 발달을 연구하는 심리학자들은 그 모델들이 신문이거나 TV에서 보여지거나 간에, 관찰학습이 얼마나 중요할 수 있는가를 증명해 왔다. 공격과 폭력의 발생을 이해하기 위한 다른 시도들은 사람들이 때때로 받는 강화들, 즉 공격이 지불해 주는 보수들을 지적해 왔다. 공격행동에 관한 이러한 그리고 다른 설명들이 11장에서 보다 더 철저하게 논의되게 될 것이다.

학습원리들이 사람들이 왜 서로 공격하는가의 의문에 적용되어 온 것과 꼭 마찬가지로, 이것들은 사람들이 왜 서로 돕는가를 설명하기 위해서도 사용되어 왔다. 또 다시, 직접적 강화와 아울러 관찰학습은 우리가 사람들이 어떻게 도움을 주는 것을 학습하는가와 아울러 그들이 도와 줄 가능성이 가장 큰 조건들을 이해하게끔 도움을 줄 수 있다(10장 참조). 사람들은 왜 서로 좋아하는가? 몇몇 과학자들은 하나의 주요 이유가 우리가 타인과 비슷하다는 인식에 의해서 제공받은 강화라고 제안한다(7장 참조). 학습모형들은 어떤 시청자의 존재가 때로는 수행을 촉진시키고 다른 때에는 수행을 방해하는 이유를 설명하기 위해서도 또한 사용되어 왔다(14장 참조). 우리의 기본적 태도들 중의 많은 것들이 학습과 강화의 과정을 통해서 습득되게 되는데, 이것은 5장과 6장에서 더 자세하게 기술되게 될 것이다.

학습이론의 한 형태로서의 사회적 교환이론은 우리가 실제의 사회적 상호작용들을 고려할 때에 이와 비슷한 적용상의 융통성을 갖고 있다. 협동적 및 경쟁적 행동, 권력관계들, 흥정과 협상은 모두 사회적 교환이론의 원리들에 의해서 이해될 수 있다. 이러한 상호작용들은 어떤 결혼관계에서(9장) 또는 집단들간, 계층들간 또는 정부들간의 대결들에서(12장) 일어날 것이다.

인 지 이 론

기본 가정들과 개념들

심리학사에서, 많은 심리학자들이 행동주의자나 학습적 관점에 대해서 반발해 왔다. 정신적 개념들을 꺼리기보다도, 많은 심리학자들은 이러한 개념들이 인간 행동을 이해하기 위해서 절대로 필요하다고 보아왔다. 1930년대에 Koffka와 Köhler에 의해서 주도된, **게스탈트**(또는 형태) 심리학자들은 이러한 한 집단이었다. 모양이나 형태에 관한 독일어(Gestalt)에서 자기들의 명칭을 사용하면서, 이들 심리학자들은 지각과 사고를 강조했다. "전체는 그 부분들의 총계보다도 더 크다"는 기본가정을 갖고서, 그들은 행동주의자들에 의해서 제안된 단순한 연합들을 넘어섰다. 예컨대, 문제해결에 관한 그들의 연구들은 게스탈트심리학자들로 하여금 사람들이 어떤 반복적이며 시행착오적 과정에 의해서뿐만 아니라 흔히 인지구조들의 광범한 재조직화를 내포하고 있는 갑작스러운 통찰들을 경험함으로써도 또한 학습한다고 주장하게끔 만들었다. 따라서 게스탈트심리학자들은 관찰가능한 자극들과 반응들의 분석을 넘어서서, 인간 내부의 인지과정들의 추론쪽으로 이동했다.

현상학적 접근(phenomenological approach)도 또한 행동주의적 원리들에 대한 하나의 반발을 나타낸다. 이러한 견해에 따르면 우리는 개인의 행동을 우리가 그 개인이 이 세상을 어떻게 지각하는가를 알 경우에만 이해할 수 있다. 이전의 자극들과 반응들은 이것들이 어떤 개인의 의식 속에 표상되고 있을 경우에만 영향력이 있다. 생활공간의 개념을 강조하고 있는 Lewin의 장이론도 또한 현상학적 접근에 관련되어 있다.

게스탈트심리학, 현상학적 접근 및 Lewin의 장이론(특별논의 1-2 참조)은 모두 사회심리학에 관한 현재의 인지모형들에 대한 하나의 배경을 제공하고 있다. 인지심리학 내의 연구도 또한 사회심리학자들이 이용할 수 있는 하나의 틀을 제공해 왔다. 이 접근에 관해서 좀 더 이해하기 위해서, 우리는 몇 개의 기본용어들을 이해할 필요가 있다. 인지(cognition)라는 단어는 지식을 갖거나 알게 되는 것을 의미하는 라틴어(cognoscere)에서 나왔다. 따라서, 심리학자들은 인지라는 용어를 감정과 행동과는 구별되는 것으로서, 사고하는 것이나 아는 것을 일컫기 위해서 사용한다(Landman과 Manis, 1983).

인지심리학자들은 두 개의 기본적 문제들, 즉 심적 표상(mental representation)과 심적 처리(mental processing)에 관심을 두고 있다. 하나의 표상은 어떤 다른 것을 나타내는 어떤 것이다; 따라서 우리가 심적 표상에 관해서 이야기할 때, 우리는 어떤 사상이나 경험이 마음 속에 어떻게 표상되고 있는가를 묻고 있다(Markus와 Zajonc, 1985). 우리는 표상들을 보다 더 사실적으로 말해서, 정신적 건축 벽돌들이라고 생각할 수 있다(Landman과 Manis, 1983). **인지구조**(cognitive structure)라는 용어는 이러한 정신적 건축벽돌들의 조직화, 즉 우리의 인지적 경험을 조직화시키는 원리들이 세트를 일컫는다(Shaw와 Costanzo,

특별논의 1-2. Lewin의 장이론

Lewin(1951)에 의해서 발전된 **장이론**(field theory)의 기본적 공헌은 인간의 행동이 사람과 아울러 환경의 함수[기호적으로는 $B = f(P, E)$로 표현됨]라는 명제이다. 따라서 사람의 행동은 그 사람의 개인적 특징들(유전, 능력들, 성격, 건강상태 등)과 아울러 개인이 처한 사회적 상황(예컨대, 타인들의 존재가 개인의 목표들이 좌절될 수 있는 정도)에 관련되어 있다. 비록 이러한 명제가 우리에 대해서 지금은 자명한 것처럼 여겨질 수 있을지라도, 사회심리학의 초기의 발전에서 이 명제의 진술은 한편으로는 정신분석이론의 개인적 강조와 다른 한편으로는 행동주의의 외부적 강조로부터의 하나의 분명한 전환을 나타냈다.

사회심리학에 대한 자신의 관점을 규정함에 있어서, Lewin은 장이론의 몇 가지 성질들을 강조했다. 모든 행위들은 이것들이 일어나는 장(field)에 의해서 영향받게 된다고 그는 제안했다. 따라서 분석은 전체의 상황에 기초되어야만 되며 체제의 부분들간의 역동적 상호교환을 고려해야만 된다. 보다 더 최근의 일반적 체제이론(general systems theory)은 이와 비슷한 가정에 기초되어 있다.

장이론에서 가장 기본적인 구성개념은 **생활공간**(life space)인데, 이것은 우리의 각자가 경험하는 전체의 주관적 환경이다(Lewin, 1938). 사고, 행동 및 공상을 포함하는 모든 심리적 사상들은 생활공간, 즉 "상호의존적 요인들의 한 배열로서 간주된 개인과 환경으로 구성된 것"(Deutsch, 1968, p. 417)의 함수이다.

장이론의 다른 주요 강조는 현재의 장이다. Lewin에 대해서, 심리적 사상들은 현재에 존재하는 생활공간의 속성들에 의해서 설명되어야만 된다. 장이론가들에 의하면, 만일 어떤 29세 된 남자가 미혼이고, 부끄러워함이 많고 타인들과의 관계에서 자기비하적이라면, 어떤 자동차사고가 12살 때에 그의 얼굴을 영구적으로 기형으로 만들었다는 사실은 그의 그 후의 행동에 대한 충분한 설명이 되지 못한다. 이 젊은이가 현재 데이트를 꺼려 하는 것은 다만 현재의 장의 속성들의 함수인데, 이 속성들은 자신의 외모와 자기의 얼굴에 관한 창피스러운 말들에 대한 자신의 기억들에 관한 그의 현재의 느낌들을 포함할 수 있다. 과거는 현재로 옮겨진 과거의 사건들의 표상들이나 변형들의 형태로 간접적으로만 현재의 행동에 영향을 줄 수 있다.

Lewin이 도입시킨 특수한 이론적 구성개념들은 현재의 사회심리학적 이론화에서 자주 사용되지는 않고 있지만, 그가 취했던 일반적 관점은 매우 많이 나타나고 있다. 사회심리학적 현상들이 실험적으로 연구될 수 있으며, 심리적 사상들이 상호관련 속에서 연구되어야만 되며, 개인과 아울러 집단이 중요하다는 생각들은 모두 Lewin의 전통의 일부이며 이론과 아울러 연구에서 계속 영향을 주고 있다.

1982). 이것은 우리에게 두번째 문제인, 정신적 처리를 가져다 준다. 인지심리학자들은 정신이 어떻게 작용하는가, 즉 우리가 어떻게 지각하고, 어떻게 기억하고, 인지가 어떻게 행위를 일으키는가를 알고 싶어한다. 다시 말해서, 인지과정들은 정신적 건축벽돌들이 어떻게 종합되고 이것들이 무엇을 하는가를 취급한다.

사회적 인지(social cognition)는 인지심리학의 하나의 특수한 형태로서, 우리가 사람들과 아울러 우리의 환경의 사회적 측면들에 대해서 생각하는 양식들을 특별하게 취급하고 있다(물건들, 숫자들 및 비사회적인 일들에 관한 사고들은 인지심리학자에게 넘겨주고 있다). 물건들의 세계와 사람들의 세계는 많은 측면에서 차이가 있다(Fiske와 Taylor, 1984). 예컨대, 사람들은 물건들이 할 수 없는 식으로 그들의 환경에 영향을 줄 수가 있다. 사회적 인지는 또한 당신의 지각의 표적이 아마 어떤 바위가 할 수 없는 식으로 당신을 바라볼 것이라는 점에서, 하나의 상호적 과정이다. 사람들은 또한 융통성이 있어서, 대부분의 물건들이 하지 못하는 식으로 상황에 따라 그리고 시간에 따라 바뀐다. 따라서 사회적 인지의 과정은 보다 더 기본적인 인지과정과는 다르며 여러 가지 측면에서 보다 더 복잡하다. 사회적 인지의 연구자들은 사회적 지각, 사회적 기억 및 사회적 판단의 세 가지 연구분야들을 중점적으로 취급하고 있다.

인지이론에 의지하고 있는 사회심리학자들에 의해서 어떤 가정들이 이루어지고 있는가? 일반적으로, 이 이론가들은 강화와 학습과 같은 개념들에 관심을 두지 않고 있다.

그 대신에 그들은 인지구조들의 유형들과 이러한 구조들이 형성되게 되는 과정들을 취급한다. 인지구조를 일컫고 있는 가장 널리 사용되는 개념들 중의 하나는 **도식들**(schema)로서, 이것은 우리가 자신의 현재의 경험을 해석하기 위해서 사용하는, 과거 경험에서 나온 지식의 조직화된 형태라고 정의된다. 다시 말해서, 하나의 도식은 우리가 이미 경험해 왔던 바를 반영시키는 동시에 새로운 사상들에 대한 우리의 지각에 영향을 준다. 도 1-4는 이러한 과정이 어떻게 나타내지고 있는가를 보여준다. 당신이 추측할 수 있는 바와 같이, 컴퓨터에 대한 비유들이 인지구조들을 기술하기 위해서 흔히 사용되고 있다.

사회심리학이 매우 오랫동안 인지적이어 왔다고 주장되고 있다(Zajonc, 1980). 정말로, 사회적 인지에 관한 보다 더 새로운 모형들은 사회적 행동을 설명하기 위해서 인지적 변인들을 사용하는 잘 확립된 전통에 따르고 있다. 그러나, 보다 더 새로운 이들 모형들은 이것들의 과정과 아울러 구조에 대한 강조에서, 이전의 모형들과는 다르다. 최근의 인지이론은 또한 진행중인 상호작용이나 사회체제와 문화체제에 비교적 주의를 기울이지 않으면서 개인에 대해 보다 더 큰 강조를 두고 있다.

사회심리학에 대한 기여들

태도들에 대한 초기의 관심으로부터 Sherif의 연구와 Lewin의 생활공간에 대한 강조에 이르기까지, 사회심리학의 역사를 통해서 인지적 이론화의 예들을 찾아내기가 쉽다. 인지적 변인들은 뒷 장들 중의 대부분에서 분명할 것이다. 예컨대, 5장과 6장은 태도에

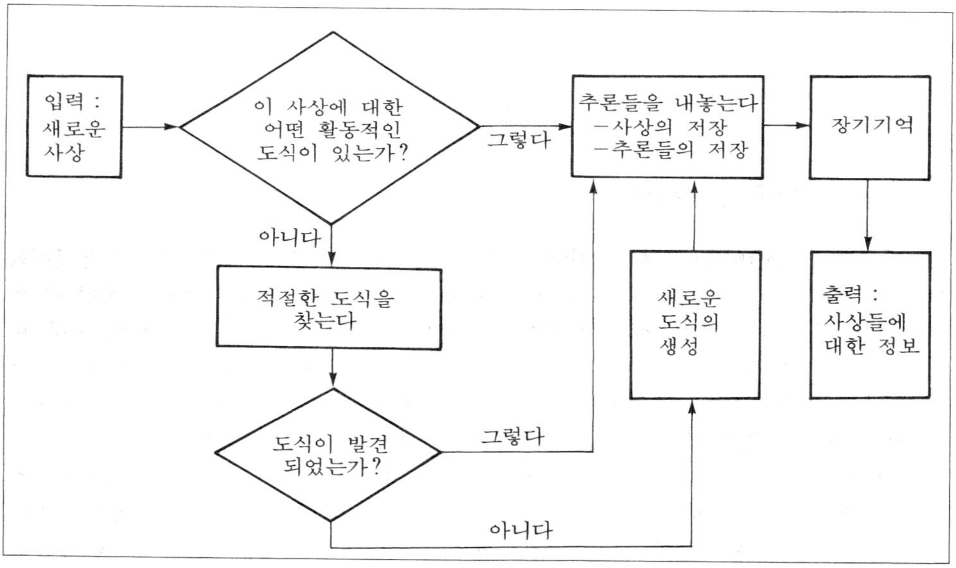

도 1-4. 도식들이 사회적 인지과정에서 작용하는 양식들을 나타내고 있는 순서도. 자극들과 사상들은 도표의 좌측 끝에서 일어나고(입력), 회상은 우측 끝에서 나타나 있다(출력). 그 중간에 추론들이 이루어지고 기억 속에 저장된다.

관한 아이디어를 탐구하고 언제 그리고 어떻게 우리의 태도들이 변화하는가를 예언하기 위해서 개발되어 온 몇 가지 이론들을 검토한다. 예컨대, 인지일관성이론들은 우리가 자신의 여러 태도들간에, 또는 자신의 태도와 행동 간에 서로 일관성 있게 되기를 원한다고 가정한다. 이것들이 일관성이 없을 때, 우리는 변화를 시키려는 동기를 갖게 된다. 예컨대, 당신이 유명한 야구선수들을 찬양하고 약물들의 사용에 반대한다고 가정하자. 당신이 그 프로야구 선수들의 약물사용에 관한 기사를 읽을 때, 당신은 어떻게 자신의 태도들을 조화시킬 것인가? 이러한 모순은 야구선수들에게서 멀리나("그들은 결국 그렇게 대단한 인물들은 아니다"), 약물사용 쪽으로("아마 그 위험성들은 과장되어 왔을 것이다") 당신의 태도들상에서의 어떤 이동, 즉 직접 관찰될 수는 없지만 만일 우리가 인지이론에 의지한다면 추론될 수 있는 변화들을 일으킬 수 있다.

우리의 사고가 행동에 영향을 줄 수 있는 양식들은 또한 다른 장들에서 증명되게 될 것이다. 예컨대, 의사전달과정은 우리가 이야기를 나누고 있는 사람에 대한 우리의 신념들에 의해서 시작되게 되며, 차별행동은 일부 우리의 고정관념화된 신념들의 한 결과로서 이해될 수 있다(16장). 보다 더 중심적으로, 자기 자신에 대한 우리의 신념들은 인지적 변인들의 기능을 반영한다. 우리는 인지이론들의 가정들을 좀더 자세하게 논의할 때, 2장에서 인지과정들의 분석을 가장 직접적으로 알아보게 될 것이다.

인지이론들은 매우 개인주의적이다. 인지이론들은 역할이론과 학습이론보다 인간생활의 실제적 상호교환에 관해서 훨씬 덜 취급한다. 그렇지만 사회적 인지이론들은 과거의 도식들이 상황의 변화로 인해서 비효과적인 것으로 판명될 경우에 우리가 새로운 경험들을 취급하기 위해서 새로운 도식들을 만들어내야만 될 것이라고 시사한다.

역 할 이 론

기본 가정들과 개념들

역할이론(role theory)은 어떤 연극 공연에서 배우들이 행하는 몫들로서의 역할들이라는 연극적 개념에 그 뿌리를 두고 있다(Shaw와 Costanzo, 1982). 고대로까지 추적될 수 있는 이 개념은 보다 더 최근에 사회학자들에 의해서 유용하다는 것이 발견되어 왔다. 예컨대, George Herbert Mead는 사회구조와 관련해서 자기(self)의 발달에 관해서 논의했다. 역할의 개념의 다른 사용들은 인류학, 사회학, 철학 및 심리학에서 발견될 수 있다.

비록 우리가 역할이론이라는 용어를 마치 하나의 단일한 모형인 것처럼 사용하고 있지만, 역할의 개념은 실제로 여러 이론적 관점들에 의해서 함께 쓰여지고 있다(Stryker와 Statham, 1985). 그러나 이들 상이한 모형들은 몇 가지 공통점을 갖고 있다. 일반적으로, 역할이론은 성격, 태도들 및 동기와 같은 행동의 개인적 결정요인들을 고려하지 않는다. 이것은 주로 역할들, 역할기대들과 역할요구들, 역할기술들 및 어떤 사회적 상호작용에서 참가자들에게 작용하고 있는 준거집단들의 측면에서 행동을 설명한다. 더욱이, 우리가 앞에서 논의했던 보다 더 심리학적인 이론들에 비해서, 역할이론은 큰 사회적 연결망들과 조직체들에 특별히 주의를 기울인다.

역할(role)이란 무엇인가? Shaw와 Costanzo(1982)의 선도에 따라, 우리는 하나의 역할을 "한 개인이 어떤 특정의 사회적 맥락 내에서 어떤 특정의 직위(position)를 차지하고 있을 때에 수행하는 기능들"(p. 296)이라고 정의할 수 있다. 역할의 개념에 대한 부가적 이해를 얻기 위해서, 이제 어떤 여대생을 고려해 보자.

이 여학생은 어떤 행동들을 수행한다. 그녀는 강의에 출석하고, 숙제를 준비하고, 졸업시험에 응시하는 것 등등을 한다. 자신의 역할을 수행하고 있는 이 여학생을 상대할 때, 다른 사람들은 이 학생이 어떤 양식들로 행동할 것이라고 가정한다. 이 학생의 행동에 대한 그들의 가정들은 **역할기대들**(role expectations)이라고 불린다. 예컨대, 교수들은 자기의 학생들이 어느 정도 정규적으로 강의에 출석하고 성적에 대해 어느 정도 관심을 보이는 것을 기대한다. 어떤 교수들은 자기의 학생들로부터 어느 정도의 경의를 기대할 수 있는 반면에, 다른 교수들은 기대하지 않을 수 있다(이와 비슷하게, 학생들은 자기의 교수들에 대해서 역할기대들을 갖고 있어서, 교수들이 강의시간에 늦지 않는 것, 재미있는 강의자가 되는 것, 강의 주제에 대해서 전문가가 되는 것, 어떤 시험에 실패했을 때에 이해성있는 것을 기대할 수 있다). **규범들**(norms)은 사회화의 과정에서 학습되는 행동에 관한 보다 더 일반화된 기대들이다(Biddle과 Thomas, 1966). 예컨대, 우리는 남자들과 여자들 간이나 권위인물들과 그들의 하급자들간의 적절한 상호작용들에 관한 일반적 규범들을 갖고 있을 수 있는데, 이것들은 보다 더 특수한 역할관계들에 대한 경험으로부터 발전되어 온 것들이다.

역할갈등(role conflict)은 어떤 사람이 부조화되는 요구들을 하고 있는 몇 개의 직위들을 갖고 있을 때(역할간 갈등) 또는 어떤 단일한 역할이 부조화되고 있는 기대들을 갖고 있을 때(역할내 갈등)에 일어난다. 물론, 우리들 모두는 매일 다양한 역할들을 수행하고 있다. 예컨대, 어떤 자녀를 가진 중년부인인 여대생은 어떤 중요한 학기말시험을 준비하기 위해 공부하는 동안에, 유치원교사로부터 그녀의 아들이 몸이 아파서 유치원에서 집으로 데려가야만 된다고 전해 주는 전화를 받을 수 있다. 이와 동시에, 그녀의 남편은 집에 와서 그의 상사가 저녁식사를 하러 오고 있다고 알려 줄 수 있다. 학생, 엄마 및 부인의 역할들이 동시에 이행될 수 없게 될 때, 역할간 갈등이 생기게 된다. 이와는 반대로, 다른 여학생은 역사시험을 위해 공부하는 것과 동일한 날짜에 제출해야만 되는 심리학 리포트를 타자하는 것 사이에서 선택을 해야만 된다면 역할내 갈등을 경험하게 될 것이다.

사람들이 "일련의 역할들을 수행한다"고 말하는 것은 그들이 일부러 꾸며서 행동하고 있다는 것을 뜻하지는 않으며, 또한 그들이 거짓말을 하거나 속이고 있다는 것을 뜻하지도 않는다. 상당한 정도로, 우리들은 자신이 처해 있는 상황들과 자신이 갖고 있는 지위들과 일치되는 양식으로 행동한다. 물론, 어떤 특정 상황에서 인정가능하다고 간주되고 있는 행동들의 범위는 꽤 넓다: 심지어 가끔 조는 사람이라도 그 사람이 너무 크게 코를 골지만 않는다면 관용받을 수 있다. 그러나 역할은 그 상황 속에서 적절한 한계들을 규정한다.

사회심리학에 대한 기여들

역할의 개념은 사회심리학에서 자주 사용되어 왔다: 역할모형(role model), 역할연기(role playing) 및 역할취득(role taking)과 같은 용어들이 문헌들에서 자주 나타나고 있다. 이러한 개념은 우리가 사람들의 행동이 어떤 사회체제 내에서의 그들의 지위가 변경되게 될 때에 왜 변할 수 있는가를 이해하는 데에 도움을 준다.

역할들의 영향에 관한 하나의 생생한 증명이 Lieberman(1965)의 공장근로자들의 태도에 관한 연구에서 보여지고 있다. 시초의 검사단계에서, Lieberman은 미국의 중서부지역의 한 가전공장에 있는 거의 모든 근로자들의 노동조합과 경영정책들에 대한 태도들을 측정했다. 약 1년 뒤에 그는 동일한 공장에 다시 찾아가서 이번에는 근로자들의 두 개의 특수 집단들을 선정해서 근로자들의 태도들을 다시 평가했다. 그 중간 연도 동안에, 첫번째 집단의 멤버들은 감독자, 즉 경영자측에 더 가깝게 연관되는 직위로 승진했다. 근로자들의 두번째 집단은 그들의 노조의 간사로 선출되었다. 이들 근로자들의 태도들은 그 조직체 내에서의 그들의 새로운 역할들의 함수로 변화되었을까? 이 두 케이스들에서, 이들의 반응들이 자신의 이전의 지위에 그대로 머무렀던 근로자들의 한 통제집단의 반응들과 비교되었을 때에, 그 답변은 "그렇다"이었다. 감독자로 되었던 근로자들은 관리층 간부들에 대해 더 긍정적 태도들을 나타냈으며 근로자들에게 생산량에 따라 임금을 지불하는 정책인 유인체제의 시책에 대해서 보다 더 호의적으로 되었다. 이와는 반대로, 노조의 간사로 선출되었던 근로자들은 노조간부들에 대한 그들의 태도들에서 더 긍정적으로 되었으며 업무실적 기준보다도 연공제도를 더 좋아했다. 각각의 경우에서, 태도들은 근로자가 당면했던 새로운 역할에 따라 바뀌었다.

18개월 후에, 이 연구자들은 그 공장에 다시 찾아왔다. 이 무렵에 몇몇 감독자들은 비감독직들로 되돌아 왔으며 몇몇 노조의 간사들도 또한 그들의 원래 직위로 다시 돌아왔다. 전임 감독자들은 또 다시 경영자측에 대해 덜 긍정적이었으며 전임 노조간사들은 이제 노조간부들에 대해 다소 덜 강한 호감을 가졌다. 따라서 이 연구는 우리의 태도들과 신념들에 대한 역할들의 영향을 인상적으로 증명해 준다.

최근에 역할이론의 일반적 아이디어들은 자기(self)의 개념들에 대한 점증하고 있는 관심에서 분명해 왔다. 자기의 개념은 사회심리학자들에 대해서 하나의 새로운 개념은 아니다. 1922년에 Cooley는 하나의 "거울 속에 비친 자기"(looking-glass self)로서의 자기개념을 논의하면서, 자기가 우리의 타인들과의 상호작용들에 기초해서 정의되고 있다는 아이디어를 제시했다. George Herbert Mead도 역시 사회적 상호작용의 한 산물로서의 자기에 대한 우리의 이해에 중요한 기여를 했다. 7장에서 우리는 자기에 관한 연구의 최근의 발전들을 논의할 것이다.

자기인식(self-awareness)에 관한 모형들은 우리가 자신을 가장 많이 인식하게 되는 조건들을 지적하고 있다. 자기상위들(self-discrepancies), 즉 우리 자신이 현재 무엇이라고 생각하는 것과 우리가 과거에 되고 싶어했던 것 사이의 차이들과 같은 것들의 분석들은 우리에게 자신의 정서경험을 이해하게끔 도와 준다. 자기감시(self-monitoring)의 개념은 어떤 사람들이 흔히 사회적 맥락에 따라 특정의 행동들을 선택하면서 타인들에 의해서 지각되고 있는 양식을 검색하는 경향성에 초점을 둔다. 보다 더 일반적 수준에서, 자기제시(self-presentation)와 인상관리(impression management)에 관한 이론들은 얼마나 많은 행위들이 특정의 목표들을 달성시키는 데에 있어서의 그것들의 유용성 때문에 선택될 수 있는가를 보여 준다. 다시 말해서, 우리가 하고자 선택하는 역할은 우리가 무엇을 원하는가와 상황이 무엇을 허용해 주는가에 달려 있을 것이다.

역할이론의 통찰들은 의사전달과정의 측면들을 이해하기 위한 하나의 기초를 제공해 준다. 역할이론은 또한 우리가 행동이 조직구조 내의 개인의 지위에 의해 영향받을 수 있는, 어떤 조직체 내에서의 리더들과 부하들의 지위들(15장 참조)을 이해하는 것을 도울 수 있다. 각각의 경우에서, 우리는 연구의 의문들을 설정하는 데 대한 역할이론의 영향을 보게 될 것이다.

세 가지 주요 이론들의 비교

우리가 논의해 온 3개의 주요 이론들의 각각은 인간 행동에 관해서 어떤 가정들을 갖고서, 어떤 변인들이 중요하고 다른 변인들이 중요치 않다고 규정한다. 각 이론은 어떤 연구자에게 어떤 방향들을 지시하면서, 질문할 어떤 의문들을 암시하고 다른 의문들을 무시한다. 각 이론의 핵심 특징들을 별개로 고려해 왔으므로, 이제 이것들을 직접 비교해 보자. 표 1-2는 5개 차원들에 대한 이들 비교들을 요약하고 있다: 즉, 분석의 단위, 과거나 현재의 강조, 내부사상이나 외부사상의 강조, 개인의 강조나 사회구조의 강조, 인간 본성에 관한 가정들이다.

분석의 단위 우리가 검토해 온 세 가지 이론들의 각각은 한 가지 개념을 핵심개념

표 1-2. 사회심리학에서의 세 가지 주요 이론들의 비교

차원들	역할이론	학습이론	인지이론
중심개념 또는 분석단위	역할	자극-반응 단위	인지 구조와 과정
행동의 원인들(과거 또는 현재)	현재("당신의 본질은 당신이 지금 갖고 있는 역할이다")	두 가지임(과거의 강화의 내력과 현재의 강화 연계사상들이 똑같이 중요함)	두 가지임(현재의 사상들과 마찬가지로, 기억들과 인지구조들이 행동에 영향을 줌)
내부과정들이나 외부사상들의 강조	역할들과 상황들	외부자극	내부과정
개인이나 사회구조의 강조	사회구조	개인적 학습	개인적 인지들
인간본성에 관한 가정들	사람들은 자신이 갖고 있는 역할과 연관된 기대들에 대한 반응으로 행동한다.	사람들의 행동은 강화의 패턴들에 의해서 결정된다.	사람들은 인지구조들을 형성하고 자기들의 인지들에 기초해서 행위하는 인지적 존재들이다.

으로서 지적한다. 역할이론에 대해 이 개념은 사람들이 어떤 사회체제 속에서 서로 상호작용할 때에 형성된 역할들이다. 학습이론은 사회적 행동을 특수한 자극－반응－강화의 연결들을 검토함으로써 설명한다. 비록 사회적 교환과 사회적 학습과 같은 보다 더 최근의 학습이론들이 다소 복잡한 단위들을 고려할지라도, 이들의 초점은 아직도 별개의 행동들에 있다. 인지이론에 대해서, 기본단위들은 인지들 또는 보다 더 특수하게, 인지 구조들과 과정들이다.

과거 대 현재의 강조 세 가지 이론들은 그들이 행동의 과거 대 현재의 원인들을 강조하는 정도에서 다소 차이가 있다. 역할이론은 현재에 가장 큰 비중을 둔다. 강화이론들과 아울러 인지이론들은 현재의 행동의 역사적 선행조건들에 더 많은 주의를 기울인다. 강화이론들과 인지이론들은 모두 행동이 새로운 강화들이나 새로운 경험에 따라 변화될 수 있고 실제로 변화한다고 가정한다.

내부사상 대 외부사상 이론들이 차이가 있는 세번째 차원은 그것들이 내부와 외부의 사상들에 두는 강조이다. 역할이론은 외적인 역할들과 상황들을 강조하는 경향이 있다. 고전적 강화이론은 외부사상들에만 관심을 두고 있다 ; 이것은 "정신적" 개념들에 대해 관심이 전혀 없고 심지어 적대적이다. 사회적 학습이론과 사회적 교환이론과 같은 보다 더 현대판의 강화이론들은 내부의 사고들, 기대들 및 매개시키는 인지들에 더 많은 주의를 기울인다. 인지이론들은 매우 내부적인 것에 초점을 두어서, 내부의 인지구조들을 거의 전적으로 강조하고 있다.

개인 대 사회구조 비록 학습이론과 인지이론이 외부사상들을 고려하는 정도에서 차이가 있을지라도, 그들은 사회구조에 반대되게 개인에 대해 강조를 두는 점에서 비슷하다. 기본적 학습이론들은 개인의 학습내력들에 대해 그리고 사회적 학습이론과 사회적 교환이론은 인지능력들과 상호작용 목표들상의 개인차들에 더 많은 주의를 기울인다. 인지이론은 사회구조보다도 개인에 더 많은 강조를 두어서, 집단들보다도 개인들을 분석하는 것에 대한 심리학자들의 계속적 관심을 반영하고 있다. 이와는 반대로, 역할이론은 개인차들을 거의 무시한다 ; 그 대신에 이 이론은 행동의 결정요인들로서 역할들, 역할갈등들 및 역할기대들의 공통적 특징들을 살펴본다.

인간본성에 관한 가정들 고전적 강화이론과 아울러 역할이론은 모두 인간본성이 어떤 실체를 결여하고 있다고 가정한다 ; 오히려 사람들은 자극들에 반응해서(강화이론) 또는 그들이 수행하고 있는 역할들의 기대들에 대해 반응해서(역할이론) 행동한다. 그러나 두 이론들에서, 최근의 수정들은 개인을 보다 더 직접적으로 이론 속에서 취급해서, 강화이론의 경우는 유기체(자극과 반응 사이의 어떤 유기체요인)를 인정하고 역할이론의 경우는 자기개념에 더 큰 주의를 기울이고 있다. 이와는 반대로, 인지이론은 사고하고 해석하고 사상들에서 의미를 발견하는 하나의 인지적 존재에 기초하고 있다. 이와 동시에, 인지이론은 정서와 행위와 같은 인간 행동의 다른 측면들에 주의를 기울이지 않으며, 이러한 인간 본성의 다른 기본측면들로부터 컴퓨터에 대한 비유쪽으로 주의를 돌리게끔 만든다는 비평을 받아 왔다.

분명히 이들 세 개의 이론들은 이것들이 중요하다고 간주하는 것과 이것들이 사회적 행동이 발달하는 것에 대해 어떻게 생각하는가에서 상당히 다르다. 우리가 앞에서 시사한 바와 같이, 이들 이론들의 어느 것도 사회심리학이 취급하는 광범한 행동을 설명하는 데에 그 자체로서 충분치 못하다. 각각의 관점은 우리에게 가치있는 통찰들을 제공해 준다 ; 이와 동시에, 이들 어느 이론도 실제로 취급하지 못하는 행동의 측면들이 있다. 예컨대, 행동의 가능한 생물학적 결정요인들은 역할이론이나 학습이론이나 인지이론에 의해서 정말로 고려되고 있지 않다. 아마 역할이론을 제외하고서, 이들 이론들은 우리의 행동에 대한 집단들과 문화들의 영향에 많은 주의를 기울이지도 않는다. 어떤 사람들은 이와 같은 관심사들을 인류학자들에게 넘겨주기를 선호할 것이다. 그렇지만 심리학과 아울러 사회학에 뿌리를 둔 어떤 학문이 개인과 아울러 집단에 대해 충분하게 주의를 기울일 수 있을 것이다(Jahoda, 1986 ; Pepitone, 1981).

"한 이론은 당신에게 당신이 관찰하고 싶어하는 것을 어디에서 찾아야 되는가를 알려 주는 하나의 안내판"이라고 Runkel과 McGrath(1972, p. 23)는 보았다. 우리가 사용하는 이론적 관점에 따라 우리는 인간 행동의 매우 다양한 측면들을 관찰하게 될 것이다. 우리의 가정들과 이것들의 결과들을 인식하는 것이 갖는 중요성은 아마 배워야만 될 가장 중요한 교훈일 것이다. 이렇게 될 때에 비로소 우리는 인간의 사회적 행동의 전체의 복잡성을 인식하기 시작할 수 있다.

생물학적 접근

인간 행동에 대한 생물학적 요인들의 영향은 McDougall, Freud, Lorenz 등에 의해서 강조되어 왔다. 사람은 다른 동물들이나 타인들과 구별되는 많은 생물학적 특징들을 지니고 태어난다. 이러한 특징들이 행동의 결정에 있어서 어느 정도 한 몫을 한다는 데에는 의문의 여지가 없다. 가장 단순한 수준에서, 이들 특징들은 인간이 할 수 있는 행동들과 반응할 수 있는 자극들을 제한한다. 인간은 날 수가 없고, 고기를 먹을 수 있고, 많은 다른 동물들에 비해서 매우 강하고, 신체적으로 재간이 있는 등의 특징이 있다. 인간은 또한 지능이 높고, 언어(또는 언어를 발달시킬 능력)를 갖고 있고 기억을 잘하며, 오래 산다. 인간은 청각과 시각이 우수하지만, 한정된 범위의 소리와 빛에만 반응한다. 인간은 또한 느리게 성숙하며, 어릴 때에는 매우 무기력해서, 적어도 6살 정도는 되어야 음식을 찾아 먹을 수 있다. 이에 비해서, 염소는 거의 태어나자마자 걸을 수 있고, 바로 스스로 살아갈 수 있다. 중요한 선천적 특징들의 목록은 훨씬 더 길겠지만, 분명히 이러한 모든 성질들은 동물의 일종으로서의 우리와 우리의 사회적 행동에 영향을 준다.

본 능

이러한 선천적 특징들 중의 어느 것이 우리의 사회적 행동에 영향을 주는가가 문제가 아니라, 이것들이 하는 역할이 얼마나 크며 이것들이 바로 어떠한 차이를 일으키는가가 문제가 된다. 인간이 공격적인 본능을 갖고 있다는 것이 시사되어 왔다. Lorenz 등은 공격적 충동이 유기체 내에 구축되어 있고 날 때부터 있으며, 변경시킬 수 없다고 주장해 왔다. 약간 다른 용어로, Freud의 정신분석이론은 또한 파괴를 향한 선천적 충동(비록 Freud는 이것이 비파괴적 행동으로 유도될 수 있다고 생각했지만)이 있다는 것을 제안했다. 공격이 본능적인 것이라는 생각은 공격의 잠재성이 자연적인 것이라고 주장하는 것 이외에, 예컨대 어떤 강도가 특정의 상황에서 왜 상점에서 도둑질을 했거나 경찰관에게 총질을 하였는가를 이해하는 데에 그리 도움이 되지 못한다. 이것은 왜 그 강도가 총을 쏜 반면에, 다른 사람들은 쏘지 않았는가를, 그리고 왜 그 강도는 죄인이 되고 경찰관은 죄인이 되지 않는가를 우리에게 설명해 주지 않는다. 그러나 이러한 견해는 인간 행동을 보는 하나의 방도를 제공해 준다.

유전적 차이들

생물학적 접근의 두번째 입장은 사람들간의 유전적 차이들이 어떻게 행동의 차이들을 일으키는가에 초점을 둔다. 어떤 사람들은 타인들보다도 훨씬 더 키가 크고 강하게 성장되며, 어떤 사람들은 다른 사람들보다도 더 재치가 있으며, 어떤 사람들은 다른 사람들보다도 더 좋은 시력과 섬세한 운동조절력을 갖는다. 우리들 중의 어떤 사람들은 여자이며(그리고 아이를 낳을 수 있다), 다른 사람들은 남자이고 아이를 낳을 수 없다. 이와 비슷하게, 어떤 사람들은 유전적 이유들로 다른 사람들보다도 더 공격적일 수 있다. 어떤 특정 유형의 유전적 구조(보통의 XY나 XX대신에 특히 XYY염색체)를 지닌 사람은 범죄인이 되기 쉽다고 주장되어 왔다. 비록 이러한 생각을 지지하는 증거가 아직 거의 없지만, 이것은 분명히 범죄행동에 대한 하나의 부분적 설명은 될 것이다. 아마, 어떤 강도는 여분의 Y염색체를 가졌을 것이고(XYY인 사람은 모두가 남자이다), 이것이 바로 그가 그렇게 난폭한 이유가 될 것이다. 이와 관련된 생물학적 접근의 한 이론은 공격성을 설명하기 위해서 호르몬의 불균형이나 뇌의 결함들과 같은 다른 생리적 요인들을 사용한다. 뇌의 어떤 부분들, 특히 시상하부에 대한 손상은 동물들에게서 통제할 수 없는 공격성을 일으킬 수 있다는 것이 알려지고 있다.

일반적인 생각은 사회적 행동을 포함해서 모든 행동의 원인들이 개인의 생물학적 성질에서, 즉 유전적 구조, 선천적 특징들, 출생후에 발달되는 신체적 특징들, 또는 호르몬 생산이나 뇌 자극에 의해서 생기는 것들과 같은 일시적인 생리적 흥분상태들에서 찾아질 수 있다는 것이다. 이 접근은 지금까지 사회심리학에 비교적 영향을 주지 못해 왔다. 사회심리학자들은 일반적으로 생물학적 접근의 중요성을 인정하기는 하지만, 인간에게는 소수의 본능적이거나 선천적인 행동기제들이 존재한다고 가정한다. 존재하고 있는 것들조차도 사회적 요인들에 비해서 작은 영향을 갖는 것 같다. 우리는 왜 어떤 청소년들이 폭력배들에 가담하고 다른 청소년들이 컴퓨터 클럽들에서 시간을 보내는가를 그들의 염색체 구조를 이해하기보다도 그들의 문화집단들의 규범들을 이해함으로써 훨씬 더 잘 설명할 수 있다. 그러나, 생물학적 요인들은 이제 철저하게 연구되고 있으며, 그 요인들은 가까운 장래에 사회심리학에서 보다 더 영향력있게 될 수 있다.

사회생물학적 이론

생물학과 사회적 행동 간의 관계에 대한 최신의 그리고 가장 논쟁이 되는 분석은 사회생물학에서 발견되고 있다. **사회생물학**(sociobiology)은 이 이론의 원래의 제안자인 Wilson에 의해서 "모든 사회적 행동의 생물학적 기초에 관한 체계적 연구"라고 정의되어 왔다(1975, p. 4). 사회생물학자들에 의하면, 신체적 특징들과 마찬가지로 사회적 행동의 유전적 결정요인들은 각종 생물의 생활을 통해서 진화되어 왔다. 이 이론은 자연선택과 적자생존의 원리들을 도입시킨 Darwin의 진화론의 한 확장이다. 사회생물학은 자연이 생존하도록 선택하는 것이 최적의 개인들이라기보다도 최적의 유전자들, 즉 자식의 생존확률을 증가시키는 것들이라고 정의된 것이라고 가정하고 있다는 점에서 차이가 있다.

공격과 이타성이 사회생물학자들에게 특히 관심이 있는 것이어 왔지만, 이 분야의 야심있는 과학자들은 훨씬 더 깊이 탐구해 와서, 성행동과 배우자선택, 자식들에 대한 부모의 애정, 동성애, 남을 속이는 메시지들, 신체적 매력의 본질 및 사회적 행동의 성차들과 같은 다양한 행동들을 검토하고 있다. 각각의 경우에서 기본적 주장은 사회적 행동이 개체의 유전적 구성에 의해서 실질적으로 결정되며, 어떤 개체나 종이 나타내는 행동들은 이것들이 유전적으로 적응력이(또는 생존가가) 있기 때문에 진화되어 왔다는 것이다. 다시 말해서, 사회생물학자들은 행동의 원인들에 대한 그들의 추론들을 행동의 효과들에 관한 그들의 관찰들에 기초하고 있다.

놀랄 것도 없이, 이 이론은 매우 논쟁이 된다(Kitcher, 1985). 무엇보다도 먼저, 이 이론은 인간에 대해서 검증하기가 곤란하다. 몇 세대의 곤충들에 대해서 다소 신속하게 수행될 수 있는 실험들은 시간이나 윤리적 고려사항들 때문에 인간에 대해 수행될 수가 없다. 둘째로, 어떤 행동이 존재하거나 나타나고 있다는 사실 자체는 그것이 적응의 결과라고 보증해 주지는 못한다. 특징들은 그것들이 단순히 적응적이기 때문이 아니라, 여러 가지 이유들로 어떤 종에서 유지될 수 있다는 것이 충분하게 증명되어 왔다(Dumont와 Robertson, 1986 ; Gould, 1986). 셋째로, 어떤 유기체의 생물학적 구성에 대한 의존은 뇌의 복잡성이 증가될수록 일반적으로 감소한다. 다시 말해서, 인간은 보다 더 단순한 유기체보다도 외부사상들, 내부목표들 또는 생물학적 충동들에 대해 반응할 여부를 결정짓는 데에 있어서 훨씬 더 큰 폭을 갖고 있다.

사회생물학적 이론에 대한 이와 같은 비평들에도 불구하고, 우리는 사회심리학자들이 그들이 지금까지 해 왔다고 생각하는 것보다도 생물학적 결정요인들에 대해 아마 덜 주목해 왔다는 것을 인정한다. 확실히 어떤 행동형태들의 잠재력은 생물학적 요인들에 의해 영향받고 있다. 예컨대, 신체적 크기는 어떤 개인이 행할 수 있는 위해의 양과 아울러 타인들의 반응들과 기대들에 관련되어 있을 수 있다. 성행동은 확실히 중요한 생물학적 요소들을 갖고 있다. 그러나, 생물학적 요인들의 어떤 영향을 인정하는 것은 모든 사회적 행동이 생물학적으로 기초되어 있다고 주장하는 것은 아니다. 유전학과 생물학이 확립시킬 수도 있는 잠재력들이나 가능성들과 사회적 행동의 실제의 나타남 사이의 연관성을 증명하는 것은 생물학적으로 기초된 이론들의 도전거리들 중의 하나로 남아 있다.

특별논의 1-3. 사회심리학에 관한 대표적인 사회학적 이론: 상징적 상호작용론 (symbolic interactionism)

사회심리학은 심리학뿐만 아니라 사회학에도 뿌리를 두고 있다. 실제로, 어떤 사람들은 사회심리학을 심리학과 사회학 사이를 연결시키는 분야라고 본다. 사회심리학이라는 제목의 대학과정들이 흔히 심리학과들과 아울러 사회학과들에서 가르쳐지고 있다. 비록 이러한 "두 개의 사회심리학들"이 많은 공통점을 갖고 있지만, 또한 다소 독특한 특징들을 갖고 있다(Stryker와 Statham, 1985). 우리는 상징적 상호작용에 대한 분석을 살펴봄으로써 사회심리학에 대한 대표적인 사회학적 접근을 고려할 것이다(주: 앞에서 소개된 역할이론도 그 많은 개념들이 사회학자들에 의해서 취급된 것이다. 상징적 상호작용론은 이러한 개념들을 발전시킨 것이다. 이 두 가지 접근들은 인간 행동의 심리적 측면들보다도 사회적 측면들을 강조한다). 상징적 상호작용론자들은 사람들이 문화 속에서 당면하는 역할들과 기대들에 부여하는 의미(meaning)의 중요성을 지적함으로써 이러한 아이디어들을 확장시켜 왔다. 상징적 상호작용론자들에 대해 가장 중요한 것은 의미가 우리가 공유하고 있는 상징들(symbols)이나 아이디어들을 통해서 전달되고 있다는 생각이다.

상징적 상호작용론자의 관점은 인간과 기타의 동물들을 구분짓는 것이 상징들을 생성하고 사용하는 우리의 광범한 잠재능력에서 출발한다. 우리는 추상적 아이디어들에 관해서 생각하고, 몇 개의 대안적 행동코스들을 고려하고 이것들 중에서 선택하며, 우리 자신의 성품에 대해서 반성하는 등의 능력을 갖고 있다. 어떤 사회적 상황이나 대상은 그 자체 아무런 의미를 갖고 있지는 않다: 그 대신에 사람들은 자신의 행위들과 해석들을 통해서 의미를 만들어내고 있다. 예컨대, 어떤 강도범은 술집을 다소의 현금을 얻기 위한 하나의 편리한 장소라고 볼 수 있다. 술집 주인에 대해서, 술집은 정직하게 돈벌이를 하기 위한 하나의 방법을 의미한다. 그 이웃집에 살고 있는 주민들에 대해서, 그 상점은 "바람직스럽지 못한 사람들"을 그 지역으로 끌어들이고 있는 하나의 눈 속의 가시 같은 존재일 수 있다.

사회적 상호작용은 기본적으로 사람들이 서로 의미를 전달하는 과정이다. 우리는 단어들 뿐만 아니라 안면제스처들, 어조들 및 "신체언어"로 의사를 전달한다. 우리는 대개 다른 사람의 환영하고 있는 미소나 불인정하는 얼굴 찌푸림의 의미를 "읽을" 수 있다. 우리가 사회적 상황들에서 기능할 수 있는 능력은 우리가 "다른 사람의 역할을 취할 수 있는 것," 즉 우리 자신을 타인의 입장에 두고서 그들이 어떻게 행위할 것이라고 예상하는 능력을 요한다. 사회적 상황들에서, 사람들은 사건들과 타인들에 대해서 단순하게 반응하고 자동적으로 반응하지는 않는다. 오히려, 사회적 행위자들은 사회적 패턴들을 정의하고 해석하고 구성하기 위해서 적극적으로 일한다.

상징적 상호작용론에서 나오는 하나의 중요한 개념은 **상황의 정의**(definition of the situation)이다. 여기에서의 아이디어는 사람들이 상호작용할 때, 그들은 자기들의 행동의 의미에 대한 어떤 공동의 이해, 즉 자기들이 누구이며 무엇을 하고 있는가에 관한 암묵적인 합의들에 도달한다. 예컨대, 한 동네의 아이들의 집단이 방과 후에 모였을 때, 그들은 자기들이 "마을을 지키는 방위 대원들"이며, 마을 뒤에 있는 낡은 헛간이 그들의 "클럽본부"이며, 이웃집의 강아지는 그들의 "경비견"이며, 나무숲들은 그들의 "비밀 야영장"이라는 데 대해 일치할 수 있다.

그들의 활동들은 자기들의 "동네"에 위협을 주는 "나쁜 놈들"을 색출하고 처벌하는 것을 중심으로 이루어질 것이다. 이전에 쓰던 옷들과 장난감들은 이와 같은 극에서의 소품들로서 사용될 수 있을 것이다. 상징적 상호작용론자들에 대해서, 상호작용 속에서 출현하는 공동의 신념들, 지각들 및 이해들은 관찰자들에 의해서 보게 되는 상황의 실제적 사실들보다 더 중요하다. 그 아이들은 그들이 해석하는 바에 따라 서로와 자기들의 환경에 대해서 반응하며, 외부인들이 그것을 이해하는 바에 따라 반응하지는 않는다. 놀이를 하고 있는 아이들의 경우에서, 집단멤버들이 그들 자신의 사회적 현실을 만들어내고 있는 적극적 방법을 알아내는 것은 쉬운 일이다. 그렇지만, 상징적 상호작용론자들은 이와 비슷한 과정들이 일상생활 속에서의 우리의 모든 사회적 상호작용들에 영향을 준다고 믿는다.

상징적 상호작용론에서 나오는 또 다른 중요한 아이디어는 자기(self), 즉 내가 누구이며 어떤 종류의 사람이라는 우리의 개념이 우리의 타인들과의 상호작용들에서 생겨난다는 것이다. Charles Cooley는 우리가 자기 자신을 타인들이 자기에 대해서 어떻게 행동하는가라는 거울을 통해서 본다는 아이디어를 포착하기 위해서 "거울 속에 비친 자기"(looking glass self)라는 용어를 사용했다. 우리는 타인들의 눈을 통해서 그리고 타인들이 자신에 대해서 반응하는 양식들로부터 자신을 알게 된다. 어떤 청소년 강도를 예로 들 때, 상징적 상호작용론은 그의 자기개념을 조사할 것이다. 아마 학교에서의 일련의 실패들은 그로 하여금 자신을 학교공부에는 소질이 없다고 보게끔 만들어 왔을 것이다. 이와는 반대로, 그는 또래들로부터 훔치는 것에 관해서 배웠고, 그가 훔치는 것에서 얻을 수 있는 손쉬운 돈과 또래의 인정을 즐거워했으며, 자기 자신을 "약삭빠른 성공적인 도둑"으로서 보는 데에 긍지를 갖게 되었을 것이다.

상징적 상호작용론자는 사회심리학 내의 다른 인지적 접근들과 공통 요소들, 가장 괄목할 만하게 사람들이 사회적 상황들을 지각하고 해석하는 양식에 대한 강조를 함께 갖고 있다. 그렇지만, 상징적 상호작용론의 하나의 독특한 특징은 의미의 상호작용적 생성, 즉 사람들이 자기들의 상호작용들에 대한 공동의 의미들에 도달하기 위해서 의사전달을 하고 협상하는 양식들에 대해 초점을 두는 것이다. 따라서, 10대의 깡패멤버들은 경찰관이나 가게주인들에 의해서 어떤 절도가 해석되고 있는 양식과는 크게 다르게, 가게에서 훔치는 것에 대한 공동의 그리고 긍정적 해석을 발전시킬 수 있다. 상징적 상호작용론자들은 사회적 상호작용을 사회생활이 계속적으로 창출되고 재창출되고 있는 하나의 역동적 과정이라고 본다.

사회심리학의 연구법

우리가 사회심리학분야를 분명하게 규정하고 그 이론들을 제시했으므로, 이제 사회심리학의 연구법에 관심을 돌려 보자. 우리가, 예컨대 이성간의 교제와 같은 인간관계의 주제를 기술하고자 한다면, 관계에 포함된 수많은 사건들이나 사상들을 열거할 수는 있겠지만, 이성관계에 관한 정확한 기술을 제시하기는 매우 곤란하다. 거의 모든 학문분야의 연구자들은 흔히 이와 같은 곤란한 과업에 당면하고 있다. 즉, 그들은 다량의 자료에서 의미를 찾아내야만 되며, 자기들의 결론을 다른 연구자들에게 전달해야만 된다. 사상들에 관한 연구와 보고의 일관성을 달성하려는 노력에서, 연구자들은 이러한 절차들을 규정하는 어떤 표준화된 규칙들을 발전시킨다. 이러한 연구의 규칙들은 과학을 이룬다. 우리가 화학이나, 물리학이나 사회적 행동에 관해서 논의하든 간에, 이들 각 연구분야들을 하나의 과학으로서 지칭되게끔 만드는 공통 기반은 과학적 방법, 즉 사상(事象)들을 연구하고 발견들을 전달하기 위한 표준화된 규칙들에 따르는 것이다.

우리의 대부분은 과학이라는 용어에 대해 다소 겁을 먹고 있다. 이 단어는 어떤 복잡하고도 거의 신비스러운 문제를 연구하고 장황하고도 도저히 이해할 수 없는 용어들을 사용하면서 말하고 있는 실험복을 착용한 안경을 낀 일단의 사람들이 생각될 때에 섬뜩한 기분을 느끼게끔 만든다. 그러나, 과학에 대해서 신비스러운 것은 아무 것도 없다. 과학은 사상들을 ① 기술하고 ② 예언하고 ③ 설명하고자 하는 하나의 과정이다. 이러한 목표들의 달성은 과학자로 하여금 조건들을 통제해서 자신이 원하고 있는 사상이 발생될 수 있게끔 해 준다. 어떤 의미에서, 우리는 과학을 합의된 규칙들에 따르는, 이해를 위한 끝없는 탐구라고 간주할 수 있다. 어떤 사람들에게 흥분을 주는 동시에 다른 사람들에게 좌절을 주는 것은 우리가 발견하는 각각의 해답이 과학적 탐구를 위한 새로운 의문들과 도전들을 제기시키는 것이다.

이러한 목표들의 달성을 촉진시키고 탐구를 인도하려는 노력에서, 과학자들은 이론들과 가설들을 발전시킨다. 앞 장에서 논의된 바와 같이, 이론이란 둘이나 그 이상의 사상들이 왜 관련되어 있는가를 설명하고자 하는 하나의 체계적 진술이다. 이론들은 행성들의 태양중심적 운동에 관한 코페르니쿠스의 이론과 같이 범위가 넓거나, 예컨대 사람들이 어떤 특정의 상황에서 공포를 느끼게 되는 이유는 무엇인가, 특정의 태도들이 형성되게 되는 이유는 무엇인가, 또는 사람들이 타인들에 대해서 공격적으로 행동하는 이유는 무엇인가와 같은 것들을 설명하기 위해서 초점이 더 좁혀져 있는 것일 수 있다.

과학자들은 또한 가설들을 발전시키는데, 이것들은 사상들간의 관계에 관한 지식에 기초된 추측들이다. 이론들과는 달리, 가설들은 두 개의 사상들이 관련되어 있는 이유를 설명하고자 하지는 않으며, 두 개의 사상들간에 어떤 관계가 있을 것이라는 것을 진술한다. 가설들은 이론들로부터 유도될 수 있거나, 기존의 자료들로부터 형성될 수 있다. 예컨대, 1938년도의 미국에서의 "화성인의 침공"이라는 라디오드라마에 대한 청취자들의 공포와 공황 반응들에 관한 Cantril(1940)의 면접자료들에 의해서 제안된 하나의 가설은 사람들이 불안하고 안절부절 못하고 공포를 느낄 때에 군집(affiliation)하려는 경향이 있다는 것이다. 이러한 진술은 이것이 단지 어떤 관계를 진술하고 있고 이러한 관계가 존재하는 이유를 설명하고자 하지는 않기 때문에 하나의 이론이라기보다도 하나의 가설이다. 가설은 맞을 수도 있고 틀릴 수도 있으며, 가설들을 검증하는 것이 과학의 하나의 주요 과제이다. 다른 과학들처럼, 사회심리학은 사상들간의 관계를 설명하고 예언하고 이해하고 입증하는 데에 관계하고 있다.

과학적 방법을 사용함에 있어서, 사회심리학자들은 하나의 탐정이 되고 있다. 사회심리학자는 어떤 탐정이 어떤 범죄의 범인에 관해서 어떤 예감을 가질 수 있는 것과 꼭 마찬가지로, 어떤 이론이나 가설을 가지고 있을 수 있다. 이 두 사람의 과업은 그 이론이나 예감을 입증하거나 기각하게 될 정보를 추적하는 것이다. 어떤 탐정이 "어떤 그럴듯한 의심을 넘어서서" 어떤 예감이 맞는다는 것을 판사에게 납득시키는 데에 충분하게 분명한 정보를 수집해야만 되는 것과 꼭 마찬가지로, 사회심리학자는 자신의 이론의 정확성에 관해서 비평가들과 다른 사회심리학자들을 납득시키기 위해서 자신의 이론에 대한 충분하게 분명한 지지를 얻어야만 된다. 이 비유를 한 단계 더 진척시켜서 설명한다면, 탐정들이 단서를 추적하기 위한 방법들을 발전시켜 온 것과 꼭 마찬가지로, 사회심리학자들도 역시 자기들의 예감을 철저하게 추적하고 이론을 검증하기 위한 절차들을 고안해 왔다.

사회심리학자들은 이론들을 검증하고 단서들을 추적하기 위해 다양한 방법들을 사용한다. 따라서 사회심리학자들의 탐정과 같은 활동의 일부는 어떤 특정의 문제를 연구하기 위한 최선의 책략을 선정하는 것이다. 이러한 요지를 염두하고서, 우리는 사회심리학의 연구법들을 검토할 것이다. 이것들의 사용을 예시하기 위해서, 우리는 앞에서 인용된 Cantril이 연구되었던 "화성인의 침공"이라는 라디오방송극에 대한 사람들의 반응들에 초점을 두게 될 것이다. 만일 우리가 방송극에 의해서 유발된 것과 같은 공포가 사람들로 하여금 타인들과 함께 군집하게끔 만든다는 가설을 추적하고 싶어한다면, 우리는 이 가설을 지지해 주는 증거를 얻기 위해서 어떻게 할 수 있을 것인가? 일반적으로, 사회심리학의 연구법들은 상관연구(즉, 사례사, 기록문서연구 및 조사)와 실험연구로 구분될 수 있다.

사례사법

가설을 검증하는 한 가지 방법인 사례사(case history)는 소수의 응답자들을 사용하고 그들의 반응을 심층적으로 분석한다. 예컨대, Cantril의 연구의 한 부분에서, 방송극에 의해서 겁먹었다고 시인했던 사람들이 그들의 반응에 관해서 장시간 면접받았다. 그들의 증언이 가치있기는 하지만, 우리는 우리가 알아낸 많은 것들이 대부분의 사람들이 실제로 행동하는 방식에 관한 신뢰로운 것들이라고 확신할 수가 있겠는가? 우리는 그 보고들이 일반적 인구나 모집단의 대표가 되는지, 아니면 보고들이 기록된 소수의 사람들에게 특유한지를 알 수가 없다. Cantril의 대부분의 보고들은 방송극에서 화성인이 착륙한 지점이라고 소문났던 미국의 뉴우저지주에서만 수집되었다. 그 급박한 재난은 그곳에 거주하는 사람들로 하여금 보다 더 먼 지역에 살고 있는 사람들과는 매우 다르게 행동하게끔 만들었을 수 있다. 다른 사례사들이 Cantril의 연구에 관해서 들었고 그에게 편지를 쓰는 수고를 아끼지 않았던 다른 사람들로부터 얻어졌다. 이와 같은 보고들이 홍미있기는 하지만, 이것들은 자기들의 이야기를 전하려는 욕망이나 욕구를 느꼈던 모집단의 매우 선정된 부분을 대표한다. 결과적으로, 우리는 가설들을 검증하는 것이 아니라 생성하는 방법으로서 사례사들을 사용하는 경향이 있다.

기록문서연구법

사례사법에서처럼 한 개의 사건에 초점을 두기보다도, 우리는 기록문서연구(archival research)를 수행함으로써 한 개나 그 이상의 특징들을 공통으로 갖고 있는 광범하게 다양한 사건들에 관한 역사적 설명들을 검토하면서, 이들 사건들에 대한 공통 반응들을 알아내고자 노력할 수 있다. 만일 우리가 공포가 행동에 미치는 영향들에 관심을 두고 있다면, 우리는 집단들이 무서운 상황에 당면되었을 때의 실례들을 찾아내기 위해서 신문들, 잡지들 및 서적들을 조사할 수 있다. 우리의 조사는 화산폭발들과 태풍들과 같은 자연재해들, 소련의 체로노빌지역의 핵발전소 사고와 인도의 보팔시에서의 화공약품 누출과 같은 산업재해들과 자기들의 식량에 독극물이 들어 있다는 것을 알아낸 어떤 지역사회의 위기를 규명하게 될 것이다. 우리는 이들 보고서들을 여러 상황들에서의 사람들의 반응들을 상술하기 위해서 그리고 우리가 모든 사건들에 대한 공통적인 행동패턴들을 찾아낼 수 있는지를 알아보기 위해서 조사하게 될 것이다.

이러한 접근은 우리가 단 한 개의 유형의 공포유발상황을 취급하게 되지 않을 것이기 때문에 풍부한 정보를 내놓게 될 것이다. 만일 우리가 공통적 행동패턴들을 발견한다면, 우리는 어떤 특수한 사례를 넘어서서 일반화시킬 수가 있다 : 즉, 우리는 우리의 상황들의 표본에서 수집된 정보를 그와 유사한 상황들에서의 행동을 예언하고 설명하는 데에 사용할 수 있다. 다시 말해서, 우리는 앞의 예에서 사람들의 반응들이 화성인의 침공에 대한 관심 자체보다도 공포에 기인되었다는 것에 대해 더 확신할 수 있을 것이다. 그러나, 우리는 아직도 많은 골치아픈 의문들에 당면하게 될 것이다. 사건과 사람들의 반응에 관한 이와 같은 닥치는 대로의 설명들은 얼마나 정확한가? 사람들은 공포를 느꼈었는가, 아니면 어떤 다른 정서들에 반응하고 있었는가? 사건에 관한 보고서들은 보고자들 자신의 감정들과 재해석들에 의해서 오염되지는 않았는가? 이와 같은 유형의 문제들은 엄밀한 이론들을 발전시키고 가설들을 검증하는 데 대한 기록문서연구법의 가치를 제한한다.

조 사 법

사람들의 머리 속으로 들어가서, 그들이 마음 속으로 무엇을 생각하고 느꼈는가에 관해서 보다 더 나은 결정을 행하는 한 가지 방법은 질문지를 만들고, 모집단의 지리적, 사회경제적 및 교육적 배경을 대표하는 어떤 큰 표본을 선정하고, 표본 속의 사람들에게 그들의 공포와 군집욕망에 관한 질문들을 묻는 것일 것이다. 바로 이것이 조사법(survey method)이다 (Schuman과 Kaulton, 1985).

조사는 이것이 사람들이 어떤 실제의 상황에 대해 어떻게 반응하는가를 알아내고자 하기 때문에 유용하다. 부가적으로, 응답자들의 어떤 대표적 표본이 참가하게끔 선정될 수 있다. 조사는 어떤 특정의 사상(事象)에 대한 사람들의 태도들, 느낌들 및 보고된 행동들을 기술하기 위해서 사용되고 있다. 그러나, 조사에 대해서도 문제점들이 있다. 첫째로, 사람들은 흔히 어떤 특수한 상황 속에서 자기들이 무엇을 했는가를 정확하게 기억하지 못한다. 둘째로, 응답자들은 자기들을 보다 더 좋게 보이게끔 만들기 위해서 조사에 대한 자신의 응답들을 왜곡시키려고 들 수 있다. 라디오에서 화성인들이 침공해 오고 있다는 것을 들었을 때에 공포에 질려서 자기의 집에서 소리지르면서 뛰쳐나온 어떤 남자는 면접자에게 자기가 자신의 이웃집 사람들을 도와줄 수 있는지를 알아보기 위해서 급히 집 밖으로 뛰쳐나갔다고 대답할 수 있다. 간단히 말해서, 어떤 조사질문지에 대한 반응들은 완전히 정확한 것이 못 될 수 있다. 끝으로, 어떤 사람들은 면접받기를 꺼린다.

하나의 공통점: 인과관계가 아니라 단순한 관계의 취급 우리가 논의해 온 세 가지 방법들을 돌이켜 볼 때에, 당신은 이것들이 공통으로 갖고 있는 것이 무엇이라고 생각되는가? 정말로, 이것들은 서로 매우 다른 것처럼 여겨진다. 한 방법은 신문의 해설들을 읽는 것을 포함하고 있는 반면에, 다른 방법은 우리에게 사람들에게 질문들을 묻는 것을 요하고 있다. 공통점은 각각의 방법이 우리에게 사상들간의 관계에 관해서 정보를 제공해 주기는 하지만, 어느 것도 어떤 사상이 원인이고 어떤 사상이 효과인지를 명확하게 말해 주고 있지 않다는 것이다. 통계적 용어를 사용한다면, 우리는 사상들간의 연관의 정도에 관한 하나의 통계적 측정치인 상관(correlation)을 취급하고 있다. 상관은 +1과 −1 사이의 범위를 취할 수 있다. 만일 우리가 공포와 군집 간에 어떤 정적(positive) 상관을 발견했다면, 이것은 공포의 어떤 증가가 군집의 어떤 증가와 관련되어 있다는 것을 의미할 것이다. 이와는 반대로, 부적(negative) 상관은 공포의 어떤 증가가 군집의 어떤 감소와 동반되었다는 것을 의미할 것이다.

두 개의 변인들(또는 사상들)간의 관계의 정도는 하나의 가치있는 정보이다. 만일 우리가 두 개의 사상들이 정적으로 상관되어 있다는 것을 안다면, 우리는 두 개의 사상들 중의 하나가 발생할 때에 다른 것이 또한 발생하기가 쉽다는 것을 안다. 그러나, 우리는 아마 어느 사상이 다른 사상의 원인이 되었는가를 또한 알고 싶어할 것이다: 즉, 공포가 사람들에게 군집하게끔 만들었는가, 아니면 군집이 사람들에게 공포를 느끼게끔 만들었는가? 상관은 이와 같은 답변을 제공해 주지는 못한다. 두 개의 변인들간의 상관은 다음의 세 가지 중의 한 개의 의미를 가질 수 있다:

1. 첫번째 변인상의 어떤 차이가 두번째 변인상의 어떤 차이를 일으킨다.
2. 두번째 변인상의 어떤 차이가 첫번째 변인상의 어떤 차이를 일으킨다.
3. 어떤 제삼의 비규정된 변인이 첫번째와 아울러 두번째 변인들의 모두에게 차이를 일으킨다.

Cantril이 다음과 같은 자료를 얻었다고 가정하자:

1. 방송극을 청취한 후에 상당한 공포를 느꼈다고 보고한 사람들 중의 75%가 방송극이 끝난 후에 다른 사람들과 함께 시간을 보냈다.
2. 방송극을 청취한 후에 거의 공포를 느끼지 않았다고 보고한 사람들 중의 15%가

방송극이 끝난 후에 다른 사람들과 함께 시간을 보냈다.

공포가 사람들에게 군집하게끔 만든다는 가설에 대해서 이들 자료들은 무엇을 의미하는가? 한 가지 가능한 의미는 가설에 의해서 제안된 것, 즉 공포가 사람들에게 군집하게끔 만든다는 것이다. 그러나, 두번째의 가능한 해석은 군집이 공포를 일으킨다는 것이다. 우리가 사람들이 함께 모여서 행성들간의 전쟁에 관해서 논의할 수 있고 이러한 논의가 공포를 유발시켰을 수 있다고 쉽게 가정할 수 있으므로, 이것은 하나의 개연성있는 설명이다. 끝으로, 상관에서 측정되지도 않았던 어떤 제삼의 변인이 이 결과들을 일으킬 수도 있다는 것이 또한 가능하다. 우리는 예컨대, 군집성과 같은 어떤 성격적 차원상에서 높은 점수를 받는 사람들이 다른 사람들과 함께 있으려는 동기를 갖고 있고 또한 쉽게 무서워하는 경향이 있다는 것을 발견할 수도 있다. 따라서 상관은 공포가 군집을 일으킨다거나 군집이 공포를 일으킨다는 것을 의미하지 않을 수 있다. 이 둘간의 관계는 단순히 제삼의 변인인 성격변인이 공포와 아울러 군집을 일으켰다는 사실에서 나올 수 있다.

따라서 조사들, 사례연구들 및 기록문서연구들은 이것들이 두 개의 변인들이 얼마나 밀접하게 관련되어 있는가를 알려주므로 예언의 목적을 달성하기 위해서 사용될 수 있다. 그러나 대개의 경우들에서, 이것들은 연구자에게 두번째의 과학적 목표인 이해나 설명을 달성하게끔 해 주지는 못한다. 즉, 이것들은 연구자에게 변인들간의 인과관계(cause-and-effect relationship)을 알아내게끔 해 주지는 못한다.

실 험 법

인과관계들을 알아내기 위해서, 연구자는 자신이 연구하고 싶어하는 변인들에 대해서 어떤 통제력을 소유해야만 되며 어떤 비규정된 변인이 결과들에 체계적으로 영향을 줄 가능성을 제거시킬 수 있어야만 된다. 인과관계들이 규명될 수 있게끔 필요한 통제를 허용하도록 고안되어 있는 방법이 바로 실험이다.

실험은 어떤 가설의 타당성이나 옳음을 검증하기 위한 하나의 절차이다. 실험의 기본설계는 매우 간단하다. 실험자는 **독립변인**(independent variable)을 조작하고 **종속변인**(dependent variable)에 대한 이 조작의 영향들을 연구한다. 독립변인은 이것이 피험자의 통제하에 있지 않다는 사실에서 그 명칭이 생겨났다. 실험자는 피험자가 독립변인의 어느 수준을 받게 될 것인가를 결정한다. 종속변인은 심리학에서 피험자의 반응이다. 가설은 종속변인을 일으키는 독립변인의 측면에서(예컨대, 공포가 군집을 일으킨다) 진술되고 있다. 따라서 실험의 목적은 독립변인과 종속변인 사이의 인과관계를 연구하는 것이다.

어떤 특정의 독립변인이 종속변인을 일으켰다고 진술할 수 있기 위해서, 실험자는 실험내에서 아무런 외재변인(extraneous variable)이 존재하지 않는다는 것을 보장해야만 된다. 외재변인은 비록 이것이 독립변인과 종속변인 간의 관계에 아무런 직접적 관련이 없을지라도, 어떤 체계적 양식으로 사람들의 반응에 영향을 줄 수도 있는 요인이다. 당신이 공포가 사람들에게 군집하게끔 만드는지를 검증하려는 어떤 실험을 계획한다고 가정하자. 당신은 두 수준(높은 및 낮은)의 공포들을 사용하기로 작정한다. 당신은 어떤 방으로 뛰어 들어가서 사람들에게 그들의 건물에 불이 났다고 말함으로써 높은 공포수준을 조작한다. 낮은 공포조건에서, 당신은 어떤 방으로 뛰어 들어가서 사람들에게 이웃의 도시에 있는 어떤 건물에 불이 났다고 말한다. 따라서 공포의 정도가 당신의 독립변인이며 당신은 이것에 대한 통제력을 소유하고 있다. 당신의 종속변인은 군집인데, 이것은 그 방에 있는 사람들이 그 뉴스를 들은 후에 얼마나 자주 서로 이야기를 나누는가에 의해서 측정되고 있다. 지금까지는 매우 잘 되어 왔다. 당신은 실험을 실시하고, 높은 공포가 낮은 공포보다도 더 큰 군집을 일으킨다는 것을 발견한다. 당신은 자신이 얻은 공포가 군집을 일으킨다는 증거에 대해서 확신할 수가 있는가?

자신의 절차를 재검토하는 과정에서 당신은 자신의 모든 노력이 수포로 돌아갔다는 것을 발견하게 될 가능성이 있다. 당신이 자신의 독립변인을 조작하고 통제하고 종속변인을 주의깊게 관찰했을지라도, 외재변인들이 당신의 결과들에 영향을 주었을 수 있다. 예컨대, 당신은 자신이 높은 공포를 조작했던 방들 속에 우연히 있게 되었던 사람들이 모두 서로 친구들 사이인 반면에, 낮은 공포의 방들 속에 있게 되었던 사람들이 서로 낯모르는 사람들이었다는 것을 발견할 수가 있을 것이다. 따라서 사람들간의 사전의 지면(知面)이라는 외재변인이 당신의 군집에 관한 결과들을 "일으켰을" 수도 있다. 더욱이, 당신은 자신의 높은 공포조건들의 모두에서 사람들이 자연적으로 군집하고 싶어하는 점심식사 후에 뛰어 들어간 반면에, 낮은 공포조건들에서는 사람들이 기분이 언짢아 있고 혼자 있고 싶어하는 점심식사 직전에 뛰어 들어갔다는 것을 발견할 수도 있다. 따라서 비록 당신이 자신의 독립변인을 조작했고 예언된 결과들을 발견했다고 하더라도, 이러한 외재변인들의 존재는 당신의 연구가 바로 공포가 군집을 일으킨다는 것을 증명했다는 것을 당신 자신이 믿게끔 허락하지는 않을 것이다.

"명확한" 실험은 외재변인들을 제거시키거나 통제해야만 된다. 사전에 존재하는 피험자의 특징들과 같은 외재변인이 어떤 실험의 결과들에 대한 원인이 아니라는 것을 보장하기 위해서, 피험자들은 여러 조건들에 무작위적으로 배정되게 된다. 무작위배정(random assignment)이라는 것은 각각의 피험자가 각각의 실험조건에 있게 될 동일한 기회를 갖고 있다는 것을 뜻한다. 무작위배정을 통해서, 실험자는 어떤 특정의 실험조건에 배정된 피험자들의 특징들이 다른 실험조건에 배정된 피험자들의 특징들과 동일하다는 것을 보증한다. 무작위배정의 절차를 예시하는 한 가지 방법은 절반은 적색이고 절반은 녹색인 100개의 구슬들을 두 개의 동일한 무더기들로 나누는 일을 하는 어떤 눈을 가리운 사람을 상상하는 것이다. 그 일이 끝났을 때에 각각의 무더기는 적색과 녹색의 구슬들의 비슷한 분포를 갖게 되는 식의 가능성들이 있게 된다. 따라서 피험자들을 조건들에 무작위적으로 배정하는 이유는 사전에 존재하는 피험자의 특징들이 결과들상의 차이들의 원인이 될 수 없게끔 상이한 실험조건들 속에 비슷한 피험자들의 집단들을 확보하려는 것이다. 피험자들을 조건들에 무작위적으로 배정하는 것 이외에도, 우리는 조건들의 순서를 무작위적으로 배정함으로써 다른 외재변인들을 제거시킬 수 있다. 앞의 예에서, 우리는 모든 높은 공포조건들을 점심식사 후에 실시하고 모든 낮은 공포조건들을 점심식사 직전에 실시하지 않음으로써 배고픔의 요인에 기초된 대안적 설명을 제거시킬 수 있다. 이것은 어떤 특정의 시간에 실시되게 되는 조건을 무작위적으로 선정함으로써 달성될 수 있다.

당신이 알 수 있는 바와 같이, 실험과정의 대부분은 통제를 가하는 것이다. 우리는 독립변인이 언제 그리고 어떻게 조작되게 될 것인가를 결정하는 통제력을 소유해야만 되며, 외재변인들을 제거시키는 통제력을 소유해야만 된다. Campbell과 Stanley(1963)는 외재변인들에 의한 오염이 없는 실험설계를 기술하기 위해서 내부타당도(internal validity)라는 용어를 사용했다. 그들의 진술처럼, "내부타당도는 만일 이것이 없으면 실험이 해석불가능한 기본요소이다"(p. 5).

요약하면, 실험은 독립변인의 수준들을 변화시키고 종속변인에 대한 이 조작의 영향들을 알아내는 것이다. 실험의 목적은 독립변인이 종속변인상의 결과들을 일으켰다고 진술하는 것이다. 이러한 진술을 행하기 위해서, 실험자는 자신의 실험에서 외재변인들을 제거시킴으로써 내부타당도를 보장해야만 된다.

실험의 설계 우리는 실험의 목적들과 몇 가지 가능한 함정들을 논의해 왔다. 당신은 공포가 군집을 일으킨다는 가설을 검증하기 위한 한 실험을 실시하는 방법에 관해서 생각할 수 있을 것이다. 기억해야만 될 중요한 요점들은 다음과 같다:

1. 당신은 최소한 두 수준의 독립변인들(즉, 높은 공포와 낮은 공포의 조건들)을 만들어야만 된다.
2. 참가자들(또는 피험자들)은 조건들에 무작위적으로 배정되어야만 된다(즉, 당신은 한 조건에 모두가 똑똑한 사람들이나 모두가 우둔한 사람들이나 모두가 겁많은 사람들을 배정하기를 원치 않을 것이다).
3. 종속변인(예 ; 군집)이 측정되어야만 된다.

높은 공포가 사람들을 군집하게끔 만든다는 것을 증명하기 위해서 고안된 한 실험이 Schachter(1959)에 의해서 보고된 바 있다. 당신 자신이 높은 공포조건에 무작위적으로 배정된 자원자라고 가정하자. 당신은 당신에게 많은 두려움을 제공하고자 하는 뿔테 안경을 낀 엄숙하게 보이는 남자를 만나게 될 것이다. 효과를 내기 위해서, 그는 주머니에서 눈에 띄게 튀어나온 청진기를 갖고 있는 한 실험복을 입고 있으며, 정교하게 보이는 전기장치들의 앞에 서 있다. 그는 당신에게 자신을 Z박사라고 소개하고 나서, 당신에게 당신이 전기쇼크의 영향들에 관한 실험에 참가하고 있다고 알려 준다. 자신의 말이 최대의 영향력을 갖게 하기 위해서 약간 침묵을 지킨 후에, Z박사는 다음과 같이 말한다.

> 우리는 당신에게 일련의 전기쇼크들을 주게 될 것이다. 이제, 나는 당신에게 아주 솔직하게 대해서 당신이 정확하게 무엇을 위해서 이곳에 있는가를 밝히고 싶다. 이들 쇼크들은 아픔을 주게 될 것이고, 고통스러울 것이다. 추측이 되겠지만, 우리의 전기쇼크들이 강할 것이 필요하다. 우리가 할 일은 당신의 손에 전극을 부착하고 당신의 몸에 이와 같은 장치를 채우고서, 일련의 전기쇼크를 주고, 여러 측정치들을 얻는 것입니다… 또 다시, 나는 당신에게 솔직하게 털어놓고 싶으며 이들 쇼크들이 꽤 고통스럽지만, 물론 이것들이 당신에게 영구적 상처를 입히지는 않을 것이라는 것을 알려 드립니다(Schachter, 1959, p. 13).

당신은 아마 만일 당신이 낮은 공포조건에 무작위적으로 배정되었다면, 다소 더 운이 좋거나 적어도 덜 공포를 느끼게 될 것이다. 이 조건에서도 당신은 역시 Z박사의 인사를 받을 것이지만, 전기장치들을 보여 주지 않게 될 것이다. 훨씬 더 쾌활한 태도를 갖고서, Z박사는(그가 높은 공포조건에서 행하는 것과 같이) 당신에게 이 실험이 전기쇼크의 영향들을 연구하는 것이라고 말할 것이다. 그러나 이번에는 그는 이 진술을 다음과 같이 말하면서 수정할 것이다: "우선, 보충해서 말씀드린다면, "전기쇼크"라는 말에 신경을 쓰지 마십시오. 나는 당신이 이 실험에 대해 재미있어 할 것이라는 것을 확신합니다." 그는 다음과 같이 계속 지시를 줄 것이다:

> 우리는 각 사람에게 일련의 매우 약한 전기쇼크를 주게 될 것입니다. 나는 당신 자신이 느끼게 되는 것이 전혀 고통이 없다는 것을 확실하게 말씀드립니다. 이것은 전혀 고통이 없고 약간 간지러운 정도입니다. 우리는 당신의 손에 전극을 부착하고, 일련의 매우 약한 쇼크를 주고서 당신의 맥박과 같은 것들을 측정하게 될 것인데… 이것들은 당신이 병원에서 통상적으로 간단한 진찰을 받는 정도의 일이라는 것을 확실하게 말씀드립니다(pp. 13~14).

이와 같은 식으로 Schachter는 독립변인을 낮은 공포와 높은 공포의 두 가지 수준들로 조작했다. 그러면, 그는 자신의 피험자들의 마음과 기분상으로 두 수준의 공포를 성공적으로 조작했는가? 이것을 알아내는 한 가지 방법은 피험자들에게 질문하는 것이다. 그래서 Schachter는 각 피험자에게 "당신은 이 실험에 참가하고 쇼크를 받게 되는 것에 대해서 어떻게 느꼈습니까?"라고 묻는 질문지에 응답하도록 했다. 피험자들은 "나는 이러한 아이디어를 매우 싫어한다"에서 "나는 이러한 아이디어를 매우 재미있게 생각한다"까지의 범위에 이르는 5개의 칸들로 된 한 개의 척도상에서 반응하도록 요구받았다. 이 질문지가 분석되었을 때, 높은 공포조건에서 엄숙한 Z박사를 접했던 피험자들이 너그럽고도 안심을 주는 Z박사를 접했던 피험자들보다도 훨씬 덜 심적 충격을 받는 경향이 있었다. 조작의 점검(check on the manipulation)이라는 이와 같은 절차는 연구자에게 자신이 정교한 조치에 의해서 조작되었다고 생각되는 변인이 피험자들에 의해서 실제로 정확하게 지각되었다고 안심을 느끼게끔 해 준다.

Schachter의 실험은 공포가 군집을 일으킨다는 가설을 검증하기 위해서 설계되었다. 일단 그가 두 수준의 공포를 성공적으로 유발시킨 후에, 그 다음 단계는 군집(affiliation)의 욕망, 즉 종속변인을 측정하는 것이 필요했다. Schachter는 피험자들에게 쇼크실험을 받기 위해서 기다리는 동안에 다른 사람들과 함께 또는 혼자서 대기하는 것을 선택하도록 함으로써 이 문제를 해결하고자 했다. 두 개의 공포조건들에서 Z박사는 여학생에게 다음과 같이 지시를 주었다:

> 우리가 쇼크를 실시하는 것을 시작하기 전에 이 방을 정리하기 위해서 약 10분간의 여유가 있습니다. 우리는 몇 개의 장치들을 가져와서 이 방에 설치해야만 됩니다… 이 10분간의 대기 시간 동안에 당신이 어떻게 대기하고 싶은가를 묻고 싶습니다. 우리는 몇 개의 여분의 방들을 사용할 수 있는데, 만일 당신이 원한다면 당신 혼자서 기다릴 수 있는 방들을 제공해 주겠습니다. 이 방들은 안락하고 넓습니다. 이것들은 안락의자들을 구비하고 있고 각 방에는 책들과 잡지들이 비치되어 있습니다. 그러나, 당신들 중에는 10분간을 여기에 있는 몇 명의 다른 여학생들과 함께 기다리기를 원할 수도 있다고 생각됩니다. 만일 당신이 후자를 더 원한다면 말해 주십시오. 우리는 옆에 있는 빈 교실들 중의 한 방을 마련해서 당신이 그곳에 있는 몇 명의 다른 여학생들과 함께 기다리도록 해 주겠습니다(pp. 13~14).

표 1−3. 군집경향에 대한 공포의 관계

	선택한 인원수		
	함께 대기	선호없음	혼자 대기
높은 공포	20	9	3
낮은 공포	10	18	2

자료원 : Schachter(1959).

그 다음에 피험자들에게 자신이 혼자서 기다리는 것이나 다른 사람들과 함께 기다리는 것이나 이 둘 중에 아무런 선호가 없는지를 말할 기회가 제공되었다. 이것은 종속변인의 측정을 위한 것이었다. Schachter가 알아보고 싶어했던 것은 높은 공포조건에 배정된 여자들이 낮은 공포조건에 배정된 여자들보다 함께 기다리는 것을 원하는지에 관한 것이었다. Schachter의 결과들이 표 1−3에 제시되어 있다.

이 표는 높은 공포조건 속에 있는 피험자들이 낮은 공포조건 속에 있는 피험자들보다 훨씬 더 많이 함께 기다리기를 원했다는 것을 매우 분명하게 보여 주고 있다. 따라서 그의 가설은 자료에 의해서 지지받았다.

실험의 장점 위에서 예시된 바와 같이, Schachter는 공포가 사회적 군집을 일으킨다는 다소 간단한 가설을 검증하기 위해서 상당한 시간과 노력을 기울였다. 이것은 그럴만한 가치가 있는 것인가? 하나의 실험을 실시하기 위해서 이렇게 많은 노력을 기울이는 이유는 무엇인가? 그 답변은 실험들을 사용하는 것을 정당화시켜 주는 많은 중요한 장점들이 실험들에 있다는 것이다. 실제로, 사회심리학에서 수집된 대다수의 자료는 실험실연구에서 나온다.

실험의 많은 장점들이 분명할 것이다. 첫째로 그리고 가장 중요하게, 실험은 인과의 방향을 결정짓는 하나의 방법을 제공해 준다. 실험자가 독립변인을 통제하고 피험자들을 그 변인의 상이한 수준들에 무작위적으로 배정하기 때문에, 어느 변인이 원인이고 어느 변인이 효과인가에 관한 의문이 답변될 수 있다.

실험의 다른 장점은 결과들에 영향을 줄 수도 있는 외재변인들이 잘 통제될 수 있다는 것이다. 예컨대, Cantril의 조사대상이었던 어떤 사람들은 뇌우 동안에 라디오를 들었거나, 늦게 다이얼을 맞추었거나, 라디오에서 잡음이 나는 중에 그 프로를 들었을 수도 있다. 이들 요인들 중의 어느 것이 공포나 군집에 영향을 주었는지를 알 도리가 없다. 하지만, 우리는 이러한 요인들이 관심을 두고 있는 관계에 관련이 없는 것들이라는 것을 알고 있다. 몇몇 사람들은 이것들 중의 하나나 그 이상에 접했고 다른 사람들은 전혀 접하지 않았을 수 있다. 그의 연구에서 이 요인들은 통제되지 않은 채로 있었다. 이와는 반대로, 실험은 이와 같은 요인들을 통제한다. 변인들은 대개 작은 단위의 시간과 공간의 제약 속에서 조작되게 된다. 모든 피험자들은 독립변인이 되고 있는 한 가지 요인들을 제외하고서, 일반적으로 동일하게 처치받게 된다.

실험의 또 다른 장점은 실험자가 어떤 독립변인의 많은 수준들을 구분해서 자료상의 추세를 연구할 수 있다는 것이다. 예컨대, Schachter는 단지 두 수준(높은과 낮은)의 공포를 사용했다. 어떤 실험자는 매우 공포가 높은 피험자들이 군집하고 싶어하지 않을 것이라는 가설을 갖고 있을 수도 있다. 그러면 이 실험자는 세 가지 수준(매우 높은, 높은 그리고 낮은)의 공포들이 있게끔 실험조작을 확장시킬 수 있다. 공포변인에 대한 이와 같은 체계적 변화는 공포와 군집 간의 어떤 분명한 관계를 제시해 줄 것이다.

실험의 문제들 미국의 작가인 마크 투웨인은 인간에 의해서 발전된 모든 것들의 한 가지 공통적 특징이 불완전한 것이라고 말한 바 있다. 이러한 진술은 분명히 실험에도 적용된다: 실험이 자료를 수집하고 인과관계를 결정짓기 위한 하나의 우수한 방법이기는 하지만, 실험은 완전한 것이 못된다. 당신은 아마 이미 실험법에 관련된 많은 문제점들을 알고 있을 것이다.

실험에 대한 난처한 기본문제들 중의 하나는 실험실을 넘어선 일반화의 문제이다. 우리는 실험에서 수집한 결과들을 어느 정도까지 적용시킬 수 있는가? 예컨대, 우리는 Schachter의 연구가 공포가 사람들에게 군집하게끔 만든다는 입장을 지지했다고 주장하고 싶어할 것이다. 이러한 일반화에 대한 욕망은 몇 가지 의문점들을 제기시킨다. 한 가지 의문점은 우리가 일반적인 사람들의 행동을 기술하고자 하는데도, 이 연구는 피험자들로서 대학생들만을 사용했다는 것이다. 이러한 문제를 제기시킴에 있어서, 우리는 대학생들이 사람이 아니라는 것을 뜻하는 것은 결코 아니다. 그 보다도 대학생들은 그들의 전체의 모집단에 공통적이지 못한 특징들을 소유하고 있다는 점에서 특수한 사람들일 수 있다. 예컨대, Schachter의 피험자들은 백인이고, 여자들이고, 대부분이 미국의 북동부 출신이고, 대개 중류계층의 출신들이고, 몇 년간의 대학교육을 받았다. 상이한 배경들과 교육수준들을 지닌 응답자들도 Schachter의 피험자들처럼 행동하게 될 것인가? 우리는 이러한 일반화의 문제를 다음과 같은 의문들을 제기시킴으로써 더욱 확장시킬 수 있다: ① 여성들에 관한 연구들은 남성들의 행동을 예언할 수 있는가, ② 한국인들에 관한 연구들은 중국인들이나 일본인들의 행동을 예언할 수 있는가, ③ 18세 내지 22세의 사람들에 관한 연구들은 더 나이들었거나 더 어린 사람들의 행동을 예언할 수 있는가, ④ 대학생들에 관한 연구들은 교육수준이 더 낮은 사람들의 행동을 예언할 수 있는가 등등. 이와 같은 일반화들이 어느 정도의 자신을 갖고서 이루어지기 위해서는 상이한 피험자들을 사용한 부가적 실험들이 수행되어야만 될 것이다.

다른 일반화의 의문점은 우리가 실험에서 사용하는 상황과 조작들에 관한 것이다. 대학의 어떤 과학자가 자신들에게 전극을 부착시키는 것을 두려워하고 있는 사람들은 사람들이 자연적으로 진행되는 상황 속에서 경험하는 것과 동일한 종류의 공포를 경험하는가? Schachter가 사용했던 실험실에 대한 공포는 우리가 자신의 집에서 도둑에 당면했을 경우나, 정글 속에서 호랑이에게 당면했을 경우나, 미국의 뉴저지주의 목초지에서 화성인에게 당면했을 경우에 느끼는 것과 동일한 공포인가? 우리가 이와 같은 의문들을 제기시킬 때, 우리는 실험의 일반화가능성이나 외부타당도(external validity)를 말하고 있는 것이다(Carlsmith, Ellsworth 및 Aronson, 1976).

외부타당도에 관한 의문점들을 해결하기 위한 가장 좋은 방법은 변인들간의 관계를 일련의 유사하기는 하지만 동일한 방법들로 검증하는 것이다. 만일 Schachter의 피험자들이 정말로 겁을 먹었고 만일 공포가 군집을 일으킨다면, 상이한 공포조작들을 사용하는 다른 연구들도 동일한 결과들을 내놓을 것이다. 실제로, 상이한 공포유발과 군집측정의 방법들을 사용하는 몇 개의 다른 연구들이 매우 비슷한 결과들을 내놓아 왔다(예 : Darley와 Aronson, 1966 ; Gerard, 1963). 이러한 사실은 우리에게 우리가 자신의 실험결과들로부터 자연환경 속에서 일어나는 공포와 군집에 일반화시킬 수 있다는 것에 대해 더욱 확신을 갖게끔 해 준다.

실험에 관련된 다른 의문점은 현실성의 문제이다. 우리는 실제로 두 가지 유형의 현실성을 고려해야만 된다. 첫번째의 **실험적 현실성**(experiemental realism)은 실험이 피험자들에게 주는 영향에 관계된 것이다. "실험은 만일 그 상황이 피험자들에게 관여를 일으키고, 그들이 그 상황을 어쩔 수 없이 심각하게 여기고, 그들에게 영향력을 갖고 있다면 현실성있는 것이다"(Aronson, Brewer 및 Carlsmith, 1985, p. 482). 만일 우리가 독립변인이 종속변인이나 반응을 일으켰다고 주장하고 싶어한다면, 어떤 연구에 대해서 높은 실험적 현실성을 갖게끔 만드는 것이 중요하다. Schachter의 연구가 높은 정도의 실험적 현실성을 갖고 있었다는 것을 알기는 그리 어렵지 않다 : 고통스러운 쇼크들을 엄숙하게 설명하는 불길하게 보이는 Z박사는 확실히 피험자들의 주목을 사로잡았다. 두번째 유형의 현실성은 **일상생활적 현실성**(mundane realism)이다. 실험은 피험자들이 당면하는 상황이 그들이 정상적인 생활의 과정에서 당면하는 것과 유사한 한, 일상생활적 현실성이 높다. 높은 정도의 일상생활적 현실성이 연구의 영향력을 증가시킬 수도 있지만, 이것의 존재는 연구의 하나의 필수적 요구조건은 아니다. 예컨대, Schachter의 연구는 일상생활적 현실성이 매우 낮다(우리는 쇼크로 우리를 위협하는 Z박사로부터 얼마나 자주 우리의 일상생활 속에서 접근받게 될 것인가?). 그럼에도 불구하고 Schachter의 연구는 피험자들이 경험하는 공포를 조작한 동시에, 그에게 공포와 군집 간의 관계를 연구하도록 해 준다. 우리의 연구에서 높은 일상생활적 현실성을 갖는 것은 우리에게 특수한 실험상황을 넘어서서 일반화시킬 수 있는 더 큰 범위를 제공해 준다.

피험자와 실험자에 관한 사회심리학 지금까지 우리의 관심사는 실험상황의 설계와 조작이어 왔다. 그러나, 실험들은 어떤 상황만을 포함하고 있지는 않다. 실험들은 또한 피험자들과 실험자 간의 상호작용을 위한 무대가 된다. 피험자와 실험자에 관한 심리가 어떤 연구의 결과들에 어떻게 영향을 줄 수 있는가를 간단하게 알아 보자. 연구에서 피험자의 역할은 독특하다. Orne(1962)는 어떤 실험에서 "적절한 행동" 즉, 사람들이 실험자가 자신에게 행하기를 원한다고 생각하는 것을 행하려는 그들의 욕망을 증명했다. 피험자로서 당신은 우둔하거나, 완고하거나, 고집센 것처럼 보이기를 원치 않는다. 당신은 협조적이고 하나의 "훌륭한 피험자"로서 간주받기를 원한다. 자신의 증명들 중의 몇 개에서, Orne는 사람들이 훌륭한 피험자가 되기 위해서 다양한 괴상한 행동들을 행한다는 것을 증명했다. 예컨대, Orne는 사람들에게 비록 그가 사람들에게 그렇게 행하는 것이 아무에게도 매우 유용하지는 않을 것이라고 말했을지라도, 그들이 학교도서관에서 숫자들을 베끼는 일을 자원해서 할 것인지를 질문했다. 피험자들은 이 요청에 응하려고 했을 뿐만 아니라, 어이없을 정도로 연구자와 도서관직원이 퇴근했고 도서관문이 닫히고 열쇠로 잠긴 후에도 그대로 남아 있었던 것이다!

이와 같은 행동이 갖는 중요한 함축성은 분명하다. 만일 훌륭한 피험자가 되고 싶어하는 사람들이 어떤 실험의 목적을 알 수 있게 되거나 만일 그들이 실험자가 자기들에게 행하게 하고 싶어하는 바에 관해서 어떤 생각을 갖고 있다면, 그들은 실험자에게 협조하게 되기가 쉽다. 만일 Schachter의 연구의 피험자들이 실험자가 그들에게 높은 공포조건에서 군집하고 낮은 공포조건에서 혼자 있는 것을 원하고 있다는 것을 알게 되었다면, 그들은 협조했을 것이다. 사람들이 상황 자체에 대한 그들의 전형적 반응이기 때문이 아니라 그들이 실험자가 원한다고 생각되는 바를 행하려고 노력하기 때문에 특정의 방식으로 행동할 때, 우리는 그들이 그 실험의 **요구특징들**(demand characteristics)에 따라 행동하고 있다고 말한다.

실험에서의 요구특징들을 방지하기 위해서 몇 가지 방법들이 사용될 수 있다. 비록 반드시 가장 효과적인 것은 아니지만, 하나의 인기있는 방법은 기만(deception)이다. 이 경우에서, 실험자는 피험자에게 가짜이지만 그럴듯한 가설이나 설명을 제공해 주게 되는데 만일 피험자의 행동이 이 가설이나 설명에 의해서 영향받게 된다면, 요구특징들의 효과들은 전혀 체계적이게 되지 않게 될 것이다. 더 나아가서, 이러한 기만이나 외면적 설명을 통해서 실험자는 피험자들이 진짜의 가설을 알아내지 못하게끔 만든다. Schachter는 자신의 연구에서 기만을 사용했다. 그는 실제로는 그가 공포가 군집에 미치는 영향들에만 관심을 두었는 데에도 불구하고, 자신이 실제의 전기쇼크가 피험자들에게 미치는 영향에 관심이 있다고 그들에게 말했다.

요구특징들의 문제를 감소시키는 다른 방법은 독립변인과 관련없는 어떤 맥락 속에서 종속변인을 측정하고 **은폐된 측정치들**(unobtrusive measures)을 사용하는 것이다. 예컨대, 피험자에게 그녀 자신이 전기쇼크를 받게 될 것이라는 지시를 준 후에, Schachter는 그가 피험자에게 주었던 설명을 그대로 따를 수 있었다. 그는 자신의 피험자에게 그가 그녀에 대한 실험을 즉각 실시할 수는 없으며 그녀가 실험준비가 완료될 때까지 대기실에서 기다려야만 된다고 말해 줄 수 있었다. 피험자가 대기실에 도착했을 때, 그녀는 유사한 지시를 들었던 두세 명의 다른 피험자들을 목격할 수 있었다. 피험자들에게는 알지 못하게끔 만들고서, 실험자는 일방향 유리문을 통해서 피험자들이 군집했고 서로 상호작용을 가졌는지의 여부를 관찰할 수가 있었다. 이 방법의 장점은 종속측정치가 독립변인의 조작과(시간과 공간상으로) 분리되어서 조사될 수 있다는 것이다. 더 나아가서, 이 측정은 은폐되어서, 피험자들은 자신의 반응이 연구되고 있다는 사실을 알지 못하게 된다. 따라서 이와 같이 실험에서의 요구특징들의 역할을 감소시키기 위한 예방책들이 취해질 수가 있다.

마지막 문제는 어떤 연구노력에서의 실험자 자신의 독특한 심리를 내포하고 있다. 실험자들은 가설들을 갖고 있다: 그들은 자기들이 피험자가 무엇을 행할 것인가를 알고 있다고 생각하며, 자기들 자신이 그 가설들을 확증받기 위해서 피험자에게 무엇을 행하기를 원한다는 것을 안다. Rosenthal과 그의 동료들은 이와 같은 기대들이 실제로 실험에 참가하고 있는 피험자들의 행동에 영향을 준다는 것을 증명했다. 한 연구에서, Rosenthal과 Fode(1963)는 성공과 실패의 측면에서 이전에 중간으로 평정받았던 얼굴사진들을 사용했다. 그들은 이 사진들을 조수실험자의 역할을 수행하는 학생들에게 주고나서, 이 학생들에게 사진 속의 인물들이 성공적이거나 실패적으로 보이는지를 피험자들로부터 평정받도록 요구했다. Rosenthal과 Fode는 절반의 조수실험자들에게는 자기들이 사람들이 일반적으로 사진 속의 인물들을 성공적이라고 평정했었던 "잘 확립된" 발견을 재검증하고자 한다는 지시를 주었다. 다른 절반의 조수실험자들은 사람들이 사진 속의 인물들을 비성공적이라고 평정했었던 "잘 확립된" 발견을 재검증하고자 한다는 지시를 받았다.

동일한 사진들을 갖고서, 두 조의 조수실험자들은 증거를 수집하기 시작했다. 이들은 지시할 내용과 평정치들을 수집하는 방법에 관해서 지시받았다. 이 두 집단들은 정확하게 동일한 양식으로 행동할 것으로 상정되었다. 그렇지만 결과들은 전혀 달랐다. 사람들이 사진 속의 인물들을 일반적으로 성공적이라고 평정했었다는 것을 기대하게끔 만들어졌던 모든 조수실험자들은 실패적이라는 평정치들을 얻을 것을 기대했던 조수실험자들보다도 더 높은 성공도 평정치들을 얻었다. 극히 확실하게 피험자 자신의 평정에 대한 실험자의 영향은 비의도적이었지만, 그래도 그의 기대는 어떻게든 간에 피험자에게 전달되었으며, 후자는 그에 따라 행동했다. 연구자의 기대에 따른 피험자의 수행에 대한 영향은 실험자편향(experimenter bias)이라고 불리어 왔다.

실험자편향은 하나의 골치아픈 문제이며, 연구자들은 이제 자기들의 가설이 편향에 기인되어서 자기이행적 예언들이나 기대에 일치되는 결과들을 내놓게 되지 않게끔 보장하기 위해서 더 많이 조심하고 있다. 실험자의 기대가 사람들의 행동에 영향을 주지 못하게끔 만드는 최선의 방법은 실험자에게 피험자가 소속한 실험처치를 알지 못하게끔 만드는 것이다. 이와 같은 결과를 얻기 위해서 흔히 두 명의 실험자가 사용되게 된다. 예컨대, Schachter의 연구에서 실험자편향의 가능성은 만일 Z박사 이외의 어떤 다른 사람이 피험자들에게 함께나 혼자서 기다리고 싶은지를 물었다면, 제거되었을 수 있다. Z박사만이 특정의 피험자가 높은 공포나 낮은 공포의 처치를 받았는지를 알 수 있을 것이다. 따라서, 그의 기대들만이 최종의 측정치에 영향을 줄 수 있다. 최종의 측정치를 얻는 어떤 다른 사람은 군집의 측정치에 대해서 무엇을 기대해야만 되는가를 알지 못할 것이고, 따라서 실험자편향은 직접 작용되지 못할 것이다.

현장실험　실험실 실험들에 대한 한 가지 공통적 비평은 그 상황이 실생활 속에서 경험되는 것들과는 상이한 상황이기 때문에, 피험자들에 대해서 영향력있는 경험을 조성시키기가 곤란하다는 것이다. 우리는 Schachter의 연구가 확실히 그의 피험자들에게 영향을 주었다고 성공적으로 주장할 수는 있겠지만, 그 조작이 피험자들이 자신이 어떤 실험상황 속에 있다는 것을 인식하고 있기 때문에 실제보다도 성공을 거두지 못했다고 마찬가지로 충분히 주장될 수 있을 것이다. 그들은 Z박사가 그 연구가 다만 실험에 불과하기 때문에 실제로 매우 무서운 어떤 일을 실제로 수행할 수는 없을 것이라고 믿음으로써 자신의 공포를 감소시켰을 수도 있다. 실생활상의 효과를 얻기 위해서, 우리는 어떤 현장실험을 실시하기를 원할 수 있다.

이론상으로, 현장실험(field experiment)은 장소가 바뀐 것을 제외하고는 실험실실험과 비슷하다. 현장실험은 어떤 자연상황 속에서 실시되며, 피험자들은 흔히 자기들이 어떤 실험상황 속에 있다는 것을 알아채지 못한다. 실험자는 독립변인들을 변화시키고 그 조작이 종속변인에 미치는 영향들을 조사한다. 상황의 추가된 현실성은 현장실험에서 나온 결과들에 대한 더 큰 일반화들을 허용해 줄 것이다.

앞에서 우리는 공포-군집가설이 하나의 현장실험으로서 검증될 수 있는 한 가지 방법을 논의한 바 있다. 실험자는 어떤 건물 속에 있는 사람들을 무작위적으로 선정해서 그들에게 그들의 건물에 불이 났다거나 이웃 읍에 있는 어떤 건물에 불이 났다고 말할 수 있다. 그 다음에 이 실험자는 피험자들의 행동을 기록할 수 있다.

이 방법은 조건들에 대한 피험자들의 무작위배정을 포함하고 있으며 독립변인에 대한 통제력을 갖고 있다. 이것은 또한 피험자들을 자연상황에서 연구하는 장점을 갖고 있다. 이러한 장점들은 사회심리학에서 현장실험의 인기를 높혀 준다.

그러나, 현장실험이 채택되기 이전에, 이 방법의 단점을 검토하는 것이 중요하다. 첫째로, 어떤 유형의 외재변인들에 대한 통제가 실험실에서보다도 현장에서 수행하기가 더 곤란하다. 실험실에서, 우리는 상황이 각 피험자에게 대해서 동일한 것을 보장할 수가 있지만, 현장에서는 그렇지 못하다. 예컨대, "건물에 불이 났다는" 실험을 실시할 경우에, 우리는 자신의 피험자들의 몇 명은 다른 사람들이 주위에 있을 때에 실시되게 되고 다른 피험자들은 주위에 아무도 없을 때에 실시되게 된다는 것을 알 수 있다. 어떤 피험자들은 엘리베이터의 문이 열리는 소리나 비행기가 머리 위로 지나가는 것과 같은 주의를 분산시키는 많은 소음이 있을 때에 실시될 수 있는 반면에, 다른 피험자들은 이러한 주의 분산들이 없을 때에 실시될 수 있다. 비록 이와 같은 외재변인들이 어떤 체계적 양식으로 우리의 연구결과들에 영향을 주지는 않을지라도, 이것들은 우리의 실험의 정밀성을 감소시킬 것이다. 따라서 실험실상황은 그 상황통제의 증가를 허용해 주기 때문에 우리의 가설의 보다 더 정밀한 검증을 허용해 준다.

현장실험의 다른 단점은 현장에서는 복잡한 변인들을 조작하거나 몇 개의 변인들을 동시에 조작하기가 흔히 곤란하다는 것이다. 예컨대, 피곤한 사람들이 푹 쉰 사람들보다도 무서울 때에 군집하려는 더 큰 욕망을 갖고 있다는 가설을 검증하는 현장실험을 실시하기가 곤란할 것이다. 이 가설을 검증하기 위해서, 우리는 공포와 아울러 피곤함을 조작해야만 될 것이다. 현장에서 사람들을 피곤이나 휴식 조건에 무작위적으로 배정하기가 거의 곤란할 것이다. 그러나, 우리는 실험실에서는 공포를 조작하기 전에 어떤 피험자들은 밤새 잠을 자지 못하게끔 만들고 다른 피험자들은 잠을 푹 자게끔 만들어서 이것을 행할 수가 있다.

따라서 현장실험은 결과들의 일반화의 장점을 갖고 있지만, 외재변인들에 대한 통제를 희생하고서 이러한 장점을 달성할 수 있다. 더욱이, 어떤 가설들은 요구된 조작들의 복잡성 때문에 현장상황에서 검증하기가 곤란하다.

연구방법의 선택

앞에서 우리는 사회심리학이 흔히 많은 탐정식의 일들을 요한다는 것을 지적한 바 있다. 사회심리학자들은 행동을 관찰하고 그 행동을 설명하기 위한 이론들을 발전시켜야만 될 뿐만 아니라, 또한 자신의 이론을 검증하기 위한 최선의 방법들을 결정해야만 된다. 표 1-4에서 보이는 바와 같이, 단일한 옳거나 틀린 방법이란 없어서, 각각의 방법은 장점들과 아울러 단점들을 지니고 있다. 연구자는 자신의 연구의 목표를 결정하고 이 목표에 가장 적합한 방법을 선택해야만 된다. 대개의 경우들에서, 사회심리학자는 인과관계를 확립시키는 데에 관심을 두고 있으며 따라서 실험실실험을 사용한다.

표 1-4. 연구방법들의 장점들과 단점들

방 법	장 점 들	단 점 들
사례사	실제의 사상이나 사건을 취급하고 있다; 일상생활적 현실성이 높다; 단일 사상에 대한 심층적 연구이다; 가설들을 내놓는다.	인과관계를 결정할 수 없다; 독립변인들에 대한 통제가 없다; 피험자들의 무작위적 배정이 없다; 잘못될 수도 있는 기억에 의지한다.
기록문서연구	실제의 사상들을 취급한다; 일상생활적 현실성이 높다; 많은 사건들을 취급해서 일반화능력이 증가된다; 자료를 수집하기가 용이하고 경비가 적게 든다; 가설들을 내놓는다.	인과관계를 결정할 수 없다; 독립변인들에 대한 통제가 없다; 피험자들의 무작위적 배정이 없다; 간접적인 보고서들에 의지한다; 보고서들 내에서 편향의 가능성이 있다; 흔히 사건들과 반응들에 대해 매우 불완전한 설명들이 있다.
조 사	광범하게 다양한 피험자들로부터 많은 정보를 수집한다; 다양한 사상들을 취급할 수 있다; 자료의 수집이 용이하다.	인과관계를 결정할 수 없다; 독립변인들에 대한 통제가 없다; 사람들의 잘못될 수 있는 기억에 의지한다.
실 험	인과관계를 결정하게 해 준다; 피험자들을 조건에 무작위적으로 배정한다; 독립변인들에 대해 최대로 통제한다; 외재변인들에 대해 높은 통제력이 있다.	흔히 일상생활적 현실성이 낮다; 높은 일반화가능성을 얻기가 힘들다; 시간소모적이다; 독립변인들의 유형과 강도를 제한한다.
현장실험	인과관계를 결정하게 해 준다; 일상생활적 현실성이 높다; 독립변인에 대한 다소의 통제력이 있다; 광범한 피험자들을 연구하도록 해 준다.	외재변인들을 통제하기가 곤란하다; 이와 같은 상황들에서는 몇 개의 복잡한 가설들을 검증하기가 불가능할 수 있다.

그러나 이상적인 방침은 어떤 연구를 수행하기 위해서 방법들을 종합적으로 사용하는 것일 것이다. 즉, 동일한 가설이 조사, 실험실실험 및 현장실험에 의해서 검증될 수 있다. 만일 그 가설이 이들 각각의 방법에 의해서 검증되고 지지되었을 경우에는 단 한 가지 방법에 의해서 검증되고 지지되었을 경우보다도 그 옳음에 대해서 훨씬 더 큰 확신이 부여될 수 있다. 이러한 다중 방법적 접근은 상당한 시간을 요하며, 어떤 단일 연구자에 의해서 사용되는 일이 드물다. 그러나 이 책의 뒷부분에서 우리는 한 가설이 다양한 방법들을 사용한 몇 명의 연구자들에 의해서 검증된 사례들을 검토하게 될 것이다.

한 가지의 다른 요점을 분명히 해야만 된다: 즉, 한 실험은 그것이 실험실에서나 또는 현장에서 수행되건 간에 그것이 검증하고 있는 아이디어보다 더 나을 수 없다.

Festinger(1980)가 지적한 바와 같이, "측정의 정밀성과 실험통제의 정밀성은 어떤 목적, 즉 새로운 지식의 발견을 위한 하나의 수단이다. 정밀성에 대한 너무 많은 강조는 아무것도 내놓지 못하는 연구들을 내놓을 수 있다"(p. 252). 집을 짓기 위해 사용된 망치처럼, 실험법들은 지식을 확장하기 위해서 사용된 도구들에 불과하다. 어떤 실험의 성공도는 그것에서 나온 지식에 의해서보다도 그것의 수행의 정밀성에 의해서 덜 측정되고 있다. 따라서, 검증되게 될 아이디어에 대한 주의깊은 계획과 생각은 어떤 방법이 선정되기 이전에 취해져야만 될 지극히 중대한 단계들이다.

요 약

1. 사회심리학은 사회적 상황들에서의 개인의 행동의 본질과 원인을 이해하고자 하는 과학이다. 이것은 우리가 어떻게 타인들과 상호작용하고 그들에 관해서 생각하는가에 관한 새로운 정보를 얻기 위해서 과학적 방법들을 사용한다.

2. 사회적 행동과 사고에 관한 사색은 고대로부터 계속되어 왔지만, 과학적 방침을 지닌 사회심리학은 다만 금세기 동안에 등장했다. 1897년에 최초의 사회심리학실험이 실시되었고 1908년에 최초의 사회심리학 교과서들이 출간된 이래로, 지금까지 사회심리학의 급속한 발전이 있어 왔다. 일단 확립된 후에, 이 분야는 급속하게 성장했으며, 현재는 사회적 행동과 사고의 모든 생각할 수 있는 측면들을 연구하고 있다.

3. 이 분야의 최근의 두 가지 추세는 인지적 관점, 즉 인지과정들에 관한 지식을 사회적 행동을 이해하는 과제에 응용하려는 노력들의 영향의 점증과 광범한 실제의 문제들에 사회심리학의 원리들과 발견들을 응용하는 것에 대한 강조를 포함해 왔다.

4. 미래에 대한 예측들은 항상 틀릴 가능성이 있겠지만, 앞으로 사회심리학의 몇 십년간은 점점 더 많은 국제적 조망의 채택과 몇 개의 분야들로부터의 지식의 더 큰 도입의 특징이 있게 될 것이다.

5. 이론들은 현상들을 설명하기 위해서 설정된 가설들의 세트들이다. 세 가지 주요 이론적 접근들, 즉 학습이론, 인지이론 및 역할이론이 최근의 사회심리학을 지배해 왔으며, 이 이외에도 생물학적 접근도 비록 그 영향력이 약하기는 하지만, 추구되어 왔다.

6. 학습이론은 기본적으로 연합, 강화 및 모방의 원리들을 강조한다. 강화이론의 산물들은 사회적 학습이론과 사회적 교환이론을 포함하는데, 이 둘은 많은 인지적 개념들을 사용하고 있다. Thibaut와 Kelley의 상호의존이론은 어떤 상호작용상황에서의 두 명의 파트너들의 보수들과 부담들을 고려하면서 개인으로부터 상호작용하는 두 사람 쪽으로 초점을 옮겨 왔다.

7. 인지이론은 게스탈트이론가들과 현상학적 이론가들에 의한 초기의 연구에 몇 개의 뿌리들을 두고 있다. 그러나, 이것은 흔히 컴퓨터 기술분야로부터 모형들을 빌어 오면서 훨씬 더 정교한 인지구조의 개념들을 발전시켜 왔다. 사회적 인지란 특히 우리가 사람들과 아울러 우리의 환경의 사회적 측면들에 관해서 생각하는 양식들을 일컫는다.

8. 역할이론은 역할들, 역할의무들, 역할기대들 및 역할갈등들의 분석에 의해서 사회적 행동을 설명하고자 한다. 한 역할은 사회적으로 규정된 행동패턴으로서 어떤 사회적 맥락 내에서의 특정의 직위를 수반한다. 최근에, 역할이론에서 나온 개념들은 자기와 자기개념에 관련된 다양한 현상들을 설명하기 위해서 사용되어 왔다.
9. 생물학적 접근은 선천적 특징들이나 생리적 기제들에서 사회적 행동의 원인을 찾는다. 비록 다른 접근들이 이러한 요인들에 관심을 거의 두지 않지만, 그러한 접근들은 만일 필요하다면 이것들을 확실히 포함시킬 것이다. 학습이론가들이나 인지심리학자들도 배고프거나 피곤한 사람들의 행동이 그렇지 않은 사람들의 행동과 크게 다르다거나, 특수한 뇌 손상을 입은 사람의 사회적 반응들이 정상적 뇌 기능을 가진 사람의 사회적 반응들과 크게 다르다는 것을 인정할 것이다.
10. 사회심리학자들은 인간의 사회적 행동과 사고를 탐구하기 위해서 여러 가지 방법들을 사용한다. 사례연구, 기록문서연구 및 조사는 사상들간의 관계를 예언하기 위한 상관적 방법들이다.
11. 실험실실험과 현장실험은 인과관계들을 결정짓기 위한 방법들이다. 실험에서, 실험자는 독립변인을 통제하고 종속변인상의 변화를 조사한다. 독립변인이 종속변인에 확실하게 영향을 주었는가를 결정짓기 위해서는 외재변인들이 제거되어야만 된다.
12. 실험실실험들은 이것들이 외부타당도와 일상생활적 현실성이 부족할 수 있기 때문에, 그리고 연구결과들에 영향을 주는 요구특징들과 실험자편향이 있을 수 있기 때문에 흔히 비평당하고 있다.
13. 현장실험은 실험실실험보다도 일반적으로 더 큰 외부타당도와 일상생활적 현실성을 갖고 있다. 현장실험의 주요 단점은 실험자가 외재변인들을 통제하지 못하기 쉬운 것이다. 각각의 연구방법들은 장점들과 단점들을 갖고 있으며, 선택되는 연구법은 연구상의 의문과 연구자의 목적들에 부합되어야만 된다.

제 2 부

사회적 인지

제 2 장

대 인 지 각

학교 기숙사에서 같은 방을 쓰게 된 두 명의 신입생은 대학에 도착하여 처음으로 만난다. 각자의 성격, 즉 각자가 얼마나 친해지기 쉬운가, 각자가 얼마나 성격이 좋은가는 상대방의 생활에 지대한 영향력을 갖게 될 것이다. 첫 몇 분간의 만남 속에서 그들은 서로에 대해서 인상을 형성하려고 한다. 왜냐하면 그들이 그 해 동안에 상당한 시간을 함께 보내게 될 것이라는 것을 알고 있기 때문이다. 각 사람은 밤에 얼마나 늦게까지 공부하는가? 상대방은 어떤 종류의 음악을 좋아하는가? 얼마나 큰 소리를 좋아하는가? 각 사람은 그 방 안에서의 파티들에 대해서 어떻게 생각하는가? 그들은 가능한 한 서로에 관해서 많은 것을 알아내려고 노력한다.

사람들은 타인들에 대한 인상을 형성시키기 위해서, 즉 그들의 성격들이나 그들이 어떤 부류의 사람인가에 대한 가설을 판단하기 위해서 가용한 정보는 무엇이든 간에 이용한다.

이 장에서 우리는 이 과정, 즉 이른바 대인지각(person perception)이라고 불리는 것을 취급한다. 즉, 우리는 어떻게 첫 인상들을 형성하는가, 어떤 편향들이 이것들에 영향을 주는가, 이것들에 이르는 데에 있어서 우리는 어떤 종류의 정보들을 사용하는가, 그리고 우리의 인상이 얼마나 정확한가를 취급한다.

사용되는 정보

우리의 타인들에 관한 지식과 기대는 무엇보다도 우리가 그들에 대해서 형성하는 인상에 의해서 결정된다. 어떤 사람의 사진이나 길거리를 지나가고 있는 사람을 언뜻 보는 것조차 우리에게 그 사람이 어떤 부류의 사람인가에 관해서 어떤 생각들을 제공한다. 이름을 듣는 것조차 그 이름의 소유자가 갖고 있는 이미지들을 생각할 수 있게끔 만드는 경향이 있다. 두 사람이 만날 때, 순간적일지라도 그들은 서로에 대해서 인상을 형성한다. 접촉이 많아짐에 따라, 보다 더 완전하고 풍부한 인상을 형성하고, 이 인상은 그들이 서로에 대해서 어떻게 행동하는가, 그들이 서로 얼마만큼 좋아하는가, 그들이 얼마나 자주 어울릴 것인가 등등을 결정짓는다.

이러한 논의가 시사하는 바와 같이, 일반적으로 우리는 타인에 관한 속성들을 추론하기 위해서 타인의 외모와 행동에 의지한다. 개인의 성별, 인종 및 신체적 외모와 같은 요인들은 우리로 하여금 뚜렷하게 상세한 인상들을 형성하게끔 만들 수 있다. 예컨대, 어떤 사람이 여자라는 관찰은 인정있고 상냥한 것과 같은 여러 가지 다른 특징들을 부여하게끔 만들 수 있다. 어떤 사람이 흑인이라는 관찰은 흑인들 일반에 관해서 지니고 있는 어떤 고정관념을 작동시킬 수 있다(DeVine, 1989). 우리는 또한 사람들의 행동을 그들에 관한 추론을 행하기 위해서 사용한다. 우리는 어떤 동료 학생이 노인을 도와 주는 것을 관찰하고서 그 학생이 친절하다고 추론한다.

요점은 우리는 매우 신속하게 외모와 행동과 같은 관찰가능한 정보로부터 그 사람이 어떨 것이라는 것에 관한 성격특성의 추론들 쪽으로 이동한다(예: Albright 등, 1988). 특성들은 행동들을 언급하는 것보다도 개인을 기술하기 위한 보다 더 경제적이고도 일반적인 방법이다(Allen과 Ebbesen, 1981). 만일 어떤 사람이 당신의 한반 친구가 어떤 사람이냐고 묻고 당신이 자신이 기억할 수 있는 개개의 행동을 일일이 열거해야만 된다면, 당신은 오래 걸릴 것이고 당신의 한반 친구의 기술을 듣고 있는 상대방은 이러한 과정에 의해서 거의 얻는 것이 없을 것이다. 그 대신에 당신은 자신의 한반 친구의 특징들을 요약하기 위해서 특성들을 사용하게 될 것이다("그는 성품이 좋고, 옷 매무새가 단정치 못하고, 시끄러운 로큰롤 음악을 들으며, 늦잠을 자는 사람이다"). 이것으로부터 듣는 이는 당신의 한반 친구가 비록 그가 밤늦게까지 잠을 자지 않을지라, 일반적으로 함께 지내기가 쉽고, 음악을 큰 소리로 틀고, 방을 정돈하지 않는다고 추론할 수 있다. 비록 우리가 어떤 사람을 더 많이 알수록 그 사람을 기술하기 위해서 특성들을 더 사용하기가 쉬울지라도, 사람들은 타인을 처음 보는 순간에 그 사람을 기술하기 위해서 특성들을 사용한다(Park, 1986). 실제로, 사람들의 외모와 행동으로부터 성격특성들을 추론하는 경향은 사람들이 심지어 자신이 그렇게 한다는 것을 인식하지 못할 정도로 신속하게 자연적으로 그리고 자동적으로 일어나는 것 같다(Trope, 1986; Gilbert 등, 1988).

우리가 타인들에 관해서 행하는 특성추론들은 두 가지 중요한 차원들상에서 일어난다. 우리는 타인들을 그들의 과업에 관련된 또는 지적인 성질들과 그들의 대인적 또는 사회적 성질들의 측면들상에서 평가하는 경향이 있다(Rosenberg 등, 1968; Kim과 Rosenberg, 1980). 그러나 물론, 이러한 일반적 차원들 내에서, 우리는 또한 그가 자기 부모에 비해 친구들에게 얼마나 잘 대하는가나 그가 물리학에 비해 음악을 얼마나 잘하는가와 같은 개인에 관한 판단들과 같이 보다 더 상세한 인상들을 갖는다.

일단 우리가 타인의 행동의 의미에 관한 성격특성의 추론들을 행하게 되면, 이러한 추론들은 스스로 지속된다. 예컨대, 당신은 친구에 대한 자신의 인상이 비록 당신이 그 친구가 길거리에서 노인을 도와 주었던 특수한 경우를 잊어버린 지 오랜 뒤일지라도, 친절하고 도움을 주는 사람이라고 회상할 수 있다(Wyer 등, 1984). 당신의 친구가 친절하고 도움을 주는 사람인지를 질문받게 되면, 당신은 길거리에서 도와 주는 것과 같은 어떤 특수한 사건보다도 자신의 이전의 특성판단을 참고하기가 더 쉽다(Fiske 등, 1987). 따라서, 특성추론들은 개인에 관한 최소한의 정보에 근거해서 신속하고도 거의 자동적으로 이루어지며, 그 다음에 흔히 그것들이 시초에 기초되었던 정보가 마음 속에서 사라진지 오랜 뒤까지 지속된다.

따라서, 사람들은 매우 한정된 정보에 기초해서 타인에 관한 광범한 인상들을 형성하는 경향이 있다. 몇 분간만 어떤 사람과 이야기한 후에라도, 사람들은 또한 만일 그 사람을 더 오래 사귀게 되면 그 사람을 얼마만큼 좋아하게 될 것으로 생각되는지와 그 순간에 얼마만큼 그 사람을 좋아하는지를 우리에게 말할 것이다. 그들은 또한 많은 수의 그 사람의 특징들에 관해서 판단할 것이다. 그들은 일반적으로 타인의 지능 · 연령 · 출신배경 · 인종 · 종교 · 교육수준 · 정직성 · 온전성 등등에 대해서 평가를 하려고 든다. 비록 보통 사람들이 이런 식으로 형성된 의견들에 대해서 그리 확신은 못하지만, 그들은 일반적으로 이와 같은 판단들을 행하려고 든다.

인상의 통합

우리가 살펴본 바와 같이, 사람들은 타인들의 외모와 행동에 대한 관찰들로부터 그들의 성격에 관한 추론들 쪽으로 매우 신속하게 이동한다. 그러나 이들 별개의 추론들은 하나의 전반적 인상 속으로 어떻게 종합되는가? 인상들의 가장 중요한 측면들은 무엇이며, 우리는 우리의 한반 친구가 점잖지만 자기중심적이라는 관찰과 같이, 외관상으로 모순되는 정보들을 어떻게 종합하는가?

평 가

첫 인상의 가장 중요하고도 강력한 측면은 평가(evaluation)이다. 우리는 이 사람을 좋아하는가, 싫어하는가? 우리는 그 사람을 얼마나 좋아하거나 싫어하는가? 우리의 즉각적인 인상은 다른 차원들로 이루어져 있을 수 있다. 그 사람은 친절하고, 말을 많이 하고, 잘 도와 주는 것 같이 보일 수 있다. 그러나 이러한 특수한 특성들은 근본적으로 우리가 그 사람을 좋아하거나 싫어할지의 문제에 연결되어 있다(Park와 Fink, 1989).

더욱 공식적으로 말한다면, 평가차원은 사람들에 대한 이러한 통일된 인상들을 구성하는 소수의 기본차원 중에서 가장 중요한 것이다. 이러한 요지는 이른바 어의세분(semantic differential)이라는 측정방법을 사용해서 Osgood, Suci 및 Tannenbaum(1957)에 의한 연구에 의해서 증명되었다. 이 방법에서, 연구자는 피험자들에게 한 목록의 특성쌍들을 주고 특정의 사람들과 대상들이 어느 특성에 가장 가깝게 해당되는지를 나타내게 하였다. 그 목록은 행복하다－슬프다, 강하다－약하다 및 따뜻하다－차갑다와 같은 특성쌍들로 구성되었으며, 피험자들이 평정할 항목들은 어머니들에서 옥석들의 범위에 이른다. 예컨대, 피험자는 "어머니들"이 "행복"이나 "슬픔"에 가장 가깝게 해당되는지를 평정해야만 되었다. 그 다음에 Osgood과 그의 동료들은 모든 사물들이 기술될 수 있는 기본차원들을 알아내기 위해서 그 반응들을 분석했다.

세 개의 기본적 차원들, 즉 **평가**(evaluation : 좋다−나쁘다), **능력**(potency : 강하다−약하다) 및 **활동**(activity : 적극적이다−소극적이다)이 대부분의 평정들을 설명했다. 일단 어떤 특정 인물이나 대상을 이 세 개의 차원들상에 두게 되면, 이것들에 대해서 부수적 평정들을 얻더라도 부가적인 정보는 거의 얻어지지 않는다. 다시 말하면, 우리가 일단 어떤 사람이 "어머니"를 매우 좋고, 다소 강하고, 다소 소극적이라고 평정한다는 것을 알면, 우리는 더 많은 부수적인 평정들을 요구하더라도 그 사람의 '어머니'에 관한 지각들에 관해서 거의 더 많이 알아내지는 못한다.

셋 중에서, 평가가 그러한 지각들에 기초가 되는 주 차원이었으며, 능력과 활동은 더 작은 역할을 했다. 우리가 일단 어떤 사람을 이 평가차원상에 놓으면, 그 사람에 대한 우리의 나머지의 많은 지각들은 그 곳 속에 들어가게 된다. 어떤 사람에 대한 우리의 평가는 그 사람이 어떤 사람이라는 우리의 기억들에 연장된다(Zajonc 등 1982 : Zajonc과 Markus, 1984 참조). 한 맥락에서의 좋은 인상이거나 나쁜 인상은 모든 다른 상황들과 기타의 무관련한 특징들로 보이는 것들로까지 확장된다.

평균원리

당신이 방금 어떤 여자를 만났고, 그 여자가 깨끗하고, 키가 크고, 검은 머리이고, 매력적이고, 시시덕거리고, 복장이 '엉성하다'는 것을 알았다고 가정하자. 그렇지 않으면, 당신이 어떤 의예과 학생이고, 신앙심이 깊고, 테니스를 잘 치고, 외향적이고, 약혼한 사람을 만났다고 하자. 우리는 이러한 별개의 정보 조각들을 단순한 전반적 인상을 얻기 위해서 어떻게 종합하는가?

심리학자들은 이러한 문제에 대해서 두 개의 주요 관점들을 갖고 있는데, 그 하나는 학습을 강조하고, 다른 하나는 인지적 요인들을 강조한다. 학습적 접근의 가장 단순한 형태는 사람들이 정보들에 대해서 많이 생각함이 없이 다소 기계적이며, 단순한 양식으로 그 정보들을 종합한다고 시사한다. 비둘기나 쥐가 경험을 해석하거나 경험에 의미를 부여하지 않고서, 다소 기계적으로 어떤 습관을 발전시키는 것과 꼭 마찬가지로, 사람은 사용가능한 정보를 그리 많이 재해석하거나 분석함이 없이 어떤 인상을 형성한다. 만일 우리가 어떤 사람에 관해서 주로 호의적인 일들에 접하게 된다면, 우리는 그 사람에 대해서 호의적인 인상을 형성한다. 만일 우리가 주로 비호의적이거나 미온적인 일들을 듣는다면, 우리는 그 대신에 그러한 종류의 인상을 형성하게 된다.

타인들에 관한 혼합된 인상들은 평균원리(averaging principle)를 따르는 것 같다(Anderson, 1965). 영자가 미팅상대로 처음으로 순철을 만났다고 하자. 그녀는 그가 재담을 잘하고, 지적이고, 정중하지만, 매우 무뚝뚝하고, 복장이 단정치 못하다는 것을 신속하게 지적한다. 그녀는 이 정보들을 그러한 특성들이 얼마나 정적이거나 부적으로 간주되는가의 측면에서 처리한다. 그녀가 자신의 그러한 특성들에 대한 호의적이거나 비호의적 평가의 정도를 +10(매우 정적)에서 −10(매우 부적)에 이르는 한 척도상에서 나타내도록 요구받았다고 가정하자. 그녀는 재담을 잘하는 것이나 지적인 것이 극히 호의적 성질들이라고 생각할 수 있으며 이것들에 대해 각각 최대치(+10)를 부여할 수 있다. 정중한 것은 분명히 호의적인 것이고(+4), 매우 무뚝뚝한 것은 다소 비호의적인 것이고(-5), 복장이 단정치 못한 것은 매우 비호의적인 것(-9)이라고 간주될 수 있다. 평균모형(averaging model)은 그 사람은 대략 다섯 개의 특성들의 평균치를 받게 될 것이라고, 즉 그는 약간 긍정적이라고(+2) 간주될 것이라고 시사하고 있다. 이것이 표 2-1에 제시되어 있다.

다른 사람들은 추론들이 가산원리(additive principle)에 기초되어서 형성된다고 제안해 왔다. 이 원리는 사람들이 별개의 정보들을 그 척도가들을 평균하기보다도 가산함으로써 통합한다고 주장한다. 주요 차이는 사람이 영으로부터 동일한 쪽에 있고 한 정보가 다른 정보보다도 더 극단적인 두 개의 정보들에 당면할 때에 일어난다. 영자가 순철을 매우 좋아했지만(+6), 그에 관해서 "조심스럽다"(+1)와 같은 약간만 호의적인 어떤 새로운 것을 알았다고 가정하자. 평균이론에 의하면, 그 결과로서 그녀는 그를 약간 덜 좋아할 것이다. 이는 평균(+3.5)이 원래의 평가(+6)보다도 더 낮기 때문이다. 가산모형에 의하면, 그녀는 그를 보다 더 좋아할 것이다. 이는 이미 정적인 어떤 인상에 대해서 어떤 부수적인 정적 정보를 첨가하는 것이 그 인상을 보다 더 호의적으로 만들기 때문이다.

Anderson은 일련의 주의깊고도 정밀한 실험을 통해서(1959, 1965) 가산원리보다도 평균원리를 지지하는 증거를 내놓았다. 그는 다만 약간 호의적인 하나의 정보가 이전의 매우 호의적인 하나의 인상과 결합되게 되면, 전체 평가는 증가되지를 않고 감소까지 될 수 있다는 것을 발견했다. 이와 비슷하게, 두 개의 강하게 부적인 특성들은 두 개의 강한 부적 특성들 더하기 두 개의 약간 부적인 특성들보다도 더 부적인 평가를 일으켰다.

더 많은 연구의 결과로서, Anderson(1968)은 인상형성을 보다 더 정확하게 예언하는 정밀한 모형, 즉 가중 평균모형(weighted averaging model)을 제안했다. 이 모형에 의하면, 사람들은 모든 특성들을 평균하지만 그들이 중요하다고 생각하는 특성들에 더 많은 비중을 둠으로써 하나의 전반적 인상을 형성한다. 예컨대, 어떤 연구실 직무를 위한 후보자들로서의 과학자들을 면접하고 있는 어떤 관리자는 아마 "매력적이다"보다도 "지적이다"에 더 무거운 비중을 둘 것이지만, 어떤 텔레비전 상업광고를 위한 배우를 고용하는

표 2-1. 영자의 처음 만난 데이트상대인 순철에 대한 평가

특성들	영자의 평가
재담을 잘한다	+10
지적이다	+10
정중하다	+ 4
매우 무뚝뚝하다	− 5
의복이 단정치 못하다	− 9
전반적 인상	+10/5 = +2.00

어떤 사람은 그 우선성이 반대일 수 있다. 강간 위기센터에서의 상담원으로서의 직업을 위한 후보자들을 면접하고 있는 어떤 관리자는 지적이거나 매력적이다보다도 "온정적이다"에 더 많은 비중을 둘 수 있다. 이러한 연구는 전반적으로 비록 작용되는 유일한 원리가 아닐 수 있을지라도, 인상형성을 설명하는 가장 좋은 방법은 가중 평균모형이라는 것을 매우 수긍이 가게 나타내고 있다.

일 관 성

평가는 또한 몇 가지 상이한 양식들로 대인지각과정에 왜곡들과 부정확들을 도입시킨다. 그 중의 하나는 사람들이 설사 소수의 정보만을 갖고 있을지라도, 타인들에 관해서 평가적으로 일관성있는 특징들을 형성하는 경향이 있다는 것이다. 우리는 타인들을 내적으로 일관성있는 식으로 보는 경향성을 지니고 있다. 평가는 대인지각에서 가장 중요한 차원이므로, 우리가 사람들을 좋고 동시에 나쁘다보다도 좋거나 아니면 나쁘다고 범주화하는 경향이 있다는 것은 놀라운 일이 못 된다.

이러한 기본적 평가에 따라, 우리는 계속해서 다른 특성들을 그 평가와 일치되는 것으로서 지각할 수 있다. 만일 어떤 사람이 호감이 간다면, 그 사람은 또한 매력적이고, 지적이고, 관대하고, 등등의 특성을 가질 것이다. 타인은 동시에 정직하고도 부정직하게, 온정적이고도 무섭게, 사려성있고도 가학적으로 보이지는 않는다. 어떤 이에 대해서 모순되는 정보가 있을 때에라도, 그 사람은 대개 일관성이 있게 좋거나 나쁘거나, 호감이 가거나 오감이 가는 것으로서 지각되게 될 것이다. 지각자들은 비일관성을 최소로 하거나 제거시키기 위해서 정보를 왜곡시키거나 재정리한다. 이러한 것은 사람들이 물건들을 지각할 때에도 또한 일어날 수 있겠지만, 대인지각에서 특히 강력하다.

이러한 평가적 일관성을 향한 경향성은 **후광효과**(halo effect)라고 일컬어지고 있다. 개인은 호감이 가거나 그리 호감이 가지 않는다고 간주되고 있으며, 모든 다른 성질들은 이러한 판단과 일치되는 것으로서 지각되게 된다. 이것은 "좋다"고 지칭된 사람이 긍정적인 후광을 갖고 있다고 간주받으며 다른 좋은 성질들이 그 사람에게 부여되기 때문에 후광효과라고 불리고 있다. 그 정반대는["부적 후광"(negative halo)이나 "꼬리 잡힌" 효과라고 부를 수 있는 것이다] "나쁘다"고 지칭된 사람은 모든 나쁜 성질들을 갖고 있다고 간주되는 것이다.

긍정성 편향

대인지각에서의 다른 일반적인 평가적 편향은 타인들을 긍정적으로 평가하는 경향성이다. 긍정적 평가들이 부정적 평가들보다 훨씬 더 보편적이다.

타인들에 대한 긍정적 평가들이 부정적 평가들보다도 수적으로 우세한 이러한 경향은 **긍정성 편향**(positivity bias : Sears, 1983)이라고 불리어 왔다. 예컨대, 한 연구에서 학생들은 그들이 대학 수강과목들에서 모든 혼합된 경험들을 갖고 있을지라도, 97퍼센트의 대학교수들을 호의적으로(즉, 평정척도에서 '평균' 이상으로) 평정했다(Sears, 1983). 이와 비슷하게, 여론조사들은 개개의 정치지도자들이 불인정을 받기보다도 일정하게 더 흔히 인정을 받는다는 것을 보인다(Sears, 1982). 1930년대 중반 이래로, 미국에서 실시된 갤럽 여론조사들에서 질문되었던 특수한 사람들중의 4분의 3이 그들을 싫어하는 사람들보다도 더 많은 사람들로부터 호감을 받았다. 따라서 예상되는 바와 같이, 어떤 인상이 변화할 때에 다른 모든 것이 동일하다면, 그 변화는 일반적으로 더 비호의적이기보다도 더 호의적으로 되는 경향이 있다(Sears와 Whitney, 1973).

사람들이 왜 이렇게 관대하게 평가받는가에 대해서 몇 개의 그럴듯한 가설들이 있다. 그 중의 하나는 이른바 Boucher와 Osgood(1969)이 낙천성 원리(pollyanna principle)라고 일컬은 것에서 나온다(또한 Matlin과 Stang, 1978 참조). 그들은 사람들이 좋은 일, 즐거운 경험, 좋은 사람, 좋은 날씨 등에 둘러싸이게 되면 기분이 좋은 것을 느낀다고 제안했다.

설사 자기들의 집이 붕괴되고, 몸이 아프고, 이웃 사람들이 자기들에게 공포를 주고, 날씨가 음산할 때일지라도, 그들은 자신의 상황을 좋게 평가할 것이다. 그 결과로서, 대부분의 사상들은 대부분의 경우에 "평균 이상"으로 평가되며, 유쾌한 일들이 불쾌한 일들보다도 더 흔하다고 생각되고, 좋은 뉴스들이 나쁜 뉴스들보다 더 자주 전달되고, 유쾌한 단어들이 불쾌한 단어들보다도 더 신속하게 인식되는 식으로 된다. 그 결과로 긍정적 단어들은 광범하게 다양한 문화들과 맥락들에서 보다 더 많게 된다.

한편, Sears(1983)는 우리의 다른 인간에 대한 평가에는 어떤 특수한 긍정성편향이 있다고 주장하고, 그는 이것을 인물긍정성 편향(person-positivity bias)이라고 기술했다. 사람들은 어떤 비인간적인 대상들보다도 자기가 평가하는 어떤 타인에 대해서 더 많은 유사성을 느끼며, 따라서 타인들에 대해 보다 더 관대한 평가를 확장시킨다. 실제로, 인물긍정성편향은 개개의 사람들에 대한 평가에서 가장 많이 작용하며, 사람이 아닌 대상들이 평가될 때에는 그렇게 강하게 나타나지는 않는다.

인지적 접근

지금까지, 우리는 대인지각을 두 가지 가정들에 의해서 지배되는 것으로서, 즉 (1) 다소 기계적인 인상형성의 과정이 자극인물의 본질을 반영하며, (2) 그 과정이 사고나 인지보다도 감정이나 평가에 의해서 지배되는 것으로서 기술해 왔다. 비록 이러한 두 가지 가정들에는 많은 가치가 있지만, 이것들은 그 과정을 과잉단순화시키고 있다. 우리는 그저 환경 그대로를 복사하지는 않는다. 우리는 적극적이고도 조직화시키는 지각자들이다. 비록 인상형성에 대해서는 중심적이기는 하지만, 평가에 대한 초점은 또한 불완전하다. 이것은 인지적 처리기제들을 무시한다.

인상형성에 대한 인지적 접근은 이 과정의 다소 상이한 특징들을 강조한다. 첫째로, 비록 인간이 분명히 다른 동물들보다도 더 큰 정보처리 능력을 지니고 있을지라도, 이것은 무한정하지는 않다. 우리는 매 순간에 포격하고 있는 자극들 중에서 한정된 양만을 흡수할 수 있으며, 우리가 이것들을 기억으로부터 상기할 필요가 있을 때, 우리는 한 순간에 이것들 모두를 상기할 수는 없다. 따라서 대인지각에 관한 어떠한 분석이든 간에 우리의 한정된 처리능력을 인정하고서 출발해야만 된다. 우리는 게으른 지각들이라고 기술될 수 있거나(McGuire, 1969), 다소 더 관대하게 인지적 인색자들(cognitive misers, Taylor, 1981)로서 기술될 수 있을 것이다. 우리가 타인들을 지각할 때, 우리는 지름길로 질러가고 노력을 절약하려고 든다.

둘째로, 우리는 정보를 선택적으로 받아들이고서, 그 다음에 이것을 전체 입력으로부터 의미있게끔 만드는 하나의 유의미한 형태(gestalt)로 조직화한다. 각각의 정보 조각은 그저 전반적 인상으로 평균되게 되는 또 다른 분리된 특성이라기보다도 하나의 조리있는 전체의 한 측면이라고 간주된다. 인상형성에 대한 이것의 주요 의미는 그 처리가 기계적인 것이 아니라, 자극대상에서 어떤 조리있는 의미(meaning)를 지각하려는 시도를 포함하고 있다는 것이다.

따라서, 인지적 접근은 사람들이 각각의 별개의 정보를 그저 평균하기보다도, 그들이 타인(또는 사상이나 어떤 것이든간에)에 관해서 갖고 있는 정보들에서 유의미한 인상들을 발전시키려고 노력하는 것으로서 간주한다. 이것은 "전체는 그것의 부분들의 합계보다도 더 크다"는 오래된 주장의 배후에 있는 생각이다. 지각자는 각각의 별개의 정보 조각을 분리된 채로 고려하지는 않으며, 전체로서의 개인에 관한 인상을 얻으려고 노력한다.

인지과정에 대한 이러한 강조는 사회심리학의 주요 접근들 중의 하나이다(Fiske와 Taylor, 1991). 인지적 접근의 핵심은 대인지각을 하나의 인지과정이라고 보는 것이다. 인간은 적극적으로 조직화시키는 지각자들이고, 수동적인 저장기구들이 아니다. 인간은 그저 호감이나 오감만을 갖는 것이 아니라, 조리있고도 유의미한 인상을 발전시킬 욕구에 의해서 동기화되어 있다.

그리고 우리들의 한정된 저장용량은 일련의 인지적 지름길들을 사용하게끔 만든다. 이것들은 처리의 효율성을 가져올 수 있지만, 또한 편향들과 오류들을 일으킬 수 있다. 사회적 인지접근은 앞에서 기술된 보다 더 단순하고, 보다 더 기계적인 과정들을 보충한다. 이것은 호감이나 오감에 대한 단순한 판단 이외에도 어떤 것이 진행되고 있는가를 묻고 있다.

인지적 접근에서 발전되어 온 네 개의 일반적 아이디어들은 다음과 같다.

① 사람들에 관한 정보의 처리는 자극대상에 있는 어떤 조리있는 의미를 지각하는 것을 포함한다. 우리는 행동을 분리해서 해석하기보다도 개인의 행동에 대한 맥락을 이해하고자 노력한다.

② 지각자들은 모든 것들에 동등한 주의를 기울이기보다도 지각적 장(場)의 가장 특출한 특징들에 특히 주의를 기울이는 경향이 있다. 즉, 도형적 사람들이나, 어떤 특정인의 도형적 측면들이 그 배경보다도 더 많은 주의를 끈다. 비 오는 날에 우리의 주의는 혼잡한 교차로의 중앙에 서 있는 경찰관에게 쏠린다. 이는 그 사람이 선명한 노랑색 우의를 착용하고 있고 교차로 주위의 모든 다른 색깔들은 칙칙하기 때문이다.

③ 우리는 지각적 장을 자극들을 범주화하거나 묶음으로써 조직화한다. 물론 우리가 보거나, 듣거나, 냄새맡거나, 느끼는 모든 것들이 다른 모든 것들과는 약간 다르지만, 우리는 그것들을 그런 식으로 지각하지는 않는다. 차라리 우리는 각각의 별개의 자극을 한 범주나 집단의 일부로서 보는 경향이 있다. 봉고차를 하나의 차로서, 흰 실험복을 입은 사람을 의사로서 보는데, 이것들의 각각은 설사 다른 차들이나 의사들과는 아주 다르게

보이게끔 만드는 특징들을 갖고 있더라도 그렇게 보인다.

④ 우리는 자극들을 어떤 종류의 구조의 일부분으로서 지각한다. 각각의 별개의 자극은 시간, 공간 및 인과적 흐름에서 다른 자극들과 관련을 맺는 경향이 있다. 우리는 하강중의 여자 스키선수를 보다 더 넓은 맥락의 일부로서 본다. 즉, 그녀는 스키경기에 참가하고 있어서, 심판이 신호를 하면 출발하고, 언덕 아래로 꽂혀 있는 기들 사이로 스키를 타고, 결승점을 통과했을 때에 정지한다. 우리가 실제로 보는 것은 운동중의 한 젊은 여자이지만, 이것은 회전활강경주의 규칙들에 관한 우리의 지식과 그녀의 우아성, 기민성 및 힘에 대한 우리의 인상을 포함하고 있는 훨씬 더 복잡한 인지구조의 일부분이다. 다시 말하면, 우리는 개별 자극을 보다 더 넓은 지식의 구조 속에 자발적으로 삽입시킨다.

의미의 추구

맥 락 인지적 접근은 지각자들이 그저 각각의 정보조각을 별개로 받아들이기보다도, 개인 전체에 관한 하나의 유의미한 인상에 도달하려고 노력한다고 가정한다. 그들의 어떤 새로운 정보 조각의 이해는 일부 맥락(context)에 달려 있을 것이다. 어떤 사람이 "온정적이고, 보살펴 주는 치료자"라는 것을 알고 있는 맥락 속에서 "지적이다"의 의미는 아마 매우 긍정적일 것이다.

그러나 그 사람이 그와는 달리 "냉정하고, 잔인한 일본 스파이"일 때에 "지적이다"의 의미는 아마 보다 더 부정적일 것이다. 이 특성은 그 사람을 보다 더 위험한 인물로 생각되게끔 만든다. 새로운 정보의 영향을 예언하기 위해서, 우리는 맥락이 그 정보의 의미에 영향을 주기 때문에 맥락을 알 필요가 있다.

상당한 양의 연구들은 맥락이 정말로 어떤 기존의 인상에 대한 새로운 정보의 영향을 변화시킨다는 것을 보여 왔다. 그러나 맥락효과들이 어떻게 일어나는가는 다소 논쟁의 여지가 있다. Anderson(1966)은 자신의 평균적 접근과 일관되게, 새로운 속성의 가(value)에 미치는 맥락의 영향은 맥락의 가와 새로운 정보의 가를 그저 평균함으로써 예언될 수 있다고 시사했다. 이 예에서, "지적이다"가 그 자체만을 고려했을 때에 +2라고 하자. 그리고 "냉정하다, 잔인하다, 일본 스파이이다"의 종합된 가가 −4라고 하자. 이 경우에서 전반적 인상에 대한 "지적이다"의 기여는 이것의 맥락에 의해서 영향받게 될 것이고 따라서 이것 자체의 가와 그 맥락의 가의 평균치, 또는 약 −1이 될 것이다. 한편, 만일 "온정적이고 보살펴 준다"의 맥락의 가가 +4이면, "지적이다"를 포함시키는 것은 이 맥락에서 +3의 전반적 인상을 일으킬 것이다. Anderson은 이러한 맥락의 효과를 일반화된 **후광효과**(generalized halo effect)라고 기술했다. 주지하고 있는 바와 같이, 그는 많이 심사숙고하는 사고를 가정하지 않는다. 새로운 속성은 단지 맥락에 결부된 좋거나 나쁜 감정들의 어떤 것을 기계적으로 흡수한다.

이와는 반대로, 주로 인지적 접근으로부터 연구하는 Asch(1946)에 대해서, 전체는 그 부분들의 기계적인 평균 이상이다. 지각자들은 어떤 정보를 제공받든 간에 유의미한 전체를 만들어내며, 전체는 상이한 정보들에 따라 변화될 것이다. 따라서 어떤 특정의 속성은 만일 그것이 상이한 맥락에 두어지게 되면, 상이한 의미를 가질 것이다. 비키니 수

영복만을 입는 것은 여름의 해변가에서보다도 교향곡 연주장에서 아주 상이한 의미를 가질 것이다.

Asch는 어떤 새로운 속성이 새로운 맥락에 놓일 때에 **의미의 변화**(shift of meaning)가 일어난다고 주장했다. 냉정하고 잔인한 사람에 대해서, "지적이다"는 위협이 되고, 잠재적으로 적대적이고, 파괴적인 의미를 갖게 된다. 온정적이고, 보살펴 주는 사람에 대해서, "지적이다"는 동정성, 통찰력 및 타인을 도와 주는 능력에 도움이 된다고 기대될 수 있을 것이다.

꽤 많은 연구가 맥락효과들에 대한 이러한 두 가지 설명들에 관해서 실시되어 왔다. 이 논쟁에 접근하는 한 가지 길은 어떤 특정의 특성이 실제로 상이한 맥락들 속에서 상이한 의미를 갖는지를 결정하는 것이다. Hamilton과 Zanna(1974; Zanna와 Hamilton, 1977)는 어떤 특수한 특성의 내포적 의미들이 상이한 맥락들 속에 놓였을 때에 변화되었다는 것을 발견했다. 예컨대, 정적 맥락 속에서 "뽐내다"라는 단어는 "자신있다"의 의미를 가졌다. 부적 맥락 속에서, 이것은 "자만한다"를 의미했다. 이와 비슷하게, Wyer(1974)는 이러한 의미들의 평가가 또한 맥락을 반영한다는 것을 발견했다. 이 예를 사용하면, 부적 맥락 자체에 의해서 암시된 원래의 특성("뽐내다")의 의미("자만한다")는 부적 평가를 가졌다.

이러한 연구들은 맥락효과들이 의미의 변화 현상에 의해서 일부 결정된다는 것을 보인다.

중심특성들 평가적 접근과 인지적 접근이 잠재적으로 차이있는 두번째의 주제는 어떤 특성들이 다른 특성들보다도 개인에 관해서 더 많은 것을 의미하는지의 여부에 관련된 것이다. 평균적 접근에서는 모든 특성들은 이것들이 어떠한 수치를 취하든간에 인상 속으로 그대로 투입된다고 간단하게 가정한다; 예컨대, "냉정하다"는 항상 －5이며 온정적이다는 항상 ＋7이다. 그 대신에 인지적 접근은 어떤 특성들은 다른 특성들보다도 본래 더 의미가 크다고 가정한다. 예컨대, "다정하다－냉정하다"의 특성쌍은 다수의 다른 특징들과 연관되어 있는 반면에, "정중하다－무뚝뚝하다"쌍은 대개의 경우에 소수의 특징들과 연관되어 있는 것 같다. 많은 다른 특성들과 크게 연관되어 있는 특성들은 중심특성들(central traits)이라고 불리어 왔다(Asch, 1946).

이것들의 중요성에 관한 하나의 고전적 연구에서, Kelley(1950)는 심리학과목의 수강생들에게 초청강사가 강의하기 이전에 그에 관한 성격특성의 기술들을 제시했다. 절반의 학생들은 "다정하다"가 들어 있는 기술을 받았다. 다른 절반의 학생들은 그 강사가 "냉정하다"는 기술을 받았다. 모든 다른 면에서 목록들은 동일했다. 그런 다음에 강사가 교실에 들어와서 20분간 토의를 주재하고, 그 다음에 학생들에게 그에 관한 인상이 질문되었다. 그 결과가 표 2－2에 제시되어 있다. Asch의 연구에서처럼, 그가 다정하다고 들은 학생들과 그가 냉정하다고 들은 학생들이 형성한 인상들 사이에는 큰 차이가 있었다. 이에 더해서, 강사가 다정하다고 기대한 학생들은 그와 더 자유롭게 상호작용하고 더 많은 대화를 먼저 개시하는 경향이 있었다. 따라서 상이한 기술들은 학생들의 타인에 대한 인상뿐만 아니라 그에 대한 행동에도 영향을 주었다.

평균모형은 이러한 현상들을 취급하기 위해서 개정되어 왔다. 이것의 가중 평균모형

표 2-2. 다른 성질들의 평정에 미치는 "다정하다"와 "냉정하다" 기술들의 영향

성 질	지시[a]	
	다정하다	냉정하다
자기중심적이다	6.3	9.6
비사교적이다	5.6	10.4
인기가 없다	4.0	7.4
딱딱하다	6.3	9.6
성을 잘 낸다	9.4	12.0
유머가 없다	8.3	11.7
인정 없다	8.6	11.0

a: 평정치가 높을수록, 그 사람은 그 자질을 지니고 있는 것으로서 더 지각되었다.
자료원: Kelley(1950)에서 개작됨.

(weighted-average model)은 어떤 특성들은 다른 특성들보다도 더 중요하며, 따라서 더 무거운 비중을 갖는다고 가정한다. 아마 온정성은 이것들 중의 하나일 것이다. 대개의 경우에, 우리에게 어떤 사람이 온정적인지 냉정한지는 매우 중요하며, 그 사람이 훌륭한 높이뛰기 선수인지 아닌지는 그리 중요치 않다. 따라서 우리는 전반적 인상에 이르는 데에 있어서 온정성이나 냉정성에 관한 어떤 정보에 매우 무거운 비중을 두며, 높이뛰기 능력에 관한 정보에는 거의 비중을 두지 않는다. 그러나 이러한 예는 맥락이 어떻게 의미에 영향을 주는가에 관한 Asch의 관점을 또한 예시해 준다. 어떤 파티의 맥락 속에서, "다정하다-냉정하다"는 아마 분명한 하나의 중심특성일 것이다. 이는 이 특성이 그 사람과 즐겁게 지낼 것인지에 대해서 매우 중요하기 때문이다. 그러나 농구게임이나 올림픽 선발경기들의 맥락 속에서, "다정하다-냉정하다"는 그리 중심적인 것이 못되고, 높이뛰기 능력이 훨씬 더 무거운 비중을 차지할 것이다.

특 출 성

사람들은 타인들 속에 있는 많은 단서들에 대해서 민감하며, 이들 단서들을 인상을 형성하기 위해서 사용한다. 그러나 분명히 사람들은 사용가능한 모든 단서들을 사용하지 않는다. 하나의 주요한 관련된 지각원리는 도형-배경 원리(figure-ground principle)이다. 이 원리에 따르면, 사람들은 상황의 뒷부분, 즉 배경보다도 눈에 확 뜨이는 지각적 장의 측면들, 즉 도형에 주의를 지향시킨다. 인상형성의 경우에서, 주요 함축성은 가장 특출한 단서들이 가장 무겁게 이용될 것이라는 것이다. 만일 한 학생이 개강 첫날 휠체어를 타고 나타났다면, 교실에 있는 모든 학생들은 그 사람이 신체장애자라는 사실로부터 가장 크게 영향받게 되는 인상을 형성하기가 쉽다. 복장·머리스타일 그리고 아마 연령·인종 및 성별까지도 모두가 이차적인 것으로 될 것이다.

무엇이 한 단서가 다른 단서들보다도 특출하게 되는 것을 결정짓는가? 몇 가지 분명하게 규정될 수 있는 객관적 조건들은 단서들을 눈에 확 뜨이게끔 만든다. 대상지각에 관한 게스탈트 원리들에 의하면, 명도·화려함·운동 또는 신기성이 가장 강력한 조건들

이 된다(McArthur와 Post, 1977). 밝은 빨강색 스웨터를 입은 남학생은 많은 학생들이 있는 교실에서 눈에 확 뜨이게 되고, 스웨터는 그의 가장 특출한 측면이 된다. 수업중에 소리치며 벌떡 일어나는 학생은 그 학생이 시끄럽고 움직이며, 교실 내의 거의 모든 것들이 조용하고 정지되어 있기 때문에 우리의 주의를 끈다. 따라서, 어떤 단서를 그것의 맥락 속에서 객관적으로 특이하게끔 만드는 것은 무엇이든 간에 그 단서를 주관적으로 더 특출하고 더 주목하기 쉽게끔 만든다.

특출성의 영향 특출성은 대인지각에 대해 몇 가지 결과들을 갖는다. 특출한 행동들은 미묘하고도 명백성이 적은 행동들보다도 더 많은 주의를 끈다(McArthur, 1981). 둘째로, 특출성은 사람들이 보다 더 특출할수록 그들의 사회적 맥락에 대해 더 많은 영향력을 갖고 있는 것으로서 간주되는 점에서, 인과관계의 지각들에 영향을 준다. 학급의 앞자리에 앉아서 가끔씩 질문을 하는 학생은 뒤에 앉아서 그만큼 질문하는 학생보다도 토의를 지배하는 것으로서 지각되기가 더 쉽다.

셋째로, 특출한 사람들에 대한 평가들은 특출성이 적은 사람들에 대한 평가들보다도 더 극단적이다. Taylor 등(1977)은 흑인 집단멤버들의 "단독" 지위를 변화시킨 일련의 실험들을 실시했다. 어떤 집단들은 흑인과 백인 멤버들이 고르게 섞여 있었고, 다른 집단들은 단 한 명의 흑인멤버만이 있었다. "단독" 흑인은 고르게 배분된 집단들보다도 분명히 더 특출하다. 유쾌한 흑인멤버는 고르게 배분된 집단 속에 있을 때보다도 "단독"이었을 때에 보다 더 호의적으로 평가되었고, 불쾌한 흑인멤버는 보다 더 부정적으로 평가되었다.

끝으로, 특출성은 어떤 인상의 조리성을 증가시킨다(Taylor, 1981). 만일 특출한 사람이 "약물중독자"와 같은 어떤 고정관념화된 집단의 한 멤버라면, 그 사람은 그 집단의 고정관념화된 모든 속성들, 즉 범죄성향을 갖고 있고, 약한 도덕성을 갖고 있고, 매너와 복장이 단정치 못하고, 정식성이 부족한 등등과 같은 것들을 지니고 있는 것으로 간주되게 될 것이다.

특출한 자극들은 가장 많은 주의를 끌며, 이것들은 가장 인과적으로 강력한 것으로서 보이며, 이것들은 가장 극단적인 평가적 판단들을 일으키며, 이것들은 보다 더 많은 판단의 일관성을 일으킨다. 이러한 효과들은 Taylor와 Fiske(1978)에 의해서 '머리 꼭대기' 효과들이라고 불리어 왔다. 이는 이것들이 단순하게 주의를 지향시키는 비교적 피상적 수준에서 일어나는 것 같기 때문이다. 즉, 그 효과들은 사고의 어떤 깊은 변화들을 내포하기 때문이 아니라, 한 양식이나 다른 양식으로 지각자의 주의를 집중시키기 때문에 일어난다.

그러므로, 예상될 수 있는 바와 같이, 그 효과들은 자극들이 지각자의 진정한 주의를 끌 정도로 충분하게 흥미있고 흥분을 유발시킬 때에 가장 강력하게 되는 것 같다. 상이한 자극들의 특출성은 지각자가 딱딱하고, 보다 더 공식적이고 지루한 상황들에 반응하고 있을 때보다도 익살스런 토론들과 같이 흥분을 유발시키는 대화들에 반응하고 있을 때에 더 중요하다(McArthur, 1981). 그러나 특출성효과들은 다소 일반적인 것 같아서, 중요한 이슈들과 아울러 중요치 않은 이슈들에 대해서 일어난다(Taylor 등, 1979 ; Borgida와 Howard-Pitney, 1983). 특별논의 2-1은 자기(self)가 특출하게 될 때의 몇 가지 결과들을 기술하고 있다.

특별논의 2-1. 자기인식: 자기가 특출한 시기

대개 우리의 주의는 환경쪽으로 외부에 초점이 두어지지만, 때로는 우리의 주의는 우리 자신쪽으로 내부에 초점이 두어지게 된다. 거울 속의 자신의 모습을 보는 것, 자신이 사진찍히게 되는 것, 또는 보다 더 미묘하게 타인들에 의해서 평가받게 되는 것이나, 심지어 단지 어떤 집단상황 내에서 소수측에 속하게 되는 것과 같은 이 세상의 어떤 경험들은 자동적으로 주의를 내부로 쏠리게끔 만든다. 우리는 자기 자신을 환경 속에서의 주체적인 행위자가 아니라 우리 자신과 타인들의 주목의 대상으로 생각하기 시작한다. 이러한 상태는 자기인식(self-awareness)이라고 불리어 왔다(Duval과 Wicklund, 1972; Wicklund와 Frey, 1980).

일반적으로 자기에 대한 초점은 사람들에게 어떤 기준에 비추어서 자신의 행동을 평가하고 그 기준에 부합시키기 위한 어떤 조정과정을 작동시키게끔 만든다. 예컨대, 당신이 어떤 멋있는 식당에 가서 당신의 데이트상대와 마주해서 자리를 잡았는데, 신경쓰이게도 당신이 상대방의 뒤에 있는 벽 위의 거울을 직접 바라보게 되었다고 하자. 예상되는 바와 같이, 당신이 앞을 바라볼 때마다, 당신은 자기 자신의 얼굴을 인식하게 된다. 당신은 자신의 바람에 날린 머리칼, 자신이 어색하게 미소짓는 모습 및 씹을 때의 보기싫은 모습에 주목한다. 식사의 주 음식이 오게 될 무렵에 아주 어색한 느낌이 들어서, 당신은 머리를 빗기 위해서 화장실에 급히 가면서, 만일 자신이 자리에 되돌아 왔을 때에도 계속 보기 싫게 보인다면, 식탁을 옮길 것이라고 결심까지 한다. 자기 주목은 사람들에게 신체적 외모, 지적 수행, 운동솜씨 또는 도덕성과 같은 기준들에 자신을 비교하게끔 만든다. 우리는 그 기준에 맞추고, 그 기준에 비추어서 자신의 행동을 평가하고, 그 행동이 기준에 부합되는지를 결정하고, 우리가 기준에 부합되거나 아니면 포기할 때까지 계속 조정하고 비교하고자 한다. 이러한 과정은 피드백(feedback)이라고 불리고 있으며, 이 이론은 자기조절에 관한 사이버네틱이론(cybernetic theory of self-regulation)이라고 불리고 있다.

사람들은 또한 자신의 공적 측면들이나 사적 측면들에 주로 주목하는지에서도 차이가 있다. 이러한 구분은 공적 자의식 대 사적 자의식이라고 불리어 왔다(Fenigstein 등, 1975). 공적 자의식(public self-consciousness)이 높은 사람들은 타인들이 자기에 대해서 무엇을 생각하는가, 타인들이 보고 있는 양식 및 자신이 타인들에게 어떻게 보이는가에 관심을 두고 있다. 사적 자의식(private self-consiousness)이 높은 사람들은 자신을 파악하려고 노력하고, 자신에 관해서 많이 생각하고, 자신의 내적 느낌들에 더 많이 주의를 기울인다. 공적 자의식이 있는 사람이 자기인식상태에 있게 될 때, 이 사람은 타인들의 가치들이나 태도들과 같은 외부기준들에 합치시키기 위해서 행동을 조정하려고 애쓸 것이다.

이와는 반대로, 사적 자의식이 있는 사람이 자기인식상태에 있게 될 때, 이

사람은 내부의 목표들과 생각들에 더 많은 주의를 기울일 것이고, 따라서 개인적 기준들에 부합시키려고 더욱 애쓸 것이다(Froming과 Carver, 1981 : Scheier와 Carver, 1980). 당신은 어느 쪽인가? 그렇지 않으면 당신은 두 가지 모두에서 높은가? 표 2-3에 있는 질문들에 답하라.

표 2-3. 자의식척도

당신 자신이 다음의 문항들의 각각에 대해서 일반적으로 동의하는지(A), 아니면 부동의하는지(D)를 아래의 빈칸에 표시하시오.

_______ 1. 나는 항상 나 자신을 이해하고 노력하고 있다.
_______ 2. 나는 일들을 처리하는 나 자신의 스타일에 관심을 두고 있다.
_______ 3. 일반적으로, 나는 나 자신을 잘 알고 있지 못하다.
_______ 4. 나는 나 자신에 관해서 많이 숙고한다.
_______ 5. 나는 내가 나 자신을 제시하는 방식에 관심을 두고 있다.
_______ 6. 나는 내가 남에게 보여 지는 양식에 관해서 자의식을 갖고 있다.
_______ 7. 나는 나 자신을 자세히 검토하는 일이 없다.
_______ 8. 나는 일반적으로 자신의 내부감정들에 관심을 두고 있다.
_______ 9. 나는 대개 좋은 인상을 짓는 것에 대해 걱정한다.

자료원 : Fenigstein, Scheier 및 Buss(1975)에서 개작됨.

부정성 효과 평균원리에 대한 또 다른 예외는 사람들이 어떤 완전한 인상에 도달하는 데에 있어서 정적 정보보다도 부적 정보에 더 무게를 둔다는 것이다. 즉, 모든 것이 동일하다면, 부적 특성은 정적 특성보다도 인상에 더 많은 영향을 준다(Fiske, 1980). 이러한 것은 **부정성 효과**(negativity effect)라고 불리어 왔다. 이는 정적 인상이 부적 인상보다도 변화시키기가 더 쉽다는 것을 의미한다(Hodges, 1974). 사람들은 정적 특성들에 기초된 평가보다도 부적 특성들에 기초된 평가에 더 자신을 갖는다(Hamilton과 Zanna, 1972). 그리고 평균원리는 정적 특성들에 대해 적용되고 있는 것만큼 부적 특성들에 대해서는 적용되지 않는다. 이러한 차이는 더욱 극단적인 부적 특성들에서 특히 뚜렷하다. 이것들은 "반대 투표" 효과를 갖고 있는 것 같다. 즉, 하나의 극단적으로 부적인 특성은 그 사람이 어떤 다른 특성들을 가졌든 관계없이 극단적으로 부적인 인상을 일으킨다(Anderson, 1965). 예컨대, Lau(1982)는 1968년에서 1980년까지의 기간 동안에 대통령과 국회의원 입후보자들에 대한 투표자들의 평가들이 후보자에 대한 긍정적 정보보다도 부정적 정보에 의해서 보다 더 강력하게 형성되었다는 것을 발견했다.

우리가 어떤 저명한 사회인사가 "사기꾼"이라는 말을 들었을 때에 우리의 그에 대한 평가는 우리가 그에 대해서 무엇을 알고 있는가에 관계없이 아주 부적으로 된다(예 : Coovert와 Reeder, 1990). 만일 우리가 그가 "참을성 있다"라고 들었다면, 우리는 우리가 그에 대해서 알고 있는 어떤 다른 특성과 이 약간 정적인 성질을 단순히 평균할 것이다.

이 부정성효과에 대한 주요 설명은 도형-배경원리에 기초되어 있다. 우리가 인물-긍정성 편향에 관한 논의에서 지적한 바와 같이, 타인들에 대한 정적 평가들이 부적 평가들보다도 훨씬 더 보편적이다. 부적 특성들은 더욱 특이하며, 따라서 더욱 독특하다. 그러면, 단순한 지각적 의미에서 부적 특성은 **도형적**(figural)이다. 이것은 특이하게 기형적인 것이거나 화려한 의복이나 특이한 크기의 어떤 것이 눈에 확 뜨이는 것처럼 튀어나오게 된다(Fiske, 1980). 사람들은 그러한 부적 성질들에 더 많은 주의를 기울이고, 더 큰 비중을 둔다. 예컨대, Lau(1985)는 부정적 정보가 정부를 가장 신뢰하고 있었던 투표자들에게서 대통령후보자들의 평가들에 가장 많은 영향을 주었다는 것을 발견했다. 즉, 부정성효과는 정치지도자들을 일반적으로 존경하는 투표자들에게서 가장 강했는데, 이들에 대해서 부정적 정보는 가장 도형적일 것이다.

부정성효과는 아마 주로 앞에서 논의된 긍정성편향에 기인될 것이다. 긍정성편향은 긍정적 평가들이 부정적 평가들을 능가한다고 시사한다. 부정성효과는 부정적 평가들이 따라서 더 특이하기 때문에, 이것들이 존재할 때에는 인상에 더 많은 영향력을 갖고 있다고 시사한다.

범 주 화

지각자들은 고립되어 있는 특출한 자극들에 반응하지는 않는다. 그들은 이것들을 어떤 집단이나 범주의 일부분으로서 즉각적으로 그리고 자발적으로 지각한다. 우리는 다 떨어진 구두를 신고 있고 두 개의 낡은 시장 바구니를 지니고 있는 수염을 깎지 않고, 지저분하고, 헝클어진 모습으로 공원에 있는 남자를 바로 또 다른 어떤 보통의 사람이라고 보지는 않는다. 우리는 그를 일종의 버림받은 사람으로서 즉각적으로 분류한다. 우리가 야구경기를 보러 갈 때, 우리는 사람들을 대개 다섯 개의 사회적 집단들, 즉 한 팀이나 다른 팀의 선수들, 심판들, 치어리더들 및 관중들 중의 한 명이나 다른 구성원들로서 즉각 분류한다. **범주화**(categorization)나 묶는 과정은 즉각적이고 자연적이며, 당신의 연필이 어떤 범주의 대상들에 속하는가를 생각할 경우에서처럼 어떤 시간이나 사고를 요하지 않는다.

사람들에 대한 범주화 가장 단순한 수준에서, 우리는 외모상에서의 자연적 유사성들을 바탕으로 해서 분류한다. 우리는 사람들의 신체특징들, 대개는 그들의 이차 성징들과 문화적으로 규정된 외모의 차이들(머리칼 길이, 화장, 의복의 형태)을 기초로 해서 "남자"나 "여자"의 범주에 사람들을 할당하는 경향이 있다. 사람들을 인종범주들과 같은 다른 사회적 집단들에 할당하는 것도 이와 마찬가지이다.

우리는 어떻게 사람들과 대상들을 범주들 속에 두고 있는가? 일반적으로 말해서, 우리는 어떤 사람이나 대상을 범주의 **원형**(prototype)과 비교한다. 원형은 범주의 하나의 추상적 이상이다. 예컨대, 농구선수에 대한 우리의 범주에서, 우리는 아마 그 사람의 신체형태가 어떠하며, 그가 여가시간에 무엇을 하며 심지어 그가 소속한 서클에 관해서 어떤 추상적인 생각을 가질 것이다. 어떤 새로 만난 사람을 하나의 농구선수라고 범주화시킴에 있어서, 우리는 그의 속성들을 그 범주에 대한 원형의 속성들과 비교할 것이다.

어떤 범주들에 대해서, 사람들은 원형들보다도 그 범주의 **실례들**(exemplars)에 주의를 기울인다(Rothbart와 Lewis, 1988). 원형이 범주의 속성들의 하나의 추상적 세트인 반면에, 실례는 범주의 하나의 실제의 예이다. 따라서, 예컨대 어떤 새로운 사람을 만나고 그가 농구선수인지를 알아내고자 노력함에 있어서, 우리는 그를 그 범주에 대한 보다 더 추상적인 원형과 비교하기보다도 우리가 농구선수라는 범주의 실례가 된다고 생각하는 우리의 특정의 친구와 비교하게 될 것이다. 우리가 범주들의 추상적 속성들을 알고 있을 때, 우리는 또한 우리가 실제로 당면했던 범주의 특수한 실례들을 알게 된다. 따라서 많은 경우들에서, 우리는 사람들과 대상들이 우리가 그 범주 속에 저장했던 실례들과 비슷한지를 알아봄으로써 그것들을 범주화시킨다. 예컨대, 만일 어떤 새로 만난 파트너를 오래 사귀게 될 가능성이 있는 이성친구라고 결정하게 된다면, 대개 그 사람은 이상적인 이성친구에 대한 어떤 원형뿐만 아니라 "옛날 애인들", 즉 마음에 두었던 과거의 특정의 이성친구들과도 비교되게 된다(Fiske, 1982 ; Fiske 등, 1987).

종합적으로 사람들이 타인들과 그들의 행동을 인식하고 분류하는 방법들의 어떤 복잡한 혼합에 의지하고 있음이 분명하다. 우리는 자신이 거의 정보를 갖고 있지 못한 범주들, 집단들 및 상황들에 대해서는 원형들을 사용하고, 우리가 보다 더 많은 정보를 갖고 있는 범주들에 대해서는 실례들과 아울러 원형들을 사용한다(Judd와 Park, 1988 ; Linville 등, 1989).

범주화의 결과들은 무엇인가? 이것은 "인지적-인색자"라는 생각이 시사하는 바와 같이, 정보처리 시간을 빠르게끔 만든다. 예컨대, Brewer 등(1981)은 피험자들에게 세 개의 상이한 범주들에 속하는 사람들, 즉 "할머니", "젊은 여자" 및 "고령자"의 사진들을 그들의 범주를 분명하게 확인해 주는 언어적 명칭들과 함께 제시했다. 그 다음에 그들은 피험자들에게 각 표적인물에 관한 부가적 정보를 제시했고, 피험자들이 자신의 인상에 얼마나 오래 그 정보를 통합시켰는가를 측정했다. 범주의 원형과 일치되는 정보(할머니에 대해서 "인정 많다")는 범주와 불일치되는 정보(할머니에 대해서 "공격적이다"와 같은) 보다도 더 빨리 처리되었다.

도 식 들

인지의 보다 더 복잡한 조직화는 **도식**(schema)이라고 하는 것이다. 이 용어는 대상에 관한 어떤 지식, 대상에 관한 여러 인지들간의 몇 가지 관계들 및 몇 가지 특수한 실례들을 포함하고 있는 조직화되고 구조화된 인지들의 세트(組)를 나타낸다(Taylor와 Crocker, 1981). 예컨대, 우리는 "부유층 사립고교 출신자""인 앵글로색슨계 백인 신교도(WASP) 대학생에 대한 하나의 도식을 가질 수 있다. 즉, 그 대학생은 악어 와이셔츠와 카키색의 바지를 입고, 특정 상표의 옷들을 사 입고, 분홍색과 연초록색을 무엇보다도 좋아하고, 단추를 채우는 옥스포드 옷감으로 된 셔츠에다가 마드라스 무명으로 된 넥타이를 매고서 운동하고, 조정과 조깅을 좋아하고 테니스를 친다고 생각되고 있다. 이러한 "부유층 사립고교 출신자" 도식은 볼링을 하거나, 캐터필러 트랙터 상표의 모자를 쓰거나, 1970년형 크라이슬러 임피어리얼 차를 몰거나, 배가 나온 것을 아마 포함하지는 않을 것이다.

모든 도식들이 공통으로 지니고 있는 것은 그것들의 내용이 아니라, 그것들의 구조적 특징들과 이것들이 정보처리에 대해서 갖는 영향들이다. 도식들은 복잡한 정보들을 단순화시키고 조직화함으로써 우리가 그것들을 처리하는 것을 도와 준다. 도식들은 세부들을 기억하고 조직화하고, 처리시간을 신속하게 하고, 우리의 지식의 간격들을 메워 주는 것을 도와 주고, 새로운 정보를 해석하고 평가하는 것을 도와 준다. 뒤에서 보게 되는 바와 같이, 이러한 기존의 인지구조들은 새로운 정보의 처리를 조직화한다. 새로운 정보에 대한 우리의 지각들은 이것들을 우리가 이미 알고 있는 바와 일관성있게끔 만들기 위해서 편향되어 있다. 예컨대, 만일 우리가 어떤 사람을 "온정적"이라고 생각하면, 우리는 그와 이야기하고 그의 행동을 그 온정성을 반영하는 것으로서 해석하기가 더 쉽다.

어떤 도식들은 매우 추상적이고 특수한 특성들간의 관계들을 포함하고 있다. 이것은 **내재성격이론**(implicit personality theory)이라고 불리고 있다(Schneider, 1973). 이것은 어떤 특성들이 어떤 다른 특성들과 함께 있고 어떤 다른 특성들이 함께 있지 않는 것같이 생각된다는 것에 관한 개인의 한 이론이다. 내재성격이론은 어떤 특정 인물에 기초되어 있지는 않지만 많은 사람들에게 적용될 수 있다. 어떤 사람이 영자라는 여학생이 "활발하다"라고 들었다면, 그 사람은 심지어 이 여자에 대한 어떤 다른 정보가 없을지라도, 이 여자가 아마 사교적이고 자신감있다고 추리할 것이다. 따라서 내재성격이론은 이러한 특성들간의 가정된 관계들의 망이다.

다른 도식들은 보다 더 특수하다. **인물도식들**(person schemata)은 사람들에 관한 인지구조들이다. 이것들은 아브라함 링컨과 같은 특정인들에 대해서 초점을 둘 수 있다. 이 도식은 아마 심사숙고하고 정직하고 자신의 의무에 대해 진지하고 억압받는 사람들에게 관심을 두는 것과 같은 요소들이 포함될 수 있다. 이것은 만일 당신의 관점에서 그러한 성질들이 모두 링컨 대통령에게서 서로 연관되어 있다면, 이것들 모두가 그가 시시각각으로 나타내는 무관련한 특성들이 아니라 그의 기본적으로 고상하고 양심적인 성격의 측면들이라고 지각하는 의미에서 하나의 도식이다. 인물도식들은 또한 특수한 유형의 사람들에 초점을 둘 수 있다. 예컨대, "외향적인 사람"에 대한 우리의 도식에는 "활발하다", "사교적이다", "열성적이다" 및 "자신감 있다"와 같은 요소들이 포함될 수 있다. 도 2-1은 교양있는 사람에 대한 하나의 도식을 그림으로 나타낸 것이다.

우리는 또한 **역할도식들**(role schemata)을 갖고 있다. 이것들은 우리가 사장, 교수, 접수계원, 또는 헌신적인 애인과 같은 어떤 특정 역할을 갖는 사람들에 대해서 갖는 조직화되고 추상적인 상(像)들을 나타낸다. 때로는 이러한 도식들은 비현실적이다. 만일 우리의 "헌신적인 애인"에 대한 도식에 항상 이해해 주고, 항상 지원적이고, 결코 어린애같지 않고, 항상 우선적으로 타인의 행복을 염려하는 것과 같은 요소들이 포함되어 있다면, 우리는 문제에 봉착될 수 있다. 이러한 도식에 맞추어서 사는 사람들은 그리 많지 않다.

다른 도식들은 집단들에 초점을 둔다. 가장 잘 알고 있는 것은 **고정관념**(stereotype)인데, 이것은 특정의 사람들의 집단에 특수한 특성을 부여하는 것이다. Katz와 Braly (1933)에 의한 초기의 연구에서 백인 대학생들은 흑인의 가장 공통적인 특성들로서 "미신적이다", "게으르다" 및 "되는 대로 산다"에 체크를 했고, 독일인에 대해 가장 공통적인 것으로는 "과학적인 자세이다", "근면하다" 및 "감수성이 적다"에 체크를 했다는 것을 발견했다. 이러한 고정관념들은 만일 지각된 각 특성이 그 집단에 관한 통일된 기본

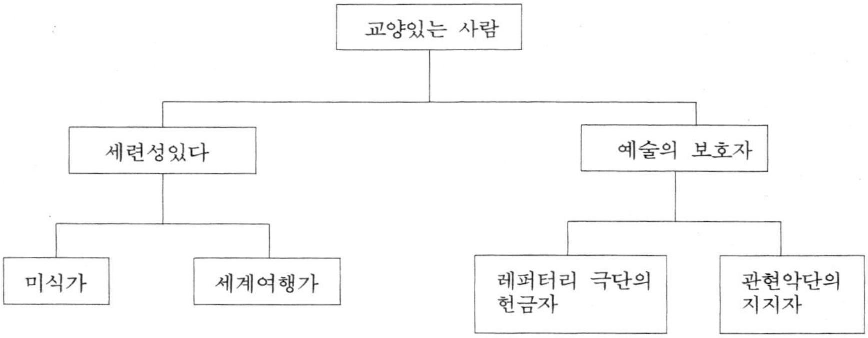

도 2-1. "교양있는 사람"에 대한 하나의 도식. (Cantor와 Mischel, 1979에서 개작됨.)

구조의 일부분이었다면, 도식적일 것이다. 당신은 봉사클럽에 가입한 학생은 다른 봉사회원들처럼 행동하고, 흑인 축구선수는 다른 흑인 축구선수들처럼 행동하고, 경상도나 전라도나 일본 태생의 사람들은 각각 서로 비슷할 것이라고 기대할 수 있다. 이러한 모든 것들은 어떤 집단의 구성원들의 성격과 행동에 대해서 어떤 특수한 도식을 갖고 있는 것을 내포하고 있다(우리는 16장에서 고정관념에 관해서 다소 더 자세하게 다루게 될 것이다).

사람들은 또한 사상(事象)들이나 일의 표준적 순서에 대한 도식을 갖고 있다. 때로는 이러한 도식들을 **각본들**(scripts)이라고 한다(Abelson, 1976). 하나의 각본은 일정한 시간에 걸친 하나의 표준적인 행동순서이다. 하나의 각본은 "중국음식점에서 여럿이서 함께 음식을 주문하기"일 수 있다. 모든 사람이 자리에 앉고, 점원이 메뉴를 자지고 주문을 받으러 온다. 몇몇 사람이 한꺼번에 말을 하면서 먹고 싶은 음식들을 대고, 어떤 사람들은 무엇을 먹을까를 모르겠다고 하고, 어떤 사람은 아무 것이라도 좋다고 한다. 그러면 사람들은 어느 수프를 먹어야 될지에 대해서 서로 입씨름을 하면서 메뉴표를 이리저리 짚어 보고 그들이 즐겨 먹는 쇠고기요리(이것은 아무도 원치 않고 있다) 대신에 달면서 신 돼지고기요리, 즉 탕수육(적어도 한 명의 동맹자가 있다)으로 변경하고 마침내 가장 자신감있고 뱃심있는 사람에게 전체가 조정해 낸 것을 점원에게 전달하도록 지명한다.

우리는 아기를 갖는 것, 샤워를 하는 것, 학기말시험을 치르는 것, 또는 농구게임을 하는 것과 같은 의식화된 일련의 사상들에 대해서 이와 비슷한 각본들을 일으킬 수 있다. 한 각본의 핵심은 이것의 시간적인 구획, 이것의 인과적 흐름(앞의 사상들이 뒤의 사상들에 대해 원인이 된다) 및 이것의 간단하고도 일관성있는 지각적 단위에 있다.

자 기

사람들은 사람들과 사상들이 어떠한가에 관한 도식들을 갖고 있을 뿐만 아니라 자기 자신에 관한 도식들도 또한 갖고 있다. 자기도식들(self schemata)은 당신이 자기에 관해서 생각하는 차원들을 기술한다. 예컨대, Markus(1977)는 사람들이 자기 자신에게 개인주의적이다, 비관습적이다, 주장적이다, 협동적이다, 겁많다 또는 온건하다와 같은 형용사들을 적용시키는지를 결정지음으로써 자신을 독립적이거나 의존적이라고 생각하는 정도를 연구했다.

예컨대, 당신은 자신의 독립성을 유지시키고 나타내는 데에 많은 관심을 두고 있을 수 있다. 당신은 부모로부터 대학등록금을 받기를 거절하고, 자신의 빨래거리는 자신이 빨래하고, 친구에게 수학과목을 도와 달라고 요구하지 않는 등을 할 수 있다. 그렇지 않다면, 당신은 자신을 의존적이라고 생각하고, 형제, 여자친구, 의사, 목사 등과 같이 자신이 의지할 수 있는 사람들의 주위에 있음으로써 자신에 대한 안전을 보장하는 데에 많은 신경을 쓸 수 있다. 양쪽의 경우에서, 당신은 독립성 – 의존성 차원에 관한 강한 자기도식을 갖고 있을 것이다. 이와는 반대로, 당신은 이 차원과 연관지워서 자신을 매우 많이 생각하지 않을 수 있는데, 이 경우에서 당신은 그러한 용어들로 도식적으로 생각하지는 않을 것이다. 당신은 독립성 – 의존성의 차원상에서 비도식적이라고 기술될 수 있을 것이다.

사람들은 자기들에게 중요한 차원들상에서 도식적인데, 이것들상에서 그들은 자신을 극단적으로 생각하고 그 반대의 것이 사실이 아니라고 확신하고 있다. 만일 독립성이 당신에 대해서 중요하고 당신이 자신을 극히 독립성있고 전혀 의존적이 아니라고 생각한다면, 이것은 당신이 그 차원상에서 자신에 관한 상당한 지식을 축적해 왔다는 것을 뜻한다. 예컨대, 당신은 심지어 자신의 전축이나 자신에 대해서 잠재적인 손해의 부담이 있을 때에라도 결코 남에게 자신의 전축을 설치하는 것에 대한 도움을 구하지는 않을 것이 확실할 것이다. 당신이 어떤 특정의 차원상에서 자신에 대한 어떤 도식을 갖고 있을 때, 이것은 당신에게 그 차원에 관련된 상황들을 확인하는 데에 도움을 준다. 예컨대, 만일 당신이 자신을 독립적이라고 생각한다면, 당신은 설치를 위한 복잡한 지시사항들이 있는 새로운 전축의 구입이 독립적 행동을 요한다는 것을 즉각 알게 될 것이다. 더욱이, 그 상황들이 도식에 관련되어 있다는 인식은 당신 자신의 행동에 대한 지침들을 설정한다. 따라서, 당신은 그 상황이 독립적 행동을 요할 뿐만 아니라 자기 자신을 지시사항들을 힘들게 이해해서 그것을 설치하는 사람이라고 인식할 것이다.

모든 도식들이 긍정적인 성질의 것은 아니다. 사람들은 또한 부정적 자질들상에서 자신에 관한 매우 분명한 신념들을 갖고 있다. 예컨대, 자신을 비만이라고 생각하는 어떤 사람은 먹는 상황들이 자신에게 관련있다고 신속하게 결정짓고서, 미리 자신이 먹을 것을 계획세울 것이고 자신이 섭취하는 칼로리들을 계산할 수도 있다. 체중과다의 도식을 갖고 있다는 것은 또한 그 사람이 타인들에게서 체중에 관련된 행동들을 주목하게 되기 쉽다는 것을 의미한다(Carpenter, 1988 ; Dodge와 Tomlin, 1987 ; Hill 등, 1988, Park와 Hahn, 1988). 따라서 예컨대, 그 사람은 체중에 많은 관심을 두지 않는 사람보다도 점심으로 간단한 간식만을 드는 어떤 사람을 신속하게 알아내고 그 사람이 다이어트 중이라고 추론할 것이다(Wurf와 Markus, 1983).

사람들은 자신의 현재의 성품들에 관한 자기개념들을 갖고 있을 뿐만 아니라, 미래의 어느 시기에 자기를 기술하게 될 수도 있는 자신에 관한 개념들도 또한 갖고 있다(Markus와 Nurius, 1986). 이것들은 가능자기들(possible selves)이라고 일컬어지고 있다. 이것들 중의 몇 가지는 5세 아동이 소방관이 되려는 욕망이나 의사가 되려는 학생의 기대와 같이, 사람들이 갈망하는 목표들이나 역할들을 포함한다. 대개의 가능자기들은 긍정적인 것 같다. 즉, 사람들은 미래의 자신을 주로 좋은 측면에서 생각한다(Markus와 Nurius, 1986). 그러나, 어떤 가능자기들은 어떤 경우들에서의 자신의 과도한 음주가 종국에 가서 완전한 알코올중독을 일으킬 수 있다는 의심과 같이, 사람이 장차 될 수도 있는 것에 관한 공포들을 나타낸다.

가능자기들은 자기도식들과 매우 비슷한 방식으로 작용한다. 이것들은 사람들에게 자신의 목표를 분명하게 진술하고 그들이 그것을 달성시키게 될 행동들을 발전시키게끔 도와 준다. 한 연구에서 Ruvolo와 Markus(Markus와 Ruvolo, 1989에서 인용됨)는 피험자들에게 자신이 직장에서 성공하는 것, 직장에서 운이 좋은 것, 분명히 노력했는 데에도 불구하고 직장에서 실패하는 것 또는 나쁜 운 때문에 실패하는 것을 상상하도록 요구했다. 그 다음에, 피험자들은 지속성을 측정하는 과제를 수행했다. 자신을 성공적이라고 기대하도록 요구받았던 피험자들은 자신을 실패한다고 기대하도록 요구받았던 피험자들보다도 그 과제에서 더 오래 작업했는데, 이는 아마 그들이 성공적인 가능자기를 마음 속에 확고하게 지니고 있었기 때문일 것이다. 따라서, 가능자기들은 목표들의 추구에 대한 초점과 조직화를 제공해 준다. 이것들은 사람들에게 적절한 자기지식을 동원시키고 그들에게 그 목표들의 추구에서 취할 필요가 있는 조치들을 연습하게끔 해 준다(Markus와 Ruvolo, 1989).

자기참조

우리가 보아 온 바와 같이, 우리의 타인들에 대한 지각들은 우리의 자기 자신에 대한 지각들에 의해서 강력하게 영향받고 있다. 만일 우리가 자신을 부끄러워한다고 지각한다면, 우리는 타인이 부끄러워하는지 또는 않는지에 주목하는 경향이 있다. 만일 우리가 자신을 똑똑하다고 지각한다면, 우리는 타인들이 똑똑한지 또는 똑똑하지 않은지에 주목한다.

타인들의 특징들에 대한 기억은 그것들이 자기에 연관되게 될 때에 향상되게 된다. 예컨대, 어떤 부끄럼을 타는 사람은 그녀의 한방 친구가 "영수가 우수한 자동차기술자야"라고 말하는 것보다도 "그가 자신의 끔찍스러운 수줍음을 극복했어"라고 말하는 것을 기억하기가 더 쉬울 것이다. 몇 개의 실험들은 이러한 자기참조효과(self-referening effect), 즉 타인들의 특징들이 자신의 자기에 연관되어 있을 때에 그들의 특징들에 대한 기억의 향상을 검증해 왔다, Kuiper와 Rogers(1979)는 몇 개의 상이한 조건들에서 피험자들에게 "부끄러워한다" 또는 "사교적이다"와 같은 특성형용사들을 제시했다. "자기참조"조건에서, 피험자들은 "그 단어가 당신 자신을 기술하는지"를 질문받았다. "타인참조" 조건에서, 피험자들은 "그 단어가 실험자(다른 사람)을 기술하는지"를 질문받았다. 다른 조건들은 피험자들에게 그 단어를 그것이 긴지 아니면 짧은지 또는 그것이 특수한지 일반적인지와 같은 간단한 기계적 측면들에서 평가하도록 요구했다. 그 뒤에 피험자들은 그들이 제시받았던 모든 형용사들을 회상하도록 요구받았다. 실제로 자기참조 맥락 속에서 제시된 단어들은 보다 더 중립적 맥락들 속에 있었던 것들보다도 훨씬 더 잘 회상되었으며, 사람은 그 과제가 덜 곤란하다고 생각했고, 자신의 평가들에 대해 더 많은 확신을 가졌다. 이러한 발견들이 표 2-4에 제시되어 있다.

그 후의 실험들은 이와 비슷한 발견들을 얻었다(Lord, 1980; Brown 등, 1986; Reeder 등, 1987). 대개, 사람들이 자신과 연관지워서 어떤 특성이나 말에 관해서 생각할 때, 그

표 2-4. 자기참조는 더 나은 회상, 더 적은 곤란 및 더 많은 확신을 일으킨다.

실험조건	질 문	회 상	평 균 곤란도 평 정	평 균 확신도 평 정
구 조 적	당신이 이 단어가 길거나 짧다고 느끼는지를 평정하시오.	.18	3.08	3.83
어 의 적	당신이 이 단어가 특수한 의미를 갖고 있는지 아니면 어떤 특수한 상황에 관련되어 있다고 느끼는지를 평정하시오.	.15	4.25	3.83
타인참조	당신이 이 단어가 실험자를 기술하고 있는지를 평정하시오.	.18	5.00	2.75
자기참조	당신이 이 단어가 자신을 기술하고 있다고 느끼는지를 평정하시오.	.31	2.00	6.00

주: 회상수치들은 0에서 1.00에 이를 수 있는데, 여기에서 1.00은 모든 것이 회상되었다는 것을 나타낸다. 곤란도와 확신도 평정들은 7점 척도상에서 이루어졌는데, 7은 극히 곤란하거나 극히 확신 있는 것을 나타낸다.

자료원: Kuiper와 Rogers, 1979에서 개작됨.

것은 타인이나 어떤 물건과 연관지워서 생각될 때보다도 기억되기가 더 쉽다. 그러나 자기참조는 타인 맥락에 비해서 항상 기억을 향상시키지는 않는다는 것에 유의해야만 된다. 타인들이 한 학기 내내 자신을 가르쳐 온 외국어실습실 강사와 같이 피험자에게 개인적으로 잘 알려져 있을 때에 자기참조효과는 사라진다(Kuiper와 Rogers, 1979; Bower와 Gilligan, 1979).

간단히 말해서, 사람들이 어떤 특성이나 말을 자신의 자기에 연관지어서 생각했을 때, 그것이 타인이나 사람이 아닌 어떤 것과 연관지어서 생각되었을 경우보다도 기억되기가 더 쉽다. 이것이 이른바 자기참조효과이다: 그 후의 특성들의 회상은 사람들이 그 특성이 자기에게 개인적으로 해당되는지의 여부에 관해서 먼저 생각해야만 될 때에 향상되게 된다.

왜 이것이 일어나는가? 연구자들이 가장 좋아하는 설명은 자기참조가 사람에게 그 특성에 대한 보다 더 광범하고 더 깊은 범위의 연상들을 고려하도록 만들기 때문에, 자기참조가 "더 깊은 정보처리"를 일으킨다는 것이다(Craig와 Tulving, 1975). 이러한 견해와 일치해서, 자기참조효과는 사람들에게 그저 자기가 아니라, 자기 자신의 개인적 경험들에 연관지어서 특성들에 관해서 생각하도록 하는 것에 달려 있는 것 같다. 이것을 예시하기 위해서, Bellezza(1984)는 피험자들에게 특성들을 제시하고서 그 특성을 자신의 생활의 어떤 실제의 사건이나 어떤 개인적 신체부위에 관련시키도록 했다. 예컨대, 피험자는 "적대적이다"라는 특성을 어떤 사람과 말다툼하게 되는 경험이나 대안적으로 신체부위인 "주먹"에 관련시킬 수 있을 것이다. 특성을 개인적 경험에 연관지어서 생각하는 것은 신체부위에 연관지어서 생각하는 것보다도 더 잘 기억되게끔 만들었다.

따라서, 자기에 대한 참조에 의해서 제공된 여분의 의미충만성은 이것이 우리의 과거의 생활로부터 생각나게끔 만드는 풍부한 과거경험들로부터 특별하게 나오는 것 같다. 자기를 참조하기는 우리가 회상되게 될 자극에 관한 정보를 관련지울 수 있는 어떤 조직화된 자기도식을 상기시키며 그 자극에 관한 어떤 상세화된 기억을 조성시키는 것을 도와 준다(Klein과 Loftus, 1988).

판단의 정확성

사람들은 대개 얼마나 정확하게 타인들을 지각하는가? 이러한 여러 평가적 및 인지적 편향들이 갖는 한 가지 의미는 대인지각이 그리 정확하지 못함에 틀림없다는 것이다. 한편, 사회가 이처럼 원활하게 기능하게 되기 위해서는 사람들은 상당히 정확할 것임에 틀림없다. 어떻든 간에, 우리는 하루에도 수백 번 타인들과 상호작용하고, 그러한 상호작용들은 대개 타인들에 대한 꽤 정확한 판단을 요하는 것 같다. 대부분의 상호작용들이 심각한 갈등이나 실수 없이 진행되는 고로, 대인지각이 꽤 정확함에 틀림없다.

사람들은 외부의 가시적 속성들을 꽤 정확하게 지각하는 것 같다. 한 사람의 키를 판단하는 것은 책장, 차나 낙타의 높이를 판단하는 것보다 일반적으로 더 어렵지는 않다. 비록 특별논의 2-2가 나타내는 바와 같이, 때로는 역시 잘못 될 수도 있지만, 체중·피부색깔이나 복장의 스타일의 판단까지도 마찬가지이다. 우리는 모든 대상들의 외부속성들에 대해서 이런 종류의 판단을 하며, 우리는 상당히 정확하게 판단한다. 그리고 적절한 단서만 주어진다면, 어떤 사람의 사회적 역할에 관해서 판단하는 것은 상당히 쉬운 일이다. 옆구리에 권총을 차고 검은 상하의를 입은 남자는 경찰관이며, 우리는 그에 따라 그를 대한다. 서류가방을 들고서 열차를 향해서 정거장의 플랫폼으로 급히 달려가는 신사복을 입은 남자는 분명히 출근을 서두르고 있으며, 우리는 그가 쉽게 기차를 잡을 수 있도록 길을 비켜 준다. 우리가 사람들을 보는 맥락들은 우리로 하여금 그들의 역할에 관해서 정확한 가정을 할 수 있게끔 해 준다.

그러나 우리가 사람의 내부상태들, 즉 기분·정서 및 성격을 추리하려고 할 때에 대인지각은 보다 더 곤란해진다. 책장은 분명히 이러한 것들을 전혀 갖고 있지 않다. 그러나, 우리는 사람들의 내부상태들에 대해서는 판단을 하려고 든다. 우리는 사람들을 보고서 그들을 화가 나 있거나, 행복하거나, 슬프거나, 놀라고 있다는 식으로 지각한다. 우리는 타인에 대해서 인상을 형성하고, 그 사람을 다정하고 정직하고 성실하다고 생각한다. 우리는 또한 어떤 사람의 여러 가지 문제들에 대한 태도들과 같은 내부특징들에 관해서도 판단한다. 우리는 그 사람이 민자당원인지 민주당원인지, 종교를 가졌는지 안 가졌는지, 환경보호론자인지 아닌지를 추측한다.

정서들, 성격특성들 및 태도들과 같은 내부상태들의 판단들은 흔히 극히 곤란하다. 사람의 내부상태는 직접 관찰될 수 없으며, 이것은 사용가능한 어떤 단서들로부터 추리되어야만 된다. 그러므로, 정확성에 관한 의문은 주로 사람들이 내부상태들에 대해서 할 수 있는 판단들과 그러한 판단들을 하는 데에 사용되는 단서들에 집중되고 있다.

보는 사람의 시각

일관성을 향한 경향성에 의해서 제기된 하나의 가능성은 지각자들은 표적인물의 실제의 성질들을 반영하기보다도 표적인물에 대해 자기 자신의 관점들을 그저 부여할 수 있다. 예컨대, 아름다움이란 평가받고 있는 사람 내에 있다기보다도 "보는 자의 눈" 속에 실제로 있을 수 있다. 모든 사람이 동일한 인물에 대해 상이한 지각을 가질 수 있기 때문에, 이것은 대인지각에서 상당한 부정확성을 일으킬 것이다.

상이한 사람들은 상이한 차원들에 따라 자신의 타인들에 대한 지각을 조직화시키는 것이 사실인 것같다. 예컨대, 한 사람은 항상 타인들을 그들의 유머감의 면에서 기술할 수 있으며, 다른 사람은 그들의 정직성의 면에서, 그리고 또 다른 사람은 그들의 지능의

특별논의 2-2. 목격자 증언

형사범의 혐의들은 흔히 증인의 증언에 크게 의존한다. 어떤 점원은 한 가게에서 강도를 저지른 사람을 용의자들 중에서 알아내서 법정에서 자신의 확인을 증언해야만 된다. 어떤 강간피해자는 만일 범죄가 밤중에 느닷없이 일어났고, 만일 피해자의 생명이 위협당하고, 만일 강간범이 부분적으로 변장을 하고 있었다면, 보다 더 곤란한 상황들에서 동일한 일을 해야만 될 것이다. 몇 개의 연구들은 목격자증언이 그리 정확하지 못하다는 것을 발견해 왔다(Penrod 등, 1982 참조). 확실히, 증인들은 자신이 진짜 범인을 성공적으로 알아내고 있다고 매우 자신하는 경향이 있다. 그러나 그들의 확신도수준은 그들의 정확도수준과 거의 아무런 관계가 없다: 즉 확신이 높은 증인들은 불확실하게 느끼는 증인들보다 더 정확하지는 않다(Wells와 Murray, 1984). 이 사실은 일반인들이 증인의 자신감이 신빙성에 대한 하나의 타당한 지표라고 믿고 있고, 이것이 미국 대법원이 목격자증언의 증거가능성에 대해서 설정해 놓은 기준들 중의 하나이기 때문에 특히 당혹스러운 것이다(Kassin, 1985).

원래의 상황적 맥락을 복원시키는 것과 같이, 증언의 정확성을 높이기 위한 방법들이 있다. Krafka와 Penrod(1985)는 점원들에게 일련의 사진들에서 이전에 보았던 한 고객을 찾아내도록 만들었다. 그 사진에 고객이 제시했던 신분증의 사본과 고객이 거슬러 간 것과 비슷한 수표와 같이, 원래의 대면상황의 몇 가지 물리적 단서들이 수반되었을 때, 정확성은 향상되었다. 그러나 그렇더라도, 약 24시간 뒤에 점원들의 절반만이(비복원조건에서 약 1/3에 비해서) 그 고객을 정확하게 알아냈다. 비록 복원조작이 정확성을 증가시켰을지라도, 이것은 증인의 확신도에 전혀 영향이 없었다. 증인의 확신도는 정확도와는 계속 거의 관계가 없었다(또한 Shapiro와 Penrod, 1986 참조).

면에서 기술할 수 있다. 이러한 관점들의 다양성은 Dornbusch와 그의 동료들(1965)의 연구에서 예시되었는데, 이 연구에서 야영을 하고 있는 모든 아동들은 그들 자신의 단어들로서 각각의 다른 아동을 기술하도록 요구받았다. 그 다음에 이러한 기술들은 두 가지 양식들, 즉 각 아동이 기술들을 하는 데에 사용한 특징들의 면과 각 아동을 기술하는 데에 사용된 특징들의 면에서 분석되었다. 그 다음에 실험자는 동일한 아동이 대부분의 사람들에 의해서 동일한 방식으로 기술되었는지 또는 동일한 지각자가 모든 다른 아동들을 기술하기 위해서 동일한 특징들을 사용했는지를 조사할 수 있었다.

직관적으로 우리는 지각자들이 어떤 특정의 아동을 유머감이나 공격성과 같은 몇 개의 특출한 특징들의 측면에서 동일한 양식으로 기술하는 경향이 있을 것이라고 추측할 것이다. 이 가정은 맞지 않았다. 어느 차원들이 어떤 특정의 아동을 기술했는가에 대해서 아무런 일치가 없었다. 그러나 기술들을 글로 쓰는 아동들 자신에 대해서 상황은 아주 달랐다. 여기에서 큰 일관성이 나타났다. 각 아동은 기술되는 사람이 누구인가에 관계없이 동일한 특징들을 사용하는 경향이 있었다. 아동들은 그들이 사용한 특성들에서 서로 차이가 있었지만, 그들은 모두 거의 모든 자신의 기술들에 사용된 선호하는 기술어들을 갖고 있었다. 따라서 타인들에 관한 지각들은 누가 지각되고 있었는가보다도 누가 지각하고 있었는가에 더 달려 있었다(또한 Beck 등, 1988 참조). 이러한 현상이 갖는 주요 함축은 사람들이 동일한 양식으로 세상을 보지는 않는다는 것이다: 그들은 타인들이 갖고 있는 상이한 측면들을 강조하고, 상이한 성질들에 주목하고 초점을 둔다. 이러한 차이들은 특별논의 2-3이 나타내고 있는 바와 같이 신체특징들의 지각들에도 또한 연장된다.

그렇지만, 지각자들은 특수한 표적인물들의 특성들이나 기타의 속성들에 대해서보다도 그들에 대한 **호감도**(likeability)에서 더 많이 일치한다. 한 사람이 타인의 온정성과 유머감에 관해서 말하고 다른 사람이 그 타인의 친절성과 좋은 성품에 대해서 말할 때, 유일한 불일치는 어의의 차이이다. 우리는 일반적으로 타인들이 왜 호감이 가는가, 즉 그들의 특성이 유머감인지, 사려성인지, 지적 능력인지 등보다도 그들이 얼마나 호감이 가는가에 대해서 더 일치한다.

Park(1986)은 그녀의 세미나학생들에 대한 한 연구에서 이것을 증명했다. 강의가 시작되기 전에는 서로 잘 알지 못했던 이들 7명의 학생들은 한 학기 동안 매주 서로에 대한 인상들을 글로 쓰기로 동의했다. 이것은 그들의 인상들이 "보는 자의 눈" 효과에 기인되었는지, 즉 각 지각자가 여러 명의 모든 표적인물들을 기술하기 위해서 그들 자신의 선호하는 차원들을 사용하지만, 다른 지각자들에 의해서 사용된 차원들과는 상이한 차원들을 사용했는지를 알아보는 기회가 되었다. 그렇지 않다면 그들의 인상들은 각 표적인물의 실제의 성질들에 기인되었는가? 즉, 지각자들은 각 표적인물에 적용한 차원들에서 일반적으로 일치했는가?

그녀는 타인들에 대한 평가들보다도 타인들을 기술하는 데에 사용된 특수한 차원들 상에서 상당히 더 강력한 "보는 자의 눈" 효과를 발견했다. 즉, 두 명의 다른 판단자들은 어떤 특정의 표적인물을 대체로 동일한 양식으로 평가하는 경향이 있었지만, 각 지각자는 인물을 기술하기 위해서 "여피족", "쾌활한 해수욕장 타입", "친절하다", "자신의 결점들을 안다" 또는 "시끄럽고 거칠다"와 같은 자기 자신의 특정의 차원을 사용하는 경향이 있었다.

특별논의 2-3. 아름다움은 보는 자의 시각 속에 있는가, 아니면 아름다움 자체 속에 있는가?

"아름다움은 보는 자의 눈 속에 있는 것이다"라는 옛말은 분명히 어느 정도 사실이다. 지구상의 모든 사람들이 함께 갖고 있지 않은 아름다움에 대한 몇 가지 문화적으로 정의된 측면들이 있다; 예컨대, 매우 뚱뚱한 것은 아프리카의 일부 지역들에서 존중받지만 부산의 해수욕장에서는 존중받지 못한다. 그렇지만 찰스 다윈을 포함해서 많은 관찰자들은 아름다움에 대한 관점들상에서의 어떤 항상성들에 의해서 인상을 받아 왔다.

우리 자신의 문화내에서, 어떤 특징들이 아름다운 여자를 나타내는가에 대한 상당한 의견일치가 있다. Cunningham(1986)은 남학생들에게 미스 유니버스 미인대회의 최종 경쟁자들의 사진들과 어떤 여자대학의 4학년생들의 사진들의 아름다움을 평정하도록 했다. 그 다음에 그는 24개의 상이한 차원들 상에서 그들의 얼굴의 정확한 특징들을 측정했다. 가장 아름다운 여자는 세 가지 일반적 양식들에서 보통의 여자들과 차이가 있었다. 즉, 그들은 (1) "어린아이의 귀여움"과 통상적으로 연관된 특징들, 즉 크고 간격이 넓은 두 눈, 작은 코의 영역들 및 작은 턱, (2) 보다 더 성숙한 얼굴들의 두 가지 특징들, 즉 넓은 광대뼈들과 좁은 양볼 및 (3) 높은 위치의 눈썹들, 넓은 동공들 그리고 큰 미소의 표정적 특징들을 갖고 있었다. "후광효과"가 당신에게 기대하게끔 만드는 것처럼, 이러한 특징들은 또한 "똑똑하다", "사교성있다", "주장적이다", "아이를 잘 낳는다" 및 적은 의학적 문제들을 갖고 있다와 연관되어 있었다. 흥미있게도, 이러한 동일한 아동의 귀여운 특징들의 몇 가지, 즉 크고 둥근 두 눈, 높은 눈썹들 및 좁은 볼은 또한 남성들에게서도 가장 매력적이라고 간주되었으며 온정성과 친절성의 지각들과 연관되어 있다(Berry와 McArthur, 1985).

"동안을 가진" 사람들은 긍정적 성품들과 매우 연관되어 있어서 법체제 내에서 그들은 고의적 범죄행동의 혐의가 있다고 지각되는 일이 더 적다. 그러나, 아마 동안의 외모가 사람들을 아동처럼 보이게끔 만들기 때문에, 그들은 때로는 자신의 행동에 대해 책임이 더 적은 것으로 간주받게 되며, 법적 상황들에서 과실의 범죄행동의 혐의가 있는 것으로 간주받을 수 있을 것이다. 그러나 그들이 과실의 범죄행위들의 혐의가 있다고 판단되고 있을 때에라도, 그들은 더 가벼운 선고를 받게 되는 경향이 있다(Berry와 Zebowitz-McArthur, 1988).

성격의 판단

상당한 양의 연구들이 지배성-복종성이나 군집욕구와 같은 보다 더 영속적인 성격 특성들의 판단에 관해서 수행되어 왔다. 이러한 연구는 몇 가지 이유들로 보다 더 실망적이다. 첫째로, 우리가 방금 본 바와 같이, 사람들의 타인지각들은 평가받고 있는 사람의 객관적 속성들보다도 특정의 성격차원들에 대한 그들 자신의 특유한 선호들에 의해서 더 많이 결정되고 있다. 이것은 이 장의 앞에서 기술된 대인지각에서의 다른 편향들과 합쳐져서 사회심리학자들에게 사람들이 타인의 성격적 성향들을 판단하는 데에 그리 정확하지 않다고 생각하게끔 만든다.

둘째로 성격특성들을 측정하기가 매우 곤란하고, 따라서 적절한 정확성의 준거들을 찾아내는 문제가 있다. 그러나 보다 더 중요한 문제는 몇몇 영향력 있는 심리학자들(Mischel, 1979과 같은)에 의하면, 어떤 특정의 성격특성은 상당히 한정된 범위의 상황들에서만 일정하게 행동에 영향을 준다. 즉, 우리는 독특하고 독자적인 성향들을 갖고 있어서, 어떤 특정의 상황에 대해 자기 자신의 독특한 방식으로 일정하게 반응하게 될 수 있다. 그러나 이것들은 상황에 따라 매우 일정하지는 못할 것이다. 따라서 성격특성들이 모든 상황들에서 보유되고 있는 것으로서 생각하기보다도, 어떤 꽤 한정된 세트의 상황들에서 보유되고 있는 것으로서 생각하는 것이 더 유용할 것이다.

예컨대, 우리는 어떤 남자가 수영장에서나 골프를 칠 때에 자주 속인다는 것을 알고 있다. 그는 흔히 자신의 벌점을 계산함이 없이 잘못 친 것을 다시 치는 것 같다. 그러나 그는 자신의 동료들과 부하들과의 관계들에서는 주도면밀하게 정직하다. 우리는 그 사람을 일반적으로 "다소 부정직한 사람"이라고 기술해야 되는가? 그렇지 않으면, 우리는 그가 직업적 상황들에서는 정직하고 경쟁적 게임들에서는 속인다고 말하는 것이 더 나은가?

이것이 대인지각의 정확성에 대해서 제기시키는 문제점은 만일 성격특성들이 어떤 종류의 상황들에 한정된다면, 그것들은 관찰자들에 의해 정확하게 판단되기가 보다 더 곤란하게 된다는 것이다. 관찰자들은 사람들의 경향성과 아울러 상황을 정확하게 지각할 필요가 있을 것이다. 우리가 4장에서 보게 되는 바와 같이, 관찰자들은 사람들에게 일반적 성격특성들을 부여하는 경향성을 갖고 있어서, 사람들이 상이한 종류의 상황들에서 아주 달리 행동할 수 있다는 것을 무시한다.

정서의 인식

대인지각의 정확성에 관한 많은 연구는 정서들의 인식, 즉 어떤 사람이 행복한지, 두려운지 또는 겁이 났는지, 혐오를 느꼈는지에 초점을 두어 왔다. 그 기본적 절차는 피험자에게 타인을 나타내는 어떤 자극을 제시하고, 그 피험자에게 타인의 정서를 알아내도록 요구하는 것이다. 몇 개의 연구들에서는 훈련받은 배우들이 많은 상이한 정서들을 묘사했고, 그들의 표정들이 사진찍혔다. 각 정서에 대해 하나의 사진을 찍었다. 그 다음에 그 사진들을 피험자들에게 보여 주고서 어떤 정서가 묘사되고 있는지를 나타내게 했다. 몇 개의 그러한 사진들이 도 2-2에 제시되어 있다.

초기의 연구들은 사람들이 우연수준 이상으로는 안면표정들에서 정서들을 판단할 수 없음을 나타내는 것 같다. 그 후의 연구들은 비록 사람들이 개개의 정서를 매우 잘 구별할 수는 없을지라도, 정서의 주요 그룹들은 구별할 수 있다는 것을 보여 왔다. Woodworth(1938)는 정서가 6점 연속선상에 배열될 수 있으며, 어떤 두 정서들간의 구별의 용이성은 이 연속선상에서 그것들 사이의 거리에 관련되어 있다고 제안했다. 이 정서의 연속선은 다음과 같다:

① 행복 · 기쁨
② 놀람 · 경악
③ 공 포
④ 슬 픔
⑤ 분 노
⑥ 혐오 · 경멸
⑦ 흥미 · 주의

사람들은 3, 4 또는 5점 떨어져 있는 범주들에 속하는 정서들을 구별하는 데에는 아주 잘하는 것같다. 즉, 그들은 행복과 혐오나, 경악과 경멸을 혼동하는 일이 드물다. 사람들은 타인들의 안면에서 유쾌한 정서와 불쾌한 정서를 구별하는 것을 특히 용이하게 한다(또 다시 대인지각에서의 평가차원의 중요성을 나타내고 있다). 그러나 그들은 동일한 범주내에서나 다만 한 범주 떨어진 정서들을 변별하는 것이 거의 불가능하다는 것을 알게 된

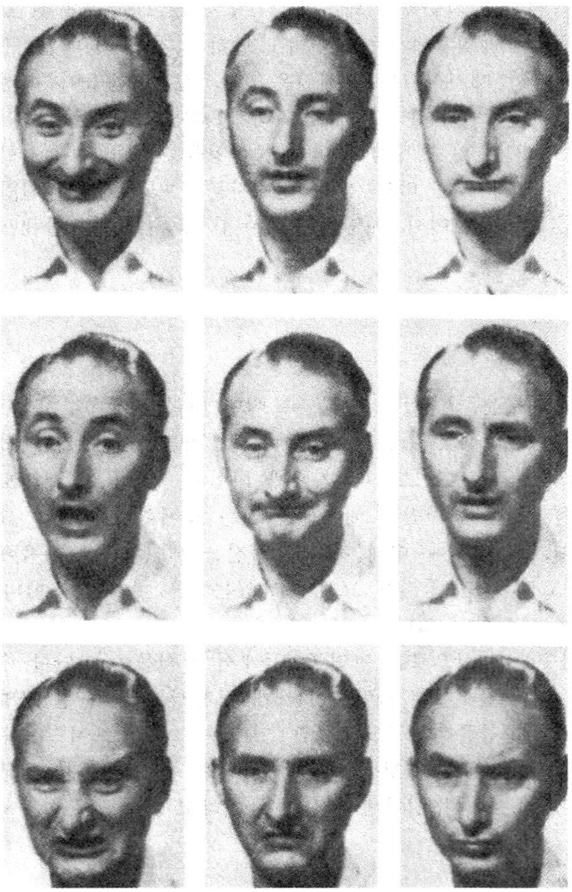

도 2-2. 정서의 지각에 관한 연구에서 사용된 자극의 예들. 사진들은 열거된 정서를 묘사하기 위해 포즈를 취한 표정들을 예시하고 있다. (당신은 아래에 있는 설명을 보기 전에 무슨 정서들을 나타내고 있는지 맞추어 보라.)

꼭대기(좌에서 우로) : 환희, 수동적인 존경, 만족.
중간 : 경악, 낙관적인 결심, 낙담.
아래 : 분노, 약한 반감, 당황.
(Hastorf 등, 1966에서.)

게 된다. 예컨대, 행복과 경악은 분노와 혐오처럼 자주 혼동되고 있다.

동일한 종류의 접근을 사용하고 있는 보다 더 최근의 연구들은 두 개의 기본적 차원들, 즉 유쾌도와 흥분도를 갖고 있는 보다 더 간단한 구조를 발견하고 있다(Russell과 Bullock, 1985). 흥분과 행복과 같은 긍정적 정서들은 공포, 분노 및 혐오와 같은 부정적 정서들과 구별되었다. 그러나 긍정적 정서들 중에서, 흥분과 같은 흥분시키는 정서들은 만족과 같은 비흥분시키는 정서들과 구별되고 있다 ; 이와 비슷하게, 공포와 분노와 같은 부정적인 흥분시키는 정서들은 비애와 같은 비흥분시키는 정서들과 구별되고 있다.

이러한 연구들이 갖는 한 가지 인위적 측면은 이것들이 흔히 단 한 명의 모델을 사용하면서 정태적이고, 포즈를 취한 얼굴들을 포함하고 있다는 것이었다. 그 후의 연구들은 보통 사람들이 정서를 유발시키는 다양한 상황들을 목격하고 있는 것과 같은 비디오로 찍힌 표정들을 사용해 왔다(Wagner 등, 1986). 다른 연구자들은 비디오로 찍힌 장면들 속에서 상이한 정서들을 묘사하고 있는 몇 명의 상이한 배우들을 사용해 왔다(예컨대, Wallbott와 Scherer, 1986). 그럼에도 불구하고, 또 다시 전형적 발견은 표정들이 긍정적 정서들(행복과 같은)이나 부정적 정서들(혐오, 비애 또는 분노)을 표현하는 것들로 꽤 잘 구별될 수 있다는 것이어 왔다. 어느 정도, 높은 흥분은 낮은 흥분과 구별될 수 있다. 그러나 이 이상을 넘어서서 정확성은 그리 크지 않다.

타인들의 정서를 인식하는 데 대한 정확성은 또한 정서적 경험의 강도에 달려 있다. 한 여자가 약간 유쾌하거나 약간 불쾌한 슬라이드들을 보았던 한 연구에서, 그녀가 그 슬라이드들에 대한 반응으로 인상받은 정서 표정들은 매우 미약했다. 그녀의 반응들을 관찰하는 대학생 피험자들은 그녀가 긍정적이거나 부정적 슬라이드들을 보고 있는지를 탐지해 낼 수가 없었다. 그러나, 그녀의 안면에 부착된 전극들은 미세한 안면운동들을 포착해서, 관찰자에 의해서 알아내기에는 너무 미세한 비언어 행동들이라고 개인의 감정적 반응을 드러내 줄 수 있다는 것을 시사했다(Cacioppo 등, 1986 : Cacioppo 등, 1988).

보편적 정서표현

사람들은 왜 타인들의 정서를 판단하는 데에서 상당히 정확할 수 있는가? 한 가지 이유는 모든 사람들이 어떤 특정의 기본정서를 표현하기 위해서 동일한 안면표정을 사용하기 때문일 수 있다. 아마 우리 모두는 행복을 느낄 때에 미소짓고, 근심할 때에 낯을 찌푸리는 식으로 된다. 이것을 예시하기 위해서, Craig과 Patrick(1985)은 바로 빙점의 온도의 얼음물에 피험자들의 손과 손목을 담그도록 함으로써 고통을 일으켰다. 그들은 긴장된 눈꺼풀이 수반된 양볼의 올라감, 윗 눈꺼풀의 올라감, 두 입술의 갈라짐 및 두 눈을 감음이나 깜박임과 같은 일치된 반응들을 발견했다.

1872년에 자신의 진화론에 기초해서, Charles Darwin은 안면표정들이 모든 문화들에서 동일한 정서상태들을 전달한다고 제안했다. 그러한 보편적인 신호들은 인류에 대해서 큰 생존가치를 가졌을 것이다. 그의 주장은 보편적 표정들은 큰 생존가를 갖고 있기 때문에 진화되어 왔다는 것이다 : 즉, 이것들이 동물들에게 정서를 전달하게끔 해 주고 따라서 다른 동물들의 행동을 통제하게끔 해 준다는 것이다. 예컨대, 만일 한 동물이 분노나 위협적인 얼굴을 보이면, 다른 동물들은 보다 더 복종적으로 행동할 것이며, 이것은 전자의 동물에게 실제의 싸움의 위험이 없이도 조우에서 이기게끔 해 준다.

실제로, 동반구의 원숭이들과 유인원들의 모든 종이 지배나 복종을 신호하기 위해서 안면 제스처들을 사용한다는 것이 발견되어 왔다. 눈썹 위치들의 차이가 결정적인 것 같다. 전형적으로, 눈썹들은 지배적이거나 위협을 하는 개체들에서는 쳐져 있고 복종적이거나 수용적 개체들에서는 치켜져 있다(Keating 등, 1981). 진화론적 주장은 인간 이하의 영장류들이 다른 멤버들에게 의사전달을 하고 통제하기 위해서 사용한 안면표정들과 인간들이 동일한 목적을 위해서 사용한 안면표정들 사이에 어떤 연관이 있을 것이라는 것이다. 만일 그렇다면, 아마 정서와 안면표정 사이의 동일한 연관이 모든(또는 대부분의) 문화들에 걸쳐서 인간들 사이에 존재할 것이다.

인간들에게서 이러한 보편적인 것들이 있는가? 우리는 각 정서에 대한 특수한 안면 표정들이나 신체자세들을 갖고 있는가? 그렇지 않으면, 한 사람의 혐오의 표정은 다른 사람의 만족의 표정이 될 수 있는가? 인간 이하의 영장류들에서의 쳐진 눈썹의 표정들과 지배 사이의 연관은 인간들에서의 그와 유사한 연관이 있을 수 있음을 시사한다. 이 가설을 검증하기 위해서, Keating 등(1981)은 유럽, 아프리카, 북·남미 및 아시아의 몇 개의 나라들의 사람들에게 눈썹을 쳐지게 하고 그 다음에 다시 눈썹을 치켜지게 하도록 했다. 이 연구자들은 많은 연구들이 유인원들의 이빨을 드러냄이 복종을 전달할 수 있다는 것을 시사해 왔기 때문에 미소짓기와 지배나 복종의 지각들 사이의 연관성도 또한 검증했다. 다른 한편으로, 인간에게서 미소짓는 것이 행복과 연관되어 있다는 증거가 또한 있다. 피험자들은 그들 자신의 국가의 어떤 개인의 사진들을 제시받고서, 그들의 일상 용어로 그 포즈를 지배성과 행복도에 대해 판단하도록 요구받았다. 포즈들의 유일한 차이들은 눈썹의 위치와 미소짓고 있는 여부이었다. Keating은 미소짓지 않음과 눈썹이 쳐진 포즈들이 특히 가장 서구화된 사람들에게서 일반적으로 지배와 연관되어 있다는 것을 발견했다. 미소들은 행복과 동등한 것으로서 간주되었다. 인간의 미소와 비슷한 것은 영장류의 복종적인 이를 드러내는 것일 수 있다. 원숭이가 이를 드러낼 때, 이것은 복종을 의미한다. 아마 동일한 방식으로 사회성과 복종성을 표현하는 인간의 경향성에는 어떤 진화적 연결이 있을 것이다.

이러한 발견들은 쳐진 눈썹이 분노, 주장적 행동, 경쟁적 과업들을 하는 것 및 지배와 동일시되고 있다는 서구에서의 다른 연구들에서 나온 발견들과 유사하다. 치켜진 눈썹들은 몇 가지 양식들로 사회적 복종, 즉 아동들이 말다툼 동안에 피하는 것, 공포나 경악의 지각들 및 사회적 접촉을 청하는 신호와 연관되어 있다. 미소들은 일반적으로 인사하는 것, 인정을 구하는 행동 및 행복이나 즐거움과 연관되어 있다(Keating 등, 1981).

특수한 표정들의 보편성에 관한 보다 더 엄격한 검증은 어떤 서구식의 주택지역이나 행정도시들에서 산 일이 전혀 없었고, 아무런 영화도 보지 않았고, 영어도 영어식의 말도 이해하지 못하고, 백인들을 위해서 일을 한 일이 전혀 없었던 뉴기니아의 궁벽한 지역의 사람들에 대해서 실시된 연구이었다. 아마 이 사람들은 관례적인 서구식의 안면 표정들에 대한 시각적 접촉이 없었을 것이다. 각 사람에게 "슬픔"에 대해서는 "그의 자식이 죽었으며, 그는 매우 슬픔을 느낀다"와 같이, 어떤 정서를 묘사하는 간단한 이야기가 제시되었다. 그 다음에 그 참가자에게 서구의 관찰자들이 압도적으로 그 정서를 묘사하고 있다고 일치한 하나의 사진과 아울러 다른 정서들을 묘사하는 두 개의 사진들이 제

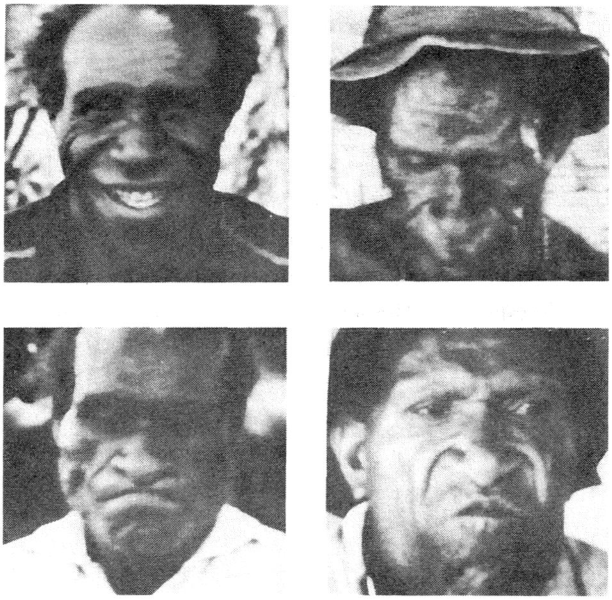

며칠 동안이나 햇빛을 받고서 누워 있는 어떤 죽은 동물을 목격하는 것을 상상하거나, 친구가 방문하는 것을 상상하도록 요구받았을 경우에 당신은 어떻게 반응할 것인가? 연구는 이 뉴우기니아 남자의 안면표정들이 동일한 지시를 받았던 미국인 대학생들과 뚜렷하게 유사하다는 것을 보인다. 당신은 어느 사진이 분노, 행복, 슬픔 또는 혐오를 보이고 있는가를 말할 수 있겠는가?

시되었다. 평균적으로, 아동들과 성인들 모두는 시행의 80퍼센트 이상에서 "맞는" 사진을 선택했다(Ekman과 Friesen, 1971). 이것은 안면표정에서 아무런 문화적 차이가 없다는 것을 입증하지는 않지만, 문화적 경계들을 초월하는 보편성들에 대한 증거를 제공해 준다. 특히 행복, 비애, 분노 및 혐오는 문화들 내와 간의 모두에서 높은 일치수준으로 탐지될 수 있다. 공포와 경악은 흔히 서로 혼동되었다(Ekman, 1982).

그러나, 어떤 제한사항들도 있다. 문화들은 습관적인 정서표현의 양에서 상당히 차이가 있다. 스웨덴인들은 비교적 무감각한 경향이 있으며, 이탈리아인들은 매우 표현적이다. 때로는 사회규범들이 솔직한 표정을 금한다. 우리는 심한 기형인 어떤 사람에 대한 혐오적 반응들이나 직장의 상사에게서 무시당할 때의 분노를 은폐시키도록 기대받는다. 그러나, 이들 대부분의 연구들이 사진들을 사용했고 따라서 그 맥락에 관해서는 아무런 정보도 제공하지 않았다는 사실을 전제할 때에 안면표정들의 의미에 대한 의견일치의 수준은 인상적이다.

비언어 의사전달

만일 당신이 이 주제에 관해서 생각한다면, 당신은 자신이 안면표정 이상에 근거해서 타인의 정서상태에 관한 판단을 하고 있음을 인식하게 될 것이다. 우리는 어떤 다른 단서들을 사용하는가? 사람들이 내부상태들 일반을 전달하는 방법은 무엇이며, 관찰자들은 이것들을 탐지하는 데에 어떤 단서를 사용하는가?

일반적으로 말해서, 사람들은 자신에 관한 정보를 세 가지 주요 채널들을 통해서 전달한다. 가장 분명한 것은 언어커뮤니케이션(verbal communication), 즉 어떤 사람이 말하는 것의 내용이다. 다른 채널들은 비언어적이며 많은 미묘한 단서들의 전체 세트를 제공해 준다. 비언어커뮤니케이션(nonverbal communication)은 우리가 언어를 사용함이 없이 정보를 전달하는 전체 양식들이다. 이 커뮤니케이션은 안면표정, 제스처, 자세 및 외모와 같은 표정 행동들을 포함하는 가시채널(visible channel)과 말의 내용이 제거되었을 때에 언어신호에 남아 있는 것, 즉 음성의 고저 · 크기 · 속도, 음성의 질 및 말소리의 억양과 같은 부언어채널(paralinguistic channel)을 통해서 우리에게 온다.

가시채널과 부언어채널은 연구자들에게서 상당량의 연구를 일으켜 왔으며, 이것들은 지각자들에게 정보를 제공하는 것으로 판명되었다. 연구가 진전됨에 따라 다양하게 상이한 비언어단서들이 확인되어 왔으며, 관찰자들은 이것들로부터 아주 상이한 종류의 정보들을 얻는 것 같다. 그러나 비언어커뮤니케이션들이 도움을 주기는 하지만, 이것들은 타인들의 내부상태들에 관해 아무런 신비스런 단서들을 제공하지는 않는다. 지각자들은 대개 어떤 사람에 관해서 또 다른 정보를 필요로 한다.

가시채널

가시적 채널의 주요 비언어단서들의 몇 가지는 거리, 제스처 및 눈접촉을 통해서 표현되고 있다.

거 리 일반적으로 어떤 사람이 타인에 대해서 보다 더 친하고 가깝게 느낄수록 그 사람은 더 가깝게 선다. 친구들은 낯선 이들보다도 더 가깝게 서며(Aiello와 Cooper, 1972), 친하게 보이기를 원하는 사람은 보다 더 작은 거리들을 택하며(Patterson과 Sechrest, 1970), 서로 성적으로 매력을 느낀 사람들은 가까이 선다(Allgeier와 Byrne, 1973). 비록 대부분의 사람들이 개인공간에 관해서 많이 생각하지 않지만, 우리 모두는 가까이 서는 것이 대개 우정이나 관심의 한 신호가 된다는 것을 알고 있다. 이것은 당신이 방금 만났던 사람에게 당신이 이 사람을 좋아한다고 알려 주는 가장 중요하고도 용이한 방법들 중의 하나일 것이다. 그 타인은 당신의 관심을 즉각적으로 인식하고, 만일 그 사람이 관심이 없다면 일반적으로 이 점을 분명하게 하기 위해서 멀리 이동할 것이다.

제 스 처 최근에 신체언어(body language)의 주제에 관한 많은 대중적인 책들이 나오고 있다. 이러한 책들은 우리가 어떤 사람의 신체운동들이나 자세를 단순히 관찰함으로써 그 사람이 생각하고 있는 내용을 정확하게 알거나 말하는 바를 완전하게 해석할 수 있다는 것을 시사하고 있다. 손바닥을 내 보이는 것은 초청을 뜻하고 다리를 꼬는 것은 방어적인 것 등등을 뜻한다고 한다. 분명히 신체적 제스처들과 자세는 정보를 전달한다. 직설적이며 직접적인 제스처들과 매우 미묘한 제스처들이 있다. 많은 신체운동들이 일반적으로 인정되고 있고 특수한 정보나 지시들을 전달한다. "앉으시오", "예", "아니오", "가시오", "안녕"에 대한 제스처들처럼, "정지"와 "오시오"에 대한 제스처들이 그 예이다. 여러 가지 음란한 제스쳐들은 그 의미가 잘 알려져 있다. 어떤 의미에서 이들 모든 제스처들은 일종의 신호언어이다.

그러나 제스처들은 관찰자들과 참가자들이 맥락을 이해할 때에 그리고 특히 그들이 문화를 이해할 때에 주로 의미를 갖는다. 벌린 손바닥은 항상 초청의 뜻은 아니다. 손바닥을 밖으로 하고 손을 드는 것은 "정지"를 의미하며, 그 반대의 제스처인, 손바닥을 안으로 하고 손가락들을 몸쪽으로 이동시키는 것은 "이리 와라"나 "들어가라"는 것을 의미한다. 제스처들에 관한 신뢰로운 사전을 만든 사람은 아무도 없다. 신체언어에 관한 대중적인 책들은 대개 과학적 연구에 기초되어 있지 않으며 상당한 회의를 품고서 읽어야만 된다. 제스처들의 의미는 맥락이나 그 행위를 하는 사람, 문화 및 아마도 또 다른 요인들에 달려 있다.

비언어의사전달들과 특히 제스처들의 중요성은 이제 대중문화 속에서 인정되어 왔다. 국회의원이나 대통령 입후보자들을 조언해 주는 미디어전문가들은 흔히 후보자들의 정책제시의 내용과 마찬가지로 그들의 제스처들과 기타의 비언어행동에 대해서 관여하고 있다(DePaulo, 1990).

눈 접 촉 눈접촉(eye contact)이나 눈마주침은 특히 흥미있는 비언어커뮤니케이션의 형태이다. 다른 비언어커뮤니케이션의 형태들처럼, 눈접촉의 의미는 크게 다양하며 맥락에 의존된다. 그러나 거의 모든 사회적 상호작용들에서 눈접촉은 정보를 전달하고 있다.

최소한으로, 눈접촉은 관심이나 관심의 결여를 나타낸다. 할리우드 영화들에서는 사랑·애정 또는 큰 관심을 묘사하기 위해서 흔히 한 쌍의 남녀가 서로의 눈을 응시하게끔 만든다. 확실히, 우리는 오랫 동안의 눈접촉이 어떤 이에 대한 매력을 나타내는 하나의 수단이 된다는 것을 잘 알고 있다. 어떤 우연한 대화라도 만일 말하는 이들 중의 하나가 눈접촉을 계속 유지한다면, 로맨틱한 관심을 표하는 것이 될 수 있다. 이와 반대로, 접촉의 회피나 중단은 대개 그 사람이 관심이 없다는 신호가 된다. 정말로 어떤 이가 이야기하는 도중에 눈접촉을 하지 않을 때에는 우리는 이것을 그 사람이 그 상호작용에 대해 진정으로 관여되어 있지 않다는 것을 나타내는 것으로서 해석하는 경향이 있다.

그러나 이러한 일반원리에는 분명한 예외들이 있다. 나쁜 소식을 전하거나 어떤 고통스런 일을 말하는 어떤 사람은 눈접촉을 피할 수 있다. 눈접촉의 부족은 때로는 그 사람이 부끄럽거나 겁을 먹고 있다는 것을 뜻한다. 사람들은 당혹스런 감정을 느낄 때에는 직접적 응시의 초점이 되는 것을 싫어한다. Ellsworth와 그의 동료들(1978)의 연구에서 여대생들에게 "대학생들이 대개는 이야기하기 싫어하는 자신의 생활의 다소 깊은 개인적 영역들에 대한" 질문들을 토의해야만 될 것이라는 지시를 주었다. 그 다음에 각 학생을 실험협조자와 함께 기다리게끔 만들었는데, 그는 기다리는 시간 중의 75%를 그녀를 직접적으로 응시했거나, 단 한 번만 언뜻 쳐다보았다. 거의 대부분의 피험자들이 응시를 피하는 실험협조자를 더 좋아했다. 이것은 당혹스런 대화를 예상하지 않았던 다른 피험자들에게는 적용되지 않았다. 분명히 직접적 응시는 당혹스런 여자들에게 위협을 주었다.

더욱이, 눈접촉은 보다 더 적극적으로 위협으로서 사용될 수 있다. 다른 실험에서, 응시하는 이에게 공격적으로 행동하는 위치에 있는 피험자는 그 사람으로부터 응시를 받았다. 응시를 받았던 피험자들은 응시가 없었을 때보다도 덜 공격적이었다(Ellsworth와 Carlsmith, 1973). 분명히 오랫동안의 눈접촉은 하나의 위협으로서 해석될 수 있으며 사람들로 하여금 피하거나 화해적인 양식으로 행동하게끔 만든다. 아마 우리 모두는 우리에 대해서 이 방법을 매우 효과적으로 이용해 왔던 선생님들을 기억할 수 있을 것이다.

눈접촉이 외면상으로는 모순되는 두 개의 의미, 즉 친밀성이나 위협을 가질 수 있다는 것은 아마 그리 놀라운 사실이 못 될 것이다. 어느 경우에서나 눈접촉은 큰 관여나 높은 정서적 내용을 나타낸다. 그 정서가 정적인지 부적인지는 맥락에 달려 있다. 비언어 단서들 자체는 고정된 의미를 갖지 않는다.

안면표정들 안면표정들은 또한 타인들에게 의도적으로 의사전달하는 데에 사용될 수 있다. 이것의 한 가지 흥미있는 케이스는 흉내이다. 사람들(그리고 침팬지들)이 타인들의 반응들을 신체적으로 흉내내는 것이 흔히 관찰되어 왔다. Darwin은 특히 사람들이 타인들이 고통을 느끼고 있을 때에 그 고통을 흉내낸다고 지적했다. 이러한 흉내가 피해자에 대한 동정의 한 표현일 가능성이 있다 : 그 흉내는 타인에게 고통스러운 경험의 괴로움이 함께 나누어지고 있다는 것을 알게끔 의도하는 것일 수 있다.

이러한 생각을 검증하기 위해서, Bavelas와 그녀의 동료들(1986)은 여대생들에게 개별적으로 어떤 사람이 이미 부상당한 손가락에 많은 반창고를 붙인 부목을 댄 손가락에 무거운 TV 모니터를 사고로 떨어뜨리는 것을 보도록 했다. 몇몇 케이스들에서 실험협조자(심하게 상처를 입은!)는 그 다음에 관찰자를 바로 쳐다보았다 : 다른 케이스들에서 아무런 눈마주침이 없었다. 대부분의 관찰자들은 그에 대해서 고통의 표정을 나타냈지만, 이것은 눈마주침이 없는 경우에서 신속하게 사라졌다. 더욱이, 관찰자들은 눈마주침이 있었을 때에 아마 안심시키려는 노력에서, 미소를 짓는 가능성이 상당히 더 많았다. 관찰자들의 안면표정들은 실제로 눈마주침이 없을 때보다도 눈마주침이 있을 때에 더 "이해하고" "보살핀다"고 평정받아서, 그들이 감정이입과 동정의 느낌들을 성공적으로 전달했다는 것을 시사하고 있다.

부 언 어

실제의 단어들이나 구문 이외의 말소리상에서의 변화들 또는 부언어(paralanguage)는 상당한 의미를 지니고 있다. 음성의 고저 · 강약 · 리듬 · 억양 및 주저들은 정보를 전달해 준다. 부모는 자기 아기가 어떻게 우는가에 의해서 배고픈지, 화났는지, 단지 약간 떼를 쓰는 것인지를 흔히 알 수 있다. 개들은 여러 가지 양식으로 짖으며, 그 각각은 그 동물을 잘 알고 있는 사람에게는 어떤 다른 것을 의미한다. 그리고 물론, 성인의 말소리의 중요성과 의미는 부분적으로 이들 부언어요인들에 달려 있다.

"당신은 일본에 가기를 원하는군"과 같은 간단한 진술도 강조와 억양에 따라서 전혀 다른 뜻을 나타낼 수 있다. 이 말을 강조없이 평이한 진술처럼 큰 소리로 말하면, 이 말은 사실에 관한 단순한 진술처럼 들린다. 이 말을 끝에다가 억양을 두면(음성을 높이면), 이것은 일본으로 가는 것의 현명함에 대한 의문을 표시한다. 당신은 그곳이 가볼 만한 좋은 장소라는 데에 의문을 표현하고 있다. 이 말을 첫 단어에 강조를 두고서 하면, 이 말은 그 사람이 말한 것을 확실하게 다시 확인하는 질문이 된다. 당신은 그 사람이 그러한 외국에서 잘 지낼 수 있는 여부에 의문을 제기하고 있다. 이러한 변화는 흔히 정서의 전달에서 중요하다. "당신을 좋아해"라는 짧은 구절은 이것의 부언어특징들에 따라 미약한 감정에서 강한 열정에 이르는 거의 어떤 것이라도 나타낼 수 있다.

이러한 변화들은 정서의 전달에서 흔히 결정적이다. 실제로 이러한 변화들은 매우 중요해서 이것들은 흔히 정식 언어에 첨가되어야만 된다. 어떤 사람이 일본에 가는 것을 가당치 않게 생각한다면, 그의 말은 "당신은 일본에 가기를 원하는군? 이라고 믿지 못하겠다는 투로 그는 말했다"고 들릴 것이다. 호감에 관한 어떤 진술의 배후의 감정을 기술하기 위해서, 나는 당신을 좋아해라고 그녀는 열정적으로 속삭였다고 우리는 글로 쓸 것이다. 이러한 부언어 단서들이 없이는 그 진술들은 해석하기가 곤란하다.

부언어(그리고 대부분의 다른 종류의 비언어행동)를 연구하는 데에서 부딪히는 난점들의 하나는 그 단서들이 아무런 고정된 의미가 없다는 것이다. 우리 모두는 "일본"이 무엇을 말하고 있는가를 알고 있으며, 어떤 이가 당신을 "좋아한다"고 말할 때에 우리는 다소 차이가 있지만 그가 긍정적 감정에 대해 진술을 하고 있다는 것을 안다. 그러나 사람들은 부언어적 단서들에 붙이는 의미들에서 상당히 차이가 있다. 어떤 사람들에 대해서는 말을 중지하는 것이 강조를 뜻할 수 있고, 또 어떤 사람들에 대해서 이것은 불확실감을 나타낼 수 있다. 높은 목소리는 흥분이나 거짓말을 의미할 수 있고, 큰 소리는 분노·강조나 흥분을 나타낼 수 있다. 특수한 의미는 맥락에 달려 있다. 말하는 이가 당신에게 더 큰 목소리로 말할 때에는 무엇이 전달되고 있는지 해석하기가 어렵다. 만일 그 사람이 주먹을 쥐면, 그것은 분노이다. 만일 그 사람이 당신을 껴안으면, 그것은 애정이다. 그것은 또한 개인적 습관들과 특징들에 달려 있다.

다중채널

이러한 세 가지 의사전달 채널들, 즉 언어적, 가시적 및 부언어적 채널들 중의 어느 것이 어떤 사람의 진정한 정서들에 관해서 가장 많은 정보를 제공해 주는가? 최근의 많은 연구자들은 관찰자들이 비언어단서들에 가장 무거운 비중을 두며 언어커뮤니케이션을 거의 무시하는 경향이 있다고 생각해 왔다. 예컨대, Birdwhistell(1970)은 어떤 대화의 사회적 의미의 고작 30 내지 35%가 단어들에 의해서 전달되게 된다고 진술했다. Mehrabian(1972)은 정서 커뮤니케이션의 7%만이 언어채널에 의해서 이루어지며, 55%가 가시채널에 의해서 이루어지며, 38%가 부언어채널에 의해서 이루어진다고 추정했다. 다른 연구자들은 더 나아가서, 가시채널이 정서의 커뮤니케이션에서 언어적 내용을 지배한다고, 즉 영상(video)정보가 음(audio)정보보다도 더 중요하다고 주장하고 있다(DePaulo 등, 1978).

어느 채널들이 가장 심각하게 고려되는가의 의문은 관찰자가 상이한 채널들로부터 모순되는 단서들을 받을 때에 특히 중요해진다. 당신은 자신의 여자친구가 당신을 사랑하지만 당신으로부터 떠나서 당신을 보게 되지 못할 것이라고 말할 때에 그녀의 감정들을 어떻게 해석할 것인가? 그녀의 의사전달의 언어적 및 가시적 채널들은 모순되는 것 같다. 만일 당신의 한방 친구가 자기는 자기가 아끼는 커피잔을 깨뜨린 데 대해서 정말로 당신에게 전혀 화가 나지 않는다고 당신에게 목청껏 소리치는 것은 무엇을 의미하는가? 셰익스피어는 "그녀는 너무 많이 항의하는 것같이 생각된다"라고 말했다. 채널들간의 모순들은 외관상으로 속이는 커뮤니케이션들을 해석하는 데에 특히 중요할 것이다. 이러한 경우들에서, 이들 몇몇 연구자들이 시사한 대로, 비언어적인, 그리고 특히 가시적인 커뮤니케이션이 정말로 가장 크게 의지되고 있는가?

최근에 와서 이러한 주장들은 엄밀한 검증을 받아 왔다. 이러한 연구들 중에서 가장 명료한 한 연구에서, Krauss 등(1981)은 피험자들에게 1976년에 텔레비전으로 방영된 두 명의 부통령 후보들인 몬데일과 돌 사이의 토론에 대한 비디오테이프들을 제시했다. 토론은 유쾌하게 시작되었지만, 다소 가열되고 적대적으로 되었다. 연구자들은 각 연사에 대해서 12개의 발언들을 선정했는데, 그 반은 정적 감정들을 그리고 다른 반은 부적 감정들을 나타내는 것같이 생각된다. 그 다음에 각 피험자는 다음의 네 조건들 중의 하나에서 그 발언들을 제시받았다. 즉, (1) 시청각 — 표준의 비디오테이프로 만든 것, (2) 언어만 — 뉴욕 타임즈지에서 발간된, 글로 된 복사물, (3) 영상만 — 음(音) 채널을 끈 것 및 (4) 부언어적 — 음만 남겨 두고 내용은 제거시켜서, 음의 고저 · 크기 · 속도 등과 같은 비언어적 측면들은 남아 있지만, 말소리는 알아들을 수 없는 것이었다.

글로 된 사본은 정적이거나 부적인 정서들이 표현되었는가를 탐지하는 데에 결정적이라고 판명되었다. 즉 비언어커뮤니케이션이 중요하다는 생각들과는 반대로, 언어정보가 가장 중요했다. 이 연구들에서 나온 자료가 표 2–5에 제시되어 있다.

가시채널은 관찰자들의 판단에 거의 기여하지 않았다. 부언어정보는 연사의 진술들에 대한 능력과 활동 수준들의 판단에 기여했다. 즉, 이해할 수 없는 음(音)만을 제공받았던 관찰자들은 완전한 시청각정보를 제공받았던 관찰자들과 원기수준에 관해서 동일한 종류의 판단들을 했다. 그 의미는 부언어정보가 설사 이것이 표현된 특수한 종류의 정서를 탐지하는 데에는 충분치 않더라도, 눈접촉처럼 원기와 관여를 탐지하는 데에 충분할 수 있다는 것이다.

Apple과 Hecht(1982)에 의한 한 계속 연구는 부언어정보가 슬픔을 탐지하는 데에 특히 유용할 수 있다는 것을 발견했다. 그들은 자기들이 제시하는 정보의 종류, 즉 행복, 슬픔, 분노 또는 놀라움을 변화시킨 문장들을 연사들에게 제시하도록 했다. 그러나 아무

표 2–5. 판단에서 여러 정보채널들의 중요성

	언어만	영상만	음만 (내용제거됨)
판단의 차원			
평 가	51.8^a	2.2	8.8
능 력	3.4	29.6	45.1^a
활 동	0.1	36.8	5.2

a : $p < .05$.

주 : 수치들은 각개의 채널에 의해 설명된 완전한 시청각 커뮤니케이션의 판단들의 변량의 백분율이다. 가로 행들은 합해서 100퍼센트가 되지 않는데, 이는 이들 세 개의 채널들 이외의 요인들이 전체 채널의 판단 과정의 어떤 것을 설명하기 때문이다.

자료원 : Kraus 등(1981).

시각적 단서들이 제공되지 않았으며, 문장의 언어적 내용이 녹음에서 제거되었다. 듣는 이들은 슬픔 문장들을 아주 쉽게 확인할 수 있었지만, 다른 문장들은 우연수준에서 약간만 더 잘 확인할 수 있었다. 이 연구자들은 슬픔이 독특한 부언어적 단서들(느리고, 부드럽고, 낮은 음높이의 말소리)을 통해서 표현되는 반면에, 다른 정서들이 듣는 이를 쉽게 혼동시킬 수 있는 보다 더 원기있는 단서들로 표현된다고 생각하고 있다.

따라서 일반적으로, 비언어단서들, 즉 부언어적 및 가시적 단서들은 그 자체로서 타인들의 정서적 감정들에 대한 그리 정확한 길잡이들은 못된다. 비언어단서들은 신비스럽거나 분명하게 의사전달해 주는 것이 아무 것도 없다. 그 대부분은 맥락에 의지해서 다양한 메시지들을 전달할 수 있다. 매력있는 친지가 팔을 잡는 것은 지하철 정거장에서 거지가 잡는 것과는 아주 다른 어떤 것을 의미한다. 당신의 상사가 당신의 어깨를 두드리는 것은 또 다른 어떤 것을 의미한다. 무력한 피해자에게 다가갈 때의 깡패의 얼굴에 떤 미소는 캠퍼스를 걸어 지나가는 어떤 친구가 당신을 보고서 짓는 미소와는 아주 다른 어떤 것을 의미한다. 비언어단서들은 정보를 제공해 줄 수 있지만, 그 단서들이 친숙한 맥락 속에 확고하게 자리를 잡고 있을 때, 우리가 타인의 역할을 알고 있을 때, 그 사람의 일반적 목표들을 다소 알고 있을 때, 그 상황에 대한 규범들을 알고 있을 때 등등에서만 그러하다. 외국을 처음 방문하는 경우에서와 같이, 우리가 잘 알거나 친숙한 맥락이 없을 때에 우리는 빈번하게 어리벙벙함을 느끼고 비언어단서들을 거의 알지 못한다.

속임의 문제

언어단서와 비언어단서 사이의 모순에 관한 하나의 특별히 중요한 분야는 사람들이 거짓말을 하거나 관찰자들을 속이려고 드는 것을 판단하는 것이다. 경찰관들, 판사들 및 배심원들은 자기들을 현혹시키는 사람들로부터 진실을 알아내고자 항상 노력한다.

비언어적 누출

우리의 비언어커뮤니케이션에 관한 논의에서 예상될 수 있는 바와 같이, 하나의 중요한 이론은 사람들이 언어적으로 거짓말을 하는 데에는 성공할 때에라도, 비언어단서들을 통해서 속임을 드러낼 것이라는 것이다. Ekman과 Friesen(1974)은 사람들이 타인이 실제로 행하고 있는 것보다도 말로 하고 있는 것에 더 많은 주의를 기울인다고 주장한다. 예컨대, 만일 그들이 어떤 사람을 속이고자 한다면, 그들은 조용한 방식으로 언어적으로 거짓말을 할 수 있지만, 자신의 진정한 정서들을 비언어단서들을 통해서 드러낸다. Ekman의 말을 빌면, 비언어적 누출(nonverbal leakage)이 있다. 진정한 정서들은 설사 그 사람이 이것들을 은폐시키려고 하더라도, "누출된다". 어떤 학생은 자기가 시험에 대해서 신경과민을 느끼지 않는다고 말하지만, 자기의 아랫입술을 꽉 물고 보통 때보다도 더 자주 눈을 깜박인다. 이 행동들은 흔히 신경과민을 나타낸다. 취직을 위한 면접시험을 대기하고 있는 어떤 젊은이는 차분하고 아무렇지도 않은 듯이 보이고자 하지만, 자기의 두 다리를 계속 교대로 꼬며, 넥타이를 바로하고, 얼굴을 만지고, 머리칼을 만지작거릴 것이다. 그 결과로, 그는 실제로 안절부절 못하는 사람으로 보이게 될 것이다.

거짓말을 하는 사람들은 흔히 불안, 긴장 및 초조를 부언어적 표현들을 통해서 무심코 드러낸다. 때로는 음성의 고저에 주목함으로써 어떤 사람이 거짓말을 하고 있는 때를 알 수가 있다. 몇 개의 연구들(Ekman 등, 1976; Krauss 등, 1976)은 평균(또는 보다 더 기술적으로는 기본적) 음성의 고저는 어떤 사람이 정말을 할 때보다도 거짓말을 할 때에 더 높다는 것을 나타낸다. 그 차이는 작고, 우리는 귀로 듣고서는 그것을 알아 낼 수 없다. 그러나 전자음성분석은 상당한 정확성을 갖고서 거짓말을 드러낸다. 그 밖에도, 보다 더 짧은 대답들, 반응하는 데 대한 보다 더 긴 지연들, 보다 더 많은 말의 착오들 및 보다 더 많은 신경과민, 진지성이 보다 더 적은 대답들의 모두는 거짓말하는 사람들로서 지각된 사람들이나 거짓말을 하도록 지시받은 사람들의 특징이다(Apple 등, 1979; Kraut, 1978; Zuckerman 등, 1981).

"누출"의 개념은 어떤 비언어채널들이 통제가능성이 더 적기 때문에, 다른 채널들보다도 더 많이 "누출한다"는 것을 의미한다. 예컨대, 미소의 근육은 사람들이 거짓말하고 있을 때와는 달리 정말을 하고 있을 때에 바뀐다(Ekman 등, 1988). 그러나 몇 개의 연구들(Zuckerman 등, 1981)은 신체가 얼굴보다도 속임을 드러내기가 더 쉽다는 것을 발견했다. 부언어단서도 또한 신체처럼 어조가 안면표정보다도 통제가능성이 더 적기 때문에, 정서들을 누출할 수 있다. Zuckerman 등(1981)은 거짓말하는 이들이 어조보다도 안면표정들을 더 잘 수정(억제와 과장)할 수 있다는 것을 발견했다. 따라서, "누출"가설은 사람들이 어떤 것을 은폐시키려고 들 때에 그들은 자신의 언어내용과 안면표정을 꽤 잘 통제할 수 있겠지만 그들의 속임은 신체의 제스처들과 부언어단서들 속에서 누출될 것이라고 제안한다.

비언어채널들은 언어채널들보다 더 많이 누출시킬 수 있는데, 이것은 언어적으로 정보를 전달할 때에 개인은 자기가 말한 것을 내놓는 동시에 듣게 되고 따라서 아주 올바른 인상을 전달하는 식으로 말하지 못했던 진술들을 올바르게 고칠 수가 있기 때문이다. 그러나, 비언어채널에서 우리는 대개 자신의 비언어행동들을 보지 못하고, 결과적으로 이것들을 조절할 능력이 더 적게 될 것이다(DePaulo, 1990). 따라서, 우리가 자신의 비언어행동을 조절하려고 들 수 있지만, 우리는 우리가 자신의 언어행동에서 얻게 되는 것과 같은 종류의 정보가 부족하기 때문에, 항상 성공을 거두지는 못할 것이다.

탐지의 정확성

지각자들은 속이는 말들을 진실한 말들보다도 다소 진실성이 더 적다고 매우 일정하게 지각한다. 많은 연구들에서 탐지의 정확성은 대개 우연수준을 넘어서지만, 인상적인 정확성은 드물다(DePaulo 등, 1982). 놀랄 것도 없이, 사람들은 거짓말하는 이의 진정한 감정들의 성질을 생각해 낼 수 있는 것보다도 거짓말하는 것 자체를 더 잘 탐지할 수 있다.

그 한 예로서, 사람들은 순수한 양면감정과 속임을 구별하는 데에 곤란을 겪는다. 이것은 DePaulo와 그녀의 동료들(1982)의 연구에 의해서 예시되었다. 그들은 송신자들에게 (1) 자신의 타인에 대한 긍정적(또는 경우에 따라서는 부정적) 감정들을 진짜로 기술했거나, (2) 자신의 긍정적(또는 부정적) 감정들을 가짜로 기술했거나, (3) 타인에 대한 자신의 진정으로 혼합된 감정들을 진짜로 기술했던 메시지들을 녹화하도록 했다. 이들 메시지들은 관찰자들에게 상이한 채널들을 통해서 제시되었다. 그들은 관찰자들이 긍정적 또는 부정적 감정들에 관한 속이는 메시지들과 혼합된 감정들에 관한 진짜의 메시지들을 구별하지 못했다는 것을 발견했다. 아마 사람들은 모든 다른 것들로부터 정적이거나 부적 감정들의 진정한 표현들을 구별할 수는 있지만, 속이는 것 자체를 분리시킬 수 없을 것이다. 즉, 그들이 알고 있는 것은 그 사람의 말들이 진정하게 정적이거나 부적으로 들리지 않는다는 것이 전부이다.

다른 한편으로 사람들은 대개 인물들의 동기들에 관한 다른 정보를 갖고 있다. 그들은 대개 그 인물이 속이는 것을 원하는 이유를 갖고 있는지의 여부를 알고 있다. 우리는 그 인물이 이러한 이유들을 갖고 있다는 것을 알고 있을 때에 속이는 것을 더 잘 탐지하게 될 것이다. 이것을 검증하기 위해서, DePaulo와 그녀의 동료들(1985)은 사람들, 즉 "송신자들"에게 자신의 파트너에게 네 개의 이슈들에 대한 자신의 의견들을 기술하도록 했다.

그들은 "송신자들"에게 두 이슈들에 대해 정직하게 동의하거나 부동의하고, 두 개의 다른 이슈들에 대한 동의나 부동의를 가장하도록 지시를 줌으로써 속이는 것을 조작했다. 그 다음에 그들은 속이는 것에 대한 송신자들에 대한 유인을 몇 가지 양식들로 변화시켰다. 높은 유인조건들에서, "파트너"는 이성이었고, 그 파트너가 매력있었으며, 송신자는 동의를 가장하도록 지시받았다. 아마 이러한 모든 것들은 송신자에게 가장 많이 아첨을 하게 되는 것에 대한 이유를 제공할 것이다. 다른 조건들에서 송신자는 속이는 것에 대한 덜 분명한 유인을 갖게 될 것이다: 그 "파트너"는 비매력적이었거나, 동성이었거나, 송신자가 부동의를 가장하도록 지시받았다. 이러한 커뮤니케이션들을 비디오로 찍혔으며, 어느 채널들이 사용가용한가를 변화시켜서 뒤에 중립적 판단자들에게 다시 제시되었다. 판단자들은 성실하다-불성실하다의 한 척도상에서 커뮤니케이션들을 평정했다.

그 주요 발견은 속이는 것들은 이것들이 아첨에 의해 명백하게 동기화되었을 때, 즉 송신자가 속이는 것에 대한 가장 큰 동기를 가졌을 때에 —이성의 매력있는 파트너에게 동의를 전달하는 것— 탐지하기가 가장 쉬웠다. 속임은 속이는 것에 대한 이유들에 관한 아무런 특수한 정보가 없었을 때, 즉 송신자가 자기 자신의 성별과 동일한 매력없는 멤버에게 부동의를 전달하고 있었을 때에 탐지하기가 더 곤란했다. 거짓말을 탐지해내는 노력들에 관한 하나의 흥미있는 예가 특별논의 2-4에 제시되어 있다.

표적인물이 속이고 있을 수 있다고 분명하게 경고하는 것이 도움이 될 것인가? 그러면 지각자들이 얼굴과 음성의 어조와 같은 "누출이 많은" 채널들에 더 면밀하게 주목할 것이기 때문에, 우리는 그렇다고 생각할 수 있을 것이다. 그렇지만, 이것은 그리 많이 도움이 되지 못하는 것 같다. Toris와 DePaulo(1984)의 한 연구에서, 피험자들은 모의된 취직면접시험들에 참가했다. 응시자들은 어떤 경우들에서는 정직하도록 지시받았고 다른 경우들에서는 부정직하도록 지시받은 반면에, 면접자들은 어떤 경우들에서는 어떤 거짓 인상을 전달할려고 노력하는 것을 예상하도록 지시받았으며 다른 경우들에서는 아무런 경고가 제시되지 않았다. 그러나, 이러한 속임에 대한 경고는 단순하게 면접자들에게 모든 응시자들에 대해 의심하도록 만들어서, 모든 응시자들은 보다 더 속이는 것으로 지각되었다: 그들은 부정직한 응시자들을 선별하는 데에 더 이상 정확하지 않았다. 그 뿐만 아니라, 그들은 자기 자신의 판단들에 대해서 확신감이 더 적었다.

실험실연구들은 실제로 사람들이 일상생활 속에서의 기만을 탐지할 수 있는 정도를 과대평가할 수도 있다. 사회적 지각자들로서, 우리는 대부분의 시간 동안 타인들에 관한 인상을 형성하고, 진행중인 대화에서 자신에 대해 유용한 정보들을 가려내고, 자신이 타인들에게 전달하고 있는 인상들을 관리하려고 들면서 매우 분주하다. 이와 같은 경우들에서, 우리는 타인들이 어떤 거짓된 인상을 전달하려고 들고 있는지를 의문시하기보다도 그들의 자기제시를 액면 그대로 받아들이는 경향이 있다(Gilbert 등, 1988; Gilbert와 Krull, 1988). 실제로, 사람들이 자신이 실제로 경험하고 있지 않을 수 있는 어떤 정서를 전달하려고 고의로 노력하고 있을 때, 그들의 비언어행동들은 그들이 그러한 상태를 실제로 경험하고 있을 때보다도 훨씬 더 분명하게 그러한 인상을 전달한다. 포즈를 취한 정서표정들은 자연적 표정들보다도 알아내기가 더 쉽다(평론을 보기 위해서는 DePaulo, 1990 참조). 기만자가 표현하기 쉬운 것과 지각자가 비교적 무비판적인 것의 이러한 종합은 대개의 사회적 상황들에서 기만적인 자기제시들이 액면 그대로 받아들여지기 쉽다는 것을 의미한다(DePaulo, 1990).

특별논의 2-4. 세관 검사대에서의 밀수꾼들의 탐지

보통 사람들은 거짓말을 얼마나 잘 탐지하는가? 그들은 거짓말을 탐지하는 데에 어떤 단서들을 사용하는가? 가장 실제적인 연구들 중의 하나는 Kraut와 Poe(1980)에 의해서 수행되었다. 그들은 비행기 여행자들에게 실제의 세관검사원과의 면접에서 몇 가지 밀수품을 몰래 통관시켜 보도록 권유했다. 참가자들은 뉴욕의 시라큐스 비행장을 떠나는 비행기를 기다리는 사람들이었다. 어떤 사람들은 "밀수꾼" 조건에 무작위적으로 선정되었고, 흰가루가 들은 작은 주머니들이나 소형 카메라들과 같은 밀수품을 주고서, 이것들을 몸 속에 휴대해서 숨겨달라는 지시를 받았다. 그들에게는 세관검사원을 통과해서 밀수품을 성공적으로 통관시킬 수 있게 되는 데 대해서 100달러까지 보상금을 주었다. 다른 사람들은 "무죄"조건에 무작위적으로 선정되었고, 아무런 밀수품도 제공받지 않았다. 승객과 검사원간의 전체 상호작용은 비디오테이프로 녹화되었다. 실제로 속였던 사람들이 나타낸 특수한 비언어행동들이 무엇인가를 알아보기 위해서, 각 탑승객의 검사원에 대한 행동은 우리가 논의한 바 있는 비언어커뮤니케이션의 많은 가시적 및 부언어적 변인들에 대해서 다른 판단자들에 의해 부호로 기록되었다. 그 변인들은 몸치장하기, 자세의 변화들, 이완된 자세, 미소짓기, 응시를 피함, 말의 착오들, 반응의 잠재기간, 반응 길이, 어물대는 것, 안절부절 못하는 것, 대답을 어려워하는 것이다. 각각의 상호작용은 또한 어느 승객들이 "밀수꾼"이고 어느 승객들이 아닌가를 알아내고자 하는 관찰자들에게 제시되었다.

무죄와 밀수꾼 탑승객들 사이에는 아무런 식별가능한 행동상의 체계적 차이들이 없었다. 만일 "밀수꾼들"이 자신의 속임을 "누출하고" 있었더라도, 그들

은 부호화된 비언어행동들을 통해서 아주 일정하게 하지는 않았다. 따라서 놀랄 것도 없이, 실제로 세관검사원들도 뒤에 비디오테이프를 본 관찰자들도 "무죄" 승객들과 "밀수꾼" 승객들을 가려 내는 데에는 성공하지 못했다. 이러한 발견은 관찰자들은 그들이 비언어단서들만을 갖고 있는 어떤 실생활 상황에서 속임을 탐지하는 한정된 능력만을 갖고 있다는 것을 시사한다.

이러한 정확성의 부족에도 불구하고, 관찰자들은 실제의 밀수꾼들이 누구였는가에 관해서 강력한 일치가 있었다. 그들은 또한 밀수행동과 연관된 특수한 단서들, 즉 그 사람의 외현적 안절부절 못함, 질문에 답변하는 데에 오래 걸리는 것, 짧은 대답들 및 보다 더 많은 신체운동 및 검사원과의 눈접촉의 회피에 대해 상당한 일치를 보였다.

간단히 말해서, 전문적인 검사원들도 훈련받지 않은 관찰자들도 어떤 여행자가 거짓말을 하는지를 정확하게 알아낼 수 없었다. 그리고 실제로 거짓말을 하는 여행자와 정직한 여행자는 언어적 및 비언어적 행동의 측면에서 부호화될 수 있는 어느 것에서도 차이가 없었다. 그렇지만, 관찰자들은 누가 밀수를 하고 있고 어떤 단서들이 이것을 나타내고 있다고 생각하는지에 대해서 괄목할 만한 수준의 일치를 보였다. 이러한 모든 것들은 관찰자들이 밀수꾼들이 어떻게 행동하는가에 관한 분명한 그러나 틀린 도식을 공통으로 갖고 있다는 생각과 일치된다. 통제된 실험실상황들에서처럼, 비록 그들이 흔히 속임을 탐지할 수 있는 능력에 매우 자신을 갖고 있고, 그러한 기술에 대해서 많은 즉석의 설명들을 갖고 있을지라도, 그들은 비언어단서들에 기초한 속임의 탐지에서 대단하게 정확치는 않다.

속임의 폭로

관찰자들이 속임을 알아낼 수 있을 때, 그들은 어떤 단서들을 사용하는가? 누출가설은 맞는가? 신체는 얼굴보다도 통제가능성이 더 적은가, 그리고 사람들은 주로 비언어적인 신체단서들을 통해서 속임을 간파하는가? 그렇지 않으면, 음성이 신체보다도 더 누출시키는 채널인가? 어조, 즉 말의 고저, 크기, 속도 등등은 사람이 설사 언어커뮤니케이션의 내용을 통제할 수 있을 때에라도, 신체보다도 통제하기가 더욱 곤란할 것이다.

대부분의 연구는 이러한 모든 단서들이 잠재적으로 속이는 의사전달자를 알아내는 데에 약간 도움이 된다는 것을 보인다. 그러나 이것들은 관찰자가 또한 그 사람의 말의 내용을 알 때에만 실제로 유용하다. 하나의 대표적인 연구가 Zuckerman 등(1982)에 의해서 수행되었다. 그들은 "송화자들"에게 자기가 좋아하는 어떤 표적인물(좋아한 표적인물)이나 자기가 싫어하는 어떤 인물(싫어한 표적인물)을 기술하도록 했으며, 그들은 세 가지 양식들 중의 하나로 그렇게 했다: 즉, 자기의 진정한 감정들을 전달한 "진실"양식, 자기의 진정한 감정들을 은폐시키려고 한 "은폐"양식 및 자기가 실제로 느끼고 있는 감정들과 반대되는 감정들을 전달하려고 한 "속임"양식이다. "수화자들"은 송화자의 진정한 감정들이나, 송화자가 어느 양식을 사용하도록 지시받았는지를 알지 못했다.

어떤 수화자들은 완전한 시청각(안면 더하기 언어내용)을 접했고, 다른 수화자들은 청각채널만(안면이 없는 언어내용)을 들었고, 다른 수화자들은 시각 더하기 여과된 말소리(언어내용이 없는 안면), 다른 수화자들은 여과된 말소리(안면도 없고, 언어내용도 없음)에 접했다. 의문은 안면, 언어내용 및 부언어단서들의 유무가 송화자가 그 표적을 정말로 좋아하는지 싫어하는지를 탐지하는 관찰자들의 능력에 어떻게 영향을 주었는가이다.

그 결과들은 안면이나 어조가 속임을 탐지하는 능력을 유의하게 증가시켰음을 보였다. 이것이 표 2-6에 제시되어 있다. 수화자들은 안면을 보거나 어떤 언어내용을 들음이 없이, 여과된 말소리만 제시되었을 때에 좋아한 표적과 싫어한 표적을 유의하게 구별할 수 있었다(그들이 진짜로 좋아하는 표적을 진짜로 싫어하는 표적보다도 평균적으로 +.31을 더 많이 좋아하는 것으로서 지각했다는 사실이 나타내는 바와 같이). 둘째로, 안면 더하기 여과된 말소리(+.74)가 여과된 말소리만(+.31)보다도 더 높다는 사실에서 나타내는 바와 같이, 안면을 볼 수 있는 것의 첨가는 설사 언어내용이 없을 때에라도 송화자의 진짜 감정들의 탐지를 유의하게 증가시켰다. 따라서, 두 채널들은 설사 수화자가 커뮤니케이션의 내용을 이해할 수 없었을 때에라도, 이것들이 속일 가능성이 있는 송화자의 진짜 감정들에 관해서 수화자에게 유의하게 전달했다는 의미에서, 다소 누출을 하고 있다.

그러나, 주요 발견은 언어내용이 있을 때에 정확성이 가장 크다는 것이다. 표는 언어내용이 있는 좌측 행의 정확성이 가장 높은 것을 보이고 있다. 더욱이, 시각적인 비언어단서들의 첨가는 언어내용이 있을 때에는 지각자에게 도움이 없다(+.85는 +.84와 거의 동일하다).

많은 평론들은 거짓말과 정말을 신뢰롭게 구분짓는 특수한 행동들을 확인해 왔다. 거짓말하는 이들은 더 많이 눈을 깜박이고, 더 많이 머뭇거리고, 아마 거짓말하는 것은 흥분되는 것이기 때문에 말할 때에 더 많이 실수한다. 그들은 더 높은 음성으로 말하는 경향이 있으며 그들의 동공은 더 확장되어 있는 경향이 있다. 거짓말하는 이들은 죄의식이나 불안을 느끼기가 더 쉬우며, 이것은 거짓말하는 이들이 정말을 하는 사람들보다 더 안절부절하지 못하고, 더 주저하고 덜 유창하게 말하고, 더 부인적이고 동떨어진 진술들을 행하는 이유를 설명할 것이다. 거짓말하는 이들의 어조는 또한 흔히 부정적으로 들린다. 채널들간의 상위들이 더 일어나기가 쉽다. 따라서, 예컨대, 어떤 온정의 인상을 전달하려고 드는 사람은 겉으로는 미소짓고 눈마주침을 갖지만 앞쪽으로 몸을 기울이기보다도 대화하고 있는 사람으로부터 몸을 멀리한다(DePaulo 등, 1985a; 일반적 평론들을 보기

표 2-6. 의사전달자들의 표적인물에 대한 진짜 감정들에 관한 지각의 정확성

안 면	언어내용 있 음	언어내용 없 음
안면 제시됨	+.85	+.74
안면 제시 안됨	+.84	+.31

주: 수치들은 각각 9점 척도상에서 평정된 의사전달자의 좋아하는 표적에 대한 진짜 감정의 지각 빼기 의사전달자의 싫어하는 표적에 대한 진짜 감정의 지각이다.

자료원: Zuckerman 등(1982), p. 353에서 개작됨.

위해서는 DePaulo 등, 1985b 참조 ; Zuckerman 등, 1981 ; DePaulo, 1990).

역설적으로, 기만에 대한 가장 좋은 정보원들 중의 하나는 제시자의 거짓말하려는 동기일 수 있다. 직관적으로, 타인들을 기만하려는 가장 높은 동기를 가진 사람들이 가장 성공적이게 될 것이다. 그러나, 상당량의 연구들을 사람들이 자신의 거짓말을 숨기려는 동기가 특히 높을 때, 그들은 실제로 관찰자들의 눈에 더 띄게 된다는 것을 시사한다(예 ; DePaulo 등, 1988). 전형적으로, 이러한 거짓말들은 언어적으로 드러나지는 않고 비언어적으로 드러난다. 동기가 높은 거짓말하는 이들은 때로는 비언어행동을 전혀 보이지 않으려는 심한 노력에서 이것을 완전히 은폐시키려고 들면서, 자신의 비언어행동을 통제하려고 더 노력하는 것같다. 다른 경우들에서, 그들은 자신의 모든 언어적 및 비언어적 행동들을 의도적으로 통제하려고 노력할 수 있다. 이 두 가지 책략들은 관찰자들이 이러한 비언어채널들을 통한 고정되거나 통제된 행동을 지각할 수 있고 거짓말하려는 노력을 더 성공적으로 알아낼 수 있기 때문에 실패한다(DePaulo, 1990).

따라서, 우리는 어떤 단서들이 타인에게서 속이는 것을 탐지하는 것을 돕는가를 알아내고자 노력해 온 몇 개의 연구들을 논의해 왔다. 대부분의 경우에, 비언어단서들이 충분한 것 같지 않다. 그 대신에, 사람들은 타인에 관해서 그들이 받는 다른 종류의 정보들로부터 속이는 것을 추리한다 : 즉 그들은 속일 것이라고 생각되는 인물이 속이는 것으로부터 어떤 이익을 받을 거리를 갖고 있는지, 아니면 어떤 속이는 사람에 관한 고정관념에 해당되는지, 또는 언어 커뮤니케이션이 거짓말을 시사하고 있는지에 관한 정보들로부터 추리한다. 비언어단서들은 이러한 기타의 정보가 가용할 때에 어떤 것을 추가시켜 주지만 그 자체로서 충분하지는 못하다.

비언어행동과 자기제시

지금까지, 우리의 논의는 비언어행동이 자연적이고 비자의식적이거나 기만의 하나의 잠재적 누출원이라는 것을 시사해 왔다. 그러나 비언어행동은 또한 비록 언어행동 만큼은 못될 수 있을지라도, 어느 정도 자기조절되게 된다(Schlenker, 1986).

지난 번에 한 친구가 당신과 어떤 문제를 상의했던 일에 관해서 생각해 보자. 만일 당신이 우리들의 대부분이 적어도 시초에 행하는 바와 같이 참을성있게 그리고 동감적으로 들었다면, 당신은 아마 "그거 몹시 안됐네" 또는 "그것은 남을 대하는 형편없는 방법이군"과 같이 있는 그대로 말하는 것을 인식했을 것이다. 그 뿐만 아니라, 당신은 당신의 친구가 이야기하고 동감적으로 머리를 끄덕이는 동안에 그와 눈마주침을 유지하는 것과 같은 적절한 비언어행동들을 인식했을 수 있을 것이다. 예컨대, 당신은 미소짓지 않고 심각하게 보이며 그가 자신의 문제를 설명하는 동안에 편지를 뜯어서 훑어보지는 않는다는 것을 알고 있다. 당신의 친구를 전혀 기만하려고 의도하지 않으면서도, 당신의 비언어행동은 적어도 어느 정도로 분명히 검색되었고, 따라서 당신은 친구의 대화들에 대해 적절한 감정들과 반응들을 전달했다.

점점 더, 심리학자들은 비언어행동의 자기제시적 측면들에 관심을 두어 왔다 (DePaulo, 1990). 평생을 통해서, 우리는 정말로 어른이 되어서는 거의 자동적으로 될 정도로, 비언어행동의 자기제시에 관해서 상당히 많이 배운다. 예컨대, 우리가 대학에 다닐 무렵에는 우리는 상대방이 우리에게 어떤 문제를 이야기할 때에는 자신이 안절부절하지 못하는 것을 중단하고, 눈마주침을 연장하고, 동감적으로 바라보아야만 된다는 사실에 관해서 많이 생각할 필요가 없게 될 것이다. 이것은 그 친구의 고민에 대한 반응으로 거의 자연적으로 일어날 것이다. 그러나 언어행동처럼, 비언어행동은 학습되게 된다. 힘든 연습을 요할 수 있는 행동인 "숙녀처럼 앉는 것을" 배우고 나서, 우리는 어른이 된 후에는 매우 무의식적으로 그렇게 행동할 것이다. Ekman(1972)은 우리가 타인들에게 정서를 전달하는 방법에 대한 이러한 문화규범들을 제시규칙들(display rules)이라고 일컬었다. 제시규칙들은 특정의 상황에서 어떤 정서가 전달되어야만 되는가 뿐만 아니라 그 정서가 어떻게 전달되어야만 되는가를 지배한다.

일반적으로 말해서, 사람들은 자신의 자기제시와 자신에 관해서 진정으로 생각하는 것 사이의 일치를 증가시키는 식으로 자신의 비언어행동을 의도적으로 조절한다(Swann, 1984; DePaulo, 1990). 우리는 자신의 정치적 신념을 전달하기 위해서 어떤 배지를 착용하고, 우리를 보수주의자나 진보주의자로서 제시하는 복장을 선택하고, 만일 우리가 그런 식으로 느낀다면 공개적이고 개방적으로 행동하고, 만일 우리가 그렇지 않다면 보다 더 냉담하고 조심스럽게 행동한다.

비언어행동은 또한 사회적 목표들을 달성하기 위해서도 사용될 수 있다. 자기가 데이트하고 싶어하는 여자와 이야기하면서, 어떤 남자는 미소를 많이 짓고, 눈마주침을 오래 갖고, 꽤 가까이 다가서고, 자신이 원하는 파트너의 뒷면의 벽에 손을 얹을 것이다. 자신이 매력을 느끼지 않는 어떤 사람과 할 수 없이 대화하면서, 그 남자는 더 멀리 서고, 실내를 때때로 둘러보고, 보다 더 엄숙한 표정을 유지시키고, 그의 전면에서 팔장을 끼고 있을 것이다.

자기제시의 노력에서 비언어행동을 사용하는 사람들의 능력은 상당히 차이가 있으며 특정의 상황에 대한 비언어행동의 적절성에 관한 지식, 그 인상을 전달하는 데 대한 그들의 능력, 연습 및 경험에 달려 있다. 그러나 몇 가지 요인들이 비언어행동을 통한 적절한 자기제시를 전달하는 것에 역행해서 작용할 수도 있다. 방금 지적된 바와 같이, 특정의 인상을 전달하려는 높은 동기를 갖는 것은 실제로 사람들이 자신의 언어적 및 비언어적 행동들을 통제하려고 너무 열심히 노력할 때에 성공적 자기제시에 대한 하나의 방해로서 작용할 수도 있다(예 : Baumeister, 1988 ; Heckhausen과 Strang, 1988 ; DePaulo와 Kirkendol, 1989). 이와 비슷하게, 자연적으로 표현하는 사람들은 다양한 정서들을 전달하지 못하는 사람들보다 더 유능할 수도 있겠지만, 자신의 자연적 표현들이 자신이 달성하고자 하는 자기제시를 방해한다는 것을 발견할 수도 있다(Friedman과 Miller-Herringer, 1990). 자연적으로 표현성있는 사람들은 아마 그들이 자신이 실제로 느끼고 있는 감정과 배치되는 어떤 인상을 제시하려고 들지만 않는다면, 매우 자연적이지 못한 사람들보다도 더 성공적으로 인상을 전달할 것이다.

비언어행동의 사용에 있어서 성차들이 있다. 여자들은 더 표현적이고, 자신의 대인적 상호작용들에 더 몰입되고, 정서의 표현에서 더 개방적이다(DePaulo, 1990). 그들은 타인들과의 상대에서 손을 대는 것, 눈마주침, 표현적인 신체운동들, 미소 및 응시와 같은 더 많은 비언어행동들을 사용한다. 여자들은 또한 남자들보다도 비언어단서들의 해석에서 더 정확하다(Hall, 1978).

이와 같은 효과들은 성역할의 측면에서 해석하기가 용이하다. 일반적으로, 여자들은 생활의 사회적 및 정서적 영역들에서 전문가들이라고 간주되어 왔으며, 비언어행동은 분명히 이런 면에서 도움을 줄 수 있다. 그러나, 몇 개의 연구들은 이러한 성차들이 생애의 매우 초기에, 3개월 정도에서 일찍 발달한다는 것을 시사한다(Malatesta와 Haviland, 1982). 결과적으로, 이러한 강력한 성차들을 이해하는 데에 있어서 천성과 양육의 역할들을 분리시키기는 곤란하다(DePaulo, 1990).

결론적으로, 사람들이 어떤 사회적 상호작용으로 자신에 관한 특정의 인상을 전달하려는 동기를 갖고 있을 때, 그들은 일부 자신의 비언어행동들을 통제함으로써 그렇게 하려고 들 것이다. 비록 때로는 이러한 행동들이 타인들을 기만하기 위해서 취해지고 있을지라도, 보다 더 보편적으로 이것들은 자기와 아울러 그 상황에 대한 자신의 감정들에 관한 정확한 정보를 전달하기 위해서 사용되게 될 것이다. 더욱이, 사람들은 그들이 어떤 거짓된 인상을 전달하려고 노력하지 않는 한, 이것에서 꽤 성공적인 것같이 보인다.

요 약

1. 사람들은 타인들이 어떠한 사람인가를 흔히 매우 신속하게 결정지으며 타인들의 겉모습이나 성별과 같은 최소의 정보에 기초하고 있다. 그들은 제한된 상황들 속에서의 행동에 대한 짧은 접촉으로부터 타인들이 지니고 있는 지속적 성품들을 추론한다.

2. 평가차원은 첫 인상의 배후에 있는 가장 중요한 조직원리이다. 사람들은 먼저 자신이 타인을 얼마만큼 좋아하거나 싫어할지를 결정하고, 그 다음에 그들에게 그러한 유쾌하거나 불쾌한 인상에 부합되는 특징들을 부여하는 것 같다.

3. 사람들은 거의 정보가 없을 경우에도 타인들에 관해서 매우 일관된 인상을 형성하는 경향이 있다.

4. 여러 가지 확인가능한 지각적 편향들이 타인들에 대한 우리의 판단을 왜곡시킨다. 즉, 후광효과(우리는 우리가 좋아하는 인물을 모든 차원에서 좋다고 생각하는 경향이 있다)와 긍정성편향(우리는 어떤 사람을 그리 좋아하지 않을 수도 있겠지만, 대부분의 사람을 좋아하는 경향이 있다)과 같은 편향들이 있다.

5. 사람들이 타인에 대한 정보를 어떻게 처리하는가에 관한 두 개의 경쟁이 되는 관점들이 있다. 학습적 접근은 사람들이 근본적으로 아주 기계적인 방식으로 정보를 평균한다고 보며, 형태주의적 접근은 사람들이 보다 더 일관성있고 유의미한 인상들을 형성한다고 본다.

6. 우리의 타인들에 대한 판단은 항상 매우 정확하지는 않다. 특히 우리는 타인의 안면표정들에서 정서를 판단하기가 어렵다. 우리는 그 정서가 정적인 것인지 부적인 것인지에 대해서는 꽤 쉽게 알 수 있지만, 어떤 정적 정서가 경험되고 있는지는 알아맞히기가 힘들다. 그러나, 어떤 정서들과 어떤 안면표정들 사이에 문화들에 걸쳐서 다소의 보편적인 연결이 있는 것 같다.

7. 우리는 사람들에 대한 인상을 얻기 위해서 신체적 외모, 언어행동 및 비언어단서들을

포함해서, 광범한 종류의 단서들을 사용한다. 비언어커뮤니케이션은 가시채널(안면표정들, 제스처들, 자세)과 아울러 부언어채널(내용이 제거되었을 때의 음성의 고저·속도 및 말의 지연들과 같은 말의 단서들)로부터 오는 단서들을 포함하고 있다.

8. 사람들의 언어커뮤니케이션은 아마 그들에 관한 유일하게 가장 중요한 정보원일 것이다. 그러나, 가시적 및 부언어적 정보들은 특히 그것들의 내용이 우리에게 그것들의 의미를 해석하는 것을 도와 줄 때, 하나의 중요한 부가적 기여를 한다.
9. 타인을 속이는 것은 안절부절 못하는 제스처들이나 높고 빠른 말소리와 같은 수많은 비언어 양식들을 통해서 누출된다. 관찰자들은 대개 우연수준보다 약간 더 잘 속임을 탐지할 수 있지만, 이것을 효과적으로 하기 위해서는 커뮤니케이션의 세 개의 채널들의 모두를 필요로 한다.

제 3 장

사회적 인지

당신이 대학졸업반이고 자신의 첫 취직을 위해서 어떤 회사에서 면접시험을 치르고 있다고 가정하자. 당신은 당신의 상사가 될 간부인 인사과장과 당신의 장차의 동료들 중의 몇 명을 만났다. 당신은 또한 시설들을 한 바퀴 둘러보았으며, 당신이 이 회사에 입사하게 될 경우에 자신의 사무실이 있는 곳을 보았으며, 회사가 하고 있는 일과 이 회사에 대한 자신의 책임들에 관해서 상당히 많이 알았다. 이 회사가 정말로 당신이 일하고 싶어하는 종류의 회사인지, 당신이 직무 자체를 좋아할 것인지, 또는 당신이 함께 일하는 사람들을 좋아할 것인지를 어떻게 결정하는가? 이러한 질문들에 대한 답변은 사회적 인지라는 과정들을 포함하고 있다.

사회적 인지(social cognition)는 사람들이 환경 속에 있는 사회적 정보로부터 어떻게 추리들을 형성하는가에 관한 연구이다(Fiske와 Taylor, 1984). 이것은 사람들이 다른 사람들이나 사회집단들, 사회적 역할들 및 사회적 상황들 속에서의 자기 자신의 경험들에 관해서 어떻게 사회적 판단들을 하는가를 탐구한다. 사회적 판단들을 하는 과정은 우리가 상상하고 있는 것보다도 더 곤란하다. 흔히, 우리의 사용가능한 정보들은 불완전하거나, 애매하거나, 분명히 모순이 있다. 우리는 많은 복잡한 세부들에 당면할 수 있다. 우리는 어떤 조리있는 판단에 도달하기 위해서 이러한 모든 정보들을 사용하는가? 이것은 사회적 인지에 관한 연구에서 핵심의문이다.

사회적 인지에 관한 초기 연구의 대부분은 사람들에 의해서 실제로 이루어지는 사회적 판단들과 우리가 어떤 합리적 추론모형(rational model of inference)으로부터 기대할 수 있는 판단들을 비교했다. 합리적 모형이란, 어떤 판단에 도달하기 위해서 정보들을 종합하는 논리적이며 올바른 방법들이 있다는 것을 의미한다. 아마, 올바른 의사결정들과 현명한 판단들을 행하기 위해서, 사람들은 사회적 정보들을 가능한 한 논리적으로 그리고 용의주도하게 사용하려고 노력할 것이다(Einhorn과 Hogarth, 1981). 정확한 추리들을 행하는 데 대한 관심에서, 사람들은 논리적 착오들과 주관적 편향들을 피하기 위해서 열심히 노력할 것이다. 결과적으로, 합리적 추론모형들은 판단들을 형성하고 의사결정들을 내리기 위한 사람들의 일상적 과정들을 평가하기 위한 적절한 기준들일 것이라고 간주되었다.

실제의 사회적 판단들과 합리적 모형을 비교하는 연구들은 사회적 인지의 과정들에 관해서 우리에게 많은 것을 가르쳐 주어 왔다. 그렇지만, 합리적 모형이 예언하는 것과는 반대로, 사회적 정보들을 수집하고 종합하는 사람들의 일상적 방법들은 흔히 비논리적이다. 다음 절에서, 우리는 사회적 지각자에게 영향을 주는 전형적 착오들과 편향들의 몇 가지를 논의한다. 그 다음에 우리는 왜 사회적 지각자가 완전하게 이성적이지 못한가에 대한 몇 가지 훌륭한 이유들을 설명하는 최근의 연구들을 살펴볼 것이다.

사회적 추론

어떠한 사회적 추론(social inference)이든 간에 몇 개의 단계들로 구성되어 있다. 즉, 정보를 수집하는 것, 어떤 판단에 도달하기 위해서 어떤 정보를 사용하는가를 결정하는 것 및 어떤 판단 속으로 정보들을 통합시키는 것이다. 예컨대, 당신이 자신의 가능한 새로운 사용자에 관해서 알게 됨에 따라, 당신은 직원들, 제품들 및 그 조직체의 일반적 분위기에 관한 정보를 수집하고 있으며, 당신은 자신의 주위의 사람들에 대해 자신이 묻는 질문들과 당신이 보여달라고 요청하는 시설들이나 사람들의 유형들을 통해서 정보를 수집하고 있다. 당신이 집으로 돌아와서 자신의 방문에 대해서 곰곰이 생각할 때, 당신은 자신이 받은 수많은 정보들 중에서 어느 것이 자신의 결정에 대해 가장 관련있을 것인가를 결정해야만 되며, 그 다음에 그 회사가 자신에 대해서 적절한 회사인지의 여부에 관한 어떤 전반적 인상이나 판단 속으로 그 정보들을 통합시켜야만 된다. 사회적 추론과정 내의 이러한 단계들의 각각은 특수한 종류의 착오들과 편향들이 발생되기 쉬운 것 같다.

정보의 수집

사람들이 자신이 궁극적으로 형성하게 될 어떤 추론에 관련있는 정보를 수집할 때, 그들은 공평하고 편향없는 식으로 행하기로 계획을 세울 것이다. 그러나, 연구는 실제의 정보수집이 흔히 사람들의 사전기대들에 의해서 영향받고 있다는 것을 시사한다. 예컨대, 당신이 자신의 대학동창생인 완고하고, 신중하며, 유머가 없는 친구가 자신이 고려하고 있는 회사에 다니고 있다는 것을 알았으며, 회사에 대한 그의 호감이 매우 많다는 것을 알았다고 가정하자. 만일 그가 그 회사를 매우 많이 좋아한다면, 당신은 이것이 그가 그 곳에서 그와 비슷한 사람들을 만났기 때문이라고 짐작할 수 있다. 결과적으로, 당신은 그 회사에 있는 모든 직원들이 융통성없고 완고함에 틀림없다고 추리하게 될 것이다. 따라서, 이러한 의심을 염두에 두고서 당신이 회사에 관해서 알아봄에 따라, 당신은 이러한 사전기대와 일치되는 정보를 선택적으로 수집하게 될 것이다. 당신은 장차의 동료직원들이 당신이 그들을 만났을 당시에 약간 딱딱하거나 공식적인 것같다는 데에 주목하게 될 것이며, 정말로 당신의 동창생이 그 회사에 있는 직원들의 대표가 된다고 결론을 내릴 수 있다. 그렇지만 이렇게 함에 있어서, 당신은 대개의 사람들이 처음으로 어떤 사람을 만날 때에는 약간 딱딱하거나 공식적이라는 것을 잊어먹고 있을 수 있다. 그들의 공식성은 단지 그들에 대해서 당신이 하나의 낯선 사람이라는 사실에 기인될 수 있다. 그들은 실제로는 매우 친절한 사람들일 수 있다. 그러나 염두에 두고 있는 당신의 사전 기대들을 갖고서, 당신은 그들에게 아무런 기회를 줌이 없이 그들을 딱딱하고 공식적인 사람들이라고 간주해 버릴 것이다. 이것이 바로 사전기대들이 어떻게 정보수집의 과정을 편향시킬 수 있는가의 실례이다.

물론, 사전기대들은 흔히 이것들이 없이는 해석불가능한 많은 정보들을 가려내는 데에 매우 도움을 준다. 이것들은 이것들이 없이는 해석하기 곤란한 정보에 대해서 구조와 의미를 제공할 수 있다. 그렇지만, 때때로 사전기대들은 우리로 하여금 부정확한 추리들을 이끌어내게끔 만들 수 있다. 세 개의 조건들이 특히 문제가 된다(Nisbett과 Ross, 1980). 첫번째 것은 기대들이 잘못된 것들인 경우이다. 예컨대, 그 회사가 그와 같은 사람들을 직원들로서 끌어들였다는 것 때문에 단지 그 회사가 완고하고 답답하다는 당신의 신념은 틀리기 쉽다. 따라서, 이러한 기대로 하여금 당신의 정보수집을 안내하게 하는 것은 아마 당신에게 틀린 해답들을 갖게끔 만들 것이다. 사전기대들이 문제가 될 수 있는 두번째의 조건은 사회적 지각자가 사전기대들이 정보수집을 어떻게 편향시키는가를 인식하지 못할 때에 일어난다. 예컨대, 당신은 자신의 답답한 대학동창생에 대한 자신의 인상이 자신의 장차의 동료직원들에 대한 판단을 실제로 이끌고 있다는 것을 인식하지 못할 수 있다. 이러한 인식의 부족은 그 후에 당신이 자신의 사전 인상의 편향적 영향을 바로잡을 수 없게 될 것이라는 것을 뜻한다. 자신의 장차의 동료 직원들에 대한 당신의 판단들은 당신 자신의 편향들이 이러한 추리에 기여했다는 것에 대한 당신의 인식이 없이,

이 사람들은 금을 찾고 있는가? 잃어버린 콘택트 렌즈를 찾고 있는가? 동물의 흔적들을 해석하고 있는가? 사회적 추론 과정들은 사회적 상호작용들에 대해 구조와 의미를 부여한다.

완고하고 신중하다는 쪽으로 옆길로 빠져 버렸다. 셋째로, 사전기대들은 이것들이 정보들에 대한 고려의 전체를 지배할 때에 문제들을 일으킬 수 있다. 만일 당신이 자신의 대학 동창생의 속성들에 근거해서 당신의 잠재성있는 동료직원들을 전혀 만나지도 않기로 결정한다면, 당신은 아마 이러한 착오를 저지르게 될 것이다.

일단 사회적 지각자가 어떤 정보가 어떤 추리에 관련있다고 결정해 왔다면, 정보는 실제로 수집되어야만 된다. 그 사람은 잠재적으로 사용가능한 수많은 정보들 중에서 어느 정보들이 검토되어야만 되는지를 결정해야만 된다. 예컨대, 분명히 당신은 자신의 취직 면접시험 방문 동안에 모든 사람들을 만날 수 없으며, 따라서 당신이 만나는 사람들이 당신의 동료직원들의 자질들에 관한 어떤 인상을 당신에게 줄 것이다. 그러나 제한된 정보에 근거해서 판단들을 형성하는 것은 **정보의 편향들**이 있을 때에는 잘못일 수 있다. 예컨대, 만일 당신이 특별하게 사교적이고 친절한 동료직원에게 소개되고 있다면, 그 회사의 직원들의 속성들에 대한 당신의 인상은 사교적이고 친절하다는 쪽으로 잘못 영향받게 될 것이다.

이러한 점을 예시해 주는 한 연구가 Rothbart 등(1978)에 의해서 수행되었다. 피험자들은 몇 명의 멤버들이 범죄들을 저질렀다는 사실을 포함해서, 두 집단의 멤버들에 대한 정보를 제공받았다. 한 집단에 대해서, 다만 보통의 범죄들이 열거되었다. 두번째 집단에서, 동일한 숫자의 범죄들이 열거되었지만, 이 목록은 강도와 살인과 같은 몇 개의 특히 심각한 범죄들이 포함되었다. 비록 두 집단에서 실제의 범죄숫자는 동일했지만, 어느 범죄들이 어느 집단의 멤버들에 의해서 저질러졌는가를 회상하도록 요구받았을 때, 피험자들은 두번째 집단, 즉 소수의 멤버들이 매우 심각한 범죄들을 저질렀던 집단에서 더 많은 사람들이 범죄를 저질렀다고 잘못 기억했다. 아마, 극단적인 범죄의 실례들이 그 집단과 범죄 일반 사이의 강한 연관을 일으켜서, 두번째 집단이 실제로 더 많은 범죄들을 저질렀다는 틀린 추론을 일으켰을 것이다.

추론들은 이것들이 매우 적은 정보에 기초되어 있을 때에 또한 문제가 된다. 사람들은 **작은 표본**의 정보들이 실제로 매우 편향된 개관을 일으킬 수 있다는 것을 흔히 인식하지 못한다. 예컨대, 만일 당신이 매우 유쾌한 것같이 보이는 단 두 명의 당신의 장차의 동료직원들을 소개받고 있지만 당신이 실제로 20명의 직원들과 함께 일하게 될 것이라면, 이들 두 명은 보다 더 큰 집단의 대표가 되지 못할 가능성이 있다. 다른 18명은 확실히 유쾌하지 않을 수도 있다. 그러나 흔히 사람들은 자기들이 매우 적은 정보를 취급하고 있다는 것을 잊고 있으며 그럼에도 불구하고 자신있게 추리한다(Nisbett과 Kunda, 1986 참조).

설사 사람들이 그 정보가 편향되어 있을 수 있다는 경고를 받고 있을 때에라도, 그들은 때때로 그 편향의 전체적 의미들을 이해하지 못한다. 예컨대, 한 연구(Hamilton 등, 1980)에서, 연구자들은 피험자들에게 그들이 한 명의 교도관에 대한 면담에 관한 하나의 비디오테이프를 보게 될 것이라는 지시를 주었다. 몇 명의 피험자들은 이 교도관이 대부분의 교도관들의 대표가 된다는 지시를 받은 반면에, 다른 피험자들은 그가 대부분의 교도관들과는 매우 다른 사람이라는 지시를 받았다. 세번째 조건에서, 피험자들은 그 교도관이 얼마나 대표가 되는지에 관한 정보를 제공받지 않았다. 그 다음에 절반의 피험자들은 그 교도관이 매우 동정적이고, 염려해 주는 사람인 것처럼 보이는 테이프를 보았다.

나머지 절반은 그를 비인간적이고, 거칠고, 잔인한 사람으로 묘사하는 테이프를 보았다. 그 후에 피험자들은 어떤 종류의 사람들이 교도관이 되어야만 되는가에 관한 질문들이 포함된 형사제도에 관한 한 세트의 질문들을 제시받았다. 그 결과들은 인간적인 교도관에 대한 인터뷰에 접했던 피험자들이 비인간적인 교도관에 대한 인터뷰에 접했던 피험자들보다도 교도관들에 대한 태도들이 더 호의적이었다는 것을 보였다. 보다 더 중요하게, 교도관들에 대한 피험자들의 추리들은 그들이 그 교도관에 대한 인터뷰가 대표적이거나 대표적이 아니라고 지시받았던 여부에 의해서 영향받지 않았다.

당신의 가상적인 취직 면접시험에서의 이와 비슷한 상황을 고려해 보자. 당신이 자신의 동료직원들의 몇 명을 만나고 싶어했지만 그들이 이번 주에 어떤 외부의 세미나에 참석하고 있어서 당신을 만날 수 없었다고 가정하자. 그렇지만, 당신은 이 회사의 직원들에 대한 다소의 인상을 얻을 기회를 갖게 되어서, 당신이 자신과는 직접 함께 일하지는 않을 인접 사무실에 소속한 회사의 직원들 중의 한두 명을 소개받을 수 있을 것이다. 당신은 자신의 장차의 동료직원들에 대한 판단들이 자신이 만나는 한두 명의 사람들에 의해서 영향받을 것이라는 것을 알고 있을 수 있다. 당신은 이 사람들이 실제로는 상이한 직무를 맡고 있으며 당신의 작업그룹에 전혀 무관한 사람들이라는 사실을 수정하지 못할 수 있다. 따라서, 그들에 대한 당신의 인상들은 당신의 실제의 동료직원들의 속성들과는 거의 관련이 없을 것이다.

사람들이 정보를 사용하는 방법에 대한 이해에서 중요한 다른 구분은 **통계적 정보**(statistical information)와 **사례사 정보**(case history information)이다. 통계적 정보는 다수의 사람들에 대한 정보를 포함하고 있는 반면에, 사례사 정보는 소수의 특수한 사람들에 국한된 정보를 포함하고 있다. 사람들이 통계적 정보와 아울러 생생한 사례사정보에 접하게 될 때, 사례사 정보가 흔히 그들의 판단들에 더 많은 영향을 준다는 것이 밝혀지고 있다(Taylor와 Thompson, 1982). 이것은 통계적 정보가 객관적으로 더 나을 때에라도 일어난다. 예컨대, 당신이 자신의 취직 면접시험 동안에 수집하고 싶어하는 한 유형의 정보는 사람들이 이 회사에서 얼마나 빨리 승진하는가에 관한 지식이다. 분명히, 알아보아야만 될 가장 적절한 정보는 모든 직원들에 대한 승진율들과 특히 당신이 소속하게 될 부서에 대한 승진율들에 관한 통계적 정보이다. 그렇지만, 3년간의 짧은 기간 동안에 평사원에서 이사로 승진하게 된 어떤 특별하게 재간있는 김영철 씨라는 사람에 관해서 당신이 이야기를 들었다고 가정하자. 회사 내에서 김영철 씨가 극적으로 명성과 행운을 얻게 된 사례사가 직원들이 얼마나 빨리 승진하는가에 관한 당신의 인상을 편향시킬 가능성이 매우 높다. 이 정보는 당신으로 하여금 대부분의 직원들이 그 회사 내에서 꽤 느리게 승진한다는 것을 시사해 주는 보다 더 적절한 통계적 정보를 무시하게끔 만들 수 있다.

우리의 대부분은 자기 자신의 판단을 행함에 있어서 광범한 기초가 있는 통계적 정보를 자신이 정말로 사용해야만 된다는 것을 알고 있는 것 같다. 사람들은 그들이 어떤 설득적 주장을 시도하고 있을 때에 항상 통계치에 의지하며, 어떤 사람은 만일 그 사람이 사용가능한 통계적 정보를 소유하고 있다면 흔히 매우 설득력있을 수 있다. 그렇지만 일반적으로 말해서, 보다 더 흥미를 끄는 일화적인 사례사 증거가 있을 때, 사람들은 흔히 관련된 통계적 증거를 등한시하며 오히려 사례사들에 의해서 과도하게 설득당하고 있다(Bar-Hillel과 Fischoff, 1981).

정보의 통합

추리과정에서의 두번째 과업은 정보를 함께 통합하고 이것을 하나의 사회적 판단으로 종합하는 것이다. 사람들의 통합능력들을 합리적 모형들에 비교했을 때, 인간의 판단과정이 다소 아무렇게나 이루어지며 어떤 합리적 모형의 원칙들을 밀접하게 따르지 않는 것 같다.

대학입시의 예를 고려해 보자. 응시자들이 많고 정원이 적을 때, 우리는 어떤 사람들을 합격시키고 어떤 사람들을 불합격시키는가를 결정짓기 위한 기준들을 마련해야만 된다. 대부분의 대학입시 부서들은 합격기준들을 위한 어떤 공식을 갖고 있는데, 이 공식은 학업적성검사(SAT)의 점수들, 고등학교 성적들, 추천서들, 개인적 지원동기에 관한 글 및 기타의 정보원들에 어떻게 비중을 부여하는가를 명시하고 있다. 이러한 분명한 기준들이 있으므로, 우리는 대학입학결정자들이 누가 합격되게 되고 누가 불합격되게 될 것인가를 결정하기 위해서 이러한 공식을 잘 사용할 것이라고 가정할 것이다. 그렇지만, 정보들을 어떤 판단으로 종합하기 위한 분명한 기준들이 있을 때, 컴퓨터가 대개 인간 의사결정자를 능가한다는 것이 밝혀지고 있다(Meehl, 1954 : Dawes 등, 1989).

왜 이렇게 되는 것일까? 인간 의사결정자들은 의사결정을 하는 데 대한 자신의 능력을 크게 믿고 있다. 그들이 의사결정들을 하는 데에 어떤 절차들을 사용하는가를 질문받았을 때, 그들은 실제보다도 더 일관성있는 것, 더 많은 정보들을 사용하는 것 및 더 많은 복잡한 판단들을 하는 것을 대개 보고하고 있다. 컴퓨터들이 인간 판단자들을 대개 능가하고 있는 이유는 컴퓨터가 사람들에 의해서 확립된 기준들을 일관성있게 사용하고, 어떤 표준적 양식에 따라 정보들에 비중을 부여하고, 공식에 따라 정보들을 종합하고, 그리고 나서 어떤 판단에 도달하는 것이다. 이와는 반대로, 인간 의사결정자는 정보의 선정에 영향을 주는 애호하는 이론들이나 고정관념들에 의해서 흔들리게 될 것이다. 두 개의 집중적인 연구들은 인간 판단자들과 컴퓨터나 기타의 기계적 보조물들을 경쟁시켰으며, 모두 동일한 결론을 내놓았다(Meehl, 1954 : Dawes 등, 1989) : 사람들이 정보들을 어떤 전체의 의사결정이나 판단으로 종합하는 데에 자신이 사용하기를 원하는 추론규칙들을 규정할 수 있을 때, 컴퓨터들과 기타의 기계보조물이 인간 판단자들보다도 이러한 규칙들을 따르는 일을 항상 더 잘한다.

당신의 취직 면접시험 후에 이러한 과정이 어떻게 작용했는지를 상상해 보자. 당신의 방문 동안에 만났던 소집단의 사람들이 당신을 채용할 여부를 결정짓는 일을 부여받았을 것이다. 각 사람은 당신에 관해서 약간의 정보만을 가지고 있을 것이다. 한 사람은 당신이 점심을 먹는 동안에 바닥에 당신의 빵을 떨어뜨렸다는 사실이 증명하는 바와 같이 당신이 압력을 받을 때에 당황하는 것 같다고 지적할 수 있다. 그러나, 다른 사람은 당신이 또한 자신의 배경에 경쟁적인 테니스선수의 경력을 갖고 있다는 것을 전제할 때, 당신이 하나의 잠재력있는 자기 회사의 직원이 될 것이라고 주장할 수 있다. 또 다른 사람은 당신의 서류들이 당신이 거의 모든 과목에서 높은 성적을 받았다는 것을 보여서 큰 능력이 있다는 것을 시사한다고 지적할 수 있다. 그렇지만, 그 다음 사람은 당신이 모든

이성적이고 질서있는 과정 대신에, 의사결정은 흔히 어떤 특정 이론과 일치되는 정보를 수집하고 통합시키는 것을 내포한다. 사람들은 전형적으로 실제보다도 자기들이 더 일관성있고, 더 많은 정보를 사용하고, 더 복잡한 판단들을 행하고 있다고 믿는다.

과목들에서 성적이 좋았지만, 당신이 어떤 특별한 재능들을 보이지는 않았다고 불평할 수 있다.

따라서, 간단히 말해서, 각각의 평가자는 그 자신이 당신이 채용되게 되는 여부의 전체 판단에 관련있다고 생각하는 당신의 잠깐의 방문에서 나온 정보들을 보는 독특한 양식들을 갖고 있을 수 있다. 자기 자신의 운명이 흔히 이러한 형태의 의사결정과정에 달려 있다는 것을 아는 것은 정말로 마음을 졸이는 일이다.

공변의 판단

사람들과 사상들에 대한 조리있는 인상들을 형성하기 위해서 정보들을 종합하는 것 이외에, 우리는 또한 사회생활에서 "무엇이 무엇과 함께 진행된다"는 것을 이해하는 것에 관심을 두고 있다. 우리들의 생각들 중의 많은 것들이 사물들간의 관계에 관한 진술들을 내포하고 있다. 예컨대, "공부만 하고 놀지 않는 것은 활기없는 아이를 만든다"는 속담은 너무 열심히 공부하는 것과 활기없는 것이 관련되어 있으며 노는 것과 활기없는 것이 아닌 것이 함께 진행한다는 것을 함축한다. 이와 비슷하게, "금발머리의 여자들은 더 재미있다"는 금발머리를 가진 것과 재미있는 것 그리고 금발머리를 갖지 않은 것과 재미가 적은 것 사이의 어떤 관계를 함축한다. 전문적으로, 사물들 사이의 연관들에 관한 이와 같은 생각들은 **공변**(covariation)의 판단들이라 불리고 있다.

공변에 대한 판단들을 행함에 있어서, 사람들은 어떤 착오들을 저지르는 경향이 있다. "금발머리들은 더 재미있다"는 진술을 고려해 보자. 도 3-1이 예시해 주는 바와 같이 공변을 평가하는 첫 단계는 어떤 정보가 관련있는가를 결정하는 것이다. 금발머리들이 실제로 더 재미있는지를 결정하기 위해서, 우리는 금발머리들과 비금발머리들을 모두 살펴보고 그들이 재미있거나 재미없는 빈도를 조사해 볼 필요가 있다. 그러나, 대부분의 사람들은 A칸(재미를 좋아하는 금발머리들)이 금발머리들이 더 재미있는지를 결정하기 위한 관련된 정보라고 생각한다. 그들은 재미있거나 재미없는 검은색 머리들과 붉은색 머리들의 숫자가 재미있거나 재미없는 금발머리들의 숫자와 꼭 마찬가지로 관련있다는 것을 인식하지 못한다. 결국에 가서, 금발머리들이 더 재미있는지를 알기 위해서는 우리는 재미가 적은 검은색 머리들과 붉은색 머리들이 있다는 것을 알 필요가 있다.

공변을 평가하는 두번째 단계는 금발머리들, 검은색 머리들 및 붉은색 머리들이 재미있는지 아니면 재미없는지를 알아보기 위해서 그들에 대한 실례들을 수집하는 것이다. 우리가 이미 지적한 바와 같이, 사람들은 정보를 수집하는 일에 매우 서투르다. 그들은 그들 자신이 알고 있는 사람들에 의지하는 경향이 있는데, 이들은 하나의 편파된 표본을 나타낼 수 있다. 금발머리들이 더 재미있는 여부를 평가하고 있는 대부분의 사람들은 소수의 금발머리 친구들을 생각할 것이며 정보수집의 일을 이 정도로 해 두고 있다.

공변과정에서의 세번째 단계는 실례들을 그것들이 대표하는 증거의 유형으로 분류하는 것이며, 또다시 사회적 지각자의 기대들이 작용될 수 있다. 제안된 관계에 모순되는 사례들은 이것들이 애매한 경우에는 잘못 명명될 수 있거나, 아니면 이것들은 이것들이 애매하지 않은 경우에는 착오나 잘못된 정보수집에 기인되는 것으로서 기각되게 될 것이다. 긍정적 실례들은 보다 더 신속하거나 용이하게 확인되며 추론과업 속에 통합되게 된다(Klayman과 Ha, 1987). 따라서, 예컨대, 행복한 금발머리들은 관련있는 것으로서 신속하게 간주받게 될 것이다. 행복한 검은색 머리들은 행복한 "지저분한 금발머리들"이라고 판단될 것이고 행복한 붉은색 머리들은 "밀집과 같은 금발머리들"이라고 명명되게 될 것이다. 행복하지 못한 금발머리들은 그들의 머리를 금발로 염색했다고 판단될 수 있으며, 따라서 금발머리들이 더 재미있는 여부를 평가하는 데에 관련없다고 판단될 것이다.

그 다음에 정보들은 종합되어야만 되는데, 이것은 각 유형의 증거의 빈도를 회상하는 것을 요한다. 불행하게도, 사회적 지각자는 확증적 사례들을 잘 기억하지만 관계에 모순되는 사례들, 특히 약하게 비확증적인 사례들을 망각하는 경향이 있다(Crocker 등, 1983). 예컨대, 황홀한 검은색 머리의 여자는 생각날 수 있겠지만, 자주 보는 갈색머리의 사람은 잊어버릴 수 있다.

간단히 말해서, 사람들이 공변에 대한 판단을 할 때, 그들은 그렇게 하기 위한 합리적 모형에 따르는 일이 드물다. 그 대신에, 사전 기대들은 그들로 하여금 긍정적 실례들(재미를 좋아하는 금발머리들과 같은)에 초점을 두게끔 만들며 기타의 정보에 비교적 덜 주목하게끔 만든다. 따라서 두 변인들간에 어떤 관계가 기대되고 있을 때(예컨대, 만일 지각자가 금발머리들이 더 재미있다고 생각한다면), 사람들은 두 요인들간에 존재하는 관계의 정도를 과대평가하거나 아무 관계가 없을 때에도 어떤 관계를 부여하기 쉽다. 이러한 흥미있는 현상은 착각적 상관이라고 불리어 왔다.

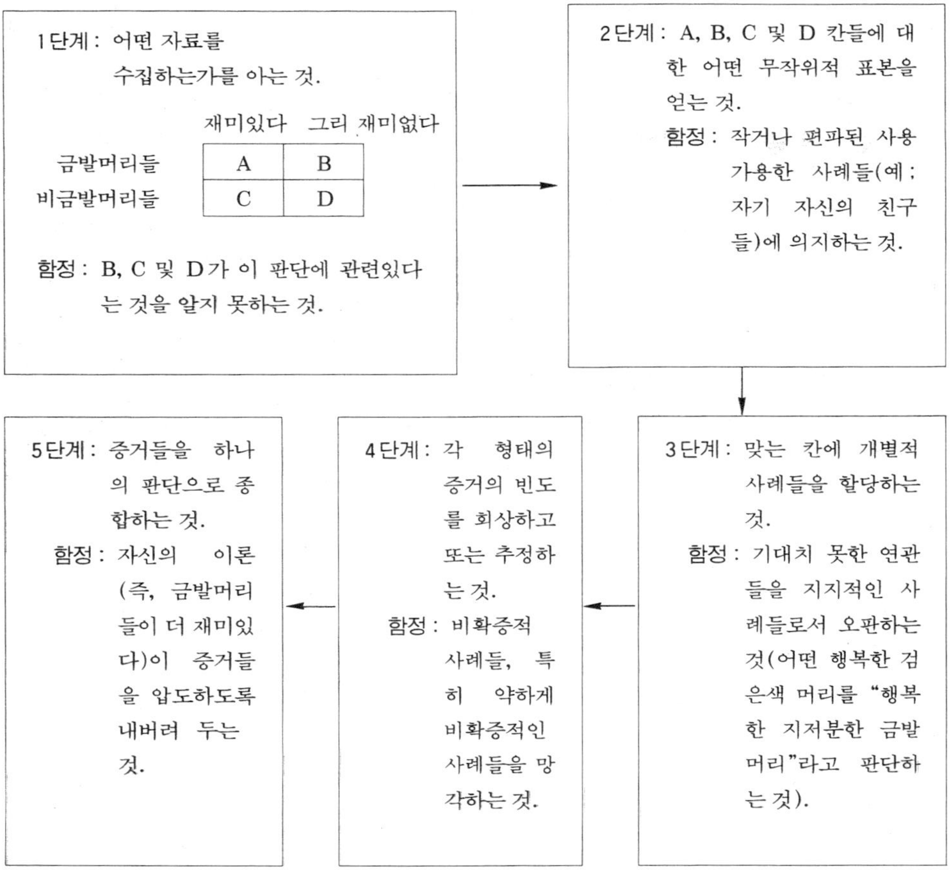

도 3-1. 공변의 평가와 그 함정들. 금발머리들은 더 재미있는가?

착각적 상관 우리는 앞 장에서 착각적 상관(illusory correlation)의 개념을 간단하게 소개받았다. 적어도 두 개의 요인들이 착각적 상관을 일으킬 수 있다는 것이 기억될 것이다. 두 개의 항목들이 사전 기대들에 기초되어서 함께 "소속해야만 되기" 때문에 함께 소속한다고 간주되고 있는 연합적 의미와 두 개의 항목들이 어떤 특이한 특징을 공유하기 때문에 함께 소속한다고 생각되게 되는 짝지어진 독특성이다. 따라서 우리가 앞 장에서 본 바와 같이, 소수인종 집단들의 멤버들은 그 집단 내의 어떤 특정의 개인이 실제로 고정관념적 행동을 보이지 않거나 고정관념과 완전히 모순될 때에라도 그들의 소속성 때문에 그들의 집단에 고정관념상으로 연합된 속성들을 갖는다고 흔히 간주받고 있다(Hamilton과 Gifford, 1976 ; McArthur와 Friedman, 1980 ; Spears, van der Pligt 및 Eiser, 1985). 이와 비슷하게, 우리는 외모나 좌석위치와 같은 어떤 무관련한 요인의 덕택으로 특출하게 된 사람들이 그들이 참가하고 있는 대화 속에서 보다 더 강력한 역할을 하고 있다고 간주되고 있다는 것을 보았다(Taylor와 Fiske, 1978). 따라서 착각적 상관들은 사람들이 두 요인들이 함께 진행되는 여부에 대한 사전 기대들이나 이론들을 갖고 있을 때에 실제의 상관들을 흔히 대치시킨다.

추론: 일종의 요약하기

전반적으로, 사회적 지각자는 사회적 추론의 과제상들에서 얼마나 잘 하고 있는가? 우리가 방금 고려한 증거는 합리적 모형들에 비추어 평가했을 때, 사회적 추론이 예언가능한 착오들과 편향들을 가질 수 있다는 것을 시사한다(Sherman 등, 1989; Taylor와 Fiske, 1991). 사회적 추론과 이것의 잠재적 함정들이 도 3-2에 제시되어 있다. 이와 같은 평가는 적어도 두 가지 반응들을 유발시킨다. 첫번째 반응은 사회적 지각자들이 그들의 사전 기대들이 관련된 정보를 지배하고 무시하도록 만들고 있는 불안스러운 양식들에 대한 우려이다. 두번째의 반응은 당혹스러움이다. 사람들은 만일 자기들의 사회적 판단들이 편향되어 있게 될 경우에 자기들의 사회생활들을 어떻게 관리하고 동시에 어떤 모습을 보이게 되는가?

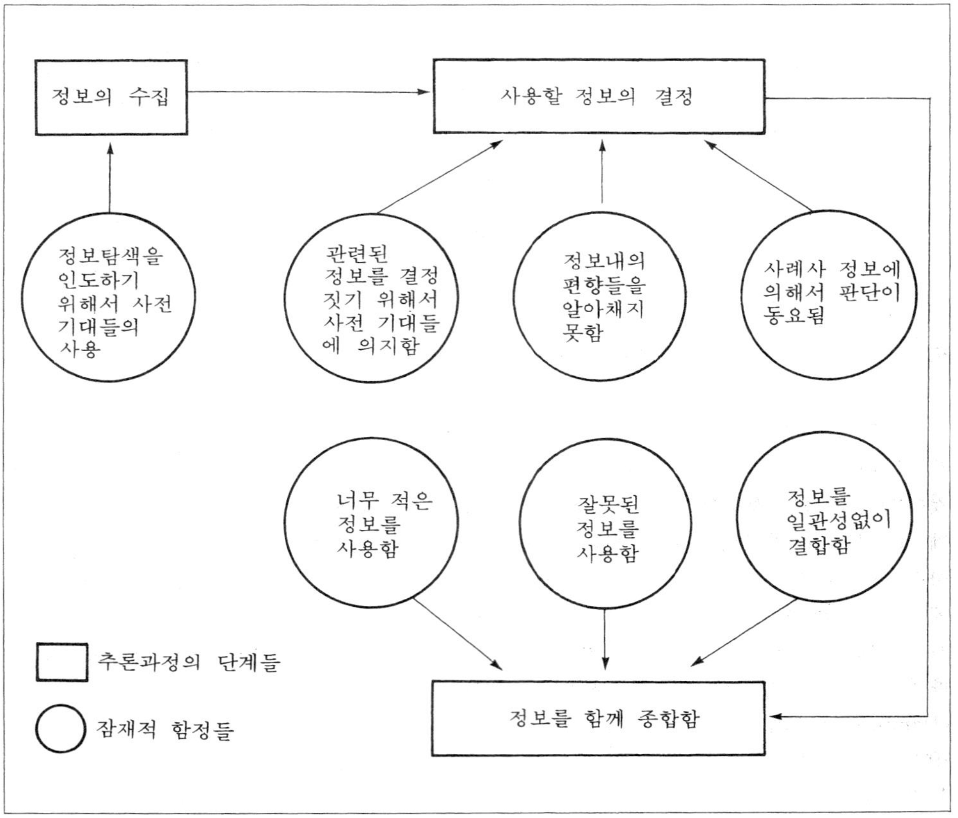

도 3-2. 사회적 추론과 그 함정들

몇몇 연구자들은 이제 합리적 모형들이 흔히 사회적 추론을 평가하기 위한 부적절한 기초들일 수 있다는 의견에 도달하고 있다(예 : McArthur와 Baron, 1983 : Funder, 1987 : Swann, 1984). 한 가지 이유는 실제의 세상의 상태들이 흔히 어떤 합리적 모형을 거의 사용불가능하게끔 만들 정도라는 것이다. 대부분의 경우에, 사회적 정보는 신뢰할 수 없고, 편향되어 있고, 불완전하다. 신뢰롭고, 공정하고, 완전한 정보조차 보통의 사회적 지각자에게 어떤 명료하거나 사용가능한 양식으로 제시되지 않을 수 있으며, 때로는 필요로 하는 정보가 얻어질 수 없다.

또다시 금발머리들이 더 재미있는가라는 판단에서 합리적 모형의 사용을 고려해 보자. 당신에 대해서 금발머리들의 한 표본을 얻고 이들이 재미있는 여부를 관찰하고, 검은 머리들과 붉은색 머리들의 한 표본을 얻고 이들이 재미있는 여부를 알아보고, 어떤 통계적 관계를 계산하는 것이 정말로 가치있는 것인가? 당신은 얼마나 많은 사람들을 조사할 필요가 있는가? 당신이 어떤 특정의 인물이 재미있지 않다는 판단을 내리기 위해서 당신은 얼마나 오래 기다려야만 되는가? 정확성을 최대화시키는 조건들은 실제의 생활에서 일어나는 일이 드물며, 따라서 많은 상황들에서, 사회적 지각자들은 설사 그들이 하고 싶더라도 어떤 합리적 모형을 적용시킬 수가 없다(Crocker, 1981 : Nisbett 등, 1982).

합리적 모형들은 시간과 환경이 고정되어 있는 조건들에서의 이상적인 추론과정들을 기술한다. 그런데도 불구하고 사람들은 항상 변화하고 또한 피드백을 제공하고 있는 환경들 속에서 추론들을 한다. 추론들은 결과들로 꽉 차있는 세상 속에서 이루어지고 있다. 일단 시도되게 되면, 어떤 부정확한 추론은 타인들이나 새로운 정보가 이것이 틀린 것이라는 것을 보이기 때문에 환경에 의해서 수정되게 될 것이다. 그러면 우리는 이 추론을 바꿀 수 있다. 예컨대, 만일 당신이 어떤 특정의 아는 이가 과도하게 진지하고 어떤 친구에게 그런 식으로 말한다고 생각한다면, 그 친구는 당신에게 그 아는 이의 바보 같은 측면에 관한 말을 해서 당신에게 당신 자신의 생각을 바꾸게끔 만들 것이다.

잘못된 추론절차들에 의해서 생긴 착오들 중의 많은 것들이 진정으로 문제가 되지는 않는다. 예컨대, 당신이 개인적 자질들보다도 멋진 재미가 많은 생활들에 근거해서 어떤 특정의 집단의 친구들을 택한다고 가정하자. 그 다음에 당신이 그들이 약물들을 복용하고, 차를 빨리 운전하고, 시끄러운 로큰롤음악을 즐기고, 이러한 것들이 당신이 참가하고 싶지 않은 활동들이라고 가정하자. 당신은 친구들의 서클로부터 서서히 이탈하면서 아무런 장기간의 반발들이 없이 새로운 친구들을 만들 수 있다. 어떤 특정 집단의 사람들과 함께 시간을 보내는 것이 반드시 당신에게 억지로 자신의 생활의 나머지를 그들과 보내도록 만들지는 않는다.

아마 가장 중요한 것은 사회적 지각자가 당면하고 있는 과업들이 추론에 관한 합리적 모형들에 의해서 정의된 과업들과는 근본적으로 다를 수 있다는 사실이다. 추론에 관한 합리적 모형들은 추론의 **정확성**에 프리미엄을 둔다. 사회적 지각자에 대해서 **효율성**, 즉 정보를 신속하게 처리하는 것이 최소한 중요할 수 있다. 어떤 개인이 어떤 특정의 날짜에서 당면하는 정보의 단순한 양만을 고려해 보자. 길을 건너는 것과 같이 간단한 행위조차 신호등들과 표지판들, 교통의 흐름 및 거리의 자기 자신쪽이나 반대쪽에 있는 보행자들을 바라보는 것을 요한다. 만일 사람들이 합리적 추론모형들을 사용해서 자기들의 모든 추론들을 정말로 해야만 된다면, 그들은 아직도 신호등이 다시 "보행자 정지"로 바뀌었을 때에도 보행자들이 길을 건너는 것에 대응하는 어떤 코스를 계획해야만 될 것이다. 다시 말해서, 합리적 추리모형들은 사람이 추론작업을 할 많은 시간을 필요로 한다고 가정하지만, 실제의 세상의 지독하게 소란스런 혼동이 있게 될 때에 시간은 매우 귀중한 것이 된다.

결과적으로, 사람들은 사람들과 상황들에 관해서 이미 갖고 있는 자신의 개념들에 의지하고 신속하고도 효율적으로 사회적 판단들을 하기 위해서 추론의 지름길들을 사용한다. 이것은 우리가 사회적 추론과정에서 방금 증명해 온 착오들이 시시한 것들이라고 말하는 것은 결코 아니다. 정말로, 그것들은 사람들이 객관적으로 잘못된 의사결정들과 추리들을 분명히 행한다는 점에서 흔히 문제가 되는 결과들을 가질 수 있다. 따라서, 추론과정을 향상시키는 것은 사회적 인지의 연구자들에 대해서 중요한 우선순위를 갖는다. 그렇지만 이것은 통계학자들에 의해서 개발된 합리적 추론모형들보다도 사람들이 전형적으로 사용하는 과정들에 대한 이해의 맥락 속에서 수행되어야만 된다(Lord 등, 1984; Fong 등, 1986; Nisbett 등, 1987).

사회적 지각자들이 실제로 어떻게 추론들을 형성하고 왜 이러한 추론들이 합리적 모형들의 가정들에 부합되지 않는가를 이해하기 시작하기 위해서는 어떤 중요한 관찰을 요한다. 우리가 지적해 온 바와 같이, 정보들을 종합하고 어떤 문제를 해결하는 행위는 실질적인 처리능력들을 포함하고 있는 극히 시간을 소모하는 과업일 수 있다. 사람의 주의가 어떤 특정의 추론을 형성하는 데에 전부 기울여지고 있을 때, 성공적으로 환경을 검색하고, 다른 문제들을 해결하는 등과 같은 다른 과업들을 수행하는 데에 사용될 수 있는 주의가 거의 없게 된다. 그러나, 기억은 거의 한계없는 능력을 소유하고 있는 것같이 생각된다. 예컨대, 당신이 알고 있는 모든 노래들 중에서 로큰로울 노래들의 숫자를 생각해 보자. 그 숫자는 총 수백 개나 수천 개까지일 수 있다. 또는 당신이 갖고 있는 모든 친구들과 그들 각자에 대해서 당신이 알고 있는 모든 것들을 생각해 보자. 이러한 간단한 과업들은 우리가 자신의 머리 속에 갖고 있고 필요로 할 때에 기억에서 인출하는 정보의 경이적인 양을 지적해 준다. 따라서 문제해결은 이것이 주의를 소비하고 다른 과업들을 위한 자원들을 고갈시킨다는 점에서 매우 비용이 많이 드는 것인 반면에, 기억은 거의 한계가 없으며 다른 과업들을 위한 자원들을 고갈시키지도 않는다. 예컨대, 자신의 친구에 관해서 많은 것들을 아는 것은 다른 친구에 관해서 많은 것들을 아는 것을 방해하지 않는다. 이러한 중요한 차이는 사람들이 실제로 어떻게 추론들을 행하는가에 기본이 되는 것이다. 환경이 제시하는 각각의 개별적 과업에 대한 정교하고 흔히 시간을 소비하는 문제해결을 행하기보다도, 오히려 사람들은 흔히 자기들이 당면하는 환경을 해석하기 위해서 자기들이 기억 속에 저장해 온 지식들에 의지한다.

도 식 들

우리가 지금까지 사전기대들이라고 일컬어 온 것은 일반적 용어인 **도식들**(schemata) 속에 포함된다. 우리가 2장에서 본 바와 같이, 하나의 도식은 어떤 개념이나 자극에 관한 조직화되고 구조화된 인지들의 세트인데, 이것들은 그 개념이나 자극에 대한 지식들,

그것에 대한 여러 인지들 간의 몇 가지 관계들 및 몇 가지 특수한 예들을 포함한다(Fiske와 Taylor, 1984). 2장에서 분명히 밝힌 바와 같이, 도식들은 특정의 사람들, 사회적 역할들, 자기, 특정의 대상들에 대한 태도들, 집단들에 대한 고정관념들 또는 공통적 사상들의 지각들에 관한 것일 수 있다.

도식들은 일반적으로 사회적 인지에 대해서 중요한데, 이는 사람들이 환경을 해석하기 위해서 이것들에 실질적으로 의지하기 때문이다. 즉, 우리가 어떤 새로운 상황에 당면하게 될 때마다 우리는 그것을 다시 이해하고자 노력하지는 않는다. 그 대신에 우리는 해석들을 하기 위해서 과거의 유사한 상황들에 대한 자신의 지식에 의지하며, 이것이 바로 도식들이 우리에게 정보처리를 도와 주는 양식이다. 이것들은 우리에게 어떤 상황이나 자극의 어느 측면들이 중요한가를 인식하도록 도와 준다. 이것들은 정보들에 구조와 조직을 첨가시킨다. 도식들은 우리로 하여금 정보들을 더 잘 기억하고, 세부들을 조직화시키고, 그 도식에 관련된 정보를 매우 신속하게 처리할 수 있도록 해 준다. 우리가 이미 본 바와 같이, 도식들은 사람들에게 새로운 정보를 해석하고 평가하는 것을 도와 주는 동시에 때때로 간격들과 지식들을 메워 줄 수 있다. 도식들과 이론들이 이기적 양식으로 정보를 어떻게 편향시킬 수 있는가에 관한 한 예가 특별논의 3-1에 제시되어 있다.

특별논의 3-1. 나 자신이 결코 이혼하지 않게 될 이유: 이기적 인과이론들의 구성

우리가 보아 온 바와 같이, 사회적 추론들의 형성과정은 선행되는 이론들에 의해서 편향되고 있다. 이들 이론들 중의 많은 것이 이기적인 것들이다. Kunda(1987)는 사람들이 좋은 일들이 자기에게 일어나고 나쁜 일들이 자기에게 일어나지 않는다는 믿음과 일치되는 이론들을 만들면서, 이기적 양식으로 인과이론들을 세우고 평가한다고 제안했다.

예컨대, 첫번째 결혼들에 대한 이혼율이 50%라는 것을 알고나서, 대부분의 사람들은 자신이 이 50% 속에 해당되지는 않을 것이고 평생 자기의 배우자와 함께 결혼을 유지할 것이라고 예측한다. 그들은 안정된 결혼생활과 연관되어 있을 수 있는 자신의 개인적 속성들을 강조하고 이혼의 취약성을 시사할 수 있는 정보의 중요성을 경시하거나 적극적으로 반박함으로써 자기가 그럴 것이라고 스스로 납득시킨다. 따라서 예컨대, 우리는 안정된 결혼생활을 갖기 쉬운 것에 대한 증거로서 자기 부모의 40년간의 결혼생활, 자기의 초기 아동기에 있었던 친밀한 가정생활 및 자신의 고등학교 때의 어떤 관계가 4년간이나 온전하게 지속했다는 사실을 지적할 수 있다. 두번째 이혼을 예측해 주는 한 요인인 자기의 남편이 이미 이혼한 바 있다는 사실도 자기 자신의 경우에는 이혼을 일으키지 않을 뿐만 아니라 하나의 예방적 요인이라고 해석될 수 있다("그는 이번의 결혼이 지난번의 결혼처럼 실패하게 되는 것을 원치는 않으며, 따라서 그는 우리의 관계를 강하게 유지시키려고 특별하게 열심히 노력하고 있다").

이와 같은 요지를 검증하기 위해서, Kunda(1987)는 대학생 피험자들에게 어떤 표적인물에 관한 기술과 그 표적인물의 속성들에 관한 한 목록을 제시했다.

이 목록은 표적인물이 외향적이고, 의존적이고, 종교적이고 보수적이었다는 사실들을 포함하고 있었다. 다른 정보들은 표적인물의 어머니가 그 사람이 어렸을 적에 직장에 다녔거나 가정주부로서 집에만 있었는지의 여부, 표적인물이 대학에 입학하기 전에 적어도 한 개의 심각한 관계를 가졌었는지의 여부를 제시했다. 피험자들 중의 1/3은 표적인물이 이혼했다는 것을 읽었으며, 다른 1/3은 표적인물이 행복한 결혼생활을 했다는 것을 읽었으며, 그리고 다른 1/3은 그 결혼생활의 결과에 관한 아무런 정보를 제시받지 않았다. 그 다음에 피험자들은 그 표적인물의 속성들의 각각을 1에서("훨씬 더 이혼하게끔 만들었다") 9까지("훨씬 더 안정된 결혼생활을 만들었다")에 이르는 한 개의 척도상에서 평정했다. 이러한 질문지를 끝마친 후에, 피험자들은 배경적 속성들의 각각에 대한 자기 자신의 위치와 자신이 이혼하게 될 가능성을 나타내도록 요구받았다.

그 결과들은 피험자들이 자신이 표적인물과 비등하지 않았던 속성들보다도 비등했던 속성들을 결혼생활을 위해서 더 훌륭한 것으로 판단한다는 것을 보였다. 우리들 자신의 자질들과 좋은 일들 사이의 그럴듯한 합리적 관계들을 유도하고 우리들 자신의 속성들과 부정적인 일들 사이의 연관들을 없애는 능력은 우리에게 우리가 갖고 싶어하는 믿음들을 유지시키게끔 도와 준다.

도식들의 조직화

도식들의 한 가지 다른 특징은 이것들이 흔히 어떤 위계적 조직을 갖는다는 것이다. 이것들은 어떤 추상적이고도 일반적인 요소들과 어떤 보다 더 구체적이고도 특수한 요소들을 가질 수 있다. 우리가 "칵테일 파티"에 관한 어떤 도식을 갖고 있다고 가정하자. 우리는 칵테일 파티들이 대개는 어떤 사람의 집에서 대개 늦은 오후나 저녁에 개최된다는 것을 알고 있다. 이것들은 많은 손님들과 대개는 남주인과 여주인을 갖고 있고, 이것들은 다소의 음식과 많은 알콜음료를 갖고 있다(이것들 모두는 손님들보다도 남주인과 여주인이 준비하고 제공하기가 쉽다). 정상적으로 사람들은 어떤 공통적인 일(가수와 같은)을 관람하거나 잠자거나 빙 둘러서서 거실 속에서 달리기보다도 서서 서로 이야기함으로써 상호작용한다. 간단히 말해서, 우리는 "칵테일 파티"에 대해서 명료하고, 잘 발전되어 있고, 다소 추상적인 심적 그림을 갖고 있다. 이것은 하나의 표준적 순서, 몇 가지 요소들 및 이것들 사이의 명료한 인과적 상호관계들을 갖고 있다.

보다 더 특수한 수준에서, 도식은 모두가 분명하게 구별되는 상이한 범주들의 칵테일 파티들에 대해서도 충분히 가질 수 있다. 예컨대, 화랑을 개업할 때에 개최되는 포도주와 치즈 파티는 지역의 모든 사업가들과 그 배우자들이 함께 모여서 많이 마시고 떠들썩하고 단정치 못하며, 컨트리클럽에서 매주 토요일 밤에 개최되는 아주 즐거운 파티나, 외국 대사관에서의 어떤 공식적인 외교적인 접대와는 분명히 다를 것이다. 보다 더 특수한 수준에서, 우리들의 도식에는 우리가 참석했던 몇 개의 특수한 파티들이 포함되어 있을 수 있다. 앞에서 설명된 모든 파티들에 대해서, 우리는 모든 종류의 칵테일 파티들을 포괄하는 어떤 일반적이고도 추상적인 개념을 포함할 수 있는 "칵테일 파티"에 관한 하나의 위계적 도식을 가질 수 있다.

지금까지, 도식들에 관한 우리의 논의는 이것들이 매우 질서정연한 것처럼 생각되게끔 만든다. 그러나, 흔히 한 개의 도식 내에 들어 있는 연관들은 하나의 위계라기보다도 하나의 뒤얽힌 거미줄과 더 비슷하다(Cantor와 Kihlstrom, 1987). 예컨대, 정치가, 사기꾼 및 어릿광대는 모두 외향성격자들의 예들이다. 사회적으로 능숙한 것이 정치가, 사기꾼 또는 어릿광대가 되는 것과 연관되어 있지만, 자신감있는 것은 정치가나 사기꾼이 되는 것과 연관되어 있지만 어릿광대가 되는 것과 반드시 연관되어 있지는 않다. 따라서, 어떤 도식 속에 들어 있는 보다 더 특수한 속성들(사회적으로 능숙하다, 자신감있다)은 많거나 적은 상위의 개념들(정치가, 사기꾼, 어릿광대)과 중첩될 수 있다(Anderson과 Klatsky, 1987). 따라서, 사회적 범주들은 항상 깨끗하고 말쑥하고 위계적인 양식이 아니라, 매우 융통성있고 복잡한 양식으로 연관되어 있다.

도식들에서의 개인차들

어느 정도, 우리 모두는 동일한 도식들을 함께 갖고 있다. 우리들의 대부분은 교사들, 외향적인 사람들 및 은행원들에 대한 도식들을 갖고 있다. 그러나, 많은 도식들은 개인적이며 개인의 흥미들과 가치들을 반영한다. 예컨대, 실외의 활동들을 좋아하는 사람은 하이킹, 배구 및 요트경기에 대한 도식들을 갖고 있을 수 있는 반면에, 실내에 머무는 TV시청자는 그렇지 않을 것이다. 한편, 어떤 특수 영역에 대한 어떤 도식을 갖는 것은 개인이 정보를 어떻게 처리하는가를 크게 변형시킬 것이다. 예컨대, 고참의 야구코치는 보다 더 풍부하고도 상세한 야구도식들의 세트를 갖고 있을 것이며 어떤 외야수의 야구경기를 관람하는 문외한보다도 그 선수의 경기에 대해 더 많은 의미를 부여하게 될 것이다(Lurigio와 Carroll, 1985; Markus 등, 1985). 정직성을 중요하게 여기는 사람은 정직성의 특성에 그만큼 관심을 두고 있지 않은 사람보다도 타인들을 그들이 부정직한지 아닌지에 따라 판단하는 경향이 더 많게 될 것이다(Cantrambone과 Markus, 1987). 따라서, 요약하면, 어떤 도식들은 어떤 특정의 문화 내에서 널리 함께 소유되고 있는 반면에, 다른 도식들은 매우 독자적인 것들일 수 있다.

도식적 처리

장 점 들

도식은 거대한 양의 정보를 신속하고도 경제적으로 처리하도록 도와 주기 때문에 중요하다. 정말로, 도식들은 몇 가지 상이한 양식들로 처리를 보다 더 효율적으로 하게끔 만든다. 이것들은 우리가 새로운 정보들을 해석하고, 이것들로부터 타당한 추론들을 이끌어 내고, 이것들에 대해 우리가 동의하는지의 여부를 평가하는 데에 도움을 준다. 도식들은 우리가 어느 것이 진(眞)이 되기 쉬운가를 암시해 줌으로써 우리의 지식에서의 간격들을 메우는 것을 도와 준다. 그리고 이것들은 무엇이 일어나기 쉬운가에 관한 우리의 기대들을 세워 줌으로써 우리가 미래에 대해서 준비하도록 도와 준다. 이러한 도식적 처리가 갖는 장점들은 다양한 연구들에서 증명되어 왔다(평론들을 보기 위해서는 Fiske와 Taylor, 1991 및 Markus와 Zajonc, 1986 참조).

도식은 회상을 도울 수 있다. 기억은 흔히 우리가 과거의 사상들이나 사람들에 관한 어떤 도식적 표상을 회상할 때에 가장 잘 되는데, 이는 도식이 이것과 더불어 많은 세부사항들을 가져다 줄 것이기 때문이다. 예컨대, Cohen(1981)은 피험자들에게 자기의 가정에서 앉아 있는 한 여자와 그녀의 남편에 관한 비디오테이프를 제시했다. 절반에게는 그 여자가 도서관직원이라고 설명되었고, 다른 절반에게는 여급이라고 설명되었다. 그 여자의 몇 가지 특징들은 안경을 쓰는 것, 샐러드를 먹는 것, 포도주를 마시는 것, 피아노를 치는 것과 같은 도서관직원에 관한 도식과 부합되었다(별도로 측정되었을 때). 다른 특징들은 방에 볼링공을 갖고 있고 아무런 책장이 없고, 초콜릿을 바른 생일용 케이크를 먹는 것과 같은 여급의 도식과 부합되었다. 그 후에 피험자들은 그 비디오테이프의 세부사항들을 회상하도록 요구받았다. 그들은 회상이 즉각적이거나 일주일 후에 평가되었는지에 관계 없이 도식과 일치되는 세부들을 더 잘 기억했다.

그러나 도식과 불일치되는 재료가 항상 회상이 나쁜 것은 아니다. 도식과 합치되는 재료와 아울러 도식과 합치되지 않는 재료는 그저 도식과 무관련한 것들보다도 훨씬 더 잘 기억되었다(Hastie와 Kumar, 1979; Brewer 등, 1981). 이것은 도식과 무관련한 재료를 학습하기가 곤란하기 때문일 수 있다.

때로는 도식과 모순되는 정보가 도식과 합치되는 정보보다 더 잘 회상된다. 이것은 특히 어떤 사람이 매우 나쁘게 발전되었거나 극히 잘 발전된 도식을 갖고 있을 때에 있기 쉽다. 어떤 도식을 잘알지 못하고 이것을 알려고 노력하는 사람은 도식과 일치되지 않는 정보를 기억하는 데 대한 어떤 시초의 장점을 보인다(Ruble과 Stangor, 1986). 이와 비슷하게, 어떤 영역을 매우 잘알고 있는 사람들은 비일관성들을 보다 더 쉽게 인식할 수 있다. 중간 정도로 형성된 도식들을 갖고 있는 사람들은 일관된 정보에 가장 많은 주의를 기울일 수 있다(Higgins와 Bargh, 1987). 예컨대, 자신의 여가시간에 고양이새끼들을 키우고 바늘로 수를 놓는 H라는 정치가에 관해서 형성될 수 있는 인상들을 고려해 보자. H를 방금 만나고 있는 사람들과 그를 잘 알고 있는 사람들은 도식과 불일치되는 행동들에 특히 주목하는 반면에, H에 관해서 중간 정도로 발전된 개념을 갖고 있는 사람들은 법을 지키는 것이나 어려운 사람들을 돕는 것에 대한 그의 관심과 같은 그의 도식과 일치되는 행동에 더 많은 주의를 기울일 것이다(Borgida와 DeBono, 1989).

정보처리의 속도는 도식들에 의해서 영향받고 있다. Markus(1977)는 자기도식으로서 독립적이거나 의존적인 사람이라는 것을 가진 피험자들과 이러한 도식을 갖고 있지 않은 피험자들을 확인해 냈다. 그 다음에 그녀는 그들에게 어떤 독립적이거나 의존적인 행동들에 관한 문장을 읽어 주었다. 자기도식을 가진 사람들은 이것을 갖지 않은 사람들보다도 그 행동이 자기들에게서 전형적인 것인지 아닌지를 더 신속하게 지적할 수 있었다. 처리시간은 도식과 일관된 정보들보다도 도식과 비일관된 정보들에 대해서 훨씬 더 길었다. 그러나 모든 연구들이 도식들이 처리를 신속하게끔 만든다는 결과를 얻지는 못했다. 어떤 경우들에서는 도식을 유발시키는 것은 처리되어야만 되는 더욱 복잡한 많은 정보들을 도입시킴으로써 일들을 느리게끔 만들었다(Fiske와 Taylor, 1991). 따라서, 예컨대 만일 당신이 자신의 의존욕구들에 대해서 강하게 양면감정적이라면, 당신은 의존성에 대해서 비도식적인 어떤 사람보다도 어떤 의존적 행동이 자신에게 전형적인지를 결정하는 데에 더 많은 시간을 소비할 것이다.

도식적 처리의 또 다른 중요한 속성은 어떤 도식에 관련된 추론들이 어떤 개인측에서의 아무런 의식적 노력이 없이도 자동적으로 일어나는 것 같다는 것이다. 예컨대, 만일 당신이 만난 어떤 특정의 인물이 특별하게 친절한 것같이 생각된다면, 당신은 그에게 친절성과 온정성과 같이 친절성에 연관된 다른 속성들을 자동적으로 부여할 것이며, 당신은 자신이 그렇게 했다는 것조차 완전히 알지 못할 것이다. 이러한 자동적 효과들은 만일 환경내의 정보가 어떤 특정의 도식을 강력하게 시사하거나, 만일 어떤 종류의 감정적이거나 정서적 관계가 관여되어 있다면 가장 일어나기가 쉽다(Bargh, 1984; Smith와 Lerner, 1986; Fazio 등, 1986).

도식은 우리의 지식에서 간격들이 있을 때에 우리가 누락된 정보를 메우는 것을 도울 수 있다. 만일 우리가 어떤 경찰관에 관한 이야기를 읽는데, 경찰관의 옷에 관해서 아무런 언급이 없으면, 우리는 그가 검은색 제복을 착용하고 있다고 상상한다. 우리는 간호사가 온정적이고 보살펴 주며, 여왕은 다소 사람들과 떨어져 있고 도도하다고 상상한다. 누락된 정보들은 우리가 이것들을 만들어 낼 때조차, 도식과 일치되는 세부들사항을 첨가함으로써 메워진다.

도식들은 또한 우리가 새로운 정보를 해석하는 데에 도움을 준다. 예컨대, 소아과의사가 어떤 아이가 유행성 이하선염에 걸려 있다고 진단할 때, 이것은 그 의사에게 전체의 일련의 다른 추론들, 즉 그 아이가 어떻게 병에 걸렸는가, 어떤 증후들이 있을 것인가, 그 병의 경과는 어떠할 것인가, 어떤 치료가 가장 좋은가 등등을 자신있게 행할 수 있게 해 준다. 유행성 이하선염에 관해서 아무런 도식이 없는 사람에 대해서는 이러한 추론들은 전혀 불가능할 것이다. 이러한 문제는 그저 신비스럽게 생각될 것이다. 도식들은 다른 수단으로는 명료하지 않을 문제들에 관해서 자신있는 추론들을 허용해 준다. 그러나, 이러한 효과는 약한 도식들보다도 강한 도식들에 대해서 일어나는 것 같다. 사람들이 주간활동형 사람들 대 야간활동형 사람들과 같이 약하게 발전된 범주들을 사용할 때, 이 도식 자체는 새롭고 잠재적으로 무관련한 정보에 의해서 약화되게 되는 것 같다(Fiske와 Neuberg, 1990).

도식들은 또한 무엇이 일어나야만 되는가에 대한 기대들을 포함하고 있다. 이들 기대들은 그 다음에 우리가 특정 상황에 대해 얼마나 유쾌하거나 불쾌하게 될 것인가를 결정할 수 있다. 경험이 기대들과 합치될 때, 그 결과는 유쾌할 수 있는 반면에, 기대들의 위반들은 흔히 불쾌하게 경험되고 있다. 교육을 받기 위해서 열심히 공부했지만 그럼에도 불구하고 자신의 전문수준에 맞는 직업을 구할 수 없는 어떤 흑인학생을 가정해 보자. 이러한 경험은 그의 기대들에 위배될 것이며 그를 매우 화나게끔 만들기 쉬울 것이다. 이러한 기대에 비한 어떤 박탈감(sense of deprivation)은 빈민가의 폭동들과 기타 형태의 사회적 폭동들의 원인의 하나가 된다고 인용되어 왔다(Sears와 McConahay, 1973).

도식들은 또한 감정, 즉 우리가 그 분야에 대해서 갖고 있는 기분들을 포함할 수 있다. 결과적으로, 어떤 특정의 도식의 사용은 어떤 정서반응을 일으킬 수 있다. 예컨대, 우리의 대부분은 어떤 "정치인"에 대한 어떤 꽤 잘 발전된 도식을 갖고 있다. 이 도식은 그 정치가가 자신의 직무에서 무엇을 하는가 그리고 어떤 부류의 사람들이 정치인이 되는 것에 매력을 갖고 있는가에 관한 정보들을 포함할 수 있다. 이 도식은 또한 정치가라는 개념에 대해서 우리가 갖고 있는 어떤 감정적 반응들을 포함할 것이다. 예컨대, 우리들 중의 몇몇 사람들은 정치가들에 대해서 긍정적으로 느껴서 그들을 도움을 주는 정치가들이라고 생각하고 있는 반면에, 다른 사람들은 정치가들에 대해서 부정적으로 느껴서 그들을 교활하고 이기적인 권력에 굶주린 사람들이라고 생각하고 있을 수 있다. 환경 내의 정보가 어떤 특정의 도식에 부합되게 되면, 이것은 그 도식에 부착된 정서를 촉발시킬 것이다(Fiske와 Neuberg, 1990). 어떤 도식에 의해서 촉발된 정서는 하나의 효율적인 정서적 처리장치이다: 우리는 "나는 그러한 타입을 알고 있으며 나는 그 사람에 대해서 나 자신이 어떻게 느끼고 있는가를 알고 있다"고 말할 수 있다(Westen, 1988; Pavelchak, 1989; Fiske 등, 1987).

어떤 경우들에서, 어떤 대상이나 사건에 대해 어떤 도식을 적용시키도록 만드는 것은 실제로 그 대상이나 사건에 대해서 개인이 갖고 있는 감정들을 바꿀 수 있다. Tesser에 의한 일련의 연구들(Tesser와 Conlee, 1975; Millar와 Tesser, 1986 참조)은 어떤 도식을 마음 속에 두고서 어떤 것에 관해서 단순히 생각하는 것이 개인이 그 대상에 대해서 느끼는 감정을 강하게끔 만들 수 있다는 것을 시사한다. 예컨대, 만일 당신이 어떤 교수가 당신이 학급에서 행한 발언들을 무시했다고 느낀다면, 이것에 관해서 당신이 더 오래 생각할수록 당신은 더 기분나쁘게 되기 쉬울 것이다.

그렇지만, 다른 경우들에서, 도식들은 정서를 보다 더 극단적이 아니라, 단지 보다 더 복잡하게 만들 수 있다(Linville과 Jones, 1980; Linville, 1982). 예컨대, 만일 당신의 어떤 친한 친구가 어느 날 당신을 비난한다면, 이 행동은 어떤 꽤 복잡한 평가를 일으킬 수 있다. 당신은 자신의 친구와 자기 자신에 관해서 너무 많은 정보들을 갖고 있어서 이러한 행동에 대한 어떤 설명을 내놓기가 곤란할 수 있다(Gilovich, 1987). 이 사건에 대한 당신의 평가는 복잡할 수 있다.

도식들의 취약점들

도식적 처리가 갖는 이러한 모든 장점들은 이것들에 수반되는 단점들을 갖고 있으며 이것들의 많은 것들이 바로 이 장의 첫 머리에서 우리가 논의했던 착오들과 편향들이다. 어떤 도식이나 이론에 부합되는 정보를 과도하게 받아들이고, 도식과 일치되는 요소들을 첨가시킴으로써 사고의 간격들을 메우고, 심지어 잘 부합되지 않을 때에라도 도식들을 적용하고, 도식들을 바꾸기를 원하지 않는 경향성들은 모두 취약점이 될 수 있다. 우리는 과잉단순화들에 의해서 쉽게 오도될 수 있다.

고정관념화의 위험들에 관한 잘 알고 있는 매우 많은 예들이 있으므로, 이것은 상세하게 논할 필요가 거의 없는 것 같다. 사람들이 자기들의 집단에 관해서 일반적으로 갖고 있는 고정관념과 반대되는 식으로 흔히 행동한다는 것을 모든 사람들이 알고 있으며, 따라서 도식적 처리는 지각자로 하여금 그 집단의 개개 멤버에 관한 다소 위험스럽게 잘못된 추리들을 저지르게끔 만들 수 있다(우리는 이러한 문제들을 11장과 12장에서 다소 더 자세하게 논의할 것이다). "과거로부터의 교훈"에 관해서 제시된 예들(특별논의 3－2 참조)은 도식적 처리의 결함들의 몇 가지를 예시해 준다.

우리가 2장에서 논의했던 도식의 한 유형인 내재성격이론들(implicit personality theories)도 또한 착오들을 일으킬 수 있다. 어떤 사람이 지적이라는 것을 아는 것은 대부분의 사람들로 하여금 그 사람이 또한 상상력있고, 현명하고, 적극적이고, 양심적이며, 사려성있고, 믿을 만하다고 기대하게끔 만든다. 어떤 사람이 사려성없다는 것을 아는 것은 대부분의 사람들로 하여금 그 사람이 또한 골을 잘 내고, 허풍을 떨고, 냉정하고, 위선적이고 등등을 기대하게끔 만든다. 이들 추론들은 특정의 특성으로부터 논리적으로 유도된 것은 아니다. 이것들은 사람의 성격에 관한 가정들에 기초되어 있다. 지적인 것은 반드시 활동적인 것을 의미하지는 않고, 사려성없는 것이 골을 잘 내는 것을 의미하지도 않는다.

이러한 가정들을 하는 경향을 때로는 **논리적 오류**(logical error)라고 부르는데, 이는 사람들이 어떤 특성들이 함께 있다고 생각하고 이것들 중의 하나를 지니고 있는 어떤 사람이 다른 것들을 또한 지니고 있다고 가정하기 때문이다.

따라서, 도식적 처리는 속도와 효율성과 사상들을 이해가능하고 예언가능하게끔 해주는 장점들을 지니고 있다. 이것은 잘못된 해석들, 부정확한 기대들 및 융통성없는 반응양식들을 일으키는 단점들이 있다.

특별논의 3－2. 역사로부터의 교훈

몇 명의 연구자들은 정치지도자들이 대외정책에 관한 의사결정에 도달하게 될 때에 얼마나 자주 "역사로부터의 교훈"을 적용하는가를 관찰해 왔다. 그들이 적용하는 "교훈"은 그들의 생애의 형성기 동안에 일어났던 사건들로부터의 비유들이라는 것이 빈번하게 밝혀졌다(Jervis, 1976). 미국의 John F. 케네디 대통령은 1930년대 말에 자신의 대학 재학중에 뮤니히에서 영국이 히틀러에 대해서 유화정책을 쓴 대실수에 크게 인상을 받았었다.

1938년에 영국과 프랑스는 독일의 국경선을 확장시키려는 히틀러의 욕망을 토의하기 위해서 독일의 도시 뮤니히에서 히틀러와 매우 공개적인 회의를 가졌다. 그들은 히틀러에게 독일에 가장 인접한 체코슬로바키아의 영토인 수데텐란트를 인수하는 것을 양해하는 약속을 했다. 런던으로 돌아온 영국의 수상은 자기들이 "우리 시대의 평화"를 보장하게끔 만들었다고 의기양양하게 선언했다. 물론 바로 몇 개월 뒤에, 히틀러는 뮤니히에서 자신이 인수받은 영토에 조금도 만족하지를 않고서 폴란드와 벨기에를 침략했다.

"뮤니히의 교훈"은 독재자들은 대결받고 저지받아야만 될 필요가 있으며, 그렇지 않으면 그들은 침략을 계속할 것이라는 것이다. 케네디는 이러한 "뮤니히의 도식"을 1960년대 초에 동남아의 내란들에 적용했으며, 미국은 그곳에서 군사적으로 대항할 필요가 있으며, 그렇지 않으면 "도미노 게임"은 자기들이 뮤니히 이래로 유럽에서 겪었던 것과 꼭같이 패배할 것이라는 결론에 이르렀다. 이와는 대조적으로, "베트남도식"은 그 전쟁의 종식 이래로 보편적으로 갖게끔 되었다. 이것은 미국이 먼 곳에서 일어나는 내전들과 제 3 세계에서의 민족주의적이고 반제국주의적 혁명들에 관여되게 되는 것이 갖는 위험들을 기술하고 있다.

이러한 도식들이 현재의 대외정책에 대한 선호를 좌우하는 힘은 Gilovich (1981)의 실험에서 예시되고 있다. 그는 공격적이며 전체주의적인 인접 국가로부터 위협을 받고 있는 한 작은 민주국가에 관한 두 개의 가상적 사례들을 제시했다. 그 사례들은 베트남과 관련된 상징들과 그 반대의 이차대전 전의 뮤니히와 비슷한 상징들을 갖고 있는 면에서만 특출하게 차이가 있었다.

첫번째 사례연구는 사례의 기술 중에서 윈스톤 처칠 기념관, "기습작전", 유개화차들 및 루즈벨트 대통령을 언급했다. 두번째 사례연구는 딘 러스크 기념관, 치누크형 헬리콥터들, 소형보트들 및 존슨 대통령을 언급했다. 그 이외에는 두 사례들은 동일했으며 분명히 가상적이었다. 이차대전 전의 사건들에 대한 무관련한 암시들을 제공받았던 피험자들은 베트남에 관한 무관련한 암시들을 받았던 피험자들보다도 개입을 지지하는 경향이 더 많았다. 아주 동일한 사실들은 무관련한 단서들이 그들에게 자신의 뮤니히도식을 적용시키게끔 만들었는지 아니면 자신의 베트남도식을 적용시키게끔 만들었는지에 따라, 아주 상이한 의미들을 갖으면서 아주 상이한 두 가지 양식들로 해석될 수 있었다.

정신적 지름길들: 인지적 접근지침들의 사용

문제해결 활동이 대개 너무 많은 시간과 주의를 소모시키기 때문에, 사람들은 흔히 외관상으로 복잡한 문제해결을 보다 더 간단한 판단들로 축소시키는 정신적 지름길들에 흔히 의존한다. 이러한 지름길들은 사람들에게 환경 내의 정보를 처리하기 위해서 그들의 도식들을 사용하게끔 도와 준다. 이러한 지름길들은 **접근지침들**(heuristics)이라고 불리어 왔다(Tversky와 Kahneman, 1974).

대표성 접근지침

당신과 수학교과목을 함께 수강하고 있는 새로운 남학생인 김영철은 겉으로 보기만큼 정말로 순수한 로맨틱한 사람인가, 아니면 그는 만나는 여자라면 누구에게나 관심을 보이는 상스러운 남자인가? 영자는 어떤 공동의 과제에서 자신의 몫을 틀림없이 해내는 신뢰할 수 있는 사람인가 아니면 그렇지 못한가? 특정의 도식들의 실례들이라고 사람들이나 사상들을 지적하거나 확인하는 행위는 모든 사회적 추론과 행동에 대해 기본이 된다. 즉 "이것이 무엇인가?"라는 질문은 어떤 다른 인지적 과제가 수행될 수 있게 되기 이전에 답변되어져야만 된다. **대표성 접근지침**(representativeness heuristic)이라는 하나의 정신적 지름길은 이러한 과제를 달성시키기 위한 하나의 신속한 방법을 제공해 준다.

기본적으로, 대표성 접근지침은 환경 내의 정보들을 도식들에 대해 걸맞추어서 그 걸맞춤이 적절할 가능성을 알아본다. 이하의 기술을 고려해 보자: "이영는 매우 부끄러워하고 물러서며, 틀림없이 도움을 주는 사람이지만 사람들이나 현실세계에 대해서는 거의 관심이 없다. 유순하고 말쑥한 사람으로서, 그는 질서와 구조화에 대한 욕구 그리고 세부사항에 대한 강한 욕구를 갖고 있다"(Tversky와 Kahneman, 1974). 이제 당신이 이영수의 직업에 대해서 질문받고 있다고 가정하자. 그는 농부인가, 서커스 어릿광대인가, 도서관사서인가, 전위 미술가인가, 아니면 소아과의사인가? 이러한 상이한 직업들 속에 있는 사람들의 숫자와 특징들에 관한 적절한 정보를 갖고서, 우리는 아마 유순한 어릿광대, 매우 부끄러워하는 전위예술가 등의 가능성을 추측할 수 있을 것이다. 그러나, 이러한 과제는 긴 시간을 요하기 쉬울 것이며, 이러한 판단들을 형성하는 훌륭한 정보는 확실히 부족할 것이다. 이와 같은 경우들에서, 대표성 접근지침은 어떤 신속한 해답을 제공해 준다. 우리는 이영수가 직업범주들의 각각에 있는 평균적 인물의 대표인지(아니면 유사한지)를 결정하고 그에 따라 그의 직업에 대한 자신의 판단을 한다. 이러한 과제를 부여받은 학생들은 이영수에 대한 기술이 도서관사서들에 고정관념적으로 연관되어 있는 속성들의 대표가 되기 때문에 이영수를 도서관사서라고 대개 추정했다(Tversky와 Kahneman, 1974).

따라서 대표성 접근지침은 우리가 어떤 특정 인물이나 사상이 어떤 특정 도식의 한 예인지를 결정하는 것을 도와 준다. 기본적으로, 우리는 환경 내의 정보의 속성들을 그 도식에 걸맞추며 만일 어떤 걸맞춤이 있다면, 그 도식이 사용되게 된다. 그러나 사람들과 사상들을 확인해내는 이러한 매우 신속한 방법은 때때로 다른 중요한 제한적 정보에 대해서 사용되지 못하게 된다. 예컨대, 만일 이영수가 농부들이 많고 도서관사서직은 단 한 명뿐인 어떤 읍에서 산다면, 그가 농부이고 도서관 사서가 아닐 가능성이 매우 높다. 대표성 접근지침은 이러한 제약적 정보를 통합시키지 않을 것이다. 우리가 앞에서 지적한 바와 같이, 사람들은 흔히 자기들의 추론들 속에 통합시켜야만 되는 관련있는 통계적 정보를 무시한다. 따라서 이와 같은 종류의 상황들에서, 대표성 접근지침의 사용은 아마 어떤 틀린 해답을 내놓게 될 것이다.

가용성 접근지침

때때로 우리는 "사람이 얼마나 자주 스키도구를 망가뜨리는가?" 또는 "얼마나 많은 대학생들이 심리학을 전공하고 있는가?"와 같은 질문들에 답변하고자 한다. 이것들은 사상들의 빈도나 어떤 특정의 사상이 발생될 가능성에 관한 질문들이다. 사람들이 이러한 질문들에 답변하는 하나의 공통적 방법은 머리에 떠오르는 예들을 사용하는 것이다. 만일 당신이 자신의 친구들이나 아는 학생들 중에서 심리학을 전공하고 있는 많은 대학생들을 생각할 수 있다면, 당신은 대학에서 심리학을 전공하는 학생들이 많이 있다고 가정할 것이다. 또는 만일 당신이 자신의 스키도구를 망가뜨리는 몇 명의 사람들을 생각할 수 있다면, 당신은 자신의 스키도구를 망가뜨릴 가능성이 다소 높다고 가정하게 될 것이다. 어떤 추론을 행하기 위한 한 지침으로서 예들을 기억하는 것의 용이성이나 자신이 신속하게 기억할 수 있는 정보의 양을 사용하는 것은 **가용성 접근지침**(availability heuristic)을 사용한다고 불리고 있다(Tversky와 Kahneman, 1973).

대표성 접근지침의 경우에서와 마찬가지로, 이러한 과제를 성취시키기 위해서는 거의 인지적 작업이 수행될 필요가 없다. 만일 당신이 자신이 알고 있는 학생들 중에서 심리학 전공자들을 생각해내는 데에 아무런 곤란이 없다면, 당신은 아마 대학에 다니는 아주 많은 사람들이 심리학을 전공한다고 가정하게 될 것이지만, 만일 당신이 심리학 전공 학생들의 예들을 머리에 떠올리는 것이 곤란하다면, 당신은 비교적 소수의 학생들이 심리학을 전공한다고 결론지을 것이다.

많은 경우들에서, 가용성 접근지침의 사용은 정답들을 내놓는다. 결국, 어떤 것들에 대한 예들이 쉽게 머리에 떠올릴 수 있게 될 때, 이것은 대개 그것들이 많이 있기 때문이다. 따라서, 가용성은 대개 빈도에 대한 하나의 좋은 추정치이다. 그러나, 현상들이나 사상들의 실제의 전체 빈도를 변경시킴이 없이도 이것들의 몇 가지 종류들의 가용성을 증감시킬 수 있는 편향요인들이 또한 있다. 예컨대, 만일 당신의 전공이 심리학이고, 당신의 친구들이나 아는 사람들 중의 많은 학생들이 마찬가지로 심리학을 전공하고 있다면, 결과적으로 당신은 심리학 전공학생들의 예들을 머리에 떠올리는 데에 거의 어려움이 없을 것이다. 당신의 친구들에서의 이러한 편향 때문에, 당신은 심리학 전공학생들의 빈도를 과대평가하기 쉽다. 이와는 반대로, 화학을 전공하고 있고 자신의 시간의 대부분을 화학자들이나 물리학자들과 함께 붙어서 지내는 다른 학생은 그가 많은 심리학 전공학생들의 예들을 머리에 떠올릴 수 없기 때문에, 아마 대학에서의 심리학 전공학생들의 숫자를 과소평가하게 될 것이다(Gabrielcik과 Fazio, 1984).

따라서, 가용성 접근지침은 당신으로 하여금 기억으로부터 얼마나 신속하거나 용이하게 인출될 수 있는가를 기초로 해서 "얼마나 많이 있는가" 또는 "어떤 것이 얼마나 자주 일어나는가"와 같은 질문들에 대해 답변하게끔 해 준다. 이 과정이 성취될 수 있는 용이성이나, 신속하게 인출될 수 있는 정보의 양이 그 답변을 결정짓는다.

모의검토 접근지침

당신이 방학 동안에 아버지의 차를 타고 나가서 파티에 참석한 후에 차사고를 냈다고 하자. 당신은 "내가 차사고를 낸 것을 아버지가 알게 되었을 때, 아버지가 어떻게 생각하게 될 것인가?"라는 의문에 대해 어떻게 답변할 것인가? 당신은 자신의 아버지와 차사고에 대한 아버지의 반응에 관해서 자신이 알고 있는 바를 생각해 내고, 이러한 정보를 마음 속으로 숙고하고서, 몇 가지 가능성들을 내놓을 것이다. 특수한 결말들이 마음 속에 떠오르는 것의 용이성이 발생되기가 쉬운 일을 판단하는 데에 사용되게 된다. 당신의 아버지는 다음 학기에 등록금을 주는 것을 거절하거나, 모든 일을 없었던 일로 무시해 버릴 수 있지만, 당신의 마음 속에서 자신의 아버지가 당신이 아르바이트를 해서 당신이 차의 수리비를 지불하는 것을 돕는 것을 강력하게 지시할 것을 상상하기가 가장 쉽다. 이러한 추론기법은 **모의검토 접근지침**(simulation heuristic)이라고 알려져 있다(Kahneman과 Tversky, 1982).

모의검토 접근지침을 예측("아버지가 무엇을 말할 것인가?"), 원인규명("내가 잘못 운전했는가 아니면 상대측이 잘못 운전했는가?") (Wells와 Gavanski, 1989; Wells 등, 1987) 및 감정적 반응들(Kahneman과 Miller, 1986; Landman, 1987)을 포함하는 광범하게 다양한 과업들을 위해서 사용될 수 있다. 후자와 관련해서, 아슬아슬한 실패의 상황을 고려해 보자.

김씨와 이씨는 동시에 다른 비행기로 떠나도록 예약되어 있었다. 그들은 시내에서 동일한 택시로 떠났고, 교통마비에 빠졌고, 각자의 비행기의 예약된 출발시간에 30분 늦게 공항에 도착했다.

김씨는 자기의 비행기가 제시간에 떠났다고 들었다. 이씨는 자기의 비행기가 지연되어서 단지 5분 전에 떠났다고 들었다.

이 두 사람 중에서 누가 더 기분이 상했겠는가?

(Kahneman과 Tversky, 1982, p. 203)

거의 모든 사람들이 "이씨"라고 대답한다. 그 이유는 무엇인가? 아마, 우리는 김씨가 비행기를 탈 수 있었던 방법을 전혀 상상할 수가 없는 반면에, 이씨는 만일 긴 신호등이나 느린 수하물계원이나 팻말이 붙은 출입문상의 착오가 없었더라면 비행기를 탈 수 있었을 것이다. 따라서 모의 접근지침과 "만일 하기만 했다면"이라는 조건들을 내놓는 이 지침의 능력은 아슬아슬한 실패들의 심리와 이것들이 일으킬 수 있는 좌절, 유감, 슬픔 또는 분개를 이해하는 데에 사용될 수 있다. 평상시와 다르거나 예외적 사건들은 사람들에게 정상적이며, 결과적으로 실제의 결과와는 다른 대안들을 상상하게끔 만든다(Kahneman과 Miller, 1986). 예외적 경우들과 정상적 상황 사이의 대비는 특이한 상황에 대한 정서반응을 강화시킨다.

사람들은 미래와 아울러 과거를 모의검토하고, 가상적인 미래의 사건들을 이러한 사건들이 더욱 일어나기 쉬운 것같이 생각되게끔 상상한다(Anderson과 Godfrey, 1987). 예컨대, Gregory 등(1982)은 지방 유선 TV 회사에 관해서 두 개의 중류계층지역들의 주민들을 접촉했다. 절반의 주민들은 유선방송회사에 관한 정보를 제공받은 반면에, 다른 절반은 유선방송 서비스의 혜택들과 특징들을 자기 자신이 경험하고 있는 것처럼 상상하도록 지시받았다. 자기 자신이 그 서비스를 받는 것을 상상했던 사람들은 유선방송서비스를 원하는 경향이 더 많았고, 유선방송에 대해 더 호의적 태도를 가졌고, 부가적 정보를 얻으려는 의도가 있었고, 자신이 장차 유선방송서비스를 예약할 가능성이 더 많을 것이라고 보고했다. 이 이외에도, 그것에 관해서 단지 정보를 받았던 사람들보다도 상상조건 속의 더 많은 피험자들이 실제로 무료 서비스기간을 이용했고 그 후에 유선방송서비스를 예약했다. 따라서, 모의검토를 통해 대안들을 상상하는 것은 기대들, 원인귀속들, 인상들 및 상황들에서 경험된 감정에 대해 광범한 영향을 줄 수 있다(Wells와 Gavanski, 1989).

기점 접근지침

어떤 사람이 당신에게 지난 밤에 로스엔젤레스 체육관에서 거행된 UCLA와 USC 대학들 간의 미식축구게임에 참관한 사람들이 얼마인가를 추정하도록 요구한다고 가정하자. 당신은 전혀 아무런 생각이 없지만, 그 체육관에서의 지난 주의 게임이 55,000명의 관중을 끌어 모았다는 것을 알고 있다. UCLA-USC 간의 시합이 훨씬 더 큰 관중을 끌어 모을 것이라고 가정하고서, 당신은 70000명이 참관했다고 추정할 수 있다. 이 경우에서, 당신은 문제의 특수한 사상에 관해서 아무런 정보를 갖고 있지 않지만, 어떤 기준점이나 "기점"(anchor)으로서 어떤 유사한 사상에 관한 정보를 사용하고 있다. 그 다음에 당신은 어떤 최종의 결론에 이르기 위해서 이러한 기점정보를 조정한다(Tversky와 Kahneman, 1974).

실제로, 사람들이 애매한 정보로부터 판단들을 형성하고자 시도하고 있을 때, 그들은 흔히 시초의 기준점이나 기점을 갖고서 시작하고 그 다음에 이것을 조정함으로써 애매성을 감소시킬 것이다. 사회적 판단들도 예외는 아니다. 타인들에 관한 정보는 흔히 애매하며, 따라서 우리가 애매한 행동의 의미를 해석하고자 할 때에 기점들이 도움이 될 수 있다(예컨대, Wyer, 1976; Cervone과 Peake, 1986 참조).

사회적 지각에서 사용되고 있는 하나의 보편적 기점은 자기(self)이다. 예컨대, 어떤 사람이 당신에게 당신의 같은 과의 학생인 명숙이 똑똑한 학생인지를 묻는다고 가정하자. 당신은 명숙이 당신 자신보다 더 똑똑한지 아닌지를 결정지으려고 노력함으로써 이러한 질문에 대답하기가 가장 쉬울 것이다. 만일 그녀가 당신보다 더 똑똑한 것 같다면, 당신은 그녀가 매우 똑똑하다고 결정지을 수 있다. 그러나 만일 그녀가 당신만큼 재치있

표 3-1. 불확실한 상황들에서 판단을 행하기 위한 몇 가지 접근지침적 전략들

접근지침	접근지침이 사용되는 몇 가지 유형의 판단들	기 술	예
대표성	확률판단	대표성은 A가 B에 얼마나 관련있는가에 대한 판단이다: 높은 관련성은 A가 B에서 비롯된다는 높은 추정을 낳는다.	김씨(A)가 엔지니어에 대한 당신 자신의 고정관념과 비슷하게 보이고 행동하기 때문에 엔지니어임에 틀림없다고 결정짓는 것.
가용성	빈도나 확률 판단들	가용성은 어떤 연상이나 실례들이 얼마나 쉽게 또는 신속하게 머리에 떠오르는가에 기초된, 어떤 특정의 실례나 발생이 얼마나 빈번한가나 있기 쉬운가에 대한 추정이다.	우리가 이혼한 친구들의 실례들을 얼마나 빨리 생각해낼 수 있는가에 기초해서 이혼율을 추정하는 것.
모의검토	기대들, 원인귀속들, 인상들 및 감정적 반응들	모의는 어떤 가상적 시나리오가 구성될 수 있는 것에 대해 용이하다	우리가 좌절적 상황이 다른 형태로 일어나는 것을 얼마나 쉽게 상상할 수 있는가에 근거해서, 좌절적 상황 때문에 화가 나는 것.
기점과 조정	어떤 차원상에서의 위치의 추정들	기점부여와 조정은 어떤 시초의 수치를 갖고서 시작하고 그 다음에 새로운 사례에 대해 이것을 조정함으로써 추정을 하는 과정이다.	자기 자신의 생산성수준에 기초해서 다른 사람의 생산성을 판단하는 것.

지 않은 것같이 생각되면, 당신은 그녀가 매우 똑똑하지는 않다고 결정지을 수 있다. 따라서 명숙에 대한 당신의 판단은 어떤 IQ검사나 어떤 다른 객관적 정보상에서의 그녀의 절대적 위치에 기초되어 있지 않고, 오히려 그녀가 당신 자신보다 더 똑똑한 것같이 생각되는지 덜 똑똑한 것같이 생각되는지에 기초되어 있다(Markus와 Smith, 1981 ; Markus 등, 1990). 따라서 기점 접근지침(anchoring heuristic)은 사람들에게 이것이 없을 경우에는 애매할 수 있는 어떤 판단과업에 대한 하나의 출발점을 제공해 준다. 사회적 판단과업들에서, 자기가 하나의 보편적 기점이 되는 것 같다. 여러 가지 접근지침적 전략들에 대한 한 기술을 알아보기 위해서는 표 3-1을 참조하라.

사용되는 도식들

당신이 두 사람이 정신없이 어떤 방을 탐색하고 있는 것을 보았다고 가정하자. 당신은 이들이 무엇을 하고 있는가를 어떻게 결정하겠는가? 다시 말해서, 당신은 이 상황에 적용시키기 위해서 어떤 도식들을 선택할 것인가? 우리의 앞에서의 논의에서 시사된 바와 같이, 때때로 적합한 도식들은 정보 자체의 성질에 의해서 암시되고 있다. 예컨대, 만일 당신이 문제의 이 두 사람이 실험용 쥐들을 기르고 있는 한방 친구들이며 당신이 빈 케이지를 본다면, 당신은 그들이 자기들의 잃어버린 실험용 쥐들을 찾고자 애쓰고 있다고 추측할 수 있다. 다른 경우들에서, 환경 내의 정보는 어떤 도식들을 사용할 것인지를 즉각적으로 암시하지 않을 수 있다. 두 명의 사람들은 그들이 잃어버린 어떤 것을 찾고 있는가? 그들은 어떤 마약중독자를 수색하고 있는 경찰관들과 밀통하고 있는가? 이 절에서, 우리는 사람들이 정보를 해석하기 위해서 어떤 도식들을 사용하는가에 영향을 주는 요인들을 고려할 것이다.

자연적 윤곽선들

환경 내의 정보에 대해 어떤 도식을 관련시킬 것인가에 대한 가장 분명하고도 아마 또한 가장 강력한 결정요인은 정보 자체의 구조이다. 즉, 도식들은 우리가 받는 정보의 자연적 윤곽선들(natural contours)을 따른다. 만일 당신이 어떤 미식축구게임을 관람하고 있다면, 당신은 운동장에서 진행되고 있는 바를 해석하기 위해서 미식축구게임들, 미식축구선수들, 치어리더들 등에 관한 자신의 도식들을 사용할 것이다. 환경 내의 정보는 어떤 도식들을 사용할 것인가를 분명히 해 주며, 당신은 진행되고 있는 바를 해석하기 위해서 관련없는 칵테일파티들, 테니스게임들, 또는 학기말시험들에 관한 자신의 도식들을 사용하지는 않을 것이다.

그러나 사람들이 모든 것을 한꺼번에 흡수할 수는 없다. 따라서 그들은 중단점들(breakpoints)에 의해서 구획되어지는 조리있고, 유의미한 행동의 편(片)들로 행동을 지각하는 경향이 있다(Newtson, 1976 : Newtson 등, 1987). 예컨대, 야구공을 친 방망이 소리를 듣고서 갑자기 뛰어가는 외야수를 보고 있다고 가정하자. 그는 외야의 벽쪽을 향해 달려가고, 뛰어오르고, 공을 잡고, 땅에 내려서고, 던지는 자세를 취하고, 주자를 정지시키기 위해서 삼루수에게 공을 던진다. Newtson은 우리가 이러한 활동의 흐름을 연속적인 행위로서가 아니라 분리된 행동들의 한 순서로서 지각한다고 주장한다. 중단점들은 분리된 행동들 사이에서 생기게 되고 하나가 끝나고 다른 것이 시작되는 곳에 표시된다.

중단점들은 어떠한 행동의 흐름에서도 내재해 있는 것 같다. 이것들은 지각자에 의해서 부여되는 것이 아니다. 이러한 중단점들을 확인하기 위해서 Newtson은 피험자들에게 영화를 보면서 그들이 한 구획이 끝나고 다른 구획이 시작된다고 생각될 때에 버튼을 누르도록 했다. 이 방법은 매우 신뢰성이 있다. 지각자들은 움직이고 있는 어떤 사람에 관한 필름에서 어떤 중단점들이 어디에서 생기는가에 일치하고, 5주 후에 필름을 다시 보여 주었을 때에도 동일한 중단점들을 지각한다. 또한 피험자들은 이것을 아주 쉽고도 편하게 하는 것같다. 이러한 모든 것은 중단점들이 어떤 특정 장면에서 행동의 흐름 속에서 자연적으로 일어난다는 것을 주장하고 있다.

언제 중단점들이 생기는가? 다소 재간있는 연구는 이것들을 행동상의 변화, 특히 신체의 여러 부분들의 운동상의 변화들에 관련지웠다(Newtson 등, 1977). 중단점들은 또한 사람과 연관되어 있는 대상들의 상태가 변화될 때에 생기게 된다. 예컨대, 중단점들은 공의 궤도가 외야수의 장갑에 의해 갑자기 중단될 때, 공이 시야에서 사라질 때, 그리고 공이 공중에서 내야쪽으로 도로 갑자기 날아올 때에 지각될 것이다. 그리고 사람들은 그들이 예상치 못한 행위들에 당면하거나 사전 정보가 거의 없을 때에 중단점들을 더 많이 사용하는데, 이것은 아마 그들이 그 행위의 의미를 보다 더 충분하게 이해하기 위해서 많은 중단점들을 필요로 하기 때문이다(Wilder, 1986: Graziano 등, 1988). 중단점들은 행동의 한 순서에 관해서 가장 많은 정보를 전달한다. 영화의 중단점 순간들이 정지된 사진들로 순서대로 피험자들에게 제시되었을 때, 이것들은 완전한 영화 자체와 거의 마찬가지의 이야기를 전달했다. 사람들은 또한 중단점들을 순서 동안의 다른 순간들보다도 더 잘 기억하는 것 같다.

따라서, 보다 더 일반적인 요점은 어떤 인상을 형성할 때에 우리는 타인의 행동 전체를 그저 받아들이지는 않는다는 것이다. 그 대신에, 우리는 행동의 유의미하고 구조화된 편(片)들을 받아들인다. 편화과정은 지각자 자신의 경험들, 기대들 및 욕구들에 의해서 부분적으로 행동의 흐름상에 부과된다. 그리고 편들은 행동순서 내의 실제의 변화를 일부 반영한다.

특 출 성

환경적 특출성은 또한 사람들이 정보를 해석하기 위해서 어떤 도식들을 사용하는가에 영향을 주는 한 요인이다. 우리가 2장에서 본 바와 같이, 때때로 타인들의 행동에 대한 우리의 해석은 그들에 관한 어떤 정보가 환경에 의해서 특출하게 되는가에 의해서 영향받고 있다. 예컨대, 만일 순자가 다른 사람들이 모두가 남자인 어떤 집단에서 유일한 여자라면, 그녀의 성별은 특히 특출하며, 따라서 그녀의 행동은 여자에 대한 어떤 성별도식에 따라 해석되게 될 것이다(Taylor 등, 1978). 예컨대, 그 집단의 신입회원에 대한 그녀의 도움의 요청은 의존성, 즉 여자에게 흔히 결부된 한 특성의 신호라고 해석되게 될 것이다. 그러나, 만일 순자가 몇 명의 남자와 몇 명의 여자로 구성된 어떤 집단 속에 있다면, 신입회원에 대한 그녀의 행동은 성별에 연관된 측면에서 해석되지는 않을 것이다. 그 대신에 "신입회원들"에 대한 어떤 도식이 사용될 수 있으며 그녀의 제스처는 단지 신입회원에게 편하게끔 느끼도록 만들기 위한 한 노력이라고 해석되게 될 것이다. 따라서 특출성은 여러 가지 해석들이 가능한 정보를 해석하기 위해서 어떤 도식들을 사용되게 될 것인가를 결정지음으로써 환경 내의 정보처리에 영향을 줄 수 있다.

인종과 성별과 같은 사람들이 지니고 있는 특출한 신체특징들은 도식들을 신호해 주는 데에 있어서 특히 우세한 것 같다. 정말로, 신체특징들은 사회적 도식들과 같은 다른 특징들에 우선할 수 있다(Deaux와 Lewis, 1984). 가장 시초의 지각 순간들로부터, 사람들은 인상을 형성하기 위해서 연령, 인종, 성별, 매력도 및 이와 유사한 성질들을 사용하며 실제로 매우 자동적으로 그렇게 할 것이다. 예컨대, 한 연구(Devine, 1989)는 흑인과 백인 자극인물들에 대한 즉각적이고도 거의 자동적인 고정관념적 반응들을 발견했다. 놀라웁게도, 높은 편견의 사람들과 아울러 낮은 편견의 사람들이 똑같이 이러한 자동적인 고정관념적 반응들을 보이기 쉬웠다. 그러나, 정보를 고려하는 더 많은 시간이 허용된 경우들이 제공되었을 때, 낮은 편견의 사람들이 자동적인 고정관념적 반응들을 적극적으로 거부했고 이것들을 평등지향적 사고들로 대치시켰다. 탐탁치 못한 결론은 부정적 성질의 도식들을 포함해서 도식들이 정보의 처리를 매우 자동적으로 인도하며, 관용, 개방적 자세 및 편견으로부터의 해방이 우리가 이러한 조심들을 행해야만 된다는 주의사항에 대해서 충분한 시간이 주어질 때에만 나오게 된다는 것이다.

역 할 들

우리가 사람들에 관한 정보를 조직화시키는 방법들을 추구할 때, 역할도식들이 아마 특성들과 같은 다른 종류의 정보들에 우선할 것이다. 외향적으로 되는 많은 방법들이 있지만(코메디언이나 정치지도자나 깡패와 비슷한 것과 같은), 어떤 구체적 역할(하나의 정치가가 되는 것과 같은)을 수행하는 비교적 더 적은 방법들이 있다. 결과적으로, 역할도식들은 정보를 제공해 주며, 이것들은 매우 풍부하고도 매우 분명해서, 광범한 차원들에 대해 더 큰 정보를 제공해 준다. 이것들은 또한 특성들보다 더 독특해서 보다 더 특유한 연상들을 일으킨다. 예컨대, 어떤 사람이 응원단장이라는 것을 아는 것은 그녀가 정확하게 얼마나 사교성이 풍부하며 어떤 상황들에서 그녀가 사교성있는가에 관해서 많은 것을 알려주는 반면에, 그녀가 외향적인 사람이라고 단지 듣게 되는 것은 그것에 가까운 많은 정보를 전해 주지 못한다.

더욱이, 역할도식들은 회상에 있어서 특성들보다 더 유용하다(Bond와 Brockett, 1987; Bond와 Sedikides, 1988). 기억에서의 역할의 이점을 알아보기 위해서, 당신이 참석하고 있는 어떤 특정의 세미나 속에 있는 모든 사람들에 관해서 생각해 보라. 이것은 얼마나 쉬운 일인가? 이제 당신이 알고 있는 모든 자기중심적인 사람들을 생각해 보라. 이 일은 얼마나 쉬운가? 아마 사회적 집단화들이 특성들보다도 더 많은 성명들을 생각나게끔 만들 것이다. 사람들은 타인들을 먼저 하나의 역할맥락 속에서 생각하고, 그 다음에 비로소 성격특성들에 따라 생각하는 것 같다.

초 두 성

흔히, 어떤 인물이나 상황을 해석하기 위해서 어떤 도식이 사용되게 되는가는 그 상황 속에 존재하는 정보에 의해서 매우 일찍 결정될 것이다. 예컨대, 학생회장에 입후보한 김 아무개라고 어떤 학생을 소개받게 되었을 때, 우리는 그 인물과 그의 차후의 행동을 그가 훌륭한 학생회장이 될 것인지의 여부의 측면에서 생각하고 그의 행동이 적어도 일부 그가 입후보하고 있다는 사실에 의해서 결정된 것으로 생각하는 경향이 있다. 초두성(primacy)이 매우 중요한 한 가지 이유는 사람들이 매우 시초에 어떤 조직화시키는 구조를 갖고 있을 때, 이것이 정보를 받아들일 당시에 그 정보의 해석에 영향을 준다는 것이다. 이것이 일어날 때, 그 효과들은 도식이 차후에 적용되게 될 경우보다도 더 강력하다(예 : Wyer 등, 1982 : 평론을 위해서 Fiske와 Taylor, 1990 참조).

점 화

어떤 도식이 최근에 사용된 바 있다면, 이것은 새로운 정보를 해석하기 위해서 또다시 사용되게 되기가 쉽다. 당신이 방금 어떤 학과목토론을 끝마쳤는데, 담당교수가 수강생들에게 지적 추구에 대한 열성의 부족을 꾸짖었다. 대학구내를 걸어가는 도중에, 당신이 영철을 만났는데, 그는 그가 방금 응원반원에 임명되었다고 신이나서 이야기했다. 당신은 그의 열광을 어떻게 해석하는가? 앞의 강의의 맥락 내에서, 당신은 그의 행동을 천박하고 반지성적이라고 간주할 것이다. 이와는 반대로, 만일 당신이 전인적인 대학생이 되는 것의 중요성에 관한 어떤 토론을 방금 끝마쳤다면, 당신은 그 행동을 과외흥미들의 한 신호라고 해석하게 될 것이다. 최근에 사용된 도식들이 차후의 무관련한 상황들에서 사용되게 되는 이러한 경향성은 **점화효과**(priming effect)라고 불리어 왔다.

이러한 점을 증명하는 한 연구가 Higgins 등(1977)에 의해서 수행되었다. 피험자들은 먼저 모험성에 대한 긍정적 도식(용감과 같은)이나 무모함에 대한 부정적 도식(어리석음, 부주의함과 같은)을 유발시키려고 고안된 특성 형용사들에 접촉되었다. 첫번째의 과제에 무관련한 것처럼 만든 두번째의 연구에서, 그들은 보트로 급류의 여울을 건넜고, 자동차 경주에 참가했고, 스카이다이빙을 배우기로 계획세웠다는 한 남자에 관해서 읽었다. 이전에 "모험성"의 긍정적 도식에 접했었던 사람들은 "무모성"의 부정적 도식으로 준비되었던 사람들보다도 이 남자를 더 긍정적으로 평가했다. 이러한 준비적 효과는 준비된 도식들이 이 남자에 대한 기술(말쑥하거나 교활한 것과 같은)에 적용될 수 없었을 때에는 일어나지 않았다.

따라서 기본적으로, 어떤 도식을 활성화시키는 것은 이것을 정신적 활동들 중의 맨 위에 두게끔 만들어서, 이것이 새로운 정보를 해석하는 데에 쉽게 사용될 수 있도록 만든다(Srull과 Wyer, 1979 : Wyer와 Srull, 1980, 1981). 그러나, 한 가지 중요한 제한사항은 이전에 활성화된 도식들은 그 도식이 새로운 정보에 관련있을 때에만 새로운 정보를 설명하기 위해서 사용되게 된다는 것이다. 새로운 정보가 준비된 도식들과 관련없을 때, 그러한 도식들은 그 정보를 해석하기 위해서 사용되지 않는다(Higgins와 Bargh, 1987).

중 요 성

환경에 관한 정보를 해석하기 위해서 어떤 도식들이 사용되는가와 얼마나 많은 도식들이 사용되는가는 또한 처리되고 있는 정보의 중요성에 의해서 영향받을 수 있다. 추론을 하기 위한 경우들이 비교적 시시한 것들일 때, 사람들은 거의 생각함이 없이 비교적 신속하게 도식적 추론들을 하게 될 것이다. 예컨대, 그들은 어느 정보가 가장 특출한가에 대한 기초로서 어떤 도식을 사용할 것이다. 그러나, 어떤 추론의 결과가 중요한 경우들에서, 사람들은 그 상황을 이해하기 위해서 보다 더 많은 시간을 소비하고 보다 더 많은 도식들을 사용해서, 그 결과로 보다 더 많은 추론들을 내놓을 것이다(Chaiken, 1980; Harkness 등, 1985; Tetlock과 Boettger, 1989; Tetlock 등, 1989).

예컨대, 만일 어떤 같은 과 학생에 대한 당신의 인상을 질문받았다면, 만일 그 사람에 대한 당신의 판단이 당신에 대해 아무런 특별하게 중요한 것이 없다면, 당신은 그가 좋은 사람인 것 같다고 비교적 신속하게 대답할 것이다. 그러나, 만일 당신이 그 학생에게 데이트 신청을 요구할지의 여부를 결정하고자 한다면, 당신은 아마 그 사람이 재미있는지, 매력적인지, 멋있는지 그리고 당신에게 호감이 있는지의 여부를 결정짓기 위해서 그 사람에 관해서 당신이 알고 있는 것들을 심사숙고하는 데에 보다 더 많은 시간을 쓸 것이다. 당신의 추론들은 한 가지 도식 이상에 근거되어 있어서 결과적으로 보다 더 복잡하게 될 것이다.

개인차들

모든 사람들이 동일한 정보를 동일한 양식으로 해석하지는 않는다. 한 가지 이유는 여러 사람들이 상이한 도식들을 갖고 있다는 것이다. 예컨대, 한 사람은 타인들을 그들의 유머감이나 온정성의 측면에서 주로 기술하는 반면에, 어떤 사람들은 이러한 특성들이 비교적 중요하지 않다고 간주하고 그 대신에 타인의 근면성과 종교성에 관심을 두고 있을 수 있다.

앞 장에서, 우리는 사람들이 자기도식들, 즉 자신의 자기개념의 중요한 편(片)들을 조직화시키는 자신에 관한 조직화된 지식구조들을 갖고 있다고 지적한 바 있다. 자기도식들은 사람들이 자기 자신을 어떻게 지각하는가 뿐만 아니라 타인들을 어떻게 지각하는가에도 영향을 준다. 사람들은 타인들의 행동을 해석하기 위해서 자신의 자기도식을 사용한다. 예컨대, 자신에 대해 남성성이 매우 중요한 어떤 남자는 타인들의 행동을 남성적이거나 비남성적 측면들에서 해석하는 경향이 더 많을 것이다(Markus 등, 1985; Cantrambone과 Markus, 1987). 사람들은 또한 만일 타인에 관한 정보가 자기 자신의 자기도식에 관련되어 있다면, 그 정보에 더 많은 중요성을 부여하고, 그들이 타인에 관한 인상을 형성하고 있을 때에 그들은 그러한 재료를 더 많이 기억한다(Carpenter, 1988). 따라서 예컨대, 만일 지적인 것이 학생으로서의 당신에 대해 중요하다면, 당신은 타인이 지적인지 아닌지를 주목하고 당신이 그 인물에 관해서 그 후에 생각할 때에 이 정보를 기억하기가 특히 쉽다.

사람들의 집단들은 그들의 도식들이 다를 수 있다. 하나의 재미있는 사례는 사람들이 지능에 관해서 갖고 있는 이론들이다. 대학생들은 학업성적에 밀접하게 관련되어 있는 지능에 관한 도식들을 갖고 있는 반면에, 학생이 아닌 사람들(슈퍼마켓들과 정거장에서 면접받은 사람들)은 지능을 일상생활의 문제해결, 사회적 유능성 및 이와 유사한 것에 보다 더 밀접하게 관련되어 있다고 보았다(Sternberg 등, 1981).

목 표 들

어떤 도식들을 환경 내의 정보에 관련지우는가도 또한 사회적 지각자가 어떤 특정의 상황 속에서 갖고 있는 목표들에 기초되어 있다(Weyer와 Srull, 1986 : Hastie 등, 1984). 우리가 보아 온 바와 같이, 도식들은 환경 내의 정보의 단순한 수동적 반영들이 아니다. 사람은 정보를 보다 더 추상적이고도 인지적인 구조로 적극적으로 구조화시켜야만 된다. 이러한 조직화적 인지활동이 촉발되게 되는 한 가지 양식은 개인의 목표들을 통하는 것이다(예 : Trzebinski와 Richards, 1986). 예컨대, 목표들은 피험자들에게 어떤 사람에 대한 어떤 조리있는 인상을 형성하거나(인상형성의 목표) 그들이 접하게 될 정보의 하나하나를 기억하려고 노력하라는(기억의 목표) 지시를 줌으로써 실험적으로 조작되게 되었다. 일반적으로 말해서, 인상 목표조건들 하에서 사람들은 자신의 목표가 단지 정보를 기억하는 것일 때보다도 투입정보의 기본구조를 반영하는 더 조직화된 인상들을 형성한다(Lichtenstein과 Srull, 1987 : Srull 등, 1985 : Trzebinski 등, 1985).

어떤 사람과의 상호작용을 예상하는 것은 단지 그 사람에 관해서 알려고 드는 것과는 매우 다른 사회적 목표들을 조성하며, 연구는 사람들이 장차 어떤 사람과의 상호작용을 예상할 때에 더 많이 기억하고 정보를 달리 조직화시킨다는 것을 보인다. 예컨대, Devine 등(1989)은 여러 가지 목표조건들 하에서 5명의 사람에 관한 정보를 학습하도록 피험자들에게 요구했다. 5명 중의 한 명이 표적이라고 지칭되었으며, 이 표적에 대한 피험자들의 목표들이 조작되었다. 그들은 표적과의 상호작용을 예상했거나, 표적에 관한 인상을 형성하도록 지시받았거나, 표적과 자신을 비교하도록 지시받았거나, 한 친구와 표적을 비교하도록 요구받았거나, 단지 표적의 속성들을 회상하도록 요구받았다. 표 3-2가 보이는 바와 같이, 표적과의 장차의 상호작용을 예상하는 것은 그 표적의 행동에 관한 가장 큰 회상을 일으켰다. 역설적으로, 모든 다른 목표조건들에 비해서 단순히 표적의 속성들을 기억하도록 지시받는 것은 다른 목표조건들과 아울러 다른 네 명의 비교인물들에 비해서 가장 낮은 회상을 일으켰다.

사람들은 항상 도식을 사용하는가?

도식들은 이것들이 사람들에게 신속하게 경험의 의미를 이해하게끔 돕기 때문에 중요하다. 만일 우리가 모든 상황을 마치 처음 당면하는 것처럼 접근한다면, 우리는 일상생활 속에서 기능하기가 불가능하다. 따라서, 도식들은 우리의 사회적 학습, 즉 우리가 만나는 사람들과 당면하는 상황들에 대해 의미를 부여하는 데에 사용하는 사회적 범주들을 나타낸다.

그러나 이 장의 앞 부분에서 우리가 또한 지적한 바와 같이, 도식적 처리에는 단점

표 3-2. 개인의 속성들을 회상하는 데에 미치는 목표들의 영향. 상호작용을 예상하는 것은 어떤 다른 목표조건에서보다도 더 큰 회상을 일으킨다.

	상호작용의 예 상	인 상	자기비교	친구비교	기 억
회상					
표적	4.38	4.00	3.31	3.38	3.00
다른 네 사람의 평균	1.80	2.33	2.53	2.22	2.23

자료원: Devine 등(1989), p. 686.

들이 있다. 때때로 우리는 사실이 아닌 것으로 판명되는 자신의 도식들에 근거해서 사람들과 상황들에 관해서 가정들을 행한다. 만일 우리가 자신의 도식에 근거해서 결론들로 비약하는 대신에 현재의 정보에 더 많은 주의를 기울인다면, 어떤 실수들이 회피될 수 있다. 예컨대, 타인을 시끄럽고, 고집이 세고, 건방지고, 보수적이라고 범주화시키는 것은 대개의 경우들에서 큰 문제가 되지 않을 수 있으며, 만일 그 인물이 당신이 데이트하고 싶어하는 여자의 아버지일 경우에 당신은 그의 성품들과 의견들에 보다 더 면밀한 주의를 기울이기를 원할 것이다.

요점은 어떤 경우들에서 우리는 자신의 도식에 덜 주목하고 당장의 자료에 더 많이 주목한다는 것이다. 그러한 경우들이란 무엇인가? 도식들의 덜 빈번한 사용과 정보에 대한 더 많은 주의를 일으키는 한 가지 조건은 **결과의존성**(outcome dependency)이다. 당신의 결과들이 어떤 사람의 조치들에 달려있을 때, 당신은 타인에 대해 더 많은 주의를 기울이며(Berscheid 등, 1976; Rush와 Russell, 1988; Sandle 등, 1986) 분명히 잠재적으로 정보를 제공해 주기 때문에 도식과 합치되지 않는 정보에 더 많은 주의를 기울인다(Erber와 Fiske, 1984). 사람들의 결과들이 관계되어 있을 때, 그들은 타인들에 관한 더 많은 정보를 탐사한다(Darley 등, 1988). 예컨대, 경쟁자들은 경쟁하지 않는 집단의 멤버들에 비해서 경쟁하고 있는 집단의 멤버들에 관해서 더 많이 기억한다(Judd와 Park, 1988).

정확하게 될 필요성은 사람들에게 자료에 더 많은 주의를 기울이고 자신의 도식에 덜 주의를 기울이게끔 만드는 다른 조건이다. 안경을 끼고 책들을 갖고 있는 달갑지 않은 사람이 똑똑한 사람인지를 질문받고 나서, 당신은 달갑지 않은 사람들이 대개 똑똑하다는 것을 알려 주는 자신의 도식에 의지하게 될 것이다. 그러나, 만일 그를 당신의 토론팀에 가입시킬 여부를 결정하는 것이 당신에게 달려 있다면, 당신은 아마 달갑지 않은 사람들에 관한 자신의 고정관념이 제공하는 것보다 더 많은 정보를 원할 것이다. 결과적으로, 당신은 그 사람이 달갑지 않은 사람들에 관한 자신의 도식에 부합되는 양식들에 덜 주의를 기울이면서, 그의 실제의 행동에 더 깊은 주의를 기울일 것이다.

사람들이 타인들에게 자신의 의사결정을 정당화시켜야만 되고 따라서 **책임성**(accountability)이 높을 때, 그들은 도식을 넘어서서 자료를 더 면밀하게 조사하는 경향이 있다(Tetlock, 1983, 1985; Tetlock과 Boettger, 1989). 예컨대, 당신은 아마 자신이 타인에 관한 자신의 인상을 단순히 질문받을 경우보다도 당신이 그를 자신의 써클에 가입시켜야 될지를 결정해야만 될 경우에 그 사람에 관한 정보에 더 많은 주의를 기울일 것이다.

이와는 반대로, 다른 사실들은 자료의 주의깊은 고려보다도 도식의 사용을 우세하게끔 만든다. 예컨대, 사람들이 시간적 압력하에서 인상을 형성하거나 의사결정을 할 때, 그들은 자신의 도식을 더 많이 사용하는 경향이 있다. 한 연구에서, 남녀 피험자들이 특정의 직업들에 대한 남녀 지원자들의 적합성을 판단하도록 요구받았다. 시간적 압력조건들 하에서 의사결정이 이루어졌을 때, 여성에 대해 보수적 태도들을 지닌 남자와 아울러 여자 피험자들은 여성 취직지원자들을 차별대우하는 경향이 있었다. 그러나, 시간적 압력이 없을 경우에, 여성지원자들에 대한 차별대우는 덜 강했다. 따라서 시간적 압력조건들 하에서 피험자들은 판단을 행함에 있어서 직업들에서의 남성과 여성에 관한 자신의 태도에 의지한 반면에, 그들이 증거를 고려할 시간이 있고 여자지원자들이 적어도 남자지원자들 만큼 충분한 자격이 있다는 것을 발견했을 때, 여자지원자들에 대한 그들의 차별대우의 정도가 상당히 더 적었다(Bechtold 등, 1986 : Devine, 1989).

요약하면, 상황 속에서 정확하게 되려는 압력들이 있을 때, 사람들은 자료를 더욱 면밀하게 검토하는 경향이 있어서, 때로는 손쉬운 도식에 기초된 결론들을 거부하게 된다. 그들은 더 많은 정보에 주의를 기울이고 특히 도식과 합치되지 않는 정보에 주의를 기울일 수 있다. 이러한 종류의 자료중심의 처리를 선호하는 조건들은 결과의존성, 책임성 또는 정확하게 될 필요성을 시사하는 다른 상황적 단서들이다. 이와는 반대로, 다른 경우들은 보다 더 도식에 근거된 처리를 선호한다. 특히, 타인들에게 쉽게 전달될 수 있는 어떤 판단을 신속하고도 조리있는 방식으로 형성하는 데 대한 압력은 도식들의 사용을 선호할 수 있다(Fiske와 Taylor, 1991).

도식들의 실제적 작용

환경 내의 정보를 처리하기 위한 도식들의 사용은 이것이 사람들에게 판단들을 형성하고 의사결정들을 하도록 도와 주기 때문만이 아니라, 이것이 타인들과의 상호작용들을 위한 지침들을 제공해 주기 때문에 중요하다. 특별논의 3-3은 도식들과 행동 간의 관계에 관한 하나의 설명을 제공하고 있다. 우리는 많은 방법들로 타인들에 관해서 알게 된다. 때로는 우리는 그들을 만나기 전에 그들에 관해서 듣거나, 우리는 그들의 시초의 행동을 기초로 해서 그들이 어떤 부류의 사람들이라는 것에 관한 힌트를 가질 수 있다. 우리가 타인에 대한 인상을 어떻게 형성하는가에 관계없이, 우리는 그 사람이 어떤 사람이라는 것에 관한 생각들을 비교적 신속하게 발전시킬 것이다. 우리가 그 사람과 상대함에 따라, 이러한 생각들(도식들)은 우리의 행동에 어떤 영향을 주는가? 상당한 연구들은 사람들이 타인들에 대해서 자신이 그 타인들에 관해서 갖고 있는 신념들을 확증시키는 경향이 있는 양식들로 행동한다는 것을 시사하고 있다. 지각자들은 타인들에게 이러한 도식들을 우선적으로 뒷받침하는 정보를 유발시키기 위한 상호작용의 책략들을 사용한다(Snyder와 Gangestad, 1981).

이러한 과정은 어떻게 진행되는가? 당신이 자신의 심리학 교과목을 함께 듣고 있는 매력적인 젊은 여자인 순자가 학교의 응원반에 들어 있다는 것을 알았으며, 당신이 사교

특별논의 3-3. 도대체 당신은 무엇을 행하고 있는가? 행동의 확인

만일 당신이 잔디를 깎고 있는 것과 같은 어떤 행동을 하고 있는데, 어떤 사람이 당신에게 자신이 무엇을 하고 있는가를 묻는다면, 당신은 아마 의아한 눈초리로 그를 바라볼 것이다. 당신이 행하고 있는 것이 뻔하지 않은가? 그러나 Vallacher와 Wegner(1986)의 이론은 어떤 행동이든 간에 몇 가지 상이한 양식들로 확인될 수 있다고 주장한다. 확실히 당신은 풀을 자르고 있으며, 이것은 "당신이 무엇을 하고 있습니까?"라는 질문에 대한 가장 분명한 반응이다. 그러나 당신은 단순히 풀이 자르는 것을 필요로 하기 때문에 풀을 자르고 있을 수 있거나, 아니면 당신은 자기 아버지가 밤에 당신에게 차를 빌려주게끔 만들기 위해서 아버지의 비위를 맞추기 위해서 풀을 베고 있을 수 있다. 따라서 행동들은 비교적 낮은 수준의 행동에서 또는 어떤 목적을 달성하기 위한 더 높은 수준에서 확인될 수 있다.

행동확인이론(action identification theory)은 우리가 어떤 특정의 행동에 관해서 생각하는 양식이 행동에 대한 함축적 의미들을 갖고 있다고 주장한다. 낮은 수준에서 확인된 행동들은 더 높은 수준의 행동확인을 선호할 수도 있는 맥락효과들에 영향 받기가 쉽다. 따라서 예컨대, 만일 어떤 이웃집 사람이 지나가면서 "당신은 정원을 아름답게 만들고 있군"이라고 당신에게 말한다면, 이것은 당신에게 그저 풀을 자르고 있는 것 이상의 어떤 목표를 시사할 것이다. 이것은 당신에게 나무울타리를 손질하고 현관에 있는 새똥을 닦아내는 것과 같은 그 목표와 합치되는 행동들을 일으킬 수도 있다(Wegner 등, 1986). 이와는 반대로, 만일 당신이 처음부터 자신의 행동을 더 높은 수준에서 확인했다면(아버지가 차를 빌려 주도록 만들기 위해서 잔디를 깎는 것), 당신이 정원을 아름답게 가꾸기 위해서 일하고 있다는 이웃집 사람의 말은 당신의 행동에 덜 영향을 주게 될 것이다. 당신은 단지 "그 말은 내가 하고 있는 일의 이유가 못된다"고 스스로 생각할 수 있다.

높은 수준에서 확인된 행동들은 낮은 수준에서 확인된 행동들보다도 더 융통성이 많다. 예컨대, 만일 당신이 자신의 행동을 잔디를 깎는 것으로 명명했고 당신의 잔디깎는 기계가 기름이 떨어졌다면, 그 행동은 중단되게 될 것이다. 그러나, 만일 당신이 그 행동을 자신의 아버지를 즐겁게 만들기 위한 어떤 일을 해서 아버지가 자기의 차를 당신이 쓰도록 허락하게끔 만드는 것이라고 확인했다면, 잔디깎는 기계가 기름이 떨어진 후에도, 당신은 아버지의 차를 닦거나 나무울타리를 다듬는 것과 같은 동일한 효과를 달성시킬 수 있는 어떤 다른 일거리를 찾게 될 것이다.

성공적 행동들은 비교적 높은 수준에서 확인되고 유지되는 경향이 있는 반면에, 비성공적 행동들은 더 낮은 수준의 확인으로 떨어지는 경향이 있다 (Vallacher 등, 1987 : Vallacher 등, 1989). 예컨대, 자신의 행동이 "잔디를 깎는 것"이라는 당신의 확인은 만일 당신이 관목들과 돌멩이들을 처치하는 곤란한 일에 당면하게 되면 더 낮은 수준으로 떨어지기가 쉽다. 당신은 자신의 행동의 확인

을 잔디를 깎는 다소 더 높은 행동확인보다도 "관목을 자르려고 하는 것"이나 "돌멩이들을 길에서 빼내는 것" 쪽으로 바꿀 것이다.

행동확인이론이 갖는 함축적 의미들은 무엇인가? 때때로, 우리가 어떤 행동을 확인하는 수준은 우리에게 그 상황의 의미에 대한 충분한 체험을 못하게끔 만들 수 있다. 예컨대, 사랑하는 사람을 잃은 사람들은 흔히 사랑하는 사람의 사별에 관해서 생각하는 것이 아니라 올바른 복장을 착용하는 것과 장례식 후에 사람들을 대접하기 위한 충분한 음식이 준비될 것을 확실하게끔 만드는 것과 같은 매우 낮은 수준의 행동들에 주의를 집중함으로써 장례와 매장의 일들을 해치운다. 다른 예로서, Vallacher와 Wegner(1986)는 사람들이 범죄를 저지를 때에, 그들은 "어떤 집에서 도둑질하는 것"이라는 더 높은 수준의 행동확인보다도 "2층에 올라가는 것"과 같은 낮은 수준의 확인에 초점을 두는 경향이 있다고 주장한다. 이 두 가지 예들에서, 사람들은 자신의 행동을 낮은 수준에서 확인함으로써 자신의 행동의 완전한 불쾌한 함축적 의미들을 피할 수 있다.

적이고, 운동을 좋아하고, 열성있는 사람으로서 그녀에 대한 어떤 인상을 신속하게 형성한다고 가정하자. 그녀와 이야기를 나누는 중에, 당신은 그녀가 하고 있는 여러 스포츠들, 그녀가 금년에 참가했던 파티들, 그녀가 관람했던 게임들에 대한 그녀의 생각들 등에 관해서 질문할 수 있다. 이러한 모든 정보들은 외향적이고, 운동을 좋아하고, 놀이를 즐기는 사람으로서의 그녀에 대한 당신의 견해를 확증시키는 경향이 있다. 그러나, 그녀를 몇 주일 동안 관찰한 후에, 당신은 그녀가 실제로는 다소 수줍어하고 내향적이며, 그녀가 스포츠에 대해서는 꽤 얼간이에 속하며, 그녀가 전혀 치어리더가 아니라 오히려 유니폼의 구입들과 원정경기들에서의 수송을 담당하고 있다는 것을 알았을 수 있다. 당신은 자신이 매우 잘못 판단하게 된 것에 대해서 영문을 알지 못할 수 있다. 그러나, 이 상황을 되돌이켜 보면, 순자가 당신을 기만하기 위해서 전혀 아무런 일도 하지 않았다는 것이 드러난다. 오히려, 당신은 자신의 신념들을 지지하는 정보를 선택적으로 추구함으로써 자신을 기만했던 것이다. 고등학교 때에 몇 가지 종류의 스포츠를 하지 않았거나 적어도 몇 번의 파티들에 참석하지 않은 대학생들은 드물 것이다. 당신이 순자에게 이러한 종류의 활동들에 관해서 질문했기 때문에, 그녀가 당신에게 준 정보는 바로 이러한 것들이었으며, 이것들은 놀이를 즐기고, 운동적이며, 파티를 좋아하는 여자로서의 그녀에 대한 당신의 이미지를 촉진시켰던 것이다(Swann 등, 1982).

이러한 과정은 **확증적 가설검증**(confirmatory hypothesis testing)이라고 불리어 왔으며, 이것은 광범한 상황들 하에서 증명되어 왔다(하나의 평론을 보기 위해서는 Higgins와 Bargh, 1987 참조). 예컨대, Snyder와 Swann(1978)은 대학생 피험자들에게 그들이 다른 학생을 면접하게 될 것이라는 지시를 주었다. 절반은 그 타인이 외향적인(즉, 사교적이고 활달한지) 사람인지를 알아내라는 지시를 받았고 절반은 그 타인이 내향적인(즉, 수줍어하고 물러서는) 사람인지를 알아내라는 지시를 받았다. 그 다음에 모든 피험자들은 내향성과 외향성을 평가하는 한 세트의 질문들을 제공받았으며, 그 중에서 다른 학생에게 질문할 한 세트의 질문들을 선정하라는 지시를 받았다. 그 사람이 외향적인 사람인지를 알아내라는 지시를 받았던 학생들은 외향성 질문들(만일 당신이 어떤 파티에서 즐겁게 만들기를 원한다면 당신은 무엇을 하겠습니까?와 같은)을 우선적으로 선택했으며 그 사람이 내향적인 사람인지를 알아내라는 지시를 받았던 학생들은 내향성 질문들(당신이 다른 사람들에게 마음을 털어놓기가 정말로 어렵게끔 만드는 요인들은 무엇입니까?와 같은)을 선택했다. 이렇게 되어서, 이러한 질문들은 단지 표적인물들이 자신이 질문받았던 질문들에 답변했기 때문에 그들을 각각 특별하게 외향적이거나 내향적으로 보이게끔 만들었다(또한 Curtis와 Miller, 1986 참조).

비록 몇 개의 연구들이 확증적 가설검증에 대한 증거를 발견해 왔을지라도, 사람들이 어떤 가설을 주된 질문들을 통해서 선택적으로 확증하는 경향이 적은 조건들이 있다. 어떤 정반대되는 가설을 갖고 있거나 타당한 정보에 대한 어떤 욕구를 갖고 있는 것은 사람들이 가설들을 선택적으로 확증하는 정도를 감소시킨다(Kruglanski와 Mayseless, 1988; Skov와 Sherman, 1986; Trope와 Mackie, 1987). 예컨대, 사람들이 장차 어떤 표적인물과 함께 일해야만 된다고 기대할 때, 그들은 더 나은 질문들을 제시하며, 자신의 사전 기대들을 선택적으로 확증하는 질문제시방법들을 사용하는 경향이 더 적다(Darley 등, 1988).

때로는 어떤 개인에 대해서 당신이 갖고 있는 어떤 사전 도식이 그 사람에게 당신이 묻거나 찾는 정보의 종류에 영향을 줄 뿐만 아니라 그 타인의 실제의 행동들과 자기인상들에도 영향을 줄 것이다. 다른 사람에 대한 어떤 지각자의 잘못된 기대들이 바로 그 타인으로 하여금 그와 같은 기대받은 속성들과 행동들을 채택하게끔 만들 때, 이것은 일종의 자기이행적 예언(self-fulfilling prophecy)이라고 불리고 있다(도 3-3 참조).

예컨대, Snyder 등(1977)은 남자 대학생들에게 대학 내에 있는 여학생에 관한 서류철을 주었는데, 이것은 사진을 포함하고 있어서, 이 여학생이 매우 매력있거나 매력없다는 것을 나타냈다. 실제에 있어서, 이 사진들은 가짜이어서 실제의 인물들의 사진과는 관계없이 아무렇게나 첨부된 것이었다. 그 다음에 각 학생은 자신이 방금 서류철에서 읽었던 여학생에게 전화를 걸어서 10분 동안 이야기하도록 요구받았다. 이 대화들에 대해서 녹음이 이루어졌다. 자신이 매력있는 여학생과 이야기하고 있다고 믿었던 남학생들은 매력없는 여학생과 이야기한다고 믿었던 남학생들보다도 전화상으로 더 온정적으로 행동했다. 이것보다도 더 괄목할 만하게, 매우 매력있는 것으로서 배역이 잘못되었던 그 여학생들은 매력없는 것으로서 배역이 잘못되었던 여학생들보다도 그 녹음테이프들을 판단하고 있는 다른 학생들에 의해서 자기들의 남학생들과의 상대에서 더 친절하고, 호감이 가고, 사교적이라고 지각되었다. 이와 같은 종류의 자기이행적 예언들은 광범하게 증명되어 왔다(예컨대, Curtis와 Miller, 1986; 하나의 평론을 보기 위해서는 Darley와 Fazio, 1980 참조).

지금까지의 논의가 갖고 있는 함축은 도식들이 매우 강력해서 도식들은 환경 내의 정보가 어떻게 해석되고 있는가에 영향을 줄 뿐만 아니라, 그 도식과 일치되게끔 환경에다가 압력을 가하는 데에도 또한 도움을 준다는 것이다. 분명히, 이것이 항상 일어나지는 않는다. 예컨대, 때로는 사람들은 타인들이 자기 자신에 대해서 해당되지 않는다고 느끼는 타인들에 관한 신념들을 갖고 있다. 결과적으로, 그 타인들은 그들이 느끼고 있는 바가 잘못된 생각이라는 것을 알게끔 만들려는 동기를 갖게 될 수 있다. 예컨대, 만일 당신이 높이 평가하고 있는 어떤 교수가 당신이 자신의 몇 명의 친구들과 어리석은 못된 장난을 치는 것을 보았다면, 당신은 그 교수가 당신을 경시하는 것을 고쳐 줄 동기가 매우 높을 수 있을 것이다.

이와 같은 경우들에서 누구의 견해가 승리하게 될 것인가? 승리하는 것은 지각자의 잘못된 생각들인가 아니면 표적의 자기에 대한 생각들인가? Swann과 Ely(1984)의 연구는 지각자들의 기대들과 표적의 자기개념들의 확실성을 고려함으로써 이러한 의문을 취급하고자 했다. 지각자들은 먼저 표적인물의 자기개념들과 불일치되는, 표적인물들에 대한 비교적 확실하거나 불확실한 기대들을 형성했다. 따라서 예컨대, 몇몇의 지각자들은 표적인물이 외향적이라고(표적인물은 실제로 자기가 내향적이라고 지각했을 때에) 믿게끔 만들어진 반면에, 다른 지각자들은 그 표적인물이 내향적이라고(표적인물이 자신을 외향적이라고 생각했을 때) 믿게끔 만들어졌다. 그 다음에 지각자들은 표적인물들과 상호작용했는데, 이 인물은 자신의 내향성이나 외향성에 대해서 비교적 확실하거나 비교적 불확실한 자기개념들을 갖고 있었다.

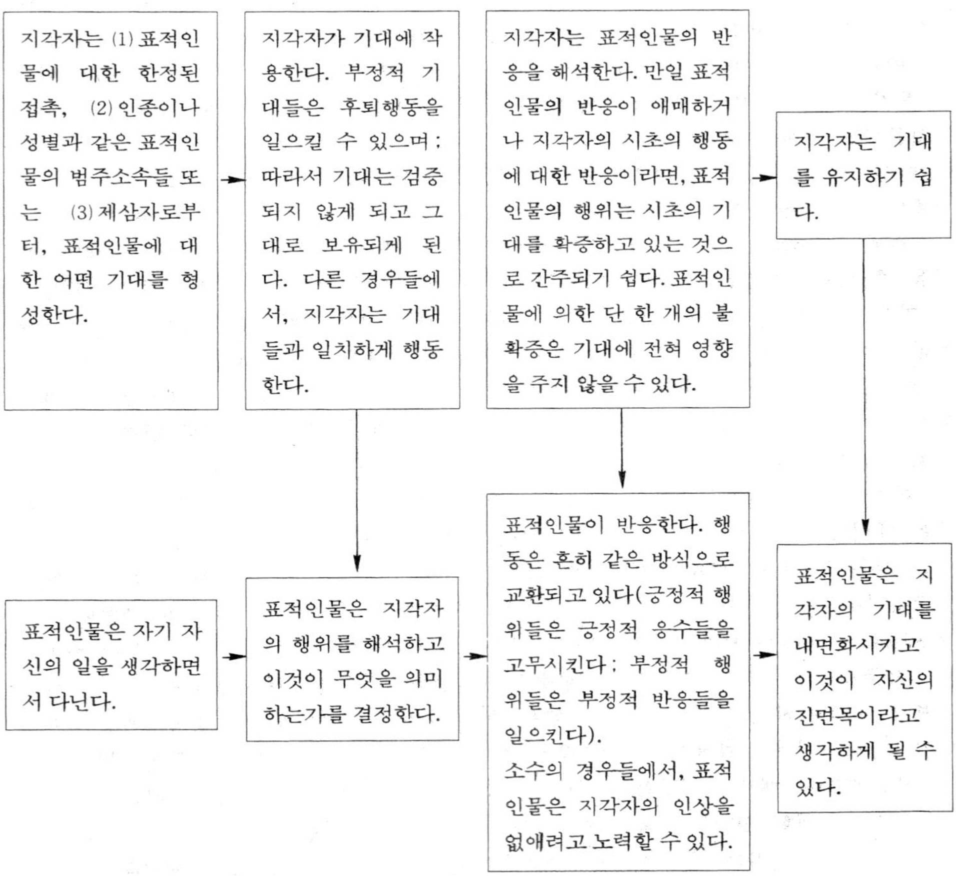

도 3-3. 자기이행적 예언의 발생(Darley와 Fazio, 1980에 의거됨.)

그 결과들은 지각자의 표적인물에 대한 종국적 의견에 대해 표적인물의 자기개념이 지각자의 기대보다도 더 강력한 결정요인이라는 것을 나타냈다. 즉, 그들이 함께 상호작용한 후에 지각자들의 표적인물들에 대한 인상들은 지각자들의 시초의 기대들보다도 표적인물들의 자기개념들과 더 일치되었다. 표적인물들이 자기들의 내향성이나 외향성에 대해서 불확실했고 지각자들이 자기들의 기대들에 대해서 확실했을 때에만 행동적 확증이 일어났다. 즉, 지각자들이 확실했고 표적들이 자기들의 속성들에 대해서 불확실했을 때, 지각자들의 기대들이 승리하는 경향이 있었다. 따라서, 일반적인 요점은 지각자들의 기대들이 표적인물의 행동에 대해서 어떤 영향을 줄 수 있다는 것이다. 그러나 이것들은 표적인물들에게 자신들의 자기개념들과 배치되는 식으로 행위하도록 만들지는 않는다 (Miller와 Turnbull, 1986 : Higgins와 Bargh, 1987 : Major 등, 1988).

따라서 전체적으로, 도식들과 도식적 처리는 몇 가지 이유들로 중요하다. 이것들은 사람들에게 자신의 과거경험들을 새로운 상황들에서 도움이 될 수 있는 양식으로 조직화시키는 데에 도움을 준다. 이것들은 무엇이 관련있는가를 결정지음으로써, 간격들을 메꿈으로써, 회상되는 내용에 영향을 줌으로써, 그리고 어떤 추론들을 자동적으로 행함으로써, 새로운 정보의 처리에서 도움을 준다. 그리고 이것들은 사회적 상호작용 속에서의 행동을 위한 효과적 지침들로서 작용할 수 있다.

요 약

1. 사회적 인지는 사람들이 환경 내에 있는 사회적 정보로부터 어떻게 추론들을 형성하는가를 취급하는 사회심리학의 한 분야이다.

2. 우리가 사람들이 어떻게 인상을 만들고 추론을 형성하는가를 검토하고 이러한 과정들을 이러한 과제들을 달성하기 위한 합리적 모형들과 비교할 때, 우리는 사회적 지각자들이 자신의 판단들에서 어떤 착오들과 편향들을 저지르는 성향이 있다는 것을 발견한다. 특히, 사전의 기대들과 이론들은 판단과정에서 큰 비중을 차지한다.

3. 이러한 예언가능한 착오들과 편향들은 사람들이 그들이 당면하는 수많은 정보들을 처리하기 위해서 비교적 신속하고 효과적으로 판단들을 해야만 될 필요가 있다는 사실로부터 생겨나는 것 같다.

4. 도식들이라고 하는 인지구조들은 우리가 세상에 관한 정보를 조직화하는 것을 돕는다. 도식들은 정보처리를 보다 더 효율성있고 신속하게 해 주고, 회상을 도와 주고, 누락된 정보를 메워 주고, 기대들을 제공해 준다. 그러나 이것들은 때때로 잘못된 정보로 메우거나, 우리로 하여금 훌륭하기는 하지만 비일관된 증거를 거부하게끔 만든다.

5. 접근지침들은 환경 내의 정보를 도식들에 관련지우는 것을 돕는 지름길들이다. 접근지침들은 복잡하거나 애매한 문제들을 보다 더 단순한 판단적 조작들로 축소시킨다.

6. 정보를 해석하는 데에 사용될 가능성이 가장 큰 도식들은 그 정보의 자연적 윤곽선들과 걸맞는 것들이다. 이 이외에도, 어떤 사회적 지각자가 어느 도식들을 사용하는

가는 특출성, 목표들, 준비성 및 개인차들에 의해서 영향받고 있다.

7. 사람들은 때로는 특히 그들이 매우 정확하게 될 필요가 있거나, 자신의 판단에 대한 책임을 지게 되거나, 자신의 장차의 결과가 자신의 판단에 달려 있을 경우에, 자신의 도식보다도 증거에 더 많은 주의를 기울인다.
8. 도식들은 사람들에게 판단들을 형성하고 의사결정들을 행하는 데에 도움을 줄 뿐만 아니라 타인들과의 상호작용들을 위한 지침들을 제공해 준다. 어떤 경우들에서, 도식들은 매우 강력해서 자기이행적 예언들을 일으킬 수 있다.

제 4 장

귀　　　인

최근에 김포공항에서 여행자들은 괴상한 장면을 목격하게 되었다. 비행기를 기다리고 있는 듯한 서류가방을 들은 정장을 한 어떤 남자에게 회색 양복을 입은 두 명의 남자가 다가가서 신분증을 보여 주면서, 그의 신분증을 보자고 요구했다. 그의 신분증을 살펴보고 나서, 그들은 그에게 수갑을 채웠고, 그의 서류가방을 압수했고, 그를 데리고 갔다. 마찬가지로 그 비행기를 기다리고 있던 승객들은 자기들끼리 왁자지껄 이야기하기 시작했는데, 이것은 대기실에 있는 서로 낯모르는 이들에 대해서는 특이한 행동이었다. 회색 양복을 입은 두 남자는 누구이었는가? 대화를 들은 사람은 있었는가? 서류가방 속에는 무엇이 있었는가? 그것은 폭탄이었을까? 그것은 약물들이었을까? 대기하고 있던 승객들은 비행기가 도착해서 자기들이 모두 이륙한지 오랜 뒤에도 서로 정보를 나누었고 그 특이한 사건의 원인들에 관해서 생각했다.

흔히 우리는 자신이 어떤 사건에 당면할 때에 스스로 그 "이유"를 묻는다. 어떤 원인 설명을 규명하는 과정은 이 과제의 복잡성을 드러내 준다. 대개 우리는 사람들의 내부상태에 관한 직접적 정보를 갖고 있지 않다. 우리는 단지 그들의 안면표정이나 제스처, 그 사람의 내부상태에 관해 그 사람이 말하는 것, 만일 있다면 그 사람의 과거 행동에 관해서 우리가 알고 있는 것 등과 같은 한정된 단서들을 접하게 된다. 따라서 우리는 외부단서들에 의해서 제공된 간접적 정보에 근거해서 추론을 해야만 된다. 따라서 행동에 대한 우리의 원인설명은 이와 같은 단서들로부터 추론되어야만 된다. 이와 같은 과정은 **귀인**(attribution)이라고 일컬어지고 있다.

귀인이 이루어지는 시기

사람들은 언제 이러한 "왜?"라고 묻게 되는 과정에 들어가게 될까? 비록 인간이 호기심이 많은 동물들이라고 상정되고는 있지만, 그들은 일어나는 모든 일들에 대해서 이유를 물으려고 들지는 않는다. 그들은 아침에 깨어나서 왜 태양이 떠오르는가를 묻지는 않으며, 텔레비전에서 권투선수가 왜 권투장갑을 끼고 있는가를 묻지 않으며, 그들이 타고 있는 버스가 빨강신호등에서 파랑신호등으로 바뀐 후에 왜 움직이기 시작하는가를 묻지는 않는다. 대부분의 자연적인 일들과 인간 행위들은 올바른 원인귀속을 찾아 내기 위한 많은 인지적 노력을 자극시키지는 않을 것이다. 어떤 조건들 하에서 우리는 원인을 적극적으로 탐색하는가?

시초의 예가 시사하는 바와 같이, 사람들은 어떤 기대치 못했거나 특이한 일이 일어날 때에 "왜"라는 질문을 하는 경향이 있다(Hastie, 1984 ; Wong과 Weiner, 1981). 기대치 못한 사건들은 불쾌한 놀라움들을 방지하기 위해서 그리고 어떤 단순하고도 예측가능한 세상이 사람들의 추론들을 거의 자동적으로 이루어지게끔 해 주는 편이성을 갖고 있기 때문에, 더 큰 예측가능성에 대한 욕구를 일으킨다. 그 결과로, 사람들은 아침에 해가 뜨는 것이나 밤에 달이 뜨는 것과 같이 기대된 사건들에 관해서 "왜"라는 질문을 하지 않는 경향이 있다. 신문독자들, 정부관리들 및 사회과학자들은 인종폭동이나 학생소요와 같이 어떤 갑작스럽고 기대치 못한 사건이 일어날 때에 해답을 원하지만, 일들이 평상시처럼 잘 되어 갈 때에는 원하지 않는다. 예컨대, 수백 명의 인명을 앗아간 1993년의 서해 훼리호 침몰사건, 열차전복사건, 여객기 추락사건 등과 같은 대형사고들이 일어났을 때, 매스미디어들은 사고의 원인들에 관해서 많은 지면과 시간을 사용했다.

나쁘고, 고통스럽고, 불쾌한 일들이 또한 원인귀속들에 대한 탐색을 자극시킨다(Bohner 등, 1988). 이 점을 예시하기 위해서, 최근의 한 연구는 결혼치료를 받기 위해서 한 치료소에 왔던 고통을 당하는 부부들을 고려했다. 모든 부부들은 자기들의 결혼생활에서 일어났던 다양한 긍정적이거나 부정적 사건들과 이것들이 얼마나 자주 일어났는가를 표로 만들도록 요구받았다. 그 다음에 그들은 이러한 사건들에 대한 자신의 생각들을 질문받았으며, 이것들은 인과적 귀속들의 존재의 측면에서 부호화되었다. 그들은 대부분의 귀인적 사고들이 대부분의 고통스러운 사건들, 즉 자기의 배우자의 빈번한 부정적 행동들, 또는 자신의 드문 긍정적 행동들에 대해서 이루어졌다는 것을 발견했다(Holtzworth-Munroe와 Jacobson, 1985). 예컨대, "그는 항상 저녁식사 때에 늦는다"는 빈번한 사건은 "그가 단지 시간을 지키는 사람이 아니기 때문에"라는 부수적 사고를 일으킬 수 있으며, 이 사고는 그의 늦음을 그의 성격의 탓에 귀속시키고 있다. 친밀한 관계들에서, 갈등은 두 파트너들에게 그 문제의 원인들을 찾고 흔히 경쟁이 되는 설명들을 교환하기까지 하도록 빈번하게 자극시킨다(Orvis, Kelley 및 Butler, 1976).

놀랄 것도 없이, 인생에서 가장 심하게 고통을 주는 사건들은 인과적 설명에 대한 가장 큰 탐색을 자극한다. Taylor 등(1984)은 암 피해자들의 한 표본 중의 95%가 자기들의 병의 원인에 관해서 귀인을 했다는 것을 발견했다. 병이 보다 덜 고통스러운 것 같은 환자들의 가족들 중에서는 단지 70%가 그러한 귀인을 했다. Bulman과 Wortman(1977)은 척수상해로 절름발이가 된 하반신 불구자들의 그 상해가 왜 자기들에게 일어났는가를 분석해 보려는 노력을 예리하게 증명했다. 대부분의 부상들은 불가피한 사고의 결과로 생긴 것이었지만, 피해자들은 아직도 다소 더 분명한 설명을 바랐다.

귀인이 중요한 이유

원인귀속들은 몇 가지 이유로 중요하다. 첫째로, 귀인들은 사람들에게 환경을 예측하고 통제하는 것을 도와 준다. 기대치 못했거나 부정적 사건들이 기대했거나 긍정적 사건들보다도 더 많은 원인설명을 일으키는 이유는 사람들이 장차 이러한 종류의 사건들을 피하거나, 방지하거나, 적어도 예상할 수 있게 되는 것을 필요로 한다는 것이다. 따라서, 원인귀속들은 환경을 예측하고 통제하려는 보다 더 일반적 욕구들과 합치된다(Kelley, 1972 ; Pyszczynski와 Greenberg, 1981 ; Bohner 등, 1988).

원인귀속들은 또한 이것들이 우리의 감정들, 태도들 및 행동들을 결정짓기 때문에 중요하다. 예컨대, Weiner(1986)에 의하면, 분노는 대개 우리에게 어떤 부정적인 것이 일어나고 우리가 이것을 어떤 사람의 통제하에 있다고 지각할 때에 일어난다. 예컨대, 만일 당신이 보도에 서있고 어떤 차가 휙 지나가면서 당신에게 온통 흙탕물을 튀겼다면, 당신은 만일 당신이 그 운전자가 당신에게 흙탕물을 튀기는 것을 피할 수 있었다고 생각된다면 분노를 느끼게 될 것이다. 당신은 만일 그곳이 길이 좁고 운전자가 어찌할 도리가 없었다면 덜 분노를 느끼게 될 것이다. 동정심은 어떤 사람에 대해서 부정적 사건이 일어나고 아무도 그것을 통제할 수 없었을 때에 일어난다. 당신은 다발성 경화증을 가진 어떤 사람에 대해 불쌍하게 느낄 것이다 : 아무도 그 병을 방지할 수 없었을 것이다. 다른 정서들도 우리가 보게 되는 바와 같이, 귀인들로부터 직접 생긴다.

미래에 대한 우리의 기대들은 또한 과거의 일들에 대한 귀인들에 의해서 영향받는다. 우리가 과거의 성공들을 능력에 귀인시킬 때, 우리는 장차의 성공들을 기대하기 쉽다(Weiner, 1986). 만일 우리가 고등학교 때의 국어과목에 대한 우수한 성적을 문학적 분석에 대한 어떤 선천적 재능에 귀인시킨다면, 우리는 대학에서의 유사한 성공에 대해 보다 더 낙관적으로 될 것이다. 그러나, 만일 우리가 그러한 과거의 우수한 성적을 점수를 후하게 주는 교사들에게 귀인시킨다면, 우리는 그 후에 그와 같은 높은 성적을 기대하지 않게 되기 쉽다.

귀인들은 기대들과 정서들뿐만 아니라 장차의 수행에 대해 분명히 영향을 준다. 예컨대, Dweck(1975)은 아동들에게 자기 자신의 행동들에 대해 내부귀인을 하도록 훈련시키는 것, 예컨대 그들을 성공들과 실패들이 그들 자신이 과제에 투입한 노력의 양에서 생기는 것으로 설명하도록 훈련시키는 것이 그들을 장차 더 열심히 공부하도록 만들어서 성공의 가능성을 증가시킬 수 있다는 것을 증명했다.

이것들과 기타 수많은 방식들로, 행동의 원인들에 대한 우리의 이해는 사회적 세계에 대한 우리의 반응들의 결정적인 매개요인들이다. 호감, 공격, 도움, 동조 등과 같은 타인들에 대한 우리의 반응들은 흔히 우리가 세상을 어떻게 해석하는가와 우리가 주위에서 일어나는 일들에 대해서 행하는 원인귀속들에 달려 있다.

원인귀속의 기본원리들

비록 귀인과정에 대한 상이한 접근들이 있을지라도, 이것들은 귀인이론(attribution theory)이라고 하는 하나의 공통적 세트의 기본원리들에 입각하고 있다.

Heider 의 상식심리학

귀인에 관한 이론은 Heider(1958)에서부터 시작되었다. 그는 사람들이 일상생활에서 무엇이 무엇을 일으킨다는 데 대해서 어떻게 생각하고 있는가에 흥미를 느꼈다. 사회심리학의 인지적 전통을 따르는 대부분의 사람들처럼, 그는 모든 인간에게 두 가지 강력한 동기가 있다는 것을 제안했다. 즉, 세상에 대해 조리있는 이해를 하려는 욕구와 환경을 통제하려는 욕구이다.

이러한 동기들을 충족시키는 데에 필수적인 것들 중의 하나는 사람들이 어떻게 행동하려고 하는가를 예측하는 능력이다. 만일 우리가 타인들이 장차 하려고 하는 행동을 예측할 수 없다면, 우리는 세상을 제멋대로 되고, 놀랍고, 조리가 없는 것으로 보게 될 것이다. 우리는 자신의 일의 수행에 대해서 보수를 받게 될지 처벌을 받게 될지를 모르고, 친구에게서 호의를 받게 될지 주먹다짐을 받게 될지를 모를 것이다.

이와 비슷하게, 자신의 환경에 대한 만족스런 수준의 통제력을 갖기 위해서, 우리는 타인들의 행동을 예언할 수 있어야만 된다. 사고를 피하기 위해서, 우리는 커다란 트럭이 우리의 차 앞 범버로 갑자기 U 회전을 하지는 않는다는 것을 예측할 필요가 있다. 우리의 다이어트를 조절하기 위해서, 우리는 식당에서 주문할 때에 한 양푼의 돼지불고기를 갑자기 제공받기보다도 간단한 샌드위치를 먹을 것을 기대할 수 있을 필요가 있다.

타인들이 어떻게 행동하려고 하는가를 예측할 수 있기 위해서는 우리는 인간 행동에 관한 다소의 기초이론을 갖고 있을 필요가 있다. Heider 는 심리학자들 뿐만 아니라 모든 사람들이 타인들의 행동에 대한 설명을 찾는다는 것을 제안했다. 그는 그 결과를 상식 심리학(naive psychology), 즉 각각의 보통 사람들이 가지고 있는 인간 행동에 대한 하나의 일반이론이라고 일컬었다.

원인의 차원들

원인의 부위 대부분의 인과지각들에서 핵심적인 문제는 어떤 특정의 행위를 내부상태들이나 외부압력들에 귀인시킬 것인가이다. 즉, "원인의 부위"는 무엇인가? 당신은 강의실에서 당신 옆에 앉은 여학생에게 이번 주말에 영화구경을 가자고 요구했으나, 그녀는 바쁘다고 대답했다. 그녀의 거절의 "진정한" 원인은 무엇인가? 이것은 당신에 대한 그녀의 매력의 부족이나 어떤 다른 일을 하는 것에 대한 그녀의 흥미와 같은 어떤 내부상태에 기인되었을 수 있다. 그렇지 않으면, 이것은 그녀가 실제로 어떤 다른 해야만 될 일을 갖고 있는 것과 같은 어떤 외부요인에 기인되었을 수 있다. 내부귀인들(internal attributions)은 기분들, 태도들, 성격특성들, 능력들, 건강, 기회들이나 소망들과 같은 개인에 대해서 내부적인 모든 원인들을 포함한다. **외부귀인들**(external attributions)은 타인들로부터의 압력, 금전, 사회적 상황의 성질, 날씨 등과 같은 개인에 대해서 외부적인 모든 원인들을 포함한다. 이 여자는 정말로 바쁜가(하나의 외부귀인), 아니면 그녀는 단지 당신과의 데이트에 관심이 없다고 결정지었는가(하나의 내부귀인)?

안정성과 불안정성　원인의 두번째 차원은 원인이 **안정성있는**(stable) 것인지 아니면 **안정성없는**(unstable) 것인지 이다. 즉, 우리는 원인이 그러한 외부환경이나 사람의 내부성향들의 비교적 영속적인 특징에 있는지의 여부를 알 필요가 있다. 어떤 외부원인들은 규칙과 법률(빨강신호등일 때에 달리는 것, 또는 매우 잘하는 상대편 쿼터백의 공을 던지는 팔을 부러뜨리는 것에 대한 금지)이나 직업적 역할(대학교수는 언제나 강의를 하도록 요구받고 있다)과 같이 매우 안정성있다.

다른 외부원인들은 매우 불안정하다. 날씨는 우리가 토요일을 쇼핑하면서 보낼 것인지 아니면 집에서 독서하면서 보낼 것인지에 상당히 영향을 주지만, 매우 변화된다. 때로는 어떤 야구투수는 매번 원하는 대로 공을 던지며, 때로는 그의 콘트롤이 좋지 않아서 그의 투구는 타자에게 맞기가 쉬운 쪽으로 나간다. 따라서 타자들의 성공은 불안정하고도 외부적인 원인에 의해서 통제받게 된다. 어떤 직업들은 직업보유자에게 부과하는 외부요구들이 크게 다르다. 장군이 되는 것은 평화시와 전시에 그 사람에 대해서 아주 상이한 외부압력들을 부과한다.

내부원인들도 또한 안정성있거나 불안정할 수 있다. 어떤 코미디언은 거의 항상 익살맞은 말을 하는 천재성을 지니고 있다. 그의 유머에 대한 재능은 매우 안정적이다. 한편, 햄릿은 자기의 계부에 대해서 어떻게 해야 될지에 관해서 안정된 해결책이 부족하기로 유명하다. 어떤 야구선수들은 연속해서 기가 차게 훌륭한 솜씨를 보이다가 엄청난 슬럼프에 빠지게 된다. 평균적으로 그들은 매우 재능있지만, 그 재능은 매우 불안정한 것 같다.

이와 비슷하게, 성취의 분야에서 특정 과제에 대한 어떤 학생의 성공이나 실패는 능력(내부적이고 비교적 안정적임), 노력(내부적이고 대개 상당히 불안정함), 운(외부적이고 불안정함) 또는 과제곤란도(외부적이고 안정적임)에 귀인될 수 있다.

통제가능성　Weiner(1982, 1986)에 의하면, 세번째의 일반적인 귀인차원은 **통제가능성**(controllability)이다. 우리는 어떤 원인들은 개인의 통제력 내에 있는 것으로서, 그리고 다른 원인들은 통제력 밖에 있는 것으로서 지각한다. 표 4-1이 보이는 바와 같이, 통제가능성이나 통제불가능성의 지각은 통제부위와 안정성의 어떠한 조합에 대해서도 공존할 수 있다. 예컨대, 일시적 노력과 같은 내부적인 불안정한 원인은 일반적으로 통제가능한 것으로서 간주된다. 어떤 학생은 열심히 노력하거나 노력하지 않는 것을 스스로 결정할 수 있다.

그러나 능력과 같은 안정된 내부원인은 대개 통제불가능한 것으로 간주되게 된다. "선천적인 천재"는 그러한 능력을 타고난 사람이다. 이와 비슷하게, 하나의 외부적인 불안정한 요인인 운(運)은 또한 대개 통제불가능한 것으로 간주되는 반면에, 비록 외부적

표 4-1. 위치, 안정성 및 통제가능성에 따른 성취결과들에 대한 가능한 원인들

	내 부		외 부	
통제가능성	안정	불안정	안정	불안정
통제가능	기울인 전형적 노력	(이 특정의 과제에 대해서) 기울인 일시적 노력	어떤 유형의 교사의 편향들	타인들로부터의 뜻밖의 도움
통제불가능	능력	기분	과업곤란도	운

자료원: Rosenbaum(1972), p. 21과 Weiner(1979)에서 개작됨.

이고 불안정한 것이기는 하지만 타인들로부터의 뜻밖의 도움은 아마 타인들의 통제력하에 있을 것이다.

이러한 원인귀속의 세 가지 차원들은 사람들이 결과들을 설명하는 데에 가장 흔히 사용하는 것들인 것 같다(Meyer와 Koebl, 1982). 이것들은 사람들이 타인의 도움의 요청을 어떻게 이해하는가(Schmidt와 Weiner, 1988), 사람들이 후천성 면역결핍증(AIDS)과 같은 낙인들을 지니고 있는 타인들을 어떻게 보는가(Weiner, 1988) 및 사람들이 스포츠경기들의 결과를 어떻게 해석하는가(Tannenbaum과 Furst, 1986) 등에 대한 설명을 도와 준다.

귀인의 양식

상식적 과학자

Kelley는 가장 공식적이고도 포괄적인 귀인분석을 내놓아 왔으며, 그는 이것을 **공변모형**(covariation model)이라고 일컬었다. **공변원리**(covariation principle)는 우리가 많은 상이한 조건들에 걸쳐서 어떤 특정의 효과와 어떤 특정의 원인 사이의 연결을 찾는 경향이 있다는 것을 의미한다. 만일 어떤 특정의 원인이 많은 상이한 상황들에서 어떤 특정의 효과와 연합되어 있고, 만일 그 효과가 그 원인이 없이 일어나지 않는다면, 우리는 그 효과를 그 원인에 돌리게 된다. 그 원인은 항상 그 효과와 공변한다. 그 원인이 존재할 때에는 언제나 그 효과가 존재한다. 그리고 그 원인이 없을 때에는 언제나 그 효과가 존재하지 않는다.

당신의 한방 친구가 시험들 직전에는 모든 일에 대해서 꾀까다롭고 불평을 하게 되지만, 그 나머지 시간에서는 아주 유쾌하다고 가정하자. 당신은 그녀가 일반적으로 꾀까다롭다고, 즉 그녀가 일반적으로 꾀까다로운 성격을 갖고 있다고 결론을 내리는가? 아마 그렇지는 않을 것이다. 그 대신에, 우리는 그녀의 불평들을 그녀가 일반적으로 성마른 성격이라는 것보다도 시험들에 연관된 긴장들에 귀인시킬 것이다. 그녀의 꾀까다로움은 거의 항상 시험들과 연관되어 있고 시험들이 없을 경우에는 일어나지 않으며, 따라서 당신

은 그것을 그녀의 성격이 아니라 시험들에 귀인시킨다. 물론, 이러한 공변원리는 과학자들이 사용하고 있는 과학적 방법과 똑같다. 과학자도 또한 어떤 특정의 요인이 여러 상이한 조건들에 걸쳐서 어떤 특정의 효과와 연관되어 있다는 것을 관찰함으로써 인과관계에 대한 판단을 하게 된다.

바로 이것이 Kelley의 모형이 상식적 과학자모형이라고 불리고 있는 이유이다. 비록 대부분의 사람들이 과학자는 아니지만, 우리는 인과관계를 추론하기 위해서 공변과 같은 어떤 과학적 원리들을 사용할 수 있다. 특별논의 4-1은 이러한 원리들의 몇 가지를 더 자세하게 기술하고 있다.

Kelley는 사람들이 원인귀속에 이르기 위해서 세 가지 특수한 형태의 정보를 사용한다고 제안했다. 사람들은 동일한 효과가 (1) 자극대상들(stimulus objects), (2) 행위자들(actors) 또는 사람들 및 (3) 맥락들(contexts)에 걸쳐서 일어나는지의 여부를 알아보기 위해서 점검한다. 이것은 아마 간단한 예를 들면, 쉽게 이해될 것이다. 우리의 친구인 영자가 어느 날 직장에 출근해서 우리에게 자기가 전날 밤에 어떤 지방 나이트클럽에 갔었다고 말한다. 그녀는 우리에게 그 쇼가 한 코미디언을 주연시켰다고 말했다. 그녀는 그의 농담에 배꼽을 잡고 웃었고, 실제로 그는 그녀가 근래에 본 것들 중에서 가장 재미있는 사람으로 생각되었다고 말했다. 그녀는 우리에게 꼭 그를 보러 가라고 말했다.

특별논의 4-1. 시간과 공간상의 근접성에 달려 있는 지각된 원인과 효과

공변과 따라서 인과성에 대한 판단들에 이르는 하나의 관건요인은 시간과 아울러 공간상에서의 원인과 효과의 근접성이다. 만일 우리가 어떤 사람이 총을 쏘고 직후에 가까이 있는 다른 사람이 쓰러지는 것을 목격한다면, 우리는 총을 쏜 것이 쓰러짐을 일으켰다고 결론짓기 쉽다. 그러나, 만일 후자가 5분 뒤에 쓰러지고 1 km 떨어져 있다면, 우리는 비록 총을 쏜 것이 실제로 쓰러짐을 일으켰을지라도, 인과적 연관을 짓는 경향이 적을 것이다. Johnson과 Drobny(1985)는 원인추론을 일으키는 데에 있어서 이러한 시간적 및 공간적 근접성의 중요성을 증명했다. 그들은 모의 배심원상황들에서 원인과 효과의 근접성을 변화시켰는데, 여기에서 한 사업가가 총을 쏜 것에 기인되는 과실과 책임에 대한 재판을 받고 있었다. 높은 근접성의 사건에서, 어떤 행실이 나쁜 사람이 그 가방 속에 권총이 들어 있고 공항에 있었던 그 사업가의 서류가방을 훔쳤고 그 직후에 택시운전사를 쏘았다. 비교되는 낮은 근접성의 사건에서, 한 공항 경비원이 동일한 분실된 서류가방을 분실물취급소로 가져갔고, 그 다음에 어떤 행실이 나쁜 사람이 총을 훔친 후에 택시운전사를 쏘았다. 배심원들은 비록 그 사업가 자신의 행위들이 두 사건에서 동일했을지라도, 높은 근접성의 사건에서 그 사업가가 더 많은 통제력, 과실 및 따라서 책임성을 갖고 있는 것으로 평정했다. 다시 말해서, 그들은 그를 높은 근접성의 사건에서 더 원인적으로 책임이 있다고 지각했다.

우리는 그녀가 배꼽을 빼고 웃은 것에 대해서 어떤 귀인을 원한다. 만일 원인이 그 코미디언이 정말로 매우 웃기는 데에 있었다면, 우리는 그녀의 충고를 따라야만 될 것이다. 그러나 만일 원인이 영자 자신이나 그날 밤의 상황의 어떤 특이한 것에 있었다면, 우리는 그녀의 말에 좇아서 가지는 않을 것이다. 즉, 우리는 그녀의 행동이 자극대상(코미디언)이나, 행위자(메어리)나, 맥락(그녀와 함께 있었던 사람들, 마실 것들)에 특유한 어떤 것에 의해서 일어났는지를 결정하고자 한다.

Kelley는 우리가 각각의 차원을 차례로 점검함으로써 어떤 귀인을 탐색할 것이라고 시사했다. 이것은 우리 스스로 다음과 같은 세 개의 질문들에 대답하는 것을 포함하고 있다.

즉, (1) 그 행동은 특정의 자극대상에 특유한가? 영자는 코미디언이라면 누구에 대해서든 항상 웃었는가, 아니면 이 코미디언에 대해서만 이례적으로 정말로 심하게 웃었는가? (2) 그 행동은 특정의 행위자에 특유한가? 우리는 다른 사람들로부터 동일한 보고를 들었는가, 아니면 영자가 이 특정의 코미디언에 대해 웃은 유일한 인물인가? (3) 그 행동은 특정의 맥락이나 경우에 특유한가? 그녀는 이 코미디언을 구경하러 갈 때마다 웃었는가, 아니면 사람이 빽빽이 있고 가장 친한 친구가 있고 보통 때보다도 한 잔 더 마셨을 때에만 웃었는가?

Kelley의 이론은 사람들이 귀인에 도달하려고 노력함에 있어서 이러한 세 종류의 정보를 모두 사용한다고 시사했다: 즉, (1) **특이성 정보**(distinctiveness information)—그 사람은 다른 자극대상들에 대해서가 아니라, 이 자극대상에 대해서만 이런 식으로 행동하는가? 영자의 반응은 이 특정의 대상에 대해서 특이한가? (2) **일치성 정보**(consensus information)—다른 사람들도 그 상황에서 동일한 양식으로 행동하는가? 다른 사람들도 마찬가지로 그 코미디언을 좋아했는가? (3) **일관성 정보**(consistency information)—이 사람은 다른 때들이나 다른 상황들에서도 동일한 양식으로 반응하는가? 영자는 이번의 한 경우에서만 이 코미디언에 대해 이런 양식으로 반응했는가?

Kelley는 이러한 과정이 우리가 어떤 특정의 효과를 어떤 특정의 원인에 귀속시킬 때에 일어난다는 가설을 세웠다. 우리는 이러한 세 개의 차원들에 따라 자신의 저장된 정보를 신속하게 검토한다. 그 검토는 심사숙고하고 의식적인 것이기보다도 자동적이고 은연적일 수 있지만, 그래도 우리는 우리가 알고 있는 바를 검토한다.

외부귀인이 이루어지기 위해서는, 즉 코미디언의 연기능력이 영자의 웃음의 진정한 원인이 되기 위해서는 세 개의 모든 검사들이 적절한 양식으로 통과되어야만 된다. 즉, 높은 특이성, 높은 일치성 및 높은 일관성이 있어야만 된다. 그녀의 반응은 그 코미디언에 대해서 특이하고 다른 코미디언들에 대해서는 특이하지 않아야만 되고, 다른 사람들도 그 코미디언을 좋아해야만 된다. 그리고 그녀는 이 상황과 다른 상황들에서 일관성있게 그 코미디언을 좋아해야만 된다.

내부귀인이 이루어지기 위해서는, 즉 그녀의 웃음이 어느 것에 대해서나 웃으려는 그녀의 일반적 성향에 귀인되기 위해서는 낮은 특이성, 낮은 일치성 및 높은 일관성이 있어야만 된다. 그녀는 모든 코미디언들에 대해서 웃으며, 다른 사람들은 아무도 웃지 않으며, 그녀는 모든 장소들과 모든 경우들에서 웃어야만 된다.

McArthur(1972)는 Kelley의 예언들을 처음으로 체계적으로 연구했다. 그녀는 피험자들에게 하나의 간단한 가상적 사건을 제시하면서, 그들이 사용가능한 일치성, 특이성 및 일관성 정보들의 종류를 변화시키고 나서, 그들의 귀인들을 측정했다. 바로 이와 동일한 예를 사용하면서, 표 4-2에서는 세 개의 주요 예언들과 그 결과들을 제시하고 있다. 첫번째 조건은 이것이 세 개의 모든 검사들을 통과하는 고로, 대상 자체에 대한 귀인을 촉진시킨다. 모든 사람들이 마찬가지로 웃었고, 영자는 다른 공연자들에 대해서는 누구에게나 웃지 않았지만, 그 코미디언에 대해서는 항상 웃었다. 따라서 그 코미디언은 재미있는 사람임에 틀림없다. 대체적으로, 피험자들은 이 상황을 이런 식으로 보았다. 이러한 패턴의 정보를 주었을 때, 피험자들의 61%가 그녀의 반응을 코미디언에 귀인시켰다(다른 39%는 다른 귀인들을 했다).

두번째 조건은 관찰자에게 행위자 귀인을 하게끔 만들었다. 영자는 어느 코미디언에 대해서나 웃고, 그 코미디언에 대해서 항상 웃지만, 다른 사람들은 거의 그 코미디언에 대해서 웃지 않는다. 영자는 웃기장이임에 틀림없다. 세번째 조건은 우리에게 맥락에 관해서 특별한 어떤 것이 있다고 생각하게끔 만든다. 그녀는 누구에 대해서든 웃지 않았고, 그녀는 이전에 그에 대해서 웃은 일이 거의 없었고, 그에 대해서 웃은 사람이 거의 없다. 어떤 특이한 것이 일어났음에 틀림없다. 그리고 72%의 피험자들이 그녀의 웃음을 특수한 상황에 귀인시켰다.

이것은 사람들이 실제로 "상식적 과학자들"처럼 행동한다는 것을 나타내는가? 이 연구에서 사람들은 우리가 Kelley의 합리적 의사결정모형으로부터 예상할 수 있는 귀인들에 도달하는 경향이 있었는가? 위에서 모든 사람들이 그렇게 하지 않았다는 것이 분명하다(귀인이 100% 미만이었으므로). 상황이 순수하게 문제가 될 때, 사람들은 정보를 보다 더 합리적인 방식으로 처리하는 경향이 있다. Harkness와 그의 동료들(1985)은 여대생들에게 이와 비슷한 과제를 제시했는데, 이번에는 여러 특징들을 지닌 여자와 데이트하는 것에 대한 "한 남학생의" 결정들에 관련된 것이다. 높은 관여조건에서, 그들은 그들 자신이 뒤에 그 달 안에 "그 남학생"과 데이트하게 될 것이라는 지시를 받은 반면에, 낮

표 4-2. 영자는 왜 코미디언을 보고 웃었는가?

조 건	사용가능한 정보			가장 공통적인 귀인
	특이성	일치성	일관성	
1	높다—그녀는 누구에게도 웃지 않았다.	높다—모든 사람이 역시 웃었다.	높다—그녀는 그를 보면 항상 웃었다.	자극대상 : 코미디언(61%)
2	낮다—그녀는 코미디언들을 보면 항상 웃었다.	낮다—웃은 사람은 거의 없었다.	높다—그녀는 그를 보면 항상 웃었다.	사람 : 영자(86%)
3	높다—그녀는 누구에게도 웃지 않았다.	낮다—웃은 사람은 거의 없었다.	낮다—그녀는 그를 보고 웃는 일이 거의 없었다.	맥락(72%)

자료원 : McArther(1972)에서 개작됨.

은 관여조건에서 데이트에 대한 아무런 언급이 없었다. 그들의 귀인들은 그들이 그와의 데이트를 예상했을 때, 즉 그 상황이 그들에 대해서 어떤 실제의 이해관계가 있었을 때, 공변모형과 더 정확하게 합치되었다.

때로는 어떤 특정의 행동에 대해 몇 개의 가능한 설명들이 있을 수도 있으며, 우리는 어느 귀인이 정확한지를 결정짓기 위한 지침들을 필요로 한다. 이러한 딜레마는 절감원리(discounting principle)라고 일컬어지는 원인귀속을 하기 위해서 사용되는 두번째 주요 원리를 제기시킨다. 즉, "어떤 특정의 효과를 일으키는 데에 있어서 어떤 특정의 원인의 역할은 만일 다른 그럴 듯한 원인들이 또한 있게 되면 깎아내려 지게 된다"(1972, p. 8). 즉, 우리는 만일 한 가지 이상의 이유들이 있을 듯이 생각되면 귀인에 그리 확신이 없게 되고, 그 효과를 어떤 특정의 원인에 귀인시킬 가능성이 적게 될 것이다. 어떤 보험회사 외판원이 우리에게 잘 대해 주고 커피를 대접했지만, 우리는 그 사람이 왜 그렇게 친절한지에 대해서 자신있는 귀인을 할 수가 없을 것이다. 우리는 그 행동을 그가 우리를 진정으로 좋아하고 있다는 데에 귀인시킬 수도 있다. 보다 더 가능성있는 것은 우리가 그 가능한 원인을 깎아내리고 그 행동을 일부 우리를 보험에 가입시키려는 외판원의 욕심에 귀인시킬 것이다.

이와는 달리, 만일 그 사람이 우리가 보험에 가입할 돈이 전혀 없다는 것을 이미 알고 있다면, 우리는 사업욕심이 더 이상 개연성있는 원인이 못되기 때문에 그러한 절감은 전혀 하지 않을 것이다. 대체로, 연구의 발견들은 공변원리와 절감원리에 의해서 기술된 패턴을 따르는 것 같다.

타인에 대한 귀인

원인 귀속의 가장 중요하고도 공통적인 과제들 중의 하나는 타인들이 행하고 있는 것을 왜 행하는가를 이해하는 것이다. 가장 중요한 기본적 의문은 다음과 같다: 즉, 우리는 언제 타인의 행동이 성격특성들·태도들·기분들·또는 기타의 내부상태들과 같은 그 사람의 진정한 성향들(dispositions)을 반영한다고 추리하는가? 우리는 언제 타인들이 단지 외부상황에 반응하고 있다고 가정하는가? 또는 우리가 이 장의 대부분을 통해서 사용하게 될 용어들을 사용한다면, 우리는 언제 상황귀인(situational attribution)에 반대되게 성향귀인(dispositional attribution)을 행하는가?

우리는 사람들이 자신이 진정으로 믿고 있는 바를 항상 말하거나 행하지는 않는다는 것을 알고 있다. 어떤 전쟁포로는 자기의 진정한 태도들과 반대되는 것들을 말할 것이다. 또는 어떤 청년은 자기의 여자친구로부터 차여 버린 다음 날 아침에 즐겁거나 행복하게 행동하려고 들 수 있다. 이와는 달리, 때로는 어떤 전쟁포로는 자기 나라의 전쟁 노력에 대해서 진정하고도 마음 속에서 느끼고 있었던 비평을 털어놓을 수 있다. 이러한 일이 월남전에서 일부 미국 육군과 공군 병사들에게서 확실히 일어났다. 그리고 그 청년은 만일 자기들의 관계가 오랫동안 그의 기분을 우울하게 만들었다면, 어떤 진정한 해방감을 느낄 수도 있다. 따라서 우리는 어떤 사람의 행동들이 그의 내적 태도들이나 기타의 성향들을 진정하게 반영할 때를 어떻게 알 수 있는가?

Jones와 Davis에 의하면, 사람들이 상황들 속에서 어떤 사람의 행동이 저변의 어떤 성향을 반영하는지의 여부를 결정짓는 데에 사용할 수 있는 몇 가지 단서들이 있다. 하나는 행동의 사회적 바람직함(social desirability)이다. 사회적으로 바람직스럽지 못한 행동은 사람들에게 저변의 성향들을 추론하게끔 만드는 반면에, 사회적으로 바람직스러운 행동에 대해서 추론은 매우 분명치는 않다. 예컨대, 어떤 사람이 여름철 캠핑의 지도자로서의 아르바이트에 지원하고 있고 외향적인 것과 사교적 기술들이 그 일의 중요한 요구조건들이라는 것을 알고 있다고 가정하자. 만일 이 사람이 외향적으로 그리고 사교적으로 능숙하게 행동했다면, 취직면접자는 이 사람이 정말로 외향적이고 사교적으로 능숙한지 아니면 이 사람이 단지 취직면접자에게 어떤 긍정적 인상을 주려는 목적에서 그렇게 보이고 있는지를 결정짓기가 곤란할 것이다. 그러나, 만일 그 일이 외향적인 것을 요구하고 이 사람이 내향적인 식으로 행동했다면, 취직면접자는 어느 정도의 확신을 갖고서 이 응시자가 실제로 내향적이라고 추론할 수 있다. 만일 이 사람이 그렇지 않다면, 상황이 매우 분명하게 다른 행동을 요구할 때에 이 사람이 이렇게 행동할 이유가 어디에 있겠는가?(Jones 등, 1961 : Jones와 McGillis, 1976).

성향들을 추론하기 위한 다른 근거는 행위자의 행동이 상황적으로 제약받고 있는지 아니면 행위자의 선택에서 일어나는지이다. 당신이 학급토론에 참가하도록 요구받고 있고 교사가 당신에게 사형제도를 찬성하는 것을 주장하는 역할을 부여한다고 가정하자. 당신이 토론에서 어떤 역할을 부여받았다는 것을 알고 나서, 당신의 청중들이 당신의 진술들이 당신 자신의 진정한 생각들을 반영했다고 추론하는 것은 현명치 못할 것이다. 그러나, 만일 당신이 사형제도를 찬성하는 주장을 스스로 선택했다면, 청중은 당신의 진술들이 당신 자신의 저변의 생각들을 반영하고 있다고 적절하게 결론지을 것이다. 선택은 당신으로 하여금 외부압력의 가능성을 감소시키거나 절감시키게끔 해 준다.

몇 개의 연구들은 절감원리가 지각자들이 타인의 진정한 태도를 결정하려고 노력할 때에 작용된다는 것을 보여 왔다. Jones와 Harris(1967)는 피험자들에게 네 개의 조건들에서 다른 학생들이 쓴 글들을 제시했다. 즉, 글들은 피델 카스트로를 지지했거나 반대했으며, 입장을 할당받은 쪽으로나 자유선택해서 썼다고 설명되었다.

자유선택조건들에서, 관찰자들은 글쓴 이의 표명된 의견이 그 사람의 진정한 마음속의 태도와 동일하다고 쉽사리 추리했다. 친카스트로와 반카스트로 연설들은 각각 마음속의 친과 반카스트로 태도들을 반영하는 것으로서 간주되었다. 피험자들은 자유선택이 있다는 것을 제시받았을 때, 외부원인의 가능성을 절감시켰다.

이와는 달리, 글쓴 이가 자신의 입장에 대해 아무런 선택권이 없다고 기술되었을 때(강한 외부압력들), 관찰자들은 일반적으로 쓰여진 입장이 저변의 태도를 반영한다고 계속 생각했지만, 그렇다는 데 대해 더 적은 확신을 가졌다. 그들의 매우 비슷한 두 개의 실험들에서 나온 자료가 표 4-3에 제시되어 있다.

어떤 행위가 개인의 성향적 성질들에 의해서 일어났는지를 결정짓는 데에 도움을 줄 수 있는 세번째 조건은 그 행동이 어떤 사회적 역할의 일부인 여부이다. 어떤 역할에 의해서 제약받고 있는 행동은 개인의 저변의 신념들이나 행동들에 관해서 반드시 알려 주지는 않는다. 예컨대, 만일 어떤 소방관이 불을 끄는 것을 돕는다면, 우리는 그가 도움성

표 4-3. 글쓴 이에게 귀인시킨 태도

조 건	연설의 방향	
	친카스트로	반카스트로
실험 1		
자유선택	59.6[a]	17.4
선택권 없음	44.1	22.9
실험 2		
자유선택	55.7	22.9
선택권 없음	41.3	23.7

a : 높은 점수는 글쓴 이에게 귀인시킨 친카스트로 입장을 나타낸다.
자료원 : Jones와 Harris, pp. 6, 10.

이 많다고 추론하지는 않는다 : 그는 단지 자신의 직무를 수행하고 있을 뿐이다. 그러나 잘 규정된 사회적 역할들을 맡고 있는 사람들이 역할 외의 행동을 보일 때, 이러한 행동들은 역할에 관련되어 있는 설명이 효과적으로 배제되어 있으므로, 저변의 성향들을 추론하기 위해서 사용될 수 있다. 예컨대, 만일 어떤 가톨릭 사제가 여성의 낙태의 권리를 찬성하는 주장을 한다면, 당신은 아마 이 행동이 사제에 대해서 우리가 기대하는 낙태에 대한 태도들과 매우 분명히 모순되므로, 그의 행동이 그의 진정한 신념들을 반영한다고 자신있게 추론할 것이다.

우리가 타인의 행동에 관해서 성향귀인을 하게 될 여부에 영향을 주는 또 다른 요인은 개인의 진정한 성향들에 관한 우리의 기대이다(Jones와 McGillis, 1976). 대개 우리는 개인에 관해서 단 한 개 이상의 행동들을 알고 있다. 과거의 정보에 기초된 기대들이 특정의 행동에 대한 어떤 원인설명들을 배제시키는 데에 도움을 줄 수 있다. 우리는 자신의 친구가 남아프리카에서의 흑인해방운동들에 대해 오랫 동안 지지해 왔다는 것을 알고 있다. 따라서 우리가 그의 부모와 함께 식사를 하면서 그가 자기 부모의 보수적인 진술에 동의하는 듯이 고개를 끄덕이는 것을 볼 때에도, 우리는 그가 그 운동에 대한 강한 지지자라고 추리하고 그의 머리 끄덕임에 대해 외부귀인을 한다. 우리는 그의 태도들에 대한 과거의 정보를 가지고 있고, 이것은 우리에게 그가 진정으로 믿고 있는 것이 무엇이라는 것에 관한 기대를 제공했다. 우리는 그의 최근의 외현적 행동(이것은 그 운동에 다소 반대하는 것같이 보인다)과 외부압력들(그는 자기의 부모와 논쟁을 하는 것을 원치 않는다)에 대한 우리의 지각과 더불어 그 정보를 자신있는 귀인을 하는 데에 사용한다.

만일 사람들이 그들에 대한 우리의 사전의 기대와 일치되는 식으로 행동한다면, 우리는 그 행동이 성향적으로 일어났다고 생각한다. 만일 그들이 어떤 새롭고도 상이한 방식으로 행동한다면, 우리는 그것이 상황에 의해 일어났다고 생각한다.

요약하면, 흔히 우리는 어떤 사람이 특정의 행위를 한 이유를 알고 싶어하는 입장에 처한다. 우리의 귀인적 탐사의 목적은 어떤 성향귀인, 즉 그 행위를 설명해 주는 개인의 어떤 안정된 내부적 성질을 찾아내는 것이다. 행동에 대한 어떤 설명에 도달하기 위해서, 우리는 개인과 행동에 관한 단서들과 아울러 우리의 과거 지식을 사용하는데, 이것들은 그 행동이 어떤 사회적 역할의 일부인지, 그것이 선택이나 비선택에서 취해졌는지, 그 행동이 개인에 관한 과거의 지식들과 기대들과 합치되는지 그리고 그 행동이 사회적으로 바람직스러운지를 포함하고 있다. 절감원리가 시사하는 바와 같이, 우리는 이러한 그리고 다른 단서들을 어떤 개연성있는 외부압력들이 개인에게 특정의 방식으로 행동하게끔 만들었는지를 검토하기 위해서 사용하며, 만일 그렇다면, 우리는 그 행동에 대해 어떤 성향귀인을 행하는 경향이 적게 될 것이다.

자기에 대한 귀인

귀인이론에서 가장 재미있는 가설들 중의 하나는 사람들이 타인들의 내부상태에 대한 지각과 똑같은 방식으로 자기 자신의 내부상태에 대해 지각하게 된다는 것이다. 우리는 이것을 우리 자신의 외현적 행동과 아울러 우리를 둘러싼 환경적 압력들에 대한 우리의 지각으로부터 추리해야만 된다.

이러한 생각은 우리 자신의 정서·태도·특성 및 능력이 우리 자신에 대해 흔히 불분명하고 애매하다는 일반적 가정으로부터 나온다. 우리는 다만 자신의 행동에 영향주는 요인들을 다소 인식하면서, 자신의 내부과정에 대해. 매우 제한된 접근을 하고 있다 (Nisbett과 Wilson, 1977).

따라서, 타인들의 지각에서와 똑같이, 자기지각에서 우리는 원인들과 효과들의 항상적인 연결들을 탐색하고 여러 가능한 원인들에 대한 책임을 분할하기 위해서 절감원리를 사용한다. 만일 우리가 강력한 외부압력들이 우리 자신의 행동쪽으로 우리를 압박하고 있다고 지각하면, 우리는 상황귀인을 하게 될 가능성이 보다 더 크다. 분명한 외부압력들이 없을 경우에, 우리는 성향귀인이 보다 더 옳다고 가정한다. 이러한 접근은 태도, 동기 및 정서의 자기지각에 관한 많은 연구들을 내놓아 왔다.

태 도

심리학자들은 사람이 내성에 의해서, 즉 자기 자신의 의식 속에 있는 여러 인지들과 감정을 검토함으로써 자신의 태도를 알게 된다고 오랫 동안 가정해 왔다. 그러나 Bem (1965)은 우리가 타인들의 내부단서들을 직접 알 수가 없는 것과 꼭 마찬가지로, 자신의 태도에 대해서 최소의 그리고 애매한 내부단서들만을 받게 된다고 주장했다. 만일 그렇다면, 우리는 자기 자신의 태도를 자기 자신의 외현적 행동을 관찰함으로써 추리해야만 된다. 우리가 아무런 강력한 외부압력들이 없는 상황에서 자신의 행동을 관찰할 때, 우리는 우리가 자기 자신의 진정한 태도를 단지 표현하고 있다고 가정하고 내부귀인을 한다. 이에 비해서, 우리에게 어떤 일을 하게끔 만드는 강력한 외부압력들(토론에서 어떤 특수한 입장을 부여받은 것과 같은)이 있을 때, 우리는 자신의 진술이 외부적으로 일어났다고 지각한다.

다시 말하면, 우리는 자신의 태도를 자신이 어떻게 느끼는가를 내성함으로써가 아니라, 그 태도들에 대한 상이한 외부압력들을 지닌 환경 속에서 자신이 어떻게 행동하는가를 관찰함으로써 알게 된다. Bem은 사람들이 결코 내부증거를 사용하지 않는다고 주장하지는 않으나, 사람들은 자기 자신의 진정한 태도를 추리하기 위해서 놀랄 만한 정도로 자신의 외현적 행동에 관한 외부증거와 아울러 그것이 일어나는 조건들에 의존하고 있다고 주장한다.

Bem의 자기지각이론을 검증하기 위해서, 우리는 다른 요인들(실제의 행동과 환경의 압력과 같은)을 일정하게 유지시키면서, 개인의 자신의 행동에 대한 지각을 조작해야만 될 필요가 있을 것이다. 그 다음에, 우리는 그 사람의 자기 자신의 행동의 지각이 그의 자기 자신의 태도들의 지각을 결정했는지를 알아볼 수 있다. 이것을 검증하기 위해서, Salancik과 Conway(1975)는 피험자들의 자기 자신의 종교적 행동에 관한 기술들을 재간있게 조작했다. 어떤 피험자들은 그들이 "가끔" 종교적 신문이나 잡지를 읽었거나, 교회나 종교집회에 참석했거나, 개인적 문제들에 관해서 목사와 상의했는가를 질문받았다. 많은 학생들은 적어도 이러한 최소한의 종교적 행위들을 했었고, 따라서 이 조건의 피험자들은 많은 종교적 행동을 보고했다. 다른 피험자들에게는 그들이 "자주" 각각의 그러한 일들을 했는지를 질문받았다. 대부분의 대학생들이 그것들을 "자주"하지는 않는 고로, 이 조건의 학생들은 매우 적은 종교적 행동을 보고했다.

두 집단들이 무작위적으로 선정되었는 고로, 그들은 아마 실제의 행동들이 거의 정확하게 동일했을 것이다. 그러나 질문들의 이러한 단어의 차이들 때문에, 첫번째 집단의 피험자들은 자신을 아주 다양한 종교적 행동들을 하고 있는 것으로서 기술한 반면에, 두번째 집단은 소수의 종교적 행동들을 기술했다. 그리고 확실하게도, 그 뒤에 "당신은 얼마나 종교적입니까?"라는 질문의 형태로 자신의 전반적인 종교적 태도들에 관해서 질문받았을 때, 자신을 보다 더 많은 종교적 행동들을 하고 있는 것으로서 기술하도록 유도되었던 첫번째 집단은 자신이 일반적으로 보다 더 종교적이라고 대답했다.

귀인과 동기

이와 비슷한 아이디어가 동기의 자기지각에 대해 적용되어 왔다. 그 아이디어는 높은 보수를 위해서 어떤 과제를 수행하는 것은 외부귀인, 즉 "나는 그 일에 대해 충분한 돈을 받았기 때문에 그 일을 했다"는 귀인을 일으킬 것이라는 것이다. 최소의 보수를 위해서 동일한 과제를 수행하는 것은 내부귀인, 즉 "나는 내가 받은 소액의 돈을 위해서 그 일을 했을 리가 없고, 따라서 내가 그 일을 진정으로 즐겼기 때문에 그 일을 했음에 틀림없다"는 귀인을 일으킬 것이다.

이러한 것은 최소의 보수가 개인이 자신의 수행을 외재적 보수가 아니라, 내재적 흥미에 귀인시키기 때문에, 어떤 과제에 대한 가장 큰 내재적 흥미를 일으킬 것이라는 역설적인 예언을 하게끔 만든다. 다시 말하면, 어떤 활동을 하는 데 대한 과잉정당화(overjustification)는 그 활동에 대한 내재적 흥미를 없애게끔 만든다.

과잉정당화에 관한 최초의 증명은 보육원 아동들에게 그들이 즐겁게 했던 어떤 과제(펠트촉 펜을 가지고 노는 것)를 하는 것에 상을 주는 여부를 변화시켰다(Lepper 등, 1973). 어떤 아동들은 만일 그들이 몇 분 동안 펠트촉 펜으로 그림을 그린다면, 금메달과 리본으로 된 "우수상"을 받게 된다는 지시를 받았다. 다른 아동들은 어떤 상에 관해서 아무런 지시를 받지 않았다. 그 다음에 모든 아동들이 그림을 그렸으며, 첫번째 집단에게는 상이 제공되었다. 며칠 후에, 모든 아동들이 펠트촉 펜이 제공된 자유놀이 상황에서 관찰되었다. 상을 받았던 아동들은 상이 없었던 아동들에 비해서 그림에 절반 정도의 시간을 보냈다. 그림에 대한 그들의 내재적 흥미는 외재적 보수에 의해서 없어지게 되었다. 이러한 발견은 그 이후에 많은 맥락들에서 보고되어 왔다(Deci와 Ryan, 1985 참조).

과잉정당화의 하나의 흥미있는 결과는 이것이 어떤 과제에 대한 사람들의 생산성만이 아니라 그들의 창의성도 또한 해칠 수 있다는 것이다. Amabile과 그의 동료들(1986)은 아동들의 이야기하기의 창의성이 그들이 그 이야기를 하는 것에 대해 분명한 보수를 제공받았을 때에 유의하게 감소되었다는 것을 발견했다.

만일 유쾌한 과제들을 하는 데 대한 외재적 보수들이 내재적 흥미를 감소시킨다면, 특수한 행동들을 하는 것을 막는 외부위협들은 흥미를 증가시킬 것이다. 예컨대, 불법약물의 사용에 대한 형벌이 엄할수록, 그 약물은 더 매력적으로 보여지게 될 것이다. 여기에서 사람들은 자신의 그 활동에 대한 회피를 그 활동 자체의 불쾌가 아니라, 외부위협에 귀인시킨다. Wilson과 Lassiter(1982)는 컨닝에 대한 처벌의 위협을 변화시켰을 때, 이 가설에 대한 다소의 증거를 발견했다.

이와 동일한 생각은 또한 과잉정당화 효과가 외부위협들을 보다 더 특출하게끔 만들었을 때에는 증가될 것이고(Ross, 1975), 활동에 대한 실제의 시초 흥미를 보다 더 특출하게끔 만들었을 때에는 감소될 것이라는 것을 시사한다. 이러한 후자의 시사점을 검증하기 위한 실험에서, Fazio(1981)는 아동들에게 매직펜을 가지고 놀게 하고, 그 뒤에 그들에게 자기들이 이전에 매우 유쾌한 그 과제를 수행하는 것에 관한 사진들을 보여 준 여부를 변화시켰다. 그 이외에 이 실험은 위에서 기술된 Lepper 등(1973)의 연구와 매우 비슷했다. 자기의 이전의 놀이에 관한 사진들을 보았던 아동들에 대해서, 매직펜을 갖고서 노는 시초의 내재적 흥미는 매우 특출했고, 따라서 외재적 보수들은 그 효과를 거의 삭감시키지 않았다. 그들은 자신이 매직펜을 정말로 즐겼었다는 것을 알았고, 따라서 자기들의 그 후의 놀이를 보수가 아니라 자기 자신의 유쾌에 귀인시켰다.

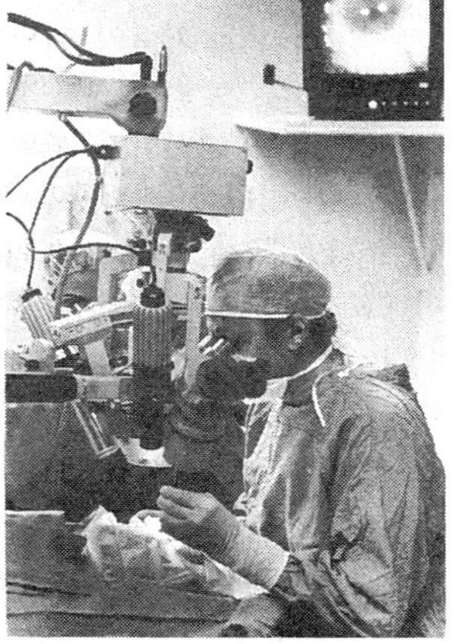

개인의 일에 대해 과잉보수를 받는 것은 그 일에 대한 내재적 흥미를 해칠 수 있다. 다른 직업인들에 비해서, 고전음악가들은 대개 나쁜 보수를 받고 있으며 연구중심의 과학자들조차 대개 충분한 보수를 제공받지 못하고 있다. 자신의 임금이 자신의 직무에 대한 그들의 흥미에 대해 영향을 주는 것에 대해서 당신은 어떻게 생각하는가?

이러한 연구들이 갖는 의미는 중요하다. 보수들은 때로는 역효과를 낼 수 있다. 즉, 이것들은 사람들을 고무시키는 것 대신에, 그렇지 않았다면 즐겼을 수도 있는 활동을 실제로 외면하게끔 만들 수 있다(Kassin과 Lepper, 1984). 그리고 처벌들은 때로는 금지된 활동을 보다 더 매력있게 보이게끔 만들 것이다.

정서의 귀인

전통적인 정서이론가들은 우리는 자신의 생리적 상태, 자신의 정신적 상태 및 이러한 상태들을 일으키는 외부자극을 고려함으로써 자신이 무엇을 느끼는가를 인식하게 된다고 제안했다. 그러나 최근의 증거는 많은 정서반응들이 생화학적으로 유사하다는 것을 나타낸다. 우리는 높은 흥분과 낮은 흥분을 구별할 수 있지만, 여러 유형의 정서들을 구별할 수 없다. 예컨대, 강한 질투와 강한 사랑 사이의 차이를 말하기는 곤란하다. 우리는 자기 자신의 정서들을 확인하기 위해서 다른 정보들을 필요로 한다.

Schachter(1962)는 우리의 정서에 대한 지각들이 (1) 우리가 경험하는 생리적 흥분의 정도와 (2) '분노'나 '행복'과 같이 우리가 붙이는 인지적 명칭에 달려 있다고 제안했다. 인지적 명칭에 이르기 위해서, 우리는 자기 자신의 행동과 상황을 검토한다. 만일 우리가 생리적으로 흥분된 것을 느끼고 텔레비전에서 보이고 있는 코미디쇼에 대해 웃고 있다면, 우리는 자신이 행복하다고 추리할 것이다. 만일 우리가 혼잡한 길거리에서 어떤 이가 우리를 밀치는 데 대해서 고함을 친다면, 우리는 자신이 화난다고 추리할 것이다. 각각의 경우에서, 우리의 행동과 상황에 대한 해석은 우리에게 자신의 내부적인 정서적 흥분의 경험을 해석하게끔 해 주는 인지적 명칭을 제공해 준다. Bem의 자기지각이론처럼, 이러한 견해는 내부상태들의 애매성을 강조하고 자기지각이 외현적 행동과 외부환경의 지각들에 크게 의존된다는 것을 제안한다.

흥분의 명명 높은 생리적 흥분이 어떤 적절한 귀인의 탐색을 일으킨다. 만일 흥분에 대한 그럴듯한 귀인이 존재하면, 이것은 받아들여질 것이다. 만일 이러한 귀인이 존재하지 않으면, 그 사람은 그 흥분을 일으켰을 수 있는 어떤 것을 알아내기 위해서 환경을 탐색할 것이다. 환경이 하나의 설명으로서 제공하는 것은 무엇이든 간에 또한 그 정서에 대한 명칭을 제공할 것이다.

이 점을 예시하기 위해서, Schachter와 Singer(1962)는 하나의 고전적 실험을 수행했다. 한 집단의 대학생들이 에피네프린이라는 약물을 주사받았다: 절반은 그것의 진정한 부작용들(예: 호흡이 빨라짐, 홍조, 증가된 심박)을 설명받았고 다른 절반은 실제로는 에피네프린에 의해서 일어나지 않은 효과들(예: 현기증, 약간의 두통)을 기대하도록 설명받았다. 한 개의 통제집단의 피험자들은 약물을 제공받지 않았다. 그 다음에 피험자들은 실험자의 실험협조자와 함께 한 방에 두어졌고 몇 장의 질문지들을 완성하도록 지시받았다. 잠시 후에(에피네프린을 주사받았던 피험자들이 약효를 경험한 후에), 그 실험협조자는 유쾌한 양식(우스운 익살맞은 행동들을 하고 종이비행기를 만들어서 날리는 것)으로나 분노한 양식(질문지를 찢어버리고 방에서 쿵쾅거리면서 걷는 것)으로 행동하기 시작했다.

Schachter와 Singer는 만일 생리적 경험이 실제로 여러 가지 해석들을 일으킨다면,

에피네프린의 진정한 부작용들에 관해서 틀린 지시를 받았고 그 후에 자신이 어떤 흥분상태에 있다는 것을 발견한 피험자들은 자신의 상태에 대한 어떤 설명을 찾게 될 것이라고 생각했다. 이들 피험자들에 대해서, 실험협조자의 행동은 자신의 흥분을 설명하기 위한 하나의 특출한 단서로서 작용해서, 유쾌조건의 피험자들에게는 자기들이 또한 유쾌했고 분노조건의 피험자들에게는 자기들이 분노했다고 시사하게 될 것이다. 이와는 반대로, 에피네프린의 진정한 부작용들에 관해서 설명들었던 피험자들은 이미 자신의 흥분상태에 대한 적절한 설명을 갖게 되었고 자기 자신의 정서적 기분을 가짐이 없이 실험협조자에 의해서 계속 일방적으로 재미나 괴로움을 당한 채로 있게 될 것이다. 통제조건의 피험자들은 설명할 아무런 흥분상태가 없을 것이며 또한 주위에 있는 실험협조자의 기분을 수용하지 않을 것이다. 일반적으로 말해서, 바로 이것이 그들이 발견한 것이다. 이 실험의 절차와 결과들이 표 4－4에 제시되어 있다.

정서의 경험에 중요한 것은 첫째는 흥분이었고, 둘째는 그 흥분에 부여된 인지적 명칭(cognitive label)이나 귀인이었다. 실험자가 흥분을 약물에 귀인시키는 명칭을 제공했을 때, 피험자들은 아무런 특정의 정서를 느끼지 않는 것처럼 행동했다. 그들이 그 약물이 자신의 흥분을 일으켰다는 것을 알지 못했을 때, 그들은 자신의 정서에 대한 단서들을 외부환경에서 취했다.

가짜 피드백 연구들 이러한 생각이 갖는 한 가지 함축은 내부의 흥분상태들이 매우 애매해서 이것들은 어떠한 그럴듯한 자극에라도 귀인될 수 있다는 것이다. 따라서 경험되게 되는 정서는 실제의 내부감각들의 성질에 의존되기보다도 사용가능한 그럴듯한 원인들에 의존된다. 명칭을 제공할 수 있는 외부원인이 있다면, 심지어 거짓의 내부감각들이라도 충분할 것이다.

Valins(1966)는 이러한 아이디어를 피험자들에게 그들 자신의 흥분에 관한 무작위적인 가짜 피드백을 제공함으로써 검증했다. 그는 이성애적인 남자 피험자들에게 나체의 여자 슬라이드들을 제시했다. 각 슬라이드 후에 이어폰을 통해서 피험자에게 피험자 자신의 심장박동에 관한 가짜 피드백이 제공되었다. 몇 개의 슬라이들 후에 피험자들은 자

표 4－4. Schacter와 Singer의 실험

순 서	단계 1	단계 2	단계 3	단계 4	단계 5
조 건	흥분제를 줌	그 약이 흥분하게 될 것이라고 설명해 줌	실험협조자의 행동	자신의 흥분에 대한 추측된 귀인[측정되지 않았음]	자신의 행동[측정되었음]
설명 없음	그렇다	아니다	모든 경우들에서 유쾌하거나 화남	상황적	유쾌하거나 화남
설명해 줌	그렇다	그렇다		약물	조용함
흥분 없음	아니다	아니다		없음	조용함

자료원 : Schachter와 Singer(1962)에서 개작됨.

기 자신의 것이라고 생각한 심장박동들이 증가되는 것을 들었고, 다른 슬라이들 후에 심장박동들이 감소되는 것을 들었고, 또 다른 슬라이드들 후에는 무관련한 소리들이라고 생각되는 것을 들었다. Valins는 피험자들이 상정적인 심장박동의 변화가 수반되었던 나체 슬라이드들을 가장 매력적인 것으로서 평정했다는 것을 발견했다.

실험이 끝난 후에, 피험자들에게 몇 개의 슬라이드들을 가져가도록 허용되었다. 대부분이 심장박동의 변화에 관한 가짜 피드백과 연관되었던 슬라이드들을 가져갔다. 아마 그들은 자신의 심장박동의 변화에 대한 그럴듯한 원인을 알아보기 위해서 환경을 탐색했고, 나체 여자들이 가장 그럴듯한 원인이 될 것이라는 것을 발견했고, 따라서 자신의 흥분을 성적인 것이라고 명칭을 부여했다. 이 연구는 사람들이 흥분의 지각(이 경우에서, 가짜의 심박변화들)과 개연성있는 어떤 외부원인(이 경우에서, 나체사진들)으로부터 자기 자신의 정서를 추론한다고 시사한다. 정서의 오귀인에 관한 다른 예가 특별논의 4-2에 제시되어 있다.

오 귀 인

Schachter와 Singer는 흥분의 상태들이 쉽게 조작될 수 있으며 어떤 특정의 정서적 설명을 특출하게끔 만드는 상황단서들에 따라 몇 가지 방식들 중의 어느 것으로 명명될 수 있다는 것을 증명했다. Valins와 그의 동료들에 의해서 수행된 가짜 피드백 연구들은 이와 같은 생각을 확장시켜서, 사람들이 실제로는 그렇지 않은 데에도 자신이 흥분되어 있다는 가짜 피드백을 받게 될 때, 그들이 자신의 정서를 그들이 자신을 흥분시켰다고 믿는 자극들에 귀인시키게 된다고 제안했다. Nisbett과 Schachter(1966)는 이러한 생각들을 한 단계 더 진전시켜서 사람들이 실제의 흥분을 어떤 중성적 자극에 오귀인시킬 수 있을 것이라고 제안했다. 만일 이것이 사실이라면, 이것은 중요한 임상적 및 치료적 영향력들을 가질 수 있다고 그들은 생각했다. 사람들에게 자신의 불안을 중성적인 외부압력들에 귀인시키도록 만듦으로서 우리는 그들에게 그들 자신의 수행에 미치는 불안의 무력화시키는 영향들을 치료해 줄 수 있을 것이다.

이러한 요지를 증명하기 위해서, Nisbett과 Schachter(1966)는 사람들이 자신의 흥분을 어떤 중성적 원천에 귀인시키게끔 유도될 수 있는지를 알아보기 위한 연구를 수행했다. 그들은 한 집단의 피험자들에게 약효없는 보통의 알사탕을 주었다. 실험 피험자들에게는 그 약이 손의 떨림들과 가슴의 두근거림들과 같은 생리적 증후들을 일으킬 것이라고 설명해 주었고, 통제 피험자들에게는 그 약이 비생리적 증후들만을 일으킬 것이라고 설명해 주었다. 끝으로, 모든 피험자들에게 고통스러운 전기쇼크를 실시했다. 가설은 실험피험자들이 쇼크 후에 생리적 반응들을 쇼크 자체보다는 알약에 귀인시킬 것이며, 따라서 그 쇼크가 덜 고통스럽다고 생각할 것이라는 것이었다. 통제피험자들은 그 약에 대한 귀인의 근거가 전혀 없으므로, 자신의 반응을 쇼크 자체에다가 원인을 돌릴 것이다. 그리고 실제로 이들 통제피험자들이 실험피험자들보다도 그 쇼크를 더 고통스럽게 느꼈다는 것이 발견되었다. 몇 개의 이러한 오귀인(misattribution) 연구들이 수행되어 왔으며, 이것들은 일반적으로 동일한 기본적 아이디어를 공통으로 갖고 있다. 즉, 만일 사람들이 실제의 외부원인들로부터 생긴 자신의 부적 정서상태를 어떤 다른, 보다 더 중성적 원인에 오귀인시키도록 설득될 수 있다면, 실제의 외부원인에 결부된 정서적 고통의 수준이 감소될 것이다(Olson, 1988).

몇 가지 제한점들 이것은 정말로 내성에 의해서 우리 자신의 태도와 정서에 관해서 거의 아무런 정보를 얻지 못한다는 사례가 되는가? 외부 관찰자들은 우리 자신 만큼 우리 자신의 내부의 느낌들을 아는가? 이러한 진술은 확실히 너무 극단적이다.

우선, 이러한 자기지각 과정은 자신의 내부상태에 관해서 상당한 애매성이나 불확실성이 있을 때에 주로 작동되게 된다. 사람들은 지속적인 태도를 가지고 있으며 전적으로 현재 행동에 바탕을 두지는 않는다. 그들은 자신이 최근에 불고기를 먹었는지의 여부에 근거해서 불고기를 좋아하는지의 여부를 결정하지는 않는다. 그들은 불고기에 대한 실제의 느낌을 가지고 있으며, 바로 이러한 느낌이 그들의 반응을 결정한다. 이스라엘인들은

특별논의 4-2. 좋은 날씨는 행복한 생활을 만들 수 있다.

사람들은 일시적 기분을 바탕으로 해서 지속적인 내부상태들에 관한 자기지각을 할 수 있다. Schwarz와 Clore(1983)는 사람들이 비 오는 날들보다도 화창한 날들에서 자신의 생활이 전반적으로 더 행복하고 만족스럽다고 평가한다는 것을 보였다. 전화면접을 사용해서, 그들은 사람들에게 다음과 같이 물었다: "우리가 관심을 두고 있는 것은 사람들의 기분입니다… 당신은 네 개의 간단한 질문에 바로 대답해 주실 수 있습니까? 첫째로, 1에서 10까지의 척도에서, 10이 가장 행복한 것을 나타낸다면, 당신은 자신의 생활이 전반적으로 어떻게 느껴집니까?… 모든 것을 고려할 때, 당신은 요즈음에 전반적으로 자신의 생활에 대해서 얼마나 만족스럽거나 불만족스럽습니까? 그리고 바로 이 순간에 당신은 얼마나 행복을 느낍니까?" 절반의 응답자들은 화창한 봄날들에 전화를 받았고, 절반은 비 오는 봄날들에 전화를 받았다. 점수가 높을수록 그들이 더 행복하다고 대답한 것이다. 표에서 보이는 바와 같이, 그들은 화창한 날들에서 그 순간에 보다 더 행복했고, 자신의 "전반적인 생활"이 보다 더 행복하고 만족스럽다고 평가했다. 그들의 일시적인 기분은 안정된 내부상태에 대한 그들의 자기지각에 영향을 주었다.

	날씨	
	화창함	비가 옴
그 순간의 기분의 행복도	7.5	5.4
전반적인 생활의 행복도	7.4	5.0
전반적인 생활의 만족도	6.6	4.9

자료원: Schwarz와 Clore(1983), pp. 519~520에서 개작됨.

나치에 대해서 어떤 태도를 가지고 있으며, 완고한 사람들은 소수인집단에 대해서 어떤 태도를 가지고 있으며, 그 태도들은 그들의 가장 최근의 행동에 관계없이 매우 분명하다. 뺨을 맞았을 때, 우리는 자신이 화났는지를 알아보기 위해서 도로 자기 뺨을 때려 볼 필요는 없다. 우리의 여자친구가 더 이상 자기를 좋아하지 않는다고 말할 때, 우리는 눈물이 나오든 안나오든 관계없이 마음이 아프다는 것을 안다.

어떤 중성적 원천에 대한 흥분의 오귀인은 실제의 흥분원이 불분명하거나 애매할 때에 가장 일어나기가 쉽다(Olson과 Ross, 1988). 예컨대, 어떤 사람은 장난감 뱀에 의해서 생긴 흥분을 오귀인시키지는 않을 것이고, 점심시간에 식당에서 줄서있는 동안의 어떤 학생과 부딪힌 것에 의해서 생긴 잔여 흥분을 쉽게 오귀인시킬 것이다. 만일 흥분이 전이되게 될 중성적 원천이 매우 특출하고 신빙성있다면, 흥분은 오귀인되기가 더 쉽다(Olson과 Ross, 1988). 예컨대, 만일 한 남자피험자에게 일련의 아름다운 누드 여인들을 보여 준다면, 가짜 피드백에 근거해서 이것들 중에서 그의 선호들을 바꾸게 만들기는 쉬울 수 있다. 그러나, 한 피험자에게 미스 코리아의 누드와 하마같은 여자의 누드를 보여주고 나서, 그에게 그의 심장박동이 하마 같은 여자에 대해서 더 뛰었다는 가짜 피드백을 주면, 그가 자신이 하마 같은 여자를 원한다고 진지하게 생각하고 그 여자의 슬라이드를 가져가기를 원한다고 할 리는 없을 것이다. 다른 제한점은 자기지각과정이 개인이 자신이 무슨 반응을 하는가에 대해서 그리 신경을 쓰지 않을 때에 가장 잘 작동되는 것 같다는 것이다. 그 반응이 정말로 중요해지게 될 경우에 사람들은 자신의 태도와 정서를 더욱 세심하게 주시하고 외부단서들의 영향을 적게 받는다(Taylor, 1975).

이러한 "오귀인"이나 "재귀인" 연구들이 일단 수행된다면, 이것들은 괴로운 불안, 공포, 우울증, 낮은 자존심 및 기타의 겉으로 보기에 신경증적인 정서들을 치료하기 위한 새로운 치료법을 마련해 줄 가능성이 있다. 여러 다른 연구들은 대중연설 불안·시험불안·우울증 및 기타 원치 않는 정서들에 대해서 재귀인치료를 적용시켜 보려고 했다(Forsterling, 1986). 일반적 기법은 그 사람에게 불안들을 보다 덜 위협이 되는 원천들에 재귀인시키도록 만드는 것이었다. 그러나, 그 효과들은 오래 가지 않았거나, 신뢰롭지 못했거나, 약한 불안들에 한정되었거나, 매우 미약했다(Slivken과 Buss, 1984; Olson과 Ross, 1988; Parkinson, 1985 참조). 따라서 이 기법은 아마 치료의 목적을 위해서는 충분하게 강력하지는 않을 것이다.

귀인과 정서

어떤 귀인들은 특수한 정서들을 일으킨다. 도 4-1에 제시되어 있는 Weiner(1986)의 이론은 성공들이 매우 일반적인 긍정적 감정들(행복과 같은)을 일으키고 실패가 일반적으로 부정적 감정들(슬픔과 같은)을 일으킨다는 것이다. 결과가 예상된 것과는 다른 것일 때 또는 결과가 극히 중요한 것일 때와 같은 어떤 조건들에서, 사람들은 자신이 왜 성공했거나 실패했는가를 알아내려고 노력한다. 그들이 하는 귀인은 특수한 종류의 정서들을 자극한다. 예컨대, 당신은 중간시험에서 "D"학점을 받았을 경우에 기분 나쁘게 느낄 수 있지만, 어느 나쁜 정서를 당신이 느끼게 될 것인가는 그 낮은 성적을 당신이 어떻게 설명하는가에 달려 있을 것이다. 만일 당신이 그 시험이 불공정했다고 생각하고 당

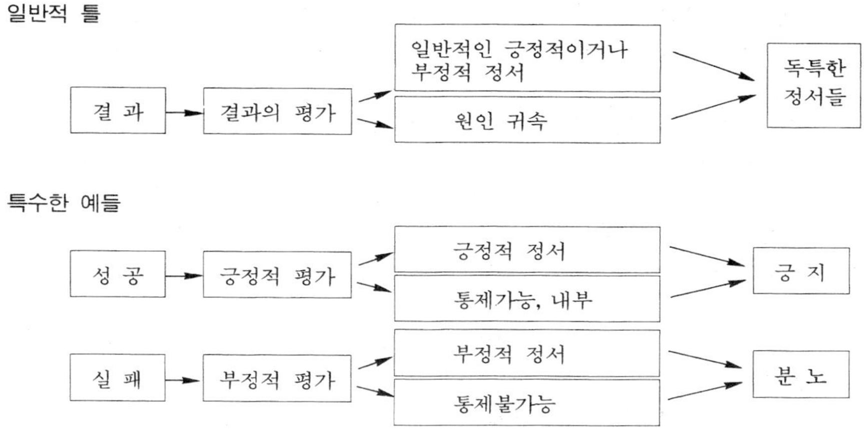

도 4-1. 정서에 대한 귀인적 분석.(Weiner, 1986, p.122에서 개작됨)

신이 그 선생을 욕한다면, 당신은 분노를 느낄 것이다. 만일 당신이 그 이상 더 잘할 정도로 똑똑하지 못하기 때문에 자신이 나쁜 성적을 받았다고 생각한다면, 당신은 의기소침한 것을 느끼게 될 것이다: 그러나 만일 당신이 자신이 열심히 공부하지 못했다고 느낀다면, 당신은 죄의식을 느낄 것이다.

Weiner(1982, 1986)는 사람들이 어느 정서를 느끼는가는 그들의 귀인에 달려 있다는 것을 증명해 왔다. 상이한 귀인들은 상이한 정서들을 일으킨다. 통제의 소재차원이 어떤 사람이 긍지, 수치 또는 감사를 느낄 것인지를 결정한다. 어떤 사람이 성공을 거두었을 때, 내부귀인들(능력, 노력)은 긍지를 일으키는 반면에, 외부귀인들(쉬운 시험, 도와 주는 한방친구)은 감사를 일으킨다. 내부원인들(노력의 부족, 낮은 능력)에 의해서 설명된 실패들은 수치의 감정들을 낳는 반면에, 외부적으로 설명된 실패들(예상보다는 시험이 더 어렵거나 불공정함)은 놀라움이나 분노를 일으킨다(Weiner 등, 1979).

지각된 원인들의 통제가능성이 또한 중요하다. 중간시험에서 나쁜 성적을 받는 것과 같은 부정적 결과들에 대한 내부귀인들은 그 원인의 통제가능성에 따라서 아주 상이한 정서들을 일으킬 수 있다. "죄의식"은 노력과 같은 통제가능한 내부원인들(나는 공부를 할 수 있었고, 나는 그저 온 밤 동안에 시간을 낭비했다) 에서 나오는 반면에, "우울"은 능력의 부족(나는 이것에 대해서 잘할 정도로 똑똑하지 않다)이나 성격특징들(나는 대학생으로서 충분하게 자기규율이 되어있지 않다)과 같은 매우 잘 통제될 수 없는 원인들에서 나온다(Weiner 등, 1979: Weiner, 1986). "분노"는 통제가능한 원인들에 연관되어 있다. Weiner가 제시하는 한 예는 다음과 같다: 나의 한방 친구는 먼저 나에게 물어봄이 없이 애완동물들이 없는 우리의 아파트로 그녀의 개를 데리고 왔다. 내가 집에 왔을 때에 그녀는 집에 없었고 짖는 개만이 있었다… 게다가, 그 개는 제멋대로 현관까지 나와 있었다." (1986, p.137). 이 사람은 한방 친구에게 분노를 느꼈는데, 그 이유는 그 친구가 개가 그곳에 있는 것이나 없는 것을 통제할 수 있었기 때문이다. 만성적으로 거짓말을 하는 남자친구나 남편, 일을 할 수 있는 데에도 불구하고 수년간 복지혜택을 받고 있는 어떤 여자, 우리의 민간여객기를 의도적으로 격추시킨 어떤 나라는 모두가 분노를 촉발시키는데, 이는 이러한 행위들이 통제가능한 것으로 해석되고 있기 때문이다.

한편, "동정"이나 "연민"은 통제불가능한 것으로서 해석된 행동에 의해서 유발되고 있다. 우연하게 꽃병을 넘어뜨린 지체부자유 아동은 동정을 일으킬 것이지만(그 아이는 어쩔 수 없었어) ; 이 일을 저지른 술취한 이는 분노를 일으킨다(그는 자신을 통제할 수 있어야 했어 : 만일 그가 외출하지 않았고 술을 마시지 않았더라면, 그는 이 일을 저지르지는 않았을 것이야). 이것을 증명하기 위해서, Weiner(1980)는 분명히 술이 취해서 지하철에서 넘어진 사람("그는 갈색의 종이 봉지로 싼 그리고 술냄새가 나는 술병을 갖고 있다")이나 몸이 아파서 넘어진 사람을 대학생들에게 기술해 주었다. 이 대학생들은 자기들이 술취한 이에 대해서 분노와 같은 부정적 감정들을 갖겠지만, 몸이 아픈 사람에 대해서는 갖지 않을 것이라고 대답했다.

따라서, 귀인들은 이것들이 우리에게 상황들의 의미를 파악하고 장래의 행동을 결정지을 수 있게끔 해 주기 때문만이 아니라, 또한 우리가 경험하는 정서반응들을 결정짓는 것을 돕기 때문에 중요하다.

귀인과정의 편향들

지금까지 기술된 귀인이론은 어떤 합리적이고 논리적인 과정을 시사하는 경향이 있다. 귀인이론은 사람들이 합리적인 방식으로 정보를 처리하고 어떤 결론을 내리기 위해서 정보를 평가하고 종합하는 데에 있어서 꽤 객관적이라고 가정하고 있다. 그러나, 우리가 앞 장에서 본 바와 같이, 사람들은 그들의 인지적 노력의 소비에 있어서 인색한 경향이 있다. 또한, 우리는 사람들이 자신의 깨어있는 순간들의 대부분을 사건들의 원인들을 부지런히 탐색하는 데에 보내지 않는다는 것을 알고 있다. 더욱이, 사람들은 그들의 모든 사고와 행동에서 논리적이고 합리적인 것과는 거리가 멀다. 이와 같은 맥락에서, 우리는 이제 귀인과정들에서 확인되어 온 몇 가지 편향들을 살펴볼 것이다. 우리는 배경적 자극들보다도 특출하거나 도형적 자극들에 더 반응하고, 유의미하게 구성된 인상들을 발전시킴으로써 지각을 단순화시키는 경향성들로부터 나온 여러 가지 인지적 과정들을 고려하면서 시작할 것이다.

특 출 성

우리가 인지적 처리를 단순화시키는 한 가지 방법은 앞 장에서 지적된 바와 같이 특출한 자극에 과잉반응을 하는 것이다. 이러한 편향은 우리로 하여금 가장 특출한 자극을 가장 영향력있는 자극으로서 지각하게끔 만든다. 만일 어떤 것이 움직이거나, 다채롭거나, 소리가 크거나, 신기하면, 우리는 이것을 환경 속에서 변화하고 있는 어떤 일에 대한 주요 원인으로서 보기가 쉽다. 거리를 달려가고 있는 사람은 은행의 잘못된 비상경고체제를 끄려고 달려가는 것으로서 보이게 된다. 큰 천둥소리는 사람들에게 숨으려고 허둥대게끔 만드는 것으로서 지각되게 된다. 빨간 드레스를 입은 여인은 사람들의 머리를 돌리게끔 만드는 것으로서 생각되게 된다.

때로는, 가장 특출한 자극은 실제로 사람들의 행동의 가장 강력한 원인이 되며, 따라서 이러한 경우에는 그러한 귀인들은 정확할 것이다. 그러나, 편향은 지각적으로 가장 특출한 자극이 실제로는 가장 강력한 원인이 못 될 때에라도 때때로 인과적 설명들을 지배하기 때문에 생기게 된다.

Taylor와 Fiske(1975)는 이러한 생각, 즉 지각적으로 특출한 것은 무엇이든 간에 지배적 원인이라고 간주되게 될 것이라는 것을 검증했다. 두 명의 실험협조자들은 "행위자들"의 역할을 했다. 그들은 서로 마주 보고서 대화했다. 피험자들은 그들의 뒤나 옆에 앉아서 "관찰자"들이 되었다. 따라서 각각의 행위자는 뒤에 앉아 있거나 마주 보고 있는 두 명의 관찰자들을 갖게 되었다. 분명히, 행위자와 그의 행동은 그의 뒤에 앉아 있는 사람들보다도 마주 보고 있는 사람들에 대해 더 특출하게 보일 것이다. 그러나 두 행위자들은 두 행위자들로부터 동일 거리에 있는 옆에 앉아 있는 관찰자들에게는 똑같이 특출하게 보이게 될 것이다.

이러한 배치가 도 4-2에 예시되어 있다. 두 실험협조자들은 마치 방금 만난 것처럼 담소를 하면서 표준화된 5분간의 대화를 했다. 그들은 전공, 일반적 직업계획, 출생지, 가족, 과외활동과 같은 것에 대한 정보를 교환했다. 대화는 용의주도하게 조정되어서 확실히 대충 동일한 대화가 모든 실험집단들에서 있게 되도록 했다.

그 다음에 관찰자들인 피험자들에게 그들의 인과지각이 질문되었다. 즉, 각 실험협조자가 대화의 목소리를 얼마만큼 높게 했으며, 교환된 정보의 종류를 얼마만큼 결정했으

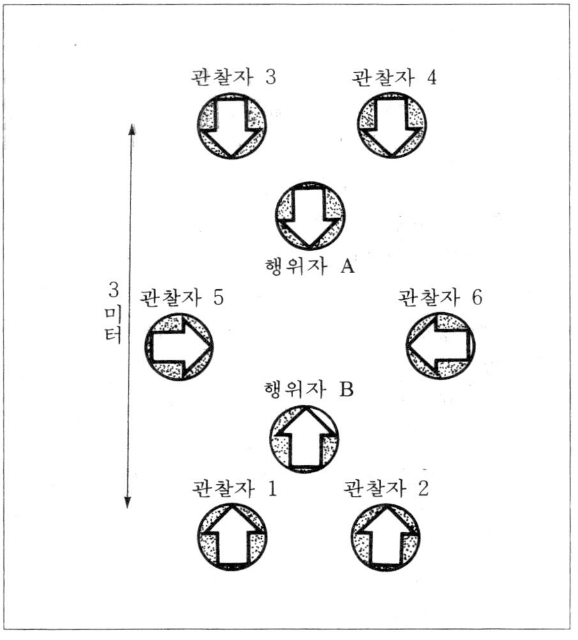

도 4-2. 행위자들과 관찰자들에 대한 좌석배치. 화살표는 시각적 방향을 나타낸다.
자료원 : Taylor와 Fiske(1975), p. 441에서 개작됨.

표 4-5. 관찰자의 좌석위치의 함수로써 관찰자들이 각 행위자에게 귀인시킨 원인적 역할의 평균평정치들

관찰자의 위치	행위자 A	행위자 B
행위자 A를 마주 봄 (관찰자 1과 2)	20.25	15.54
중 앙 (관찰자 5과 6)	17.51	16.75
행위자 B를 마주 봄 (관찰자 3과 4)	12.00	20.75

자료원 : Taylor와 Fiske(1975), p. 441.

며, 다른 행위자를 얼마만큼 자기처럼 행동하게끔 만들었는가? 그 결과들이 표 4-5에 제시되어 있다.

표는 지각적으로 더욱 특출한 행위자(피험자가 마주 보았던 실험협조자)가 지배적인 것으로 간주받았고, 특출성이 더 적은 행위자(피험자가 뒤에 앉았던 실험협조자)는 영향력이 더 적은 것으로서 간주되었다는 것을 보인다. 두 실험협조자들에게서 동일 거리에 앉아 있었던 피험자들은 두 사람이 거의 똑같이 영향력있는 것으로서 보았다. 설사 모든 피험자들이 실제로는 아주 동일한 상호작용을 관찰했을지라도(그리고 두 행위자들이 실제로는 중앙의 편파되지 않은 관찰자들 5와 6에 의하면, 거의 똑같게 대화에 기여했더라도), 행위자 A는 그를 마주 보고 있었던 사람들(관찰자 1과 2)에 의해서 가장 강력하다고 간주된 반면에, 행위자 B는 그를 마주 보고 있는 사람들(관찰자 3과 4)에 의해서 가장 강력하다고 간주되었다.

그러면 사람들을 특출하게끔 만드는 것은 무엇인가? 당신은 자신이 한 방 가득한 다른 사람들 중에서 유일한 사람일 경우에 특출하다. 예컨대, 만일 당신이 일군의 교수들 속에서 유일한 학생이거나, 일군의 이성애자들 속에서 유일한 동성애자이거나, 일군의 백인들 속에서 유일한 동양인일 경우에, 당신은 남의 눈에 띄는 것을 느낀다. 모든 눈들이 유일한 표적에 집중되게 된다. 특출한 신체적 속성들의 경우에서처럼, 당신의 단독적 지위가 알려져 있거나 분명할 때에 그렇게 될 것이다. 특출성에 관한 연구는 단독이 되거나 주목의 중심이 되는 것이 불쾌한 경험이라는 생각을 지지한다(Taylor, 1981).

지각적 특출성이 어떤 개인의 원인적 역할의 과장을 일으킨다는 발견은 매우 일반적인 것으로 밝혀지고 있다(Taylor 등, 1979 : Robinson과 McArthur, 1982). 실제로, 몇몇 사람들이 지각적으로 특출한 자극에 부여되는 인과성이 지각경험의 거의 자동적 결과이며 지각자측의 어떤 세심한 원인추론을 포함하지 않는다고 주장해 왔을 정도로, 사람들은 특출한 자극에 대해 원인귀속을 매우 신속하게 행하는 것 같다(McArthur와 Baron, 1983).

행위들을 성향들에 과잉귀인시킴

원인귀속과정에서 다른 편향은 우리가 타인들의 행동을 그들의 일반적 성격특성들이나 태도들과 같은 성향들에서 일어난 것으로서 설명하기가 너무 쉬운 반면에, 그들이 처한 상황의 중요성을 간과하는 경향이 있다는 것이다. 우리가 대학본부에 있는 창구에서 사무직원에게 정보를 묻고 있고 그 직원이 사무적이고 퉁명스럽고 잘 도와 주지 않을 때, 우리는 그 사람이 냉정하고 불친절한 사람이라고 생각한다. 우리는 그가 얼굴도 모르는 불평하는 학생들과 많은 그러한 잠깐의 실랑이들에 매일 당면해야만 된다는 사실을 무시하는 경향이 있다. 그가 퉁명스럽게 행동하게끔 만들기가 가장 쉬운 것은 아마 그의 성격보다도 그의 특수한 직무상황일 것이다. 성향들에 대한 과잉귀인과 상황들에 대한 과소평가는 매우 보편적이어서, Ross(1977)는 이것을 **기본적 귀인오류**(fundamental attribution error)라고 불렀다.

이러한 기본적 귀인오류의 한 예로서, 카스트로에 대한 글을 쓰는 사람들의 태도들에 대한 귀인에 관한 Jones와 Harris(1967)의 연구를 회상해 보라. 친카스트로적 입장을 취하기로 자유롭게 선택했던 글쓴 이들은 반카스트로적 입장을 취하는 글쓴 이들보다도 정말로 훨씬 더 친카스트로적이라고 간주받았다. 그러나 심지어 글쓴 이가 글에서 어느 쪽 입장을 취하는가에 대해 아무런 선택권이 없었을 때에도 내부귀인들이 이루어졌다. 글쓴 이가 자신의 글의 입장을 지정받았을 때에도, 관찰자들은 글 속에서 취해진 입장을 설명하려는 노력에서 내부성향들(카스트로에 대한 글쓴 이의 진정한 입장)의 역할을 과대평가했고 외부상황(즉, 취할 입장에 대한 선택권의 부족)의 힘을 과소평가했다. 이것은 앞의 표 4-3에서 볼 수 있다.

심지어 행위자들이 아무런 선택권이 없을 때에라도 관찰자들이 내부귀인을 한다는 발견은 중요한 것이다. 이것은 타인들의 행동에 대한 원인귀속들이 성향들을 과잉강조하고 환경을 과소평가하는 방향으로 편향되어 있다는 원리를 예시해 준다. 그 이후의 많은 연구들은 실질적으로 이와 동일한 것을 발견해 왔다. 이러한 현상은 심지어 피험자들 자신이 말하는 이의 행동을 실제로 그리고 고의로 일으켰을 때에도 유지되는 것 같다(Gilbert와 Jones, 1986). 그리고 이 현상은 관찰자들 자신이 동일한 절차를 밟았고 아무런 선택권이 없었다는 것을 알 때에도 유지된다(Miller 등, 1981).

전반적으로, 설사 외부귀인을 하기가 쉬운 조건에서도, 즉 말하는 이가 아무런 선택권이 없고, 열의가 없고, 약한 주장들을 하고, 그저 어떤 사람의 연설을 읽기만 할 때에라도, 말하는 이들의 입장들을 그들의 진정한 태도로서 간주하려는 경향은 놀랄만큼 강한 것 같다. 가장 극단적인 상황적 제약들 하에서, 그리고 무미건조하고, 서면으로 된 형태로 제시된 매우 약한 주장들에 대해서만 이 현상이 사라지게 되며, 그제서야 관찰자들은 외부압력들의 전체의 원인적 역할을 보기 시작한다(Reeder 등, 1989; Fleming과 Darley, 1989; Miller, 1976; Watson, 1982 참조).

왜 우리는 이렇게 하는가? 왜 우리는 외부제약들에 관한 정보에 저항하는가? 특출성이 이러한 귀인편향에 대한 하나의 가능성있는 설명이다. Heider에 의하면, "행동은…그러한 특출한 성질을 지니고 있어서 장(場)을 압도해 버리는 경향이 있다." 즉, 우리는 사람의 행동에 대해 너무 많은 주목을 해서 그 행동이 일어나는 상황을 무시하는 경향이 있다. 행동은 도형이 되고 따라서 둘러싸고 있는 상황의 배경 속에서 두드러지게 된다. 그리고 우리가 앞 절에서 본 바와 같이, 이러한 특출성이 인과관계의 지각을 일으킨다. 따라서 상황보다도 글쓴 이가 주요한 원인요인으로서 간주되게 된다. 그러나 특출성은 기본적 귀인오류를 완전히 설명할 수 없다. 이것은 행위자의 행동에 의한 지각적 장의 지배를 배제시킨 상황들인, 타인들의 행동들에 대한 지필식 기술들이 사용될 때에도 또한 강력하다(Winter와 Uleman, 1984 ; Winter 등, 1985).

우리가 3장에서 본 바와 같이, 연구들은 이제 타인의 행동에 근거된 타인에 대한 성향적 성질들의 귀속이 타인이 어떤 특정의 행동을 저질렀다는 것을 단순히 듣고서, 인식이 없이, 아마 심지어 자동적으로 자연적으로 일어날 수 있다고 시사한다(Trope, 1986 ; Gilbert 등, 1988). 성향귀인을 하는 경향은 사람들이 인지적으로 "분주할" 때, 즉 자신의 장래의 활동에 관해서 생각하거나, 좋은 인상을 지으려고 노력하거나, 주의를 요하는 다른 과제를 행할 때에 증가된다(예 : Gilbert 등, 1988). 아마 이것은 "분주한" 지각자는 적어도 몇 가지 자격있는 맥락정보를 받아들일 수 있는 분주하지 않은 지각자보다도 비특출한 상황요인들에 대해 훨씬 더 적은 주의를 기울이기 때문일 것이다. 우리의 대부분은 대개의 경우에 인지적으로 분주하다. 따라서 어느 정도 연구들은 기본적 귀인오류의 장점을 과소평가할 수 있다. 이것에 관한 다른 흥미있는 예가 특별논의 4-3에 기술되어 있다.

타인들의 행동을 그들의 성향들에서 나온다고 해석하는 이러한 편향은 단순히 하나의 비합리적 실수는 아닐 것이다. 이와는 반대로, 이것은 매우 기능적일 수 있다. Hoffman과 그의 동료들(1984)이 지적한 바와 같이, 우리가 타인들에게 또는 타인들에 관해서 언어적으로 의사전달을 하도록 요구받고 있을 때, 우리는 그들에 대한 풍부하고도 상세한 정보들을 간단하고 유의미한 형태로 단순화시킬 필요가 있다. 특성들(또는 기타의 성향들)은 그러한 모든 정보들에 대한 매우 편리한 요약들이다. "그녀는 좀 미숙해"라고 말하는 것이 이렇게 말하게끔 만드는 모든 사건들을 열거하는 것보다도 더 쉽다.

더욱이, 대부분의 사람들은 그들이 "특성"이라는 용어를 사용할 때에 심리학자들이 의미하는 것과 동일한 것을 의미하고 있지는 않은 것 같다. 사회적 지각자들은 대개 자기들에게 타인들이 무엇을 행할 것인가를 추측하는 데 대한 한정된 정확성(circumscribed accuracy)을 달성시켜 줄 수 있는 어떤 기술적 약술어를 찾고 있다(Swann, 1984). 즉, 개인의 행동을 설명함에 있어서, 우리는 행위의 의미를 요약해 주고 "이 사람은 동일한 상황이 다시 주어진다면 아마 동일하게 행동할 것이다"라고 우리에게 자신을 갖고서 말할 수 있도록 해 주는 어떤 특성 명칭을 찾고 있다. 따라서, 사람들이 타인의 행동에 대해서 행하는 특성귀인들은 심리학자들이 "특성"이라는 용어를 사용할 때처럼 광범한 상황들에 대해 행동을 설명하거나 예언하려고 의도되어 있지는 않다. 따라서, 한정된 정확성의 목표를 달성시킴에 있어서, 성향적 또는 특성적 귀인들은 완전히 적절할 수도 있으며 전혀 착오들을 이루지는 않을 것이다.

특별논의 4-3. 재치있게 보이는 방법

이러한 기본적 귀인오류의 하나의 재간있는 이용은 관찰자들로 하여금 다른 학생들의 일반상식의 양을 상당히 과대평가하게끔 만들었다. Ross 등(1977)은 퀴즈게임 상황에서 스텐포드 대학생들을 두 명씩 짝으로 만들었다. 한 사람은 "질문자"이고 다른 한 사람은 "경기참가자"였다. 실험조건에서는 각 질문자에게 자기가 원하는 주제에 대해서 "어렵지만 불가능하지는 않은" 열 개의 질문들을 만들게 하고 이것들을 경기참가자에게 묻게 했다. 그 다음에 이 두 사람은 자신과 자신의 짝을 일반상식의 면에서 평정했다.

만들은 질문은 정말로 꽤 어려웠고(예: "뉴멕시코의 수도이름은 무엇입니까?"와 같은 것이다), 경기참가자들은 평균해서 열 개 중 네 개만 알아맞히었다. 그러나 중요한 발견은 경기참가자들이 질문자의 지식을 크게 과대평가한 것이었다. 경기참가자들은 자기에 비해서 질문자가 극히 상식이 많은 것으로 평정한 반면에, 질문자들은 아래에서 보이고 있는 바와 같이 양자를 거의 비슷하게 평정했다. 기본적 귀인오류는 관찰자들이 외현적 행동을 너무 심각하게 받아들이고 상황을 무시할 때에 일어난다. 이들 경기참가자들은 질문자들이 매우 어렵게 보이는 질문의 해답을 알고 있는 고로, 그들이 정말로 상식이 많다고 분명히 생각했다. 그들은 질문자가 자기가 묻고 싶은 질문은 무엇이나 만들 수가 있었고 자기들이 해답을 알고 있는 질문들을 분명히 만들었을 것이라는 사실을 간과했다. 만일 경기참가자가 역으로 질문자가 되었다면, 이 사람은 역으로 재치있게 보이게 되었을 것이다.

평 정 자	평 정[a]	
	질문자의 지 식	참가자의 지 식
질 문 자	53.5	50.6
참 가 자	66.8	41.3

a: 점수가 크면, 100점 척도상에서 지식이 더 많은 것임.
자료원: Ross 등 (1977).

행위자 대 관찰자

기본적 귀인오류의 가장 흥미있는 측면들 중의 하나는 이것이 관찰자들에 대해서 적용되지만, 자신의 행동을 지각하고 있는 행위자들에 대해서는 적용되지 않는다는 것이다. 그 대신에 행위자들은 자기 자신의 행동을 설명함에 있어서 외부요인들의 역할을 과대평가하는 것 같다. 예컨대, 어떤 부모들은 자기들의 청소년 자녀들에게 주말에만 데이트하러 갈 수 있으며, 어떤 시간에는 집에 있어야만 되며, 어떤 시간 동안만 텔레비전을 볼 수 있으며 등과 같은 꽤 제약적인 규칙들을 설정해 놓는다. 이러한 규칙 제정은 어떻게 해석되게 되는가? "관찰자들", 즉 청소년들은 흔히 이러한 규칙들을 성향적으로 생긴 것이라고, 즉 부모들이 심술궂고, 권위적이고, 독단적이고, 구식이라고 지각한다. "행위자들" 자신인 부모들은 흔히 자신의 행동을 상황적인 면에서 설명하는 경향이 더 많다. 즉, 이것들은 자식들에게 가장 이롭도록 하기 위한 것이고, 부모의 역할에 부합되는 것이며, 자녀들 자신의 반항성과 무책임성에 대처하는 것이다.

만일 청소년 자녀들이 거듭 이 규칙들을 위반하면, 양측은 이것을 어떻게 해석하는가? 이번에는 "관찰자들"이 되는 부모들은 이것을 성향적인 것으로, 즉 청소년 자녀들이 반항적이고, 나쁘고, 무책임하고 등으로 해석한다. 이번에는 "행위자들"인 청소년들은 자기 자신의 행동이 상황적으로 생긴 것으로서, 즉 파티가 재미있어서 자리를 뜨고 싶지 않았으며, 부모의 규칙들이 비합리적으로 엄하며, 부모가 자기들을 오해하고 있다는 등으로 해석한다. 간단히 말해서, 관찰자들은 성향적 원인들을 과대평가하고, 행위자들은 상황적 원인들을 과대평가한다. 양측은 동일한 행동을 원인적으로 설명하고 있지만, 아주 상이한 귀인들을 하고 있다.

이러한 행위자-관찰자 편향(actor-observer bias : Jones와 Nisbett, 1972)은 가장 광범하게 연구된 여러 귀인적 편향들 중의 하나로 판명되어 왔다. 가장 최초의 증명들 중의 하나에서 Nisbett 등(1973)은 남자대학생 피험자들에게 그들이 가장 자주 데이트한 여자를 왜 좋아했는지, 그리고 그들이 왜 현재의 전공을 선택했는지에 대해서 글로 답하게 했다. 그 다음에, 그들에게 마치 그들이 자기의 가장 친한 친구라고 가정하고서 동일한 질문들에 답하게 했다. 반응은 그 행동이 행위자의 성향(예 : 나는 기분을 풀 수 있는 어떤 사람을 필요로 한다, 또는 나는 많은 돈을 벌고 싶다)이나 그 여자나 전공의 측면들에 대해서 외부로(예 : 그녀는 재치있고 재미있다, 또는 화학은 돈벌이가 좋은 분야이다) 귀인된 정도의 면에서 채점되었다. 피험자들은 타인의 행동보다도 자기 자신의 행동에 대해서 보다 더 많은 상황적 이유들을 제시했고 친구의 행동에 대해서는 성향적 이유들을 보다 더 많이 제시했다.

하나의 관련된 경향성은 행위자들이 관찰자들보다도 자기 자신의 행동을 덜 성향적으로 근거된 것이라고 볼 뿐만 아니라 또한 자신의 행동을 덜 안정적이라고 보는 것이다 (Baxter와 Goldberg, 1988 : Sande 등, 1988). 행동이 어떤 성향에서 나온다고 간주되게 될 때, 그 성향은 여러 상황들에 대해 안정적인 채로 유지되지만, 행동이 상황요인들에 돌리어지게 될 때, 그 행동은 상황이 변화됨에 따라 변화될 것이다. 우리는 자기 자신의 침울한 기간들을 나쁜 상황들에 대한 일시적 반응이라고 간주할 수 있지만, 타인의 침울한 기간들을 본래의 침울한 성격의 안정된 지표들이라고 간주한다.

Jones와 Nisbett은 이러한 행위자와 관찰자 간의 귀인들의 차이에 대해 두 가지 설명을 제시했다. 한 가지 설명은 참가자들이 서로 상이한 정보에 접할 수가 있고, 따라서 자연히 상이한 결론들에 이르게 된다는 것이다. 행위자들은 보통의 관찰자보다도 여러 상황들에서의 자기 자신의 행동에 관해서 훨씬 더 많은 내력적 정보에 접하고 있다. 그들은 자기 자신의 행동이 여러 상황들에서 어떻게 변화되어 왔는가를 알고 있으며, 따라서 자기 자신을 어떤 일반적인 사전성향에 기인되어서 일정하게 행동하는 것으로 지각하기보다도 그 행동을 각각의 특수한 상황들의 특징들에다가 귀인시킨다. 이러한 설명은 앞에서 기술된 공변원리에서 나온다.

또 다른 설명으로서, 대부분의 연구자들이 추구해 온 설명은 그 차이가 주로 상이한 조망들에 기인되며, 또 다시 핵심요인이 특출성의 차이들이라는 것이다. 관찰자는 자연히 행위자에 초점을 둔다. 이러한 행위자가 갖는 특수한 특출성은 우리가 이미 보아 온 바와 같이, 관찰자로 하여금 행위자의 행동을 그의 성향들에 과잉귀인시키게끔 만든다. 이것은 '기본적 귀인오류'이다. 그러나 행위자는 자기 자신의 행동을 보지 못한다. 그는 상황 ― 장소, 타인들, 그들의 기대들 등 ― 을 보고 있다. 행위자 자신의 행동은 자기를 바라보고 있는 관찰자만큼 자신에 대해서 특출하지 못하다. 이러한 이유로 행위자는 상황을 더 특출하게, 그리고 따라서 더욱 원인적으로 강력한 것으로 보게 될 것이다. 간단히 말해서, 관찰자에 대해서, 행위자의 행동은 장(場)을 압도해 버리고, 따라서 행동은 주요 원인적 힘으로서 지각되게 된다. 행위자에 대해서, 행동보다도 환경이 더 특출하고, 환경은 장을 압도해 버리고 주요 원인적 설명이 되게 된다. 지각적 설명(Storms, 1973)과 아울러 정보적 설명(Eisen, 1979)을 지지하는 증거가 있으며, 두 가지 형태의 요인들이 이러한 효과에 기여하기가 쉬울 것이다(또한 Van Heck과 Dijkstra, 1985 참조).

행위자들과 관찰자들 간의 귀인차이들은 어떤 조건들하에서 약화되게 된다. 행위자들이나 관찰자들에 의해서 저질러졌는지에 관계없이, 사람들은 긍정적 결과들을 성향요인들에 그리고 부정적 결과들을 상황요인들에 귀인시키기가 더 쉽다(예 : Tillman과 Carver, 1980 ; Taylor와 Koivumaki, 1976). 예컨대, 우리는 어떤 사람의 친절함을 그 사람의 본성의 일부로 보지만, 그 사람의 성급함을 좌절적 상황들에 기인되는 것으로 보기가 더 쉽다. 행위자-관찰자 효과는 또한 사람들이 자신이 보고 있는 행동을 보이는 사람에 대해 감정이입을 느낄 때에 역전될 수 있다. Regan과 Totten(1975)은 만일 관찰자가 어떤 감정이입적 태도를 갖고서 행위자가 했던 식으로 일들을 생각하고 보려고 노력한다면, 관찰자가 행위자가 행하는 식으로, 즉 상황요인들의 측면에서 세상을 보게 된다는 것을 발견했다. 이 경우에서 주위의 상황은 아마 행위자 자신에 대해서처럼 보다 더 눈에 띄게 되었다. 행위자의 곤경에 대한 개인적 관여는 이와 비슷한 효과들을 낳는다(Chen 등, 1988). 사람들은 만일 그들 자신이 장차 그와 비슷한 상황에 관여될 것이라고 믿으면, 행위자처럼 세상을 보는 경향이 있다.

그릇된 일치성

사람들은 모든 사람들이 자기 자신이 행하는 식으로 반응한다고 상상하는 경향이 있다. 그들은 자기 자신의 행동을 전형적인 것으로 보는 경향이 있다. 그들이 자기 자신의 의견이나 행동이 얼마나 보편적인가를 과장하는 경향은 **그릇된 일치성효과**(false consensus effect)라고 불리고 있다. 이 효과에 대한 하나의 초기의 증명에서, 학생들에게 자신이 "김씨의 가게에 가서 먹읍시다"라는 문구가 씌어진 샌드위치맨이 걸치는 광고판을 메고 자신의 대학 캠퍼스를 30분 동안 걸어다니는 일을 하겠는지를 물었다. 어떤 학생들은 동의했고, 다른 학생들은 거절했다. 그러나 양쪽 집단들은 그 대학에 있는 3분의 2가량의 다른 학생들이 자기가 했던 것과 동일한 선택을 할 것이라고 추정했다. 양쪽 집단들은 분명히 맞지 않을 수 있다(Ross 등, 1977).

이러한 그릇된 일치성효과가 광범하게 상이한 상황들에서 일어난다는 것이 증명되어 왔다(Mullen 등, 1985 ; Mullen과 Hu, 1988). 예컨대, 중학교와 고등학교의 흡연자들은 비흡연자들보다도 학교에 다니는 청소년들과 일반 인구 속에서 더 높은 수준의 흡연율을 추정하는 경향이 있다(Sherman 등, 1983). 이것은 일찍 시작되어서, 심지어 취학연령의 아동들도 이 효과를 보인다(Wetzel과 Walton, 1985). 그릇된 일치성효과에 대한 몇 개의 가능한 설명들이 있다. 한 가지 가능성은 사람들이 자기와 유사하고 자기처럼 행동하는 타인들과의 동반을 추구한다는 사실(선택적 접촉)에서 나온다. 결과적으로, 행동에 관한 타인들의 신념들에 대한 추정들은 단순히 우리가 사회적 추론을 위해서 사용가능한 사람들의 편향된 표본을 반영할 수 있다. 만일 우리의 친구들이 우리처럼 생각한다면, 이것은 어느 정도의 일치성을 제공해 준다. 다른 가능성은 우리 자신의 의견들이 특히 특출하고 우리가 특정의 의견에 초점을 둘 때에는 그 입장이 의식 속에 있는 유일한 것이기 때문에, 일치성이 증가되게 된다는 것이다(Marks와 Miller, 1987). 만일 우리가 다른 입장들의 타당성을 고려했다면, 일치성의 추정은 그렇게 높지는 않을 것이다.

세번째 가능성은 우리가 어떤 상황에서 어떻게 반응할 것인가를 예측하려고 노력함에 있어서, 우리는 자신의 마음 속에 있는 애매한 세부사항들을 어떤 선호받는 행동코스에 유리한 식으로 해결한다는 것이다. 예컨대, 만일 자신이 광고판을 메고서 나타나면 타인들의 조소거리가 될 것이라고 상상하는 사람은 아마 이것을 메는 것을 사절하고 자기와 동일한 곤경을 예상하면서 타인들이 동일한 행동을 할 것이라고 가정할 것이다. 네번째 가능성은 사람들이 자기 자신의 신념과 행동을 훌륭하고 적절하며 전형적인 것이라고 보려는 욕구를 갖고 있고, 따라서 그들은 이것들을 높은 자존심을 유지시키기 위해서 타인들에게 귀속시킨다는 것이다. 연구들은 이러한 모든 설명들이 그릇된 일치성효과를 설명하는 데에 다소 가치가 있다는 것을 시사한다(Marks와 Miller, 1987).

어떤 개인적 속성들에 대해서, 사람들은 **그릇된 독자성 효과**(false uniqueness effect)를 보인다(Marks, 1984 ; Snyder와 Fromkin, 1980 ; Tesser와 Paulhus, 1983). 예컨대, 사람들이 자신의 가장 좋은 능력들을 열거하고 타인들이 이들 능력들상에서 어떤 위치에 있는가를 추정하도록 요구받게 될 때, 그들은 자신의 동료들의 능력들을 과소평가한다. 어떤 능력을 높이 평가하고 이것이 특유한 것이라고 간주하기 위해서, 사람들은 자신이 그 능력상에서 독특하고 특유하게 훌륭하다고 느끼는 것이 필요한 것 같다(Tesser, 1988). 이와는 반대로, 태도의 문제들에서, 사람들은 타인들이 자신과 일치하는 빈도를 과대평가해서 그릇된 일치성을 보인다. 따라서, 태도들과 의견들은 그릇된 일치성효과를 보이는 반면에, 우리 자신의 높은 가치를 두는 기술들과 능력들은 그릇된 독자성효과들을 보이는 경향이 있다(Kernis, 1984).

그릇된 일치성효과는 사람들이 사회적 현실을 어떻게 해석하는가에 대해서 중요한 함축을 갖고 있다. 이것은 사람들이 자신의 신념과 행동이 옳다는 것을 유지시키는 하나의 수단이 될 것이다. 예컨대, 이것은 사람들에게 실제로는 그렇지 않은 데에도 불구하고, 자기와 일치하는 많은 사람들이 있다고 가정하게끔 만들 것이다(Granberg, 1987 ; Judd와 Johnson, 1981). 결과적으로, 어떤 조건들하에서, 그릇된 일치성효과는 타인들에 대한 정치적이거나 종교적 신념들의 부과를 위한 하나의 정당화로서 기능할 것이다.

이기적 귀인편향

당신편의 축구팀이 어떤 상대방팀을 완전하게 이긴 다음에, 당신은 "당신 팀이 우리 팀보다 더 잘했어"라는 기분좋은 말을 상대방 멤버들로부터 얼마나 자주 듣고 있는가? 대개 당신은 그것이 행운이었고, 운동장의 조건들이 나빴고, 상대방팀이 당신의 팀을 다음 해에는 이길 것이라는 것을 그들로부터 듣게 된다. 이와는 반대로, 당신편 팀이 방금 형편없이 졌을 때, 상대편으로부터 젠체하는 모습과 겸손해하면서 "운이 나빠서 졌지"라는 말을 들을 때에는 특히 초조한 기분이 들게 되는데, 이것은 그들이 순간적인 운이 나쁜 탓이라고 진정으로 생각하지는 않으며 그들이 실제로 자기편이 더 우수하다고 생각한다는 것을 당신이 알고 있기 때문이다. 성공에 대해서는 영예를 차지하고 실패에 대해서는 책임지기를 거부하는 이러한 경향은 **이기적 귀인편향**(self-serving attributional bias)이라고 알려져 있다(Miller와 Ross, 1975; Mullen과 Riordan, 1988; Fletcher와 Ward, 1988).

종합적으로, 사람들이 실패에 대해 책임지기를 거부한다는 것보다도 성공에 대해 영예를 차지한다는 것에 대한 더 많은 증거가 있다. 때때로 사람들은 만일 그들이 실패를 노력과 같은 자기들이 장차의 통제력을 갖고 있는 어떤 요인에 귀인시킬 수 있다면, 실패에 대한 책임을 수용하려고 든다. 예컨대, 만일 당신편 팀이 게임에 지고 나서 이 패배를 운동장 사정의 탓으로 돌린다면, 이것은 다음 번에 당신편 팀을 향상시키는 데에 많은 도움을 주지는 못할 것이다. 그렇지만, 만일 당신편 팀이 그 시합에서 거의 매번의 패스에서 실패했다는 것을 깨닫는다면, 당신팀의 멤버들은 다음번의 경기를 대비해서 할 어떤 일을 갖게 된다.

이기적 편향에 관한 많은 연구들은 이 편향들이 비난으로부터 자아를 방어하려는 욕구에서 나온다고 가정해 왔다. 아마 우리는 자신이 좋은 일들이 일어나게끔 만들고 나쁜 일들을 일으키지 않을 때에 더 좋은 기분을 느낄 것이다. 그러나 인지요인들이 또한 관계되어 있는 것 같다(Taylor와 Riess, 1989). 사람들은 일반적으로 성공할 것을 기대하며 성공이 자신의 기대와 합치되기 때문에 성공에 대한 책임을 받아들이게 될 것이다. 사람들은 성공하려고 들며, 성공하게 될 때에 성공에 대한 그들의 명백한 자기고양적 설명은 그들 자신의 노력과 결과 간의 지각된 공변 자체를 반영할 수 있다. 사람들이 어떤 상황에서 자신이 갖고 있는 통제력의 양을 추정할 때, 그들은 자신이 비성공적이어 왔던 실례들보다도 성공적이어 왔던 실례들을 이용하며, 따라서 자신이 갖고 있는 통제력의 양을 과대평가한다. 이들 모든 요인들이 자기고양적 편향에 기여할 수 있다(Miller와 Ross, 1975). 정말로, 이기적 편향이 인지적이거나 동기적으로 근거되어 있는지를 결정해 보려는 노력들은 일반적으로 실패해 왔으며, 연구자들은 두 종류의 요인들이 관계되어 있다고 가정해 왔다(Bradley, 1978).

축구의 예가 시사하는 바와 같이, 이기적 편향들은 자기 자신의 행동에 대한 설명들뿐만 아니라, 자신의 가까운 사람들, 친한 친구들 및 자기가 관련되어 있는 다른 집단들에 대한 설명도 또한 포함한다(예 : Lau와 Russell, 1980; Winkler와 Taylor, 1979). 집단수준에서 이러한 편향은 인종중심적 또는 집단이기적 편향이라고 불리어 왔으며, 이것은 내집단 멤버들이 긍정적인 내집단 행동과 부정적인 외집단 행동에 대해 내부적 원인들을 귀속시키고 부정적인 내집단 행동과 긍정적인 외집단 행동에 대해 외부적 원인들을 귀속시키는 경향을 일컫는다(Hewstone과 Jaspars, 1982; Mullen과 Riordan, 1988).

이기적 귀인편향들은 이것들이 사실들을 왜곡시키는 명백한 경향성에도 불구하고, 실제로 매우 적응적일 수 있다. 자기 자신의 노력, 특히 자신의 지속적 특징들에다가 성공을 귀인시키는 것은 사람들에게 장차 그와 관련된 과제들을 시도하기가 더 쉽게끔 만들 수 있는 기대들을 조성한다(Taylor와 Brown, 1988 참조). 한 연구에서, 자신의 해고를 외부요인들에 귀인시켰던 실직된 근로자들은 다시 취직하기 위해서 더 많은 노력을 기울였으며 실제로 취직하는 경향이 더 많았다(Schaufeli, 1988).

자기중심적 편향

사람들은 공동의 활동에 대해 자기 자신의 공헌을 일정하게 과장하며, 이러한 편향은 **자기중심적 편향**(self-centered bias)이라고 불리고 있다. 그러면 이러한 편향은 방금 기술된 이기적 편향과 어떤 차이가 있는가? 이기적 편향이 성공에 대해 영예를 차지하고 실패에 대해서는 책임을 지지 않는 반면에, 자기중심적 편향은 결과가 성공적이거나 비성공적인지에 관계없이, 공동으로 일으킨 어떤 결과에 대해 자기의 책임 몫 이상을 취하는 것이다. Ross와 Sicoly(1979)는 결혼부부들의 공동활동들에 대한 상대적 기여들의 추정, 대학 농구선수들의 최근 경기들에서의 자기 자신의 역할에 관한 추정 및 최근의 대학졸업생들의 자신의 학사학위논문에 대한 자기 자신의 기여에 관한 추정에 관한 몇 개의 연구를 실시했다. 각각의 경우에서, 사람들은 자기 자신의 기여를 과장했다.

Thompson과 Kelley(1981)는 이와 동일한 것을 발견했다: 한쌍의 부부의 각자는 그들이 단 둘만이 있을 때에 대화를 행하는 것, 상대방을 기다리는 것, 갈등들을 해결하는 것 또는 상대방의 욕구에 민감한 것과 같은 공동활동들에 대해 절반 이상의 책임을 졌다고 일정하게 주장했다.

무엇이 자기중심적 편향을 설명해 주는가? 첫째로, 타인의 기여들보다도 자기 자신의 기여들을 인식하기가 더 쉽다. 우리는 타인의 기여들에 대해 주의분산될 수 있거나 심지어 상대방이 공동과제의 자기의 몫을 하고 있을 때에 물리적으로 현장에 있지 않을 수 있다. 또한 자신의 기여들이 보다 더 개인적으로 특출하기 때문에, 상대방의 기여들보다도 우리 자신의 기여들을 회상하기가 더 용이할 수 있다. 동기요인들이 또한 관계되어 있을 수도 있다. 나 자신이 얼만큼 공헌해 왔는가를 생각하는 것은 특히 긍정적 과제들에 대해서 자신의 자존심을 증가시킬 수 있다. 이들 설명들 중의 어느 것이 맞는가? 논의된 이전의 편향들에서와 같이, 이 편향을 설명해 주는 단 한개의 요인은 없는 것 같으며, 몇 개의 요인들이 작용하는 것 같다.

자기 핸디캡부여

실패를 처리하기 위한 하나의 관련된 그러나 보다 더 맹렬한 책략은 **자기 핸디캡부여**(self-handicapping)라고 불리어 왔다(Berglas와 Jones, 1978; Baumeister와 Scher, 1988). 때때로 사람들은 성공에 대한 극복불가능한 장애들을 일으키고 따라서 그 후에 그들이 그 장애로 인해서 생기는 불가피한 실패를 경험할 때에 그 실패를 그들 자신의 능력부족이 아니라 그 장애에 귀인시킬 수 있는 행위를 한다. 수학시험 전날 밤에 밤을 꼬박 새운 학생은 자신의 낮은 성적을 수학을 이해하는 능력의 완전한 부족이 아니라 피로의 탓으로 돌릴 수 있다. 드물게 연습하는 골퍼는 골프성적이 나쁜 것을 능력부족이 아니라 연습부족의 탓으로 돌릴 수 있다; 알콜중독자는 자신의 실직을 나쁜 근무성적이 아니라 자신의 음주의 탓으로 돌릴 수 있다. 앞에서 논의된 Kelley의 용어를 사용하면, 능력귀인은 다른 그럴듯한 원인, 즉 핸디캡이 존재하기 때문에 절감되게 된다.

자기 핸디캡부여의 현상을 검증하는 한 실험에서, Shepperd와 Arkin(1989)은 대학생피험자들에게 그들이 학업성공도에 관한 타당하거나 타당치 못한 검사를 받게 될 것이라는 지시를 주었다. 부가적으로, 절반의 피험자들은 검사과정 동안에 그들이 자신의 검사성적을 방해할 수 있는 고음의 벨소리를 듣게 될 것이라고 믿게끔 만든 반면에, 다른 피험자들은 자신의 환경내에 소음이 있다고 생각하지 않게끔 만들어졌다. 그 다음에 피험자들은 그들이 검사를 받는 동안에 음악을 듣고 싶은지를 질문받았으며 과제에서 그들의 성적을 촉진시킬 수 있는 음악과 방해할 수 있는 음악 중에서 선택하도록 요구받았다. 결과들은 피험자들이 "자기 핸디캡부여"를 했다는 것, 즉 그들이 어떤 중요한 과제(학업성공도를 재는 검사)를 예상했을 때에 자신의 과업수행을 방해할 것으로 예상되는 음악을 선택했다는 것을 나타냈다. 그러나, 이것은 환경내에 이미 존재하는 핸디캡이 없었을 때에만 일어났다. 검사를 받기는 하지만 불리한 소음을 내는 벨소리가 있는 가운데에서 검사받을 것으로 예상하는 것은 분명히 부가적인 자기 핸디캡부여의 필요성이 없었고, 따라서 자신의 성적을 방해하는 음악을 선택하는 경향이 더 적었다. 이 실험의 결과들이 도 4-3에 제시되어 있다.

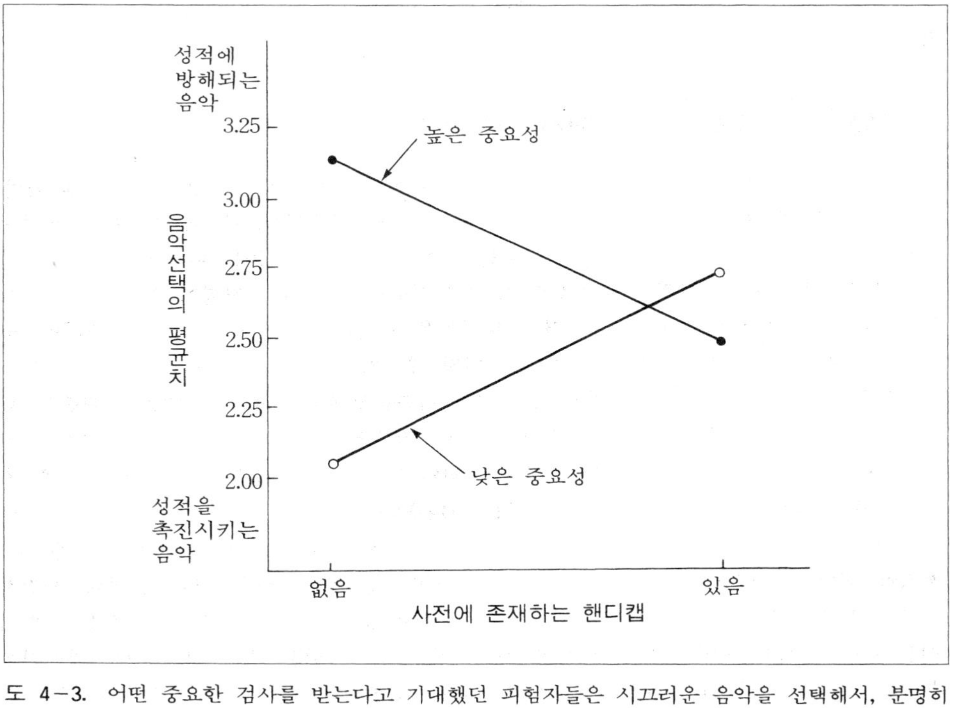

도 4-3. 어떤 중요한 검사를 받는다고 기대했던 피험자들은 시끄러운 음악을 선택해서, 분명히 미리 그 검사에 대한 자신의 실패에 대한 설명을 갖게 되었다. 그러나 이러한 효과는 환경 내에 사전에 존재하는 핸디캡이 없었을 때에만 일어난다.(Shepperd와 Arkin, 1989에서 개작됨.)

사람들은 또한 성공을 방해하는 핸디캡들이 반드시 존재하지 않을 때에라도, 그러한 핸디캡들을 자신이 갖고 있다고 주장함으로써 자기 자신의 유능성에 대한 자신의 이미지를 보호한다. Snyder 등은 실패를 위협하는 평가적 상황들에서 사람들이 시험불안, 사회적 불안, 수줍음, 우울증 또는 어떤 외상적 사건들의 내력과 같은 증후들을 주장하기가 특히 쉽다는 것을 증명했다(DeGree와 Snyder, 1985 ; Snyder 등, 1985). 이러한 증후들을 보고하는 것은 또한 사람들이 자기 자신의 실수들에 대해서 능력귀인들을 하는 것을 막아줄 수 있다. 예컨대, 당신의 기숙사방에 와서까지도 잊혀지지 않는 예쁜 여학생에게서 당신이 받은 냉담한 반응은 당신이 못생겼기 때문이 아니라 단지 당신이 수줍어하기 때문에 생긴 것이다. 예상될 수 있는 바와 같이, 사람들이 이와 같은 변명들을 주장할 때, 이것은 적어도 그 상황의 진정한 사실에 대해서 아무도 알지 못하는 한, 실패에 대한 그들의 부정적 감정을 감소시키는 경향이 있다(Mehlman과 Snyder, 1985).

두 가지 형태의 자기에 대한 핸디캡 부여의 책략들이 있다 : 행동적인 자기에 대한 핸디캡 부여에서 사람들은 피로, 알콜, 약물들, 시간엄수의 부족, 부주의 등과 같은 진짜의 핸디캡들을 적극적으로 조성한다. 그리고 자기보고된 핸디캡들에서 사람들은 그러한 상태들이 좋지 못한 학업성적을 변명할 수 있을 때에, 병, 불안, 수줍음 또는 외상적 사건들의 피해자 등을 단순하게 주장한다(Leary와 Shepperd, 1986 : Arkin과 Baumgardner, 1985). 이 두 가지 경우들에서 일반적인 이기적 귀인편향들에 대해서와 마찬가지로, 관건적 동인은 본래의 능력부족과 같은 실패에 대한 안정된, 통제불가능한 내부적 귀인을 피하는 자기보호적이거나 자아방어적인 것이다.

편향들 : 이것들은 어디에서 나오는가?

우리는 이제 원인귀속을 하는 과정 속으로 들어가는 몇 가지 편향들을 검토해 왔다. 그러면 이것들은 왜 일어나는가? 어떤 것들은 인지적 지름길들, 즉 어떤 훌륭한 설명에 도달하기 위해서 사용가능한 다량의 정보들을 삭감시키는 양식들을 나타낸다. 우리가 앞장에서 본 바와 같이, 사람들은 자신의 인지적 자원들은 아끼는 경향이 있으며, 만일 그들이 깨어있는 대부분의 시간을 사건의 원인들을 부지런히 탐색하는 데에 보낸다면, 다른 과제들을 위해서 쓸 수 있는 시간과 인지적 에너지가 거의 없게 될 것이다. 결과적으로, 특출한 자극에 주목하는 경향과 같은 원인귀속들상에서의 어떤 편향들은 단순히 원인귀속들의 형성과정을 보다 더 신속하고도 효율적으로 만들게 될 것이다. 따라서 인지요인들에 기인되는 편향들은 환경에 대한 조리있고도 명료한 이해를 얻고 가능한 한 효율적으로 그러한 이해를 일으키려는 욕구를 나타낸다.

다른 편향들은 자기 자신의 욕구와 동기를 충족시키려는 사람들의 노력에서 생긴다. 세상에 대한 조리있는 이해의 욕구 이외에도, 사람들은 애정, 복수, 자존심, 권위, 물질적 상품들 등에 대한 기타의 욕구들을 갖고 있다. 이들 요인들도 또한 원인귀속들을 편향시키는 데에 있어서 어떤 실질적 역할을 한다. 이들 동기요인들 중의 많은 것이 자존심을 높히는 이기적 편향들과 사람들이 자신의 생활을 통제할 수 있다는 느낌을 높혀 주는 편향들의 두 가지 범주에 해당된다.

끝으로, 편향들은 또한 타인들에게 인상을 주려는 욕망에서 생긴다. 사람들은 대개 타인들의 마음 속에 호의적 인상을 일으키기를 원하고 따라서 자기제시를 높히는 책략적 수단으로서 자신의 행동들 중의 어떤 것을 택한다. 대부분의 편향들은 인지요인들, 동기적 욕구들 및 자기제시적 관심들과 같은 요인들의 어떤 종합에서 나오는 것 같다.

통제력의 착각

우리는 사람들이 어떻게 사회적 세계를 실제보다도 더 질서있고, 조직화되고, 예측가능하고, 유의미한 일로서 지각적으로 왜곡시키는 경향이 있는가를 보아 왔다. 그들은 이것을 첫 인상 · 도식 · 각본 · 귀인편향 및 기타의 다양한 인지적 기제를 사용해서 여러 가지 교묘한 방법들로 하고 있다. 그러나 사람들은 세상을 실제보다도 더 질서있게 지각하지만은 않는다. 그들은 또한 세상을 더욱 통제가능한 방향들로도 마찬가지로 왜곡시킨다. 그들은 사상들에 대한 자신의 통제력을 체계적으로 과대평가하고, 우연이나 통제불가능한 요인들을 과소평가한다(Taylor와 Brown, 1988).

Langer(1975)는 이를 통제력의 착각(illusion of control)이라고 불렀다. 전형적인 실험은 피험자들에게 우연적인 결과들에 대한 그들의 통제력을 과장하게끔 만들었다. 예컨대, Wortman(1975)은 한 깡통에 두 개의 상이한 공기돌들을 넣고서 피험자들에게 각각의 공기돌이 상이 다르다고 설명해 주었다. 어떤 피험자들은 어느 공기돌이 그들이 원하는 상을 지니고 있는가를 설명받았고, 어떤 피험자들은 설명받지 않았다. 그 다음에 피험자들은 어느 공기돌이 어느 상을 지니고 있는지를 알도록 함이 없이, 한 공기돌을 선택하거나 나누어 받았다. 그들이 결과를 실제로 통제할 가능한 수단은 전혀 없었다. 그러나, 그들이 어느 공기돌이 자기가 원하는 상을 지니고 있는가를 미리 알았고 하나의 공기돌을 선택하도록 허용받았을 때, 그들은 단지 하나의 공기돌을 나누어 받았을 때보다도 그 결과에 대해 더 책임이 있었다고 생각했다. 그들은 통제력의 착각을 갖고 있었다.

공정한 세상

통제력의 착각은 사람들이 실제보다도 자신의 운명에 대해 더 많은 통제력을 갖고 있다고 생각한다는 것을 의미한다. 이러한 착각의 한 가지 결과는 피해자의 역경에 대해 불운의 피해자를 탓하는 경향성이다. 교통사고에 관계된 사람은 부주의하게 운전했음에 틀림없다. 도난을 당한 피해자들은 적절한 도난예방책을 취하지 않음으로써 스스로 도난을 자초한 것으로서 지각되었다(Tyler와 Devinitz, 1981). 강간을 당한 여자는 꼬리를 치고 다니는 식으로 행동했음에 틀림없고 자화자청을 한 것이다. 심지어 피해자들 자신까지도 자신에게 탓을 돌린다. 예컨대, 많은 강간피해자들은 자신이 차에 편승했거나 아파트 창문에 열쇠를 채우지 않고 내버려 둔 것과 같은 잘못된 방식으로 행동한 것으로서 생각한다(Janoff-Bulman, 1979). 다른 사람들도 또한 피습의 피해자들을 비난하는 경향이 있다. 여성의 특성들은 특히 강도나 강간과 같은 피습들에 대해서 다음과 같이 비난받게 되는 것 같다 : 그들은 너무 수동적이거나, 부주의하거나, 남을 믿고 있다(Howard, 1984).

차별대우를 받고 있는 소수인종집단들은 흔히 너무 적극적이거나, 소극적이거나, 수동적이라고 간주받게 되고 그들의 요구 때문에 다른 사람들과 소원해져 있다고 간주받게 된다. 따라서 그들은 자기들의 운명을 당연하게 받고 있다고 간주되게 된다.

이러한 관찰들을 설명하기 위해서, Lerner(1965)는 사람들이 공정한 세상(just world)을 믿고 있다는 생각을 제안했다. 선한 사람들은 선한 보상을 받고, 악한 사람들에게는 악한 일이 일어난다[事必歸正]. 핵심이 되는 생각은 관찰자들이 우연적 사상들을 피해자의 도덕적 성향들에 귀인시킨다는 것이다. 즉, 행운, 운명, 또는 상황의 어떤 다른 측면에 대한 외관상으로 분명한 귀인을 하기보다도, 사람들은 피해자의 도덕적 성격에 귀인시킨다. 따라서 나는 당신이 등교길의 교차로에서 어떤 사람이 빨강신호등인 데에도 불구하고 당신 차와 충돌했기 때문에 당신이 못된 운전사라고 비난한다는 식으로 된다. 이러한 생각을 검증하기 위해서 Lerner(1970)는 피해자들이 무작위적으로 선정되어서 전기쇼크를 받게 되는 몇 개의 실험들을 실시했다. 피험자들은 마치 그 피해자들이 자신의 불운에 대해서 도덕적으로 책임이 있었던 것처럼, 그들을 모독하는 경향이 있었다.

Lerner는 이러한 공정한 세상에 대한 신념의 표현들을 통제력의 착각과 아주 비슷하게, 우리가 사상들을 통제할 수 있다고 믿으려는 하나의 욕구를 반영하고 있는 것으로서 해석하고 있다. 이러한 통제감을 보호하기 위해서, 우리는 사람들에게 일어난 나쁜 일들에 대해서 당사자들을 비난한다. 만일 일반적인 사람들이 자신에게 닥쳐 온 어떤 재난에 대해 책임이 있다면, 아마 우리 자신은 적절하게 행동함으로써 개인적 재난을 피할 수가 있을 것이다. Lerner(1980), Ryan(1971) 등이 지적한 바와 같이, 세상을 공정한 곳으로서 보는 경향성이 갖는 하나의 불행스런 결과는 이것이 불우한 희생자들에 대한 사회의 압박에 대한 하나의 정당화를 제공해 주는 것이다. 만일 사람들 자신이 자기들이 병들고, 빈곤하고, 불구가 된 사실에 책임이 있다면, 우리들 나머지 사람들이 그들을 도와 줄 필요가 전혀 없다.

통제력: 하나의 적응적 착각인가?

이러한 통제감이 위협받게 될 때에 무엇이 일어나는가? 어떤 여대생이 도서관에서 자기의 기숙사로 돌아오는 길에, 낯모르는 어떤 남자가 뒤따라 온다고 가정하자. 그녀는 캠퍼스의 조명이 잘 된 이 장소에서는 항상 안심을 느꼈지만, 그녀는 갑자기 혼자 있으면 매우 위험하다고 느낀다. 그는 마침내 그녀를 쫓아와서 그녀의 팔을 잡고 그녀를 보도 위에 눕히려고 든다. 그녀는 겁에 질려서, 겨우 뿌리치고서 기숙사로 달려갔다. 그녀는 그 곳에 안전하게 도착했다. 그러나 이 사건이 있은 후에, 그녀는 그 길에서 밤중에 혼자 걷는 것에 대해 더 이상 안심하지 못한다. 그녀는 자신의 통제감을 상실했다. 그녀가 어떻게 하든간에 어떤 나쁜 일이 어느 순간에서든 일어날 수 있다. 통제력의 착각을 상실한 사람들은 어떻게 반응하는가?

반응들은 정보를 찾는 것(Swann과 Stephenson, 1981)으로부터, 더 강하게 고통과 스트레스를 경험하는 것, 수행의 감소(Glass와 Singer, 1972), 분노나 적대감과 같은 정서반응들(Brehm과 Brehm, 1981), 또는 절망과 무감각(Abramson 등, 1978)에 걸쳐서 매우 다양하다. 그러나 주요 반응은 통제력을 회복시키려는 시도이다. 사람들이 가장 통제하기가 어렵고 그 원인이 거의 알려져 있지 않은 병인 암에 걸렸을 때에라도, 그들은 다양한 방법으로 통제감을 회복시키려고 노력한다. Taylor(1983, p. 1164)는 유방암으로 괴로움을 당하는 여자들에게 통제력을 회복시키려는 이러한 노력들을 보고하고 있다.

> [암이 어디에서 왔는지]는 처음에는 나에게 중요한 의문이었다. 의사의 대답은 이 병이 여러 원인들을 갖는 병이라는 것이었다. 나는 바이러스들, 방사선, 유전적 돌연변이, 환경적인 발암 물질들과 같은 알려진 암의 원인들을 검토했고, 내가 매우 강력하게 초점을 둔 것은 다이어트였다. 이제 나는 내가 왜 이것에 초점을 두었는지를 알고 있다. 이것은 내가 이해하고 바꾸기가 매우 간단한 유일한 원인이었다. 나는 자신에게 나쁜 어떤 것을 먹었고, 따라서 병을 얻게 되었다고 볼 수 있다.

그리고 그의 남편은 자기 아내에 대해서 다음과 같이 기술했다.

> 아내는 책들을 구했고, 팜플렛들을 구했고, 공부했고, 암환자들과 이야기했고, 자신에 관해 일어났던 일들을 모두 알아보았고, 병과 싸웠다. 아내는 기를 쓰고서 암과 투쟁했다. 아내는 그 병을 불러 내어서 포장마차에 가두어 싣고 에워싸고 있는 셈이다.

정말로, 많은 심리학자들은 자신과 자기의 인생에 대한 강한 통제감은 설사 이것이 일부 착각에 근거되어 있다고 하더라도, 극히 적응적인 것이라고 생각한다. "적응을 방해하기는 커녕, 착각은 적절한 대처에 필수적일 것이다"(Taylor, 1983, p. 29 ; Taylor와 Brown, 1988).

귀인의 개인차들

통제부위

어떤 사람들의 개인적 통제감은 매우 커서 그들은 거의 자기 자신이 아침에 해를 뜨게끔 만들고 밤에 지게끔 만든다고 믿을 정도인 반면에, 다른 사람들은 자신의 행동과 자기에게 발생된 것 사이의 어떤 연관성을 결코 알지 못하는 것 같다. 사건들을 자기 자신 대 환경의 측면에서 설명하는 경향은 **통제부위**(locus of control)라고 불리고 있다. Rotter(1966)에 의해서 발전된 이 이론은 사람들이 자신에게 발생되는 좋거나 나쁜 일들의 근원들에 관해서 갖고 있는 기대들상에서 차이가 있다고 주장한다. 내부통제인들은 긍정적 및 부정적인 강화를 주는 사건들의 발생을 통제하는 능력을 자기 자신에게 돌린다. 외부통제인들이라는 다른 사람들은 강화를 주는 사건들이 자기 자신의 외부에 있는 요인들, 즉 운, 우연 또는 강력한 타인들의 통제하에 있다고 지각한다.

통제부위는 사람들이 자기 자신에게 생긴 사건들을 어떻게 지각하는가와 아울러 그들이 타인들의 경험을 어떻게 해석하는가에 영향을 준다. 예컨대, 한 연구(Phares 등, 1971)에서 대학생피험자들은 그들이 소음이나 비소음 조건들하에서 수행했던 지적 과제에 실패하도록 만들어졌다. 소음조건 하에서, 내부통제인들과 아울러 외부통제인들은 자

표 4-6. 통제부위의 평가

(각각의 질문에 대해 한 개의 답지를 선택하시오.)

1. a. 승진들은 열심히 일하는 것과 인내를 통해 얻어진다.
   b. 돈을 많이 버는 것은 주로 행운을 잡는 것에 달려 있다.
2. a. 나의 자신 경험으로 나는 내가 얼마나 열심히 공부하는가와 내가 받은 성적들 사이에 대개 직접적 연관이 있다는 것을 알아 왔다.
   b. 많은 경우들에서 나에 대한 교사들의 반응들은 일관성이 없는 것 같다.
3. a. 내가 옳을 때에는 나는 다른 사람들을 납득시킬 수 있다.
   b. 사람이 다른 사람의 기본태도들을 정말로 바꿀 수 있다고 생각하는 것은 어리석은 일이다.
4. a. 우리의 사회에서, 개인이 장차 권력을 얻게 되는 것은 그 개인의 능력에 달려있다.
   b. 승진되는 것은 실제로는 다른 사람보다 약간 더 많은 행운을 갖는 것에 달려있다.
5. a. 만일 우리가 다른 사람들을 다루는 방법을 안다면, 다른 사람들은 정말로 매우 쉽게 조종되게 된다.
   b. 나는 타인들이 행동하는 방식에 대해 거의 아무런 영향력이 없다.

자료원 : Psychology Today 잡지(1971).

기 자신의 실패를 소음의 탓으로 돌렸다. 그러나, 소음이 없었고 따라서 실패에 대한 아무런 명백한 귀인이 없었을 때, 내부통제인들은 나쁜 성적에 대해 자기 자신을 탓한 반면에, 외부통제인들은 외부요인들을 탓하는 경향이 더 많았다. 따라서, 통제부위는 환경조건들이 어떤 명백한 설명을 제공하지 않을 때에 개인 자신의 성공들, 실패들 또는 기타의 경험들을 설명하는 하나의 만성적 양식을 나타낸다.

통제부위는 표 4-6에 있는 것들과 같은 문항들을 포함하는 척도를 통해서 평가되고 있다. 만일 당신이 모든 또는 대부분의 문항들에 대해 a선택지에 답한다면, 당신은 내부통제부위가 높은 사람일 것이며, b선택지에 더 많이 답한다면 외부통제부위가 높은 사람일 것이다.

귀인양식

최근에 연구들은 부정적 사건들이 내부적이고 안정적이고 보편적인 요인들에 의해서 일어났다고 간주하는 경향의 특징이 있는 비관적 귀인양식을 검토해 왔다(Abramson 등, 1978).

이 이론에 의하면, 어떤 사람이 바람직스러운 결과들이 일어날 가망이 없다고 기대할 때, 그 사람이 바람직스럽지 못한 결과들이 일어날 것이라고 기대할 때, 그리고 그 사람이 이러한 상황을 바꾸는 아무런 방도가 없다고 볼 때, 무기력, 우울증 및 건강에 대한 나쁜 결과들이 일어날 수 있다. 이러한 결과들이 얼마나 심각하며 이것들이 개인의 자존심에 대해 얼마만큼의 대가를 빼앗아가는가는 귀인들에 달려있다. 부정적 사건들에 대한 일반적, 안정적 및 내부적 귀인들은 가장 심대한 나쁜 결과들을 일으킨다.

어떤 학생이 의과대학을 가고 싶기는 하지만 학업성적이 나쁘다고 가정하자. 만일 이 학생이 자기측의 노력에도 불구하고 결과를 바꿀 수 없다고 생각한다면 우울증이 일어날 수 있다. 만일 이 학생이 실패를 자기의 탓으로 돌린다면, 이 학생의 자존심이 또한 감소될 것이며, 만일 이 학생이 실패를 자기 자신의 무능력과 같은 어떤 일반요인의 탓으로 돌린다면, 이러한 좋지 못한 반응들이 일반화되어서, 아마 법과대학이나 경영대학과 같이 마찬가지로 입학하기 어려운 학과에 지망하지 못하게 될 것이다. 만일 이 학생의 귀인이 자신의 능력부족에 탓을 돌리는 것과 같이 안정적이라면, 이것은 지속되게 될 것이다. 예컨대, 1년간 재수하는 것도 상황을 호전시킬 수 없을 것이다. 이 학생이 상황을 바꿀 도리가 전혀 없다고 깨닫게 되면, 어떤 것을 행할 이 학생의 능력이나 동기는 더 악화될 것이며, 만일 그 결과가 중요하다면, 즉 자기의 아버지나 할아버지가 대대로 이어 온 의사가 되고 싶어한다면, 이 학생의 우울증과 낮은 자존심은 악화되게 될 것이다. 우울증과의 연관 이외에도, 설명양식은 이제 특별논의 4-4가 보이는 바와 같이, 나쁜 건강의 결과들에 관련지어져 왔다. 비록 이른바 비관적 설명양식이 실제로 우울증을 일으키는지는 계속 논쟁되고 있지만, 이것은 우울증과 분명히 관련되어 있고 우울증을 유지시키는 데에 기여할 수 있으며 사람들로 하여금 자신의 자기파괴적 귀인들의 부정적 효과들을 떨쳐버릴 수 없도록 만든다(예: Barnett와 Gotlib, 1988; Cochran과 Hammen, 1985; Anderson 등, 1988; Sweeney 등, 1986).

특별논의 4-4. 비관적 귀인양식이 병을 일으킬 수 있는가?

당신이 자신의 생활에서 사건들을 설명하는 양식은 실제로 당신의 신체적 및 정신적 건강에 영향주는가? 비관적 설명양식에 관한 최근의 연구들은 그럴 수 있다는 것을 시사한다. 비관적 설명양식은 부정적 사건들을 내부적이고 안정적이고 보편적 요인들에 의해서 일어난 것으로 지각하는 경향성이다. 자신의 생활사건들을 비관적 귀인양식으로 설명하는 사람들은 대개 생활의 불쾌한 사건들을 자기 자신의 내부적, 안정적 및 보편적 실패들의 탓으로 돌린다. 한 동안 심리학자들은 이러한 귀인양식이 우울증에 관련되어 있다고 의심을 품어 왔다(예: Peterson과 Seligman, 1984). 보다 더 최근에, 연구자들은 비관적 귀인양식이 또한 병에 대한 하나의 위험요인인지를 연구해 왔다.

Peterson 등(1988)의 연구에서, 하바드대학교의 1942년에서 1944년까지의 25세의 졸업생들에 대해 실시된 면접들이 그들이 자신의 인생에서의 부정적 사건들을 습관적으로 어떻게 해석했는가를 알아보기 위해서 분석되었다. 그 남학생들은 전투나 상관과의 관계들과 같은 이차대전 동안에 그들이 당면했던 곤란한 경험들에 관해서 질문받았으며, 그들이 그러한 상황들을 성공적으로나 비성공적으로 처리했었는지를 질문받았다. 그들의 응답들은 낙관적이거나 비관적 귀인양식을 반영하는지의 면에서 부호화되었다.

비관적 설명양식으로 어떤 부정적 사건을 설명하는 한 예는 55세 이전에 사망한 한 남자에 의해서 제공되었다: "나는 나의 장래 경력을 확고하게 결정할 수 없는 것 같다… 이것은 현실을 당면하는 데 대한 나의 비자발성일 것이다." 이와는 반대로, 건강한 남자들 중의 한 명은 자신의 군대경력을 다음과 같이 진술했다: "나의 군대에서의 경력은 얼룩진 것이었지만, 대체로 군대적 특징을 갖고 있었다." 이들 반응들간의 차이는 전자의 남자가 부정적 사건들을 아무런 분명한 도피의 가망이 없이, 그 자신의 안정적 성질들의 면에서 진술한 것이었다. 이와는 반대로, 후자의 남자도 역시 부정적 경험들을 진술했지만, 외부요인들("그것은 군대이다")을 언급했다.

이 연구자들은 자기 자신의 내부적이고, 안정적이고, 보편적인 부정적 성질들을 언급함으로써 부정적 사건들을 설명했던 사람들이 약 25내지 30년 후인 45세에서 60세 사이에서 유의하게 더 나쁜 건강을 가졌다는 것을 발견했다. 이것은 심지어 25세 당시의 신체적 및 정신적 건강이 고려되었을 때에도 사실이었다. 따라서, 초기 성인기 때의 비관적 설명양식은 중년과 후기 성인기에서의 나쁜 건강에 대한 하나의 위험요인이 되는 것 같다.

내부 통제력에 높은 가치를 두는 것

이 장에서 기술된 많은 현상들은 행동의 내부적 또는 성향적 통제를 지각하는 데 대한 보편적인 편향을 보여 주고 있는 것으로서 간주되어 왔다. 기본적 귀인오류는 내부통제를 과대평가한다. 통제력의 착각, 공정한 세상 및 학습된 무력에 관한 연구는 모두 사람들이 얼마나 내부통제를 믿기를 좋아하며, 자기 자신의 무력과 자신의 생활에 영향을 주는 많은 무작위성에 어쩔 수 없이 당면하게 될 때에 실제로 심리적으로 혼란된다는 것을 증명해 주고 있다. 왜 이러한 보편적인 통제감이 존재하는가?

한 가지 가능성은 위에서 고려되어 왔다. 아마 단순한 지각적 수준에서, 행위자들과 관찰자들 모두는 어떤 행위가 행위자에게 매우 철저하게 연결되어 있는 것으로 보는 경향이 있어서(이른바 Heider가 "단위관계"라고 부른 것) 그들은 그 행위를 어떤 외부원인에 용이하게 귀속시키지 못하게 된다(Jones, 1979).

또 하나의 가능성은 모든 인간은 자유의지(free will)의 느낌과 자기들이 선택한 대로 자유롭게 행동한다는 느낌에 대한 강한 정서적인 개입을 공통으로 갖고 있다는 것이다. 자유선택이나 통제력의 착각은 자연선택(natural selection)에서 나오는 몇 가지 적응적 이유들 때문에, 우리의 동기체제와 행복감에 대해 중요할 수 있다(Brehm, 1966; Monson과 Snyder, 1977). 아마 우리에게 계속해서 자신의 환경을 조작하려고 적극적으로 시도하게끔 만드는 것은 내부통제에 대한 믿음뿐이며, 한편 이것은 생존에 중요하다(Taylor와 Brown, 1988).

우리가 어떤 강한 내부통제감에 대해 높은 가치를 둔다는 사실에 대해서는 거의 의문이 없는 것 같다. 한 연구에서, Jellison과 Green(1981)은 학생들에게 네 명의 자극인물들에 대한 그들의 상대적 호감을 평정시켰는데, 이 인물들은 인간의 행동이 내부요인이나 외부요인에 의해서 일어나고 있는가에 대한 그들의 생각들에서 차이가 있었다. 내부부통제를 가장 많이 믿었던 자극인물들이 가장 많은 호감을 받았다. 두번째의 연구에서, 동일한 연구자들은 학생들이 자기 자신을 보통 대학생보다도 더 내부통제를 믿고 있다고 평정해서, 모든 가장 좋은 사람들(즉, 나 자신)이 내부통제를 믿는다는 것을 시사하고 있다는 것을 발견했다. 또한 세번째의 연구에서, 학생들은 어떤 긍정적 인상을 짓도록 노력하거나 부정적 인상을 짓도록 노력하도록 요구받고 나서, 동일한 질문지에 응답했다. 긍정적 인상을 지으려고 노력하는 학생들은 인간행동의 내부통제에 대한 더 큰 믿음을 나타냈다. 사람들이 실패할 때, 그들은 그들이 실패에 대해서 어떤 내부귀인을 표현할 경우에 더 나은 호감을 받았다(Carlston과 Shovar, 1983 ; Weary 등, 1985). 간단히 말해서, 내부의 원인요인들을 강조하는 일반적 경향이 있는 것 같으며, 이러한 경향을 가장 많이 나타내는 사람들이 가장 많은 호감을 받고 있고 인정을 받고 있다. 따라서 내부통제에 대한 믿음은 하나의 강력하고도 설득력있는 문화규범인 것 같다.

그러나 세번째 가능성은 이러한 내부성으로의 편향이 특히 미국인들의 문화규범적 특징이라는 것이다. 많은 관찰자들은 미국인들이 개인주의적 가치들, 개개인이 자기 자신의 운명을 통제할 수 있고 자신의 결과에 책임이 있다는 등등의 신념들에 얼마나 집착하고 있는가를 지적해 왔다.

Horatio Alger의 신화(그의 작품에서 주장된 것으로서, 성공은 자립과 근면에서 성취된다는 것)는 미국인이 가장 굳게 믿고 있는 것 중의 하나이다. 빈곤은 빈자의 게으름과 어리석음에 기인되고, 부유는 성공한 자의 재주와 근면에 기인된다. 예컨대, Inkeles(1983)는 미국인들에게 똑같은 기술과 훈련을 갖고 있는 데에도 불구하고, 왜 한 사람은 성공했고 다른 한 사람은 실패했는가를 설명하도록 요구했을 때에 1퍼센트만이 운명이나 신의 뜻을 댔다는 것을 보고하고 있다. 그러나 그는 여섯 개의 개발도상국들에서 운이나 운명이 약 30퍼센트의 설명을 차지했다는 것을 발견했다. 이와 동일한 발견의 또 다른 예가 특별논의 4-5에 제시되어 있다.

이러한 개인주의는 미국의 신교도적 전통으로까지 추적되어 왔다(예컨대 McClelland, 1964 ; Sears와 McConahay, 1973 ; Sniderman과 Brody, 1977 참조). 더 상호의존적인 문화들에서는 사상들에 대한 집단적이며 대인관계적 원인들을 강조하고, 개인들의 자유 행위들을 그렇게 많이 강조하지는 않는다(Sampson, 1977). 그런 반면에, 미국의 전통은 사람이

특별논의 4-5. 미국인들은 보다 더 내부적이다. 한국인들은 어떠할 것인가?

최근의 한 흥미있는 연구는 내부귀인들의 이러한 문화차들을 직접 검증했다. Miller(1984)는 여러 연령의 미국인들과 인도의 힌두교도들에게 몇 가지 보편적 사건들을 설명하도록 요구했다. 그녀는 미국인 성인들이 내부의, 성향적 귀인들을 사용하는 경향이 더 많은 반면에, 힌두교도 성인들이 외부적 맥락을 사용하는 경향이 더 많았다는 것을 발견했다. 예컨대, 자기의 이웃집 사람이 세금을 속여서 덜 내는 것에 대해 설명을 요구받았던 한 미국인은 "바로 이것이 그녀가 갖고 있는 타입이다. 그녀는 매우 경쟁적이다"라고 대답했다. 또는 어떤 다른 사람의 아이디어를 훔쳐서 자기 자신의 것처럼 제시한 한 동료는 미국인에 의해서 "바로 매우 자기 잇속만 차리는 사람이다. 그는 자기만을 생각한다"

라고 기술되었다. 이 두 경우들에서, 성향들이 행동을 설명하기 위해서 사용되었다. 어떤 건설일을 하는 것같이 생각되는, 일을 착수하지도 진척시키지도 않는 한 남자에 의해서 1500루피의 돈을 사기당한 사람에 대해서 어떻게 생각합니까? 한 힌두교도는 "그 남자는 실업자이다. 그는 그 돈을 〔갚을〕 처지에 있지 않다"고 대답했다. 어떤 사람이 자기의 제자의 논문에 대해서 두번째 연구자가 아니라 첫번째 연구자로서 자신의 이름을 올린 이유에 대한 설명에서 다른 힌두교도는 "그녀는 자기의 제자이었다. 그녀는 그 논문을 자기 스스로 출간할 힘이 없었을 것이다"(pp.967~968)라고 대답했다. 이들 힌두교 응답자들에 의하면, 상황이 행동을 설명한다. 이러한 발견들에 대한 문화적 설명을 지지해 주는 또 다른 증거는 이 차이가 어린 아이들에게서는 없다는 것이다: 아래의 표에서 이것이 오랜 시간에 걸쳐서 학습될 필요가 있다고 생각되는 바대로 이것은 연령증가에 따라 나타난다.

	성향들		상황	
	미국인	인도인	미국인	인도인
성인	40%	18%	18%	40%
15세	20	12	30	31
11세	14	11	20	28
8세	10	10	24	23

자료원: Miller(1984).

태어날 때부터 독립적인 존재라는 것이다. 대부분의 미국인들은 자신을 가문이나 교회나 공동사회와 같은 큰 전체사회의 일부라고 생각하지는 않는다. 예컨대, 미국에서는 결혼에 대한 결정은 관계된 사람들의 자유선택에 따르며 연애에 바탕을 두고 있다고 상정되고 있다. 많은 다른 문화들에서는 그러한 결정은 결혼이 전체 공동사회에 영향을 준다고 간주되기 때문에 가족이나 친척 집단들에 의해서 집단적으로 이루어진다. 그럼에두 불구하고, 성향들, 자유의지와 자유선택 및 개인적 통제력에 대한 이러한 강조가 개인주의의 강한 전통을 지닌 미국 문화에 한정되어 있는 것인지, 아니면 이것이 얼마만큼 더 보편적인 인간의 특징인지를 결정짓기 위해서는 다른 문화들에서의 앞으로의 연구가 요망되고 있다.

요 약

1. 귀인이론은 사람들이 사회적 사건들의 원인들을 어떻게 추론하는가를 취급하고 있다. 비록 원인귀속들이 대개의 사건들에 대해 대부분의 사람들에 의해서 이루어질 수 있

지만, 사람들은 어떤 예상치 못했거나, 특이하거나, 불쾌한 일이 일어날 때에 "왜"라는 질문들을 행하기가 가장 쉽다.

2. 사람들은 환경을 예측하고 통제하는 것에 도움을 받기 위해서 원인귀속을 한다. 귀인들은 또한 감정들, 태도들 및 행동들에 영향을 준다.

3. 사람들은 행동들을 개인에 대해서 내부적이나 외부적, 안정적이거나 불안정적 및 통제가능하거나 통제불가능한 것으로서 설명한다.

4. 행동의 원인들을 추론하기 위해서, 사람들은 어떤 공변원리, 즉 몇 개의 상이한 조건들에서 특정의 효과와 특정의 원인 사이의 어떤 연관성을 찾는 것을 사용한다. 두번째의 중요한 원리는 사람들은 만일 다른 그럴듯한 원인들이 또한 존재한다면, 어떤 특정의 효과를 일으키는 데에 있어서 한 원인의 역할을 절감시키는 것이다.

5. Kelley의 이론은 사람이 세 종류의 정보들에 근거해서 귀인을 한다고 암시한다. 즉, 특이성(이것은 그 사람이 그것을 하는 유일한 상황인가?), 일치성(그러한 상황에서 다른 사람들도 동일한 행동을 취하는가?) 및 일관성(그 사람은 이러한 상황에서는 항상 이렇게 하는가?) 정보이다.

6. 다른 사람들의 성격특성들과 태도들은 그 당시에 그들에게 작용되고 있는 외부압력들을 고려함으로써 그들의 외현적 행동으로부터 보통 추리되게 된다. 만일 그러한 압력들이 강하면 귀인들은 외부원인과 내부원인 사이에 분배되어 있다. 만일 그러한 압력들이 약하면, 내부귀인들이 이루어진다.

7. 귀인이론은 타인지각과 아울러 자기지각에도 적용될 수 있다. 즉, 동일한 원리들이 우리가 어떻게 자신의 행위의 원인을 추리하고, 우리가 어떻게 타인의 행위의 원인을 추리하는가를 설명할 수 있다.

8. 어느 정도, 우리는 자기 자신의 태도를 자신의 행동으로부터 추리하며, 이는 특히 우리가 자신의 태도에 특별하게 관여되어 있지 않을 때와 그 태도가 우리 자신의 생활에 거의 영향이 없을 때에 그러하다.

9. 우리 자신의 정서적 흥분상태에서 받는 내부단서들은 과거에 일반적으로 가정되었던 것보다도 더 애매하고 미분화되어 있다. 결과적으로 우리는 자신의 정서적 흥분의 성질과 아울러 정도를 귀인과정에 의해서 추리하는데, 이 과정은 무엇이 그 흥분을 일으켰을 것이라는 데 대한 명칭들을 제공해 주는 우리 자신의 행동, 우리의 흥분상태의 외부적 징후들 및 환경조건들에 관한 증거에 의존한다.

10. 가장 순수한 형태에서, 귀인이론은 인과적 설명들에 이르는 데 대한 논리적이며 합리적인 기제를 논한다. 그러나 몇 가지 체계적인 편향들이 발견되어 왔다.

11. 일반적으로, 사람들은 특출한 자극에 더 많은 원인을 부여한다. 타인들의 행동의 원인들을 추론할 때, 사람들의 설명들은 내부성향들에 과도하게 의지하고 외부압력들에 덜 의지한다. 이것은 기본적 귀인오류라고 불리어 왔다. 이것은 타인들의 행동의 관찰들에 대해서 특히 그러하다. 자기지각들은 정반대의 방향에 있는 경향이 있다. 우리는 자기 자신의 행동에 대한 원인을 외부압력들에 과잉귀속시킨다. 종합적으로, 이것들은 행위자－관찰자 편향을 이룬다.

12. 사람들은 자기 자신의 자존심을 지탱시키거나 방어시켜 주는 설명들을 제시하려는 욕구에 의해서 아주 크게 영향을 받고 있다. 이것은 이기적 편향들, 자기중심적 편향

들, 자기 핸디캡부여, 자아중심적 편향들 및 그릇된 일치성를 일으킨다.

13. 사람들은 자신의 환경에 대한 통제력의 착각을 필요로 하는 것 같다. 그들의 지각은 자기 자신의 통제력수준을 과장하며, 그들은 자신이 아무런 통제력이 없다고 느낄 때에 정서적으로 혼란에 빠지게 된다. 그들은 사람이 받아 마땅한 일을 받게 되는 공정한 세상을 믿고 있는데, 이것은 사람이 자기 자신의 결과를 통제할 수 있다는 가정에 근거되어 있는 것 같다.

14. 사람들은 사건들에 대한 지각된 통제부위에서 신뢰롭게 차이가 있다. 어떤 사람들은 결과들을 내부(개인적) 원인들로 설명하는 경향이 더 많은 반면에, 다른 사람들은 결과들을 외부(상황적) 원인들로 설명하는 경향이 더 많다.

제 3 부

태도와 태도변화

제 5 장

태　　도

무엇이 어떤 사람들을 민자당원이나 민주당원, 보수주의자나 진보주의자, 신교도나 구교도로 만드는가? 왜 어떤 사람들은 기독교도들이고, 어떤 사람들은 불교도들이며, 또 어떤 사람들은 전혀 종교가 없는가? 왜 사람들은 흡연이 위험하다고 결정을 내리는가? 어떤 사람이 치약들이나 담배들에 관한 자신의 마음을 바꾸게 될지의 여부를 결정짓는 것은 무엇인가? 우리는 민자당원들이 민주당후보에게 투표하도록 어떻게 설득할 수 있는가? 우리는 우리의 지지자들에게 반대편 당의 후보자들이 벌이는 선전에 저항하게끔 어떻게 대비시킬 수 있는가? 만일 우리의 친구가 흡연이 나쁘다고 결정을 내렸다면, 무엇이 그에게 실제로 흡연을 끊게끔 만들 것인가? 이러한 의문들은 태도 형성과 변화에 대한 광범한 연구의 기초가 되어 왔는데, 이 주제는 오랫동안 사회심리학의 하나의 핵심이 되어 왔다.

태도의 정의

태도(attitude)에 관한 각각의 전통적 정의들은 학습적 및 인지적 접근들의 구별되는 이론적 조망들에서 생겨났다. 따라서 태도의 정의들은 각각 태도의 본질에 관해서 약간 상이한 개념을 내포하고 있으며 태도의 다소 상이한 측면을 강조하고 있다. Allport (1935)는 "태도는 경험을 통해 조직된 것으로서, 이것에 관련되어 있는 모든 대상들과 상황들에 대한 개인의 반응에 직접적이거나 역동적인 영향을 주는 정신적 및 신경적 준비상태"(p. 810)라고 제안했다. 이러한 정의는 학습적 전통에 의해 많이 영향을 받았기 때문에, 이것은 과거경험이 어떻게 사람의 태도들을 형성하는가를 또한 강조했다. 동일한 이유로, 이것은 태도를 어떤 특정의 양식으로 반응하려는 자세로서 보았고, 태도의 행동적 의미들을 강조했다.

이에 비해서, Krech와 Crutchfield(1948, p. 152)는 인지적 관점에 강하게 개입되었던 사람들로서, 태도를 "개인의 세계의 어떤 측면에 대한 동기적·정서적·지각적 및 인지적 과정들의 지속적인 구성체"로서 정의했다. 그들이 태도의 기원들에 대해서 아무런 언급도 하지 않고 있는 대신에, 사람의 현재의 주관적 경험에 관심을 두고 있음을 주목하라. 또한 그들이 구성체를 강조하고 있음을 주목하라. 그들은 사람을 사려성있고 적극적으로 구성하는 유기체로서 본다. 그리고 마지막으로, 외현적 행동에 대한 아무런 언급이 없음을 주목하라. 인지적 전통은 개인의 주관적 경험을 강조한다.

세 가지 요소들과 감정차원

오늘날, 다소 보편적인 정의는 두 가지 접근들에서 나온 요소들을 종합하고 있다. 어떤 특정 대상, 생각이나 사람에 대한 태도는 인지적, 감정적 및 행동적 요소들을 갖는 지속적인 지향성(志向性)이라고 간주된다. 인지요소(cognitive component)는 특정의 태도대상에 관해서 사람이 갖고 있는 모든 사고들, 즉 대상에 관한 사실들, 지식들 및 신념들로 구성되어 있다. 감정요소(affective component; 또는 평가요소)는 대상에 대한 사람의 모든 감정들이나 정서들 특히 평가들로 구성되어 있다. 행동요소(behavioral component)는 대상에 대한 사람의 반응 준비성이나 행동 경향성으로 구성되어 있다.

도 5-1에 제시되어 있는 흡연에 대한 김군의 태도를 고려해 보자. 전체 태도의 초점은 태도대상, 이 경우에서는 담배에 있다. 대상을 둘러싸고 있는 것은 관련있는 것으로서 지각된 여러 요소들이다. 이들 중의 몇 가지는 흡연금지 규정들과 같은 비개인적인 실체들이다. 어떤 것들은 부모나 한방 친구들과 같은 사람들이고, 다른 것들은 자기 자신의 후각과 같은 개인적 상태들이고, 또 다른 것들은 가격이나 풍미와 같은 대상 자체의 단순한 속성들이다. 따라서, 이러한 인지들의 전체 군집과 주가 되는 태도대상에 대한 이것들의 연결은 어떤 태도의 인지요소를 이루고 있다.

그 다음에는 감정요소(affective component)가 있다. 각각의 인지요소는 이것과 결부된 정적이거나 부적 감정들을 지니고 있으며, 핵심이 되는 태도대상 역시 그러하다. 도 5-1에서 요소들과 핵심 대상에 대한 정적 및 부적 평가들이 각각 정과 부의 부호들로 나타내져 있다. 관련된 요소들에 대한 평가들은 네모칸들 속에 제시되어 있다. 김군의 흡연에 대한 부정적 감정들은 그의 한방 친구와 부모가 흡연을 싫어하는 것, 흡연자들이 환영받지 않는 많은 장소들, 그것의 나쁜 냄새 및 흡연이 위험하고 너무 비용이 든다는 그의 느낌들에서 나온다. 확실히, 그는 공부가 더 잘 되는 것과 어떤 사교상의 불편이 덜어지게 되는 것을 좋아한다. 더우기 그의 핵심 대상에 대한 태도의 감정요소는 이들 각각의 인지들의 평가들을 종합한다. 그리고 그는 분명히 담배에 대해서 강한 부정적 평가를 하고 있다. 그는 담배를 싫어하고 두려워하고 있다. 이것은 중앙 원 속에 있는 부의 부호에 의해서 그림에서 제시되어 있다. 따라서, 태도의 감정요소는 핵심 대상에 대한 그리고 문제의 태도대상에 결부된 각각의 인지들에 대한 모든 감정들로 구성되어 있다고 간주될 수 있다.

마지막으로, 행동요소가 있다. 어떤 태도는 또한 그 태도대상과 관련해서 행동하려는 어떤 경향성을 갖고 있다. 태도의 행동요소는 여러 가지 방식으로 표출될 수 있다. 이 예에서, 김군은 담배를 행동적으로 피하려는 경향을 갖고 있다. 그는 담배를 사지 않으며, 담배를 권하더라도 피우지 않으며, 사람들이 흡연하고 있는 장소들을 피하는 경향이 있고, 담배냄새가 싫기 때문에 흡연자와는 가까이서 대화하는 것을 꺼린다.

이러한 태도에 관한 세 요소 정의는 많은 사회심리학자들이 인정해 왔던 것이며 우리가 태도의 개념을 취급할 때에 염두해야 될 것이다. 기억해 두어야만 될 것은 어떤 특정의 태도대상에 대한 모든 태도가 이와 같은 세 개의 상이한 요소들이나 측면들을 갖고 있다는 것이다(특별논의 5-1 참조). 이 요소들은 이것들이 다소 상이한 원리들에 따르기 때문에 분석의 편이를 위해서 구분되고 있다. 이것들은 항상 서로 일치하지는 않는다; 정말로, 요소들간의 일치에 관한 의문들은 우리가 보게 되는 바와 같이, 몇 가지 가장 흥미있는 연구들을 내놓아 왔다.

그러나, 태도의 세 가지 요소들을 중심으로 하는 태도의 정의도 개념적으로 다소 애매하다고 간주되고 있다. 따라서 최근에는 태도대상에 대한 태도를 대상에 대한 감정이나 평가에 한정시키고, 신념들(또는 사고들)과 행동들을 태도들과 연관된 개념들로서 취급하고 있다. 위에서 제시된 바와 같이, 사람들은 어떤 대상, 예컨대 흡연에 대해서 어떤 신념들이나 생각들, 감정들 및 행동들을 갖고 있다. 어떤 사람은 담배가 폐암을 일으킨다고 생각하고, 담배가 나쁘다고 말하면서, 담배를 피운다. 어떤 대상에 대한 신념, 감정 및 행동은 많은 경우들에서 일치하지만, 위의 흡연자처럼 세 가지 요소들이 일치하지 않는 경우들도 있다. 그러면 어느 요소가 진정한 태도를 나타내는가? 모든 사회심리학자들이 태도라는 용어의 정의에 일치하지는 않는다. 어떤 사람들은 태도를 오로지 감정들(affects) 또는 감정이나 기분에 관한 진술들이라고 본다. "나는 이순신 장군을 좋아한다"나 "나는 전쟁에 대해서 끔직스럽게 느낀다"와 같은 진술들은 감정들에 관한 진술들이

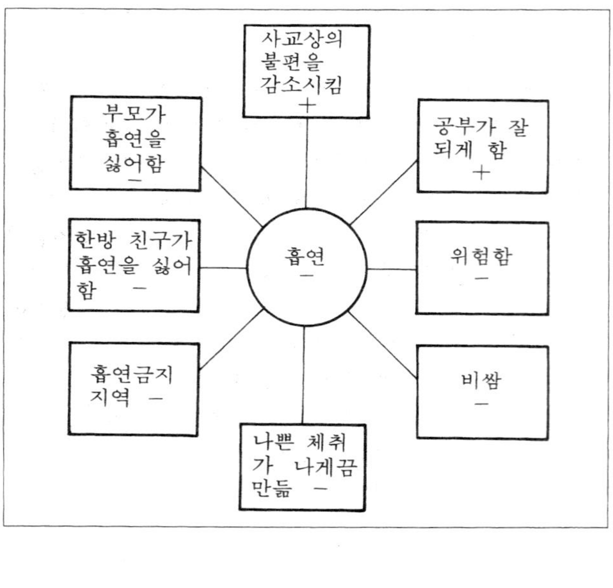

도 5-1. 흡연에 대한 한 태도의 도식적 제시. 핵심 대상은 몇 개의 다른 인지들과 관련되어 있다. 부호들은 흡연에 대한 그의 전반적 태도와 아울러 그가 흡연에 결부시키는 각각의 인지들에 대한 그의 감정들에 대한 감정요소를 나타낸다. 정의 부호는 긍정적이거나 호의적인 감정을 그리고 부의 부호는 부정적이거나 비호의적인 감정을 나타낸다.

다. 앞에서 제시된 바와 같이, 다른 사회심리학자들은 자기들의 정의에 신념들(beliefs)을 포함시킨다. "이순신 장군은 왜군을 무찔렀다", "전쟁은 많은 사람들을 죽인다", "김영삼 대통령은 거제도 출신이다", "일본은 우리 나라를 여러 번 침략했다" 등은 신념들의 예들이다. 그리고 다른 사람들은 자기들의 정의의 일부로서 행동들을 포함시킨다. McGuire (1985)는 태도변화에 관한 문헌들에 관한 집중적인 조사 후에, 500개 이상의 태도에 관한 정의들이 이 주제에 관한 사회심리학자들의 연구들에서 사용되어 왔다고 보고했다.

수많은 정의들에도 불구하고, 대부분의 연구들은 감정이 태도의 가장 중요한 차원이라고 간주해 왔다. 따라서, 본서에서 우리는 Petty와 Cacioppo(1981)에 의해서 제안된 태도의 정의를 택할 것이다. 그들의 정의는 태도의 감정(또는 평가)차원에 초점을 두면서, 태도를 어떤 사람, 대상 또는 이슈에 대한 일반적이며 지속적인 긍정적 또는 부정적 감정이라고 정의한다.

인지적 복잡성: 신념들의 특징

특정의 태도와 관련된 신념들이 지니고 있는 하나의 특징은 이것들의 인지적 복잡성이다. 이것은 몇 가지 측면들에서 고려될 수 있다. 첫째로, 우리는 흔히 태도대상에 관해서 아주 많은 생각들과 신념들을 갖고 있다. 이것들은 아마 모두가 사실적으로 옳지는 않겠지만, 인지들은 그 수가 많다. 도 5-1에서 우리는 어떤 사람이 흡연에 대해서 갖고 있을 수 있는 소수의 인지들만을 제시한 바 있다. 둘째로, 태도는 핵심 대상에 대한 인지들의 관계들의 성질과 아울러 이것들의 평가요소가 상이한 아주 많은 인지들을 포함할 수 있다. 담배가 공부에 도움이 된다는 생각은 공부에 대한 태도가 고려되고 있을 때만이 의미가 있다. 그리고 그 다음에 공부에 대한 태도는 부모·선생·장래의 경력 등등

특별논의 5-1. 뱀에 대한 태도의 세 가지 요소들

> 뱀에 대한 태도들은 태도들에 관한 이러한 세 요소 모형에 대한 좋은 예를 제시한다. 인지요소는 "뱀은 부드럽고 스무스하다" 또는 "뱀은 설치류의 총수를 조절한다"와 같은 사실적 문제들에 대한 신념들로 구성되어 있다. 감정요소는 뱀에 대한 개인의 느낌들로 구성되어 있다(예: 나는 "불안"이나 "긴장" 또는 "애정"을 느낀다). 행동요소는 과거의 행동(예: "나는 뱀을 만지는 것을 좋아한다")이나 현재의 행동(예: "산 뱀을 만지라는 실험자의 요구를 거부하는 것")을 기술하는 관련된 행동경향들로 구성되어 있다. 뱀에 대한 태도들의 이러한 세 가지 요소들을 측정하는 문항들에 대한 하나의 최초의 분석은 대부분의 이러한 분석들처럼, 이 차원들이 구별되기는 하지만 상호관련된 차원들이라는 것을 나타냈다(Breckler, 1984). 즉, 이들 세 가지를 어떤 태도의 별개의 요소들로서 기술하는 것이 사리에 맞지만, 이것들 간에 또한 상당한 일관성이 있다. 이 연구에서, 세 요소들간의 상관들은 +.38에서 +.70의 범위이었다. 이러한 일관성은 이 장의 나머지 부분의 주요 주제들 중의 하나가 될 것이다.

에 대한 태도들을 이끌어 낼 수 있다. 따라서 전체의 군집은 담배에 관련된 그 사람의 모든 사고들을 포함하게 될 것이다. 그리고 셋째로, 몇 개의 다른 요인들이 이 구조 속에 포함되어 있지 않다. 예컨대, 각각의 인지는 중요성이 다를 수 있다(예: 담배가 비싸다는 것은 아마 이것이 폐암에 관련되어 있다는 사실보다 덜 중요할 것이다). 따라서 이 그림은 실생활의 많은 태도들에 대한 하나의 과잉단순화이다.

평가적 단순성: 태도의 특징

대부분의 태도대상들은 이것들에 관련된 신념들이 복잡한 데에 비해서 감정적 또는 평가적으로 단순한 경향이 있다. 비록 그가 흡연에 관해서 많은 인지들을 갖고 있을지라도, 흡연에 대한 그의 태도는 비교적 단순하다: 흡연에 대한 그의 전반적인 부정적 평가가 흡연에 관한 그의 모든 감정들을 지배하고 조직화시킨다. 흡연은 비록 이것이 그에게 밤 늦게 공부하는 데에 도움을 줄 수 있을지라도, 그의 한방 친구와 부모를 소원하게끔 만들고, 맛이 나쁘고, 냄새가 나쁘고, 비싸고, 폐암에 걸릴 위험이 있다. 그의 전반적 태도는 부정적이며, 그가 지각하는 흡연의 거의 모든 속성들이나 결과들도 마찬가지이다. 이러한 패턴은 매우 일반적이다: 사람들의 마음 속에는 수많은 인지들이 있을 수도 있지만, 그들의 태도는 훨씬 더 단순하다. 그는 심지어 흡연에 대한 공포나 혐오와 같은 다양한 특수한 감정들을 느낄 수 있고, 이것들의 각각은 그 자체의 특수한 특징들을 갖지만, 흡연에 대한 그의 전반적 평가는 마찬가지로 이러한 별개의 감정들과 일치되는 경향이 있다(Breckler와 Wiggins, 1989). 사람들이 흔히 많은 정보를 갖고 있지 않은 우리 나라 대통령의 직무수행, 물가문제, 낙태, 약물사용 등과 같은 보다 더 먼 수준의 공공적인 일들에 관한 태도들에서도, 그들의 태도들은 매우 일관성있다(Kinder와 Sears, 1985). 예컨대, 백인 미국인들은 인종문제들에 대해서 평가적으로 일관성있는 태도들을 갖고 있는 경향이 있다. 인종평등을 가장 지지하는 백인들은 또한 흑인들을 위한 인종평등 구현조치, 흑백통합을 위한 흑인과 백인 학생들의 공동버스통학 등에도 또한 가장 지지적인 경향이 있다(Sears, 1988).

우리는 대개의 태도들의 단순성이 타인들에 대한 우리의 인상들의 평가적 단순성과 매우 유사하다는 것을 알 수 있다. 2장에서 지적된 바와 같이 타인에 관한 우리의 인상은 신속하게 평가적으로 일관성있게 되는 경향이 있다. 타인에 관해서 우리가 얼마나 많이 알고 있는가에 관계없이, 우리는 일반적으로 그 사람을 좋아하거나 싫어하는 경향이 있다.

인지 대 태도

앞 장들에서 본 바와 같이, 많은 사회심리학연구들은 감정(또는 태도)과 인지(또는 신념들)를 대비시킨다. 인상형성에서의 맥락효과들이나 귀인편향들에 대한 기본적 근거들이 좋은 예들이다. 이것들은 감정을 원초적이고 자연적이고 즉각적 반응이라고 보는 사람들(Zajonc, 1980)과 감정을 지각들과 인지들에 의해서 통제되는 것으로 보는 사람들(Lazarus, 1984; Weiner, 1986) 간의 기본적인 이론적 조망차이들의 표출들이다. 마찬가지로 역시, 많은 태도연구들은 태도대상에 대한 인지와 감정의 상이한 함축적 의미들에 관심을 두고 있다.

대부분이 아마 동의하게 될 하나의 일반적 차이는 모든 것이 동일하다면, 태도대상에 대한 태도가 인지보다 변화시키기가 더 곤란하다는 것이다. 이것은 아마 만일 우리가 인지와 아울러 태도를 포함하고 있는 "태도들"과 인지만을 포함하고 있는 "사실들"에 대한 믿음들이나 신념들 사이의 상식적 구분을 생각한다면, 예시하기가 가장 쉬울 것이다.

어떤 과학자는 달까지의 거리가 252,710마일이거나 인간이 46개의 염색체들을 갖고 있다고 믿고 있다. 그 사람은 또한 달과 염색체들에 관한 다른 신념들의 복잡한 한 집합을 갖고 있다. 그러나 대개의 경우들에서, 그 사람은 어느 것에 대해서도 어떤 정서적 감정들이나 태도들을 갖지 않는다. 즉, 그 사람은 달이 좋다거나 나쁘다고 생각하지는 않는다. 그 사람은 염색체들을 좋아하거나 싫어하지는 않는다. 이와는 반대로, 그는 일본제국주의자나 독극물쓰레기들에 관한 한 집합의 사실들을 갖고 있지만, 또한 이것들에 관한 강한 정서적 감정들을 갖고 있다.

그 결과로, 사실들에 대한 신념들과 태도들은 달리 기능한다. 태도들은 일단 확립되면 "사실들"에 대한 신념들보다도 훨씬 더 변화에 저항한다. 그리 오래 전은 아니지만, 천문학자들은 해왕성이 2개의 달을 갖고 있다고 믿었었다. 그 이후에 미국의 보이저 우주선은 해왕성이 8개의 달을 갖고 있다는 것을 나타내는 신뢰로운 정보를 보내 왔다. 해왕성이 2개의 달을 갖고 있다고 시초에 믿고 있었던 사람들은 그들이 그 증거를 보았을 때에 매우 즉각적으로 자신의 신념을 바꾸었을 것이다. 확실히, 이 논쟁에 전혀 관여되지 않았던 고등학생들과 대학의 자연대학생들은 거의 즉각적으로 자신의 "지식"을 바꾸었다.

이것은 사람들의 태도가 관련되었을 때의 그들의 반응양식과는 다르다. 태도들은 이러한 면에서 사실들보다도 더 복잡하다. 사람들은 말다툼을 벌이거나 상당한 양의 압력을 받음이 없이는 자신의 태도를 변화시키지 않는다. 대상에 대한 평가나 감정의 존재는 그 역할을 상당히 변화시키는 것 같다. 이것은 태도변화 과정을 훨씬 더 곤란하게끔 만든다.

태도가 변화에 매우 저항하는 한 가지 이유는 어떤 태도대상의 평가가 여러 사람들 가운데에서 Anderson과 Hubert(1963)가 보인 바와 같이, 그것을 일으킨 내용이 망각된 후 오래 지속될 수 있다는 것이다. 감정이 인지보다도 더 지속적이고 중심적이다.

이것은 감정과 인지간의 두번째의 일반적 차이를 일으킨다. 감정은 인지보다도 태도와 행동에 대해서 더 많은 영향을 주는 경향이 있다. 우리는 이미 "후광효과"에서 이것에 관한 한 예를 본 바 있다. 긍정적이거나 부정적 평가들은 개인의 특징들의 세부사항들에 관계없이 개인에 관한 인상들을 통제한다.

태도와 행동

태도는 또한 행동이나 행동경향성에 관계되어 있다. 흡연자가 얼마 전에 흡연이 폐암과 심장병을 일으킨다고 설득되어서, 흡연의 인지가 대치되었다고 가정하자. 그는 이제 흡연이 나쁘다고 느끼게 되고, 따라서 감정이 대치되었다. 그러나 그가 흡연을 중지하기는 계속 곤란하다. 즉, 그의 행동은 즉각 이행되지 않았다.

사회심리학에서의 많은 연구들은 태도대상의 태도적 및 인지적 요소들이 행동요소를 통제한다는, 또는 대부분의 연구자들이 사용하는 더 간단한 진술로 표현한다면, 태도가 행동을 통제한다는 가설을 연구해 왔다. 이러한 연구들은 실제의 행동이 때로는 태도에 의해서 통제되고 때로는 통제되지 않는다는 것을 시사한다. 모든 것이 같다면, 사람들은 대개 자신이 가장 좋아하는 사람과 데이트하고, 자기 자신이 선호하는 교회에 나가고, 가장 자격이 있다고 생각되는 후보자에게 투표한다. 그러나 때로는 외현적 행동은 태도와 일치되지 않으며, 사람들은 비일치에 대해서도 매우 마음 편하게 살아가고 있는 것 같다. 많은 흡연자들은 흡연이 자신의 건강에 나쁘다고 믿으며, 많은 흡연자들이 니코틴의 맛을 좋아하지 않는다. 그렇지만 흔히 그들은 그럼에도 불구하고 계속 담배를 피운다. 그들의 흡연행동은 그들의 흡연에 관한 부정적 태도들과 인지들에 의해서만 통제되지는 않고 있다.

그리고 태도와 행동 간의 인과적 연결은 때로는 정반대 방향으로 되어 있을 수 있다. 외현적 행동이 태도와 인지 요소들을 좌우할 수도 있다. 사람들은 어떤 양식으로 행동할 수 있으며, 그들의 태도는 행동과 보조를 맞추게 될 수 있다. 아마 어떤 여성흡연자는 임신했고 그녀의 의사가 흡연이 뱃 속의 태아에게 나쁘다고 말하고, 그녀의 남편이 아기를 걱정하고, 그녀의 친구들이 아기의 건강을 해치는 데 대해서 그녀을 비난하기 때문에 흡연을 중단했다. 아홉 달 동안 그녀는 흡연을 하지 않았다. 그녀는 점차로 흡연이 아기에 대해서 뿐만 아니라 모체에 대해서도 나쁘다는 것을 납득하게 될 수 있고, 그녀는 니코틴의 냄새와 맛을 싫어하는 것을 알게 될 수 있고, 그녀는 흡연의 위험에 관한 새로운 사실들을 알게 될 수 있다. 그녀의 아기가 태어날 무렵에, 그녀는 한 범위의 반흡연 인지들과 흡연에 대한 부정적 태도를 갖게 될 수 있다.

따라서 한쪽의 인지와 태도 요소들과 다른 쪽의 외현적 행동 사이의 인과적 관계들은 양쪽 방향으로 진행될 수 있다. 이 장의 후반부에서 우리는 두 가지, 즉 태도가 행동을 통제하는 양식들과 행동이 태도를 통제하는 양식들을 논의하게 될 것이다.

태도와 관련된 개념들

이 시점에서 우리는 태도의 개념에 관련되어 있거나, 때때로 태도와 동의적으로 사용되고 있는 몇 가지 용어들에 대한 좀 더 자세한 정의들을 제시할 것이다. 여기에 제시된 정의들에 대해서 완전한 일치가 없다는 점을 염두하기 바란다. 그렇지만, 이하의 정의들은 태도와 기타 용어들 간의 명확한 구분을 짓는 데에 도움을 줄 것이다.

신념(belief, 또는 생각) Fishbein과 Ajzen(1972)은 신념들을 어떤 대상이 특정의 특징들을 갖고 있다는 주관적 확률을 나타내는 진술들이라고 정의한다. 다시 말하면, 신념들은 대상에 관한 명제들의 진이나 위를 주장하거나 대상과 어떤 특징 간의 관계를 진술하고 있다. "이 책은 유익하다", "아인슈타인의 상대성이론은 중요하다" 또는 "나의 상사는 안이하다" 등이 그 예들이다. 이러한 관점은 이것이 신념들과 태도들 사이를 명료하게 구분짓는다는 점에서 유익하다. 신념들이란 인지적인 것들이며 생각들과 아이디어들인 반면에, 태도들은 감정적인 것들이며 느낌들과 정서들이다.

그렇지만, 예컨대, "나의 상사는 좋은 사람이다"나, "언론의 자유는 좋은 것이다"와 같이 어떤 대상에 대한 가치판단을 진술하고 있는 평가적 신념들(evaluative beliefs)을 어떻게 취급해야만 되는가에 관한 의문이 제기된다. 분명히, 평가적 신념들은 호감이나 오감의 태도들과 밀접하게 관련되어 있으며, 이것들은 태도들과 거의 구별불가능하다. 예컨대, "나의 상사는 좋은 사람이다"(즉, 평가적 신념)와 "나는 나의 상사를 좋아한다"(즉, 태도) 간의 구분은 매우 곤란할 것이다. 가장 좋은 접근은 어떤 대상에 대한 개인의 태도를 그 대상에 대한 개인의 모든 평가적 신념들의 한 요약이라고 간주하는 것인 것 같다. 하나의 대안적 접근은 평가적 신념들과 아울러 비평가적 신념들을 모두 태도의 인지요소라고 간주하는 것이다. 그러나 후자의 접근은 신념들과 태도들의 비일치성의 경우들이 있기 때문에 덜 바람직스럽다.

의견(opinion) 일상적으로 의견은 중요한 개념이며, 태도의 개념과 밀접하게 관련되어 있다. 흔히 이 두 개의 용어들은 동의적으로 사용되어 왔지만, 이 두 개의 개념들을 구분지을 경우들에서 각각의 개념은 다소 달리 취급되고 있다.

한 가지의 우리가 좋아하고 있는 관점은 의견들과 신념들을 다소 동일시하면서, 의견들은 태도라는 일반적인 평가적 차원보다도 내용이나 범위가 일반적으로 더 좁으며, 정서적인 것이기보다도 주로 인지적인 것이라고 간주한다. 이러한 관점을 표현하는 다른 양식은 의견들이 사상들이나 관계들의 확률에 관한 개인의 판단들을 포함하고 있는 반면에, 태도들이 사상들이나 관계들에 대한 개인의 소망들이나 욕망들을 포함하고 있다고 간주하는 것이다(McGuire, 1960). 두번째의 관점은 태도와 의견을 입증가능성의 측면에서 구분짓는다. 즉, 의견들은 사실적인(즉, 적어도 잠재적으로 입증가능한) 문제들을 취급하는 반면에, 태도들은 개인적 기호나 선호를 포함하고 있는 입증불가능한 문제들을 취급한다(Osgood 등, 1957).

의견과 관련해서, 여론(public opinion)이나 여론조사라는 용어들이 자주 사용되고 있다. 여론에 관한 여러 정의들이 있어 왔지만, 일반적으로, 여론은 서울지역의 모든 성인 남자들과 같이 특정의 특징들을 공통으로 갖고 있는 사람들의 큰 집단들(또는 대중들)이 함께 갖고 있는 의견들을 일컫는다.

가치(value) 앞의 두 개의 용어들보다도 가치와 태도 간의 관계에 대해 더 많은 일반적 일치가 있다. 가장 공통적인 견해는 가치가 개인에 대한 어떤 중요한 생활목표나 행동기준, 즉 개인이 강한 긍정적 태도를 갖고 있는 어떤 기준이라는 것이다. 예컨대, 어떤 사람은 행복, 자유, 봉사, 자기실현, 돈의 획득이 인생의 한 주요 목표라고 가치를 둘 수 있다. 가치들은 개인의 태도들과 신념들의 체계 내에서 가장 중요하고 중심적인 요소들이다. 이것들은 수단이라기보다도 목표들이다. 이것들은 개인의 다른 태도들과 신념들을 결정지을 수 있다.

습관(habit) 이것은 태도와 쉽게 구분될 수 있다. 습관은 빈번하게 반복되는 행동패턴인 반면에, 태도는 행동패턴이 아니다. 그 밖에도 "의식"이나 "의식구조"라는 용어들이 매스컴이나 일반인들의 글이나 저서에서 발견되고 있다. 이것들은 심리학자들이 본래 연구해 왔던 의식이라는 개념과는 달리, 어떤 생각이나 의견 또는 단순한 인식을 일컫는 것으로 사용되고 있으며 태도와 관련해서 심리학용어들로서 사용되지 않고 있다.

태도의 측정

앞의 논의에서 시사된 바와 같이, 태도들은 직접 관찰가능한 실체들이 아니다. 우리는 태도를 시각, 청각 또는 촉각에 의해 알 수는 없다. 이것은 추론되어야만 되는 하나의 저변의 구성개념이다. 이러한 추론을 위해서, 심리학자들은 그 모두가 사람들의 환경내의 여러 대상들과 이슈들에 대한 그들의 저변의 태도들을 취급하기 위해서 고안된 많은 측정기법들을 개발해 왔다(Dawes와 Smith, 1985).

가장 단순한 형태에서, 이러한 방법은 예컨대, "당신은 우주탐험에 대해서 어떻게 생각하십니까?"와 같은 개방형 질문들(open-ended questions)로 구성될 수 있다. 이러한 질문들은 광범하고도 때로는 다른 형태들보다도 더 자세한 응답자의 견해들을 유발시키는 장점을 갖고 있다. 그러나, 개방형 질문들은 또한 낮은 신뢰도의 단점을 갖고 있으며(개인은 상이한 경우들에서 아주 달리 대답할 수 있다), 여러 응답자들의 답변들이 매우 크게 다르기 때문에 그들의 답변들을 비교하기가 곤란하다. 비록 개방형 질문들이 연구의 시초단계에서(당신이 포함되어 있는 모든 이슈들에 관해서 확신이 없을 때에) 매우 유용할 수 있을지라도, 태도연구의 후기 단계들에서는 일반적으로 더 많은 엄밀성을 제공해 주는 보다 더 폐쇄형 질문들(closed-ended questions)을 요한다.

폐쇄형 질문들도 어떤 태도를 측정하기 위해서 단일 질문을 사용하는 것(예컨대, 김영삼대통령의 정책에 대해서 당신은 얼마나 지지합니까?와 같은)과 다중 질문들을 사용하는 것으로 구분될 수 있다.

일반적으로, 사회심리학적 연구에서 사용되는 태도측정들은 태도의 다면적 성질이나 구조를 취급하는 동시에, 태도측정의 신뢰도와 타당도를 높히기 위해서 여러 질문들이나 평정척도들을 사용하고 있다.

많은 유형의 질문지들과 평정척도들이 태도들을 보다 더 정확하게 측정하기 위해서 개발되어 왔다. 이러한 척도들이 어떻게 생겼는가에 관한 어떤 아이디어를 제공해 주기 위해서, 우리는 두 가지 형태의 척도를, 즉 Likert의 방법과 어의세분기법을 다소 자세하게 논의할 것이다.

Likert의 평정치합계법(method of summated ratings) 1932년에 Likert는 태도를 측정하는 한 절차를 제안했으며, 이것은 그 이후에 널리 사용되어 왔다. 한 개의 **Likert 척도**(Likert scale)는 피험자들에게 자신의 동의나 부동의의 정도를 나타내도록 요구하고 있는 한 세트의 진술문들로 구성되어 있다. 이러한 척도에서 나온 한 개의 표본문항이 도 5-2에 제시되어 있다. 범주들의 수(각각의 질문에 대한 가능한 답변들의 수)는 다를 수 있지만, 5개나 7개가 가장 보편적인 숫자이다.

한 개의 Likert 척도는 이와 같은 일련의 문항들을 갖고 있을 것이며 한 개인의 최종의 태도점수는 모든 문항들에 대한 반응들의 합계일 것이다. 예컨대, 만일 한 개의 척도에 각각 5개의 범주로 이루어진 25개의 문항이 있다면, 개인의 점수는 0에서 100점(개별문항의 점수는 0에서 4점의 범위이므로)의 범위를 가질 수 있다. 정밀한 Likert 척도

도 5-2. 한 개의 Likert 태도측정 척도에서 나온 한 개의 표본문항

"원자력발전소들은 에너지 생산의 안전한 방법이다."				
매우 부동의한다 (1)	부동의한다 (2)	결정하지 못했다 (3)	동의한다 (4)	매우 동의한다 (5)

를 만들기 위해서, 연구자는 일반적으로 어느 질문들이 연구되고 있는 태도에 대한 가장 훌륭한 측정치들이 되는가를 결정짓기 위해서 문항분석을 한다. 더 특수하게 말하면, 연구자는, 예컨대 각 문항의 점수와 총점과의 상관계수를 계산하고서 총점과 실질적 상관이 있는 문항들만을 선택하게 될 것이다.

어의세분기법(semantic differential technique)　Likert의 방법은 연구자에게 취급하고 있는 문제에 특유한 일련의 문항들을 만들고나서 그 문항들이 그 이슈에 대한 태도들의 정말로 좋은 측정치들인지를 결정할 것을 요구한다. 이와는 반대로, 어의세분기법은 어떤 주제에 대해서나 충분하게 적용될 정도로 일반적인 한 개의 척도에 의지한다 (Osgood, Suci 및 Tannenbeum, 1957).

처음에 어떤 대상의 의미를 측정하기 위해서 개발된(따라서 semantic이라는 용어가 사용됨) 이 방법은 개인에게 도 5-3에서 보이는 것과 같은 일련의 7점의 양극 평정척도들상에서 어떤 특정의 개념이나 대상을 평정하도록 요구한다. 이러한 형식은 모든 개념들 —어떤 개인, 정치문제, 미술품 또는 무엇이든 간에 —을 평정하는 데에 사용될 수 있다.

이러한 형식에서 사용된 형용사척도들은 세 개의 구별되는 판단차원들을 나타내는 것으로 발견되어 왔다: 즉 평가(좋다-나쁘다와 깨끗하다-더럽다와 같은 형용사쌍들에 의해서 나타내짐), 능력(예컨대, 약하다-강하다) 및 활동(적극적이다-소극적이다 또는 빠르다-느리다와 같은)의 차원들이다. 연구자들은 태도들을 평가할 때에 대개 평가차원에 관심을 두고 있지만, 때로는 다른 차원들에 마찬가지로 관심을 둘 수 있다.

위에서 설명된 두 가지 기법들의 사용보다도 태도들을 평가하는 덜 직접적인 방법들이 있다. 만일 응답자가 자신의 진정한 의견보다도 면접자가 좋아한다고 생각되는 어떤 입장을 표현할 욕구를 느끼게 되면, 실험상황의 **요구특징들**(demand characteristics)과 평가의 **우려**(eveluation apprehension)와 같은 응답자의 연구상황에 대한 반응이 하나의 문제가 될 수 있다. 다시 말하면, 태도의 자기보고(self-report)는 항상 주의하면서 취급해야만 된다.

태도에 관한 하나의 간접적 측정법은 Milgram과 그의 동료들이 개발한 **분실된 편지방법**(lost-letter procedure)이다(Milgram, Mann 및 Marter, 1965). 연구자가 관심을 두고 있는 문제와 연관된 기관들로 발송된 우체국의 소인이 찍힌 편지들이나 엽서들이 주차장들과 길거리들에 떨어뜨려지게 되며, 실험자는 그 편지들이 얼마나 많이 줍어져서 그 편지들의 수신처들로 우송되는지를 기다려 본다. 예컨대, 만일 당신이 어떤 지역사회의 주민들이 무기소지의 문제에 대해서 어떻게 느끼는지를 알고 싶다면, 당신은 전국소

피험자는 일련의 7점의 양극 평정척도들 상에서 어떤 특정의 개념(원자력 에너지와 같은)을 평정하도록 요구받는다. 어떤 개념이든간에 —어떤 인물, 정치문제, 미술품, 집단 또는 무엇이든 간에 —평정될 수 있다. 통상적 형식에서, 응답자는 각각의 양극 차원상에서 그 항목에 대한 자신의 평정을 나타내기 위해서, 척도상의 7점 중의 하나에 "✓"표시를 해야 된다.

원자력 에너지

옳 다	├─┼─┼─┼─┼─┼─┤	그르다
크 다	├─┼─┼─┼─┼─┼─┤	작 다
깨끗하다	├─┼─┼─┼─┼─┼─┤	더럽다
나쁘다	├─┼─┼─┼─┼─┼─┤	좋 다
가치있다	├─┼─┼─┼─┼─┼─┤	가치없다
약하다	├─┼─┼─┼─┼─┼─┤	강하다
적극적이다	├─┼─┼─┼─┼─┼─┤	소극적이다
차갑다	├─┼─┼─┼─┼─┼─┤	뜨겁다
빠르다	├─┼─┼─┼─┼─┼─┤	느리다

도 5-3. 태도측정을 위한 하나의 의미세분척도에 있는 표본문항들

총협회(NRA)의 주소에 100개의 편지를 부치고 다른 100개의 편지를 전국 소총금지협회(NCBH)의 주소에 부칠 수 있다(따라서 당신은 편지의 진로를 추적하게끔 두 종류의 편지의 수신자주소를 당신 자신의 집이나 우체국의 사서함으로 기록할 수 있다). 만일 NRA보다도 NCBH로 더 많은 편지가 송달되었다면, 당신은 그 지역사회의 여론이 무기통제를 선호하는 경향이 있다고 결론지을 것이다. 물론, 이 방법은 그 자체 또한 문제들을 갖고 있다. 편지들은 분실이나 날씨에 의한 파손을 포함해서 많은 이유들로 반송되지 않을 수 있다; 이와는 달리, 많은 사람들은 주소가 쓰여진 기관에 관해서 그들이 느끼고 있는 것과는 관계없이 우송할 것이다. 따라서, 비록 이것이 자기보고의 문제들을 피할지라도, 분실된 편지기법은 기껏해야 다소 거친 태도측정치이다.

태도들의 다른 간접적 측정치들은 동공확대나 피부전기전도성과 같은 사람들이 거의 통제하지 못하는 생리적 반응들에 의지한다(Dawes와 Smith, 1985). 그러나 어떤 측정치가 자기보고를 요하지 않는다는 단순한 사실은 반드시 그것이 그렇지 않은 것들보다 더 낫다는 것을 의미하지는 않는다. 결국, 그것이 태도에 관련있는 반응들을 측정한다는 것, 즉 태도들을 측정하는 타당한 근거를 보여 주어야만 된다.

태도이론들

이제 우리가 태도에 관한 일반적 관점을 갖게 되었으므로, 우리는 태도들이 연구되어 온 이론적 틀들을 고려할 수 있다. 1장에서 개요된 주요한 이론적 접근들이 사회심리

학의 다른 분야들에 대해서와 꼭 마찬가지로 한 형태나 다른 형태로 태도들에 적용되어 왔다.

학습적 접근은 태도들을 학습되는 어떤 다른 것들처럼 습관들로서 본다. 다른 학습의 형태들에 적용되는 원리들이 또한 태도의 형성을 결정짓는다. 인지적 일관성접근은 사람들이 자신의 태도들과 아울러 태도들과 행동 사이에서 조화와 일관성을 추구한다고 주장한다.

이것은 사람의 일반적 인지구조에 부합되는 태도들의 수용을 특별히 강조한다. 인지적 접근 중의 관련 이론인 인지적 처리이론은 사람이 태도에 관련된 정보들을 처리한다고 주장한다. 예컨대, 어떤 문제의 각 측면은 부담과 이익이 있으며, 사람은 전체 이득들이 더 큰 쪽을 숙고해서 택할 것이다. 이들 접근들은 반드시 모순되거나 불일치되지는 않는다. 이것들은 상이한 이론적 관점들을 나타내며 이것들이 태도를 설명할 때에 강조하는 요인들에서 주로 차이가 있다.

학　　습

학습적 접근은 예일 대학교의 Hovland와 그의 동료들(1953)과 가장 밀접하게 관련되어 있다. 이 접근의 배후에 있는 기본가정은 태도들이 다른 습관들과 매우 비슷한 양식으로 학습된다는 것이다. 사람들은 정보들과 사실들을 습득한다. 그들은 또한 그러한 사실들에 연합된 감정들과 가치들을 학습한다. 아동들은 어떤 동물이 개이고, 개들이 친구이고, 개들이 좋다는 것을 학습하며, 마침내, 그들은 개를 좋아하는 것을 학습한다. 그들은 어떤 태도대상에 대한 인지들과 아울러 감정들을 학습한다. 그리고 그들은 이것들을 다른 종류의 학습들을 통제하는 것과 동일한 과정들과 기제들을 통해서 학습한다. 이것은 기본적 학습과정들이 태도들의 형성에 적용될 것이라는 것을 의미한다. 사람은 연합(association)의 과정을 통해서 정보들과 감정들을 습득할 수 있다. 연합들은 자극들이 동시에 그리고 동일한 장소에서 나타날 때에 형성되게 된다. 만일 역사선생이나, 부모나, 텔레비전 보도기자가 나치스 돌격대원의 제복을 입은 비열해 보이는 군인을 우리에게 보이면서 나치스라는 단어를 적대적 음성으로 말하면, 우리는 부정적 감정들과 나치스라는 단어 간의 연합을 형성한다. 이와 반대로, 우리는 민주주의의 개념과 연합될 수 있는 긍정적 일들에 접하게 될 수 있다. 우리들은 생활을 통해서 민주주의 국가들이 훌륭하고 전체주의 정부들이 나쁘다고 말하는 사람들에 접하고 있다. 그 결과로, 우리는 이 용어에 대한 어떤 강하게 긍정적인 감정적 연합(또는 연상)을 갖고 있다(특별논의 5-2 참조).

이러한 연합의 과정은 사람들에 대한 태도들과 아울러 사물들에 대한 태도들을 일으킨다. 사람들은 어떤 집, 어떤 국가, 어떤 아이디어, 국회에 제출된 어떤 법률안이나 어떤 다른 것의 특징들을 학습한다. 태도는 그 지식 더하기 그것에 연합된 평가요소로 이루어진다.

학습은 또한 강화(reinforcement)를 통해서 일어날 수 있다. 만일 당신이 심리학 과목을 수강하고, A학점을 받고 즐거워하면, 심리학 과목을 수강하는 행위는 강화받게 되고 당신은 장차 더 많은 과목을 수강하게 되기 쉬울 것이다. 이와 비슷하게 만일 당신이 심리학이 정말 재미있다고 말하고 당신의 모든 친구들이 당신과 동의하고 당신을 지지한

특별논의 5-2. 펩시콜라를 제공하면 일이 더 잘 해결되게 된다.(아마 코카콜라도 마찬가지로 효과가 있을 것이다)

태도변화에서 연합에 의한 감정의 전이를 지지하는 한 연구에서, 대학생들은 네 개의 다른 주제들에 대한 일련의 네 개의 설득 커뮤니케이션을 읽는 동안에 땅콩과 펩시콜라를 제공받았고, 다른 대학생들은 동일한 커뮤니케이션을 읽었지만, 먹을 것이나 마실 것을 아무것도 제공받지 않았다(Janis 등 1965). 읽는 동안에 음식과 음료수를 받은 바 있었던 학생들은 아래의 표에서 보이고 있는 것처럼 아무것도 받지 못했던 학생들보다 네 가지 주제들 모두에 대해서 더 긍정적으로 영향을 받았다. 땅콩과 펩시콜라에 대한 긍정적 연합들은 분명히 읽고 있는 설득 커뮤니케이션에 전이되었다.

주 제	실 험 조 건	
	음식과 마실 것이 있음	음식이나 마실 것이 없음
암의 치료	81%	62%
군대의 규모	67	43
달 로켓트	55	30
입체영화	67	60

자료원 : Janis 등, 1965, p. 184에서 개작됨. 표 안의 숫자는 피험자들의 주장된 방향으로의 태도변화의 %에서 반대 방향으로의 변화의 %를 뺀 것임.

다면, 심리학에 대한 긍정적 태도들이 강화받게 된다.

끝으로, 태도들은 모방(imitation)을 통해서 학습될 수 있다. 사람들은 특히 만일 타인들이 강력하고 중요한 사람들이라면, 타인들을 모방한다. 따라서 어릴 때의 기본적 정치적 및 사회적 태도들의 하나의 중요한 원천은 가족이다. 아동들은 자기 부모의 태도를 모방하기가 쉽다. 청년기에, 그들은 많은 문제들에 대한 또래들의 태도를 모방하기가 더 쉽다.

태도에 대한 학습적 접근은 비교적 단순하다. 이것은 사람들을 주로 수동적으로서 본다. 그들은 자극에 접하게 되고, 하나나 다른 학습과정에 의해서 학습하고, 이 학습이 그들의 태도를 결정짓는다. 최종의 태도는 그 사람이 축적해 온 모든 연합들, 가치들 및 기타의 정보들을 포함한다. 어떤 사람, 대상이나 생각에 대한 어떤 사람의 궁극적 평가는 학습된 정적 및 부적 요소들의 수와 강도에 달려 있다. 그러나 그 핵심적인 생각은 사람이 태도대상에 대해 특수한 감정을 연관시키는 것을 학습한다는 것이다.

태도들은 이러한 학습된 연결들의 강도에서 상당한 차이가 있다. 히틀러나 독극물 쓰레기에 연관된 부정적 감정들은 매우 강할 수 있는 반면에, 박정희 전직 대통령이나 쓰레기 버리는 것과 같은 다른 태도대상들에 연관된 부정적 감정들은 다소 약할 수 있다.

이러한 연합의 강도는 태도의 접근가능성(accessibility)이라고 알려져 있는데, 이것은 태동대상이 연합된 감정들을 얼마나 쉽게 작동(사회인지의 장에서 소개된 용어를 사용하면, 점화)시키는가를 기술하고 있다(Higgins 등, 1982 : Tourangeau와 Rasinski, 1988 참조). 강하게 학습된 평가적 연합들(즉, 매우 접근가능한 태도들)은 개인이 매우 잘 학습된 반응들을 갖고 있는 동시에 어떤 강한 자극이나 "점화어"(prime)를 제시받게 될 때에 신속하고도 자동적으로 유발될 수 있다. 약한 연합들은 그렇지 못하다(Fazio 등, 1986). 예컨대, 사람들은 어떤 태도의 주제가 자기에게 중요한 것일 경우에 자신의 태도를 갖고서 보다 더 신속하게 반응할 수 있다(Krosnick, 1989). 그리고 태도는 우리가 어떤 강한 자극을 제시받게 될 경우에 보다 더 신속하게 유발되게 될 것이다 : 예컨대, 독극물쓰레기 트럭에 관한 어떤 생생한 영화는 공포, 혐오 및 분노와 같은 독극물쓰레기에 연합된 감정들을 신속하게 유발시킬 것이다. 이와 같은 자동적 처리의 아이디어는 개인을 정서적으로, 신속하게 그리고 반성적 사고없이 반응하는 것으로서 묘사하고 있다.

연합, 강화 및 모방은 태도들의 학습에서 주요한 기제들이다. 그 결과로, 학습이론은 태도의 형성에 관한 연구들을 지배해 왔다. 그러나 연합이 태도변화에서 하나의 중요한 기제이다. 어떤 중립적 태도대상이 강한 감정요소를 지니고 있는 태도대상과 연합되게 될 때, 감정의 전이(transfer of affect)가 일어나서 첫번째 대상이 두번째 대상의 감정을 취하게 된다. 우리가 어떤 정치후보자가 폭력배집단에 가입했었다는 말을 듣게 될 때, 우리는 그 후보자에 대해서 즉각 훨씬 더 부정적 느낌을 갖게 된다.

인지 일관성

태도를 연구하기 위한 또 다른 이론적 틀은 인지 일관성(cognitive cosistency)을 강조한다. 인지적 일관성의 접근은 인지적 전통에서 나왔다. 이것은 사람들을 자신의 인지구조들 내에서 조리성과 의미를 추구하는 것으로서 묘사한다. 이 접근은 몇 개의 다소 유사한 이론들을 포함한다. 이것들은 몇 개의 중요한 측면들에서 다르지만, 배후에 있는 기본개념은 동일하다. 즉, 이것들 모두는 사람들이 자기의 인지들 사이의 일관성을 추구한다고 가정한다.

서로간에 비일관된 몇 개의 신념들이나 가치들을 갖고 있는 사람들은 이것들을 보다 더 일관성 있게끔 만들려고 노력한다. 이와 비슷하게, 만일 그들의 인지들이 일관성있고 그들이 비일관성을 일으키는 어떤 새로운 인지에 당면하게 되면, 그들은 이 비일관성을 최소화시키려고 든다. 인지일관성을 유지시키거나 회복시키려고 하는 것은 주요 동기이다.

균형이론 인지적 일관성의 아이디어에 대해서 세 개의 주요 변종들이 있다. 첫번째 것은 균형이론(balance theory)으로서, 이것은 어떤 개인이 지니고 있는 어떤 단순한 인지체제 내에서의 감정들 사이의 일관성압력들을 포함하고 있다(Heider, 1958). 이러한 체제는 한 개인, 타인 및 하나의 태도대상으로 구성되어 있다. 세 개의 평가들이 있다 : (1) 개인의 타인에 대한 평가, (2) 개인의 태도대상에 대한 평가 및 (3) 타인의 태도대상에 대한 평가이다. 예컨대, 어떤 학생의 교수에 대한 태도와 합법화된 낙태에 대한 태도들을 고려해 보자. 만일 우리가 단순한 정적 및 부적 감정들에 한정시켜서 본다면, 이들 요소들의 한정된 수의 조합들이 있다. 이것들은 P, O 및 X가 각각 학생(개인), 교수(타인) 및 합법화된 낙태(태도대상)를 나타내면서 도 5-4에 도시되어 있다. 화살표들은 감정의 방향을 나타낸다. 정적 부호는 긍정적 감정을, 그리고 부적 부호는 부정적 감정을 의미한다. 그림 중의 첫번째 상황은 학생이 교수를 좋아하고 그들 모두가 낙태를 지지하는 것을 나타낸다.

균형이론의 첫번째 가정은 이와 같은 간단한 인지체제들 중의 몇 개는 인지적으로 균형되어 있고 몇 개는 균형되어 있지 않다는 것이다. 균형이라는 생각은 본래 지각의 조직화에 관한 게스탈트이론들로부터 나왔다. 이미 지적된 바와 같이, 사람들은 움직이지 않는 대상들에 대한 그들의 지각들에서 "좋은 형태"나 "좋은 도형"들을 성취시키려고 드는 것과 꼭 마찬가지로, 타인들에 대한 지각들에서도 "좋은 형태"를 성취시키려고 든다. 사람들 사이의 균형된 관계들은 "서로 부합되고", 이것들은 "조화되고 있으며", 이것들은 사리에 맞고 일관성있고 유의미한 양상을 만든다. 사람들을 균형쪽으로 향해서 미는 주요 동기는 사회적 관계들에 대한 조화롭고, 단순하고, 일관성있고 유의미한 조망을 성취시키려고 하는 것이다. 따라서 균형된 체제는 당신이 좋아하는 사람과 태도가 일치되고, 싫어하는 사람과 태도가 불일치되는 체제이다. 당신이 좋아하는 사람과 태도가 불일치되거나 싫어하는 사람과 태도가 일치될 때에 불균형이 존재한다.

도 5-4의 왼쪽에는 네 개의 가능한 균형된 상황들, 즉 인지요소들 사이의 관계들이 서로 일치되는 상황들이 있다. 학생이 교수를 좋아하고 이 두 사람이 낙태를 지지할 때, 그 체제는 균형되어 있다. 서로 좋아하고 있는 두 사람이 동일한 일들을 좋아할 때에는 확실히 일관성이 있다. 이들의 관계는 두 사람 모두가 의견이 일치하기 때문에 조화롭다. 만일 학생이 교수를 좋아하고 이 두사람이 낙태를 싫어하면, 균형(조화)이 또한 존재한다. 두 사람 모두가 낙태를 좋아하지 않고, 그들은 그것에 반대하는 것에 합치되고 있다. 끝으로, 만일 학생과 교수가 낙태에 대해서 태도가 불일치되지만, 학생이 교수를 싫어하면, 아무런 갈등이 없다.

불균형된 체제들은 학생과 그녀의 교수가 서로 좋아하지만 낙태에 관해서 불일치하거나, 서로 싫어하지만 낙태에 관해서 일치할 때에 생긴다. 비일관성은 우리가 자신이 좋아하는 사람들이 자신과 유사한 태도를 갖고 있다고 기대하고, 자신이 싫어하는 사람들이 상이한 태도를 갖고 있다고 기대한다는 사실에서 생긴다. 일반적으로, 체제가 기수의 부적 관계들을 갖고 있을 때에 불균형이 존재한다.

균형모형의 두번째 가정은 불균형된 형태들이 균형된 형태들로 변화되는 경향이 있다는 것이다. 이러한 가정은 이 모형에 중요성을 부여해 주고 있다. 불균형된 체제들은 태도변화의 압력들을 일으키며 이 압력들은 균형이 이룩될 때까지 지속된다. 즉, 그림의 오른쪽에 있는 체제들은 변화되어서 왼쪽에 있는 체제들과 같은 것으로 될 것이다.

변화는 많은 양식들로 일어날 수 있다. 균형이론은 변화의 방향을 예언하기 위해서 최소노력의 원리(least effort principle)를 사용하고 있다. 사람들은 될 수 있는 한 적은 감정관계들을 변화시키면서 균형된 체제를 일으킬 것이다. 관계들 중의 어느 것이나 균형을 일으키기 위해서 변경될 수 있다. 예컨대, 만일 학생이 낙태를 지지하지만 교수가 지지하지 않고, 학생이 그 교수를 좋아하면, 균형은 몇 가지 양식들로 일어날 수 있다. 그 학생은 자신이 실제로 교수를 싫어하거나, 또는 실제로 낙태를 싫어한다고 결정할 수

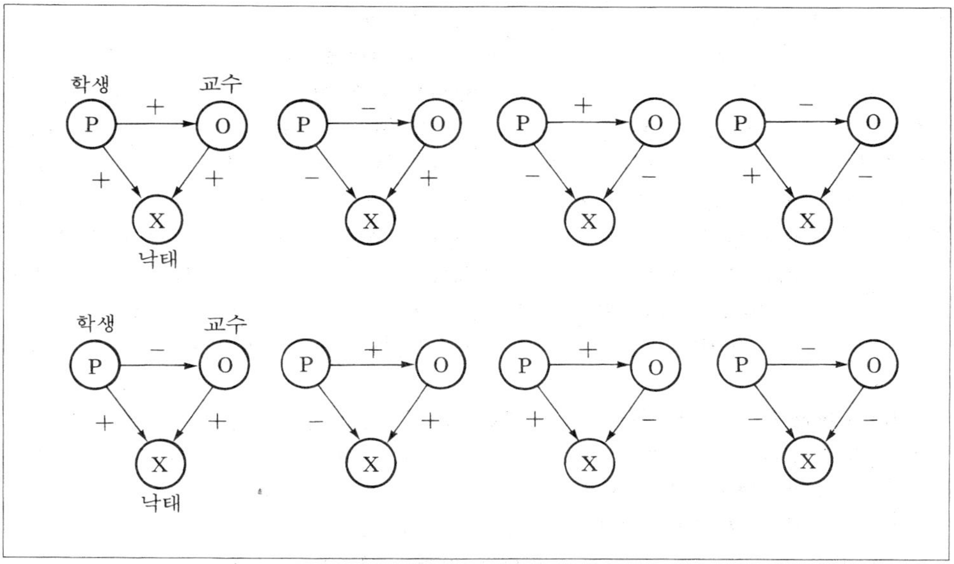

도 5-4. 균형모형. 두 사람과 한 대상에 대한 여덟 개의 가능한 형태들이 있다. 이 모형에 의하면 불균형된 구조들(아랫 줄에 있는)은 하나나 그 이상의 요소들의 변화에 의해서 균형되는 경향이 있다.

있다. 그렇지 않으면, 그 학생은 교수가 실제로는 낙태를 지지한다고 오지각함으로써 현실을 왜곡시킬 수 있다. 어느 기제가 선택되는가는 그것을 사용하는 것의 편이성과 변화를 시키는 개인에 달려 있다. 중요한 점은 여러 가지 가능성들이 존재한다는 것이다.

균형이론에 대한 연구는 일반적으로 이러한 예언들을 지지해 왔다. 사람들은 균형의 방향으로, 그리고 이루어져야 되는 변화의 수를 최소화시키는 양식들로 불균형된 체제들을 조정한다(Abelson 등, 1968). 그러나 균형의 압력들은 당신이 다른 사람을 좋아할 때보다도 싫어할 때에 훨씬 더 약한 것 같다. Newcomb(1968)은 후자의 상황들을 "불균형된" 것이라기보다는 "비균형된" 것이라고 분류했다. 그의 아이디어는 우리는 우리가 싫어하고 있는 사람과 의견이 일치되는지 불일치되는지에 그저 매우 많은 관심을 두지 않는다는 것이다. 우리는 단순히 관계를 끊어 버리고 모든 것을 잊어버린다.

이러한 것 이외에도, 균형이론은 인지적 일관성의 개념을 극히 간단한 용어들로 기술하고 태도를 개념화하는 편리한 방식을 제공해 준다. 균형이론은 어떤 특정의 상황에서 비일관성에 대한 많은 해결양식들이 있다는 것을 분명히 한다. 이 이론은 우리의 관심을 태도변화의 가장 중요한 측면들 중의 하나, 즉 여러 해결양식들 중에서 어느 것이 채택되는가를 결정짓는 요인들에 집중시킨다.

인지-감정 일관성(cognitive-affective consistency) 두번째 종류의 일관성접근은 사람이 또한 자신의 인지들을 자신의 감정들과 일치되게끔 만들려고 한다는 것이다. 즉, 어떤 문제의 사실들에 대한 우리의 신념들·지식들·확신들은 부분적으로 우리의 감정적 선호들에 의해서 결정되게 되며, 그 역도 또한 마찬가지이다.

정보가 우리의 감정을 결정짓는다는 생각은 꽤 명백하다. 만일 우리가 어떤 독재자가 자기의 반대자들의 대부분을 투옥하고 죽였다는 것을 알면, 우리는 그를 좋아하지 않는다. 인지-감정 일관성에 관한 보다 더 재미있는 생각은 우리의 평가가 우리의 신념에 영향준다는 것이다. 어떤 유권자가 새로운 시장에 관해서 실제로 아무 것도 알지 못하지만 한 직장에 있는 자기의 모든 친구들이 그 시장에 대해 반대투표를 했기 때문에 그에 대해 강한 부정적 감정을 발전시켰다고 가정하자. 일관성이론은 그러면 그가 그 부정적 평가를 뒷받침하는 데에 필요한 인지들을 획득할 것이라는 것을 시사한다. 그는 그 시장이 무능하고, 정책들을 오도해 왔고, 부정직한 정치적 연고들로 둘러싸여 있다고 믿기 시작할 것이다. 다시 말하면, 그 유권자는 자신의 감정적 선호들과 일치되는 인지들을 획득한다.

Rosenberg(1960)는 한 태도대상에 대한 감정을 바꿈으로써 생기는 인지적 변화들에 관한 괄목할 만한 증명을 제시했다. 그는 백인 피험자들에게서 그들의 흑인들, 인종통합 및 흑백인 간의 관계에 관한 전체 문제에 대한 태도에 관한 포괄적인 기술을 얻었다. 그 다음에 그는 피험자들에게 최면을 걸고서, 그들에게 그들의 지역사회로 흑인들이 이사오는 것에 대한 태도는 이전에 가지고 있었던 것과는 반대라는 지시를 주었다. 만일 피험자가 이전에는 흑백인 주택통합에 대해 강하게 반대했었다면, 그에게는 이제는 그것을 좋아한다(또는 그 반대)는 지시를 주었다. 즉, Rosenberg는 피험자의 흑백인 주택통합에 대한 피험자의 감정을 역으로 바꾸었다. 그 다음에 피험자들을 최면의 트랜스(혼수) 상태에서 깨우고서, 그들의 흑인과 흑백통합에 관한 현재의 태도를 물어보았다.

Rosenberg는 이러한 하나의 감정에 대해 그가 최면중에 일으킨 변화 뒤에 흑백통합에 관련된 피험자들의 인지들에서 많은 극적인 역전이 뒤따랐다는 것을 발견했다. 예컨대, 처음에 주택통합에 반대했던 피험자들은 주택통합이 인종불평등을 없애는 데에 필요했고, 인종화합을 유지시키는 데에 필요했고, 해 볼 만한 유일한 훌륭한 일이었다는 등등을 믿게 되었다. 이러한 여러 갈래의 인지적 변화들은 유도된 변화에서 생겼던 불균형을 감소시키는 경향이 있었다. 중요한 점은 그가 최면술유도에 의해서 했으므로, 그가 어떤 새로운 인지를 제공하거나 어떤 이전의 인지들을 변화시킴이 없이 그들의 감정을 변화시켰다는 것이다. 인지적 일관성이론들의 예언과 같이, 비일관성을 감소시키려는 압력들은 일단 감정이 변화되자 다양한 인지적 변화들을 일으켰다.

이러한 과정은 많은 태도들이 많은 지지되는 인지들이 없는 강한 감정들로서 습득되고 있기 때문에 중요하다. 자기 부모들이 민주당에 투표하기 때문에 민주당원들로서 성장하는 아동들은 그 후에 친민주당적 인지들을 습득함으로써 그 호의적인 감정을 합리화시킬 필요가 있다. 아동들은 비록 그들이 자기 나라를 주로 그곳에서 출생했다는 사실의 덕택으로 사랑할지라도, 대개 자기 나라를 사랑하고 애국적으로 지지하면서 성장한다. 그들은 그 후에 자기의 나라가 훌륭한 역사, 우수한 정치제도들, 뛰어난 예술과 가장 아름다운 국토, 가장 재미있는 스포츠경기들, 가장 품위있고 용감한 국민들 등등을 갖고 있는 것과 같은 대부분의 지지되는 인지들을 갖게 됨에 틀림없다.

부조화이론 세번째 종류의 인지적 일관성접근은 태도들이 외현적 행동과의 일관성을 유지시키기 위해 변화될 것이라는 것이다. **인지부조화이론**(cognitive dissonance theory)은 Festinger(1957)에 의해서 처음으로 제안되었다. 부조화이론은 태도-행동 비일관성의 두 가지 주요 원천들, 즉 의사결정의 영향들과 자신의 태도에 반대되는 행동을 행하는 것의 영향들에 초점을 두었다.

의사결정은 대개 다소의 비일관성을 일으킨다. 왜냐하면, 의사결정을 하는 행동은 당신이 어떤 바람직스러운 것(당신이 하지 않기로 결정한 것의 모든 긍정적인 성질들)을 포기하고 어떤 부분적으로 바람직스럽지 않은 것(설사 가장 훌륭한 선택이라고 하더라도 대개 어떤 단점들을 갖고 있다)을 받아들여야만 된다는 것을 의미하기 때문이다. 또한 당신이 지루한 일을 하는 것(당신이 돈이 필요하기 때문일 수도 있다)이나 재미없는 교과목을 수강하는 것(필수로 요구되기 때문일 수 있다)과 같은 역태도적 행동(counterattitudinal behavior)을 할 때, 당신의 태도들과 당신의 행동 사이에서 비일관성이 생긴다. 이러한 비일관성들은 인지부조화를 일으키며, 이것은 몇 개의 상이한 양식들로 감소될 수 있다고 진술되고 있다. 가장 재미있는 양식은 태도들이 행동과 더 이상 모순되지 않게끔 태도들을 변화시키는 것이다. 우리는 이 장의 뒷 절에서 이 이론의 예언들을 분명하게 설명하고 이 이론이 내놓은 몇 개의 재간있는 연구들을 기술하면서, 이 이론을 논의하게 될 것이다.

인지적 처리

위에서 취급된 인지일관성이론들은 인지들, 즉 어떤 신념들, 태도들 및 행동들 간의 일관성에 초점을 두었다. 인지이론들은 인지일관성의 동기적 측면들에 초점을 두는 이론들 이외에도, 인지들이나 정보들의 처리나 평가에 초점을 두는 이론들도 있다. 후자의 이론들은 태도 형성이나 변화를 여러 가지 인지들을 평가하고 처리하는 과정으로서 본다. 이 이론들은 학습적 접근보다도 대안에 대한 더 사색적이고 반성적인 고려를 기술한다. 어떤 학생은 파티를 개최하는 것이 재미있으며, 흥분을 주고, 그녀의 친구들이 그것을 좋아한다고 생각할 수 있다. 이러한 고려사항들은 그녀에게 어떤 긍정적 태도를 부여해 준다. 그러나 그녀는 자기의 부모가 그녀가 대학에 다니는 동안에 그녀가 파티를 여는 것을 원치 않으며, 그 파티가 자기의 공부에 방해가 되고, 그녀가 법대에 가고 싶어한다는 것을 알고 있다. 이러한 고려사항들은 그녀에게 파티를 여는 것에 대한 어떤 부정적 태도를 부여해 준다. 인지적 처리이론에 의하면, 이러한 인지들의 상대적 강도들이 그녀의 태도를 결정짓는다.

오늘날 널리 사용되고 있는 태도에 대한 인지적 처리접근의 두 가지 이론들이 있으며, 이들 각각은 한 가지 결정적 측면에서 이러한 기본이론을 수정한다. 하나는 **인지적 반응이론**(cognitive response theory)이다(Greenwald, 1968 : Petty, 1981). 이 이론은 사람들이 어떤 특정의 입장의 여러 측면들에 대해 긍정적이거나 부정적 사고들(또는 '인지적 반응들')로서 반응하며, 그 다음에 이들 사고들이 그들이 그 입장을 지지할 것인지의 여부를 결정짓는다고 가정한다. 이것은 개인의 태도가 문제의 입장의 이해득실의 인지적 사정이나 평가를 반영한다는 점에서 인지적 평가나 계산이론이다. 이것은 이러한 인지적 반응들이 반드시 그 입장의 객관적 이해득실을 반영하고 있다는 것보다도 개인의 주관적 평가들을 나타낸다는 것을 강조한다. 당신이 어떤 국회의원이 노인들에 대한 정부의 의료비지불을 삭감하는 것을 주장하는 텔레비전으로 방영된 연설을 듣는다고 가정하자. 그러나 당신은 "퇴직한 사람들은 적은 연금을 갖고서 어떻게 살 것인가나, 불구자들이나 가난한 사람들처럼 스스로 벌어서 먹고 살 수 없는 사람들은 어떻게 될 것인가? 누군가가 그러한 사람들을 뒷받침해야만 되며, 정부사업들이 그 일을 할 수 있는 유일한 길이다"라고 자신에게 말할 수도 있을 것이다. 이러한 부정적인 인지적 반응들은 당신이 그 국회의원의 입장을 수용하지 않게 될 것이라는 것을 의미할 것이다. 그러나 만일 당신이 "그래 옳아! 세금들이 너무 많고, 그러한 사업들은 엄청난 의료비를 지불할 뿐이며, 사람들은 어떻게든 간에 자기 자신의 의료비 중의 다소를 부담해야만 돼"라고 자신에게 말한다면, 당신은 그 연설자를 지지하게 되기가 쉽다.

인지적 반응관점의 핵심 가정은 사람들이 접하게 되는 어떤 메시지들에 대한 단순한 수동적 수용자들이라기보다도 메시지들에 대해서 인지적 반응들을 일으키는 적극적인 정보처리자들이라는 것이다.

인지적 처리접근의 두번째 이론은 기대-가치이론(expectancy-value theory)이다(Edwards, 1954). 이 이론도 역시 사람들이 어떤 입장의 이해득실에 대한 사려성있는 평가, 즉 그 입장의 가능한 효과들의 가치들에 기초된 입장을 취한다고 가정한다. 그러나 이 이론은 사람들이 어떤 입장이 갖는 가능한 효과들의 확실성과 아울러 가치를 고려한다는 생각을 추가시키고 있다. 사람들은 가장 확률이 높은 좋은 효과들을 일으키는 입장을 택하고, 나쁜 효과들을 일으키기 쉽거나 좋은 효과들을 일으킬 것 같지 않은 입장들을 거부한다. 보다 더 공식적으로 말하면, 이 접근은 태도를 택하는 데에 있어서 사람들은 여러 가지 기대된 결과들의 가치의 주관적 유용성을 최대화시키려고 들며, 이것은 (1) 어떤 특정의 결과의 가치와 (2) 이 입장이 그 결과를 내놓을 것이라는 기대의 곱이라고 가정한다. 당신이 오늘 밤에 친구의 파티에 참석해야만 될지를 결정지으려고 한다고 가정하자. 기대-가치의 분석이 도 5-5에 제시되어 있다. 당신은 파티에 참석하는 것이 갖는 여러 가지 가능한 결과들(춤, 맥주를 마시는 것, 내일의 자신의 중간시험을 위한 공부를 하지 못하는 것, 어떤 재미있는 사람들을 만나는 것), 이러한 결과들의 가치들(춤추고, 맥주를 마시고, 재미있는 사람들을 만나는 것을 다소 즐기고, 다소 숙취할 수 있고, 중간시험에서 나쁜 성적을 받게 될 것이다) 및 이러한 결과들의 기대(춤을 추고 형편없는 점수를 받을 것이 확실하고, 작은 파티에서 어떤 새로운 인물을 만날 가능성이 없다)에 대해서 생각해 보려고 할 것이다. 기대와 가치를 함께 고려할 때, 파티에 참석하는 것 대신에 공부하기로 작정하게 된다. 즉, 확실히 형편없는 성적은 약간 재미있는 춤추는 것과 맥주를 마시는 것에 의해서 상쇄되지는 않는다.

인지적 처리접근은 태도가 정적 및 부적 요소들의 합계에 의해서 결정되게 된다는 점에서 학습적 접근과 비슷하다. 하나의 차이는 인지적 처리이론들이 태도의 기원을 무시하고, 현재의 인지적 평가들의 균형만을 고려하는 것이다. 또 다른 차이는 인지적 처리이론들이 어떤 특수한 입장을 취함으로써 사람들이 무엇을 얻거나 잃게 되는가를 강조하는 것이다. 그들의 친구들이 그들을 좋아할지 좋아하지 않을지, 그 경험이 얼마나 즐거운가 등이 결정적인 고려사항들이다. 갈등이 되는 목표들이 있을 때, 사람들은 자신의 이득을 최대화시키는 입장을 택한다. 세번째 차이는 인지적 처리접근이 사람들을 보다 더 타산적이고, 적극적이고, 합리적인 의사결정자들로서 취급한다는 것이다. 이와는 반대로, 학

파티에 참석할 것인가, 아니면 공부할 것인가?에 대한 하나의 기대-가치적 분석					
	가치	×	기대	=	주관적 유용성
선택 1: 파티에 참석함					
춤	+2	×	3	=	+6
새로운 사람들을 만남	+3	×	1	=	+3
맥주를 마심	+1	×	3	=	+3
숙취하게 됨	−3	×	2	=	−6
중간시험을 망침	−3	×	3	=	−9
전체 태도					−3
선택 2: 공부함					
중간시험을 잘 치름	+3	×	3	=	+9
지루하게 됨	−1	×	1	=	−1
숙취함이 없음	+2	×	3	=	+6
전체 태도					+14

도 5-5. 파티에 참석할 것인가, 아니면 공부할 것인가?

주: 가치는 +3(매우 좋다)에서 −3(매우 나쁘다)에 이르는 척도상에 있다; 기대는 3(확실히 일어난다)에서 0(확실히 일어나지 않는다)에 이르는 척도상에 있다; 주관적 유용성은 가치×기대의 결과이다.

습적 접근은 사람들을 보다 더 정서적이고 환경에 의해서 통제되기 쉽다고 본다.

마지막의 한 이론은 상황들에 따라 사람들이 인지적 처리이론들이 시사하는 대로 사려성있고 심사숙고하는 식으로 반응하거나 학습이론들이 시사하는 대로 보다 더 자동적이고 정서적인 식으로 반응할 수 있다고 시사한다. Petty와 Cacioppo(1986)의 설득에 관한 세부검토 가능성모형(elaboration-likelihood model)은 어떤 조건들 하에서 사람들은 이슈에 관련된 사고를 할 동기와 능력을 갖게 되며, 다른 조건들 하에서는 그렇지 못하다고 제안한다. 조건들이 적절할 때, 사람들은 호소에 주목하고, 관련된 기억들을 회상하고, 커뮤니케이션 속의 주장들을 검토하고, 이러한 검토에 근거해서 그 커뮤니케이션에서 추론들과 평가들을 이끌어내기가 더 쉽다. 다른 조건들 하에서, 사람들은 소스의 매력성과 권위, 맥락의 유쾌성(예: 광고된 상표의 담배를 피우고 있는 어떤 예쁜 여자나 멋쟁이 남자) 등과 같은 주장들의 장점들과는 무관련한 보다 더 말초적 단서들로부터 자신의 결론을 유도하는 경향이 있다. 이 호기심이 가는 이론은 이 이론이 사람들이 상황들에 따라 매우 상이한 양식들로 정보를 처리할 능력이 있다는 것을 인정한다는 점에서, 다른 이론들보다 아마 더 현실적일 것이다. 다른 반응보다도 한 반응을 일으키는 조건들을 알아내는 것이 도전거리로 남아있다. 우리는 다음 장에서 이 이론을 다시 논의할 것이다.

주요 태도이론들을 검토했으므로, 이제 태도에 관한 연구들을 살펴보자. 이것들은 두 가지 일반분야들에 초점을 두어 왔다. 하나는 태도와 행동간의 연관이다. 우리가 보아 온 바와 같이, 태도와 행동 간의 인과적 흐름은 충분히 양쪽 방향을 취할 수 있는데, 이것은 많은 흥미있는 연구들을 내놓아 왔다. 이 장의 나머지는 이와 같은 주제들을 취급하고 있다. 사회심리학자들의 연구의 다른 분야는 무엇이 태도를 변화시키는가이며, 다음 장은 이 주제를 취급하고 있다.

태도와 행동

시초에는 사람들의 태도가 그들의 행동을 결정짓는다고 단순하게 가정되었다. 독실한 기독교인들은 정직하고 검소하고 동정심있게 행동하기 쉬울 것이며, 흑인들에게 편견을 가진 백인들은 자신의 자식들을 대부분이 흑인학생들이 다니고 있는 학교에 보내지는 않을 것이다. 태도에 관한 많은 관심은 태도가 행동에 영향을 준다는 가정으로부터 나온다.

그리고 현재 우리는 태도들과 일치되는 행동이 나타나지 않는 많은 경우들도 알고 있다. 당신은 사람들이 어떤 이에 대해 심히 싫증을 느끼거나 미워졌다는 것을 알고 있을 때에라도 그들이 그 사람에게 미소를 짓고 만나서 매우 반갑다고 말하는 것을 얼마나 자주 보아 왔는가? 신문지상에 추한 행위들로 보도되는 일부 성직자들은 종교적 신앙들과 일치되게 행동한 것 같지는 않다. 그러면, 태도는 어느 정도 실제로 행동을 좌우하는가?

행동에 대한 태도들의 영향력의 정도는 태도연구에서 중요한 논쟁거리들 중의 하나가 되고 있다. 한 고전적 연구에서 백인 교수인 LaPiere(1934)는 한 명의 젊은 중국인 학생과 그의 부인과 함께 미국을 여행했다. 그들은 66개의 호텔이나 여관과 184개의 식당에 들렀다. 비록 그 당시에 미국에서는 동양인들에 대해 다소 강한 편견이 있었지만, 한 곳만을 제외한 모든 호텔과 여관이 그들을 받아들였고, 식당에서 음식 팔기를 거부당한 일은 전혀 없었다. 한 동안 지난 뒤에, 동일한 영업소들에게 편지를 보내서 그들이 중국인 손님들을 받을 것인지를 물어 보았다. 응답을 해 온 128개의 답신들 중에서 92%가 받지 않겠다고 대답했다. 즉, 중국인 부부는 실제로는 거의 완전한 서비스를 받았으나 그 뒤의 편지들에서는 거의 보편적으로 차별대우를 받았다.

LaPiere와 그 후의 많은 연구자들은 이러한 발견들을 행동과 태도들 간의 주요한 비일관성을 반영하는 것으로서 해석했다. 거의 모든 영업주들은 관대한 양식으로 행동했으나, 편지로 질문받았을 때에는 관대하지 못한 태도를 보였다. 이와 비슷한 관대치 못한 언어적 태도와 관대한 외현적 행동 간의 비일관성이 Kutner 등(1952)에 의해 발견되었다. 두 명의 백인 부인들과 한 명의 흑인 부인의 일행이 그들이 들어갔던 총 11개의 식당의 좌석에 앉아 있었었다. 그러나 그 후에 그들이 전화를 걸어서 흑인들이 포함된 일행을 위해 예약을 신청했을 때, 6개의 식당에서 거절을 당했다.

논쟁의 일부는 이러한 초기의 연구들이 얼마나 전형적인 것인가에 집중된다. Wicker(1969)는 널리 인용되는 평론을 한 바 있다. 그는 인종관계들, 직무만족 및 학교에서의 컨닝의 분야들에서의 태도들과 행동 간의 일치를 검증하기 위한 연구들을 검토했다. 37개의 별개의 연구들을 요약하면서, Wicker는 "태도들이 행동들에 밀접히 관련되어 있다기보다도 태도들이 외현적 행동에 관련이 없거나 약간만 관련되어 있을 가능성이 상당히 더 많다"고 결론지었다.

그러나 이러한 결론은 태도-행동의 일관성을 과소평가하는 것으로서 광범하게 비평을 받아 왔다. 정말로, 그 후의 연구들은 Wicker의 보고보다도 훨씬 더 높은 정도의 일관성을 보인다. 한 연구에서, 대만의 기혼부인들의 큰 표본이 "당신은 또 다른 자녀를 원합니까?"라는 질문을 받았다. 그 후 3년 동안에, "그렇다"고 대답한 사람들 중의 64%가 한 명을 낳은 반면에, "아니오"라고 대답한 사람들 중의 19%만이 한 명을 낳았다.

또 다른 예는 투표행동이다. Kelley와 Mirer(1974)는 1952년에서 1964년까지의 네 개의 미국 대통령선거 유세들 동안에 실시된 대규모 조사들을 분석했다. 투표 전 면접에서 나타난 유권자들의 정당에 대한 태도들은 그들의 실제의 투표행동과 높은 관련이 있었다. 즉, 면접이 평균적으로 선거일 1개월 전에 실시되었다는 사실에도 불구하고, 응답자들의 85%가 태도와 행동 간의 일치를 보였다. 더욱이, 거의 모든 불일치되는 투표자들은 양측 정당에 대해 단지 약한 태도를 가졌다.

이러한 연구들은 그 후의 용의주도한 평론에서 대부분의 태도-행동 연구들이 긍정적인 결과들을 내놓고 있다는 결론을 내리게끔 만들었다. 나타난 상관들은 기초가 되고 있는 인과의 과정에 대한 연구자의 모델이 어떤 것인가에 관계없이 중요한 인과적 힘들이 포함되어 있다는 것을 나타내 주기에 충분하게 크다(Schuman과 Johnson, 1976, p. 199). 그러나 모든 연구자들은 태도와 행동이 정확히 얼마만큼 일치되는가에 대해서 상황에 따라 실질적인 차이가 있다는 것을 인정하고 있다. 근년에 들어서, 크거나 작은 일관성의 정도들을 낳는 조건들을 알아 내기 위해서 주요 연구노력이 경주되어 왔다.

태도의 강도

일관성에 영향을 주는 한 가지 중요한 조건은 태도가 강하고 명료한 것이다. 비일관성들은 약하거나 양면감정적인 태도들에서 나올 수 있다. 언급된 바와 같이, Kelley와 Mirer(1974)는 대부분의 태도-투표 불일치들이 처음부터 갈등이 되거나 약한 태도적 선호들을 가진 유권자들에게서 나왔다는 것을 발견했다. 이와 비슷하게, 일관성있는 행동은 태도의 감정적 및 인지적 요소들이 서로 갈등이 될 때에는 나오지 못할 것이다(Norman, 1975 ; Millar와 Tesser, 1989).

강한 태도에 기여하는 것들은 무엇이든 간에 태도-행동의 일관성을 증가시킬 것이다. 한 요인은 개인이 태도대상에 관해서 갖고 있는 정보의 양이다. 예컨대, Kallgren과 Wood(1986)는 학생들의 환경보호적 행동들(폐품재활용사업에 관한 의견을 듣기 위해서 어떤 가정을 방문하는 것에 동의하는 것, 그 사업에 참가하는 데에 동의하는 것, 또는 환경보호를 위한 청원서들에 서명하는 것)과 태도들이 환경보호에 관해서 가장 많이 알고 있었던 학생들에게서 가장 일관성있었다는 것을 발견했다.

태도들을 강화시키는 다른 요인은 그 태도들을 연습하거나 연기하는 것을 강요당하는 것이다. Fazio와 그의 동료들(1982)은 태도-행동의 일관성이 사람들이 자신의 태도에 관해서 생각하고 표현해야만 될 때, 아마 이것이 태도를 강화시키는 데에 도움을 주었기 때문에, 더 크다는 것을 보였다.

어떤 문제에 대한 직접적인 개인적 경험을 갖는 것은 우리에게 그것이 먼 것일 경우보다 그것에 관해서 더 많이 생각하고 말하도록 만든다. 따라서 하나의 가설은 태도-

행동의 일관성이 우리가 태도대상에 관해서 어떤 사람으로부터 단지 들었거나 읽었을 때보다도 우리가 그 대상에 대해 직접적 경험을 갖고 있을 때에 우리가 더 확고한 태도를 갖게 될 것이기 때문에, 더 크게 될 것이라는 것이다(Fazio와 Zanna, 1981). Regan과 Fazio(1977)는 심한 숙소 부족 동안의 코넬 대학교의 학생들에게서 이것을 증명했다. 많은 신입생들은 입학후 첫 몇 주 동안을 임시숙소, 대개는 기숙사 휴게실에 있는 간이침대에서 보내야만 되었다. 영구숙소에 즉각 할당된 학생들과는 달리, 그들은 숙소부족에 대한 직접적 경험을 가졌다. 이러한 모든 것이 진행되는 동안에, 연구자들은 숙소위기에 대한 학생들의 태도와 아울러 청원서에 서명을 하고 서명을 받거나 그 위기를 연구하는 위원회에 가입하는 것과 같은 가능한 행동적 조치들에 대한 자신의 관심에 대한 학생들의 태도를 측정했다. 이러한 태도들과 행동은 그 숙소위기에 대해 직접적인 개인적 경험을 가진 학생들에 대해서 훨씬 더 밀접하게 관련되어 있었다(r=.42). 이와는 반대로, 친구들에게 이야기하거나 학생신문에서 그것을 읽는 것과 같은 이차적 경험만을 가진 학생들에 대해서 행동은 태도에 전혀 관련되어 있지 않았다(r=.04).

직접적이고 최근의 경험들에 기초되어 있는 태도와 행동 간의 강한 관계에 관한 기타의 수많은 예들이 있다. 흡연에 대한 직접적 경험을 갖고 있는(흡연하고 있는 성인들이나 다른 학생들이 주위에 있는 것의 면에서) 중학교와 고등학교의 비흡연 학생들은 흡연에 대해서 그러한 직접적 경험이 없는 학생들보다도 흡연에 대한 태도와 행동의도(가까운 장래에 그들이 흡연하기 시작하려는) 간의 더 밀접한 일치를 보였다(Sherman 등; 1982). 그리고 Manstead 등(1983)은 어머니들이 아기에게 모유를 먹일 것인지 아니면 우유를 먹일 것인지에 대한 예언요인들을 연구했다. 그들은 어머니들 자신의 태도들이 만일 그들이 이미 자녀가 있었었고 아기를 먹인 개인적 경험이 있었을 경우에 그들의 선택에 대해 보다 더 좋은 예언요인이 되었다는 것을 발견했다. 이와는 반대로, 처음 아기를 가진 어머니들의 행동은 자기 자신의 태도에 덜 의존되었고 다른 사람들의 판단에 비교적 더 많이 의존되었다.

태도강도의 또 다른 원천은 아마 문제에 대한 어떤 기득의 또는 이기적인 이득으로부터 나올 수 있다. Sivacek과 Crano(1982)는 최소 음주연령에 관한 문제를 사용해서 이러한 생각에 대해 지지를 받았다. 1978년의 미시간주에서의 제안투표는 법정연령을 18세에서 21세로 올리는 것이었다. 아마 21세 이하의 학생들은 나이가 더 많은 학생들보다도 그 문제에 대해서 보다 더 많은 이기적 이득이 있었을 것이다. 실제로, 그 제안에 대한 태도들은 이해관계가 없는 학생들보다도 어떤 이득을 가진 학생들에게서 상당히 더 행동(투표자들을 동원하는 것에 자원하는 것)에 밀접하게 상관있었다.

물론, 태도들이 왜 강한가에 대해서 다른 이유들도 있다. 그러나 이러한 예들은 일반적인 점만을 예시해 준다. 즉, 실질적인 태도-행동 간의 관계는 어느 것이나 태도 자체가 강한 것에 일부 달려 있다.

태도의 안정성

또 다른 중요한 점은 태도들이 시간에 걸쳐 변화될 수 있다는 것이다. 몇 개월이나 몇 년 전에 어떤 사람이 갖고 있는 태도는 확실히 그 사람의 현재의 태도만큼 많이 행동에 영향주지 않을 것이다. 우리가 만일 어떤 여대생의 남학생에 대한 매력을 대학신입생 때에 재고 그녀의 그와의 데이트 행동을 졸업반 때에 쟀다면, 그녀의 그 남학생에 대한 매력과 그와 데이트하는 행동 간에 밀접한 관계가 있으리라고 기대되지는 않을 것이다. 그러므로, 태도와 행동 간의 일관성은 거의 동시에 측정되었을 때에 최대가 될 것이다. Kelley와 Mirer(1974)는 투표율을 예언하는 데에 있어서의 착오는 선거전의 면접이 선거날짜와 가까울수록 매우 급속하게 감소되었다는 것을 발견했다.

이러한 오랜 시간간격들은 태도변화들에 기인되어서 태도－행동 간의 상관을 일부 감소시키게끔 만든다. 그러나 사람과 상황은 다른 방식으로도 마찬가지로 변화된다. 우리는 25세 때에 아기를 갖는 것에 대한 어떤 부인의 태도가 30세 때에 그녀의 행동을 예언하지 않는다는 것을 발견할 수 있을 것이다. 즉, 그 부인은 계속 자식을 갖는 것을 원치 않을 수도 있지만, 그녀의 남편은 자기의 부인이 자녀를 갖는 것에 동의하지 않을 경우에 이혼하겠다고 부인을 위협해 왔을 수 있다.

태도의 측정과 행동의 측정 사이의 기간이 길수록 더 많은 그러한 예측되지 못한 일들이 일어나 왔을 수 있다. 따라서 어떤 사람이 "입으로 말한 대로 행동하는" 여부를 평가하려고 할 때에는 그로 하여금 그가 2년 전 정도로 오래 전에 말했던 것을 고수하게끔 만들지 않도록 유의하라! 상황들이 변화되었을 수 있다.

행동에 대한 태도들의 관련성

분명하기는 하지만 흔히 등한시되었던 다른 요인은 태도들이 행동에 대해 더욱 관련되어 있을수록 이 둘이 더 많이 상관되게 될 것이라는 것이다. 태도들은 문제의 행위에 얼마나 관련있는가의 면에서 상당히 차이가 있다. LaPiere의 영업소주인들에 대한 중국인들 일반에 대한 느낌에 관한 질문은 분명히 그들의 그러한 특정의 중국인 부부에 대한 태도들에 관한 질문에 관련성이 부족하다. 일반적으로, 행동은 훨씬 더 큰 종류의 잠재적 행동들과 관련된 매우 일반적인 태도들보다도 그 행동과 특수하게 관련된 태도들과 더 일치하는 경향이 있다.

몇 개의 연구들은 사람들에게 그들이 신을 믿는지 또는 자신이 신앙심있다고 생각하는지를 물은 후에, 그들이 교회에 나가는지를 알아보았다. 대개 그러한 두 질문들에 대한 대답과 교회에 나가는 것 사이에는 약한 관계만이 있었다(예, Wicker, 1971). 그러나 교회에 나가는 것은 신을 믿는 것이나 신앙심있는 것에 반드시 완전하게 관련되어 있지는 않다. 신을 믿으며 자기가 신앙심있다고 생각하는 많은 사람들이 교회에 나가지 않는다. 그들은 기관화된 종교들을 좋아하지 않을 수 있거나 그저 자신의 종교적 신념을 사적으로 실천하고 싶어할 수 있다. 다른 사람들은 단지 약간 종교적이고 신앙과 아울러 여러 가지 다른 이유들로 교회에 나갈 수 있다. 이것은 주말의 사교상의 외출일 수 있거나, 그들의 배우자가 교회에 동반하는 것을 고집할 수도 있다. 따라서 그러한 두 질문들에 대한 대답들이 교회에 나가는 것과 직접 관련되어 있지 않은 것은 그리 놀라운 일이 못된다.

이와는 반대로 만일 사람들이 그들이 교회에 나가는 것이 좋은 생각인지를 질문받았다면, 아마 실제로 교회에 나가는 것과 태도의 관계는 이 태도가 행동에 직접 관련되어

특별논의 5-3. 개인이 고정관념에 부합되고 있는가?

우리가 앞에서 지적한 바와 같이, 태도들과 행동 간의 일관성의 의문은 소수인종집단들에 대한 편견과 차별대우의 문제에서 시작되었다. 사람들은 하나의 전체로서의 집단에 대한 자기들의 태도들과 일치되게끔 어떤 집단의 개별적 멤버에 대해서 행동했는가? 그러나 개별적 멤버는 전체로서의 집단의 대표라고 지각될 수도 지각되지 않을 수도 있으며, 따라서 그 집단에 대한 일반적 태도들과 일치되지 않는 행동을 일으킬 수 있다; 여자인 노벨상 수상 생물학자는 여성 일반의 고정관념들에 부합된다고 지각되지 않을 수 있는 반면에, 테레사수녀와 같은 온정적인 인간주의적인 인물은 그렇게 지각될 수 있다.

태도-행동의 일관성은 개인이 전체로서의 집단의 원형에 부합될 때(즉, 가장 관련이 있을 때)에 가장 클 것이다. Lord 등(1984)은 남자 프린스턴 대학생들의 동성애자들에 대한 자세들을 사용해서 이러한 가설을 검증했다. 먼저 그들은 학생들의 동성애자들에 대한 원형들을 그들의 전형적 특성들의 면에서 측정했다. 그 다음에 그들에게 "존 B"라는 어떤 특정의 개인에 관한 기술문이 제시되었는데, 그는 프린스턴 대학교로 전학해 오는 학생으로 생각되었으며, 그 원형과 밀접하게 부합되거나 다소 다른 특징을 갖고 있었다. 그 다음에 그들은 동성애자들 일반에 대한 태도들과 이 개인에 대한 행동적 자세들(그들은 그에게 캠퍼스를 소개해 줄, 자기들의 친구들을 소개할, 주말의 방문을 초정할 의향이 있는가)의 일관성을 검사했다. 학생들의 그와 상대할 의향은 그 개인이 동성애자들의 원형에 부합되지 않을 때(r=.02)보다도 부합될 때(r=.38)에 동성애자들 일반에 대한 그들의 태도들과 훨씬 더 일관성있었다. 또 다시 태도-행동간의 일관성은 태도에 대한 행동의 관련성에, 여기에서는 고정관념과 개인 간의 밀접한 인지적 부합에 달려 있다.

있을 것이기 때문에, 훨씬 더 강하게 될 것이다.

이러한 점은 경구피임약의 사용에 대한 예언요인들에 관한 한 연구에서 분명하다 (Davidson과 Jaccard, 1979). 다음 2년 동안에 걸친 "그 약"의 사용에 대한 태도들은 실제행동과 .57의 상관이 있었으나, 산아제한 일반에 대한 태도들은 그 후 2년간의 경구피임약의 사용과 .08의 상관이 있었다. 이것이 표 5-1에 제시되어 있다. Schwartz(1978)는 맹인 아동들을 가르치는 데에 자원하는 것에 대해서도 동일한 것을 발견했다. 특수한 행동에 대한 태도들은 몇 개월이나 몇 년의 기간에 걸쳐서도 그 행동을 아주 잘 예언했으나, 이타적 행동들 일반에 대한 태도들은 그렇지 못했다. 이와 비슷하게, Weigel 등(1974)은 환경보호단체인 시에라클럽에 대한 특수한 태도가 이 클럽을 위한 여러 행동들에 참가할 의향에 밀접하게 관련되어 있었지만, 매우 일반적인 환경 태도들은 그렇지 않았다는 것을 발견했다(특별논의 5-3 참조).

표 5-1 태도와 행동(2년간의 기간 동안의 피임약의 사용) 사이의 상관에 미치는 태도 관련성의 영향들

태도측정	행동과의 상관
최소 관련	
산아제한 일반에 대한 태도	.08
피임약에 대한 태도	.32
최대 관련	
피임약의 사용에 대한 태도	.52
다음 2년 동안에 피임약을 사용하는 것에 대한 태도	.57

자료원 : Davidson과 Jaccard(1979).

태도의 특출성

대부분의 상황들에서 몇 개의 태도들이 행동에 관련되어 있을 수 있다. 대학시험들에서, 컨닝행동은 정직성에 대한 애매한 태도들이나 장학금을 받으려는 강한 욕망에 의해 결정될 수 있다. 흑·백인이 통합된 학교들을 피하기 위해 자기 자녀를 사립학교에 보내는 "백인도주" 행동은 흑인들에 대한 편견에 의해서나 흑백인종통합 학교가 국민학교의 교육적 질을 낮춘다는 믿음에 의해서 결정될 수 있다. 현재의 대학입시제도에 반대하는 자가 고등학교 학생회에서 연설하도록 허락하는 데 대한 어떤 학교교장의 결정은 학교 내에서의 논쟁에 대한 그의 싫어함에 의해서 또는 그의 현재의 입시제도에 대한 반대에 대한 혐오에 의해서 나왔을 수 있다.

따라서 어떤 특정의 태도와 행동의 일관성의 하나의 중요한 결정요인은 문제의 태도의 특출성일 것이다. 다른 인종에 대한 비관용적 태도들과 차별행동 사이의 일관성은 만일 그 사람이 행동 당시에 또 다른 태도를 염두에 두고 있다면 아마 꽤 낮을 것이다. 아마 그 식당은 너무 영세해서 영업주는 한 사람이라도 되돌려 보낼 수 있는 여유가 없을 수 있다. 중국인 부부를 손님으로 받아들이는 것은 그 당시에 영업주에게 가장 특출한 태도, 즉 돈을 버는 것과 일치될 수 있는데, 이 태도는 그 영업주가 그 당시에 전혀 생각하고 있지도 않은 태도, 즉 그녀의 인종편견과 불일치될 수 있다.

따라서 일반적으로, 특수하게 관련있는 태도가 특별하게 특출해지게 될 때, 이것이 행동에 관련있게 될 가능성이 보다 더 많게 된다. 이것을 증명하기 위해서, Snyder와 Swann(1976)은 피험자들을 모의재판 상황에 할당하고, 그들에게 남녀차별 케이스를 주었다. "특출"조건에서, 차별대우 폐지조치에 대한 피험자들의 태도들은 그들에게 사건을 다루기 전에 차별대우 폐지조치에 대한 자기 자신의 생각을 조직화시키기 위해 몇 분간을 사용하라는 지시를 줌으로써 특출하게끔 만들었다. "비특출" 조건에서, 피험자들은 차별대우 폐지조치가 포함되어 있다는 어떠한 경고도 받지 않았다. 태도들을 특출하게끔 만들었을 때, 그 태도들은 사건에 대한 배심원들의 판결에 높은 관련이 있었다. 그러나 차별대우 폐지조치에 대한 태도들은 이것들을 특출하게끔 만들지 않았을 때에는 판결들에 밀접하게 관련되어 있지 않았다.

예상되는 바와 같이, 특출성은 태도가 매우 강한 것이 아닐 때에 특히 중요하다. 태도가 매우 강하지 못한 것일 때, 아마 이것은 행동에 강력하게 관련되도록 그 사람의 주의에 대해 매우 강력하게 작용되지는 않을 것이다. Borgida와 Campbell(1982)는 미네소타 대학교에서 대학의 주차장부족 동안에 학생들을 연구했다. 통상적으로 학교로 차를 몰고 오는 학생들은 다른 학생들보다도 그들이 주차장소를 찾는 데에 오랜 시간을 소비했거나 많은 주차비를 물었기 때문에, 부족에 의해서 더 직접 영향받았다. 아마 매일의 운전자들이 주차장부족에 대한 직접적 경험을 가졌으므로, 더 강한 태도를 가졌을 것이다. 연구자들은 각 집단에 있는 일부 피험자들에게 주차상황에 관한 불평들이 포함된 대화를 들려 주었고 주차에 관한 태도들을 보다 더 특출하게끔 만들려고 의도했다. 다른 피험자들은 하계 아르바이트 계획들과 라켓 공의 장점들에 관해서 들었다. 주차문제를 특출하게끔 만든 대화는 이 문제에 대해서 거의 경험이 없었던 학생들, 즉 아마 가장 약한 태도를 가졌던 학생들에 대해서 태도와 행동(대학신문에 실리는 전면광고에 서명하려는 의향)의 일관성을 증가시킨 것으로 판명되었다.

이러한 점을 한 단계 더 확장시켜서, 태도대상에 대한 감정요소를 더 특출하게끔 만드는 것은 행동에 미치는 감정요소의 힘을 증가시키는 반면에, 인지요소를 더 특출하게끔 만드는 것은 인지요소를 보다 더 강력하게끔 만든다(Millar와 Tesser, 1986). 그러나 두 요소가 서로 일치할 때, 어느 것을 더 특출하게끔 만드는가는 문제가 되지 않는다: 둘 중의 하나가 특출하게끔 되었을 때에 둘은 행동과 높은 상관을 갖게 될 것이다(Millar와 Tesser, 1989).

상황적 압력들

사람들이 외현적 행동을 하게 될 때에는 언제나, 그들은 자신의 태도와 아울러 상황의 모두에 의해서 영향받게 될 수 있다. 상황적 압력들이 매우 강할 때, 태도들은 일반적으로 상황적 압력이 비교적 약할 때만큼 그렇게 강력하게 행동을 결정짓지 못하기 쉽다. 이것은 LaPiere의 연구에서 쉽게 찾아볼 수 있다. 옷을 잘 차려입고 존경할 만한 외모를 갖춘 사람들이 방을 요구하는 것은 인종집단에 대한 그들의 편견들에도 불구하고, 거절하기가 힘이 든다. 방을 원하고 요금을 지불할 수 있는 모든 사람들에게 방을 내 주게끔 법률이 요구할 때에 외부압력들은 훨씬 더 강력하다.

상황적 압력들이 태도에 미치는 이와 비슷한 극적인 영향은 10대들의 마리화나 흡연에 관한 연구에서도 찾아볼 수 있다(Andrews와 Kandel, 1979). 마리화나에 대한 태도들은(이것을 합법화시켜야 되는지 안 되는지, 사용이 신체적 해를 일으키는지) 실제의 마리화나 사용과 꽤 강하게 상관되어 있었다. 그러나 상황적 압력들, 이 경우에서는 또래들의 압력(마리화나를 사용하는 친구들의 수로 지표를 삼음)이 몇 배나 더 큰 영향이 있었다.

태도와 상황적 압력들의 상대적 영향들은 상황에 따라 변할 수 있다. 또 다른 연구에서, 10대들의 맥주, 독한 술 및 포도주를 마시는 것에 대한 태도는 파티 장소들에서만 이것들을 실제로 마시는 빈도에 대해 가장 좋은 예언요인들이 되었다. 가정에서, 실제의 음주행동은 그들의 음주에 대한 부모의 인정이나 불인정의 지각, 즉 하나의 상황적 압력에 의해서 더 잘 예언되었다(Schlegel 등, 1977).

표 5-2. 태도-행동의 높은 일치에 기여하는 조건들

태도가 강한 것
- 갈등되지 않는 태도
- 감정요소와 인지요소의 일치
- 태도대상에 관한 정보
- 태도대상에 대한 직접적인 개인적 경험

태도가 장기간 안정적인 것
태도가 행동과 관련성있는 것
태도가 특출한 것
갈등적인 상황적 압력들이 없는 것

이러한 발견들은 태도들이 행동을 결정짓는다는 이론이 너무 단순하다는 것을 시사한다. 때로는 결정짓고 때로는 결정짓지 못한다. 우리는 중요한 몇 가지 요인들을 기술해 왔으며, 이것들이 표 5-2에 제시되어 있다.

이성적 행동모형

아마 태도-행동 연결에 관한 일반적 이론을 내놓고 검증하려는 가장 영향력있는 노력은 Fishbein과 Ajzen의 "이성적 행동모형"(reasoned action model, 1975; Ajzen과 Fishbein, 1980)일 것이다. 이것은 태도-행동의 일관성을 결정짓는 요인들을 규정하려는 한 시도이다. 이것은 사람들이 꽤 이성적으로 행동한다는 가정에서 시작한다. 특수하게 말해서, 이 모형은 사람들이 그들의 의식적 의도들과 일치되게 행동한다고 시사하는데, 한편 이 의도들은 자신의 행동의 잠재적 효과들과 아울러 타인들이 그 행동에 관해서 어떻게 생각하게 될 것인가에 관한 그들의 이성적 계산들에 기초되어 있다. 이 모형이 도 5-6에 제시되어 있다.

이성적 행동모형은 세 단계들을 지니고 있다.

1. 이것은 사람의 행동이 **행동의도**로부터 예언될 수 있다고 예언한다. 만일 어떤 부인이 자신이 임신되는 것을 피하기 위해서 피임법을 사용하려는 의도가 있다고 말하면, 그녀는 의도하지 않은 어떤 사람보다도 그렇게 할 가능성이 더 많다.
2. 행동의도는 두 개의 주요 변인들로부터 예언될 수 있다. 즉, 그 사람의 행동에 대한 태도(그녀는 피임이 자기에 대해서 훌륭한 조치라고 생각하는가?)와 **주관적 사회규범들**(타인들이 그녀가 무엇을 해야만 된다고 생각하는가에 관한 그녀의 지각; 그녀의 남편은 그녀가 그렇게 하는 것을 원하는가? 그녀의 교회는 어떠한가? 그리고 그녀의 어머니는 어떠한가?)이다.

3a. 행동에 대한 태도는 기대-가치이론을 사용해서 예언되고 있다: 각각의 가능한 결과의 바람직스러움은 그 결과의 가능성에 의해 가중치가 부여되게 된다(예; 임신을 피하는 것은 이 부인에 대해 극히 중요하며, 피임약은 임신을 막을 것이 거의 확실

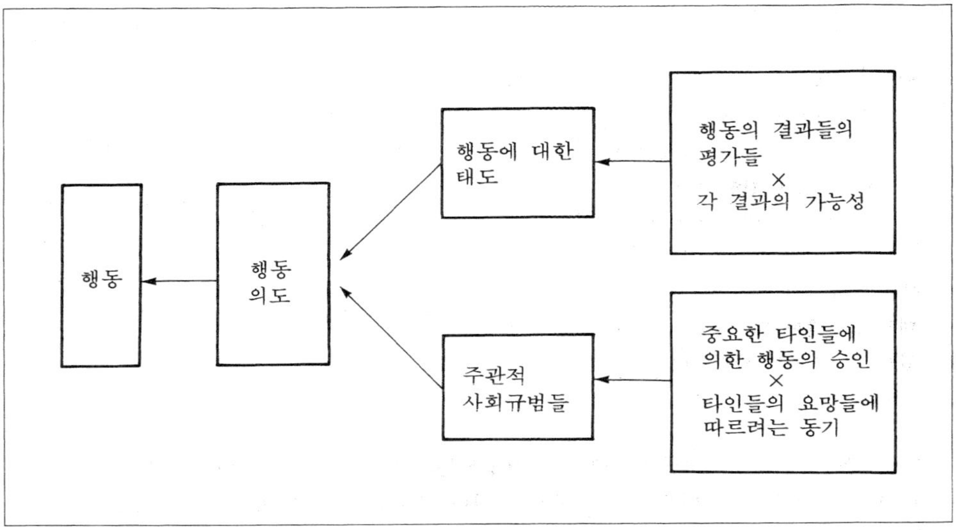

도 5-6. 개인의 행동을 결정짓는 요인들에 관한 이성적 행동모형

하다: 피임약은 약간 불쾌한 부작용을 갖고 있지만, 이것은 이 약을 복용하는 모든 사람들에게 영향주지는 않는다).

3b. 주관적 사회규범들은 중요한 타인들의 기대들의 지각에 대해 그러한 기대들에 따르려는 동기에 의해 가중치가 부여되는 것에 의해서 예언되고 있다(예: 그녀의 남편은 그녀가 피임약을 먹는 것을 강력하게 원하며, 그녀는 그를 즐겁게 만들고 싶다; 그녀의 교회는 그것을 강력하게 반대하지만, 교회의 견해들이 시대에 뒤떨어진 것이라고 생각하며 더 이상 이 견해들에 신경쓰지 않는다).

이 모형이 사람들을 이성적인 것처럼 간주하기 때문에 그리고 행동을 결정짓는 데에 있어서 태도를 하나의 핵심적 위치에 두고 있기 때문에, 이 모형은 많은 사회심리학자들의 관심을 끌었다. 이 모형은 또한 단순성이 큰 가치가 있다: 이것은 소수의 변인들에 기초해서 모든 행동을 설명하고자 한다. 그 한 결과로, 이 모형은 널리 사용되어 왔다. 하나의 간단한 예는 Manstead 등(1983)의 연구로서, 임신부들이 자기 아기에게 모유를 먹일 것인지 아니면 우유를 먹일 것인지를 결정하는 것을 예언하고 있다. 연구자들은 태아에 관한 질문지들에서 행동의도들(그 여자는 모유를 먹일 의도가 있었는가?), 행동에 대한 태도(예컨대, 그녀는 모유를 먹이는 것이 밀접한 모자유대를 확립시키며, 그 유대가 얼마나 중요하다고 믿었는가?) 및 주관적 사회규범들(그 여자의 남편, 어머니, 가까운 여자친구 및 의사는 무엇을 더 좋아하고, 그 여자는 그들의 요망들에 따르려는 동기가 얼마나 있었는가?)을 측정했다. 연구자들은 이 모형이 그 후의 행동을 예언하는 데에 매우 성공적이었다는 것을 발견했다. 실제의 출산후 모유먹이기와 이러한 여러 태도들의 상관은 .77로서 꽤 높았다.

이 모형은 또한 다양한 다른 행동들을 예언하기 위해서 성공적으로 사용되어 왔다. 이것이 피임방법들의 사용에 관한 여대생들의 행동의도들에도 잘 적용된다는 것이 증명되었다(Pagel과 Davidson, 1984). 다른 연구에서, 체중감소, 소비자의 선택들, 투표행동 및 여자들의 직업선택들과 같이 광범하게 다양한 다른 행동들을 행하는 것과 마찬가지로 (Ajzen과 Fishbein, 1980), 대학생들의 2주일간에 걸친 운동, 데이트 및 공부행동이 매우 성공적으로 예언되었다(Bentler와 Speckart, 1981).

물론 완전한 모형이란 없다. 이 모형에 대한 몇 가지 난점들은 무엇인가? 우리의 의도가 우리의 행동을 결정짓는다는 생각은 이 모형에다가 많은 매력과 독특성을 부여해 준다. 그러나 행동의도의 역할은 마찬가지로 문제들의 주요한 한 원천이다. 그 중의 하나로서, 모든 사람이 알고 있는 바와 같이, 좋은 의도가 항상 충분하지는 않다. 때때로 우리는 우리가 하고자 의도하는 어떤 것을 행하기 위한 능력이나 자원들을 갖고 있지 못하다. 그 한 결과로서, 하나의 부가적 변인, 즉 결과들에 대한 지각된 통제력이 이 모형에 추가되어야 된다는 것이 시사되어 왔다(Ajzen과 Madden, 1986). 앞 장에서 논의된 지각된 통제력에 관한 귀인적 분석들의 경우에서처럼, 내부 및 외부 통제력이 관련되어 있다. 어떤 내부통제력의 느낌의 역할을 예시하면서, Schifter와 Ajzen(1985)은 여대생들의 체중감소의 의도들이 그들이 자신의 체중을 조절할 수 있고 시도할 경우에 성공적으로 감소시킬 수 있다고 느꼈던 사람들에게서 진정한 체중감소가 일어나는 경향이 더 많았다는 것을 발견했다. 체중감소의 바람직스러움에 관한 태도들은 전체의 일에 대해 무기력을 느꼈던 사람들에 대해서 행동에 거의 영향을 주지 않았다.

외부의 제약들이나 기회들이 또한 중요하다. Ritter(1988)는 마리화나와 코카인의 사용에 관한 전국의 젊은이들의 대규모의 표본에 대한 면접들을 분석했다. 그는 10년전에 측정된 그러한 약물들을 사용하려는 의도가 현재의 사용에 대해 유의한 효과가 있었다는 것을 발견했다. 그러나 약물, 특히 코카인에 대해서 현재의 입수가능성도 효과가 있었다. 사람들은 불법약물들을 사용하고자 의도할 수 있지만, 판매자를 발견할 수 없을 수 있다. 또는 사람들은 사용하지 않기로 의도할 수 있지만, 그것들이 손쉽게 구할 수 있고 모든 사람이 그것들을 사용할 경우에는 그것들을 결국 사용하게 된다.

그리고 우리가 이 장의 앞 부분에서 본 바와 같이, 어떤 행동의 바람직스러움에 대한 태도들은 항상 우리의 행위를 통제하지는 않는다. 태도들에 전혀 관계없이 이전의 행동이 장차의 행동에 영향을 준다. 어느 정도, 사람들은 단순히 습관의 지배를 받는 동물들이다. 어떤 부인이 자신의 첫번째 아기를 어떻게 먹였는가는 그녀나 그녀의 모든 친구들 그리고 가족들이 어떤 것이 옳다고 생각하는가에 관계없이, 그녀가 실제로 두번째 아기를 어떻게 먹이게 될 것인가에 영향을 준다(Manstead 등, 1983). 그리고, 많은 독자들이 관련될 수도 있는 한 연구에서, Ajzen과 Madden(1986)은 강의출석에 대한 학생들의 모든 태도들에 관계없이, 이전의 강의출석이 그들의 장차의 강의출석의 가장 강력한 유일한 예언요인이라는 것을 발견했다.

끝으로, 한편으로 행동에 대한 태도들과 다른 한편으로는 실제의 행동과 진정하게 독립적인 행동의도에 관한 측정치들을 얻기가 때로는 곤란하다. 때로는 측정된 "행동의도"가 행동에 대한 태도와 매우 다르지 않다. 어떤 임신부에게 자신의 아기에게 모유를 먹일 것인지의 여부를 질문하는 것은 그녀에게 자신이 그것이 좋은 생각인지의 여부를 질문하는 것과 거의 동일할 수 있다. 당신이 이와 같은 경우들에서 예상하는 바와 같이, 태도들은 실제의 행동보다도 행동의도들을 예언하는 데에 있어서 상당히 더 성공적이다 (예 : Ajzen과 Madden, 1986). 그러나 행동의도를 하나의 별개의 요인으로 삼는 것은 우리의 이해에 대해 매우 많은 것을 추가시키지는 않을 것이다.

행동은 연구자들이 행동을 직접 관찰하기보다도 자기보고된 행동을 사용할 때에 특히 위험하다. 그러면 후자는 특히 만일 그 행동이 강한 도덕적 함축들을 갖고 있다면, 행동에 대한 태도들과 인위적으로 상관되어 있을 수 있다. 예컨대, Hessing 등(1988)은 네덜란드의 세무공무원들에 의해서 두 개의 별개의 납세년도들 동안에 고의로 탈세했던 것으로 (그리고 이의없이 추가된 납세청구서들을 지불했던) 확인된 사람들과 정직하게 납세신고서를 제출했던 것으로 확인된 사람들을 면접했다. 그들은 자기보고된 탈세가 객관적 탈세와 거의 관련이 없다는 것을 발견했다: 실제의 탈세자들 중의 69%가 자기들이 탈세하지 않았다고 보고했다(그리고 실제의 비탈세자들 중의 25%가 자기들이 탈세했었다고 보고했다!). 놀랄 것도 없이, 탈세에 대한 태도들과 아울러 주관적 사회규범들이 실제의 행동보다도 훨씬 더 잘 자기보고된 행동을 예언했다. 분명히 사람들은 그들이 실제로 행했던 것의 측면에서 보다도 그들이 자신이 했어야만된다고 생각한 것의 측면에서 자신의 행동을 더 많이 보고했다.

이러한 보류사항들을 갖고서, 이 이론은 행동을 결정짓는 데에 있어서 태도의 역할을 이해하는 데에 도움을 주는 가치를 분명히 갖고 있다. 일반적으로, 우리는 상당량의 증거가 이제 태도들이 행동에 영향을 준다는 생각을 지지하고 있다고 생각한다. 그러나 분명히 태도-행동의 일관성의 정도를 결정짓는 데에 주요 역할을 하는 수많은 다른 요인들이 있다.

인지부조화이론

우리는 태도-행동의 일관성을 태도들이 행동을 결정짓는 조건들의 측면에서 논의해 왔다. 그러나 우리의 행동이 또한 우리의 태도에 영향을 줄 수 있다. 다시 말하면, 우리의 태도는 흔히 우리가 이미 수행한 일에 대한 합리화일 수 있다. 길고도 고통스런 과정을 통해서 담배를 끊은 사람은 담배를 피우는 사람에 대해서 가장 지독한 비평자가 된다. 계획하지 않았던 아기의 출생을 기다리고 있는 신혼부부는 아기를 갖는 것에 대한 그들의 양면감정을 버리고서 그들의 기대에 대한 큰 기쁨을 광고한다. 자기 부대에게 위험한 임무를 맡게 해서 수천 명의 사상자를 냈던 군대지휘관은 이제 자기가 전부 옳았고 만일 자기가 그 임무를 또다시 그대로 맡게 되었더라도 자신의 전술을 바꿀 생각이 전혀 없다고 단호하게 선언한다.

이러한 모든 예들은 사람의 행동 후에 실질적인 태도변화가 뒤따르는 과정을 묘사하고 있다. 이것은 또한 태도들과 행동 사이의 일관성을 향한 압력을 가정하지만, 이성적 행동이론보다 훨씬 더 사람들을 비하시키는 양식으로 가정하고 있다. 이것은 사람들이 자신의 사고에 근거해서 신중하고도 이성적으로 행동하기보다도 사람들의 행동 자체가 설사 그 행동이 전혀 염두에 두었던 것이 아니더라도, 그들의 태도를 좌우한다고 말한다.

이 문제에 대한 대부분의 연구들은 원래 인지부조화이론(theory of cognitive dissonance; Festinger, 1957)에 의해서 고무되었다. 우리가 논의해 온 몇 개의 다른 이론들처럼,

인지부조화이론은 일관성을 향한 압력이 있다고 가정한다. 비록 이 이론이 어떠한 인지들 사이의 비일관성들에도 적용될 수 있지만, 부조화이론은 행동과 태도들 간의 비일관성들을 가장 창의적으로 취급해 왔다.

부조화는 우리가 수행해 온 어떤 행동이 우리의 태도와 비일관될 때에 생기게 된다. 이러한 부조화는 심리적 긴장을 일으키고, 사람들은 이것을 감소시키거나 제거시킬 압력을 느낀다. 부조화는 어떤 다른 충동과 아주 유사하게 작용한다. 배고프게 되면, 우리는 배고픔을 줄이려고 어떤 일을 한다. 두렵게 되면, 우리는 공포를 감소시키려고 어떤 일을 한다. 그리고 부조화를 느끼게 되면, 우리는 또한 이것을 감소시키려고 어떤 일을 한다. 이것을 감소시키는 것은 일관성이나 조화(consonance)를 회복시키는 것을 의미한다. 만일 행동이 어떤 양식으로 취소되거나 변경될 수 없다면, 부조화를 감소시키는 주요 방법은 자신의 태도를 변화시키는 것이다.

의사결정 후의 부조화

거의 항상 부조화를 일으키는 하나의 행동은 의사결정을 행하는 것이다. 두 개 이상의 선택지들 중에서 선택을 해야만 될 때에는 언제나, 최종의 선택은 어느 정도 우리의 신념들 중의 몇 가지들과 모순된다. 결정을 한 후, 선택되지 않은 쪽의 모든 좋은 측면들과 선택된 쪽의 모든 나쁜 측면들은 그 결정과 부조화된다.

이러한 부조화는 선택된 선택지(選擇肢)들에 대한 평가를 높임으로써 감소될 수 있다. 이것은 그것이 갖는 모든 긍정적인 점들이 그 의사결정과 조화되기 때문이다. 부조화는 선택되지 않은 선택지의 평가를 낮춤으로써 또한 감소될 수 있다. 이것이 매력이 적을수록 이것을 포기함으로써 일어난 부조화는 더 작다. 그러므로 사람들이 의사결정을 한 후에는 자신이 선택한 쪽에 대한 호감을 증가시키고 선택하지 않은 쪽에 대한 호감을 감소시키는 경향이 있다.

순자가 두 명의 구혼자를 갖고 있다고 가정하자. 영철은 같은 서클의 남자이고, 덕수는 우등생이다. 영철은 그녀에게 그녀의 3학년말 이후에 그녀가 자기와 함께 유럽에 여행하기를 원하는 반면에, 덕수는 그녀가 자기와 함께 여름 계절학기 과목을 수강하기를 원한다. 도 5-7에서 보이는 바와 같이, 그녀는 상이한 방식으로 그들을 모두 좋아한다. 마침내 영철의 유머감과 재미있는 시간을 좋아하는 것(그리고 그의 잘생긴 외모)이 덕수의 훌륭한 자질들을 이겼다. 그녀가 의사결정을 행하고 비행기표를 산 후에, 그녀는 영철의 긍정적 속성들을 높이 평가하고 그의 단점들을 평가절하시킴으로써 부조화를 감소시킨다. 이제는 그는 단지 훌륭한 유머감을 갖고 있다기보다도 명랑한 재담꾼으로 되게 되고, 그녀는 자기들이 일단 더 많은 시간을 함께 지내게 되면 그가 자기와의 장기적관계에 관심을 갖게 될 것이라고 생각하기 시작한다. 이와는 반대로, 그녀는 덕수의 좋은 자질들에 관해서 의심을 품고 그의 나쁜 자질들을 강조하기 시작한다. 이제 그녀는 그를 사려성있는 훌륭한 학생이라고 보는 것 대신에, 전혀 유머감이 없고 아마 일반적으로 재미가 별로 없는 너무 진지한 사람이라고 본다. 이러한 태도변화들은 그녀의 부조화를 감소시키게끔 도와 줄 것이다.

Brehm(1956)의 연구는 이것을 경험적으로 증명했다. 여대생들에게 빵 굽는 기구, 스영철은 순자에게 유럽에서 한 달 동안 보낼 것을 제안한 반면에, 덕수는 자기와 함께 여름철 계절학기에서 수강하기를 원한다. 그녀는 영철과 함께 가기로 작정한다. 두 남자에 대한 그녀의 태도에 대해 무엇이 일어나는가?

	의사결정 전	의사결정 후
영철에 대한 태도		
좋은 속성들(조화)	유머감이 좋다(++) 파티를 좋아한다(++) 잘 생겼다(++)	명랑한 재담꾼이다(+++) 함께 여행하기가 재미 있을 것이다(++) 비상하게 미남이다(+++)
나쁜 속성들(부조화)	술을 너무 마신다(−) 진지한 관계를 원치 않는다(−)	아마 여행중에는 많이 마시지 않을 것이다(0) 그가 나를 알게 되면 그런 생각이 바뀔 것이다(+)
전체의 태도	+4	+9
덕수에 대한 태도		
좋은 속성들(부조화)	신중하고 사려성있다(++) 훌륭한 학생이다(+) 단란한 가족을 갖고 있다(++)	너무 진지하다(−) 재미없다(−−) 나는 그의 가족을 보지 않을 것이다(0)
나쁜 속성들(조화)	주말에 공부하기를 좋아한다(−) 유머감이 많지 않다(−−)	파티에 참석치 않는다(−−) 농담을 주고받지 못한다(−−−)
전체의 태도	+2	−8

도 5−7. 순자의 딜레마와 그녀의 의사결정의 결과들

톱워치, 라디오와 같은 8개 상품들을 보여 주고서, 그들이 그것의 각각을 얼마만큼 갖고 싶은가를 나타내도록 했다. 그 다음에 그들에게 8개의 상품들 중의 두 개를 보여 주고, 자신이 선택하는 것을 기증받게 될 것이라는 지시를 주었다. 물건들을 선택하고 피험자들이 자신이 선택한 것을 받은 후, 그들에게 모든 물건들을 또다시 평정하도록 했다. 표 5−3에서 보이는 바와 같이, 두번째 평정에서 높은 부조화조건의 여대생들은 자기 스스로가 선택한 항목에 대한 평가를 증가시키고 거부했던 항목에 대한 평가를 감소시키는 강력한 경향이 있었다.

부조화가 없는 통제집단(표의 맨 밑줄에서 보이고 있는)은 그 효과가 주로 부조화감소에 기인되었다는 것을 보여 준다. 이 여대생들은 첫 평정을 하였지만, 그 다음에 두 물건 중에서 선택을 하고 자기가 선호하는 것을 받는 대신에, 그들이 높게 평가한 물건들 중의 하나를 단순히 기증받았다. 그들이 모든 상품들을 재평가하게 되었을 때, 그들은 자신이 소유한 물건에 대한 평가를 증가시키는 경향을 전혀 보이지 않았다. 이것은 높은

표 5-3. 결정을 한 후의 부조화 감소

조　건	선택된 물건의 평정	선택되지 않은 물건의 평정	전체 부조화 감소
높은 부조화(처음에 가깝게 평정된 물건들	+.32	-.53	.85
낮은 부조화(처음에 멀리 평정된 물건들)	+.25	-.12	.37
부조화 없음(선택없는 기중)	.00	없음	.00

주: 첫번째 두 행들은 의사결정의 전과 후의 선택된 물건들과 선택되지 않은 물건들의 평가에서의 평균 변화들임. 이 둘 사이의 차이는 세 째 행에서 보이고 있는 전체 부조화 감소량이다.
자료원: Brehm(1956).

부조화조건에서의 재평가가 소유의 자부심에 단순히 기인되어 있지 않았다는 것을 증명했다. 즉, 의사결정을 행하는 것이 결정적 요인이었다. 재평가되는 경향은 두 선택지들이 처음에 매력이 서로 가깝게 평정되었을 때에 특히 강하다. 따라서 거부된 대상의 우수한 성질들과 아울러 선택된 대상의 단점들은 실제의 부조화를 일으킨다. 순자는 만일 영철이 보다 더 완전하거나 만일 덕수가 완전히 형편없는 사람이라면 그렇게 많이 자신의 태도들을 변화시킬 필요가 없을 것이다. 순자가 유럽에 가기로 결정하기 전에 그녀에 대해 그들을 거의 동등하게 매력있게끔 만드는 데에 일부 관련된 것들은 영철의 단점들과 덕수의 장점들이며, 이것들이 그녀에 대해서 매우 많은 부조화를 일으켰다. 만일 영철이 그가 해변에서 처음 만난 외국인 여자와 사귀는 이기적인 형편없는 남자라고 판명된다면 어떠할 것인가? 덕수는 여름철 계절학기에서 그렇게 하지는 않을 것이다.

Brehm은 또한 이러한 생각을 검증했다. 높은 부조화조건에서 그는 여대생들에게 그들이 높은 순위를 부여했던 물건과 그 다음으로 높은 순위를 부여했던 물건 중에서 선택하도록 했다. 낮은 부조화조건에서 여대생들은 높은 순위가 부여되었던 상품과 훨씬 더 낮은 순위가 부여되었던 상품 중에서 선택하도록 했다. 표 5-3에서 보이는 바와 같이, 높은 부조화조건은 상당히 더 많은 부조화감소를 일으켰다. 이 이론이 예언하는 바와 같이, 두 개의 선택지들의 매력이 비슷할 때, 상당량의 부조화가 유발되게 된다. 의사결정이 이루어진 후에, 두 개의 선택지들에 대한 더 많은 재평가가 있게 될 것이다.

이 경우들에서, 부조화는 거의 비슷하게 걸맞았던 선택지들 중에서 선택함으로써 조성되었다. 그러나 의사결정후의 부조화는 또한 우리가 뒤에 가서 나쁜 것으로 판명되는 어떤 행동코스에 스스로 개입하게 될 때에도 생길 수 있다. 바로 이것이 세상이 어떤 특정의 날짜에 끝장날 것이고, 자기들이 지구 밖에서 오는 우주선에 의해서 구출될 것이라고 예측했던 한 종교집단에 대해서 일어났다(Festinger 등, 1956). 이러한 예측을 한지 며칠이나 몇 주 후에, 이 집단멤버들은 자신의 재산 중의 많은 것을 팔아버렸고 일반적으로 세상의 종말에 대비했다. 동시에, 이 집단은 주로 이것을 비밀로 했고, 보도를 피했고, 자체의 신앙들에 관해서 다소 침묵을 지켰다.

운명의 날이 다가왔고 세상이 멸망됨이 없이 그대로 지나가자, 그들은 처음에는 크게 동요되었다. 그러나, 그들의 반응은 자기들의 신념을 포기하고, 정상적인 생활로 되돌

되돌아오는 것들은 아니었다. 이러한 것들은 그들이 자기들의 계획에 쏟아 넣은 모든 노력에 대해 아무 것도 일어나지 않았다는 것을 앎으로써 생긴 부조화를 감소시키지 못할 것이다. 그 대신에, 그들은 그 날짜가 연기되었으나 세상의 종말은 곧 다가오고 있다는 결정을 내렸다. 이에 더해서, 그들은 그들의 양식을 상당히 바꾸었다. 조용히 기다리고 공표되는 것을 피하는 대신에, 그들은 자기들의 노력이 세상의 종말을 연기시켰다고 주장했다. 그리고 그들은 새로운 지지자들을 구하려고 훨씬 더 적극적으로 되었다. 아마 이것은 그들의 원래의 행동을 정당화시킴으로써, 즉 점점 더 많은 사람들이 자기들과 일치되었다고 정당화시킴으로써 그들의 부조화를 감소시키는 데에 도움을 주었을 것이다.

인지부조화이론의 매력의 일부분은 이 이론이 흔히 직관과는 상반되는 예언들을 내놓는 것이다. 이 경우에서, 상식은 그 집단의 예언이 매우 처참하게 틀린 후에 그 집단이 포기할 것이라는 것을 시사할 것이다. 그러나 부조화이론은 이러한 반증은 그들에게 그 예언을 포기하게끔 만들지를 않고, 그 대신에 그것을 보다 더 강력하게 주장할 것이라고 예언한다. 그리고 이것이 바로 일어났다.

특별논의 5-4. 마감시간에서의 의사결정 후의 부조화

부조화이론에 의하면, 의사결정을 하는 것은 부조화를 일으키고 또한 그 결정을 정당화시키는 데에 도움이 될 태도변화를 일으킨다. Knox와 Inkster (1968)는 경마장에서 투기꾼들이 이러한 과정을 갖게 되기가 쉬울 것이라고 생각했다. 그들이 돈을 거는 창구에서 어떤 말에 취소불가능하게 돈을 건 후에 그들은 부조화의 상태에 빠지게 될 것이다. 돈을 건 것을 정당화시키기 위해서, 그들은 자기가 돈을 건 말의 가능성을 과대평가할 것이다. 그래서 연구자들은 한 표본의 돈을 거는 사람들을 창구에 도착하기 전에 면접을 했고, 다른 표본에 대해서는 돈을 건 직후에 면접을 했다.

부조화이론이 예언하는 대로, 그들은 걸기 후 집단이 걸기 전 집단보다도 자기의 말이 이길 것이라는 데 대해 상당히 더 확신하고 있었음을 발견했다. 최종시간에 마음에 드는 말로 바꾸는 것들이 그 차이를 설명해 줄 수 있는지를 알아보기 위해서, 한 통제집단을 돈을 걸기 전과 후에 또다시 면접을 했으나, 아무도 면접들간의 짧은 시간 동안에 말들을 바꾸지는 않았다.

연구자들은 돈을 건 후, 면접자 앞으로 다가오는 이 연구에 자원했던 돈을 걸기 전 피험자들 중의 한 명에게서 나온 말을 인용하면서 결론을 내렸다. "당신은 저쪽에 있는(그 때에 또 다른 면접을 하고 있었던 걸기 전의 실험자를 가리키면서) 저 친구를 연구하고 있습니까? 예, 나는 방금 그에게 내 말이 이길 가능성이 상당히 있다고 말해 주었습니다. 당신은 그에게 그것보다도 더 좋은 확률이 있는 것으로 바꾸게 할 작정이십니까? 천만에요, 그렇게 해도 승률이 좋아지게 되지는 않을 겁니다."

태도와 상위한 행동

인지부조화이론은 또한 태도와 상위한 행동(attitude-discrepant behavior : 때로는 역태도적 행동이라고도 불림)의 효과들에 적용되어 왔다. 어떤 사람이 어떤 신념을 갖고 있고 이 신념과 일치되지 않는 행위를 수행할 때, 부조화가 생기게 된다. 이 사람은 실제로 행위를 수행했고 그가 그 행위를 하지 않았다고 스스로 납득시키기가 곤란하게 될 것이다. 압력의 대부분은 행동보다도 그 태도를 변화시킴으로써 해소되어야만 된다.

예컨대, 많은 학생들은 그들이 빈궁한 자들은 돕고 사회를 좋게 만들 수 있다고 믿기 때문에 법과대학에 진학한다. 그러나 그들이 그 후에 법률의 실무에 임하게 될 때, 그들의 대부분은 그 일이 빈궁한 자들은 돕는 것보다도 사업계약서들과 세금이익들에 더 많이 관계해야만 되는 반복적이고 상례적인 업무를 포함하고 있다는 것을 알게 된다. 그러면 이러한 이전에는 이상주의적이었던 사람들은 자기들이 행하고 있는 것을 정당화시키고 심지어 즐기기까지 하게 된다. 그들은 빈궁한 자들을 돕기 위해서 할 일이 많지 않고 심지어 이들이 많은 도움을 받을 자격이 없다고 생각하게 될 수 있다. 이러한 변화의 이유는 무엇인가?

부조화이론은 그들이 일단 취직하게 되면 태도와 부조화되는 행동을 하기 시작하며 그들은 이 행동을 직업의 조건이기 때문이라고 주장한다. 봉급을 받기 위해서, 그들은 복장에 신경을 써야 하고, 매사에 이런 식으로 된다. 그렇지만 이것들은 부조화를 조성시켰다 : 그들의 행동은 그들의 태도들과 비일관되었다. 따라서 시간이 지남에 따라, 그들은 자기들의 행동과 보다 더 일관성있도록 자기들의 태도들을 조정했다.

그러나 부조화와 그 결과의 태도변화는 태도와 상위한 행동을 함으로써 항상 일어나게 되지는 않는다. 월남전에 참전하도록 징집된 많은 미국의 젊은이들(그리고 아마 아프카니스탄에서 전투하도록 징집된 많은 소련의 젊은이들)은 전쟁의 가치를 믿지 않았다. 그리고 그들 중의 많은 사람들이 강제적 의무로 병사에게 요구되는 여러 가지 태도와 상위한 행동들을 행하고 있음에도 불구하고, 그들의 군복무 동안에 계속 군복무에 대해 매우 반대하고 있었다. 따라서 이 주제에 관한 많은 연구들은 태도와 상위한 행동이 부조화를 감소시키는 태도변화를 일으키는 조건들과 그렇지 않은 조건들을 구분짓기 위해 노력해 왔다.

가까스로 충분한 유인들 부조화이론에서 나오는 가장 흥미있는 예언은 태도변화를 일으키는 데에 필요한 유인의 수준에 관한 것이다. 한편, 사람이 역태도적 행동을 행하게끔 만들기 위해서 충분한 유인이 있어야만 된다. 사람들은 보통 자신의 태도와 반대되는 식으로 행동하는 데 대한 어떤 이유가 없이는 그렇게 행동하지는 않는다. 어떤 것이 새로운 법과대학 졸업생으로 하여금 매일 밤 11시까지 지겨운 법률서류들을 검토하게끔 만들어야만 된다. 따라서 사람이 태도와 상위한 행동을 수행하게끔 만드는 어떤 수준의 압력을 받고 있다고 가정하자. 그 압력은 그 행동을 일으키기에 충분해야만 된다.

그러나 만일 상위한 행위를 수행하게끔 개인에 대해 큰 압력이 있다면, 이 압력은 의사결정과 일치되며 많은 부조화를 일으키지 않는다. 만일 그 일이 법과대학 졸업생이 얻을 수 있는 유일한 직업이었다면, 그는 이 일에 대해 거의 부조화를 경험하지 않을 것이다. 그는 심지어 그가 그 일을 마음 속으로 믿고 있지 않다는 것을 보여 주기 위해서 자기의 친구들과 그 일에 관해서 농담할 수도 있다. 월남전 징집자들 중의 많은 사람들이 실제로 그 전쟁에 대한 매우 높은 수준의 냉소주의와 특히 냉소적 유머(약물사용을 언급하지 않더라도)를 유지했지만, 군대 규정들과 규율은 그들이 커다란 외부압력을 받게 되고 실제로 대개 그들 자신의 행동에 대해 아무런 선택권이 없게끔 만들었다.

간단히 말해서, 사람에게 역태도적 행동을 하게끔 만들기 위해서는 그 사람에게 충분한 압력이 가해져야만 된다. 그렇지만 만일 너무 많은 압력이 가해지게 되면, 부조화가 없어지게 되고, 따라서 태도변화는 없게 될 것이다. 따라서 최적 수준의 압력은 가까스로 충분한 양, 즉 그 행동을 일으키기에는 충분하지만, 부조화의 발생을 막는 데에는 충분하지 못한 양이다.

정적 유인들 두번째 요지는 개인에게 태도와 상위한 행동을 하게끔 만드는 최소의 유인을 넘어서면, 그 행위를 수행하는 데 대한 시초의 압력이 많을수록(즉, 조화인지들이 많을수록), 그것을 수행하는 것에 의해서 생긴 부조화는 더 적게될 것이라는 것이다. 따라서 역설적으로, 어떤 지점 이후에, 유인이 많을수록 그가 어떤 것을 행하는 것을 정당화시키기 위해서 자신의 태도를 덜 변화시킨다. 그 이유는 압력을 증가시키는 것이 단지 행동과 조화되는 더 많은 인지들을 제공해 줄 뿐이고, 따라서 감소되게 될 부조화가 더 적다는 것이다.

태도와 상위한 행동을 수행하는 것에 대한 가장 분명한 유인은 금전이다. 당신이 여름방학에 건축현장에서의 일당 노동자와 같은 천하기는 하지만 극히 후한 수당을 받는 것을 제안받았다고 가정하자. 당신에게는 아무런 부조화가 없으며, 따라서 그 일은 재평가할 아무런 압력이 없다: 그 일은 지저분한 일이지만, 최소한 당신은 큰 돈을 번다. 그러나 당신이 지방 병원에서 무보수의 자원일꾼으로서 일하고 있다고 가정하자. 그러면 부조화가 생기게 되고, 당신은 그 일을 재평가함으로써 이것을 감소시킬 것이다. 아마 당신은 그 일이 교육적 경험이라거나, 매우 재미있는 사람들을 만나게 되었다거나, 자신이 다른 일들을 하기에 충분히 많은 시간을 갖고 있다고 생각하기 시작할 것이다.

이 점에 대한 가장 좋은 초기의 예는 Festinger와 Carlsmith(1959)의 연구에서 찾아볼 수 있다. 어떤 실험에 대한 자원자들은 지극히 지루한 과제를 했다. 그들이 과제를 마친 후에, 실험자는 자신이 어떤 과제에 대한 사람들의 수행에 미치는 선입관들의 영향을 연구하고 있다고 설명했다. 실험자는 몇 개의 피험자집단들을 연구하는데, 피험자들에게는 각각 그 과제에 관해서 미리 좋다거나, 나쁘다고 말해 주거나, 아무 것도 말해 주지 않게 된다고 설명되었다. 그 다음에 실험자는 자신의 통상의 조수가 그 날에 출근할 수 없기 때문에 그 피험자에게 자기를 위해서 그 일을 해 달라고 요구했다. 다음 번의 피험자는 과제를 수행하기 전에 그 과제에 대해서 호의적인 정보를 받게끔 작정되어 있었다. 실험자는 피험자에게 자기를 위해서 그러한 일을 해 줄 용의가 있는지를 물었다. 그가 하는 일은 다음의 피험자가 방으로 들어올 때에 그를 정지시키고, 그에게 실험에 대해서 간단하게 설명해 주고, 그에게 그 과제가 극히 재미있는 것이라고 이야기해 주는 것이 전부였다. 다시 말하면, 그는 실험을 방금 마친 정규 피험자인 척하면서 다음의 피험자에게 지루한 과제에 관해서 자기는 그것이 재미있었다고 말함으로써 속이는 것이었다.

이 시점에서, 핵심이 되는 실험조작이 도입되었다. 실험자는 어떤 피험자들에게는 그

표 5-4. 태도와 상위한 행동에서 생긴 태도 변화의 양

조 건	과제를 즐김	그와 비슷한 실험에 참가하려는 의도
1달러 보수	+1.35	+1.20
20달러 보수	-.05	-.25

주: 수치는 각 조건에서의 태도변화의 양임. 정적인 수치는 과제에 대한 즐김이 더 크거나 그와 비슷한 실험들에 참가하려는 의도가 더 큰 것을 나타냄.
자료원: Festinger와 Carlsmith(1959)에서 개작됨.

도움에 대해서 1달러를 지불받게 될 것이라고 지시를 주었고, 다른 피험자들에게는 20달러를 지불받게 될 것이라고 지시를 주었다. 거의 모든 피험자들이 그 일에 동의했고, 다음 피험자에게 그 과제를 가능한 한 매우 재미있다고 기술해 주었다. 통제집단도 있었는데, 이들에게는 속이는 것을 요구하지 않았다. 그 후에 바로, 실험자는 모든 피험자들에게 그들이 실제로 그 과제를 얼마만큼 즐겼는가를 나타내게끔 만들었다. 거짓말을 하는 데 대한 부조화는 그 과제에 대한 태도들을 바꿈으로써, 즉 그 과제가 아주 재미있다고 결정함으로써 감소되게 될 수 있다.

1달러를 지불받았던 피험자들이 20달러를 지불받았던 피험자들보다 그 과제를 더 긍정적으로 평정했다(표 5-4). 그들은 그 과제를 수행하는 데 대해서 더 적게 지불받았는 데에도 불구하고, 그 과제가 더 재미있다는 것을 발견했고 다른 그와 비슷한 실험들에 참가할 의향이 더 많았다. 이것이 바로 부조화이론이 예언한 바이다. 많은 양의 돈은 그 과제를 수행하게 되는 데 대한 부가적인 이유가 되었다. 따라서 이것은 이 상황에서 조화적 요소이고 부조화의 전체량을 감소시켰다. 부조화가 적을수록, 태도변화는 더 적다.

이것은 극히 영향력있는 실험이다. 이것은 싫어하는 과제에 대한 호감이 사람이 그것을 하도록 최소로 지불받았을 때에 실제로 가장 클 것이라는 놀라운 예언을 지지했다. 많은 이와 비슷한 실험들이 수행되어 왔으며, 어떤 연구들은 금전을 사용해서, 그리고 다른 연구들은 어떤 지루한 과제를 수행하는 데 대한 정당화의 양과 같은 유인들을 사용해서, 이와 비슷한 결과들을 얻었다(Freedman, 1963; Rosenfeld 등, 1984).

특별논의 5-5. 쌀쌀맞은 요리사에 희한한 메뚜기 맛

우리가 어떤 태도와 상위한 행위를 하게 되는 데 대해서 가질 수 있는 또 다른 유인은 우리에게 그 일을 시키려고 드는 사람을 우리가 얼마만큼 좋아하고 있는가이다. 만일 당신의 친한 친구가 당신에게 어떤 일(10달러를 빌려 주거나, 공항까지 차로 데려다 주거나, 시험에 컨닝하는 것을 도와 주는 것)을 부탁한다면, 동의에 대해 상당한 양의 압력이 있다. 만일 당신이 싫어하는 어떤 사람이 부탁을 한다면, 당신은 훨씬 더 적은 압력을 받게 된다. 대개의 경우들에서, 친구의 부탁을 거절하기가 더 어렵다. 따라서 당신이 만일 어떤 이를 위해서 어떤 일을 하게 된다면, 당신이 그를 좋아할 경우보다 싫어할 경우에 더 많은 부조화가 생기게 될 것이다. 이것은 역으로, 당신이 싫어하는 어떤 사람을 위해서 자신의

태도와 상위한 어떤 행위를 수행하는 것이 당신이 좋아하고 있는 어떤 사람을 위해서 동일한 행위를 수행하는 것보다도 더 많은 태도변화를 일으킬 것이라는 것을 의미한다.

이러한 효과는 한 연구(Zimbardo 등, 1965)에서 증명되었는데, 이 연구에서 피험자들은 상이한 두 종류의 실험자들에 의해서 메뚜기를 먹도록 설득받았다. 한 조건에서, 실험자는 쾌활하고 자연스럽고 마음씨가 느긋하고 친절했다. 그는 자신의 주장들을 개방적인 자세로 제시했고 가능한 한 매력적으로 보이게끔 최선을 다했다. 다른 조건에서, 실험자는 냉정하고 공식적이고 다소 공격적이고 다소 가까이하기 힘든 사람이었다. 일반적으로 그는 될 수 있는 대로 불쾌하게 보이게끔 갖은 짓을 다했다. 메뚜기를 먹기로 마음먹은 피험자들이 실제로 먹은 후에, 그들은 그 메뚜기를 얼마나 좋아했는가를 나타내었다(역자주: 미국 사람은 본래 메뚜기 먹는 것을 매우 싫어하는 것 같다).

부조화의 측면에서의 분석은 직설적이다. 모든 사람들은 메뚜기를 먹는 것을 싫어했고, 따라서 그것을 먹기로 작정하는 것은 부조화를 일으켰다. 그러나 유쾌한 사람을 돕는 것이 그것을 먹는 것과 조화되므로, 유쾌한 실험자를 위해서 그것을 먹음으로써 더 적은 부조화가 유발되었을 것이다. 이와는 반대로, 냉정하고 공격적인 사람을 돕는 것은 흉한 곤충들을 먹는 것과 더 부조화되었다. 그러므로 그가 실험자를 좋아했을수록, 더 적은 부조화가 있게 되고, 그가 실제로 메뚜기를 좋아했다고 결정해야 될 필요는 더 적게 된다.

결과들은 이러한 분석과 일치되었다. 보기싫은 실험자가 있을 때에 메뚜기를 먹었던 피험자들은 유쾌한 실험자가 있을 때에 메뚜기를 먹었던 피험자들보다도 메뚜기를 더 좋아했다. 유쾌한 실험자는 정당화를 제공했고, 이것은 부조화를 감소시켰고, 따라서 메뚜기를 재평가할 필요가 더 적게끔 만들었다.

위 협 들　원칙적으로, 위협들이나 부적 유인들은 정적 유인들과 아주 동일한 양식으로 작용될 것이다. 사람들에게 싫어하는 행위를 하도록 하는 한 가지 방법은 그들을 처벌로써 위협하는 것이다. 만일 그들이 근무시에 넥타이를 매지 않거나 수입세를 물지 않거나 숙제를 하지 않으면, 그들은 처벌을 받게 된다. 위협은 또한 사람들에게 그들이 하고 싶어하는 어떤 일들을 하는 것을 막기 위해서도 사용된다. 만일 사람들이 과속으로 차를 몰거나, 과자상자에서 과자를 훔쳐 먹거나, 금지된 장난감을 가지고 놀거나, 흥분제인 코카인을 판매하게 되면, 그들은 처벌을 받게 될 것이다. 있을 수 있는 처벌들의 심도는 크게 다르다. 그들은 약한 꾸중을 듣거나 디저트를 먹지 못하거나, 아니면 100,000원의 벌금을 물거나 감옥에서 5년을 살게 되거나 심지어 사형을 받게 될 수도 있다.

그러나 더 큰 위협은 또한 더 적은 부조화와 따라서 더 적은 태도변화를 일으키게 될 것이다(처벌의 위협이 원하는 행동을 일으키기에 충분히 강하다고 가정하면). 이러한 생각을 검증하기 위한 두 개의 실험에서, 아동들에게 일군의 장난감들을 보여 주었고 이것들 중의 한 개를 갖고 놀지 못하게끔 금지받았다(Aronson과 Carlsmith, 1963; Freedman, 1965). 그들은 그 특정의 매력있는 장난감을 가지고 놀게 되면 약한 처벌이나 심한 처벌을 받게 된다는 위협을 받았다. 이러한 상황들에서 만일 그들이 그 위협에 복종했고 장난감을 가지고 놀지 않았다면, 부조화가 유발되었을 것이다. "나는 그 장남감을 가지고 놀고 싶다"라는 태도는 그것을 갖고 놀지 않은 행동과 부조화된다. 이와는 달리, 장난감을 가지고 놀지 않은 행동은 지각된 처벌의 위협과 조화된다. 그러므로, 위협이 덜 심할수록 이것은 더 많은 부조화를 제공할 것이다. 만일 아동들이 장난감을 갖고 놀지 못했다면, 우리는 부조화가 그들의 장난감에 대한 태도상에서의 어떤 변화를 일으켜서, 그 장난감이 매력적이지 않다고 결정하게끔 만든다고 예상할 수 있다. 매력없는 장난감을 가지고 놀지 않는 것에 의해서 더 적은 부조화가 발생되게 될 것이다. 그리고 위협이 더 적을수록 부조화가 더 크기 때문에, 더 낮은 위협들에서 더 많은 태도변화가 있게 될 것이다.

이들 실험에서, 아동들은 약하거나 심한 처벌의 위협을 받았던 여부와는 상관 없이 모두가 장난감을 갖고 놀지 않았는데, 이는 두 위협들이 그들에게 응종을 유발시키기에 충분히 강했기 때문이다. 한 개의 연구에서, 아동들은 이 시점에서 장난감들을 재평정했고, 다른 연구에서 아동들은 몇 주 후에 장난감을 가지고 놀 또 다른 기회를 제공받았다. 두 실험의 결과들이 도 5-8에 제시되어 있다. 심한 위협하에서보다도 약한 위협하에서 아동들은 금지된 장남감에 대한 평가를 더 많이 감소시켰고 그 후에 그것을 가지고 노는 경향이 더 적었다는 것을 볼 수 있다. 약한 위협조건에서의 보다 더 큰 부조화는 장난감을 평가절하시키거나 그것을 가지고 노는 것이 잘못이라고 결정함으로써 감소되었다.

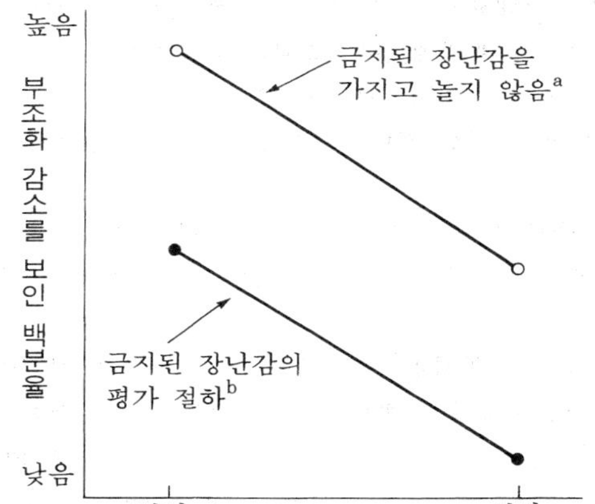

도 5-8. 금지된 장난감을 갖고 노는 데 대한 위협의 심도가 부조화감소에 미치는 영향들 (Aronson과 Carlsmith, 1963 ; Freedman, 1965).

부조화의 다른 조건들

우리는 자신의 행동이 자신의 태도를 변화시킬 수 있는 두 가지 일반적 상황들, 즉 의사결정과 태도와 상위한 행동을 하는 것을 확인해 왔다. 태도변화는 부조화의 크기에 의존하며, 최소의 정적 유인들이나 최소의 위협들이 더 많은 부조화를 일으킨다. 부조화를 감소시키는 태도변화가 일어나는 데에 필요한 다른 몇 가지 요인들은 무엇인가?

자유선택 부조화에 대한 또 다른 주요 요인은 행동에 대한 자유선택(choice)의 느낌이다. 만일 당신이 자유롭게 그리고 제정신으로 자신의 배우자를 선택했다고 생각한다면, 당신은 그 후에 감소시켜야만 될 부조화를 갖게 될 것이다. 그러나 흔히 우리는 우리가 행한 바에 대해 많은 자유선택감을 느끼지는 않는다. 앞의 예에서 영철은 만일 그녀가 가지 않는다면 그녀를 결코 다시 보지 않을 것이라고 위협함으로써 그녀가 유럽으로 여행하게끔 압력을 주었을 수 있다. 그렇지 않으면, 그녀의 부모가 그녀에게 이번 여름방학에 한해서 여행할 돈을 대줄 수 있지만 그 후의 여름방학들에서는 돈을 대줄 수 없을 것이라고 말했을 수도 있다. 자유선택의 느낌이 없으면, 아무런 부조화가 없다.

이와 비슷하게, 태도와 상위한 행동은 그 행동이 자유롭게 선택되었을(또는 적어도 그 사람이 그것이 자유롭게 선택되었다고 느낄) 때에만 부조화를 일으킨다. 이것은 Linder 등(1967)의 연구에서 아주 분명하게 보여 주었다. 학생들은 자기의 의견과 불일치되는 글을 썼다. 어떤 피험자들은 자신이 글을 쓸지 안 쓸지에 관해서 자유선택을 했다고 느끼게끔 만든 반면에, 다른 피험자들에게는 자유선택의 기회를 주지 않았다. 각 조건의 절반의 피험자들에게는 2.50달러가 지불되었고, 다른 절반에게는 0.50달러가 지불되었다. 네 조건들에서의 태도변화의 양이 도 5-9에 제시되어 있다.

자유선택에서, 전형적인 부조화효과가 나타나서, 유인이 적을수록 더 많은 변화가 있었다. 자유선택이 없었을 때에는 부조화효과가 없어서, 유인이 클수록 더 많은 변화가 있었다. 따라서 자신의 행동에 대한 자유선택의 느낌은 개인의 행동에 의해서 생긴 태도변화의 발생에 대한 하나의 결정적인 선행조건이다.

취소불가능한 개입 의사결정들이 갖는 효과의 한 가지 흥미있는 측면은 의사결정의 결과가 확실할 때에만 재평가가 나타난다는 것이다. 만일 순자가 반환할 수 없는 비행기표들을 구입했다면, 그녀가 마음만 바꾸면 항상 반환받을 수 있다는 것을 알 경우보다도 그녀의 의사결정이 더 많은 부조화를 일으킬 수 있을 것이다. 그러므로, 부조화 감소기제로서 생기는 태도변화에 대한 하나의 관건은 개인의 의사결정이나 행동에 대한 개입(commitment)을 유지시키는 것이다. 사람이 행동코스에 돌이킬 수 없게 개입되었다고 느끼는 한, 부조화는 태도변화를 촉진시킨다. 그러나 만일 개인이 어떤 결정이 나쁜 결과를 초래하게 되면 그것을 취소할 수 있다거나, 마지못해 하면서 결정할 수 있거나, 그것을 끝까지 이행해야만 될 필요가 없게 되면, 부조화는 없게 될 것이고, 아무런 태도변화도 일어나지 않을 것이다.

예측가능한 결과들 이러한 모든 경우들에서, 피험자들은 자신의 행위의 부정적 결

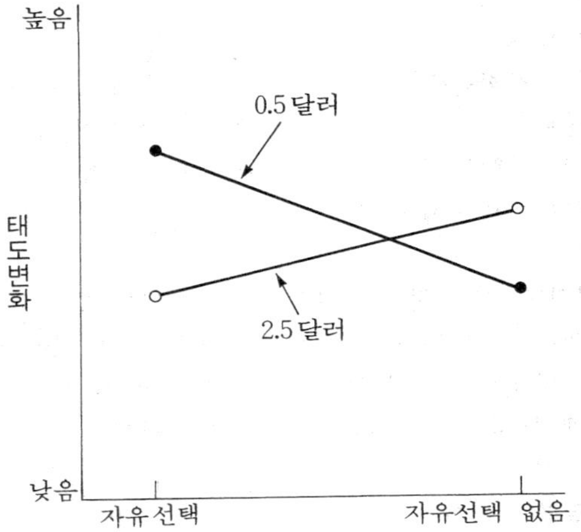

도 5-9. 유인과 자유선택이 태도변화에 미치는 영향들

과들을 상당히 예측할 수 있었으며, 그러한 알려진 나쁜 효과들을 기대하는 것은 부조화를 일으킨다. 그러나 그들은 자기들이 실제로 부정적 결과들을 예측한 것이 아니라, 단지 그것들을 예측할 수 있었을 것이라고 생각하는 것을 필요로 하는 것 같다는 것이 판명되고 있다. 개인이 이러한 부정적 결과를 예측하기 위한 아무런 방법이 없었을 경우에만 부조화는 회피되게 될 것이다.

만일 어떤 사람이 오른쪽 길보다는 왼쪽 길로 학교에 가기로 작정하고 길을 걸어갈 때에 벽돌 한 개가 지붕에서 갑자기 떨어져서 그 사람의 머리를 때렸다면, 이것은 예측하지 못한 심한 불운일 것이다. 그러나(만일 그 사람이 살아 있다면) 그는 부조화를 느끼지는 않을 것이다. "나는 왼쪽 길을 걷기로 작정했다"는 것은 "벽돌이 내 머리를 쳤다"는 것과 부조화되지는 않는다. 이 경우에서 모든 의도들과 목적들에 비추어 볼 때에 두 인지들이 서로 관련되어 있지 않다. 이와는 반대로, 만일 그가 지난 주 동안에 세 명의 다른 사람들이 벽돌에 이마를 다쳤기 때문에 자신이 이마를 다치게 될 다소의 가능성이 있다는 것을 알고 있었다면, 아마 부조화가 유발되게 될 것이다.

이와 같은 생각에 따라, Goethals 등(1979)은 예측했던 부정적 결과들이나, 비록 예측하지 못했더라도 예측가능한 결과들이 부조화와 태도변화를 일으킬 것이고, 예측불가능한 결과들만이 그렇지 못할 것이라고 예언했다. 그들은 프린스턴 대학생들에게 1학년 학급의 크기를 두 배로 만드는 것을 찬성하는 연설을 녹음하게 했다. 이것은 비교적 소수의 정예 대학이라는 프린스턴의 평판에 비추어 보면, 피험자들 대해 부동의할 가능성이 있는 것이었다. 그리고 정말로 그 연설은 그러한 바람직스럽지 못한 변화를 일으키는 데에 도움을 줄 수도 있다. 어떤 학생들(예측된 결과들)은 그 연설이 교무처로 보내질 수도 있으며, 교무처가 그러한 증가를 검토하고 있다는 지시를 받았다. 다른 학생들(예측 가능한 결과들)은 그것이 어떤 다른 집단들에게 보내질 수 있다는 지시를 받았으나, 그들이 누구인지는 밝히지 않았다. 또 다른 학생들(예측불가능한 결과들)은 그 연설의 장차의 활용에 대해서 아무런 설명이 제공되지 않았다. 그 연설이 녹음된 다음에, 모든 사람들은 부정적 결과들, 즉 그들의 역태도적 연설이 교무처로 보내지게 될 것이라는 지시를 받았다.

어떤 상황들에서 피험자들은 자신의 연설에 대해 부조화를 감소시키는 방향으로 자신의 태도를 변화시켰는가? 예측했거나 예측가능한 결과들은 그 모두가 부조화를 일으킬 수 있다는 생각과 일치되어서, 태도변화를 촉진시킨 것으로 나타났다. 다만, 예측불가능한 결과들만이 그렇지 않았다.

결과에 대한 책임 자유선택의 지각이 갖는 중요성은 자신의 결과들에 책임이 있다고 느끼는 것이 "합당한지"의 여부와는 관계 없이, 이것이 모든 결과들에 대한 책임감의 지각을 일으킨다는 것이다. 우리가 앞 장에서 본 바와 같이, 사람들은 자유선택하에서 행동에 개입되게 될 때에는 언제나 내부귀인을 하고, 그 내적으로 일어난 행동에 대해서 도덕적 책임을 부여하는 경향이 있다. 일련의 연구들은 부조화유발에 대한 이러한 책임감의 결정적 역할을 증명해 왔다.

만일 의사결정자들이 그 결과들에 대해서 책임을 느낀다면, 부조화는 그 결과가 상당히 예측되었거나 예측되지 않았거나 간에 일어난다. 만일 그들이 결과에 대해서 아무런 책임을 느끼지 않는다면, 그 결과가 얼마나 재난을 주는가에 관계없이 아무런 부조화가 없다. Pallak과 그의 동료들은 이 점을 예시하기 위한 일련의 연구들을 설계했다. 첫 연구(Pallak, 등, 1974)에서 지루한 과제는 심지어 부정적 결과들(그 과제가 단지 시간만 낭비하는 것이었다는 것을 아는 것)이 과제가 끝난 뒤까지 알 수 없었을 때에라도, 피험자가 높은 자유선택의 지각하에서 그것을 마친 한에 있어서 부조화감소의 예언과 일치되게 보다 더 호의적인 방향으로 재평가되었다. 그 후의 연구(Sogin과 Pallak, 1976)에서, 그들은 부조화효과가 내부귀인에 의존된다고 지적했다. 만일 부정적 결과들이 피험자가 책임을 느끼고 있는 어떤 것 때문에 나오게 되었다면, 그 효과들이 예측되었건, 되지 않았건 간에 부조화를 감소시키는 재평가가 일어나게 될 것이다.

따라서 예측치 못한 부정적 결과들에 대해서 결정적 문제는 개인이 자기 자신의 이전의 행동이 그 결과들에 대해 책임있다고 느끼는 여부이다. 이것이 바로 자유선택의 지각이 그렇게 중요한 이유가 된다. 어떤 사람이 어떤 일을 선택해서 그 결말이 나쁘게 되었을 때, 그 사람은 그 결과에 대해 책임을 느끼며 이것은 부조화를 일으킨다.

실제로, 이제 몇몇 사람들은 나쁜 결과들에 대한 개인적 책임의 지각이 태도변화를 일으키는 데에 매우 중요해서 그 행동이 역태도적인지의 여부는 거의 문제가 되지 않는다고 주장한다.

심지어 우리의 태도와 일치되는 행위들도 만일 이것들이 나쁜 결과들을 일으키고 우리가 그 행위들에 대해 책임이 있다고 느낀다면, 태도변화(우리의 이전의 태도를 강화시키는 것)를 일으킬 것이다.

노 력 나쁜 결과들을 갖는 행위들을 수행하는 데에 더 많은 노력이 요구될수록, 더 많은 부조화가 유발되게 될 것이다. 만일 당신이 해군지원병이고 기초훈련이 완전히 심신을 지치게 하고 동시에 고통스럽고 스트레스가 많고, 당신이 아침에 침상에서 겨우 몸을 일으킬 수 있을 정도라면, 더 많은 부조화가 생기게 될 것이고 당신이 올바른 선택을 했고 해군을 사랑하는가에 관해서 당신은 더 많이 생각하게 될 것이다. 태도변화는 당신이 기울였던(또는 기울일 것으로 기대하는) 노력을 정당화시키는 것을 돕는다 (Wicklund 등, 1967).

이러한 생각은 심리치료의 효과들에 응용되어 왔다. 치료는 대개 노력과 희생을 요하며, 당혹스럽고 정서적으로 고통스럽고 비용이 많이 든다. 만일 내담자가 자발적으로 치료를 받는다면, 이러한 모든 것들이 정당화될 필요가 있으며, 이것은 개인에게 그 한 결과로서 개선하게끔 만들 수 있다. Axsom(1989)은 사람들이 뱀공포증에 관해 검사받는 상황을 만들고서, 그들이 공포증을 감소시켜 주는 치료적인 이완방법을 사용하게 될 것이라는 지시를 주었다. 어떤 사람들은 이것이 심한 노력을 요할 것이라는 지시를 받았고 다른 사람들은 이것이 매우 쉬울 것이라는 지시를 받았다. 자유선택의 지각이 또한 조작되었다. 피험자들은 그들이 높은 자유선택을 가졌고 그 치료가 가장 많은 노력을 요할 것이라고 기대했을 때에 실제로 뱀에 가장 가깝게 접근했다.

따라서 다음의 것들이 인지부조화와 아울러 의사결정 행위를 취하는 데에서 생기는 태도변화를 위한 주요 선행조건들이다: 최소의 유인, 자유선택의 지각, 취소불가능한 개입, 예측가능한 결과들 및 큰 노력이다. 이것들은 부조화이론가들이 원래 제안했던 조건들보다 다소 더 한정된 세트의 조건들이다. 의사결정 후의 부조화와 아울러 태도와 상위한 행동에 의해서 일어난 부조화는 모두 부조화이론의 시초의 이론들에서 제안되었던 것만큼 보편적인 것은 못 된다. 그러나 이것들은 이러한 한정된 세트의 상황들이 주어지게 되면 꽤 신뢰롭게 일어나고 있다.

자기지각이론

인지부조화이론은 태도변화에 대한 행동의 영향들에 관한 이러한 연구를 최초로 고무시켰으며, 수년간에 걸쳐서 이러한 발견들에 대해 유일한 이론적 해석을 제공했다. 그러나, 그 후에 Bem(1967)은 자기지각이론(self-perception theory)의 면에서 다른 해석을 제안했다. 우리가 앞 장에서 본 바와 같이, 그는 우리가 흔히 자신의 태도가 무엇인가를 진정으로 알지 못하며 태도를 단순하게 자신의 행동과 행동이 일어나는 상황들로부터 추론한다고 주장했다. 만일 우리가 7가지 종류의 과일들이 들어 있는 바구니에서 오렌지를 먹기로 선택하고 어떤 사람이 우리에게 오렌지 맛이 어떠냐고 묻는다면, 우리는 자신에게 "나는 방금 오렌지를 선택했다. 아무도 나에게 이것을 먹도록 강요한 사람은 없다. 그러므로 나는 정말로 오렌지를 좋아함에 틀림없다"고 말하게 된다. 이것에 따라 우리는 그 사람에게 자신이 오렌지를 좋아한다고 대답한다. 이와 비슷하게, 만일 우리가 교회에 나간다면, 우리는 자신이 종교적이라고 가정하는 식으로 되게 된다.

이것이 어떻게 태도와 상위한 행동에 적용될 수 있는지를 알아보기는 쉽다. 한 피험자가 어떤 사람에게 특정의 과제가 매우 재미있었다고 말하는 대가로 1달러를 받았다. 그 후에 그 피험자에게 그 과제가 얼마나 재미있었는가를 물었을 때, 그는 자기 자신에게 "나는 그 과제가 재미있었다고 말했고 나는 단돈 1달러만을 받았다. 1달러는 나를 거짓말을 하게끔 만드는 데에는 충분치 못하고, 따라서 나는 그 과제가 재미있다고 진정으로 생각하고 있음에 틀림없다"고 말한다. 이와는 달리 20달러는 아마 거짓말을 하는 데 대해 충분한 액수가 될 것이다. 그래서 피험자는 자기 자신에게 "내가 그것이 재미있었다고 말한 이유는 20달러를 받기 위한 것이었다. 나는 실제로는 그렇게 믿고 있지 않았다"라고 말할 것이다. 따라서 이러한 자기지각적 설명은 부조화이론과 동일한 예언을 한다. 즉, 피험자들이 자신의 태도와 상위한 진술을 하는 데 대해서 더 많이 돈을 받을수록, 그들은 그 진술을 덜 믿게 될 것이다. 이와 비슷한 설명들이 거의 모든 부조화현상들에 대해서 제시될 수 있다.

주요 차이는 예언에 있지 않고, 해석에 있다. 두 개의 이론들은 태도들과 아울러 행동이 태도들에 영향을 주는 양식에 관해서 근본적으로 상이한 견해들을 제시하고 있다. 부조화이론에 반영된 태도에 관한 보다 더 전통적인 견해는 태도가 지속적이고, 학습된 경향성이라는 것이다. 사람들이 역태도적 행동을 할 때, 그들은 자신의 태도를 포기함으로써만이 경감될 수 있는 불쾌한 긴장들로부터 고통을 받는다. 부조화이론은 사람들을 변화에 고집세게 저항하는 것으로서 기술한다. 사람들은 자신이 마침내 그 행동에 매우 관여되었고 개입되었다고 느껴서 자신의 태도를 변화시켜야만 된다고 느끼는 매우 특수한 세트의 상황들에 유혹되고 감언으로 속아야만 된다. Bem의 자기지각이론은 사람들의 태도의 표명이 오히려 다소 우연적인 언어적 진술이라고 시사한다. 사람들은 자신의 태도에 큰 이해관계가 없으며, 차라리, 그들은 강한 신념이나 감정이 없이, 그럴듯한 대답을 함으로써 어떤 호기심이 많은 질문자에게 단순히 협조하려고 노력하고 있는 것 같다. 따라서 그들은 이러한 피상적 답변들을 쉽게 바꾼다.

부조화이론가들은 Bem의 재해석에 대해서 처음에는 혐오로 반응했다. 그들이 수행한 매우 독창적이고, 고심해서 창안되었고, 재간있는 실험들은 이제 어떤 동떨어진 과정을 반영하는 것으로서 심각하게 그릇 해석되게 되었다. 그들의 처음의 반응은 Bem의 해석들을 논박하는 실험들을 설계하고자 하는 것이었다. 이것이 극히 곤란하다는 것이 판명되었다. 오늘날 사회심리학자들은 어떤 경우들에서 이 두 가지 과정들이 일어난다고 가정한다. 진정한 의문은 다음의 것이 되고 있다. 즉, 어떤 조건들하에서 하나가 다른 것보다도 일어날 가능성이 더 많은가이다.

자기지각과정은 사람들 자신의 태도가 모호하고 애매할 때에 일어날 가능성이 가장 많을 것이다. 우리가 실험실상황에서의 자신의 행동에 대한 지각에 근거해서 새롭고도 친숙치 못한 실험실과제에 관한 어떤 태도를 가져야만 된다는 것은 당연할 일일 것이다. 만일 우리가 구운 대하나, 불고기나, 피자와 같은 우리의 매우 좋아하는 음식들에 대한 자신의 태도를 알아내기 위해서 자기지각을 사용한다면, 이것은 보다 더 놀라운 일일 것이다. 우리는 자신이 그러한 음식들을 좋아하고 있는가를 알기 위해서 자신이 침을 흘리고 있다는 것을 느끼거나 자신이 마지막 한 조각을 게걸스럽게 먹는 것을 관찰할 필요가 없을 것이다. 우리는 자신이 그것들에 관해서 생각할 때에 그것들을 좋아하고 있다는 것을 이미 알고 있다.

따라서, 시사된 가설은 자기지각이론이 사람들이 잘 규정된 사전의 태도를 갖고 있지 않을 때에만 적용된다는 것이다. 이것을 검증하기 위해서 Chaiken과 Baldwin(1981)

은 환경(원자력발전, 태양에너지, 회수불가능한 음료수병들의 불법화, 에어로솔 깡통들 등에 관한)에 대한 강하고 일관성있는 태도들을 가진 피험자들과 약하고 비일관된 태도들을 가진 피험자들을 구분했다. 그 다음에 그들은 앞 장에서 기술된 방법(Salancik과 Conway, 1975)을 사용해서 피험자들이 자기 자신의 통상적 행동을 친환경적이거나 반환경적이라고 지각한 여부를 변화시켰다. 이것은 개인이 수행하기가 용이하거나 곤란한 행동들에 관해서 질문함으로써 그들 자신의 행동에 대한 그들의 지각들을 조작하는 것을 포함하고 있다. 예컨대, "당신은 이전에 음료수깡통을 회수하는 데에 협조한 일이 있읍니까?"라고 질문받은 어떤 사람을 "그렇다"라고 대답하기 쉬울 것이고, 자기 자신을 친환경적이라고 지각할 것이다. "당신은 항상 음료수깡통들을 회수하는 데에 협조합니까"라고 질문받은 사람은 "아니다"라고 대답하기 쉬울 것이고, 자기 자신이 일반적으로 환경보호에 그리 지원적인 사람이 아님에 틀림없다고 느끼기 쉬울 것이다.

자기지각과정이 강하고도 잘 정의된 사전의 태도가 없는 사람들에 대해서만 작용된다는 이러한 가설은 강력하게 지지되었다. 사전의 태도들이 강하고 매우 일관성있는 피험자들에서, 도 5-10이 보이는 바와 같이, 자기보고된 환경보호적 행동들의 조작은 태도들에 아무런 유의한 영향이 없었다. 그러나, 시초에 약하고 비일관된 태도들을 갖고 있는 피험자들에서, 조작은 Bem의 자기지각이론에 의해 예언된 대로 큰 효과가 있었다. 즉, 자신의 행동을 친환경보호주의로서 기술하도록 유도된 사람들은 자신의 행동을 반환경보호주의로서 기술하도록 유도된 사람들보다도 자신을 더 친환경보호주의자로서 지각했다.

그 결론은 "태도 표명에 관한 자기지각적 설명이 표적이 되는 태도대상에 대해 잘 정의된 사전의 태도를 갖고 있지 않은 사람들에 대해서 주로 적용된다.…"(Chaiken과 Baldwin, 1981, p. 8)는 것이었다. 그 후의 연구들은 이러한 결론을 발전시켜 왔다. 잘 정

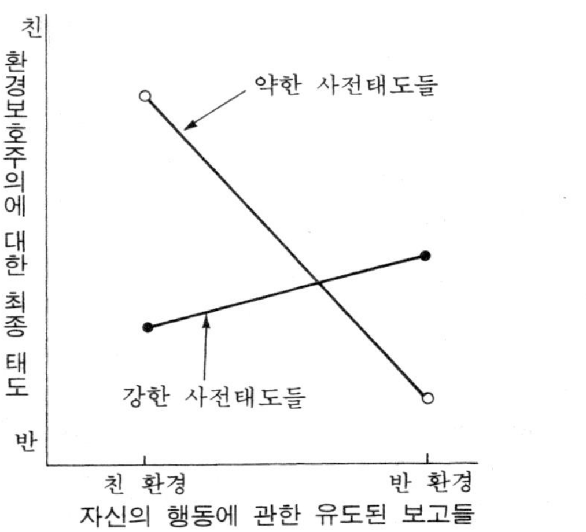

도 5-10. 자신의 행동에 관한 유도된 보고들과 사전의 태도강도의 함수로서 환경보호론에 대한 태도들

의된 사전의 태도들은 사람이 문제에 대해서 비교적 소수의 사전의 신념들을 갖고 있거나 비교적 소수의 사전의 경험들을 갖고 있기 때문에, 소유되지 못할 수 있다(Wood, 1982). 그렇지 않다면, 이것은 예컨대, 개인이 둘 중에서 하나를 결정하고자 하는 식품들에 대해서 결코 맛조차 보지 못한 것처럼, 그 사람이 문제에 관련된 직접적인 감각자료를 갖고 있지 못하기 때문일 수 있다(Tybout과 Scott, 1983). 이와는 반대로, 사람들이 잘 정의된 사전의 태도들을 갖고 있을 때, 우리는 자기지각과정보다도 부조화과정을 기대할 수 있을 것이다.

부조화는 하나의 충동인가?

이러한 이론적 입장들간의 논쟁에 대한 다른 접근은 부조화가 불쾌하며, 배고픔과 매우 비슷하게 하나의 충동(drive)으로서 작용하며, 사람은 자신이 이러한 불쾌를 감소시킬 수 있는 것을 행한다는 주장을 포함하고 있다. Bem의 분석은 태도와 상위한 행동이 불쾌나 충동을 일으킨다고 기대하지는 않을 것이다. 다행스럽게도, 이론들간의 이러한 차이는 직접 검증가능하다.

한 가지의 함축은 부조화가 생리적 흥분을 일으킬 것이라는 것이다. Elkin과 Leippe(1986)는 학생들에게 자유선택과 노력을 변화시키면서 역태도적 글들을 쓰도록 했다. 높은 자유선택과 높은 노력 조건은 가장 큰 부조화를 일으켰을 것이다. 이 연구자들은 자유선택과 아울러 노력이 피부전기반응의 면에서 더 큰 생리적 흥분을 일으켰다는 것을 발견했다.

두번째의 함축은 앞 장에서 논의된 오귀인연구들로부터 나온다. 주관적 흥분상태들은 개인이 이것들을 어떤 알약과 같은 다른 자극들에 탓을 돌리는 한, 감소될 수 있다. 만일 부조화가 일종의 주관적인 흥분상태라면, 이것은 이런 식으로 감소될 수 있다.

충동으로서의 부조화라는 아이디어는 만일 흥분이 비일관성 이외의 어떤 원인에 귀인될 수 있다면 아무런 태도변화가 없을 것이라고 주장한다. 이것을 검증하기 위해서, Zanna와 Cooper(1974)는 피험자들에게 약을 주었다. 한 조건에서 그들에게 약이 긴장을 느끼게끔 만들 것이라고 지시되었고, 다른 조건에서 그들에게 약이 이완을 느끼게끔 만들 것이라고 지시되었다. 그 다음에 피험자들은 높은 자유선택조건이나 낮은 자유선택조건하에서 역태도적 글을 쓰도록 유도되었다.

그들이 약 때문에 긴장을 느낄 것이라는 지시를 받은 피험자들은 아무런 부조화효과를 보이지 않았다. 즉, 높은 자유선택은 낮은 자유선택보다 더 많은 태도변화를 일으키지 않았다. 아마 피험자가 흥분을 약에 귀인시킬 수 있었을 때에 아무런 부조화가 없었을 것이고, 따라서 부조화에 의해서 일어난 태도변화의 차이가 전혀 없었다. 그러나, 그들이 약이 바로 그들을 이완되게 느끼도록 만들 것이라는 지시를 받았을 때, 높은 자유선택조건은 낮은 자유선택조건보다도 통상의 부조화효과와 일치되게 글쪽으로 더 많은 태도변화를 일으켰다. 아마 피험자는 그 약이 이완약이라고 상정되었기 때문에 흥분을 약에 귀인시킬 수 없었을 것이다. 이것은 부조화효과들이 만일 피험자가 흥분을 어떤 외부자극에 귀인시킬 수 있다면 제거되거나 감소될 수 있는 어떤 종류의 생리적 흥분기제에 의존한다는 것을 가정하는 것에 대한 부수적 증거를 제공한다.

요약하면, 개입들이나 역태도적 행위들을 포함하고 있는 상황들은 자유선택, 예측가능한 부정적 결과들, 최소의 외부압력 등과 같은 앞에서 기술된 조건들하에서 긴장을 일으킨다. 하나의 반응으로서의 태도변화는 긴장을 외부압력이나 약이 일으킨 상태(특히 만일 불쾌하면, Higgins 등, 1979 참조)에 탓을 돌리거나, 행동을 취소함으로써 긴장을 감소시키는 어떤 다른 방도가 없는 것에 달려 있다. 그리고 이 두 개의 과정들은 아마 상이한 장면들에서 가장 잘 작용될 것이다. 즉, 부조화이론은 보다 더 논쟁이 되고 관여되는 문제들에 대해서 잘 적용되며, 자기지각이론은 보다 더 애매하고 비관여되고 사소하고 처음 당면한 문제들에 잘 적용된다.

요 약

1. 태도들은 태도대상에 대한 감정이나 평가를 일컬으며, 신념들과 행동들과 밀접하게 관련되어 있다.

2. 사람들은 태도대상에 대해 흔히 인지적으로 복잡한 신념들을 갖고 있다. 그러나 성격인상들처럼, 태도들은 감정적(또는 평가적) 차원을 중심으로 조직화되고 단순한 경향이 있다.

3. 태도에 관한 상이한 질문들과 측정치들은 태도의 상이한 측면들을 강조할 수 있다. 두 가지 주요 측정기법들은 Likert 방법과 어의세분기법이다.

4. 학습적 접근은 태도를 연합, 강화 및 모방에 의해서 학습된 것으로서 본다. 인지적 처리접근은 태도를 개인에 의한 주장들의 이해득실에 기초된 인지적인 부담과 이익의 계산이나 정보처리의 산물이라고 본다. 인지적 일관성이론들은 사람들을 그들의 여러 태도들 사이, 어떤 특정 대상에 대한 그들의 감정들과 인지들 사이 및 그들의 태도와 행동 사이의 일관성을 유지시키고자 하는 것으로서 본다.

5. 행동이 태도들로부터 나오는 것이라고 보통 가정되고 있지만, 상당량의 연구들은 이 둘이 서로 얼마나 일치되는가에 의문을 제기한다. 이제 태도는 태도들이 강하고 안정적이고 특출하고 행동에 분명히 관련성있을 때, 그리고 갈등되는 상황적 압력들이 적을 때에 행동에 가장 많이 영향주는 것 같다.

6. 이성적 행동모형은 행동이 행동의도에 의해 통제된다고 주장하는데, 한편 행동의도는 행동에 대한 태도와 주관적 사회규범들에 의해서 결정되게 된다.

7. 부조화이론은 행동이 태도에 어떻게 영향주는가에 초점을 두고 있다. 부조화는 의사결정 후에 그리고 개인의 태도와 반대되는 행동적인 행위들 후에 생긴다.

8. 부조화는 다양한 방법들로 감소될 수 있다. 만일 행동 자체가 취소불가능하다면, 가장 중요한 대안은 태도－행동의 상위들을 감소시키기 위한 태도변화이다.

9. 의사결정 후의 부조화는 사람들이 자신의 행위에 대한 자유선택권이 있었을 경우에, 자신의 결정에 계속 개입되어 있을 때, 그리고 예측가능한 결과에 대해 책임을 느낄 때에 가장 크다.

10. 태도와 상위한 행동 후의 부조화는 위협들이나 약속된 보수들과 같이, 그 행동에 개

입하는 데에 가까스로 충분한 유인들에 달려 있다. 최대의 부조화는 최소의 유인과 행위의 부정적 결과들에 대한 분명한 개인적 책임에 대해서 일어난다.

11. 이러한 부조화효과들에 대한 대안적 설명들은 귀인이론에 의해서 제시되어 왔다. 사람들이 다소 애매하고 정의되지 않은 태도를 갖고 있을 때, 행동적 행위들은 자기 자신의 태도에 대한 새로운 지각들을 일으킬 수 있고, 따라서 부조화감소보다도 자기지각을 통해서 태도－행동의 일관성을 일으키게 된다.

제 6 장

태 도 변 화

무엇이 어떤 사람을 한 선거에서는 민주당후보에게 투표하게끔 만들고 다음 선거에서는 민자당후보로 바꾸어 투표하게끔 만드는가? 대부분의 한국인들은 냉전 기간 동안에는 강하게 반소련 및 반중공적이었다. 최근에 왜 매우 많은 한국인들이 이들 두 나라에 대해서 지지적으로 되었는가? 왜 사람들은 비교적 짧은 기간 동안에 긴 머리칼이나, 상고머리나, 미니스커트나, 넥타이에 대한 그들의 태도를 바꾸었는가?

하나의 주요 답변은 우리의 태도가 타인에 의해서 영향받게 된다는 것이다. 회사들은 가장 날씬한 젊은 여자들과 가장 씩씩한 젊은 남자들이 해변에서 코카콜라나 펩시콜라를 마시며, 퇴근 후에 술집들에서 가장 유쾌해하는 남자들이 특정의 맥주를 마시며, 최고의 미녀 운전사들이 탄 가장 빠르고 가장 안락한 차들이 특정의 차라고 우리를 설득하고자 하는 광고에 수천만원을 퍼붓고 있다.

정치 입후보자들은 텔레비전의 방영시간을 사기 위해서 자신의 선거자금 중의 상당한 부분을 사용하고 부가적인 자유 접촉을 얻는 방법을 생각해 내기 위해서 갖은 애를 쓰고 있다. 비록 우리가 광고하는 것과 똑같은 식으로 생각하지는 않을 수 있지만, 정부, 학교 및 기타 사회기관들도 또한 태도를 형성하고 변화시키고자 한다. 학교의 교과서들과 학교에서의 기도의 내용에 대한 대중토론들은 많은 사람들이 우리의 공공기관들에 의해서 제시되고 있는 메시지들에 대해서 관심을 갖고 있다는 것을 시사한다.

우리의 가족들, 친구들 그리고 동료직원들은 좋은 성적을 얻는 것, 우리의 새로운 남자친구 및 우리의 작업습관에 관한 우리의 태도를 변화시키고자 끊임없이 시도하고 있다. 이 장은 그러한 설득 커뮤니케이션으로부터 생기는 태도변화를 분석한다. 그러나 이 장에서 우리는 교실이나 신문이나 TV에서 큰 집단의 사람들에게 단일한 의사전달자에 의해서 제시된 매스 커뮤니케이션들에 대해 주로 초점을 두게 될 것이다. 우리가 보게 되는 바와 같이, 비록 여기에서 개요된 태도변화의 기본원리들이 그러한 상황들에서도 아주 잘 적용될지라도, 우리는 개인들간이나 소집단들 내에서의 대면적 영향의 주제를 뒷 장에서 취급할 것이다.

하나의 설득모형

커뮤니케이션과 태도변화에 관한 많은 연구들은 이차세계대전 직후에 미국의 예일 대학교에서 Hovland에 의해서 조직된 연구계획과 더불어 시작되었다. 도 6-1은 Hovland의 모형에 주로 기초되었지만 이 분야의 최근 연구와 더 일치되게끔 변화시킨 한 모형을 제시하고 있다. 이 모형은 설득에 영향주는 독립변인들로부터 시작한다.

외부자극

의사전달자(communicator)나 소스(情報源: source)는 우리가 매스 커뮤니케이션 상황에서 주목하는 첫번째 대상들 중의 하나이다. 어떤 의사전달자들은 우리의 엄한 고등학교 때의 수학선생님이나 아프리카 원숭이들에 대한 자신의 연구에 관해서 공공 텔레비전에서 인터뷰를 하고 있는 어떤 과학자처럼, 권위가 있다. 다른 의사전달자들은 사람이 꽉 찬 술집에서 땀에 얼룩진 적절한 모습으로 특정의 맥주를 마시라고 우리에게 권고하고 있는 주말의 프로야구게임의 선수들처럼, 보다 더 유머러스할 수 있다. 또 다른 의사전달자들은 우리가 다가오는 취직 면접시험에 입고 갈 공식적인 스커트와 스웨터를 어디에서 살 것인가에 관해서 충고를 제공해 주는 친구처럼, 전혀 의사전달자들처럼 느껴지지 않을 수도 있다. 또 다른 사람들은 만일 우리가 평균 B학점 이하이면 우리를 인정하지

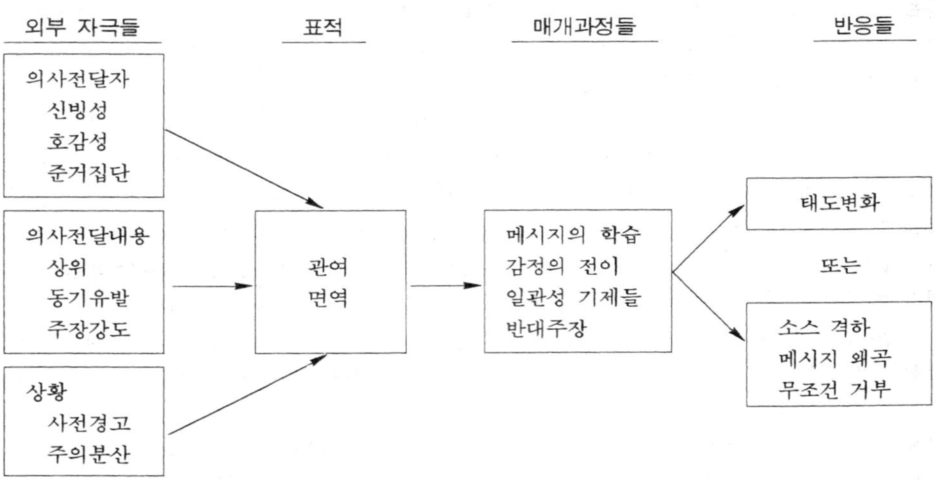

도 6-1. 설득상황에 관한 한 모형

않게 될 우리의 학술서클 선배들이나 우리가 낙제없이 4년만에 대학을 졸업할 것을 기대하고 있는 집에 있는 가족들과 같이, 개인보다도 한 집단과 더 비슷하게 여겨질 수 있다. 메시지를 전달하는 사람의 성질이 무엇이든 간에, 그 사람은 메시지의 설득적 성공에서 하나의 중요한 요소이다.

전형적인 태도변화 상황에서, 사람들은 자기가 갖고 있는 것과는 다른 입장을 찬성하는 어떤 커뮤니케이션에 당면하게 된다. 그들은 사형에 대해서 긍정적 태도를 갖고 있지만, 어떤 사람들이 그들에게 사형이 실제로 범죄를 방지하지 못한다고 말할 수 있다. 그들은 어떤 민자당원의 선거유세를 듣고 있는 민주당원들일 수 있다. 그들은 폐암을 흡연에 연관시키는 보건부 장관의 보고서를 읽고 있는 흡연자들일 수 있다. 개인의 태도와 커뮤니케이션 속에서 표명된 태도 간의 상위는 개인에게 그 상위를 해결하도록 어떤 압력을 가한다.

그러나 커뮤니케이션들은 항상 어떤 맥락 속에서 개인에게 도달된다. 그 맥락의 일부분은 의사전달자가 말하게 될 내용에 대해 주의분산이나 사전경고를 제공하는 것과 같은 개인을 둘러싼 외부상황을 포함한다. 축구게임을 시청하고 있는 어떤 사람은 맥주광고에 의해서 방영이 잠깐 중단된 사이에서 유명한 직업운동선수들이 매력 있는 여자들과 다소 새롱거리면서 행하는 일련의 농담에 의해 현혹될 수 있다. 그렇지 않으면, 그 사람은 어떤 마음에 들지 않는 입장을 주장하는 매우 혐오하고 있는 어떤 정치입후보자의 주장을 시청하기 위해서 일부러 다이얼을 맞추어 놓고서 준비하고 기다리고 있을 수 있다.

표 적

표적(target) 인물들은 설득에 영향주는 여러 측면들상에서 차이가 있다. 그들은 메시지에 동의하려는 어떤 사전성향을 갖고 있거나, 아니면 메시지에 반대하는 어떤 사전성향을 갖고 있을 수 있다. 어떤 보수주의적인 대통령의 기자회견을 시청하고 있는 강한 진보주의적인 반대당의 당원은 그가 답변하는 것들에서 결점들을 발견하고 그것들의 대부분에 대해 부동의하는 경향이 있다. 때로는 표적인물은 그 대통령의 입장에 반대해서 사용되게 될 주장들의 대부분을 이미 잘 알고 있고 이미 반박들을 알고 있다 ; 이 사람은 설득에 부분적으로 면역되어 있을 수 있다. 따라서 표적인물은 설득시도의 결과에서 하나의 주요 요인이다.

반 응

대개 의사전달자는 청중들에게 태도와 아울러 신념과 행동의 변화를 일으키려는 의도를 갖고 있다. 이것은 태도대상에 대한 감정들, 인지들 및 행동들이 모두 변화될 것이라는 것을 의미한다. 늦은 밤의 텔레비전에서 중고차 세일즈맨은 우리가 자기의 차들이 가장 좋은 차라고 느끼고, 그 차들이 그 읍에서 가장 싸고 가장 믿을 수 있다고 믿기를 바라며, 우리에게 다음 날 와서 하나를 사기를 원한다. 만일 태도변화가 완전하다면, 태도와 아울러 관련된 요소들이 변화될 것이다.

또한, 앞 장에서 논의된 인지일관성이론들이 시사하는 바와 같이, 다른 반응들이 가능하다. 시청자는 끝내는 그 메시지를 믿기보다도 의사전달자가 바보라고 생각해 버릴 수 있을 것이다. 시청자는 메시지를 오해하고 그 맥주광고가 애완용 개들을 위한 특수한 종류의 개먹이를 사라고 성가시게 권유하고 있다고 생각할 수도 있다. 우리는 이러한 다른 결과들도 또한 고려할 필요가 있다. 커뮤니케이션에 대한 대안적 반응들의 강조는 Hovland의 태도변화모형과 인지일관성모형들의 중요한 공헌들 중의 하나이다.

태도변화의 과정들

태도변화에 영향을 줄 수 있는 요인들의 모두는 만일 이것들이 어떤 식으로 조직화되지 않으면, 검토되기가 불가능하다. 앞 장에서 기술된 이론들은 태도들에 관한 과정들을 설명하기 위해 가장 보편적으로 인용되어 온 노력들이다. 그러나 이것들의 모두가 연구결과들을 설명하는 데에 똑같이 유용해 오지는 않았다. 여기에서 우리는 태도변화에 관한 연구결과들을 이해하는 데에 도움이 되는 것으로 판명되어 온 그러한 이론들 중의 네 개의 다소 더 특수한 이론들을 강조할 것이다.

메시지의 학습

아마 가장 분명한 아이디어는 메시지의 학습이 태도변화에서 결정적이라는 것이다. 만일 사람이 메시지를 학습하면, 태도변화가 뒤따를 것이다. 만일 이것이 사실이라면, 핵심이 되는 의문은 무엇이 학습을 증가시키거나 감소시키는가일 것이다. 예컨대, 노련한 의사전달자들은 사람들이 자기들이 말한 바를 기억하기를 원하기 때문에 매우 효과적일 수 있으며, 복잡한 메시지들은 이것들이 학습하기 곤란하기 때문에 비효과적일 수 있다.

그러나 놀라웁게도, 실제로 메시지를 학습하는 것은 우리가 예상하는 것보다 훨씬 덜 중요하다. 대부분의 연구들은 설득커뮤니케이션의 내용에 대한 학습이나 그 속에 들어 있는 정보에 대한 그 후의 기억과 태도변화 간에 다만 미약한 관계들만이 있다는 것을 보여 왔다(Greenwald, 1968 : McGuire, 1985 : Chaiken과 Stangor, 1987). 이와 비슷하게, TV상업광고들에 대한 회상은 대개 구입된 상표들상의 변화와 밀접하게 관련되어 있지 않다(Beattie와 Mitchell, 1985).

확실히, 청취자가 어떤 입장이 주장되고 있는가를 아는 것이 중요하다. 만일 대통령이 동남아의 나라에 대한 군사원조를 주장하고 있다면, 청취자는 이것을 알아야만 되고 그 대통령이 아프리카에 완구들을 보내기를 원한다고 생각해서는 안된다. 그러나 의사전달자의 기본입장에 대한 이러한 학습을 넘어서서, 메시지의 세부사항에 관한 부가적 학습은 한 가지나 다른 양식으로 태도변화에 그리 많은 영향을 주지는 않는 것 같다. 다시 말하면, 어떤 필요한 최소수준을 넘어선 메시지 학습은 설득의 성공을 결정짓는 데에 비교적 중요치 않다고 판명되어 왔다. 사람들에 대해서는 메시지의 일반적 결론을 아는 것으로 충분한 것 같다.

그러나 학습이론들은 또한 동기를 고려한다. 그리고 메시지를 학습하는 것만으로는 충분치 못할 수 있다: 메시지의 특수한 내용은 청취자의 욕구들을 충족시킬 필요가 있을 수 있다. 공포나 공격과 같은 동기들은 흔히 어떤 사람에게 어떤 것을 행하도록 설득하려는 노력에서 유발되고 있다. 광신적 종교지도자들은 외부의 저주와 괴로움의 위협들로 자기의 추종자들에게 겁을 준다. 그들은 또한 자기의 추종자들의 열광적 지지를 얻어내기 위해서 다른 종교집단들에 대한 증오를 선동한다. 정치입후보자들은 만일 자기의 정적들이 선출되게 되면, 경제가 파탄되게 되거나, 국민들이 굶주림에 시달리게 되거나, 전쟁이 발발되게 될 것이라고 경고한다. 환경보호주의자들은 우리의 중요한 신체기관들 속에 들어 있는 화학물질들, 오염된 저수지들과 하천들에서의 물고기들의 죽음 및 암으로 인한 다수의 사망들을 경고한다. 환경보호주의에 대한 반대자들은 실업률의 증가를 경고한다.

학습적 접근의 다른 이론은 이러한 동기유발들이 만일 의사전달자의 입장의 수용이 그 동기를 충족시킨다면, 태도변화를 일으킨다고 주장한다. 공포유발 메시지는 만일 이것이 청취자가 수행할 수 있는, 공포를 감소시키는 어떤 권고를 수반하고 있다면, 수용되게 될 것이다. 만일 폐암피해자들에 관한 끔직스러운 사진들을 봄으로써 공포가 유발되게 되고 우리가 의사전달자의 입장을 수용하고 흡연을 중지한다면, 우리의 공포는 감소되게 될 것이다. 태도변화는 유발된 동기를 감소시켜 주는 것에 달려 있다. 공격성의 유발은 또한 만일 우리가 청취자들이 권고된 새로운 태도를 받아들임으로써 자신의 공격성을 감소시킬 수 있다면, 태도변화를 일으키게 된다. 정치지도자들은 자기들의 추종자들의 공격성을 부추김으로써 태도변화를 일으킬 수도 있는데, 그들이 자기들의 추종자들에게 어떤 편리한 원수나 희생양과 같은 어떤 미워할 거리를 제공해 주어서 그들이 자기들의 공격성을 표현할 수 있을 경우에만 그러할 것이다. 1930년대 초에 많은 독일인들은 경기침체와 사회의 무질서에 대해서 분노를 느꼈다. 히틀러는 독일인들에게 부담이 큰 자기 자신의 침략과 정벌의 정책을 지지하게끔 만들기 위해서 적의에 찬 반유태주의를 선동했다. 아마 만일 그들이 그의 메시지를 수용했다면, 이것은 그들의 분노를 어느 정도 충족시켜 줄 것이다.

감정의 전이

사람들은 한 대상에서 이 대상과 연합되어 있는 다른 대상쪽으로 어떤 감정을 단순하게 전이시킬 수 있다. 어떤 자동차에 대한 텔레비전 광고를 고려해 보자. 당신에게 그 자동차에 대한 긍정적 태도를 갖도록 설득하기 위해서 자동차는 많은 다른 긍정적 대상들과 연합되고 있다. 우리에게는 단순하게 어떤 매끈한 차만이 제시되고 그 차가 얼마나 힘이 세고 조용하고 안락한가가 설명되지는 않는다. 메시지가 전달되고 있는 동안에 우리에게는 아름다운 여인들, 멋있는 남자들과 귀여운 아이들과 아울러 아마도 배경에 몇 마리의 우아한 말들이나 영리한 개들이 제시되게 된다. 그렇지 않으면, 그 차는 유명한 운동선수나 영화배우의 보증을 받을 수 있다. 아마, 이러한 모든 아름다움, 명성 및 인기는 그 차와 연합되게 될 것이고, 따라서 그 차에 대한 우리의 긍정적 감정들과 우리가 그 차를 사게 될 가능성을 증가시키게 될 것이다. 다시 말하면, 사람들은 한 대상(아름다운 사람들)에 관한 자신의 감정을 다른 대상(차)에 단순히 전이시킨다. 앞 장에서 지적된 바와 같이, 이러한 감정전이의 아이디어는 학습에 관한 연합이론에서 나온다.

이러한 감정전이(transfer of affect)를 검증하기 위해서, Lorge(1936)는 미국 대학생들에게 다음의 메시지를 제시했다: "나는 약간의 반란은 좋은 것이며 자연계에서의 폭풍처럼 정치계에서도 필요하다는 것을 인정한다." 그는 학생들이 이 메시지가 미국의 제 3 대 대통령인 토마스 제퍼슨에게 귀속되었을 때에 이 메시지에 동의했지만, 러시아의 공산주의 혁명가인 레닌에게 귀속되었을 때에 이 메시지에 부동의했다는 것을 발견했다. Lorge는 제퍼슨과 연합된 긍정적 감정이 그 메시지가 제퍼슨에게 귀속되었을 때에 그 메시지를 보다 더 긍정적으로 만든 반면에, 레닌이 필자라고 기술되었을 때에, 레닌과 연합된 부정적 감정은 정반대의 효과를 갖고서 그 메시지에 전이되었다고 주장했다. 그 후의 연구는 아주 다양한 맥락들에서 이러한 아이디어를 지지해 왔다(특별논의 6-1 참조).

특별논의 6-1. 상징적 태도들과 감정전이

감정전이의 원리의 한 가지 응용이 정치적 태도들에 대해 있어 왔다. 정치적 상징들은 흔히 감정이 실려져 있으며, 이들 감정들은 만일 인지적으로 연관되어 있다면, 구체적 사건들, 이슈들 및 후보자들쪽으로 전이되게 될 수 있다. 예컨대, 1988년도의 미국의 대통령 선거유세에서 뒤카키스 후보에 대한 부시 후보의 공격들 중의 몇 가지는 오염된 보스톤항구와 흑인 강간살인범인 호톤과 같은 범법자들에 대한 일시적 휴가의 제공에 관한 비디오테이프들을 중심으로 전개되었다. 이 공격들은 많은 사람들이 그러한 상징들에 대해서 갖고 있었던 매우 부정적 감정들을 뒤카키스 후보에게 전이시켰다.

많은 연구들은 "상징적 태도들"(symbolic attitudes)이 사람들의 태도에 강력하게 영향줄 정도로 강한 감정들을 내포하고 있다는 것을 증명해 왔다. 흑인들에 대해서 많은 백인들이 느끼는 부정적 감정들은 흑인 정치입후보자들(잭슨과 같은)과 흑백아동들의 공동 버스통학이나 흑백동등권 구현사업과 같은 인종에 관련된 정책문제들로 쉽게 전이되고 있다(Kinder와 Sears, 1981 : Sears 등, 1987). 정당들도 또한 중요한 상징적 태도들을 불러 일으킨다. 이전의 어떤 중립적인 정치입후보자들이 이러한 상징적 태도들 중의 하나와 연합되게 될 때, 그 후보자에 관한 평가들은 그 상징에 대해서 갖고 있는 감정과 일치되게끔 신속하게 바뀐다. 예컨대, 아이젠하워와 드골은 각각 미국과 프랑스에서 이차대전의 영웅들이었다. 이 두 사람은 분명한 정당적 가입이 없었다. 이들이 매우 인기있었기 때문에, 두 사람은 주요 정당들에 의해서 정치후보자로서 간곡하게 추대받게 되었다. 그들이 마침내 특정 정당에 대한 후보자로서 선임되었을 때, 그들에게 부여되었던 일반적인 긍정적 존중심은 정당노선들에 따라 일종의 극화로 대치되게 되었다. 예컨대, 아이젠하워는 그가 지지해서 선언했던 공화당원들에게 훨씬 더 인기있게 되었고, 민주당원들에게는 덜 인기있게 되었다. 공화당의 정당상징들에 대해 연합시켰던 공화당원들의 긍정적 감정들과 민주당원이 연합시켰던 부정적 감정들이 아이젠하워쪽으로 전이되게 되었다(Converse와 Dupeaux, 1966).

일관성기제들

세번째 접근은 일관성이론들에서 나오며 비일관성이 심리적 긴장을 일으킨다는 것을 강조한다. 당신이 자신이 다니는 대학의 총장을 항상 칭찬했지만, 그 총장이 등록금을 인상하는 것과 학생지원금을 삭감하는 것과 같은 당신이 정말로 싫어하는 어떤 변화들을 지지하게 된다고 가정하자. 당신은 그 총장에 대한 당신의 지지와 당신이 반대하는 입장들에 대한 그의 찬성 사이에서 비일관성에 당면하게 된다. 일관성이론들에 의하면, 이러한 비일관성은 당신에 대해 불쾌할 것이며 당신에게 변화를 일으킬 것이다. 당신은 등록금과 학생보조에 관한 자신의 태도들을 바꾸거나 그 총장에 대한 자신의 태도를 바꿀 수 있을 것이지만, 만일 일관성이 회복되려면 어떤 변화가 요구되게 된다.

일반적으로, 커뮤니케이션은 이것이 수신자의 시초 입장과 상위할 때에 변화로 향한 어떤 압력을 일으킨다. 일관성이론들은 이 압력이 다양한 양식으로 감소될 수 있다고 시사한다. 만일 수신자가 자신의 태도를 바꾸어서 상위를 감소시키면, 그 압력은 감소될 것이다. 태도에 관한 대부분의 연구들은 일관성의 회복을 위한 이러한 기제에 주의를 집중시켜 왔다.

그러나 일관성이론의 접근과 태도변화에 관한 Hovland의 모형의 특별한 통찰은 태도변화가 변화에 대한 이러한 압력을 감소시키는 몇 가지 양식들 중의 단 하나에 불과하다는 것이다(Abelson, 1959 ; Hovland와 Janis, 1959 참조). 즉, 어떤 상위한 커뮤니케이션에 의해서 생긴 긴장에 대한 다른 해결양식들이 있다. 의사전달자에 대한 주요 문제는 태도변화가 해결양식으로서 선택되게 될 가능성을 최대화시키고 다른 양식들의 사용을 최소화시키거나 제거시키는 것이다. 따라서, 태도변화를 자세하게 논의하기 이전에, 우리는 개인이 취할 수 있는 가장 중요한 대안적 반응들을 간략하게 기술할 것이다.

소스의 격하 상위한 커뮤니케이션에 당면하게 된 사람은 커뮤니케이션의 소스(source)가 믿을 수 없다거나 어떤 다른 방식으로 좋지 않다고 결정함으로써 비일관성을 감소시킬 수 있다. 이것은 소스 격하(source derogation)라고 일컬어지고 있다. 우리가 앞장에서 기술한 균형모형은 부적인 소스와 불일치하는 것에 대한 비일관성은 전혀 없다고 시사한다. 실제로 사람들은 부적 소스와의 의견의 불일치를 기대한다.

커뮤니케이션의 소스에 대한 그러한 공격은 정치, 비공식적 토론들, 법정공판들 및 실제로 모든 종류의 의견불일치에서 보편적이다. 어떤 공판에서 변호사는 손해를 끼치는 증언을 하고 있는 증인에 대한 신용을 떨어뜨리려고 든다. 정치인은 문제들 자체에 대해 논쟁을 벌이기가 곤란하다는 것을 알게 될 때에는 자기의 정적을 공산주의자나 파시스트나 어떤 다른 명칭으로 부른다.

커뮤니케이션의 소스를 공격하는 것은 상위한 커뮤니케이션이 일으킨 압력을 감소시키는 하나의 효과적 수단이 된다. 이러한 방법은 적에게서 나오는 앞으로의 모든 주장들을 훨씬 덜 강력하게끔 만들기 때문에 극히 효과적이다. 일단 적의 신용이 떨어지게 되면, 그 후에 그 사람이 이야기하는 것은 모두가 비중이 적어지게 된다.

메시지의 왜곡 다른 형태의 해결은 커뮤니케이션과 개인 자신의 입장 사이의 상위를 감소시키기 위해서 커뮤니케이션을 왜곡시키거나 오지각하는 것이다. 보건부장관은 성적 활동을 행하는 이성애자들이 그들이 AIDS에 걸릴 위험이 있기 때문에 더 안전한 성적 관행들을 사용해야만 된다고 말한다. 더 안전한 성적 관행들을 사용하기를 원치 않는 이성애자들은 이러한 메시지를 읽고서 이성애자들간의 전염이 아직 결론적인 것이 아니기 때문에 보건부장관이 단지 AIDS에 대해서 너무 많이 걱정하지 말 것을 말하고 있다고 결정할 수 있다. 이성애자들은 그것을 읽을 때에 글을 오지각함으로써, 기억 속에서 그 글을 왜곡시킴으로써, 또는 아마 글의 일부분만을 읽고 글의 나머지를 정신적으로 재구성함으로써 이것을 행할 수 있다. 그러나 이것은 성취되게 되며, 그 결과는 동일하다. 즉 그 메시지는 훨씬 덜 상위하게 된다. 불행하게도, AIDS의 경우에서 어떤 건강에 관한 경고를 왜곡시키는 것의 대가는 개인에 대해 정말로 매우 값비쌀 수 있다.

하나의 대안적 왜곡은 커뮤니케이션을 엉뚱한 것으로 만들기 위해서 왜곡시키는 것이다. 많은 환경보호주의자들은 미개발 토지들의 개발속도를 늦추고 공해발생 공장들과 건물들을 제한하기를 원한다. 개발론자들과 많은 다른 사업가들은 자연히 이러한 제한들에 반대한다. 이들은 꽤 보편적으로 환경보호주의자들의 입장들을 상식있는 사람이라면 결코 지지하지 않게끔 매우 비합리적인 것처럼 보이게끔 왜곡시킨다. 그들은 환경보호주의자들이 아무런 공장도 그 지역에서 가동되지 못하게끔 만드는 그러한 극단적인 제한을 가하며 따라서 많은 일자리들이 없어지게 될 것이라고 주장할 수 있다.

무조건 거부 상위한 커뮤니케이션은 개인의 이전 태도와 모순되며, 따라서 가장 원시적(그리고 아마 가장 보편적) 해결양식은 단순하게 그 커뮤니케이션을 전부 거부하는 것이다. 논리적 근거들에서 주장들을 반박하거나 그것의 소스를 공격함으로써 약화시키기보다도, 사람들은 아무런 명백한 이유없이 단순하게 주장들을 거부한다.

흡연에 대한 근거가 뚜렷하고 논리적인 공격에 대한 어떤 흡연자의 전형적 반응은 그 주장들이 자기가 담배를 끊을 만큼 훌륭치 못하다고 말하는 것이다. 그 흡연자는 그 주장들에 답변하지를 않고, 그저 그 주장들을 받아들이지 않는다. 사형을 찬성하고 있는 어떤 사람에게 그것이 살인을 막아 주지 못한다는 압도적인 증거를 보여 주게 되면, 그는 그래도 계속 수긍하지 않는 경향이 있다. 그는 증거를 거들떠보지도 않고, 어떻든 간에 자기는 그것을 믿지 않는다고 말하고, 계속해서 자기 입장을 유지시킨다. 따라서 어떤 사람들을 납득시키기 위해서는 흔히 좋은 주장만 갖고서는 안된다.

반대주장

당신은 대학신문에서 학교 주위의 심한 주차 및 교통 문제들 때문에 모든 학생들에게 캠퍼스로 차를 몰고 오는 것을 금지하는 한 제안에 관한 이야기를 읽는다. 당신은 이것이 나쁜 생각이라고 생각한다. 즉각적으로, 당신은 이 제안이 일으킬 수 있는 몇 개의 심각한 문제들을 생각할 수 있다. 당신은 캠퍼스에서 40 km 정도 떨어진 읍에 살고 있는 학생들을 알고 있다. 그들은 학교에 어떻게 등교할 수 있겠는가? 학교 버스는 학생들이 살고 있는 어떤 지역에는 운행되지만 다른 지역들에는 운행되지 않으며, 그곳들은 학생들이 도보나 자전거로 통학하기에는 너무 멀다. 어떤 여대생들은 밤 늦게까지 실험시간이 있거나 도서관에서 공부하며, 그 시간에 그들이 걷거나 차를 편승해서 귀가하기에는 위험스러울 수 있다. 당신은 캠퍼스 밖의 직장에서 일하는 친구들을 갖고 있으며, 당신은 그들이 학교버스를 사용하게 되면, 어떻게 제시간에 등교하고 직장에 나갈 수 있는지를 알 수 없다. 결국, 당신은 이 금지안에 반대하는 많은 주장들을 알게 된다.

때때로, 수신자들은 **반대주장**(counterarguing), 즉 주장들에 대한 반박을 고려하고 적극적으로 시도함으로써 저항할 수 있다. 그들은 토론을 벌일 수 있고 스스로 자기 자신의 입장이 다른 입장보다 더 많은 장점을 갖고 있다는 것을 증명하려고 할 수 있다. 이러한 토론은 은연적이거나 명백할 수 있고, 언어적이거나 비언어적일 수 있고, 아마 의식적이거나 무의식적일 수 있다. 그들은 상위한 커뮤니케이션에 반대되는 주장을 하고, 자기 자신의 입장을 지지하는 증거를 내놓고, 상대측이 얼마나 비논리적이거나 모순되는지를 보이고, 커뮤니케이션의 영향을 약화시킬 수 있는 모든 일을 한다. 그들이 이것을 할 수 있는 한, 변화에 대한 압력은 감소될 것이다. 이러한 반대주장기제는 일관성기제들과는 달리, 주장들의 장점들을 잘 검토할 수 있다.

인지적 반응이론(cognitive response theory)은 이러한 반대주장하기 관점에 관한 하나의 진술이다(Petty 등, 1981). 앞 장에서 기술된 바와 같이, 이것은 수신자를 커뮤니케이션에 관한 일련의 사고들로 반응하는 것으로서 묘사한다. 이러한 인지적 반응들은 메시지에 대한 개인의 전반적 반응을 결정짓는다. 그러나 태도변화는 메시지가 얼마나 그리고 어떤 종류의 반대주장하기를 일으키는가에 달려 있을 것이다. 만일 메시지가 강력하고도 효과적인 반대주장을 자극시킨다면, 변화에 대한 저항이 뒤따르게 될 것이다. 이와는 반대로, 설득은 반대주장하기 과정을 방해함으로써 일어날 수 있다. 만일 사람이 어떤 좋은 반대주장들을 생각할 수 없거나, 메시지를 듣는 동안에 그것들을 생각하는 것에 대해 주의분산될 수 있다면, 의사전달자는 설득을 위한 보다 더 좋은 기회를 갖게 된다

이러한 과정은 수신자를 자기 자신의 태도를 적극적으로 연습하고 커뮤니케이션의 세부사항들을 고려하고 있는 것으로서 기술하고 있다. 이러한 해결양식에 대한 문제는 두 가지가 있다.

첫째로, 수신자들은 대개 다소 게으르다 : 대부분의 사람들은 대개의 경우에, 복잡한 주장들의 찬부양론을 분석할 동기가 그리 높지 않다. 그들은 우리가 3장에서 본 바와 같이, 인지적으로 인색한 자들이어서, 인지적 노력을 최소화시키려고 든다.

둘째로, 의사전달자들은 대개 매우 동기가 높고 순수하게 논리적인 근거들에서는 거부하기가 곤란하게끔 설득 메시지들을 고안한다. 커뮤니케이션의 주장자들은 자연히 그들이 할 수 있는 한 그것을 강력하게 제시하고 일반적으로 수신자들보다도 그 주제에 관해서 더 좋은 정보를 갖고 있다. 따라서, 비록 상위한 커뮤니케이션에 반대되는 주장을 하는 것이 하나의 합리적인 해결양식이지만, 이것은 흔히 사용하기가 곤란하다.

체계적 처리

따라서, 이것들은 태도변화나 변화에 대한 저항이 일어나는 이유에 관해서 염두해야만 될 네 개의 단순한 아이디어들(즉, 메시지의 학습, 감정의 전이, 일관성기제들 및 반대주

이 남자는 매우 분명히 커뮤니케이션을 수용하지 않고 있다. 그가 태도변화 대신에 가질 수 있는 하나나 그 이상의 반응들은 무엇일까?

장)이다. 어떤 경우에서 사람들은 그들 자신의 욕구와 부합되는 요지들을 가려내면서 그리고 만일 이것들이 자기들과 부동의하면 반대주장을 행하면서, 주장들을 학습하는 것으로서 기술되고 있다. 다른 경우들에서 사람들은 단지 소스가 누구인가 또는 그 제품이 매력있는 남녀들에 의해 에워싸여져 있는가와 같은 피상적 단서들에 근거해서 커뮤니케이션을 판단하는 보다 더 게으른 양식으로 행동하는 것으로서 기술되고 있다.

이와 같은 대비를 설명하기 위해서, Petty와 Cacioppo(1986)는 5장에서 논의된 바와 같이 설득에 관한 **세부검토 가능성모형**(elaboration likelihood model)을 개발했다. 그들은 실제의 주장들의 상세한 정보처리, 면밀한 검토 및 평가를 설득에 대한 핵심경로로서 그리고 실제의 주장들의 세심한 검토없는 보다 더 피상적인 **말초단서**들의 사용을 설득에 대한 말초경로로서 특징지웠다. 이와 비슷하게, Chaiken(1980, 1987)은 주장들의 주의깊은 검토와 고려를 또한 포함하고 있는 **체계적 처리**(systematic processing)와 더 긴 주장들이 더 강력하다거나 의견일치는 정당성을 의미한다는 것과 같은 단순한 의사결정 규칙들을 사용하는 것을 포함하고 있는 접근지침적 처리(heuristic processing)를 구분지어 왔다. 어느 용어를 사용하든 간에, 이러한 구분은 적극적인 정보처리자와 질러가고 실제의 주장들의 장점들에 면밀한 주의를 기울이지 않는 인지적으로 인색한 자를 대비시킨다.

이것은 태도변화에 관한 연구들에서 하나의 핵심적 구분이 되고 있다. 이것은 이것이 사람들이 설득기도들에 대해 얼마나 이성적으로 반응하는가에 관한 의문에 직접 관련되어 있기 때문에 매우 중요한 구분이다. 소비자는 제품의 실제의 질과 가격에 관심을 두고 있는가, 아니면 단지 광고전문가들이 그 제품을 장식하는 "과대 광고"에 관심을 두고 있는가? 투표자는 후보자들의 진정한 이슈들과 자질들에 대해 반응하는가, 아니면 단지 정치 이미지메이커들에 의해서 그들에게 연합시킨 피상적 이미지들이나 상징들의 몇 가지에 대해 반응하는가?

우리는 우리가 태도변화의 결정요인들을 고려하게 될 때에 논의의 몇 가지 맥락들에서 이러한 구분을 언급하게 될 것이며, 그 다음에 이 장의 끝부분에서 요약하는 식으로 이것을 다시 검토하게 될 것이다. Petty와 Cacioppo의 접근과 Chaiken의 접근 사이에 몇 가지 차이점들이 있기는 하지만, 이것들에 대해 여기에서 관심을 둘 필요는 없으며, 우리는 체계적 처리와 말초단서들 간의 구분을 사용하게 될 것이다.

이것을 염두에 두고서, 우리는 도 6-1에 있는 모형에 따라, 설득커뮤니케이션에 의해서 생긴 태도변화의 양을 증가시키거나 감소시키는 독립변인들을 검토할 것이다.

의사전달자

태도변화에 있어서 가장 분명하고도 신뢰로운 발견들 중의 하나는 사람들이 의사전달자들을 더 호의적으로 평가할수록 그들이 자신의 태도를 변화시키는 경향이 더 많다는 것이다. 이것은 인지적 일관성모형들 중의 어느 것에서부터라도 귀결된다. 이것은 또한 감정전이의 아이디어에서 귀결되고 있다: 즉, 긍정적이건 부정적이건 간에, 의사전달자들에 대한 평가들은 그들이 주장하는 입장들쪽으로 전이된다. 균형이론에 의하면, 만일 교수가 낙태가 비도덕적인 일이라고 말하지만 여학생은 그것이 기본적 여권이라고 생각한다면, 이 체제는 불균형되어 있다. 그녀는 낙태에 대한 자신의 태도를 바꾸고 교수에게 동의함으로써 불균형을 감소시킬 수 있다. 이에 비해서, 만일 자신의 교수가 보수주의적인 남녀차별주의자이기 때문에 그 교수를 싫어한다면, 그의 상위한 입장은 아무런 불균형과 아울러 아무런 변화의 압력을 일으키지 않는다.

따라서 사람들이 어떤 상위한 커뮤니케이션의 소스를 더 호의적으로 평가할수록 그들이 자신의 태도를 변화시키게 될 가능성은 더 많다. 그러나 의사전달자가 호의적으로 평가될 수 있는 몇 가지 양식들이 있으며, 이것들의 모두가 아주 동일한 결과를 낳는 것은 아니다.

신 빙 성

이러한 현상에 관한 연구들은 "권위효과"(prestige effect)에 대해서 시작되었다. 이것은 감정의 전이에 관한 Lorge의 연구에서 예시된 바 있다. 이 연구는 "권위"를 구성하고 있는 정확한 특징들을 상세화시키려는 시도가 없이, 단순히 제퍼슨처럼 호의적으로 평가받은 권위자들의 효과와 레닌처럼 비호의적으로 평가받은 권위자들의 효과를 비교했다.

그 후의 연구는 이 개념을 신빙성(credibility)으로 좁혔는데, 이 효과들은 Hovland와 Weiss(1952)의 고전적 연구에서 증명되었다. 피험자들은 다음의 4가지 주제들에 관한 커뮤니케이션을 들었다: 즉, 처방없이 항히스타민제를 판매하는 것의 권장가능성, 철강산업체가 철강부족에 책임있는 여부, TV의 인기 상승의 맥락에서 영화산업의 장래 및 원자력잠수함의 건조의 실용성이다.

각 커뮤니케이션은 고나 저의 신빙성 소스로부터 나왔다. 예컨대, 항히스타민제에 관한 커뮤니케이션은 유명한 의학연구지나 월간 대중만화잡지에서 나온 것이라고 했다. 그 결과들은 높은 신빙성 소스들에 귀속되었던 커뮤니케이션들이 낮은 신빙성 소스들에서 나온 것들보다 더 많은 변화를 일으켰음을 나타냈다.

그 후의 연구는 신빙성의 두 개의 별개의 요소들, 즉 전문성과 신뢰성을 구분지었다(Hovland와 Weiss, 1952). 그러나, 이들 두 요인이 태도변화에 영향주는 기제들이 다소 상이한 것으로 판명되었으며, 따라서 이것들간을 구분짓는 것이 중요하다.

전문성에 관한 하나의 전형적 연구에서 피험자들은 자기들이 미학에 관한 실험에 참가하고 있다는 지시를 받았고, 모호한 현대시들에서 뽑은 아홉 개의 시의 연(聯)들을 평가하도록 요구받았다. 그 다음에 그들은 자신이 별로 좋아하지 않았던 시의 연의 하나에 대한 어떤 다른 사람의 평가를 읽었다. 그 커뮤니케이션은 그 시가 피험자가 나타냈던 것보다도 더 좋다고 주장했다. 결정적 변인은 그 커뮤니케이션이 유명한 시인이며 노벨문학상 수상자인 엘리어트나 미시시피 주립사범대학의 학생이라고 기술된 스턴스라는 학생에게서 나온 것이라고 제시한 것이었다. 커뮤니케이션을 읽은 후, 피험자들은 시들을 재평가했다. 높은 신빙성 의사전달자에서가 낮은 의사전달자에서보다 더 많은 변화가 있었다(Aronson, 등, 1963).

보다 더 최근의 연구에서, Wood와 Kallgren(1988)은 한 명의 대학원생에게 대학생들에 대해 환경보호에 반대하는 주장을 하는 녹음된 연설을 제시하게끔 만들었다. 전문성은 그 대학원생을 환경지질학을 전공하고 상당한 관련된 실무경험을 갖고 있는 것으로서 또는 현대 언어들을 전공하고 관련된 경험이 없는 것으로서 제시함으로써 조작되었다. 전반적으로, 예상되는 바와 같이, 전문적 소스가 더 많은 태도변화를 일으켰다.

이러한 효과는 꽤 간명하며 논란의 여지가 거의 없다. 이것은 아직 충분하게 답변되지 못한 두 개의 부가적인 흥미있는 의문들을 제기시킨다. 첫째로, 한 분야의 전문가들은 자신의 전문성의 영향을 얼마나 멀리 다른 분야들로 전이시킬 수 있는가? 저명한 과학자들이나 운동선수들 또는 가수들은 그들의 전문성을 직접 포함하고 있지 않은 국제정치와 같은 문제들에 대해 특별하게 설득력있는가? 감정전이나 일관성의 아이디어들은 그들이 그러할 것이라고 시사하지만, 인지적 반응이론과 같이 보다 더 적극적인 정보처리를 기술하고 있는 이론들은 그들이 그렇지 못할 것이라고 시사한다. 권위의 전이가능성에 관한 의문은 미해결의 것이며 장차 더 충분하게 연구되어야만 될 것이다.

다른 의문은 전문성의 작용과정에 관한 것이다. 이것은 청취자에게 주장들에 더 면밀하게 주의하도록 동기화시키고 따라서 이것들의 실제의 장점들에 의해서 더 많이 설득되게끔 만드는가? 그렇지 않으면, 전문성은 인지적으로 인색한 자에게 주장들의 세부를 실제로 처리하는 것에 전혀 에너지를 소비함이 없이 태도를 변화시키게끔 해 주는 하나의 단순한 말초단서에 지나지 않는가? 우리는 이러한 의문을 곧 바로 다시 검토하게 될 것이다.

신 뢰 성

의사전달자의 전문성에 관계없이, 듣는 이가 그 의사전달자가 편향되어 있지 않다고 믿는 것이 극히 중요하다. 그 대학원학생이 환경통제들의 영향에 관한 하나의 진정한 전문가일 수도 있겠지만, 만일 우리가 어떤 근처에 있는 농경지를 개발하려고 들었고 갖은 수단을 다해서 지방의 환경규정들에 대해 저항했던 어떤 회사에 그가 고용되었다는 것을 안다면, 우리는 그의 견해들에 의해서 많이 영향받게 되지는 않을 것이다. 우리는 그의 객관성과, 따라서 그의 신뢰성(trustworthiness)에 관심을 두게 될 것이다. 만일 그가 자신이 주장하고 있는 입장에서 어떤 것을 얻을 것이 있다고 지각되거나 만일 그가 어떤 개인적인 이유들로 그 입장을 취하게 된다면, 오로지 객관적 이유들에서 그 입장을 주장하는 것으로서 지각되는 사람보다 설득성이 더 적게 될 것이다.

의사전달자들이 신뢰성있게 보이게 되는 한 가지 방법은 자신의 이익과는 반대되는 입장들에 대해서 이해관계가 없는 식으로 주장하는 것이다. 검사와 죄수가 각각 법률집행기관들이 강화되어야만 되는지의 여부에 관해서 진술을 하는 상황을 고려해 보자. 보통, 검사는 훨씬 더 많은 지식을 갖고 있고 보다 더 권위가 있는 것으로 보이게 될 것이고, 따라서 보다 더 설득력있을 것이다. 그리고 Walster 등(1966)의 연구에서 연사가 법률집행기관들을 위한 보다 더 적은 권력을 주장하는 한에 있어서, 이것이 바로 일어났다. 이 입장에 대해서, 도 6-2에서와 같이 검사는 죄수보다도 훨씬 더 설득력이 있었다. 그러나 만일 죄수가 자기 자신의 이익에 반대되는 입장을 취하고, 법률집행의 강화를 찬성해서 주장한다면 어떠할까? 도에서처럼, 죄수는 매우 설득력있게 되었고, 심지어 실제로 지방검사의 설득력과 비등하게 되었다.

따라서 보다 더 신뢰성있게 되고 따라서 보다 더 영향력있게 되는 한 가지 방법은 당신 자신의 이익에 반대되는 것을 주장하는 것이다. 어떤 지역의 납세자연합회의 회장은 세금이 증액될 필요가 있으며, 그렇지 않으면 학교들이 매우 나빠지게 되어서 그 지역에 살고 있는 사람들이 더 불리해질 수 있다고 진정으로 믿을 수도 있다. 노동조합의

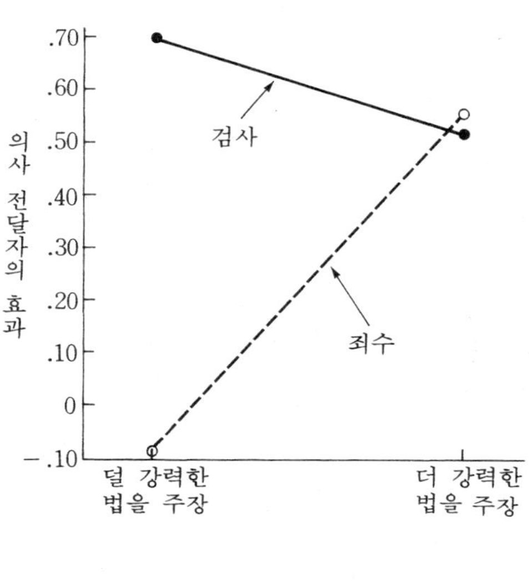

도 6-2. 자기 자신의 이익을 위한 입장과 반대되는 입장을 주장할 때의 의사전달자들의 효과(Walster 등, 1966, p. 333)

지도자는 즉각적인 임금인상이 회사의 재정형편을 나쁘게 만들 수 있기 때문에 나쁜 아이디어라고 생각할 수도 있다. 사람들은 흔히 다양한 이유로 자기 자신의 이익에 반대되는 주장을 하고, 이것은 대개 실제로 행하게 될 때에 그들을 보다 더 설득력있게끔 만든다.

귀 인 들 수신자는 의사전달자가 신뢰성있는 여부를 어떻게 결정하는가? 청중의 판단들은 귀인이론에 의해서 시사되는 바와 같이, 발언자의 진술들의 원인들에 관한 귀인들에 기초됨에 틀림없다. 청취자는 의사전달자의 진술을 문제에 관한 사실들에 귀인시키는가? 또는 그 진술은 의사전달자 자신의 편견들과 편향들에 귀인되고 있는가 아니면 청중의 비위를 맞추려는 시도에 귀인되고 있는가?

세 가지 주요 형태의 귀인들이 가능하다. 의사전달자의 진술은 상황의 실제의 진실들에 귀인될 수도 있다. 즉, 엄벌을 주장하고 있는 범죄자는 정말로 범죄행동에 관한 자신의 직접적 지식을 반영하고 있을 수 있다. 이것은 4장에서 사용된 용어를 사용한다면, 하나의 자극이나 실체귀인일 것이다. 그렇지 않으면, 청취자는 성향귀인을 할 수도 있다. 의사전달자의 진술은 그가 진정한 사실들을 알기 위한 충분한 정보를 갖고 있지 못하거나 그 자신의 편견들이 그에게 진실을 보지 못하게끔 만들어 왔을 수 있기 때문에, 편향되어 있을 수 있다. 관용을 주장하는 범죄자는 자기 자신의 과거 행동을 단지 변명하고 있는 것으로서 또는 법과 질서에 대한 일반적 경멸을 반영하고 있는 것으로서 간주될 수도 있다. 셋째로, 맥락귀인이 이루어질 수도 있다. 의사전달자는 단지 청중의 비위를 맞추려고 드는 것으로서 지각될 수도 있다. 이것은 사람들이 흔히 자신이 진정으로 갖고 있지 않은 어떤 공적 입장을 취하는 것에 대한 강한 유인들을 갖고 있으므로, 여러 가지 이유로 일어날 수 있다. 재선을 위해 출마하고 있는 정치인, 취직면접의 응시자, 처음 데이트하는 사람은 모두 그러한 편향을 실행하는 데 대한 강한 유인들을 갖고 있다. 만일 마지막 두 개의 귀인들 중의 어느 것이 이루어진다면, 의사전달자의 진술은 신뢰성이 적게 판단될 것이며, 따라서 청중은 그의 입장에 동의할 의향이 적게 될 것이다. 따라서 신뢰성에서 하나의 관건요인은 의사전달자의 성향들이나 맥락에 대해서보다도 진실에 대한 귀인들이 이루어지는 것이다.

우리는 언제 사실보다도 성향들에 귀인시키는가? 4장에서 본 바와 같이, 관찰자들은 행위자의 행동이 그 자신의 과거의 행동에 근거된 기대들과 일치될 때에 특히 성향귀인을 하기가 쉽다. 따라서 우리는 보수적인 대통령의 중미에 관한 진술들을 그의 진술들이 그러한 편향들에 합치되지 않을 때보다도 합치될 때에 그의 성향들에 귀인시키기가 더 쉽다. 만일 그가 우리의 그에 관한 기대들과 일치되게 소련인들이 몇몇 게릴라 활동들의 배후에 있다고 주장하면, 우리는 이것을 그의 성향들에 일부 귀인시키는 경향이 있다. 이와는 반대로, 만일 그가 그곳에서의 반란이 소련의 관여없이 순전히 국수주의적 운동이라고 말한다면, 우리는 그의 진술을 그가 갖고 있는 어떤 증거에 귀인시키는 경향이 있다.

의사전달자가 기대들과 반대되는 어떤 것을 말할 때, 그는 보다 더 신뢰성있는 것으로서 지각되게 되고 보다 더 많은 태도변화를 일으킬 것이다. 이러한 순서는 Wood와 Eagly(1981)의 연구에서 검토되었다. 의사전달자의 일반적인 정치철학에 관한 기대들을 조성하기 위해서, 피험자들에게 그의 언론자유, 낙태 및 종교에 관한 일반적 태도들을 기술한 간단한 자서전적 진술이 제시되었다. 그 다음에 그는 춘화를 지지하거나 반대하는

표 6-1. 의사전달자의 입장이 그의 배경에 기초된 기대들을 확증시키거나 불확증시킬 때에 생기는 효과들

효 과 들	기 대 들	
	확 증 됨	불확증됨
입장에 대한 귀인들		
정보원의 배경에	11.81	6.40
사실적 증거에	10.39	11.84
의사전달자의 편향	9.35	7.43
메시지 이해	2.36	2.08
의견변화	1.56	2.51

주 : 큰 점수는 효과가 더 큰 것을 나타냄. 예 : 소스의 배경에 대한 더 많은 귀인.
자료원 : Wood와 Eagly(1981), p. 254에서 개작됨.

커뮤니케이션을 제시했다. 이 커뮤니케이션은 그의 일반적 정치관들과 일치되거나 불일치되게 간주될 수 있었다. 표 6-1에서 보이는 바와 같이, 그의 메시지가 그에 관한 기대들을 확정시켰을 때, 그 메시지는 그의 배경에 귀인되는 경향이 더 많았고 실제의 증거에 귀인되는 경향이 더 적었다. 그는 보다 더 편향되어 있는 것으로서 지각되었고, 보다 덜 의견변화를 일으켰다. 기대확증이 메시지 이해에 아무런 효과가 없음을 주목하라. 즉, 여기에서 태도변화에 미치는 그의 배경들의 효과에 원인이 되는 기제는 메시지의 학습이 아니라 신뢰성의 귀인이다.

의사전달자의 입장이 문제에 관한 사실들보다도 맥락에 귀인되게 되기 쉬운 것은 언제인가? 우리가 4장에서 본 바와 같이, 자유롭게 선택된 것이라고 지각되는 입장들은 대개 또한 진정한 입장들이라고 지각된다. 지각된 자유선택의 부족은 4장에서 제시된 Jones와 Harris(1967)의 실험들과 다른 실험들에서처럼, 의사전달자가 어떤 특정의 입장을 제시하도록 지시받았을 때에 일어날 수 있다. 돈을 받은 홍보 대변인은 흔히 그 이유로 신뢰받지 못한다. 보다 더 일반적으로, 어떤 특정의 입장을 제시하는 데 대한 강한 외부유인들(보수들이나 위협들)은 맥락에 대한 귀인들을 일으킬 수 있다. 정치인들은 흔히 그들이 상대하는 특수한 청중에다가 자신의 메시지를 맞추고 있다고 비방받고 있으며, 그들의 진술들은 그 이유로 불신받고 있다.

다중 소스들 성향들이나 맥락보다도 사실에 대한 귀인을 조장시키는 것 같은 다른 요인은 다중 소스들이 동일한 것을 말하는 것, 즉 Kelley(1967)의 귀인이론(4장 참조)의 용어로는 "높은 일치성정보"이다. 만일 몇 명의 사람들이 독립적으로 동일한 입장을 취한다면, 우리는 아마 그들이 어떤 개인적인 특유한 편향들의 영향을 덜 받기 때문에, 단 한 사람이 동일한 주장을 행할 경우보다도 더 신빙성있다고 간주한다. Harkins와 Petty(1981)는 몇 명의 의사전달자들이 동일한 주장을 제시하는 단 한 명의 의사전달자보다도 더 많은 태도변화를 일으킨다는 것을 보임으로써 이러한 현상을 처음으로 증명했다.

그러나 다중 소스들은 이것들의 판단들이 정말로 서로 독립적이라고 간주될 경우에만 이러한 이점을 갖는다. Harkins와 Petty(1987)는 그 후에 이것을 두 개의 재간있는

방식들로 증명했다. 첫째로, 그들은 세 개의 독립적 소스들과 3명으로 된 한 위원회를 비교했으며 독립적 소스들이 더 많은 태도변화를 일으켰다는 것을 보였다. 정말로 위원회는 단 한 명의 의사전달자보다 더 효과적이지 않았다. 그 다음에 그들은 두 개의 상이한 종류의 위원회들을 설정했는데, 하나는 매우 다양한 관점들을 갖고 있는 것으로 그리고 다른 것은 유사한 견해들을 반영하는 것으로(견해가 일치하는 분위기를 제공하는 것으로) 설정되었다. 다양한 위원회는 다중의 독립적 의사전달자들만큼 많은 태도변화를 일으켰지만, 일치성있는 위원회는 그렇지 못했다. 간단히 말해서, 다중 소스들은 그들이 분명히 독립적 판단들을 제시하고 있을 때에만 더 많은 변화들을 일으킨다: 아마 그러면 그들은 상황의 현실들을 반영하고 있다고 더 많이 신뢰받게 될 것이다.

아마 이러한 이유로, 사람들은 민주당이건, 민자당이건, 페레스트로이카 이전의 크렘린이건 간에 어떤 단일한 정당집단에 소속한 지도자들의 의견일치를 절감시키는 경향이 있을 것이다. 그들은 그 의견일치를 현실에 관한 일련의 독립적인 신뢰성있는 판단들을 반영하기보다도 배경들의 유사성이나 어떤 통일된 방침을 제시하려는 욕망에서 나오는 인위적인 것이라고 간주한다.

호 감

일관성이론들은 사람들이 자신이 좋아하는 사람들과 의견이 일치되게끔 자신의 태도를 변화시킬 것이라고 시사한다. 호감(liking)을 증가시키는 것은 무엇이나 태도변화를 또한 증가시킬 것이다. 우리가 8장에서 보게 되는 바와 같이, 매우 다양한 조건들이 타인에 대한 호감에 신뢰로운 영향을 주며, 이것들 중에는 신체적 매력, 유사성, 상호 호감이 있다. 이것들 모두가 또한 설득을 증가시킨다는 것이 증명되어 왔다. 예컨대, 신체적 매력은 호감을 증가시킨다. Chaiken(1979)은 다른 학생들에 의해서 신체적으로 매력있는 것으로 평정받은 학생들은 또한 보다 더 설득력있는 의사전달자들이었다는 것을 보였다. 이와 비슷하게, 유사성은 호감의 또 다른 중요한 기초이다. 사람들은 자기들과 상이한 사람보다도 유사한 사람에 의해서 더 많이 영향받는 경향이 있다. 예컨대, Brock(1965)은 페인트 소매점의 판매원들에게 그들 자신의 페인트 사용이 고객의 것과 얼마나 유사한가를 말하는 것을 변화시키도록 만들었다. 더 유사한 판매원은 비유사한 판매원보다도 구매자들 자신이 구입하기를 원하는 페인트의 상표에 대해서 마음을 바꾸게끔 만드는 데에 더 효과적이었다.

상호성은 호감을 증가시키는 또 다른 요인이다: 우리는 자신을 좋아하는 사람을 좋아한다. 앞에서 인용되었던 연구에서, Wood와 Kallgren(1988)은 또한 대학원생인 의사전달자의 호감도를 조작했다. 그는 피험자들이 소속한 대학교로 최근에 전학왔고 그가 자신의 이전의 대학교에 비해서 그들의 교수진과 학생회를 칭찬했거나, 그의 이전의 학교가 더 우수하고 그 학생들이 더 책임감있고 성숙하다고 말한 것으로 기술되었다. 당연하게도, 전자의 조건에서 그는 더 많은 호감을 받았고 환경보호에 반대하는 그의 연설에 대한 반응으로 더 많은 태도변화를 일으켰다.

준거집단들

만일 우리가 호감이 가고 우리와 유사한 의사전달자들에 의해서 설득당하기가 특히 쉽다면, 우리는 우리가 또한 우리의 동료들 중의 대다수가 취하는 입장에 의해서도 설득되게 될 것이라고 예상할 수 있을 것이다. Mackie(1987)는 이것을 매우 분명하게 증명했다. 그녀는 몇몇 피험자들에게는 그들의 대학교의 대다수의 학생들(82%)이 "미국이 서구에서 어떤 군사적 균형을 보장하는 조치를 취해야만 된다"는 명제를 지지했다는 지시를 주었다. 다른 피험자들은 비슷하게 압도적인 대다수가 이것에 반대했다는 지시를 받았다. 그 다음에 그녀는 모든 피험자들에게 양측입장에 대한 동일한 강도의 연설들을 제시해 주었고, 따라서 그들은 모두 정확하게 동일한 주장들을 들었다. 그녀는 네 개의 실험들에서 그것이 어느측이었는가에 관계없이, 피험자들이 대다수가 지지했다고 설명받았던 쪽으로 이동되었다는 것을 발견했다.

개인의 동료들의 대다수가 갖는 이러한 영향력은 하나의 보편적이고도 중요한 현상이다. 그러나 이것은 보다 더 일반적인 원리의 하나의 특수 케이스이다. 가장 강력한 설득적 압력원들 중의 하나는 개인이 동일시하고 있는 집단이다. 그 집단은 모든 한국 국민들, 당신의 대학교의 모든 학생들, 전체의 여성들, 중류계층, 또는 어떤 노동조합과 같이 대규모이고 총괄적일 수 있다. 이것은 또한 어떤 대학서클, 스키클럽, 가문, 또는 심지어 방학 동안 서로 계속 만나는 한 집단의 고등학교 친구들과 같이 훨씬 더 작고 보다 더 전문화된 집단일 수 있다.

우리가 어떤 집단의 영향을 고려할 때, 우리는 어떤 새로운 입장쪽으로 소속멤버들의 태도들을 변화시키는 집단의 능력과 아울러 소속멤버들에게 역선전에 대해 그들의 태도를 방어하게끔 도와 주는 집단의 능력을 고려해야만 된다는 것에 유의하라. 만일 우리의 모든 친구들이 자기들이 최근의 어떤 영화를 좋아한다고 우리에게 말한다면, 우리는 아마 그들에 의해서 설득되게 될 것이다. 만일 어떤 서클의 대부분의 멤버들이 신입식들이 훌륭한 아이디어라고 생각한다면, 다른 멤버들은 아마 그들에게 동의할 것이다. 그러나 그 서클의 멤버는 가끔 서클에 소속하지 않은 어떤 사람으로부터 신입식들에 대한 공격을 접할 수도 있다. 만일 이것이 일어난다면, 자신의 집단이 자기와 일치한다는 것을 아는 것은 그에게 설득에 저항하기가 더 용이하게끔 만든다.

집단이 소속멤버들에 대해 이와 같은 설득적 효과들을 갖는 것은 언제인가? 개인이 커뮤니케이션의 소스일 때와 동일한 일관성기제들이 집단이 커뮤니케이션의 소스일 때에도 작용한다. 한 가지 요인은 문제에 대한 집단의 입장의 명료성, 즉 명료한 **집단규범들**이다. 문제에 대한 집단의 입장은 이것이 집단의 추종자들에게 영향을 주기 위해서는 명료해야만 된다. 앞 장에서 소개된 균형이론의 용어를 빌면, 이것은 간단한 사회적 삼원관계의 O−X 부분을 일컫는다(도 5-4 참조). 대다수측의 영향에 관한 Mackie(1987)의 연구의 경우에서 집단의 규범은 매우 명료하다: 피험자들의 동료 학생들의 82%가 어떤 특정의 입장을 갖고 있었다.

집단규범들의 변화는 사람들을 그들 자신의 이전의 입장들로부터 벗어나게끔 만들 수 있다. Kelley와 Woodruff(1956)는 피험자들에게 자기들의 집단규범에 반대하는 주장을 하는 연설에 대한 녹음테이프를 들려 주었다. 즉, 그들은 교육학과 학생들이었으며 연설은 "진보주의 교육"에 대해 반대하는 주장을 했다. 이러한 규범에 반대하는 연설은 실험자들이 한 실험조건에서("멤버들의 갈채") 그 대학의 교수들과 최근의 졸업생들이나, 교육에 관련된 지역사회의 문제들에 관심을 두고 있는 한 이웃 도시에 거주하는 대학교육을 받은 사람들의 한 청중("외부인들의 갈채")에게 귀속시킨 갈채들에 의해서 주기적으로 중단되었다. 그 연설에 대한 태도변화는 "멤버들의 갈채" 조건에서 훨씬 더 컸다. 자신의 집단의 규범상의 명백한 변화에 당면했던 피험자들은 자신의 집단의 새로운 입장에 부합되게끔 자기 자신의 태도를 변화시키는 경향이 있었다.

일관성접근은 집단의 영향을 일으키는 데에 있어서 두번째의 결정적 요인이 집단에 대한 평가, 또는 집단동일시(group identification)라고 시사한다. 이것은 5장에서 논의된 삼원관계의 P－O부분에 해당된다(도 5－4 참조). 사람들이 집단의 한 멤버가 되고 싶어할수록 그리고 집단에 대해 더 높은 가치를 둘수록, 그들은 집단의 신념들에 의해서 더 많이 영향받게 될 것이다. 예컨대, Converse와 Campbell(1960)은 노동조합들은 조합이 어떤 분명한 선택을 하고 동시에 투표자가 조합에 대해 강하게 동일시할 때에만 투표자들에게 영향을 준다는 것을 증명했다.

집단의 밖에서 오는 설득에 대한 저항은 또한 집단에 대한 개인의 유대가 얼마나 강한가에 어느 정도 의존한다. Kelley와 Volkart(1952)는 집단동일시가 외부 영향에 대한 멤버들의 저항에 미치는 영향을 증명했다. 한 의사전달자가 여러 주제들에 대한 몇몇 소년단원들의 의견들을 그들의 부대의 규범들에서 벗어나게끔 변화시키고자 시도했다. 소년단원들이 부대에 대한 자신의 소속에 대해 더 가치를 두었을수록, 의사전달자가 그들의 의견에 미친 영향은 더 적었다.

집단에 대한 정서적 애착이나 집단동일시의 이러한 중심적 역할은 준거집단(reference group)과 소속집단(membership group) 사이의 구분을 일으킨다. 집단의 영향에서 관건요인은 사람들이 실제로 집단의 멤버이건 아니건 간에 관계없이 그들이 그 집단에 동일시를 느끼고 방침을 정하기 위해서 집단을 참조하는 것이다. 어떤 사람은 지방의회에 출마하는 민주당 입후보자들을 계속 선호하기 위해서 민주당의 당비를 내는 당원일 필요는 없다. 이와 비슷하게, 어떤 사람은 비록 객관적으로 빈곤하게 살고 있을지라도, 즉 실제로는 하류계층의 한 멤버일지라도, 중류계층의 행동, 복장 및 도덕성에 관한 규범들에 의해서 매우 영향받을 수 있다.

준거집단들이 태도변화를 일으키는 데에 있어서 매우 효과적인 이유들은 우리가 방금 논의했던 것들, 즉 호감과 유사성이다(Holtz와 Miller, 1985). 만일 사람들이 집단을 좋아하면, 그들은 다른 멤버들과 비슷해지기를 원한다. 다른 멤버들이 어떤 특정의 의견을 표명할 때, 각 멤버는 만일 이것이 자신의 것과 다르다면, 자기 자신의 의견이 틀렸다고 생각한다. 이 의견이 집단의 의견과 동일할 때에만 그것은 옳거나 "정상"이다. 따라서, 그들은 일치되게끔 만들기 위해서 자신의 의견을 변화시키는 경향이 있다.

말초단서로서의 의사전달자

이러한 의사전달자의 특징들이 태도변화를 일으키는 과정은 무엇인가? 의사전달자가 집단이건 개인이건 간에 관계없이, 일관성기제들이 의사전달자의 영향들에 대해 결정적이다. 일반적으로, 전문가이거나 신뢰성있거나 호감이 가는 것을 의미하는 의사전달자들의 특징은 무엇이든 간에 커뮤니케이션의 효과를 증가시킨다. 의사전달자에 대한 어떤 오감이나 그 사람의 유능성이나 정직성에 대한 신뢰의 부족은 소스를 공격함으로써 메시지를 거부하기가 비교적 용이하게끔 만든다. 이런 식으로, 표적들은 메시지 자체의 복잡한 세부사항에 관해서 걱정하게 되는 압력으로부터 벗어난다.

그러나 이 정도로 해 두고서 이 주제를 떠나가는 것은 충분치 못하다. 때로는 어떤 소스의 결론은 주장들의 내용에 관계없이, 단지 어떤 전문가나 기타의 호의적으로 평가된 소스가 그것을 진술했기 때문에 수용되게 될 것이다. 다른 경우들에서는 주장들 자체가 중요하다. 그러면 이들 상황들간의 차이는 무엇인가?

우선 첫째로, 세부검토가능성이론에서의 예언은 의사전달자의 특징들이 사람들이 스스로 주장을 처리할 수 없거나 처리할 동기가 없을 때에 하나의 단순한 말초단서로서 사용되게 될 것이라는 것이다. 훌륭한 인지적으로 인색한 자들처럼, 그들은 자신이 갖고서 행할 수 있는 최소의 인지적 노력을 기울이며, 어떤 신뢰받는 친구가 어떤 것을 믿고 있다는 것을 아는 것은 그들이 스스로 그것을 철저하게 생각하는 노력을 피할 수 있다는 것을 의미한다. 이와는 반대로, 상당한 양의 정보에 접할 수 있게 되는 것은 의사전달자의 특징들과 같은 단순화시키는 단서들을 덜 중요하게끔 만들 것이다. 환경보호에 대해 주장하는 한 대학원생을 등장시키는 앞에서 인용된 Wood와 Kallgren(1988)의 연구는 이것을 지적하고 있다. 소스에 대한 호감성은 주제에 관해서 많은 정보들을 회상하지 못하는 사람들에 대해서만 문제가 된다. 많은 주장들을 회상할 수 있는 사람들은 하나의 단서로서 소스의 도움을 필요로 하지 않으며, 따라서 소스의 호감성은 도 6-3에서 보이는 바와 같이, 이들에 대해서는 아무런 영향이 없다.

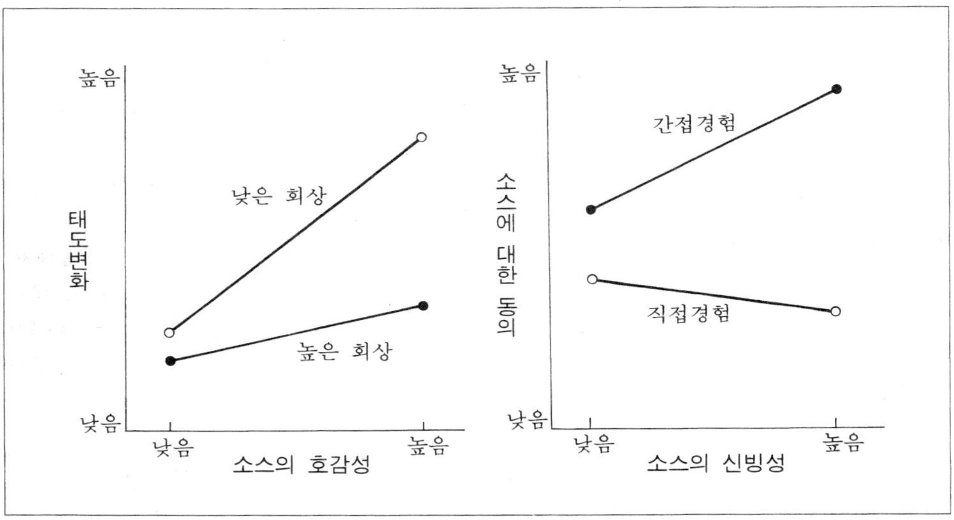

도 6-3. 의사 전달자의 특징들의 영향은 사전 정보가 적을수록 더 크다.(Wood와 Kallgren, 1988; Wu와 Shaffer, 1987)

태도대상에 대해 직접 경험을 갖는 것도 또한 Wu와 Shaffer(1987)에 의한 인상적인 연구가 보이는 바와 같이, 어떤 전문가에게 의지할 필요성을 감소시킨다. 그들은 상이한 상표의 땅콩버터 제품들을 임의로 X와 Y라고 명명했으며, 이 제품들은 상이하다고 설명되었지만 실제로는 동일한 제품들이었다. 그 다음에 어떤 피험자들은 이것들을 맛본 반면에("직접 경험"조건) 다른 피험자들은 두 개의 통을 단지 바라보고 타인들의 반응들에 관한 다소의 정보를 제시받았다("간접경험"조건). 그 다음에 두 집단은 제품들을 일련의 속성들상에서 평정했다. 그 다음에 두 조건들에서 실험자는 각 피험자가 제품 X를 선호한다는 것을 나타내는 하나의 요약점수를 복잡하게 계산했다. 그 다음에 피험자들은 이 제품들을 맛보았던 높은 신빙성의 전문적 제품평가자가 제시한 타이프친 메시지나 맛보지 않았던 낮은 신빙성의 평가자가 제시한 타이프친 메시지를 제시받았다.

도 6-3의 오른쪽 그림에서 보이는 바와 같이, 높은 신빙성 소스는 피험자들이 제품들에 대해서 단지 간접적 경험을 갖었을 때에만 더 설득력있었다. 태도대상에 대한 직접 경험은(비록 직접 경험이 실제로 두 개의 동일한 표본의 땅콩버터들의 상대적 우수성에 관해서 아무런 결정적 정보를 제공하지 않았을지라도) 소스 신빙성의 이점을 없애버렸다.

의사전달자의 특징들에 관한 더 많은 정보는 또한 사람들을 의사전달자의 단순한 단서들에 더 많이 의지하게끔 만들 것이고, 따라서 설득에 대한 더 강한 영향들을 일으킬 것이다. 예컨대, 시청각 커뮤니케이션은 대부분의 인쇄된 메시지들보다도 훨씬 더 많은 정보를 제공한다. 따라서 Chaiken과 Eagly(1983)는 의사전달자의 호감성은 의사전달자에 관한 비언어적 정보가 있는 시각이나 청각 커뮤니케이션들에서 가장 중요할 것이라고 시사했다. 그러나 의사전달자에 관한 비언어단서들을 입수하기가 더 곤란한 인쇄된 커뮤니케이션에서 메시지 내용이 비교적 더 중요할 것이다.

그들은 의사전달자에게 학생들이 다니는 대학교의 학생들, 교수진 및 전반적인 기관의 질을 칭찬하거나 비방하도록 함으로써 호감성을 변화시켰다. 그 다음에 그는 비디오테이프나, 녹음테이프나, 인쇄된 글에서 대학학기의 3개월 1학기제 쪽으로의 변화를 지지하는 설득커뮤니케이션을 제시했다. 표 6-2에서 보이는 바와 같이, 의사전달자의 호감성은 그에 관한 비언어단서들이 사용가능했던 영상이나 청각 커뮤니케이션들에서만 의견변화에 기여했다.

부가적 증거는 의사전달자의 속성들이 영상이나 청각 커뮤니케이션들에서 중심적이었고 인쇄된 커뮤니케이션에서는 메시지요인들이 비교적 더 중요했다는 것을 나타냈다. 학생들의 인지적 반응들이 또한 커뮤니케이션 후에 측정되었다. 영상과 청각 조건들에서, 의견변화는 의사전달자 중심의 사고들의 호의성에 관련되어 있었다. 인쇄조건에서, 의견변화는 메시지 중심적 사고들의 호의성에 관련되어 있었다. 다른 연구에서 이들 연구자는 인쇄된 커뮤니케이션이 주장들이 더 복잡해짐에 따라 아마 인쇄된 매체가 어떤 메시지 중심적인 심적 자세를 유발시키기 때문에, 영상이나 청각 커뮤니케이션보다 더 큰 이점을 갖는다는 것을 증명했다(Chaiken과 Eagly, 1976).

따라서 일반원리는 소스의 특징들이 사람들이 실제의 주장들을 면밀하게 검토하지 못하거나 그럴 의향이 없을 때에, 그리고 소스의 특징들 자체가 시청각 메시지들에서처럼 특별히 파악하기 쉬울 때에 가장 명료한 효과들(소스가 관계되어 있는 한, 더 좋거나 나쁘게)을 갖는다는 것이다. 그러므로 소스의 특징들은 말초단서들이 되어줄 수 있고, 따라

표 6-2. 소스와 매체의 함수로서의 의견변화

	의사전달자	
매 체	호감	비호감
비디오테이프	4.87	.48
녹음테이프	4.82	1.47
인 쇄	3.66	3.43

주: 수치는 15점척도상의 태도변화의 평균치임.
자료원: Chaiken과 Eagly(1983), p. 246에서 개작됨.

서 주장들의 처리향상보다도 일관성기제들이나 감정전이를 통해서 태도변화에 영향을 준다.

이러한 원리에 대한 예외들은 무엇인가? 한 가지는 소스 단서들 자체가 주장들에 대한 주의를 동기화시킬 때일 것이다. 하나의 이러한 경우는 우리가 우리의 동료들의 대다수가 우리에게 반대한다는 것을 갑자기 인식할 때에 일어난다. Mackie(1987)는 체계적 처리가 자기들의 동료들의 압도적 대다수와 일치하고 있는 사람들보다도 불일치하는 사람들에게서 더 크다는 것을 발견했다.

커뮤니케이션

그러나 메시지의 실제 내용은 어떠한가? 광고자들은 어떤 특정의 상품을 팔려고 든다. 그 상품은 실제로 어떤 좋은 점이 있는가 아니면 그렇지 못한가? 정치인들은 당선되고자 노력한다. 그들은 실제로 그 일에 대한 자격이 있는가 아니면 자격이 없는가? 당신의 친구는 당신에게 파트너와 함께 어떤 파티에 참석하라고 권고한다. 그 파티는 실제로 훌륭한 파티인가 아니면 그렇지 못한가?

물론, 어떤 좋은 것은 팔기가 더 용이하다. 어떤 상표의 치약은 일부 이것이 이가 썩는 것을 실제로 방지해 주었기 때문에 가장 잘 팔리는 치약이 되었고, 자동차는 이것이 유용한 상품이기 때문에 인기가 있게 되었고, 어떤 정치 입후보자들은 다른 입후보자들보다도 더 자격이 많다. 그러나 팔려고 하는 어떤 상품이나 의견이 있을 때, 커뮤니케이션 자체 속에 있는 몇 가지 변인들이 일어난 태도변화의 양에 중요한 영향을 준다.

상 위

앞에서 지적된 바와 같이, 태도변화쪽으로의 압력의 한 주요 원천은 표적의 시초 입장과 커뮤니케이션이 제시한 입장 사이의 상위(discrepancy)에서 나온다. 상위가 클수록 변화에 대한 잠재적 압력은 더 크다. 만일 매일 8시간의 수면을 필요로 하는 보통 사람이 다만 6시간이 필요하다고 주장하는 저명한 건강관계 과학자의 말을 듣는다면, 그 사람의 태도는 어떤 압력을 받으며, 만일 그 커뮤니케이션이 다만 4시간의 수면이 실제로 필요하다고 주장하면, 압력은 훨씬 더 크다. 따라서, 예상되는 바와 같이, 큰 범위 내에서 상위가 클수록 태도변화가 더 많다(Hovland와 Pritzker, 1957).

그러나, 태도변화의 압력과 양에 미치는 상위의 영향은 항상 이렇게 간단하지가 않다. 상위가 클수록 압력이 더 많지만, 이것은 항상 더 많은 변화를 일으키지는 않는다. 복잡하게 만드는 두 가지 변인들이 있다. 첫째로, 상위가 매우 크게 됨에 따라, 청중들은 상위를 제거시키기에 충분하게 자신의 태도를 변화시키기가 점점 더 곤란하게 된다. 더욱이, 아주 상위한 진술은 사람들에게 소스의 신빙성을 의심하게끔 만드는 경향이 있다. 따라서 높은 수준의 상위에서, 압력은 태도변화에 의해서보다도 소스 격하에 의해서 더 감소되는 경향이 있게 된다. 다시 말하면, 일관성의 회복을 위한 기제로서 태도변화 대신에 소스 격하가 선택되게 된다.

어떤 과학자가 8시간의 수면이 실제로는 필요치 않고 6시간이 적절하다고 말하는 것을 어떤 사람이 듣는다고 가정하자. 그 과학자의 메시지는 상위가 적고, 이 사람은 다소 영향받게 되기 쉽다. 이러한 상황에서 신빙성있는 의사전달자를 거부하기는 어렵지만, 상위를 감소시키기 위해서 요구받은 쪽으로 자신의 의견을 약간 변화시키기는 쉽다.

그러나 상위가 더 크게 되면, 사람들이 자기의 의견을 변화시킴으로써 압력을 감소시키기가 훨씬 더 어려워진다. 8시간이 필요하다고 생각하는 사람이 단지 4시간이 필요할 것이라고 결정하기가 보다 더 곤란하다. 그러면, 이 사람은 의사전달자의 신빙성을 의심하기 시작한다. 이 사람은 그 과학자가 실제의 인간에 관해서는 많이 알지 못한다고 생각하기 시작한다. 그 결과는 태도변화가 일반적으로 어느 지점까지는 상위가 클수록 증가되고, 그 뒤에는 만일 상위가 계속 더 커지게 되면 감소되게 된다는 것이다(예, Freedman, 1964 ; Eagly와 Telaak, 1972). 높은 상위에서 태도변화 대신에 소스 격하가 일어나기 시작한다.

더 큰 신빙성은 의사전달자들로 하여금 더 상위한 입장을 성공적으로 제시하게끔 만들 것이다. 왜냐하면, 그들은 쉽게 거부당하지 않을 것이기 때문이다. 이와는 반대로, 낮은 신빙성 소스는 거부를 비교적 용이하게끔 만들고, 최대의 태도변화는 더 낮은 상위수준들에서 일어날 것이다.

이러한 상위와 신빙성의 영향들은 도 6-4에서 보이는 바와 같이, Bochner와 Insko(1966)의 연구에서 훌륭하게 예시되고 있다. 그들은 노벨상 수상자(높은 신빙성)와 YMCA 강사(낮은 신빙성)가 보통 사람에게 매일 밤 요구되는 수면시간의 수에 관한 메시지들을 제시하게끔 만들었다. 각 피험자는 한 소스로부터 하나의 메시지를 받았다. 어떤 피험자들은 8시간이 요구된다는 메시지를 받았고, 다른 피험자들이 7시간이 소요된다는 등의 메시지를 받았다. 대다수의 피험자들이 처음에 8시간이 옳다고 생각했는 고로, 이러한 메시지들은 따라서 상위에서 차이가 있었다. 8시간 메시지에 대해서는 영의 상위, 7시간 메시지에 대해서는 1시간이 상위 등등이었다.

도에서 볼 수 있는 바와 같이, 높은 수준들보다도 중간수준의 상위들에서 더 많은 변화가 있었다. 이에 더해서, 예상대로 최적의 상위수준은 높은 신빙성 소스에 대해서 더 컸다. YMCA 강사는 3시간의 수면을 주장함으로써 가장 좋았지만, 높은 신빙성 소스는 단 1시간의 수면이 실제로 필요하다고 주장함으로써 최대의 태도변화를 얻었다. 따라서 신빙성수준은 상위와 태도변화 간의 기본적인 역의 U관계를 변화시키지는 않지만, 이것은 최대의 변화가 일어나는 지점을 변화시킨다. 의사전달자를 거부하기가 더 어려울수록, 최대의 변화가 일어나는 상위는 더 크게 된다. 어떤 상위한 입장이 시청자의 입장과 매

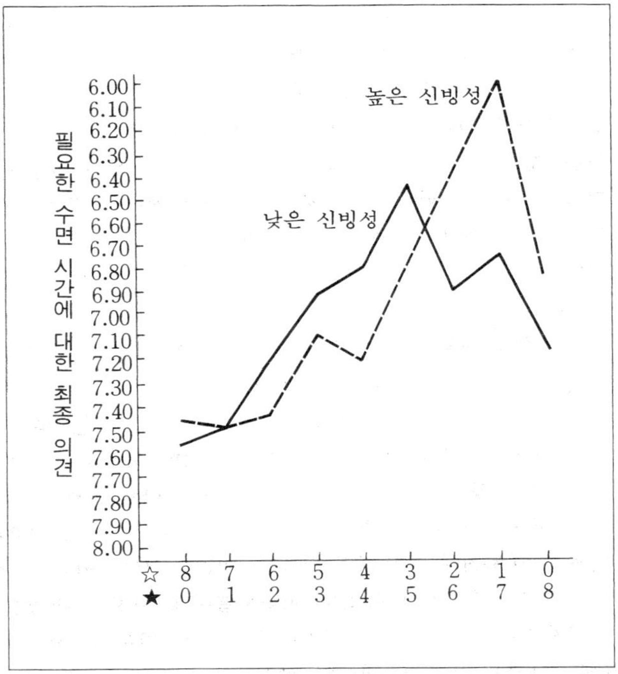

도 6-4. 여러 수준의 상위들에서 고 및 저 신빙성의 의사전달자들이 일으킨 의견변화. (Bochner와 Insko, 1966)
☆: 주장된 수면시간들
★: 전형적인 학생의 의견으로부터의 상위

우 가까울 때, 그들은 이것을 실제보다 더 가깝다고 지각한다. 이것은 동화(assimilation)라고 일컬어지고 있다. 어떤 상위한 입장의 가까움을 과장하는 것은 작은 상위를 감소시키기에 충분하게 변화하기 쉽게끔 만들거나, 두 개의 입장들을 근본적으로 동일하게 만들음으로써 변화의 필요성을 제거시킬 수도 있다. 사람들이 사회집단들의 태도를 추정할 때에 이와 동일한 오지각들이 일어난다. 그들은 자기자신의 집단의 멤버들이 자기 자신과 일치하는 정도를 과대추정하는 경향이 있다: 즉, 그들은 동료 집단멤버들의 태도들을 동화시키는 경향이 있다. 예컨대, 백인들은 실제보다도 다른 백인들이 흑백인종의 통합과 분리에 대해서 자기 자신과 더 일치하고 있다고 생각한다(Granberg, 1984).

이와는 반대로, 소스의 입장이 청중의 입장과 매우 상위할 때, 이것은 실제보다도 더 멀리 떨어져 있는 것으로 지각되게 된다. 이 과정은 대비(contrast)라고 불리고 있다. 이것은 만일 그렇게 해서 의사전달자의 입장이 엉뚱한 것으로 여겨질 정도로 매우 극단적인 것으로 지각되어서 의사전달자를 불신하기 쉽게끔 만든다면, 긴장을 감소시킬 수 있다(Hovland 등, 1957). 어느 양식으로나 오지각은 태도변화상황에서 비일관성을 감소시킨다.

동기유발

동기유발들은 가장 보편적인 선전기법들이다. 적대감을 유발시키기 위한 시도들이 흔히 이루어지고 있다. 적대국들이 이차대전 때에 독일놈들과 일본놈들과 같이 전쟁시에,

그리고 오랜 동안 소련인들과 같이 냉전 동안에 비방되었다. 낙태를 행하거나, 국기를 태우거나, 아동용 외설책을 만들거나, 인종차별 발언을 하는 사람들에 대한 증오심이 유발되어지고 있다. 이와 비슷하게, 공포를 유발시키는 것은 어떤 사람에게 어떤 것을 믿게끔 설득하고자 하는 가장 자연적인 방법들 중의 하나이다. 여러 보건부장관들은 달리 행동하는 것이 갖는 건강에 대한 끔찍한 결과들을 공표함으로써 국민들에게 담배를 끊게끔 만들고 더 안전한 성적 관행들을 사용하게끔 만들기 위해서 노력해 왔다. 그리고 거의 모든 국가들에서, 막대한 군사비들이 적의 공격에 대한 공포심에 기초해서 정당화되고 있다.

공격성 유발 학습적 접근은 동기유발들이 메시지의 수용이 흥분을 감소시키게 될 때에만 태도변화를 일으킬 것이라고 시사한다. 따라서 공격성유발은 커뮤니이션이 어떤 공격적 입장을 주장할 때(따라서 공격동기를 감소시킬 때)에만 태도변화를 일으킬 것이다.

Weiss와 Fine(1956)의 연구에서, 어떤 피험자들은 그들로 하여금 공격적으로 느끼게끔 고안된 성가시고 좌절을 주는 경험을 받게 되었다. 다른 피험자들은 그 반대의 경험, 즉 유쾌하고 만족을 주는 경험을 받게 되었다. 그 다음에, 이 두 집단은 청소년비행에 대해 관대하거나 처벌적인 태도를 취하는 설득 커뮤니케이션에 접하게 되었다. 실험자들이 처벌적 메시지가 공격적 피험자들에게 자신의 공격을 표현할 길을 제공하기 때문에, 공격적으로 느끼게 된 피험자들이 처벌적 커뮤니케이션을 받아들일 가능성이 더 클 것이라는 가설을 세웠다. 관대한 메시지는 비공격적 피험자들의 비교적 비공격적 욕구를 충족시키기가 더 쉬울 것이다.

그 결과들은 이러한 예상들과 일치되었다. 즉, 공격적 피험자들은 처벌적 커뮤니케이션에 의해서 더 영향받았으며, 비공격적 피험자들은 관대한 커뮤니케이션에 의해서 더 영향받았다. 따라서 개인적인 좌절들은 개인으로 하여금 군사적 조치나, 소수인 집단들에 대한 공격이나, 의견이 다른 사람들에 대한 가혹한 처우를 주장하는 설득 커뮤니케이션에 대해 더욱 취약하게끔 만들지만, 아마 그것들은 자선 캠페인들과 같은 비공격적 호소들에 대한 피영향성을 증가시키지 않을 것이다.

공포유발 공포의 경우는 더 복잡하다. 또다시 학습적 접근은 공포유발 메시지들이 만일 이것들이 공포감소 권고들을 제안한다면, 수용되게 될 것이라고 시사할 것이다. 그러나 경험적 증거는 공포수준들이 또한 고려되어야만 된다는 것을 시사한다.

이 분야에서의 시초의 연구는 1953년에 Janis와 Feshbach에 의해 실시되었다. 그들은 고등학생들에게 매 식사 후에 하루에 세 번 이를 닦는 것의 중요성을 강조하는 필름을 보여 주었다. 필름은 그렇게 하지 않는 것이 갖는 위험들을 기술했고 좋은 구강위생의 이점들을 설명했다. 높은 공포는 험하게 삭아버린 이들과 치주들, 썩은 이들의 클로즈업들, 이로부터 치주가 문드러진 입들 등등에 대한 사진을 보여 줌으로써 유발되었다. 약한 공포조건에서, 피험자들은 덜 극적이고 덜 무서운 사진들을 보았다. 그리고 무공포나 통제조건에서, 피험자들은 썩은 이들에 관한 아무런 사진도 보지 않았다.

높은 공포조건의 피험자들은 제시에 의해 더 많은 인상을 받았고 이것에 더 동의한다고 보고했다. 그러나 일주일 후에, 무공포조건의 피험자들은 다른 두 공포조건들의 피험자들보다 자신의 행동을 더 많이 변화시켰다. 연구자들은 최대의 효과가 공포를 일으키는 슬라이드들이 없는 설득적 주장들에 의해서 일어났다고 결론지었다. 그들은 너무 많은 공포가 방어적 회피를 일으켰으며, 피험자들이 커뮤니케이션에 주의를 기울이는 것을 단순하게 거부했다고 생각했다.

그러나, 초기의 연구 이후에 실시된 많은 실험들은 정반대의 결과를 얻어 왔다. 예컨대, 예일 대학교에서 Leventhal과 그의 동료들이 실시한 일련의 실험은 공포의 유발이 태도와 행동 모두의 변화를 촉진시키는 경향이 있다는 것을 보여 왔다. 한 연구(Dabbs와 Leventhal, 1966)에서 대학생들은 파상풍 예방주사를 맞도록 촉구받았다. 그병은 자세하게 기술되었다. 즉, 그것이 얼마나 심각하며, 때로는 생명에 관계되고, 걸리기가 쉽다는 것이 지적되었다.

높은 공포조건에서, 병에 대한 기술은 아주 생생했고, 증상들을 매우 분명하게 만들었고, 그 상황을 가능한 한 무섭도록 모든 것을 마련했다. 둘째 조건에서, 중간의 공포량이 유발되었다. 그리고 셋째 조건에서는 매우 적게 유발되었다. 이에 더해서 학생들은 면역이 극히 효과가 있으며, 이것이 그 병에 대한 거의 완전한 예방을 일으킨다는 지시를 받았다.

그 다음에, 학생들은 예방주사를 맞는 것이 얼마나 중요하다고 생각하는지와 이것을 맞을 의도가 있는지 없는지를 질문받았다. 근처에 있는 대학보건소는 다음 달 동안에 얼마나 많은 학생들이 예방주사를 맞으러 왔는가를 기록했다.

그 결과(표 6-3)는 분명하고도 인상적이었다. 유발된 공포가 클수록 더 많은 피험자들이 주사를 맞을 의도가 있었다. 아마 더욱 중요하게, 더 높은 공포는 더 많은 피험자들에게 실제로 보건소에 가서 주사를 맞게끔 만들었다. 따라서, 공포유발은 더 많은 태도변화를 일으켰을 뿐만 아니라, 또한 관련된 행동에도 더 큰 영향을 주었다. 여러 다른 연구들은 공포의 효과들을 연구하기 위해서 자동차안전, 원자폭탄실험, 원자전방공호, 구강위생과 같은 이슈들을 사용해 왔다. 대개의 경우들에서 공포유발은 설득 커뮤니케이션의 효과를 증가시키는 것 같다(Higbee, 1969 : Leventhal, 1970).

이제 공포의 효과에 관한 두 개의 일반이론들이 있는데, 이 둘은 학습이론에서 나온 시초의 욕구충족의 아이디어를 넘어서고 있다. Janis(1967)는 낮은 수준들에서 자신의 시초의 가설과 일치되어서 더 큰 공포가 더 많은 태도변화를 일으킨다고 주장한다. 그러나 그는 공포가 증가됨에 따라 공포는 어떤 지점에서 너무 강하게 되고 방어기제들을 일으키고, 따라서 더 적은 태도변화를 일으킨다고 시사한다. 이것은 대개 간단하게 예방되는 질병이고 사람들을 매우 겁나게끔 만드는 일이 드물은 파상풍에 관한 실험들에서 높은

표 6-3. 태도와 행동에 미치는 공포유발의 영향

조 건	주사를 맞으려는 는 의도[a]	주사를 맞은 백분율
높은공포	5.17	22
낮은공포	4.73	13
통 제	4.12	6

a : 수치는 1(가장 낮음)에서 7(가장 높음)까지의 척도상의 평정치임.
자료원 : Dabbs와 Leventhal(1966)에서 개작됨.

공포가 가장 강한 효과들을 갖는 이유를 설명해 줄 것이다. 그러나 높은 공포유발은 폐암과 흡연에 관한 실험들에서 덜 흔히 성공을 거두고 있는데, 이는 아마 폐암이 너무 많은 공포를 일으키고 평생의 흡연자에 대해 방지하기가 너무 곤란하기 때문일 것이다.

다른 사람들은 이 문제를 기대－가치이론에서 접근해서, Janis의 모형보다도 개인을 다소 더 인지적이고 이성적인 것으로서 간주하고 있다(Leventhal, 1970 ; Rogers와 Mewborn, 1976). 이들 이론들은 공포를 일으키는 사상의 성질, 공포를 일으킨 사상에 대한 개인의 지각된 취약성 및 권고된 대비책들의 효과성을 고려하고 있다. 그들은 공포가 태도변화에 영향을 주게 될 특수한 조건들을 예언하고자 시도한다. 공포는 만일 개인이 공포를 일으킨 사상에 대해 취약하게 느끼거나 만일 매우 효과적인 대비책들이 권고되고 있다면, 태도변화를 증가시키지만, 만일 개인이 취약하게 느끼지 않거나 대비책이 거의 또는 전혀 없다면, 그렇지 못할 것이다. 예컨대, 한 연구는 영국의 흡연자들에게 흡연의 중단을 주장하는 비디오테이프들을 보여 주었다. 흡연을 중단하는 데에 가장 성공적이었던 사람들은 중단이 자신의 건강에 가장 유익하며 흡연이 가장 위험하다고 시초에 지각했고, 자신이 실제로 흡연을 중단할 것이라고 가장 많이 기대했던 사람들이었다(Sutton과 Hallett, 1989). 따라서 이들 이론들은 비록 사람들이 그러한 상황들에서 가장 합리적인 반응을 항상 계산하지 않는다는 것이 분명한 것같지만, 다소의 자료들을 또한 설명할 수 있다.

요약하면, 증거는 대부분의 경우들에서 공포를 유발시키는 것이 설득 커뮤니케이션들의 효과를 증진시켜 준다는 것을 나타낸다. 그러나 너무 많은 공포를 유발시키는 것은 장해를 일으킬 수 있다. 사람들을 너무 무서워하게끔 만드는 것은 그들을 너무 마비시켜서 행동할 수 없도록 만들거나, 너무 위협을 느껴서 위험을 부정하고 설득 커뮤니케이션을 거부하는 경향이 있도록 만들 수 있다. 그러나 중간수준들에서 공포를 유발시키는 주장들은 거의 또는 전혀 공포를 유발시키지 않는 주장들보다 태도변화를 일으키는 데에 더 효과적인 것 같다.

일방적 주장 대 양방적 주장

어떤 문제의 양측면을 제시하는 주장들이 의사전달자의 견해만을 단순히 제시하는 주장들보다도 일반적으로 더 설득력있다. 이 분야에서 시초의 연구를 수행했던 Hovland 등(1949)은 양방적 주장들이 의사전달자의 견해에 대해 시초부터 반대했던 교육수준이 높은 사람들에 대해서 특히 효과적이라는 것을 발견했다. 그러나, 이러한 발견들은 Chu(1967)에 의해 제한되고 있는데, 그는 일방적 주장이 어떤 문제에 대해서 잘 알지 못했던 피험자들에 대해서 더 효과가 있다는 것을 발견했다. Chu에 의하면, 어떤 문제를 잘 알고 있는 피험자들은 어떤 일방적 주장을 편향된 것으로 본다. 이것은 Chu에게 커뮤니케이션의 효과들이 편향의 탐지에 관련되어 있다고 시사하게끔 만들었다. 편향 탐지를 일정하게 유지시켰을 때, Chu는 일방적 주장과 양방적 주장 간의 효과의 차이가 피험자들이 의사전달자의 견해에 시초부터 동의했을 때와 꼭 마찬가지로, 사라진다는 것을 발견했다.

양방적 주장들이 일방적 주장들보다 더 효과적이라는 데에 동의하면서, Jones와

Brehm(1970)은 이 효과가 심리적 반발(psychological reactance)에 의해서 생길 수 있다고 시사했다. 반발이론에 의하면, 어떤 특정의 견해를 받아들이도록 강요받았다고 느끼는 사람들은 자신의 자유의지감을 보호하기 위해서 이것에 대해 강력하게 반발한다. 양방적 주장들이 보다 더 편향이 없다고 지각되기 때문에, 사람들은 이것들을 덜 방어적으로 평가한다.

강한 주장들

때로는 어떤 커뮤니케이션 속에 있는 주장들은 강력하고 강제력있으며 때로는 그것들은 약하고 그럴듯할 뿐이다. 폐암에서 흡연의 어떤 인과적 역할이나, AIDS를 일으키는 데에 있어서 불안전한 성관계들에 대한 증거는 매우 강력하다. 백인들이 신에 의해서 우수한 인종으로 선택받았다거나, 이차대전 때에 나치가 수백만 명의 유태인들을 학살한 일이 결코 없었다는 증거는 매우 미약하다.

우리는 강한 주장들이 약한 주장들보다 항상 더 우수할 것이라고 생각할 것이다. 세부검토 가능성모형(Petty와 Cacioppo, 1986)은 사람들이 그들이 주장들에 관해서 주의깊게 생각할 동기가 있고 능력이 있을 때에 주로 강한 주장들에 대해서 더 호의적으로 반응한다고 시사한다. 그러나 많은 다른 조건들하에서, 사람들은 메시지에 대해 매우 자세하게나 주의깊은 사고를 행하지는 않고, 따라서 주장들의 강도는 하나의 결정적 요인이 되지 못한다. 우리는 이 장의 끝부분에서 이러한 조건들의 보다 더 완전한 목록을 다시 검토하게 될 것이다. 그러나 그 요지는 여기에서 두 가지 예들로서 예시될 수 있다.

수사적 질문들(rhetorical questions) 수사적 질문들을 제시하는 것도 또한 사고를 자극시킬 것이다. 이러한 한 연구에서, 설득주장들이 수사적 질문들이나 결론들의 단순한 주장들에 의해서 개시되었다. 취급되었던 이슈가 모든 대학생들에 대한 졸업종합시험제도의 새로운 요구에 관한 것이었으므로, 종합시험에 합격하는 것이 대학원이나 전문직 학교들에 입학하고자 하는 사람들에게 도움을 줄 것인가, 이것은 학위의 권위에 도움을 주고 학생들이 취직하는 것을 돕고 학습을 증가시키고 교수의 질을 향상시킬 것인가?와 같은 수사적 질문들을 포함시켰다(Burnkrant와 Howard, 1984).

이 연구자들은 Petty와 Cacioppo의 모형에 따라 수사적 질문들을 써서 이와 같은 학생들에 대해서 인기없는 제안을 도입시키는 것이 더 많은 사고를 자극시킬 것이라고 예언했다. 또다시, 커뮤니케이션에 관해서 더 많이 생각하는 것은 강한 주장들의 이점을 높여 줄 것이다. 그리고 실제로, 바로 이러한 결과가 얻어졌다. 수사적 질문들은 더 많은 사고, 강한 주장들에 대한 더 호의적 사고들을 동기화시켰으며, 강한 주장들에 대해 상당한 이점을 부여했다. 이러한 자료들이 도 6-5에 제시되어 있다. 이와 비슷한 결과들이 다른 연구들에서도 얻어져 왔다(Petty와 Cacioppo, 1986 참조).

주장의 수 커뮤니케이션의 효과는 주장들의 질 뿐만 아니라 주장들의 양(quantity)에도 또한 달려 있다. 하나의 모의재판 실험에서 Calder 등(1974)은 검사측이나 변호사측에 대한 동의가 상대측에 비해서 각측이 제시했던 증거의 양과 상이한 주장들의 수

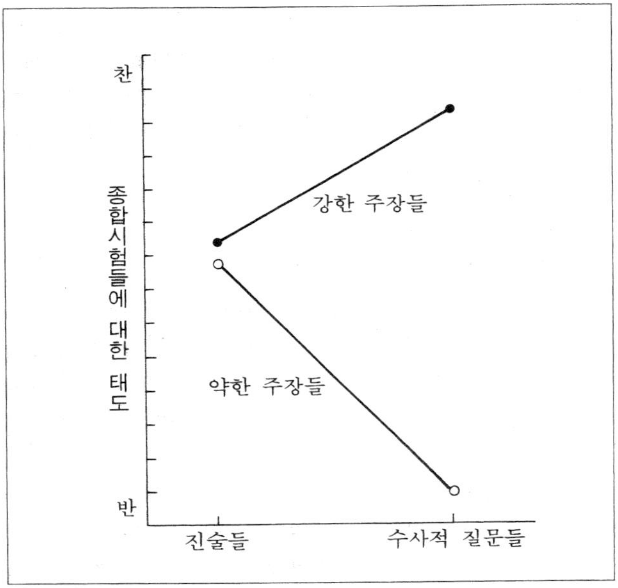

도 6-5. 문법적 형식과 주장의 질이 태도에 미치는 영향들. (Burnkrent와 Howard, 1984)

에 달려 있다는 것을 발견했다. 이 연구의 다소 놀랄 만한 발견은 검사측에 의해서 더 많은 주장들이 내세워질수록 피고가 유죄라고 평가되는 경향이 더 크다는 것이었다. 비록 증거의 양과 질 사이에 아무런 논리적 연관이 분명히 없을지라도, 이 연구는 사람들이 이 둘 사이를 연관시킨다는 것을 시사한다.

특별논의 6-2. 자극시키는 질문들과 편향된 답변들

Petty 등(1987)은 수사적 질문들에 관한 이러한 생각을 한 단계 더 진척시켰다. 만일 수사적 질문양식이 설득메시지 속의 주장들에 대한 더 면밀한 검토를 자극시킨다면, 이것은 여러 제품들의 인기도에 관한 전형적인 시장조사지 속의 질문들에 대한 더 면밀한 주의를 이와 비슷하게 고무시킬 것이다.

따라서, 만일 이것이 수신자에게 강한 주장들을 수용하고 약한 주장들을 거부하도록 만든다면, 이것은 또한 응답자들에게 편향들에 관해서 더 열심히 생각하도록 만듦으로써 그러한 조사지 질문들에 삽입되어 있는 편향들은 과장시킬 것이다.

이러한 생각을 검증하기 위해서, 그들은 하나의 소비자 제품조사에서 "요시코 계산기"에 관한 질문들 속의 편향을 변화시켰다. 한 개의 질문은 매우 긍정적인 편향을 갖고 있었으며("요시코 계산기는 제조회사의 모든 결함에 대한 평생 동안의 보증서를 제공하고 있다"), 다른 질문은 약한 긍정적 편향을 갖고 있었다("요시코 계산기들은 두 가지 색깔로 나왔으며 유행을 의식하는 대학생을 염두해서 설계되어 있다"). 그들은 또한 질문양식들을 변화시켜서, 어떤 응답자들은 심문양식을 받았

고("요시코 계산기는 가격에 걸맞는 바람직스러운 특징들을 갖고 있는가?") 다른 응답자들은 주장양식을 받았다(응답자들은 "요시코 계산기들은 가격에 합당한 가치를 갖고 있다"와 같은 진술들에 동의하거나 반대해야만 되었다).

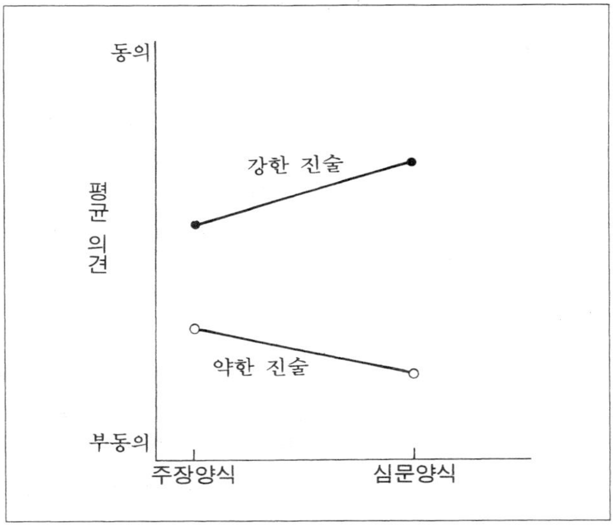

수사적 질문들처럼, 심문양식이 질문에 대한 더 면밀한 주의를 일으킬 것이고, 따라서 질문 속의 친요시코적 변형의 효과를 과장시킬 것이라는 것이 연구의 가설이었다. 그리고 발견은 이 가설을 지지했다. 이 연구자들은 "면도칼"에 관한 이와 비슷한 실험에서도 이 발견을 다시 얻었다. 이들 두 실험의 종합적 발견들이 위의 그림에 제시되어 있다(Petty 등, 1987, p. 488).

말초단서들 어떤 사람이 주장들에 관해서 생각하려는 동기가 부족할 때(예: 주제가 개인에 대해 중요성이 거의 없을 때) 또는 개인이 그것들을 잘 처리할 능력이 없을 때(예: 잘 알지 못하거나 주의분산되었을 때), 더 많은 말초단서들이 태도변화를 결정하는 데에 더 중요해지게 된다.

메시지 속의 주장들의 수와 주장들의 길이는 그러한 두 가지 말초단서들이다. Petty와 Cacioppo(1984)는 메시지 속에서 단순히 더 많은 주장들을 제시하는 것이 주제가 개인에 대해 매우 관련성있지 않고 따라서 그 주제에 관해서 생각할 동기를 거의 제공하지 않을 때에 태도변화를 증가시킨다는 것을 증명해 왔다. 이 연구는 더 많은 주장들을 제시하는 것이 강한 주장과 약한 주장에 대해 비슷하게 태도변화를 증가시켜서, 처리가 거의 진행되고 있지 않다는 것을 나타내고 있다. 이와 비슷하게, 더 긴 메시지들은 짧은 메시지들보다 더 영향력있지만, 아마 메시지들에 대해 거의 사고하지 않는 잘 모르는 사람들에서만 그러했다. 더 잘 아는 사람들에 대해서, 주장들의 길이보다도 주장들의 강도가 더 중요한 요인이다(Wood 등, 1985).

여러 요인들이 커뮤니케이션에 대한 주의깊은 처리를 증가시키고, 따라서 수사적 질문들과 반복과 같은 강한 주장들을 유리하게끔 만든다. 이것들이 없으면, 소스의 특징들이나 주장의 단순한 양과 같은 말초단서들이 더 큰 영향력을 갖는다.

반 복

텔레비전 상업광고에서 동일한 얼굴의 건강한 운동선수들이 매주 동일한 주점에서 동일한 상표의 맥주를 비우는 것을 보는 것에 대한 당신의 반응을 고려해 보자. 그 반복은 그 상표의 맥주와 그 운동선수들 간의 당신의 연합을 강화시키는가? 그렇지 않으면 만일 그 메시지가 충분하게 복잡하다면, 반복은 당신이 그것을 이해하고 그 주장들이 강하거나 약한지를 결정하는 것을 도울 수 있는가? 그렇지 않으면, 당신은 상업광고에 매우 식상해져서 그것을 꺼버릴 것인가?

8장에서 보게 되는 바와 같이, Zajonc(1968)과 다른 연구자들에 의한 많은 연구는 반복에 기초된 친숙성이 호감을 증가시킨다는 것을 보인다. 이것은 반복이 일반적으로 태도변화를 증가시킬 것이라는 것을 의미할 것이다. 그러나, 설득 커뮤니케이션에서 반복은 분명히 어느 지점까지만 태도변화를 증가시킨다. Cacioppo와 Petty(1979)는 학생들에게 대학예산의 증가에 대한 8개의 상이한 주장들을 포함하고 있는 커뮤니케이션들을 제시했다. 각 커뮤니케이션은 1회나 3회나 5회 제시되었다. 그들은 접촉의 증가에 따라 어느 지점까지는 동의가 증가되고 그 다음에는 감소된다는 것을 발견했다.

이러한 역의 U함수는 커뮤니케이션이 학생들에 대해 낮은 상위의 "바람직스러운" 입장인 사치세의 증가를 주장하거나, 높은 상위의 "바람직스럽지 못한" 입장인 등록금 인상을 주장하는 커뮤니케이션에서 모두 일어났다.

이와 비슷하게, Gorn과 Goldberg(1980)는 TV프로 동안에 "프린톤스"라는 아이스크림 광고를 시청하는 아동들이 그들이 그 광고를 작거나(1회) 큰(5회) 횟수보다도 중간(3회) 횟수를 보았을 때에 그 제품을 더 선호한다는 것을 발견했다.

반복이 이러한 효과들을 갖는 이유는 무엇인가? 이론적으로, 반복이 두 가지 별개의 효과들을 가질 수 있다고 상상하기는 쉽다: 반복은 설득커뮤니케이션의 내용을 고려할 기회를 증가시키고(처리의 향상), 또한 지루함 따라서 어떤 부정적 반응의 기회들을 증가시킨다. 예컨대, 방금 인용된 아이스크림 광고들을 시청하는 아동들의 예에서, 아동들은 공통적으로 높은 접촉조건에서 "아이구, 그만 하시지" 또는 "다시 하지마"라고 말했다.

향상된 처리의 함축적 의미는 반복은 이것이 강한 주장들이 더 잘 처리될 수 있게끔 해 주기 때문에 강한 주장들에 도움을 줄 것이지만, 약한 주장들의 단점들을 노출시키기 때문에 약한 주장들에 해를 줄 것이라는 것이다. Cacioppo와 Petty(1985)는 대학 4학년생들에 대한 졸업시험을 지지하는 강한 주장들에 대한 3회의 접촉이 이것들의 영향을 증가시켰지만, 동일한 3회의 접촉은 약한 주장들의 영향을 감소시켰다는 것을 발견했다.

지루함은 어떻게 처리될 수 있는가? 아마 내용을 약간 변화시키는 것이 도움을 줄 것이다. 이 연구자들은 특정의 제품에 대한 광고의 반복이 광고들이 다소 변화되었을 경우에는 효과의 증가를 일으켰지만, 아주 동일한 광고들이 매번에 사용되었을 경우에는 그렇지 않았다는 증거를 보고했다.

결론의 제시

한 입후보자로서, 당신이 결론들을 명백하게 진술해 주는 것이 더 좋은가, 아니면 자신의 청중으로 하여금 당신의 주장에 근거해서 스스로 결론을 내리도록 해야 되는가? 하나의 선구적 연구에서, Hovland와 Mandell(1952)은 피험자들에게 두 개의 커뮤니케이션들을 제시했는데, 그 중의 하나는 의사전달자에 의해서 결론이 특별하게 진술된 반면에 다른 하나는 청중이 스스로 결론들을 내리게끔 만들었다. 그 결과들은 결론이 분명하게 내려졌을 때에 설득이 더 효과적이었다는 것을 강력하게 나타냈다. 이것은 의사전달자가 자신의 이해관계에서 행동하고 있다고 간주되었을 때에도 또한 사실이었다(또한 Thistlethwaite 등, 1955 참조).

그러나 Cooper와 Dinnerman(1951)은 어떤 메시지의 명백성의 정도가 고려되어야만 되는 한 요인이라고 시사했다. 그들은 명백하게 진술되어 있지 않은 메시지들이 시청자 중의 지능이 낮은 사람들에 대해 불리한 반면에, 결론중심의 과잉일반화되고 특수성이 결여된 메시지가 보다 더 지적인 시청자로부터 거부당하게 된다는 것을 발견했다. 이것은 부메랑 효과(boomerang effect)의 한 측면으로서, 이것은 메시지가 의도된 것과는 정반대의 결과들을 일으킬 때에 생긴다.

표 적

어떤 특정의 소스에서 나온 메시지가 표적에 도달한 후에라도, 태도변화의 문제들이 사라져버린 것이 아니다. 환경보호에 관한 어떤 연설을 듣는 것은 교외지역에 거주하는 대학교수와 노천 탄광의 경영주에 대해서 아주 상이한 효과들을 가질 것이다. 표적의 특징들과 경험이 또한 메시지에 대한 반응들에 영향을 준다.

자아관여

이 주제에 대한 최초의 연구는 자아관여(ego involvement)의 개념에서 시작되었다. Sherif와 Cantril(1947)에 의하면, 자아와 긴밀하게 연관된 태도들은 변화에 대해 매우 저항한다. 그들은 자아관여가 준거집단들, 특히 국적, 종교, 인종 및 사회계층 집단들에다가 태도들을 결부시키는 것에서 생기기가 가장 쉽다고 생각했다.

그러나, 그 후의 연구는 각각 다소 상이한 역학을 지니고 있는 몇 가지 종류의 관여들 사이를 구분지어 왔다. 이것은 또한 준거집단들에 대한 연관을 관여에 대한 단 하나의 가능한 기초일 뿐이라고 취급해 왔다.

개 입 관여의 한 가지 측면은 주제에 대한 자기 자신의 시초의 태도에 대한 표적의 개입(commitment)이다. 이것은 또한 관여가 이슈에 대한 개인의 입장에 한정되어 있기 때문에 때로는 "입장관여"(position involvement)라고도 일컬어지고 있다(Chaiken과 Stanger, 1987). 설득메시지에 대한 저항은 대부분 이러한 개입의 강도에 달려있다. 어떤 입장에 대한 개입은 몇 가지 근원들에서 생길 수 있다. 그 중의 하나는 우리가 5장에서 본 바와 같이, 태도에 기초해서 행했던 행동이다. 방금 차를 구입한 어떤 사람은 그 차를 구입하기 이전보다도 그 차가 훌륭한 차라는 믿음에 더 많이 개입되어 있다. 그리고 새 차의 소유자들은 일반적으로 그들이 선택한 차가 그리 훌륭한 차가 아니라는 것을 듣는 것에 대해 매우 허심탄회하지는 않다.

둘째로, 이전의 어떤 태도에 대한 공적 개입은 단지 사적 개입이나 전혀 개입이 없는 것에 비해서 변화에 대한 더 많은 저항을 일으킨다(Hovland 등, 1957). 자기의 모든 친구들에게 자기는 담배를 피우는 것이 건강에 나쁘며 나쁜 짓이라고 방금 말한 어떤 사람은 그 생각을 마음 속으로만 갖고 있을 경우보다도 그 태도에 더 많이 개입되어 있다. 만일 그 사람이 그 생각을 공적으로 표현했다면, 자신의 태도를 바꾸는 것이 이제는 자기 친구들에게 자기가 틀렸었다는 것을 시인하는 것을 내포할 것이기 때문에 보다 더 곤란하다.

셋째로, 어떤 입장의 자유선택은 강요를 당하는 것보다도 더 큰 개입감을 일으킨다. 한 연구(Freedman과 Steinbruner, 1964)에서, 피험자들에게 어떤 대학원 입시생에 관한 정보를 주고서, 높거나 낮은 자유재량의 상황하에서 그를 평정하도록했다. 피험자들은 그

이와 같은 공식적 종교적 개입들은 가장 구속력있는 것들 중에 속한다. 여기에서 이 젊은이가 앞으로 수년 동안 계속 개입되게 되는 것을 도와 주게 될 결정적 요소들은 무엇인가?

들이 스스로 자기의 마음을 결정하고 특정의 평정을 자유롭게 택한다고 느끼게끔 만들어졌거나, 그들이 실질적으로는 의사결정에 전혀 관계가 없이 강제로 평정을 택하게 되었다고 느끼게끔 만들어졌다. 그 다음에, 피험자들은 그들의 시초의 평정과 강하게 모순되는 정보에 접하게 되었고, 그들이 원한다면 자신의 평정을 고치게끔 허용받았다. 자유선택감을 가지고 첫 평정을 했던 피험자들은 낮은 자유선택조건의 피험자들보다 덜 변화되었다.

개입의 네번째 원천은 태도대상에 대한 직접경험이다. 예컨대, Wu와 Shaffer(1987)는 앞에서 지적된 바와 같이(도 6-3 참조), 땅콩버터의 상표들에 직접 접촉되었던 피험자들이 간접적으로 접촉되었던 피험자들보다 반대되는 커뮤니케이션에 대해 덜 취약했다는 것을 보였다. 직접 경험이 또한 앞 장에서 본 바와 같이 더 큰 태도-행동의 일관성을 촉진시킨다는 것에 주목하라.

따라서 일반적으로, 강한 개입은 상위한 설득커뮤니케이션에 의해 일어난 태도변화의 양을 감소시킨다. 어떤 태도를 변화시키는 것이 개인에게 더 많이 포기하거나, 더 많이 괴로움을 당하거나, 자신의 태도들이나 행동들을 더 많이 변화시키게끔 만들 때에는 언제나, 자신의 시초의 태도에 대한 개인의 개입은 증가하며 개인에게 그 태도를 변화시키기가 더 곤란하게끔 만든다. 더 큰 개입은 그 사람으로 하여금 자신의 태도를 변화시키기가 더 곤란하게끔 만들며, 그 사람이 그 대신에 다른 양식의 해결책들을 사용하기가 더 쉽다는 것을 의미한다.

개입과 상위가 태도변화에 미치는 합동적 영향들은 신빙성과 상위의 영향들과 비슷하다. 시초의 입장에 대한 개입은 최대의 태도변화가 일어나는 상위의 양을 또한 이동시키지만, 신빙성과는 반대 방향으로 이동시킨다. 자신의 태도에 대한 개입이 더 클수록, 태도변화 대신에 소스의 거부가 시작되는 상위점은 더 낮게 된다. 따라서 개입이 클수록 최대의 태도변화가 일어나는 상위는 더 낮아진다(Freedman, 1964 ; Rhine과 Severance, 1970).

이슈관여 두번째 형태의 자아관여는 이슈가 개인에 대해 중요한 결과들을 갖고 있을 때에 일어난다. 이것은 개인이 주제에 대한 자신의 특수한 입장보다도 이슈 자체에 관여되어 있기 때문에 **이슈관여**(issue involvement ; 때로는 개인적 관련성)라고 불리어 왔다. 이슈관여는 세부검토가능성이론에서 하나의 관건변인이다(Petty와 Cacioppo, 1986). 주요 예언은 이슈관여가 이슈와 아울러 관련된 주장들에 대한 면밀한 검토를 동기화시키는 고로, 설득에서 주장강도의 역할을 높인다는 것이다. 예컨대, 제안된 등록금인상이나 졸업시험은 만일 대학생들이 이것들에 의해서 개인적으로 영향받게 될 수 있다면, 그들에 대해 이슈관여를 일으킬 것이다. 만일 당신이 다음 학기에 자신의 등록금이 두 배로 인상될 것이라고 들었다면, 당신은 아마 인상의 이유들의 타당성에 대해 면밀한 주의를 기울이게 될 것이다. 이와는 반대로, 개인적으로 관련없는 이슈는 그 정보를 처리하기 위한 많은 동기를 일으키지 않는 경향이 있다. 만일 당신이 등록금이 일본에 있는 대학들에서 인상된다는 것을 들었다면, 당신은 그 주장들을 매우 주의깊게 검토하지는 않을 것이다. 이와 같은 조건들에서 사람들은 의사전달자의 전문성이나 제시된 주장들의 길이와 같은 말초단서들에 더 많은 비중을 두게 될 것이다.

Petty와 Cacioppo(1981)는 이것을 하나의 마케팅연구에서 증명했다. 높은 관련성의 집단들에서, 피험자들은 하나의 새로운 면도칼에 대한 잡지광고들을 검토하도록 요구받았고 그들이 그 대가로 무료로 면도칼을 받게 될 것이라는 지시를 받았다. 낮은 관련성의 집단들에서 그들은 아무런 면도칼을 제공받지 않았다(그들은 그 대신에 치약을 받았다). 도 6-6에서 보이는 바와 같이, 높은 관련성에 대해서, 주장의 강도가 관건요인이었다; 낮은 관련성에 대해서, 소스의 전문성이 관건요인이었다. 그 후의 연구에서(Petty 등, 1983), 그들은 소스의 특징들에 관한 이와 동일한 발견을 거듭 얻었는데, 이번에는 상품을 권하는 유명한 스포츠 유명인들과 보통시민들의 권고들을 비교했다. 간단히 말해서, 결과가 피험자에게 관련있었을때, 주장들은 주의깊게 처리되었다. 그렇지 않았을때, 피험자는 의사전달자의 피상적 속성들에 의지하는 것으로 만족했다. 대부분의 다른 연구들은 이러한 발견을 반복해서 얻어 왔으며, 더 나아가서 더 높은 수준의 이슈관여수준들에서 더 큰 반대주장을 발견해 왔다(Leippe와 Elkin, 1987 참조; 그러나 공정하게 말해서, 모든 연구자들이 이슈관여가 주장강도에 대한 많은 주의를 자극시킨다는 것을 발견하지는 않았다; Axsom 등, 1987 참조).

반응관여 개인이 자신의 이전의 태도에 대해 매우 개입되어 있지 않고 이슈가 개인적으로 매우 관련되어 있지 않을 때에라도, 개인의 태도반응이 공적 검토를 받게 되고 그것이 개인에게 사회적 인정이나 불인정을 가져다 주게 될 것이기 때문에, 그 태도반응은 개인에 대해서 매우 중요할 수 있을 것이다. 이러한 종류의 관여는 반응관여(response involvement)라고 일컬어지고 있다(Zimbardo, 1960). 따라서, 이슈에 관여된 사람이 주장들의 내재적 성질에 더 많은 관심을 두고 있는 반면에, 반응관여된 사람은 이슈의 결과가 문제가 되기 때문에 타인들이 무엇을 인정하게 될 것인가에 대해 주로 관심을 두고

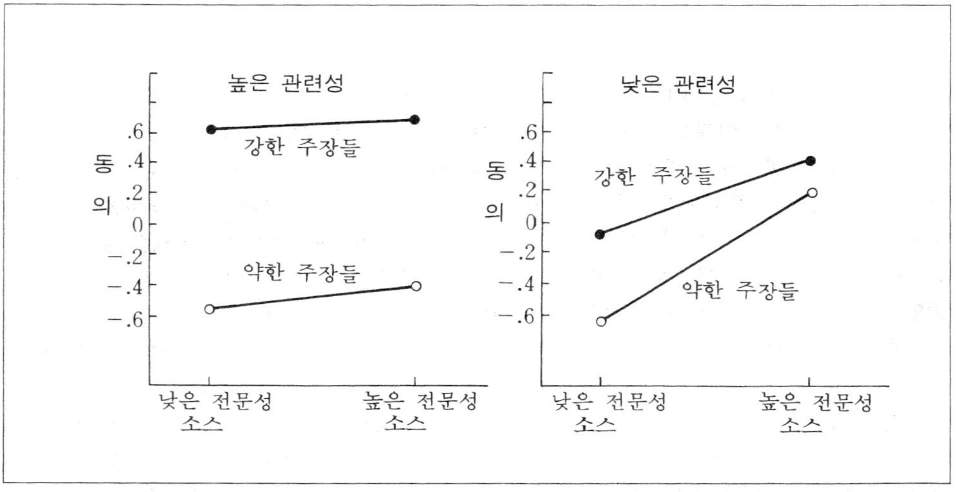

도 6-6. 메시지 후의 태도들은 주장의 질, 소스의 전문성 및 이슈에 대한 개인적 관련성에 의해서 영향받게 된다. 왼쪽 그림은 어떤 주장의 질은 높이 이슈관련성에 관련있지만, 소스의 전문성이 낮은 이슈관련성에 대해서만 관련있다는 것을 보인다.(Petty와 Cacioppo, 1986)

있다

이슈관여와 반응관여의 이러한 대비되는 효과들이 Leippe와 Elkin(1987)에 의해서 비교되었다. 그들은 이슈관여를 피험자들에게 그들의 대학이 졸업시험제도를 고려하고 있다고 말해 줌으로써 조작했다: 어떤 피험자들은 그 제도가 다음 해부터 실시되고 현재의 재학생들에게 영향을 주게 될 것이라고 설명을 들었으며, 다른 피험자들은 그 제도가 몇 년 후까지 실시되지는 않게 될 것이라는 설명을 들었다. 반응관여는 어떤 피험자들에게 그들이 다른 피험자와 한 명의 교수와 그 주제를 토의할 것이라고 말해 준 반면에 다른 피험자들에게 그러한 토의에 관해서 말해 주지 않음으로써 조작되었다.

높게 이슈관여된 동시에 낮게 반응관여된 피험자들, 즉 이슈에 의해서 개인적으로 영향받게 될 것으로 기대했지만 그들이 타인들에게 제시하게 될 이미지에 관해서 걱정할 필요가 없었던 피험자들만이 약한 주장보다도 강한 주장에 대한 반응에서 더 큰 태도변화에 반영된 바와 같이, 주장들에 대해 진정한 검토를 보였다. 높은 반응관여에서, 즉 피험자들이 자신의 자기제시에 몰두되어 있었을 때, 주장들의 강도는 이슈가 아무런 개인적 관련성이 없었을 때처럼, 무시되었다.

간단히 말해서, 시초의 자아관여의 개념은 각각 다소 상이한 심리적 역학을 갖고 있는 3개의 별개의 유형들로 분해되어 왔다. 개입(또는 입장관여)은 특수한 입장에 대한 개인의 관여를 나타내며 그 입장을 방어하기 위한 압력을 일으킨다. 따라서 상위한 커뮤니케이션들에 대한 접촉은 흔히 소스 격하, 오지각 또는 무조건 거부와 같은 태도변화 이외의 반응들을 일으킨다. 이슈관여는 이슈가 개인적으로 관련있다는 지각들을 일컬으며 최선의 가능한 입장을 취하기 위한 노력에 의해서 자극받아서, 보다 더 공개적이고도 부지런한 정보처리를 촉진시키는 경향이 있다. 그리고 반응관여는 자신의 외현적 태도진술이 타인들에 의해서 어떻게 받아들여지게 될 것인가에 관한 어떤 걱정을 일컫는다. 이것은 주장들의 질이나 문제의 장점들보다도 자기제시와 개인의 태도의 사회적 수용가능성에 관한 관심을 일으킨다.

면 역

한국전쟁의 여파로, McGuire 등은 중국 공산주의자들에 의한 미국인 포로들의 "세뇌"(brainwashing)에 관한 보고서들에 크게 관심을 갖게 되었다. 많은 포로들이 미국 정부를 비난하는 대중연설을 하게 되었고, 몇몇은 전쟁이 끝나더라도 미국에 되돌아가기보다도 중국에 남아 있고 싶다고 공적으로 말했다. McGuire는 몇몇 병사들이 그들이 전혀 경험이 없고 알지 못하는 문제에 대해서 공격을 받았기 때문에, 즉 많은 병사들, 특히 교육수준이 낮은 병사들이 중국인들이 그들에게 사용했던 세련된 마르크스주의의 공격에 대해 미국을 방어하도록 강요된 바가 결코 없었기 때문에, 그러한 영향에 취약했을 것이라고 생각했다.

McGuire는 표적에서의 변화에 대한 하나의 중요한 저항원이 그 이슈에 대한 과거 경험으로부터 나온다는 가설을 세웠다. 그는 상위한 커뮤니케이션에 당면된 사람이 바이러스나 질병에 의해 공격받고 있는 사람과 비슷하다고 가정했다. 설득 메시지(바이러스)가 강할수록 그것은 더 손상을 주게 될 것이고, 그 사람의 저항력이 강할수록 그는 설득(질병)에 저항할 능력이 더 많게 될 것이다.

사람의 어떤 질병에 대한 방어력을 강화시키는 데에는 두 가지 상이한 방법들이 있다. 우리는 그에게 비타민을 주고 운동을 시키는 등으로 그의 몸을 일반적으로 강화시킬 수가 있다. 그렇지 않으면, 우리는 항체들을 구축시킴으로써 그의 특정의 질병에 대한 방어력을 강화시킬 수 있다. 만일 사람들이 그들이 싸워서 이길 수 있는 약한 천연두 예방주사를 받게 된다면, 그들의 신체는 장차 보다 더 강한 공격들에 대한 효과적이고도 강력한 방어를 제공해 주는 항체들을 형성시킨다. McGuire는 이들 두 가지 접근들이 또한 영향상황들에서도 적용가능하다고 주장했다.

개인의 의견을 직접 구축해 줌으로써 저항을 강화시키는 첫번째 방법은 시초의 입장을 지지하는 부가적 주장들을 제공해 준다. McGuire는 이것을 지원적 방어(supportive defence)라고 일컬었다. 두번째 접근은 면역적 방어(innoculation defense)이다. McGuire는 저항을 증가시키는 보다 더 효과적 방법이 방어력들을 구축시키는 것이라고 주장했다. 자신의 의견이 공격받아 왔고 성공적으로 방어되어 온 사람은 비교적 강력한 방어체제가 구축되어 왔을 것이기 때문에 그 후의 공격들에 대해 저항할 수 있을 것이다. 면역적 방어는 두 가지를 포함하고 있다. 이것은 어떤 약한 공격으로 시작한다. 그 공격은 약해야만 되며, 그렇지 않으면 그것은 태도를 변화시키게 될 것이고 싸움에 지게끔 만들 것이다. 그 다음에 표적은 공격에 특별히 맞선 주장을 제공받거나 그 공격이 그리 훌륭하지 못하며 틀림없이 반박하기가 쉬운 것이라고 설명받음으로써 약한 공격에 방어하게끔 도움을 받게 된다.

McGuire와 Papageorgis(1961)에 의한 한 핵심 연구는 방어를 구축시키기 위해서 지원방법과 면역방법을 모두 사용했다. 세 집단의 피험자들이 있었다. 한 집단은 그들의 입장에 대한 지원을 받았고, 한 집단은 그들의 입장을 약하게 공격받았고 그 공격을 반박했다(면역조건). 그리고 셋째 집단은 이러한 절차의 어느 것도 받지 않았다. 그 후에, 모든 집단들은 그들의 시초의 입장에 대해 강한 공격을 받았다. 지원방법은 피험자들에게 설득에 저항하도록 약간 도와 주었다. 즉, 지원을 받은 집단은 대비가 없었던 집단보다 약간 덜 변화되었다. 그러나 면역방법은 상당히 도움이 되었다. 이러한 대비를 제공받은 피험자들은 다른 피험자들보다 훨씬 덜 변화되었다.

한 가지 함축적 의미는 지원방어가 표적이 단순히 특수한 주장들을 배울 필요가 있을 때에 가장 좋다는 것일 것이다. 면역방어는 표적이 자기 자신의 방어적 주장들에 대해서 생각해 보도록 자극받아야만 될 때에 더 나을 것이다. 이러한 견해와 일치해서 그 후의 연구는 지원방어가 차후의 공격이 지원을 하고 있는 주장들의 내용과 유사할 때에 특히 효과가 있는 경향이 있었으나, 새로운 주장들이 사용되었을 때에는 비교적 비효과적이라는 것을 보여 왔다. 이에 비해서, 면역은 공격이 새로운 주장들을 포함할 때에도 효과적이었다(McGuire, 1964).

인지적 반응이론이 이러한 결과들을 설명하기 위해서 가장 흔히 사용되고 있다. 이 이론은 약한 공격을 반박하면서 사람들이 자신의 모든 방어법들을 연습한다고 시사한다. 그들은 자기 자신의 입장을 지지하는 주장들을 마련하고, 반대되는 입장에 대항하는 반대주장들을 만들고, 반대되는 견해들의 소스가 될 가능성이 있는 것들을 격하시키는 등등을 할 것이다. 이러한 것은 개인에게 더 강하고 더 잘 방어된 입장을 제공해 줄 것이다.

기존의 태도: 선택적 접촉과 회피

우리가 설득기도들에 대해 저항하는 또 다른 방법은 선택적 회피(selective avoidance), 즉 우리의 기존의 태도들에 대해 이의를 제기하는 정보로부터 우리의 주의를 돌리는 경향성을 통하는 것이다. 사회적 인지의 맥락내에서, 선택적 회피는 태도들(한 유형의 도식들)이 들어오는 정보의 처리를 인도하는 양식들 중의 하나이다. 예컨대, TV 시청행위를 고려해 보자. 점증하는 증거는 사람들이 TV 앞에 단순하게 앉아서 TV에서 보내고자 하는 정보들을 받고 있지는 않다는 것을 시사한다. 그 대신에 사람들은 채널들을 바꾸거나, 음성 소거용 버튼을 누르거나, 자기들의 기존의 견해에 반대되는 정보(예컨대, 뉴스보도들)에 당면했을 때에 인지적으로 무시한다. 정반대의 효과가 또한 일어난다. 우리가 자신의 견해를 지지하는 정보(예: 우리의 태도와 일치되는 해설)에 당면할 때, 우리는 이것에 대해 증가된 주의를 기울이는 경향이 있다. 우리는 채널들을 바꾸는 것을 중지하고 주의깊게 보고 듣는다. 종합적으로, 우리의 태도와 모순되는 정보를 무시하지만 일치되는 정보에 주의를 기울이는 이러한 경향성들은 선택적 접촉(selective exposure)의 두 가지 측면들, 즉 우리 자신의 견해를 지지하는 정보를 얻으려는 두 가지의 의도적 노력들을 이룬다. 이러한 기제를 통해서, 우리는 설득에 저항해서 현재의 태도들을 방어하고 이것들이 장기간 동안 변하지 않은 채로 유지되는 것을 보장할 수 있다.

상 황

지금까지 기술되어 온 요인들은 의사전달자 · 메시지 및 표적에 관련된 것이었다. 그러나 매스 커뮤니케이션들은 대개 다른 일들이 일어나는 보다 더 광범한 맥락들 속에서 전달되게 되고 이것들이 또한 흔히 설득시도들의 성패에 결정적 효과들을 갖는 것으로 판명되어 왔다.

우리가 어떤 선거유세에서 정치후보자의 텔레비전 광고를 볼 때, 우리는 그 사람이 출마하고 있으며, 그 사람의 진술이 차분하고도 학구적인 것이 아니라는 것을 안다. 대부분의 사람들은 텔레비전 뉴스를 직장에서 귀가하고, 서로 이야기하고, 저녁식사를 준비하고, 아이들이 소리치고 비명지르는 등의 모든 왁자지껄 속에서 시청한다. 우리는 새로운 차들에 대한 광고를 축구게임의 휴식시간이나, 또 다른 맥주병을 가지러 가는 사이나, 목욕탕에 가고 있거나, 친구들과 함께 광고에 관해서 빈정대는 말을 하는 중에서 보게 된다. 이러한 상황들이 모두 설득기도들의 성공도에 영향주기가 쉽다. 이제 태도변화에서 가장 중요한 상황변인들 중의 몇 가지를 고려해 보자.

입장의 사전경고

만일 자신의 입장에 높게 개입되어 있는 어떤 사람이 자신이 앞으로 어떤 상위한 커뮤니케이션에 접하게 될 것이라는 것을 미리 듣게 되면, 그는 그 메시지에 의한 설득에 더 잘 저항할 수 있다. Freedman과 Sears(1965)에 의한 연구에서, 10대들에게 "10대들에게 왜 운전을 하게 해서는 안 되는가"라는 제하의 이야기를 듣게 될 것이라는 지시를 10분 전에 주었다. 다른 10대들은 연사가 시작하기 직전까지 그런 이야기에 관해서 아무런 지시를 받지 않았다. 이러한 경우들에서 경고를 들은 사람들이 그렇지 않은 사람들보다 이야기에 의해 영향을 덜 받았다. 이러한 사전경고(forewarning)는 그들로 하여금 그러한 매우 마음에 들지 않는 메시지에 저항하게끔 만들었다.

이것은 확실히 그럴듯한 결과이고, 이것은 설득의 업무에 종사하고 있는 많은 사람들에 의해서 믿어지고 있는 것 같다. 예컨대, 우리는 흔히 라디오나 텔레비전에서 지금부터 광고를 하겠습니다라는 사전경고 없이 광고를 시청하고 있다. 그 대신에 방송국은 우리가 그것이 무엇인가를 충분하게 이해하기 전까지 은밀하게 광고를 한다. 이와 비슷하지만, 다소 더 이타적인 예는 우리에게 다소 아픔이 있게 될 것이라고 경고하는 치과의사이다. 그는 우리에게 미리 경고를 주게 되면 우리가 아픈 것을 더 잘 참아낼 수 있다고 생각하고 있는 것 같다. 실제로, 전기쇼크를 받게 될 것이라는 경고를 미리 받은 피험자들은 경고를 받지 않은 피험자들보다 그것이 덜 아프다고 보고하는 다소의 실험적 증거가 있다.

이러한 것은 모두가 그럴듯하고 이치에 맞는 것 같지만, 왜 이것이 일어나는가? 아마 십중팔구, 면역과정에 따라 개인의 방어들은 어떤 식으로 연습되고 따라서 강화되어 있을 것이다. 사전경고된 사람(또는 방금 약한 공격을 경험한 바 있는 사람)은 경기를 대비해 온 권투선수와 비슷하다. 그는 훈련을 해왔고, 따라서 시합날짜가 다가올 때에 더 나은 자세를 갖고, 자신의 상대에게 더 잘 맞설 수 있게 된다. 그는 또한 자신의 상대가 그리 훌륭치는 못하고 자기 자신이 훌륭하다고 스스로 납득하는 데에 시간을 써 왔다. 이것은 그를 더 자신감있고 최선을 다해서 더 잘 싸울 수 있게끔 만든다.

이러한 모든 일들은 수신자가 의사전달자의 입장과는 상위한 어떤 입장에 강하게 개입되어 있었던 상황들에서 이루어져 왔다. 그렇지만 수신자가 자신의 시초의 입장에 매우 개입되어 있지 않다면, 사전경고는 그 반대, 즉 실제로 태도변화를 촉진시키는 효과를 갖는다. 이 경우에서 사전경고는 조만간에 그가 어떻게든 따라가야만 되는 길을 따라가도록 그에게 촉구하는 한 단서로서 작용하는 것 같다.

사전 경고받은 것은 사전무장되어 있는 것과 같다. 그녀는 세일즈맨이 주장하는 입장에 대해 확실히 사전경고되어 있다. 이것은 그녀에게 설득에 대해 저항하는 것을 도와 주는가? 그렇지 않으면, 그녀의 입장은 시초부터 그와 매우 상위하지는 않았는가?

예컨대, Apsler와 Sears(1968)는 사전경고가 이슈에 개인적으로 관여되어 있지 않은 피험자들의 태도변화를 촉진시키지만, 높게 관여되어 있는 피험자들에게서는 변화를 막는 통상적인 효과를 가질 것이라는 가설을 세웠다. 그들은 피험자들에게 거의 모든 피험자들이 반대하고 있는 변화, 즉 많은 상급학년의 전공과목들에서 교수들 대신에 조교들로 대치시키는 것을 주장하는 설득 커뮤니케이션을 주었다. 어떤 피험자들은 그들 자신의 교육에 영향을 주는 데에 시간을 맞추기 위해서 변화가 바로 있게 될 것이라는 지시를 받았고(높은 관여), 다른 피험자들은 그 변화가 수년 후에나 있게 되고 그들과는 아무 상관이 없을 것이라는 지시를 받았다(낮은 관여).

사전경고는 이것이 Freedman과 Sears의 실험에서 10대의 운전문제에 대해 높게 관여된 10대들에서와 꼭같이, 높게 관여된 피험자들에게서 변화를 막는 데에 도움이 되었다. 그러나, 이것은 낮은 관여조건에서 변화를 촉진시켰다. 이것이 도 6-7에 제시되어 있다.

사전경고에 대한 이러한 반응들의 정확한 성질에 대해서는 아직도 몇 가지 다른 논쟁들이 있다. 세부검토 가능성이론과 인지적 반응이론은 매우 개입된 사람들에 대한 사전경고가 더 많은 사고와 따라서 더 많은 반대주장을 일으킨다고 주장한다. 실제로 Petty와 Cacioppo(1977)는 경고와 커뮤니케이션에 대한 접촉 사이의 지연기간이 피험자들에게 더 많은 반대주장들을 일으키도록 만든다는 것을 증명했다. 청취자들은 또한 아마 상위한 소스의 격하를 사용할 것이다. 사전경고받은 사람은 의사전달자가 신뢰롭지 못하고, 편견이 있고, 잘 알지 못한다고 스스로 납득하는 데에 10분의 여유가 있다. 그러나 증가된 저항이 단순히 커뮤니케이션의 무조건 거부, 즉 승복에 대한 어떤 완강한 거부의 한 부산물일 가능성도 또한 있다.

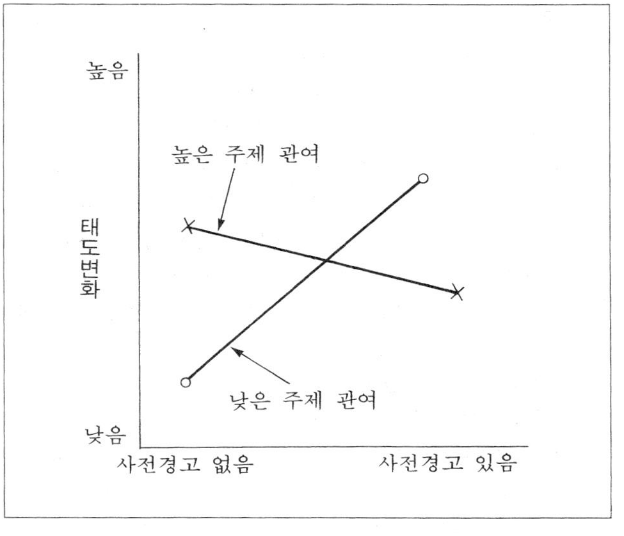

도 6-7. 상위한 메시지의 설득성에 미치는 사전경고와 주제 관여의 영향들.(Apsler와 Sears, 1968, p. 164에서 개작됨.)

의도의 사전경고

또 다른 종류의 사전경고는 설득하려는 의도를 신호하는 것이다. 때때로 우리는 의사전달자가 우리의 태도를 변화시키고자 의도하고 있다는 것을 미리 안다. 거의 모든 상업광고들과 정치연설들은 이 형태를 취한다. 다른 경우들에서 우리는 설득이 의도되고 있다는 것을 인식함이 없이 어떤 설득메시지에 노출될 수 있다. 예컨대, 때때로 어떤 교사나 친구는 단순히 어떤 것에 관해서 우리에게 알려주고자 하는 것같이 보이지만, 실제로는 어떤 특정의 입장에 대해 우리를 설득하고자 시도하고 있다.

설득의도의 사전경고는 일반적으로 만일 그 이슈가 수신자에게 관련성과 중요성이 있는 것이라면, 주장들에 대한 더 많은 생각을 자극시킨다. 그리고 입장의 사전경고에서처럼, 만일 그 입장이 매우 상위하다면, 이러한 부가적 사고는 반대주장들과 변화에 대한 상승된 저항을 일으키기가 쉽다. 이것을 증명하기 위해서, Petty와 Cacioppo(1979)는 피험자들에게 그 메시지가 "당신과 기타의 대학생들을 설득하고자 특별하게 고안된 것"이라거나 이것이 하나의 강의계획의 일부로서 준비되었다는 지시를 주었다. 그 다음에 그 메시지는 모든 4학년생들에 대한 졸업 종합시험을 주장했다. 높은 관련성의 조건에서, 그 시험은 이듬 해에 그 대학에서 실시되게 될 것이다. 낮은 관련성의 조건에서, 그 시험은 먼 장래나 다른 대학교에서 실시되게 될 것이다. 그들은 이 인기없는 제안에 대한 가장 많은 반대주장과 가장 적은 태도변화가 사전경고와 높은 개인적 관련성에서 일어났다는 것을 발견했다.

주의분산

우리의 논의의 부분들에서, 우리는 사람을 설득 메시지에 대해 적극적으로 저항하는 것으로서 기술해 왔다. 자신의 의견을 공격받고 있는 사람들은 특히 자기의 태도에 개입되어 있을 때에 대개 변화에 저항하려고 든다. 그들은 반대주장을 하고, 의사전달자를 격하시키고, 일반적으로 자기 자신의 입장을 방어하기 위해서 온 힘을 기울인다. 이러한 것이 갖는 한 가지 중요한 함축적 의미는 설득에 저항하는 능력이 상위한 커뮤니케이션에 대항해 싸우기가 어렵게끔 만드는 어떤 것에 의해서든 약화되게 된다는 것이다. 특히, 저항으로부터 그의 주의를 분산시키는 것은 설득 메시지가 전달될 수 있게끔 만들 것이다.

Festinger와 Maccoby(1964)의 연구는 이러한 주의분산(distraction)의 효과를 증명했다. 피험자들은 필름을 보면서 학생사교클럽들에 반대하는 연설을 들었다. 어떤 피험자들에 대해서는 필름은 연설을 하고 하는 사람을 보여 주었고, 또 다른 피험자들에 대해서는 필름은 현대미술에 대한 재미있고, 다소 익살스러운 풍자극인 "화가의 날"이었다. 아마 무관련한 필름을 보았던 피험자들은 연사가 말을 하는 것을 보았던 피험자들보다도 반학생사교클럽에 관한 연설에 대해 더 주의분산되었을 것이다. 시초에 연설에 부동의했던(학생사교클럽들에 호의적이었던) 피험자들은 비주의분산조건에서보다도 주의분산조건에서 더 많은 영향을 받았다. 연설로부터 피험자들의 주의를 분산시키는 것은 그 연설의 효과를 증가시켰다.

약한 양의 주의분산들은 일반적으로 설득을 증가시키는 것 같다. Petty와 Brock

(1981)은 이 주제에 관한 22개의 연구들을 논평했고 두 개를 제외하고서 모두에서 주의분산에 따라 다소의 설득증가가 있음을 발견했다. 대부분의 관련된 연구들은 인지적 반응접근에 의해서 이루어졌는데, 이 접근은 주의분산이 어떤 효과적 반대주장의 과정을 방해할 때에만 설득을 증가시킬 것이라고 시사한다. 따라서 주의분산은 우리가 이슈에 대해서 즉각적인 주장을 갖고 있지 못한 이슈(어떤 전문적인 이슈)에 대해서보다도 우리가 자기 자신의 주장을 알고 있는 친숙한 이슈(학생서클과 같은)에 대해서 훨씬 더 설득을 도와 줄 것이다. 이것은 커뮤니케이션이 매우 상위하고 매우 관여되는 주제들일 때에 가장 효과가 있는 것 같은데, 그 이유는 아마 이 주제들이 가장 강력한 반대주장을 고무시키기 때문일 것이다. 그리고 이것은 높은 신빙성 소스들에서 가장 효과가 있다. 그 이유는 그 소스들이 가장 위협을 주고 따라서 가장 많은 반대주장을 촉발시키기 때문이다(Petty와 Brock, 1981). 이러한 결과들은 어떤 커뮤니케이션의 주장들의 처리 동기와 능력에 대한 주의분산의 영향들에 관한 Petty와 Cacioppo(1986)의 세부검토 가능성이론과 일치한다.

어떠한 경우에서도, 그 효과는 적정량의 주의분산에 달려 있을 것이다. 분명히, 너무 많은 주의분산은 설득 메시지가 완전하게 청취되게 되는 것을 막고 그 효과를 영으로 감소시킨다. 광고자들은 무관련한 장면들과 액션에 의해서 텔레비젼 시청자들에게 상업광고들의 주 요지를 주의분산시키기를 원할 수 있다. 그러나, 그들은 그 무관련성이 너무 흥미진진해서 메시지가 죽어 버리는 것을 원치는 않는다. 세수비누 광고를 하는 동안에 배경에 아름다운 여자를 보여 주는 것은 비누를 판매하는 데에 도움이 될 수도 있지만, 그녀를 알 몸이 드러날 듯한 옷을 입혀서 큰 소리로 노래하면서 전경에 내세우고 선정적으로 행동하게끔 만드는 것은 광고의 효과를 줄일 수도 있다. 주의분산은 어떤 조건들에서 효과를 낼 수도 있으나, 주의분산이 너무 크지 않게 되는 것이 중요하며, 그렇지 못하면 그 효과는 거꾸로 될 것이다.

이 세일즈 여인은 차와 자기 자신 중에서 어느 쪽으로 더 많은 관심을 끌게 될 것인가?

장기간에 걸친 태도변화

지금까지 우리는 단 한 번의 커뮤니케이션들에 대한 즉각적 반응들만, 즉 어떤 조건들에서 텔레비전으로 방영된 연설, 라디오광고나 친구와의 대화가 즉각적으로 태도변화를 일으키는가에 초점을 두어 왔다. 그러나 많은 경우들에서, 우리는 오랜 기간에 걸쳐 태도가 어떻게 변화되는가를 알고 싶어한다. 우리는 특히 메시지에 대한 반복적 접촉이 갖는 효과와 그 접촉이 중지될 때에 무슨 효과들이 남게 되는가를 알고 싶어한다.

자발적 태도변화

태도는 사람들이 오래 지니고 있을수록 분명히 더 강해진다. Tesser(1978)는 어떤 태도대상을 생각하는 것이 그 태도를 극화시킨다는 것을 발견하고 있는 일련의 연구를 실시했다. Tesser의 의하면, 사람들은 자신의 인지들을 검토하고 연습하며, 일관성의 압력들은 이것들을 보다 더 평가적으로 일관성있는 군집들 쪽으로 이동하게끔 만든다. 따라서 만일 당신이 자신의 가장 친한 친구에 관해서 생각하는 통상적 시간량보다 더 많이 소비한다면, 당신은 아마 그 친구를 더 좋아하게 될 것이다. 당신은 부가적인 훌륭한 자질들이나 당신이 함께 가졌던 유쾌한 경험들을 기억할 수도 있다. 그리고 당신은 자신의 덜 유쾌한 기억들의 몇 가지를 자신의 친구의 행동을 변명하기 위해서 재해석할 수도 있다. 그러나 만일 당신이 자신의 원수를 더 자주 생각한다면, 당신은 아마 그 사람을 훨씬 더 싫어하게 될 것이다. 당신은 자신의 불쾌한 일들에 관한 목록을 늘이게 되고, 그 사람의 외견상으로 훌륭하고 관대한 행위들에 대한 어떤 이면의 동기들을 찾게 될 것이다.

기본적으로, Tesser의 가설은 어떤 이슈에 대한 사고 자체가 사람들에게 더 많은 일관된 태도들을 일으키도록 해 주기 때문에, 더욱 극화된 태도들을 일으킨다는 것이다. 그렇지만, 이러한 모든 인지적 활동은 그 개인이 이미 이슈에 대한 어떤 지식구조나 도식을 지니고 있을 것을 요한다. 이슈에 대한 어떤 도식적 이해가 없으면, 새로운 신념들을 생성하는 것이나, 이전의 신념들을 재해석하는 방법을 아는 것 등등이 곤란할 것이다.

그 함축적 의미는 개인이 이슈에 대한 어떤 도식을 이미 갖고 있고 사고가 어떤 다른 무관련한 의문보다도 그 이슈에 특별하게 초점을 두고 있을 경우에만, 그 사고가 태도들을 극화시킬 것이라는 것이다. 이것을 검증하기 위해서, Chaiken과 Yates(1985)는 이슈(사형)에 대한 어떤 고도로 일관성있는 지식구조를 이미 소유한 사람들과 소유하지 않은 사람들의 두 집단들을 검사했다. 그 다음에 모든 사람은 그 이슈나 어떤 다른 무관련한 이슈(검열제도)에 관한 글을 썼다. 실제로, 사형에 관한 글을 썼던 매우 일관성있는 피험자들만이 그 주제에 대한 보다 더 극단적 태도를 발전시켰다. 다른 조건들에서는 아무런 유의한 극화가 일어나지 않았다. 따라서 태도들을 극화시키기 위해서, 사고는 이슈에 관련성이 있어야만 되며, 개인은 충분한 인지적 자원들을 갖고 있어야만 된다.

태도변화의 지속성

마지막 의문은 일단 커뮤니케이션에 의해서 일어난 태도변화의 시간경과에 따른 지속성에 관한 것이다. 일반적으로, 주장의 세부들에 대한 기억은 Ebbinghaus의 망각곡선, 즉 처음에는 감소가 급속하고 그 후에는 감소가 줄어드는 것과 비슷한 양식으로 시간에 따라 쇠퇴하는 것이 분명한 것 같다. 그러나 일반적으로 태도변화의 지속성은 반드시 주장의 세부사항들의 파지에 의존되지는 않는다. 앞에서 지적된 바와 같이 상당량의 연구들은 주장에 대한 기억이 이차적 중요성만이 있다는 것을 발견한다. 커뮤니케이션 후에 일어나는 다른 일들이 훨씬 더 중요하다.

하나의 중요한 요인은 수신자가 후에 주장들 자체 이외의 소스의 신빙성과 같은 중요한 단서들을 기억하는 여부이다. 예컨대, Kelman과 Hovland(1953)는 소스의 신빙성을 조작하여, 즉각적 사후 테스트에서는 통상적인 차이를 발견했다. 즉, 높은 신빙성 소스가 더 많은 태도변화를 일으켰다. 3주 후에 신빙성간의 차이는 사라졌다. 그 무렵에, 낮은 신빙성 소스의 메시지가 꼭 마찬가지로 효과적이었다. 낮은 신빙성 소스의 메시지의 설득력의 이러한 회복은 **수면자효과**(sleeper effect)라고 일컬어졌다. 그러나, 만일 피험자에게 메시지의 원래의 소스를 생각나게끔 만들게 되면, 원래의 신빙성의 차이는 재현될 수 있었다.

낮은 신빙성 소스의 효과의 증가에 대해서 **분리**(dissociation)에 의한 해석이 제안되었다(Hovland 등, 1953). 수신자는 시초에 두 개의 정보, 즉 메시지와 이것의 낮은 신빙성 소스에 의한 찬성을 제시받았다. 그 직후에, 수신자는 이 두 가지를 기억한다. 그러나 낮은 신빙성 소스는 수신자에게 그 메시지를 격하시키거나 무시하게끔 만들 수 있는 하나의 절감단서로서 작용한다. 따라서 즉각적 태도변화는 거의 없었다. 시간이 지남에 따라, 소스의 신빙성은 점점 메시지와 분리되게 된다 : 즉, 수신자는 메시지를 기억하기는 하지만 누가 이것을 말했는지를 망각한다. 따라서 그 메시지는 이것이 어떤 낮은 신빙성 소스와 연관되어 있다는 낙인이 점점 제거됨에 따라, 시간이 지남에 따라 보다 더 설득력 있게 된다.

하나의 대안적 해석은 **쇠퇴차이가설**(differential decay hypothesis)인데(Pratkanis 등, 1988), 이 가설은 설득에 대한 어떤 절감단서(낮은 신빙성의 소스와 같은)의 영향력이 메시지 자체의 영향력보다도 더 신속하게 사라진다고 가정한다. 그 이유는 단순히 문제에 대한 당신 자신의 새로운 입장을 기억하는 것보다도 메시지와 소스의 종합을 기억하기가 더 곤란하다는 것이다. 메시지를 들은 직후에 절감시키는 단서와 아울러 메시지는 기억 속에 있을 수 있고, 따라서 즉각적인 분명한 태도변화가 거의 없다. 그렇지만 며칠 후에, 메시지 자체의 영향은 유지되면서 절감단서의 영향이 사라질 수 있어서, "수면자효과"라고 기술된 태도변화의 급증을 일으킬 것이다. 이러한 과정이 도 6-8에 제시되어 있다.

그 함축은 이러한 수면자효과들이 절감단서가 시초에 메시지에 뒤따랐을 때에 주로 일어날 것이라는 것이다. 만일 당신이 자신이 메시지를 들은 후에 소스가 낮은 신빙성을 갖고 있다는 것을 비로소 발견한다면, 당신은 이미 주장들을 들었고 주장들을 진지하게 고려했을 것이다. 그러나 만일 그 메시지를 듣기도 전에 소스가 낮은 신빙성을 갖고 있다는 것을 안다면, 당신은 아마 메시지에 대해 주의조차 기울이지 않게 될 것이고, 따라서 일단 낮은 신빙성 소스의 억제적 영향력이 사라진 후에도 계속 존재하게 될 주장들의 시초의 설득적 영향력이 전혀 없게 될 것이다.

Pratkanis 등(1988)은 이러한 효과를 증명하는 연구를 보고했다. 절감단서가 메시지 이전에 제시되었을 때, 이것은 실질적인 메시지의 영향을 즉시 방해해서, 즉각이나 지연 조건들에서 거의 태도변화가 일어나지 않았다. 그러나 그 단서가 직후에 제시되었을 때, 수면자효과가 일어났다. 절감단서는 메시지의 시초의 영향을 실질적으로 감소시켰지만, 태도변화들은 6주 후에 또다시 측정되었을 때에 또다시 급증되었다. 아마 후자의 경우에서 절감단서는 더 이상 아무런 효과를 갖지 않은 반면에, 메시지의 영향은 지속되었을 것이다.

낮은 신빙성이 유일한 절감단서는 아니다. 태도변화는 또한 의사전달자의 의도에 관해서 수신자에게 경고함으로써 인위적으로 억압될 수 있다. 사람들은 정보원이 자기를 설득하려고 든다고 생각될 때에 완고해지는 경향이 있다. 그러나, 시간경과에 따라, 그러한 사람들은 아마 절감단서(설득의도)가 잊혀지게 됨에 따라, 태도변화의 증가를 보인다 (Watts와 Holt, 1979).

만일 이러한 모든 것 속에 어떤 교훈이 있다면, 그것은 설득자에 대해서는 공짜로 목적이 달성되는 것과 같은 것이 전혀 없다는 것일 것이다. 낮은 신빙성 소스는 메시지를 전달할 수는 있지만, 그 메시지는 그 허약한 후원자가 다시 특출하게 되는 것에 항상 취약하다. 그렇지 않다면, 우리는 어떤 사람을 설득에 관해 경고하지 않음으로써 일시적

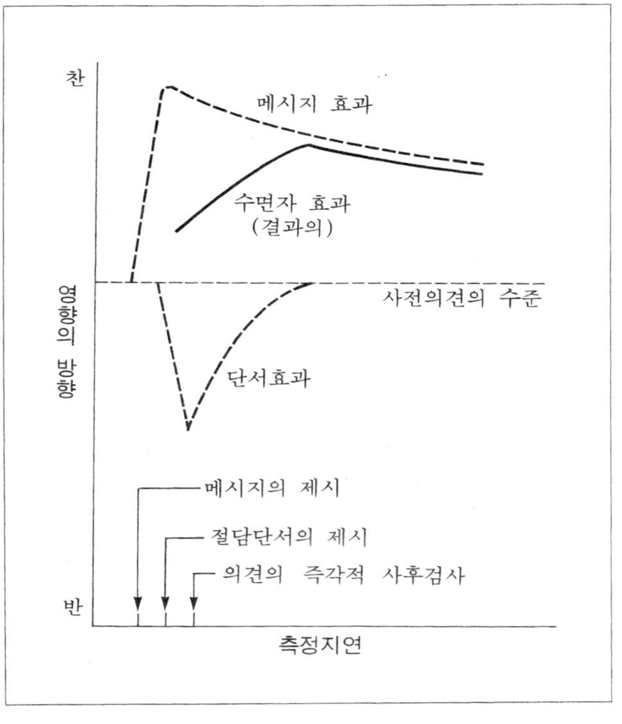

도 6-8. 수면자효과에 관한 쇠퇴차이 설명. 짧은 지연들에서, 메시지와 절감단서는 거의 비슷한 영향력을 갖는 것으로 가설이 세워졌다(점선들). 그러나 절감단서의 영향력이 신속하게 사라져서 관찰가능한 수면자 효과를 내놓게 된다(실선). (Pratkanis 등, 1988)

으로 속여서 변화시킬 수도 있지만, 시간이 경과되면 그 설득적 영향은 사라질 것이다.

태도변화 과정들의 재고찰

이 장을 통해서 계속 나타나는 하나의 주제는 한편으로 체계적 처리와 다른 한편으로 말초단서들의 사용 사이의 대비이다. 우리가 앞에서 지적한 바와 같이, 이 대비는 우리를 태도변화에 관한 가장 기본적인 의문들, 즉 사람들은 설득커뮤니케이션내의 실제의 주장들에 주의를 기울이는가 그리고 그들은 입장의 장점들을 얼마나 철저하게 고려하는가에 관한 의문들로 직접 데리고 간다.

하나나 다른 처리양식을 일으키는 요인들이 이 장 전체를 통해서 제시되어 왔다. 따라서 이것들을 한 장소에서 종합하는 것이 유용할 것이며, 이에 따라 하나의 요약이 표 6-4에 제시되어 있다. 이 표는 아마 이러한 발견들의 확고성에 대해서 다소 그릇된 이해를 제공할 것이다. 많은 경우들에서 이 표는 단일한 연구나 부분적 결과들이나 심지어 상이한 연구들에서 나오는 모순된 결과들에 기초되어 있다. 대부분의 경우들에서 가장 좋은 증거는 태도변화 자체에 관한 것이다: 주장들의 더 큰 검토와 같은 저변의 과정들에 관한 직접적 증거는 대개 강력하지 못하다. 그래도, 일반적인 이론적 관점은 명확한 것이다: 열거된 모든 발견들에 대한 다소의 증거가 제시되어 왔으며, 이것은 오늘날의 태도변화에 관한 연구의 가장 적극적인 분야이다. 따라서 이것은 우리들 자신의 체계적 검토를 충분히 받을 만한 것이다.

많은 요인들이 태도변화에 영향을 준다. 어떤 요인들은 개인의 이성에 호소함으로써, 커뮤니케이션에 대한 신뢰를 증가시킴으로써, 설득 메시지를 강화시킴으로써, 그리고 일반적으로, 개인이 전달되고 있는 바를 얼마나 많이 믿는가를 결정지음으로써 효과를 내게 된다. 그러나 어떤 사람의 의견에 영향을 주려는 시도는 완전히 논리적이고, 비정서적이고, 인지적인 상황에서 행해질 필요는 없다. 그 상황은 강한 동기들, 깊이 자리잡고 있는 욕구들 및 메시지 자체에 들어 있는 논리적 주장들과는 무관한 매우 많은 요인들을 포함할 수도 있고, 또 흔히 포함하고 있다.

태도변화에 관한 연구가 발전됨에 따라, 이러한 노선들에 따른 이론적 강조에서도 또한 다소의 변화가 있어 왔다. 초기 연구들의 대부분은 사람들을 다소 정서적이고 반사적인 것으로서 취급하고 있는 감정의 전이나 맹목적 학습 접근의 몇 개의 이론들에 의해서 인도되었었다. 현재 보다 더 인기 있는 것은 감정과 정서에 덜 강조를 두는 인지적 반응이론, 이성적 행동모형 및 세부검토 가능성모형과 같은 인지이론들이다.

물론, 태도변화에 관한 연구는 항상 인간에 관한 다양한 관점들을 만들 것이다. 왜냐하면, 사람들은 매우 다양하며 단순화된 이론이 항상 맞는 일이 없을 것이기 때문이다. 그러나 태도변화 연구의 추세는 사회적 지각에 관한 연구의 추세처럼, 정서와 맹목적 학습에 기초된 모형들에서 벗어나서 인지과정들과 합리적 사고를 강조하는 모형들 쪽으로 이동되어 왔다.

표 6-4. 체계적 처리가 일어나는 시기와 말초단서들이 사용되는 시기

	촉진시키는 조건들	
	체계적 처리	말초단서들의 사용
독립변인의 종류		
소 스	독립적 소스들의 수	호감성
		신체적 매력
		전문성
메 시 지	반복	메시지의 길이
	수사적 질문들 / 주장들	주장들의 수
	인쇄된 메시지	영상 메시지
	높은 상위	
표 적	주제관여	반응관여
	인지의 욕구	
	사전정보	
상 황	사전경고	시청자들의 반응
	주의분산	유쾌한 기분의 음악
	설득의도	매력적 모델들 / 배우들

매스 커뮤니케이션의 실제의 영향

지금까지 우리는 매스 커뮤니케이션의 효과를 결정짓는 요인들을 중심으로 논의해 왔다. 이제 대표적인 매스 커뮤니케이션의 실제의 효과에 관한 응용적 측면을 검토해 보자. 매스 커뮤니케이션은 수십만이나 수백만 이상의 사람들에게 도달되는 TV, 라디오, 신문, 서적, 잡지, 녹음물들, 필름 및 기타의 매스 미디어를 포함하고 있다.

의문의 여지 없이, TV는 오늘날 가장 보편화된 매스 미디어이다. 매일 보다 더 많은 사람들이 신문을 읽거나 어떤 다른 매스 미디어를 이용하는 것보다도 TV를 시청한다. 대부분의 가정들이 TV를 보유하고 있으며 인기있는 TV프로들은 하루 저녁에도 수백만명의 사람들에게 도달될 수 있다. TV광고들은 엄청나게 많은 시청자들에게 책, 신문, 잡지, 청바지, 자동차, 화장품, 과자, 음료 등을 구입하도록 설득한다. 이하에서 보게 되는 바와 같이, TV는 구매습관을 형성시킬 뿐만 아니라 우리의 현실에 대한 지각들을 형성시키고 사회적 행동에 영향준다.

매스 미디어의 이용자들

모든 TV프로들과 영화들을 시청하는 사람들은 누구인가? 신문들, 잡지들, 음반들

을 구입하는 사람들은 누구인가? 그 답변은 "거의 모든 사람들"이라는 것이다. 커뮤니케이션 전문가들은 어느 매체가 인구의 어느 부분들에 도달하는가를 알아보기 위해서 과학적 표본추출과 조사기법들을 사용한다. 개인의 성별, 사회경제적 지위 및 가장 중요하게 연령에 따라, 미디어 분석가들은 놀랄만한 정확성을 갖고서 개인이 시청할 가능성이 많은 TV프로들, 영화들, 신문들 및 잡지들을 예측할 수 있다.

TV시청의 예언요인들 TV시청에 관한 전국조사들은 TV를 시청하는 데에 보내는 시간의 꾸준한 증가를 보여 왔다. 예컨대, 미국에서 1965년의 평균 TV시청시간은 개인에 대해 주당 10.5시간이었다. 이 수치는 1983년에 30.5시간으로 증가되었다(Robinson, 1981; World Almanac, 1982). 미국에서 1960년대와 1970년대에 교육수준, 소득 및 직업적 지위가 낮은 시청자들이 TV를 가장 많이 시청하는 경향이 있었지만, 이러한 집단들간의 차이는 점점 좁혀지고 있다(Bower, 1973; Comstock 등, 1978). 아동들은 그들이 읽는 방법을 배우기 이전의 2세나 3세 경에 TV시청습관을 갖게 된다. 그래서 TV프로들에서 아동들의 읽는 능력을 향상시키려는 프로들이 방영되기도 한다. 아동들은 국민학교에 입학할 무렵에, 대부분의 젊은 성인들이 대학의 강의실에서 시간을 보내는 것보다도 더 많은 시간을 TV세트 앞에서 보내게 된다(Gerbner와 Gross, 1976).

TV 시청자들과 비시청자들 간의 차이 TV가 등장하기 이전 시대에, 사람들은 친구들을 방문하고, 신문과 책을 읽고, 영화를 보고 여행을 하고, 모임들에 참가하면서 더 많은 시간을 보냈다. 오늘날 많은 사람들이 자기들의 오락과 정보의 거의 대부분을 위해서 TV를 시청하며, TV를 많이 시청하는 사람들은 그러한 활동들에 훨씬 덜 시간을 보낸다. 이들은 또한 잠자는 것, 가사일을 하는 것 및 자녀를 돌보는 것에 시간을 덜 쓴다(Robinson, 1981). 이와는 반대로, 비시청자들은 육아, 독서, 레코드 듣기, 편지쓰기, 가사에 다소 더 많은 시간을 보내고, 영화, 박물관 및 식당에 가는 것, 친구를 방문하는 것 및 정치와 종교 집단들에 참가하는 것에 훨씬 더 많은 시간을 보낸다. 비시청자들의 증가된 활동들에도 불구하고, 이들은 또한 휴식과 낮잠에 더 많은 시간을 보낸다(Jackson-Beek과 Robinson, 1981).

TV시청자들의 태도들을 비교하는 연구들은 TV의 영향을 강조한다. 연령, 거주지 및 다른 매체들에 대한 접촉에 관계없이, 심한 TV시청자들(즉, TV 앞에서 4시간이나 그 이상을 보내는)은 비시청자들이나 경시청자들(하루 2시간이나 그 이하)보다도 세상에 대해 매우 상이한 생각들을 갖고 있다. 중(重)시청자들은 TV의 극적인 현실에 매우 탐닉되어서 TV의 가공들과 실생활의 사실들을 혼동해서, TV드라마의 주인공들이 실제로 드라마 중의 직업들(예: 의사, 신문기자)을 갖고 있다고 믿고 있다.

범죄자들, 불법자들 및 기타의 사회의 공적들이 우글대는 TV의 세계 속에서 많은 시간을 보낸 후에, 중시청자들은 어떤 폭력사건에 자신이 관여되게 될 가능성을 과대평가하고, 경찰의 무기사용을 과대평가하고, 다른 사람들이 믿을 수 없다고 느끼는 경향이 있다(Gerbner 등, 1979).

신문구독의 예언요인들 가장 인기있는 TV프로들이 수백만의 가구에서 시청되고 있는 반면에, 소수의 잡지들이 그러한 발행부수에 가까우며, 소수의 신문들이 10만 이상의 발행부수를 갖고 있다. TV시청자들이 증가함에 따라 신문구독자수는 감소되어 왔다. 미국에서의 최근의 연구들에 의하면, 매일 신문을 읽는 성인의 비율은 1967년의 73%에서, 1975년의 66%로 그리고 1978년의 겨우 57%로 감소되어 왔다(Robinson과 Jeffres, 1979). 더 높은 교육수준과 소득수준이 더 적은 TV시청시간과 연관되어 있는 반면에, 신문구독은 이와 정반대이다. 그러나 보다 더 높은 교육을 받은 사람들이 더 많은 TV시청 쪽으로 바뀌는 추세를 계속함에 따라 이전 세대보다도 최근 세대는 주요 뉴스원으로서 신문보다도 TV를 사용하는 경향이 더 많다(Roper Organization, 1977).

TV와 폭력

연구자들은 TV상의 폭력장면이 우리의 현실지각 이상으로 영향을 준다고 경고하고 있다(또한 11장 참조). TV는 우리의 행동에도 또한 영향줄 수 있다. 이 연구자들은 중(重)TV시청자들이 자기 자신이 어떤 합당한 이유로 다른 사람에게 화가 날 경우에는 그 사람에게 폭행하는 것이 거의 항상 정당하다고 생각한다는 것을 발견했다(Gerbner 등, 1978).

TV의 폭력성의 정도 Gerbner 등(1979)은 폭력을 신체적 완력의 외현적 표현으로서 정의하고서, 10개의 TV프로들 중에서 8개가 이러한 정의에 부합되는 에피소드들을 갖고 있다는 것을 발견했다. 10명의 주인공당 6명이 폭력행위들에 관여되었으며, 이것들은 연속극들의 1회분당 평균 5.7회나 일어났다.

폭력의 정도는 어린이프로들에서 더 큰 것으로 밝혀졌다. 10중 9개의 주말의 어린이 시간대의 프로들이 폭력적 에피소드들을 싣고 있었다. 5세에서 15세 사이에서, 평균적 아동은 수백개의 폭행들과 강간들 이외에도, TV에서 13,400명 이상의 폭력적 사망자들을 목격하게 된다고 Gerbner는 추정했다.

이러한 수치들이 시사하는 바와 같이, TV폭력의 양은 하루중의 시간과 주중의 요일에 따라 차이가 있다(Slaby 등, 1976). Slaby 등은 오후와 주말 동안에, 즉 아동들이 학교에서 귀가한 후의 모든 시간 동안의 "주요 시간대"에서 폭력이 가장 많다는 Gerbner의 발견들과 일치되는 결과를 얻었다. 이들은 아동들이 주로 시청하는 방과후의 시간대에서 시간당 평균 7.51개의 폭력적 에피소드들, 주요시간대에 시간당 7.97개 및 토요일 오전에 12.80개의 에피소드들을 발견했다.

TV만화들에 국한해서 볼 때, 시간당 21.50개의 에피소드들이 있어서, 전체 평균폭력률의 약 3배가 있었다(Slaby 등, 1976). TV의 중(重)시청자들, 특히 어린이들이 매일 다량의 폭력에 노출되고 있다는 결론이 나오고 있다.

폭력의 모방과 둔감화 연구들은 TV폭력이 시간경과에 따라 증가되는 광범한 폭력행동들을 자극시킨다는 것을 시사한다. Steve 등(1971)의 연구는 취학전 아동들을 주의깊게 관찰해서 통상적으로 일어나는 폭력의 양을 알아냈다. 한 집단의 아동들은 다양한 신체적 공격행위들을 묘사한 짧은 만화들을 그 후의 11일간 정규적으로 시청했다. 다른 집단의 아동들은 신체적 공격의 장면들이 삭제된 동일한 만화들을 시청했다. 폭력만화들을 시청했던 아동들은 비폭력만화들을 시청했던 아동들보다 놀이친구들에 대해 점점 더 공격적으로 되었다. 또한 그들의 폭력행동은 11일의 기간 동안에 점점 더 악화되었다. 이것은 TV폭력이 누가효과를 갖고 있다는 것을 시사한다.

몇몇 비평가들은 미국 청소년들의 공격적 성향들을 미국사회의 특유하게 폭력적인 성격에다가 그 탓을 돌리어 왔지만, 연구들은 국민성격 자체보다도 TV의 영향을 강력하게 연관시킨다. 캐나다에서의 한 연구는 이전에는 고립되었지만 TV가 방금 도입되었던 지역의 아동들에 대해 초점을 두었다. 연구자들은 이 지역의 읍의 아동들에게서 공격성의 극적 증가가 있었지만, TV수상기가 아직 없는 비교 읍의 아동들에게서는 그렇지 않았다는 것을 발견했다(Joy 등, 1977). 벨기에와 미국에서의 청소년비행자들의 한 비교에서, Parke 등(1977)은 양국의 소년들이 폭력 영화들에 대한 일주일간의 접촉 후에 신체적으로 더 공격적으로 되었다는 것을 발견했다. 흥미있게도, 비폭력영화들을 보았던 소년들은 때로는 공격행동의 감소를 보였다.

이 분야의 상당량의 연구들에서 나온 이러한 예들은 TV와 영화에서 폭력을 목격하는 것이 아동들, 청소년들 및 성인들에게서 공격행동을 조장시킨다는 것을 보인다. 이러한 사실을 전제할 때, 방송국들과 영화제작사들이 매우 많은 폭력을 싣고 있는 필림들을 계속 제작하는 이유는 무엇인가? 몇몇 유흥 전문가들은 자기들이 단지 일반대중이 요구하는 것을 제공하고 있다고 주장하면서, 대부분의 사람들이 폭력필름에 의해서 생기는 흥분을 요구하고 있다고 말한다. 그러나 몇몇 연구자들은 이것에 반대한다. 예컨대, Diener와 DeFour(1978)는 TV프로들의 폭력수준들과 전국 Nielsen 시청자평정치들상에서의 이것들의 인기수준들 간에 매우 작은 상관을 발견했다. 또 다른 연구에서, 그들은 대학생들에게 탐정프로인 여순경(Policewomen)의 필름과 이것의 폭력이 거의 모두가 삭제된 동일한 필름을 보여 주었다. 비록 삭제되지 않은 필름이 유의하게 더 폭력적이라고 판단되었지만, 이것은 유의하게 더 재미있다고 판단되지는 않았으며, 실제로 어떤 학생들은 폭력 때문에 이것을 싫어했다.

심한 비평과 냉담한 말은 간접적 형태의 공격들이며, 특히 신체적 공격이 사회적으로 용납되지 않은 가정에서 자신의 공격충동들을 억제하도록 학습해 온 성인들에 의해서 가끔 사용되고 있다. Loye(1978)는 한 집단의 기혼남자들에게 비폭력적인 친사회적 프로들만으로 구성된 유선 TV선집을 제공했다. 다른 집단은 순수하게 폭력적인 프로들만을 보았다. 각각의 남자의 부인은 실험 주 동안에 남편이 얼마나 "도움성 있었는가"나 "해를 주었는가"를 점검하도록 요구받았다. Loye에 의하면, 폭력프로들이 제시되었을 때에 그 부인들은 훨씬 더 많은 해치는 행동들, 즉 비꼬는 비평, 냉담한 비판들 등을 보고했다.

연구들은 또한 TV폭력에 대한 접촉이 아동들에게 실생활의 폭력에 대해 더 관용하게끔 만든다는 것을 보이고 있다. 한 연구(Drabman과 Thomas, 1974)에서, 폭력적인 TV 서부극을 시청했던 국민학생들이 두 명의 더 나이어린 아동들의 행동을 감시하고, 어떤 싸움이 있을 경우에는 성인 조수를 부르도록 요구받았다. TV폭력에 접촉한 후에, 이 아동들은 TV서부극을 보지 않았던 다른 집단의 아동들보다도 자기가 담당했던 아동들의 완력대결들을 보고하는 데에 훨씬 더 오래 걸렸다. 이 연구자들은 폭력필름을 시청하는 것이 아동들에게 대인적 갈등과 완력적 행동을 하나의 정상적이며 용인가능한 생활의 일부분이라고 받아들이게끔 만든다고 결론지었다.

TV상의 매우 많은 폭력프로들과 더불어, 접촉할 수 있는 폭력프로들과 영화들의 숫자를 증가시키는 유선과 위성 기술들의 등장에 따라, 연구자들은 폭력에 대한 둔감화문제에 자기들의 관심을 돌리기 시작했다. 다시 말하면, 폭력 필름들과 TV프로들에 대한 반복적 접촉으로, 시청자들은 실생활에서의 폭력에 대해서 더 적은 우려를 나타내게 될 것인가? Linz 등(1984)은 유료의 유선TV방송들에서 볼 수 있는 것들과 같은 심한 폭력의 필름들 속에 들어 있는 여성에 대한 폭력에 대한 시청들의 효과를 조사했다. 이 연구자들은 여성에 대한 폭력필름에 대한 장기적 시청이 그 필름들에 대한 그들의 민감성을 감소시킬 것이며, 또한 이 효과들이 다른 맥락들 속에 있는 여자피해자들의 평가들로 "분출될" 것이라고 가정했다. 이 연구자들은 남자피험자들에게 5개의 폭력프로들을 보여주었고, 그 필름들이 얼마나 많은 폭력 내용을 싣고 있었는가, 그 필름들이 여성에 대해 얼마나 품위를 손상시키는가에 대한 그들의 지각들과 아울러 각 필름의 시청 후에 그들의 불안과 우울 수준들을 측정했다. 처음에 시청자들은 필름을 시청하는 동안에 상당량의 불안과 우울을 보고했지만, 반복적 접촉에 따라 그들의 감정들과 지각들이 바뀌었다. 실험의 끝무렵에, 이 시청자들은 유의하게 덜 불안하고 우울하게 되었으며, 필름들 내에서 더 적은 폭력을 지각했으며, 그 필름들이 여성의 품위를 덜 손상시킨다고 판단했다. 보다 더 중요하게, 실험적인 배심원으로서 일하면서 성폭행을 당한 여자피해자에 대한 증언을 평가하도록 요구받았을 때, 폭력프로들을 시청했던 피험자들은 시청하지 않았던 피험자들보다도 유의하게 피해자가 덜 부상당했으며 한 개인으로서 덜 가치있다고 평가했다.

정치, 뉴스 및 정보

신문구독자수가 감소됨에 따라 TV가 수백만 명의 시청자들에 대한 주요 뉴스원이 되고 있다. TV는 자체의 직무를 얼마나 잘 수행하고 있겠는가?

TV뉴스: TV에서 시청자들이 실제로 배우고 있는 내용들 성질상, TV는 정보를 전달하기 위해서 주로 영상들에 의지한다. 영상들은 행동에 초점을 두고 사람들이 무엇을 행하고 있는가를 보여 주기는 하지만, 사람들이 무엇을 생각하고 있는가를 드러내 주지는 못한다. TV에서 말소리가 방송되고 있기는 하지만, 연구들은 TV에서 충분한 정도로 정보들이 나오지 않는다는 것을 보이고 있다. 한 분석에 의하면, 30분간의 뉴스보도의 각본들은 신문의 1면도 채우지 못하는 분량이다(Patterson과 McClure, 1976).

그렇다면, 무엇이 문제가 되는가? 방송되는 뉴스프로들의 분석들은 이것들이 매우 적은 확실한 정보들을 제공한다는 것을 발견한다. 흥분되는 시각적 장면들을 포착하는 중에서, TV는 흔히 문제들과 정책들보다는 "사건들"에 더 많이 초점을 둔다. 예컨대, 선거기간 동안에, TV시청자들은 군중들, 자동차행렬들 및 군중대회들을 보기는 하지만, 중요한 문제들에 대한 입후보자의 한바탕의 연설만을 시청한다. 반복적으로, 연구들은 신문을 읽는 사람들이 TV시청자들보다도 정치문제들에 관해서 더 잘 알고 있으며, 라디오청취자들보다도 훨씬 더 잘 알고 있다는 것을 보여 왔다(Atkin 등, 1976: Atkin과 Herald,

1976 : Clark와 Fredin, 1978 : Tan과 Vaugh, 1976). 한 연구가 결론지은 바와 같이, 1972년도 동안의 선거유세 동안에 TV방송뉴스를 착실하게 시청했던 사람들은 어떤 다른 일들을 하면서 그 시간을 보냈던 사람들보다 훨씬 더 많이 알지는 못했다(Patterson과 McClure, 1976).

매스 미디어와 정치 비록 사람들이 TV뉴스프로를 시청하는 것으로부터 많은 것을 배우지는 않을지라도, 그들이 어떤 것을 배우며 연구들은 이것이 대개 부정적인 것이라는 것을 보여 왔다(Robinson, 1975). 대부분의 뉴스보도들은 해결책들이 아니라 문제들을, 그리고 타협들이 아니라 대결들을 강조한다. 부정적인 것들을 강조함으로써, TV는 시청자들에게 특정의 당선된 공직자들과 정치체제 일반에 대해 불신하게끔 고무시킨다. 예컨대, 미국의 워터게이트 도청사건 동안에, 전적으로 TV뉴스에 의지했던 사람들은 미국의 정치체제에 대해서 냉소적으로 된 반면에, 신문보도들을 정규적으로 읽었던 사람들은 워터게이트사건을 하나의 "비상례적" 사건이라는 믿음을 갖고서, 정치체제에 대한 자기들의 신념을 유지시켰다(Becker 등, 1979 ; Becker와 Whitney, 1980).

많은 유권자들은 자신의 선택을 위해서 후보자들에 의한 TV광고에 의존한다(Atkin과 Herald, 1976 ; Patterson과 McClure, 1976). 이것은 TV스크린상에서 나오는 어떤 상업광고 후 1분이 지나면 시청자들이 일반적으로 광고된 내용을 회상할 수 없다는 사실에 비추어 볼 때에 놀라운 일인 것 같다(Patterson과 McClure, 1976). 그러나 대통령선거의 광고들은 다르다. 이것들은 차후 4년 동안의 시청자들의 모든 측면들에 영향을 주는 결정을 내리게 될 사람을 묘사하고 있으며, 따라서 이것들은 사람들의 주의를 끈다. 따라서 이것들은 라면, 세탁용세제, 냉장고 등과 같은 소비상품들에 대한 광고들보다도 더 큰 즉각적 영향력을 갖고 있다. 놀라운 정도로, 한 여론조사는 1972년의 미국의 선거유세에서 방영된 정치적인 짧은 삽입광고들을 50% 이상의 TV시청자들이 회상할 수 있었으며 후보자들의 이슈에 대한 입장들에 관한 특수한 세부사항들을 알았다는 것을 보였다(Atkin과 Herald, 1976).

TV의 저녁뉴스는 선출된 어떤 정치가에 대한 우리들의 현재의 평가에 대해 큰 영향을 줄 수 있다. 3장의 가용성접근지침에 관한 논의에서 지적된 바와 같이, 일시적으로 가용한 정보는 많은 사회적 판단들에 확산된다. 이 원리는 정치적 판단들에도 그대로 적용된다. Iyengar 등(1984)은 다른 국가 문제들을 무시하면서 어떤 국가문제들에 대한 주의를 끌음으로써, TV뉴스프로가 대통령들이 평가되게 되는 기준들을 설정하는 데에 도움을 준다는 것을 보였다. 이 연구자들은 피험자들에게 낮은, 중간 및 높은 수준의 TV뉴스프로를 보도록 했는데, 이 수준들에서 여러 국가문제들(에너지부족, 경제, 국방)에 대해 두어진 주의의 양이 조작되었다. 비디오로 제시된 뉴스스토리들을 시청한 후에, 피험자들은 특수분야들에 대한 카터대통령의 업적을 평가했으며, 그를 몇 개의 특성형용사들상에서 평정했다. 그 결과들은 뉴스스토리들의 수집의 특수한 초점에 관계없이 일반적 유능성수준들의 평가가 영향받았다는 것을 시사했다. 예컨대, 유능성에 대해 평가하도록 요구받았을 때, 인플레이션에 관한 뉴스에 접했던 피험자들은 이 정보에 대해 무거운 비중을 두었다(그러나 이 효과는 어떤 특수문제에 관해서 이미 상당히 많이 알고 있었던 "전문가" 피험자들에 대해서는 덜 뚜렷했다). 이것은 일반대중이 자기들의 국가지도자들의 효능성에 관한 판단에 이르기 위해서 가장 쉽게 접근할 수 있는 정보는 무엇이건 간에 사용할 것이라는 것을 시사한다. 이것 때문에, 방송인들은 어떤 국가문제들에 대해 선택적으로 주의를 기울임으로써 잘 알지 못하는 유권자들에 대해 어떤 정치적 인물을 밀어 주거나 격하시킬 수 있을 것이다.

매스 미디어와 공포감 1984년 12월에 뉴욕에서 지하철을 타고 가던 버나드 궤츠라는 사람은 자기를 위협하면서 돈을 요구하는 4명의 청년들에게 권총을 발사했다. 어떤 사람이 자의대로 범죄자에게 제재를 가했다는 사실에 대해 분노를 나타내기보다도 수백명의 뉴욕시민들과 전국의 다른 사람들이 그에게 축하의 뜻을 전했으며 그의 변호기금을 위해서 수천 달러를 기부했다. 왜 이렇게 많은 사람들이 궤츠와 그의 행위에 대해 지지를 보냈는가? 모든 지지자들이 범죄자로부터 괴롭힘을 당하거나 피해를 당했었고 그와 같은 좌절을 느꼈었는가? 그렇지는 않을 것이다. 많은 사람들이 범죄에 대처하는 경찰관들의 무능력에 대한 공포와 우려로부터 그렇게 반응했다. 이와 같은 공포는 신문과 TV 상의 범죄뉴스들에 관한 계속적 접촉에 의해서 생기고 강화되어 왔을 것이다.

최근에, 신문기사들이 범죄에 대한 공포에 영향을 주는지, 그리고 만일 그렇다면 어떤 사회심리적 과정들이 그러한 효과들을 설명할 수 있는지를 알아내기 위한 시도들이 있어 왔다. 예컨대, Heath(1984)에 의한 한 현장연구에서, 하향비교("나의 상황은 다른 사람들의 상황에 비해서 그리 나쁘지는 않다"), 통제력의 귀인("사람들은 일반적으로 자신의 환경을 통제하는 경향이 있다") 및 규범성("특이하고 폭력적인 범죄들은 보통의 범죄에 관한 규범들을 위반한다")을 포함하는 과정들이 신문기사들에서 생기는 공포에 영향을 주었다는 것을 보였다. Heath는 미국의 36개의 시들에서 신문에 들어있는 범죄기사들의 내용을 분석했다. 그 다음에 그녀는 그 신문들을 (1) 다른 기사들에 비해서 자기 지역의 범죄를 보도하는 경향성(하향비교), (2) 피해자가 그 범죄에 대해 독자로부터 비난받을 수 있거나 없는 정도(범죄의 무작위성이나 통제가능성) 및 (3) 범죄가 폭력적이거나 특이한 정도(규범성)상에서 높거나 낮은 것으로 분류했다. 그 다음에 그녀는 전화로 각 시에 있는 시민들의 무작위표본에게 접촉했으며, 응답자들이 신문을 읽는 빈도, 그들의 범죄에 대한 지각들, 실제의 피해여부 및 개인적 특징들에 관한 정보들을 수집했다.

그 결과들은 세 개의 모든 사회심리적 과정들이 신문지상에 보도된 범죄들에 대한 사람들의 반응을 설명하는 데에 있어서 꽤 우수했다는 것을 나타냈다. 하향비교이론에 의하면, 독자들은 자기들의 환경을 어떤 사람들의 더 나쁜 환경에 비교하는 결과로서 자기 자신의 환경에 대해서 더 만족할 것이다. 이것은 피해자들이 무작위적으로 선정되고 사회규범들이 위배되고 있는 다른 지역들에서 발생된 범죄사건들을 신문기사들이 기술했을 때에 사실로서 판명되었다. 독자들은 다른 지역에서의 특이한 범죄들에 대한 보도들에 의해서 두려움을 가졌기보다도 자기들 자신의 지역의 안전성에 대해서 안심했다. 그러나 기사들이 자기들의 지역의 범죄들에 관한 것이었을 때, 특히 그 범죄들이 무작위적으로 일어난 것 같고 따라서 독자들이 느낀 통제력 부족이 강화되었을 경우에는 그 정반대이었다. 통제력에 관한 귀인이론은 피해자들이 범죄를 당할 수 있다거나 그들에게 발생된 일에 대해 어떻든 간에 책임있는 것으로 묘사된 신문기사들에 대한 독자들의 반응을 설명해 주었다. 그러한 기사들을 읽은 독자들은 아마 자기들이 그러한 상황들을 피할 수가 있다고 느꼈기 때문에, 어떤 안전감을 느꼈을 것이다. 끝으로 Heath는 반규범적이며, 예상치 못하고, 특이하며, 악질적인 범죄가 비록 보도스타일이 세상을 놀라게끔 만드는 식이 아니었을지라도, 범죄지역 내에서의 범죄에 대한 공포를 증가시켰다는 것을 발견했다.

TV드라마도 또한 시청자들에게 공포를 조성시킬 수 있다. 우리는 다음과 같은 의문을 제기시킬 수 있다: 범죄인들과 법집행공무원들이 많이 등장하고, 주요 시간대에 시간당 평균 5개의 폭력행위들이 제시되고(주말의 주간에 어린이프로에서 시간당 앞의 수치의 4배가 있으며), 폭력이 모든 주인공들의 약 2/3를 포함하고 있는 드라마의 세계에 매일 접하는 것의 결과들은 무엇일 것인가(Gerbner, 1979)?

Gerbner 등(1978)은 TV의 세계 속에서 더 많은 시간을 보낼수록 우리가 사회에 대한 TV의 표상과 일치되는 사회적 현실의 지각들을 보고하기가 더 쉽다고 주장해 왔다. TV의 세계 속에서 사는 것이 갖는 한 가지 효과는 이른바 연구자들이 "천박한 세상증후군"(mean world syndrome)이라고 일컬어 온 것일 수 있는데, 이 증후군을 가진 사람들은 대부분의 타인들이 자기 자신의 잇속만을 챙기고, 사람들을 대함에 있어서 조심할수록 좋으며, 만일 기회만 주어진다면 대부분의 사람들이 자신을 이용해 먹으려고 든다고 느끼게 된다. TV시청의 전체의 양(반드시 폭력만이 아니라)은 이 세상을 하나의 천박한 장소라고 보는 이러한 경향성과 연관되어 있다. 비록 그 효과는 작을지라도, 인종과 소득수준과 같은 다른 변인들이 고려되었을 때에도 이것이 지속되고 유지된다는 것이 주목되어야만 된다. 더 높은 일반적 불신수준 이외에도, TV의 세계에 계속 접했던 사람들은 또한 덜 빈번한 시청자들보다도 폭력과 기타의 위험들에 당면하게 될 가능성이 더 많다고 느낀다. 또다시, 천박한 세상증후군과 같이 이 효과는 작지만 지속적인 것이다(도 6-9 참조).

TV와 사회화

전국의 거의 모든 가정들이 현재 TV를 보유하고 있다는 사실은 TV가 자라나고 있는 아동들에 대한 사회화의 한 기본원천이라고 간주되어야만 된다는 것을 뜻한다(Singer와 Singer, 1983). 사회심리학자들과 발달심리학자들은 TV를 하나의 사회화의 주체로서 본격적으로 취급해 왔다. 연구자들은 여러 연령의 아동들이 TV상에서 급속도로 제시되는 많은 혼란시키는 정보들 중에서 얼마나 많이 인식하게 되는가를 조사해 왔다. 그들은 또한 TV가 자라나는 아동들의 상상력을 촉진시키는지 아니면 방해하는지에 관심을 두어 왔다. TV시청이 자라나는 아동들의 마음 속에 어떤 고정관념들을 싹트게끔 만들 수 있다는 것을 인식하고서, 심리학자들은 TV프로에 담기어 있는 여성들, 노인들 및 흑인들에 관한 메시지들에 대한 장기적 접촉의 영향을 고려해 왔다. 그들은 또한 TV에 대한 장기적 접촉 후의 읽기와 학교적응과 같은 측정치들상에서의 국민학생들의 성적을 조사해 왔다.

TV는 시청자의 두 눈을 스크린상에 붙잡아 두기 위해서 주로 고안되고 있다. TV는 순서들을 신속하게 이동시키고, 급속하게 축소시키고 확대시키며, 새로운 배경들, 등장인물들, 큰 소음들 및 특수효과들을 끊임없이 도입시킴으로써 그렇게 한다. 그러나

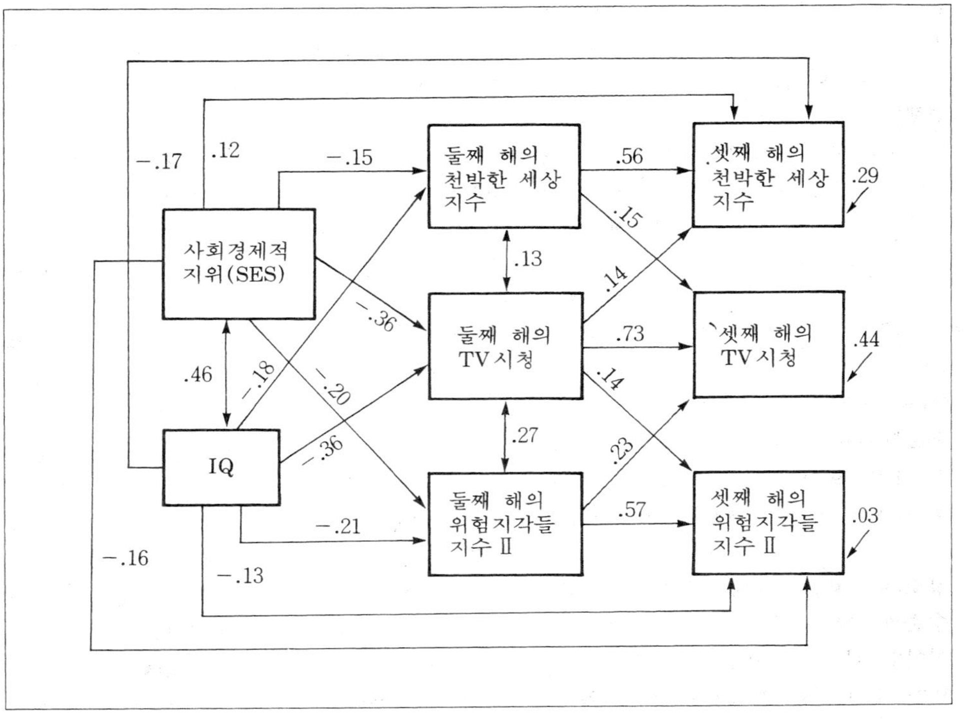

도 6−9. 시청, 공포 및 불신간의 종단적 관계에 관한 구조적 등식모형.(Gerbner 등, 1980)

Singer와 Singer(1983)가 지적한 바와 같이, 효과적인 인지적 처리는 흔히 반복, 보다 더 느린 속도, 조용한 반성 및 생각들에 대한 마음 속의 연습을 요한다. 그렇게 많은 자극들과 정보들에 접하고서, 아동들이 TV상에서 어떻게 배울 수가 있겠는가? 의도적으로 속도를 늦춘 반복적 프로들(예 : Mr Rogers' Neighborhood, Electric Company 및 Fat Albert)에 관한 연구들은 학습을 촉진시키고자 주의깊게 고안된 프로들이 아동들에 대해 인기있을 뿐만 아니라 인지적 및 감정적 이점들을 일으키는 데에 매우 효과적이라는 것을 시사한다(Singer와 Singer, 1976 ; Tower 등, 1979). 예컨대 1년 동안 세서미 스트리트(Sesame Street)를 시청했던 취학전 아동들은 신체부분들과 양, 크기 및 위치와 같은 객관적 관계들을 지적하는 것과 아울러 문자들을 인식하고 물건들을 분류하는 것을 학습했다는 증거가 있다. 두번째 해 동안에, 세서미 스트리트를 시청하도록 고무받았던 아동들은 통제집단의 아동들에 비해서 표준의 어휘검사들에서 더 높은 점수를 보였다(Ball과 Bogatz, 1970, 1972 ; Bogatz와 Ball, 1971). 그러나 이러한 발견들은 특별하게 고안되었던 프로들에 접했던 취학전 아동들에 대해서 얻은 것이다.

취학전 연령을 넘어선 아동들이나 일반 아동들은 상당한 양의 TV프로들에 무분별하게 접하기 때문에, TV에 대한 접촉의 효과들은 긍정적이지 못할 수 있다. 몇 명의 연구자들에 의해 수집된 자료들은 TV를 시청한 시간수와 독해력, 언어사용의 효과성 및 학교적응 사이에 부적 상관들을 시사한다(Singer과 Singer, 1983). 그러나 TV의 시청과 이러한 인지적 능력의 감소들 간의 관계는 복잡하며 다량의 TV프로들에 접했던 모든 아동들이 이것들을 경험하지는 않는다. 연구자들은 국민학교 1, 2학년 경에 어떤 아동들에게 문제행동을 일으킬 수 있는 TV와 가정의 변인들의 조합들을 종합하기 시작하고 있다. 이러한 변인들은 취학전 연령에서의 심한 TV시청, 폭력프로의 비교적 최근의 시청, 훈육방법으로서 신체적 완력을 강조하는 부모들 및 자기기술들이나 가치들이 상상력, 호기심 또는 창의성을 강조하지 않는 부모들을 포함한다(Singer와 Singer, 1983).

우리가 보아 온 바와 같이, 심한 TV시청, 특히 폭력프로의 시청이 아동들과 성인들에서 공격과 같은 반사회적 행동에 연관되어 있다(11장 참조). 그러나 친사회적 행동들은 어떠한가? 돌보아 주는 것과 협동을 고무시키는 프로들에 대한 접촉의 효과는 무엇인가? 예컨대, 래시(Lassie) 연속극은 자기의 개를 도와 주는 한 소년이나, 소년이나 그의 가족을 도와 주는 개에 관한 극적인 예들을 전형적으로 묘사한다. 한 실험에서, 래시프로의 특별하게 친사회적인 사건을 시청했던 아동들은 그 후에 비시청자들보다도 심지어 자기 자신을 희생하면서까지 고통을 당하고 있는 어떤 개를 도우려는 자발성이 훨씬 더 많은 것을 보였다(Sprofkin 등, 1975). 다른 연구는 국민학교 2, 3학년 아동들이 월톤스(The Waltons)프로의 한 사건을 시청한 후에 문제해결과제들과 행동적 돕기측정치들 상에서 더 협동적이었다는 것을 발견했다(Baron 등, 1979). 불행하게도, 다수의 연구들에 대한 Hearold(1979)의 분석은 공격적 재료들의 모방이 보다 더 광범하게 일반화되는 반면에, 친사회적 행동이 TV접촉에 의해서 다만 작게 상승되고 있다는 것을 보이는 것 같다. 다시 말하면, 어떤 특별하게 폭력적인 TV연속극의 한 사건을 시청하는 것은 아무런 특수한 행동이 묘사되지 않았을지라도 남자아이의 자기 누이동생을 때리는 경향성을 증가시킬 수 있다. 어떤 남자아이가 자기의 누이동생이 구두끈을 매는 것을 돕는 것이 적절하다고 생각하게끔 만들기 위해서는 그 아이가 도와 주는 행동을 행하기 이전에 TV상에서 그러한 특별한 사건을 시청하는 것이 필요할 것이다.

성역할 고정관념들

TV는 또한 아동들에게 남자와 여자에게 일반적으로 적합한 행동들이 무엇인가에 관한 매우 명확한 메시지들을 제공하는 것 같다. 예컨대, Kâlish와 Kalish(1984)는 1950년대부터 1980년대까지 간호사들과 의사들에 대한 주요시간대의 TV상의 묘사들에서의 성역할 변인들을 내용분석했다.

이러한 내용분석의 결과들은 성적 및 직업적 고정관념화의 극단적 수준들을 보였다. TV상의 간호사들은 99%가 여자였으며, TV상의 의사들은 95%가 남자이었다. 더욱이, 의사들과 간호사들의 유능성과 의사와 간호사 간의 관계들의 성질에 대한 분석은 TV가 여자간호사를 남자의사에 완전히 종속되고 복종하는 것으로 묘사했다는 것을 보였다. 이 연구자들에 의하면, "TV상의 간호사들은 곁치레의 역할을 주로 맡으며 환자의 복지에 기여할 기회가 거의 없다."

많은 시간 동안 TV를 시청하는 아동들은 더 적은 시간 동안 TV를 시청하는 아동들보다도 자신이 시청했던 전통적 역할모형들을 더 많이 인정하는 경향이 있다(Fruen과 McGhee, 1975). Beuf(1974)에 의하면, TV시청이 직업에 관련된 성고정관념들에 대해 어떤 특수한 영향을 주는 것 같다. 그녀는 3세 내지 6세의 63명의 아동들을 연구했으며, 심한 TV시청자들 중의 76%가 "자기들이 어른이 되었을 때에 하고싶은 것"으로서 성고정관념화된 직업들을 선택한 반면에, TV를 적게 본 시청자들 중의 50%가 고정관념화된 선택을 했다는 것을 발견했다. 이들 취학전 아동들은 자신의 성별에 관해서 알고 있을 뿐만 아니라, 자신의 장래에 대한 성별의 사회적 함축들과 한계들을 이미 이해하고 있었다.

고정관념들은 정규의 TV프로들과 상업광고들에 의해서 아동기 전기간 동안에 계속 강화되고 있다. 예컨대, Tan(1979)은 비누, 치약 및 기타의 개인용품들에 관한 상업광고들에 접했던 10대 소녀들이 아름다움의 특징들이 여자들이 "남자들로부터 호감을 받게 되는" 능력에서 "매우 중요하며" 여자에 대한 "바람직스러운" 개인적 특징들이라고 평정했다는 것을 발견했다. 만일 TV가 성역할 고정관념들을 강화시킬 수 있다면, TV는 이것들의 영향을 감소시킬 수 있는가? 몇 개의 연구들은 이것이 가능하다는 것을 보여 왔다. 예컨대, 미국의 7개의 상이한 지역들에서의 아동들에 대한 한 조사는 9세 내지 12세의 아동들의 평등주의적 성역할들을 묘사했던 한 TV프로(즉 Free Style)가 남녀 시청자들의 여자에 대한 비전통적 역할들의 인정을 증가시켰다는 것을 발견했다(Johnston 등, 1980). 비전통적 성역할에 대한 인정은 이 프로가 학교상황 속에서 시청되었을 때에 보다 더 강하고 지속적이었는데(Johnston과 Davidson, 1980), 이는 아마 그 메시지가 학교라는 권위에 의해서 그 효과가 향상된 것 같다.

다른 연구자들(McArthur와 Eisen, 1976)은 보육원의 남아들과 여아들에게 비전통적 성역할의 묘사들을 보여주었을 때에 이와 비슷한 고무적 결과들을 얻었다. 육아, 가사 및 예술적 행동들을 수행하는 남자들을 시청했던 소년들은 그 후에 이러한 행동들을 더 많이 보였다. 그러나 남자가 전통적 행동들을 수행하는 필름들을 시청한 후에, 소녀들도 또한 동성의 역할모형들이 전통적 활동들(육아, 가사 또는 예술)이나 비전통적 활동들(모험, 리더십 또는 문제해결)을 수행하고 있는가에 관계없이, 그 모형들과 동일시하고 모방하는 경향이 있었다.

매스 미디어에 의해 영속화되는 기타의 고정관념들

매스 미디어상의 폭력과 성역할 고정관념화에 관한 비평 이외에도, 인종과 연령에 관한 고정관념에 대한 우려가 점증하고 있다. 내용분석들은 미국의 TV상에서 묘사된 대부분의 등장인물들이 백인이고 청년이며 중류계층이라는 것을 보였다(Williams 등, 1977). 그러나 흑인들이 TV상에 등장했을 때에 그 묘사들은 일반적으로 긍정적이다. 예컨대 Donagher 등(1975)은 여러 프로들(예 : Bill Cosby Show, Firehouse, Mannix, Maude, Mission Impossible 등)에서 흑인 남자들이 주로 비공격적이고 인내력있고, 이타적이고, 다른 그룹들보다도 고장들을 고치는 경향이 더 많다는 것을 발견했다. 이들 프로들에서 흑인 여자들은 감정을 설명하고, 이해를 증가시키고, 싸움을 화해시키고, 타인들을 안심시키는 데에서 우수한 능력을 보였다. 불행하게도 흑인들은 TV에 매우 드물게 등장해서(한 연구는 흑인들이 상업광고와 정규 프로시간의 9% 이하로 등장했다는 것을 보였다 : Wigel 등, 1980), 그러한 긍정적 이미지들이 일반대중의 태도들과 신념들에 대해 거의 영향이 없을 수 있다. 흑인들과 백인들 간의 상호작용들도 또한 긍정적으로 묘사되는 경향이 있지만, 훨씬 더 드물어서 표본추출된 프로들의 2%의 시간을 차지했다.

TV상에서의 인종적 역할모형들에 대한 접촉의 부족은 TV가 많은 미국인들에 대해 인종정보에 관한 주요 원천이 되고 있는 고로, 특히 문제가 된다. 미국에서 전국적으로 인종이 통합되는 추세의 증가에도 불구하고, 대부분의 미국 아동들은 비교적 동질적인 지역사회들내에서 성장하고 있는데, 그곳에서 그들은 상이한 배경의 사람들을 드물게 보고 개인적으로 만나도록 허용받고 있다. 예컨대, 300명의 백인 국민학생들에 관한 한 연구는 TV가 흑인들이 어떻게 생각하고 말하고 옷을 입는가에 관한 백인 아동들의 주요 정보원이라는 것을 발견했다(Greenberg, 1972). 연구자들(Gorn 등, 1970)은 3 내지 5세의 백인 아동들이 비백인 아동들이 포함되어 있는 세서미 스트리트 프로의 부분들을 시청한 후에 비백인 아동들과 노는 데 대한 강한 선호를 보인다는 것을 발견했다. 동일 연구에서, 한 명의 프랑스계 캐나다 소년이 등장했던 부분들을 시청했던 영국계 캐나다 아동들은 그 후에 프랑스계 캐나다 아동들에 대한 강한 선호를 보였다. 이것은 만일 TV제작자들이 자신의 기회를 이용할 의향이 있다면, TV가 긍정적 인종관계들에 강력하게 기여할 수 있다는 하나의 실례이다.

만일 정규의 TV프로가 미국사회의 구성원들에 대한 비현실적 모습을 제시한다면, TV 상업광고들도 역시 더 나은 것이 없다. 연구자들(Scheibe와 Condry, 1984)은 TV 상업광고들이 모든 인종소수집단들, 여성들, 10대들, 노인들 그리고 관리직, 전문직 및 농업직을 제외한 거의 모든 직업범주들을 과소하게 제시한다는 것을 발견해 왔다. TV상업광고들상에서 여성들이 나타날 때, 그들은 전체의 미국인 여성들의 모집단보다도 일반적으로 훨씬 더 젊다. 흥미있게도, 이 연구자들은 여성의 직업적 역할들에 대해서 1970년대 초 이후로 일들이 상당히 호전되어 왔다고 주장한다. 이제 TV 상업광고들상에서 나타나는 훨씬 더 많은 여성들이 전통적인 주부들보다도 직업과 경력을 갖고 있는 것으로 보여지고 있다. 더욱이 여성들에게 적합한 것으로 보여진 직업들은 과거보다도 덜 전통적이고 덜 고정관념적이다.

상업광고들과 소비자행동

비록 대부분의 TV프로들이 확실히 행동에 영향주지만, 이것들은 주로 오락용으로 만들어지고 있다. 이와는 달리, 상업광고들은 행동에 특별하게 영향주고자, 즉 어떤 제품을 매력있게 제시해서 그 제품의 구매를 일으키고자 노력한다. 상업광고들을 제작하는 미디어 마술사들은 그 상업광고들이 삽입되고 있는 TV프로들을 제작하는 사람들보다도 아마 훨씬 더 창의성있을 것이다. 그들의 설득력에 아동들은 당할 도리가 없다. 심지어 가장 회의적인 아동들조차 크리스마스 시즌 동안의 장난감광고들에 대한 반복적 접촉으로 인해서 마음이 흔들리게 될 수 있다(Robertson과 Rossiter, 1974).

Nielsen의 조사들에 의하면, 평균의 2세 내지 11세의 아동들은 매일 약 4시간 동안 TV를 시청한다. 하루중의 시간에 따라, 시간당 $9^{1}/_{2}$ 내지 16분을 광고메시지들이 차지하고 있다. 이것은 매주 3시간 이상의 TV광고메시지들에 또는 매년 약 20,000회 이상의 광고메시지들에 접하는 것이 되며, 이것은 크리스마스 때의 광고의 급증을 고려하지 않은 통계치이다(Adler, 1977).

아동들이 정규 프로의 정보 및 오락 메시지들과 광고의 설득메시지들 사이를 식별할 수 있는지에 관한 우려에 대한 이유가 또한 있다. 몇 개의 연구들은 아동들이 흔히 자신이 보았던 광고상의 제품들을 요구하며(Comstock 등, 1978), 슈퍼마켓에서 그 제품을 사고 있는 아이를 보게 된다는 것을 증명해 왔다. 특히, 7세나 8세 이하의 아동들은 광고메시지들을 상당히 믿고 있으며, 더 나이든 아동들보다도 그것들의 설득적이며 판매지향적 의도들을 알아채지 못한다(Robertson과 Rossiter, 1977; Ward 등, 1977). 그러나 어린 아동들에게 TV광고에 대해 보다 더 회의적이게끔 가르치는 노력들은 성공을 거두어 왔다. 예컨대, 소비자보호단체의 필름(The Six Billion Sell)을 시청했던 국민학교 4학년 아동들은 통제(보통의) 필름을 시청했던 아동들보다도 광고상의 주장들에 대해 더 회의적이었다(Roberts 등, 1978). 국민학교 6학년생들과 중학교 2학년생들은 그 필름에 접하기 이전에도 구별할 줄을 아는 시청자들인 것 같았다.

연구자들은 이보다 더 어린 아동들에 대해서도 이와 비슷한 연구를 수행했다. 그들은 소비자의 회의주의를 매우 어린 아동들에게 가르치는 것이 매우 효과적이며 가장 나이 어린 아동들이 광고메시지들과 아울러 소비자교육에 더 많이 영향받게 되기 쉽다는 것을 발견했다.

요 약

1. 태도변화 상황에 관한 하나의 유용한 모형은 표적에 대한 있을 수 있는 영향들을 의사전달자 · 커뮤니케이션 · 상황 및 표적 변인들로 분류한다.
2. 사람들이 설득에 저항하는 주요 기제들에는 의사전달자의 격하, 메시지의 왜곡 및 반대주장이 있다.
3. 두 개의 매우 상이한 과정들이 설득상황에서 보편적이다: 즉, 주장들의 면밀한 검토를 포함하는 체계적 처리와 메시지 내용과 무관련한 말초단서들의 사용이 있다.
4. 커뮤니케이션의 소스는 설득에서 하나의 결정적 요인이다. 보다 더 신빙성있고 신뢰성있고 호감을 받는 소스들은 표적이 동일시하는 준거집단들과 마찬가지로 가장 영향력있다. 소스의 특징들은 흔히 말초단서들로서 처리되고 있다.
5. 커뮤니케이션의 가장 중요한 측면은 이것과 표적의 시초의 태도 사이의 상위이다. 태도변화는 어느 지점까지 상위의 증가에 따라 증가되는 경향이 있고 그 이후에는 다시 감소되기 시작한다. 높은 소스의 신빙성과 또는 낮은 개입에서, 이러한 감소지점은 보다 더 높은 상위수준에서 일어난다.
6. 커뮤니케이션들은 분노나 공포와 같은 정서적 욕구들을 유발시킬 수 있으며 만일 제시된 입장이 유발되어 온 욕구를 감소시킨다면, 수용되는 경향이 있다. 그러나, 매우 높은 수준의 공포들은 방어적 반응들을 유발시키고 태도변화의 가능성을 감소시키는 것 같다.
7. 어떤 태도에 대한 개입(입장관여)의 정도는 설득의 하나의 결정요인이다. 개입이 높을

수록 설득은 더 적다.

8. 이슈가 개인적으로 관련성있을 때(높은 이슈관여)와 같이, 표적이 주장들에 관해서 더 많이 생각하게끔 유도될 수 있을 때에, 강한 주장들은 약한 주장들보다 더 효과적이다.

9. 태도변화가 유지되기 위해서는 메시지의 반복이 중요하다. 그러나 너무 많은 반복은 지루함과 그것에 대한 지지의 감소를 일으킨다.

10. 사람은 앞으로 받게 될 설득 커뮤니케이션의 약한 형태에 접촉되고 이것에 대해 저항하는 것을 배움으로써, 설득에 대해 면역되게 될 수 있다.

11. 제시되게 될 입장에 대한 사전경고는 청취자가 매우 상위한 입장에 깊게 개입되어 있을 때에 변화에 대한 저항을 증가시키는 경향이 있다.

12. 주의분산은 매우 상위한 메시지들에 대한 청취자의 방어들을 감소시킴으로써 설득을 일으키는 데에 도움을 줄 수 있다.

13. TV, 라디오, 신문, 서적, 잡지, 음반 및 필름, 즉 매스 미디어는 수백만 명의 수신자들에게 도달한다. 매스 미디어 중에서 TV가 가장 널리 도달된다. 성별, 사회경제적 지위 및 연령의 요인들이 사람들의 구독 및 시청 습관들에 영향을 준다. 아동들, 노인들 및 모든 연령의 여성들이 대부분의 TV를 시청하는 경향이 있다. 교육수준이 높은 사람들은 낮은 사람들보다 신문을 더 많이 읽고 TV를 덜 시청한다.

14. TV와 기타의 매스 미디어에 대한 접촉은 폭력과 성적 공격의 증가와 같은 사회문제들로 비난받아 왔다. 연구들은 폭력적 에피소드들을 싣고 있는 TV프로들, 특히 아동용 프로들이 성인과 아울러 아동에게서 폭력적 행동의 모방을 자극시킬 수 있다는 것을 확증해 왔다. 신문과 TV드라마를 포함하는 어떤 형태의 매스 미디어들은 또한 독자들과 시청자들에게서 공포심을 증가시키고 불신감을 조성시킬 수 있다.

15. TV프로들이 성, 인종 및 연령의 고정관념들을 영속화시킨다는 것이 발견되어 왔다. 친사회적 행동을 묘사하는 TV프로들은 돌보아 주는 것과 협동을 자극시키고 부정적 고정관념들을 타파하는 데에 많은 일을 할 수 있다. 구매행동들에 영향주고자 제작되고 있는 TV광고들은 극히 다량(평균의 아동시청자가 1년간 약 20,000회를 볼 것이다)이라는 것이 판명되고 있다. 그러나 연구들은 아동들이 상업광고들의 설득메시지들을 인식하고 의문시하게끔 가르쳐질 수 있다고 시사한다.

제 4 부

대 인 관 계

제 7 장

사회적 상호작용

인간은 대부분의 시간을 타인들의 존재 속에서 보내는 기본적으로 사회적인 동물들이다. 주의깊게 통제된 한 연구에서 Larson 등(1982)은 사람들이 깨어 있는 시간의 약 3/4을 타인들과 함께 보낸다는 것을 발견했다. 이 연구자들은 성인들 표본과 10대들 표본에게 일 주일 동안 전자기록을 수행하도록 요구했다. 이른 아침에서부터 늦은 저녁까지 무작위로 선정된 시간들에서, 연구자들은 기록기를 작동시켜서 참가자들에게 자기가 무엇을 하고 있고, 혼자 있는지 아니면 타인들과 함께 있는지를 기술하는 짧은 질문지에 응답하도록 신호하는 경적을 울리도록 했다. 표 7-1에서 보이는 바와 같이, 10대들은 자신의 깨어있는 시간의 74%를 어떤 사람과 함께 보냈고, 성인들은 자기들의 시간의 71%를 타인들과 함께 보냈다. 사람들은 학교나 직장에 있을 때에 타인들과 함께 있을 가능성이 가장 많았다. 이와는 반대로, 그들이 집안일을 하거나, 목욕을 하거나, 음악을 듣거나, 집에서 공부를 할 때에 혼자 있을 가능성이 가장 많았다.

사회적 상호작용은 두 사람 이상이 언어적이거나 신체적이거나 정서적으로 서로 영향을 줄 때에 일어난다. 치료자에게 이야기하는 것, 학급에서 어떤 생각을 토론하는 것, 어떤 친구와 화를 내면서 논쟁하는 것 그리고 혼잡한 엘리베이터 속에서 어떤 사람과 몸을 부딪치는 것은 모두 사회적 상호작용의 예들이다. 이 장에서, 우리는 사회적 상호작용의 가장 중요한 측면들의 몇 가지를 검토한다. 우리는 두 사람간의 상호작용이 우연적인 지면에서 가까운 관계로 어떻게 발전할 수 있는가에 관한 하나의 일반모형에서 시작한다. 그 다음에, 우리는 사람들이 자신이 타인들에게 짓는 인상을 관리하려고 노력하는 자기제시의 과정, 자기에 대한 주의집중과 그 결과들 그리고 사람들이 타인들과 비교함으로써 자기 자신의 능력과 의견을 평가하는 사회비교의 과정을 고려한다. 그 다음에 우리는 자기개방의 역학과 개인적 정보의 노출이 어떤 관계에서 어떻게 친밀성을 조성할 수 있는가를 논의한다. 우리는 사회적 상호작용에 관한 연구들에 대한 하나의 체계적 분석을 제공해 주는 사회적 교환이론에 대한 탐구와 고독의 주제로 끝을 맺는다.

표 7－1. 사람들은 어떻게 자신의 시간을 보내는가?

활 동	청년들		성인들	
	혼자서	타인들과	혼자서	타인들과
집에서				
가 사	6.7	5.6	5.4	8.6
자신을 돌봄(목욕 등)	2.1	0.5	2.2	1.2
공부(청년들만)	3.5	1.4	–	–
식 사	0.6	3.1	0.7	2.4
사교(전화에 의한 것을 포함)	2.6	5.4	–	3.8
텔레비전 시청	2.0	3.9	2.2	5.1
개인적 독서	2.0	1.4	1.5	1.4
취미와 미술	0.7	0.5	0.3	0.2
빈둥댐, 음악을 들음	1.8	2.5	2.4	3.3
가정에서의 모든 활동들	20.0	24.3	14.7	26.0
직장이나 학교에서				
직장에서 일함	1.6	2.2	5.9	20.9
수업(청년들만)	–	15.6	–	–
직장이나 학교에서의 다른 활동들	1.2	13.5	3.6	11.5
직장이나 학교에서의 모든 활동들	2.8	31.3	9.5	32.4
공공장소에서				
이동(버스 등)	1.3	3.3	2.9	3.6
기타의 실제 활동들	1.2	6.2	0.8	1.1
여 가	0.6	9.0	1.2	7.9
모든 공공활동들	3.1	18.6	4.9	12.6
전체 시간(혼자서＋타인들과 함께 ＝100%)	25.9	74.1	29.1	70.9

주: 이 표는 사람들이 혼자서나 타인들과 함께 각각의 특수한 형태의 활동들을 했다고 보고한 시간이 몇 %인가를 보이고 있다. 예컨대, 청년들은 혼자서 가사일을 하면서 자기시간의 6.7%를 보낸다고 보고했다.

자료원: Larson 등(1982)에서 개작됨.

사회적 상호작용들: 우연적인 것에서 가까운 것까지

두 사람이 상호작용할 때, 그들은 서로 영향을 준다: 각자가 행하는 것은 상대방에게 영향을 준다. 사람들이 서로 영향을 줄 수 있는 특수 양식들은 매우 다양하다. 다른 사람은 우리를 행복하거나 슬프게 만들 수 있고, 우리에게 최신의 뒷공론을 이야기하거나 우리의 의견에 비평을 하고, 우리가 어떤 일을 완수하거나 착수하는 데에 도와 주고, 우리를 웃게끔 만들거나 밤새 걱정으로 잠들지 못하게끔 만들고, 우리에게 충고하거나 틀린 일을 권하고, 우리에게 선물을 주거나 돈을 쓰게끔 만든다. 이러한 예들이 예시하는 바와 같이, 사회적 상호작용들에서의 영향은 감정들, 신념들 및 행동들을 포함하고 있다. 기본적 주제는 두 사람이 서로 상호적 영향을 준다는 것, 보다 더 전문적 용어로는 그들이 상호의존적이라는 것이다(Kelley 등, 1983).

어떤 상호작용들은 매우 짧다. 비행기 속에서, 당신은 옆 좌석의 손님과 아마 또다시 만나는 일이 결코 없을 것이라는 것을 알면서, 그 사람과 친절한 대화를 개시할 수 있다. 다른 극단에는 수 년 동안 지속하고 수많은 상호작용들을 포함하는 관계들이 있다. 우연적 상호작용들에서 밀접한 관계들쪽으로의 진행에 관해서 생각하는 한 가지 유용한 방법은 파트너들의 상호의존의 증가의 면에서 접근하는 것이다. Levinger와 Snoek(1972)에 의해서 개발된 2자 상호의존에 관한 모형이 도 7-1에서 자세히 제시되어 있다. 이 모형은 두 사람 P와 O가 상호의존(interdependence)이 증가되는 단계들상에 있는 것을 보이고 있다.

시초에, 두 사람은 서로 전혀 알지 못하고 전혀 관련이 없다. 그들은 아무런 상호작용이 일어나지 않아 왔을 때에 영의 접촉의 지점에 있다. 한 사람이 상대방에 관해서 어떤 것을 주목하거나 알지만 아무런 직접적 접촉이 일어나지 않았을 때에는 인식의 단계가 존재한다. 예컨대, 우리는 심지어 직접 이야기한 일이 없더라도, 학급에서 "모든 것을 알고 있는" 체하는 학생에 대해서 즉각 싫어질 수도 있다. 때로는 우리는 제삼자로부터 타인에 관해서 알게 된다: 예컨대, 어떤 친구는 그가 담당교수가 특히 훌륭하다고 생각하기 때문에 특정의 교과목을 수강하라고 우리에게 권할 수도 있다.

인식은 일방적이거나(도 7-1에서 P에서 O쪽으로의 일방향 화살표에 의해 보이는 바와 같이), 두 명의 낯선 이들이 방 건너편에서 서로를 쳐다볼 때처럼 쌍방적일 수 있다. 인식단계는 매우 중요할 수 있다. 만일 우리가 타인에 대해 호의적 인상을 형성하면, 우리는 흔히 그 사람과 상호작용하는 데에 주도성을 갖는다. 정말로, 사람들은 팬들이 이전에 만나본 일이 없는 가수들과 영화배우들에 대해 열광적 감정들을 갖게 될 때와 같이, 때로는 인식단계에서 매우 강한 경험을 갖고 있다.

그 다음의 수준인 표면적 접촉은 두 사람이 아마 이야기하거나 편지를 교환함으로써 처음 상호작용할 때에 시작된다. 표면적 접촉은 상호의존의 시작이며 따라서 관계의 시작이다. 우리가 친절한 수퍼마켓 점원과 몇 마디 말을 나누거나 비행기상에서 옆 좌석에 있는 승객과 잡담할 때, 우리는 표면적 접촉을 하고 있는 것이다. 이러한 상호작용들은 대개 짧고, 대화의 주제들은 피상적이고, 사람들이 서로에 대해서 갖는 영향력은 한정되어 있고, 접촉은 흔히 특수한 사회적 역할들에 의해서 규정된다. 많은 관계들은 이러한 최소의 상호의존단계를 넘어서서 발전되지는 않는다.

상호작용이 장기간 계속될 때, 어떤 관계가 발전하기 시작한다. 상호의존의 정도가 증가됨에 따라, 그 쌍은 상호성의 단계로 이동한다. Levinger와 Snoek은 상호성을 적은 상호의존(도 7-1에서 원들의 작은 중첩에서 보이는)에서 광범한 상호의존(많은 중첩에서 보

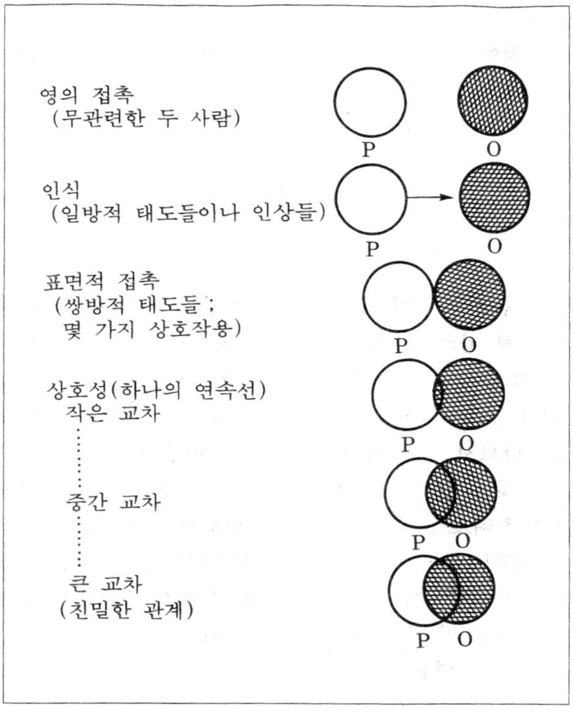

도 7-1. 2자 상호의존에 관한 한 모형.(Levinger와 Snoek, 1972, p. 5에서 개작됨.)

이는)에 이르는 하나의 연속선으로서 개념화한다.

예컨대, 대학 1학년 동안에 기숙사의 한방 친구들의 상호작용은 다소 한정되고 정서적으로 먼 상호성에서 그들의 생활들이 유의하게 상호 얽혀지게 되는 어떤 밀접한 관계로 발전될 수도 있다.

사회심리학자들은 **밀접한 관계**(close relationship)라는 용어를 많은 상호의존을 내포하는 관계들을 일컫기 위해 사용한다(Kelley 등, 1983). 이 관계들은 부모, 가장 친한 친구, 어떤 선생, 배우자, 어떤 동료 직원 또는 어떤 중요한 라이벌이나 경쟁자와의 관계들일 수 있다. 모든 밀접한 관계들은 몇 가지 기본적 특징들을 공유하고 있다. 첫째로, 이것들은 비교적 오랜 시간에 걸쳐서 계속되는 빈번한 상호작용을 내포하고 있다. 둘째로, 밀접한 관계들은 많은 상이한 종류의 활동들과 사건들을 내포하고 있다. 예컨대, 어떤 교우관계에서 사람들은 많은 상이한 주제들을 논의하고 일반적으로 광범한 활동들과 흥미들을 함께 갖고 있다. 이것에 비해서 피상적 관계들은 단일 활동이나 주제에 초점을 두고 있다.

셋째로, 밀접한 관계들에서, 사람들 사이의 영향은 강하다. 우리는 어떤 점원으로부터의 비열한 말은 신속하게 잊을 수 있지만, 가장 친한 친구가 한 한 마디 말에 대해서는 몇 주일간 고민한다. 우리는 어떤 버스운전사가 도와 준 일에 대해 일시적으로 고맙게 느낄 수 있지만, 우리의 한방 친구의 협조로부터 매일 도움을 받고 있다. 더욱이 두 사람이 매우 상호의존할 때, 그들은 서로 강한 정서들을 일으킬 잠재력을 갖고 있다. 우리는 자신의 밀접한 관계들이 사랑, 진실 및 배려의 긍정적 감정들의 원천이라고 생각하고 싶어한다. 그러나 우리의 가장 밀접한 관계들에서 가장 강한 분노, 질투 및 실망의 감정들이 일어나기 쉬운 것도 또한 사실이다.

자 기 제 시

김군은 어떤 중요한 취직면접을 위해서 세심하게 준비하고 있다. 그는 자신의 과거 경력에 관해서 자신이 말하게 될 것을 예행연습한다. 그는 이발을 하고 나서, 어떤 양복을 입을 것인가 그리고 조끼를 입는 것이 너무 형식적인 것처럼 보이지는 않을가를 숙고한다. 그는 자신의 서류들을 가지고 갈 새로운 서류가방을 사고 자신의 약속시간을 위해서 반드시 일찍 도착한다. 그가 면접자를 만날 때, 그는 힘차게 악수를 하고 유쾌하게 미소짓는 것을 잊지 않는다. 면접 동안에, 그는 경청하는 듯이 보이고 질문들에 신중하게 답변하려고 노력한다. 간단히 말해서, 그는 자기 자신을 직무상에서 성공을 거두게 될 박력있고도 유능한 사람으로서 제시하려고 최선의 노력을 기울인다.

사회적 상호작용의 하나의 보편적 측면은 우리가 타인들에게 짓는 인상을 관리하려는 욕망이다. 자기제시(self-presentation)라는 용어는 자신이 전달하는 인상을 통제하려는 우리의 노력들을 일컫는다. 자기제시의 기본목표는 우리가 어떤 원하는 결과를 얻게끔 우리의 상호작용을 구조화시키는 것이다. 김군의 경우에서, 그 목표는 취직을 하는 것이다.

우리는 흔히 사람들이 우리를 긍정적으로, 즉 하나의 재미있고 친절하고 지적이고 배려하는 사람으로서 보기를 원한다. 그러나 때로는 우리는 그 대신에 다른 이미지들을 전하려고 애쓴다(Baumeister와 Hutton, 1987). 예컨대, 어떤 골목대장인 소년은 자신을 거칠고 위협적으로 제시하기를 바랄 수 있다. 다른 경우들에서, 우리의 목표는, 예컨대 어떤 시험시간에 지각한 데 대해 그럴듯한 변명을 찾음으로써 어떤 나쁜 인상을 최소화시키는 것일 수도 있다.

자기제시는 흔히 하나의 심사숙고한 활동이다. 자신의 면접시험에서, 김군은 열심히 일하고 재능있는 것으로써 자기 자신을 제시하려는 자신의 욕망을 매우 의식하고 있다. 그러나, 익숙한 상황들에서, 자기제시활동들은 자동적으로 될 수 있다(Baumeister 등, 1989). 자신의 친구들과 함께 있을 때, 김군은 일에 진지하게 임하지 않고 장난치는 것을 좋아하는 사람으로 자기 자신을 습관적으로 제시할 수도 있다. 어떤 특정 상황에서의 자기제시가 일상적인 일로 될 때, 사람들은 인상관리에 관해서 많이 생각할 필요가 없고 따라서 자신의 관심을 상황의 다른 측면들에 집중시킬 수 있다. 사회학자인 Goffman (1959)은 자기제시를 연극에서 연기하는 것과 비교해 왔다. 연극배우들처럼, 우리는 외모, 즉 우리의 용모와 복장과 아울러 우리의 매너리즘과 습관에 특별한 관심을 기울인다. 우리가 데이트를 위해서 정장을 입거나 직장에서 껌을 씹지 않는 것을 기억할 때, 우리는 어떤 원하는 이미지를 전하기 위해서 외모를 통제하고 있다. 우리는 때로는 우리의 자기제시를 돕기 위해서 보조물들에 의지한다. 진짜 포도주를 대접하는 것, 고급 차를 운전하는 것 및 새로운 약혼반지를 과시하는 것은 특정의 인상을 전하기 위해서 물리적 대상들을 사용하는 방식들이다. 무대를 준비하는 것도 또한 중요할 수 있다. 이것은 정사에 대한 예비단계로서 전등의 불빛을 낮추고 조용한 음악을 트는 것, 자신의 자연에 대한 흥미를 전하기 위해서 친구를 황야에서의 도보여행에 데리고 가는 것을 포함한다. 자기제시의 다른 측면은 예행연습이다. 어떤 사교행사 전에, 우리는 여러 가지 접근들을 마음속으로 시도하면서 우리가 말하고 행하게 될 일에 관해서 생각할 수도 있다.

Goffman은 사람들이 흔히 그들의 사회적 상호작용들에서 무대 앞 지역과 무대 뒷지역을 구별한다는 것을 관찰했다. 뒤에 있는 분장실 지역들은 사람들이 어떤 공연을 위해서 준비하는 장소이며, 앞 지역들은 연기가 일어나는 장소이다. 어떤 만찬파티를 준비하고 있을 때, 긴장한 아마추어 요리사는 복잡한 요리법에 따르려고 미친듯이 노력하고 집안에 있는 모든 그릇들을 사용하면서 부엌에서 온종일 보낼 수 있다. 그러나, 이 요리사의 무대전면의 행동은 매우 다를 수 있다. 손님들이 식탁에 앉고 즐거운 식사를 칭찬할 때, 그 요리사는 "예, 이것은 제가 오늘 저녁에 급히 만들은 변변치 못한 음식인걸요"라고 말하면서, 차분하고도 유경험인 것처럼 보일 수 있다.

자기제시의 하나의 중요한 측면은 자신의 관중을 알고 있는 것이다. 유행을 의식하는 어떤 10대에 대해서, 또래들에게서 인기있는 유행하는 복장들과 머리스타일들은 더 나이든 친척들에 의해서 멋없고 이상스럽다고 간주될 수도 있다. "타인의 역할을 취하는", 즉 타인들이 우리의 행위들에 대해 어떻게 지각하고 반응할 것인가를 예상하는 능력은 성공적 인상관리를 위해서 필수적이다. 따라서, 사회적 상호작용의 도전거리들 중의 하나는 우리의 자기제시의 목표들과 관중의 성질에 따라, 상황에 적절하게 우리의 행동을 변화시킬 수 있게 되는 것이다.

좋은 인상을 주는 것

아마 자기제시에서 가장 보편적 동기는 좋은 인상을 주는 것이다(Schlenker, 1980). 사람들은 이러한 목적을 달성하기 위해서 어떻게 하는가? 성공적 인상관리의 몇 개의 책략들이 확인되어 왔다(Fiske 등, 1991).

한 가지 책략은 사회적 상황의 규범들에 따르는 것이다. 파티에서 좋게 보이기 위해서, 어떤 사람은 재미있는 이야기와 농담을 할 것이다. 이와는 반대로, 장례식에서는 유족에 대한 슬픔과 동정의 표현들이 보다 더 적절할 것이다. 다른 책략은 타인의 행동과 조화되게끔 만드는 것이다. 만일 당신의 새로운 아는 이가 자신의 테니스기술을 자랑한다면, 당신은 당신 자신의 재능들을 자랑하는 것이 잘하는 일일 것이다. 그러나 만일 상대방이 겸손하게 행동하고 자신의 전문성을 낮춘다면, 이와 비슷한 정도의 겸손이 가장 긍정적인 인상을 일으킬 것이다.

긍정적 인상을 일으키기 위한 두 개의 부가적 전략들, 즉 자기선전과 아첨 사이에 유용한 구분이 지어질 수 있다. 자기선전(self-promotion)은 개인의 행위들을 통해서나 자기에 관한 긍정적 일들을 이야기함으로써 자기에 관한 긍정적 정보를 전하는 것을 일컫는다. 이와는 반대로, 아첨이나 아부는 청취자에 관한 좋은 일들을 말하는 것을 일컫는다.

Jones와 Pittman(1982)은 이러한 두 가지 책략들이 상이한 목표들, 즉 자기선전자가 유능하다고 보이는 것을 원하는 반면에, 아첨자가 호감을 받게 되기를 원하는 것을 시사해 왔다. 취직면접시험과 같은 몇몇 상황들에서, 개인은 재능있는 동시에 호감성있다는 인상을 줌으로써 두 가지 목표들을 동시에 달성하려고 들 수 있다.

자기선전은 수행하기가 곤란할 수 있다. 자신의 재능들에 관해서 이야기하는 것은 자기제시를 증진시킬 수 있겠지만, 또한 역효과를 내고 자만에 빠져 있다거나 불안하다는 인상을 조성시킬 수 있다(Cialdini와 DeNicholas, 1989 : Jones와 Pittman, 1982). 이것은 관찰자들이 흔히 개인을 동시에 한 가지 이상의 차원상에서 평가하기 때문에 일어난다. 몹시 주제넘은 자기선전자는 실제로 타인들에게 자기 자신이 유능하다는 것을 납득시킬 수도 있지만, 또한 눈에 띄는 자기중심성을 드러내 보일 수도 있다.

자기선전에서 하나의 중요한 요인은 사람들이 자기 자신에 관해서 말하는 맥락이다. 최근의 한 연구는 몇 가지 상이한 조건하에서 자신의 지적 능력에 관한 긍정적 진술들을 행하는 사람들에 대한 인상들을 비교했다(Holtgraves와 Srull, 1989). 자신의 우수한 지적 재능들을 언급했던 사람들은 그러한 진술들이 특수한 질문들에 대한 반응으로 이루어졌을 경우에 가장 호의적으로 간주되었다. 예컨대, 만일 어떤 사람이 그의 중간시험에서 얼마나 시험을 잘 보았는가를 질문받았다면, 그가 93%의 정답을 했다는 그의 답변은 호의적 인상을 일으켰다. 이와 비슷하게, 자기에 관한 긍정적 진술들은 이것들이 두 파트너에 의한 상호적 개방들의 맥락 속에서 이루어졌을 경우에 개인의 이미지를 높혔다. 따라서 자신이 바둑서클의 경기대회에서 매우 잘했다는 박군의 진술은 이것이 김군도 또한 자신이 화투놀이에서 잘 했었다는 것을 말한 어떤 대화의 일부분이었을 경우에 긍정적으로 간주받았다.

이와는 반대로, 만일 사람들이 질문받음이 없이 그리고 타인들이 유사한 정보를 제공함이 없이 자기 자신의 능력에 관해서 좋은 점들을 이야기하기 위해서 정도를 벗어나는 것같이 생각된다면, 그들은 덜 호감이 가고 덜 신중하고 더 자기중심적이라고 지각받았다. 간단히 말해서, 대화의 맥락이 관찰자들이 자기선전적 진술들을 어떻게 해석하는가에서 중요한 차이를 일으킨다.

긍정적 인상관리의 다른 책략은 겸손의 조심스러운 사용이다(Cialdini와 DeNicholas, 1989). 예컨대, 자신의 눈부신 플레이가 방금 자신의 팀에게 선수권을 잃는 것을 막아 준 우수한 여자 농구선수는 자신의 성적을 "꽤 우수하다"고 기술할 수도 있지만 그녀가 전체 팀의 힘이 없이는 그렇게 할 수가 없었다는 것을 강조할 수 있다. 자신의 재능을 삼가서 말함으로써, 그녀는 아마 호감이 가는 동시에 유능하다고 간주받게 될 것이다. 물론, 그 묘기는 겸손이 효과적이게 될 시기를 아는 것이다. 두 가지 경험적인 법칙이 있다.

첫째로, 겸손은 개인의 수행이 실제로 성공적이었을 때에만 개인의 공적 이미지를 높인다. 나쁜 수행에 대한 겸손은 이미지를 높여 주지는 않는다.

둘째로, 겸손은 관중이 이미 개인의 성공의 전체 범위를 알고 있을 때에만 개인의 공적 이미지를 높이게끔 작용한다. 우승한 운동선수는 자신의 명성이 자신의 말에 앞서기 때문에 겸손할 수가 있다.

자기제시는 언어적 행동과 아울러 비언어적 행동을 포함하고 있다. 2장에서, 우리는 비언어적 행동이 자기제시에 기여하는 양식들을 기술한 바 있다. 일반적으로, 자기제시들은 언어적 및 비언어적 메시지들이 동일할 때에 가장 설득력이 많다. 자기가 "매우 기쁘다"고 말하기는 하지만 침울하고 의기소침한 음성을 사용하는 사람은 매우 신빙성있지는 않을 것이다. 이와는 반대로, 자신이 우리를 더 잘 알게 되기를 원한다고 말하면서, 미소짓고 자주 눈마주침을 갖고 가까이 앉는 사람은 훨씬 더 믿을 수 있다.

우리는 우리 자신이 몸소 행하는 일들에 의해서 뿐만 아니라 또한 성공적이거나 강력하거나 유명한 사람들과 자신을 연관시킴으로써 인상관리를 행한다. Cialdini와 그의 동료들은 BIRGing(bask in the reflected glory of others)이라는 용어를 타인들의 반사된 영광을 즐기는 경향을 일컫기 위해서 사용해 왔다(Cialdini 등, 1976; Cialdini와 DeNicholas, 1989). Cialdini는 사람들이 심지어 그러한 연관이 매우 시시할 때에라도, 성공적인 타인과의 연관을 강조함으로써 자신의 개인적 자기제시를 높인다고 생각한다. 만일 어떤 사람이 자기가 현직 대통령과 같은 고향출신이라거나, 자기가 이전에 특정의 유명한 재벌을 만났었다거나, 자기의 친구가 복권에서 10억원을 탔다고 말한다면, 그 사람은 부자와 유명인에 대한 그의 단순한 연관에 의해서 우리에게 인상주려고 들고 있다.

비효과적 자기제시

자기제시는 항상 효과를 거두지는 않는다. 때로는 우리의 행위가 우리를 어떤 긍정적 시각에서 보여 주지는 않는다. 우리는 자기 어머니의 생일날을 잊어먹을 수 있거나 식당에서 자기 무릎에 국물을 엎지를 수 있다. 이와 같은 경우들에서, 우리가 할 수 있는 최선의 일은 우리의 손실을 최소화시키는 것이다.

당황(embarrassment)은 우리의 자기제시에서 어떤 방해가 있을 때에 경험되는 하나의 보편적이고도 불쾌한 정서이다(Parrott 등, 1988; Schlenker, 1980). 이것들은, 예컨대 어떤 웨이터가 음식접시를 떨어뜨릴 때나 어떤 사람이 상대방을 무심코 틀린 이름으로 부를 때와 같이 인상관리상에서의 작은 실수들일 수 있다. 자기제시상의 결함들은, 예컨대 어떤 전문배우가 대사를 잊어먹을 때나 어떤 유명한 과학자가 자신의 자료를 잘못 해석한 것으로 밝혀졌을 때처럼 수행상의 보다 더 심각한 실패들을 또한 포함할 수 있다. 당황한 사람은 대개 방해받은 상호작용의 패턴을 회복시키기 위한 노력들로 반응한다. 그 사람은 사과하거나 변명할 수 있고, 그 다음에는 자기가 행동을 멈추었던 지점을 회복하려고 든다. 당황을 주는 상황은 임석한 모든 사람들에 대해서 불편하고, 따라서 타인들도 또한 당황한 사람의 체면을 회복시키기 위해서 도우려는 동기를 갖게 된다.

변명(excuse)은 인상관리에서 하나의 중요한 역할을 할 수 있다. 어떤 시험이나 스포츠경기에서 나쁜 성적은 개인의 자기제시에 의문을 제기시킨다. 어떤 우수하지 못한 수행을 처리하는 한 가지 방법은 변명들을 제시하는 것이다(Snyder와 Higgins, 1988). 귀인이론(4장)과 일치해서, 사람들은 흔히 자신의 실패를 외부적이고 통제불가능한 원인들에 기인되는 것으로서 변명하려고 든다. 당신이 시험에 실패한 것이 그 시험이 공정치 못했고 다른 모든 학생들도 역시 낙제했기 때문(외부적, 통제불가능한 원인)이라고 말하는 것은 그 시험이 쉬웠고 당신 자신이 시험과목을 숙지할 수 없었다는 것(낮은 능력)을 시인하는 것보다 더 만족을 준다.

변명의 중요성은 성취에 관련된 상황들에 국한되어 있지는 않다. 어떤 약속시간에 지각하는 것과 같이, 어떤 사회적 의무를 이행하지 못하는 것은 또한 인상관리의 문제들을 일으킬 수 있다. 또다시, 만일 당신이 자신의 지각을 당신이 자명종시계를 맞추어 놓는 것을 잊어버렸다고 말하기보다도 자동차 타이어가 빵꾸난 탓으로 돌린다면, 당신은 아마 더 나은 인상을 주고 상대방의 분노를 일으키는 것을 피하게 될 것이다(Weiner 등, 1987). 사실이 발생된 후에 변명들을 제시하는 것 이외에도, 나쁜 수행을 처리하기 위한 다른 책략은 우리가 4장에서 자세하게 논의한 자기에 대한 핸디캡부여(self-handicapping)이다.

이러한 분석의 하나의 불행스러운 함축은 자기제시의 압력들이 때로는 사람들로 하여금 자신의 행위에 대한 진정한 이유에 관해서 타인과 아울러 자신에게 거짓말하게끔 만들 수 있다는 것이다. 때로는, 타인들에게 호의적 인상을 주려는 욕망은 정직하게 되려는 욕망과 갈등을 일으킬 수도 있다.

자기감시

우리 모두는 우리가 타인들에게 짓는 인상을 고려하는 사회적 배우들이다. 그러나 어떤 사람들에 대해서, 자기제시에 대한 관심이 항상 존재한다. 자기감시(self-monitoring)는 상당히 큰 정도로 인상관리를 강조하는 경향성이다. Snyder와 그의 동료들은 이러한 성격적 성향을 측정하기 위한 하나의 지필검사를 개발했다(Briggs와 Cheek, 1988; Snyder, 1987; Snyder와 Gangstad, 1986). 자기감시에서 높은 사람들은 적절한 행동에 관한 상황단서들에 대해 특히 민감하다. 자기감시척도상에서, 그들은 다음과 같은 진술들에 동의할 것이다.

"나는 아마 훌륭한 배우가 될 수도 있을 것이다."
"나는 마음 속으로는 싫어하더라도 친절하게 대함으로써 다른 사람들을 속일 수도 있다."
"상황들과 사람들에 따라, 나는 흔히 매우 다른 사람인 것처럼 행동한다."

이와는 반대로, 자기감시에서 낮은 사람들은 상황적 요구들에 덜 부합되어 있다; 그들의 자기제시는 대체로 그들의 내적 태도들과 가치들에 의해서 통제되고 있다. 그들은 다음과 같은 진술들에 동의할 것이다.

"나는 내가 이미 믿고 있는 생각들만을 찬성할 수 있다."
"나는 사람들과 상황들에 적절하게 자신의 행동을 바꾸기가 어렵다."
"나는 말을 몸짓으로 나타내는 게임이나 즉흥연기 게임에서 전혀 잘하지 못해 왔다."

자기감시에서 높은 사람들과 낮은 사람들은 몇 가지 양식으로 차이가 있다(Snyder, 1987). 낮은 자기감시자들에 비해서, 높은 자기감시자들은 타인들에 관해서 알아내고 사회적 상황들을 파악하기 위해서 더 큰 노력을 기울인다. 그들은 자신이 만나고 상호작용하고 있는 사람들에 관한 정보에 더 많은 관심을 기울인다. 그리고 그들은 또한 상황의 요구들에 부합시키기 위해서 자신의 행동을 조정하는 경향이 더 많다. 예컨대, 높은 자기감시자들은 특정의 정서들을 제시하기 위해서 자신의 안면과 음성을 사용하는 데에 더 숙달되어 있다. 자기감시는 광범한 상황들에서의 상호작용에 영향을 줄 수 있다. 예컨대, 데이트상황들에서 높은 자기감시자들은 파트너의 신체적 매력에 더 큰 중요성을 부여하는 것같이 보이는 반면에, 낮은 자기감시자들은 성격에 더 큰 비중을 부여하는 것같이 보인다(Glick 등, 1988 : Snyder 등, 1985). 높은 자기감시자들이 상황적 요구들에 더 민감하기 때문에, 그들의 행동은 상황에 따라 더 많이 변화할 수 있다.

자기감시에 관해서 읽으면서, 당신은 당신이나 당신의 친구들이 이 차원상에서 어디에 해당되는지를 어림해 왔을 수 있다. 당신은 또한 어느 방침이 가장 좋거나 가장 유용한지에 의문을 품어 왔을 수 있다. 실제로, 자기감시에서 높거나 낮은 것은 모두 장단점들을 갖고 있다. 높은 자기감시자들은 자기 자신을 사회적 상황들에서 최선을 다하고자 하는 현실적인 자세의 사람이라고 간주할 수 있다. 그들의 통찰성과 사회적 민감성은 그들로 하여금 다양한 상황들에서 효과적으로 상호작용할 수 있게끔 해 준다. 그러나 극단적으로 되게 되면, 높은 자기감시자들은 상황에 적합하게 하기 위해서 자기 자신과 자신의 의견을 변화시키는 이기적인 기회주의자라고 비평당할 수 있다. 이와 비슷한 딜레마가 낮은 자기 감시자들에 대해서도 존재한다. 한편으로, 그들은 자기 자신을 사회적 영향들에도 불구하고 자신이 믿고 있는 바를 고수하고 자신의 목표를 확고하게 유지시키는 원칙이 서 있는 사람이라고 간주할 수 있다. 그러나 극단적으로 되게 되면, 낮은 자기감시자들은 민감성없고, 비융통적이며, 비타협적이라고 비평당할 수 있다. 아마 다행스럽게도, 대부분의 사람들은 이 양극단들 사이에 해당될 것이다.

자 기 주 의

대부분의 우리의 일상적 행동은 꽤 습관적이고 자동적이다. 우리는 자신이 행하는 것에 대해 많은 생각을 기울임이 없이, 꽤 습관적인 양식으로 아침에 일어나고 옷을 입고 아침식사를 하고 신문을 읽는다. 이러한 행동들 중의 몇 개는 생각이 없는 것이라고 일컬어지고 있다(Langer, 1989). 일반적으로 우리는 자신이 자동적 행동들을 수행하고 있을 때에 자기 자신에 관해서 매우 많이 생각하지는 않으며, 타인들이 우리에 관해서 어떻게 생각할 것인가에 관해서 생각하지도 않으면서(Wicklund와 Frey, 1980), 우리의 일상적 일들을 수행해 나간다. 이와는 달리, 환경내의 사건들이 자기 자신에 대해 우리의 주의를 집중시키며, 우리가 자의식적이거나 자기인식을 갖고 있는, 자기에게 집중된 주의나, 자기지향적 주의 또는 단순하게 자기주의(self-attention)라고 일컬어지고 있는 상태속으로 몰아 넣을 수 있다. 우리가 보게 되는 바와 같이, 이것이 일어날 때에 우리는 상당히 많은 심사숙고와 생각을 갖고서 행동할 수 있다. 우리는 또한 자기인식(self-awareness)이 흔히 불쾌하다는 것을 보게 될 것이다. 사람들이 자기인식을 갖게 될 때에 무엇이 일어나며, 자기인식이 매우 흔히 불쾌한 이유는 무엇인가?

자기주의, 자기평가 및 기준들에 합치시키는 것

최근의 자기주의이론들은 사람들이 그들이 자기 자신에 관해서 이야기하도록 요청받고 있을 때, 그들이 낯설거나 비구조화된 상황들 속에 있을 때, 그들이 거울 속에서 자기 자신을 볼 수 있을 때, TV 카메라들이 자기들을 겨냥하고 있거나 타인들이 자기를 바라보고 있을 때, 또는 그들이 어떤 집단 속에서 소수측의 지위 속에 있고 따라서 두드러져 보일 때에 자기인식을 갖게 될 수 있다고 시사한다. 분명히, 무대 위에 있거나 영화카메라들 앞에서 연기하는 것은 자기인식을 일으키며, 따라서 자기인식은 TV나 영화에 종사하는 연예인들의 생활의 주요 부분이 된다. 그렇지만 이것은 우리들 모두가 때때로 취급하는 것이며, 그렇다면 그 결과들은 무엇인가?

자기주의이론가들(Carver와 Scheier, 1990 : Duval과 Wicklund, 1972 : Gibbons, 1990 : Wicklund와 Frey, 1980)은 사람들이 자기에 대해 주의집중될 때에 두 가지가 일어난다고 주장한다. 첫째로, 우리의 전반적 자기개념과 이것의 여러 부분들이 의식되게 된다. 둘째로, 자기개념이 우리의 마음 속에 있게 될 때, 자기평가(self-assessment)가 불가피하다(Gibbons, 1990). 즉, 우리는 자기 자신을 평가하기 시작한다. 우리는 자기 자신의 어떤 측면들을 상황이 특출하게끔 만드는 기준들과 비교함으로써 이것을 행한다.

자기의 네 가지 측면들 중의 어느 것이 주의의 초점이 될 수 있다. 첫째로, 우리는 단순하게 우리의 외모에 초점을 두고, 우리가 타인들에 비해서 또는 우리가 다른 경우들에서 보이고 있는 양식에 비해서 보이고 있는 양식을 평가할 수 있다. 둘째로, 우리는 자신의 심리적이거나 생리적 경험에 자신의 주의를 집중시킬 수 있다. 이것은 흔히 우리가 운동, 분노, 열정, 불안, 또는 어떤 다른 강한 정서에 의해서 강한 기분을 갖고 있거나 흥분되어 왔을 때에 일어난다(Hansen 등, 1989). 그러면 우리는 자신의 경험을 자신의 보통의 기분이나 흥분의 수준들과 비교하고 자신의 정서를 정확하게 평가한다. 셋째로, 우리는 전체로서의 자신의 자기에 주의를 집중시키고 자기 자신에 관한 어떤 전반적 평가를 행할 수 있다. 대개 이러한 전반적 평가는 비록 이것이 타인들과의 비교를 포함할 수 있을지라도, 우리의 이상적 자기에 대해서 이루어진다. 넷째로 그리고 가장 보편적으로, 우리는 자신의 주의를 자신의 특수한 행동에 집중시키고서 자신의 행위를 관련된 규칙들, 규범들 또는 행동기준들과 비교할 수 있다. 어떤 경우들에서, 우리는 자기의 이러한 측면들 중의 하나 이상에다가 주의를 집중시킬 수도 있다.

예컨대, 우리가 거울 속에서 자기 자신을 볼 때에 무엇이 일어나는가를 고려해 보자. 우리는 외모나 행위의 이상적 기준들과 우리가 보이는 양식이나 우리가 행하고 있는 양식을 비교하기 쉽다. 우리가 이러한 비교를 행할 때, 우리는 흔히 우리의 행동이 우리가 이상적이라고 지각하는 것에 못 미친다는 것을 발견한다. 우리는 자신의 수행이 우리가 원하는 것만큼 훌륭하지 못하다거나, 자신의 외모가 우리가 TV상에서 보는 매력있는 사람들만큼 만족스럽지 못하다거나, 우리가 해야만 된다고 생각하는 것만큼 도움을 주거나 협조적인 사람이 아니라고 느낄 수 있다. 다시 말하면, 행동을 기준들과 비교하는 것은 우리가 자신의 이상적 기준에 못 미친다는 것을 발견하게 될 가능성이 매우 크기 때문에, 불쾌하고도 고통스러운 경험이 되기 쉽다. 사람들이 자기인식의 정신상태에 수반되는 불쾌한 감정들을 경험할 때에 무엇이 일어나는가?

자기인식으로부터의 도피

어떤 불쾌한 상황을 처리하는 한 가지 명백한 방법은 단순히 그 상황에서 벗어나려고 드는 것이다. 예컨대, 유명 연예인들이나 인사들은 눈에 띄지 않는 복장을 착용하거나 군중 속으로 숨어들어가려고 시도함으로써 자기에게 집중된 주의를 피하거나 도피하려고 들 수 있다. 자기인식에 관한 실험들에서 사람들이 사용하고 있는 대처방법들은 무엇인가? 만일 그들이 자기인식과 기준들에 못 미치는 것의 불쾌한 종합상태에 당면하게 된다면, 그들도 역시 그들이 할 수 있다고 생각하자 마자 도피할 것이다. 한 연구에서, 피험자들은 지능과 창의성의 한 종합인, 총명성을 재는 검사를 받았다. 어떤 피험자들은 그들이 매우 잘 했다(상위 10%로)고 설명받았고, 다른 피험자들은 그들이 매우 불량하다고(하위 10%로) 설명받았다. 그 다음에 이 피험자들은 어떤 실험자가 도착하기를 기다리지만, 만일 그 실험자가 5분 이내에 도착하지 않을 경우에는 떠나라는 지시를 받았다. 어떤 피험자들에 대해서, 그 다른 방은 거울이 있었고 TV카메라가 자신을 향하고 있었는데, 물론 이것들은 자기인식을 일으켰다. 다른 피험자들은 거울이나 TV카메라가 없는 방으로 갔다. 자기인식이론에 의하면, 거울과 카메라에 의해서 자기에 대해 주의집중되지 않았던 피험자들은 도피하고 싶어하지 않을 것이다. 즉, 그들은 자기 자신이나 자신의 수행에 관해서 생각할 필요가 없었다. 그러나 자기 인식되게끔 만들어진 피험자들에 대해서 상황은 달랐다. 총명성 척도상에서 상위의 점수를 받았던 피험자들은 그들 자신이 이상적 기준에 합치되는 일에서 잘 했다고 생각했을 것이므로, 자기인식되는 것에 대해 신경을 쓰지 않을 것이다. 그러나, 나쁜 점수를 받은 피험자들은 그들이 자기인식상태에 있고 자신의 성적을 이상적 기준과 비교할 때에 극히 불쾌하게 느꼈을 것이며, 그 상황에서 벗어나고 싶었을 것이다. 그리고 그들은 실제로 그렇게 했다. 낮은 성적과 자기인식상태에 있는 피험자들은 그 자리에 없는 실험자를 기다리는 것을 그만 두었고 다른 세 개의 조건들 속의 피험자들보다도 유의하게 더 빨리 떠났다(Duval 등, 1972).

비록 사람들이 대개 자기에게 집중된 주의를 피할지라도, 몇 개의 연구들은 예외들이 있다는 것을 나타낸다. 만일 우리가 기준들에 잘 부합될 것이고 어떤 원하는 정체를 성취시킬 것이라고 기대하면, 우리는 자기에게 집중된 주의를 환영하거나 심지어 추구할 수도 있다(Greenberg와 Musham, 1981).

기준들에 합치시키기

때로는 사람들은 자기인식을 피할 수가 없다. 여기에서 전형적으로 일어나는 것은 사람들이 자신의 행동이 이상적 기준에 더 가깝게 합치되게끔 자신의 행동을 변화시키려고 드는 것이다. 이러한 시도들은 기준들에 합치시키기(matching to standards)라고 일컬어지고 있다(Carver와 Scheier, 1981 ; Mullen, 1983). 그러나, 사람들이 기준에 합치시키려고 시도하는 여부는 자신이 성공을 거둘지에 대한 그들의 생각, 즉 그들의 성과기대(outcome expectancy)에 의해서 영향받게 된다. 만일 사람들이 어떤 긍정적 성과기대를 갖고 있다면, 즉 만일 그들이 자기 자신이 기준에 합치되는 데에 성공할 것이라고 생각한다면, 그들은 그렇게 하려고 시도할 것이다. 이러한 과정은 자기조절(self-regulation)이라고 일컬어지고 있다. 예컨대, 자기인식을 하고 있는 사람들은 도움을 주는 경향이 더 많다. 한 연구에서, 어떤 전염적 성병에 관한 비디오테이프를 시청했고 자기인식되게끔 만들어졌던 피험자들은 통제집단의 피험자들보다도 어떤 예방활동에 대한 봉사에 자원하는 경향이 더 많았다. 자기인식된 집단은 사회적 책임의 기준들에 합치시키려고 시도했다(Duval 등, 1979). 자기조절에 관한 다른 흥미있는 예가 기독교의 만성절날에 "과자를 안 주면 장난칠 테야"라면서 과자를 얻어 먹는 아이들에 관한 한 연구에서 일어났다(Beaman 등, 1979). 장난치는 아이들은 집주인(실제로는 실험자)에게서 한 개 이상의 과자를 집어가지 말라는 지시를 들었다. 과자는 큰 사발 속에 두어졌으며 아이들은 자신이 원하는 것을 가져 갈 때에 혼자 있게 되었다. 자기인식은 과자사발 뒤에 있는 거울로 일으켜졌다. 그 결과들은 거울이 없었을 경우에 절반 이상의 아이들이 한 개 이상의 과자를 가져 갔다는 것을 보였다. 그러나 거울이 사발 뒤에 있어서 아이들이 과자를 가져가는 자기 자신을 보았을 때, 속이는 것(한 개 이상의 과자를 가져 가는 것)은 10% 이하로 감소되었다. 일반적으로, 사람들이 자기인식되게끔 되었을 때, 기준에 합치되려는 그들의 노력은 그들에게 사회적 기준에 합치되는 사회적으로 바람직스러운 행동을 일으킨다.

자기조절에 관한 다른 흥미있는 예들이 있다. 예컨대, 자기인식하고 있는 사람들은 자기 자신의 개인적 가치에 따라 행동하는 경향이 더 많다. 성행위에 관한 죄의식이 높거나 낮은 여대생들이 외설적 글귀들을 읽고서 이것들이 얼마나 재미있었는가를 평가하도록 요구받았다. 어떤 피험자들은 그들이 그 실험에 참가했을 당시에 자기인식되게끔 만들어졌고 어떤 피험자들은 그렇지 않았다. 자기인식된 피험자들에 대해서, 성행위 죄의식점수들과 그 글귀들의 싫어함 사이에 훨씬 더 높은 상관이 있었다. 즉, 자기인식되었을 때에 피험자들은 자신이 성행위에 관해서 가졌던 부정적 감정들의 정도를 생각했으며 그에 따라 외설물에 대해 반응했다(Gibbons, 1978).

자기조절이나 기준들에 합치시키는 것이 자기인식이나 자기에게 집중된 주의에 대한 하나의 보편적 반응일지라도, 사람들은 그들이 낮은 성과기대를 갖고 있을 경우에는 자기조절적이지 않을 것이다. 만일 그들이 실패를 기대한다면, 그들은 단지 후퇴, 즉 보통의 자기조절과 기준들에 합치시키는 것의 어떤 붕괴를 보일 것이다.

집단행동에 대한 자기주의적 관점

어떤 집단 내에서 소수측의 지위를 갖고 있는 것은 자기인식을 일으킬 수 있다(Wicklund와 Frey, 1980). 최근의 한 이론이 이러한 통찰을 이용해 왔으며 집단상황 속에서 자기주의적으로 되는 것의 결과들을 고려해 왔다(Mullen, 1983, 1987). 집단들에 대한 자기주의이론의 적용은 자기주의와 기준에 합치시키는 것이 개인과 그 개인의 하위집단이 다른 하위집단에 속한 사람들에 비해서 수적으로 열세하게 될 때에 증가한다고 주장한다. 예컨대, 어떤 연극을 공연하고 있을 때, 배우는 관중(다른 하위집단)의 규모가 증가함에 따라 더 자기주의적으로 되지만 출연진(그 개인 자신의 하위집단)의 규모가 증가함에 따라 덜 자기주의적으로 되는 경향이 있다. 보다 더 특수하게 말하면, 자기주의는 이른바 타인들-전체 간의 비율(other-total ratio)에 비례된다. 연극배우의 경우에서, 이 비율은 관중(다른 하위집단)의 인원수 나누기 집단(출연진과 아울러 관중)의 총인원수이다. Mullen

(1983) 자기주의와 자기조절이 타인들-전체 간의 비율의 증가에 따라 정확하게 증가한다는 것을 증명해 왔다. 간단하게 말하면, 당신이 당신 자신이나 자신의 집단이 수적으로 열세가 된다고 느낄수록 당신은 더 자기주의적이게 된다.

몇 개의 흥미있는 연구들이 이러한 효과를 증명해 왔다. 예컨대, 강의실들에서 학생들은 교사들 더하기 학생들의 총인원수에 대한 교사들(다른 하위집단)의 비율이 증가함에 따라 토의에 참가(수업행동에 대한 기준들에 부합시키는 것)할 가능성이 더 많다. 학생들의 숫자가 증가하고 그 비율이 감소함에 따라, 학생들은 참가하는 것에 더 적은 시간을 보낸다. 이와 비슷하게, 미국 남부지역에서의 린치들에 관한 보도들은 린치폭도가 대규모일 때 피해자에 대한 사격, 불태움, 사지절단 등으로 측정된 린치의 잔학성이 증가한다는 것을 보인다. 이러한 종류의 행위들을 행하는 것은 일종의 자기조절의 부족을 나타내는데, 후자는 자기인식이론에 의해서 자기주의가 낮을 때에 일어날 것이라고 예언되고 있는 것이다. 폭도들의 숫자가 희생자들의 숫자를 크게 압도할 때, 타인들-전체 간의 비율(희생자들의 숫자 나누기 희생자들의 숫자 더하기 폭도들의 숫자)이 낮으며 예언된 자기조절의 부족이 일어난다(Mullen, 1986).

자기인식이론은 어떤 집단 내의 다수측의 사람들이 낮은 타인들-전체 간의 비율을 갖고 있고, 덜 자기인식적이고, 어떤 양심에 의해 조절되고 있는 것을 덜 보이고 있는 점에서 초자아나 양심에 관한 이론과 비슷하다. 대규모의 폭도 속의 사람들은 자기조절 부족의 하나의 훌륭한 실례를 제공한다. 다행스럽게도, 자기인식은 일반적으로 하나의 문명화시키는 상태이다(Wicklund와 Frey, 1980).

공적 자의식의 영향들

우리는 방금, 예컨대 거울, TV카메라 및 상이한 하위집단에 소속한 사람들에 비해 수적으로 열세가 되는 것과 같이, 사람들을 자기인식적이거나 자의식적(self-conscious)으로 만들 수 있는 몇 가지 상황요인들을 알아보았다. 그러나, 상황요인들이 자기인식에 영향을 주는 유일한 것들이 아니다. 어떤 사람들은 다른 사람들보다 자기인식적으로 되는 더 큰 경향성을 갖고 있다. 연구는 사람들이 사적 자의식(private self-consciousness)과 아울러 공적 자의식(public self-consciousness)에서 차이가 있다는 것을 보여 왔다(Fenigstein 등, 1975). 자의식척도 속에 있는 문항들이 표 7-2에 제시되어 있다. 사적 자의식상에서 높은 사람들은 자기들 자신의 내부상태와 감정 그리고 자기들 자신의 태도와 의견을 더 많이 인식하는 경향이 있다. 공적 자의식상에서 높은 사람들은 사회적 대상으로서의 자기 자신을 더 많이 인식하고 자신의 외모와 이 외모를 타인들이 어떻게 지각하는가에 대해 매우 많은 관심을 두고 있다. 후자의 집단은 자기제시의 측면에서 관심있는데, 이것은 좋은 인상을 짓고 관중을 즐겁게끔 만드는 데 대한 이들의 관심이 이들에게 타인들의 태도와 기대와 일치되게끔 이들의 행동을 변화시킬 수 있기 때문이다(Froming과 Carver, 1981 : Scheier, 1980).

공적 자의식상에서 높은 사람들은 복장과 유행에 더 많은 관심을 두고 있는 경향이 있으며, 높은 사람들과 낮은 사람들 간의 이러한 차이는 남자들에서 특히 뚜렷하다(Solomon과 Schopler, 1982). 아마 이러한 성별간의 차이는 여성이 그들의 공적 자의식

표 7-2. 사적 자의식과 공적 자의식

사적 자의식을 측정하는 문항들
나는 나 자신에 관해서 많이 생각한다.
나는 자신의 내부감정들에 일반적으로 주목하고 있다.
나는 끊임없이 자신의 동기들을 검토한다.
나는 자신의 기분의 변화들에 민감하다.
나는 어떤 문제를 풀 때에 자신의 마음이 작용하는 양식을 인식하고 있다.
공적 자의식을 측정하는 문항들
나는 타인들이 나에 대해서 어떻게 생각하고 있는가에 관심을 두고 있다.
나는 대개 좋은 인상을 주고 있는지에 대해 걱정한다.
나는 내가 나 자신을 제시하는 방식에 관심을 두고 있다.
나는 대개 나의 외모를 인식하고 있다.
내가 대문을 나서기 전에 꼭 하고 있는 일들 중의 하나는 거울을 보는 것이다.

자료원 : Buss(1980).

의 정도에 관계없이, 남성이 갖고 있지 않은 현상인 유행에 대해 전형적으로 관심을 두고 있다는 사실에 기인될 것이다. 높은 공적 자의식의 사람들은 또한 그들이 타인들이 자신에 대해 어떻게 반응할 것인가를 예측할 수 있다는 점에서 타인들에 대해 더 민감성 있다(Tobey와 Tunnell, 1981). 공적 자의식에 관한 한 연구는 이러한 특징상에서 높은 사람들이 자신에 대한 타인들의 반응들에 대해 얼마나 민감할 수 있는가를 분명하게 보여 준다. 피험자들은 둘이서만 이야기하고 피험자를 등한시했던 동료 피험자들인 것처럼 행동하는 두 명의 실험협조자들과 함께 실험이 시작되기를 기다리게 되었다. 그 직후에, 이 피험자들은 그들이 함께 기다렸던 2인과 함께 일하고 싶어하는지 아니면 다른 2인과 함께 일하고 싶어하는지를 나타낼 기회가 있었다. 이 피험자들은 등한시당한 것에 대해서 어떻게 반응했는가? 공적 자의식이 낮은 사람들이 50%의 경우에서 다른 2인과 함께 일할 것을 선택했다. 공적 자의식이 높은 사람들은 85%의 경우에서 다른 2인과 함께 일하는 것을 선택했다. 즉 이 피험자들은 두 명의 실험협조자들에 의한 박대에 대해 매우 관심을 두고 있었다(Fenigstein, 1979).

사람들이 거울이나 음성녹음과 같은 상황요인들의 한 결과로서 또는 높은 정도의 공적이거나 사적 자의식과 같은 개인요인들의 한 결과로서 자기인식적으로 될 수 있다는 것을 기억해 두는 것이 중요하다. 모의재판들에서의 배심원들의 행동에 관한 한 연구는 공적 자의식이 낮은 사람들도 그들이 TV카메라 앞에 있을 때에는 높은 공적 자의식의 배심원들과 아주 비슷하게 행동한다는 것을 보여 준다(Kassin, 1985).

자기주의와 우울증

비록 항상은 아니지만 일반적으로 자기주의(self-attention)는 유쾌하지 않다. 사람들은 대개 자기들이 자신의 이상적 자기나 특수한 상황에서의 이상적 행동에 관한 자신의 기준과 같은 관련된 기준들에 완전하게 합치되지 못한다는 것을 발견하게 된다. 우리가 지적한 바와 같이, 이것이 일어날 때의 두 가지 반응들은 자기인식으로부터 도피하려고 드는 것과 보다 더 바람직스러운 양식으로 행동하려고 드는 것이다. 이들 행동코스들은 모두 자기인식과 이것의 불쾌성을 감소시킨다. 그렇지만, 어떤 사람들은 끊임없이 자기 자신에 대해 주의를 집중시키고, 그 결과로 계속 불행을 느낄 수 있다. 즉, 그들은 계속해서 자기 자신을 생각하고 평가하면서, 자신이 전혀 이상에 합치되지 않는다는 것을 발견할 수 있다. 그들은 자신이 관련된 기준에 도달하지 못한다고 생각하고 계속해서 이것을 인식하고 있을 수 있다. 이러한 만성적 자기평가와 미달감의 결과는 무엇일 것인가? 몇 개의 연구들은 우울증이 그 결과라는 것을 시사한다.

높은 정도의 자기주의를 우울증의 한 요인으로 연계시키고 있는 많은 발견들이 있다. 예컨대, 우리는 우울증이 있는 사람들이 어떤 **부정적 기억편향**(negative memory bias)을 갖고 있다는 것을 알고 있다(Blaney, 1986). 즉, 그들은 전형적으로 자신에게 일어났던 긍정적인 일들보다도 부정적인 일들을 더 많이 회상한다. 물론, 부정적인 것을 회상하는 이러한 경향성은 우울증에 기여한다. 사람들에게 부정적 기억편향을 갖게끔 만드는 것은 무엇인가? 한 가지 가능성은 이것이 자기주의에서 나온다는 것이다. 사람들이 자신의 주의를 자기 자신에게 집중시키면서 많은 시간을 보낼 때, 부정적인 개인적 자질들과 사건들이 특출해질 수 있다. 다시 말하면, 당신 자신에 대해 너무 많이 주의를 집중시키는 것은 당신을 우울하게 되게끔 만들 수 있다. 만일 이것이 사실이라면, 부정적 기억편향과 그 결과의 우울증을 감소시키는 한 가지 방법은 사람들을 자기 자신에 관해서 생각하지 않게끔 주의분산시키는 것이다. 최근의 한 연구는 우울한 사람들이 그들이 자기 자신에게 주의집중되었을 때에 우울하지 않은 사람들보다도 지난 2주일 동안에 자신에게 일어났던 최근의 부정적 일들을 더 많이 기억했다는 것을 보였다. 그러나, 외부대상들에 주의를 기울였을 때에, 우울한 사람들은 부정적 기억편향을 보이지 않았다(Pyszczynski 등, 1989). 다시 말하면, 사람들에게 자기주의를 피하게끔 만들음으로써, 부정적 자기평가들을 일으키고 그 다음에 우울증을 일으키는 자기주의의 주기를 깨버릴 수 있다.

다른 연구는 장래의 일들에 대한 사람들의 기대들, 즉 그들의 낙천주의(optimism)나 비관주의(pessimism)를 검토해 왔다(Pyszczynski 등, 1987). 우울증이 있는 사람들은 그들이 자기주의의 상태에 있을 때에 비우울한 사람들보다도 더 비관주의적이다. 그들이 자기 자신에 주의를 기울이는 것을 방해받게 되었을 때, 그들은 비우울한 사람들보다 더 비관주의적이지는 않았다. 또다시, 높은 수준의 자기주의가 비관주의와 궁극적으로 우울증에 기여하며, 우울증의 해소가 우리가 자기 자신에게 주의를 기울이는 정도를 감소시킴으로써 이루어질 수 있다는 것이 시사되고 있다. 흥미있게도, 다른 최근의 연구는 여자들이 남자들보다 더 높은 자기주의수준들을 갖고 있는 경향이 있으며, 이러한 높은 자기주의수준들이 여성이 남성보다 더 흔히 우울증을 갖고 있다는 잘 확립된 발견들에 기여할 수 있다는 것을 시사해 준다(Ingram 등, 1988).

사회적 비교

우리 모두는 자신이 관심을 두고 있는 일들에서 자신이 얼마나 우수한가를 알고 싶어한다. 나 자신은 우수한 테니스선수이고, 재능있는 작가이고, 우아한 댄서이고, 믿을 수 있는 친구인가? 때로는 우리는 객관적 준거상에서 자신을 평가할 수 있다. 만일 우리가 어떤 시험에서 만점을 받았다면, 우리는 자기 자신이 매우 잘 했다는 것을 안다. 그러나 대개의 경우에 편리한 객관적 기준이 없고, 따라서 우리는 자기 자신의 평가에 도움이 되기 위해서 다른 사람들을 살펴본다. 우리는 자신의 경험을 타인들의 경험들과 비교함으로써 평가한다. 이것은 감정들과 정서들이 포함되어 있을 때에 특히 그러하다. 나는 기름에 볶은 메뚜기를 먹는 것을 즐겨야만 되는가, 코메디언의 지저분한 농담에 웃어야만 되는가, 크기는 하지만 해가 없는 뱀을 두려워해야만 되는가, 또는 모든 사람이 이야기하고 있는 새로운 영화를 좋아해야만 되는가? 타인들이 어떻게 반응하는가를 아는 것은 우리 자신의 생각과 감정을 명료화시키고 평가하는 데에 도움이 된다.

1954년에 현대 사회심리학의 개척자 중의 한 사람인 Festinger는 사회비교이론(social comparison theory)에서 이러한 관찰들을 공식화시켰다. Festinger는 사람들이 자신의 능력수준과 자신의 태도의 정당성에 관한 정확한 평가를 하려는 동기를 갖고 있다고 생각했다. 이것을 행하기 위해서, 그들은 자기 자신의 위치를 자기 자신과 유사한 타인들과 비교해서 평가한다. 비교를 위해 유사한 타인들을 선택하는 것에 관한 한 예로써, Festinger는 바둑 초보자들이 일류의 기사들보다도 다른 초보자들에다가 자신을 비교하는 것을 선호할 것이라고 시사했다. Festinger의 사회비교이론은 다음의 세 개의 진술들로 요약될 수 있다.

1. 사람들은 자기 자신의 의견과 능력을 정확하게 평가하려는 충동을 갖고 있다.
2. 직접적인 물리적 기준들이 없을 경우에, 사람들은 타인들과 비교함으로써 자기 자신을 평가한다.
3. 일반적으로, 사람들은 자신을 유사한 타인들과 비교하는 것을 선호한다.

오늘날, 사회비교과정들에 관한 우리의 이해는 Festinger의 원래의 모형보다 상당히 더 복잡하다(Goethals와 Darley, 1987 : Taylor와 Lobel, 1989 : Wood, 1989). 사회비교이론의 범위는 확장되어 왔다. 우리는 이제 사람들이 자신의 능력과 의견 뿐만 아니라, 자신의 정서, 성격 및 봉급이나 권위와 같은 차원들상에서의 자신의 결과에 관해서 비교판단을 행한다는 것을 알고 있다. 우리가 뒷 장들에서 보게 되는 바와 같이, 사회비교의 과정은 사회생활의 많은 측면들에 영향을 준다. 예컨대, 우리의 현재의 데이트상대가 우리가 이전에 데이트했었거나 현재 데이트할 수 있는 어떤 사람들보다도 더 훌륭하다는 생각은 그 관계에 대한 우리의 만족과 개입에 대해 중요한 함축들을 갖고 있다. 우리의 사회적 또는 인종적 집단이 사회내의 다른 집단들에 비해서 경제적이거나 사회적으로 불이익을 당하고 있다는 생각은 불만과 집단간 갈등을 증가시킬 수 있다(12장 참조).

사회비교의 목적들

정확성이 사회비교의 유일한 목적이라는 Festinger의 주장은 의문시되어 왔다. 이제 사회비교들이 다음의 것들을 포함하는 다양한 개인적 목적들과 동기들을 충족시키기 위해서 이루어질 수 있는 것같다.

정확한 자기평가 Festinger가 제안한 바와 같이, 때로는 사람들은 비록 그 결과가 유리하지 않을지라도, 자기 자신에 관한 진정한 지식을 원한다(Trope, 1986). 우리가 배구팀에서 가장 열등한 선수라는 것을 아는 것은 우리에게 더 많은 노력을 자극시키거나 스포츠의 종목을 바꾸게끔 고무시킬 수 있다.

자기고양 우리가 4장에서 이미 본 바와 같이, 사람들은 흔히 자기 자신에 관한 어떤 긍정적 시각을 유지시키거나 고양시키려고 노력한다. 이것은 그들에게 이기적인 양식들로 정보를 편향시키게끔 만들 수 있다(Taylor와 Brown, 1988). 진정한 자기평가를 추구하기보다도, 사람들은 자기들을 어떤 호의적인 견지에서 보여 주는 비교들을 추구할 수 있다. 미적분학을 배우려고 애를 쓰고 있는 어떤 학생은 자신이 그 과목에서 낙제하고 있는 다른 학생들보다 더 잘하고 있다는 것을 강조하는 것을 선호할 수 있다. 자기고양(self-enhancement)에 대한 욕망이 사람들에게 자기 자신보다 더 불운하거나, 덜 성공적이거나, 덜 행복한 타인들과의 "하향비교"를 행하게끔 만들 수 있다.

자기향상 때로는 사람들은 자기 자신을 성공의 모형들이 되어 줄 수 있는 타인들과 비교한다. Festinger가 가정한 것과는 반대로, 대망을 품은 기사는 자신의 학습단계를 정확하게 평가하거나, 고수들의 통찰들로부터 배우기 위해서나, 자기들의 모델들로부터 격려받기 위해서 우수한 고수들과 자신의 초반전략을 주의깊게 비교할 수 있다(Wood, 1989). 어떤 자기향상을 위한 욕망은 보다 더 성공적인 사람들과의 "상향비교들"을 일으킬 수 있다. 물론, 훨씬 더 우수한 수행자들과의 비교들은 실망을 주고 무능감들을 일으킬 수 있는 위험성이 있다.

비교과정

Festinger는 개인이 어떤 사회비교를 행하기 위해서 의도적으로 선택하는 상황들에 초점을 두었다. 이와 같은 상황들에 관한 예들은 찾아보기가 쉽다. 예컨대, 무서운 지진에서 살아난 후에, 어떤 사람은 자신의 반응들을 타인들의 반응들과 적극적으로 비교하고자 해서 자신의 경험에 관해서 이웃들과 친구들과 함께 몇 시간 동안 이야기하는 데에 보낼 수 있다. 그러나 다른 경우들에서, 사회비교들은 의도적으로 추구되지는 않고, 오히려 상황에 의해서 우리에게 강요되고 있다(Wood, 1989). 예컨대, 국민학교 아동들이 어떤 야구게임을 위해 편을 가르게 될 때, 가장 잘하는 선수들이 대개 맨먼저 선정되게 되고 가장 잘못하는 선수들이 맨나중에 선정되게 된다. 아동들은 이러한 사회비교의 경험을 맛보게 되기를 원하지 않을 수 있지만, 이것이 그들의 학교생활의 하나의 불가피한 부분이라는 것을 알게 될 수 있다.

요구받지 않은 비교들도 개인에 대해 중요한 영향들을 줄 수 있다. 이 점은 Morse와 Gergen(1970)의 한 고전적 실험에서 증명되었다. 이들의 연구에서 피험자들은 "성격연구"에 관한 두 개의 시간제 일들을 제안하는 학교신문 속의 광고에 응했던 대학생들이었다. 학생이 직무면접을 받기 위해서 도착했을 때, 그는 자존심에 관한 측정을 포함하는 몇 개의 질문지들을 기입하도록 요구받았다. 그 다음에 그는 다른 직무응모자를 만났는데, 그는 응모양식들에 기입하기 위해서 동일한 방에 들어온 학생이었다. 실험조작은 다른 직무후보자(실제로는 실험협조자임)의 외모를 변화시키는 것이었다.

절반의 피험자들은 찢어진 바지, 냄새나는 두껍고 헐거운 스웨터를 입고 있고 양말을 신지 않은 젊은이인 "지저분한 인물"에 당면되었다. 그는 매우 단정치 못했고 질문지들을 기입하는 동안에 자주 방을 흘긋흘긋 둘러 보았다. 이와는 반대로, 절반의 피험자들은 "깨끗한 인물"에게 무작위적으로 배정되었는데, 그는 검은색 양복을 입고 서류가방을 들은 말쑥하게 차려 입고 자신있어 보이는 젊은이였다. 이 연구의 후반부에, 피험자들의 자존심이 지저분한 인물과 깨끗한 인물에 대한 접촉이 어떤 영향을 주었는가를 알아보기 위해서 평가되었다. 예언된 대로, 지저분한 인물과의 하향비교의 기회를 가졌던 피험자들은 그들의 자존심을 증가시켰다. 즉, 비교에 근거해서 그들은 자기 자신에 대해서 더 낫게 느꼈다. 깨끗한 인물과의 상향비교의 기회를 가졌던 피험자들은 자존심의 감소가 있었다. 즉, 비교에 근거해서 그들은 자기 자신에 대해서 덜 좋게 느꼈다. 요점은 요구받지 않은 사회비교의 기회들이 우리의 자기평가에 대해 중요한 영향들을 줄 수 있다는 것이다.

Festinger는 사람들이 유사한 타인들과 자신을 비교하는 것을 선호한다고 강조했다. 그러나 유사성의 어느 차원들이 가장 중요한가? 자신이 얼마나 공부를 잘 하는가를 평가하고 싶어하는 역사 교과목의 대형반에 수강한 대학생의 경우를 고려해 보자. 그녀는 학급 내의 모든 다른 학생들과 자신을 비교하기로 작정할 수도 있어서 그녀는 자신의 성적들에 기초해서 그 학급 내에서 자신의 순위를 알아냄으로써 이것을 행할 수 있을 것이다. 그러나 그녀는 그 학급 내의 학생들이 고등학교 때에 수강했던 역사과목들의 숫자가 크게 다르기 때문에 그들이 최선의 비교대상이 되지 못한다고 결정지을 수도 있다.

그 대신에, 그녀는 자기 자신처럼 그 과목에 대해 제한된 배경을 갖고 있는 다른 비역사학 전공학생들에 대해서만 자신을 비교하기로 작정할 수도 있다. 기술적 용어로서, 이것은 관련된 속성들의 유사성(related-attributes similarity)에 기초된 비교일 것이다. 유사성의 근거는 그녀의 성적 자체가 아니라, 그 교과목에 대한 그녀의 배경이나 준비도, 즉 성적에 관련되어 있을 수 있는 하나의 속성이다(Goethals와 Darley, 1987).

다른 한편으로, 이 여학생은 자신이 그 학급 내의 다른 여학생들에 비해서 어떠한가를 알고 싶어할 수도 있다. 이 경우에서, 그녀는 그 교과목상의 성적에 무관련되어 있을 수도 있는 유사성의 한 차원인 성별상에서 유사한 비교표적들을 고르고 있다. 사람들은 과업수행과 직접 관련이 없을 때에라도, 성별, 인종 또는 종족상의 유사성에 기초된 비교들을 흔히 행한다는 증거가 있다. 마지막으로, 이 학생은 그 교과목에서의 성적의 범위에 관한 정보를 원할 수 있고, 따라서 자기 자신을 그 집단 속의 가장 우수하고 가장 열등한 학생들과 비교하는 데에 관심을 두고 있을 수도 있다. 여기에서, 성적상으로 자기와 다른 타인들과의 비교들은 도움을 줄 수도 있을 것이다. 요약하면, 각 유형의 비교는 상이한 정보를 제공해 준다(Wood, 1989). 개인의 목표에 따라, 모두가 유용할 것이다.

Tesser 의 자기평가유지모형

김군의 가장 친한 친구인 박군은 최근에 단편소설 작품으로 어떤 권위있는 상을 받았다. 김군은 이에 대해 어떻게 반응할 것인가? 그는 매우 기뻐하고 다른 사람들에게 자기의 친구에 관해서 열심히 이야기해서 박군의 반사된 영광의 혜택을 받을 수 있을 것인가? 그렇지 않으면 그는 오히려 박군의 성공에 질투를 느끼고 자기 자신이 재능이 적은 작가라는 것이 생각나게 되는 것을 불행하게 생각할 것인가? 보다 더 일반적으로, 다른 사람의 수행이 우리의 개인적인 자기평가를 높일 때는 언제이고, 그것이 우리의 자기가치감을 위협할 때는 언제인가? Tesser(1988)는 이러한 의문에 답변하기 위해서 고안된 자기평가유지모형(self-evaluation maintenence model)을 발전시키기 위해서 노력해 왔다.

Tesser 의 모형은 자기고양에 대한 동기, 즉 어떤 긍정적 자기평가를 유지시키기 위한 욕망에 초점을 둔다. 우리의 사회적 환경 내의 타인들의 수행은 특히 우리가 그들과 심리적으로 가까울 때, 우리의 자기평가에 영향을 줄 수 있다. 이 모형 내에서, 지각된 가까움은 친구나 친척과 같이 타인과의 어떤 관계에 기초될 수 있다. 그러나 가까움은 또한 인종, 성별, 종교 또는 물리적 근접성과 같은 공통적 특징들에 기초될 수 있다. 일반적으로, 심리적으로 먼 사람들의 행동보다도 가까운 사람들의 행동은 우리에 대해 더 큰 잠재적 영향력을 갖고 있다. 부가적으로, Tesser 는 타인이 우리보다 비교적 더 우수하게 수행하는 상황들에 초점을 둔다. 타인들의 수행은 이것이 중간 정도일 때에는 우리의 자기평가에 대해 덜 중요하다. Tesser 에 의하면, 결정적 상황은 우리와 가까운 어떤 사람이 우수하게 수행할 때에 생긴다.

이와 같은 상황들에서, 우리의 반응이 그들의 성공의 혜택을 즐기는 것인지(하나의 반사과정) 아니면 비교에 의해서 고통을 당하는 것인지를 결정짓는 것이 무엇인가? 하나의 관건요인은 그 수행이 우리의 자기정의와 관련있는지의 여부이다. 만일 김군이 창의적인 수상 작가가 되려고 열망한다면, 어떤 친한 친구가 그를 능가했다는 지식은 그의 자기평가를 위협하고 질투와 불편함의 느낌들을 일으키기 쉽다. 이와는 반대로, 만일 김군이 자신의 작가적 능력에 대해서 아무런 자부심이 없고 창의적 작품을 자신의 자기감에 대해 무관련하다고 본다면, 그는 친한 친구의 성공이 그의 개인적 자기평가에 대해서 아무런 위협을 제기하지 않으므로 그 성공에 대해 즐거워할 것이다. 보다 더 기술적 용어로, 자기평가유지모형의 주요 아이디어들은 다음과 같이 요약될 수 있다.

비교효과 타인이 우리의 자기정의와 관련있는 행동상에서 우리를 능가할 때, 그들의 수행이 더 우수하고 둘 사이의 관계가 더 가까울수록 우리의 자기평가에 대한 위협은 더 크다. 상향비교의 과정은 우리에게 질투나, 좌절이나, 심지어 분노를 느끼도록 만든다.

반사효과 타인이 우리의 자기정의와 무관련한 행동상에서 우리를 능가할 때, 그들의 수행이 더 우수하고 둘 사이의 관계가 더 가까울수록 우리는 자기평가에서 더 많은 이익을 얻을 수 있다. 반사과정은 우리에게 긍정적으로 느끼고 그들의 성공에 대해 긍지를 갖게끔 만든다.

문제의 행동의 개인적 관련성의 결정적 역할에 대해 주목하는 것이 중요하다. 가까움과 우수한 수행과 같은 동일한 요인들이 그 행동이 우리의 자기평가에 대해 관련있는지 아니면 무관련한지에 따라 정반대의 효과들을 일으킬 수 있다.

자기평가유지모형은 사회적 상호작용에 관한 많은 검증가능한 예언들을 내놓으며, 일반적으로 연구발견들은 지지적이어 왔다(Tesser, 1988; Tesser와 Collins, 1988). 예컨대, 어떤 친한 친구의 우수한 수행에 의해서 자신의 자기평가가 감소되어 온 사람은 몇 가지 방식으로 그 상황을 수정하려고 노력할 수 있다. 한 가지 접근은 우수한 수행을 보이는 친구와의 가까움의 정도를 감소시키는 것이다.

예컨대, 김군은 박군과 함께 더 적은 시간을 보내거나 자신의 교우관계에 더 적은 가치를 두게 될 수 있다. 다른 접근은 개인의 자기평가를 변화시키는 것이다. 김군은 창의적 작품이 전혀 자신의 야망이 되지는 않으며 자신이 문학비평이나 미술사에 초점을 두어야만 된다고 작정할 수 있을 것이다. 세번째 접근은 수행차이를 변화시키는 것이다. 김군은 자신의 집필기술들을 향상시키기 위해서 더 많은 노력을 기울이거나, 박군의 수상이 우수한 능력보다도 행운에서 비롯된 것이라고 스스로를 납득시키려고 들 수도 있다.

간단히 말해서, 우리와 가까운 사람들의 성공은 혼합된 기분을 줄 수 있다. 이것들은 때로는 우리에게 기쁨을 주지만, 때로는 우리에게 비교에 의한 고통을 준다.

자기개방과 친밀성

대화는 인간의 상호작용의 하나의 중요한 형태이다. 사람들은 거의 모든 것들에 관해서 이야기할 수 있다. 자기개방(self-disclosure)은 우리가 타인과 함께 친밀한 정보와 감정을 함께 나누는 대화의 하나의 특수한 유형이다. 어떤 친구가 자기 자신의 어렸을 때의 잔디살수기들에 대한 두려움이 국민학교쪽으로 가는 길을 벗어나서 다른 길로 가게끔 만들었다는 것을 밝힐 때, 우리는 그에 대해 정서적으로 더 가깝게 느낀다. 한 동료직원이 우리를 구석으로 데리고 가서 자신의 결근이 대부분의 직원들이 믿고 있는 감기 때문이 아니라 유산 때문이었다고 설명할 때, 우리는 신뢰와 솔직함의 어떤 유대감을 느낀다. 많은 사람들에 대해서, 자기개방은 대인관계들에서의 친밀성의 하나의 관건적 측면이다.

때로는 우리는 평소에는 어떤 청취자가 듣지 못할 수도 있는 우리 자신에 관한 사실들, 즉 자신이 하고 있는 일의 종류, 자신이 살고 있는 곳, 최근 선거에서 자신이 어떻게 투표했는가를 드러내 놓는다. 이것은 우리의 발설들이 우리 자신에 관한 일들을 기술하고 있기 때문에 기술적 개방(descriptive disclosure)이라고 알려져 있다(Morton, 1978). 상이한 유형의 자기개방이 우리가 자신의 개인적 의견과 감정, 즉 자신이 청취자에게 호감이 있다는 것, 자신이 뚱뚱해지는 것에 대해 걱정한다는 것, 자신이 아침에 일찍 일어나는 것을 매우 싫어한다는 것을 드러내 놓을 때에 일어난다. 이것은 사람들과 상황들에 대한 우리의 개인적 평가에 강조가 두어지고 있기 때문에 **평가적 개방**(evaluative disclosure)이라고 일컬어지고 있다.

우리가 타인에게 정보를 개방하는 많은 이유들이 있다(Derlega와 Grzelak, 1979). 예컨대, 우리는 어떤 관계에서 더 큰 친밀성을 조성하기 위한 한 방편으로서 어떤 사람에게 어떤 비밀을 털어놓을 수 있다. 자기개방의 5가지 주요 이유들이 표 7-3에 기술되어 있다. 자기개방에 대해 강한 상호성효과가 있다(Ludwig 등, 1986 ; Miller와 Kenny, 1986). 만일 우리가 타인과 함께 우리의 친밀한 정보를 함께 나누면, 그 사람은 똑같이 개인적 정보로 반응하는 경향이 있다. 만일 우리가 피상적인 것들을 이야기하면, 상대방도 또한 마찬가지로 할 것이다. 이러한 효과에 대한 한 가지 설명은 일반화된 상호성규범(norm of reciprocity)의 존재이다(Gouldner, 1960). 만일 어떤 사람이 우리에게 어떤 호의를 베풀면, 우리는 그 사람에게 보답으로 어떤 호의를 베풀려는 의무감을 느낀다. 자기개방에 적용되게 될 때, 상호성규범은 만일 어떤 사람이 어떤 개인적인 것을 우리에게 말한다면, 우리는 비등한 개방으로 반응해야만 된다는 것을 함축한다.

자기개방은 다른 사람을 알게 되고 더 가까운 관계를 발전시키는 하나의 주요한 방법이다. Altman과 Taylor(1973)는 자기개방이 어떤 관계의 발전에 어떻게 영향주는가를 기술하기 위해서 하나의 모형을 제안했다. 그들의 견해로는, 어떤 친밀한 관계를 형성하는 과정은 타인의 내부의 자기에 관해서 점점 더 많은 지식을 얻기 위해서 타인의 표면을 넘어서 "침투하는 것"을 포함하고 있다. Altman과 Taylor는 이러한 과정을 기술하기 위해서 **사회적 침투**(social penetration)라는 용어를 사용했다. 도 7-2에서 보이는 바

표 7-3. 자기개방에 대한 5가지 주요 이유들

1. **표현** : 때로는 우리는 "마음을 털어놓기" 위해서 자신의 감정에 관해서 이야기한다. 직장에서 곤란한 경우를 당한 후에 우리는 바로 얼마나 자기가 상사에 대해 화가 나 있으며 자기가 얼마나 무시당했다고 느끼는가를 열이 나서 말할 수 있다. 단순히 자신이 감정을 표현할 수 있는 것 자체가 개방의 한 이유이다.
2. **자기명료화** : 타인들과 함께 자신의 감정과 경험을 나누는 과정에서, 우리는 더 큰 이해와 자기인식을 얻을 수 있다. 어떤 문제에 관해서 한 친구에게 말하는 것은 상황에 관한 우리의 사고들을 명료화시키는 데에 도움을 줄 수 있다.
3. **사회적 확인** : 자신의 자기개방에 대해 청취자가 어떻게 반응하는가를 봄으로써 우리는 자신의 견해의 정확성과 적합성에 관한 정보를 얻게 된다. 타인들은 우리의 행위가 "완전히 정상인 것같다거나" 우리가 "엉뚱한 짓을 하고 있다"는 것을 우리에게 확신시켜 줄 수 있다. 어느 경우에서나, 청취자들은 사회적 현실에 관한 유용한 정보를 제공해 준다.
4. **사회적 통제** : 우리는 사회적 통제의 한 수단으로서 자신에 관한 정보를 드러내거나 숨길 수 있다. 예컨대, 우리는 자신의 프라이버시를 보호하기 위해서 자신에 관한 일들을 말하는 것을 의도적으로 참을 수 있다. 우리는 자신의 청취자에게 호의적 인상을 짓게끔 만든다고 생각되는 일들을 강조할 수 있다. 극단적 경우들에서, 사람들은 어떤 사기꾼이 실제로는 아무런 법률훈련을 받지 않고서도 법률가라고 사칭할 때처럼, 타인들을 착취하기 위해서 의도적으로 거짓말을 할 수 있다.
5. **관계 발전** : 개인적 정보와 비밀들을 함께 갖는 것은 관계를 시작하고 점증하는 친밀성수준들 쪽으로 이동하는 하나의 중요한 방법이다.

와 같이, 사회적 침투는 깊이와 넓이의 두 개의 주요 차원들상에서 일어난다.

관계들이 피상적인 것으로부터 친밀한 것으로 발전함에 따라, 사람들은 자기 자신에 관한 점점 더 많은 개인적 일들을 개방한다. 이것이 사회적 침투의 깊이차원이다. 우리는 어떤 낯선이와 함께 자신의 음식과 음악에 대한 기호들에 관해서 자진해서 이야기하고, 우연적인 아는이와 함께 자신의 정치와 세계적 사건들에 관한 태도들에 관해서 이야기하지만, 불안들과 개인적 포부들에 관한 논의들은 친한 친구들에 국한시킬 수 있다. 수년간의 교우관계 후에야 비로소 어떤 여자는 자기의 어렸을 적 친구에게 자기의 부유한 어머니가 자기에게 "아무도 눈으로 보지는 못할 것이기 때문에" 자기의 유행하는 복장들 속에 낡은 내복을 강제로 입게끔 만들었기 때문에, 학교에서 괴로움을 느꼈었다는 것을 털어놓을 수 있다.

관계들은 또한 장기적으로 사람들이 더욱 광범한 주제들을 논의하고 더 많은 다양한 활동들을 함께 함에 따라, 좁은 것으로부터 넓은 것으로 발전한다. 관계발전의 이러한 단계들은 도 7-2에서 한 사람이 다른 사람의 성격과 생활경험들 속으로 들어가는 "쐐기들"로서 제시되어 있다.

상호성과 호감

호감은 자기개방의 중요한 한 원인이다. 사람들은 동료근무자들이나 우연한 친구들보다도 배우자와 가장 친한 친구에게 훨씬 더 많이 드러낸다. 보다 더 재미있는 의문은 자기개방의 행위가 호감에 어떻게 영향을 주는가이다. 하나의 견해는 자기개방이 본래 보수를 주는 것이고, "더 많을수록 더 낫다"는 것일 수 있다. 연구는 일반적으로 우리가 자기개방이 상황에 적절한 사람들을 가장 좋아한다는 다른 견해를 지지한다(Derlega와 Chaiken, 1975). 개방은 이것이 양자에 대해 위협적으로 되지 않게끔 충분하게 느려야만 된다. 만일 이것이 개인적 친밀성이 큰 영역들 속으로 조급하게 급히 들어간다면, 이것은 불안과 방어성을 일으키게 될 것이다. 너무 강하게, 너무 빨리 다가오는 사람은 싫어지게 될 것이다(Kaplan 등, 1974). 시간이 조정된 상호 자기개방의 점차적 과정은 어떤 관계의

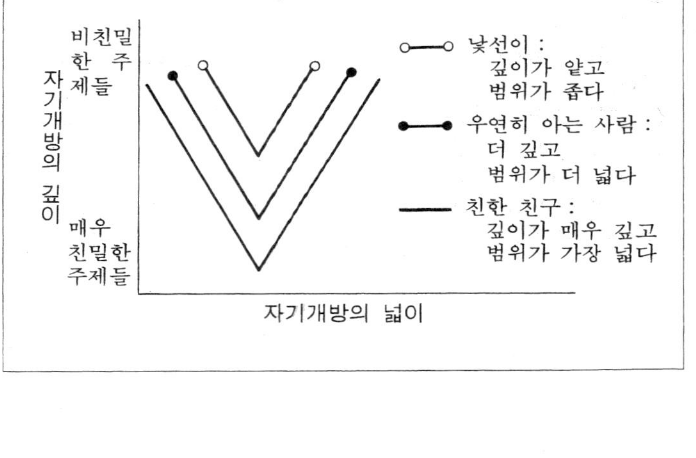

도 7-2. 자기개방의 넓이와 깊이는 사람의 성격과 경험 속으로 들어가는 "쐐기들"로서 제시되어 있다. 낯선이들에 대해서, 쐐기는 좁고 피상적이다. 친한 친구에 대해서, 쐐기는 개방된 주제들의 범위의 면에서 더 깊고(더 친밀하고) 더 넓다.(Altman과 Haythorn, 1965, p. 422에서 개작됨.)

성장을 촉진시킨다.

Altman과 Taylor는 우리가 자신과 거의 동일한 친밀성수준에서 개방하는 사람을 가장 좋아한다고 제안했다. 우리보다 더 많이 개인적 세부사항들을 개방하는 사람은 친밀한 영역 속으로의 조급한 돌진으로 우리를 위협하며, 우리는 제동을 걸고 싶어할 수 있다. 만일 우리가 타인보다도 더 친밀한 수준에서 개방하고 있다면, 우리는 취약하거나 바보처럼 느낄 수 있다. 개인적 정보를 함께 나누는 것의 다른 잠재적 위험들을 알아보기 위해서는 특별논의 7-1을 참조하라.

개방의 상호성이 호감에서 하나의 관건요인이라는 많은 증거가 있다. 하나의 초기의 연구에서, Chaikin과 Derlega(1974)는 그들에게 사람들의 한 쌍 속에서의 자기개방의 친밀성수준을 실험적으로 조작할 수 있게끔 해 준 하나의 절차를 사용했다. 그들의 방법은 어떤 학교식당에서 처음 알게 되는 대면상황을 즉흥연기하는 두 명의 여배우를 비디오로 찍었다. 각각의 여배우는 높은 수준과 낮은 수준의 자기개방으로 두 가지 방식으로 이것을 연기했다. 그 다음에 실험자들은 비디오로 찍힌 이 대화들을 자기개방의 네 개의 조합들의 각각으로, 즉 두 여자가 자기개방이 높은 것, 둘이 낮은 것, 높음-낮음 또는 낮음-높음으로 피험자들에게 제시했다.

높은 자기개방 케이스들에서, 한 여자는 그녀의 첫 성관계 파트너인 남자친구에 대한 자신의 관계와 그녀의 부모의 반응들에 관해서 즉각 이야기했다. 다른 여자의 높은 친밀성의 개방들은 그녀의 어머니의 신경쇠약과 입원, 그녀의 자기 어머니와의 다툼, 그녀의 부모의 가능한 이혼에 관한 것이었다. 낮은 자기개방 케이스들에서, 두 여자들은 학교로 통학하는 문제들, 그들이 다녔던 고등학교 및 그들이 수강했던 과목들에 관해서 이야기했다. 비디오테이프들 중의 하나를 시청한 후에, 피험자들은 그들이 각각의 여자를 얼마만큼 좋아했는가를 나타냈다. 주요 발견은 두 여자에 대한 호감이 자신이 상이한 수준 보다도 동일한 수준의 친밀성으로 개방했을 때에 더 높았다는 것이다. 상호성규범의 파괴는 더 적은 호감을 일으켰지만, 상이한 이유들로 일으켰다. 상대방에 비해서 매우 적게 개방한 여자는 냉정하다고 간주된 반면에, 더 친밀한 규범파괴자는 부적응된 것으로 간주되었다.

어떤 관계의 초기에서의 상호 개방에 대한 요구들은 그 후의 요구들과는 다르다. 어떤 관계의 초기에, 우리는 비친밀한 개방들에 대한 상호성을 기대하지만, 매우 개인적인 개방들에 대해서는 상호성을 기대하지 않는다. 만일 당신이 강의실에서 당신 옆 자리에 있는 낯선 학생에게 당신이 그 과목을 좋아한다고 말한다면, 상대방은 그 과목에 대한 자기 자신의 반응들로 응수할 것이 상정되고 있다. 그러나 만일 상대방이 주제를 갑자기 바꾸어서 당신에게 자기 아버지의 알콜중독에 관해서 이야기한다면, 당신은 상대방에게 자신의 생활에 관한 개인적인 어떤 것을 이야기할 의무감을 전혀 느끼지 않을 것이다. 정말로 그녀의 발설은 그녀가 완전히 낯선이임으로, 부적절하게 친밀하다고 여겨질 수 있다.

어떤 관계의 발전의 후기에, 친밀한 세부사항들에 관한 상호성이 중요해진다. 당신이 몇 주 동안 어떤 급우의 옆 자리에 앉았고, 그 후 첫 중간시험 이후에 학교 커피집에 간다고 가정하자. 만일 당신이 자신의 학업능력에 대한 걱정들과 당신이 더 낮은 수준의 대학에 입학했어야만 되지 않을가하는 자신의 걱정을 상대방에게 말하기 시작한다면, 당신은 자신을 몹시 불리한 입장에 두게 된다. 상대방은 자기 자신도 역시 어떤 더 친밀한 관계를 갖는 것에 관심을 두고 있다는 것을 보이기 위해서 어떤 상호적 제스처를 보이는 것이 중요하다. 만일 당신의 개방들 도중에, 상대방이 갑자기 날씨에 관해서 이야기하기

특별논의 7-1. 프라이버시와 자기개방의 위험성들

자기개방은 호감과 관계의 발전을 증진시킬 수 있는 하나의 중요한 상호작용의 형태이다. 우리는 흔히 타인들과 함께 자신의 기분과 경험을 나누고 싶어한다. 그러나 우리가 때로는 자신의 기분을 감추고, 자신의 생각을 비밀로 하고, 자신의 사적인 내면생활을 조사받는 데에 방어하고 싶어한다는 것도 또한 사실이다. 간단히 말해서, 우리의 목표는 흔히 타인들이 우리에 관해서 갖는 정보를 통제하는 것, 즉 자신이 원할 때에 자신이 원하는 내용을 함께 나누는 것이다. 정보적 프라이버시(informational privacy)라는 용어는 우리에 관해서 그리고 어떤 상황하에서 누가 아는가를 통제하는 우리의 능력을 일컫는다(Burgoon 등, 1989).

정보를 함께 나누는 것을 제한하고 통제하려는 욕망은 자기개방이 위험할 수 있다는 점을 강조한다. 개인적 정보를 노출시키는 것은 우리를 취약하게끔 만들 수 있다. 자기개방에 관한 하나의 지도적 전문가인 Derlega(1984)는 사람들이 자기개방할 때에 입을 수 있는 많은 가능한 위험성들의 몇 가지를 제안해 왔다:

1. 무관심　우리는 어떤 새로운 관계를 시작하는 것을 발표하기 위해서 타인과 함께 정보를 나눌 수 있다. 때로는 우리의 개방은 타인으로부터 호응받게 된다. 그러나 다른 때에는 우리는 타인이 우리의 개방에 대해 무관심하고 우리를 알게 되는 것에 전혀 관심을 두고 있지 않다는 것을 발견할 수 있다.
2. 거　절　우리가 자기 자신에 관해서 드러내는 정보는 사회적 거절을 일으킬 수도 있다. 예컨대, 어떤 대학생은 병에 대한 오해와 두려움이 기숙사 한방 친구에게 자신을 거절하게끔 만들 것이라는 우려에서 자신이 간질병을 갖고 있다는 것을 말하지 않을 수 있다.
3. 통제력의 상실　"아는 것이 힘이다"라는 격언에는 다소의 진실이 있다. 때로는 타인들은 우리가 함께 나눈 정보를 우리에게 해를 끼치거나 우리의 행동을 통제하기 위해서 이용한다. 예컨대, Derlega는 어떤 10대 소년이 한 친구에게 자기 자신의 여자에 대한 두려움에 관한 다소 알려져 있지 않지만 잠재적으로 당혹스러운 정보를 말할 수 있다고 시사한다. 어떤 화난 순간에, 그 친구는 그 소년에게 대인관계에서의 지배성을 확립시키려는 시도에서 그의 약점들을 지적할 수도 있을 것이다.
4. 배　반　우리가 어떤 사람에게 개인적 정보를 드러내 놓을 때에 우리는 흔히 그 정보를 비밀로 해 줄 것을 가정하거나 심지어 분명하게 요구하기도 한다. 불행하게도, 그러한 비밀들은 때로는 폭로되게 된다.

시작한다면, 당신은 불쾌하게 여기고서 덜 친밀한 수준으로 후퇴하고 싶어질 것이다. 상호성은 더 친밀한 관계쪽으로의 잠정적 이동들을 뒷받침하기 위해서 중요하다.

자기개방의 성차

고정관념들은 남자를 자신의 감정을 드러내지 않는 "과묵한 유형들"로서 묘사하고, 여자를 비밀들을 거침없이 말하는 "말 많은 사람들"로서 묘사한다. 한 부인이 자기 남편에 관해 "그 이는 도대체 어떤 이야기거리가 있다는 것조차 생각하지 않아요. 나는 그이에게 이야기하게끔 성가시게 굴어야만 되는 사람이예요"라고 불평하는 것이 그 한 예이다(Rubin, 1976, p. 124에서 인용됨). 자기개방에서의 성차들에 관한 이러한 전통적 고정관념은 얼마나 정확한가?

동성관계들에서, 여자들은 실제로 남자들보다도 평균적으로 더 많이 개방한다(Cozby, 1973). 성인기 생활을 통해서, 여자는 남자보다도 한 명의 친밀한 동성의 막역한 친구를 가지며, 개인적 정보를 나누어 갖는 것을 강조하는 경향이 더 많다. 예컨대, 대학생들에 관한 최근의 연구(Caldwell과 Peplau, 1982)에서, 여자는 남자보다도 자신이 가장 친한 여자친구와 "그저 이야기하는 것"을 즐긴다고 응답하고 이야기가 그들의 관계의 기초를 형성하는 데에 도움이 되었다는 것을 나타내는 경향이 더 많았다. 이에 비해서, 남대생들은 자신의 가장 친한 남자친구와 활동들을 함께 하는 것을 강조했다.

그러나 이성관계들에서, 성차들은 훨씬 덜 뚜렷했다. 일반적으로, 남녀들은 어떤 다른 사람보다도 배우자에게 더 많이 개방한다. 가장 공통적인 패턴은 어떤 부부들은 많은 것을 함께 갖고 있고, 다른 부부들은 비교적 적게 개방하면서 양쪽 배우자들이 동등한 수준에서 개방하는 것이다(Komarovsky, 1967 참조).

오늘날 젊은이들은 이전 세대들보다도 그들의 친밀한 관계들에서 더 많은 자기개방을 기대한다. Rands와 Levinger(1979)는 대학생들과 노인들에게 자기 자신의 세대의 22세의 특징적인 관계를 기술하도록 요구했다. 그들은 오늘날의 젊은이들이 두 세대 전의 젊은이들보다도 두 사람이 더 표현적이고 함께 더 많은 일들을 하고, 정적 및 부적 감정들을 더 솔직하게 개방하는 것을 기대한다는 것을 발견했다. 연구들은 또한 오늘날의 더 젊은 데이트 남녀들이 대개 매우 높고도 동등한 수준들에서 개방한다는 것을 발견하고 있다(Rubin 등, 1980). 그러나, 이러한 남녀쌍들에서 동등한 개방패턴에 대한 예외들이 일어날 때에 대개 덜 개방하는 쪽이 남자라는 점을 주목해야만 된다.

남자와 여자가 흔히 동등한 친밀성수준들에서 개방한다는 사실은 그들이 반드시 동일한 종류의 개인적 정보들을 드러낸다는 것을 의미하지는 않는다. 대학생들에 관한 한 연구(Hacker, 1981)는 남녀관계들에서, 여자는 자신의 약점을 드러내고 자신의 장점을 감추는 경향이 더 많고, 남자는 자신의 장점을 드러내고 단점을 감추는 반대의 패턴을 보였다는 것을 발견했다. 또 다른 연구(Derlega 등, 1981)는 남자는 자기가 공격적이었거나 모험을 했을 때와 같은 "남성적" 주제들에 관해서 더 많이 개방했고, 여자가 자신이 어린애같이 느꼈거나 자신의 외모에 관해서 민감했을 때와 같은 "여성적" 주제들에 관해서 더 많이 개방했다는 것을 발견했다.

Rosenfeld(1979)는 사람들이 때로는 개방을 피하는 이유를 연구했다. 인상관리에 관한 우리의 앞에서의 논의와 일치해서, 양성은 "자기 자신이 투사하고 싶지 않은 이미지를 투사하는 것"에 관한 걱정을 나타냈다. 부가적으로, 남자들은 또한 타인에 대한 통제력의 상실에 대한 우려를 표명했고, 여자는 자기에게 나쁘게 사용될 수 있고 관계를 해칠 수 있는 정보를 제공하는 것에 대한 우려를 표명했다.

일반적으로, 연구는 모든 남자들이 비표현적이라는 고정관념을 지지하지 않는다. 이성간의 데이트와 결혼에서, 남자와 여자는 대개 비슷한 수준에서 개방한다. 성차들은 여자친구들이 이야기에 대한 강한 선호를 나타내고 남자친구들이 활동들을 함께 하는 것에 더 큰 관심을 나타내면서, 동성관계들에서 가장 뚜렷했다.

하나의 대인적 과정으로서의 친밀성

자기개방은 어떤 관계에서 친밀성의 한 요소이다. 그러나 개인적 정보의 단순한 제시는 심리적인 가까움의 경험을 일으키는 데에 충분치 못하다. 최근의 한 분석에서, Reis와 Shaver는 두 사람의 상호작용 속에서 친밀성이 생성되게 되는 양식에 관한 한 모형을 제안했다. 그들의 모형이 도 7－3에 예시되어 있는데, 이것은 안영이와 경순이 사이의 한 상호작용에 관한 예를 제시하고 있다. 이 모형은 세 개의 주요 단계들을 포함하고 있다.

1단계　안영은 그녀가 직장에서 갖고 있는 어떤 문제로 곤란에 빠져 있으며 자신

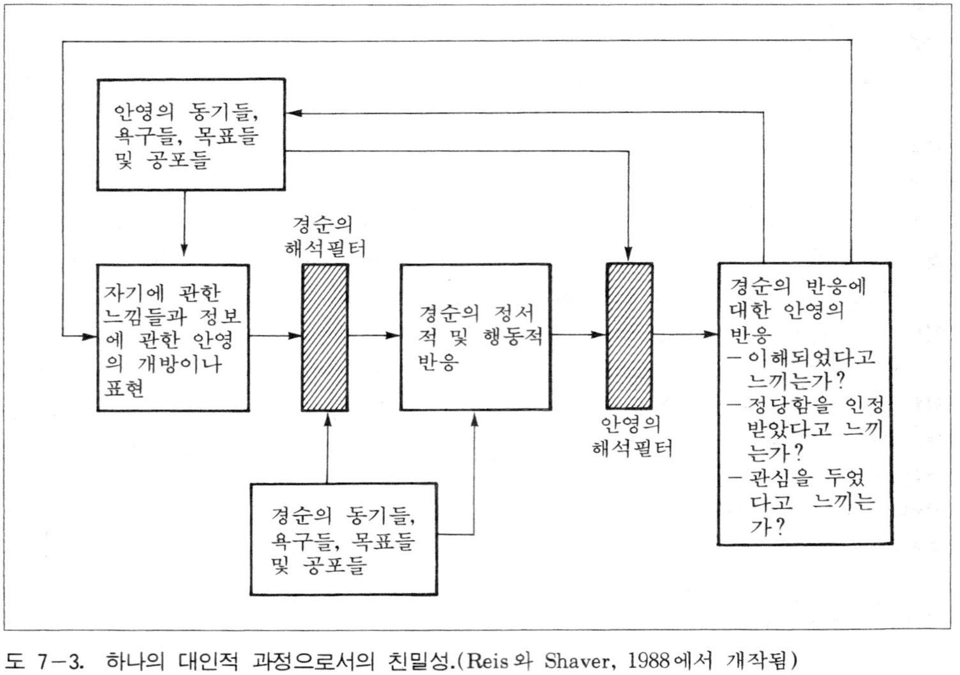

도 7－3. 하나의 대인적 과정으로서의 친밀성.(Reis와 Shaver, 1988에서 개작됨)

의 느낌들을 친구인 경순이와 함께 나누기로 작정한다. 안영의 발설은 그녀의 개인적 정신상태, 즉 그녀의 동기들, 욕구들, 목표들 또는 공포들에 의해서 촉발되고 있다. 친밀성 과정은 한 사람이 다른 사람에게 개인적 감정들이나 정보를 드러내놓을 때에 시작된다. 이러한 정보의 나눔은 자기개방을 통해서 언어적으로 또는 "신체언어"에 의해서 비언어적으로 수행될 수 있다.

2단계　상호작용이 계속됨에 따라, 경순은 안영의 개방에 대해 동정과 온정으로 반응한다. 그녀는 자신의 의자를 안영 쪽으로 더 가깝게 이동시키고 관련된 의문들을 묻는다. 경순의 행동은 그녀 자신의 동기들(예컨대, 좋은 친구가 되는 것)과 안영의 이야기에 대한 그녀의 개인적 해석(전문적 용어로 "해석필터"라고 불리었음)을 반영한다. 경순은 자기의 친구가 직장에서 부당하게 대우받아 왔다고 믿으며 그녀에게 그렇게 이야기한다.

3단계　안영은 경순의 관심에 대해 고맙게 여긴다. 그녀는 경순의 질문들을 관심과 도움을 주려는 욕망의 한 신호라고 해석한다(이것은 안영의 해석필터로서 제시되어 있다). 그 결과로, 안영은 경순이 자신을 이해하고 자신의 견해들에 동의해 왔다고 느낀다. 그녀는 경순이 자신의 복지를 염려해 준다고 느낀다.

Reis와 Shaver에 의하면, 친밀성은 이러한 종류의 상호작용들에서 생기는데, 여기에서 한 사람의 행위들은 이 사람에게 자신이 이해받고 있고, 정당함을 인정받고 있고, 염려를 받고 있다고 느끼게끔 만드는 상대방의 반응을 유발시킨다. 자기개방 자체는 친밀성을 일으키지는 않는다. 그 대신에, 개방자는 청취자가 개방자의 견해들을 수용하고 이해한다고 느껴야만 된다. Reis와 Shaver는 이러한 종류의 친밀한 상호작용들이 개인적 관계들의 발전에 필수적인 신뢰감들과 정서적 가까움을 촉진시킨다고 생각한다.

보수와 부담의 교환: 사회적 교환관점

사회적 관계들에 관해서 가장 영향력있는 관점은 사회적 교환이론(social exchange theory; Blau, 1964; Burgess와 Huston, 1979; Kelley와 Thibaut, 1978)이다. 이 관점은 관계들에서 파트너들이 주고 받는 보수들과 부담들을 분석한다. 이 이론은 우리가 자신에게 보수를 줄 능력이 가장 많다고 생각되는 상대들을 선택한다고 제안하는데, 이 점은 8장에서 강조되고 있다. 이 이론은 또한 우리가 자신의 보수들을 최대화시키게끔 자신의 상호작용들을 조정하려고 든다고 진술한다.

그러나, 보수들을 받기 위해서 우리는 또한 보수들을 주어야만 된다. 예컨대, 우리는 어려서부터 상호성의 규범(norm of reciprocity)이나 일반규칙을 배운다. 우리는 자신에게 보수를 주는 사람에게 보수를 주도록 기대받고 있다. 만일 사람들이 우리를 도와 주면, 우리는 그들을 도와 줄 의무를 느낀다(Gouldner, 1960). 만일 우리가 어떤 사람을 저녁식사에 초대하면, 우리는 그 사람이 앞으로 이것에 대한 보답으로 초대할 것을 기대한다.

따라서 사회적 상호작용은 당사자들간의 하나의 교환과정이라고 간주될 수 있다.

보수들과 부담들

보수(reward)는 사람이 사랑받는 느낌이나 경제적 보조를 받는 것과 같이 관계로부터 얻는 어떤 것이다. 한 사람에 대해서는 보수가 되는 것이 어떤 다른 사람에 대해서는 거의 가치가 없을 수 있다. 밀접한 관계들이 주는 보수들에 관한 하나의 유용한 분석이 Foa와 Foa(1974)에 의해 제안되었으며, 도 7-4에 제시되어 있다. 그들은 사랑, 금전, 지위, 정보, 상품 및 서비스의 여섯 가지 기본형태의 보수들을 확인했다. 이것들은 두 가지 차원들에 따라 분류될 수 있다.

특유성(particularism)의 차원은 어떤 보수의 가치가 이것을 제공하는 사람에게 얼마만큼 의존되는가에 관한 것이다. 사랑이나 보다 더 특수하게 포옹들과 키스들의 가치는 이것들이 누구로부터 오는가에 매우 많이 의존된다. 따라서 사랑은 특유한 보수이다. 이에 비해서, 금전은 이것이 누구로부터 오는가에 관계없이 유용하다. 금전은 비특유하거나 보편적 보수이다. 우리가 어떤 관계가 자신에게 매우 특별하다고 말할 때, 우리는 흔히 이것이 우리가 다른 곳에서는 얻을 수 없는 독특하거나 특유한 보수들을 제공해 준다는 것을 의미한다. 구체성(concreteness)의 차원은 당신이 보고, 냄새맡고, 만질 수 있는 것들과 같은 유형의 보수들과 충고나 사회적 인정과 같은 비구체적이거나 상징적 보수들간의 구분을 내포하고 있다.

부담들(costs)은 어떤 관계에서 일어나는 부정적 결과들이다. 어떤 관계는 이것이 많은 시간과 에너지를 요하기 때문에, 이것이 많은 갈등을 수반하기 때문에, 타인들이 이 관계를 인정치 않고 이 관계에 대해 우리를 비평하기 때문에 등으로 부담스러울 수 있다. 관계들에 수반되는 하나의 또 다른 부담은 그 관계들이 우리에게서 보수를 주는 다른 활동들을 행할 기회를 빼앗을 수 있다는 것이다. 즉, 만일 당신이 친구와 함께 스키

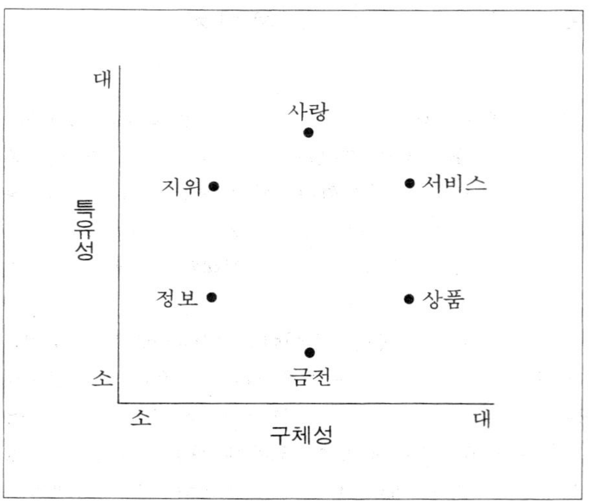

도 7-4. 사람들이 교환하는 보수들.(Foa, 1971, p. 347에서 개작됨.)

를 타면서 보낸다면, 당신은 공부할 시간이나 가족을 방문할 시간을 갖지 못한다.

결과들의 평가

사회적 교환이론은 사람들이 어떤 특정의 관계의 보수들과 부담들을 계산해 두고 있다고 가정한다. 사람들이 이것을 매우 명백하게 하는 일은 드물다. 우리는 대개 어떤 관계의 좋은 일들과 나쁜 일들의 목록을 만들지는 않는다. 그럼에도 불구하고, 우리는 관여된 부담들과 보수들을 인식하고 있다. 특히, 우리는 자신이 어떤 관계에서 얻는 전체 결과(outcome), 즉 차감해서 그 관계가 우리에게 이익이 되는지(보수들이 부담들을 능가한다), 아니면 우리가 전반적 손해를 보고 있는지(부담들이 보수들을 능가한다)에 초점을 둔다. 사람들은 반드시 관계의 결과들을 매우 의식적으로나 체계적으로 평가하지는 않지만, 기본 과정은 "나는 이 관계에서 정말로 많은 것을 얻고 있다"나 "나는 우리의 관계가 요즘에는 가치가 있다고 생각하지 않는다"는 것과 같은 진술들 속에서 반영되어 있다.

어떤 파티에서, 우리는 완전히 싫게 여겨지는 김이라는 사람과 대화하는 것을 피할 수 있다. 그 대신에 우리는 재미있는 이야기를 하는 다소 친절한 측인 박이라는 사람에게 끌린다. 우리는 자기의 가장 친한 친구인 정이라는 사람이 방금 도착했다는 것을 알게 될 때까지 박과 계속 이야기한다. 이 시점에서, 우리는 실례의 말을 전하면서 정에게 이야기하러 간다. 이러한 예가 강조하는 바와 같이, 우리는 김이 마음에 들지 않고 박이 꽤 긍정적이고 정이 가장 좋다고 생각하면서 사람들을 상호작용의 상대로서 달리 평가한다.

사람들은 관계의 결과들을 평가하기 위해 몇 가지 기준들을 사용한다. 가장 단순한 기준은 관계가 이익이 되는지 아니면 부담이 되는지이다. 김과의 대화는 부정적이고 불쾌한 경험인 반면에, 박과 정과의 대화는 가치있다. 또 중요한 것은 한 관계가 우리가 처해 있어 왔거나 우리가 알고 있는 다른 관계들에 비해서 어떠한가를 평가하면서, 관계들을 비교하는 것이다. Thibaut와 Kelley(1959)는 이 두 가지 주요 비교기준들을 강조해 왔다.

비교수준(comparison level)은 어떤 사람이 자신이 받아야만 된다고 생각하는 결과들의 질을 나타낸다. 이러한 기본적 기준은 의심할 나위 없이 관계들의 유형에 따라 다르다. 우리는 연애관계보다도 정신적 교우관계에 대해서 다른 기준들을 갖고 있다. 우리의 비교수준은 관계들에 대한 우리의 과거 경험들을 반영한다. 예컨대, 우리는 현재의 데이트관계가 과거에 가져왔던 것들만큼 만족스러운지를 고려할 수 있다. 또는 우리는 직장에서의 우리의 상사를 다른 상사들에 대한 우리의 과거 경험과 비교할 수 있다. 우리는 또한 현재의 어떤 관계를 우리가 영화들에서 보아 왔거나, 친구들로부터 들어 왔거나, 대중 심리학책들에서 읽어 온 것들과 비교할 수 있다. 이 비교수준은 무엇이 마음이 드는 관계를 이룬다는 것에 관한 우리의 개인적 신념이다. 우리의 비교수준은 우리가 새로운 경험을 갖게 됨에 따라 변화될 수 있다.

두번째의 주요 기준은 대안관계들에 대한 비교수준(comparison level for alternatives)이다. 이것은 하나의 관계가 현재 가능한 다른 관계들에 비해서 얼마나 바람직스러운가를 평가하는 것을 포함한다. 우리의 현재의 데이트상대는 우리가 지금 즉시 데이트할 수 있는 다른 사람들에 비해서 더 나은가 아니면 더 나쁜가? 비록 어떤 관계가 절대적 측면에서 이익이 되더라도, 우리는 만일 보다 더 이익이 많은 대안관계가 있게 되면, 그 관계를 떠날 수 있다. 이에 비해서 비록 이익들은 적더라도, 만일 우리의 관계가 가능한 최선의 것이라고 생각되면, 우리는 그 관계에 머물 수 있다. 어떤 관계에 대한 우리의 의존은 다른 곳에서 가능치 않은 하나의 독특한 보수원으로서의 그 관계에 대한 우리의 지각들에 기초되어 있다.

결과들의 조정

관계들에 관한 하나의 핵심적 사실은 한 사람의 결과들이 상대방의 결과들과 상호연결되어 있다는 것이다. 장시간의 비행기여행에서 옆 좌석에 앉은 두 명의 낯선이들이 당면할 수도 있는 몇 가지 조정문제들을 고려해 보자. 김군은 먼저 도착해서, 그의 짐으로 머리 위의 짐칸을 완전히 채우고서, 중간의 팔걸이 부분도 자기가 사용하겠다고 주장한다. 다소 사교적인 부류인 김군은 자기의 옆 사람과 함께 이야기를 나누면서 여행을 보낼 것을 원한다. 이와는 반대로, 박양은 할 일을 갖고 왔으며 독서를 하면서 여행하기로 계획세웠다. 그녀는 머리 위의 짐칸이 꽉 차있는 것을 알고서 다소 당황했지만, 그녀의 소지품들을 둘 다른 장소를 찾아냈다. 몇 번의 농담 후에, 박양은 자신이 긴 대화를 시작하기를 원치 않는다는 것을 분명히 밝혔으며, 김군은 잡지를 뒤적거리면서 훑어 보았다. 잠시 후, 김군은 창가리개를 내리고서 낮잠을 자려고 한다. 이것은 비행기가 위로 지나갈 때에 멋진 산악지역을 보고 싶어했던 박양을 더욱 괴롭혔다. 김군은 졸려서 머리를 끄덕이다가 코를 골기 시작했다. 마침내 좌절을 당하고서, 박양은 다른 빈 좌석이 있는지를 알아보기 위해서 자리에서 일어섰다. 이 예에서, 그들의 상호작용을 조절하는 데 대한 실패는 한 사람에게 떠남으로써 교환을 종식시키게끔 자극시킨다.

어떤 관계에서 결과들을 조정하는 것이 얼마나 용이하거나 곤란한가는 두 사람이 동일한 흥미들과 목표들을 얼마나 함께 갖고 있는가에 달려 있다. 파트너들이 많은 동일한 일들을 행하는 것을 좋아하고 동일한 활동들에 가치를 둘 때, 그들은 비교적 적은 조정문제들을 가질 것이다. 이러한 경우들에서, 그들은 **일치 결과들**(correspondent outcomes)을 갖는다고 불리고 있다. 왜냐하면, 한 사람에 대해 좋은 것은 다른 사람에 대해 좋고, 한 사람에 대해 나쁜 것은 양자에 대해 나쁘기 때문이다(Thibaut와 Kelley, 1959).

파트너들이 서로 다른 선호들과 가치들을 가질 때, 그들은 **비일치 결과들**(noncorrespondent outcomes)을 가지며, 따라서 이해관계들의 갈등들과 조정문제들을 갖기가 더 쉽다. 유사성이 관계들에서 그러한 강력한 요인이 되는 한 가지 이유는 유사한 사람들이 대개 더 적은 조정문제들을 가지며, 따라서 상호 보수를 주는 관계를 발전시키기가 보다 더 용이하다는 것이다.

물론 잘 어울리는 파트너들이라도 때때로 이해관계들의 갈등들을 경험한다. 이것이 일어날 때, 파트너들은 화해를 타협해야만 된다. 자기들의 수입세 반환에서 방금 받은 돈을 어떻게 쓸 것인가를 결정하는 젊은 부부를 고려해 보자. 아내는 이 돈을 새로운 소파를 사는 데에 쓰고 싶어한다. 남편은 비디오 레코더를 사고 싶어한다. 이 부부가 사용가능한 한정된 돈을 갖고 있고 소파와 VTR을 모두 살 수는 없는 고로, 그들은 자기들의 돈 사용을 조정하고 자기들의 갈등이 되는 이해관계들을 해결해야만 된다.

한 가지 공통적 해결책은 양측이 수용가능한 어떤 덜 선호되는 대안을 선정하는 것이다. 이 젊은 부부는 그 돈을 여행에 쓰기로 결정할 수 있다. 이것은 두 사람의 첫번째 선택은 아니지만, 양자에게 매력있는 하나의 대안이다. 그렇지 않으면, 그들은 차례를 정해서, 금년에는 소파를 사고 다음 해에는 VTR을 살 수 있다. 결과들을 조정하는 것은 관계들에서 하나의 기본적 문제이다(Thibaut와 Kelley, 1959).

타협에 의해 이해관계들의 갈등들을 해결하는 것은 기껏해야 시간을 소모하는 활동이며 잘못되면 논쟁들과 기분 나쁜 것의 근원이 된다. 시간이 지남에 따라, 파트너들은 흔히 자기들의 행동을 조정하는 것에 관한 규칙들이나 **규범들**(norms)을 발전시킨다. 배우자들이 모두 쓰레기를 치우거나 청구서들을 지불하는 것을 좋아하지 않을 수 있지만, 그들은 만일 아내가 다른 것을 한다면 남편은 어떤 것을 할 것에 동의할 수 있다. 공동의 규범들은 조정된 행동패턴들에 이르기 위한 계속적 타협의 필요성을 감소시킨다.

많은 형태의 관계들에서, 문화 규칙들이 어떤 조정된 패턴들을 규정한다. 직장에서, 대개 사용자와 근로자가 무엇을 하고 그들이 어떻게 상대할 것인가에 대한 꽤 분명한 이해들이 있다. 변호사들과 그들의 비서들은 누가 법률문서들의 초안을 작성하고 누가 이것들을 타자하거나, 누가 전화를 받고 누가 법정에 설 것인가를 결정하기 위해 협상할 필요가 드물다. 전통적 결혼은 역할들이 미리 결정된 관계에 관한 또 다른 예가 된다. 전통적 패턴은 부인이 가사일들을 하고 남편이 돈벌이 일을 하는 것이 명확하다.

1장에서, 우리는 **사회적 역할들**(social roles)을 사람들이 어떤 특정 유형의 상호작용이나 관계에서 어떻게 행동해야만 되는가에 관한 규칙들의 군집들이라고 정의했다. 역할들은 참가자들이 당면하기 쉬운 몇 가지 조정문제들에 대한 기성의 해결책들을 내포하고 있다. 전통적 결혼이나 의사－환자 간의 상호작용들과 같은 어떤 관계들에서 사회적 역할들은 꽤 특수한 행위의 지침들을 제공한다. 동성의 친구들간의 관계와 같은 다른 관계들에서, 문화적 규칙들은 훨씬 덜 명료하다.

사회적 지침들이 애매하거나 변화의 과정에 있을 때, 사람들은 보다 더 큰 행동의 자유를 갖지만, 상호작용을 성공적으로 조정하기 위해서 더 많은 노력을 기울여야만 된다. 오늘날, 전통적 성역할들은 의문시되고 있다. 그 결과로, 데이트 남녀와 결혼부부는 누가 무엇을 해야 되는가에 관해서 불확실하게 느낄 수 있다. 예컨대, 첫 데이트를 하는 남녀는 남자가 여자를 위해 문을 열어주어야만 되는지 그렇지 않은지를 결정하려고 하면서, 그들이 문에 접근할 때에 망설일 수 있다. 그들은 저녁 식사 후에 식사비를 함께 지불해야 될지 아니면 남자가 모두 내야 될지를 결정하는 것을 기다리면서 어색하게 멈칫거릴 수 있다.

우리는 사람들이 관습적인 문화적 역할들을 수행하는 **역할취득**(role-taking)의 과정과 사람들이 사회적 상호작용을 위한 자기들의 공동규범들을 발전시키는 **역할설정**(role-making)의 과정을 대비시킬 수 있다(Turner, 1962). 밀접한 관계들에서, 이 두 개의 과정들이 작용된다. 사람들은 친구들, 애인들 및 친척들이 무엇을 해야만 되는가에 관한 관습적 지침들을 받아들이지만, 그들은 상호의존의 문제들에 대한 그들 자신의 해결책들을 즉석에서 만들고 창출해 낸다.

공평한 교환

사람들은 자기들의 사회관계들이 공평할 때에 가장 만족을 느낀다. 우리는 타인들에 의해 이용당한다고 느끼는 것을 좋아하지 않으며, 대개 타인들을 이용하는 것을 좋아하지도 않는다. 사회적 교환이론의 한 파생물인 **형평이론**(equity theory)은 관계들상에서의 공평성에 초점을 두고 있다(Greenberg와 Cohen, 1982; Walster 등, 1978).

사람들은 어떤 관계가 공평한지의 여부를 결정짓기 위해서 여러 가지 규칙들을 사용한다. 한 개의 초콜릿과자를 어떻게 나누는가를 결정하고자 하는 두 명의 10대 소년들의 경우를 고려하자. 그들은 모든 사람이 똑같은 이익을 받아야만 된다는 **동등규칙**(equality rule)을 사용해서, "균등하게 나누기"로 결정지을 수 있다. 연구는 사람들은 그들이 낯선 이들보다도 친구들일 때에 동등원칙을 사용하는 경향이 더 많다는 것을 시사한다(Austin, 1980). 아동들은 성인들보다도 동등규칙을 사용하는 경향이 더 많은데, 이는 아마 이것이 가장 단순한 원칙이기 때문일 것이다(Hook과 Cook, 1979).

이 소년들은 이것 대신에 사람들의 **상대적 필요들**(relative needs)이 고려되어져야만 된다는 생각인 "각자의 필요에 따라 나누는" 원칙을 사용할 수 있다. 이 규칙에 의하면, 한 소년은 만일 그가 특히 배고프거나, 만일 그가 오랫 동안 과자를 먹지 않았었다면, 더 많은 분량의 과자를 받을 수 있다. 이러한 원칙은 대부분의 수입을 비싼 치료비를 필요로 하는 심한 병에 걸린 자식을 위해서 쓰는 어떤 가족에 의해서 예시된다.

세번째의 공평성규칙은 **형평성**(equity) 또는 **분배정의**이다. 그 핵심적 아이디어는 한 개인의 이익들이 그의 공헌에 비례해야만 된다는 것이다(Deutsch, 1985). 여기에서, 과자를 사는 데에 더 많은 돈을 낸 소년이나, 스스로 과자를 굽는 데에 더 많은 노력을 들인 소년이 더 큰 몫을 차지할 권리가 있어야만 된다. 이러한 관점에서, 형평은 다음과 같을 때에 있게 된다.

$$\frac{\text{사람 P의 결과들}}{\text{사람 P의 기여들}}=\frac{\text{사람 O의 결과들}}{\text{사람 O의 기여들}}$$

두 사람은 기여들 대 결과들의 동일한 비율을 받는다. 이것은 형평연구들의 초점이 되어 온 공평규칙이다.

형평이론은 세 개의 기본가정들을 갖고 있다.

1. 관계 속의 사람들은 자신의 결과들을 최대화시키고자 한다.
2. 이자관계들과 집단들은 관계된 모든 사람들에게 보수들을 어떻게 공평하게 분배하는가에 관한 규칙들이나 규범들을 발전시킴으로써 그들의 집단 보상들을 최대화시킬 수 있다.
3. 사람들이 어떤 관계가 불형평하다고 지각할 때, 그들은 고통을 느끼며 형평을 회복시키기 위한 조치들을 취한다.

연구들은 형평이론으로부터 나온 몇 개의 특수예언들을 지지해 왔다(Greengberg와 Cohen, 1982; Walster 등, 1978). 예컨대, 관계들이 형평을 이루지 못할 때, 파트너들이 고통을 느낀다는 것이 증명되어 왔다. 과소이익을 받은(착취된) 사람이 고통을 느끼는 것은 당연한 것같이 생각된다. 그러나 연구는 과잉이익을 받은 사람들, 즉 자신이 마땅히 받아야만 되는 것 이상을 받은 사람들도 또한 아마 이들이 불균형에 대해 죄의식이나 불편함을 느끼기 때문에, 고통을 느낀다는 것을 보인다.

사람들이 관계가 불공평하다고 지각할 때, 그들은 형평을 회복시키려고 든다는 증거가 또한 있다. 어떤 사람은 실제의 형평을 회복시킴으로써 이것을 할 수 있다. 예컨대, 어떤 남편은 자기가 자기 몫의 가사를 해 오지 못했다고 인정하고서 이것을 보상하기 위해서 다른 일을 할 수 있다. 그러나 때로는 사람들은 관계에 대한 자신의 지각을 바꾸기 위해 인지적 책략들을 사용하고, 따라서 심리적 형평을 회복시킬 수 있다. 남편은 현실을 왜곡하고 자기가 실제로 공평한 몫의 일을 해 왔다고 주장할 수 있다. 사람들이 실제적이거나 심리적 형평을 회복시키는 여부는 특정의 각 대안에 연합된 부담들과 이익들에 달려 있다.

형평에 관한 대부분의 연구는 단기간 동안 상호작용하는 낯선이들에 관한 실험실연구들로부터 나오고 있다. 그러나, 보다 더 최근에 연구들은 형평의 고려들이 밀접한 관계들에도 또한 영향을 준다는 것을 보이기 시작하고 있다(Kidder 등, 1981; Sprecher, 1988; Walster 등, 1978). 공정성에 대한 관심은 어떤 관계의 초기에 특히 중요할 수 있다. 장기적으로, 사람들은 자신의 파트너의 호의적 의도들에 대한 신뢰를 발전시킬 수 있으며 교환패턴들을 덜 면밀하게 감시할 수 있다. 최근의 종단적 연구는 형평성이 혼전관계의 몇 달 후보다도 초기에서 더 강력한 하나의 만족요인이라는 것을 발견한다(Cate 등, 1988).

세력의 균형

어떤 상호작용에서나, 사람들은 흔히 자기들의 활동들에 대한 상이한 선호들을 갖고 있으며 자기들 자신의 목표들을 달성시키기 위해서 상호 영향을 주고자 한다. 사회적 세력(social power; 또는 사회적 권력)은 타인의 행동들, 사고들 또는 감정들에 의도적으로 영향을 주는 개인의 능력을 일컫는다(Huston, 1983; Molm, 1988). 사회적 교환이론가들은 사람들간의 세력균형에 관심을 두어 왔다. 어떤 관계들에서, 두 파트너들은 동등하게 영향력있다. 다른 관계들에서, 세력의 불균형이 있어서, 한 사람이 더 많은 의사결정을 하고, 공동활동들을 더 많이 통제하고, 의견불일치에서 더 많이 이기고, 일반적으로 지배의 위치에 있다. 어떤 관계의 세력이 동등한 여부를 결정짓는 요인들은 무엇인가? 세 개의 중요한 요인들은 사회규범들, 상대적 자원들 및 최소관심의 원리이다.

사회규범들 관계들에서의 영향의 패턴들은 흔히 사회규범들에 의해 지정되게 된다. 어떤 10대가 간이식당에서 시간제 일을 할 때, 그는 웃사람으로부터 명령을 받고 회사의 규정들에 따를 것을 기대한다. 적어도 직업에 관련된 문제들에서 부하가 상사의 지시에 따른다는 것이 일반적으로 이해되고 있다.

이성간의 데이트와 결혼에서, 사회적 관습은 전통적으로 남자에게 보다 더 큰 권위를 부여해 왔다. 예컨대, 최근까지 법률들은 남편들에게 가정의 모든 재산에 대한 법적 통제력을 부여했고, 남편들에게 "세대주"로서의 법적 역할을 부여했다.

상대적 자원 사회규범들이 세력균형의 유일한 결정요인이 아니다. 사회적 교환이론(Blau, 1964 참조)은 두 파트너들의 상대적 자원들도 또한 그들의 상대적 세력에 영향을 준다고 제안하고 있다. 자원은 "욕구를 만족시키거나 좌절시키거나, 사람들의 목표쪽으로나 먼 쪽으로 사람들을 이동시키기 위해 사용될 수 있는" 어떤 것이다(Huston, 1983, p. 206). 교환이론으로부터의 예언은 파트너들이 자원의 면에서 불균형되어 있을 때, 보다 더 많은 자원들을 가진 사람이 보다 더 많은 세력을 가질 것이라는 것이다. 두 명의 학생이 어떤 생물학실험 과제물을 함께 준비할 때, 더 지식이 많거나 더 좋은 현미경을 갖고 있는 사람이 더 영향력이 많게 되기가 쉽다. 데이트나 결혼에서, 더 많은 돈을 벌고, 더 많은 교육을 받고, 더 권위있는 직업을 갖고, 더 신체적 매력이 있는 등의 파트너가 세력의 이점을 갖게 된다(Scanzoni와 Scanzoni, 1981).

최소 관심원리 교환이론은 세력의 또 다른 결정요인이 두 파트너들의 대안관계들에 대한 비교수준에 기초된 자기들의 관계에 대한 상대적 의존이라고 제안하고 있다. 어떤 관계들에서, 양쪽 파트너들은 동등하게 매력을 갖고 있고 개입되어 있으며, 이것은 세력동등성을 이루는 경향이 있다. 다른 관계들에서, 한쪽 파트너가 그 관계에 대해 더 많이 의존하고 있거나(Molm, 1985) 그 관계의 지속에 대해서 더 많은 관심을 갖고 있다. 이것은 어떤 세력불균형의 소지를 마련한다.

사회학자인 Waller(1938)는 이것을 "최소 관심원리"(principle of least interest)라고 불렀다. 즉, 어떤 관계에서 관심을 덜 갖고 있는 파트너가 더 큰 세력을 갖는다. 보다 더 많은 관심을 갖고 있고 의존적인 사람이 관계가 지속되게 될 것을 보장하기 위해서 상대방의 욕망들에 따르는 하나의 은연적 흥정이 이루어진다. 이러한 원리에 관한 한 예가 한 나이든 남자와 관계를 가진 한 인기없는 젊은 여자의 사례이다.

> 나는 우리의 관계에 대한 그의 주도를 받아들였다. 그가 실제 정보보다도 재치로 처리하기로 작정하면, 나는 그대로 따랐다. 그가 기분나는 대로 성관계를 가지면, 나는 그대로 했다. 나는 그로부터 진정한 어떤 것을 원했다. ……내가 나의 입장에서 볼 때 이것이 불가능하다는 것을 알고 있었을 때에라도, 나는 그의 식대로 이것을 계속했다. ……가능성이 있다는 생각이 들었고, 데이트 없는 여름이 나에게 기회가 그리 흔히 찾아오지 않는다는 것을 가르쳐 왔었기 때문에, 나는 트집을 잡지 않았다(Goethals와 Klos, 1970, p. 283에서 인용됨).

궁극적으로, 불균형된 의존들에 기초된 관계들은 양쪽 파트너들에게 불만족스럽게 되기가 쉽다. 장기적으로, 우리는 그러한 관계들이 보다 더 동등한 관여 쪽으로 변화되거나, 끝장나버리게 되리라고 예상할 것이다.

우리는 사회적 영향의 과정들을 논의하는 13장에서 사회적 세력에 관한 논의를 계속하게 될 것이다.

갈 등

한 사람의 행위들이 다른 사람의 행위들을 방해할 때에 일어나는 과정인 갈등은 밀접한 관계들에서 보편적이다(Peterson, 1983). 갈등의 잠재성은 두 사람이 더 상호의존적으로 됨에 따라 증가한다. 상호작용들이 더 빈번해지고 더 다양한 활동들과 주제들을 포함하게 될수록, 의견불일치의 기회들은 더 많아지게 된다.

대인적 갈등에 관한 많은 연구들은 남녀쌍들에 관계해 왔다. 갈등은 우연적 데이트 동안에는 대개 꽤 낮지만, 진지한 데이트관계들에서는 유의하게 증가된다(Braiker와 Kelley, 1979). 갈등은 결혼부부들에서 보편적이다. 한 전국조사(Gurin 등, 1960)에서, 45%의 기혼자들이 "서로 잘 지내는 문제들"을 가졌었다고 답변했다. 남녀쌍들은 분명히 정치와 종교로부터 직장과 금전에 이르기까지, 자기들의 시간을 어떻게 보내는가로부터 집안일들을 어떻게 배분하는가에 이르기까지 거의 모든 일에 관해서 싸울 수 있다. Gottman(1979)은 젊은 결혼부부들에서 85개나 되는 상이한 종류의 갈등들을 발견했다. 물론 갈등은 결혼부부들에 한정되어 있지는 않다. 이것은 또한 동료직원들과 감독자들, 가족과들 이웃들, 친구들과 기숙사 한방 친구들과의 관계들에서도 일어난다.

갈등문제들은 3개의 일반적 범주들로 묶일 수 있다(Braiker와 Kelley, 1979).

특수행동들 어떤 갈등들은 파티에서 술취하거나 식품점에서 우유를 사는 것을 잊는 것과 같은 상대의 특수행동들에 집중된다. 한쪽의 행위들은 공부를 방해하는 것과 같이 다른 쪽에게 부담이 된다. 그렇지 않으면 한쪽은 아마 다른 쪽이 원하는 어떤 것을 하기를 거부함으로써 다른 쪽이 원하는 보수를 제공하지 못한다.

규범들과 역할들 어떤 갈등들은 관계 속의 당사자들의 권리와 책임에 관한 보다 더 일반적 문제들에 집중된다. 이러한 종류의 갈등들은 약속을 지키지 못하는 것, 상호성의 부족, 또는 어떤 합의된 과제의 등한시에 관한 것일 수 있다. 따라서 한쪽 배우자는 상대방이 공평한 몫의 식사준비 일을 하지 않는다고 불평할 수 있다.

개인적 성향들 사람들은 자기의 상대방의 의도들과 태도들에 관한 귀인들을 하기 위해서 흔히 특수행동들을 넘어선다. 한 사람은 상대방이 게으르다거나, 사려성이 없다거나, 규율이 부족하다고 불평할 수 있다.

이러한 세 가지 유형의 갈등들은 남녀들이 세 가지 수준들에서 상호의존적이라는 사실을 반영한다(Braiker와 Kelley, 1979). 행동수준에서, 파트너들은 특수활동들을 조정하는 문제들을 갖고 있다. 규범수준에서, 그들은 자기들의 관계에 대한 규칙들과 역할들을 타협하는 문제들을 갖고 있다. 성향수준에서, 그들은 서로의 성격과 의도들에 관해서 의견이 불일치한다. 이 마지막 형태의 상호의존은 파트너들이 자기들의 자기 이미지(self-image)의 타당화를 위한 중요한 원천들이기 때문에 생긴다. 갈등들은 만일 어떤 사람이 자신을 친절하고도 사려성있다고 생각하지만, 이 사람이 실제로는 자기중심적이고 무례하다고 주장하는 파트너를 갖는다면 쉽게 생길 수 있다.

갈등들은 파트너들이 서로의 인격에 관한 보다 더 일반적 귀인들을 하기 위해서 특수한 문제행동들을 사용함에 따라 상승될 수도 있다. 예컨대, 어떤 사람은 자기의 한방 친구가 싱크대에 더러운 접시들을 가득히 남겨 두고 나가버렸다고 처음에 불평할 수 있다. 논쟁이 계속됨에 따라, 그는 그 친구가 방관리에 대한 자기들의 합의사항들을 지키는 일이 드물다고 추가시킬 수도 있다. 그는 마침내 그 친구가 형편없이 단정치 못하고 자기중심적이라고 결론지을 수 있다.

사회적 상호작용에서의 다른 갈등원은 사건들이 흔히 상이하게 해석된다는 사실이다(Kelley, 1979). 자기 부인에게 결혼기념일에 선물을 주지 않은 남편을 고려해 보자. 아내는 이것을 모욕이라고 생각하고 남편에게 불평한다. 남편은 자신의 행위를 달리 볼 수 있고 자기 아내에게 그것을 정당화시키려고 들 수 있다. 이러한 상황들에서, 사람들은 4장에서 논의된 행위자－관찰자 귀인편향과 일치되게, 자신의 행동과 파트너의 행동을 달리 설명하는 경향이 있다(Kelley, 1979 ; Orvis 등, 1976).

불평하고 있는 사람은 사상을 파트너의 부정적 특징들에 귀인시키는 경향이 있다. 아내는 "당신은 정말로 나를 더 이상 사랑하지 않기 때문에 결혼기념일을 잊고 있었다"고 주장할 것이다. 그녀의 동기는 남편의 허물을 처벌하거나, 그가 실제로 관심을 두고 있다는 것을 보이게끔 요구하는 것일 수 있다. 이에 비해서, 행위를 수행했던 사람은 행동을 변명하거나("나는 당신에게 어떤 것을 사다 주려고 의도했지만 직장에서 중대한 마감시간에 정신이 빼앗겼었다"), 행위를 정당화시키려는("나는 우리가 서로에 대해 돈을 쓰지 않기로 합의했다고 생각했다") 경향이 있다. 남편의 설명들은 비난에서 벗어나고 그 사건이 관계를 해치지 않게끔 만들려는 시도이다.

갈등은 이것이 어떻게 해결되는가에 따라, 관계의 발전을 돕거나 해칠 수 있다. 갈등은 관계에 대한 기대들과 아울러 자기와 파트너에 대한 생각들을 명료화시키고 변화시키는 기회를 제공해 줄 수 있다. 애인들의 말다툼은 애인들로 하여금 관계에 대한 자신과 파트너의 의존을 시험하고, 그들의 서로에 대한 감정들의 깊이를 알고, 만족스러운 관계를 만들기 위해 그들의 노력을 새롭게 하게끔 해 준다. 한편 갈등들은 강한 정서를 일으키기 때문에, 이것들은 건설적인 문제해결을 위한 최적의 상황을 제공하지 못할 수 있다. 갈등의 상승과 개인적 모욕들의 왕래는 관계에 이익이 되지 못하기 쉽다. 갈등은 이것이 방어성, 완고성 및 상호작용으로부터의 철수를 일으킬 때에 특히 해로울 수 있다(Gottman과 Krokoff, 1989). 사람들이 관계에서의 불만족에 대해서 어떻게 반응하는가를 알아보기 위해서는 특별논의 7－2를 참조하라.

만족과 개입

사용자들은 흔히 근로자들을 계속 "행복하게끔" 만드는 방법과 회사에 대한 근로자들의 충성심을 증가시키는 방법에 관심을 두고 있다. 또한 근로자들은 대개 자기의 상사를 즐겁게 만들고 계속 일자리를 유지시키는 것에 관심을 두고 있다. 어떤 남녀가 사랑하게 될 때, 파트너들은 흔히 자기들의 관계를 좋게끔 만드는 방법과 그 관계가 확실히 "지속되게끔"만드는 방법을 알고 싶어한다. 보다 더 기술적 용어로서 말한다면, 관계들의 두 가지 중요한 측면들은 관계를 계속하는 것에 대한 개인적 만족과 개입이다.

만족과 개입 간에 중요한 차이들이 있다(Berscheid 와 Walster, 1978 ; Kelley, 1983). 예컨대, 직장에서 어떤 근로자는 더 나은 대안들이 없기 때문에 계속 불만스러운 일자리를 지킬 수 있다. 그렇지 않다면, 어떤 근로자는 더 나은 기회가 올 경우에 매우 만족스러운 일자리라도 떠날 수 있다. 예컨대, 어떤 "허울뿐인 결혼"에서 배우자들은 서로에 대

특별논의 7-2. 불만에 대한 반응들: 발언, 충성, 태만 및 퇴장

Rusbult(1987)와 그녀의 동료들은 사람들이 어떤 관계에 대해 불만을 갖고 있을 때에 반응하는 다양한 양식들을 연구해 왔다. Rusbult의 모형은 매우 일반적이며 직무불만족(Rusbult 등, 1988)과 아울러 연애관계들에 대한 불만족에 적용되어 왔다. Rusbult는 불만에 대한 이하의 4개의 공통적 반응들을 확인해 왔다:

발언(voice)

이것은 어떤 사람이 문제들을 말로 표현하거나 타협을 시도하거나 도움을 찾거나 자기, 파트너 또는 상황을 변화시키려고 들거나 보다 더 일반적으로 관계를 개선하기 위해서 일할 때에 일어난다. 기본적으로, 발언은 어떤 곤란한 관계를 구조하기 위한 하나의 노력이다. 어떤 직무상황에서, 근로자는 감독자와 함께 문제들을 논의하거나, 해결책들을 제안하거나, 노조간부와 상의하거나, 회사의 부당한 처사를 폭로함으로써 자신의 불만들을 표현할 수 있다. 어떤 연애관계에서, 발언은 관계의 개선방법들을 제안하고 상담을 받을 것을 제안하는 등을 행하면서, 파트너와의 대화를 시도하는 형태를 취할 수 있다. 발언은 개인이 그 관계에 대해 만족해 왔고 상당히 많이 관계에 투자해 왔을 때에 가장 흔히 사용되고 있다. 연애관계들에서, 여자들은 남자들보다 이러한 반응을 보일 가능성이 다소 더 많다.

충성(loyalty)

이것은 수동적이기는 하지만 낙관적으로 일들이 개선되기를 기다리는 것을 의미한다. 충성은 현재상태를 유지시키려고 시도하는 하나의 보수적인 반응이다. 직무상황에서, 어떤 근로자는 기관을 공적으로 지지하고 자신의 직무를 잘 수행하면서, 조건들이 변화되기를 바랄 수 있다. 개인적 관계에서, 불만을 느끼지만 충성적 파트너는 일들이 시간이 지남에 따라 개선되기를 기다리거나 바라거나 기원함으로써 반응할 것이다. 이러한 반응은 개인이 그 관계의 문제들을 비교적 사소한 것으로 보거나, 좋지 못한 대안관계들을 갖고 있거나, 전반적으로 심각하게 불만을 갖고 있지 않을 때에 가장 있기 쉽다.

태만(neglect)

직무상황에서, 이것은 노력의 부족이나, 빈번한 지각이나 결근이나, 회사의 근무시간을 개인적 일로 사용함으로써 상황이 수동적으로 악화되도록 내버려 두는 것을 의미한다. 개인적 관계에서, 태만은 파트너와 함께 더 적은 시간을 지내거나, 파트너를 등한시하거나, 문제들을 논의하기를 거부하거나, 파트너를 나쁘게 대하거나, 일들이 될대로 되라고 내버려 두는 것으로써 나타날 수 있을 것이다. 이러한 반응은 개인이 과거에 매우 만족하지 않아 왔고 관계 속에 적은 투자들을 해 왔을 때에 가장 보편적이다.

퇴장(exit)

직무상황에서, 퇴장은 어떤 사람이 다른 일자리를 찾거나 전근하거나 사직할 때에 일어난다. 연애관계에서, 퇴장은 동거를 벗어나거나, 파트너를 신체적으로 학대하거나, 떠나거나 이혼함으로써 관계를 종식시키는 것의 형태를 취할 수 있다. 개인적 관계들에서, 사람들은 그들이 잃을 것이 거의 없다고 생각할 때에 관계를 떠나기가 가장 쉽다. 이것은 관계가 불행하거나, 개인이 거의 투자해 온 것이 없거나, 개인이 적당한 대안관계들을 갖고 있을 때에 일어난다.

Rusbult는 사회적 교환요인들이 개인적 관계들에서 사용된 문제해결의 유형에 영향준다는 것을 증명해 왔다. 예컨대, 한 연구에서 대학생들은 그들이 문제들이 발생되기 이전에 관계에 대해 만족했을 때, 그들이 관계 속에 상당한 투자들을 했었을 때, 그리고 그들이 좋지 못한 대안관계를 가졌을 때에 발언과 충성의 관계증진반응들을 사용하는 경향이 더 많았다(Rusbult 등, 1982). 이와는 반대로, 학생들은 그들이 문제 이전의 만족도가 비교적 낮았고, 그들의 투자가 낮았고, 훌륭한 대안관계를 가졌을 때에 퇴장 전략들을 사용하는 경향이 더 많았다.

관계를 지속시키는 관점에서 볼 때, 충성과 발언은 건설적이고도 관계증진적 반응들이다; 태만과 퇴장은 관계에 대해 파괴적인 것들이다. 물론, 관여된 사람들에 대해서, 어떤 관계를 종식시키거나 어떤 일자리를 사직하는 것은 개인적으로 도움이 되고 적절한 조치일 수도 있다.

해 거의 애정을 느끼지 않지만, 종교적 원칙들이나, 자녀들의 복지에 대한 배려나, 외로움에 대한 두려움 때문에 함께 살고 있다. 그들은 만족이 적은 데에도 불구하고, 개입되어 있다. 또는 한 남자를 열렬히 사랑하고 있지만, 그가 자기를 좋아하지 않는다는 것을 인식하고 있는 어떤 여대생의 케이스를 고려해 보자. 그녀는 자신의 애정에도 불구하고, 개입을 지속하는 것이 자신에 대해 허황된 일이라고 인식하고서 보다 더 어울리는 상대를 찾기 위해 그 관계를 끊어 버릴 수 있다. 만족과 개입은 동일한 것이 아니다.

만족(satisfaction)은 어떤 관계의 질에 관한 한 개인의 주관적 평가이다. 만족은 두 가지 요인들에 달려 있다; 즉, 관계들에서 받게 되는 결과들과 개인의 일반적 비교수준이다. 우리는 어떤 관계가 이익이 있을 경우에 그리고 그 관계가 자신의 희망과 기대에 좋게 부합될 경우에 만족해 한다. 공평성의 지각들도 또한 만족에 영향을 준다. 설사 어떤 관계가 많은 이익들을 제공하더라도 만일 우리가 불공평하게 대우받고 있다고 지각하면, 우리는 충분히 만족하게 느끼지는 않을 것이다. 직장에서, 파트너들은 만일 그들이 그 관계가 불형평하다고 지각한다면 대개 불만족을 느끼게 된다. 이와 비슷하게 교우관계와 연애관계에서, 한 사람이 상대방보다 훨씬 더 많이 투입하거나 훨씬 더 많이 가져가는 불균형된 관계들은 대개 균형된 교환들만큼 만족을 주지 못한다(Sprecher, 1988).

개입(commitment)은 사람에게 어떤 관계에 남아 있게끔 작용하는 긍정적 및 부정적인 모든 힘들을 일컫는다. 어떤 관계에 강하게 개입된 사람들은 좋든 나쁘든, 좋을 때나 나쁠 때나 함께 있게 되기가 쉽다. 매력의 긍정적 힘들은 개입의 한 결정요인이다. 만일 우리가 다른 사람을 좋아하고 그 사람의 동료가 된 것을 다행으로 여기고 잘 지내기가 쉽다면, 우리는 그 관계를 지속시킬 정적 동기가 있을 것이다. 그러나, 사회적 교환이론은 개입이 어떤 사람이 관계를 떠나는 것에 대해 부담을 주는 부적 힘들이나 제약들에도 또한 기초되어 있다는 것을 강조한다.

어떤 관계를 떠나는 데 대한 하나의 장애는 대안관계들의 부족이다. 우리는 자기의 상사를 싫어하고 매일 만나야만 되는 것에 지겨워할 수 있지만, 우리는 봉급을 필요로 하고 다른 직업을 구할 수 없기 때문에 그 관계를 지속할 수 있다. 우리는 어떤 사람이 우리가 아는 유일한 적당한 사람이기 때문에 자신의 비교수준 이하의 사람과 데이트할 수 있다. 만일 우리가 가치를 두고 있고 다른 곳에서 획득할 수 없는 것들을 제공해 주는 어떤 관계에 의지하고 있다면, 우리는 그 관계를 떠나지 않을 것이다.

보다 더 기술적 용어로 말한다면, 개입은 우리의 대안관계들에 대한 비교수준에 밀접히 관련되어 있다. 이러한 효과에 관한 최근의 한 증명에서, Jemmott 등(1989)은 자신의 대학에서 이성 데이트상대의 가용성에 관한 대학생들의 지각을 연구했다(그들은 또한 캠퍼스에서의 실제의 성별비율들을 조사했으며 학생들의 지각이 흔히 부정확했다는 것을 발견했다). 부가적으로, 그들은 데이트하고 있는 학생들에게 그들의 현재의 파트너에 대한 자신의 개입의 강도를 나타내도록 요구했다. 결과들은 자신의 캠퍼스에서 비교적 소수의 이성멤버들이 있다고 생각했던 학생들이 다른 학생들에 비해서 자신의 현재의 연애관계에 더 많이 개입해 있고, 그 관계가 더 매력적이라고 생각했고, 그 관계 속에 더 많이 투자했다는 것을 보였다. 다른 연구는 대안관계들의 가용성과 개입 사이의 연관이 두 가지 양식으로 작용할 수 있다는 것을 시사한다. Johnson과 Rusbult(1989)는 어떤 연애관계에 매우 개입되어 있는 사람들이 다른 유혹을 이기려는 한 방편으로서, 대안적 파트너들을 실제로 거부하고 평가절하시킬 수 있다고 시사한다. 또한 우리의 현재의 파트너가 모든 다른 파트너들보다 더 훌륭하다고 스스로를 설득시키는 것은 개입을 유지시키기가 더 용이하게끔 만든다.

우리가 어떤 관계들에 대해 해 온 투자들이 개입에 영향주는 또 다른 요인이다(Rusbult, 1980, 1983). **투자들**(investments)에는 시간, 정력, 금전, 정서적 관여, 공동 경험들, 상대에 대한 희생들 등이 포함될 수 있다. 어떤 관계에 많이 투자하고 이것이 보수를 주지 않는다는 것을 아는 것은 인지부조화를 일으킬 수 있고, 따라서 우리는 그 관계를 긍정적 견지에서 보고 그 결점들을 무시하려는 심리적 압력들을 느낄 수 있다(Rubin, 1973). 우리가 어떤 관계에 더 많이 집어 넣었을수록 우리가 떠나는 것이 더 많은 부담이 될 것이다. 경험적 연구는 만족과 개입에 대한 이러한 교환적 고려사항들의 중요성을 증명해 왔다(Levinger, 1979; Rusbult, 1983). 예컨대, 데이트관계에 관한 한 연구에서 Rusbult(1980)는 교환모형을 명백하게 검증했다. 대학생들이 자신의 데이트관계에서 얻은 보수들(상대의 매력과 지능, 활동을 조정하는 남녀의 능력과 같은)과 부담들(갈등이나 당황을 일으키는 상대방의 행동들과 같은)을 평가하는 자세한 질문지에 응답했다. 참가자들은 또한 자신의 현재의 관계에 대해 가장 가용한 대안관계의 질을 기술했고 자신이 얼마나 관계에 투자했거나 "투입했는가"를 나타냈다.

끝으로, 그들은 만족과 개입에 관한 몇 개의 척도들에 반응했다. 교환이론과 일치해서, 만족의 가장 강력한 예언요인들은 보수들과 부담들이었다. 투자들과 대안관계들은 만족에 영향주지 않았다. 가장 만족했던 사람들은 많은 보수들과 적은 부담들을 보고했다. 이에 비해서, 개입은 만족, 투자들 및 대안관계들에 의해 영향받았다. 사람들은 자기들이 관계에 만족했고, 많이 투자했고, 비교적 바람직스럽지 못한 대안관계들을 가졌을 때에 가장 많이 개입된 것을 느꼈다.

많은 관계들에서, 만족과 개입은 함께 있다. 젊은 남녀가 자기들의 발전하는 관계에 따른 특수한 보수들을 발견하게 될 때, 그들은 개입을 구축하는 조치들을 취한다. 그들은 다른 사람들과 데이트하는 것을 그치고, 선물들을 교환하고, 서로 함께 할 다른 활동들을 미리 알린다. 그들의 정이 애정으로 무르익게 됨에 따라, 그들은 자기들의 감정들을 드러내 보이고 함께 장래를 계획하기 위해서 공적인 조치들을 취할 것이다.

결혼식, 함께 집을 사는 것, 자녀를 갖는 것과 같은 관계에 대한 투자들은 대개 애정에 기초되어 있고, 더 나아가서 개입을 구축하게끔 해 준다. 만일 남녀가 갈등과 의견 불일치의 곤란한 시기들에 부딪히면, 그들의 개입은 관계를 개선하도록 조치를 취하고 자기들의 애정을 회복시키기 위한 동기를 제공할 것이다. 그러나 만족과 개입은 분리될 수 없는 것은 아니다. 우리는 때로는 자신이 불만족스러운 관계에 빠져 있다는 것을 알며, 우리는 때로는 강한 애정에도 불구하고 개입을 피한다.

교환을 넘어서

사회적 교환의 원리들은 동료들간의 상호작용들로부터 평생의 결혼들에 이르기까지, 상이한 형태의 관계들에 대한 이해에 도움을 준다. 대부분의 사람들은 교환이 우연한 관계들에 영향준다는 것은 인정하기는 하지만, 교환요인들이 또한 우리의 가장 친밀한 관계들을 지배한다는 생각에는 저항할 수 있다. 사회학자인 Goffman(1952)이 "우리 사회에서의 청혼은 남자가 자신의 사회적 속성들을 요약하고 여자의 것들이 합동이나 동반을 배제할 정도로 훨씬 더 낫지는 않다는 것을 암시하는 식으로 되는 경향이 있다"(p. 456)고 진술한 바와 같이 말하는 것은 확실히 낭만적인 일이 못 된다.

사회심리학자인 Rubin(1973)은 교환이론에 대한 공통적인 걱정을 다음과 같이 표현했다.

> 사람들이 "상품들"이고 사회적 관계들이 "거래들"이라는 생각은 확실히 많은 독자들을 머뭇거리게끔 만들 것이다. 교환이론은 인간관계들이 무엇보다도 먼저 자기 이익에 기초되어 있다고 가정한다. 이와 같이, 이 이론은 흔히 교우관계를 한 사람이 다른 사람으로부터 무엇을 얻을 수 있는가에 의해서만 동기화된 것이라고 묘사하고 애정을 우회적인 세력게임이라고 재정의하는 것같이 보인다. ……그러나 비록 우리가 다른 식으로 생각하는 것을 좋아할 수도 있겠지만, 우리는 자신의 타인들에 대한 태도들의 대부분이 그들이 우리를 위해서 갖고 있는 보수들에 대한 우리의 평가에 의해 결정되고 있다는 사실을 직시해야만 된다(p. 82).

비록 교환이론이 경제학에서 용어를 빌어 오고 있지만, 관여된 보수들과 부담들은 흔히 매우 개인적이고도 독특하다. 반할 만한 미소와 공동의 비밀들도 돈과 털코트와 같이 교환이론의 일부가 된다.

당신은 다른 관계들에서보다 자신의 관계들 중의 몇 개에서 교환문제들이 훨씬 더 중요한 것같이 여겨지는 것을 알아채 왔을 수 있다. 예컨대, 당신은 이번 주에는 동료직원의 당번일들을 대신해 주고 싶을 수 있지만, 그가 다음 주에는 당신을 위해서 동일한 일을 해 줄 것을 분명히 기대한다. 이와는 반대로, 당신과 당신의 가장 친한 친구는 서로 많은 호의들을 베풀고 당신이 무엇을 주고 받았는가에 대한 심적 기록들을 의식적으로 행함이 없이 필요할 경우에 서로 돕는다. Clark과 Mills(1979)은 이른바 그들이 교환관계들(exchange relationships)과 공동관계들(communal relationships)이라고 일컬은 것들을 구별했다. 이 두 형태의 관계들에서, 교환과정들이 작용하지만, 이익들의 주고 받음을 규제하는 규칙들이 유의하게 다르다.

Clark와 Mills는 교환관계들에서, 사람들은 직후에 비견되는 이익들을 보답으로 받는 것에 대한 기대를 갖고서 이익들을 준다. 교환관계들은 가장 흔히 낯선이들이나 우연히 아는 사람들 그리고 사업관계들에서 일어난다. 교환관계들에서, 사람들은 상대방의 복지에 대한 특별한 책임을 전혀 느끼지 않는다. 이와는 반대로, 공동관계들에서, 사람들은 상대방의 욕구에 대한 어떤 특별한 책임을 느낀다. 공동관계들은 대개 가족, 친구들 및 연애상대들에 대해서 생긴다. 이러한 관계들에서, 사람들은 가까운 장래에 유사한 이익들을 받는 것에 대한 아무런 기대가 없이, 파트너에게 관심을 보이고 상대방의 욕구에 반응하기 위해서 이익들을 제공해 준다. Clark과 Mills은 관계들에 대한 이러한 두 가지 방침들 사이의 차이들을 알아내기 위해서 하나의 연구프로그램을 실행했다(Clark 등, 1989). 예컨대, 한 연구는 사람들이 교환관계에서보다도 공동관계에서 파트너의 욕구들에 더 많은 주의를 기울인다는 것을 발견했다.

장기적 관계들에서, 상호성과 교환의 패턴들은 복잡해진다. 우리의 가장 친밀한 관계에서 우리는 유대감이나 "우리 의식"을 발전시켜서 우리는 사랑하는 이를 유익하게 하는 것이 자신을 유익하게 하는 것이라고 지각할 수 있다. 교환원리들은 밀접한 관계들의 전부를 취급할 수는 없겠지만, 중요한 역할을 하고 있다.

고독: 충족되지 못한 사회적 욕구들

고독의 참담에서 벗어난 사람은 드물다. 어렸을 적에, 당신은 새로운 학교에 입학했거나, 새로운 고장으로 이사했거나, 여름 방학 중에 야영생활을 떠났을 때에 고독을 느꼈을 수 있다. 젊은이로서, 당신은 이전에 당신이 사랑했던 어떤 사람과의 결별 후에 고독의 괴로움을 맛보았을 수 있다. 인생은 대인관계들을 붕괴시키고 고독을 가져다 주는 사회적 관계의 변천들로 채워져 있다. 많은 사람들에 대해서, 대학진학이 갖는 사회적 관계상의 도전은 특별논의 7-3에서 지적된 바와 같이, 고독감을 일으킨다.

특별논의 7−3. 대학 캠퍼스에서의 고독

많은 사람들에 대해서, 대학 입학에 수반되는 사회적 도전들은 고독감들을 일으킨다. 대학생활의 시작에 따르는 흥분은 친구들과 가족을 떠난 일시적 고독과 새로운 사교생활의 구축에 대한 불안이 혼합되어 있다. 한 학생은 다음과 같이 말했다.

> 이와 같이 큰 대학에 오게 된 것은 나에 대해서 큰 변화입니다. 고등학교 때에 "가장 성격이 좋은 인물"과 "가장 인기 있는 인물"로 뽑혔었던 나는 다시 시작하지 않으면 안 되었습니다. 낯선이들만 보이는 것이 처음에는 다소 곤란했지만, 나는 이것에 익숙해지게 되었습니다.

대학진학이 갖는 사교상의 변화에 관해서 알아보기 위해, Cutrona, Russell 및 Peplau는 UCLA 신입생들에 관한 한 연구를 수행했다. 이 연구의 참가자들은 그들의 캠퍼스에서의 첫 몇 주일 동안에 그리고 7개월 후의 봄에 접촉되었다(Cutrona, 1982).

학년도의 시작 무렵에서, 신입생들의 75%가 캠퍼스로 온 이래로 적어도 가끔씩 고독을 경험했다. 40% 이상이 자신의 고독이 중간에서 심한 강도이었다고 보고했다. 다행스럽게도, 대부분의 학생들은 대학생활에 대한 적응에 성공적으로 대처할 수 있었다. 이듬해 봄학기경에, 25%만이 아직도 고독을 느꼈다.

대학생활 첫 1년 동안에 자신의 고독을 극복했던 학생들은 계속 고독한 채로 있었던 학생들과 어떤 차이가 있는가? 가장 괄목할 만한 차이는 그들의 태도에서 발견되었다. 학생들은 만일 자신이 친구들을 성공적으로 사귈 것이라는 긍정적 기대들을 갖고서 학년도를 시작했다면 그리고 만일 자신과 자신의 성격에 대해서 긍정적으로 생각했다면, 고독에서 회복할 가능성이 더 많았다. 다시 말하면, 낙천주의와 높은 자존심은 대학에서의 만족스러운 사교생활을 일으키는 중요한 요소들이었다.

성공적인 학생들과 비성공적인 학생들은 클럽에 가입하는 것, 교내의 스포츠를 하는 것, 파티들에 참석하는 것, 또는 한 반의 낯선이들과 대화하는 것과 같은 활동들에서 거의 동일한 빈도를 보고했다. 양집단들은 또한 자신의 외모와 사교기술을 증진시키고 사람들을 대하는 새로운 방법들을 발견하려는 노력들을 거의 비슷하게 보고했다. 가정에서 부모와 함께 살고 있는 학생들은 캠퍼스의 기숙사에서 살고 있는 학생들보다 더 고독하지 않았다.

그러나 고독에서 회복하거나 회복하지 못하는 학생들의 행동에는 보다 더 미묘한 차이들이 있을 수 있다. Jones(1982)는 고독한 대학생들은 고독하지 않은 대학생들보다도 더 자기에 초점을 둔 양식으로 상호작용했다는 것을 관찰했다. 예컨대, 새로 알게 된 사람과의 대화에서, 고독한 학생들은 다른 사람에 관해서 더 적은 질문을 했고, 다른 사람에게 초점을 두는 진술들을 더 적게 했고, 상대방의 말대꾸들에 더 느리게 반응했다. 고독한 사람들은 보다 더 부정적이고, 자기에게 전부 몰두하고 타인들에게 덜 반응적인 경향이 있었다. 다른 연구(Solano 등, 1982)는 고독한 대학생들이 그들의 자기개방의 패턴들이 방금 만난 어떤 이에게 자신의 속마음을 전부 털어놓거나 자신에 관해서 거의 드러내 놓지 않는 점에서 특이할 수 있다는 것을 시사하고 있다. 이러한 부적절한 자기개방수준들이 밀접한 대인관계의 발전을 막을 수도 있다.

고독 대 고립

고독과 고립은 동일한 개념이 아니다. 고독(loneliness)은 우리의 사회적 관계들이 어떤 중요한 측면을 결여하고 있을 때에 우리가 느끼는 주관적 불쾌를 일컫는다. 이러한 결여는 양적일 수 있다. 즉, 우리는 친구가 없거나, 자신이 원하는 것보다도 더 적은 친구를 가질 수 있다. 그렇지 않다면, 결여는 질적일 수 있다. 즉, 우리는 우리의 관계들이 피상적이라거나, 원하는 것보다 덜 만족을 느낄 수 있다. 고독은 사람의 내부에서 진행되며 어떤 사람을 그저 바라봄으로써 탐지될 수는 없다.

주관적인 고독감에 비해서 고립(aloneness)은 타인들로부터 떨어져 있는 객관적 상태이다. 고립은 유쾌하거나 불쾌할 수 있다. 만일 당신이 오도가도 못하는 고장난 차를 갖고서 어두운 밤길에서 궁지에 빠져 있다면, 혼자 있는 것이 고통스러울 수 있다. 그러나 고립은 또한 많은 보수들을 제공할 수 있다(Suedfeld, 1982). 종교 지도자들은 영적인 영감을 찾기 위해서 고립된 탐색을 향해 떠난다. 작가들과 음악가들은 사회적 상호작용의 주의분산으로부터 떠나서 혼자서 가장 훌륭한 작업을 수행한다. 매일의 생활에서, 우리는 어떤 중요한 시험을 위해서 공부하거나, 좋은 책을 읽거나, 어떤 문제를 곰곰히 생각하기 위해서 혼자 있는 시간을 갈망할 수 있다. 혼자서 사는 것조차 성취와 독립을 내포하고 있는 하나의 긍정적 경험이 될 수 있다.

고독과 고립 간에 필연적 연관은 없다. 즉, 우리는 혼자서 행복할 수도 있으며 군중 속에서 고독을 느낄 수도 있다. 그러나, 사람들은 혼자 있을 때에 고독을 느끼는 경향이 다소 더 많다. 예컨대, 앞에서 기술된 Larson에 의한 시간사용 연구에서, 사람들은 타인들과 함께 있을 때보다도 혼자 있을 때에 더 많이 고독을 느꼈다. 그러나, 자료에 대한 보다 더 면밀한 관찰은 이러한 패턴이 금요일이나 토요일 밤에 혼자 있게 되는 것에서 주로 생겼다는 것을 나타냈다. 사람들은 주 중에 시장보기나 공부하기 동안에 혼자있게 될 경우에는 특별하게 고독을 느끼지는 않는다. 그러나 개인적 선호나 사회규범들이 당신이 친구들과 함께 외출해야만 된다는 것을 암시하는 주말의 저녁에 혼자 있는 것은 고독의 주요 계기가 된다.

고독의 지속기간과 유형

전국적 조사들(Bradburn, 1969와 같은)에서, 대충 네 명 중의 한 명의 미국인이 지난 두 주 동안에 "매우 고독하거나 타인들로부터 소원함"을 느꼈다고 대답하고 있다. 고독은 언뜻 스쳐가는 불쾌의 고통들로부터 지속적인 강한 비참감의 범위들에 걸칠 수 있다 (Peplau와 Perlman, 1982).

고독의 지속기간 때로는 고독은 우리로 하여금 친구들과의 친밀한 대인관계로부터 멀어지게끔 만드는 인생의 변화에 의해서 생기게 된다. 이른바 상황적 고독은 어떤 사람이 자기의 인생에서 어떤 특수한 변화가 일어날 때까지는 만족스런 대인관계들을 갖고 있었을 때에 일어난다. 공통적으로 고독을 일으키는 상황들에는 새로운 고장으로의 이사, 공부를 위해서 집을 떠나 멀리 가는 것, 새로운 직장에 나가는 것, 여행이나 병원에 있는 동안에 친구들이나 사랑하는 이들로부터 떨어져 있는 것, 또는 사망이나 이혼이나 교제 중단을 통해서 어떤 중요한 관계가 끝나는 것이 포함된다. 비록 어떤 상황들에서는 다른 상황들에서보다도 분명히 더 곤란할지라도, 사람들은 대개 상황적 고독으로부터 회복하고 만족스러운 사교생활을 재확립시킨다. 우리는 새로운 직장에서 몇 개월 이내에 친구들을 사귈 수 있지만, 애정관계의 종식에서 헤어나기 위해서는 일년이나 그 이상을 요할 수 있다.

어떤 사람들은 자기의 인생의 변화에 다소 관계 없이, 수년 동안 고독으로 고통을 겪는다. 이들은 만성적 고독을 겪고 있다. 이러한 사람들은 인생의 고독한 기간 속에 있는 어떤 사람보다도 자신을 "고독한 사람"이라고 기술할 것이다. 아마 미국 성인의 10%가 심하고도 지속적인 고독으로 고통을 겪을 것이다.

고독의 유형 Weiss(1973)는 어떤 사람이 결여하고 있는 특수한 사회적 조건에 기초된 두 가지 유형의 고독을 구분해 왔다. 정서적 고독(emotional loneliness)은 부모에 의해서 자녀에게 제공될 수 있거나 배우자나 친한 친구에 의해서 성인들에게 제공될 수 있는 것과 같이, 어떤 친밀한 애착인물이 없는 데에서 생긴다. 사회적 고독(social loneliness)은 어떤 사람이 친구들이나 동료들의 연결망에 의해서 제공될 수 있는 사회적 통합감이나 공통체감이 부족할 때에 일어난다.

다른 유형의 고독을 경험함이 없이 한 유형의 고독을 경험할 수 있다. 결혼한 후, 모험과 높은 보수를 주는 직업들을 추구하기 위해서 알래스카로 이사한 젊은 부부는 정서적 고독을 느끼지는 않을 수 있다. 그들은 서로 친밀한 상대를 갖고 있다. 그러나 그들은 친구들을 사귀고 그들의 새로운 지역사회의 일부라고 느끼기 시작하기까지는 사회적 고독을 경험하기 쉬울 것이다. 어떤 젊은 미망인은 자기 남편의 사망 후에 강한 정서적 고독을 느낄 수 있지만, 가족과 친구들과의 많은 사회적 유대들을 계속 갖고 있을 수 있다.

고독의 측정

Russell 등(1980)은 사람들이 고독을 느끼는 정도를 평가하는 UCLA고독척도를 만들었다. 여기에서, 피험자들은 "나는 버려진 것을 느낀다"와 "나는 나의 주위에 있는 사람들과 많은 공통점을 갖고 있다"와 같은 문항들에 대해 "전혀 없음"에서 "흔히"의 범위에 이르는 4점 척도를 사용한다. 고독한 어떤 사람은 위의 첫번째 문항에 대해 "흔히"

를 표시하고 두번째 문항에 대해 "전혀 없음"을 표시하는 경향이 있을 것이다.

이 도구에 대한 점수들이 우울증, 불안, 불만족, 불행감 및 수줍음의 느낌들과 연관되어 있는 것으로 발견되어 왔다(Russell, 1982). 이와 비슷한 발견들이 대학생들과 나이든 시민들과 같은 차이있는 집단들에 대해서 있었다(Perlman 등, 1978). 고독이 노년기의 하나의 불가피한 요소가 아니라, 고독한(신체적 악화들이나 기타 이유 때문에) 노인들도 고독한 젊은이들과 아주 비슷하게 고독하게 느낀다는 점이 주목되어야만 된다(Mellor와 Edelmann, 1988).

가장 고독한 사람들은 몇 가지 보고된 행동들상에서 고독하지 않은 사람들과 차이가 있다. 예컨대, 고독한 사람들은 혼자서 저녁식사를 하고 동무가 없이 주말을 보내는 경향이 더 많다. 그들은 적은 사회적 활동들을 행하며 데이트를 갖지 않는 경향이 있다(Russell 등, 1980). 자기의 친구들의 이름을 대라고 요구받았을 때, 고독이 높은 사람들은 고독하지 않은 사람들만큼 많은 사람들을 대지만, 보다 더 면밀한 검토는 이들 "교우관계들이" 낮은 수준의 친밀성을 포함하며 흔히 주고 받지 않는 것들이라는 것을 나타내준다(Williams와 Solano, 1983). 또한 개인의 고독이 클수록, 일이 잘못될 때에 사회적 지원을 받을 가능성이 더 적으며, 실제로, 이야기하거나 비밀을 털어 놓을 만한 사람이 아무도 없다(Berg와 McQuinn, 1989).

고독의 아동기 근원들

성장하는 동안에, 특히 부모가 한 지역에서 다른 지역으로 이사하거나 아동기 때의 심각한 질병이 학교의 장기 결석을 요할 경우에, 고독의 기간들을 갖는 것은 특이한 일이 아니다. 이들 곤란들은 대개 일시적이며, 이것들은 성인기 고독의 하나의 주요 요인이 아니다.

주원인은 아동기 동안의 적절한 사회적 기술들을 학습하지 못하는 것인 것 같다(Rubin, 1982). 우리들 중에서 친구들을 만들고 유지시키고, 타인들을 강화시키고, 의견불일치들을 처리하고, 타인들의 감정들에 민감해지는 가장 좋은 방법에 관한 공식적 강의를 받는 사람들은 소수이다(Putallaz 등, 1981; Rubin, 1980). 어떤 아동들은 자기 부모와 더 나이먹은 동기들에게서 훌륭한 역할모형들을 갖고 있다. 이러한 이점들을 갖지 못하고서, 다른 아동들은 대인관계의 행동기술을 확실히 획득하지 못한다. 이러한 사람들이 공격적으로 되거나 고독 속으로 후퇴하는 것이 흔한 일이다.

청년기 동안에, 고독은 정점에 도달할 수 있다(Brennan, 1982). 젊은이들이 자기의 부모와의 분리과정을 개시하고 외부의 대인관계들을 형성하려고 시도함에 따라, 실패가 격심하게 경험될 수 있다. 고독한 사람들은 부모, 교사들 및 또래들로부터 소외된 것을 느낀다(Brennan과 Auslander, 1979).

대인적 행동과 고독

부적절한 사회적 기술들의 기본문제는 후기 청년기와 성인기에서 고독한 사람들의 특징으로 남아 있다. 이러한 사람들은 흔히 수줍어하고 적절하게 행동하는 방법을 알지

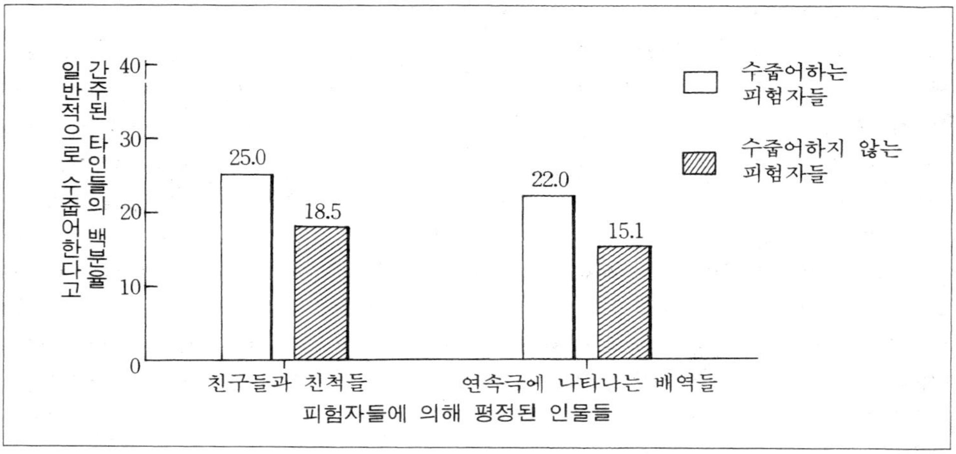

도 7-5. 타인들의 수줍음의 과대평가. 수줍어하는 사람들은 타인들도 수줍어한다고 지각한다. 한 연구에서, 피험자들은 일반적으로 수줍어하는 자기의 친구들, 친척들 및 TV연속극에 나타나는 배역들의 백분율을 나타내도록 요구받았다. 각각의 경우에서, 수줍어하는 사람들은 수줍어하지 않는 사람들보다도 더 높은 백분율들을 추정했다.
자료원: Harris와 Wilshire(1988).

못하거나 그들이 심지어 방법에 관한 지식을 갖고 있을 때에도 그렇게 하는 데에 실패한다(Bruch 등, 1989: Hill, 1989). 어떤 실험상황에서 낯선 인물과 상대할 때, 고독하지 않은 사람들에 비해서 고독이 높은 사람들은 그 타인에게 덜 의지하고, 낯선 인물에 의해서 도입된 주제들을 따라 가는 경향이 적고, 더 적은 질문을 한다(Jones 등, 1982). 기본적으로, 그들은 타인들에 대한 관심이 부족하며, 하나의 결과는 그들이 배척당하게 되는 것이다. 그들의 행동은 잠재적 친구들을 몰아낸다.

이러한 배척들의 내력은 고독한 사람들에게 대인관계적 실패를 기대하게끔 만든다(Jones 등, 1981). 고독한 사람들은 자기 자신에 관해서 매우 적게 개방하거나, 부적절한 개방을 행한다(Berg와 Peplau, 1982: Solano 등, 1982). 그들의 타인들에 대한 불행한 경험들은 냉소주의, 염세주의 및 그들이 자신의 생활에 대해 거의 통제력을 갖고 있지 못하다는 느낌을 일으킨다(Jones, 1982). 이성의 멤버들이 하나의 특별한 문제이다. 고독은 자기 자신의 결혼생활이 이혼으로 끝장날 것이라는 기대와 더불어, 사랑이 결혼생활에 대한 하나의 필수적 기초가 못된다는 신념과 연합되어 있다(Jones 등, 1980).

고독을 느끼고 수줍어하는 사람들은 그릇된 일치성효과(4장 참조)가 예언하는 대로, 타인들도 자기와 동일하다고 가정한다. Harris와 Wilshire(1988)는 수줍어하거나 수줍어하지 않는 피험자들에게 자신의 친구들과 친척들 그리고 TV연속극의 배역들을 수줍음의 면에서 평정하도록 요구했다. 도 7-5이 보이는 바와 같이, 수줍어하는 사람들은 그렇지 않은 사람들보다도 실제적 및 가공적 타인들에게서 이러한 특성을 지각하는 경향이 훨씬 더 많다. 이러한 지각은 그 사람이 "모든 사람들이 나와 비슷하다"고 생각하기 때문에, 변화에 대한 동기를 해치는 경향이 있다.

고독의 원인들의 극복

행동을 변화시키기 위해서 주요 조치들이 취해지지 않는다면, 고독은 장기적으로 지속되며, 고독한 사람들은 정확하게도, 향상이 일어나지 않을 것이라고 믿는다. 공통적 반응들은 소망충족적 공상들을 행하는 것, 어떤 직업에 몰두하게 되는 것 및 알콜이나 약물들을 사용하는 것이다(Poloutzian과 Ellison, 1979; Revenson, 1981). 몇몇 고독한 사람들은 대인적 접촉들의 한 대치물로서 음악에 탐닉하지만, 이러한 출구는 아마 그 내용, 즉 이별, 가슴아픔 및 슬픔의 주제들 때문에, 실제로 고독을 증가시킨다(Davis와 Kraus, 1989). 이러한 대처전략들이 단지 일들을 더 악화시킨다면, 무엇을 할 수 있을 것인가? 흔히 함께 사용되는 두 가지 기법들은 인지치료와 사교기술훈련이다.

인지치료는 개인이 사회적 상황들 속에서 자기 자신에 관해서 생각하는 방식을 변화시키기 위해서 고안되어 있다(Young, 1982). 예컨대, 만일 어떤 남자가 자신이 재미없고 따분하게 만드는 사람이라고 느낀다면, 치료자는 그에게 그의 이러한 자기지각이 사실이 아니라는 것을 납득시키거나, 재담을 잘하고 홍분시키는 것이 친구들을 만드는 것에 필수적이라는 그의 신념을 바꾸려고 노력할 수 있다. 만일 어떤 여자가 타인들이 항상 자신을 평가하고 있기 때문에 사회적 상황들이 스트레스를 준다고 느낀다면(Asendorpf, 1989), 이 여자는 자기 자신이 모든 사람의 관심의 중심이 되지 않는다는 것을 배울 수 있다.

사고과정들의 변화 이외에도, 행동변화들이 또한 중요하며, 사교기술들이 가르쳐질 수 있다(Rook와 Peplau, 1982). 어떤 고독한 사람에게 비디오테이프들에 의해서 타인들이 사회적 상황들을 어떻게 처리하는가를 볼 수 있다. 그 다음에 이 사람은 이러한 기술들을 연습하고 비디오테이프상에서 자기 자신을 관찰할 수 있다. 어떤 대인관계를 개시하는 것과 같은 특수한 상호작용들이 고무될 수 있다. 어떤 사람들은 대화를 시작하고, 전화상에서 쉽게 이야기하고, 찬사들을 주고, 심지어 머리스타일, 복장 또는 화장의 변화들로 자신의 신체적 외모를 향상시키는 방법을 배울 필요가 있다.

이러한 노력들의 결과들은 심지어 단기간 내에서도 괄목할 수 있다. 일단 어떤 사람이 사회적 상황들을 새로운 방식으로 생각하고, 타인들과 가장 잘 상대하는 방법을 배우고, 자신의 스타일을 바꾸게 되면, 그 결과의 대인관계적 성공들은 고독을 제거시킬 수 있다.

요 약

1. 두 사람이 상호작용할 때, 그들은 서로 영향을 준다. 상호의존은 둘이나 그 이상의 사람들간의 상호영향을 일컫는다. 상호작용이 장기간 지속함에 따라, 어떤 관계가 발전하기 시작한다. 우리는 만일 많은 상이한 종류의 활동들과 강한 상호영향을 포함하는 빈번한 상호작용이 있다면, 그 관계가 밀접하다고 말한다.
2. 자기제시는 우리가 타인들에게 전하는 인상을 통제하는 우리의 노력들을 일컫는다.

사회적 상호작용에서 하나의 보편적 동기는 자신의 관중에게 어떤 좋은 인상을 짓게끔 만드는 것이다. 자기선전은 "좋게 보이기" 위한 하나의 전략이다 ; 다른 것들은 아첨, 겸손의 사용 및 성공적 타인들의 반사된 영광을 즐기는 것을 포함한다.

3. 사람들은 인상관리를 강조하는 경향성인 자기감시에서 차이가 있다. 높은 자기감시자들은 낮은 자기감시자들보다도 타인들에 관해서 알고 사회적 상황들을 간파하기 위해서 더 많이 노력한다. 이 두 가지 성향들에는 장점들과 단점들이 있다.
4. 사람들이 자기인식을 하지 않을 때, 그들의 행동은 꽤 일상적이고 자동적이다. 사람들은 그들 자신의 음성의 녹음과 거울과 같은 다양한 외부자극들에 의해서 자기인식될 수 있다. 자기인식하는 사람들은 이상적 기준과 자신의 행동을 비교하고 일반적으로 자신이 그 기준에 못미친다는 것을 발견한다. 따라서, 자기인식은 대개 불쾌하며 사람들은 할 수만 있다면 이것을 피할 것이다. 만일 사람들이 피할 수 없다면, 그들은 자신의 행동을 특출한 기준과 합치시키고자 시도함으로써 자기인식에 대해 반응할 것이다.
5. 집단 속에서, 사람들은 자기들 자신 이외의 하위집단들 내에 비례적으로 다수의 사람들이 있을 경우에, 더 자기주의적으로 된다. 어떤 사람들은 다른 사람들보다 더 자기인식적이다. 공적 자의식상에서 높은 사람들은 자신이 타인들에게 어떻게 보이는가와 타인들이 자신을 어떻게 평가하는가에 대해 특히 관심을 두고 있다. 최근의 연구는 매우 자기에 대해 주의집중하고 있는 사람들이 우울해지기 쉬우며, 사람들을 자기주의로부터 주의분산시키는 것이 우울의 기분들을 감소시킬 수 있다는 것을 시사한다.
6. Festinger에 의해서 처음 개발되었을 당시에, 사회비교이론은 사람들이 자신의 능력과 의견에 관한 정확한 정보를 원한다고 제안했다. 객관적인 물리적 기준들이 부족할 때, 사람들은 타인들, 특히 유사한 타인들과 비교해서 자기 자신을 평가한다.
7. 오늘날, 우리는 사회비교의 목표들이 매우 다양하며, 정확한 자기평가, 자기고양 및 자기향상을 포함할 수 있다는 것을 안다. 사회비교는 항상 마음대로 선택되지는 않으며, 때로는 비교들이 불가피하다.
8. Tesser의 자기평가 유지모형은 다른 사람의 성공적 수행이 우리의 자기감을 위협하거나 고양시키는 경우들에 관한 의문을 취급한다. 우리의 자기정의와 관련있는 어떤 차원상에서의 어떤 밀접한 타인에 의한 성공적 수행은 우리의 자기평가를 위협할 수 있다 ; 만일 그 차원이 무관련하다면, 우리가 자기 자신과 밀접한 사람의 성공을 즐기게 되는 어떤 반사효과가 일어날 수 있다.
9. 자기개방은 타인과 개인적 기분들과 정보를 함께 나누는 것이다. 자기개방에 대한 상호성규범이 있어서, 파트너들은 유사한 수준들에서 개방하는 경향이 있다. 사회적 침투는 자기개방이 친밀한 관계들의 발전에 어떻게 기여하는가를 기술한다. Reis와 Shaver에 의하면, 친밀성은 한 사람의 자기개방이 그 자신에게 관심을 받고 이해받고 있다고 느끼게끔 만드는 청취자의 반응을 일으킬 때에 생성되게 된다.
10. 사회적 상호작용에 관한 가장 영향력있는 분석은 사회적 교환이론에서 나온다. 이 견해에서, 사람들은 그들이 어떤 관계에서 받는 결과들(보수들 빼기 부담들)에 관심을 두고 있다. 사람들은 하나의 일반적인 "비교수준"과 하나의 "대안관계들에 대한 비교수준"을 포함해서 자신의 관계결과들을 평가하기 위해서 몇 개의 기준들을 사용한다.

두 사람이 상호의존적일 때, 그들은 그들의 공동이익들을 최대화시키기 위해서 자기들의 활동들을 조정한다.

11. 사람들은 자신의 관계가 공평한지에 관심을 두고 있다. 세 가지 주요 공평성규칙들은 동등성, 상대적 필요들 및 형평성이다. 형평성은 각 개인의 결과들이 관계에 대한 자신의 기여들에 비례할 때에 존재한다. 형평이론에 의하면, 사람들이 어떤 관계에서 불형평을 지각할 때, 그들은 고통을 느끼고 형평성을 회복시키기 위한 조치들을 취한다.

12. 사회적 세력은 타인의 행동, 사고 및 감정에 대해 의도적으로 영향을 주는 개인의 능력을 일컫는다. 세력균형은 파트너들이 동등한 세력을 갖고 있는지, 아니면 한 사람이 지배적인지를 기술한다. 세력균형의 3개의 결정요인들은 사회규범들, 파트너들의 상대적 자원들 및 "최소관심의 원리"이다.

13. 갈등은 한 사람의 행위들이 다른 사람의 행위들을 방해할 때에 생긴다. 갈등들은 특수행동들, 규범들과 역할들 또는 개인적 성향들에 관한 것일 수 있다. Rusbult는 관계들에 대한 불만족에 대한 4가지 보편적 반응들, 즉 발언, 충성, 태만 및 퇴장이라고 일컬어지는 것들을 확인해 왔다.

14. 개입은 개인을 어떤 관계 속에 계속 있게끔 만드는 긍정적 및 부정적인 모든 압력들을 일컫는다. 긍정적 요인들은 만족, 호감 및 사랑을 포함한다. 부정적 요인들은 어떤 관계를 떠나는 것이 희생이 크게끔 만드는 장애들이다. 두 개의 중요한 장애들은 대안관계들의 부족과 개인이 어떤 관계 속에 이미 행해 온 투자들이다.

15. 고독은 우리의 사회적 관계들이 어떤 중요한 양식으로 부족할 때에 우리가 느끼는 주관적 불쾌이다. 고독은 우리의 사회생활의 변화에서 오는 일시적 상태에서 만성적이고 지속적인 상태까지의 범위에 걸칠 수 있다. Weiss는 애착관계의 부족에 의해서 생긴 정서적 고독과 사회적 통합성의 부족에 의해서 생긴 사회적 고독을 구별해 왔다.

16. 고독한 사람들은 우울증과 불안 등의 부정적 정서들을 경험하며, 특수한 행동특징들을 보인다. 고독은 아동기에 적절한 사회적 기술들을 학습하지 못한 데에 기인될 수 있으며, 인지치료와 사교기술훈련의 종합적 사용에 의해 치료될 수 있다.

제 8 장

대인매력: 친해지는 것과 친구관계의 확립

당신은 국문학 세미나 과목의 첫 시간에 참석해서, 한쪽 귀로는 토론을 들으면서 당신의 새로운 한반 학생들을 평가하고 있다. 당신은 대화를 지배하기로 결심을 굳힌듯한 다소 젠 체하는 남자를 즉각 싫어하게 되었다. 그가 입을 열 때 마다, 당신과 맞은 편 탁자에 앉은 여학생은 뜻이 통하는 눈짓과 미소를 교환한다. 그녀는 친절한 것같이 보였으며, 당신은 휴식시간에 그녀와 이야기를 나누기로 작정한다. 자신의 두 눈으로 세미나 탁자를 둘러보면서, 당신은 각각의 학생에 관해서 생각하고 당신 자신이 호감을 갖고 있는 사람과 호감을 갖고 있지 않은 사람에 관해서 마음 속으로 점검해 본다.

대인매력에 관한 연구는 사랑에서 미움까지의 범위에 이르는 타인들에 대한 반응들에 초점을 두고 있다. 최근 몇십 년 동안, 사회심리학자들은 대인매력의 미스테리들을 탐구해 오면서, 우리가 좋아하는 사람들의 부류와 우리가 그들에 대해 호감을 갖게 되는 것을 결정짓는 기본과정들을 이해하고자 했다. 이 장의 첫번째 절에서, 우리는 대인매력의 기본원리들을 간략하게 소개한다. 두번째 절에서, 우리는 사람들이 관계들을 수립하기 위해서 취하는 시초의 단계들을 검토하게 될 것이다. 우리는 먼저 대부분의 대인적 접촉들이 관여된 사람들에게 단지 간접적으로 관련되어 있는 요인들에 의해서 어떻게 결정되고 있는가를 기술할 것이다. 가장 흔히 당신은 교실에서의 좌석들의 배치, 기숙사의 방들 또는 사무실에서의 책상들과 같은 비개인적 환경요인들에 의한 가까운 물리적 근접성과 그에 수반된 친숙성을 갖게 되기 때문에 타인들을 만난다. 겉으로 보기에 무작위적인 접촉들이라도, 이것들은 당신이 이러한 사람들 중의 몇몇과 알게 되는 것을 일으킨다. 이러한 과정은 기분좋게 느끼는 것에 대한 이유와 관계없이, 당신이 긍정적 정서상태에 있을 경우에 일어나기가 가장 쉽다. 당신이 부정적 정서들을 경험하고 있을 경우에는 접촉들 후에 친절한 예비교섭이 뒤따를 가능성이 훨씬 더 적다. 세번째 절에서, 우리는 당신에게 당신이 친숙하게 여겨지는 사람들에게 머리를 끄덕이고 성명을 부르는 것으로써 반응하는 단순한 아는 관계를 넘어서서 이동하게끔 만드는 요인들을 제시할 것이다. 당신이 어떤 사람을 알게 되는 것에서 더 많이 진보하는 여부는 당신과 아는 이가 친화들을 형성하려는 동기가 얼마만큼 있는가와 각자가 상대방의 외부특징들(신체적 매력, 억양, 피부색깔, 신장 등)과 성격특징들에 대해 어떻게 반응하는가에 달려 있다. 이 장의 마지막 절에서, 우리는 당신과 타인이 자기들이 몇 가지 측면들에서 유사하다는 것을 발견하고 서로에 대한 상호의 긍정적 평가들을 전달하는 교우관계들의 형성을 검토한다.

9장에서, 우리는 밀접한 관계들(연애관계들을 포함하는)이 발전되고 유지될 때에 이러한 과정이 어떻게 계속될 수 있는가와 아울러 관계들이 때로는 어떻게 실패하는가를 취급하게 될 것이다.

대인매력의 기본원리들

우리는 2장에서 첫인상의 주요 차원이 평가라는 것을 보았다. 우리가 어떤 사람들을 좋아하고 어떤 사람들을 좋아하지 않는 이유는 무엇인가? 어떤 사람이 우리의 친구로 될 여부를 결정짓는 것은 무엇인가? 아마 가장 일반적인 답변은 우리는 자기에게 보수를 주고 자기의 욕구를 충족시키는 데에 도움을 주는 사람들을 좋아한다는 것일 것이다. 학습이론들은 보수들이 호감에 영향주는 특수한 기제들에 관한 설명들을 제시하고 있다.

연 합 고전적 조건형성에서 나오는 하나의 유용한 원리는 연합(association)이다. 우리는 좋은 경험들과 연합되어 있는 사람들을 좋아하게 되고 나쁜 경험들과 연합되어 있는 사람들을 싫어하게 된다. 보다 더 상세한 분석들이 Clore와 Byrne(1974)에 의해서 제안된 "강화－감정"모형(reinforcement－affect model)과 Cramer 등(1985)에 의해서 제안된 "강화－맥락"모형(reinforcement－context model)속에서 제시되어 있다.

이 효과에 관한 하나의 증명은 May와 Hamilton(1980)의 연구에서 나온다. 그들은 대인매력에 미치는 불쾌한 배경음악 대 유쾌한 배경음악의 영향에 관심을 두었다. 그들은 먼저 어느 형태의 음악을 여대생들이 가장 많이 좋아하고(로큰롤 음악) 가장 적게 좋아하는가(전위파 고전음악)를 알아보았다. 그 다음에, 그들은 다른 여대생들에게 낯선 남자들의 사진들을 평정시켰다. 여대생들이 자신의 평정을 행하는 동안에, 그들은 로큰롤 음악이나, 전위파 고전음악을 들었거나, 아무런 음악을 듣지 않았다. 그 결과들은 분명했다. 여대생들은 자기의 사진들이 싫어하는 음악과 연합되었을 때에 사진 속의 남자들을 가장 호감이 적게 평정했고 즐거운 음악과 연합되었을 때에 가장 호감이 많게 평정했다. 이 아이디어는 어떤 사람에 대한 호감이 그 사람과 인위적으로 연합되었던 사상들에 대한 조건형성된 정서반응에 의해서 영향받을 수 있다는 것이다.

이러한 연합의 개념은 중요하다. 그러나, 사람들에게서 자주 일어나는 바와 같이, 이것의 실제의 사실성과 단순성이 우리로 하여금 때로는 이것의 효과를 역으로 만들 수 있는 다른 과정들을 간과하도록 만들게 해서는 안 될 것이다. 예컨대, 당신과 함께 매우 고통스럽거나 긴장되는 시간을 보냈던 어떤 사람은 설사 연합에 의해서 그 사람이 아주 비참한 것을 생각나게끔 만들지라도, 친한 친구로 될 수 있다. 예컨대, Kenrick과 Johnson(1979)은 피험자들을 매우 불쾌하고 예측불가능한 큰 소음이 터져 나오는 상황에 두었다. 설사 피험자들이 이 경험을 몹시 싫어했을지라도, 그들의 서로에 대한 호감은 증가되었다. 때로는 공통적인 고통은 교우관계의 기초를 형성하는 일체감을 일으킨다.

강 화 학습이론에서 나오는 하나의 기본원리는 강화(reinforcement)이다. 우리는 어떤 식으로 우리에게 보수를 주는 사람들을 좋아한다. 보수의 한 가지 중요한 형태는 사회적 인정이며, 많은 연구들은 우리가 자신을 긍정적으로 평가하는 사람들을 좋아하는 경향이 있다는 것을 보여 왔다. 한 실험(Aronson과 Linder, 1965)에서, 피험자들은 마치 다른 피험자인 것처럼 행동하게끔 만든 한 명의 실험협조자와 일련의 짧은 상호작용을 하게 되었다. 각 상호작용 후에 피험자는 실험협조자와 실험자 사이의 면접을 엿듣게 되었는데, 그 때에 실험협조자는 피험자에 대한 자신의 인상을 말했다.

한 조건에서, 실험협조자는 매우 칭찬하는 말을 하고 처음부터 자기가 그 피험자를 좋아했다고 말했다. 그는 각각의 면접 후에 계속해서 피험자에 대해 좋게 말했다. 다른 조건에서, 실험협조자는 비평적이었다. 그는 자기가 그 피험자를 많이 좋아하는지 확실하지 않다고 말했고 그에 관해서 꽤 부정적으로 기술했다. 그는 계속해서, 전 과정을 통해서 부정적으로 말했다. 그 다음에, 피험자들은 자신이 그 실험협조자를 얼마만큼 좋아하는지를 질문받았다. 그 결과들은 예상된 대로, 피험자들이 실험협조자의 평가가 부정적이었을 경우보다도 긍정적이었을 경우에 그를 유의하게 더 좋아했다는 것을 나타냈다.

사회적 교환 이 관점은 우리의 타인에 대한 호감이 타인이 우리에게 제공하는 부담들과 이익들에 대한 우리의 평가에 기초되어 있다고 제안한다. 사회적 교환이론(social exchange theory)에 의하면, 우리는 자신과 타인과의 상호작용이 이익이 있을 것이라고 지각할 때, 즉 그 관계에서 우리가 얻는 보수들이 부담들을 능가할 때에 타인을 좋아한다. 따라서 우리는 철수가 재미있고 익살맞으며, 그가 지각적으로 둔하다는 사실을 간과하고 있기 때문에 그를 좋아할 수 있다. 사회적 교환이론은 또한 우리가 다른 사람에게서 얻는 이익에 비해서 어떤 사람에게서 얻는 이익을 평가하면서 비교판단들을 행한다는 것을 강조한다(사회적 교환이론에 관한 보다 더 상세한 논의는 7장을 참조하라).

이러한 일반원리들을 염두에 두고서, 이제 우리는 대인매력에 영향을 주는 보다 더 특수한 요인들에 관한 연구들을 살펴보자. 호감의 강력한 결정요인들은 근접성, 친숙성, 타인의 개인적 특징들, 유사성 등이다. 우리가 이들 중요한 요인들의 각각을 논의할 때, 우리는 또한 가끔의 예외들, 즉 일반적 패턴과는 다른 특수한 케이스들을 지적할 것이다.

낯선이들의 만남과 평가: 물리적 근접성, 친숙성 및 정서상태

현재 지구상에서 살고 있는 50억 이상의 사람들 중에서, 어떤 한 개인은 아마 그들 중의 매우 작은 비율과 상대할 것이다. 이러한 작은 표본 중에서, 잠재적인 친구들, 적들 및 애인들은 수천명이 될 것이다. 그렇지만, 우리는 어떤 특정의 시점에서 단지 소수의 사람들과 정서적으로 유의미한 관계들을 형성하는 경향이 있다. 사회심리학자들에 대해서, 두 가지 의문들이 많은 연구들의 핵심이 되어 왔다: 즉 ① 어떤 근거에서 우리는 우리의 사회적 세계를 관리가능한 아는이들의 숫자로 좁히게 되는가와 ② 어떤 근거에서 우리는 그들의 각각을 사랑에서 미움에 이르는 매력연속선상에 두게 되는가이다. 타인들을 알게 되는 첫 단계들 중의 몇 개는 타인들의 특수한 특징들이나 우리의 특수한 특징들과 거의 또는 전혀 관계가 없다. 두 사람은 그들이 단순한 물리적 근접성을 통해서 함께 접촉하게 될 경우에 그리고 따라서 서로간에 친숙성을 경험하게 될 경우에, 그리고 각자가 그 당시에 부정적 감정보다도 긍정적 감정을 경험하고 있을 경우에, 좋아하고 친해지게 되기 쉽다.

근 접 성

아마 두 사람이 친구로 되는 여부에 대한 가장 좋은 단일 예언요인은 그들이 얼마나 떨어져 살고 있는가이다. 만일 그들 중에서 한 사람은 브라질에서 그리고 다른 사람은 중국에서 살고 있다면, 그들이 친구로 되지 못할 것이 거의 뻔하다. 만일 한 사람은 강릉시에서 다른 사람은 목포시에서 살고 있다면, 또는 설사 두 사람이 같은 시의 반대쪽에서 살고 있다고 하더라도, 그들이 친구로 될 가능성은 적다. 실제로, 만일 두 사람이 같은 도시 내에서 10구간만 떨어져 살고 있더라도 그들이 서로 이웃집에 살고 있을 때보다도 친구로 될 가능성이 훨씬 더 줄어든다. 근접성은 대인매력에서 하나의 강력한 압력이다.

연구의 발견들 오래 전에, Whyte(1956)는 파크 휘리스트라는 미국의 교외 주택지역에서 교우패턴을 연구했다. 거의 모든 사람들이 거의 동일한 시기에 이 지역으로 이사왔다. 모든 주택들이 비슷했기 때문에 입주자들은 자기 집과 이웃을 아주 상당히 우연적으로 선택하게 되었다. "더 나은" 지역도 없었고, 더 싼 집도 없었다. 마치 한 큰 집단의 사람들을 각 주택에 무작위적으로 배정한 것과 거의 비슷했다.

Whyte는 지방신문의 사교란을 읽으면서, 입주자들의 사교활동들을 주의깊게 점검했다. 갓난아기 탄생 축하파티에 참석한 거의 모든 사람들이 서로 몇 구간 내에서 살았고, 한 구간 내에 살고 있는 거의 모든 사람들이 참석했다. 이와 동일한 현상이 구역의 다른 지역에서의 주말의 바베큐(불고기 통구이)파티에서 있었다. 전 구역에서, 서로 가깝게 살지 않는 사람이 친구로 되는 일은 실제로 없었다. 이와 비슷하게, 서로 가깝게 살고 있는 대부분의 사람들이 친구로 되었다.

이와 동일한 근접성효과가 아파트건물들과 기숙사들에서 소규모적으로 일어났다. Festinger 등(1950)의 연구는 웨스트게이트 웨스트라는 큰 복합 아파트촌에서 교우패턴을 연구했다. 이 아파트촌은 각 동에 10가구(한 층에 다섯 가구)가 있는 17개의 별개의 2층 건물들로 이루어져 있었다. 설계도가 도 8-1에 제시되어 있다.

아파트들은 거의 동일했다. 더욱 중요하게, 주민들은 자신이 어느 집에 살 것인가를 선택하지 않았다. 그들은 아파트가 비었을 때에 아파트를 배정받았다. 다시 말하면, 파크

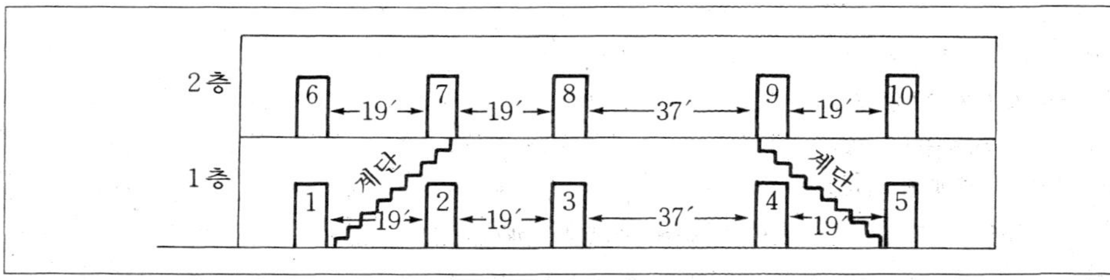

도 8−1. 웨스트게이트 웨스트 지역 아파트의 투시도. 주택개발에 들어 있는 모든 건물들은 동일한 설계이다. 이 연구에서, 기능적 거리는 단순히 살고 있는 두 사람 사이에 떨어져 있는 문의 수로서 정의되었으며, 피트로 측정된 거리상의 차이는 무시되었다.(Festinger 등, 1950에서 개작됨.)

훠리스트처럼 웨스트게이트는 주민들이 무작위적으로 한 조건에 배정된 현장실험에 가까운 조건이 되었다.

모든 주민들이 "웨스트게이트 웨스트에 살고 있는 사람들 중에서 사교상으로 가장 자주 만나는 세 사람은 누구입니까?"라는 질문을 받았다. 그 결과가 도 8−2에 도표형태로 제시되어 있다. 주민들이 그들의 이웃집 사람들과 가장 친밀하게 지내고 있음이 분명하다.

동일한 층에 살고 있는 사람들(위의 선)은 2문이 떨어져 있는 이웃보다도 바로 옆의 문의 이웃을 더 빈번하게 언급했고, 2문이 떨어진 이웃을 층의 다른 끝에서 살고 있는 사람보다도 더 빈번하게 언급했다. 옆의 문의 이웃들 가운데에서 41%가 선택된 반면에, 2문이 떨어진 이웃은 22%였고, 층의 다른 끝의 이웃은 10%에 불과하였다. 실제로, 집들간의 물리적 거리는 매우 작았다. 이웃 문에 살고 있는 사람들은 5.7m 떨어져 있으며(두 개의 중간 아파트의 경우에는 9.6m), 한 층에 있는 두 아파트간의 최대 거리는 다만 26.4m에 불과했다. 그러나 이러한 거리들, 즉 걷는 시간이 몇 초 더 걸리는 것이 교우관계들을 결정짓는 데에 중요한 요인이었다.

이에 더해서, 다른 층들에 살고 있는 사람들(도표 아래 점선)은 같은 층에 살고 있는

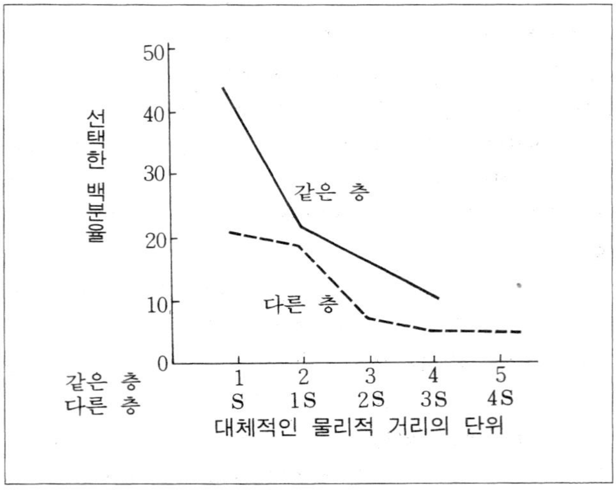

도 8−2. 기능적 거리와 호감간의 관계. 같은 층과 다른 층에 있는 사람들 사이의 거리는 교우관계 패턴과 밀접하게 관련되어 있었다. 즉 두 사람이 가까이 살수록 그들이 친구로 될 가능성이 더 많았다. 다른 층에 사는 것은(아래의 선) 기능적 거리가 증가되었기 때문에 친구관계의 가능성을 감소시켰다.(Festinger 등, 1950에서 개작됨).

사람들보다도, 비록 그들 사이의 물리적 거리가 대체로 동일했을 때에라도, 훨씬 덜 친구가 되었다. 이것은 아마 동일한 층의 복도로 걸어가는 것보다도 계단을 오르내리는 것이 더 노력이 들기 때문이었을 것이다. 따라서, 다른 층들에 있는 사람들은 어떤 의미에서는 동일한 층에 있는 사람들보다도 더 멀리 떨어져 있는 셈이다. 이 연구자들은 이것을 기능적 거리(functional distance)라고 일컬었다. 이 용어는 사람들이 만나게 될 확률은 아파트 건물의 설계 더하기 실제의 거리에 의해서 결정된다는 것을 뜻한다. 물리적 거리나 기능적 거리에 의해 측정되었을 때, 사람들이 더 가깝게 살수록 그들이 친구로 될 가능성이 더 많다.

근접성효과에 대한 또 다른 증명은 메릴랜드주 경찰관 훈련학교에서 실시된 연구에서 나온다(Segal, 1974). 훈련생들은 알파벳 순서로 그들의 성(姓)에 의해서 기숙사의 방들과 교실들에서의 좌석들을 배정받았다. 따라서, 성이 알파벳에서 가까울수록 교실 안팎에서 근접해서 시간을 보낼 가능성이 더 컸다.

6개월 후에 각 훈련생은 부대 내에서 가장 친한 친구 3명의 이름을 쓰라고 요구받았다. 놀라울 정도로, 훈련생들의 친구는 알파벳에서 자기에게 가까운 이름을 가진 사람임이 드러났다. 평균적으로, 각 사람이 친구로 선택받는 것은 알파벳상에서 선택자에게서부터 4.5철자만 떨어져 있었다. 따라서 방과 좌석을 가깝게 배정받았다는 단순한 사실은 모든 다른 훈련생들을 아주 잘 알게끔 되는 집중적인 훈련기간에도 불구하고, 교우선택을 좌우했다.

근접성효과들에 대한 설명 근접성효과는 대인매력에서 중요한 많은 요인들을 내포하고 있다. 첫째로, 근접성은 대개 친숙성을 증가시킨다. 우리는 이웃집 사람을 길 건너집 사람보다도 더 자주 본다. 이러한 반복된 접촉은 그 자체로서 호감을 증진시킬 수 있다. 둘째로, 근접성은 흔히 유사성과 연관되어 있다. 비록 파크 훠리스트 지역의 주민들이 자신의 이웃들을 선택하지는 않았지만, 그 지역에서 살기로 작정했던 사람들은 공통점들을 갖고서 시작한 경향이 있었다. 그들은 모두 좋은 집을 마련하기에 충분한 돈을 가졌고, 교외지역에서 살기를 원하는 것 등으로 비슷한 점들이 있었다. 시간이 흐름에 따라, 파크 훠리스트 지역의 주민들은 그들이 이웃 동네의 말썽꾼 10대들에 관해서 수군대

이 기숙사들의 난간에서의 사교생활은 기능적 거리의 중요성을 보여 주고 있다. 비록 이 방들의 입구가 서로 매우 멀리 떨어져 있지만, 테라스들은 사람들을 서로 가깝게 만들고 교우관계를 형성하게끔 해 준다.

거나 길거리의 패인 구덩이에 관해서 불평을 하게 될 때, 다른 공통된 관심사들을 갖게 되었다. 다시 말하면, 우리는 흔히 우리와 비슷한 사람들과 함께 살고 일하는 것을 택하며, 우리의 지리적 근접성은 우리의 유사성들을 더욱 증가시킨다.

세번째 요인은 물리적으로 가까운 사람들이 멀리있는 사람들보다도 더 사용가능하다는 것이다. 분명히, 우리는 자기가 알지 못하는 어떤 사람을 좋아하거나 친구로 삼을 수가 없다. 우리는 우리가 알고 있는 사람들 중에서 친구를 고른다. 가까이 있는 사람들의 손쉬운 사용가능성은 또한 사회적 교환이론에 의해서 강조되는 상호작용의 보수들과 부담들의 균형에 영향을 준다. 이웃집 사람과 잡담을 나누거나 공항까지의 버스편을 묻는 것은 거의 노력이 들지 않는다. 설사 이웃집 친구가 약간만 유쾌하더라도, 우리는 그 친구를 "값싸게" 친구로 삼을 수 있고 따라서 이익이 된다는 것을 발견할 수 있다. 이와는 반대로, 원거리의 관계들은 시간, 계획 및 금전을 요한다. 친한 친구들이 이사를 갈 때, 그들은 정규적으로 만나자고 다짐한다. 그러나 대부분은 자기들의 접촉이 이따금의 생일날 축하전화나 크리스마스 카드로 국한되게 됨을 깨닫게 된다.

근접성효과에 대한 네번째의 설명은 인지적 일관성에 기초되어 있다. 우리가 싫어하는 어떤 사람의 옆에서 살거나 일하는 것은 심리적으로 고통스러우며, 따라서 우리는 자신이 어울리는 사람들을 좋아하려는 인지적 압력을 느낀다. 이러한 한 이론이 Heider (1958)에 의해서 제안되었다. 그는 **단위관계들**(unit relations)과 **감정관계들**(sentiment relations) 사이를 구별했다. "함께 소속되는" 사람이나 대상들은 하나의 단위를 이룬다. 대개의 사람들은 나를 나의 고양이, 나의 차, 나의 누나 및 나의 방친구와 어떤 단위관계를 갖고 있는 것으로서 지각할 것이다. 근접성은 단위관계들의 일반적인 기초가 된다. 감정관계들은 감정들, 즉 개인과 타인 사이의 호감이나 오감을 포함한다. 나는 나의 누나나 나의 방 친구를 좋아하는가? Heider의 **균형이론**(balance theory)의 기본 아이디어는 우리는 자신의 감정관계와 단위관계 사이의 균형을 유지시키려고 노력한다는 것이다. 보다 더 특수하게 말한다면, 우리는 자신과 연결되어 있는 사람들을 좋아하고, 자신이 좋아하는 사람과의 근접성을 추구하는 동기가 있다.

단위관계들과 감정관계들을 균형시키려는 욕망은 언제 호감에 영향을 주는가? 가장 분명한 케이스는 우리가 자신이 싫어하고 있는 어떤 사람과 단위관계 속에 있을 때이다. 이렇게 되면, 우리의 정적 단위관계는 우리의 부적 감정관계에 의해서 불균형되게 된다. 당신이 대학의 기숙사에서 배정받은 자신의 방친구를 만나보고서, 즉각적으로 그 사람이 싫게 느껴졌다고 가정하자. 당신의 단위관계와 감정관계를 균형시키려는 노력에서, 당신은 두 가지 선택지가 있다. 당신은 가능한 한 그 방친구를 피하고 다른 방으로 이사가려고 노력할 수 있다. 그렇지 않으면, 당신은 그 방친구를 재평가해서, 어떤 좋은 측면들을 찾고, 갈등들을 피하고, 그 상황에서 최선을 다하려고 노력할 수 있다.

이 문제는 결국 이들 두 관계들, 즉, 단위관계와 감정관계 중의 어느 것을 당신이 변화시킬 수 있는가로 귀착되게 된다. 때로는 단위관계를 깨버리기가 거의 불가능하다. 당신의 기숙사 사감은 당신이 학기가 끝나기 전에는 방친구들을 바꿀 수 없다고 주장한다. 따라서 당신은 자신의 호감을 증가시키려는 압력을 느끼게 된다.

Tyler와 Sears(1977)는 이 효과를 실험적으로 증명했다. 이 연구에서 여대생들은 먼저 매우 불쾌한 사람을 만났다. 이 사람(실제로는 실험협조자)은 피험자의 이름을 잊어버리고, 껌을 짝짝 씹고, 피험자의 얼굴에 담배연기를 뿜고, 피험자가 정신나간 소리를 한다고 주장하고, 말할 때에 피험자를 쳐다보지도 않았다. 이러한 것은 부적인 감정관계를 확립시키기 위해서 수행되었다. 그 다음에, 실험자는 피험자에게 이 불쾌한 인물과 또 다른 40분간을 토의하면서 보내거나(불쾌한 인물과의 단위관계를 형성시킴), 자신이 다른 어떤 사람과 40분간을 토의하면서 보낼 것이라는 지시를 주었다. 끝으로, 피험자를 별도의 방으로 데리고 가서 질문지에 응답하도록 했는데, 그 가운데에는 피험자가 그 실험협조자를 얼마나 좋아했는가를 묻는 문항이 있었다. 그 결과는 불쾌한 인물에 대한 호감이 상호작용의 예상에 의해 증가되었다는 것을 나타냈다.

다른 연구들도 또한 상호작용의 예상이 호감을 증가시킨다는 것을 보여 왔다. 한 연구(Berscheid 등, 1976)에서, 대학생들은 실험자가 자기들의 5주간에 걸친 전체 데이트 생활을 조직하도록 하는 데에 동의했다. 그 다음에 피험자들은 앞으로의 데이트상대와 데이트하지 않을 사람이라고 무작위적으로 구분된 여러 사람들에 대한 녹화테이프들을 제시받았다. 장차의 데이트상대들이 유의하게 더 많은 호감을 받았다. 보다 더 일반적으로 말하면, 만일 우리가 자신이 장차 어떤 사람과 상호작용하게 된다는 것을 안다면, 우리는 그 사람의 긍정적 특성들을 과장하고 부정적 특성들을 무시하거나 최소화시키는 경향이 있다. 인지적 균형의 욕구는 우리로 하여금 매우 근접해 있는 자신의 이웃들, 방친구들 및 기타 인물들을 좋아하게끔 동기화시킨다.

물론, 근접성-호감 간의 연결에는 예외들이 있다. 때로는 아무리 많은 인지적 재평가들이라도 우리의 직장의 건방진 비서가 정말로 상냥하다든가, 우리의 선머슴애 같은 여동생이 정말로 작은 천사라고 우리를 납득시키지는 못할 것이다. 근접성은 관여된 사람들이 유사한 태도들과 목표들을 갖고 있을 때에 매력을 증진시킬 가능성이 가장 크다. 정말로, 사람들간에 시초의 적대감이나 갈등이 있을 때, 근접성과 접촉의 증가는 실제로 부적 감정들을 강화시킬 것이다.

연구들은 유사성, 친숙성 및 근접성이 대인매력에서 강력한 힘들이 된다는 것을 증명해 왔다. 대인매력의 과정들에 관한 완전한 설명을 하기 위해서, 우리는 이러한 패턴들에 대한 여러 가지 예외들을 지적해 왔다. 그러나 이러한 사소한 예외들이 관여된 일반원리들의 중요성을 흐리게끔 만들어서는 안 된다.

이들 요인들은 호감의 원인들이 될 뿐만 아니라, 동시에 결과들이 된다. 근접성은 호감을 일으키지만, 일단 우리가 어떤 사람을 좋아한다면, 우리는 흔히 자신이 앞으로 그 사람의 곁에 있게 될 것을 보장하는 조치들을 취한다. 대학 신입생 때의 기숙사 방친구들은 우연하게 서로 함께 입주하게 되었을 수 있다. 그러나 만일 그들의 근접성이 교우관계를 일으킨다면, 그들은 아마 그 이듬해에는 서로 함께 지내게 되도록 요청하게 될 것이다. 유사성도 또한 똑같은 식으로 작용할 수 있다. 유사성은 시초에 두 사람이 함께 있게끔 만들 수 있지만, 그들의 교우관계가 계속되고 그들이 생각들과 경험들을 함께 갖게 됨에 따라, 그들은 그러한 친밀한 관계 때문에 보다 더 유사해지게 되는 경향이 있다. 유사성은 호감의 원인인 동시에 결과가 된다.

친 숙 성

호감의 두번째 요인은 친숙성이다. 예컨대, 파리 주민들의 에펠탑에 대한 반응을 고려해 보자. 탑이 처음 건립되었을 때, 그들은 이것이 그들의 아름다운 도시의 풍치에 대한 끔직스러운 먹칠이라고 간주했고 격분했다. 오늘날, 그 탑은 사랑받는 기념물이 되었고, 파리를 상징하게끔 되었다. 친숙성은 건축물들에 대해서 뿐만 아니라 보다 더 중요하게 사람들에 대해서도 호감을 일으킬 수 있다.

단순 접촉효과 친숙성은 대인매력에서 하나의 중요한 요인이다. 그저 자주 접촉하게 되는 것은 타인에 대한 우리의 호감을 증가시킬 수 있다. 이러한 **단순접촉효과**(mere exposure effect)는 Zajonc과 그의 동료들(Moreland와 Zajonc, 1982 : Zajonc, 1968)에 의해서 증명되어 왔다. 한 연구에서, Zajonc은 대학생들에게 안면사진들을 보여 주었다. 어떤 사진들은 25회나 제시되었고 어떤 사진들은 단 한 번이나 두 번 제시되었다. 그 다음에, 피험자들은 사진 속의 각 인물에 대해 자신이 얼마만큼 좋아했고 앞으로 얼마만큼 좋아할 것이라고 생각했는가를 표시했다.

그 결과들이 도 8-3에 제시되어 있다. 피험자들이 안면을 더 자주 보았을수록 그들은 그것을 좋아했고 앞으로 좋아할 것 같다고 더 많이 대답했다. 이와 동일한 결과가 실제의 사람들에 대한 반복 접촉에 대해서도 발견되어 왔다(Saegert 등, 1973).

친숙성효과에 관한 또 다른 재간있는 증명에는 자기 자신의 얼굴에 대한 사람들의 반응이 포함되어 있다. 얼굴들은 완전하게 대칭이 아니다. 예컨대, 우리의 왼쪽 눈은 오른쪽 눈보다 약간 더 높이 있거나, 우리의 미소는 약간 비뚤어져 보이고, 머리털은 왼쪽으로 빗기보다도 오른쪽으로 빗는 등으로 되어 있다. 우리의 친구들은 외부 관찰자에게 보이고 있는 우리의 얼굴을 보고 있다. 그러나, 우리 자신은 상이한 얼굴, 즉 우리의 친구들이 보고 있는 얼굴의 거울상을 보고 있다. 거울 속에서는 오른쪽 눈이 더 높이 있

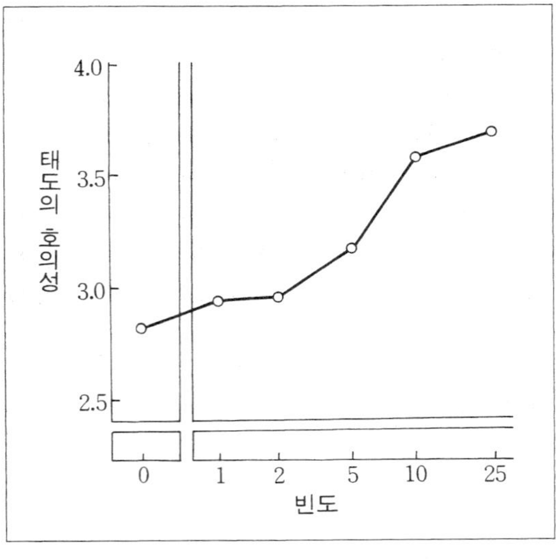

도 8-3. 접촉빈도와 호감의 관계. 피험자들에게 여러 안면사진들을 보여 주었고, 각 사진의 제시회수가 변화되었다. 피험자들이 특정 사진을 더 자주 보았을수록 그들은 사진의 인물을 더 많이 좋아한다고 말했다.(Zajonc, 1968에서 개작됨.)

고, 머리의 가르마는 왼쪽에 있는 식으로 보인다.

단순접촉가설에 의하면, 우리의 친구들은 그들이 습관적으로 취해 온 조망에서 본 우리의 얼굴을 더 좋아하지만, 우리는 자신의 거울상을 더 좋아할 것이다. Mita 등(1977)은 바로 이것을 증명했다. 그들은 여대생들의 사진을 찍고서, 그 다음에 이 사진들을 그녀들과 그녀들의 친구들에게 제시했다. 어떤 사진들은 진짜 현상판이었고, 다른 사진들은 역의 음화(陰畫)에서 만들어진 것(우리가 바로 거울에서 보고 있는 모습)이었다. 여학생들 자신은 거울상을 더 좋아했다(각각 32% 대 68%로). 그러나, 그녀들의 친구들은 진짜 현상판을 더 좋아했다(각각 39% 대 61%로). 따라서 각자는 자기가 가장 자주 보아 온 얼굴을 가장 좋아했다.

친숙성효과들에 대한 설명 그러면, 친숙성이 왜 호감을 증가시키는가? 접촉의 반복은 분명히 어떤 사람들에 대한 우리의 인식을 증진시켜 주며, 이것은 그들을 좋아하게 되는 것에 대해 도움이 되는 첫 단계가 될 것이다. 사람들이 더욱 친숙해짐에 따라, 그들은 또한 더 예언가능하게 된다. 우리의 아파트 건물에서 우리가 새로운 이웃을 더 많이 볼수록, 우리는 그 사람에 관해서 더 많이 알게 되고 그 사람이 엘리베이터와 공동세탁장에서 어떻게 행동할 것인가를 더 잘 예언할 수 있다. 그 결과로, 우리는 그 사람이 있을 때에 더 마음 편하게 느끼게 된다.

사람들이 더욱 친숙해짐에 따라, 우리는 또한 그들이 우리 자신과 더 유사할 것이라고 가정할 수 있다. 최근의 연구에서 Moreland와 Zajonc(1982)은 대학생들에게 4주에 걸쳐서 일 주에 한 번씩 남자대학생의 사진을 보여 주었다. 어떤 사람들은 동일한 남자의 사진을 매주 보았고, 다른 사람들은 매주 상이한 사진을 보았다. 피험자들은 또한 다양한 문제들에 대한 자기 자신의 태도들을 나타내고, 사진 속의 인물의 태도들을 추측하도록 요구받았다. 반복된 접촉으로, 피험자들은 사진 속의 인물을 자신과 더 유사한 것으로서 그리고 이전보다도 더 호감이 가는 것으로서 평정하게 되었다.

단순접촉의 한계들 예상될 수 있는 바와 같이, 단순접촉효과에도 한계점들이 있다. 접촉은 시초에 유쾌하거나 적어도 중성적인 사람이나 대상에 대해서 호감을 증가시키는

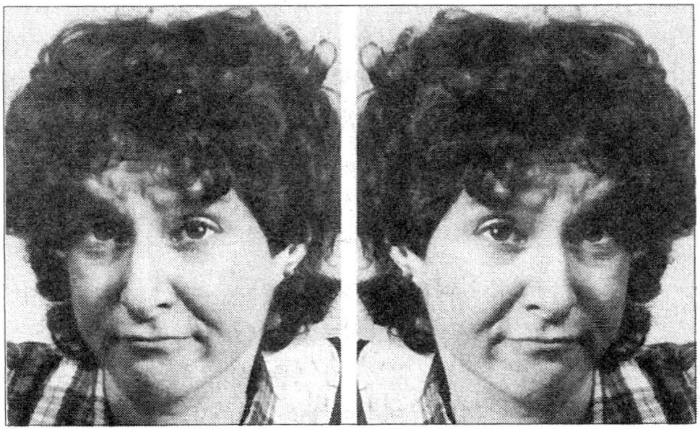

사람의 얼굴이 완전하게 대칭적이지는 않기 때문에, 우리가 거울 속에서 자신의 얼굴을 보는 양식은 타인들이 상호작용 동안에 우리를 보는 양식과는 미묘하게 다르다. 왼쪽 사진은 그녀의 친구들이 그녀를 보는 모습을 보여 주고 있다. 오른쪽 사진은 "거꾸로 된 상"으로서, 그녀 자신에게 보이는 모습이다. 연구는 사람들 자신이 가장 자주 보았던 얼굴 모습을 가장 좋아한다는 것을 나타낸다.

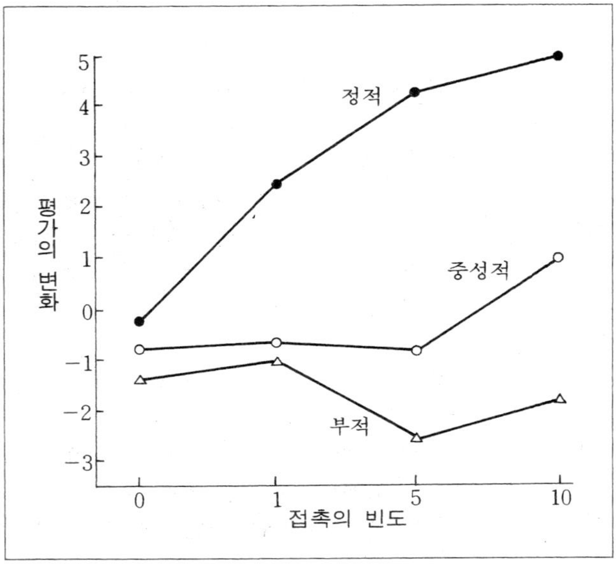

도 8−4. 접촉빈도와 사진내용(정적 · 중성적 · 부적)의 함수로서, 자극 인물들에 대한 평가의 평균 변화. 정적 점수들은 평가에서 정적인 변화를 나타낸다.(Perlman 과 Oskamp, 1971 에서 개작됨.)

데에 가장 효과적이었지만, 강하게 부정적인 것들에 대해서는 그렇지 않았다. 바로 이 점을 예시하기 위해서, Zajonc 은 수갑을 차고 있는 어떤 특정의 남자를 반복해서 보는 것에 관한 예를 인용했다. 잠시 후에 우리는 그가 정말로 죄수라는 점을 확신하게 된다. Perlman 과 Oskamp(1971)는 자극인물의 사진을 정적으로(과학자들로서)나, 중성적으로(스포츠 샤쓰를 입은)나, 부적으로(경찰수배인물로서) 제시하면서 이러한 생각을 검증했다. 그들은 정적이거나 중성적 사진들에 대한 접촉의 반복이 호감을 증가시켰으나, 부적 사진들에 대해서는 아무런 효과가 없었음을 발견했다. 이 결과가 도 8−4에 제시되어 있다.

친숙성−호감 간의 연결에 대한 또 다른 예외는 두 사람이 갈등을 일으키는 흥미나, 욕구나, 성격을 가지고 있을 때에 생기게 된다. 그들이 서로 거의 마주치는 일이 없는 한 갈등은 적게 될 것이다. 그들은 서로 특별히 좋아하지 않을 수 있으나, 서로 싫어할 이유는 거의 없다. 그러나, 접촉이 증가되게 되면 갈등은 확대되고 심화된다. 이러한 경우들에서, 그들은 때로는 더 빈번한 접촉의 결과로 서로 더욱 싫어하게 될 수 있다.

세번째의 한계는 다량의 반복이 지루함과 포만을 일으킨다는 것이다. 아마 사람들과 상황에 따라, 호감을 최대화시키는 어떤 최적수준의 접촉이 있을 것이다. 정치에 대한 이 사실의 한 적용 예를 보기 위해서는 특별논의 8−1를 참조하라.

특별논의 8−1. 정치적 광고: 단순 접촉이 작용하는가?

단순접촉원리의 한 가지 적용은 정치적 광고이다. 매년 수백만 달러가 유권자들에게 영향주고자 하는 정치적 유세에 소비되고 있다. 더 많은 돈을 가진 후보들은 분명히 더 많은 광고를 할 수 있지만, 이러한 접촉의 증가가 실제로 더 많은 유권자들을 끌어들이게끔 만드는가?

Grush 등(1978)은 정치광고들이 한정된 조건들, 즉 많은 후보자들이 있을 때(따라서 유권자들은 광고가 없이는 어느 한 후보를 알기가 곤란할 것이다), 일반적으로 높은 접촉이 있을 때(모든 후보자들이 많은 광고를 하는), 그리고 후보자들이 이전에 알려져 있지 않을 때(따라서 후보자들은 과잉접촉되지 않고 있다)에만 효과가 있다고 제안했다. 다른 조건들에서, 이 연구자들은 투표가 후보자들이 유세가 시작되기 이전에 얼마나 널리 알려져 있는가에 의해서 영향받게 되고, 유권자들에게 이미 친숙한 사무실 보유자들에게 유리할 것이라고 예언했다.

이러한 예언들을 검증하기 위해서, 그들은 1972년의 미국 상원과 하원에 대한 일차선거들을 연구했다. 그들의 모든 예언들이 확증되었다. 입후보자들이 광고에 소비한 돈의 액수는 현재 주요한 주의 공직에 있지 못한, 알려져 있지 않은 후보들과의 경쟁들과 모든 후보자들이 광고에 상당한 돈을 소비할 때만이 성공의 가장 좋은 예언요인이 되었다. 그러나, 이들 조건들은 드물었으며, 특이한 모든 선거들 중의 단지 19% 만을 설명했다.

대부분의 경우들에서, 선거성공의 가장 좋은 예언요인은 현직 재직, 높은 가시성있는 사무실을 보유하는 것, 또는 저명한 이름을 갖는 것에 기초된 당선자의 유세 전의 가시성(visibility)이었다. 실생활의 정치에서 광고에 의한 단순접촉의 이익들은 한정되어 있다.

감정상태: 정서들의 역할

일상생활에서의 긍정적 및 부정적 사건들은 개인의 기분에 강하게 영향줄 수 있다(Stone과 Neale, 1984). 그 다음에, 기분은 매력을 포함해서 타인들에 대한 반응들에 영향을 준다. 감정(affect)이라는 용어는 정서들이나 기분들을 일컫는다.

정서들과 매력　실험들은 긍정적 감정들이 낯선이들에 대한 대인매력을 증가시키는 반면에 부정적 감정들이 매력을 감소시킨다는 것을 확립시켜 왔다. 심지어 라디오나 TV 상에서의 좋은 뉴스나 나쁜 뉴스도 감정들에 영향을 준다. 대인매력이 뉴스에 의해서 영향받을 것이라는 가설을 검증하기 위해서, Veitch와 Griffitt(1976)는 피험자들에게 "실험이 시작되기를 기다리는" 동안에 뉴스를 듣게끔 만들었다. 피험자들이 들었던 것은 실제로는 좋거나 나쁜 일련의 가짜의 뉴스보도들을 싣고 있는 카세트 녹음이었다. 그 직후에, 피험자들은 어떤 낯선이에 관한 정보를 제시받았고 자신이 그 사람에 대해 어떻게 느끼는가를 나타냈다. 예언된 대로, 좋은 뉴스는 어떤 긍정적 정서반응을 일으켰으며, 이 방송을 들었던 피험자들은 나쁜 뉴스를 들었고 부정적 정서들을 경험했던 피험자들보다 낯선이를 더 좋아했다. 다른 연구는 이러한 발견을 확증시켜 왔다(Kaplan, 1981).

뉴스가 방송되는 어떤 것이 아니라 당신이 타인에 관해서 갖고 있는 정보인 경우에는 어떠할 것인가? 어떤 사람이 어떤 시험이나 콘테스트에서 실패했다는 것을 당신이 전달할 경우에 당신은 어떻게 느끼게 되는가? 일반적으로, 사람들은 타인들에게 나쁜 뉴스를 전하는 것을 꺼려하며, 이러한 경향은 **침묵효과**(mum effect)라고 일컬어지고 있다. 때로는 나쁜 뉴스는 단순하게 전달되지 않거나, 이것이 덜 부정적으로 여겨지게끔 만들기 위해서 왜곡되게 된다. 우리는 부정적 정보가 부정적 감정들을 유발시키고 우리가 그것을 전할 경우에 호감을 덜 받게 될 것이라는 것을 알고 있다. 이러한 반응이 극단적으로 되어서, 고대의 임금들은 나쁜 뉴스를 전했던 사자(使者)를 처형하기까지 했다.

침묵효과에 관한 하나의 검증에서, Bond와 Anderson(1987)은 대학생들에게 다른 학생에게 그 학생의 지능검사에 대한 성공이나 실패에 관한 정보를 알려 주는 과제를 주었다. 더 나아가서, 절반의 피험자들은 낯선이가 일방향거울을 통해서 자기 자신을 볼 수 있다고 믿게끔 만들어졌다. 도 8-5에서 보이는 바와 같이 피험자들이 자신이 관찰되고 있다고 생각했을 때, 이것은 그들에게 좋은 뉴스를 전하는 것보다 나쁜 뉴스를 전하는 것에 약 두 배 가량 더 걸리게끔 만들었다. 이러한 차이는 낯선이가 그들을 볼 수가 없었을 때에는 사라졌다. 이 연구자들은 침묵효과가 나쁜 뉴스를 전하는 데 대한 개인적 불쾌나 수신자에 대한 감정이입의 느낌들 때문이 아니라, 오히려 각 개인이 타인들로부터의 어떤 긍정적 반응을 원하기 때문에 일어난다고 결론지었다. 따라서 나쁜 뉴스를 익명적으로 전하는 데에는 아무런 문제가 없지만, 수신자가 그 불쾌한 정보를 전해 주는 것이 누구라는 것을 알수 있을 때에는 그렇게 하는 것에 대한 꺼려함이 있다.

많은 상이한 조작들이 긍정적이거나 부정적 정서들을 유발시키기 위해서 사용되어 왔으며, 매력에 대한 영향은 각각의 경우에서 동일하다. 그 예들에는 무덥고 불쾌하게 습기가 찬 방에 의해서 유발된 부정적 감정들(Griffit, 1970)과 행복 대 비극 영화들이 있다(Gouaux, 1971). 기분들은 또한 음악에 의해서 영향받는다. 앞에서 이미 소개되었던 한

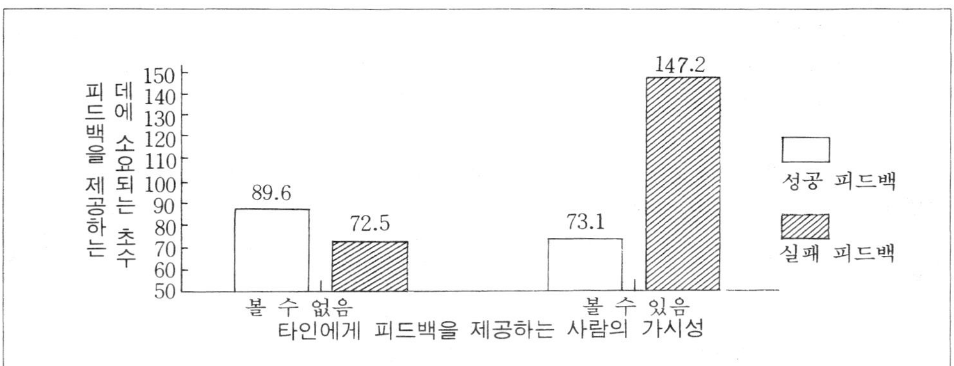

도 8-5. 나쁜 뉴스에 대해 침묵을 지키는 것. 침묵효과는 나쁜 뉴스를 전하는 데에 있어서 사람들이 느끼는 일반적 꺼려함을 기술한다. 피험자들이 실험공모자에게 그 사람이 어떤 지능검사에서 최고점이나 하위 20%의 점수를 받았다는 것을 알려 주도록 지시받았던 실험에서, 좋은 뉴스는 피험자가 실험공모자의 눈에 뜨일 수 있었을 때에 나쁜 뉴스보다 훨씬 더 빨리 전달되었다. 분명히, 사람들은 상대방의 눈에 자신이 뜨일 수 있을 경우에는 그 낯선이에게 어떤 부정적 메시지를 전하는 것을 피하거나 연기시키기를 선호한다. 아무도 불쾌한 메시지에 의해서 유발된 부정적 감정들과 연관되게 되고 아마 이것 때문에 싫어함을 받게 되는 것을 원치 않는다.
자료원 : Bond와 Anderson(1987).

실험(May와 Hamilton, 1980)에서, 음악이 없는 조건의 피험자들에 비해서, 피험자들은 유쾌한 로큰롤 음악이 연주되고 있었을 때에 낯선이를 더 좋아했고 심지어 낯선이가 더 신체적으로 매력있다고 생각했으며, 불쾌한 고전음악을 들었던 피험자들에 대해서는 정반대이었다. 정서들의 근원이 무엇이건 간에, 일단 어떤 사람이 침울하게 느끼게 되면, 타인들은 또한 더 적은 호감을 받게 되고, 상이하게 지각되고(Swallow와 Kuiper, 1987), 부정적으로 평가받게 된다(Shapiro, 1988).

정서들은 대인적 평가들과 아울러 대인적 행동에 영향을 준다. 이러한 효과들이 Cunningham(1988)의 실험에서 증명되었다. 절반의 남자 피험자들은 행복하게 느끼도록 만들어졌고(희극 영화나 긍정적 평가에 의해서), 다른 절반은 슬프게 느끼게끔 만들어졌다(침울한 영화나 부정적 평가에 의해서). 그 다음에 대기실에서 다른 피험자라고 확인된 여자 실험협조자가 각각의 남자 피험자와 표준적인 방식으로 상대했다. 물론, 그녀는 그 남자가 방금 긍정적이거나 부정적 기분조작을 겪었는지를 알지 못했다. 긍정적 기분의 남자들은 부정적 기분의 남자들보다도 여자 낯선이와 더 많이 대화했고 자기 자신에 관해서 더 많이 개방했다. 다른 연구는 긍정적 감정(행복, 흥분, 호기심, 흥미 등)을 경험하는 사람이 부정적 감정을 경험할 때보다도 사회적 상호작용들에 참가하는 경향이 훨씬 더 많다는 것을 일정하게 보여 왔다(Clark과 Watson, 1988).

우리의 판단들과 행동이 우리의 기분들에 의해서 영향받을 뿐만 아니라, 또한 타인들의 정서상태들에 의해서도 영향받는다. 한 예로서, 의기소침한 사람들은 우리에게 부정적 감정들을 갖게끔 만들고, 따라서 우리는 그들을 덜 좋아한다(Winer 등, 1981). 대학생들은 의기소침하지 않은 한방 친구보다도 의기소침한 한방 친구를 더 배척하고, 싫어하고, 회피하는 경향이 있다(Burchill과 Stiles, 1988). 의기소침한 사람과의 상호작용들은 개인적인 것이고 비교적 그 분위기가 부정적이다. 다소 놀라웁게도, 이러한 상호작용들은 두 사람 모두에 대해서 보다 더 긍정적 기분을 일으키는데, 이는 아마 고통스러운 교환들이 "침울한 기분을 불식시키는 데에" 도움을 주고 그들에게 다른 방법을 통해 회피될 수 있었던 문제들을 취급하게끔 해 주기 때문일 것이다.

매력에 미치는 정서들의 영향의 설명 매력의 근거로서의 정서들에 관한 가장 그럴듯한 설명은 앞에서 제시되었던 조건형성을 포함하고 있다. 대인매력에 관한 한 이론인, **강화-감정모형**(reinforcement-affect model)에 의하면, 모든 호감들과 오감들은 정서반응들에 기초되어 있다(Clore와 Byrne, 1974). 가장 단순하고도 가장 분명한 수준에서 볼 때, 우리는 우리를 기분좋게 느끼게끔 만드는 모든 사람이나 모든 일을 좋아하고 우리를 기분 나쁘게끔 만드는 모든 사람이나 모든 일을 싫어한다.

이 모형의 다른 측면은 덜 분명하다. 도 8-6에서 보이는 바와 같이, 우리는 우리의 정서들을 유발시키는 데에 책임있는 사람이나 사건 뿐만 아니라 그러한 정서들에 단순하게 연관되어 있는 어떤 사람이나 어떤 것에 대해서도 또한 반응한다. 이러한 정서반응들의 조건형성은 당신이 자신이 라디오에서 좋은 뉴스를 듣고 있을 당시에 단순하게 존재하는 어떤 사람을 좋아하는 이유가 된다. 그 사람은 당신의 유쾌한 기분에 책임이 없었고, 뉴스 이야기가 책임이 있었다. 그럼에도 불구하고, 당신은 당신의 정서상태와 그 사람을 연합시키고 그 사람을 그에 따라 평가한다. 정서들의 조건형성과 매력에 대한 이것

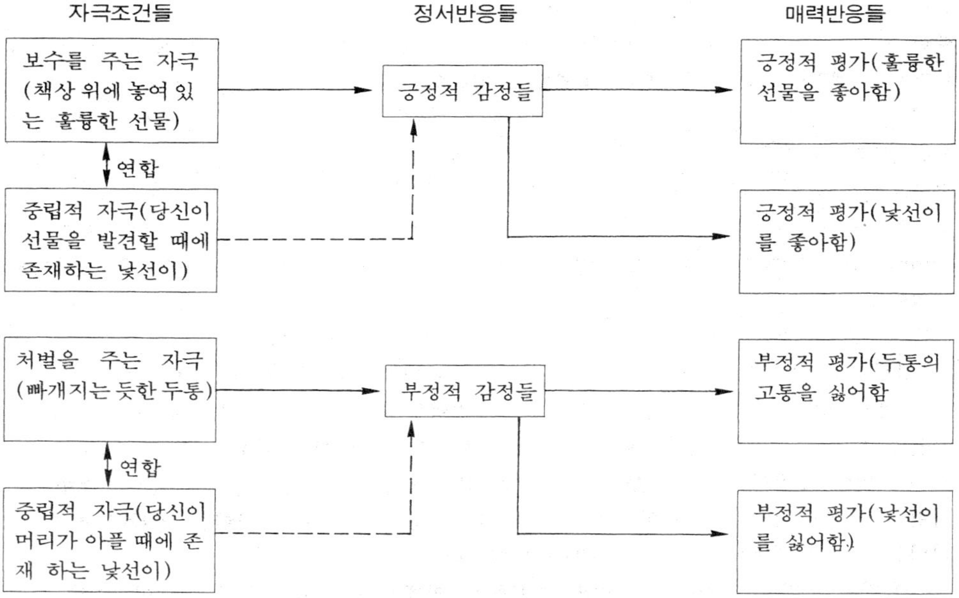

도 8-6. 강화-감정모형의 감정들에 기초된 매력의 설명. 강화-감정모형에 의하면, 호감들과 오감들은 긍정적 감정이나 부정적 감정이 유발되어 되어 있는 여부에 기초되어 있다. 우리는 우리의 긍정적 감정 때문에 모든 보수를 주는 자극들을 좋아하고, 우리의 부정적 감정 때문에 모든 처벌을 주는 자극들을 싫어한다. 어떤 낯선이(또는 어떤 다른 중립적 자극)가 동시에 존재할 때, 그 인물은 긍정적이거나 부정적 감정과 연합되게 된다. 이러한 조건형성은 긍정적 감정과 연합된 낯선이에 대한 호감과 부정적 감정과 연합된 낯선이에 대한 오감을 일으킨다.

의 영향은 수많은 실험실연구들에서 증명되어 왔다(Bleda, 1976; Byrne과 Clore, 1970; Singh, 1974).

감정반응들의 조건형성은 Rozin 등(1986)에 의해서 다소 상이한 맥락 속에서 연구되었다. 이 연구자들은 어떤 중립적 대상과 어떤 매우 긍정적이거나 매우 부정적인 대상 사이의 매우 짧은 접촉이라도 그 중립적 대상 쪽으로의 정서반응의 전이를 일으킬 것이라고 지적한다. 예컨대, 어떤 싫어하는 인물이 착용했던 세탁된 샤쓰는 어떤 좋아하는 인물이 착용했던 세탁된 샤쓰보다도 덜 바람직스럽다고 평정되었다. 비록 두 개의 샤쓰들이 실제로 차이가 없을지라도, 학습된 연합들에 기초되어서 하나는 긍정적 평가반응을 일으켰고 다른 것은 부정적 평가반응을 일으켰다.

낯선이들이 친한 아는 이들로 바뀌게끔 만드는 요인들

만일 두 사람이 근접성(그리고 친숙성)에 의해 함께 접촉하게 되고, 만일 이들 두 사람이 비교적 긍정적 정서들을 경험하고 있다면, 이들은 친한 아는이들로 될 수 있는 어면 전환점상에 있게 된다. 아는 관계(acquaintanceship)는 서로를 알아보고, 친한 대화를 행하고, 서로의 이름을 알고 있는 것을 포함한다. 두 가지 부가적 요인들이 이 지점에서 특히 중요하게 되는데, 이것들은 개인의 친화욕구와 개인적 특징들(즉, 신체적 특징들과 성격특징들)이다.

친화욕구: 성향적 차이들과 외부적 영향들

조사들은 사람들이 새로운 친구들을 만들고, 기존의 친구들과 함께 시간을 보내고, 그들이 가깝게 느끼는 사람들과 개인적 감정들을 함께 나누는 것이 매우 중요하다고 생각한다는 것을 나타낸다(Research and Forcast, Inc, 1981). Wright(1984)는 사람들이 즐거운 교우관계들을 확립시키려는 내재적 동기를 갖고 있다고 제안해 왔다.

친화욕구들의 생물학적 근거를 확증하는 최근의 증거는 침팬지들과 꼬리있는 작은 원숭이들에 관한 연구들에 의해서 제공되고 있다(de Waal, 1989). 친구들을 만들고, 갈등들을 해소하고, 평화롭게 사는 경향성은 우리의 유전적 유산의 일부분인 것 같다. 많은 유인원들은 심지어 옛 친구들의 연결망들이나 숫놈들간의 동맹들을 형성하고, 지속적인 암수관계들을 확립시키고, 긍정적이고 친절한 유화적 행동을 통한 갈등들의 해소기법들을 발전시킨다.

비록 관계들을 형성하려는 욕망이 유전적 구조의 일부일 수 있을지라도, 사람들은 그들이 친절한 상호작용들을 행하려고 얼마나 강한 동기를 갖고 있는가에서 차이가 있다. 이러한 동기적 변인에 대한 용어는 **친화욕구**(need for affiliation)이다. 사람들은 한 연속선상에서 상이한 지점에 해당되어서, 한쪽 극단에는 자신의 시간의 대부분을 혼자서 지내는 것을 선호하는 사람들이 있고 반대쪽 극단에는 가능할 때에는 언제나 사회적으로 상호작용하기를 선호하는 사람들이 있다. 개인의 친화욕구가 강할수록, 그 사람은 어떤 낯선이와 긍정적으로 상호작용하는 것에 의해서 근접성이나 긍정적 정서들과 같은 요인들에 대해 더 많이 반응하게 될 것이다.

하나의 특성으로서의 친화욕구 Murray(1938)의 선구적 연구에서 시작되어서, 심리학자들은 친화욕구의 개인차들의 측정과 행동에 대한 이것의 영향을 알아내는 데에 관심을 기울여 왔다. 예컨대, 연구는 이 욕구가 높은 남자들이 비교적 자신감있고, 이 욕구가 낮은 남자들보다도 매력있는 여자들과 대화하는 데에 더 많은 시간을 보낸다는 것을 나타내 왔다(Crouse와 Mehrabian, 1977). 한 대학교 교실에서, 군집욕구차원상에서 높은 학생들은 이 차원에서 낮은 학생들보다도 한 학기 동안에 더 많은 친구들을 만들었다(Byrne과 Greendlinger, 1989).

최근에, 상이한 유형의 친화욕구들이 확인되어 왔다. 예컨대, McAdams와 Losoff(1984)는 **교우관계 동기**(friendship motivation), 즉 온정적 대인관계들을 확립시키려는 욕구에 초점을 두고 있다. 이러한 유형의 동기에서 높은 아동들은 자기의 친구들에 관해서 많이 알고 있고, 안정된 관계들을 갖고 있고, 자기의 교사에 의해서 친절하고 정있고 협동적이고 행복하고 인기있다고 평정받고 있다.

타인들과 상대하는 데 대한 욕구의 분석에서 더 진전해서, Hill(1987)은 군집적으로 되는 성향에 기저하는 4개의 기본동인들, 즉 **사회적 비교**(불확실감을 감소시키기 위해서 남들과 어울리는 것), **긍정적 자극**(타인들과의 재미있고 쾌활한 접촉을 원하는 것), **정서적 지원**(기분이 침울할 때에 타인들과 가까이 있는 것을 원하는 것) 및 **주목**(칭찬과 주목을 받음으로써 자기의 가치를 증가시키는 것)을 제안했다. Hill의 대인정향척도(Interpersonal Orientation Scale)는 이들 각각의 동인들을 측정한다(표 8-1 참조). 각 하위척도상의 개인의 점수에 따라, 친화적 행동이 다른 상황들보다도 어떤 상황들에서 일어나기가 더 쉬울 것이다. 정서적 지원 차원상에서 높은 사람들은 그들이 문제들에 당면하고 있을 때에 주로 타인들과 어울리는 것을 원할 것이며, 주목 차원상에서 높은 사람들은 자신의 진가를 이해해 주는 청중으로서의 역할을 해 줄 경우에만 타인들과 어울리는 것을 원할 것이다.

친화에 영향주는 사교기술들 사람들은 친화하고 교우관계들을 형성하려는 동기 뿐만 아니라 **사교기술들**(social skills)에서도 차이가 있다. 사교기술들이 가장 많은 사람들은 친절하다고 지각되며, 자기 자신을 좋게 생각하며, 쉽게 화를 내지 않으며, 타인들과 쉽게 대화한다(Reisman, 1984). 사교기술이 가장 적은 사람들은 불친절하다고 간주되며, 부정적 자기 이미지들을 갖고 있으며, 쉽게 화를 내며, 우연적 대화를 행하기가 어렵다.

어떤 사람들은 사교적으로 매우 능숙한 반면에 다른 사람들은 그렇지 못한 이유들이 무엇인가? 그 중의 하나로서 출생순이 한 역할을 한다. 첫번째 출생자들에 비해서, 동기들 중의 막내가 사교적으로 더 능숙하다는 것이 발견되고 있다(Ickes와 Turner, 1983). 더욱이, 더 나이먹은 이성의 동기를 갖고 있는 사람들이 이성의 멤버들과 가장 쉽게 상대한다. 따라서, 사람들은 자신의 동기들과의 상호작용을 통해서 타인들과 상대하는 방법을 맨 먼저 배운다.

대학생활의 첫 몇 주일이나 몇 개월은 친구들을 만들려는 사람들의 욕구들간의 차이들과 그렇게 하는 데 대한 그들의 성공을 연구하기 위한 특별히 결정적 시기를 제공해

표 8-1. 친화욕구의 4가지 유형. Hill의 대인정향척도는 4가지 유형의 친화동인들을 측정한다. 표본적 문항들은 사람들이 타인들과 함께 어울리는 것에 대한 상이한 이유들을 시사해 준다.

욕구의 유형	욕구를 측정하는 표본 검사문항들
사회적 비교	나 자신이 어떤 것을 얼마나 잘 행하고 있는가에 대해 확실하지 않을 때, 나는 대개 타인들과 나 자신을 비교할 수 있게끔 타인들의 주위에 있는 것을 좋아한다.
긍정적 자극	타인들의 주위에 있고 그들에 관해서 알아내는 것은 행할 수 있는 일이라고 내가 생각하는 가장 흥미있는 일들 중의 하나이다.
정서적 지원	일들이 난처해질 때에 나의 가장 큰 위안의 원천들 중의 하나는 타인들과 함께 있는 것이다.
주 목	나는 나 자신이 주목의 중심에 있게 될 때에 사람들이 주위에 있는 것을 좋아한다.

자료원 : Hill(1987).

준다. 평소에 매우 유능하고 매우 잘 기능하는 많은 학생들이 새로운 상황에서의 비성공적인 사회적 상호작용들 때문에, 고등학교와 그들의 옛 친구들을 떠난 후에 실망하고 불행감을 느낀다(Arkin 등, 1986). 많은 학생들에 대해 대학에서 사람들을 만나고 관계들을 확립시키는 과업은 그들이 국민학교에 입학한 이래로 당면하지 못했던 하나의 새롭고도 때로는 두려운 경험이다. 그 결과로 생기는 사회적 불안은 극히 혼란을 줄 수 있다.

Langston과 Cantor(1989)는 대학에서의 대인적 성공의 면에서 차이있는 학생들에 관한 하나의 종단적 연구를 수행했다. 그 목적은 어떤 학생들이 사회적으로 성공을 거두는 반면에 다른 학생들이 실패하게 되는 이유를 알아내는 것이었다. 이 연구자들은 결정적 변인들을 기술하는 한 모형을 제안했다(도 8-7 참조). 세 개의 과정들이 확인되었다. 첫째로, 개인은 과업평가를 실시한다. 대인적 실패쪽으로 진행된 사람들은 사회생활의 과업들을 위협을 주고 불안을 유발시킨다고 본다. 둘째로, 개인은 타인들을 대하기 위한 어떤 전략을 발전시켜야만 된다. 상황을 부정적으로 평가하고 불안을 느끼는 사람들은 사회적 상호작용들에서 부자연스럽고 보수적인 전략들을 발전시키는 경향이 더 많다. 예컨대, 어떤 새로 만난 사람과 이야기를 나눌 때에 이들은 상대방에 관한 질문들을 행하기는 하지만 자기 자신이나 자신의 의견에 관해서는 매우 적게 드러낸다(Thorne, 1987). 과업을 부정적으로 평가하고 부자연스러운 전략을 택하는 것의 최종적 결과는 사회적 관계들이 비성공적인 하나의 수행결과이다. 이들은 타인들이 자신을 숨기면서 안전제일로 행동하는 사람에 대해서 긍정적으로 반응하지 않기 때문에 성공을 거두지 못한다. 이와 정반대의

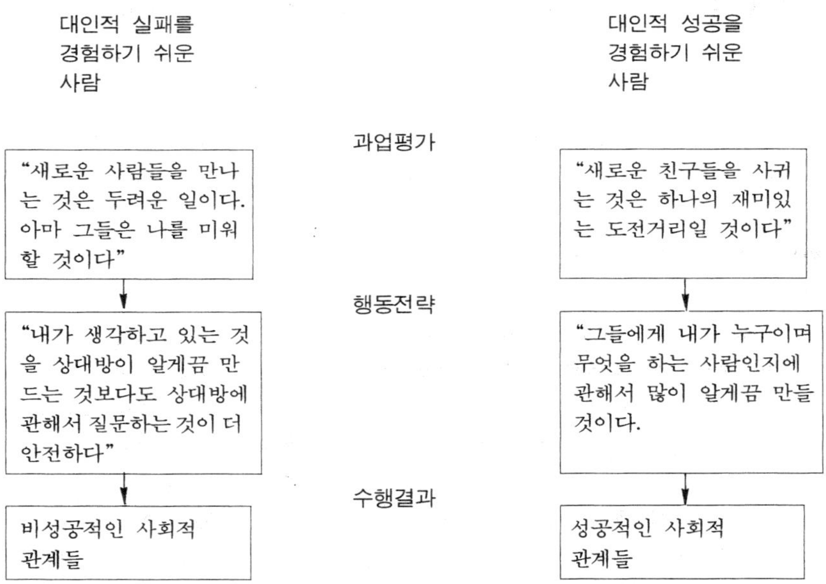

도 8-7. 사회적 성공과 실패. Langston과 Cantor(1989)에 의해서 개발된 이 사교기술모형은 과업평가, 행동전략 및 수행결과를 세 가지 기본요소들이라고 간주한다. 비성공적인 사회적 상호작용들은 위협의 지각과 불안감들에서 시작하며, 이것들은 부자연스럽고 보수적인 전략을 낳는다. 대인관계의 성공은 자신감과 친절하고 개방적인 전략에 기초되어 있다.

성공적인 대인관계적 패턴을 가진 사람들은 과업을 평가하는 데에 자신감을 갖고, 친절하고, 개방적이고 사교적인 전략을 택하며, 교우관계들을 확립시키는 것을 잘한다.

서로 알게 되는 과정의 하나의 잠재적으로 중요한 측면이 연구들의 관심을 거의 받아오지 못했다. 당신이 어떤 낯선이와 상대하는 것을 개시하고 싶을 때에 당신은 무엇을 말해야만 되는가? "개막대사들"(opening lines)의 여러 유형들과 이것들이 남자들과 여자들에 의해서 어떻게 지각되고 있는가에 관한 기술을 보기 위해서는 특별논의 8-2을 참조하라.

외부사건들에 의해서 친화욕구들이 유발되는 시기 비록 친화욕구들이 하나의 성향적 특징으로서 확인되어 왔을지라도, 외부사건들이 또한 사람들을 친화하게끔 동기화시킬 수 있다. 당신은 아마 낯선이들이 폭설의 스트레스나 종교적인 특별한 축제의 흥분이나 어떤 다른 비평상적인 사건과 같은 특이한 경험을 함께 하기 때문에 대화하기 시작하는 상황을 기억할 것이다.

1989년 10월의 미국의 캘리포니아지역에서의 지진에 대한 반응들은 이러한 현상의 많은 예들을 제공했다. 지진의 진원지 근처의 심한 타격을 입은 로스게이토스읍의 한 주민은 다음과 같이 썼다.

> 지진이 끝난 후에 흥분과 실의의 어떤 생소한 느낌들의 혼합이 있었다. 동네 사람들이 잔디밭 위에서의 즉흥적 파티에 모여들었다. 우리는 무서운 여진들을 이겨내야만 되었고 우리가 구조할 수 없었던 사랑하는 사람들이 무사할 것이라고 서로 안심시켰다. 우리의 몸은 별 일이 없었지만, 우리의 집의 내부는 깨진 유리창, 박살난 가구 및 불안정한 기둥들로 난장판이 되었다. 우리는 친구들처럼 단합했다(Humphriss, 1989, p. 121).

이러한 반응들의 심리적 기초가 Schachter(1959)에 의해서 확인되었는데, 그는 공포가 군집에 미치는 영향을 연구했다. 실험상황에서, 자신이 곧 고통스러운 전기쇼크들을

특별논의 8-2. 개막대사들

비록 남자들이 여자들보다 아직도 더 많이 하는 경향이 있을지라도, 이성의 어떤 멤버와의 대화를 개시함으로써 "첫번째 조치를 취하는 것"이 남자들이나 여자들에 대해 점점 더 바람직스러운 것으로 되어 왔다. 그러나, 무엇을 말하는가에 관해서 아무런 일반적 지침들이 없다. 근접성이 두 사람을 만나게끔 만들어 왔고, 정서들이 긍정적이고, 두 사람이 모두 친화욕구들을 갖고 있는 어떤 상황을 고려해 보자. 상대방 인물과 친해지게 되는 사교적으로 능숙한 방법은 무엇인가? TV연속코미디극들상에서 나이 어린 청소년들은 무엇을 말할 것인가에 대해서 고민하며, 영화들에서 재간있는 말들은 항상 상대방 인물의 주목을 끌고 관심을 일으킨다. 부가적으로 당신은 아마 어떤 모욕적인 개막대사("당신은 뚱뚱한 여자치고는 땀을 많이 흘리지는 않는군요")가 단지 배척만을 일으킬 것이라고 생각될 것이다.

Kleinke 등(1986)은 개막대사들이 어느 때인가는 그들 중의 한 명이 결혼 상대자로 될 수도 있는 잠재적 데이트상대들을 만나고 확보하는 개인의 기회들을 확장시키거나 감소시키는 데에 있어서 하나의 결정적 역할을 한다고 지적했다. "적합한" 접근은 어떤 관계의 시작을 일으킬 수 있으며, "잘못된" 접근은 하나의 사교적 재난이 될 수 있다.

이 연구자들은 어떤 종류의 대사들을 남자들과 여자들이 사용하며 타인들이 이러한 대사들에 대해 어떻게 반응하는가를 알아내기 위해서 몇 개의 회사의 직원들과 대학생들을 조사했다. 그 분석은 말들이 다음의 세 개의 범주들 속에 들어간다는 것을 나타냈다.

재빠르고 경박한 유형: (cute-flippant)	(남자들)	추우시죠? 몸을 좀 녹입시다.
	(여자들)	이 봐요, 멋진 차대를 소유하고 있군요. 엔진 뚜껑을 열어보아도 괜찮겠지요.
점잖은 유형: (innocuous)	(남자들)	고향이 어디십니까?
	(여자들)	지금 몇 시인가요?
직설 유형 (direct)	(남자들)	이 봐요, 나는 당신을 좋아합니다.
	(여자들)	나는 지금까지 나 자신을 소개할 만한 사람을 발견하지 못했어요. 나는 진정으로 당신을 알고 싶어요.

전체적으로, 가장 선호받은 대사들은 점잖거나 직설적인 것이었으며, 가장 적게 선호받은 대사들은 재빠르고 경박한 것들이었다. 약간의 성차들이 발견되었다. 여자들은 남자들보다 재빠르고 경박한 대사들에 대해 훨씬 더 부정적이고 점잖은 대사들에 더 긍정적인 경향이 있었다. 좋은 인상을 주기 위해서 재미있는 대사들을 만들려고 애쓰는 사람들은 대개 정반대의 효과를, 특히 표적이 여자일 때에 일으키는 것 같다.

특수한 상황이 또한 한 역할을 해서, 술집과 동전을 투입하는 세탁소가 매우 상이한 사회적 상황들을 나타낸다. 표 8-2는 남자들에 의해서 사용된 가장 좋은(훌륭하다에서 우수하다로 평정된) 몇 가지 대사들과 여러 상황들에서 가장 나쁜(나쁘다에서 형편없다고 평정된) 몇 가지 대사들을 보여 주고 있다. 표에서 보이는 바와 같이, 또다시 낯선이에 대한 재빠르고 경박한 말이 점잖거나 직설적 접근보다 훨씬 덜 매력적이라고 평정되고 있다.

이러한 발견들을 고려할 때, 매우 많은 사람들이 재빠르고 경박한 대사들을 사용하는 이유는 무엇인가? Kleinke와 그의 동료들은 그러한 대사들이 사람들이 배척을 두려워하면서 유머를 사용해서 자기 자신을 방어하기 때문에 보편적이라고 시사했다. 더욱이, 어떤 사람들은 단순히 나쁜 사교기술들을 갖고 있고 타인들이 어떻게 반응하는가를 눈치채지 못한다. 다른 요인은 재빠른 대사들이 가끔 성공을 거두는 것이다. 즉, 비록 대부분의 사람들은 그렇지 않을지라도, 매

표 8-2. 여러 상황들에서의 개막대사들의 유형의 효과들. 남자들이 자신이 알지 못하는 어떤 여자에게 대화를 개시하고 싶어할 때에 연구는 그들이 재빠르고 경박한 대사들을 피하고 점잖거나 직설적인 개막대사들을 사용해야만 된다는 것을 나타낸다. 여자들은 남자들보다도 재미있는 사람으로 보이려는 낯선이의 서투른 시도들을 평가하는 데에 있어서 더 부정적이다. 점잖거나 직설적 접근보다 훨씬 덜 매력적이라고 평정되고 있다.

상 황	가장 선호받은 개막대사들	가장 적게 선호받은 개막대사들
일반적 상황	여보세요.	당신 자리인가요, 내 자리인가요?
술 집	춤을 추시지 않겠어요.	당신과 누가 더 많이 마시는지 내기합시다.
식 당	나는 이전에 이 식당에 온 일이 없는데요, 좋은 메뉴가 있습니까?	나는 50년된 버찌라도 당신 만큼 달콤하지 않다고 생각합니다.
수퍼마켓	이 물건들을 차에 싣도록 도와 드릴까요?	당신은 정말로 그런 쓰레기 같은 것을 먹습니까?
동전 투입식 세탁소	기다리는 동안에 맥주나 커피를 마시고 싶지 않으세요.	저기에 있는 당신의 내복들이 예쁘군요.
해 변	플라스틱 원반 던지기를 하지 않겠어요?	당신의 혁대 자국들을 좀 봅시다.

자료원 : Kleinke 등(1986).

우 소수의 여자들이 "나는 마음이 편해요. 당신은 어떠세요?"와 같은 개막대사들을 좋아한다고 대답했다. 그 결과로, 만일 경박성이 자주 사용되었고 만일 사용자가 많은 배척에 개의치 않는다면, 이것이 부분적으로 강화받게 된다.

그럼에도 불구하고, 양성에 대해서 가장 안전한 전략은 점잖은 대사들을 사용하는 것이다. 이것은 이것들이 누구에게나 기분을 상하지 않게끔 만드는 경향이 있고 이것들이 또한 사용자를 배척으로부터 보호해 주기 때문이다. 가장 중요하게, 이떤 비위협적인 개시의 말은 낯선이가 긍정적으로 반응하게 될 가능성을 증가시킨다.

받게 될 것이라고 들었던 피험자들은 혼자 있기보다도 다른 피험자들과 함께 기다리는 것을 선호했다. 무섭지 않은 과제가 예상되었을 경우에, 피험자들은 혼자서 기다리는 것을 선호했거나 아무런 선호가 없었다. 공포나 불안이 타인들과 함께 있으려는 동기를 증가시키는 이유는 무엇인가?

그 후의 연구에 의해서 확증된 설명은 사람들이 상황에 관해서 이야기하고 자기들의 지각들을 비교하고 무엇을 할 것인가를 결정하기 위해서 타인들, 심지어 완전히 낯모르는 사람들을 찾는다는 것이다(Morris 등, 1976). 이러한 행동은 타인들의 반응들과 자신의 반응을 비교함으로써 우리가 생각하고 행하는 것을 평가하는 일반적 경향성인 사회비교과정(social comparison process)의 한 예이다(7장 참조). 이러한 비교들은 불확실감과 불안을 감소시킨다(Suls와 Fletcher, 1983: Rofe, 1984).

몇몇 상황들에서 닥쳐오는 어떤 경험에 대해 두려워하는 사람은 이미 그러한 절차를 겪어 왔고 "실상을 알고 있는" 어떤 사람으로부터 가장 많은 정보를 얻을 수 있다. 여기에서, 군집은 자기와 마찬가지로 무서워하고 잘 알지 못하는 타인들과의 사회적 비교를 행하려는 욕망보다도 무엇이 일어날 것인가에 관해서 정확한 지식을 얻으려는 욕구에 의해서 동기화될 수 있다. 이러한 상황은 어떤 환자가 치료를 받기 시작하는 병원상황에서 흔히 일어난다. 그 사람은 치료를 기다리고 있는 다른 환자와 함께 있는 것을 원할 것인가, 아니면 이미 치료를 받았던 환자와 함께 있는 것을 원할 것인가?

이러한 의문에 답변하기 위해서, Kulik과 Mahler(1989)는 처음으로 관상동맥 바이패스 수술을 받게 되는 환자들의 군집선호들을 연구했다. 계획된 수술의 이틀 전에, 각 피험자는 면접받았고 입원실에서 함께 있고 싶은 환자들에 관해서 질문받았다. 이 환자는 장차 동일한 수술을 받게 될 다른 환자의 방이나, 그 수술에서 회복하고 있는 환자의 방에 함께 있는 것을 원할 것인가, 아니면 아무런 선호가 없을 것인가? 도 8-8이 보이는 바와 같이, 이 연구자들은 이들 환자들의 대다수가 수술을 이미 받았던 환자의 방에 함께 있기를 매우 원했다는 것을 발견했다. 제시된 자료로부터, 당신은 이들 환자들이 무

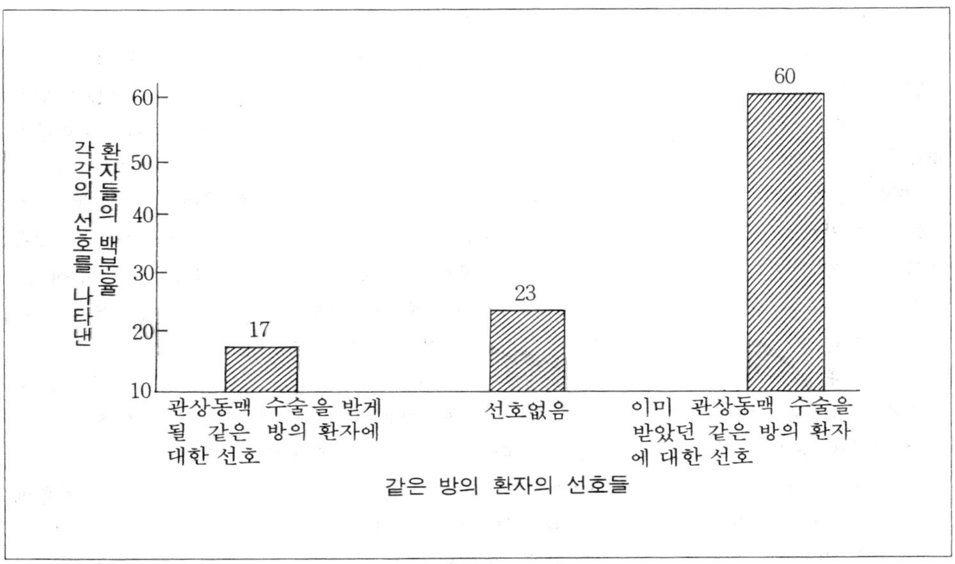

도 8-8. 정보를 획득하는 한 수단으로서의 스트레스하에서의 군집. 스트레스를 주는 상황들에서 군집하려는 욕망은 그 스트레스를 감소시키는 데에 도움이 될 정보에 대한 필요에 일부 기초되어 있다. 관상동맥 수술을 받게 될 환자들에서, 아직 수술을 받지 않은 한방 환자보다도 이미 그 경험을 겪은 한방 환자를 배정받으려는 강력한 선호가 있었다.
자료원: Kulik과 Machler(1989).

서운 수술에 관해서 잘 알고 있는 사람과 함께 있는 것에 대한 압도적 선호들을 갖고 있다는 것을 알 수 있다. 관찰된 한 남자는 다음과 같이 자신의 반응을 설명했다: "당신은 이미 수술을 받았던 사람과 이야기하고 싶을 것이다…. 의사들은 전문적 사항들에 관해서 알기는 하지만 전혀 고통을 느끼지 못한다"(Kulik과 Mahler, 1989, p. 188).

신체특징들: 외면에 의한 판단들

우리는 "아름다움이 단지 피부의 얇은 깊이만을 갖고 있다"는 것을 배워 왔고, 확실히 우리는 외모에 기초된 고정관념들에 반응하는 것이 무의미하다는 것을 알고 있다. 그럼에도 불구하고, 대인적 접촉의 초기단계들에서, 대부분의 사람들은 아름다움에 관한 긍정적 고정관념들(Albright 등, 1988), 신체적 결함들에 관한 고정관념들(Fichten과 Amsel, 1986) 및 많은 관찰가능한 다른 특징들에 관한 수많은 다른 편견들에 기초해서 행동한다. 비록 그러한 판단들이 타인들에 관한 어떤 유의미한 것을 예언하는 데에 무가치하기 쉬울지라도, 낯선이들은 피부색깔, 연령, 성별, 신장, 체중, 억양, 머리색깔 등 때문에 수용되게 되거나 거부되게 된다(Perdue와 Gurtman, 1990). 비록 이 절에서 우리가 신체적 매력의 영향들에 관한 연구들을 요약하게 될지라도, 우리는 먼저 다른 신체적 속성들이 또한 매력에 어떻게 영향주는가를 먼저 기술할 것이다.

낯선이들의 피상적 측면들에 대한 반응 단지 개인의 외부적 외모의 몇몇 무관련한 측면들 때문에 어떤 사람을 좋아하거나 싫어하는 것이 보편적이다.

외부특징들에 대한 주목은 **인지적 등한시**(cognitive neglect)라고 알려진 하나의 일반적 선별반응의 일부분이다. Rodin(1987)에 의하면, 우리가 자신이 알지 못하는 사람들과 함께 있게 될 때에 우리는 두 부분 과정에 들어간다. 우리는 먼저 "부적합한" 모든 사람들을 배제시킨다. 이런 식으로 분류된 사람은 누구나간에 주목되지 않으며 그 후에 기억되지도 않는다. 예컨대, 실험들은 대학생들이 노인들과 중년인들을 등한시하고, 남자들이 매력없는 여자들을 등한시하고, 중년인들이 젊다고 지각되는 사람들을 등한시한다는 것을 보인다. 만일 어떤 사람이 우리의 준거들에 부합되지 못한다면, 그 사람은 쉽게 눈에 뜨이지 않게 된다. 관찰가능한 특징들에 기초된 이러한 배제과정 이후에, 비로소 우리가 나머지 사람들 중에서 누구를 좋아할 것인지를 결정하는 것이 일어나게 된다. 인지적 등한시는 우리에게 어떤 아는 사람이나 친구로서 받아들일 수 없는 사람을 제거시키게끔 해줌으로써 시간을 절약해 준다. 이것은 또한 만일 우리가 어떤 사람을 알기 위해서 시간을 썼더라면 호감을 가졌을 수도 있는 사람들을 고려에서 배제시킨다.

사람들이 반응하는 하나의 관찰가능한 특징은 체격이다. 남자들과 여자들이 체형에 근거해서 어떻게 고정관념화시키는가에 관한 하나의 흥미있는 연구에서, Ryckman과 그의 동료들(1989)은 대학생 피험자들에게 **체형들**(somatotypes)에 관한 정보를 제시했다. 이전에 매우 인기있었던 이러한 분류체계는 사람들을 세 가지 주요 신체적 범주들로 분류한다(Sheldon 등, 1940). 간단히 말해서, **내배엽형들**은 뚱뚱하고 살쪄있으며, **중배엽형들**은 근육적이고 **외배엽형들**은 호리호리하고 말라 있다. 피험자들은 각각의 신체적 기술들에 해당되는 남자들과 여자들의 성격들을 평정하도록 요구받았다. 예상된 대로, 평정치들은 체격에 의해서 강력하게 영향받았다. 내배엽형들은 가장 적은 친구들을 갖고 있고 많은 놀림을 받고 있고 또한 게으르고, 병약하고, 추하고, 단정치 못하고, 슬프고, 더럽고, 느리다고 지각되었다. 중배엽형들은 가장 덜 친절하고 지적이지만 많은 친구들을 갖고 있고 건강하고 용감하고, 잘생겼다고 기술되었다. 외배엽형들은 많은 특성들상에서 중간에 해당된다고 판단되는 경향이 있었지만 이들 호리호리한 사람들은 또한 가장 두려움이 많고 지적이고 말쑥하다고 간주되었다.

비록 이들 대학생들이 마치 자기들이 할 수 있다고 분명하게 반응했을지라도, 우리가 단지 개인의 체격을 앎으로써 지능, 용감성, 친절성 또는 기타 특징들을 예측할 수가 없다는 것을 염두하라. 이러한 신념들은 단지 고정관념들을 나타낸다. 이러한 고정관념들 때문에, 만일 당신이 친구들을 삼고 좋은 첫인상을 조성하고 싶어한다면, 내배엽형보다도 중배엽형으로 태어나는 것이 분명히 유리하다.

외현적 행동도 또한 타인들이 판단되는, 그러나 부당하게 판단되는 단서들을 제공한다. 연구자들은 비교적 복종적으로 행동하는 남자들보다도 지배적인 양식으로 행동하는 남자들이 더 호감을 받는다는 것을 반복해서 발견해 왔다(Sadalla 등, 1987). 따라서 만일 어떤 남자가 제스처들을 많이 사용하고, 강한 테니스 서브를 먹이고, 경쟁적이고 권위적이라면, 이 사람은 아래를 쳐다보고, 동의하면서 자신의 머리를 끄덕이고, 이기기보다도 재미로 테니스를 치고, 어떤 강력한 상대에 의해서 쩔쩔매고 있는 사람보다도 더 선호받게 된다. 이에 비해서, 어떤 여자 낯선이에 대한 매력은 그녀가 얼마나 지배적인가에 의해 영향받지는 않는다. 다른 연구에서, 남자들은 외향적이고 표현적인 양식으로 행동했을 경우에 호감을 받은 반면에, 여자들은 안면적으로 표현적이었을 경우에 좋은 인상을 받았다(Riggio와 Friedman, 1986).

외현적 행동이 쉽게 변경될 수 있을 때, 사람들은 좋은 인상을 일으키는 양식으로 행동하는 경향이 있다. 예컨대, 남자들과 여자들은 그들이 혼자 있거나 동성의 동반자와 함께 있을 때보다도 이성의 인물이 있을 때에 더 적게 먹는다(Pliner와 Chaiken, 1990). 양성은 많이 먹는 것이 사회적으로 바람직스럽지 못하다고 가정하며, 여자들은 또한 자기들이 소량의 식사를 먹을 경우에 보다 더 여성적으로 보이게 된다고 믿는다. 사람들은 심지어 타인들의 음성의 높이에도 반응한다. 이러한 경향은 어떤 단일 문화에 국한되어 있지 않아서, Montepare와 Zebrowitz-McArthur(1987)의 연구는 한국과 아울러 미국의 대학생들에서 어린애같은 목소리가 비교적 약하고 무능하고 온정적이라고 평정되었다는 것을 보였다.

신체적 매력의 영향 비록 남자들이 여자들보다 외모에 더 반응적일지라도(Feingold, 1989, 1990), 남자들과 아울러 여자들은 매력에 의해서 강력하게 영향받는다(Cash Killcullen, 1985; Folkes, 1982; Hatfield와 Sprecher, 1986). 매력성효과는 대학교의 댄스파티들에서부터 상업적 데이트서비스들에 이르기까지의 상황들에서 발견되어 왔다(Green 등, 1984). 매력적인 사람들은 많은 다른 긍정적 성질들을 갖고 있다고 가정되고 있다(Calvert, 1988). 양성은 매력있는 사람들이 매력없는 사람들보다도 더 침착하고, 흥미있고, 사교적이고, 독립적이고, 지배적이고, 흥취를 돋구고, 성적이고, 지적이고, 잘 적응되어 있고, 사교적으로 능숙하고, 성공적이라고 믿는다(Brigham, 1980; Feingold, 1990; Hassebrauck, 1988; Moore

등, 1987). 잘 생긴 남자들은 더 남성적이라고 지각되며, 아름다운 여자들은 매력이 적은 여자들보다도 더 여성적이라고 지각된다(Gillen, 1981). Smeaton(1990)은 여자 낯선이들의 매력도와 남자들이 그들의 성적인 바람직스러움과 잠재적 데이트상대나 배우자로서 어떻게 평정하는가 사이에 극히 높은 상관들을 발견했다.

소수의 부정적 가정들이 또한 훌륭하게 생긴 사람들에 대해서 이루어지고 있다. 다른 여자들에 비해서, 매력적인 여자들은 더 허영심이 강하고, 더 물질주의적이고, 자기 남편에 대해 덜 성실하다고 판단되고 있다(Cash와 Duncan, 1984). 비록 매력성이 남자 정치가들에 대해서 하나의 플러스가 될지라도, 여자 정치가들에 대해서는 아마 여성성이 선출된 공직자들에 대해 적절하다고 간주되지 않기 때문에, 하나의 자산이 되지 못한다(Sigelman 등, 1986). 매력성은 지위와 성공을 낳는다고 가정되고 있으며, 사람들은 이러한 보상들이 개인이 이것들을 쟁취하기 때문이 아니라 외모에 근거해서 단순하게 주어질 것이라고 생각한다(Kalick, 1988).

그렇지만, 매력성은 주로 하나의 긍정적 속성이다. 당신은 외모가 데이트시절 동안에만 중요하다고 생각할 수도 있겠지만, 이것은 그렇지 않다. 심지어 신생아들이라도 그들이 매력이 없기보다도 매력이 있을 경우에 더 사교적이라는 등으로 평정받고 있다(Karraker 등, 1987). 더욱이, 매력성과 바람직스러운 성격특성들을 연관시키는 고정관념들이 60세 내지 93세 노인들에 대한 평정치들에서도 또한 발견되고 있다(Johnson과 Pittenger, 1984). 결국, 출생시부터 노년에 이르기까지 작용되고 있는, 매력성을 유리하게끔 만드는 어떤 편향이 있다. 얼굴의 매력성이 적어도 초기 아동기에서부터 10대 말까지, 하나의 안정된 특징이라는 것이 또한 사실이다(Pittenger 등, 1989).

매력있는 사람들이 흔히 긍정적 측면들에서 보이게 되는 이유는 무엇인가? Dion과 Dion(1987)은 이러한 고정관념들이 일반적인 공정한 세상에 대한 믿음(belief in a just world), 즉 사람들이 자신이 받아마땅한 것을 받으며 그들이 자신이 받는 것에 대해 받을 만한 가치가 있다는 가정에 기초되어 있다고 제안한다. 하나의 가정된 결과는 "훌륭한" 사람들이 좋은 외모들을 부여받고 있는 반면에, "나쁜" 사람들이 그렇지 못하다는 것이다. 그들은 어떤 사람이 공정한 세상을 더 강하게 믿을수록, 그 사람이 매력있는 사람들이 긍정적 특성들을 소유하고 있으며 인생에서 잘할 것이라고 더 많이 믿고 있다는 것을 발견했다.

우리는 신체적 외모가 우리들의 사회에서 높은 가치를 받고 있다는 것을 알고 있지만, 매우 매력적인 사람들이 그들의 행동상에서 타인들과 실제로 차이가 있는가? 실제에 있어서, 매력적인 사람들은 사교기술들과 인기도의 측면을 제외하고서 그들의 생김새에 연관된 고정관념들과 합치되지 않는다(Feingold, 1990). 아마 대부분의 사람들이 잘생긴 사람들에 대해 긍정적으로 반응하기 때문에, 매력있는 남자들과 여자들은 매력이 적은 사람들보다도 이성과 데이트상대와 잘 상대하고 있는 것으로 발견되게 될 것이다(Reis 등, 1980). 그들은 또한 대인관계적으로 잘 적응한다(O'Grady, 1989). 놀라웁게도, 자존심은 가장 매력적인 사람들에서 일관성있게 높지는 않은데(Maruyama와 Miller, 1981), 이것은 아마 이들이 자신이 자신의 실제적 가치보다도 단지 자신의 외모 때문에 흔히 보수받고 있다고 생각하기 때문일 것이다(Major 등, 1984).

신체적 매력을 결정짓는 요인들 비록 특정의 시대의 특정의 문화 내에서 무엇이 매력성을 이루는가에 대해 일반적 일치가 있을지라도(Banner, 1983), 우리들의 대부분은 그 요소들이 무엇인가를 정확하게 말하기가 곤란하다. 우리는 단지 그 요소를 두 눈으로 볼 때에만 비로소 깨달을 뿐이다.

몇몇 연구자들은 이것보다 더 정확하게 세부사항들을 규명하려고 노력해 왔다. 예컨대, Cunningham(1986)은 대학 연감들에 들어 있는 여학생들과 미스 유니버스 참가자들의 사진들을 모아서, 남자대학생들에게 그들의 매력성을 평정하도록 요구했다. 피험자들은 두 개의 얼굴형들을 가장 매력있다고 평정했다. 한편으로, 남자들은 크고 넓게 떨어진 두 눈, 작은 코 및 작은 턱을 포함해서 아동과 같은 특징들에 긍정적으로 반응했다. 다른 한편으로, 남자들은 또한 두드러진 광대뼈들, 좁은 뺨, 높은 눈썹 및 큰 미소와 같은 성숙한 특징들을 지닌 여자들에 대해 높은 평정치를 부여했다. 이들 동일한 두 개의 얼굴형들이 흑인, 동양인 및 백인 여자들에 대해서 매력있다고 지각되었다. 다른 연구에서의 한 가지 흥미있는 발견은 남자들보다도 여자들의 매력도를 평정하는 데에 있어서 더 큰 일치가 있다는 것인데, 이것은 일부 동성애적인 남자들과 이성애적인 남자들이 남성의 매력도에 대한 그들의 판단에서 차이가 있기 때문일 수 있다(Donovan 등, 1989). 동성애적인 여자들과 이성애적인 여자들이 여성의 매력도를 다르게 평정하는지는 아직 연구되지 않아 왔다.

안면상의 외모 이외에도, 여자들은 그들이 중간 크기의 유방을 갖고 있고(Kleinke와 Staneski, 1980) 뚱뚱하지 않을 경우에(Franzoi와 Herzog, 1987), 가장 매력있다고 평정되고 있다. 얼굴이 매우 매력있지만 신체가 그렇지 못한 여자는 전반적 매력도가 낮게 평정받고 있으며, 신체는 매력있지만 얼굴이 그렇지 못한 여자는 꽤 높은 전반적 매력도 평정치들을 받고 있다(Alicke 등, 1986). 남자들은 그들이 날씬한 다리와 허리, 넓은 어깨, 그리고 작은 궁둥이의 체격을 갖고 있고(Lavrakas, 1975), 비만하지 않을 경우에(Harris 등, 1982), 매력있다고 지각되고 있다.

남자의 신장은 다양한 대인적 상황들에서 중요하다. 키가 더 큰 남자들이 취업 응시자들로서(예: Feldman, 1975), 그리고 관리자 피훈련생들로서(Farb, 1978) 선호받고 있다. 데이트상대를 구하는 개인광고란에서 광고할 때에 키가 크다는 것을 지적하는 남자들이 그렇지 않은 남자들보다도 여자들로부터 더 많은 편지를 받는다(Lynn과 Shurgot, 1984). 어린이들까지도, 키가 큰 소년들이 키가 작은 소년들보다 더 유능하다고 평정받고 있다(Eisenberg 등, 1984).

최근까지, 여자의 신장의 영향들에 관해서 덜 알려져 있다. Sheppard와 Strathman(1989)은 키가 작은 것이 남자들에 대해 키가 큰 것과 같이 여자들에 대해서 긍정적이라는 가설을 검증했다. 이전의 연구들(예: Gillis와 Avis, 1980)과 비슷하게, 이 연구자들은 95%의 여자들이 자기 자신보다 더 큰 남자와 데이트하는 것을 선호한 반면에, 80%의 남자들이 자기 자신보다 더 작은 여자를 선호했다는 것을 발견했다. 실제의 데이트 경험에서, 키가 더 작은 여자들이 더 큰 여자들보다 더 많은 데이트상대들을 가졌지만, 남자들의 신장은 데이트 빈도와 관련이 없었다. 전반적으로, 키가 작은 여자들쪽으로의 편향이 이들이 키가 큰 여자들보다 데이트상대로서 더 선호받고 있고, 더 많은 데이트상대를 갖고 있고, 더 매력있다고 지각받고 있다는 점에서, 강력하다.

걸맞추기 가설: 자기 자신과 비슷하게 매력있는 친구들과 애인들의 선정 매력성의 긍정적 효과들은 미인선발대회들, 우리가 기술해 온 연구들에서의 피험자들의 반응양식들 및 모델들과 영화배우들이 된 남자들과 여자들의 성공도에 분명히 영향을 준다. 그러나, 실생활의 관계들을 찾는 데에 있어서 사람들은 자기보다 더 매력있는 사람들에게 배척당하는 것을 두려워하고 있다(Bernstein 등, 1983). 자기 자신보다 매력이 적은 사람들에 대한 배척, 즉 "나는 그 사람보다 더 낫다"는 것이 또한 있다. 그 결과로, 연애상대자들은 신체적 매력도의 유사성에 기초해서 짝지워지는 경향이 있으며, 이러한 경향은 **걸맞추기 가설**(matching hypothesis)이라고 알려져 있다(Berscheid 등, 1971). 유사하게 매력있는 파트너의 선정은 우연적 데이트들, 약혼들 및 결혼들에 영향을 준다(Murstein, 1972; Price와 Vandenberg, 1979). 더 나아가서, 외모의 유사성은 두 사람이 함께 살 때에 해가 지날수록 실제로 증가한다(Zajonc 등, 1987).

사람들이 자기 자신과 매력성이 걸맞는 파트너를 적극적으로 구하지는 않을 수 있다. 그 대신에, 가장 매력있는 사람이 가장 먼저 차지해지게 되고, 따라서 그 다음의 가장 매력있는 사람이 사용가능하고, 이러한 과정이 마침내 가장 매력이 적은 사람들이 짝지워지게 되기를 기다리게 될 때까지 지속할 가능성이 있다(Kalick와 Hamilton, 1986, 1988). 잘못 걸맞추어지는 것들이 일어날 수 있지만(예: "미녀와 야수"라는 TV 극에서 빈센트와 캐더린처럼), 이것들은 예외에 속한다. 연구자들은 이러한 예외들을 **형평이론**(equity theory)에 기초해서 설명하고자 하는데, 이 이론은 어떤 대인관계와 같은 모든 사회적 교환에서 사람들이 불공정성을 피하기 위해서 똑같게 보수들에 기여해야만 된다고 제안한다. 예컨대, 한 사람이 상대방보다 더 매력적일 경우에, 사람들은 잘못 걸맞추어진 쌍내의 매력이 더 적은 사람이 자신의 외모상의 "결함들"을 보상하기 위해서 돈이 많고, 강력하고, 똑똑하고, 섹시하고, 유명해야만 된다고 가정하는 경향이 있다.

이성의 쌍들에 대한 것보다도 더 놀라웁게도, 매력도의 걸맞추기가 동성의 교우관계들에서도 일어난다(Cash와 Derlega, 1978). 남자들의 친구들은 여자들의 친구들보다도 실제로 매력성이 서로 더 유사한 경향이 있다(Feingold, 1988; McKillip과 Riedel, 1983). 친구들이 이러한 근거에서 선정되게 되는 한 가지 이유는 개인 자신의 지각된 매력성이 친구들의 외모에 의해서 영향받고 있다는 것이다. 즉, 당신의 친구들의 생김새가 당신에게 훼손을 주어서, 당신이 매력 없는 어떤 사람과 연관지어지게 될 경우에, 당신은 자신이 더 잘생긴 어떤 사람과 함께 있을 경우보다도 매력이 더 적다고 지각받게 된다(Geiselman 등, 1984; Wedell 등, 1987).

요약하면, 합리적이거나 비합리적인 것에 관계없이 그리고 공정하거나 불공정한 것에 관계없이, 신체적 외모는 교우관계와 이성관계의 패턴들을 결정짓는 데에 있어서 하나의 결정적 역할을 한다.

성격특징들

우리로 하여금 어떤 사람을 다른 사람보다도 더 좋아하게끔 만드는 것은 도대체 무엇인가? 이러한 의문에 대한 단일한 답변은 없다. 어떤 사람은 빨간 머리털과 주근깨가 있는 사람을 매우 싫어할 수 있다. 우리들 중의 어떤 사람들은 자기 친구들에게서 동정성을 높이 평가하지만, 다른 사람들은 지능에 높은 가치를 둔다. 사람들은 타인들에게서 가장 큰 보수를 느끼는 측면들에서 차이가 있다. 사회적으로 바람직한 것으로 간주되는 개인적 자질들에서도 커다란 문화차이들이 있다. 많은 미국인들은 여성미를 날씬한 것과 같은 것으로 보지만, 다른 사회들은 뚱뚱한 여자들이 가장 매력있다고 간주한다. 연구자들은 우리 사회에서 호감과 연관된 일반적 특징들의 몇 가지를 확인하고자 노력해 왔다.

성 실 성 Anderson(1968)은 사람을 기술하는 데에 쓰여져 온 555개의 한 형용사 목록을 만들었다. 그는 그 다음에 대학생들에게 자신이 그러한 각 특징을 지닌 사람을 얼마나 좋아할 것인가를 나타내도록 했다. 이 형용사들의 한 표본이 표 8-3에 제시되어 있다. 이 연구에서 학생들은 바람직스러운 특성들과 바람직스럽지 못한 특성들에 대해서 의견이 일치되는 것 같았다. 가장 괄목할 만한 결과들 중의 하나는 1960년대의 대학생들에 대해서, 성실성이 가장 호감도가 높은 가치를 부여받았다는 것이다. 8개의 가장 높은 형용사들 중에서 6개 — 성실하다, 정직하다, 충실하다, 진실하다, 신뢰할 수 있다 및 믿을 수 있다 — 가 어떤 식으로든 성실성에 관련된 것이었다. 이와 비슷하게, 호감도가 가

표 8-3. 성격특성들의 호감도

매우 호감이 감	약간 정적이거나 약간 부적임	매우 오감이 감
성실하다	끈기있다	매너가 나쁘다
정직하다	관습적이다	동정심이 없다
이해성있다	대담하다	적대적이다
충실하다	조심스럽다	시끄럽다
진실하다	완전주의자이다	이기적이다
신뢰할 수 있다	흥분을 잘 한다	속이 좁다
지적이다	조용하다	거칠다
믿을 수 있다	충동적이다	잘난 체한다
생각이 깊다	공격적이다	욕심장이이다
사려성있다	부끄러워한다	불성실하다
의지할 수 있다	예측할 수 없다	불친절하다
따뜻하다	감정적이다	진실치 못하다
동정심이 많다	수줍어한다	악의가 있다
친절하다	순하다	밉살스럽다
행복하다	침착치 못하다	신뢰할 수 없다
이타심이 있다	공상을 잘한다	부정직하다
유머가 있다	물질주의자이다	잔인하다
책임감이 있다	반항적이다	천박하다
쾌활하다	외롭다	엉터리이다
신뢰가 된다	의지한다	거짓말장이이다

자료원: Anderson(1968)에서 개작됨.

장 낮게 평정된 형용사들은 거짓말장이이다와 엉터리이다이었다.

높게 호감이 가는 특성들의 목록에서 나타난 두 개의 다른 주제들은 개인적 온정성과 유능성이었다. 타인들에 대한 우리의 매력은 이와 동일한 두 개의 주요 요소들, 즉 개인의 대인적 온정성에 기초된 애정의 느낌들과 개인의 유능성에 기초된 존경의 느낌들을 갖고 있다(Lydon 등, 1988 : Rubin, 1973).

온 정 성 무엇이 어떤 사람을 온정적이고 친절하다고 생각되게끔 만드는 반면에, 다른 사람을 냉정하고 냉담하다고 생각되게끔 만드는가? 우리는 아직 이러한 의문에 대한 어떤 완전한 해답을 갖고 있지는 않지만, 하나의 중요한 요소는 어떤 긍정적 조망을 갖고 있는 것이다(Folkes와 Sears, 1977). 사람들은 사물들을 좋아하고, 칭찬하고, 인정할 때에 다시 말하면, 타인들과 사물들에 대해서 긍정적 태도를 가질 때에 온정성있게 보인다. 이에 비해서 사람들이 사물들을 싫어하고, 비방하고, 그것들이 불쾌하다고 말하고, 일반적으로 비평적일 때에 냉정하게 보이는 것 같다.

이러한 생각을 검증하기 위해서, 연구자들은 피험자들에게 피면접자가 정치지도자들, 도시들, 영화들, 또는 대학 1학년 교과목들과 같은 사물들에 관한 긴 목록을 평가하도록 요구받았던 면접들을 읽게끔 만들었다. 때로는 피면접자들은 현저하게 긍정적 태도들을 표명했다. 즉, 그들은 대부분의 정치가들, 도시들, 영화들 또는 교과목들을 좋아했다. 다른 케이스들에서, 피면접자들은 주로 부정적 태도들을 표명했다. 예언된 바와 같이, 피험자들은 피면접자들 자신의 태도들이 부정적이기보다도 긍정적이었을 경우에, 그들을 더 좋아했다. Folkes와 Sears는 기타의 분석들이 호감효과가 긍정적인 피면접자들 측의 어떤 더 큰 지각된 지능, 지식, 또는 태도유사성에 기인되지 않았다는 것을 보였기 때문에, 이 결과가 긍정적 태도에 의해서 전달된 더 큰 온정성에 의해서 설명될 수 있다고 결론지었다. 다른 연구는 긍정적 일들을 말하는 것 이외에도 사람들은 미소짓는 것, 관심있게 바라보는 것 및 정서를 표현하는 것과 같은 비언어행동들에 의해서 또한 온정성을 전할 수 있다는 것을 보인다(Friedman 등, 1988).

유 능 성 일반적으로, 우리는 사교기술이 좋고, 지적이고, 유능한 사람들을 좋아한다. 관심을 두게 되는 특수한 형태의 유능성(competence)은 대부분 우리의 타인과의 관계의 성질에 달려 있다. 예컨대, 우리는 대화를 훌륭히 하는 친구들에게, 차를 잘 고치는 기술자에게, 강의를 재미있게 하는 교수들에게 등으로 매력을 느끼고 있다. 대개 무능한 사람들보다도 유능한 사람들과 함께 있는 것이 더 많은 보수를 준다.

한 연구(Leary 등, 1986)는 대인적 유능성의 한 가지 측면, 즉 지루하기보다도 재미있는 대화자가 되는 능력을 연구했다. 첫번째 연구에서, 그들은 대학생들이 자기 자신이나 시시하고 진부한 주제들에 관해서 너무 많이 이야기한 대화자들에게 싫증을 느낀다고 보고했다는 것을 발견했다. 학생들은 또한 그들의 상호작용들에서 과도하게 수동적이고, 지루하고, 딱딱한 사람들에게 싫증을 느낀다고 보고했다. 두번째 연구에서, 학생들은 표적인물인 대화자가 지루하거나 재미있게끔 만들어진 녹음된 대화들을 청취했다. 학생들은 지루한 대화자들을 매우 부정적으로 평가했다. 지루한 대화자들은 호감을 덜 받았고, 덜 친절하고 열성적이고 인기있으며, 보다 더 인정이 없다고 평정되었다. 이와는 반대로, 훌륭한 대화자가 되는 것은 개인의 호감성을 향상시켰다.

유능성이 호감을 일으키는 원리에 대한 하나의 흥미있는 예외는 마음이 편하기에는 약간 "너무 완전한" 사람의 케이스이다. Aronson 등(1966)은 이러한 효과를 증명했다. 실험참가자들은 "대학 퀴즈 상" 대회에 참가했던 한 학생에 관한 녹음기록을 들었다. 한 조건에서, 후보자는 탁월한 수행을 했고 거의 모든 질문에 맞게 대답했다. 두 번째 조건에서, 후보자는 보통의 수행을 했다. 이 실험에 대한 하나의 부수적 변화로서, 퀴즈가 끝난 다음에 후보자는 때로는 자기의 신사복에 커피를 엎지르는 소리를 냈다.

그 결과들은 통상의 유능성이 호감을 일으키는 효과를 보였다. 즉, 탁월한 후보자는 보통의 후보자보다도 더 많은 호감을 받았다. 그러나, 탁월한 후보자는 그의 수행이 결함이 없었을 때보다도 약간의 실수나 꼴불견의 실수를 저질렀을 때에 보다 더 많은 호감을 받았다. 분명히 커피를 엎지르는 것은 머리가 좋은 학생을 "인간적으로" 만들어 주었고 따라서 그에게 더 호감이 가게끔 만들었다. 이에 비해서, 실수는 보통의 후보자의 평가들을 낮추게끔 만들었을 뿐이다. 그는 커피를 엎지르지 않았을 때보다도 엎질렀을 때에 호감을 덜 받았다.

친구관계의 확립

우리는 일단 두 사람이 물리적 근접성과 친숙성에 의해서 함께 접촉하게 되면, 그들이 서로 매력을 느끼게 될 확률이 긍정적이거나 부정적 정서들, 그들의 친화욕구들, 신체특징들에 대한 고정관념적 반응들 및 성격특징들에 의해서 결정되게 된다는 것을 보아왔다. 더 가까운 관계를 향한 그 다음의 단계는 양측 파트너들에 대해서 보수를 주는 대인적 의사소통을 요한다(Lea, 1989). 어떤 친한 아는이가 친구로 될 여부를 결정짓는 것은 의사소통들의 내용이다. 이 절에서 우리는 이와 같은 의사소통의 두 가지 주요 측면들, 즉 유사성과 상호평가들을 기술할 것이다.

유사성: 자신과 유사한 사람을 좋아하는 것

교우관계에 관해서 다소 자세하게 썼던 Aristotle의 시대 이래로, 사람들이 자기 자신에 대해 동의하는 사람에 대해서 가장 긍정적으로 반응하고 부동의하는 사람에 대해서 가장 부정적으로 반응하는 것이 관찰되어 왔다. 비록 태도유사성의 효과들이 광범하게 연구되어 왔을지라도, 태도들은 자기 자신과 가장 비슷한 사람들을 좋아하는 우리의 경향성의 단 한 가지 예를 나타낸다.

속담과 소설에서 반대되는 사람들이 서로 매력을 갖는다고 진술되고 있지만, 수십년간의 연구들은 "비슷한 사람들끼리 서로 어울린다"는 보다 더 고대의 제안을 지지하고 있다. 이전의 테니스 스타이었던 보그는 결혼식 후에, 그의 아내에 관해서 "그녀는 굉장한 여자이다. 그녀는 나와 매우 비슷하다"고 말한 바 있다(Milestone, 1989). 우리는 보그의 부인이 무엇을 말해야만 되었는지를 모르지만, 여자들이 남자들보다도 이성의 유사성에 의해서 훨씬 더 긍정적으로 영향받고 있다는 것이 발견되고 있다(Feingold, 1989). 이러한 성차에 대한 한 가지 이유는 남자들이 때로는 매력있는 여자의 얼굴과 신체에 대해 매우 강하게 반응해서, 여자의 태도들, 신념들 및 가치들과 같은 세부사항들을 등한시한다는 것이다.

매력에 미치는 유사한 태도와 비유사한 태도의 영향 유사성효과는 먼저 실제의 친구들과 연애상대자들의 태도들에 관한 상관연구들에서 입증되었고, 실험실에서의 실험연구들(Schachter, 1951에서 시작되는)은 인과관계를 확고하게 확립시켜 왔다. 어떤 낯선이가 피험자와 비슷한 견해들을 표명할 때에 그 낯선이는 호감을 받으며, 이와 반대로 비유사한 견해들의 표명은 오감을 일으킨다.

이러한 효과들은 강력하고도 매우 일관성있으며, 이것들은 대학생들과 아울러 아동들과 노인들의 특징이다. 더 나아가서, 이와 동일한 발견들이 한국, 인도, 일본, 멕시코와 미국에서의 연구들에서 보고되어 왔다(Byrne 등, 1971 ; Park, 1989).

사람들이 상호작용하는중에서, 그들은 자신의 학교, 영화, 음악, 정치, 종교 및 모든 것들에 관해서 이야기할 때에 자신의 태도들을 빈번하게 표명한다. 개인이 좋아하는 것들과 싫어하는 것들을 말하고 상대방에게 각각의 예에 대한 개인적 견해들에 관해서 묻는 것은 두 사람이 처음 상호작용하기 시작할 때에 공통적이다(Kent 등, 1981). 각 개인은 표명된 유사한 태도들의 비율에 근거해서 상대방에 대해 반응한다. 유사한 견해들의 비율이 클수록 그 사람은 더 많은 호감을 받게 되며, 유사성의 비율이 작을수록 그 사람은 더 많이 싫어함을 받게 된다(Byrne과 Nelson, 1965). 비록 유사한 태도들의 비율이 매력을 예언할지라도, 이것은 긍정적 자극이 호감에 미치는 영향의 단 한 가지 측면에 불과하다. 즉, 긍정적 요소들의 비율이 증가할수록, 평가들은 점점 더 긍정적이다.

대인매력을 결정짓는 동일한 원리가 우리의 세상의 다른 측면들에 대한 우리의 호감들과 오감들을 확립시키는 데에 작용한다. 예컨대, Meoli와 Feinberg(1989)는 이러한 이론을 사람들이 쇼핑센터들을 얼마나 좋아하는가를 예언하기 위해서 적용했다. 소매하는 센터들 중에서, 어떤 쇼핑센터의 인기도가 단순히 그 센터가 보유하고 있는 점포들의 숫자를 반영한다고 일반적으로 믿어졌다. 즉, 점포들이 많을수록 더 많은 소비자들이 그 곳에서 물건을 사기를 원할 것이다. 그 대신에, 도 8-9가 나타내는 바와 같이, 긍정적으로 평가된 상점들의 비율은 상점들의 절대적 숫자보다도 어떤 쇼핑센터에 대한 호감에 더 큰 영향을 주는 것으로 발견되었다. 따라서, 어떤 쇼핑센터가 얼마나 호감을 받고 있는가는 대인적 호감과 동일한 근거에서 예언될 수 있다.

거절가설 유사한 태도와 비유사한 태도의 영향들이 확고하게 확립되어 있는 것처럼 여겨지는 수십 년간의 연구들에도 불구하고, Rosenbaum(1986)은 하나의 놀랄 만한 제안을 했다. 그는 태도유사성이 매력에 아무런 영향을 주지 않으며, 그 대신에 사람들이 모든 낯선이들에 대해 긍정적으로 반응하며 비유사한 태도들이 표명되게 될 경우에 비로소 그들을 싫어하기 시작한다는 가설을 세웠다. 이러한 개념은 거절가설(repulsion hypothesis)이라고 명명되었다. 몇 개의 연구들에서, Rosenbaum은 유사한 태도들이 매력에 대해 어떤 긍정적 영향을 주지 않는 반면에, 비유사한 태도들이 어떤 부정적 영향을 주

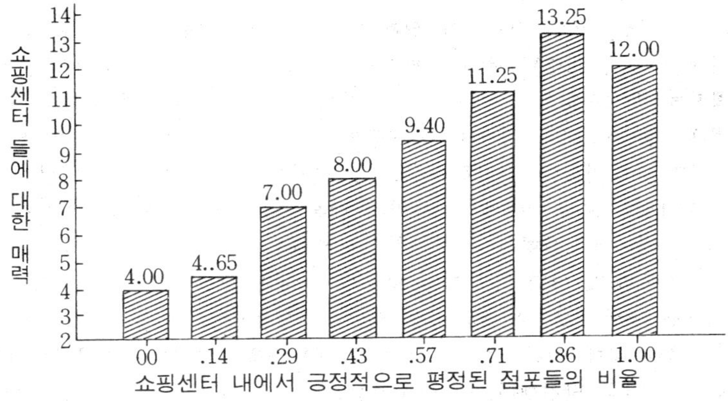

도 8-9. 쇼핑센터들에 대한 매력. 매력에 관한 연구는 우리가 타인들이 표명하는 유사한 태도들의 비율을 포함해서, 타인들과 연합된 긍정적 속성들의 비율에 기초해서 타인들을 좋아한다는 것을 분명하게 나타낸다. 다른 종류의 호감들도 이와 동일한 패턴을 따른다. 이 연구에서, 쇼핑센터들에 대한 호감이 쇼핑센터 내의 긍정적으로 평정된 점포들의 비율이 증가됨에 따라 증가된다는 것이 발견되었다.
자료원 : Meoli와 Feinberg(1989).

었다는 것을 증명할 수 있었다.

이와 같은 결과들을 일으켰던 Rosenbaum의 연구에서의 새로운 요소는 그가 이른바 "정보가 없는 통제조건"이라고 기술한 것이었다. 예컨대, 만일 피험자들이 어떤 동료 학생에 관한 사진을 제시받고서(정보가 없음) 이 인물이 얼마나 많은 호감을 받고 있는가를 평가한다면, 매력은 피험자들이 또한 이 낯선이가 자신과 유사한 태도들을 갖고 있다고 지시받고 있을 때에라도 더 크지는 않다. 그러나, 만일 그 인물이 비유사한 태도들을 지니고 있다고 기술되게 되면, 매력은 감소한다. 이러한 발견은 유사한 태도 대 비유사한 태도에 관해서 Rosenbaum이 옳다는 것을 의미하는가?

아니라고 대답하는 데 대한 두 가지의 기본적 이유들이 있다. 첫째로, 무정보가 주어지는 어떤 조건을 조성하기가 단순히 불가능하다(Byrne 등, 1986). 우리는 타인들이 우리 자신의 의견에 동의한다고 가정하는 경향이 있다(Dawes, 1989 : Mullen 등, 1985). 이 현상은 귀인에 관한 장에서 그릇된 일치성효과(false consensus effect)라고 알려져 있는 것이다. 둘째로, 만일 판단되게 될 사진의 인물이 대학생들로 구성된 일군의 피험자들에게 보여진 어떤 대학연감 속에 들어 있는 것이라고 설명된다면, 그들은 그 인물이 또한 대학생들이고 자기들과 연령이 비슷하고, 아마 자신과 인종, 교육목표들 및 학업능력이 비슷할 것이고, 꽤 매력적이라는 것 등을 안다. 이러한 모든 단서들은 가정된 유사성의 효과를 단순히 추가시킨다(Marks와 Miller, 1982). 전체적으로, "정보 없음"조건은 (1) 가정된 유사성에 기초된 정보와 (2) 외모에 기초된 고정관념들을 내포하고 있다. 이러한 이유로,

태도유사성에 관한 정보를 추가시키는 것은 그 낯선이가 이미 유사하다고 지각되고 있기 때문에 아무런 효과를 갖지 않는다.

거절가설을 직접적으로 검증하기 위해서 설계된 한 실험에서, Smeaton 등(1989)은 어떤 낯선이에 의해서 표명된 유사한 태도들의 숫자를 변화시키면서 비유사한 태도들의 숫자를 일정하게 유지시켰다. 거절가설은 이것이 매력에 대해 아무런 효과가 없음을 예언하는 반면에, 유사성가설은 유사한 태도들의 숫자가 증가함에 따라 증가된 매력을 예언한다. 그 결과는 분명했다. 유사한 태도들의 숫자가 증가됨에 따라, 피험자들은 낯선이를 더 많이 좋아했다(도 8-10 참조). 따라서 비록 거절가설이 하나의 흥미있는 아이디어이었을지라도, 이것은 이 실험에서 확증받지 못했다.

그럼에도 불구하고, 어떤 동의하는 낯선이에 대해 매력이 발전되지 않는 특수한 상황이 있다. Cramer와 그의 동료들(1985)은 어떤 사람이 그 사람 자신이 이미 좋아하는 어떤 다른 사람과 함께 있는 경우에, 유사한 태도들을 표명하는 낯선이에 대한 매력이 저지받고 있다는 것을 발견했다. 이 연구자들은 두 사람이 상호작용하는 전체적 맥락이 매우 중요하다고 시사했다. 이러한 조망에서 볼 때, 유사한 태도들을 지니고 있는 두 사람 사이의 매력은 그들이 단 둘이 있을(경쟁되는 긍정적 관계들이 없는) 경우에 그리고 그들이 중성적 상황 속에 있을(경쟁되는 긍정적이거나 부정적 자극들이 없는) 경우에 발전하기가 가장 쉽다. 이 연구자들은 미래의 과학소설 속에서 공통적으로 묘사된 삭막한, 스테인레스 강철의 환경들이 유사한 태도들을 통한 긍정적 대인관계들을 발전시키는 데 대해 이상적일 수 있다고 생각했다.

유사한 타인들을 좋아하는 이유 많은 이론가들이 태도유사성이 유사한 태도들이

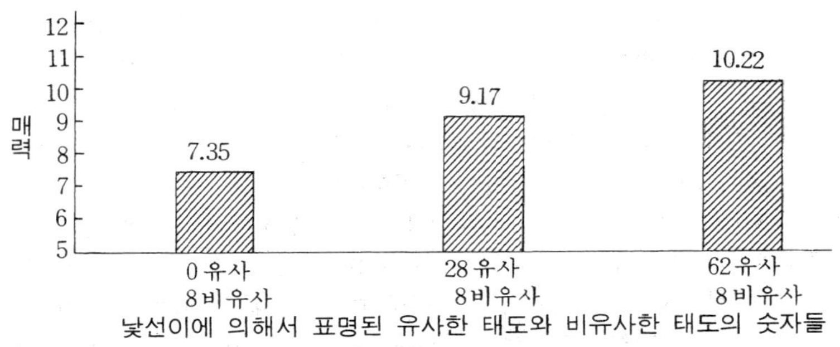

도 8-10. 유사한 태도들의 숫자가 증가됨에 따라 매력이 증가되어서 거절가설을 부정하는 것. 비록 Rosenbaum의 거절가설이 매력이 유사한 태도들에 의해서가 아니라 비유사한 태도들에 의해서만 영향받는다고 예언하지만, 연구는 이러한 예언을 확증하지 않는다. 낯선이에 의해 표명된 비유사한 태도들의 숫자가 일정하게 유지되었을 때, 피험자들은 유사한 태도들의 숫자가 증가할수록 그 인물에 대해 더 많은 매력을 표명한다. 다시 말해서, 매력은 유사한 태도와 아울러 비유사한 태도에 의해서 영향받고 있다.
자료원 : Smeaton 등(1989).

이 세상에 대한 개인의 판단들을 확증시켜 주기 때문에 긍정적 효과를 갖는다는 데에 일치하고 있다. 사회비교를 통해서, 우리는 타인들이 우리와 동의함으로써 정치나 종교나 기타 어떤 것에 대해 우리가 이미 결론지어 온 것의 정당함을 인정해 주는지를 알아낸다(Festinger, 1954; Goethals, 1986). 실제로, 만일 어떤 사람이 당신이 행하는 것과 동일한 평가들을 한다면, 그 사람은 당신이 옳다는 "증거"를 제공하고 있는 것이다. 당신의 판단이 건전하다는 것을 아는 것은 기분좋은 일이며, 당신은 이러한 기분을 일으킨 인물을 좋아한다. 불일치는 정반대의 효과를 갖는다. 이것은 당신이 틀렸다는 것을 시사하며, 부정적 감정들을 일으키며, 당신에게 이것을 일으킨 인물을 싫어하게끔 만든다.

균형이론은 유사성효과에 대해서 상이한 설명을 제시한다(Hummert 등, 1990). Newcomb(1961)과 기타의 사람들은 인간이 자신의 좋아하는 것들과 싫어하는 것들을 균형을 일으키는 어떤 대칭적 배열로 인지적으로 조직화시킨다고 제안한다(Cacioppo와 Petty, 1981; Insko 등, 1982). 두 사람이 서로 좋아하고 어떤 것에 대해 일치할 때에 균형이 생기게 된다. 그들이 서로 좋아하고 불일치할 때, 불균형이 있으며, 이러한 불쾌한 상태는 개인에게 균형을 회복시키기 위해서 어떤 일을 하게끔 동기화시킨다(Orive, 1988). 예컨대, 어떤 사람은 상대방에게 태도들을 바꾸도록 설득할 수 있거나, 이 두 사람은 서로 싫어하기로 작정할 수 있다. 일단 두 사람이 서로 싫어하게 되면, 비균형이 생기게 되고, 적어도 이론적으로 이들은 자기들이 일치하거나 불일치하는 여부에 대해 무관심하게 된다.

보다 더 최근에, 세번째의 가능한 설명이 Rushton(1989)에 의해서 제안되었는데, 그는 사람들이 타인들과의 유전적 유사성을 어떻게든 간에 탐지할 수가 있고 자기 자신과 유전적으로 가장 유사한 사람들을 선호하게끔 프로그램되어 있다는 가설을 세웠다. 한 연구에서, 유럽계의 조상을 가진 장기적(비동성애적) 남자 친구들이 Rh인자와 혈액형과 같은 10개의 유전적으로 결정된 혈액특징들의 측면에서 비교되었다. 친구들(54%)은 남자들의 무작위적 쌍들(48%)보다도 이들 요인들 중의 더 많은 것들 상에서 유의하게 더 유사한 것으로 발견되었다. 이와 같은 발견들에 대한 사회생물학적 설명은 개인 자신의 유전자들을 미래의 세대들에게 전달하는 것이 매우 중요하다는 것이다. 즉, 만일 자기 자신과 유전적으로 가장 유사한 사람들을 좋아하고, 그들과 친구가 되고, 그들을 도와 주게 된다면, 당신은 단순히 유전자 풀 중의 당신의 몫이 안전하게 유지되고 마침내 자손에게 전달되게 되는 것을 보장하려고 노력하고 있는 것이다. 다음 장에서 지적되는 바와 같이, 유전적으로 유사한 짝을 선택하는 것은 당신의 유전자들의 생존을 보장하는 한 가지 방법으로서 보다 더 중요하다.

태도유사성 효과에도 불구하고, 우리는 우리 자신의 견해와 상이한 견해들을 표명하는 사람들을 항상 배척하지는 않는다. 우리가 믿고 있는 바의 정당성을 인정받으려는 욕구가 있지만, 다른 욕구들도 또한 있다. 비유사한 태도들을 지닌 어떤 사람과 상대함으로써, 우리는 어떤 새롭고 가치있는 것을 배우거나(Kruglanski와 Mayseless, 1987) 우리 자신이 모든 사람들과 아주 비슷한 사람이라는 것 대신에 특별하고 특유하다는 것을 발견할 수도 있다(Snyder와 Fromkin, 1980). 비유사성은 일부 이것이 우리가 아마 상이한 견해들을 갖고 있는 사람들로부터 오감을 받게 될 것이라는 하나의 징후이기 때문에 불쾌하지만(Gonzales 등, 1983), 이러한 위협은 불일치하는 사람들이 대안적 견해들을 솔직하게 토론하며 배척으로 자동적으로 반응하지는 않을 것이라는 것을 우리가 미리 알 경우에는 제거될 수 있다(Broome, 1983 ; Sunnafrank와 Miller, 1981).

다른 종류의 유사성들 태도유사성이 가장 흔히 매력을 일으키는 반면에, 성격유사성이나 행동유사성은 보다 덜 일관성있는 것으로 발견되고 있다. 그 하나로서, 몇몇 성격특징들은 자기와의 유사성에 관계없이, 일반적으로 모든 사람들에 의해 호감을 받고 있다. 앞에서 논의된 바와 같이, 지배적인 남자들은 지배적인 사람들과 아울러 복종적인 사람들에 의해서 긍정적으로 간주받고 있다. 경쟁적인 사람들도 또한 남자들과 아울러 여자들의 호감을 받고 있으며(Riskind와 Wilson, 1982), 자기 자신에 관한 정보를 개방하는 사람들이 많이 개방하려고 들지 않는 사람들보다 더 선호받고 있다(McAlister와 Bergman, 1983).

그러나, 대부분의 특징들에 대해서 유사성은 호감을 일으킨다(Griffin과 Sparks, 1990). 많은 예들 중에서, 이성애적 남자들은 여러 주제들에 대한 일치에 관계없이 동성애적 남자들에 대해 부정적으로 반응한다(Aguero 등, 1984). 아동들이 7세나 8세가 될 무렵에, 그들은 자기들 자신의 나이와 가까운 친구들을 선호하며(Ellis 등, 1981), 비록 근접성이 이러한 발견들의 최소한 몇 가지를 설명할 수 있을지라도, 고등학교 친구들이 연령, 성별, 종교 및 인종에서 유사한 것으로 발견되고 있다(Kandel, 1978). 우리는 또한 게임들을 행할 때에 우리처럼 행동하는 사람들과 공부기술과 비공부기술에서 우리와 비슷한 사람들을 좋아한다(Tesser 등, 1984). 친구들은 흡연, 음주 및 혼전성교(Rodgers 등, 1984), 마리화나의 사용(Eisenman, 1985) 및 밤시간보다도 아침시간에 활동적인 것(Watts, 1982)의 측면에서 유사한 양식으로 행동한다. 친구들은 또한 유사한 활동들을 행하는 것을 선호한다(Jamieson 등, 1987). 아마 유사한 친구들을 택하는 경향성의 한 결과로서, 사람들은 낯선이보다도 친구에 의해서 쓰여진 어떤 복잡한 커뮤니케이션을 이해하기가 더 쉽다(Fussell과 Krauss, 1989).

유사성효과에 대한 예외들 중의 하나는 암을 갖고 있는 것으로 진단받은 사람들이다. 이들은 다른 암환자들과 상대하기보다도 오히려 건강한 사람들과 함께 있거나 혼자 있는 것을 더 선호한다(Rofe 등, 1987). 그 설명은 이 병이 매우 위협을 주어서 환자들이 자신의 상태에 관한 모든 연상물들을 피하려는 동기가 있다는 것이다. 따라서, 동료 환자들과의 대화에 대한 특별한 혐오가 있다.

성격유사성에 관한 연구는 어떤 성격검사에 대한 개인의 반응이 반드시 그 개인이 일상적으로 말하거나 행동하는 것을 직접 반영하지는 않기 때문에 일관성이 더 적어 왔다. 어떤 사람이 자기 자신이 불안하게 느끼고 두통들과 설사와 같은 스트레스의 신체증후들을 갖고 있다는 것을 나타냄으로써 검사문항들에 반응할 수 있다. 그러나, 만일 이 사람이 분명하게 불안한 양식으로 행동하지 않고 두통들이나 위장의 문제들을 이야기하지 않는다면, 이러한 측면들에서 유사한(또는 비유사한) 타인들이 이것들에 관해서 알 도리가 없다. 그 결과로, 어떤 연구자들은 이러한 검사상에서 유사한 점수들을 가진 사람들이 비유사한 점수들을 가진 사람들보다도 친구들로 되는 경향이 더 많지는 않다고 보고한다. 특별논의 8-3에서 기술된 바와 같이, 성격유사성에 대한 더 나은 검증은 사람들이 말하고 행동하는 것 속에 직접 반영되어 있는 성격특징들에 관한 연구들에 의해서 제공되고 있다. 이렇게 한 후에야 비로소 우리는 매력이 성격특징들의 유사성에 의해서 영향받고 있는지를 알아낼 수 있다.

특별논의 8-3. 초전통성과 이성에 대한 매력

최근의 연구는 하나는 남자들에게 해당되고 하나는 여자들에게 해당되는 두 개의 개념적으로 유사한 성격차원들, 즉 초남성성과 초여성성을 확인해 왔다. 이러한 용어들은 남자들과 여자들에 대한 적절한 행동에 관한 극히 전통적이고 과장된 아이디어들에 기초되어 있는 일련의 신념들, 지각들 및 특징적 행동들을 일컫는다.

초남성성(hypermasculinity: 때로는 사내다운 남성적 성격—macho male personality—이라고 불리는)은 Mosher와 Sirkin(1984)에 의해서 세 개의 요소들을 갖고 있는 것으로 기술되고 있다. 이러한 차원상에서 높은 점수를 받는 남자들은 여성과 성행위에 관한 완고한 신념들("여자를 술취하거나 기분좋거나 뜨겁게 만들게 되면, 그녀는 당신에게 당신이 원하는 것은 무엇이든 간에 하도록 허락할 것이다")을 나타내고, 폭력을 남성적이라고 지각하고("싸움질하는 것은 남자들에 대해 자연스러운 것이다"), 모험하기 행위의 흥분을 즐긴다("정말로 위험스러운 경험을 겪은 후에 나는 기분만점을 느낀다"). 당신은 이러한 경향성들(그리고 이것들의 반대인 낮은 초남성성)이 말로 표현되기가 매우 쉽고, 따라서 사람들이 어떤 남자가 이러한 성격차원상에서 비교적 높거나 비교적 낮은지를 곧 알아내게 될 것이라는 것을 알 수 있다.

초여성성(hyperfeminity)이라고 일컬어지는 여자들에서의 대응되는 성격차원이 Murnen과 Byrne(1990)에 의해서 기술되어 왔다. 초여성적인 여자는 자신이 어떤 남자와의 관계를 유지할 수 있고("대부분의 여자들은 그들의 인생에서 한 남자를 필요로 한다"), 자신의 성별을 하나의 자산으로 사용하고("나는 어떤 남자에게 나 자신이 원하는 것을 얻어내기 위해서 때로는 섹시하게 행동한다"), 남자의 공격성을 수용한다("남자가 성관계를 갖기 위해서 다소 완력을 쓰는 것은 인정될 수 있다"). 또다시, 이러한 차원상에서 비교적 높거나 비교적 낮은 사람들은 이들이 말하고 행동하는 것 속에서 이 사실을 드러낼 것으로 기대될 것이다.

성격유사성에 관한 두 개의 연구에서, Smith(1989)는 매력의 한 결정요인으로서 남자와 여자의 초전통성(hypertraditionality: 초남성성이나 초여성성을 일컫는 것)을 검토했다. 먼저, 그녀는 초전통성 상에서 높거나 낮은 피험자들이 성격검사에 대한 낯선이의 반응들에 기초해서 남자나 여자 낯선이를 평정하는 하나의 간단한 실험을 실시했는데, 이들 반응들은 초전통성이 유사하거나 비유사했다. 그 결과들은 성격유사성이 분명하게 동성과 아울러 이성의 낯선이들에 대한 매력의 하나의 강력한 결정요인이라는 것을 나타냈다(도 8-11 참조).

이 실험에서, 성격유사성은 태도유사성에서 발견된 것과 아주 동일한 양식으로 매력을 결정지었다. 이러한 분명한 결과들에 대한 한 가지 이유는 피험자들이 성격검사에 대한 낯선이의 반응들을 제시받았고 따라서 행동으로부터 성격을 추론할 필요성이 없었다는 것이었다. 그렇지만, Smith는 높고 낮은 초전통성이 사람들이 말하고 행동하는 것 속에 이미 나타나 있다고 생각했다. 만일 그렇다면, 실제의 데이트 남녀들은 그들의 초전통성의 정도에서 유사할 것이다. 즉, 그들의 이러한 성격차원상의 유사성이 그들의 상호간의 매력을 일으켜 왔을 것이다.

이러한 가설을 검증하기 위해서, Smith(1989)는 최소한 1개월 동안 데이트 관계를 갖어 왔던 대학생 남녀쌍들을 연구했다. 별개의 방들에서, 각각의 남자는 초남성성에 관해서 측정받았고, 각각의 여자는 초여성성에 관해서 측정받았다. 가설대로, 이들 데이트하는 남녀쌍들은 우연적으로 기대되는 것보다도 훨씬 더 초전통성이 유사한 것으로 발견되었다. 초남성적인 남자들과 초여성적인 여자들은 서로 좋아하고 관계들을 확립시키는 경향이 있다. 이와 동일한 정도로, 낮은 초남성성의 남자들과 낮은 초여성성의 여자들이 서로 매력을 가졌다.

예상되는 바와 같이, 다소 외현적으로 표현되는 다른 성격차원들에 대해서 유사성이 비유사성보다 더 선호되고 있다. 그 예들은 전통적 성역할들 대 양성적 역할들, 감각추구, 우울증, 관상동맥혈전증 성향의 A형행동 및 인지스타일이다(Antil, 1983 : Lesnick-Oberstein과 Cohen, 1984 : Morell 등, 1989 : Pursell과 Banikiotes, 1978 : Rosenblatt와 Greenberg, 1988). 성격유사성 효과는 두 사람간의 상호작용이 증가함에 따라 보다 더 강력해지게 되는데(Blankenship 등, 1984),

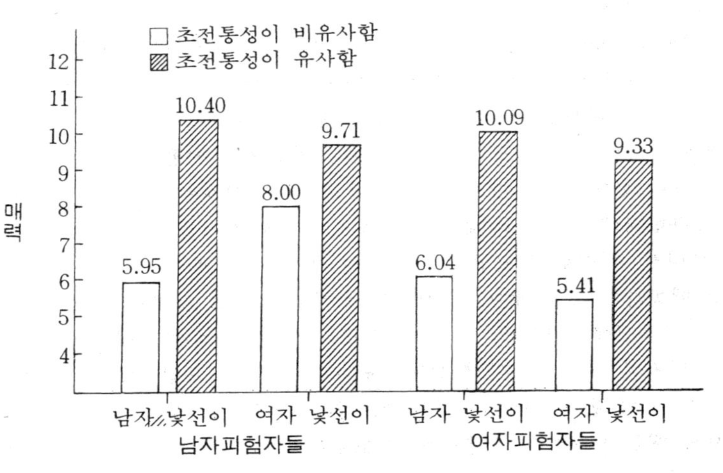

도 8-11. 자신과 가장 비슷한 사람에 대한 매력을 나타내주는 성격유사성의 효과. 비록 성격유사성과 매력에 관한 초기의 연구들이 분명치 않았을지라도, 또다시 유사성이 누가 호감을 받게 되는가를 결정짓는 데에 있어서 하나의 기본요인인 것 같다. 실험실(여기에서 보이고 있는 자료)과 아울러 실생활의 남녀쌍들에서, 남자들과 여자들은 초전통성에서 자기 자신과 유사한 타인들에 대해 가장 큰 매력을 갖고 있다.
자료원 : Smith(1989).

이것은 일부 많은 성격특성들이 두 사람이 상당히 많은 시간을 함께 지낼 때까지 분명치 않기 때문이다(Funder와 Colvin, 1988).

상호평가

일단 두 사람이 자기들이 유사하며 많은 공통점들을 갖고 있다는 것을 발견하게 되면, 매력이나 교우관계가 발전하기 쉽다. 그러나, 이 과정에서 한 가지 보다 더 결정적인 단계가 있다. 개인의 타인에 대한 매력의 가장 강력한 결정요인은 말이나 행위에서 타인이 자기를 좋아하고 높이 평가하고 함께 있는 것을 원한다는 어떤 표시이다(Condon과 Crano, 1988; Hays, 1984). 만일 개인이 타인에 대해 이와 동일한 방식으로 느낀다면, 친밀한 관계가 뒤따르기가 매우 쉽다.

비록 상호 호감(reciprocal liking)이 말로서 가장 쉽게 표현될 수 있을지라도, 흔히 시초의 신호들은 비언어적인 것들이다. 예컨대, 어떤 여자가 눈마주침을 유지시키고, 상대방쪽으로 몸을 기울이고, 대화를 행함으로써 어떤 남자와 긍정적으로 상호작용할 때, 그 남자는 비록 자신이 그녀가 비유사한 태도들을 갖고 있다는 것을 알고 있을지라도, 그녀에게 매력을 느끼는 경향이 있다(Gold 등, 1984). 거의 모든 사람들이 타인들로부터의 긍

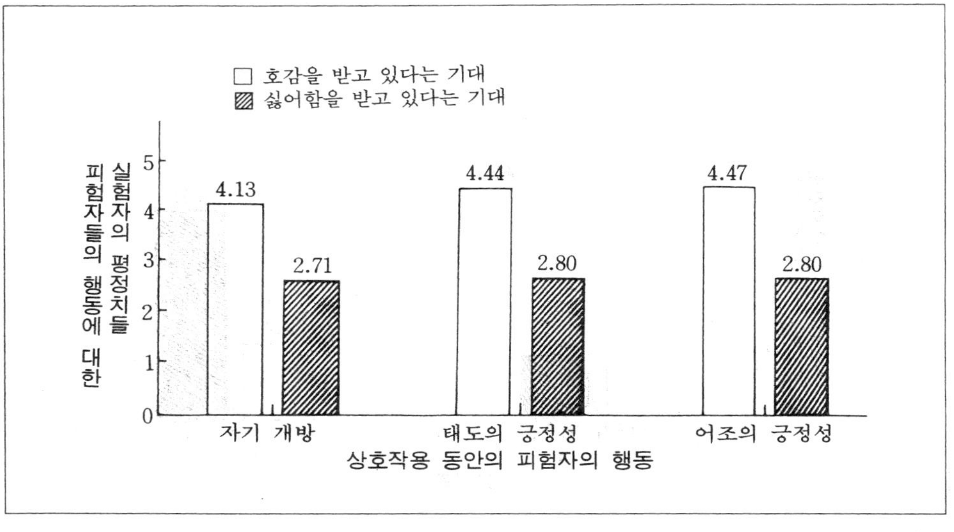

도 8-12. 호감을 받고 있다고 믿는 것이 다시 호감을 낳는 효과. 상호성(reciprocity)은 매력과 관계들을 결정짓는 한 요소이다. 심지어 짧은 실험 동안에서도, 상대방이 자기를 좋아한다고 믿었던 피험자들은 상대방이 자기를 싫어한다고 믿었던 피험자들보다도 더 긍정적 태도를 나타냈고, 더 긍정적 어조로 말했다. 그 다음에, 이러한 행동은 상대방으로부터의 상호적인 긍정적 행동을 일으켰다. 당신이 타인이 자기를 좋아한다고 지각할 때, 당신은 자신이 싫어함을 지각할 때와는 달리 행동하며, 그 결과로 당신은 호감을 받게 된다.
자료원: Curtis와 Miller(1986).

정적 평가를 좋아하고 부정적 판단의 어떤 표시를 싫어한다(Coleman 등, 1987). 비록 이 긍정적 평가가 부정확하거나(Swann 등, 1987) 다소 분명한 아부일지라도, 우리는 이것을 받는 것을 즐거워한다(Drachman 등, 1978). 사람들은 심지어 부정적 평가들이 어떤 다른 사람에게 겨냥되고 있을 때에라도, 이것들에 대해 부정적으로 반응한다(Amabile, 1983; 또한 앞에서 논의된 온정성 참조).

평가들의 영향은 대인적 행동 속에 즉각 반영되게 된다. 한 실험에서, 각 피험자가 이전에 받았던 어떤 조사 당시에 있었던 어떤 낯선이로부터 어떤 피험자들은 호감을 받고 있다고 믿게끔 만들어졌고 다른 피험자들은 그로부터 싫어함을 받고 있다고 만들어졌다(Curtis와 Miller, 1986). "낯선이에 의한" 이러한 평가들은 실제로는 실험자들에 의해서 꾸며진 것이었다. 그 다음에 피험자가 다른 피험자(호감이나 싫어함을 표현했던 낯선이라고 믿게끔 만들은)와 10분간의 토론을 하게 되었을 때, 피험자의 행동은 그 사람의 평가에 의해서 강력하게 영향받았다. 도 8-12가 보이는 바와 같이, 호감을 받고 있다고 기대했던 피험자들은 싫어함을 받고 있다고 기대했던 피험자들보다도 상대방 인물에 대해 더 많은 눈마주침을 가졌고, 더 따뜻한 어조로 말했고, 더 자기를 개방했다. 이와 같은 행동은 또한 실험이 끝난 후에 상호 호감을 일으켰다. 타인이 싫어함을 나타냈다는 정보는 더 적은 눈마주침 등을 일으켰고 그 후에 더 적은 상호 호감을 일으켰다.

상호 호감의 다른 결과는 두 사람이 배려하고 도와 주는 방식으로 행동함으로써 자기들의 감정들을 나타내는 것이다. Clark 등(1989)은 상대방의 복지에 관심을 두는 정분

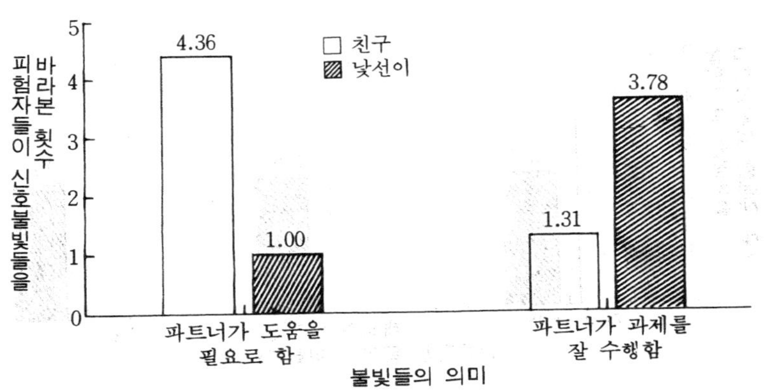

도 8-13. 친구의 요구들과 낯선이의 성공을 주시하는 것. 친구(정분관계)와 상대할 때에 사람들은 교환관계를 갖고 있는 낯선이와 상대할 때와는 달리 행동한다. 이 실험에서, 피험자들은 상대방이 낯선이이었을 때보다도 친구이었을 때에 도움의 필요성을 나타내는 불빛들을 더 자주 바라보았다. 불빛들이 상대방이 과제를 잘 수행해서 자기들 두 사람이 어떤 합동적 보수를 받게 될 것이라는 것을 의미했을 때에는 그 반대로 행동했다.
자료원: Clark 등(1989).

관계(communal relalionship)와 두 사람이 특수한 양식들에서 서로 이익을 주는 관계, 즉 **교환관계**(exchange relationship) 사이를 구분지었다.

이들 연구자들은 두 종류의 관계들이 비교될 수 있는 실험과제를 만들었다. 각각의 피험자는 한 명의 친구나 한 명의 낯선이와 짝지어졌고, 그 다음에 이 파트너는 어떤 과제를 수행하는 것으로 믿게끔 만들어져서 다른 방으로 가게 되었다. 절반의 피험자들은 이 파트너가 도움이 필요할 경우에 신호를 보낼 것이라는 지시를 받았고, 다른 절반은 그 신호가 이 파트너가 과제를 잘 수행하고 있다는 것을 의미하고 따라서 두 사람이 모두 합동적 보수를 받게 될 것이라는 지시를 받았다. 각각의 경우에서, 파트너로부터의 신호는 피험자의 방에 있는 전구들의 불빛의 변화를 일으킬 것으로 지시되었지만, 실제로 불빛들은 전혀 변화되지 않았다. 관심을 두고 있는 행동은 각 피험자가 전구들을 바라보았던 회수이었다. 도움 요청의 신호는 파트너가 친구일 경우에 더 많이 주목되고 보수를 나타내는 신호는 파트너가 낯선이일 경우에 더 많은 주목을 일으킬 것이라는 가설이 세워졌다. 도 8-13은 이 가설이 확증되었다는 것을 보여준다. 피험자들은 낯선이의 요구들보다도 친구의 요구들을 더 많이 계속 주시했다. 신호가 어떤 보수를 일으키는 훌륭한 수행을 나타냈을 때, 피험자들은 낯선이로부터의 신호에 더 많은 관심을 기울였다.

요 약

1. 대인매력에 관한 연구는 사람들이 한쪽 극단의 미움에서 다른쪽 극단의 사랑까지의 범위의 차원상에서 서로에 대해 반응하는 양식에 초점을 둔다.

2. 대인매력의 기본원리들에는 연합, 강화 및 사회적 교환이 있다.

3. 낯선이들을 함께 모이게끔 만드는 요인들 중에는 그들의 공통적 환경의 물리적 측면들이 있다. 근접성은 서로 알지 못하는 사람들간의 접촉을 촉진시키는 교실 좌석들, 기숙사 방들, 아파트들 등의 물리적 가까움을 포함한다. 이러한 접촉들의 빈도가 증가함에 따라, 두 사람은 서로 친숙하게 되고 우연적인 아는이들로 된다. 이러한 비계획된 접촉들은 반복적 접촉효과 때문에 긍정적 반응을 일으킨다.

4. 만일 상호작용이 부정적 행위들로 이루어져 있거나 만일 프라이버시가 침해되고 있다면, 근접성은 정반대의 효과를 가질 수 있다. 감정은 우리가 긍정적 정서들을 일으키는 사람들을 좋아하고 부정적 정서들을 일으키는 사람들을 싫어하기 때문에 대인매력에서 매우 중요하다. 단순한 조건형성을 통해서, 심지어 타인들이 우리 자신의 정서상태에 대해 전혀 책임이 없을 때에도, 우리는 또한 타인들을 우리의 정서 상태에 기초해서 그들을 평가한다.

5. 우연적인 아는이들이 가까운 관계쪽으로 이동하는 여부는 일부 각 개인의 친화욕구의 강도에 달려 있다. 연구는 친화욕구들이 생물학적 경향성들, 초기 경험들 및 개인의 사교기술들의 적절성에 기초되어 있다는 것을 시사한다. 친화는 또한 무서운 것과 스트레스가 큰 것을 포함해서, 정서를 유발시키는 외부사건들에 의해서 동기화되게 된다. 이러한 조건들하에서, 우리는 사회비교의 목적들과 타당한 정보의 입수를 위해서

타인들을 찾는다.

6. 매력은 또한 타인의 신체적 특징들에 대한 각 개인의 고정관념적 반응들과 성격특징들에 의해서 영향받고 있다. 사람들은 체격, 행동스타일, 음성의 높이, 복장 및 기타의 많은 속성들의 측면에서 낯선이들에 대해 형성하는 가정들에 기초된 고정관념들을 갖고 있다. 대인매력에 관련된 대표적 성격특징들은 성실성, 온정성 및 유능성이다.
7. 신체적 매력이 가장 많은 연구의 관심을 받아 왔으며, 이것은 출생에서 노년기까지 매력과 기타의 평가들에 영향을 준다. 이 외에도, 연애관계들과 심지어 교우관계들은 일부 매력도에 있어서 개인과 걸맞는 파트너를 선정하는 경향에 의해서 결정되고 있다.
8. 태도유사성은 매력에 대한 하나의 일관성있는 결정요인이다. 사람들은 유사한 태도들, 신념들, 및 가치들을 표명하는 사람들에 대해 긍정적으로 반응하고, 비유사성에 대해 부정적으로 반응한다. 태도유사성효과에 대한 이론적 설명들에는 개인이 사건들을 해석하는 데에 있어서 타인들이 옳다거나 틀리다는 "증거"를 제공할 때에 유발된 긍정적 및 부정적 감정들, 불균형된 인지들보다도 균형된 인지들에 대한 욕구 및 유전적 유사성에 대한 선천적 선호가 있다. 태도들 이외에도, 성격과 행동의 유사성이 또한 매력에 긍정적 영향을 준다.
9. 어떤 매력의 생성이나 교우관계의 형성을 결정짓는 마지막의 매우 중요한 결정요인은 상호의 긍정적 평가들의 표현이다. 사람들은 각자가 말하고 행동하는 것에 의해서 상대방이 호감을 받고 있다는 것, 즉 상대방이 함께 시간을 보내기에 바람직스러운 인물이라는 것을 나타낼 경우에 친구들로 된다.

제 9 장

이성간의 밀접한 관계

우리의 인생의 가장 중요한 측면들 중의 하나는 **밀접한 관계들**(close relationships)의 수립이다. 대부분의 최근의 연구들(그리고 따라서 이 장의 대부분)은 이성 파트너들에 집중되고 있지만, 많은 동일한 문제들이 남자동성연애자들과 여자동성연애자들에 대해서도 마찬가지로 적용될 수 있다(Schullo와 Alperson, 1984). 사회와 대인관계스타일들의 많은 변화들에도 불구하고, 대부분의 사람들에 대한 이상적 생활은 친한 친구들, 사랑, 결혼 및 부모적 역할을 포함한다. 비록 일상적으로 우리가 매스미디어와 실생활 속에서 고독, 불행한 관계들 및 이혼의 현실들에 접하고 있을지라도, 대부분의 우리는 적어도 TV상에서 기술되는 주인공들과 같이 성공적으로 배우자, 자식들 및 친구들에 대한 행복을 얻을 수 있다는 신념을 계속 유지시키고 있다. 그러나, 불화한 부부들과 같이 이러한 이상들과 신념들에 합치되게끔 살려고 시도하는 것은 매우 흔히 실망을 낳는다. 그럼에도 불구하고, 그러한 불화한 관계들이 자기 자신에게 해당될 수 있다는 것을 예상하는 사람은 아무도 없을 것이다.

사회심리학자들은 밀접한 관계들을 연구하는 데에 점점 더 많은 관심을 두고 있다(Berscheid 등, 1989 ; Clark과 Reis, 1988). 대부분의 사람들에 대한 친구관계, 애정 및 결혼생활의 중요성을 전제할 때, 이러한 관계들 중의 어떤 것이 곤란들을 일으키는 이유는 도대체 무엇인가? 다음 절들에서 우리는 대인관계의 성공과 실패에 대한 몇 가지 이유들을 확인하고자 할 것이다.

우리는 먼저 우연적 관계와 밀접한 관계 사이의 차이를 기술하게 되는데, 후자는 흔히 애정의 많은 측면들 중의 하나에 의해서 특징지어진다. 그 다음에, 우리는 매우 곤란한 대인관계적 과업, 즉 어떤 밀접한 관계의 확립과 유지를 살펴볼 것이다. 여기에서 우리는 데이트관계와 결혼관계의 특징들과 결정요인들을 검토하게 될 것이다. 끝으로, 우리는 너무나 흔히 긍정적 감정들이 사라지게 되고 파트너들이 불화한 관계들에 당면하게 되는 이유를 탐색할 것이다. 비록 어떤 문제들이 피해질 수 있고 많은 관계들이 구조될 수 있을지라도, 때로는 영속적이고 대개 고통스러운 파탄이 발생된다.

우연적 교우관계들을 넘어선 상호의존적 관계들

심지어 동성간의 관계들에서도, 우연적 교우관계들은 친한 교우관계들과 동일하지 않다. 친한 친구들은 우연적 친구들보다도 더 자주 그리고 더 광범하게 다양한 상황들에서 함께 시간을 보낸다. 가까운 교우관계들은 타인들을 배제시키는 경향이 있으며, 이것들은 우연적 관계들에서는 없는 정서적 지원을 제공해 준다(Hays, 1989). 대인적 밀접성의 다른 특징들은 무엇인가?

다양한 밀접한 관계들: 친구들, 연애파트너들 및 친척들

우정과 사랑은 몇 가지 측면들에서 유사하지만, Rubin(1973)이 증명한 바와 같이 이것들은 동일하지는 않다. 때로는 우리는 또한 어떤 동기나 사촌이나 기타의 가족에 대해서도 매우 가깝게 느낀다.

아마 각 유형의 밀접한 관계의 공통요소는 사람들의 일상의 상호작용들에서 보이는 바와 같이, 두 사람의 상호의존(interdependence)일 것이다(Kelley 등, 1983). 상호의존은 두 사람이 서로의 생활에 대해 빈번하게 영향을 주고 장기간 동안 많은 종류의 활동들에 공동으로 참가할 때에 존재한다.

이러한 상호의존들을 연구하기 위해서, Berscheid 등(1989)은 먼저 사람들이 어떤 종류의 관계들을 확립시키는가를 확인했다. 그들은 대학생들에게 그들이 가장 가깝게 느끼는 한 인물을 제시하도록 요구했다. 세 가지 유형의 관계들이 가장 자주 제시되었다. 즉, 47%가 어떤 연애상대를 들었고, 36%가 친구를 들었고, 14%가 가족을 들었다. 나머지의 3%는 동료 직원과 같은 어떤 다른 사람을 제시했다.

그 다음에 이 연구자들은 이들 관계들의 밀접성을 측정하기 위한 **관계밀접성조사지**(Relationship Closeness Inventory)라는 도구를 개발했다. 이 척도는 개인의 한 명의 타인과의 상호작용들에 관한 일련의 질문들을 제시한다. 피험자들은 자기들 두 사람이 지난 주 동안에 얼마나 많은 시간을 함께 지냈는가와 자기들이 특별하게 무엇을 했는가(예: TV를 보았다, 술집에 갔다, 전화로 이야기했다, 애무했다)를 나타낸다. 그 다음에 피험자들은 상대방 인물이 훈육하는 것, 돈을 쓰는 것 및 직업계획들을 세우는 것과 같은 특수한 영역들에서 자신의 사고들, 감정들 및 행동들에 대해 얼마나 많이 영향을 주었는가를 질문받았다. 남자들과 여자들은 동일한 정도의 밀접성을 보고했으며, 양성들은 연애관계들을 친구관계들이나 가족관계들보다도 더 가깝다고 지각했다.

이 척도를 개발하는 데에 있어서 주요 목표는 어느 관계들이 오래 지속되고 어느 관계들이 그렇지 않은가를 예언할 수 있게끔 만드는 것이었다. 연애관계들만이 종식되는 것으로서 지각되고 있다는 것이 밝혀졌다. 친구들과 가족들은 시간이 지남에 따라 덜 가까와질 수도 있지만, 친구관계나 가족관계가 중단되어 왔다고 보고하는 사람은 드물었다. 이러한 상호작용들은 천천히 시들고 사라질 수도 있지만, 연애파트너들은 관계가 끝날 때에 극적이고도 분명한 파탄을 지적했다. 이 관계밀접성조사지는 어느 연애관계들이 오래 지속될 것인가를 예언하는가?

9개월간의 종단적 연구에서, Berscheid 등(1989)은 관계성공도가 파트너들의 척도상의 점수들과 일정하게 관련되어 있다는 것을 발견했다. 도 9-1이 보이는 바와 같이, 9개월간의 연구기간 동안에 함께 남아있었던 남녀쌍들은 가장 높은 밀접성점수들을 가졌으며, 그 다음이 3개월과 6개월 사이에서 헤어졌던 사람들이었다. 가장 낮은 점수들을 가졌던 남녀쌍들은 신속하게, 즉 이 연구의 첫 3개월 동안에 헤어졌다.

대인관계들에 관한 대부분의 연구들은 남자와 여자 간의 연애들에 집중되어 왔는데, 이것은 연애관계들이 가장 보편적이고, 가장 가깝고, 이것들이 성공하지 못할 경우에 가장 고통스럽기 때문이다.

열정과 연애: 사랑에 매우 쉽게 빠지는 것

몇몇 사람들은 두 명의 친구들이 자기들 자신을 잠재적 성적 파트너들이라고 지각할 때에 어떤 관계가 사랑(love)으로 바뀐다고 시사해 왔다. 그러나, 학생들과 아울러 비학생들에 관한 대규모 연구들은 "교우관계 또는 친구관계"(friendship)가 사랑이 어떻게 시

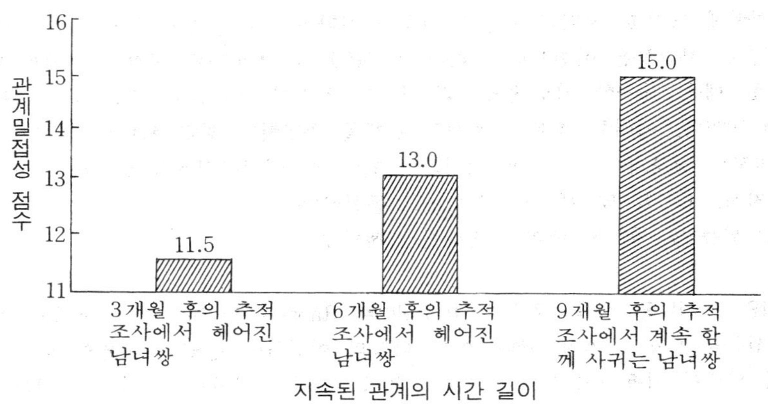

도 9-1. 지속되는 밀접한 관계들. 관계밀접성 조사지상의 점수들은 9개월의 연구기간에 걸친 관계들의 결과를 예언한다. 9개월 동안 계속 지속되었던 관계들을 가졌던 남녀쌍들의 점수들이 가장 높았다. 첫 3개월 동안에 헤어진 남녀쌍들의 점수들이 가장 낮았고, 3개월과 6개월 사이에서 헤어진 남녀쌍들의 점수들은 중간이었다.
자료원: Berscheid 등(1989).

작하는가에 관한 하나의 정확한 기술이 못된다고 시사한다. 실제로, 사랑에 빠지는 것은 "교우관계로 되는 것"의 요인들과는 아주 다른 요인들에 의해 결정되고 있다(Aron 등, 1989).

사람들이 사랑과 교우관계에 대한 그들 자신의 경험들을 기술하도록 요구받았을 때, 그들의 반응들은 사랑이 매력적 외모와 성격과 같은 타인의 바람직스러운 측면들과 아울러 상호 호감에 의해서 가장 흔히 촉진되고 있다는 것을 나타낸다(Aron 등, 1989). 사랑은 지각된 유사성과 근접성과 같은 요인들에 의해서 훨씬 덜 강하게 영향받고 있다. 교우관계들에 대해서는 그 정반대이다. 즉, 유사성과 근접성이 주요 결정요인들이다. 교우관계와 사랑 간의 이러한 차이들은 사랑이 어떤 장기적 관계의 확립을 위한 최선의 기초가 되지 못할 수 있는 이유에 대한 하나의 실마리를 제공해 준다. 우리는 이제 이것이 왜 그러한가에 관한 몇 가지 증거를 제시할 것이다.

열정애의 정의와 측정 당신이 가능한 한 연애상대로서 이성의 한 멤버에 대해 반응할 때, 흔히 대개 사랑이라고 지각되는 어떤 갑작스럽고 강열하고 모든 것을 소모시키는 반응이 있다. "사랑의 뒷발에 머리를 차인다"는 것과 같은 표현은 사랑이 바나나 껍질 위에서 미끄러지는 것과 아주 비슷한 어떤 사건이라는 것을 시사한다(Solomon, 1981). 사회심리학 연구들은 이러한 기술이 몇 가지 종류의 정서적 매력들 중의 하나인 열정애(passionate love)에 대해 가장 정확하게 적용된다는 것을 나타낸다(Berscheid와 Walster, 1974). 열정애란 정확하게 무엇을 의미하는가?

자기 자신이 사랑하고 있다고 기술하는 사람들에 관한 연구들은 많은 공통적 특징들을 나타낸다. 열정애를 느끼고 있는 사람은 자신의 파트너에 대해 몰두해 있고, 그 사람을 이상화시키고, 성적 매력과 생리적 흥분으로 반응하고, 관계상의 문제들이 있을 경우에는 비참하게 느끼고, 사랑하는 것과 아울러 사랑받는 것을 원한다(Hatfield, 1988).

사랑하는 사람들은 이전보다도 다른 친구들을 덜 빈번하게 대하고 자신의 모든 관심을 이러한 매우 특수한 사람에게 집중시키기 시작한다(Milardo 등, 1983). Hatfield와 Sprecher(1986)는 이러한 종류의 정서적 관계를 측정하기 위한 하나의 척도를 고안했으며, 이 척도의 일부가 표 9-1에 제시되어 있다. 이 검사문항들을 읽으면서 당신은 열정애가 인지적, 정서적 및 행동적 요소들을 종합한다는 것을 알 수 있다. 사랑은 우리의 생각들, 느낌들 및 외현적 행위들 속에서 표현되고 있다.

사랑인가 아니면 색욕인가? Hatfield와 Rapson(1987)은 성적 욕망과 열정애 간의 평행선들을 또한 지적해 왔다. 아마 다음의 어귀들이 동일한 종류의 대인적 반응을 기술하기 위해서 사용되고 있을 것이다: "나는 당신을 갈망하고 있다"고 말하는 것보다 "나는 당신을 사랑한다"고 말하는 것이 단순히 더 마음에 들 뿐이다

비록 열정애가 어느 연령에서나 일어날 수 있을지라도, 청년들이 자주 제기하는 질문은 "자기 자신이 진정으로 사랑하고 있는지를 어떻게 알 수 있는가?"이다. 상담 칼럼니스트들은 때때로 이 질문에 대해 "만일 당신이 어떤 것을 요구하고 있다면, 당신은 사랑하고 있지 않다"고 말함으로써 답변한다. 아마 이 질문에 대해 답변하는 최선의 방법은 심리학자들이 이러한 종류의 사랑을 일으키는 기저의 요소들이라고 생각하는 것을 이

해하는 것이다.

표 9-1. 열정애척도(Passionate Love Scale)

질문지의 이 부분에서 당신은 자신이 열정적으로 사랑하고 있을 때에 자신이 어떻게 느끼는가를 기술하도록 요구받게 될 것이다. 이러한 감정에 대한 몇 가지 일반적 용어들은 열정적 사랑, 풋사랑, 상사병, 또는 마음이 사로잡힌 사랑이다.

바로 지금 당신이 가장 열정적으로 사랑하고 있는 사람을 생각해 주십시오. 만일 당신이 바로 지금 사랑하고 있지 않다면, 당신이 열정적으로 사랑했던 마지막 인물을 생각해 주십시오. 만일 당신이 전혀 사랑해 본 일이 없다면, 그런 식으로 좋아할 뻔 했던 바로 그 사람을 생각하십시오. 질문지의 이 부분을 끝마칠 때까지 선정된 이 인물을 계속 기억해 두십시오(당신이 선정한 인물은 만일 당신이 동성애자가 아니라면 이성일 것이고, 만일 당신이 동성애자라면 동성일 것입니다). 당신의 감정들이 가장 강했을 당시에 당신이 어떻게 느꼈는가를 우리에게 보고해 주십시오.

1. 만일 ______가 나를 버리고 떠난다면, 나는 깊은 절망을 느낄 것이다.
2. 때로는 나는 자신의 생각들을 억제할 수가 없다는 것을 느낀다 : 그 생각들은 ______에 관해서 사로잡혀 있다.
3. 나는 ______를 행복하게끔 만들기 위해서 나 자신이 어떤 일을 할 때에 행복한 것을 느낀다.
4. 나는 어떤 다른 사람보다도 ______와 함께 있고 싶다.
5. 나는 만일 ______가 어떤 다른 사람을 사랑했다는 생각이 들었다면 질투를 느꼈을 것이다.
6. 나는 ______에 관한 모든 것을 몹시 알고 싶어한다.
7. 나는 ______를 육체적으로, 감정적으로, 정신적으로 원한다.
8. 나는 ______로부터의 애정을 끝없이 갈망하고 있다.
9. 나에게 있어서, ______는 완전한 연애상대이다.
10. 나는 ______가 나에게 손을 댈 때에 나의 몸이 예민하게 반응하는 것을 느낀다.
11. ______는 항상 내 마음 속에서 떠나지 않는 것 같다.
12. 나는 ______가 나 자신, 즉 나의 생각들, 나의 걱정들 그리고 나의 희망들을 알기를 원한다.
13. 나는 ______가 나를 원하고 있다는 것을 나타내는 징후들을 열심히 찾는다.
14. 나는 ______에 대해서 강한 매력을 느끼고 있다.
15. 나는 나와 ______와의 관계가 잘 되어가지 않을 때에 극히 침울해진다.

※ 각 문항에 대한 가능한 반응들은 다음과 같은 1에서 9까지의 숫자범위 중에서 택하십시오.

1	2	3	4	5	6	7	8	9
전혀 그렇지 않다				중간 정도로 그렇다				분명히 그렇다

자료원 : Hatfield와 Sprecher(1986).

열정애에 관한 한 이론

강렬한 사랑에 관한 하나의 매우 인기있는 이론은 사랑의 발생에서 필요한 세 가지 조건들을 제안한다(Hatfield와 Walster, 1981). 특수하게 말하면, 개인은 사랑이 하나의 적절한 반응이라는 것을 학습해 왔어야만 되고, 사랑을 위한 마음에 드는 표적을 만나야만 되고, 정서적 흥분이 일어나고 이것이 "사랑"에 귀인되어야만 된다.

사랑에 관한 학습 첫째로, 당신은 당신에게 사랑의 가치를 인정하고 이것이 당신에게 일어날 것이라고 기대하는 것을 가르치는 어떤 문화 속에서 성장해야만 된다(Dion과 Dion, 1988). 소설("그들은 사랑했고 결혼했다")과 실생활("엄마와 아빠는 사랑했기 때문에 결혼했다") 속에서, 우리의 대부분은 사랑의 실례들에 접해 왔다. 더욱이, 우리는 사랑이 그 후에 행복하게 살고 자식을 갖는 것을 일으킨다고 학습한다. 우리가 어렸을 때부터 이야기들을 들어 왔고 사랑의 노래들을 불러 왔기 때문에, 우리는 "적당한 인물을 만나게 될 때에" 스스로 사랑을 느낄 준비가 잘 되어 있다(Dion과 Dion, 1975). 이러한 개념은 그러한 문화 속에서 살고 있는 사람들에 대해서 자연스러운 것으로 여겨질 수 있지만, 사랑은 인간의 역사에서 비교적 최근에 창안된 것이며 심지어 1990년대에서조차 보편적으로 인정되고 있는 것은 아니다.

사랑의 개념은 중세기 동안에 유럽에서 생겨났다. 처음에, 이것은 성적 욕망과는 구분되어 있는 어떤 순수하고 성스러운 정서라고 기술되었다. 영국에서 17세기의 끝무렵까지는 사랑이 이상적 결혼의 토대가 된다고 간주되지 않았다(Stone, 1977). 인도에서, 사랑 때문에(자기들의 부모가 결합을 주선했기 때문이라기보다도) 결혼하는 남녀에 관한 영화들은 지난 몇 년 동안에 비로소 보편적으로 되어 왔다(Kaufman, 1980). 1986년도 보고서에 의하면, 소련에서 단지 50%의 여자들과 33%의 남자들이 자기들이 사랑 때문에 결혼한다고 대답하며, 대부분이 고독, 공통적 흥미들 또는 임신 때문에 결혼한다는 것을 나타낸다. 이에 비해서, 대부분의 미국인들(87%)은 자기들이 사랑이 훌륭한 결혼에 결정적이라고 생각한다고 말한다. 여하튼 간에, 우리가 사랑하게 되는 한 가지 이유는 우리가 이것이 자신이 행할 것을 기대받고 있는 것이라는 것을 학습해 온 것이다.

적절한 애정대상의 만남 사랑을 하기 위해서 필요한 두번째 조건은 이러한 정서를 위한 표적으로서 어떤 적절한 인물의 존재이다. 대부분의 사람들에 대해서, 그들의 사랑의 대상은 어떤 신체적으로 매력있는 이성멤버임에 틀림없다. 이와 같은 매력에서 유전적 유사성이 한 역할을 한다는 다소의 증거도 있다(Rushton, 1989 : Rushton과 Nicholson, 1988).

상대방 인물에 관한 부가적 정보가 전혀 없이도, 여러 연령의 사람들은 어떤 낯선이를 잠깐 접하고서 "첫 눈에 반하는" 것을 느끼는 일이 흔하다고 보고한다(Averill과 Boothroyd, 1977). 실험실상황에서조차, 이성의 낯선이들이 2분 동안 서로의 두 눈을 응시하라고 지시받았을 때에, 그들은 서로에 대한 열정애의 느낌들을 보고한다(Kellerman 등, 1989).

Buss(1988)를 포함하는 몇몇 이론가들은 하나의 만남의 기초로서 "적절한 애정대상"

을 인지하는 것이 진화생물학을 통해서 확립되었다고 주장한다. Buss는 인간이 인간의 종의 역사 속에서 어떤 행위들이 스스로 성공적으로 생식된 자식의 출생을 일으켰기 때문에 애정행위들을 행한다고 제안한다. 이러한 관점에서 볼 때, 사랑하는 행동은 이것이 생식하고 또한 자기들의 자식들을 양육할 수 있는 짝들의 선택을 일으키기 때문에 인간의 유전구조 속에 남아 있게 되었다. 이러한 접근의 함축들 중에는 자원들, 배우자 선택의 준거들, 잠재적 짝들을 평가하기 위한 적절한 단서들 및 배우자를 유인하는 애정행위들의 종류상에서의 남녀간의 차이들이다. 남성과 여성 간의 유전적으로 기초된 차이들이 도 9-2에 요약되어 있다.

Buss(1989)는 6개 대륙과 5개의 섬에 위치한 국가들에서 수행된 하나의 문화비교연구에서 1만명 이상의 남녀들의 배우자선호들을 조사함으로써 이러한 제안들을 검증했다. 그 발견들은 전세계의 여성이 남성의 **자원획득**(돈벌이 능력, 야망, 근면성 및 성숙성)을 나타내는 단서들에 대해 가장 높은 가치를 두는 반면에, 남성이 여성의 **생식 잠재능력**(젊음과 매력성)을 나타내는 단서들에 가장 많이 가치를 둔다는 예언에 대해 뚜렷한 지지를 제공했다.

방금 기술된 성차들 중의 하나는 자기 파트너의 적절한 연령에 관한 선호들을 포함한다. Kenrick과 Keefe(1990)는 미국과 아울러 인도에서 파트너를 구하기 위해서 광고하는 남성들이 자기보다 더 젊은 여성에 대한 선호를 나타내고, 이 선호가 남성이 더 나이먹었을수록 증가한다고 보고했다. 그러나 여성은 자기 자신의 연령이나 더 나이든 남

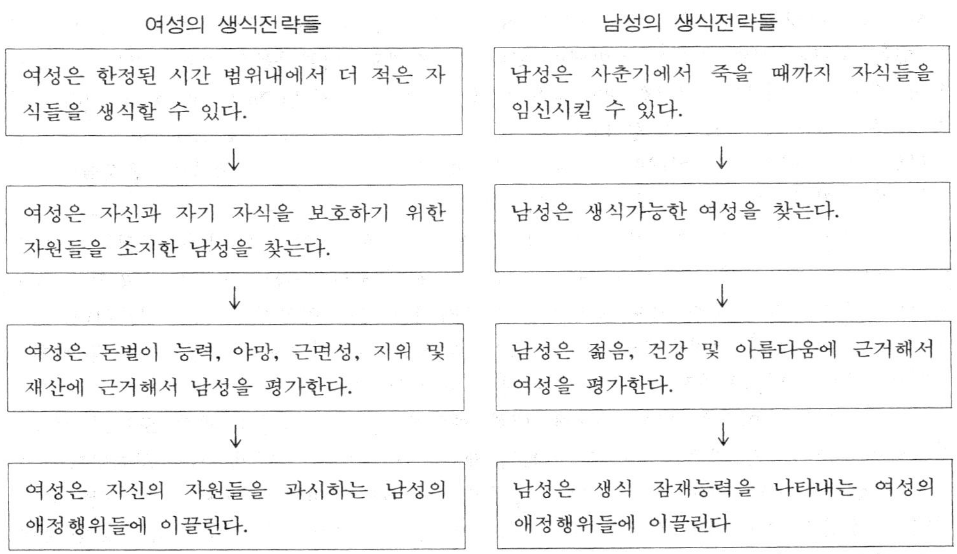

도 9-2. 생식전략들에 기초된 사랑과 매력의 성차들. 진화적 관점에서 볼 때, 남성과 여성은 상이한 생식전략들에 의해 동기화되게 된다. 그 결과로, 그들은 상이한 애정행위들을 행하고 반응한다. 여성은 자신과 자기 자식을 보호해 주기 위한 필요한 자원들을 가진 남성에게 이끌리는 반면에, 남성은 생식하기에 충분하게 젊고 건강한 여성에게 이끌린다.
자료원 : Buss(1988).

성파트너를 선호한다. 이러한 패턴은 실제의 결혼들에서도 사실이다. 이것의 이유는 무엇인가?

하나의 설명은 하나의 경제적 교환모형(형평이론 참조)에 기초되어 있다. 남성이 경제적 자원들과 세력상에서 유리한 사회에서, 그들은 이러한 자산들을 여성이 소유한 주요 자산들, 즉 신체적 매력과 젊음과 "교환"할 수가 있다. 이에 비해서, 상이한 생식전략들에 기초된 하나의 진화모형이 Kenrick과 Keefe(1990)에 의해서 애호되고 있다. 무의식적으로, 각 성은 생식적 성공을 최대화시키려고 동기화되어 있다. 대부분의 남성은 사춘기에서 죽을 때까지 계속 생식능력이 있지만, 여성은 사춘기와 폐경기 사이에서만 자식을 임신할 수 있다. 따라서, 남성은 심지어 그들 자신이 젊지 않을 때에라도, 그들이 젊은 여성에게 이끌리게 될 경우에 생식에서 성공을 거두기가 가장 쉽다. 그러나, 여성은 강력하고 성공적인 남성이 자신과 자기 자식을 가장 잘 보살펴 줄 수 있기 때문에 그러한 나이든 남성에 이끌리게 된다. 경제적 교환모형이나 진화적 모형을 지지해 주는 확정적 증거가 없지만, 이들 아이디어들은 매우 흥미있으며 배우자선호에 관한 앞으로의 연구들을 위한 자극제가 되어 줄 수 있다.

흥분을 사랑의 느낌들에 귀인시키는 것 셋째로, 강한 열빠짐은 당신이 상대방이 존재할 때에 어떤 정서적 흥분상태 속에 있을 경우에 일어나기가 가장 쉽다. 상당한 증거는 우리가 생리적 흥분에다가 적용시키는 특수한 정서적 명칭이 우리에게 자신이 어떻게 느껴야만 되는가를 알려 주는 외부단서들에 달려있다는 Schachter의 정서이론을 지지해 준다. 다양한 실험실과 현장 연구들에서, 피험자들이 어떤 이성의 낯선 인물을 대하고 있는 동안에 어떤 흥분이 유발되어 왔다. 그 결과로, 피험자들은 연애감정들, 매력 및 성적 관심을 나타낸다. 이러한 반응들은 비록 그 흥분이 공포(Dutton과 Aron, 1974), 성적 흥분(Istvan 등, 1983), 당황(Przybyla 등, 1985) 또는 좌절과 분노(Driscoll 등, 1972)를 포함할지라도 일어난다. 이러한 관점에서 볼 때, 사랑은 단지 여러 종류의 흥분들이 "사랑"이라고 명명되게 되는 일종의 오귀인이다.

열정애에 관한 이러한 세 요인이론이 도 9-3에 요약되어 있다. 문헌들에 대한 Hatfield(1983)의 평론은 남성과 여성이 어떤 관계 속에서 사랑과 성관계를 원하는 것에서 매우 유사하며, 그들이 또한 친밀성과 아울러 통제력을 원한다는 것을 시사한다. 그러나, 양성은 몇 가지 측면들에서 차이가 있다. 남성은 여성보다도 더 쉽게 사랑에 빠지는 반면에, 여성은 남성보다도 더 쉽게 사랑에서 벗어난다(Rubin 등, 1981).

비록 흥분이 이성의 낯선 인물에 대한 매력에 미치는 영향에 관한 오귀인 설명이 인기있어 왔지만, 두 개의 부가적인 이론적 제안들이 또한 제시되어 왔다. **강화모형**은 부정적 감정들의 어떤 감소가 어떤 낯선 인물과 연합되었기 때문에 매력이 증가한다고 설명한다. 예컨대, 어떤 불안유발상황에서, 타인의 존재는 개인의 불안이 군집에 관한 논의에서 기술된 이유들로 감소되기 때문에 강화를 준다. 부정적인 정서적 흥분이 또한 동성의 낯선 인물에 대한 매력을 증가시킬 수 있기 때문에, 연합된 강화의 개념이 오귀인보다도 더 좋은 설명일 수 있다(Kenrick과 Johnson, 1979 : Riordan과 Tedeschi, 1983).

Allen과 그의 동료들(1989)의 연구에 의해서 지지받은 세번째 가능성은 **반응촉진모형**(response-facilitation model)이다. Hull(1943)의 학습이론을 사용하면서, 이들 연구자들

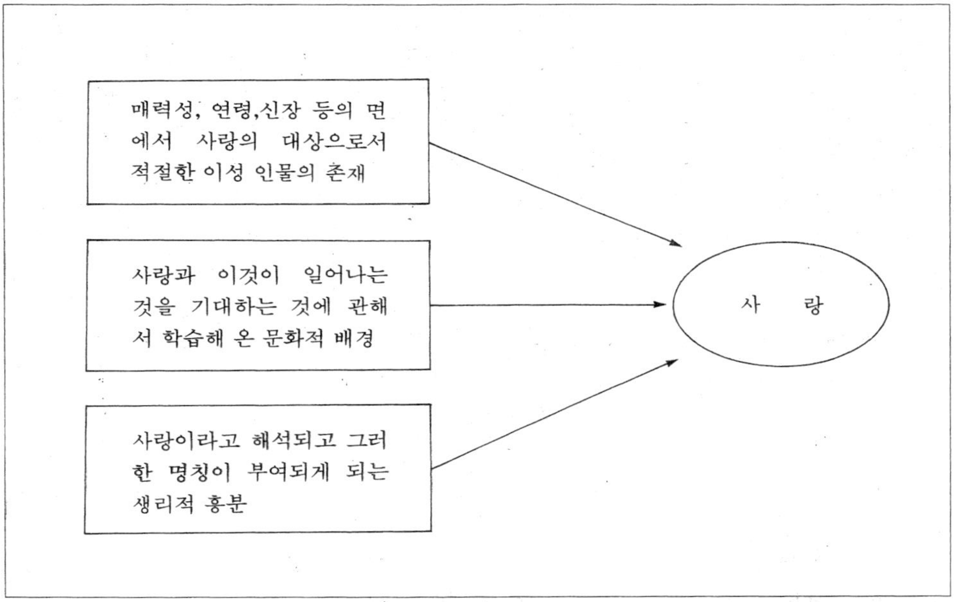

도 9-3. 열정애의 세 가지 요소들. 열정애에 관한 세 요인이론에 의하면, 당신은 (1) 당신이 소설과 실생활에서 사랑의 모델들을 제공해 주는 문화 속에서 살고, (2) 적절하고 바람직스러운 사랑 대상으로 생각되는 어떤 사람을 만나고, (3) 정서적으로 흥분되어 있고 자신의 감정들을 "사랑"을 나타내고 있다고 해석할 경우에, 타인에 대한 이러한 정서반응을 경험하기가 가장 쉽다. 로맨틱한 것으로 여겨지지 않을 수도 있겠지만, 많은 사회심리학자들은 열정애가 학습된 신념들, 현재 상황 내의 특수한 단서들 및 생리적 흥분의 오명명에 기초되어 있다고 본다.

은 흥분이 어떤 특정 상황에서 각 개인의 지배적 반응을 촉진시킨다고 제안했다. 흥분이 매력적 낯선 인물에 대한 증가된 매력과 비매력적 낯선 인물에 대한 감소된 매력을 일으키기 때문에(White 등, 1981), 흥분이 단순하게 각 경우에서 지배적 반응의 강도를 증가시킨다고 시사되었다. 일련의 실험들에서, Allen과 그의 동료들은 오귀인을 감소시키기 위해 흥분원 자체에 대한 피험자의 관심을 집중시키는 것이 낯선 인물에 대한 더 적은 매력을 일으키지 않았다는 점에서, 오귀인모형과 일치되지 않는 증거를 얻었다. 다른 증거는 비위협적 흥분(신체적 운동)이 또한 낯선 인물에 대한 성적 매력을 증가시키는 것으로 발견된 점에서, 강화모형과 일치되지 않았다. 이들 연구자들은 반응촉진모형이 여러 발견들을 가장 잘 설명한다고 결론지었다. 만일 이들이 옳다면, 열정애에 관한 세 요인이론이 계속 적용되겠지만, 흥분효과의 이론적 설명은 수정되어야만 될 것이다.

사랑의 종류들

열정애가 단지 일시적인 것이라는 일반적인 견해일치가 있다. 사람들은 무한정으로 얼빠진 채로 있을 수는 없다. 그러면, 장기간 유지될 수 있는 사랑의 다른 종류들이 있는가에 관한 의문이 생긴다. 다행스럽게도, 그 답변은 그렇다이다.

동반자애 : 가깝고 보살펴 주는 우정 비록 사랑이 강한 정서들로 시작할 수 있고 불꽃처럼 밤을 밝혀 줄 수 있을지라도, 이것은 실망스러운 실패로 끝장나거나 **동반자애**(companionate love)로 성숙할 수 있다. 후자의 용어는 "우리가 자신의 인생이 깊게 얽혀 있는 사람들에 대해 느끼는 애정"을 일컫는다(Hatfield, 1988, p. 205). 이러한 종류의 사랑은 두 사람이 서로 이끌리고 있는 매우 가까운 우정과 비슷하며, 상당한 공통성을 갖고 있고, 상호 호감과 존경을 표현한다(Avery, 1989 ; Caspi와 Herbener, 1990 ; Neimeyer, 1984). 각자는 파트너의 안녕과 행복을 염려한다(Rubin, 1974 ; Steck 등, 1982). 흥미있게도, 남성과 여성은 때로는 특히 그들이 로맨스 이전에 친구들이었을 경우에, 어떤 열정적 관계 이후에도 계속 친구들로 남을 수 있다(Metts 등, 1989).

불행하게도, 우리는 동반자애보다도 열정애에 관한 노래들과 이야기들이 더 재미있고 흥분된다고 생각하는 것 같다. 어떤 관계가 지속하기 위해서, 파트너들은 친구들과 아울러 애인들이 되어야만 된다. 이것은 실생활의 하나의 결정적 측면이다.

사랑에 관한 6부분이론 다른 이론가들은 몇 가지 종류의 사랑들이 있다고 제안한다. 이러한 노선에 기초해서, Hendrick과 Hendrick(1986)은 6개의 상이한 종류의 사랑이 있다고 제안하고, 각 유형의 측정치들을 개발해 왔다. 표 9-2는 취할 수 있는 상이한 형태의 사랑들을 평가하는 문항들 중의 몇 개를 제시하고 있다.

남성은 열정애와 게임애에서 여성보다 더 높은 점수를 갖는 반면에, 여성은 남성보다 친구애, 논리애 및 소유애에서 더 높은 점수를 갖는다(Hendrick 등 1984). 추측되는 바와 같이, 연애관계들 속의 파트너들은 그들이 느끼는 사랑의 종류에서 서로 비슷한 경향이 있다(Hendrick 등, 1988). 열정애와 이기심없는 사랑은 관계에 대한 만족과 정적으로 관련되어 있으며, 게임애는 만족과 부적으로 관련되어 있다. 어떤 관계에서 표현된 사랑의 종류의 중요성은 연애 남녀들에 관한 하나의 추적연구에서 증명되었다. 파탄을 피했던 사람들은 열정애에서 높고 게임애에서 낮았다.

사랑의 삼각형 Sternberg(1986, 1988)에 의하면, 사랑은 **사랑의 삼각형모형**(triangular model of love)으로서 개념화된 세 개의 요소들의 측면에서 가장 잘 이해된다. 도 9-4는 매우 상이한 종류의 애정관계들을 일으키기 위해서 세 개의 기본요소들이 어떻게 여러 가지로 결합하는가를 예시해 준다.

첫번째 요소는 **친밀성**(intimacy), 즉 두 사람이 느끼는 가까움과 둘을 함께 결합시키는 유대의 강도이다. 파트너들은 각자가 상대방의 복지와 행복에 대해 관심을 두고 있는 한 친밀성이 높다. 각자는 상대방을 높이 평가하고, 서로 높게 존중하고, 필요할 때에 서로 의지하고, 상호 이해한다. 그들은 그들의 자기(self)들과 소유물들을 함께 공유하고, 정서적 지원을 주고 받으며, 친밀한 의사소통들을 행한다.

두번째 요소인 **열정**(passion)은 로맨스, 신체적 매력 및 성적 상호작용들을 포함한다. Sternberg는 자존심, 군집, 지배 및 복종과 같은 다른 욕구들이 열정에 기여할 수 있다고 시사했다.

의사결정/개입(decision/commitment) 요소는 인지적 요인들에 기초되어 있으며

표 9-2. 여러 가지 빛깔을 띤 사랑. Hendrick과 Hendrick의 사랑의 기술은 열정애와 동반자애(우정)의 유형들을 넘어선 6개의 독특한 종류들을 포함하고 있다. 사람들이 느끼는 사랑의 종류의 차이는 남녀가 상호 만족스러운 관계를 만들어 내는 과업을 복잡화시킨다.

기본적 사랑스타일들	각 유형을 측정하고 있는 표본 문항들
1. 열 정 애 (passionate love)	나와 나의 애인은 우리가 처음 만난 직후에 서로 매력을 느꼈다. 나와 나의 애인은 다소 신속하게 정서적으로 몰입되었다.
2. 게 임 애 (game-playing love)	나는 때로는 나의 애인들 중의 둘이 서로를 눈치채지 못하게끔 만들어야만 했었다. 나는 연애관계들을 아주 쉽고도 신속하게 끝내 버릴 수 있다.
3. 친 구 애 (friendship love)	가장 훌륭한 사랑은 어떤 장기적 친구관계에서 나온다. 사랑은 어떤 신비스럽고 영감적인 정서가 아니라, 진정으로 깊은 우정이다.
4. 논 리 애 (logical love)	어떤 비슷한 배경을 지닌 사람을 사랑하는 것이 가장 좋다. 파트너를 고르는 데에 있어서 중요한 한 요인은 상대방이 훌륭한 부모가 될 수 있는지의 여부이다.
5. 소 유 애 (possessive love)	나의 애인이 나에게 관심을 두지 않을 때, 나는 온통 괴로움을 느낀다. 나의 애인이 어떤 다른 사람과 함께 있다는 의심이 들 경우에, 나는 마음을 놓을 수가 없다.
6. 이기심없는 사랑 (selfless love)	나는 나의 애인이 괴로움을 당하게 하기보다도 차라리 나 자신이 괴로움을 당할 것이다. 내가 소유하고 있는 모든 것을 나의 애인이 원하는 대로 사용할 수 있다.

단기적 및 장기적 측면들을 갖고 있다. 단기적으로, 개인은 자기 자신이 어떤 사람을 사랑한다고 결정한다. 장기적 측면은 어떤 애정관계를 유지시키기 위한 개입을 포함한다.

더 나아가서 Sternberg는 사랑의 삼각형이 두 가지 양식으로 변화한다고 기술한다. 사랑은 강도(intensity)에서 차이가 있으며, 이것은 어떤 삼각형의 크기에 의해서 나타내진다. 삼각형이 클수록 사랑은 더 강하다. 삼각형의 모양은 도 9-5에서 제시된 바와 같이 사랑이 균형(balance)되어 있는 정도를 나타낸다.

세 개의 요소들의 각각의 중요성은 몇 가지 요인들에 따라 변한다. 예컨대, 열정은 단기적 관계들에서 더 큰 역할을 하는 반면에, 친밀성과 개입은 지속적 관계에 필수적이다. 세 개의 요소들은 세 개의 모두가 대체로 동일할 때에 균형되어 있다. 이것들은 요소들 중의 하나가 다른 둘보다 더 강할 경우에는 불균형되어 있다. 예컨대, 도 9-5에 있는 세 개의 불균형된 삼각형들 중의 첫번째 것에서 열정이 강조되어 있다. 두번째 것에서 친밀성이 결정적이다. 세번째 것에서, 의사결정/개입이 이성적이고 논리적인 이유들이 관계를 유지시키는 기초를 이룰 때처럼 주요 초점이 되고 있다.

사람들이 형성하는 관계의 종류들이 상이한 이유 사람들이 경험하는 여러 종류의

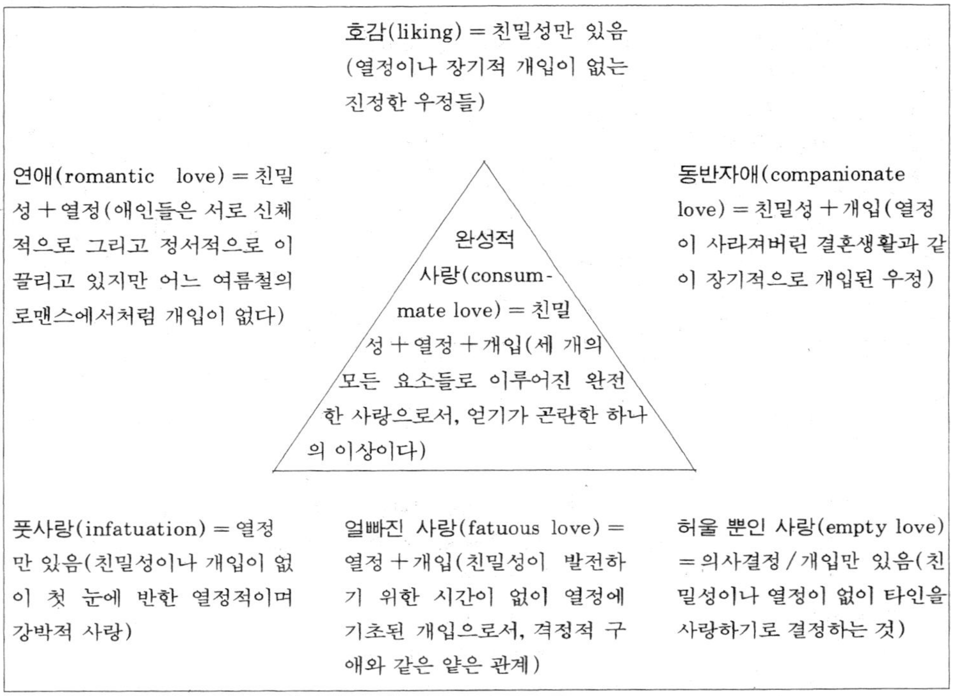

도 9-4. 사랑의 세 요소로 이루어진 7가지 종류의 사랑들. Sternberg의 사랑에 관한 삼각형 모형에서, 세 요소들은 친밀성, 열정 및 의사결정 / 개입이다. 위의 그림에서 보이는 바와 같이, 각 요소는 단독으로나 다른 요소들과 결합해서 나타날 수 있다. 그 결과로, 7개의 매우 상이한 종류의 애정관계들이 있다.
자료원 : Sternberg(1988).

애정들과 관계들을 고려할 때, 어떤 특정 개인이 특수한 양식으로 애정에 접근하는 이유를 이해하기 위한 어떤 방법이 있는가?

Hazan과 Shaver(1987)는 각 개인이 성인으로서 형성하는 연애관계들이 그 개인의 아동기의 부모와의 상호작용에 의해서 강력하게 영향받는다고 제안한다. 이들 연구자들은 대학생들과 신문구독자들을 표본추출해서 그들의 가장 중요한 로맨스와 자기 부모와의 아동기 관계들에 관해서 질문했다.

이 연구자들은 세 가지 유형의 사람들을 확인했다. 안심애착된(securely attached) 사람들은 어렸을 때에 자신이 자기 부모를 사랑해 주며 온정적이라고 지각했었다고 답변했다. 성인으로서, 그들은 타인들과 친해지기가 쉽다는 신념을 나타냈으며, 그들의 관계들은 좋았다. 그들은 적은 문제들을 보고했고, 그들의 로맨스들은 오래 지속되었으며, 그들은 세 가지 유형들 중에서 가장 적은 이혼을 보였다.

회피(avoidant) 집단은 자기 부모가 거부적이었다고 답변했다. 성인으로서, 그들은 타인들이 자신에게 너무 가까와질 때에 불편함과 불신을 느낀다고 보고했다. 그들의 관계들은 일련의 정서적 부침들로서 기술되었다.

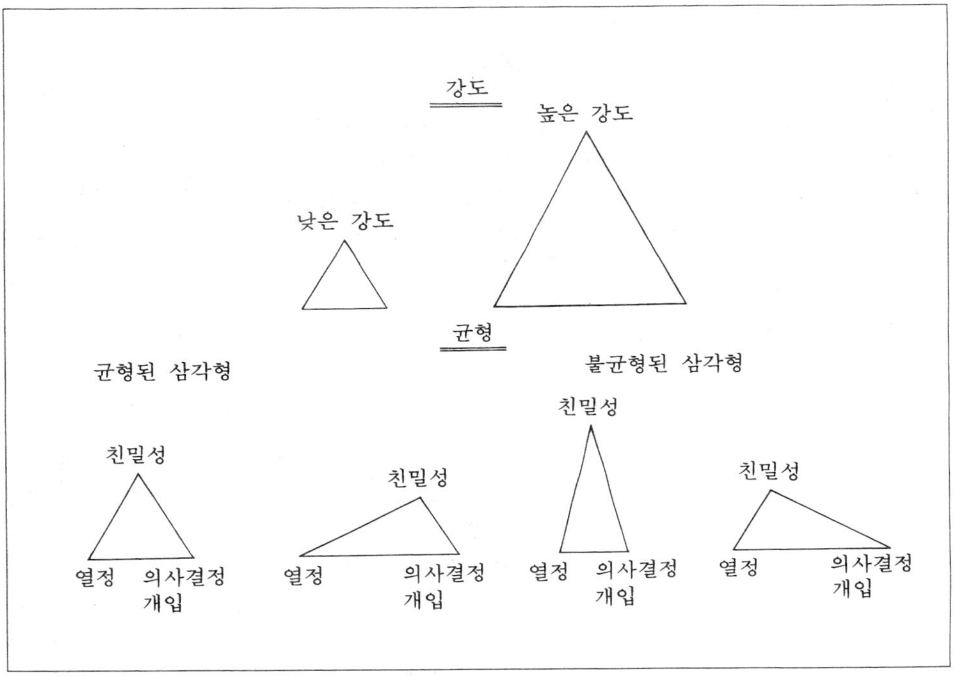

도 9-5. 균형된 및 불균형된 애정삼각형들. 사랑의 삼각형모형에서, 어떤 개인의 사랑경험의 강도는 삼각형의 크기에 의해서 나타내진다. 삼각형이 클수록 사랑은 더 강하다. 삼각형의 모양은 세 요소들이 균형되어 있는 정도를 나타낸다. 등변 삼각형은 균형된 사랑을 나타내는데, 여기에서 세 요소들은 똑같이 강하다. 맨 밑줄에는 세 개의 불균형된 삼각형들이 있다. 왼쪽의 것에서, 열정이 가장 큰 역할을 하며, 몇 가지의 주로 성적인 관계들이 이 패턴에 해당된다. 두번째 것에서, 친밀성이 가장 강하며, 두 애인의 우정이 가장 중요한 위치를 차지한다. 오른쪽 것에서, 성관계나 우정보다도 어떤 영속적 관계 속에 단순히 함께 있는 것이 더 중요성이 크면서, 의사결정/개입을 강조하는 애정이 있다.
자료원 : Sternberg(1986).

세번째 집단은 **불안/양면감정**(anxious/ambivalent)이라고 특징지어졌다. 그들은 자기 부모와의 혼합된, 즉 때로는 사랑하고 때로는 냉정하고 거부하는 관계들을 보고했다. 이 사람들은 자기 파트너와 가깝게 되기를 원했지만, 이것이 이루어지기가 어렵다는 것을 발견했고, 자기의 애인이 자신을 떠나는 것을 상당히 걱정했다.

우리는 아동기의 경험들이 성인기의 관계들로 옮겨지게 되는 양식들과 어떤 사람들이 자기 부모와의 부정적 경험들을 극복할 수 있는 방법들에 관해서 훨씬 더 많이 알 필요가 있다. 예컨대, 안심애착된 사람들은 가장 긍정적인 초기의 가족관계들을 보고하며, 회피적인 사람들은 자기 어머니와의 분리의 아동기 내력을 갖고 있으며, 불안/양면감정의 성인들은 자기 아버지를 비교적 비지원적이라고 기술한다(Feeney와 Noller, 1990). 이와 같은 연구는 발달경험들 속에 있는 사랑의 뿌리들을 이해하는 하나의 특별한 기회를 제공한다.

밀접한 관계의 수립과 유지

우리들 모두는 관계들이 얼마나 행복하며 희망적으로 시작되는가에 관계없이, 많은 관계들이 문제들에 봉착하게 된다는 것을 알고 있다. 밀접한 관계의 수립과 유지는 그리 쉬운 일이 아니다. 연애사건들은 끝장나며, 부부들은 불행해하면서도 함께 머물러 있으며, 이혼이 점점 더 보편적으로 되고 있다. 관계들상에서 무엇이 잘못되고 있으며 관계의 실패를 방지하기 위해서 무엇이 수행될 수 있는가?

데 이 트

우리 나라를 비롯해서 여러 문화의 국가들에서, 데이트는 관계들의 발전에 있어서 대인적 상호작용이 일어나는 과정이다. 데이트(date)는 개인의 욕구들을 충족시키는 데에 있어서 기능적인 동시에 레크리에이션적인 것이다. 일단 어떤 데이트관계가 시작되면, 많은 요인들이 보다 더 영구적 개입이나 파탄 쪽으로 이동하는 과정과 진행에 영향을 줄 것이다. 어떤 데이트관계들이 오래 지속되는 이유는 무엇이며 그렇지 못할 때에는 무엇이 일어나는가? 혼전관계들에 관한 하나의 심층적 연구는 몇 가지 답변들을 제공해 준다. Hill 등(1976)은 231쌍의 미혼 남녀쌍들의 관계들의 과정을 연구했다. 이 남녀쌍들은 연구자들과의 시초의 접촉 이전에 1개월 내지 5개월 동안 데이트해 왔던 주로 백인 대학생들이었다. 시초의 질문지가 6개월, 1년 및 2년의 시점들에서 재조사되었다.

첫 1년 말경에 약 45%(103쌍들)의 남녀쌍들이 헤어졌다. 이들 관계들에 대한 하나의 분명한 영향요인은 외적 상황이었다. 즉, 많은 관계들이 방학들과 같은 학기의 주요 전환점들에서 깨어졌다. 어떤 관계에 대한 외부요인들은 관계들이 어떤 시점들에서 종식되게끔 만들기 위해서 내부요인들과 상호작용할 수 있다. 관계의 내부에서, 관계의 밀접성, 애정의 양, 지각된 결혼가능성 및 관여의 동등성이 관계의 안정성의 유의한 예언요인들이었다.

그들의 결과를 보다 더 자세하게 검토해 보자. 놀랄 것도 없이, 1972년도에 가깝게 느낀다고 보고했던 남녀들이 1974년도에도 함께 있게 되기가 더 쉬웠다. 그렇지만 그러한 보고된 감정들은 완전한 예언요인이 못되었다: 시초의 질문지에서 가깝께 느낀다고 보고했던 많은 남녀들이 다음 2년 동안에 결별했다. 우리의 앞의 논의와 일치해서, 애정척도상에서의 점수들이 호감척도상에서의 점수들보다도 더 잘 예언했다. 이 이외에도, 여자들의 애정점수들은 남자들의 애정점수들보다도 관계가 지속될 여부에 대한 더 나은 지표이었다. 따라서, 몇 가지 이유로, 관계 내의 여자의 감정들이 관계의 건전성에 대한 보다 더 민감한 지수이다. 관계의 장차의 성공에 무관련한 것은 남녀가 성교를 했었는지의 여부 그리고 그들이 동거했었는지의 여부이었다. 남녀는 그들이 이러한 보다 더 친밀한 형태의 상호교환들을 했건, 아니면 안 했건 간에 똑같은 관계의 유지를 보였다. 여자들은 또한 남자들보다도 자신의 현재의 관계를 다른 대안관계들(CLalt)과 비교하는 경향이 더 많았다. 이것을 전제할 때, 여자들이 남자들보다도 더 빈번하게 관계를 깨 버린다는 것을 발견하는 것은 놀라운 일이 못된다. 이와 관련해서, 남자들이 여자들보다도 관계의 파탄에 대해 더 고통을 받고 있다는 것이 보고되고 있다.

이와 비슷한 더 단기간의 종단적 연구에서, Berg와 McQuinn(1986)은 4개월 후까지 계속 데이트하는 남녀쌍들과 헤어진 남녀쌍들이 시초부터 차이가 있었다는 것을 발견했다. 그들은 더 큰 애정을 나타냈고, 더 친밀하게 대화했고, 자신의 파트너 쪽으로 자신의 행동을 변화시킬 더 큰 적극성을 보였다.

Berscheid 등(1989a, 1989b)은 9개월 기간 동안 대학생들의 연애관계들을 연구했다. 이들 관계들을 평가하기 위해서 그들은 이미 앞에서 제시된 바와 같이, 먼저 관계밀접성조사지(RCI)를 개발했다. 이 조사지는 관계들 내에서의 상호작용들의 빈도, 다양성 및 강도를 측정한다. 흥미있게도, 이 대학생들이 자신의 가장 가깝고, 가장 몰입되어 있고, 가장 친밀한 관계를 기술하도록 요구받았을 때, 이들 중의 약 절반 가량만이 어떤 연애관계를 기술했다. 다른 대학생들은 친구관계나 가족관계를 기술했다. RCI점수들에 의하면, 매우 가까웠던 연애하는 남녀쌍들은 시초에 덜 가까운 점수를 받았던 남녀쌍들보다도 그 후의 9개월 동안에 헤어지는 경향이 더 적었다. 헤어질 가능성은 남녀쌍이 이전에 얼마나 오랫 동안 데이트해 왔는가나 그들의 사전의 행복도 평정치들이나 심지어 그 관계가 얼마나 오래 지속할 것인가에 대한 그들의 추정에 관련되어 있지 않았다. 가까운 관계들이 깨졌을 때, 이 파트너들은 덜 가까운 관계들이 종식되었던 파트너들보다도 더 큰 정서적 고통을 느꼈다. Simpson(1987)은 비록 그가 이전의 파트너와 오랫 동안 데이트했고 자신이 어떤 새로운 바람직스러운 파트너를 쉽게 구할 수 없다고 생각했던 사람들에 대해서 고통이 더 크다는 것을 발견했을지라도, 또한 밀접성이 어떤 관계가 깨어졌을 때에 개인들이 얼마나 많은 고통을 느끼는가에 관련되어 있다는 것을 발견했다.

이러한 연구들은 가까운 관계들이 더 안정성있는 경향이 있다는 것을 시사하는데, 이것은 한 인물과 전적으로 데이트하고 있었던 사람들에 관한 다른 연구(Cate 등, 1982)에 의해서 지지 받았다. 후자의 연구는 형평과 보수수준의 이론적 틀들을 고려하면서 관계안정성을 검토했다. 형평이론(Walster 등, 1978)의 예언들과는 반대로, 보수수준, 즉 개인이 사랑, 지위, 서비스들, 상품들, 금전 및 정보와 같은 관계 내에서 얻은 긍정적 보수들의 정도가 형평성보다도 관계만족도의 더 나은 예언요인이었다. 다른 연구(Lloyd 등, 1984)는 관여, 보수수준 및 지각된 결혼가능성이 모두 관계의 시작 이후 3개월과 7개월의 시점들에서 혼전관계의 안정성의 유의한 예언요인들이라는 것을 발견했다.

자기들의 연구들을 계속하면서, Cate와 그의 동료들(1985)은 안정적 및 비안정적 데이트관계들을 구분짓는 데 대한 형평성, 동등성 및 보수수준들의 영향을 검토했다. 이 연구의 참가자들은 관계의 지각된 형평성수준(그들의 투입들에 비한 그들의 비례적 결과들이 형평성있었는지), 동등성(보수들의 분배가 동등하게 이루어졌는지) 및 보수수준을 평정했다. 이 참가자들이 3개월과 7개월 후에 재차 접촉되었을 때, 보수수준이 형평성이나 동등성보다도 안정성의 더 나은 예언요인이라는 것이 발견되었다. 또 다른 연구(Cate 등, 1988)는 또한 보수수준들이 혼전관계들의 만족과 관여를 예언하는 데에 있어서 형평성과 같았거나 더 나았다는 것을 보였다.

이러한 발견들에 대해 두 가지 설명들이 가능한 것 같다. 만일 어떤 관계에서 보수들이 높으면, Huston과 Burgess가 시사한 바와 같이, 파트너들은 상대방 인물이 기여했거나 받은 투입들과 결과들의 수준에 주의를 기울이지조차 않을 수 있다. 또한, 형평성과 동등성이 보수수준보다도 관계의 상이한 측면들을 나타낼 수 있어서, 형평성과 동등성이 순간적 근거에서 판단되고 있는 반면에 보수수준은 장기적인 관계의 누가적 측면들을 나타낼 수 있다. 비록 이 설명이 아직 불분명할지라도, 관계의 개시에서의 지각된 보수수준이 형평성이나 동등성보다도 어떤 혼전관계가 지속될 여부에 대한 더 나은 예언요인이다. 끝으로, 앞에서 언급된 Rusbult의 만족과 개입에 관한 아이디어들을 회상하라. 그녀가 데이트하는 이성애적 남녀쌍들의 한쪽 멤버에 대해 이 모형을 검증했을 때, 그녀는 관계만족도가 장기적으로 보수들이 증가되었을 때에 증가되었다는 것을 발견했다. 개입은 만족의 증가, 사용가능한 대안관계들의 질의 감소 및 관계에 대한 투자의 증가 때문에 증가되었다.

데이트관계들에서의 성행동

앞 절에서 우리는 파트너들이 사랑하고 헤어지는 양식들에 초점을 두고 있는, 미국의 보스턴지역의 200쌍 이상의 데이트남녀들에 대한 하나의 집중적 연구를 논의했다. 이 연구는 이들 남녀들의 성행동에 대한 심층조사를 포함시켰으며 우리에게 1970년대의 미국의 대학생들의 비결혼상태의 성행동에 대한 가장 철저한 보고들을 제공해 준다(Peplau 등, 1977).

이들 남녀들의 대다수가 어떤 관계에서의 성관계에 대해서 매우 긍정적이었다. 80%의 남녀쌍들이 서로 사랑하고 있는 남녀가 성교를 갖는 것이 완전히 인정가능하다고 생각했을 뿐만 아니라, 그들의 행동도 이러한 표명된 생각과 일치되었다: 82%의 남녀쌍들이 그들의 최근의 관계에서 성교를 가졌다. 이러한 수치는 성적으로 친밀한 대학생들의 비율이 이렇게 크다는 것을 의미하지는 않는다; 대학생들에서의 성행동의 빈도에 대한 이전의 조사연구들은 백분율이 다소 더 낮았다는 것을 보였다. 그러나, 어떤 사람과 "사랑하는 사이"인 학생들 중에서, 성적 친밀성의 빈도는 상당하다.

비록 이 연구에서 대다수의 학생들이 그들의 현재의 파트너와 성교를 경험했지만, 18%의 남녀쌍들이 자제를 보고했다. 이들 남녀쌍들에서, 여자가 자제의 주요 근원인 것 같았다. 남자들 중에서, 64%가 그들이 계속 성활동을 하지 않게끔 만드는 것이 자기들의 파트너의 자제에 대한 욕망이었다고 보고했다. 이들 남녀쌍들에서 거의 절반의 남자들과 여자들이 제시했던, 자제의 다른 이유는 임신의 두려움이었다. 이 이외에도, 여자들은 성관계가 자기들의 윤리기준을 위배할 것이며 그 관계에서 성활동을 고려하는 것이 너무 이르다고 대답했다. 여자의 종교적 배경이 또한 남녀의 성행동에 관련있었다. 이 표본에서 약 27%의 가톨릭을 믿는 여자들이 16%의 유태인 여자들과 단지 2%의 신교도 여자들에 비해서, 성교를 자제했다. 흥미있게도, 남자의 종교적 배경은 관계에서 성교의 유무에 아무런 영향이 없었다.

자기들의 관계 동안에 성교를 가졌던 남녀쌍들 중에서, 약 절반이 첫번째 데이트 후 1개월 이내에 가졌다. 관계의 더 늦은 단계에서 성활동을 시작했던 남녀쌍들과 이들 남녀쌍들을 비교하면서, 이 연구자들은 여자의 특징들이 또다시 남자의 특징들보다도 남녀의 성활동과 더 밀접하게 관련되었다는 것을 발견했다. 표 9-3이 나타내는 바와 같이,

일찍이 성교를 갖었던 남녀쌍들의 여자들이 자기 자신이 덜 종교적이고, 더 경력지향적이고, 덜 가정주부의 역할지향적이고, 다양한 자기평정치들에 의해서 평가되었을 때에 더 자존심이 높다고 보고했다.

이 연구에서 관찰된 세 가지 유형의 남녀쌍들(자제한 쌍들, 관계에서 꽤 일찍 성관계를 가진 쌍들 그리고 관계의 뒷 시점에서 최초로 성관계를 가졌던 쌍들)은 성관계와 정서적 친밀성 사이의 관계를 다소 달리 보았다. 자제하는 남녀쌍들은 성관계에 대한 전통적 견해를 가졌으며, 결혼에 대한 영구적 개입이 성행동의 선행 필수조건이라고 생각했다. 이러한 관계들의 여자들은 대개 처녀들이었다; 이 남자들은 다른 관계들에서 제한된 성경험을 가졌 왔을 수 있다. 이와는 반대로, 관계에서 매우 이르게 성활동을 경험했던 남녀쌍들은 우연적 성관계에 대한 자기들의 인정을 나타냈다. 그들은 비록 애정이 어떤 성관계에서 바람직스러울지라도, 애정없는 성관계가 또한 인정될 수 있다고 대답했다. 이러한 남녀쌍들에서 흔히 성교는 정서적 친밀성을 표현하는 수단이기보다도 그러한 감정을 발전시키는 수단이 되어 주었다. 이 두 양극단 사이에는 이 연구자들이 **성적 중용자들**(sexual moderates)이라고 이름붙인 남녀쌍들이 있었다. 이들 남녀들에 대해서, 성관계는 애정과 정서적 친밀성이 확립된 후에 관계의 뒷 부분에서 일어났다. 윤리적 고려들이 성활동의 개시를 지연시키는 것 같지는 않았지만, 연애관계적 관심들이 하나의 필수요소이었다.

이들 세 종류의 남녀쌍들 사이의 성관계에 대한 견해들의 다양성에도 불구하고, 그 관계의 장기적 성공의 가능성들은 세 개의 모든 패턴들에 대해서 똑같았다. 처음의 면접들의 2년 후에, 각 유형의 남녀쌍들의 동일한 백분율이 결혼했고(20%), 계속 데이트했고

표 9-3. "이른 성교"와 "늦은 성교" 남녀쌍들에서의 여자들의 특징들

특 징 들	이른 성교 (N = 90)	늦은 성교 (N = 92)
종교성에 대한 자기평정(9점 척도)	3.4	4.2
15년 동안 완전 주부가 되는 것에 대한 선호 (4중에서의 평균 순위)	2.8	2.3
15년 동안 독신 직업여성이 되는 것에 대한 선호 (4중에서의 평균 순위)	3.0	3.5
권위주의적 복종성(10개 문항들)	1.8	2.3
대안적 생활스타일에 대한 집착(9점 척도)	6.2	5.3
자기평정들(모두 9점 척도들임)		
창의성	6.4	5.9
똑똑함	7.0	6.6
자신감	5.8	5.0
데이트상대로서의 바람직스러움	6.8	6.2

주: 모든 이름-늦음의 차이들은 $p < .05$나 그 이상으로 유의하다. 남자들에 대한 이와 비슷한 분석들은 통계적 의의수준에 이르지 못했다(이른 성교=첫번째 데이트 후 1개월 이내임).
자료원: American Psyekological Monitor, April, 1986.

(34%), 헤어졌다(46%).

이 연구에서 하나의 마지막 관심분야는 성관계 대한 남자들과 여자들의 태도들의 차이들이다. 어떤 우연한 관계에서의 성관계에 대한 남자들의 태도들은 다소 더 긍정적이었지만(앞에서 논의된 태도조사들의 발견과 일치되고 있다), 남자들과 아울러 여자들은 성관계가 어떤 사랑하는 관계에서 인정가능하다는 데 대해 일치했다. 몇 가지 가정들과는 정반대로, 남자들은 그 관계에서 애정과 성적 만족간의 관계에 대한 태도에서 여자들과 차이가 없었다. 양성의 보고들에서 애정은 성적 만족과 중정도로 상관있었다.

아마 양성 사이의 가장 두드러진 차이는 순결성(virginity)의 상실문제에서 보여지고 있다. 많은 논평가들은 순결성의 상실이 남자보다도 여자에 대해서 하나의 보다 더 중요한 단계라고 시사해 왔으며(Bernard, 1975) 보스턴의 남녀쌍들에 대한 이 연구의 발견들은 이 시사를 지지한다. 남녀쌍이 연애관계에 들어가기 전에 순결을 유지했는지는 남녀쌍의 개입감에 관련이 없었지만, 여자의 이전의 성관계 상태는 그 개입에 관련있었다. 여자가 현재의 관계 이전에 순결을 지켰던 남녀쌍들은 더 많은 서로간의 애정과 더 큰 결혼가능성을 보고했다. 이 이외에도, 이 여자들은 이전에 성교를 경험했던 여자들보다도 관계 속에서 더 큰 가까움과 더 큰 만족을 보고했다. 그렇지만, 여자의 이전의 순결성이 관계에 대해 장기적 영향이 없었다는 것은 흥미있는 일이다: 그 관계 이전에 여자가 순결을 지켰던 남녀쌍들은 여자가 이전에 성경험을 가졌던 남녀쌍들보다 교제를 계속하는 가능성이 더 많지는 않았다.

요약하면, 대학생들의 결혼전의 성행동은 광범한 스타일들을 갖고 있다. 비록 어떤 종류의 성활동(애무나 성기를 자극하는 것)이라도 관계에서 형평성의 느낌이 있을 때에 일어나기가 가장 쉽지만(Walster 등, 1978), 실제의 성교경험은 일찌기나 늦게 일어나거나, 전혀 일어나지 않을 수 있다. 이것의 발생은 관계의 장기적 성공과 거의 관련이 없는 것 같다.

장기적 관계들에서의 성행동

비록 결혼 전의 성관계가 데이트관계들의 안정성에 거의 영향이 없을지라도, 우리는 이것이 어떤 장기적 영향들을 주고 있는지에 대해 의문을 품을 수 있다. 특수하게 말해서, 결혼하게 된 남녀쌍들의 혼전 성경험은 그들의 그 후의 결혼생활의 만족에 어떤 영향을 주는가? Ard(1974)는 약 20년간 결혼생활을 해 왔던 한 표본의 161 쌍의 부부들에게 이러한 질문을 했다. 약 절반의 이들 부부들이 자신의 장래의 배우자와 혼전성교를 가졌다고 보고했다(이러한 수치는 Kinsey의 자료와 매우 비슷하지만 어떤 학생들에게는 놀라운 일로 여겨질 수 있을 것이다. 대학생들이 자기 부모의 성활동들의 정도를 추정하도록 요구받았을 때, 그들은 그 활동이 혼전이건, 결혼중이건, 혼외이건 간에 Pocs와 Godow, 1977이 밝힌 바와 같이, 그러한 활동의 수준들을 크게 과소추정하는 경향이 있다). Ard의 결혼부부 표본의 사람들이 그들의 혼전 성경험 ── 성교가 있거나 성교가 없거나 간에 ── 이 자기들의 결혼생활에 어떤 영향을 주었는가를 질문받았을 때, 양 집단의 대다수의 부부들은 거의 영향이 없었다고 보고했다. 비록 자신의 배우자와의 혼전성교를 경험하지 않았던 부인들이 차후의 결혼생활의 행복에 대한 혼전의 자제의 좋은 영향들을 보고하는 경향이 가장 많았을지라도, 활동수준에 관계없이 더 많은 사람들이 나쁜 영향보다도 좋은 영향을 보고했다.

결혼관계 자체 내에서, 성관계는 흔히 부부의 행복의 한 결정적 요인이라고 믿어지고 있다. 한 관찰자는 다음과 같이 결론지었다: "결혼생활에서 유일하게 좋은 일이란 성관계라는 식의 부부들이 있다. 그리고 남편과 아울러 아내에게 만족스러운 성관계가 없는 결혼생활들도 있다. 그렇지만 위의 두 가지 극단적 경우들은 드물다. 대개 화평치 못한 결혼생활에서 성생활 역시 불만족스럽다"(Golden, 1971, p. 185).

성적 만족과 결혼관계에 대한 일반적 만족 간의 연관은 충분하게 입증되고 있다(Blumstein과 Schwartz, 1983 ; Perlman과 Abramson, 1982). 35일 동안 자신의 성교의 빈도를 점검하고 그 다음에 자신의 결혼생활의 행복도를 평가하도록 요구받았던 결혼한 사람들은 이 둘 사이에 높은 관계를 보고했다 ; 이러한 발견은 성관계와 결혼생활의 행복도가 동반된다는 것을 시사한다(Thornton, 1977). 동일한 연구는 결혼생활의 만족도가 예상된 대로, 보고된 언쟁들의 빈도와 부적으로 관련되어 있었으며 성관계의 빈도가 또한 언쟁들의 빈도와 부적으로 관련되어 있었다는 것을 발견했다. 보다 더 일반적으로 Blumstein과 Schwartz(1983)는 모든 형태의(이성간의, 여성동성애의 그리고 남성동성애의) 장기적 관계들에서 성관계의 빈도가 성적 만족과 관련되어 있었으며, 한편 후자는 관계에 대한 만족과 관련되어 있었다는 것을 발견했다. 드문 성관계는 특히 이성간의 부부들에서, 갈등과 관계에 대한 일반적 불만족과 연관있었다 ; 이와 같은 관계는 여성동성애와 남성동성애 부부에서는 덜 뚜렷했다. 이러한 연관들은 놀라운 것이 못된다 ; 그렇지만, 상관적 자료들이 인과성을 증명할 수 없다는 점을 기억해 두는 것이 중요하다. 성관계의 빈도와 아울러 언쟁들의 빈도는 결혼행복도에 영향줄 수 있다 ; 한편, 이들 두 요인들은 직업상의 곤란들, 건강의 걱정들 및 가정 내의 방해를 주는 인척들의 존재와 같은 어떤 제삼의 변인에 의해서 영향받았을 수 있다.

Blumstein과 Schwartz(1983)의 발견들에 의하면, 다른 요인들이 또한 성적 만족과 관계에 대한 행복도에 관련되어 있다. 예컨대, 파트너들은 그들이 성적 상호작용을 개시하는 것과 아울러 거부하는 것을 똑같이 할 수 있다고 느꼈을 때, 더 행복하다고 보고했다. 성적 만족은 또한 여성동성애적 관계들의 경우를 제외하고서, 파트너의 매력도의 지각들과 관련있었다. 그러나 또다시, 우리는 인과성의 방향을 가정함에 있어서 조심해야만 된다. 파트너들은 그들이 자신의 파트너가 매력적이라고 보기 때문에 성관계가 만족스럽다고 생각할 수도 있고, 그렇지 않으면, 그들은 그들이 자신의 성적 관계를 즐기기 때문에 자신의 파트너가 매력적이라고 생각할 수도 있다.

이들 연구들은 성행동이 정말로 대부분의 관계들의 한 가지 중요한 측면이라는 것을 나타낸다. 비록 성행동이 확실히 행복도의 유일한 결정요인이 아니며 많은 다른 종류의 행동들과 사건들에 의해서 영향받을 수 있을지라도, 그래도 성행동은 대부분의 사람들의 진행중인 관계들에서 하나의 핵심요소이다.

성행동과 피임

모든 사람들이 알고 있는 바와 같이, 성행동은 그 자체로 종식되는 것이 아닐 것이다. 이것은 또한 장래의 결과들, 특히 임신과 아이들의 출생을 갖는다. 그리고 정말로 모든 사람들이 이 사실을 알고 있는가? 그 대부분이 미혼의 미국인 10대들에서 임신들의 극적 증가는 성교와 장차의 임신 간의 연관이 적어도 성교가 일어날 당시에 항상 인식되고 있지는 않다는 것을 시사한다.

1978년에, 미국의 모든 10대 여성들 중의 10%, 즉 총 1백만 명 이상의 여성이 임신되었다. 이들 젊은 여성들 중의 소수(20% 이하)가 임신 당시에 결혼상태이었으며 많은 사람들이 아기가 출생할 무렵에 결혼하지 않았었다. Alan Guttmacher 연구소(1981)에 의해 수집된 수치들에 의하면, 많은 여성들(약 40%)이 원치 않는 임신을 임신중절에 의해서 종식시켰다.

원치 않는 임신들은 성적으로 활동적인 사람들이 어떤 형태의 피임법을 사용할 경우에는 피하게 될 수 있다. 그러나 많은 사람들이 그러한 사전조치들을 취하지 않는다. 성적으로 활동적인 15~19세들에 대한 최근의 한 조사에서 응답자들 중에서 26%가 자신이 피임용구들을 전혀 사용하지 않았다고 대답했으며, 추가의 45%가 자신이 때때로 사전조치를 취했다고 대답했다. 피임용구들의 사용은 연령에 따라 증가한다: 15세들 중의 35%가 자신의 피임용구들을 전혀 사용하지 않았다고 대답한 반면에, 19세들 중의 15%만이 그렇게 대답했다(Morrison, 1985). 그럼에도 불구하고, 연령도 교육도 피임법이 정규적으로 실행되게 될 것을 보장하지 않는다. 산아제한과 무료로 배부되는 피임용구들에 관한 정보를 제공해 주는 부서를 가진 한 대학교에서 심지어 교육을 잘 받은 표본 중에서도 성적으로 활동 중에 있다고 인정했던 학생들 중의 1/3이하가 피임법을 정규적으로 실행했다(Byrne, 1983). 몇몇 증거는 성적 활동량의 증가에도 불구하고, 현재의 여대생들이 몇 년 전보다도 덜 효과적인 피임범들을 사용하고 있다는 것을 시사한다(Gerrard, 1982).

성적 활동을 하고 있는 사람들이 효과적 피임법을 실행하지 않는 이유는 무엇인가? 한 가지 이유는 10대들이 흔히 생식의 생리에 관한 사실들과 아울러 피임용구들의 효과에 관한 지식이 부족하다는 것이다. 예컨대, 한 연구에서 질문받았던 10대들 중의 1/3이 "만일 어떤 여자가 진정으로 아기를 갖는 것을 원치 않고 있다면, 그녀는 설사 그녀가 어떤 산아제한 조치들을 취함이 없이 성관계를 갖을지라도 임신하지 않을 것이다"라는 데에 동의했다(Morrison, 1985, p. 543). 지식은 연령과 아울러 성경험에 따라 증가한다. 더욱이, 상위의 사회경제적 계층들의 자녀들이 하위의 사회경제적 계층들의 자녀들보다도 정확한 정보를 갖는 경향이 더 많다(Morrison, 1985).

그러나 지식의 부족이 피임용구들을 사용하지 못하는 데 대한 유일한 이유는 아니다. 많은 여성들은 그저 "나에게는 그런 일이 일어날 리가 없어"라고 믿는다. 매스미디어에 의해 쉴새없이 보도되는 점점 더 증가되는 숫자의 10대의 임신들에 대한 정보를 무시하면서, 이들 여성들은 자기 자신을 확률의 일반법칙들에서 제외시킨다. 어떤 여성들은 그것들의 사용이 사전 계획을 시사하며 그들이 자기의 파트너가 그것에 대해 나쁘게 생각할 것을 두려워하기 때문에 피임용구들을 사용하지 않는다. 성관계의 자연발생성을 원하는 것이 흔히 사전조치들을 취하지 못하는 데 대한 하나의 설명으로서 제시되고 있다: 그들은 자기들이 열정에 "휩쓸려 버렸다"고 자신에게 말할 수 있게 되기를 원한다. 피임용구들의 사용을 막는 다른 태도들은 피임이 즐거움을 방해하고, 도덕적으로 잘못이며,

그것이 자기 자신보다도 상대방의 책임에 속한다는 믿음을 포함한다(Morrison, 1985). 사람들은 피임용구들을 구입하는 것이 너무 곤란하거나, 너무 비싸거나, 너무 당혹스럽다고 생각할 수 있다. 대부분의 조사들에서 면접받은 사람들 중의 약 1/3이 이러한 형태의 반응을 제시한다. 끝으로, 어떤 10대 여성들(몇몇 조사들에서 25% 정도까지나)은 자신이 임신되는 것을 원하기 때문에 피임용구들을 사용하지 않는다(Morrison, 1985).

Byrne(1983)은 피임을 실행하기로 결정하는 데에는 다섯 개의 단계들이 발생한다고 시사했다: 즉 (1) 피임에 관한 사실적 정보를 획득하는 것, (2) 성교를 갖게 될 가능성을 인정하는 것, (3) 피임용구들을 획득하는 것, (4) 파트너와 피임에 관해서 대화하는 것 및 (5) 피임을 실행하는 것이다. 이 순서의 각 단계에서, 여러 가지 사회적 및 심리적 요인들이 그 결과에 영향줄 수 있다. 성교가 하나의 충동적이며 낭만적인 행위라고 믿고 싶어하는 사람에 대해서, 이와 같은 순서의 단계들은 아마 상상할 수 없는 것일 것이다. 그러나 이들 각 단계가 취해지지 않게 되면, 원치 않는 임신이 충분히 생길 수 있다.

이러한 순서에 영향을 주는 한 가지 요인은 성행동에 대한 개인의 일반적 태도들이다. Byrne(1977, 1983)은 성행동에 대해 일반적으로 긍정적 태도들을 갖고 있는 사람들(성애 기호자들: erotophilics이라는)과 일반적으로 부정적 태도들을 갖고 있는 사람들(성애 공포자들: erotophobics라는)을 대비시키면서, 이러한 태도들상에서의 개인차들을 논의했다. 이들 두 가지 유형의 사람들은 의사결정순서의 각 지점에서 차이가 있다고 간주될 수 있다(Fisher 등, 1983). 예컨대, 인간의 성행동의 과목을 수강했던 학생들은 만일 그들이 성행동에 대해 부정적 태도들을 갖고 있다면, 피임과 기타의 실행들에 관한 그들의 지식을 평가하고자 마련된 중간시험에서 보다 더 나쁜 성적을 받았다. 성애공포증적 남자들은 자신이 성활동을 갖게 될 가능성을 과소평가한다: 놀랄 것도 없이, 그들은 또한 피임도구들을 구입하는 경향이 더 적다. 성애에 대해 보다 더 부정적 태도들을 갖고 있는 사람들은 자기의 파트너와 성문제들을 논의하면서 덜 편하게 느낀다.

사람들이 성활동에 대해 죄의식을 느끼거나 죄의식을 느낄 것으로 기대하는 정도는 또한 그들의 피임용구들의 사용에 관련되어 있다. 한 성죄의식의 측정치 상에서 높은 점수를 받은 성적으로 활동적인 여자들은 낮은 점수를 받은 여자들보다도 비효과적인 피임용구들을 사용하거나 전혀 사용하지 않는 경향이 더 많다(Gerrard, 1982). 높은 불안수준을 가진 여자들은 불안이 더 낮은 여자들보다도 아마 피임약이 성적 활동의 계획과 가능성의 인정을 요하기 때문에, 피임약들을 사용하는 경향이 더 적다. 불안이 높은 여자는 자기의 파트너가 콘돔을 사용하는 것에 의지하는 경향이 더 많다(Leary와 Dobbins, 1983).

전체적으로, 성행동에 대한 일반적 태도들이 효과적 피임을 일으키는 다양한 행동들에 영향을 준다. 아이러니컬하게도, 성관계를 가장 난처하게 느끼는 사람들이 만일 그들이 성활동을 갖게 된다면, 원치않는 임신의 가능성을 증가시킨다.

결혼생활의 만족과 사회적 교환

아마 결혼생활의 만족은 사회적 교환의 이론적 틀 내에서 가장 잘 이해될 수 있을 것이다. 앞에서 이미 지적된 바와 같이, 데이트와 동거 관계들에서 사람들은 보수를 준다고 판명된 관계들 속에 머물렀다. 우리는 지속되는 결혼들이 보수들이 확인된 문제들(또는 부담들)을 능가하는 것들이라고 예상할 수 있다. 더 나아가서, 형평이론은 각 파트너가 관계에 투입하는 것과 얻어지는 것 사이의 균형이 비교적 동등할 경우에 결혼생활에 만족하게 될 것이라고 시사한다. 불균형이 있을 때, 양쪽 파트너들에 의해서 고통이 자주 느껴질 것이다.

결혼생활들에서, 연구는 과잉이익받은 파트너들과 형평성있게 대우받은 파트너들이 과소이익받은 파트너들보다도 혼외정사들을 가질(또는 적어도 보고할) 가능성이 더 적다는 것을 나타낸다(Walster 등, 1978). 지각된 형평성도 또한 심리적 결과들을 갖는다. 신혼부부들을 면접하면서, Traupmann 등(1981)은 형평성있게 대우받았다고 느낀 남자들과 여자들이 과잉이익받았거나 과소이익받았다고 느낀 사람들보다 더 만족했다는 것을 발견했다. 다른 연구에서, 남편들과 부인들이 부모, 요리, 부양자, 주부 및 동료와 같은 상이한 가족역할들상에서 자기 자신과 배우자의 노력수준을 평가하도록 요구받았다. 형평성은 자기평가와 배우자의 평가의 점수들 간의 차이에 의해서 결정되었다. 과잉이익을 받았거나 과소이익을 받았다고 느낀 남편들과 부인들이 형평성있게 대우받은 배우자들보다 더 높은 수준의 우울증을 보고했다(Schafer 와 Keith, 1980).

사회적 교환과 결혼생활의 적응 간의 관계에 관한 하나의 흥미있는 예는 의사소통과 자기개방의 중요한 분야에 초점을 둔다. 자기 자신과 파트너 사이에 비교적 동일한 양의 감정적 자기개방(자신의 감정들과 정서들에 관해서 이야기하는 것)을 지각했던 부부들이 결혼생활에 만족하는 경향이 더 많았다(Davidson 등, 1983). 파트너들의 감정적 자기개방의 상위가 클수록 결혼생활의 만족도는 더 낮다. 결혼부부들은 감정적 의사소통의 면에서 자신이 제공한다고 느낀 만큼 자기의 상대방에게서 받고 싶어하는 것 같다. 자기 자신과 자기의 파트너의 자기개방들 사이에 큰 차이가 있었다고 느낀 부부들은 불행해 했다. 이러한 발견은 자신이 준 개방보다도 더 많거나 적게 개방받았다고 지적한 사람들에 대해서도 마찬가지이었다.

흥미있게도, 높은 수준의 결혼만족도를 나타냈던 사람들은 받았던 개방에 대한 자기들의 지각을 선택적으로 왜곡시키는 경향이 더 많았다. 아마 이것은 심리적 형평성을 회복시키기 위해서 파트너의 공헌을 과대평가하거나 과소평가함으로써 관계에서 생기는 고통을 제거시키려는 한 시도일 것이다. 만일 파트너들이 자기들이 동일한 수준에서 교환했다고 지각했다면, 그들은 만족하는 경향이 더 많았다. 한 부부의 절대적 교환수준은 다른 부부의 교환수준보다 훨씬 더 높거나 낮을 수도 있지만, 중요한 것은 각 파트너가 자기의 파트너와의 동등한 교환을 느끼는 여부이며, 한 부부가 다른 부부보다 실제로 더나 덜 개방하는 여부는 아니다.

지각된 형평성의 중요성은 평균 10년간 결혼생활을 했던 부부들에 관한 한 연구에서 또한 예시되고 있다(Mathews 와 Clark, 1982). 가장 큰 결혼만족도, 안정성 및 성적 만족도가 ① 형평성있게 대우받았다고 느꼈고 ② 자기 배우자에 의해서 인정받았다고 느꼈던, 즉 단지 "인간적으로" 자기 배우자에 의해서 수용받았고 자신의 진가를 인정받았다고 느꼈던 사람들에 의해서 표명되었다. 이것은 자기의 배우자를 가장 친한 친구로서 보는 것과 매우 유사한 것 같다. 형평성과 자신의 진가의 인정의 느낌들은 또한 서로 밀접하게 관련되어 있었다(다음 절의 표 9-4 참조). 형평성있게 대우받았던 사람들의 73%가 또한 자기의 배우자에 의해서 자신의 진가를 인정받았다고 느꼈지만, 불형평적으로 대우받았던(과잉이익이나 과소이익을 받었던) 사람들의 39%가 자신의 진가를 인정받았다고 느꼈다.

장기적인 결혼생활의 만족

많은 사회과학적 관찰자들은 남편들과 부인들이 결혼생활의 햇수가 증가함에 따라 덜 로맨틱하고 자기들의 관계의 질에 대해 덜 만족한다고 시사해 왔다. 이것은 사실인가? 어느 정도, 그 답변은 그렇다인 것 같다. 예컨대, Huston 등(1984)은 첫해 동안에 결혼관계들에서 일어나는 변화들을 조사했다. 자료들이 결혼식 직후와 1년 후에 168쌍의 젊은 부부들에게서 수집되었다. 남편들과 부인들의 결혼생활에 대한 주관적 평가들의 몇 가지 지표들은 첫해 동안에 그들의 만족의 감소를 보였다. 부부들은 자기들이 함께 보내는 시간의 양(특히 자신의 배우자가 즐거운 활동을 개시한 정도)에 대해 점점 더 불만을 갖게 된다. 그들이 함께 나누는 육체적 친밀성의 빈도에 대해서도 불만을 보였다. 남편들과 부인들은 결혼후 1년에 애정을 덜 느꼈으며, 이것은 그들이 결혼전에 동거한 여부나 심지어 결혼후에 부모가 된 여부에 관계없었다.

결혼후 첫해 동안에 애정의 감소가 있었을 뿐만 아니라, 양면감정의 증가도 또한 있었다. 전반적인 결혼생활의 만족에 관한 한 측정에서, 부부들은 결혼 직후(신혼여행 기간)보다도 그들의 결혼 1주년에서 유의하게 더 낮은 결혼생활의 만족을 보고했다. 데이트 중인 남녀쌍들에 대한 Hill 등(1976)의 발견들과 비슷하게, 여자들은 결혼생활의 초기와 아울러 1년 후에 남자들보다도 자기들의 상호작용들에 대해 더 많은 불만족을 보고했다. 이 이외에도, 자기평정들에 의하면, 부인들이 자기 남편을 사랑하는 것보다도 남편들이 자기 부인을 더 사랑했다. 행동상으로, 배우자들이 함께 갖는 즐거운 활동들이 감소됨에 따라, 부부들은 결혼후 1년에서 서로에 대해서 즐거움을 주는 일들을 덜 자주 했다는 증거가 있었다.

결혼한 지 1년 후에, 부부들은 그들이 처음 결혼했을 때보다도 애정이 더 적었고, 덜 인정했고, 서로 덜 대화했다. 이러한 결과들이 반드시 결혼부부들이 일반적으로 불행하다거나 불만족하다는 것을 의미하지는 않는다는 것에 유의하라. 비록 결혼한지 1년 후에 그들이 결혼 직후보다 덜 행복했을지라도, 그들의 반응들은 계속 일반적으로 긍정적이었다.

다른 종단적 연구들도 또한 관계의 과정 동안의 변화들을 증명해 왔다. Traupmann 등(1982)은 어떤 사람과 우연적으로나 일정하게 데이트했던 남녀 대학생들을 면접했으며, Utne(1978)는 신혼부부들을 그들의 결혼 직후와 1년 후에 연구했으며, Traupmann과 Hatfield (1981)는 더 나이먹은 부인들을 그들의 결혼생활과 중요한 관계들에 관해서 면접했다. 이 연구자들은 시간이 지남에 따라 열정애가 감소하지만 동반자애는 그렇지 않을 것이라고 예상했다. 흥미있게도, 그들은 열정애와 아울러 동반자애가 꽤 높게 유지되지만 약간 그리고 똑같이 감소되는 것 같다는 것을 발견했다. 다른 연구자들은 또한 대부분의 부부들이 매우 만족해서 결혼생활을 시작하지만 시간이 지남에 따라 결혼생활의 만족이 감소된다는 것을 발견해 왔다(Rollins와 Cannon, 1974 ; Spanier 등, 1975).

우리는 앞에서 여자들이 남자들보다도 데이트관계들을 더 자주 깨 버린다는 것을 본 바 있다. 여자들이 또한 남자들보다 결혼생활에서 더 많은 불만을 보고하는 경향이 있는 고로, 결혼들이 이혼으로 끝장날 때에 부인들이 이 과정을 주도하는 것이 남편들보다 약 2배라는 것은 별로 놀라운 일이 못될 것이다. 1988년에 미국에서, 여자들이 61.5%의 이혼신청서들을 제출한 반면에 남자들은 32.6%를 제출했고 그 나머지는 공동으로 제출했다(National Center for Health Statistics, 1989). (미국문화에서 여자들이 이혼신청서를 제출하는 것으로 기대받고 있는 것이 또한 사실이다. 만일 그렇다면, 비록 남편이 이혼하고 싶을지라도, 부인이 법적 수속을 개시하는 사람이 될 것이다.)

결혼생활에서 가장 낮은 만족은 대개 집안에 십대의 자녀들이 있을 때이다(도 9-6 참조). 일단 자녀들이 출가하면, 결혼생활의 만족은 다시 증가하는 경향이 있다. 결혼생활의 만족상의 감소와 그 후의 증가는 남편들보다도 부인들에 대해 더 큰 것 같다. 이러한 발견들에도 불구하고, 자녀들이 아마 결혼생활의 불만족의 원인은 아닐 것이다. 그 대신에, 결혼생활은 남편들과 부인들에 대해서 상이한 의미들을 가질 수 있으며, 상이한 사건들(결혼생활의 내부나 외부의)이 보고된 만족도에 영향을 준다. 결혼생활의 만족을 더 깊게 탐구하기 위해서, 연구자들은 단순하게 시간경과에 따른 만족수준들을 측정하기보다도 만족을 일으킬 수 있는 결혼생활의 측면들을 구분지을 필요가 있다. 예컨대, Lee(1988)는 더 나이든 부인들의 결혼생활의 만족이 그들의 배우자의 취업상태와 관련되어 있다는 것을 발견했다. 만일 부인들이 취업하고 있고 그들의 남편이 그렇지 않다면, 부인들은 더

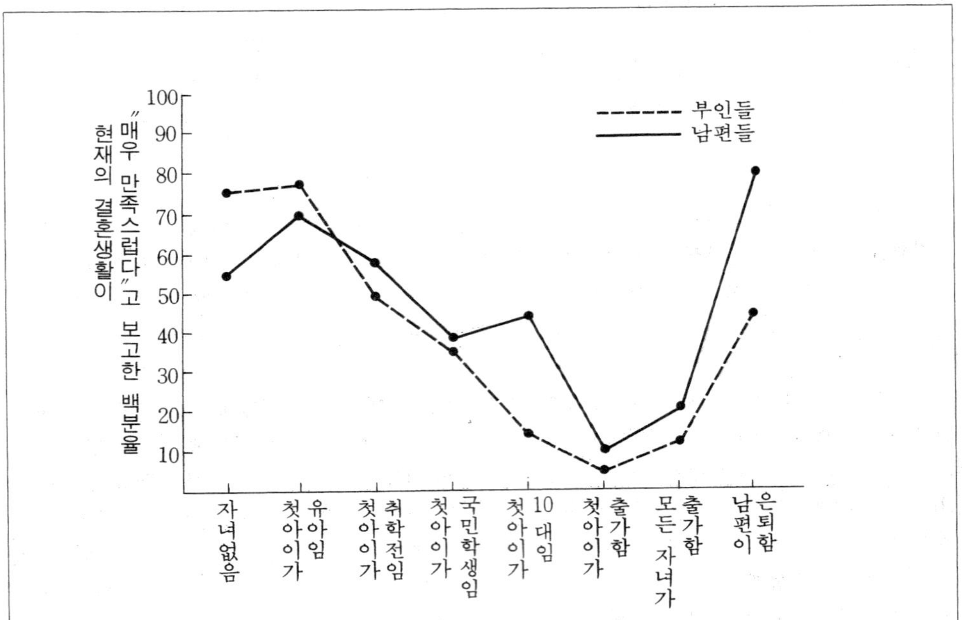

도 9-6. 가족의 생애주기에 따른 만족도
자료원 : Rollins와 Feldman(1970).

낮은 수준의 결혼생활의 만족을 보고하는 경향이 있었다. 시초에 시간경과에 따른 만족의 감소인 것처럼 보인 것이 실제로는 실업, 경제적 자원들, 사회적 지원 또는 보수들과 부담들의 지각된 균형의 변화와 같은 다른 여건들에 관련되어 있을 수 있다. Glenn (1989)은 교환이론적 관점이 우리들에게 결혼생활의 기간이 증가함에 따라 결혼생활의 만족이 다소 감소되는 것을 예언하게끔 만들 것이라고 시사했다. 그는 각각의 배우자가 결혼생활속으로 가져오고 결혼생활의 교환이 기초되게 되는 몇 가지 가치있는 특징들이 배우자들이 더 나이를 먹음에 따라 변화되기 쉽다고 지적했다. 그 실례들은 젊음, 체력, 신체적 외모, 상호 호감, 지위, 수입 및 목표들일 것이다. 만일 배우자들의 변화들이 보조가 일치되지 않는다면, 사회적 교환의 형평과 보수수준이 혼란될 수 있다.

행복한 결혼생활

행복한 관계를 만드는 것은 무엇인가? 자기들이 행복한 결혼생활을 했다고 답변한 남자들과 여자들에 관한 한 조사(Lauer와 Lauer, 1985)는 결혼생활이 오래 지속되었던 이유들에 대해서 남편들과 부인들 간에 강한 일치를 발견했다. 남편들과 아울러 부인들에 대해서, "나의 배우자는 나의 가장 친한 친구이다"가 제 1 순위를 차지했고, "나는 나의 배우자를 한 사람으로서 좋아한다"가 그 다음에 가장 자주 언급되었다. 남편들과 부인들에 의해서 가장 자주 제시된 15개의 반응들이 표 9-4에 제시되어 있다.

다른 연구들처럼 이것들과 같은 조사들에서 나온 자료가 온전한 결혼들이 연구되었다는 사실에 의해서 영향받고 있다는 점을 염두하라. 우리는 별거했거나 이혼한 부부들에 대한 자료가 부족하다. 또한 종단적 연구들이라도 대개 비교적 짧은 기간을 연구했으며, 동일한 부부들을 수십 년 동안 추적하는 것은 다른 결과들을 내놓을 수도 있다. 우리는 또한 불행한 부부들에서 나온 자료를 검토함으로써 결혼생활을 보다 더 충분하게 이해할 수 있다. 전문가의 도움을 찾았던 사람들에 관한 연구들은 사람들이 결혼생활에서 경험한다고 보고하는 문제들의 종류에 관한 가치있는 정보를 제공해 줄 수 있다. 결혼치료가들이 조사되었을 때(Geiss와 O'Leary, 1981), 그들은 결혼관계들에 대해 가장 큰 손상을 주고 있는 영역들로서 중요성의 순서에 따라 다음과 같은 영역들의 문제들을 보고했다.

1. 의사소통
2. 결혼생활이나 배우자에 대한 비현실적 기대들
3. 권력투쟁들
4. 심각한 개인적 문제들
5. 역할갈등
6. 애정의 느낌들의 부족
7. 애정의 표시
8. 알콜중독
9. 혼외정사들
10. 성 관 계

표 9-4. 행복한 결혼생활들의 구성요소들. 행복한 결혼생활을 해 왔다고 대답한 남편들과 부인들에 의해서 제시된 결혼생활의 지속 이유들이 중요성이 큰 순서대로 제시되어 있다.

남편들이 제시한 이유들	부인들이 제시한 이유들
1. 나의 배우자는 나의 가장 친한 친구이다.	1. 나의 배우자는 나의 가장 친한 친구이다.
2. 나는 나의 배우자를 한 사람으로서 좋아한다.	2. 나는 나의 배우자를 한 사람으로서 좋아한다.
3. 결혼은 하나의 장기적인 개입이다.	3. 결혼은 하나의 장기적인 개입이다.
4. 결혼은 신성한 것이다.	4. 결혼은 신성한 것이다.
5. 우리는 계획들과 목표들이 일치한다.	5. 우리는 계획들과 목표들이 일치한다.
6. 나의 배우자는 보다 더 재미있게 발전해 왔다.	6. 나의 배우자는 보다 더 재미있게 발전해 왔다.
7. 나는 이 관계가 성공하기를 원한다.	7. 나는 이 관계가 성공하기를 원한다.
8. 지속적인 결혼생활은 사회의 안정에 중요하다.	8. 우리는 함께 웃는다.
9. 우리는 함께 웃는다.	9. 우리는 인생철학이 일치한다.
10. 나는 나의 배우자의 성취들을 자랑스럽게 생각한다.	10. 우리는 애정을 어떻게 그리고 얼마나 자주 표시하는가에 대해서 일치한다.
11. 우리는 인생철학이 일치한다.	11. 지속적인 결혼생활은 사회의 안정에 중요하다.
12. 우리는 성생활에 대해서 일치한다.	12. 우리는 아이디어들을 활발하게 교환한다.
13. 우리는 애정을 어떻게 그리고 얼마나 자주 표시하는가에 대해서 일치한다.	13. 우리는 일들을 조용하게 상의한다.
14. 나는 나의 배우자를 신뢰한다.	14. 우리는 성생활에 대해서 일치한다.
15. 우리는 오락들과 흥미들을 함께 한다.	15. 나는 나의 배우자의 성취들을 자랑스럽게 생각한다.

도 9-7은 이러한 문제를 상이한 관점, 즉 결혼생활에 대해서 가장 큰 손상적 영향들을 주는 구체적 문제들에 관한 결혼치료가들의 견해들을 취급한다. 29개의 영역들의 각각에서 불평을 나타냈고 치료를 구했던 부부들의 백분율이 제시되어 있다. 여기에서 또다시, 의사소통이 가장 큰 비율(84%)의 부부들에 대해서 하나의 문제로서 확인되었다. 결혼생활에 대해 치료가들이 가장 큰 손상을 주는 것으로서 평정했던 10개의 문제영역들 중의 6개, 즉 의사소통, 비현실적 기대들, 애정의 표시, 애정의 느낌들의 부족, 성관계 및 권력투쟁들이 또한 도움을 구하는 부부들의 절반 이상의 불평들이었다. 따라서 비록 많은 결혼부부들이 그들의 결혼생활을 통해서 비교적 행복하고 애정을 유지할지라도, 몇 가지 유형의 문제들이 매우 공통적이다.

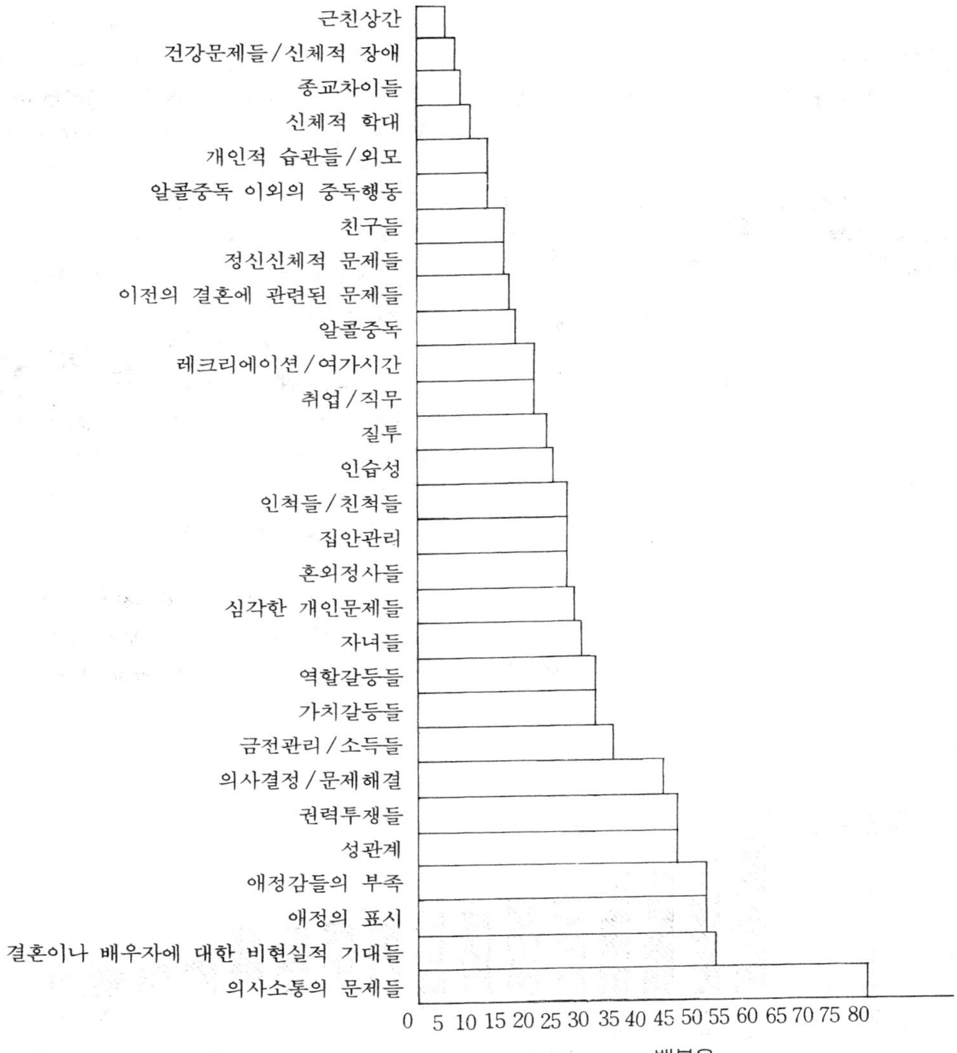

도 9-7. **결혼생활의 문제영역들.** 치료자들의 추정치들에 기초된, 결혼생활의 29개의 영역들상에서 문제들을 제시했던 부부들의 평균 백분율.
자료원 : Geiss와 O'Leary(1981).

관계에 대한 위협들에서 생기는 질투

일상생활의 과정 속에서 사람들은 불가피하게 자신의 애정상대에 대한 잠재적 대안인물들과 접하게 된다. 어떤 사람들은 상대를 바꿀 가능성을 부인하지만, 다른 사람들은 그렇지 않다. 어떤 관계 속에 계속 남아있는 사람들과 바꾸고 싶어하는 사람들간을 구분짓는 것은 무엇인가? Johnson과 Rusbult(1989)는 어떤 진행중인 관계에 대한 개입이 사람들에게 특히 잠재적인 대안적 파트너가 매우 매력적일 경우에, 그 대안적 파트너를 평가절하시키게끔 만들 것이라는 가설을 세웠다. 몇 개의 연구들에서, 증거는 이러한 예언을 지지했다. 개입된 파트너는 유혹하고 있는 외부인이 충분하게 지적이거나 매력적이 아니며 나쁜 유머감을 갖고 있다고 결정지음으로써 파탄의 위협을 피한다.

어떤 새로운 인물에 대한 매력의 가능성은 한쪽 파트너에 의한 반응인 **질투**(jealousy) 처럼, 관계들에서 하나의 공통적 문제이다(White와 Mullen, 1990). 질투는 "개인의 현재나 이전 파트너와 제삼자를 포함하고 있는 어떤 관계에 의해서 생긴 하나의 혐오적 정서반응"이라고 정의되고 있다(Buunk와 Bringle, 1987, p. 124).

어떤 관계가 매우 적은 사랑과 개입을 포함하고 있을 때, 한 파트너의 어떤 라이벌과의 상호작용들은 특별히 당혹스럽지는 않다(Bringle과 Boebinger, 1990). 이와는 반대로, 관계에 대한 개입은 애정과 성관계가 파트너관계 내에 오로지 한정되어 있다는 것을 의미한다. 파트너의 애정에 대한 어떤 지각된 라이벌이 있을 때, 강한 부정적 정서들이 유발된다(Salovey와 Rodin, 1986). Smith 등(1988)은 대학생들에게 질투가 일어날 때에 자신이 어떻게 느끼는가를 대도록 요구했고, 절반 이상이 도 9-8에서 보이고 있는 16개의 불쾌한 정서들을 제시했다.

질투는 어떤 관계를 위태롭게 만들며, 질투하는 사람은 감소된 자존심을 느낀다(Mathes 등, 1985 ; White, 1981). 반대편의 열정애와 아주 비슷하게, 질투는 모든 것을 소모시키는 부정적 사고들, 감정들 및 행동들의 쇄도를 일으킨다(Pines와 Aronson, 1983).

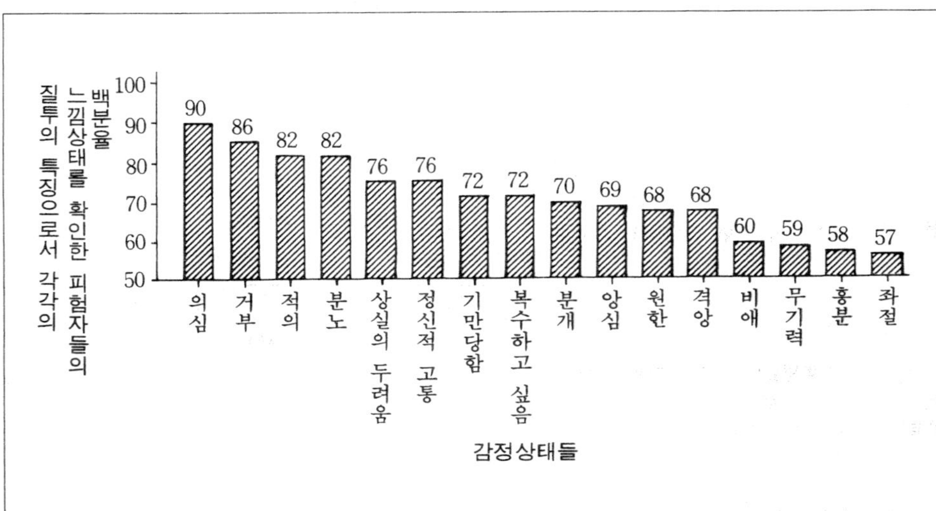

도 9-8. 질투할 때의 느낌들. 비록 질투가 하나의 불쾌한 정서상태라는 것이 오랫 동안 매우 분명해 왔을지라도, 그 특수한 내용은 최근에 겨우 확인되어 왔다. 한 조사연구에서 절반 이상의 피험자들이 위에서 제시된 각각의 느낌들을 지적했다. 질투는 분노, 정신적 고통, 우울 및 복수하고 싶음과 연관되어 있다. 질투에 대한 가장 보편적인 정서반응들은 의심, 거절, 적의 및 분노이었다. 자료원 : Smith 등(1988).

질투하는 사람은 라이벌을 지능, 온정성, 성실성 및 정직성과 같은 중요한 속성들상에서 부정적으로 평가하지만, 인기도와 같은 덜 중요한 속성들상의 평가는 긍정적이다(Schmitt, 1988). 기분을 상하게끔 만드는 파트너가 사과하는 것이 도움이 되지만, 그 사람이 라이벌에 대한 매력을 변명하거나 정당화시키려고 들 경우에는 그렇지 못하다(Hupka 등, 1987). 어떤 사람과 자기애인의 성적 사건에 대한 질투반응은 그 관계가 이미 불만과 갈등을 내포하고 있을 경우에 파탄을 일으키기가 가장 쉽다(Buunk, 1987).

질투는 그 "상대"가 실제로 존재하지 않더라도, 이와 비슷한 효과들을 갖는다. 사람들은 어떤 상상적인 라이벌이나, 파트너의 과거 속의 어떤 인물이나, 심지어 알지 못하는 어떤 잠재적 위협에 대해 질투를 느낄 수 있다. 이러한 질투는 자기 자신을 부적절하다고 지각하고, 의존적이며, 성적 부정(不貞)에 대해 과도하게 걱정하는 사람들에서 일어나기가 가장 쉽다(White, 1981).

아마 영화들과 TV에서 제시된 예들 때문에, 어떤 사람들은 새롱거리거나 이전의 애인에 관해서 이야기하는 것과 같은 책략들에 의해서 자기 파트너에게서 고의적으로 질투를 일으키려고 든다(White, 1980). 대학생들 중에서, 이러한 행동은 여자들의 3분의 1과 남자들의 5분의 1에 의해서 보고되고 있지만, 이것은 위험한 장난이다. 질투가 유발되게 될 때, 관계는 이익보다도 손해를 입기가 더 쉽다.

질투를 일으키기가 가장 쉬운 특수한 사건들은 보편적인 것이 아니다. 이것들은 이하의 특별논의 9-1에 제시되어 있는 바와 같이, 문화에 따라 차이가 있다.

특별논의 9-1. 질투의 느낌들의 발생의 국가들 간의 차이

인류학자들은 질투가 다른 문화들보다도 어떤 문화들에서 더 빈번하게 일어나며 문화집단들이 질투를 일으키는 행동의 종류의 측면에서 차이있다는 것을 관찰해 왔다(Mead, 1977). 질투는 어떤 사람에 대한 파트너의 관심이나 심지어 성관계들 자체에 대한 하나의 본능적 반응은 아닌 것 같다. 오히려, 이 반응은 각 문화가 그러한 행동에다가 부여하는 의미에 달려 있다(Hupka, 1981).

이러한 차이들에 관한 한정된 양의 연구들 중에는 혼외 사건들에 대한 반응의 문화차들에 관한 Christensen(1973)의 연구가 있다. 약 90%의 미국의 중서부지역인들은 50%의 벨기에인들처럼 혼외 성관계를 반대했지만, 덴마크에서 10%만이 혼외 성관계를 부정적으로 보았다. 미국인들은 이것을 계속 찬성하지 않고 있다. 진보적인 샌프란시스코시에서 수행된 비교적 최근의 여론조사는 질문받았던 사람들의 80% 이상이 간통이란 것은 나쁜 일이라고 평가했다는 것을 발견했다.

성적 질투의 특수 원인들이 Buunk와 Hupka(1987)에 의해서 연구되었는데, 이들은 헝가리, 아일랜드, 멕시코, 네덜란드, 소련, 미국 및 유고에 있는 2000명 이상의 대학생들을 표본추출했다. 각 피험자는 애인이 다른 사람과 어떤 식으로(키스, 댄스 등) 상대하는 상황들에 대한 자기 자신의 반응들에 관해서 질문받았다.

이들 연구자들의 발견들이 표 9-5에 요약되어 있다. 당신은 상이한 국가

표 9-5. 질투를 일으키는 단서들의 국가간 차이들. 7개의 산업화된 국가들에서의 질투에 관한 한 연구에서, 질투감정들을 일으켰던 자기 파트너에 의한 행동유형의 측면에서 차이들이 발견되었다. 이러한 차이들의 이유들은 장차의 연구거리로 남아 있다. 아일랜드의 피험자들의 반응은 그들의 질투감정들이 이들 행동들에 대한 반응에서 가장 약하지도 않고 가장 강하지도 않았기 때문에, 여기에서 제시되지 않았다.

행동	가장 강한 성적 질투	가장 약한 성적 질투
새롱거림	유고	헝가리
키스함	헝가리	유고
춤을 춤	소련	네덜란드
포옹함	헝가리	미국
성관계	소련	멕시코
성적 공상들	네덜란드	유고

자료원: Buunk와 Hupka(1987).

들에서 살고 있는 사람들이 각각의 잠재적으로 위협을 주는 상황에 대해서 매우 상이하게 반응한다는 것을 알 수 있다. 유고의 대학생들에 대해서, 질투의 가장 강한 느낌들이 애인이 새롱거릴 때에 일어났지만, 유고인들은 애인이 키스하거나 어떤 사람에 관해서 성적 공상들을 행하는 것에 관해서는 가장 질투가 적다.

이에 비해서, 헝가리인들은 키스하는 것과 포옹하는 것에 대해 가장 많이 질투를 느끼고 새롱거리는 것에 대해 가장 적게 질투를 느낀다. 소련의 학생들은 라이벌과 애인이 댄스하는 것과 성관계를 갖는 것에 대해 가장 많이 질투를 느낀다. 네덜란드에서, 애인의 성적 공상들이 가장 많은 질투를 일으키고 춤추는 것은 가장 적게 일으킨다. 미국에서는 포옹이 가장 적은 당황을 일으키며, 멕시코의 학생들은 다른 나라들의 학생들보다도 애인의 성적 활동들에 대해 덜 질투를 느낀다. 아일랜드에서, 각 상황에 대한 반응들은 다른 나라들에서의 반응들에 비해서 최고와 최저 사이의 중간에 해당되는 경향이 있었다.

하나의 일반적 발견은 타인들과의 상대에서 자율적으로 행동하는 애인의 자유에 대한 인정은 1인당 총국민생산고가 가장 높고, 가장 민주적인 정부들, 가장 개인주의적 가치들을 갖는 국가들에서 가장 컸다(Buunk와 Hupka, 1986).

이러한 다중문화 연구에서, 두 개의 성차들이 발견되었으며, 이것들은 7개의 모든 국가들에 대해 일정했다. 남자들이 자기 애인이 다른 남자에게 키스했을 때에 질투를 느끼는 것보다도 여자들이 자기 애인이 다른 여자에게 키스했을 때에 더 많이 질투를 느꼈다. 그러나, 남자들은 여자들보다도 애인의 성적 공상들에 대해 더 많은 질투를 느꼈다.

애인의 행동을 하나의 위협으로서 지각하는 데 대한 국가들과 남녀들간의 이러한 뚜렷한 차이들을 전제할 때, 그 다음의 과업은 이러한 차이들이 어떻게 일어나는가를 알아내는 것이다. 우리는 질투가 언어, 정치 및 종교가 다른 사람들에 의해서 경험되는 하나의 공통적 정서라는 것을 알고 있다. 애인의 특수한 행위들이 수용가능하거나 수용불가능하다는 것을 사람들이 어떻게 배우는가를 정확하게 알아내는 것은 매우 흥미있는 일일 것이다.

불화한 관계들: 실패의 고통

질투가 어떤 관계에 분명히 해독을 끼칠 수 있을지라도, 대부분의 결혼생활의 불행은 어떤 라이벌에 대한 파트너의 매력과 같은 매우 특수한 어떤 것에서 생기지는 않는다. 사회심리학자들과 기타의 학자들은 이제 결혼생활의 불만의 몇 가지 원인들을 확인하고 가능한 교정책들을 제시하기 시작해 왔다(Byrne과 Murnen, 1988).

관계들에서의 문제들

어떤 사랑하고 있는 신랑과 신부가 어떻게 불행한 결혼부부로 되는가? 어떤 문제들은 보편적인 것이지만, 부부들은 그들이 이것들을 얼마나 잘 처리하는가에 있어서 차이가 있다. 예컨대, 그것들 자체의 성질 때문에, 친밀한 관계들은 각 파트너의 독립에 대한 욕망 대 가까움에 대한 욕망, 개방적이고 정직한 것에 대한 욕구와 프라이버시에 대한 욕구, 그리고 예측가능한 상호작용들을 원하는 것과 신기함을 경험하고 싶어하는 것 사이의 갈등들을 일으킨다(Baxter, 1990). 다른 종류의 문제들은 어떤 부부들에 대해서만 일어난다. 이 절에서 우리는 관계들에서의 가장 공통적인 불만원들 중의 몇 가지를 검토할 것이다.

남녀간의 갈등원들 비록 남성과 여성이 자기 파트너의 어떤 행동들을 싫어하는 데에 있어서 유사하게 반응할지라도, 그들은 몇 가지 측면들에서 뚜렷하게 다르다. Buss(1989)는 수백 명의 사람들에게 애정파트너와의 자신의 갈등들의 근원을 기술하도록 요구했다. 표 9-6은 그들의 반응들을 요약하고 있다.

Buss(1989)는 이러한 성차들을 진화적 용어들로 설명한다. 그는 한쪽 성의 사람이 자기 파트너의 유전받은 생식전략을 방해하는 식으로 행동할 때에는 언제나 갈등이 생긴다고 제안한다. 이러한 성차들은 성적 상호작용들에서 가장 뚜렷하다. 다른 사람들은 그러한 차이들이 단지 학습된 성역할들의 차이들을 반영한다고 생각한다(Goleman, 1989). 남녀간의 차이들이 어떻게 생기는가에 관한 궁극적 설명이 무엇이든 간에, 그것들은 대부분의 이성관계들에서 특수한 문제들을 일으킨다.

존재하고 있는 비유사성들의 발견과 새로운 비유사성들의 발전 두 사람이 시간이 지남에 따라 자기들이 여러 가지 태도들, 가치들 및 선호들에서 비유사하다는 것을 발견할 때, 부정적 감정들이 유발되게 된다. 이러한 발전은 열정애에 기초된 결혼들에서 쉽게

표 9-6. 갈등의 원인들의 성차들. 어떤 관계에서, 부정하거나 학대적인 파트너들은 남자들과 아울러 여자들을 당황하게끔 만든다. 이 이외에도, 몇 가지 성별에 특수한 행동들이 또한 당황을 일으킨다. 이러한 차이들에 대한 설명들은 양성에 대한 상이한 생식전략들에 대한 사회생물학적 강조와 적절한 성역할들에 관해서 남자들과 여자들이 학습하는 것에서의 차이들에 대한 사회화적 강조가 포함된다.

양성을 당황하게끔 만드는 행동들
- 부정(不貞)
- 신체적 학대
- 언어적 학대

여성을 당황하게끔 만드는 남성의 행동들
- 성관계를 요구하거나 강요하려고 드는 것
- 여자의 의견들을 무시하고 여자를 열등하거나 어리석다고 취급하는 것
- 자신의 정서들을 숨기고, 난폭하게 행동하고, 과도하게 음주하거나 흡연하는 것
- 여자를 등한시하고, 무시하고, 사랑한다는 말을 하지 못하는 것
- 사려성이 없거나 무례한 것, 지분거리는 것

남성을 당황하게끔 만드는 여성의 행동들
- 성관계의 거절, 둔감한 것
- 변덕스러움, 음란하게 행동하는 것
- 자신의 외모와 복장에 열중하는 것

자료원 : Buss(1989).

일어날 수 있다. "사랑이 맹목적일" 때, 이것의 압도적 정서들이 자기와 애인의 유사성과 같은 겉으로 보기에 무관련한 세부사항들에 관심을 두거나 유의하기가 곤란하거나 불가능하게끔 만든다.

비유사성들은 어떤 관계에 대해 치명적일 수 있지만, 데이트과정 동안의 이것들의 발견은 남녀가 결혼한 이후 보다 훨씬 덜 참화를 준다(Hill 등, 1976).

때로는, 비유사성들이 명확하게 지각되고 있지만, 한 사람이 자신의 파트너가 결국 바뀔 것이라고 믿는다. 그러나, 결혼 이전에 수용불가능한 상대방 인물의 모든 특징들은 결혼의 마력에 의해서 변화될 가능성이 없다고 생각하는 것이 대개 안전한 생각이다.

어떤 비유사성들은 결혼 후에만 생기며, 이것들은 피해질 수가 없다. 예컨대, 한 사람은 자신의 정치적 견해들, 정치적 입장들, 음주행동 또는 성적 선호들을 변화시킬 수 있는 반면에, 상대방은 그렇지 않다. 따라서 시초의 유사성이 비유사성으로 바뀔 수 있다(Levinger, 1980, 1988). 어떤 남자가 주부가 되기로 계획했지만 결혼 후에 자신의 교육을 더 많이 받거나 어떤 경력을 추구하기로 작정한 여자와 결혼한 상황를 고려해 보자. 비록 어떤 직업적 경력에 대한 남자의 개입이 일반적으로 가정되고 있을지라도, 가정 밖의 생활에 대한 여자의 재발견된 관심은 하나의 불만원이 될 수 있다(Nicola와 Hawks, 1986).

다른 비유사성들은 이것들이 데이트하는 남녀에 대해 관련이 없기 때문에 피하기가 곤란하다. 두 사람은 단지 자기들이 돈을 저축하는 것 대 소비하는 것, 자녀를 양육하는

것, 밤중에 자동 온도조절장치를 가동시키는 것 또는 욕실을 청소하는 것을 책임지는 것에 관한 태도들에서 서로 다르다는 것을 발견할 기회가 전혀 없다. 이러한 차이들이 분명해지게 될 때, 결혼생활의 불만이 충분히 생길 수 있다.

권 태 전부는 아니지만 어떤 사람들은 권태(boredom) 때문에 어떤 장기적 관계가 불편해진다. 부부들은 자기들 자신이 매일매일 동일한 양식으로 동일한 일들을 행하고 말하고 있음을 알게 된다. 헤어진 몇몇 데이트하는 남녀들은 권태의 면에서 일반적 문제를 지적한다(Hill 등, 1976).

비록 권태가 자주 연구되어 오지는 않았을지라도(Skinner, 1986), 우연적인 관찰은 결혼부부들이 흔히 변함없는 일상적 활동들을 행하며 점차 자기들이 "판에 박혀 있는" 생활을 한다고 지각한다는 것을 시사한다. 우리가 감정과 매력에 관해서 알고 있는 바에 비추어 볼 때, 권태에 의해서 생긴 부정적 감정들이 쉽게 개인의 파트너와 연합되게 될 것이라는 것을 알 수 있다.

더 나아가서, 배우자들은 흔히 생활이 지루해지게 된 것이 파트너의 잘못임에 틀림없다는 귀인들을 행한다. 자기들을 권태 속에 표류시키도록 내버려 두는 것 대신에, 부부들은 이러한 특수한 위험성을 피하려는 조치들을 취하고 싶어할 수 있다. 물론, 모든 일들이 동일한 채로 유지될 때에 편안과 안전을 느끼는 사람들에 대해서, 변함없는 일상적 과정들은 문제가 되지 않는다.

권태가 생길 때, 이것은 휴가들, 공동의 교육적 노력들, 특이한 외식 경험들, 둘이 즐기고 있는 새로운 오락들, 새로운 성적 기법들 등의 형태로 함께 새로운 자극을 추구하는 부부에 의해서 극복될 수도 있을 것이다. 부부들에 따라 매우 상이한 해결책을 발견할 수 있다. 성관계치료가인 O'Conner는 결혼생활에서의 성적 권태가 더 많은 성적 공상들을 행함으로써 그리고 성관계에 관한 개인의 청년기 때의 감정들을 불러일으킴으로써 극복될 수 있다고 시사한다. 그녀는 많은 사람들에 대해서 "그들이 가졌던 가장 좋은 시간이 자동차의 뒷좌석에서 애무를 하는 것이었고, 그 다음에 그들은 결혼했고, 이것을 판에 박힌 식의 성교를 위해서 포기해 버렸다. 나의 일 중의 많은 시간은 그들에게 즐거운 시간을 갖게끔 만들기 위해서 그들의 차의 뒷좌석으로 되돌려보내는 것이다"라고 진술했다(Goldberg, 1985, p. C-3). 이와 다른 일, 즉 거의 변화가 없이 동일한 방식으로 동일한 일들을 행하는 것은 불만을 일으킬 수 있다.

긍정적 평가들을 부정적 평가들로 대치시키는 것 앞에서 우리는 상호 평가들의 중요성을 기술한 바가 있다. 어떤 장기적 관계의 가장 호기심이 가고 가장 자멸적인 측면들이 파트너들이 긍정적 상호성에서 부정적 상호성쪽으로 바뀔 때에 일어난다(도 9-9 참조).

데이트하는 남녀들과 신혼부부들이 말하고 행동하는 것들의 대부분은 서로에 대한 긍정적 감정들을 자주 표현하는 것이다. 그들은 함께 있으려고 노력하며, 손을 잡으며, 자신의 애정을 나타내며, 친절한 일들을 행하며, 서로 도우며 상대방이 얼마나 많이 고마운가를 나타내며, 각자가 상대가 성적으로 바람직스럽다고 인식한다는 것을 분명히 밝히는 것 등을 행한다.

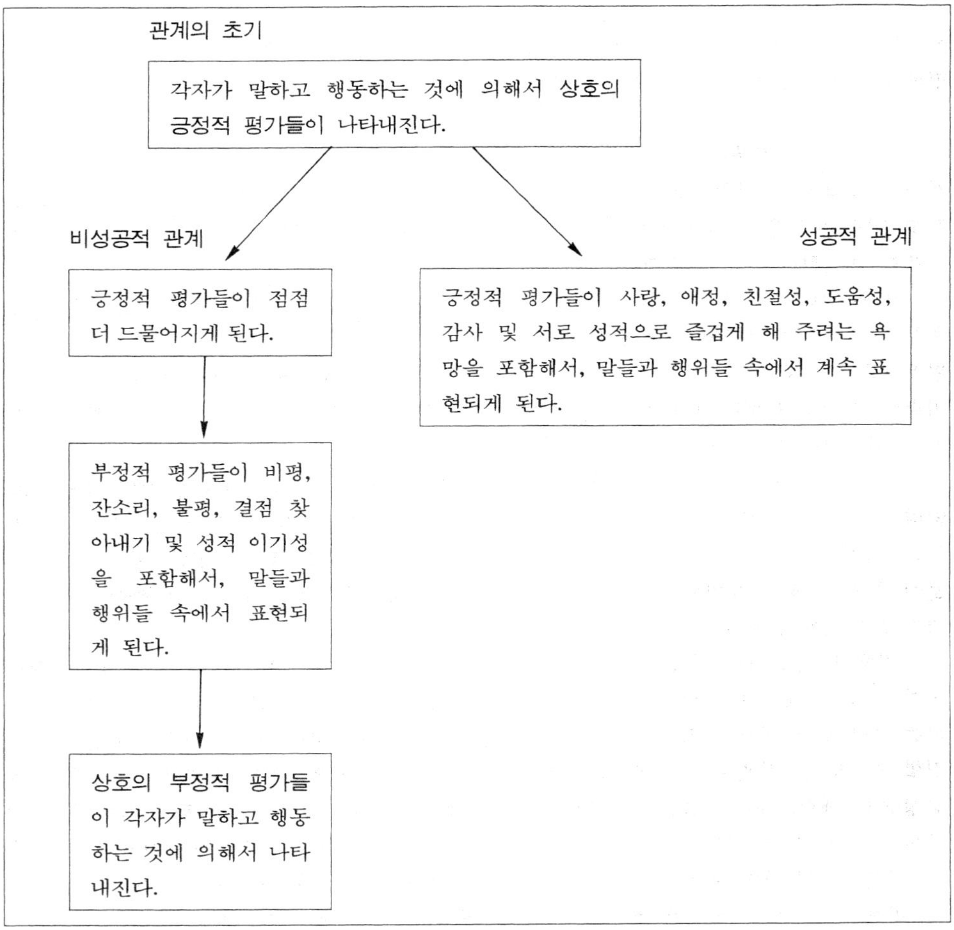

도 9-9. 관계의 성공 대 실패와 관련된 긍정적 평가 대 부정적 평가. 성공적 관계들에서, 상호의 긍정적 평가들이 시간이 지남에 따라 계속 표현된다. 비성공적 관계들에서, 이러한 긍정적 평가들이 점점 덜 자주 표현되게 되며, 상호의 부정적 평가들로 대치되게 된다.

두 사람이 일상적 결혼생활 속으로 정착함에 따라, 그들의 관심은 가정 안과 밖에서 수행되어야만 되는 과업들, 시간 압력들, 해결할 문제들 및 수많은 절박한 요구사항들쪽으로 이동한다. 그 결과로, 많은 언어적 및 행동적 세련성들이 사라져 버리기 시작한다. 한 가지 예가 남자 항공관제사들과 그들의 부인들에 관한 한 연구에서 제공되고 있다. 항공관제업무가 과중하고 힘든 날들에, 이들 남자들은 집에 가서 자기 배우자와 상대하지 않고서, TV와 신문의 고독한 세계 속으로 퇴각하는 경향이 있다(Repetti, 1989).

대부분의 사람들이 마치 "나는 당신에게 당신을 사랑해라고 말할 필요가 없어. 나는 이미 당신과 결혼했잖아"라고 작정하는 것 같다. 다른 행동이 또한 "당신은 더 이상 나에게 꽃를 가져다 주지 않아요"라는 노래가사가 시사하는 바와 같이 변할 수 있다. 소수의 사람들은 자기들이 시초와 같이 자기 파트너에게 잘 대해 주는 것을 중단하기로 의식적으로 작정한다. 그 대신에, 그들의 긍정적 상호작용들은 점점 덜 자주 일어난다.

명백한 긍정적 상호성의 없음이 충분히 상호의 매력을 감소시킬 수 있지만, 좀 더 나쁜 패턴이 결혼부부들에게서 일어난다. 시간이 지날수록, 상호의 부정적 평가들이 더 자주 표현되게 된다. 밀접한 관계들에서, 남자들과 아울러 여자들은 흔히 자기들이 서로 잔소리하고 비평하는 어떤 면허장을 갖고 있다고 가정한다. 이러한 부정적 상호성의 경우들은 사랑과 애정의 감정들을 없애 버리는 효과를 갖는다.

일단 어떤 관계가 악화되기 시작하면, 각 개인은 파트너의 좋은 행동들을 외부원인들에 그리고 나쁜 행동들을 내부요인들의 탓으로 돌린다(Harvey, 1987). 일반적으로, 파트너들이 불만을 느끼고 있을 때, 각자는 상대방의 부정적 행동을 강조하고 긍정적 행동을 경시한다(Baucom 등, 1989). 갈등에 찬 말들과 행위들은 그들 자신의 악순환적 상호성을 일으킨다(Margolin 등, 1989). 그 결과로, 한쪽 파트너가 후퇴하면 다른쪽이 후퇴하고, 한쪽이 공격적이면 다른쪽이 똑같이 공격한다. 이와는 반대로, 행복한 부부들은 관계를 증진시키는 귀인들을 행하며(Grigg 등, 1989), 긍정적 행위들이 다시 긍정적 행위들을 일으킨다.

관계의 악화: 남녀쌍이 결별쪽으로 이동하는 시기

Levinger(1980)는 관계들이 5개의 가능한 단계들, 즉 시초의 매력, 관계구축, 지속 및 어떤 관계들에 대해서 악화와 종식을 통과하고 있다고 기술한다. 표 9-7은 각 단계에서 작용하는 요인들의 예들을 제시하고 있다. 그리고 매력과 관계들에 관한 대부분의 과거의 연구들이 첫번째 두 개의 단계들에 집중된 반면에, 상당히 많은 최근의 연구 관심들이 마지막 세 개의 단계들에 집중되고 있다.

관계의 위험신호들 당신이 자신의 취학전의 시절에 가졌던 많은 친구들 중에서, 대부분이 아마 당신의 인생에서 조용히 사라졌을 것이다. 사람들은 새로운 지역으로 이사하거나 상이한 학교들에 입학하거나 다른 흥미들을 발전시키며, 따라서 많은 친구들이 단지 기억 속에만 있게 된다(Rose, 1984). 그러나, 어떤 관계가 애정을 포함하고 있을 때, 조용하게 헤어지기가 훨씬 더 곤란하다. 그 대신에, 고통스러운 정서들, 상심들 및 분노가 흔히 있다.

연애관계들이 쉽게 종식되지 않는 이유들 중의 하나는 이것들이 개인의 시간적 투자, 강력한 보수들의 교환, 상호 개입의 느낌들 및 점점 더 적은 수용가능한 대안적 파트너들이 있다는 지각을 포함하는 것이다(Simpson, 1987). 다른 상대들의 사용가능성이 관계들에서 특별한 역할을 한다. 어떤 사람이 대안적 파트너가 많을 때보다도 파트너를 대신할 만한 후보자들이 적다고 지각할 때, 그 사람은 현재의 관계를 더 긍정적으로 보며 더 많은 개입과 시간투자를 행한다(Jemmott 등, 1989). 그러나, 남녀 중의 적어도 한 명이 자기들의 상호작용들이 이전보다 덜 바람직스럽다고 지각할 때에 악화가 시작된다. 사람은 어떤 관계가 악화되기 시작할 때에 무엇을 행하는가?

관계상의 문제들에 대한 반응 부조화에 대한 반응은 적극적이거나 소극적일 수 있

표 9-7. 매력에서 파탄에 이르는 관계의 단계들. Levinger(1980)는 관계들이 시초의 매력으로부터 해체를 일으킬 수 있는 문제기간(악화)에 이르는 5개의 단계들을 통과해서 진행한다고 제안했다. 각 단계에서는 관계가 발전하고 유지하게끔 만드는 긍정적 요인들과 관계의 발전을 막거나 실패하게끔 만드는 부정적 요인들이 있다.

관계의 단계들	긍정적 요인들	부정적 요인들
시초의 매력	근접성과 반복적 접촉	근접성과 반복적 접촉의 부족
	긍정적 정서들	부정적 정서들
	높은 친화욕구와 교우관계 동기	낮은 친화욕구와 교우관계 동기
관계구축	동등한 신체적 매력도	비동등한 신체적 매력도
	태도들과 기타 특징들의 유사성	태도들과 기타 특징들의 비유사성
	상호적인 긍정적 평가들	상호적인 부정적 평가들
지속	흥미와 변화를 유지시키는 방법들의 추구	판에 박힌 생활을 하고 권태를 느끼게 되는 것
	긍정적 평가의 증거의 제시	부정적 평가의 증거의 제시
	질투의 없음	질투
	지각된 형평	지각된 불형평
	높은 수준의 상호 만족	낮은 수준의 상호 만족
악화	많은 시간과 노력을 관계 속에 투자했음	관계 속에 적은 시간과 노력이 투자됨
	관계 개선을 위해 일함	관계의 종식을 결심함
	개선이 일어나는 것을 기다림	악화가 지속되기를 기다림
종식	현존하는 관계가 어떤 보수들을 제공함	새로운 생활이 수용가능한 유일한 해결책으로 보임
	대안적 파트너들이 없음	대안적 파트너들이 있음
	관계가 성공할 것을 기대함	관계가 실패할 것을 기대함
	지속되는 관계에 대한 개입	지속되는 관계에 대한 개입의 부족

다(Rusbult와 Zembrodt, 1983). 적극적으로, 사람들은 그 관계를 종식시키거나("퇴장" 행동들) 개선을 위한 노력을 기울이기로("발언" 행동들) 작정할 수 있다. 소극적으로, 사람들은 개선이 일어나거나("충성" 행동들) 일들이 더 나빠지게 되기를("태만" 행동들) 기다릴 수 있다. 이러한 이론적 틀이 도 9-10에 제시되어 있다(또한 7장 참조).

Rusbult 등(1990)에 의해서 수행된 연구에 의하면, 자존심의 개인차들이 두 가지 부정적 대안들과 연관되어 있다. 이 연구자들은 대학생들, 더 나이든 성인들 및 남성동성애자와 여성동성애자 쌍들에서, 자존심이 높은 사람들이 적극적인 퇴장행동으로 악화에 대해 반응하기가 가장 쉬운 반면에, 자존심이 낮은 사람들이 소극적 태만을 행하는 경향이 있다는 것을 발견했다. 이 연구자들이 시사하는 바와 같이, 긍정적 자존심을 지닌 사람은 더 나은 관계들을 찾음으로써 문제의 관계에 반응하는 반면에, 낮은 자존심을 지닌 사람

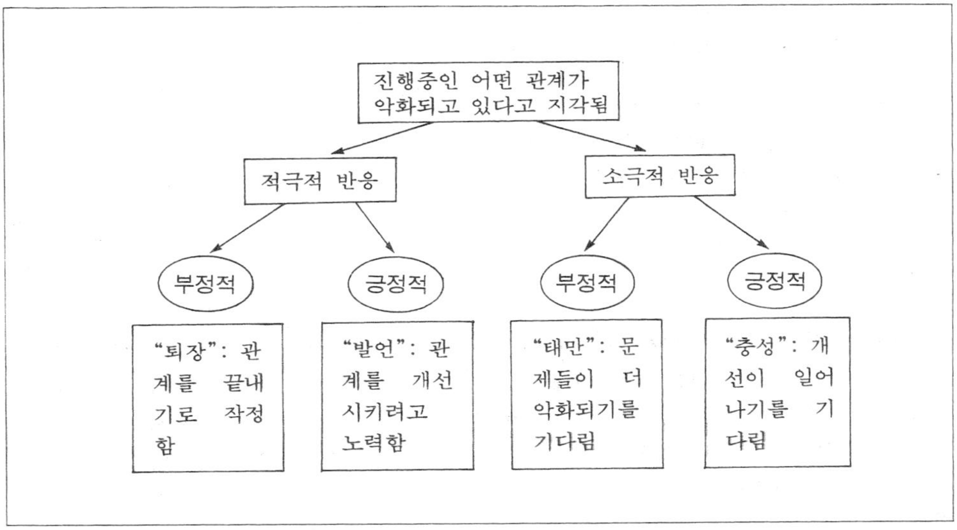

도 9-10. 악화되는 관계에 대한 반응. 어떤 사람이 자기 자신이 실패하기 시작하고 있는 어떤 관계 속에 있다고 지각할 때, 그 반응은 적극적이거나 소극적일 수 있다. 이들 패턴들의 각각에서, 그 사람은 모든 것이 잘 해결될 것이라거나(긍정적) 파탄이 생길 것이라고(부정적) 가정할 수 있다. 긍정적 가정을 가질 때, 그 사람은 상황을 개선하기 위해서 적극적으로 노력하거나 개선을 수동적으로 기다릴 수 있다. 부정적 가정을 가질 때, 그 사람은 나쁜 상황을 종식시키려고 행동하거나 단지 일들이 더 악화되기를 기다릴 수 있다. 만일 관계가 구조될 가치가 있다면, 문제에 대한 적극적이고도 긍정적인 반응이 가장 적응적이다.
자료원 : Rusbult 와 Zembrodt(1983).

은 최소 저항의 비효과적인 길을 택하고 상황이 더 나빠지게 되기를 기다린다. 이러한 반응들(퇴장과 태만)은 가장 파괴적인 선택들이며, 이것들은 고민의 주 원인들이다(Rusbult 등, 1986).

어떤 파탄이 장기적이고 고통스러운지, 아니면 비교적 신속한 안심원이 되는지는 두 사람이 서로에 대해 얼마나 강하게 느끼고 있는가에 달려있다(Lee, 1984). 애정이 매우 강하고 관계가 실패하게 될 때, 상당한 불행, 공포 및 고독이 있다. 한쪽 사람이나 양쪽 사람은 애정이 증오로 바뀔 때에 심하게 상심할 수 있으며, 각 파트너는 실패에 대해 상대방을 비난한다. 한 젊은 여자는 어떤 관계의 고통스런 해체에 대한 그녀 자신의 경험을 다음과 같이 기술했다.

> 우리는 서로 소리치고 비명을 지르는 가장 보기 흉한 장면을 연출했으며, 이것으로 만사가 끝장났다. 우리는 모두 그만두고 싶어했지만, 두 사람이 상심을 일으킨 데 대해서 상대방에게 화를 냈다. 나는 그가 계속 자기의 이전 아내를 바라보고 있었기 때문에 그만두고 싶었다. 물론 그는 이것을 부인했지만, 그는 그가 나와 함께 있지 않을 때에 속이고 있다고 항상 그를 비난하면서 내가 그에게 숨 쉴 여유도 주지 않기 때문에 그만두고 싶다고 말했다(Baxter, 1984, p. 40).

시초의 정서적 유대들이 약할 때, 관계의 종식은 훨씬 더 간단하고 훨씬 덜 당혹스러울 수 있다. 양쪽 파트너들은 다음의 예에서처럼 단지 관계가 끝났다고 동의한다.

> 나의 애인은 그가 포트랜드시로 가는 도중에 밤중에 방문하는 결혼한 남자이었다. 우리는 두 사람 모두가 상당히 많은 표현하지 않은 긴장을 갖고서 좋지 못한 밤을 맞았다. 다음날 공항으로 가는 도중에, 우리는 거의 말을 하지 않았다. 우리는 우리의 관계에 관한 것이 아닌 말만을 했다. 우리 두 사람은 관계가 끝장났고 우리가 아마 서로 결코 만나지 않을 것이라는 것을 알았다. 그리고 우리 모두는 관계가 끝장난 데 대해 안도의 숨을 내쉬었다(Baxter, 1984, p. 40).

일단 악화의 과정이 진행되면, 파탄이 일어나기 쉽다. 때로는 한쪽이나 양쪽 파트너는 자기들의 부모들과 같은 다른 관계들의 실패를 목격해 왔기 때문에 관계가 실패할 것이라고 기대한다. 때로는 일들이 매우 나빠서 각자에 대한 유일한 해결책이 새로운 삶을 출발하는 것일 수 있다. 그러나, 만일 다음과 같은 3가지 요인들이 존재한다면, 관계는 유지되게 될 잠재력을 갖는다: 즉 각 파트너에 대한 높은 수준의 만족, 관계를 구축하기 위한 과거의 시간과 노력의 투자 및 새로운 애인들이 없음이다(Rusbult, 1980, 1983; Rusbult 등, 1982; Simpson, 1987).

난관에 처한 관계를 구조하기 위해서 두 사람이 할 수 있는 것은 무엇인가? 특별논의 9-2에 몇 가지 아이디어들이 제시되어 있다.

특별논의 9-2. 사랑을 재점화시키는 문제에 대한 연구들의 응용

비록 결혼생활에 관한 많은 연구들이 문제들에 초점을 두어 왔을지라도, 실패만큼이나 많은 결혼들이 성공하고 있다는 것을 기억하는 것이 도움이 된다. 예컨대, Lauer와 Lauer(1985)는 15년 이상 결혼생활을 해 온 351쌍의 부부들을 조사했다. 이들 쌍들의 압도적 대다수가 행복하게 결혼생활을 했다고 대답했다. 그들의 결혼생활이 오래 지속된 이유를 질문받았을 때, 가장 공통적인 반응들은 우정, 개입, 유사성 및 긍정적 감정의 느낌들을 강조했다(도 9-11 참조). 다시 말해서, 이 부부들은 열정애가 아니라 동반자애상에서 구축된 관계를 자발적으로 기술했다.

악화과정을 역전시키고 두 사람이 서로 사랑하고 강하게 매력을 느끼는 시기를 복구시킬 가능성이 있겠는가? Rusbult와 그녀의 동료들은 상황이 개선되기를 수동적으로 기다리는("충성" 행동들) 사람들이 실망하게 되기가 쉽다고 시사해 왔다. 당면되고 해결되어야만 될 기본적 문제들이 있고 기본적 변화들이 필요할 경우에, 기다리고 원하는 것은 효과적 전략들이 못된다. 적극적 대안("발언")은 각 파트너측의 힘든 노력을 요한다. 만일 단순하게 "모두가 그녀의 허물 때문이다"라거나 "모두가 그이의 허물 때문이다"라는 지각이 있다면, 달성될 것이 거의 없다. 그러나 만일 부부가 "우리는 개선을 필요로 한다"는 데에 일치한다면, 많은 것이 이루어질 수 있다.

두 사람이 결혼과 같은 어떤 개입된 관계 속에 있을 때, 아마 그들이 서로

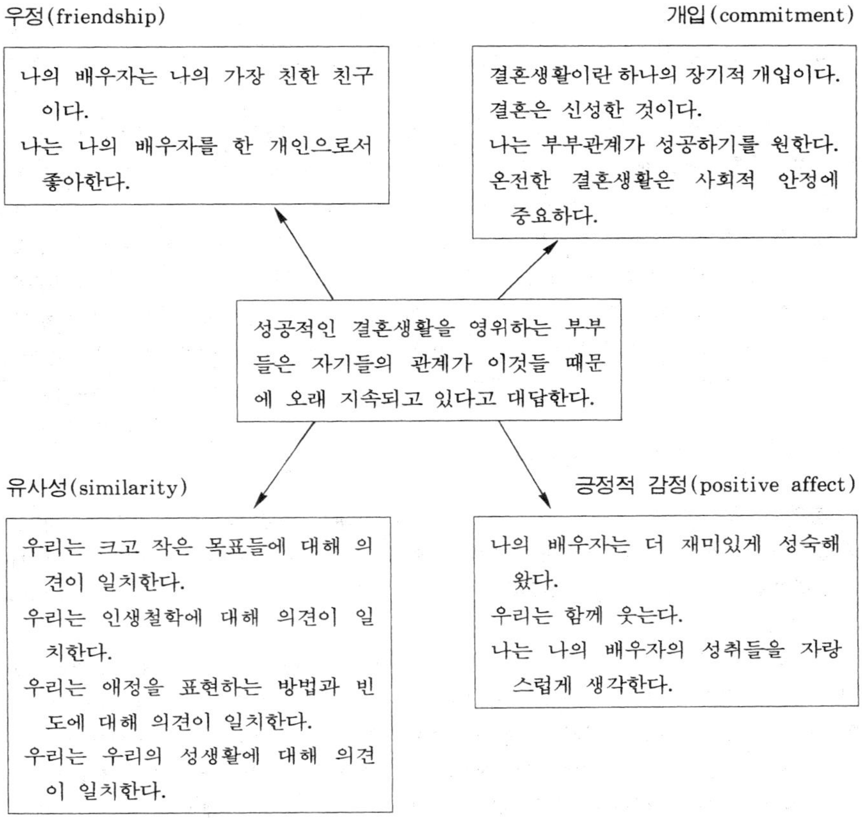

도 9-11. 성공적 결혼의 비결들. 15년 이상 결혼생활을 해 온 수백 쌍의 부부들이 자기들의 결혼생활이 오래 지속되어 온 이유들에 대해 어떻게 생각하는지를 질문받았다. 가장 빈번한 반응이 위에 제시되어 있다. 이들 부부들은 지속적 관계에서의 기본요소들이 우정, 개입, 유사성 및 긍정적 감정이라고 강조한다.

에 대해 신체적으로 매력있고, 함께 있는 것이 재미있고, 성적으로 바람직스럽다고 느낄 때가 있었을 것이다. 그들은 유사한 태도들, 가치들 및 흥미들을 함께 갖고 있었고 자기들의 서로에 대한 긍정적 느낌들을 전달했다. 만일 이와 같았다면, 이제 그들의 할 일은 그러한 요소들이 아직도 관계의 일부로 남아 있는지 그리고 만일 그렇지 않다면, 그것들이 재건될 수 있는지를 알아내는 것이다(Holmes와 Boon, 1990). 초점을 두어야만 될 주요 문제들은 무엇인가? 앞 장에서 논의된 매력과 사랑을 일으키는 요인들이 가장 좋은 출발점이 되는 것 같다.

1. 근접성과 감정 결혼생활에서 근접성이 대개 보장되어 있지만, 부정적 상호작용들을 포함하는 반복적 접촉이 호감을 증가시키지 않고 그 반대를 일으킨다 것을 기억하라. 문제는 물리적 근접성의 부족이 아니라 상호작용들이 긍정적인

것들이 아니라는 데에 있다. 더 나아가서, 나무 많은 근접성은 프라이버시의 상실을 뜻할 수 있다. 양측 파트너들은 침범이 없는 다소의 시간과 공간을 필요로 한다.

어떤 관계의 초기에, 남녀쌍들은 함께 즐기기 위한 즐거운 활동들을 찾는다. 결혼생활에서, 재미를 추구하는 것을 등한시하게 되기가 쉽다. 가정에서 보내는 시간은 흔히 요리, 세탁, 마당청소, 공공요금들의 납부, 수리들, 개에게 먹이를 주는 것, 자식들을 돌보는 것, 자동차를 수리하는 것, 병원에 가는 것 등등을 포함한다. 대부분의 이러한 잔일들과 임무들은 피해질 수 없지만, 이것들은 어떤 형평성있는 방식으로 분담될 수 있다(Castaneda 등, 1986). 이에 부가해서, 부부가 함께 즐거운 활동들을 행할 시간을 남겨 두는 것이 매우 중요하다. 앞에서 지적된 바와 같이, 권태를 없애려는 시도들이 중요하다. 부부들은 그들이 주말을 어떻게 보내는가에서부터 그들이 성적으로 어떻게 상대하는가의 범위에 걸쳐서 자기들의 생활방식들에 다양성을 첨가시킬 수 있다.

2. 함께 지냄과 매력 아마 두 사람이 함께 지내는 것을 추구하는 동기가 불충분했다면, 관계는 시초부터 형성되지 않았을 것이다. 그러나, 장기적 관계에서 친구관계는 당연한 것으로 간주될 수 있다. 부부들이 친구들처럼 지내고 대하는 것이 가능하다.

매력은 부분적으로 시시한 것일 수 있으며, 이것은 일부 개인의 통제력 밖에 있다. 매력있는 복장과 머리스타일들을 선택하고, 청결을 유지하고, 면도하고, 화장을 하고, 비만증을 피하고, 일반적으로 자신의 유전자들이 허용하는 한 신체적으로 매력있게 되는 것이 가능하며 아마 현명할 것이다. 한 가지 훌륭한 지침은 당신이 현재 행하고 옷을 입는 것을 첫번째 데이트 때의 외양과 체취를 계속해서 갖게끔 만드는 것이다. 만일 그렇지 못하다면, 당신은 자신의 배우자를 최악으로 당신에게 연관시키고 있게 될 것이다.

3. 유사성과 상호성 우리는 매력과정의 초기에 상대방 인물에 관해서 가능한 한 많이 아는 것의 중요성을 이미 강조한 바 있다. 많이 예상치 못한 비유사성들이 발생한다면, 우리가 할 수 있는 최선의 것은 관계에 대한 이것들의 중심적 관련성을 평가하고 타협이나 회피를 숙고하는 것이다. 결혼부부에 대해서, 몇 가지 비유사성들이 결정적일 수 있다. 특히, 결혼생활에 관한 신념들이 다른 신념들보다 불만족에 더 많은 영향을 준다(Jones와 Stanton, 1988). 예컨대, 만일 한쪽 파트너가 특정의 성행위들을 행하고 싶어하지만 상대방이 그러한 행위들을 불쾌하고 비도덕적이라고 여기고, 만일 두 사람 모두가 변화나 타협하려는 생각이 전혀 없다면, 해결을 위해서 할 일이 그리 많지 않다. 이러한 불만원은 계속되며 부부의 성적 상호작용들과 아울러 전체의 관계에 대해서 부정적 영향을 주기 쉽다(Smith 등, 1990). 무관련하고 이전에 토의될 필요가 전혀 없었던 비유사성의 영역들이 또한 있다. 만일 어떤 남편과 아내가 자기 나라의 일본에 대한 정책에 대해 크게 의견이 다르다면, 이 문제를 논의해서 서로에 대해 화나게끔

만들 필요가 어디에 있겠는가? 두 사람 모두가 외교정책을 세우거나 바꿀 힘을 갖고 있지 못하기 때문에, 이들은 이 주제를 완전히 피함으로써 이득을 얻게 될 것이다.

이 장의 앞부분에서 우리는 상호 평가들의 중요성을 지적한 바 있다. 긍정적인 것들을 표현하고 부정적인 것들을 억눌러서 최소화시켜버리는 의식적 노력이 경주될 수 있다.

이러한 제안들은 매력과 사랑에 관한 연구에서 확인된 잘 확립된 요인들의 하나의 상식적 확장에 불과하다. 그러나, 이것들을 개인 자신의 일상적 상호작용에 적용시키는 것은 생각보다는 더 어렵다. 이러한 노력에 대한 보상은 사랑하는 사람과의 행복하고도 만족스러운 관계의 조성이다. 이러한 노력에 대해 애를 쓰지 않는 사람들은 단지 고통스러운 이별의 도상에 있는 많은 불행한 부부들 중에 자기들 자신이 해당될 가능성을 증가시킬 뿐이다.

파탄과 이혼 미국에서 매년 약 2400만 쌍의 남녀들이 결혼하는 반면에, 1200만 쌍의 부부들이 이혼하고 있다. 이혼율은 미국에서 수십 년 동안 꾸준히 증가되어 왔으며, 최근에 증가율은 흑인들에서 가장 커 왔다.

이혼의 결정적 시기들은 배우자들이 30대나 40대 초에 있는 결혼 후 2년 내지 6년 동안이다(Glick, 1983). 비록 어떤 사람들은 도시생활이 모든 사회문제들을 증가시킨다고 가정할지라도, 이혼율은 실제로 대도시들보다도 농촌지역들에서 실제로 더 높다(Kelley, 1985). 결혼이 깨질 때에 남자들과 아울러 여자들이 모두 정서적으로 고통을 받지만, 경제적 고통은 남자보다도 여자에 대해 더 크게 되기 쉽다. 양성 모두에 대해, 재혼하지 않는 사람들은 고독, 우울 및 장기간 지속되는 분노로 공통적으로 반응한다(Fischman, 1986 ; Renshaw, 1982).

자녀들이 있게 될 때, 이들은 자기 부모의 실패의 죄없는 피해자가 된다(Brody 등, 1988). 심지어 이혼한지 4년이 지나서도, 자녀들은 자기 부모의 이별을 매우 부정적인 측면들에서 평가하는 것으로 발견되었다(Kurdek 등, 1981). 이혼 후에 자녀들이 일반적으로 자기 어머니와 함께 살기 때문에, 이들은 자기 어머니가 당면하는 모든 경제적 고생들을 함께 겪는다. 부모가 이혼할 때, 그들의 자녀들, 특히 남자 아이들은 흔히 학업적 및 사회적 문제들을 발전시킨다(Guidubaldi 등, 1987). 심지어 자녀들이 10대가 되었을 때에도, 이들은 흔히 매사를 불안, 부정적 자기지각들 및 자신의 생활에 대한 통제력 부족의 느낌으로 반응한다(Slater와 Calhoun, 1988 : Slater와 Haber, 1984).

이혼의 가장 긍정적 측면은 대부분의 사람들이 새로운 파트너를 찾고 재혼하는 것이다(Goode, 1981). 재혼은 여자들보다도 남자들에 대해 더 많은 경향이 있고, 남자들은 더 빨리 재혼하는 경향이 있다. 만일 두번째 결혼에서도 역시 이혼으로 끝나면, 계속해서 세번째로 결혼하는 사람들은 결혼상태를 유지하는 경향이 있다. 미국에서 200만 명 이상의 사람들이 3회 이상 결혼했으며, 이 숫자는 급속하게 증가되고 있다(Brody 등 1988).

대인관계들에 관한 연구들은 사람들에게 애정적인 동반자관계들 속으로 들어가는 데 대한 더 나은 의사결정을 행하게끔 도와 주고 어떤 장기적 관계를 유지시키는 데에 요구되는 사항들의 이해를 제공해 줄 수 있다.

요 약

1. 우리들의 생활의 하나의 매우 중요한 측면은 가까운 사랑하는 관계들을 확립시키는 것이다.
2. 열정애는 개인의 사고들, 감정들 및 행동들이 다른 개인에게 집중되어 있는 강렬하고 때로는 갑작스러운 정서적 경험이다. 개인은 만일 그 자신이 이와 같은 현상을 믿게끔 성장되어 왔고, 어떤 적절한 표적인물과 접촉하게 되고, 상호작용 동안에 생리적 흥분을 경험한다면, 이러한 양식으로 사랑하게 되는 것 같다.
3. 이성의 한 멤버와의 가깝고 걱정해 주는 우정인 동반자애는 열정애보다 덜 강렬하며 더 오래 지속되기가 더 쉽다.
4. Hendrick 과 Hendrick 은 사랑의 6가지 유형들이 있다는 증거를 제시한 반면에, Sternberg 는 친밀성, 열정 및 의사결정/개입에 기초된 사랑의 삼각형 이론을 세웠다.
5. 교우관계와 비슷하게, 이성관계의 중요한 차원들은 보수수준, 보수와 부담의 지각된 균형, 개입, 의사소통, 사회적 세력의 분배, 성행동, 질투 및 대안관계들에 대한 비교 수준을 포함하고 있다.
6. 데이트관계에서의 성활동에 관한 연구들은 그러한 활동의 유무와 관계의 장래 성공도 간에 거의 연관이 없다는 것을 보인다. 그러나 성활동을 삼가는 사람들, 관계의 초기 단계에서 성관계를 갖는 사람들 및 관계의 후기 단계들에서 성관계를 갖는 사람들은 가치들과 신념들이 다르다.
7. 결혼생활의 만족은 시간경과에 따라 변화하며, 결혼초기와 자녀들의 출가후에 비교적 높다. 행복한 결혼생활에는 부부간의 의사소통, 결혼과 배우자에 대한 기대들, 애정의 표시 등이 관련되어 있다고 보고되고 있다.
8. 어떤 관계 내의 곤란한 불화와 잠재적으로 그 관계의 파탄에 기여하는 많은 요인들 중에는 비유사성들의 발견이나 발전, 권태의 경험 및 부부간의 상호작용에서 긍정적 상호성에 대한 부정적 상호성의 점차적 대치가 있다. 악화하는 관계에서의 상심과 분노는 상황을 개선하려는 적극적 시도들을 방해한다.
9. 비록 많은 조치들이 관계파탄을 방지하는 데에 도움을 줄 수 있을지라도, 이것들은 그 관계가 양측 파트너들에 대해 만족을 주고, 양측이 그 관계를 구축하는 데에 시간과 노력을 투자해 왔고, 대안적 파트너들이 쉽게 구해질 수 없을 경우들에서만이 효과적이게 되기 쉽다.
10. 관계파탄의 정서적 고통과 양자와 그들의 자녀들에 대해서 갖는 장기적 영향들은 긍정적 상호작용들을 유지시키려고 시도하고 문제들이 발생할 때에 문제들을 해소시키는 것이 극히 중요해지게끔 만든다.

제 5 부

이타성과 대인적 갈등

제 10 장

이타성과 친사회적 행동

1984년 1월 21일, 11세된 티모시라는 소년은 83세 된 이웃집 노인을 구하기 위해서 불타는 아파트로 달려갔다. 속옷만 입은 채로 잠에서 깨어나서, 이 어린 소년은 그가 '할머니'라고 부르는 노인이 갇혀 있는 침실로 다가가기 위해서 연기가 찬 아파트를 손과 무릎으로 기어갔다. 그는 그 노인을 약간의 공기가 남아 있었던 마루방으로 끌고 나와서, 필사적으로 안전한 곳으로 데려가려고 했다. 출구쪽으로 나아갈 때에 그들은 현관을 채운 불길에 당면했다. 마침내 연기를 벗어나자, 티모시와 그 노인은 소방차들이 도착할 때에 혼수상태에 빠졌다. 보호 마스크와 복장을 착용한 소방수들이 마침내 둘을 구조해서 인근 병원으로 그들을 급히 데려갔다. 그 노인은 약간의 부상을 입었지만, 티모시는 심한 화상으로 피부이식수술을 받으면서 병원에서 수개월을 보냈다. 소방수들은 어린아이가 뛰어들어가서 그 노인을 약간 안전한 곳으로 끌고 가지 않았더라면 그 노인은 죽었을 것이라고 말했다. 신문의 해설이 그 소년의 가족이 의료보험이 없다고 보도했을 때, 그 소년의 이타심에 감동한 독자들은 비싼 의료비의 지불을 돕기 위한 기부금으로 5만 달러 이상을 보내 주었다.

이와 같은 이타행위들과 일반인의 관대성은 피해자들의 곤경에 대한 일반인들의 무감각에 관한 이야기들과 아주 대비되고 있다. 1장에서 우리는 적어도 38명의 사람들이 목격했고 아무런 일도 하지 않는 동안에 도시의 길거리에서 칼에 찔려 죽은 젊은 여자인 키티 제노베스에 관한 비극적인 이야기를 자세히 이야기했다. 이러한 종류의 이야기들은 무수히 있다. 도와 줄 수 있는 사람들이 곁에 있는 동안에 사람들은 두들겨 맞고, 강간당하고, 절도당하고, 죽음을 당하고 있다. 분명히 인간은 고통을 당하는 타인들을 돕거나 무시할 수 있다. 사람들은 왜 때로는 타인을 돕는가? 그리고 그들은 왜 때로는 절박하게 필요한 도움을 주지 못하는가?

이타성과 친사회적 행동의 정의

이러한 의문에 답변하려고 들기 이전에, 이타성과 친사회적 행동이 무엇을 의미하는가를 분명히 해 두자. 이타성(altruism)은 어떤 형태의 보수를 받는다는 기대가 없을 때(아마 좋은 행위를 하고 있다는 느낌을 제외하고서)에 어떤 사람을 자발적으로 돕기 위해 수행된 행위를 일컫는다. 이러한 정의에 의하면, 어떤 행위가 이타적인지의 여부는 돕는 자의 의도들에 달려 있다. 불난 자동차 속에서 피해자를 끌어 내기 위해 목숨을 걸고 그 후에 이름을 밝히지 않고 사라진 낯모르는 이는 이타적 행위를 수행했다.

친사회적 행동(prosocial behavior)은 더 폭넓은 범주이다. 이것은 돕는 자의 동기들에 관계없이, 타인들을 돕거나 도우려고 계획된 모든 행위를 포함하고 있다. 많은 친사회적 행위들은 이타적인 것이 아니다. 예컨대, 만일 당신이 친구들에게 좋은 인상을 주기 위해서나 장차의 취직을 위한 자신의 이력서의 바람직스러운 내용을 싣기 위해 어떤 자선사업을 위해서 일하는 것을 자원한다면, 당신은 순수한 의미에서 이타적으로 행동하고 있는 것은 아니다. 친사회적 행동은 가장 사심이 없는 이타적 행위들로부터 자기 이해에 의해 전적으로 동기화된 돕는 행위들에 이르는 한 연속선에 걸친 범위를 갖는다(Rushton, 1980). 우리의 일상적 경험들은 친사회적 행동의 많은 예들을 제시해 준다. 유아 때에, 우리 모두는 성인 양육자들의 도움과 양육에서 도움을 받는다. 인생주기 전체를 통해서, 가족들과 친구들은 도움과 지원의 중요 원천들이다. 연구들은 사람들이 흔히 다양한 양식으로 서로 돕는다는 것을 입증해 왔다. 돕는 활동들은 어린 아동들에게서조차 볼 수 있다. 한 연구(Strayer 등, 1979)는 대학교 보육원에서 놀고 있는 3세에서 5세 아동들을 관찰했다. 평균적으로, 각 아동은 다른 아이에게 인형을 주거나, 보채는 친구를 위로하거나, 선생을 돕는 것에 이르는 시간당 15개의 돕는 행위들을 했다.

친사회적 행동은 사람들간의 관계의 유형에 의해서 영향받고 있다. 호감, 사회적 의

타인들을 구조하기 위해서 자신의 생명을 걸고 있는 소방수들의 용감성은 도움을 필요로 하는 사람들이 처한 곤경을 무시하는 사람들의 장면(뒷 면의 사진)과 뚜렷이 대비된다.

무, 자기의 이익이나, 감정이입 때문이건 간에, 우리는 자신이 알지 못하는 사람들보다도 알고 있고 관심을 두고 있는 사람들을 더 많이 돕는다(Schoenrade 등, 1986). 그럼에도 불구하고, 사람들은 흔히 낯선이들을 도와 준다. 미국의 중서부지역의 한 도시에서 수행된 연구는 시장을 보는 반 이상의 여자들이 지갑이 "없어졌다"고 설명하는 대학생에게 버스비로 40센트를 기꺼이 주었다는 것을 발견했다(Berkowitz, 1972). 뉴욕시에서, 대부분의 행인들이 한 행인으로부터 도와 달라는 요구에 긍정적으로 반응했다. 85%의 뉴욕시민들이 그 날의 시간을 알려 주었고, 85%가 길을 가르쳐 주었고, 73%가 동전을 바꾸어 주었다(Latané와 Darley, 1970). 뉴욕시의 길거리에서의 또 다른 연구에서, "잃어버린" 지갑을 발견한 50%의 사람들이 소유자에게 그 지갑을 부쳐 주었다(Hornstein 등, 1968).

친사회적 행동들은 도시의 지하철에서도 일어난다. 한 승객(실제로는 연구자)이 분명한 무릎 부상으로 넘어졌을 때, 전철에 있는 83%의 승객들이 도움을 제공했다(Latané와 Darley, 1970). 또 다른 지하철 연구에서, 신체적 불구자인 척한 한 연구자는 반복해서 쓰러졌고 항상 도움을 받았다(Piliavin 등, 1969).

돕기에 관한 이론적 관점들

친사회적 행동에 대한 우리의 이해는 1장에서 제시된 몇 개의 일반적인 이론적 관점들로부터 도움을 받아 왔다. 인지적인 의사결정적 관점은 도움을 필요로하는 시기에 관한 판단들에 영향주는 과정들에 초점을 두고 있다. 이것은 또한 도움을 제공하는 의사결정에 있어서 이익들과 부담들을 숙고하는 것을 강조한다. 둘째로, 학습적 접근은 강화와 모델링의 기본원리들에 따라 사람들이 도움을 주는 것을 학습한다고 제안한다. 셋째로, 사회생물학자들은 돕는 성향은 우리의 유전적인 진화적 유산의 일부라고 제안해 왔다. 끝으로, 다른 사람들은 우리가 필요로 하는 사람들을 도와야만 될 때를 지시하는 사회적 규칙들의 중요성을 강조해 왔다. 우리는 돕기에 관한 이들 네 개의 이론들의 각각을 논의할 것이다.

의사결정적 관점

돕기는 어떤 사람이 도움을 제공하기로 결정하고 그 다음에 조치를 취할 때에 일어난다. 어떤 특정 상황에서, 돕기의 의사결정은 사회적 인지와 합리적 의사결정의 복잡한 과정들을 내포하고 있다(Latané와 Darley, 1970; Schwartz, 1977 참조). 도 10－1에서 보이는 바와 같이, 돕는 것의 의사결정에는 몇 개의 단계들이 있다. 사람은 먼저 어떤 일이 일어나고 있다는 것을 알아채고 도움이 요구되고 있는지의 여부를 결정해야만 된다. 만일 도움이 필요하다면, 그 사람은 자기 자신의 행위의 개인적 책임의 정도를 고려할 것이다. 셋째로, 그 사람은 도와 주는 것과 도와 주지 않는 것의 보수들과 부담들을 평가할 것이다. 마지막으로, 그 사람은 어떤 형태의 도움이 필요하고, 바로 어떻게 그것을 제공하는가를 결정해야만 된다.

이제 각 단계를 자세하게 검토해 보자.

필요성의 지각 새벽 2시인데, 날카로운 비명 소리가 밤 공기를 뒤흔든다. 어떤 사람들은 모든 것을 잊고 단꿈에 빠져 있다. 당신은 깜짝 놀라서 잠에서 깨었다. 어떤 여자가 "그만둬요! 혼자 있게 둬요!"라고 소리지른다. 당신은 성난 남자의 음성은 듣지만, 그가 말하고 있는 것을 분명히 들을 수는 없다. 재빨리 당신은 무엇이 진행되고 있는가를 자문해 본다. 이것은 단지 시끄러운 연인들간의 말다툼인가? 그렇지 않으면 심한 신체적인 공격인가? 이것은 외부의 개입을 요하는 위급상황인가?

어떠한 친사회적 행위에서든 간에 결정적인 첫 단계는 어떤 일이 일어나고 있다는 것을 인식하고 도움이 요구된다는 것을 결정하는 것이다. 어떤 상황들에서 필요는 분명하다. 즉, 당신의 읍의 강물이 홍수로 높아지고 있을 때에는 불구가 아닌 모든 사람들이 침수를 막기 위해서 모래주머니를 만들 필요가 있다. 만일 당신의 자식이 축구를 하다가 머리에 깊은 상처를 입었다면, 치료를 필요로 할 것이다. 그러나 한밤중에 비명소리들을

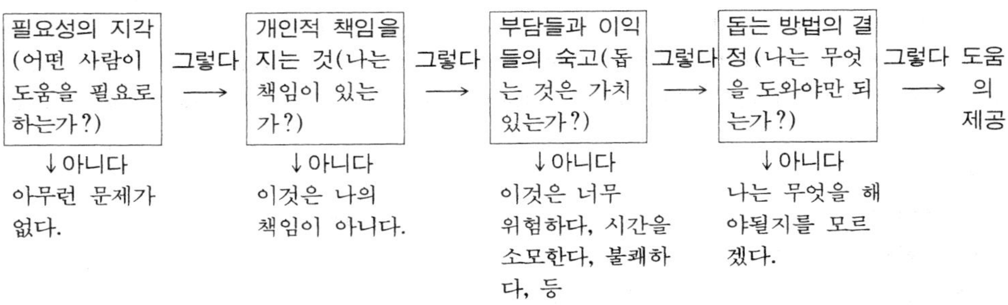

도 10－1. 의사결정적 관점은 고통을 당하는 사람에 대해 도움을 제공하도록 만드는 과정에서 네개의 결정적 단계들을 확인했다. 각 지점에서, 상이한 의사결정들은 개인에게 도움을 제공하지 않게끔 만들 수 있다.

듣는 것과 같은 많은 상황들에서는 결정하기가 곤란할 것이다. 상황에 대한 불확실감은 사람들이 왜 때때로 도움을 주지 못하는가에 대한 하나의 주요 이유이다. 예컨대, 한 연구(Clark과 Word, 1972)는 학생들이 명백한 위급, 즉 한 경비원이 사다리에서 떨어지면서 아파서 비명을 지르는 것을 들었을 때에 그들의 모두가 그 남자를 돕기 위해 달려갔다는 것을 발견했다. 다른 조건에서 학생들이 애매한 위급, 즉 동일하게 떨어지는 소리들이 났지만 피해자가 부상당했다는 언어적 단서들이 없었을 경우에서, 도움은 30%의 경우에서만이 제공되었다.

개입을 요하는 위급이 있는지를 결정짓는 데에 있어서 사람들은 어떤 단서들을 사용하는가? Shotland와 Huston(1979)에 의한 연구는 어떤 사건이 위급이라는 지각을 일으키는 5가지의 중요한 특징들을 확인했다.

1. 어떤 일이 갑작스럽고도 예기치 못하게 일어남.
2. 피해자에 대한 상해의 위협이 분명함.
3. 어떤 사람의 개입이 없으면, 피해자에 대한 상해가 시간이 지남에 따라 증가할 가능성이 있음.
4. 피해자는 무력하고 외부의 도움을 요함.
5. 어떤 종류의 효과적인 개입이 가능함.

예컨대, 대부분의 사람들은 약물 과잉복용, 심장발작, 진행중인 강간 및 땅 위에 움직임이 없는 운전사가 있는 자동차사고를 위급들이라고 간주했다. 사람들은 만일 정전이 되었거나, 한 친구가 자기가 비참하고 우울하다고 말하거나, 도로 가에 부서진 차가 있을 경우에는 위급이 있는지에 관해서 덜 확실하게 느꼈다.

상황에 대한 우리의 해석이나 정의는 우리가 도움을 주는 여부에서 하나의 필수적 요인이다. Shotland와 Straw(1976)는 사람들이 동일한 싸움 장면에 대해서, 그들이 그것을 연인들간의 다툼인지 아니면 낯선이들간의 싸움이라고 지각하는지에 따라 전혀 달리 반응한다는 것을 보였다. 이 연구에서, 학생들은 저녁 때에 태도질문지에 응답하기 위해서 개별적으로 심리학과에 왔다. 과제를 하는 동안에, 학생은 복도에서 나는 큰 목소리의 싸움(실제로는 연극반 학생들이 꾸며서 한 것임)을 들었다. 한 여자는 비명을 질렀고 "저리가 주어요"라고 남자에게 간청했다. 결혼조건에서, 피해자는 "나는 도대체 당신과 왜 결혼했는지 알 수 없어요"라고 소리쳤는데, 19%의 학생들만이 개입했다. 그러나 "낯선이" 조건에서, 여자는 "도대체 당신은 누구예요'라고 소리쳤는데, 65%의 학생들이 직접적으로나 경찰을 부름으로써 개입했다. 설사 싸움들이 모든 측면들에서 동일했을지라도, 피험자들은 낯선이조건에서 상황을 더욱 심각하며 그 여자가 더 도움을 간절히 바란다고 지각했다.

사람들간의 관계가 불분명한 실생활의 싸움에서, 구경꾼들은 그것이 연인들간의 싸움일 것이라고 가정하고 따라서 침입하지 않기로 결정하게 될 것이다. 아마 이것은 불행한 일이기는 하지만, 도움의 부족이 도움을 꺼려하는 것이 아니라 흔히 상황의 잘못된 해석에 기인된다는 것을 의미한다.

개인적 책임을 지는 것 돕는 것의 결정에서 두번째 단계는 개인적 책임을 지는 것이다. 다음과 같은 상황을 생각해 보자.

당신은 햇볕을 쬐며 해변가에서 누워 있다. 한 여자가 당신 자리 옆에 자리를 펴고 라디오에서 음악을 튼다. 몇 분 후에 그녀는 자리에 라디오를 둔 채로 수영하러 간다. 잠시 후에 어떤 남자가 와서, 라디오를 보고는 재빨리 줏어 들고 걸어간다. 당신은 어떻게 할 것인가? 당신은 아마 도둑을 막는 것이 자신의 책임이 아니라고 다짐하면서, 도둑을 막지 않을 수도 있다.

방금 기술된 장면을 재현한 실험(Moriarity, 1975)에서, 20%의 사람들만이 도둑에게 쫓아가서 설명을 요구함으로써 개입했다. 그러나 두번째 조건에서, 라디오의 소유주는 먼저 해변가에 있는 그 사람에게 다가가서 "내 물건들을 좀 봐 주세요"라고 부탁했다. 일단 이러한 개입이 성립되었을 때, 95%의 사람들이 도둑을 저지하기 위해서 개입했다. 사람들이 개인적 책임을 느낄 때, 그들은 친사회적 양식으로 행동하는 경향이 유의하게 더 많다.

개인적 책임을 지는 것의 중요성에 관한 또 다른 증명은 최근의 현장연구에서 나온다(Maruyama 등, 1982). 만성절(10월 31일의 종교의식)날을 위해서 장난치면서 대접 받으면서 어떤 집에 도착한 아동들의 집단들은 입원된 아동들을 위해서 과자들을 기부하도록 요구받았다. 아동들의 책임의 지각들을 조작하기 위해서 설계된 세 개의 실험조건들이 있었다. 한 조건에서, 아동들을 맞이한 부인은 과자들을 담은 봉지 위에 아동의 성명을 부착함으로써 각 아동에게 과자를 기증하는 데 대해 책임을 느끼게끔 만들었다. 다른 조건에서, 그 부인은 한 아동이 전체 집단을 책임지도록 했다. 세번째 조건에서, 아무에게도 책임이 부여되지 않았다.

책임성의 변화들은 아동들이 기부한 과자의 수에 분명히 영향을 주었다(도 10-2 참조). 각 아동이 개인적으로 책임이 있었을 때, 평균 기부는 5개였다. 한 아동이 집단을 책임졌을 때, 기부는 3.3개로 떨어졌다. 아무도 책임이 없었을 때, 아동당 평균 2.2개만이 기부되었다.

책임의 지각에 영향을 주는 또 다른 요인은 요능성이다(Bickman, 1971). 우리는 자신

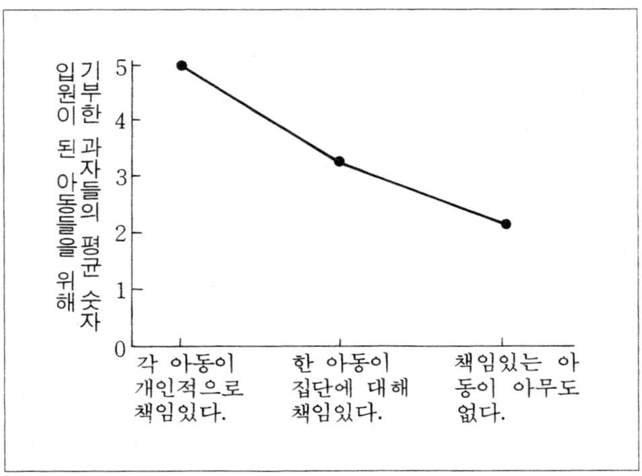

도 10-2. 개인적 책임의 증가는 돕기를 증가시킨다. 이 연구에서, 연구자들은 카톨릭교의 만성절날의 장난치는 아동들에 대해 가난한 아동들에게 과자를 기부하는 것에 대한 그들의 책임에 관해 제시된 지시들을 변화시켰다.(Maruyama 등, 1982에서 개작됨.)

이 효과적으로 도와 줄 기술을 갖고 있는 상황에서 개입할 의무감을 더 크게 느낀다. 예컨대, 한 연구(Clark과 Word, 1974)에서, 참가자들은 고장난 장비로부터 전기쇼크를 받아서 기절한 어떤 사람(실제로는 실험협조자)을 목격했다. 전기장비를 취급하는 데에 공식적 훈련이나 경험을 가졌던 참가자들 중에서 90%가 돕기 위해서 개입했다. 전기기술이 없는 사람들 중에서는 58%만이 개입했다.

부담들과 이익들에 대한 숙고 의사결정적 관점은 사람들이 타인을 돕는 것을 포함해서 어떤 특정 행동에서 생기게 될 잠재적 이익들과 손해들을 고려한다고 시사한다(Lynch와 Cohen, 1978; Piliavin 등, 1981). 따라서 사람은 돕는 것에 대한 지각된 이익들(보수들－부담들)이 돕지 않는 것에 대한 이익들을 능가할 때에 친사회적으로 행동할 것이다.

때로는 돕기가 비교적 용이하며, 때로는 돕기는 시간, 정력 및 곤란한 사정들의 면에서 상당한 부담을 포함할 수 있다. 행인에게 그날의 시간을 말해 주는 것은 거의 노력을 요하지 않는다; 길을 모르는 운전자를 도와 주기 위해서 자동차도로에서 차를 길가에 대는 것은 아마 더 많은 시간을 소모할 것이다.

이 두 상황들에서, 부담은 당신이 어떤 불편함이나 당신이 자기 자신의 안전에 대한 가능한 위협을 느끼는 여부에 일부 의존될 것이다. 도움을 필요로 하는 사람은 존경받을 만한 사람으로 보이는가, 아니면 당신이 강도당하게 될 어떤 가능성이 있는가? 지각된 부담들이 클수록, 당신이 도와 줄 가능성은 더 적다. 이러한 요지가 특별논의 10－1에 예시되어 있다.

도와 주지 않는 것에도 또한 다소의 부담이 있다. 당신은 도와 주지 않은 것에 대해서 죄의식을 느낄 수 있다. 다른 사람들은 당신이 도와 주지 않는다는 것을 볼 수 있고, 당신은 그들이 당신에 대해 나쁘게 볼 수 있기 때문에 기분이 언짢을 수 있다. 당신은 가능하면 도와야만 된다고 지시하는 일반적인 도덕적 가치를 갖고 있을 수 있으며, 도와 주지 않는 것은 당신으로 하여금 자신이 훌륭한 사람이 아니었다는 느낌이 들게끔 만들 것이다. 이와 같은 생각들은 당신이 도움을 줄지 아니면 주지 않을지에 영향을 준다.

한편, 돕는 것에는 이익들이 있으며, 이것은 정적 유인들을 제공한다. 당신이 하게 될 것을 더 좋게 볼수록 당신이 도와 줄 가능성은 더 많다. 사람이 도움을 받을 자격이 더 많을수록, 그리고 당신이 도와 줄 수 있는 능력이 더 많을수록, 당신은 도움을 주는 것에 대해서 더 좋게 생각할 것이다. 예컨대, Gruder 등(1978)은 여자 실험협조자에게 사람들에게 전화를 걸어서 도움을 요청하게 했다. 이 여자의 이야기는 자신의 차가 고장나서 정비소에 갈 필요가 있다는 것이었다. 그녀는 틀린 전화번호를 갖고 있어서, 그 사람에게 자기를 위해서 대신 정비소에 전화를 걸어 달라고 요청했다. 어떤 케이스들에서 그녀는 크게 도움이 필요했고, 다른 케이스들에서는 덜 필요했다. 그리고 어떤 케이스들에서, 그녀의 문제는 설사 그녀가 수리가 필요하다는 것을 알고 있었을지라도 정비소에 차를 맡기는 것을 잊었다고 말했기 때문에 주로 그녀 자신의 잘못이었다. 다른 케이스들에서 그것은 그녀의 잘못이 아니었다. 즉, 차는 아무런 신호가 없이 고장났다. 사람들은 그녀의 필요가 더 컸고 그녀가 잘못이 없었을 때에, 따라서 아마 도움을 받을 만한 자격이 있을 때에 더 많이 도왔다.

특별논의 10-1. 돕기를 피하는 것

도움을 청하는 것은 흔히 복합된 감정들을 일으킨다. 한편으로, 사람들은 도와 주는 일이 좋은 일이기 때문에 도와 주기를 좋아할 것이다. 또 한편으로, 그들은 부담이 뒤따른다는 것을 의식하며 아마 그 부담을 감수하고 싶어하지를 않는다. 실제로, 한 연구(Pancer 등, 1979)는 사람들이 때로는 자신에게 도움이 요청되게 될 상황을 적극적으로 피한다는 것을 증명했다. 통로에 탁자를 놓았다. 몇몇 조건에서는 그 위에 자선금기부 모금함을 두었고, 다른 몇몇 조건에서는 두지 않았다. 사람들은 기부가 요구되지 않았을 때보다도 요구되었을 때에 탁자로부터 더 멀리 걸어 지나가는 경향이 있었다. 이와 비슷하게, 기부금을 모금하는 탁자에 어떤 사람이 앉아 있을 때에는 아무도 없을 때보다도 그것을 더 회피했다. 그리고 마지막으로 불구자가 탁자에 앉아 있을 때, 사람들은 그 사람이 불구자가 아니었을 때보다도 더 멀리 돌아 지나갔다.

각각의 케이스에서, 도움의 요청이 더 강할수록 사람들은 그 상황을 더 피했다. 분명히, 돕기 상황들은 다소의 갈등을 일으키며, 사람들은 멀리 떨어짐으로써 이러한 갈등을 적게 하는 경향이 있다. 아마 당신이 가까이 있을 때보다도 멀리 떨어져 있을 때에 돈을 기부하지 않기가 더 쉽다.

몇 명의 연구자들(Lynch와 Cohen, 1978 ; Morgan, 1978 ; Morgan과 Leik, 1979)은 이러한 도와 주기모형을 검증해 왔으며 일반적으로 지지되는 결과들을 발견해 왔다. 부담-이익의 고려들은 적어도 어떤 상황들에서 돕기에 영향을 주는 것 같다. 한편, 이 고려들은 모든 돕기 의사결정들을 완전히 설명하지는 못한다. 어린이를 구조하기 위해서 불난 건물로 즉각 뛰어들어가는 사람은 행위의 기대된 유용성을 세심하게 검토하는 것 같지는 않다. 그보다도, 이러한 행위들은 인생, 용기 등에 관련된 기본적인 정서들과 가치들에 의해 동기화되었을 것이다.

돕는 방법을 결정하고 조치를 취하는 것 돕기의 결정에서 최종의 요소는 어떤 형태의 도움을 제공할 것인가를 생각해 내고, 그 다음에 조치를 취하는 것이다. 당신은 창밖에서 일어나는 싸움에 직접 개입해야 되는가, 아니면 경찰을 부름으로써 간접적으로 행동해야 되는가? 당신은 사고당한 피해자에게 심폐 인공호흡을 실시해야 되는가, 아니면 관계 전문가를 불러야 되는가? 어떤 사람이 직접적 조치를 취하거나 다른 사람에게

우리는 자신이 효과적으로 돕는 방법을 알고 있을 경우에, 위급에 개입하려는 경향이 더 많다. 심폐 인공호흡(CPR)에 관한 과정을 이수함으로써, 이 사람들은 심장마비 피해자들을 돕는 지식을 갖게 될 것이다.

도움을 구하는 여부는 요구되는 도움의 형태나 잠재적 돕는 이의 전문성이나 신체적 크기와 같은 많은 요인들에 달려 있다. 위급상황들에서, 의사결정들은 흔히 큰 스트레스, 급박성 및 개인적 위험하에서 이루어진다. 불행하게도, 때로는 의도가 좋은 돕는 이들이라도 도움을 제공하지 못하거나 심지어 실수해서 잘못을 저지를 수 있다.

돕기의 의사결정에서의 여러 요소들에 관한 우리의 분석은 사람들이 왜 필요로 하는 도움을 제공하지 못할 수 있는가에 대한 많은 이유들을 강조한다. 사람들은 어떤 문제가 존재한다는 것을 인식하지 못하거나, 상황을 시시한 문제로서 잘못 지각할 수 있다. 사람들은 필요는 인식하지만, 도움에 대해 개인적으로 책임을 느끼지 않을 수 있다. 사람들은 돕는 것의 부담들이 너무 크다고 생각할 수 있다. 사람들은 돕기를 원하지만, 도울 능력이 없을 수 있다. 그렇지 않으면, 사람들은 의사결정을 하지 못한 상태에 빠져서, 망설일 수 있다.

학습적 관점

친사회적 행동에 대한 두번째의 관점은 학습의 중요성을 강조한다. 성장하면서, 아동들은 남에게 나누어 주고 도와 주는 것을 배우고 있다. 당신은 아마 당신이 도움을 주는 것에 대해 칭찬받았고 당신이 도움을 주어야만 되었을 때에 돕는 것을 잊어버린 데 대해 비난받았던 경우들을 기억할 수 있다. 1장에서 논의된 두 개의 일반적 학습원리들이 여기에서 또다시 중요하다. 사람들은 돕기에 대한 강화(reinforcement), 즉 보수와 처벌의 효과들을 통해 돕는 것을 배운다. 사람들은 또한 모델링(modeling), 즉 도와 주는 타인들을 관찰하는 것을 통해서 돕기를 학습한다.

연구들은 아동들이 자신의 친사회적 행동이 보상받았을 때에 더 많이 돕고 나누어 줄 것이라는 것을 분명히 보였다. 예컨대, 4세아들은 자신의 관대성에 대해서 풍선껌으로 보수를 받았을 때에 다른 아이와 공기돌들을 나누어 갖는 경향이 더 많았다(Fischer, 1963). 일상생활에서, 부모들과 교사들은 돕는 것에 대해 풍선껌보다도 칭찬으로 보수를 주기가 더 쉽다. 연구는 어떤 칭찬형태들이 다른 형태들보다 더 효과적이라는 것을 시사한다. 8, 9세 된 아동들에 대한 최근의 연구에서, 아동들은 장난감들과 교환될 수 있는 교환권들을 따기 위한 한 게임을 수행했다(Mills와 Grusec, 1989). 이 연구의 시초단계에서, 연구자는 아동들에게 아무런 장난감이 없는 가난한 아동들과 자신의 교환권을 나누어 갖도록 강력하게 권고했다. 이 권고로, 모든 아동들이 자신의 교환권들의 약간을 기부했다. 그 다음에 아동들은 그들의 도움성에 대해 두 가지 유형의 칭찬들 중의 하나를 제공받았다. 성향적 칭찬조건에서, 실험자는 "나는 네가 할 수 있을 때에는 언제나 타인들을 돕기를 좋아하는 부류의 사람이라고 생각한다. 그래, 너는 매우 훌륭하고 잘 도와 주는 사람이야"라고 말함으로써 아동의 성격을 강조했다. 일반적 칭찬조건에서, 연구자는 "네가 너의 교환권들의 약간을 가난한 아동들에게 주는 것은 잘한 일이었어. 그래, 그것은 훌륭하고 도울만한 일이었어"라고 말함으로써 성격보다도 아동의 행위들을 강조했다 (p. 305). 그 다음에 이 아동들은 다시 혼자서 게임하도록 지시받았고, 그들이 반드시 할 필요는 없지만, 만일 자신이 원한다면, 가난한 아동들에게 나누어 줄 수 있다고 지시받았다(p. 312). 자신이 잘 도와 주는 사람이라는 것을 강조하는 성향적 칭찬을 받았던 아동들은 일반적 칭찬을 받았거나 전혀 칭찬을 받지 않았던 아동들보다 유의하게 더 많이 나누어 주는 경향이 있었다. 성향적 칭찬은 일반적 칭찬보다 더 효과적인 것같이 보인다.

6학년 소녀들에 관한 연구(Midlarsky 등, 1973)는 도와 주는 모형을 보는 것이 갖는 영향을 증명했다. 소녀들은 과자와 장난감들과 교환될 수 있는 교환권을 따기 위해서 특수한 핀볼기계를 갖고 놀았다. 자기 차례가 오기 전에, 각 소녀는 게임을 하는 한 성인 모델을 보았다. 한 조건에서, 이기적 모델은 딴 모든 교환권들을 "내 돈"이라고 명칭이 붙은 항아리에 넣었다. 다른 조건에서, 관대한 모델은 자신의 교환권들의 다소를 "불우아동들을 위한 돈"이라고 명칭이 붙은 항아리에 넣었다. 조건에 관계 없이, 모델은 그 다음에 소녀에게 '이들 교환권들을 갖고서 살 수 있는 상들을 받기를 좋아할' 불우 아동들을 생각하는 것을 강조했다. 결과들은 모델링의 분명한 효과를 보였다. 관대한 모델을 보았던 소녀들은 불우아동들에게 평균 19개의 교환권들을 기부한 데 비해서, 이기적 모델을 보았던 소녀들은 10개의 교환권들만을 기부했다. 아동들의 TV 프로들이 친사회적 모델들을 보여 줌으로써 도움성을 증가시킬 수 있는 가능성이 특별논의 10-2에서 논의되어 있다.

또 다른 연구(Rushton과 Teachman, 1978)는 모델링과 아울러 강화를 종합했다. 먼저, 도와 주는 성인모델이 자기가 볼링에서 딴 다소의 교환권들을 보비라는 고아에게 줌으로써 소년들을 이타적으로 행동하게끔 만드는 데에 사용되었다. 그 다음에 이 모델은 아동의 관대성에 대해서 보수를 주었거나("그래 좋아. 정말로 멋있어") 처벌을 주었다("보비에게 주는 것은 우스꽝스런 짓이야"). 성인이 아무 말도 하지 않은 무강화조건도 있었다. 도 10-3에서 보이는 바와 같이, 보수를 받았던 아동들이 처벌을 받았던 아동들보다도 그 뒤 시행들에서 보비에게 더 많이 주었다. 2주일 후에, 아동들이 또다시 동일한 게임을 했고 보비에 대해서 생각나게 되었을 때, 이전의 보수와 처벌의 효과들은 아직도 그들이 보비에게 얼마나 많이 주었는가에 영향을 주었다.

모델링은 성인 혈액기증자들에 관한 연구가 분명히 보이는 바와 같이, 성인들에서 친사회적 행동의 강력한 촉진요인이다. 이 재간있는 실험(Rushton과 Campbell, 1977)에서, 여대생들은 먼저 사회적 상호작용에 관한 한 연구의 일부분으로서 한 명의 친절한 여자(실제로는 실험자들의 실험협조자)에게 말을 했다. 연구자들은 두 여자가 이 상호작용 연구를 마치고 떠날 때에 이들이 혈액기증을 요구하는 직원들이 있는 복도에 설치된 탁자를 통과하도록 일들을 꾸몄다. 절반의 경우에서, 실험협조자는 즉각적으로 자원해서 친사회적 행동의 모델을 보였다. 다른 조건에서, 실험협조자는 옆으로 비켜서서 어떤 사람과 이야기했다.

모델의 행동의 효과는 뚜렷했다. 도와 주는 모델이 67%의 피험자들에게 혈액을 기증한다고 서약하게끔 만든 데에 비해서, 아무런 모델을 보지 않았던 피험자들은 25%만이 서약했다. 보다 더 이상적인 것은 여자들이 실제로 혈액을 기증하겠다는 자신의 약속을 지켰는가에 관한 자료이다. 무-모델조건의 여자들이 아무도 실제로 혈액을 기증하지 않았지만, 이타적 모델을 보았던 여자들의 33%가 기증했다. 모델링 효과들에 관한 이와 비슷한 증거는 크리스마스 때에 구세군 자선남비에 돈을 기부하는 것이나 궁지에 빠진

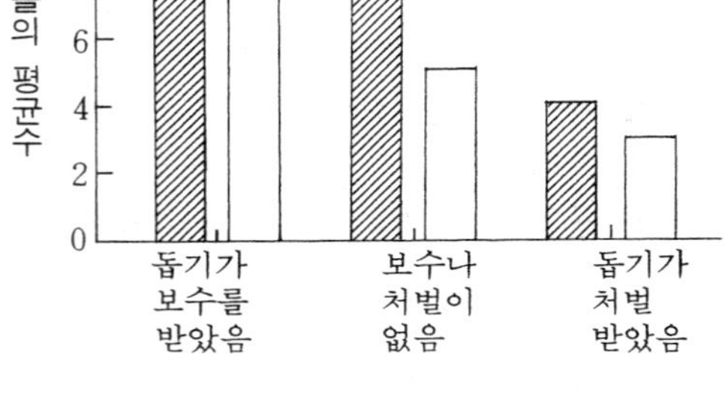

도 10-3. 보수들과 처벌들은 아동들의 도우려는 의향에 분명한 영향들을 주었다. 이 연구에서, 아동들은 보비라는 고아에게 교환권들을 기부한 것에 대해 칭찬받았거나 비평받았거나 아무런 강화를 받지 않았다. 그 다음에 아동들에게 즉각과 2주 후에 보비를 도울 다른 기회들이 제공되었다. 보수를 받았던 아동들이 가장 많은 교환권들을 기부했고, 처벌받았던 아동들이 가장 적게 기부했다.(Rushton과 Teachman, 1978에서 개작됨.)

자동차여행자가 빵꾸난 타이어를 고치는 것과 같은 다양한 상황들에서 발견되어 왔다(Bryan과 Test, 1967).

실험들은 또한 성인의 돕기도 강화에 의해서 영향받는다는 것을 보여 왔다. 한 연구(Moss와 Page, 1972)에서, 오하이오주의 데이톤시의 주요 가도를 걷고 있는 사람들은 지역 백화점으로 가는 방법을 묻는 매력적인 여자의 접근을 받았다. 설명을 들은 후, 그 여자는 돕는 이에게 보수를 주었거나("대단히 고맙습니다. 정말 감사합니다"라고 말함으로써) 돕는 이에게 처벌을 주었다("나는 당신이 말하는 것을 이해할 수 없군요, 개의하지 마십시오, 다른 사람에게 물어 보겠어요"). 사정을 모르고 있는 그 피험자는 시가를 걸어가다가, 우연하게 작은 가방을 떨어뜨리고서 그 가방을 잃은 것을 알지 못하는 것처럼 계속 걸어 가는 다른 여자를 보았다. 관심이 있는 의문은 피험자가 그 여자에게 가방을 되돌려 줌으로써 그녀를 도와 주었는가이었다. 보수조건에서 90%의 사람들이 도왔다. 처벌조건에서, 40%만이 도왔다.

종합하면, 이들 및 기타의 연구들은 친사회적 행동을 형성하는 데 대한 강화와 모델링의 힘에 관한 수긍이 가는 증거를 제공한다. 시간이 지남에 따라, 사람들은 자신이 언제 누구를 도와야만 되는가에 관한 규범들을 학습하고, 돕기의 습관들을 발전시킨다. 친사회적 행동에 대한 아동기의 기원들은 주로 외부 보수들과 사회적 인정에 달려 있다. 성인들에 대해서, 돕기는 외부 지원들에 의존하지 않는 하나의 내면화된 가치로 될 수 있다. 당신이 자신의 기준들에 따라 살아 왔다는 것을 알고 좋은 행위를 해 왔다는 은근한 만족감을 갖는 것으로써 충분할 수 있다.

특별논의 10-2. 구조하고 있는 "래시"

아동들의 TV프로는 친사회적 행동에 영향을 줄 수 있는가? 연구는 그럴 수 있다고 시사한다. 한 연구에서, 3 내지 5세아들은 4주일간에 세 개의 TV프로들 중의 하나에 접했다(Stein과 Friedrich, 1972). 공격적 조건에서, 아동들은 "배트맨"과 "수퍼맨" 만화프로들을 보았다. 친사회적 조건에서, 아동들은 "로저스 씨의 이웃"이라는 에피소드들을 보았다. 중성적 조건에서, 그들은 아동들이 어떤 농장에서 일하는 것과 같은 장면들을 보았다. 연구의 끝 무렵에서, 친사회적 프로들을 보았던 아동들은 다른 두 조건의 아동들에 비해서 도와 주기의 증가를 보였다. 그러나, 이 연구에 대한 문제는 프로들이 양식, 흥미수준 및 교육적 목표들과 같은 많은 측면들에서 차이가 있다는 것이었다.

이러한 문제들을 해결하기 위해서, 다른 연구(Sprafkin 등, 1975)는 아동들에게 인기있는 아동용 TV프로인 "래시"에서 뽑은 서로 다른 에피소드들을 보여 주었다. 연구에서 1학년생들의 절반은 자기의 새끼 강아지가 죽지 않도록 하는 래시의 노력들에 초점을 둔 에피소드를 보았다. 이야기의 절정에서, 래시는 자기의 주인인 제프와 그의 할머니를 그 장면으로 데리고 온다. 제프는 강아지를 구조하기 위해서 굴대의 가장자리에 매달려서 자신의 목숨을 건다. 중성적 조건에서, 아동들은 제프가 바이올린 레슨을 받는 것을 피하려는 노력을 극화한 래시의 한 에피소드를 보았다. 이 조건에서 비록 래시가 분명히 긍정적 측면에서 다루어졌지만, 이것은 어떤 개를 도와 주고 있는 인간에 관한 아무런 예들을 담고 있지 않았다.

아동들은 개별적으로 TV 프로를 보았고, 그 다음에 몇몇 강아지들을 도와 줄 기회를 제공받았지만, 사전의 개인적 이익들을 희생시켜서만이 도와 줄 수 있었다. 여자 연구자는 아동을 다른 방으로 데리고 가서 아동에게 점수를 따는 게임을 하는 방법을 시범보여 주었다. 점수를 많이 딸수록 아동은 더 나은 상을 받게 될 것이다. 이 여자는 또한 자기가 방을 잠깐 떠나야만 된다고 설명했고, 아동에게 자기가 떠난 사이에 자기를 위해서 어떤 일을 해 달라고 요구했다. 이 여자는 근처의 개집에 있는 몇 마리의 개들이 안전한지를 확인하기 위해서, 그 개들의 소리를 들으려고 이어폰을 사용하고 있다고 설명했다. 아동은 게임을 하는 동안에 이어폰을 착용하도록 요구받았다.

만일 아동이 개 짖는 소리를 들으면, 그 아동은 "도와 주세요"라고 표시된 버튼을 누름으로써 개들을 도울 수 있었다. 연구자는 그 방을 떠나서, 바로 개들이 심하게 짖기 시작하는 녹음테이프를 틀었다. 아동들은 개들을 돕기 위해서 점수를 따는 게임을 하는 것을 포기할 것인가? 3분간의 검사기간 동안에, 대부분의 아동들은 적어도 잠깐 "도와 주세요" 버튼을 눌렀다. 그러나 친사회적 TV 프로를 보았던 아동들이 유의하게 더 많이 도와 주었다. 그들은 중성적 프로를 보았던 아동들의 52초에 비해서, 93초 동안을 도와 주었다. 이 연구와 기타의 연구들(Ahammer와 Murray, 1979)은 TV에서 도움을 주는 모델들을 시청하는 것이 실제로 아동들의 친사회적 행동을 증가시킬 수 있다는 것을 보인다.

사회생물학

과학자들은 동물의 종들에서의 친사회적 행동을 오랫동안 관찰해 왔다. Charles Darwin(1871)은 토끼들이 다른 토끼들에게 육식동물들을 경고해 주기 위해서 뒷발로 소음을 낸다는 것을 알았다. 흰개미 집에서, 병정개미는 스스로 다른 종의 흰개미의 전면으로 나아가서 자신을 위험에 노출시킴으로써 침범자로부터 보금자리를 방어하게 될 것이다(Wilson, 1971). 많은 병정개미들이 죽음으로써 다른 개미들이 살 수 있고 보금자리는 생존하게 된다. 몇몇 종류의 비비원숭이들은 위협에 반응하는 하나의 특징적 패턴을 지니고 있다(Hall, 1960). 지배적인 숫놈들이 가장 노출되어 있는 위치를 취하고 침범자에게 달려들기까지 한다. 비비원숭이 일족이 위험에서 벗어나게 될 때, 숫놈들은 뒷전에 남아서 나머지 집단을 보호함으로써 자신의 안전을 무릅쓴다.

돌고래들은 부상당한 동료들을 구하는 흥미있는 패턴을 보인다. 돌고래들은 포유동물인 고로, 살기 위해서는 공기를 마셔야 된다. 만일 부상당한 돌고래가 수면 아래로 가라앉으면, 그것은 죽게 될 것이다. 몇 명의 관찰자들은 돌고래들이 부상당한 동료를 도와준다는 것을 보고해 왔다. 한 케이스(Siebenaler와 Caldwell, 1956)에서, 한 마리의 돌고래가 수중의 폭발로 기절했다. 두 마리의 다른 성숙한 돌고래들이 부상당한 돌고래가 회복되고 스스로 살 수 있을 때까지 물 위에 뜨게 붙잡아 줌으로써 도와 주었다.

많은 동물들에서, 부모는 자기 새끼가 위험하게 될 때에 스스로를 희생할 것이다. 하나의 인상적인 예는 어미 쏙독새인데, 이 새는 자기 새끼에 대한 잠재적 습격에 대해 마치 자신의 날개가 부러진 것처럼 저공으로 푸덕대며 나르고, 마침내 보금자리에서 멀리 떨어져서 침범자의 바로 앞의 땅에 내려앉음으로써 반응한다(Armstrong, 1947; Gramza, 1967).

서로 돕고 희생하는 동물들에 관한 이러한 묘사는 몇몇 사람들이 동물세계에 대해서 지니고 있는 서로 잡아먹고 사는 적자생존의 이미지와는 정반대가 된다. 정말로, 이타성의 존재는 진화론자들에게 하나의 문제를 제기시켜 왔다. 즉, 만일 어떤 동물 종의 가장 잘 돕는 멤버들이 다른 멤버들을 위해서 자신을 희생한다면, 그들은 생존하고 자식을 가짐으로써 다음 세대로 자신의 유전자를 전달할 가능성이 더 적게 될 것이다. 그러면 이타적으로 행동하려는 생물학적 경향성은 동물들이나 인간에게서 어떻게 지속되는가(Hoffman, 1981)?

1장에서 소개된 하나의 이론적 관점인 사회생물학은 이러한 모순을 해결하고자 시도해 왔다(Krebs와 Miller, 1985; Wilson, 1975). 사회생물학에 의하면, 높은 생존가를 갖는(즉, 개체의 생존을 돕는) 유전적으로 결정된 특성은 어느 것이나 전달되게 되는 경향이 있을 것이라는 점을 기억하라. 이타성의 경우에서, 다른 개체들을 돕는 경향성은 개체의 유전자들에 대해서 높은 생존가를 갖게끔 만들 것이지만, 그 자체에 대해서는 반드시 그렇지는 않을 것이다. 6마리의 새끼를 둔 아비새를 가정하자. 각 새끼새의 유전자들의 절반은 아비새에게서 왔다. 전체로서, 6마리의 새끼새들은 아비새 자신의 유전자들의 세 배를 갖고 있다. 만일 아비새가 새끼들을 위해 자신을 희생한다면, 그의 특수한 유전자들의 전체 수는 아직도 손실을 능가하게 될 것이다. 이와 비슷한 분석들이 개체의 유전자들의 여러 비율들을 갖고 있는 개체의 다른 친척들에 대해서 적용될 수 있다. 사회생물학적 관점에서, 가까운 친척들을 돕는 것은 다음 세대들에서 돕는 개체의 유전자들의 생존에 기여할 것이며, 따라서 이것은 진화론적 생물학의 기본원리들에 의해 이해될 수 있다.

사회생물학자인 Trivers(1971)는 **상호적 이타성**(reciprocal altruism)만이 생물학적으

인간 이외의 동물들도 또한 서로 돕는다. 여기에서, 한 원숭이가 다른 원숭이를 돌보아 주고 있는데, 이것은 아마 이 원숭이가 그 다음에 자신이 돌봄을 받게될 것을 기대하기 때문일 것이다.

로 근거되어 있다고 주장해 왔다. 그의 견해에서, 개인에 대한 이타성의 잠재적 부담들은 타인들로부터 도움을 받을 가능성에 의해서 상쇄되게 된다. 그러나 이러한 상호 도움주기의 체제는 도움은 받지만 아무 것도 되돌려 주지 않는 잠재적 "사기꾼들"에 의해서 위협받게 된다. 사기하는 것을 최소화시키기 위해서, 자연선택은 죄의식을 느끼는 성향과 집단의 규칙들에 따르지 않는 자들을 처벌하는 것과 같은 사회적 수단들을 통하여 상호 도움주기를 강화시키는 경향성을 애호하여 왔을 것이다.

사회생물학적 접근은 몇 개의 특수한 예언들을 내놓는다. 예컨데, 동물들은 틀림없이 유전적으로 자신과 가장 가깝게 연관되어 있는 동물들에게 가장 이타적일 것이다. 그들은 틀림없이 먼 친척들이나 낯선이들보다도 직계 가족에게 더 도움을 줄 것이다. 이 이론은 또한 부모들이 생존가능성이 적은 불건강한 자식보다도 건강한 자식에게 더 이타적으로 행동할 것이라고 예언한다. 또 다른 예언은 어미들은 아비들보다도 자식에게 더 이타적일 것이라는 것이다. 여기에서의 논거는 숫놈들은 매우 많은 자식을 낳을 생물학적 잠재력을 갖고 있고 따라서 어떤 한 자식에게 많은 투자를 함이 없이도 자기의 유전자들을 존속시킬 수 있다는 것이다. 암놈들은 비교적 소수의 자식만을 낳을 수 있으며, 따라서 어미의 유전자들의 생존을 보장하기 위해서 각각의 어린 자식들이 잘 자라도록 도와야만 된다.

이타성이 유전적으로 결정된 "인간 본성"의 일부분이라는 생각은 매우 논란거리가 된다. 현재까지, 연구는 주로 인간 이외의 동물들에 대해 수행되어 왔다. 이 이론이 인간에 대해 바로 얼마나 잘 적용되는지는 아직 의문으로 남아 있다. 그러나, 이 관점이 시사하는 바는 자기보존이 우리가 때때로 생각하고 있는 압도적 동기가 못 될 수 있다는 것이다. 생물학적인 공격성향들은 생물학적인 이타성성향들과 공존할 것이다.

사회규범들: 책임, 상호성 및 정의

사회생물학에 대한 비평가들은 친사회적 행동을 결정짓는 데에 있어서 사회적 요인들이 생물학적 요인들보다 훨씬 더 중요하다고 주장한다. Campbell(1975)은 유전적 진화는 부모가 자기 새끼를 돌보는 것과 같은 소수의 기본적인 친사회적 행동들을 설명하는 데에 도움을 줄 수 있지만, 고통을 당하는 낯선이들을 돕는, 보다 더 극단적인 케이스들에 대해 적용될 수 없다고 시사하고 있다. 이러한 케이스들은 이른바 Campbell이 사회적 진화(social evolution)라고 부르는 것, 즉 인간의 문화나 문명의 역사적 발전에 의해서 더 잘 설명되게 된다. 이러한 견해에서, 인간의 사회들은 집단의 복지를 증진시키는 기능들, 신념들 및 기술들을 점차적으로 그리고 선택적으로 진화시켜 왔다. 친사회적 행동이 사회에 일반적으로 유익하기 때문에, 이것은 사회적 규칙들과 규범들의 일부가 되어 왔다. 특히 세 개의 규범들, 즉 사회적 책임, 상호성 및 사회정의가 친사회적 행동에 대해 가장 중요할 것이다.

첫째로, 사회적 책임의 규범(norm of social responsibility)은 우리가 자기에게 의존하고 있는 타인들을 도와야만 된다고 규정한다. 부모들은 자기 자식들을 돌볼 것이 기대되고 있고, 만일 부모가 이러한 의무를 이행치 못하면 사회기관들이 개입할 수 있다. 교사들은 자기 학생들을 돕도록, 코치들은 팀 멤버들을 돌보도록, 그리고 동료들은 서로 돕도록 상정되고 있다. 많은 사회들의 종교적 및 도덕적 규약들은 타인들을 돕는 의무를 강조하고 있다. 때로는 이러한 의무는 법률로 제정되기까지 한다.

미국의 미네소타주는 최근에 "타인이 심한 신체적 해를 입었거나 노출되고 있다는 것을 주지하고 있는 위급장면의 주위에 있는 사람은 누구나 자신이나 타인들에게 위험이나 재난이 없이 도울 수 있는 한, 노출된 사람에게 적절한 도움을 주어야만 된다"는 것을 요구하는 법령을 제정했다. 법률들은 사람들에게 도와 줄 책임이 있다는 것을 강조하는 한 가지 방법이다. 이 장의 뒤에서 우리는 개인적 책임감의 증가가 실제로 개인이 도움을 제공할 가능성을 증가시킨다는 사실을 증명하는 연구들을 살펴보게 될 것이다.

둘째로, 상호성 규범(norm of reciprocity)은 우리가 자기를 도와 준 사람들을 도와야만 된다고 한다. 몇 개의 연구들(Berkowitz, 1968 : Wilke와 Lanzetta, 1970)은 사람들이 자신이 이미 도움을 받았던 사람을 돕는 경향이 더 많다는 것을 증명해 왔다. Regan (1980)에 의한 연구는 호의들이 보답되게 된다는 이러한 생각을 예시했다. 대학생들이 한 명의 파트너는 실제로 실험자의 실험협조자로서, 두 명씩 검사받았다. 연구는 지각적 및 심미적 판단에 관한 것이라고 기술되었다. 피험자들은 별도의 방들로 들어갔고, 일련의 사진들을 제시받았고, 자기들이 각 사진을 얼마나 많이 좋아하는가를 평정하도록 요구받았다. 이들이 한 계열의 사진들을 평정한 후에, 잠깐의 휴식이 있었다. 피험자들은 실험에 관해서 이야기하지 않는 한 하고 싶은 대로 하라는 지시를 받았다.

한 실험조건에서, 실험협조자는 피험자에게 어떤 호의를 제공했다. 휴식시간 동안에, 이 실험협조자는 건물에서 나가서 두 병의 코카콜라를 사가지고 되돌아 왔다. 그는 한 병을 피험자에게 건네 주면서, "나는 그(실험자)에게 밖에 나가서 콜라를 사와도 되는가를 물어 보았는데, 그가 좋다고 말해서, 당신 것까지 사 왔습니다"라고 말했다. 피험자는 콜라를 받았고, 실험자는 그들에게 두번째 계열의 사진들을 주어서 평정하도록 했다. 다른 조건에서, 실험자가 밖에 나가서, 두 병의 콜라를 갖고 돌아와서, 한 병은 실험협조자에게 그리고 한 병은 피험자에게 건네 주면서, "나는 자네들에게 주려고 콜라를 사 왔네"라고 말했다. 세번째 조건에서, 피험자들에게 콜라가 제공되지 않았다.

두번째 계열의 사진들이 평정된 후, 또 한 번의 짧은 휴식이 있었고, 이 동안에 실험협조자는 실험자에게 자기가 피험자에게 쪽지를 보낼 수 있는지를 물었다(피험자가 듣기에 충분히 큰 목소리로). 실험자는 실험에 관계된 것이 아닌 한 할 수 있다고 대답했다. 그 다음에 실험협조자는 다음과 같이 쪽지에 썼다.

> 나를 좀 도와 주시겠습니까? 나는 모교인 고등학교가 새로운 체육관을 건립하도록 추첨복권을 팔고 있읍니다. 복권은 한 장당 25센트이고 상은 새로운 군함 모형입니다. 내가 모든 복권을 팔게 되면 나는 50달러를 받게 되고, 그 돈은 내가 쓸 수 있읍니다. 만일 당신이 사 주시고 싶다면, 이 쪽지에 매수를 써서 보내 주십시오. 그러면 나는 복권을 찍어 드리겠습니다. 매수는 마음대로 입니다만, 많을수록 좋습니다. 고맙습니다(Regan, 1968, p. 19).

도움의 측정치는 피험자가 사 주기로 동의한 복권의 매수였다. 그 결과들이 도 10-4에 제시되어 있다. 실험협조자가 피험자에게 콜라를 사주고나서 호의를 요청했을 때가 실험자가 피험자에게 콜라를 사주거나 아무런 콜라가 제공되지 않았을 때보다 상당히 더 많은 도움이 있었다. 후자의 두 조건들에서의 도움은 큰 차이가 없었다.

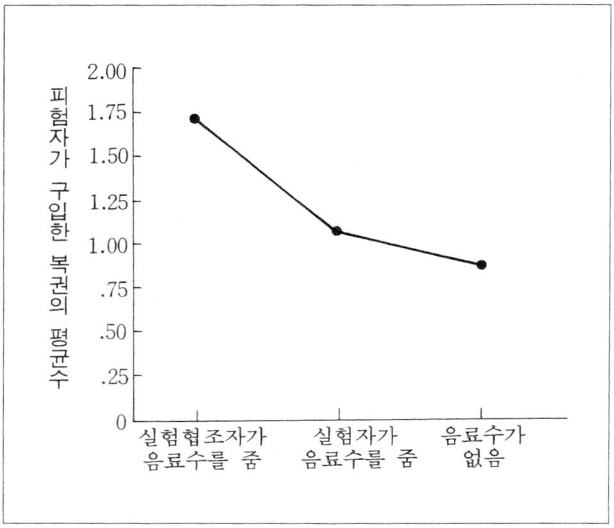

도 10－4. 상호성 규범에 의하면, 우리는 우리를 도운 자를 도와 주어야만 된다. 이 연구에서 다른 피험자(실제로는 실험협조자임)로부터 코카콜라를 제공받았던 피험자들은 복권을 사줌으로써 그를 돕는 경향이 더 많았다. 실험자로부터 코카콜라를 제공받았거나 아무런 음료수를 제공받지 않았던 피험자들은 더 적은 복권을 샀다. 일상생활에서, 호의들은 흔히 보답되고 있다.(Regan, 1968에서 개작됨.)

상호성 규범은 매우 강한 것 같으며 많은 문화들에서 작용한다는 것이 증명되어 왔다(Gergen 등, 1975). 의무감의 강도는 상황 속의 요인들에 의해 영향받게 된다. 예컨대, Greenberg와 Frisch(1972)는 큰 호의는 작은 호의보다도 더 흔히 보답되었다는 것을 발견했다. 돕는 이의 동기에 관한 사람들의 귀인들도 또한 관련이 있다. 호의를 보답하는 것은 원래의 도움이 의도적으로 그리고 자의적으로 제공되었다고 지각되었을 때에 있기가 더 쉽다. Goranson과 Berkowitz(1966)는 어떤 사람에 의해 도움을 받았던 피험자들이 그 특수한 사람에게 갚으려는 경향이 있었지만, 어떤 다른 사람에게 특별히 도움을 제공하려는 경향은 없었다는 것을 발견했다.

셋째로, 인간의 집단들은 또한 공정성에 관한 규칙들과 자원들의 공정한 분배인, 사회정의의 규범들(norms of social justice)을 발전시킨다. 하나의 보편적 공정성원리는 형평이다. 이러한 원리에 의하면, 어떤 과제에 똑같이 기여한 두 사람은 동등한 보수를 받아야만 된다. 만일 한 사람이 다른 사람보다도 더 많이 받으면, 사람들은 보수들을 재분배함으로써 형평을 회복하려는 압력을 느낄 것이다. 적게 받은 사람은 분명히 불평을 품게 된다. 보다 더 흥미있는 사실은 공평한 몫보다 더 많이 받은 사람이라도 너무 적게 받은 사람에게 다소를 나누어 줄 것이라는 것이다. 그리고 불공평한 상황을 목격하는 제삼자는 피해를 당한 사람에게 주고 싶어지게 될 것이다. 자선을 위해서 기부하는 것과 같은 "불우한 사람들을 돕는" 일상적인 행위들이 보다 더 형평성 있는 상황을 만들려는 욕망에 의해서 동기화된 것 같다.

수많은 연구들은 과잉 이익을 받은 사람들이 가능할 때에는 형평성을 회복시키려고 행동할 것이라는 것을 증명해 왔다(Walster 등, 1978). 몇 개의 실험들(Berscheid와 Walster, 1976)에서, 피험자들은 파트너가 상당히 딴 반면에 한 사람이 아무런 자신의 잘못이 없이 상당한 돈이나 경품권들을 잃는 게임을 했다. 게임의 끝에서, 딴 사람(실제의 피험자)은 잃은 파트너에게 다소의 돈을 줄 기회를 제공받았다. 설사 그들이 합법적으로

땄었더라도, 잃은 자에게 딴 것의 다소를 주려는 강한 경향이 있었다. 이에 비해서, 두 파트너가 똑같이 땄던 조건에서, 자신의 게임상대에게 딴 것을 주려는 경향은 적었다.

또 다른 연구(Schmitt와 Marwell, 1972)에서, 자기 파트너보다도 더 많이 제공받은 팀의 한 멤버는 자기들의 보수들을 더 형평성있게 만들기 위해서 파트너에게 다소의 돈을 주는 경향이 있었다. 이에 더해서, 과잉보수를 받았던 파트너는 다른 게임이 보다 더 동등한 보수의 분배를 일으키는 것이 확실했을 때에 흔히 다른 게임을 선택했다. 다시 말하면, 그는 보다 더 형평성있는 분배를 일으키기 위해서 자기 자신의 다소의 돈을 주었을 뿐만 아니라, 또한 더 많은 불형평을 일으키는 것을 피하기 위해서 상황을 변화시켰다.

이들 세 가지 규범들, 즉 사회적 책임, 상호성 및 사회정의는 인간의 사회들에서 보편적이다. 이것들은 친사회적 행동에 대한 문화적 기초를 제공한다. 사회화의 과정을 통해서, 사람들은 이러한 규칙들을 학습하고 이러한 친사회적 행동의 지침들에 따라 행동하게 된다.

돕기에 관한 주요한 이론적 관점들을 검토했으므로, 우리는 이제 도움을 제공하려는 우리의 의향에 영향을 주는 세 개의 특수요인들을 더 자세하게 살펴볼 것이다: 즉, 상황의 특징들, 잠재적 돕는이의 특징들 및 도움을 필요로하는 개인의 특징들이다.

상황요인들: 사람들이 돕는 시기

가장 헌신적인 이타주의자일지라도 어떤 상황들에서는 다른 상황들에서보다도 도움을 주는 경향이 더 적다. 연구는 타인들의 존재, 물리적 환경의 성질 및 한정된 시간의 압력들을 포함해서 몇 가지 상황요인들의 중요성을 증명해 왔다.

타인들의 존재

미국의 키티 제노베스 살인사건에 대해 충격적인 일들 중의 하나는 매우 많은 사람들이 젊은 여자의 비명을 들었지만, 아무도 경찰을 부르지조차 않은 것이다. 많은 사회문제 해설가들은 이것을 사회에서의 만연된 도덕적 타락과 소외의 한 신호라고 해석했다. 또 다른 가설이 사회심리학자들인 Latané와 Darley(1970)에 의해서 제안되었다. 그들은 매우 많은 구경꾼들의 존재가 바로 돕는 것의 부족의 한 이유가 되었을 것이라고 제안했다. 살인을 목격한 사람들은 타인들이 이미 경찰을 불렀을 것이라고 가정했을 것이고, 따라서 개입에 대한 개인적 책임을 거의 느끼지 않았을 것이다.

목격자들의 수가 돕기에 영향을 준다는 이러한 생각을 검증하기 위해서, Darley와 Latané(1968)는 실험실과 아울러 현장 상황들에서의 일련의 실험들을 설계했다. 한 실험에서, 한 연구에 참가하고 있는 대학생들은 옆 방에서의 "위기"의 소리를 듣게 되었다. 그들은 그들이 타인들이 그 상황에 관해서 마찬가지로 알고 있다고 생각한 경우보다도 혼자 있었을 경우에 훨씬 더 많이 반응했다. 사람들이 더 많이 있을수록, 어떤 한 개인이 실제로 도움을 제공할 가능성은 더 적으며, 도움이 제공되기까지의 평균 지연시간도 더 길다. Darley와 Latané는 이것을 **주변인 효과**(bystander effect)라고 불렀다.

많은 연구들은 상이한 상황들에서 이러한 발견을 반복해 왔다(Latané와 Nida, 1981). 예컨대, Latané와 Darley(1970)는 뉴욕시의 음료수센터에서 현장연구를 수행했다. 판매원이 어떤 것을 점검하기 위해서 상점의 안쪽으로 갔을 때, 두 명의 건장한 청년이 "그들은 결코 이것을 보지 못할거야"라고 중얼대면서, 맥주상자를 들고 걸어나갔다. 이 절도들은 상점에 한 명이나 두 명의 고객이 있을 당시에 실험의 목적으로 실시되었다. 기대된 대로, 혼자서 범죄를 목격한 사람들은 다른 고객과 함께 상점에 있었던 사람들보다도 점원에게 절도를 보고하는 경향이 유의하게 더 많았다.

타인들의 존재는 왜 때때로 돕는 것을 억제하는가? 친사회적 행동에 대한 의사결정적 분석은 몇 가지 설명들을 시사한다. 그 하나는 타인들의 존재에 의해서 생긴 **책임의 분산**(diffusion of responsibility)이다. 만일 단 한 사람이 고통을 당하는 피해자를 목격한다면, 그 사람은 그 상황에 반응하는 데 대해 전적인 책임이 있으며 비개입에 대한 죄의식이나 비난의 모두를 지게 될 것이다. 타인들이 존재할 때, 도움은 몇 명의 사람들로부터 나올 수 있다. 돕는 것에 대한 책임과 도와 주지 못하는 것이 갖는 있을 수 있는 부담들은 함께 지게 된다. 더욱이, 만일 키티 제노베스의 케이스에서처럼 사람이 타인들이 존재하고 있다는 것을 알지만 실제로 타인들과 이야기하거나 타인들의 행동을 볼 수 없다면, 그 사람은 타인들이 이미 경찰을 부르는 것과 같은 어떤 조치를 취했을 것이라고 가정할 수 있다.

실험들은 결정적인 것이 단순히 존재하는 사람들의 숫자가 아니고, 오히려 어떤 집단 속에 있는 것에서 생기는 개인적 책임감들의 감소라는 아이디어를 지지해 왔다(Korte, 1971 : Ross, 1971). 최근의 연구는 또한 어떤 집단리더, 즉 아마 집단활동들에 대해 가장 책임이 많은 사람이 다른 집단멤버들보다도 고통을 당하는 피해자를 돕는 경향이 훨씬 더 많다는 것을 보였다(Baumeister 등, 1988). 집단리더들은 다른 집단멤버들보다도 책임의 분산에 덜 영향받는 것 같다.

주변인효과에 대한 두번째의 설명은 상황해석상에서의 **애매성**(ambiguity)에 관한 것이다. 의사결정적 분석은 잠재적인 돕는 이들은 때로는 어떤 특정 상황이 실제로 위급한가에 대해 불확실하다고 시사한다. 다른 주변인들의 행동은 우리 자신이 상황을 어떻게 정의하고 반응하는가에 영향을 줄 수 있다. 만일 타인들이 상황을 무시하거나 아무 일도 일어나지 않은 것처럼 행동한다면, 우리도 역시 아무런 위급이 없다고 가정할 수 있다. 상황해석에 대한 주변인들의 영향은 Latané와 Darley(1970)에 의해서 증명되었다.

이 실험에서, 남대생들은 질문지에 응답하면서 앉아 있었다. 몇 분 후에, 환기창을 통해서 방으로 연기가 들어오기 시작했다. 4분 이내에, 연기는 매우 짙어서 앞을 보고 정상적으로 숨쉬기가 어려웠다. 피험자들이 혼자 있었을 때, 그들은 대개 연기를 조사하기 위해서 방 안을 돌아다녔고, 75%가 4분 이내에 연구자에게 연기를 보고했다. 의도적으로 연기를 무시한 두 명의 실험협조자들과 함께 진짜 피험자가 방에 있었던 조건에서, 10%만이 해로운 연기를 보고했다.

주변인효과에서 세번째 요인은 **평가염려**(evaluation apprehension)이다. 만일 우리가 타인들이 자신의 행동을 관찰하고 있다는 것을 안다면, 우리는 "무대 공포증"을 느끼게 될 수 있다. 우리는 자신이 어떤 잘못을 저지르지 않을가나 타인들이 자신의 반응을 부정적으로 평가하게 될 것을 걱정할 수 있다(Baumeister, 1982). 연기가 찬 방 속의 피험자들은 타인들이 겉으로 매우 침착할 때에 그 연기에 관한 걱정을 보임으로써 자신이 어리석다거나 겁쟁이처럼 보이게 될 것을 두려워했을 수 있다. 사회적 불인정의 부담을 피하려는 욕망은 행동을 억제시킬 수 있다. 물론, 평가염려가 우리에게 더 도와 주기 쉽게끔 만들 수 있는 상황들도 또한 있다. 만일 우리가 어떤 사람이 일련의 계단에서 넘어지거나 심장마비를 보이는 것을 목격한다면, 사회적으로 적절한 반응은 분명히 도움을 제공하는 것이다. 이러한 상황들에서, 타인들이 우리를 바라보고 있다는 지식은 실제로 우리의 돕는 경향을 증가시킬 수 있다(Schwartz와 Gottlieb, 1980).

환경조건들

물리적 상황도 또한 도움을 줄 의향에 영향을 준다. 당신이 유쾌하고 쾌청한 날이나 춥고 비오는 날에 길을 잘못 든 자동차 여행자를 더 도와 주게 될 것인지에 관해서 잠시 생각해 보라. 읍의 빈민가의 어두운 길이나, 조명이 잘된 부촌지역에서는 어떠할 것인가? 시골길에서나, 대도시에서는 어떠할 것인가? 많은 연구들은 날씨, 도시 규모 및 소음수준과 같은 환경적 조건들이 돕기에 미치는 영향을 증명해 왔다.

돕기에 대한 날씨의 영향은 Cunningham(1979)에 의한 두 개의 현장연구들에서 연구되었다. 한 연구에서, 보행자들은 옥외에서 연구자로부터 접근을 받았고 질문지에 응답함으로써 도와 달라는 요청을 받았다. 사람들은 날씨가 좋고 기온이 쾌적했을 때(겨울에 비교적 따뜻하고 여름에 비교적 선선한)에 돕는 경향이 유의하게 더 많았다. 분위기가 통제된 식당에서 수행된 두번째 연구에서, Cunningham은 고객들이 햇볕이 났을 때에 더 관대한 팁을 주었다는 것을 발견했다. 다른 연구는 사람들이 비 오는 날씨보다는 햇볕이 나는 날씨에(Ahmed, 1979) 그리고 밤보다는 낮에(Skolnick, 1977) 길 잃은 자동차 여행자를 돕는 경향이 더 많다는 것을 시사한다. 간단히 말해서, 비록 심리학자들이 아직도 정확한 이유에 대해서 논쟁을 벌이고는 있지만, 날씨는 돕기에서 차이를 일으킨다.

일반적인 고정관념은 도시주민들이 불친절하고 돕지 않는 반면에, 작은 읍 주민들이 협조적이고 잘 돕는다는 것이다. 연구는 고통을 당하는 낯선이들을 돕게 될 때에 도시규모가 중요하다는 것을 발견한다(Steblay. 1987). 낯선이들은 대도시들보다도 작은 읍들에서 도움을 받게 되기가 더 쉽다. 분명히 돕는 것을 고무시키는 작은 읍에 있는 것에 관련된 어떤 것과 이와는 반대로 돕는 경향을 감소시키는 도시상황에 관련된 어떤 것이 있다. 우연하게도, 연구들은 개인이 성장했던 고향의 도시의 규모가 돕는 것에 관련되어 있지 않다는 것을 보인다; 문제가 되는 것은 도움의 필요성이 발생하고 있는 현재의 환경적 상황이다.

Amato(1983)는 작은 마을들로부터 주요 도시들의 범위에 이르는 55개의 오스트레일리아 지역사회들에서 돕는 것을 연구했다. 친사회적 행동들에 대한 다양한 표본을 보장하기 위해서, 다섯 개의 상이한 형태의 도움들이 연구되었다. 이것들에는 한 학생이 학교과제의 일부로서 보행자들에게 좋아하고 있는 색깔들을 종이에 쓰는 것을 요구하는 것, 한 보행자가 무심결에 보도 위에 봉투를 떨어뜨리는 것, "다중 경화증 의학협회"에 돈을 기증해 달라고 요구하는 것, 어떤 점원이 어떤 사람에게 분명히 틀린 방향을 가르쳐 주는 것을 엿듣는 것 및 붕대로 다리를 감은 어떤 남자가 땅에 넘어져서 아파서 소리지르는 것을 목격하는 것이 포함되었다.

이 연구의 결과들이 도 10-5에 제시되어 있다. 다섯 개의 도움의 측정치들 중의 네 개에서, 도와 준 사람들의 백분율은 대도시들보다도 소읍들에서 유의하게 더 컸다. 이러한 패턴에 대한 한 가지 예외는 봉투를 잃는 것이다. 이것은 일반적으로 거의 도움을 일으키지 못했으며, 대도시들에서 더 많은 도움을 받는 것 같았다. 물론, 또한 염두해야만 되는 것은 이들 연구들이 낯선이들에게 제공된 도움만을 취급했다는 사실이다. 친구들과 친척들을 돕는 경우에서 도시주민들이 소읍주민들보다도 덜 도와준다고 생각할 하등의 이유가 없다.

도시주민들이 덜 도와 준다는 사실에 대해서 많은 설명들이 제시되어 왔다. 이것들에는 도시생활의 익명성, 타인들에 의해 끊임없이 영향받고 있는 도시주민들이 경험한 감각 과잉부담 및 반응이 없는 도시의 관료들과 행정기관들을 대하는 데에서 오는 있을 수 있는 무력감들이 포함된다. 우리는 아직 어느 설명이 가장 중요한지를 알지 못하고 있다.

친사회적 행동에 영향을 줄 수 있는 또 다른 환경요인은 소음이다. 소음이 환경 내의 모든 사상들에 대한 사람들의 반응성을 감소시킬 수 있다는 일반적인 아이디어를 갖고서 출발하면서, 몇 명의 연구자들은 소음조건들이 고통을 당하는 낯선이를 도울 가능성을 감소시키는지를 연구해 왔다(Sherrod와 Downs, 1974). 예컨대, 한 실험실연구(Mathews와 Canon, 1975)에서, 소음은 학생들이 바닥에 몇 장의 종이들을 떨어뜨린 사람

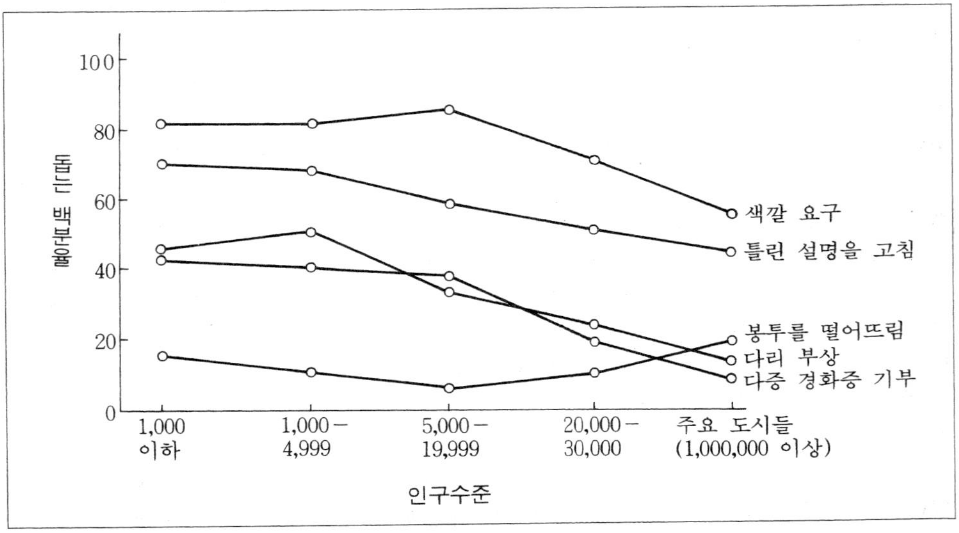

도 10-5. 연구는 낯선이들이 대도시들에서보다도 작은 읍들에서 도움을 받는 경향이 더 많다는 것을 보인다. 이 그림은 여러 규모의 도시들에서 낯선이가 5개의 상이한 종류의 도움들을 받았던 횟수의 백분율을 보인다.(Amato, 1983, p. 579에서 개작됨.)

을 도와 줄 가능성을 감소시켰다는 것을 발견했다. 매우 큰 소음이 있었을 때에 37% 뿐인 데에 비해서, 정상의 실내 소음에서는 72%의 피험자들이 도와 주었다. 한 현장연구에서, 동일한 연구자들은 팔에 깁스를 한 한 남자가 자기 차에서 옮기고 있는 책들 중의 몇 권을 떨어뜨리게끔 만들었다. 전형적인 거리 소음만이 있었을 때 80%의 행인이 도와 주었다. 시끄러운 잔디 깎는 기계가 지나가고 있었을 때, 15%만이 도와 주었다. 연구자들은 큰 소음이 사람들로 하여금 자신의 환경 내에 있는 타인들을 무시하게끔 만들고 상황을 신속하게 떠나도록 동기화시켜서, 덜 도와 주게 되는 주변인들을 만들게 된다고 시사했다.

시간압력들

때로는 사람들은 자신이 돕기에는 너무 바쁘다고 생각한다. 이러한 효과에 관한 명료한 증명이 Darley와 Batson(1973)의 실험에서 나온다. 이 연구의 일부로서, 각각의 학생들은 잠깐의 대화를 갖기 위해서 다른 건물로 걸어가도록 요구받았다. 어떤 학생들에게는 대화가 몇 분 이내에 시작되지 않을 것이므로 천천히 가라는 지시가 주어졌다. 다른 학생들에게는 이미 늦었고 연구자가 기다리고 있기 때문에 서두르라는 지시가 주어졌다. 피험자가 건물에서 건물로 가는 동안에, 그는 초라한 옷차림의 남자가 기침을 하고 신음을 하면서 복도에서 웅크리고 있는 것에 당면했다. 관심이 있는 의문은 피험자가 도움을 제공하는 여부이다.

이 연구에 대한 또 다른 변형은 모든 참가자들이 신학과 학생들이었다는 것이다. 어떤 학생들에 대해서, 그들의 대화를 위해서 할당된 주제는 강도들의 피해자로서, 부상당해서 길가에 누워 있는 사람을 도와 준 사람에 관한 마음씨 착한 자선가에 관한 성경 이야기이었다. 다른 학생들은 돕기에 관련이 없는 주제, 즉 신학교 학생들이 졸업후에 추구할 수 있는 직업의 종류들에 관해서 대화하도록 되어 있었다. 이 연구의 결과들은 시간압력이 돕는 것에 강력하게 영향을 주었다는 것을 나타냈다. 실험 후 면접에서 모든 학생들은 피해자를 본 것을 회상했다. 그러나 바쁘지 않았던 학생들 중의 63%가 도운 데에 비해서, 바쁜 학생들 중의 10%만이 도왔다.

아마 놀라웁게도, 대화의 주제는 차이를 일으키지 않았다. 마음씨 착한 자선가에 관해서 토의하려고 한 학생들은 취직에 관해서 토의를 준비하고 있었던 학생들보다도 더 많은 도움을 제공하지는 않았다. 연구자들은 시간압력이 어떤 학생들로 하여금 피해자의 요구들을 간과하게끔 만들었다고 시사했다. 또 다른 요인은 아마 누구, 즉 실험자나 피해자 중의 어느 쪽을 도울 것인가에 관한 갈등이었을 수 있다.

무감각보다도 갈등이 작용되었다는 가능성이 다소 유사한 설계를 사용해서 두번째 연구에 의해 지지받았다(Batson 등, 1978). 학생들이 이 연구를 위해서 도착했을 때, 그들은 컴퓨터와 상호작용하기 위해서 다른 건물로 개별적으로 가게 되었다. 어떤 학생들은 서두르라는 지시를 받았고, 다른 학생들은 그러한 지시를 받지 않았다. 이에 더해서, 어떤 학생들은 그들의 참가가 연구자에게 극히 중요하다고 믿게끔 만들어진 반면에, 다른 학생들은 그들의 자료가 필수적인 것은 아니라는 지시를 받았다. 학생이 건물에서 건물로 갈 때, 그는 기침과 신음을 하면서 계단에 웅크리고 있는 남학생을 보았다.

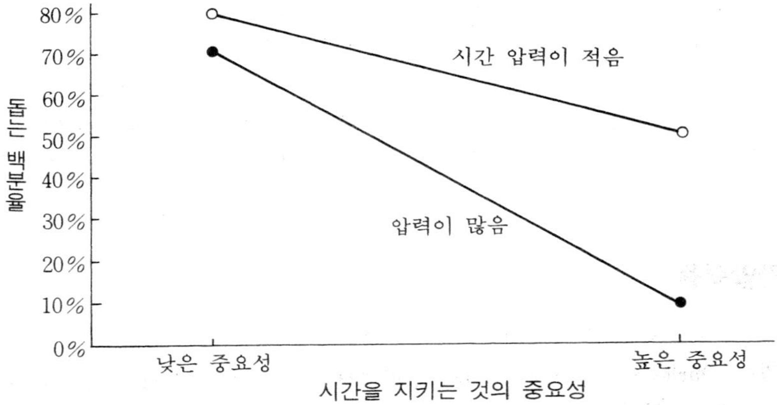

도 10-6. 때로는 시간압력은 갈등들을 일으킨다. 우리는 고통을 당하는 낯선이를 도와 주어야만 되는가 아니면 중요한 약속을 지켜야만 되는가? 이 연구에서 연구자들은 시간압력과 아울러 시간을 지키는 것의 중요성을 변화시켰다. 이 그림은 고통을 당하는 어떤 사람에게 도움을 제공했던 각 조건 내의 피험자들의 백분율을 보여 준다. 급한 조건의 학생들은 특히 그들이 시간을 지키는 것이 실험자에게 중요했을 때에, 돕는 경향이 더 적었다.(Batson 등, 1978에서 개작됨.)

피험자는 이 피해자를 도울 것인가? 도 10-6에 제시된 결과들은 급한 학생들(40%)은 시간압력이 없는 학생들(65%)보다 돕는 경향이 더 적었지만, 이것은 자신의 연구 참가가 필수적이라고 생각했던 학생들에 대해서 주로 적용되었다는 것을 보였다. 학생들이 연구자가 자신의 자료를 사용치 않는다고 생각했을 때, 바쁜 학생들(70%)은 바쁘지 않은 학생들(80%)과 비슷하게 도우려고 했다. 이러한 결과들은 앞에서 논의된 부담-이익모형과 일치된다. 분명히 피험자들은 최종의 행동코스에 이르기 이전에 실험자와 아울러 피해자에 대한 부담들과 이익들을 숙고한다.

돕는 자: 도움을 줄 가능성이 가장 많은 사람은 누구인가?

어떤 사람들은 상황적 압력들이 돕는 것을 방해할 때에라도 도움을 주며, 어떤 사람들은 가장 좋은 조건들에서조차 돕지 못한다. 즉, 개인차들이 존재하고 있다. 왜 어떤 사람들이 다른 사람들보다도 더 많이 돕는가를 이해하려는 노력에서, 연구자들은 비교적 지속적인 성격특징들과 아울러 보다 더 일시적인 기분들과 심리상태들을 연구해 왔다.

성격요인들

"잘 도와 주는 사람"의 단일한 성격 프로필을 확인해 보려는 노력들은 그리 성공을 거두지 못해 왔다. 오히려 특수 성격특성들은 사람들에게 어떤 형태의 상황들에서는 돕는 경향을 갖게 하지만, 다른 상황들에서는 그렇지 못한 것 같다. 예컨대, Satow(1975)는 높은 사회적 인정의 욕구를 가진 사람들은 낮은 사회적 인정의 욕구를 가진 사람들보다도 자선을 위해서 돈을 기부하는 경향이 더 많았지만, 타인들이 자신을 보고 있을 때에만 그러했다는 것을 발견했다. 아마, 인정의 욕구가 높은 사람들은 타인들에게서 칭찬을 받을 욕망에 의해 동기화되었고 따라서 자신의 훌륭한 행위가 남의 눈에 띄게 될 때에만 친사회적으로 행동했을 것이다(Deutsch와 Lamberti, 1986).

다른 연구에서 양육의 욕구가 높은 사람들은 동성의 고등학생에게 개인적 문제들에 관해서 충고해 주는 자원자가 되는 경향이 가장 많았다(Gergen 등, 1972). 그러나 양육은 이성의 어떤 사람을 상담해 주거나, 연구과제를 돕기 위해서 자원하거나, 교과목 교수재료들을 준비하는 것을 도와 주려는 의향에 관련이 없었다. 다시 말하면, 성격과 돕는 것 사이의 관계는 문제의 특수한 특성과 아울러 요구되는 특수한 형태의 도움에 달려 있다.

어떤 개인적 특성들이 개인에게 어떤 잠재적으로 위험한 위기에 개입하게끔 만드는가? 다음과 같은 사례를 고려해 보자. 한 청년이 무도장 옆을 차를 몰고 지나갈 때, 그는 어떤 남자가 젊은 여자를 공격하는 것을 목격했다. 다음은 그가 그 사건과 자신의 개입에 관해서 기술한 것이다.

> 나는 그곳으로 달려가서 남자를 밀치면서 여자에게서 떨어지라고 말했다. 나는 그에게 썩 물러나, 이 사람아, 저 여자를 봐, 이 사람아, 저 여자의 입은 온통 피투성이야, 저 여자의 이빨이 부러졌고, 머리가 한 웅큼 빠져버렸잖아라고 말했다. 모든 사람들은 그저 주위에 서서 구경만 했다(Huston 등, 1981).

경찰관이 도착하기 전에, 두 남자는 더 많은 주먹을 교환했으며, 그 중의 한 명이 말리는 사람의 턱을 쳤다. 낯선이를 돕기 위해서 자신이 안녕의 위협을 무릅쓰게끔 이 남자와 다른 친절한 시민들을 동기화시킨 것은 무엇인가?

이것을 알아내기 위해서, Ruggiero 등(1981)은 은행강도들, 무장강도들 및 노상강도들과 같은 위험한 범죄사건들에 개입했던 32명의 사람들에 대해 심층면접을 실시했다. 이 친절한 시민들의 반응들이 연령, 성별, 교육 및 인종 배경들이 짝지어진 일군의 비개입자들과 비교되었다. 위험스러운 상황들이 포함되어 있다는 것을 전제할 때, 이 친절한 시민들이 비개입자들보다 더 신장이 크고, 체중이 더 무겁고 위급들에 대한 대처를 더 잘 훈련받았다는 것은 아마 놀라운 사실이 못 될 것이다. 한 명을 제외한 모든 개입자들이 남자이었는데, 예외인 여자는 칼을 휘두르는 습격자로부터 그녀의 83세된 이웃집 노인을 구조했다. 이 친절한 시민들은 자기 자신을 강하고 공격적이고 신조있다고 기술하는 경향이 더 많았다. 그리고 그들은 더 많은 구명, 의료 및 경찰 훈련들을 받았다.

이 결과들은 이들 개입자들이 피해자에 대한 인간적 관심에 의해서 주로 동기화되지 않았고, 오히려 그들의 훈련과 신체적 완력에 기초된 자기 자신의 능력감과 책임감에서 행동했다는 것을 시사했다. 물론, 어떤 사람에게 어떤 범죄나 강도를 저지시키게끔 만드는 개인적 특성들이 자선을 위해 돈을 기부하고 심장마비로 쓰러지는 낯선이를 도와 주게끔 만드는 특성들과 매우 다를 수 있다. 어떤 잠재적 돕는이가 개입하는 여부는 개인의 유능성, 가치들 및 동기들과 특정의 상황의 요구사항들 간의 합치에 달려있다.

가장 도와 주기 쉬운 사람들에 관한 더 많은 통찰이 정규적으로 서비스를 제공해 주는 사람들에 관한 연구들에서 나온다. 혈액기증자들의 경우를 고려해 보자(Callero 등, 1987; Piliavin 등, 1984). 많은 사람들은 혈액을 기증한 일이 전혀 없고 매우 드물게 기증한다. 그러나 도움성이 많은 소수인들은 자주, 아마 2개월이나 3개월마다 혈액을 기증한다. 우리는 이들의 지속적인 도움성을 어떻게 설명할 수 있는가? 연구들은 장기간에 걸쳐서 개입된 혈액기증자들이 혈액을 기증하려는 어떤 내적 동기를 점차 발전시킨다고 시사한다. 즉, 그들은 그들이 혈액을 기증하도록 요구받아 왔기 때문이 아니라 자신이 그렇게 해야만 된다고 생각하기 때문에 기증한다. 반복적인 혈액기증자들은 혈액을 기증하는 것을 자신의 자기개념을 높이는 하나의 유의미한 활동이라고 보게 된다. 따라서 예컨대, 반복적 기증자들은 다른 사람들보다도 "혈액기증이 자신의 존재의 하나의 중요한 부분이며" "나에게 있어서 혈액을 기증한다는 것은 단지 혈액기증 이상의 의미가 있다"는 데에 동의하는 경향이 더 많다. 다시 말해서, 반복적 기증자들에 대해서 혈액을 기증하는 행위는 그들의 인간의 부류에 관한 하나의 개인적 진술이 된다. 이 이외에도, 개입된 기증자들은 많은 사람들이 처음에 기증하는 것을 방해하는 한 요인인 혈액기증의 공포를 극복하거나 "중화"시킨다. 많은 개입된 기증자들에 대해서, 정규적으로 혈액을 기증하는 것은 하나의 습관이나 일상적 일이 된다.

기 분

사람들이 기분이 좋을 때에 더 도우려고 한다는 상당한 증거가 있다. 예컨대, 사람들은 기분을 고양시키는 사상들이 일어나지 않았을 경우보다도 전화박스에서 동전을 발견했거나(Isen과 Simmonds, 1978), 대학 도서관에서 무상으로 과자를 받았거나(Isen과 Levin, 1972), 어떤 실험과제들에서 성공했거나(Isen, 1970), 기분을 진정시키는 음악을 들었을 경우(Fried와 Berkowitz, 1979)에 돕는 경향이 더 많다. 분명히 긍정적 기분의 따스한 만족감은 친사회적으로 행동할 의향을 증가시킨다. 기분좋게 느끼는 것이 도움성을 증가시키는 특수한 이유들은 현재 연구중이다(Carlson 등, 1988).

그러나, "기분 좋은" 것의 효과에는 중요한 한계들이 있다. 첫째로, 긍정적 기분의 효과들은 아주 짧을 수 있다. 한 연구에서는 다만 20분이었다(Isen 등, 1976). 둘째로, 좋은 기분은 도움을 주는 것이 개인의 좋은 기분을 줄일 때에는 실제로 도움성을 감소시킬 수 있다(Isen과 Simmonds, 1978). 좋은 기분에 있는 사람들은 분명히 자신의 긍정적 기분을 유지시키기를 바란다.

슬픔이나 우울과 같은 나쁜 기분들의 효과들은 보다 더 복잡하며, 연구결과들이 매우 일정하지는 않다(Cialdini 등, 1981). 만일 나쁜 기분이 우리로 하여금 자신과 자신의 욕구에 초점을 두게끔 만든다면, 이것은 우리가 어떤 사람을 도와 줄 가능성을 줄일 것이다(Thompson 등, 1980). 한편, 만일 우리가 어떤 사람을 돕는 것이 우리를 더 기분 좋게끔 만들고 따라서 우리의 나쁜 기분을 해소시킬 것이라고 생각한다면, 우리는 실제로 도움을 제공하는 경향이 더 많을 것이다. 더욱 복잡한 것은 기분 나쁜 것과 타인을 돕는 것 사이의 관계가 아동들에서보다도 성인들에서 더 분명하다는 것이다(Cialdini 등, 1981). 이것에 대한 한 가지 이유는 아동들이 성장의 일부분으로서, 타인들을 돕는 것이 자신의 기분을 좋게끔 만들 수 있는 기쁨을 주는 행위라는 것을 배워야만 된다는 것일 것이다.

도움을 제공하는 것이 실제로 돕는이들을 더 기분좋게 느끼도록 만드는가? 최근의 한 연구는 그럴 수 있다는 것을 증명한다(Williamson과 Clark, 1989). 도움을 제공할 수 있었던 대학생들은 도움을 제공할 기회를 제공받지 못했던 대학생들보다도 더 좋은 기분을 느끼는 것(예컨대, 더 쾌활하고, 덜 불편한 것)을 보고했다. 도움을 주는 학생들은 또한 자기 자신에 대해서 더 좋은 기분을 느끼는 것(예컨대, 더 관대하고 사려성있고, 덜 이기적이거나 비신뢰적인)을 보고했다. 간단히 말해서, 도움을 주는 것은 돕는이의 기분과 자기 평가들을 향상시킨다.

돕기의 동기들: 감정이입과 개인적 고통

우리는 앞에서 진정한 이타성이 개인의 의도들에 의해서 정의되고 있다고 지적한 바 있다: 우리는 자신이 개인적 이익을 받는 것에 대한 아무런 기대를 갖지 않고서 도와줄 때에만 이타적으로 행동한다. 이러한 생각은 연구자들에게 사람들에 대해 도움을 주게끔 만드는 동기들을 연구하고, 개인적 고통 대 감정이입에 기초된 돕기를 대비시키게끔 만들어 왔다.

이러한 구분을 이해하기 위해서, 심한 괴로움에 빠진 사람들의 광경, 즉 열차 충돌 사고에서의 갈갈이 찢긴 피해자들의 시체들, 누더기 옷을 입은 굶주린 아이, 자식이 없어져서 괴로와하는 아버지를 잠시 상상해 보라. 곤경에 처해 있는 사람들을 목격하는 것은 흔히 강한 정서들을 일으킨다.

개인적 고통(personal distress)은 타인들의 고통에 대한 우리 자신의 개인적 반응들, 즉 우리의 충격, 전율, 놀람, 걱정, 무력 등을 일컫는다. 이에 비해서 감정이입적 걱정(empathic concern)은 동정감들과 타인들에 대한 걱정, 특히 타인들의 고통을 대리적으로나 간접적으로 함께 갖는 것을 일컫는다. 관건이 되는 차이는 개인적 고통이 자기에게 초점을 두는 것인 반면에, 감정이입적 관심은 피해자에게 초점을 두는 것이다. 감정이입은 관찰자가 피해자의 욕구들과 정서들에 초점을 둘 때에 현저하게 된다. 개인적 고통은 우리에게 불안과 걱정을 느끼게끔 만들며, 감정이입이 우리에게 동정적이고 불쌍하게 여기도록 느끼게끔 만든다.

최근의 연구는 개인적 고통과 감정이입에 의해서 생긴 독특한 정서들이 실제로 심장 박동패턴들과 안면표정들을 포함하는 독특한 생리적 반응들을 수반할 수도 있다고 시사한다(예: Eisenberg 등, 1989).

개인적 고통은 자신의 불쾌를 감소시키도록 우리를 동기화시킨다. 우리는 곤경에 처해 있는 사람을 도움으로써 이것을 할 수 있지만, 우리는 또한 상황으로부터 도피하거나 우리 주위의 고통을 무시함으로써 이것을 할 수 있다. 이에 비해서, 감정이입적 걱정은 고통을 당하는 사람을 실제로 도움으로써만이 감소될 수 있다. 감정이입적 걱정의 목표가 어떤 다른 사람의 복지를 증진시키는 것인 고로, 이것은 분명히 돕기행동의 이타적

(자기본위가 아닌)인 원천일 것이다.

몇 개의 연구들은 감정이입이 친사회적 행동을 증가시킨다는 것을 보여 왔다(Hoffman, 1981). 예컨대, 한 연구(Toi와 Batson, 1982)에서 대학생들은 자동차사고로 두 다리를 잘렸고 학교공부가 심하게 뒤쳐진 K라는 다른 학생의 곤경을 알게 되었다. K와의 녹음된 면담을 들은 후, 각 피험자는 자신이 K를 도울 의향이 있는지를 질문받았다. 감정이입은 피험자들에게 준 청취 지시들을 변화시킴으로써 조작되었다. 높은 감정이입조건에서, 피험자들은 "면담받고 있는 사람의 관점을 취하도록 노력하면서, 그 사람이 일어난 사건에 대해서 어떻게 느끼며 그것이 그 사람의 인생에 어떤 영향을 주어 왔는가를 상상하시오"라는 지시를 받았다. 낮은 감정이입조건에서, 피험자들은 "가능한 한 객관적이도록 노력하면서, 제시되는 모든 정보에 주의를 기울이십시오…. 면담받고 있는 사람 자신이 일어난 일에 대해서 어떻게 느끼는가에 당신의 관심을 두지 마십시오"라는 지시를 받았다.

예상된 대로, 높은 감정이입조건의 피험자들은 동정적이고, 불쌍하고, "감동된" 느낌에 관한 자기평정들에 반영된 것으로서, K의 이야기에 의해 유의하게 더 큰 감정이입을 경험했다. 또한 예상된 대로, 높은 감정이입조건의 피험자들은 설사 도와주기를 피하기가 쉬웠을 때에라도, 낮은 감정이입조건의 피험자들보다도 K를 돕기 위해서 유의하게 더 자원하는 경향(73% 대 33%가 도움을 주었다)이 있었다. 괴로움을 당하는 사람의 입장을 취하고 그 사람의 고통을 함께 하는 것은 친사회적 행동에서 중요한 요인들일 수 있다.

그러나, 이러한 감정이입－돕기 간의 연관을 보여 주는 연구들을 어떻게 해석할 것인가에 대해서 현재 논쟁이 있다(Fultz 등, 1986). 한 가지의 견해는 감정이입을 강조하는 지시들이 도우려는 이타적 동기를 증가시킨다는 것이다. 이와는 대비되게, 실험자들이 감정이입을 증가시키고자 고안된 지시를 줄 때에, 그들은 실제로 피해자에 대한 피험자의 관심을 증가시킬 뿐만 아니라 피험자 자신의 개인적 비애감이나 고통감을 또한 증가시킨다고 시사되어 왔다(Cialdini 등, 1987). 이 두번째의 해석에 의하면, 돕는이의 목표가 자기 자신의 기분을 좋게끔 만드는 것일 수도 있기 때문에 감정이입에 기초된 돕기가 완전히 이타적인 것은 아닐 것이다.

테레사 수녀는 인도에서 가정없는 어린이들을 돕는 데에 자신의 인생을 바쳐 왔다. 그녀는 자신의 인도주의적인 일들로 노벨평화상을 수상했다.

이러한 계속되는 논쟁이 시사하는 바와 같이, 한 사람이 다른 사람을 돕게끔 만드는 동기들을 추출해내기가 흔히 곤란하다. 우리의 행동은 흔히 다수의 원인들을 갖고 있다.

이러한 이론적 토론들이 용감한 돕는 행위들 속에서 자기 자신의 안전을 모험거는 사람들에 대한 우리의 존경을 떨어뜨리지는 않을 것이다. 붕괴된 건물더미에서 구조된 지진피해자들은 그들을 구해 준 사람들의 동기들에 대해서 거의 관심을 두지 않으며, 구조자들이 감정이입이나 개인적 고통에 의해서 동기화되었는지의 여부에 관계없이 그들을 영웅적인 사람이라고 생각한다. 특별논의 10-3에서 기술된 스탤컵이라는 사람의 사례를 검토해 보라.

특별논의 10-3. 영웅적인 트럭운전사

로스라고 하는 54세 된 남자는 그가 어떤 트럭에 의해서 뒤에서 받쳤을 당시에, 미국의 로스엔젤레스시의 외곽에 있는 벤투라라는 자동차전용도로상에서 자신의 빵배달용 유개트럭을 운전하고 있었다. 유개트럭은 걷잡을 수 없이 되어서 전복되었고, 로스는 의식을 잃었다. 불길이 치솟기 시작하자, 로스는 자신의 안전벨트에 의해서 유개트럭에 거꾸로 매달려서 무기력하게 있었다. 몇 명의 지나가는 사람들이 그 사고를 목격하고서 정지했지만, 불길 때문에 피해자를 돕지 못하고 있었다. 그러나 직업상으로 위험한 화학물질들의 수송차를 운전하는 월남전 제대자인 스탤컵이라는 사람이 도와 주기 위해서 차동자전용도로상에 자신의 거대한 18륜차를 세웠다.

재빨리 사태를 파악한 후에, 스탤컵은 트럭의 박살난 앞 유리창을 통해 기어들어 갔다. 그는 칼로 나일론 안전벨트를 잘라서 로스를 풀어내려고 들었지만 헛수고였다. 이 시점에서, 로스는 의식을 회복했으며 스탤컵에게 자기를 떠나가지 말아달라고 요청했다. "나는 그에게 구조를 포기하지 않겠다고 말했다고" 스탤컵은 회상했다. 마침내, 불길이 로스의 의복을 태우기 시작할 무렵에, 스탤컵은 안전벨트 버클을 찾아내서 로스를 풀어 놓았으며, 그의 몸이 구조자의 몸 위에 떨어졌다. 간신히 스탤컵은 의식이 반쯤 들은 운전사를 앞 유리창을 통해서 끌어냈다. "나는 그와 함께 트럭의 맨 꼭대기로 기어나왔습니다. 우리가 나오자마자 나는 폭발소리를 들었습니다. 나는 운이 좋았지요. 그에게 그날은 재수 좋은 날이었고 나에게도 역시 재수 좋은 날이었지요". 폭발로 유개트럭은 불길에 휩싸였다.

자신의 영웅적 행위로, 스탤컵은 카네기 영웅기금위원회로부터 2500달러의 상금과 메달을 받았다. 1904년 이후로, 이 위원회는 도움을 필요로 하는 타인들을 돕기 위해서 자신의 생명을 무릅쓴 7367명의 사람들에게 상을 주어 왔다.

스탤컵의 이야기는 실생활의 상황들에서 돕는 것에 영향주는 복잡한 요인들을 시사해 준다. 신문의 해설에 의하면, 그 충돌장면은 스탤컵에게 자신의 월남전에서의 이전의 경험들을 되살려 주었다. "나는 월남전과 부상당하거나 죽어가고 있을 때에 도와 달라고 소리치는 사람들을 회상했습니다. 나는 이러한 사고가 다시 일어날 경우에는 내가 처리할 수 없을 것이라는 것을 알고 있습니다.

나는 만일 내가 그 친구를 버려두어서 트럭이 타고 있는 동안에 그의 비명소리를 들었다면 마음편하게 살아갈 수 없었을 것입니다." 스탤컵의 도우려는 욕망은 그의 체력과 전문성에 의해 촉진되었다. 그는 칼을 지니고 다니면서, 부상당한 사람을 구해내는 데에 사용하곤 했다. 그의 전투경험과 현재의 위험한 물질을 운송하는 직업이 위기를 처리하는 자신의 능력에 대한 그의 자신감을 증가시켜 왔을 수 있다. 다른 사람들이 위험한 상황으로 저지되었던 반면에, 스탤컵은 자신의 생명을 기꺼이 걸려고 들었다.

자료원: Connelly(1989).

필요로 하는 자의 특징들: 도움을 받을 가능성이 가장 많은 사람은 누구인가?

당신이 학생회관 근처에 있을 때, 어떤 사람이 당신에게 다가와서 전화를 걸기 위해 동전을 빌려 달라고 요구한다. 당신은 그 사람이 말쑥한 부유층형이거나 거친 불량배형일 경우에 더 도와 주기 쉬울 것인가? 그 사람이 자신의 지갑을 도둑 맞았다거나 학교 올 때에 잔돈을 갖고 오는 것을 잊었다고 설명했을 경우에는 어떠할 것인가? 비록 진정한 이타주의자는 고통을 당하는 사람의 필요들만을 제외하고서 모든 것에 개의치 않을지라도, 일상의 친사회적 행동은 흔히 고통을 당하는 사람의 특징들에 의해서 영향받게 된다.

예컨대, 대학 캠퍼스에 있는 사람들은 비장애 여자보다도 휠체어를 탄 하반신불수 여자에 의해 기부를 요구받았을 경우에 소아마비환자 구호모금운동에 돈을 기부하는 경향이 더 많았다(Slochower 등, 1980). 다른 연구(Piliavin 등, 1975)에서, 뉴욕시의 지하철 승객들은 지팡이를 짚은 사람이 비틀거리면서 바닥에 넘어지는 것을 보았다. 때로는 피해자는 얼굴에 커다란 붉은 반점이 있었고, 때로는 반점이 없었다. 이러한 상황에서, 피해자는 보기 싫은 반점을 갖고 있는 경우(61%)보다도 얼굴에 흠이 없었을 경우(86%)에 도움을 받는 경향이 더 많았다. 이러한 발견들과 기타의 발견들을 이해함에 있어서, 두 가지 주제들이 가장 중요한 것 같다. 즉, 우리는 우리가 좋아하는 사람들과 도움을 받을 만하다고 생각하는 사람을 돕는 경향이 더 많다.

개인이 좋아하는 사람들을 돕는 것

8장에서 우리는 타인에 대한 우리의 시초의 호감이 신체적 매력과 유사성과 같은 요인들에 의해 영향받는다는 것을 보았다. 친사회적 행동에 관한 연구는 동일한 특징들이 또한 도움에 영향을 준다는 것을 발견하고 있다. 적어도 어떤 상황들에서, 신체적으로 매력있는 사람들은 도움을 받기가 더 쉽다. 예컨대, 한 현장연구(Benson, 등 1976)에서,

연구자들은 공항의 전화박스 위에 완성된 대학원 지원서를 놓았다. 지원서는 스탬프가 찍혔고 우송될 준비가 되어 있었지만, 분명히 "분실된" 것이었다. 외모를 조작하기 위해서, 지원서에 붙은 사진은 때로는 매우 잘생긴 사람이었고 때로는 덜 매력있는 사람이었다. 도움의 측정치는 봉투를 발견한 사람이 실제로 우송했는지의 여부이었다. 결과들은 사진의 인물이 여자이건 남자이건 간에, 매력있는 경우에 지원서를 보내 주는 경향이 훨씬 더 많다는 것을 보였다.

잠재적 돕는 자와 필요한 자 사이의 유사성의 정도가 또한 중요하다. 몇 년 전에 연구자들(Emswiller 등, 1971)은 실험협조자들에게 "히피"나 "단정한" 차림의 옷을 입고 학생들에게 접근해서 동전을 빌려달라고 요구하도록 했다. 연구자들은 또한 잠재적 돕는 자들을 "히피"나 "단정한" 사람으로서 분류하기 위해서 외모를 사용했다. 그 결과들은 사람들이 자기와 유사한 사람들을 돕는 경향이 가장 많다는 것을 분명히 보였다. 예컨대, 히피 남자들은 약 77%의 경우에서 유사한 모습의 히피를 도왔지만, 단정한 사람은 약 32%의 경우에서만 도왔다. 또한 도움은 외국인보다도 동일한 나라에서 온 사람에 대해서 더 크며(Feldman, 1968), 유사한 태도들을 가진 사람에 대해 더 크다(Tucker 등, 1977)는 증거가 있다.

도움을 받을 만한 사람들을 돕는 것

어떤 사람이 도움을 받게 될 여부는 케이스의 "공과"(功過)에 일부 달려 있다. 예컨대, 수퍼마켓에 있는 사람들은 어떤 사람에게 과자보다는 우유를 살 수 있는 돈을 주기가 더 쉬운데(Bickman과 Kamzan, 1973), 이는 아마 우유가 과자보다도 건강에 더 필수적이기 때문일 것이다. 뉴욕시의 지하철 승객들은 바닥에 쓰러진 남자가 술취한 것보다도 아픈 것으로 보이는 경우에 더 도와 주는 경향이 있었다(Piliavin 등, 1967). 이 두 케이스들에서 필요나, 문제의 정당성이나 적절성이 차이를 일으켰다. 물론, 어떤 특정 필요의 중요성에 관한 판단들은 가치들에 의해서 강력하게 영향받게 될 것이다.

필요 자체의 정당성을 평가하는 것 이외에도, 잠재적 돕는 자들은 또한 4장에서 개요된 원인귀속의 원리들에 따라, 사람의 필요의 원인들에 관한 추리를 한다. 예컨대, 어떤 교사는 카리브해로의 여행 때문이기보다도 가족의 사망으로 결석한 학생을 돕기 위해서 더 많은 시간을 소비할 것이다. 몇 개의 연구들은 관건이 되는 원인 요인이 개인적 통제력(personal control)이라는 것을 나타내고 있다. 즉, 우리는 문제의 원인이 개인의 통제력 밖에 있다고 생각할 경우에 어떤 사람을 돕는 경향이 더 많다. 예컨대, 한 연구(Meyer와 Mulherin, 1980)에서, 대학생들은 필요가 게으름(통제가능한 원인)보다도 병(통제불가능한 원인)에 기인되어서 생겼을 경우에 어떤 아는 이에게 차용금을 빌려 줄 의향이 더 많다고 대답했다.

다른 연구(Weiner, 1980)에서, 대학생들은 동급생이 노트를 잘하려고 노력하지 않은 것과 같은 어떤 통제가능한 원인보다도 교수가 서투른 강의자인 것과 같은 어떤 통제불가능한 원인 때문에 노트를 필요로하는 동급생에게 자신의 강의노트를 더 빌려 주게 될 것이라고 대답했다. 만일 어떤 사람이 자신의 조치에 의해서 곤경을 예방할 수 있었다면, 우리는 도와 주는 경향이 적다. 귀인들은 또한 우리가 곤경에 처한 어떤 사람에 대해서

개인의 필요성에 대한 원인지각	도움을 필요로 하는 개인에 대한 정서반응	도움을 주려는 의향
개인의 통제력 밖에 있는 어떤 것(예 : 취직자리가 없기 때문에 놀고지내는 사람)	동정, 연민	높다—이 사람은 도움을 받을 자격이 있다고 지각되게 된다.
개인이 통제할 수 있는 어떤 것(예 : 게으르고 일하기 싫어서 놀고지내는 사람)	분노, 화남	낮다—이 사람은 도움을 받을 자격이 없다고 지각되게 된다.

도 10-7. 도움제공에 관한 귀인이론적 분석. 우리가 고통을 당하고 있는 어떤 사람에 당면하게 될 때, 우리는 먼저 그들의 필요성의 원인을 이해하고자 한다. 필요성을 개인의 통제력 내에 있는 원인들에 귀속시키는 것은 분노와 경멸의 반응들을 일으키고, 도움제공의 가능성을 감소시킨다. 이와는 반대로, 개인의 필요성을 통제불가능한 원인들에 귀속시키는 것은 동정을 일으키고 도움 제공의 가능성을 증가시킨다.(Schmidt와 Weiner, 1988에서 개작됨.)

어떻게 느끼는가에도 영향을 줄 수 있다. 우리는 아무런 자신의 허물이 없이 고통을 당하는 사람들에 대해 동정과 걱정을 느낄 수 있다. 우리는 자기 자신의 문제에 대해 책임이 있는 사람들에 대해서 분노와 혐오를 느낄 수 있다. 간단히 말해서, 개인의 도움의 필요성을 어떤 통제가능한 원인에다가 귀속시키는 것은 분노와 회피나 무시를 일으킬 수 있다 ; 개인의 재난을 통제불가능한 원인들에다가 귀속시키는 것은 동정을 일으키고 도움의 제공을 일으킬 수 있다(Schmidt와 Weiner, 1988). 도 10-7은 돕기에 대한 귀인들의 영향을 요약하고 있다.

도움을 받는 것의 경험

때로는 우리는 도움을 받는 것에 대해 행복과 감사의 마음으로 반응한다. 민첩한 구조원에게서 익사로부터 구조받은 초보의 수영자는 살아난 데 대해 고마와하고 필요했을 때에 도움을 받게 된 데 대해 감사를 느낀다. 공항까지 친구의 차를 빌어 탔던 학생은 호의에 대해 진정으로 고마와한다. 어떤 병사는 자발적으로 도움을 준 한 소대원에게 호감을 갖고 존경하게 될 수 있다(Cook과 Pelfrey, 1985). 그러나 사람들이 도움을 받는 것에 대해 부정적으로 반응하는 경우들이 또한 있다. 아빠가 자기의 다섯 살 된 딸이 옷을 입는 것을 도와 줄 때, 그 아이는 화가 나서 혼자서 옷을 입겠다고 주장할 수 있다. 복지 수해자들은 온정보다도 숨긴 적대감을 갖고서 사회사업가들에게 반응할 수 있다. 수백만 달러의 미국 원조를 받은 국가들은 미국의 정책들과 개발도상국들에 대한 "착취"에 대해 불평한다. 이러한 예들이 지적하고 있는 바는 도움을 받는 것이 하나의 혼합된 고마움이 될 수 있다는 것이다. 몇 개의 사회심리학이론들은 이러한 반응들을 설명하는 데에 도움을 주고 있다.

사회적 교환이론: 채무의 부담들

도움을 제공하는 것은 한 사람으로부터 다른 사람으로의 자원들의 교환을 내포하고 있다. 어떤 관계에서 도움의 교환이 주로 일방적일 때, 이것은 부채를 일으키고 따라서 관계에서의 세력의 불균형을 일으킬 수 있다(Worchel, 1984). 자기 부모로부터 경제적 보조를 받는 젊은 성인들은 보조에 감사할 수 있지만, 또한 보조를 받는 것이 자기의 인생에 대한 더 큰 권리를 자기의 부모에게 부여한다고 느낄 수 있다.

교환적 관점은 도움이 주고 받을 수가 있어서, 관계상에서의 형평성과 세력의 균형을 유지시킬 때에 그 도움이 가장 고맙게 여기게 될 것이라고 시사한다. 연구는 사람들이 자신이 어떤 형태로 도움을 갚을 수 없다고 생각될 때에는 도움을 요구하는 경향이 적다는 것을 보인다(Fisher 등, 1982). 또한 사람들은 자신이 받은 도움을 다소 갚을 수 있는 경우에 시혜자를 더 좋아한다는 증거가 있다(Gross와 Latané, 1974). 간단히 말해서, 균형이 잡히지 않은 도움은 어떤 관계에서 형평성을 위협하고, 세력 불균형을 조장하고, 수혜자측에게서 부정적 감정들을 증가시킬 수 있다.

반발이론: 자유의 상실

도움을 받는 경험에 대한 더 깊은 통찰들이 반발이론에 의해서 제공되어 왔다. 반발이론(reactance theory: Brehm, 1966)에 의하면, 사람들은 자신의 개인적인 선택의 자유를 최대화시키기를 원한다. 이러한 자유에 대한 지각된 위협은 부정적으로 경험되게 되고, 자신의 독립성을 재주장하는 노력들을 일으킬 수 있다. 따라서 대외원조를 받는 자들이 미국의 정책들을 비평할 때, 그들은 상징적으로 자신의 독립성을 내세우고 그럼으로써 반발심을 감소시킬 것이다.

원조를 받는 사람들이 상당한 자유의 상실을 지각한다는 증거가 복지 수혜자들에 대한 연구(Briar, 1966)에서 나온다. 조사된 거의 70%의 복지 수혜자들이 설사 그들이 합법적이 아닐 것이라고 알고 있었더라도, 한밤중에 사회사업가가 갑자기 방문할 경우에 자기들이 불평을 해서는 안 된다고 생각했다. 대부분의 수혜자들(67%)은 또한 자기들이 필요하다고 생각하든 생각하지 않든 간에 만일 요구가 있다면, 결혼상담을 받을 의무가 있다고 느낄 것이라고 대답했다. 프라이버시와 개인적 자유의 침해들이 도움을 주는 사람들에 대해서 쉽게 적대감을 일으킬 수 있다(Gross 등, 1979).

귀인이론: 자존심에 대한 위협들

도움을 받는 것은 우리의 자존심에 대해 중요한 의미들을 가질 수 있다. 만일 우리가 타인들이 우리와 우리의 복지를 진정으로 염려하기 때문에 우리를 돕는다고 지각하면, 우리는 자존심이 높아질 수 있다. 만일 도움을 받는 것이 자신이 무능하고, 비성공적이며, 의존적이라는 것을 의미한다면, 도움은 우리의 자존심을 위협할 수 있다(Fisher 등, 1982). 예컨대, 사람들은 때로는 창피와 당황을 두려워하기 때문에 사회기관들로부터 도움을 구하기를 꺼려한다(Williamson, 1974).

귀인이론에 의하면 사람들은 자신이 왜 도움을 필요로 하며 타인들이 왜 자기에게 도움을 주는가를 이해하려는 동기를 갖고 있다. 만일 사람들이 자기 자신의 필요를 개인적 부적절성들보다도 외부적이거나 통제불가능한 힘들에 귀인시킬 수 있다면, 그들은 긍정적 자존심을 유지시킬 수 있을 것이다. 몇 개의 연구들(Fisher 등, 1982; Tessler와 Schwartz, 1982)은 사람들이 문제를 개인적 결함보다도 곤란한 상황에 귀인시킬 수 있을 때에 도움을 구하는 경향이 더 많다는 것을 발견해 왔다. 또한 필요로 하는 사람이 도움을 명백하게 요청하지 않아도 될 때에 도움이 보다 더 받아들여지기가 용이하다는 것이 발견되어 왔다. 복지 수혜자들에 관한 1년 동안의 연구(Gross 등, 1979)는 사람들이 자기 가족이 접촉을 개시해야만 되는 경우보다도 사회복지사업원이 접촉을 개시했을 경우에 가용한 사회적 서비스들을 더 많이 이용했다는 것을 발견했다. 연구자들은 사람들이 자기 자신의 자긍심과 자기가치감을 방어하기 위해서 도움을 청하기를 피한다는 것을 시사하고 있다.

도움을 구하는 새로운 방법들: 자조집단들과 컴퓨터들

우리는 도움을 받는 경험이 항상 긍정적인 것이 아니라는 것을 보아 왔다. 도움을 받는 것이 우리의 자유를 제한하고, 우리의 세력을 감소시키고, 우리의 자존심을 낮출 수 있는 경우들이 있다. 이러한 과정들에 관한 이해는 사람들이 때로는 도움을 주는 자들에 대해 부정적이거나 양면감정적으로 반응하는 이유와 사람들이 절실하게 필요로 할 때에라도 도움을 청하지 않는 것을 선호하는 이유를 설명하는 데에 도움이 된다. 사회심리학적 요인들은 어떤 공동문제를 가진 사람들이 서로를 돕기 위해서 함께 일하는 자조집단들에 대한 인기를 설명할 것이다. 그 예들은 이혼한 부모들, 아동학대의 피해자들 또는 대학에 다니는 만학도들일 것이다. 자조집단들은 이것들이 도움을 필요로하는 사람들에 의해서 운영되고, 상호 도움의 기회들을 제공하고, 타인들이 동일한 문제를 갖고 있다는 지식을 갖게끔 만들기 때문에 도움을 받는 것의 부담들을 최소화시킨다.

컴퓨터들은 인간보다도 기계로부터 도움을 받게 되는 독특한 기회를 제공한다. 컴퓨터들은 현재 철자법에서 바둑에 이르는 다양한 주제들을 가르쳐 주는 데에 사용되고 있다; 이러한 교수용 컴퓨터프로그램들은 사람들에게 타인에 대해 자신의 착오를 시인하는 것에 수반되는 당황이 없이도 사용자들에게 도움과 충고를 제공해 준다. 컴퓨터의 도움의 매력은 한 연구(Karabenick과 Knapp, 1988)에서 극적으로 예시되고 있다. 대학생들이 컴퓨터에서 복잡하고 곤란한 과제를 수행했다. 절반은 그들이 한 명의 조교로부터 도움을 받을 수 있다고 지시받았고 절반은 그들이 컴퓨터로부터 도움을 받을 수 있다고 지시받았다. 그 결과들은 분명했다. 개인적 도움조건에서, 학생들은 도움을 청하는 것을 꺼렸다; 단지 36%의 피험자들이 연구조교에게 도움을 청했다. 이와는 반대로, 컴퓨터 도움조건에서, 86%의 피험자들이 적어도 한 번의 도움을 청했으며, 대부분의 사람들이 한 번 이상의 도움을 청했다. 상호성의 기대 없이 사적 도움을 제공해 줌으로써 컴퓨터들은 도움을 받는 것의 심리적 부담들을 감소시킬 수 있다.

이 장을 읽으면서, 당신은 돕는 행동에 관해서 많은 것을 배워 왔다. 당신은 이제 타인들과 함께 있는 것에서 생기는 책임분산과 같은 사람들에게 돕기를 억제하는 많은 요인들을 이해하게 되었다. 당신은 또한, 예컨대 아동들에게 타인들을 도와 주는 모델들을 보여 주거나 성인들에게 필요로하는 사람들을 도와 줄 수 있게끔 만들 수 있는 CPR(심폐 인공호흡)과 같은 생명구조기술들을 훈련시켜 줌으로써 우리가 사람들을 더 이타적으로 되게끔 가르칠 수 있다는 것을 알고 있다.

연구는 돕기에 영향주는 요인들에 관해서 가르침을 받았던 사람들이 이러한 장애들을 극복하는 경향이 더 많다는 것을 보인다. 한 연구에서, 대학생들이 친사회적 행동과 어떻게 주변인효과가 도움을 억제시킬 수 있는가에 관한 강의를 듣거나 필름을 보았다 (Beaman 등, 1978). 2주 후에, 겉으로는 무관련하게 보이는 맥락 속에서, 이 학생들은 복도의 바닥에 쓰러져 있는 사람에게 당면되었다. 어떤 학생들은 그 피해자를 당면했을 당시에 혼자 있었고, 어떤 학생들은 피해자를 못본 체하는 한 명의 무반응적인 실험협조자와 함께 있었다. 모든 조건들에서, 친사회적 행동에 관해서 배웠던 학생들이 유의하게 더 많이 개입했다. 당신은 친사회적 행동에 관해서 배우는 것이 당신에 대해 어떤 영향을 주었다고 생각하는가? 이러한 지식은 고통을 당하는 사람들을 도와 주려는 당신의 의향을 증가시킬 것인가?

친사회적 사회를 만들기 위한 방안들

비록 친사회적 행동이 항상 감사를 받지 못하더라도, 그리고 비록 몇몇 사람들은 우리가 상호의존보다도 개인의 주도성과 독립성에 더 가치를 두어야만 된다고 생각할 지라도, 대부분의 사람들은 만일 사람들이 지니고 있는 어떤 친사회적 경향들이 강화될 수 있을 경우에는 이 세상이 보다 더 살기좋은 곳일 것이라는 데에 동의할 것이다. 친사회적 행동에 관한 지식은 이러한 목표를 성취시키기 위해서 어떻게 응용될 수 있는가? 아동들의 친사회적 행동을 조장시키고, 자선들에 대한 지원을 증가시키고, 친사회적 행동을 입법화하는 과업들을 간단히 살펴봄으로써 몇 가지 예비적 결론들을 내려보자.

아동들의 친사회적 행동을 고무시키는 것

앞에서 본 바와 같이, 아동들은 적어도 단순한 형태의 친사회적 반응들을 보이게끔 가르쳐질 필요가 없다. 신생아들은 다른 신생아들의 울음소리에 고통스러워한다. 더 나이 든 유아들은 2세 훨씬 이전에서도 초보적 형태의 감정이입과 함께 나누고 돕는 경향성을 보이는 것 같다(M.L. Hoffman, 1975; Zahn-Waxler 등, 1979). 예컨대, 한 13개월된 유아는 어떤 어른이 울고 있는 자기의 친구를 달랜다는 것을 인식했지만, 아직도 다소 자아중심적이어서, 그 일을 위해서 그 친구의 어머니보다도 자기 자신의 어머니를 데려 왔다(M.L. Hoffman, 1975). 그 이후에 아동들은 나이가 들음에 따라 점점 더 친사회적으로 된다 (Eisenberg, 1986 참조). 이러한 발달추세의 일부는 아동들이 양육되어지는 방식과는 거의 관계가 없다. 아동들이 인지적으로 성숙함에 따라, 그들은 점점 더 다른 사람들의 조망을 취할 수 있으며, 성인기에는 감정이입적 걱정에 근거해서 타인들을 도울 수 있다

(Underwood와 Moore, 1982). 그렇지만 사회화경험들도 또한 한 역할을 한다. 예컨대, 특별하게 감정이입적인 아기들의 어머니들은 강력한 방식으로 자기 자녀의 행동이 타인들에 대해서 갖는 결과들을 지적한다(Zahn-Waxler 등, 1979 ; Radke-Yarrow 및 Zahn-Waxler, 1984). 가정에서 학대당하고 있는 1세아 내지 3세아들은 또래들이 고통을 당하고 있을 때에 공포와 공격보다도 덜 걱정과 위안으로 반응해서, 또다시 초기의 사회화 경험들이 아동의 친사회적 경향성들에 영향을 줄 수 있다는 것을 시사하고 있다(Main과 George, 1985).

학습의 기본원리들이 아동들의 친사회적 행동을 고무시키기 위해 사용될 수 있다. 아동들은 그들의 친사회적 행동에 대해 강화될 수 있다. 정말로, 아동들이 돕기에 대한 내부 동기들을 발전시키기 이전에, 그들은 자기들을 동기화시키는 외부 보수들의 약속에 의존하는 것 같다(Bar-Tal 등, 1980). 우리가 또한 이미 본 바와 같이, 친사회적 행동의 모델들이 친사회적 행동을 강화시킬 수 있다. TV상에서의 폭력에 대한 접촉이 공격을 증가시킬 수 있는 것과 꼭 마찬가지로, 친사회적 TV프로들에 대한 접촉도 친사회적 행동을 증가시킬 수 있다(Roberts와 Maccoby, 1985 ; Rushton, 1979). 자선의 설교나 훈계는 특히 만일 이것이 나누어줌의 이유들을 강력하게 진술하고 지적할 경우에, 모델링과 마찬가지로 효과적일 수 있다(Grusec 등, 1978). 부모들이 자선을 설교하지만 실제로 이기적 행동을 보일 때에 문제들이 생긴다. 연구는 이러한 종류의 위선에 접했던 아동들이 바로 예상될 수 있는 바, 즉 자선을 설교하기는 하지만 이기적으로 행동하는 것을 보일 것이라는 것을 시사한다(Bryan과 Walbek, 1970). 끝으로, 아동들이 때로는 그들이 무능하다고 느끼거나 불인정을 두려워하기 때문에 돕기를 꺼려하는 고로(Midlarsky와 Hannah, 1985), 그들은 만일 그들이 보편적 위기들을 처리하는 방법에 대해서 가르침을 받았을 경우에, 더 돕기가 쉬울 것이고 더 효과적으로 도울 것이다. 따라서 자신이 설교하는 바를 몸소 실행하는 것의 중요성을 인식하고 있고 또한 자기 자녀들의 돕는 행위들을 가르치고 강화시키는 부모들은 친사회적 행동을 조장시킬 것이다.

몇몇 심리학자들은 경쟁과 개인적 성취가 북아메리카에서 매우 높은 가치를 부여받아서 아동들이 협동적이기보다도 경쟁적으로 되도록 훈련받고 있다고 주장해 왔다(Bronfenbrenner, 1970). 오스트레일리아와 일본의 아동들의 한 비교는 개인주의적 문화의 아동들이 개인적 이득보다도 전체집단의 이익을 위해 행동하는 경향이 적은 반면에, 사회적 조화를 강조하는 집단주의적 문화의 아동들이 집단을 선호하는 경향이 있다는 것을 증명했다(Mann 등, 1985). 아동들이 가정과 학교에서 협동하고 서로 돕는 더 많은 기회들을 제공해 줌으로써, 우리는 개인주의와 경쟁쪽으로 기울은 현재의 불균형을 바로잡을 수 있을 것이다.

가치있는 대의들에 대해 지원해 주는 것

친사회적 행동에 관한 연구는 또한 사람들에게 보람있는 자선사업들에 기부하게끔 고무시키는 방법에 관해서 할 말을 많이 갖고 있다. 정부예산의 삭감들이 개인적 기부의 필요성을 증가시켜 온 현시점에서, 그러한 힌트들은 특히 유용하다. 기금확보자들은 비용들을 감소시키고 기부의 보수들을 증가시키려고 시도할 수 있다. 이미 그들은 사람들이 직장에서 기부하기가 용이하게끔 만들어 왔으며 기부들이 세금을 공제받을 수 있다는 사실을 강조해 왔다. 이웃들이 모금자들로서 동원되는 것은 우연이 아니다. 잠재적 기부자는 모델링되기 쉬워서, "모든 사람들이 이러한 대의명분을 지지하고 있고, 그들에 대해 이것이 얼마나 보수를 주어 왔는가를 알고 있다"고 생각하게 될 수 있다. 장시간의 TV 모금운동들은 우리에게 권위있는 기부의 모델들을 제공해 주고 우리를 좋은 기분 속에 있게끔 만들음으로써 기부를 고무시킬 것이다. 몇몇 캠페인들에서, 작은 선물들이 잠재적 기부자들에게 제공되어서, 아마 이것들이 그들에게 갚을 의무를 느끼게끔 만들 것이다. 이러한 그리고 다른 방식들로, 이 장에서, 논의된 친사회적 행동에 관한 많은 영향원들이 자선들에 대한 지지를 증가시키기 위해서 꽤 직접적으로 응용될 수 있다.

이와 동시에, 기부의 심리에 관한 연구들은 어떤 잠재적 기부자들에게 효과가 있는 것이 다른 사람들에게는 효과가 없다는 것을 나타낸다. 사람들에게 혈액을 기증(소수의 사람들이 규칙적으로 하는 한 행위)하도록 만드는 경우를 고려해 보자. 어떤 종류의 호소들이 가장 효과가 있을 것인가? 최초의 연구(Piliavin 등, 1984)에서 판단해 볼 때, 우리가 새로운 기부자들을 동원하는지 아니면 반복자들이 계속해서 다시 오게끔 노력하는지가 관계있는 것 같다. 혈액기증자들은 우선적으로 어떤 친구에 의해서 혈액채취자에게 가도록 부탁받는 것과 같은 외부의 사회적 압력들에 의해서 영향받고 있다. 그들은 자기의 동료들이 그러한 행동을 지지한다고 생각할 때에 혈액을 기증하기가 더 쉽다(Foss, 1983). 그러나 Piliavin과 그녀의 동료들에 의하면, 시초에 좋은 경험을 갖고 있는 사람들이 다시 올 가능성이 더 많으며, 3, 4회 뒤에 그들은 혈액기증에 "습관이 되어서", 자기 자신을 혈액을 기증하는 사람이라고 규정하고, 내부적으로 그렇게 할 동기를 갖게 된다. 따라서 동기는 시간이 지남에 따라 외재적에서 내재적으로, 예컨대 어떤 친구를 실망시키고 싶지 않은 것에서 돕는 것에 대한 어떤 도덕적 의무를 느끼는 것으로 바뀐다. 처음에 내재적 동기가 있다는 신호를 거의 보이지 않는 사람들은 흔히 다시 찾지 않지만, 그들은 만일 혈액은행의 직원들이 혈액을 기부하는 사람들이 이타적인 사람들이라는 것을 강조할 경우에는 그렇게 하기가 더 쉽다. 이 "신출나기들"은 그 다음에는 자기 자신을 이타적 기부자라고 규정할 것이다.

이 연구는 시초에 기부자들을 동원하는 데에 효과가 있는 것이 반복자들에 대해서는 효과가 없을 수 있다는 것을 시사한다. 정말로, 이것이 사실인 것 같다. 예컨대, 연구자들은 기부자들에게 혈액을 기증함으로써 그들 자신이 받게 될 이점들을 지적하는 것 즉, 돕기에 관한 부담-보수 모형들에 기초해서 효과가 좋은 것으로 기대되는 한 가지 책략이 유경험의 혈액기증자들에게 또 다른 기부들을 약속하게끔 만드는 데에 있어서 이타적 동기들에 호소하는 것보다도 효과가 더 적었다는 것을 발견했다(Paulhus 등, 1977). 이 연구는 맨 처음의 기부자들이 이기적 호소나 이타적 호소에 의해 영향받지 않았다는 것을 발견했다. 다른 연구는 맨 처음의 기부자들이 만일 그들이 기부하는 데 대해서 간이 식품의 교환권들과 기타의 상품들을 제공받았을 경우에 혈액을 기증하기가 더 쉬웠다는 것을 발견했다(Ferrari 등, 1985). 이러한 물건들은 유경험의 기부자들에게는 아무런 효과가 없었다.

아마 가장 당혹스러운 것은 만일 사람들이 이미 이타적인 내재적 동기가 있을 경우에, 외부 보수들이 실제로 그들의 동기를 해치고 그들에게 장차 도울 가능성이 더 적게끔 만들 수 있다는 증거이다. 즉, 이 경우에서 사람들은 자신이 돕기 자체를 즐거워하는 이타적인 사람 때문이 아니라 오히려 자신이 그렇게 하는 데 대해 압력을 받았거나 보수를 받았기 때문에 자신이 혈액을 기증했다고 자신에게 말하기 시작할 것이다. Kunda와 Schwarz(1983)는 어떤 학생들에게는 맹인학생의 컴퓨터테이프 판독 과목에 대한 도움에 대해 보상을 주는 반면에, 다른 학생들에게는 보상이 없이 그렇게 하도록 요구함으로써 외부 보수가 갖는 위험성들을 증명했다. 돈으로 지불을 받았던 학생들은 그 후에 적어도 그들이 실험자에 의해서 그들의 답변의 어떤 부정직성이 탐지될 것이라는 지시를 받았을 때에, 장차 맹인을 위해서 읽어주는 데 대해 더 적은 도덕적 의무감을 나타냈다. 사람들이 이미 기부할 내재적 동기가 없을 때, 아마 기부에 대한 가외의 유인들이 일을 출발시키도록 만드는 한 방법이 될 것이다. 그러나, 사람들이 일단 내재적 동기를 갖게 되면, 외부 보수들은 역효과를 낼 수 있다. 어떤 완전한 세상에서, 모든 사람들은 기부 자체를 위해서 기부하는, 즉 그들 자신의 가치에 충실하기 위해서 기부하려는 동기를 가질 것이다. 그 때가 되기 이전에는, 아마 어떤 보너스로 주는 교환권이 그리 나쁜 아이디어는 아닐 것이다!

어떤 친사회적 사회를 입법화하는 것

Kaplan(1978)은 몇 개 국가들에서의 친사회적 행동에 관련된 법률들을 분석해 왔다. 그는 북미의 입법자들이 신속하게 반사회적 행동을 규정하고 처벌하지만, 돕지 않는 것들에 대한 처벌에는 관심을 덜 갖고 있다는 것을 발견했다. 정말로, 우리는 어떤 범죄자의 체포에 돕지 않은 사람들을 처벌한다. 우리는 또한 주위인물들이 피해자와 어떤 특수한 관계를 갖고 있을 경우에, 만일 그들이 우연적으로라도 피해자의 곤경에 대한 책임이 있을 경우에, 또는 만일 그들이 개입함으로써 상황을 악화시켰을 경우에 그들에게 책임을 물을 수 있다. 그러나 당신 자신이 방파제에 앉아서 샌드위치를 우적우적 먹고 있는데, 당신 옆에 있는 낯선 사람이 물에 빠져서 가까이 있는 생명구조원에게 도와 달라고 소리치는 것을 상상해 보자. 미국과 캐나다의 대부분의 법률들에서, 당신은 만일 자신이 계속 샌드위치를 먹으면서 그 사람이 물에 빠져 죽는 것을 방관하더라도 아무런 법적 책임을 지지 않을 것이다! 프랑스와 네덜란드와 같은 나라들은 주변인물들이 위급상황에 빠진 낯선이들을 돕지 않을 경우에 책임을 지우며, 최근에 미국의 몇 개의 주들(매사츄세츠, 미네소타, 로드 아일랜드 및 버몬트)은 어떤 위급상황에서 돕지 않은 것에 대해 벌금을 부과하는 "도움의 의무"에 관한 법률들을 통과시켜 왔다(Shotland, 1985).

돕기에 관한 부담-보수 모형들을 응용해서, 우리는 돕지 않는 것을 처벌할 뿐만 아니라, 돕기의 부담들을 감소시키고 보수들을 증가시킴으로써 돕기를 증가시킬 수 있다. "범죄예방" 시책들은 사람들에게 익명적으로 범죄들을 신고하도록 해서, 그들이 범죄자로부터 보복의 두려움을 느낄 필요가 없게끔 만들며 유용한 정보의 대가로 그들에게 보상을 준다(Rosenbaum과 Lurigio, 1985). 아직도, 우리 사회의 개인주의에 대한 강조는 친사회적 행동의 입법화에 지장을 주고 있다(Kaplan, 1978).

아동들과 성인들에게 친사회적 경향성들을 증가시키는 것은 노력을 요한다. 이타성의 씨앗들은 우리의 본성에 내재해 있을 수 있지만, 이기성과 공격도 마찬가지일 것이다.

Hornstein(1976)이 지적한 바와 같이, "인간은 지구상에서 잠재적으로 가장 잔인하고도 가장 인정있는 동물이다"(p. 66).

요 약

1. 이타성은 아무런 보수의 기대 없이 어떤 사람을 돕는 것이다. 친사회적 행동은 돕는 이의 동기들에 관계없이, 돕거나 도우려고 의도된 어떤 행위를 포함한다.
2. 의사결정적 관점은 친사회적 행동을 일으키는 복잡한 인지과정들을 강조한다. 잠재적 돕는 자는 도움이 필요하다는 것을 지각하고, 개인적 책임을 지고, 부담들과 이익들을 고려하고, 어떻게 개입할 것인지를 결정해야만 된다.
3. 학습적 관점은 아동들이 강화와 모델링에 의해서 친사회적 행동들과 규범들을 학습한다는 것을 강조한다.
4. 사회생물학자들은 타인들을 돕는 경향성이 우리 인간의 생물학적 구조의 일부라고 생각한다. 이에 비해서, 사회적 진화의 견해는 사회들이 사회적 책임, 상호성 및 사회정의를 포함하는 돕는 것에 관한 규칙들을 만들어낸다는 것을 강조한다.
5. 상황요인들이 돕기에 영향을 준다. 연구들은 사람들이 타인들이 존재할 때에 개입하는 경향이 적다는 것을 보인다. 이른바 이러한 주변인효과는 책임의 분산, 개인이 상황을 어떻게 해석하는가에 영향을 주는 타인들 및 평가의 염려로부터 생길 수 있다. 돕기에 영향을 주는 기타의 상황요인들은 날씨, 도시규모, 소음 및 시간압력들이다.
6. 돕는 사람과 도움을 받는 사람의 특징들이 또한 중요하다. 사람들은 그들이 기분좋을 때에 그리고 피해자의 재난에 대해 동정심을 느낄 때에 돕는 경향이 더 많다. 사람들은 또한 자신이 호감을 느끼고 있는 사람들과 도움을 받을 만한 자격이 있다고 생각되는 사람들을 더 많이 도와 준다.
7. 사람들은 때로는 도움을 받는 것에 대해 감사와 불쾌가 혼합되어 반응한다. 도움을 받는 것은 우리의 자유감을 위협하고, 우리로 하여금 타인들에게 빚진 느낌이 들게끔 만들고, 우리의 자존심을 위협할 수 있다.
8. 친사회적 행동에 관한 지식들은 보다 더 친사회적인 사회를 건설하기 위해서 응용될 수 있다. 예컨대, 비록 아동들이 인지적 성숙의 결과로 나이를 먹음에 따라 점점 더 친사회적으로 될지라도, 그들은 보수들, 친사회적 모델들에 대한 접촉, 설교나 훈육(성인들이 자선을 설교하면서 이기적으로 행동하지 않는 한), 그리고 친사회적으로 행동하는 기회들을 통해서 더욱 고무될 수 있다. 이와 비슷하게, 사회심리학적 발견들의 응용은 성인들에게 자선적 기부와 주변인물의 개입을 증가시킬 수 있다.

제 11 장

공 격

우리가 공격과 폭력에 관해서 생각할 때, 우리의 대부분은 아마 한 사람이 다른 사람에 대해서 저지르는 범죄를 먼저 생각할 것이다. 1980년대가 시작된 이래, 여러 나라들 중에서 미국에서 보고된 범죄만으로도 연간 20,000명의 살인, 75,000명 이상의 강간 및 600,000명 이상의 폭행 사건들을 보이고 있다. 미국의 살인율은 다른 대부분의 문명국들을 훨씬 앞지르고 있다. 인구 100,000명당 뉴욕시는 22명, 로스엔젤레스는 18명의 살인을 보였지만, 런던은 2명 이하이고 뉴델리는 단지 0.1명이었다.

우리는 아마 전쟁도 생각할 수 있다. 1970년대에는 50회 이상의 전쟁이 있었고, 거의 모두가 제3세계 국가들, 즉 대부분이 빈곤, 질병 및 여러 다른 문제들로 압박받는 나라들에서 일어났다. 그리고 인류에 대한 가장 큰 위협은 핵전쟁의 위협이다. 1980년대 초경에 미국은 1,000기 이상의 대륙간 탄도미사일(ICBM)을 보유했다. 각 타이탄 II 미사일의 핵탄두는 900만 톤의 TNT, 즉 히로시마에 투하된 폭탄 700개에 맞먹는 폭발력을 갖고 있다.

이것은 총체적인 수준에서의 폭력과 공격이지만, 실제로 대부분의 폭력은 우리의 가장 가까운 사람들, 즉 우리 자신의 가족들, 배우자들, 자녀들 및 형제자매들에 대해서 저질러지고 있다. 하나의 전국 조사(Straus 등, 1981)에 의하면, 매년 미국에서 모든 기혼자들의 16%가 자기 배우자에 대해서 어떤 물건을 던지는 것에서 칼이나 총을 사용하는 것까지에 이르는 신체적 폭력행위를 저지르고 있다. Straus 등은 매년 약 160만 명의 미국인 남편들이 자기의 부인에 대해 심한 폭행(주먹으로 치거나, 총이나 칼을 사용하는 것)을 저지르고 있다고 추정했다.

아주 많은 부모들이 자녀들에 대해서 놀라운 수준의 폭행을 저지르고 있다. 동일 연구는 10%의 부모들이 전년도에 어떤 물건으로 자식을 때렸고, 55%가 자식의 얼굴이나 엉덩이를 찰싹 때렸다. 대학생들에게서, "데이트 강간"의 현상이 관심의 증가를 일으켜

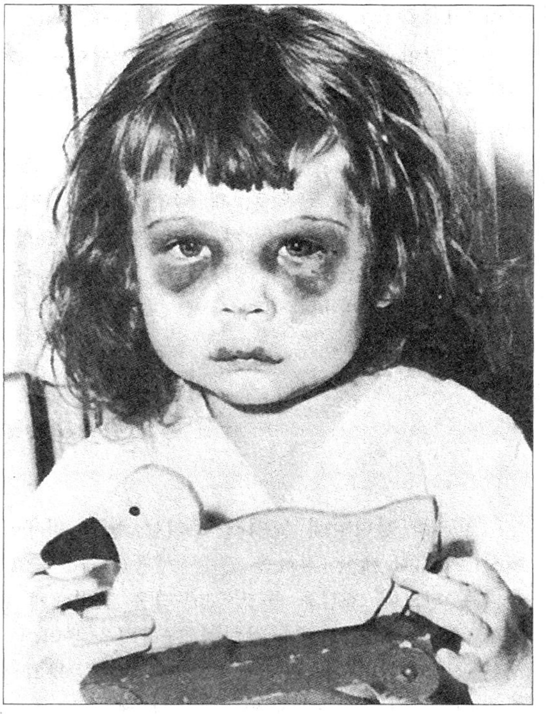

놀라운 숫자의 어린 꼬마들이 심지어 그들의 부모들로부터 그리고 흔히 아주 부유하고 편안한 생활상황들에서조차 실제의 잔학행위의 대상이 되고 있다.

다. 주의깊은 한 전국조사는 15%의 여대생들이 자신이 강제적이거나 원치 않는 성교를 경험했다는 것을 보고한다는 것을 발견했는데, 이 연구자들은 이것이 강간에 대한 법적 기준에 저촉된다고 지적하고 있다(Koss 등, 1987).

우리는 이러한 사실들로부터 폭력과 공격이 인간 사회의 빠뜨릴 수 없는 측면들이라고 쉽게 결론지을 수 있다. 정말로, 몇몇 행동과학자들은 공격이 인간본성에서의 하나의 "살해본능"(Killer instinct)의 자연적 결과라고 가정한다. 하나의 진화적 기초에서 주장하면서, 인기 작가인 Robert Ardrey(1961)는 "인간이 어떤 무기로써 죽이는 선천적 본능을 지니고 있는 하나의 육식동물"이라고 진술했다. 그러나, 다른 과학자들은 공격이 예측가능하고 잠재적으로 통제가능한 하나의 학습된 사회적 행동으로써 완전하게 설명될 수 있다고 믿는다. 만일 공격이 우리 인간에게만 보편적인 것이 아니고 인간의 하나의 불가피한 부분이 아니라면, 이것은 어디에서 나오는가? 어떤 요인들이 이것의 발생에 영향을 주는가? 그리고 이것은 어떻게 통제될 수 있는가? 이러한 의문들은 사회심리학자들이 그들의 관심을 집중시켜 온 것들이다. 당신에게 그들의 주요 발견들을 제공하기 위해서 우리는 다음과 같이 진행할 것이다.

첫째로, 우리는 공격의 본질을 검토하기 위해서 공격을 정의하고 몇 가지 유형의 공격들을 분류할 것이다. 둘째로, 우리는 공격행동의 본질과 기원들에 관한 견해들을 대비시키면서 공격에 관한 몇 가지 이론적 관점들을 기술할 것이다. 이들 견해들 중의 몇 개는 주로 역사적인 관심이 있는 것들이지만, 다른 것들은 이러한 주제에 관한 우리의 최근의 지식의 첨단을 나타낸다. 그 다음에, 우리는 공격적 반응들을 개시시키거나 강화시키는 것같이 여겨지는 공격의 사회적 원인들, 즉 타인들의 말들과 행위들(또는 이것들에 대한 우리의 해석들)에 관련된 요인들을 검토할 것이다. 설명을 완전하게끔 만들기 위해서, 그 다음에 우리는 공격의 몇 가지 개인적 원인들, 즉 특정의 인물들에게 보통 사람들보다도 더 많은 공격반응들을 나타내게끔 만드는 것같이 여겨지는 특징들이나 특성들을 살펴볼 것이다. 끝으로, 꽤 낙관주의적 지적으로 끝맺기 위해서, 우리는 인간 공격의 예방과 통제를 위한 여러 가지 기법들을 검토할 것이다. 곧 분명해지게 되는 바와 같이, 어느 정도의 낙관주의가 정당화되고 있는데, 이것은 이들 기법들 중의 몇 개가 효과를 발휘하는 것 같기 때문이다.

공격의 정의

공격을 정의함에 있어서 우리는 행위 자체에다가 초점을 두고서, 공격이 타인에 대해서 어떤 유해한 자극을 주는 행동(Buss, 1961)이라고 진술할 것인가? 그렇지 않으면 우리는 의도에 초점을 두고서, 공격을 표적에게 손상을 입히려고 의도된 행위(Dollard 등, 1939; Baron, 1977)라고 정의할 것인가? 우리의 법률체제와 많은 연구자들은 공격의 완전한 정의가 의도를 포함시켜야만 된다고 생각한다. 만일 당신의 이웃집 사람이 당신에게 돌을 던진다면, 이 행위는 그 사람이 당신을 해치려고 의도했을 경우에 공격적이지만, 그 사람이 정원의 돌을 치우다가 우연하게 돌을 던졌을 경우에는 이 행위는 공격적인 것이 아니다. 따라서 우리는 해를 주려는 의도와 해를 주는 행동을 구분지을 필요가 있다.

우리의 정의에다가 의도를 포함시키는 것이 직관적으로 의미를 갖게끔 만들지만, 이것은 우리에게 새로운 문제들을 제기시킨다. 우리는 의도가 있는 여부를 어떻게 알아낼 것인가? 하나의 흥미있는 연구에서, 피험자들은 두 소년들간의 어떤 공격적 대결에 관한 비디오로 찍힌 부분들을 제시받았다(Mummendey와 Otten, 1989). 어떤 관찰자들은 개시자의 관점을 취하라는 지시를 받았고 다른 관찰자들은 수용자의 관점을 취하라는 지시를 받았다. 피험자들은 그들이 수용자의 관점을 취했을 때에 그 행위를 더 공격적이라고 보았으며, 이 피험자들은 공격자에 대해서 해를 주려는 의도들을 부여하는 경향이 매우 많았다. 요점은 어떤 행위의 배후의 의도를 결정짓기가 흔히 곤란하다는 것이다.

두번째의 주요 구분이 반사회적(antisocial)과 친사회적(prosocial) 공격 간에서 또한 필요하다. 대개 우리는 공격을 나쁜 것이라고 생각한다. 어떻든 간에 공격적 행위가 타인을 해치려는 의도에서 나왔다면, 그것은 나쁜 것임에 틀림없다. 그러나 어떤 공격적 행위들은 선한 것이다. 우리는 몇 명의 죄 없는 피해자들을 죽였고 다른 사람들을 인질로 잡고 있는 어떤 테러리스트를 사살한 경찰관에게 찬사를 보낸다. 여기에서의 문제는 공격적 행위가 일상적으로 받아들여지는 사회규범들을 위반했는지, 아니면 지지했는지이다(특별논의 11-1 참조).

폭행과 구타, 살인 및 갱들의 매질과 같이 사람들에게 상해를 입히고 정당한 이유가 없는 범죄행위들은 분명히 사회규범들을 위반하고, 따라서 반사회적이라고 기술되게 된

특별논의 11－1. 누가 가장 나쁜 공격자들인가?

친사회적 공격이 법에 따르고, 반사회적 공격이 법에 따르지 않는 것이기 때문에, 우리는 대개 반사회적 공격이 나쁘다고 생각한다. 그러나 실제로 어느 것이 가장 파괴적인가? 대부분의 가공스러운 잔학행위들은 정부의 공적인 조치로서 저질러져 왔다. 이차대전시 나치가 저지른 6백만 명의 유럽에 사는 유태인 학살은 독일정부의 공식적 명령으로 이루어진 것이었다. 1970년대 중반에 폴포트정권이 저지른 3백만 명 이상의 캄보디아인의 학살도 정부의 명령에 의한 것이었다. 국제사면위원회가 폭로한 아르헨티나 · 칠레 · 엘살바도르 · 이란 및 소련에서의 억압적 정권들에서와 같이, 의견을 달리하는 사람들에 대한 광범한 고문과 폭행은 모두가 정부의 명령에 의한 것이었다.

아이러니칼한 것은 모든 이러한 잔학행위들이 친사회적 공격의 실례들이라는 것이다. 각각의 케이스는 국가나 집단의 합법적인 리더십에 의해서 저질러졌고 아마 폭넓은 사회적 선을 위해서 저질러진 것이었을 것이다. 나치는 독일 종족을 "순수하게 만든다"는 고상한 목표를 주장했고, 아르헨티나와 기타 국가들의 지도자들은 "법과 질서" 등을 회복시키기를 바랐다.

인가된 공격은 많은 잔학 행위와 만행에 대한 문을 또한 열어 놓을 수 있다. 거의 멸종에 가까운 아메리카 들소의 경우를 생각해 보자. 비록 이것이 정부의 명령에 의해 생긴 것은 아니지만, 이것은 확실히 합법적인 것이었고 경제체제로부터 고무를 받아 왔었다. 이와 대조되게, 이러한 대량의 잔학행위들에 비해 소수의 사람만이 어떤 시점에서 어떤 사회에서 살인을 저지른다. 심지어 콜롬비아에 있는 약물 카르텔들에 의해서 저질러지는 테러행동들은 비견되는 인원을 죽이고 있다. 당신은 일상생활에서 얼마나 많은 반사회적 공격을 목격하고 있는가? 문명화된 사회의 가장 심각한 문제는 친사회적 공격인가, 아니면 반사회적 공격인가?

범죄는 오늘날 한국과 아울러 미국의 주요 문제 중의 하나이다. 그러나 창조주(Founding Fathers)는 어떤 면에서 자제성이 없는 정부들이 자제성이 없는 개개의 시민들과 마찬가지로 극히 위험스럽다고 느낄 것이다. 『권리장전』(Bill of Rights)은 이러한 두려움에 대한 하나의 부분적인 반응이다. 당신은 어떻게 생각하는가? 문명사회들의 가장 심각한 문제는 친사회적 공격인가, 아니면 반사회적 공격인가?

다. 그러나 많은 공격행위들은 실제로 사회규범들로부터 명령된 것이고, 따라서 친사회적인 것으로 기술되게 된다. 법률집행의 행위들, 적절한 부모의 훈육이나, 전시에 상관의 명령에 복종하는 것은 필요한 것으로 간주되게 된다.

어떤 공격행위들은 친사회적과 반사회적 사이의 어느 곳에 들어가며, 우리는 이것들을 인가된 공격(sanctioned aggression)이라고 부를 것이다. 이것에는 사회규범들이 요구하지는 않지만 충분히 그 범위 내에 들어가는 공격행위들이 포함된다. 이것들은 인정되고 있는 도덕기준을 위반하지는 않는다. 말을 듣지 않는 선수를 출전 멤버에서 제외시킴으로써 기율을 세우는 코치는 자신의 권리를 행사하고 있는 것으로 보통 간주된다. 자기방어를 위해서 범죄적으로 덤벼드는 사람을 치는 가게주인이나, 강간을 하려고 드는 사람을 때려 누이는 여자도 마찬가지로 권리를 행사한 것으로 간주된다. 이러한 행위들은 어느 것도 그 사람에게 요구되고 있는 것은 아니지만, 이것들은 사회규범이 허용하는 범위 안에 들어간다.

세번째의 구분이 공격의 목표에 관해서 제기되고 있다. 어떤 연구자들에 대해서, 공격의 목표는 타인에게 해를 입히는 것이다. 그러나, 다른 연구자들은 공격이 공격자의 힘을 보임으로써(Boulding, 1989), 또는 어떤 남자의 경우에서 자신이 남성이라는 것을 과시함으로써(Segall, 1988), 표적에게 영향을 주려고 겨냥된 하나의 행위라고 주장해 왔다. 실제로, 이러한 여러 목표들은 상호배제적인 것들은 아니며, 많은 공격행위들이 이러한 목표들의 몇 개나 전부를 달성시키려는 목적을 가질 수도 있다(Carlson 등, 1989). 그러면, 우리는 분노나 적의에 의해서 유발된 분노적 공격(angry aggression)과 그 목적이 공격행위 자체 이외의 어떤 목표를 달성시키려는 것인 수단적 공격(instrumental aggression) 사이를 구분지을 수 있다.

그러면 이제 당신에 대해 지금까지 하나의 간단한 문제(즉, 공격)이어 왔던 것에 대해서 혼란을 일으켜 놓은 연구자들에 대해서 당신 자신이 그러면 어떻게 하라는 말인가를 생각하게 됨에 따라, 당신 자신의 분노수준이 높아질 수도 있을 것이다. 그러나, 우리의 목적은 당신의 생활에 대해 불필요한 혼란을 첨가시키려는 것이 아니라, 다양한 공격들이 있을 수 있다는 것을 지적하고 우리가 이 개념을 정의할 때에 고려해야만 되는 몇 가지 문제들을 예시하는 것이다. 우리는 또한 공격이론들에 관한 논의를 위해서 당신을 준비시키고자 했다. 수많은 유형의 공격들이 있는 것과 꼭 마찬가지로, 공격의 원인들에 관한 많은 이론들이 또한 있다. 공격의 모든 실례들을 설명할 수 있는 단일한 이론은 없으며, 어떤 이론들이 어떤 유형의 공격들을 가장 잘 취급할 수 있을 것이다. 이러한 점을 염두하고서, 이제 몇 가지 이론들을 검토해 보자.

공격에 관한 이론적 관점들: 폭력의 근원들의 탐색

인간이 공격하는 이유는 무엇인가? 무엇이 그들로 하여금 가장 흉폭한 육식동물들에 비견될 수 없는 잔인성을 갖고서 동료 인간들에 대해 해를 주게끔 만드는가? 학자들과 과학자들은 수세기를 통해서 이와 같은 의문들을 숙고해 왔으며, 이러한 관심은 확실히 오늘날에도 계속되고 있다. 수세기에 걸쳐서 인간 폭력의 패러독스에 대한 많은 대비되는 설명들이 제안되어 왔다. 이하에서, 우리는 특히 영향력있어 왔던 몇 가지를 기술할 것이다.

선천적 경향성

인간 공격에 대한 가장 오래 되고 아마 가장 잘 알려진 설명은 인간이 그들의 생물학적 본성에 의해서 폭력에 대해 어떻게든 간에 "프로그램되어" 있다는 견해에 집중하고 있다. 이것은 때로는 공격에 관한 **본능이론**이라고 알려져 있다. 이러한 관점에 대한 가장 유명한 초기의 지지자는 Freud(1933)였는데, 그는 "공격의 경향이 인간의 한 선천적이고, 독립적이며, 본능적 성향"이라고 했다(1930, p. 102). 전통적인 정신분석이론에 의하면, 공격에너지는 우리의 신체과정들에 의해서 끊임없이 발생되고 있다. 예컨대, 음식의 섭취는 에너지의 발생을 일으킨다. 따라서 공격은 표현을 찾아야만 되는 하나의 기본적 충동이라고 정의되고 있다. 성충동들처럼, 공격충동들은 "방출"되어야만 된다. 즉, 직접적으로나 간접으로 표현되어야만 된다. 이것들은 사회적으로 인정가능한 양식들(어떤 격렬한 논쟁이나 어떤 운동활동과 같은)로나 사회적으로 덜 인정가능한 양식들(모욕들이나 싸움들과 같은)로 방출될 수 있다. 공격충동들의 파괴적 방출은 반드시 타인들에게 지향될 필요는 없다: 이것은 자살에서처럼 자기에게 지향될 수 있다. 어떻게 방출되건 간에, 공격은 선천적이며 필연적인 것으로 간주되고 있다. 실제로, Freud는 사회의 한 가지 기능이 자연적 공격성을 억제시키는 것이라고 생각했다.

신프로이드주의자들(neo-Freudians)이라고 흔히 불리는 Freud의 후계자들 중의 몇몇은 그의 이론을 개정해서, 공격을 비이성적 과정이라기보다도 이성적 과정으로 보았다(Hartmann 등, 1949). 신프로이드주의자들에 의하면, 공격충동들은 건전한 것이다: 이것들은 환경의 현실들에 대한 적응을 나타낸다. 그러나, Freud처럼 대부분의 이들 후기의 이론가들도 공격이 선천적이고 본능적인 힘들에서 생긴다고 계속 생각했다.

공격에 대한 하나의 상이한 생물학적 견해가 동물행동학자들에 의해 제시되었다. **동물행동학**(ethology)은 생물학의 한 하위분야로서, 자연 서식지에서 작용하고 있는, 어떤 종의 모든 멤버들에 공통적인 본능들과 행동패턴들을 취급하고 있다(Eibl-Eibesfeldt, 1970). 동물행동학자들은 야생에서의 물고기, 조류 및 기타의 동물들의 행동을 관찰하고 그들의 행동의 유사성들과 원인들을 찾고자 노력한다. 그들은 흔히 이러한 행동들(또는 "행동패턴들")이 선척적이거나 본능적 통제를 받고 있다고 가정한다(Crook, 1973).

동물행동학자들에 의하면, 어떤 고정된 행동패턴의 표현은 에너지의 축적에 달려 있다. 그러나 이러한 에너지가 방출되기 위해서는 이 에너지는 어떤 "방출자극"(releasing stimulus)이라는 외부자극에 의해서 자극되어야만 된다(Hess, 1962). 동물행동학자들은 내부요인들과 외부자극들 간의 관계를 설명하기 위해서 **방출물들**(releasers: 즉, 방출시키는 자극들)의 개념을 사용한다. 특히, 공격을 설명함에 있어서, 동물행동학자들은 어떤 환경단서들이 생체로 하여금 공격행동을 표현하게끔 해 준다고 시사한다. 근본적으로, 이것은 공격의 표현에 관한 2요인 이론이다: 이 이론은 환경의 변화들이 공격반응들에 기여한다는 것을 인정하고 있는 점에서 정통적인 정신분석이론과 신프로이드주의적 접근들에 대해서 장점을 갖고 있다.

Lorenz(1966)에 의하면, 공격은 종과 아울러 개체를 보존시키는 기능을 한다. 다시 말하면, 공격은 생존가치를 갖고 있다. Lorenz는 유기체가 다른 종에 대해서보다도 자기 자신의 종에 대해서 훨씬 더 공격적이라고 생각한다. 이러한 공격의 기본 목적은 종의 멤버들을 분리시켜서, 각 멤버에게 생존에 필요한 충분한 영토를 제공하는 것이다. 종내의 공격은 또한 성적 선택과 교미에 영향을 준다; 더 강한 자가 교미할 가능성이 더 크다. 따라서 공격은 가장 우수하고 가장 강한 동물들이 그 종을 계승하게 될 것을 보장한다.

Lorenz의 견해로는, 공격은 어떤 종, 예컨대 인간이 공격에 대한 통상적인 본능적 억제들을 발전시키지 못할 때에만 바람직스럽지 못하게 된다. 종 내의 싸움들은 대개 죽음에 이르지는 않고 패배자에 의한 회유행위들로 끝난다. Lorenz에 의하면, 모든 인간의 난제들은 "큰 먹이를 죽이는 그들의 자연 무기들이 부족하고, 따라서 전문적인 육식동물들이 그들 자신의 종의 동료 멤버들을 파괴하는 데 대해 자기들이 갖고 있는 죽이는 힘의 남용을 막아주는 선천적인 안정장치들이 없는, 기본적으로 해가 없는 잡식성의 동물이라는 것"에서 생긴다(1966, p. 241). 무기들이 없이 죽일 수 있는 선천적 능력이 부족해서, 인간은 또한 공격을 방지하는 억제장치들을 발전시키는 데에 실패해 왔다. 만일 인간이 마음대로 쓸 수 있는 무기들을 갖고 있지 않다면, 그들은 자기들의 종의 멤버들을 죽이는 장비가 없게 될 것이다. 만일 다른 사람들에 대한 모든 죽임이 우리의 두 손과 이빨로 행해져야만 된다면 무엇이 일어날 것인가? 이것은 살인율을 감소시킬 뿐만 아니라 우리의 죽이려는 욕망도 억제시키지 않을 것인가?

동물연구들에서 발전되어 온 또 다른 이론은 **사회생물학**(sociobiology)인데, Wilson (1975) 의해서 "모든 사회적 행동의 생물학적 기초에 관한 체계적 연구"라고 정의되었다. 우리가 1장에서 본 바와 같이, 사회생물학은 Darwin주의적인 진화론의 한 확장이다. 이러한 관점에서 보면, 공격은 적응적 성질을 갖고 있기 때문에 진화되어 왔다. 보다 더 특수하게 말한다면, 사회생물학자들은 그러한 유전적으로 기초된 행동들은 "만일 그것들이 개체나 그 행동의 유전자들을 마찬가지로 갖고 있는 그 개체의 가까운 친척들의 유전적 적합성(즉, 생식적 성공)을 증가시킨다면, 유지되게 될 것"이라고 주장한다(Cunningham, 1981, p. 71). 공격의 경우에서, 사회생물학자들은 공격적으로 되는 것에서 얻어지게 되는 어떤 생물학적 이점이 있다고 시사한다. 더 많은 자원들을 획득하기 위해서, 또는 자기가 갖고 있는 자원들을 방어하기 위해서, 우리는 공격행동을 보일 수 있다. 만일 성공을 거두게 되면, 공격적인 개체는 따라서 다른 집단들에 비해서 자기 자신의 집단의 지위를 강화시킨다. 따라서, 사회생물학자들에 대해서, 공격행동은 하나의 분명한 목표, 즉 자기 자신의 종을 보존시키고 그 종의 장래의 성공가능성들을 증가시키는 것을 갖고 있다.

이와 동시에, 하나의 경쟁적 전략으로서의 공격은 몇 가지 단점들을 지니고 있다. 이것은 심한 부상이나 죽음이 일어날 수 있고, 따라서 개체가 다음 세대로 더 많은 유전자

특별논의 11-2. 범죄에 대한 영향요인들로서 유전 대 환경

개인차들의 가능한 한 가지 원천은 유전이다. 그러나 인간의 공격에서의 유전적 영향들의 역할은 하나의 논란거리로 남아있다. 우리는 어떤 영향을 어떻게 증명할 수 있겠는가? 만일 어떤 형태의 공격행동이 유전된 것이라면, 일란성쌍둥이들은 그들의 유전자들이 더 유사하기 때문에 이란성쌍둥이들보다 행동상으로 서로 더 비슷할 것이다. 그리고 이것은 범죄행동에 대해서 사실이라고 판명

되고 있다(Mednick 등, 1988). 그렇지만, 부모들과 타인들이 또한 일란성쌍둥이들을 더 비슷하게 취급하고 따라서 환경이 또한 더 유사하기 때문에, 이러한 차이는 유전적 성향에다가 명확하게 귀인될 수가 없다.

다른 전략은 입양된 아동들이 그들의 양부모(환경)보다도 낳아 준 부모(유전)와 더 비슷한지를 알아보는 것이다. 1924년에서부터 1947년까지 덴마크에서의 모든 입양아동들에 관한 하나의 주의깊은 연구에서, Mednidk과 그의 동료들(1988)은 피입양자들의 형사상의 유죄율들이 유전적 관점이 시사하는 바와 같이, 그들의 양부모보다도 낳아 준 부모들과 더 비슷했다는 것을 발견했다. 그러나, 더 상세한 분석은 이것이 재산범죄들에 대해서 적용되고 폭력범죄들에 대해서는 적용되지 않는다는 것을 나타냈다. 따라서, 적어도 이들 자료들에서 유전이 폭력범죄를 설명해 주는 것같지는 않다.

들을 전달할 수 없게끔 만들음으로써, 하나의 잠재적으로 부담이 큰 전략이다. 결과적으로, 공격은 욕구들을 충족시켜 주는 다른 방법들이 없거나 잠재적 이익들이 상당이 큰 경우들에서 사용되기 위해서 어떤 선택적 양식으로 발전하게 될 것이다(Krebs와 Miller, 1985).

비록 정신분석가들, 동물행동학자들 및 사회생물학자들의 견해들이 공격행동을 일으키는 데에 있어서의 환경의 역할과 같은 어떤 중요한 측면들에서 다를지라도, 그들은 어떤 기본적 가정들을 함께 갖고 있다. 가장 중요하게, 세 개의 모든 입장들은 공격을 선천적이고, 본능적 행동이고 따라서 인간조건의 한 기본적 부분이라고 간주한다. 그들은 언제 그리고 어디에서 공격이 나타나게 될 것인가에 대해서 논쟁할 수도 있지만, 모두가 공격이 나타나게 될 것이라는 데에 합치하고 있다. 생물학적 이론가에 대해서, 공격은 항상 존재해 왔으며 앞으로도 항상 존재하게 될 것이다.

이러한 생물학적 견해들에 대해 어떤 근거가 있는가? 생물학적으로 유전받은 공격경향성들이 인간에게서 실제로 존재하는가? 대부분의 사회심리학자들은 주로 두 가지의 중요한 이유들로 이것들이 존재한다는 것에 대해 회의를 품고 있다. 첫째로, 그들은 Freud와 Lorenz에 의해서 제안된 것들과 같은 본능적 견해들이 성질상 다소 순환논리적인 것이라고 지적한다. 이러한 견해들은 공격이 하나의 공통적 행동형태라는 것을 관찰함으로써 시작한다. 이러한 사실에 기초해서, 그들은 그 다음에 이러한 행동이 보편적이고 선천적인 충동들이나 경향성들로부터 나옴에 틀림없다고 추론한다. 끝으로, 그들은 공격의 높은 발생을 그러한 본능들과 충동들의 존재를 지지해 주는 것으로서 사용한다(주: 순환논리가 되지 않기 위해서는 추론이 기초되었던 관찰 이외의 관찰들을 제시해야만 될 것이다). 당신이 알 수 있는 바와 같이, 이것은 분명히 의문시되는 논리이다.

둘째로, 그리고 아마 가장 중요하게, 몇 개의 발견들은 보편적이고도 선천적인 인간의 공격경향성들의 존재를 반증한다. 여러 사회들간의 비교들은 적어도 몇 가지 공격형태들의 수준이 크게 다르다는 것을 나타낸다. 예컨대, 유럽과 동양에 있는 전체의 국가들(10배의 인구를 가진)보다도 미국의 도시들에서 매년 더 많은 살인이 저질러지고 있다. 이와 비슷하게, 공격의 발생빈도는 여러 사회들 내에서 시대에 따라 변화하는 것같다(Baron과 Richardson, 출간중). 만일 공격이 정말로 주로 유전요인들에 기초된 하나의 보편적인 인간경향성이라면, 이와 같은 차이들과 변화들이 일어나지는 않을 것이다.

이것들과 기타의 이유들로, 사회심리학자들은 일반적으로 공격에 관한 본능이론들을 배척한다. 그러나, 이것은 그들이 또한 이러한 행동에서의 생물학적 요인들의 어떤 역할을 거부한다는 것을 의미하지는 않는다. 이와는 반대로, 사회심리학자들에게서 광범한 사회적 행동에서 이러한 요인들의 중요성에 대한 인식이 증가하고 있다(Rushton, 1988). 더 나아가서, 최근의 증거는 몇 가지 생물학적 요인들이 실제로 특수한 사람들을 공격적이게끔 만든다는 결론을 시사한다(Mednick 등, 1988). 예컨대, 몇 개의 연구들은 폭력범죄들로 체포된 사람들이 이러한 범죄들로 체포되지 않은 사람들보다도 태아기 동안에 경미한 신경적 손상을 입었을 가능성이 상당히 더 많다는 것을 시사한다(Baker와 Mednoff, 1984 : Denno, 1982). 이러한 그리고 이와 관련된 발견들은 생물학적 요인들이 실제로 적어도 공격의 몇 가지 실례들에서 하나의 중요한 역할을 한다는 것을 나타낸다. 그러나, 이것은 인간이 보편적인 유전받은 공격에 대한 본능을 갖고 있다는 제안과는 아주 다를 것이다. 따라서, Freud, Lorenz 등에 의해서 제안된 것과 같은 이론들은 인간 폭력의 기원들에 관한 호기심이 가기는 하지만 대체로 입증되지 않은 제안들이라고 간주되어야만 된다.

유발된 충동: 타인들에게 해나 부상을 입히려는 동인

공격의 본질에 관한 하나의 대안적 견해이고 심리학자들에게서 계속 다소의 지지를 받고 있는 견해는 그러한 행동이 주로 타인들에게 해나 부상을 입히려는 하나의 외부적으로 유발된 충동(drive)에서 주로 나온다고 시사한다. 이러한 접근은 공격에 관한 몇 개의 상이한 충동이론들 속에 반영되어 있다(Berkowitz, 1988, 1989 ; Feshbach, 1984). 이러한 이론들은 여러 가지 외부조건들(예 : 좌절, 체면상실)이 해를 입히는 충동들을 유발시키며 그 다음에 이러한 공격충동이 타인들에 대한 외현적 폭행들의 수행을 일으킨다고 시사한다. 이러한 충동이론들 중에서 가장 유명한 것은 잘 알려져 있는 좌절－공격가설(frustration-aggression hypothesis)이다. 이러한 견해에 의하면, 좌절은 어떤 충동을 일으키며 후자의 주요 목표는 어떤 사람이나 대상을 해치는 것이다. 그 다음에, 이러한 충동은 여러 가지 표적들, 특히 좌절원에 대한 공격들을 일으킨다(혁명현상에 대한 이 이론의 적용과 확장을 보기 위해서, 특별논의 11－3을 참조하라). Berkowitz(1989)는 최근에 이 가설에 대한 하나의 세련된 수정을 제안해 왔으며, 우리는 다음 절에서 이것을 자세하게 검토할 것이다.

충동이론들이 선천적 경향성들보다도 외부조건들이 공격의 발생에서 결정적이라고 시사하기 때문에, 이것들은 본능이론들보다도 그러한 행동을 방지하는 가능성에 관해서 다소 더 낙관적인 것같다. 그러나, 여러 가지 양식으로 좌절당하거나 방해당하는 것이 일상생활의 하나의 보편적 측면이므로, 충동이론들도 역시 계속적이며 흔히 회피불가능한 공격충동들의 근원들에 당면하게끔 우리를 방치하고 있는 것 같다.

특별논의 11-3. 혁명 : 좌절-공격이론의 적용과 확장

좌절에 관한 논의와 관련해서, 우리의 초점을 개인들로부터 대규모 집단들 쪽으로 돌려 보자. 우리들의 대부분은 1989년과 1990년 동안에 전개된 동구와 소련에서의 사건들을 두려운 마음으로 바라보았다. 도미노놀이패들처럼, 공산주의 국가들이 오랜 동안 사회적 및 물질적 박탈을 참아 왔던 시민들이 보다 더 많은 자유와 경제적 기회를 요구함에 따라 차례로 전복되었다. 루마니아에서 혁명에 폭력이 수반된 반면에, 다른 공산주의 국가들에서 보다 덜 폭력적이기는 하지만 불만족에 기인된 마찬가지의 대대적인 시위들에 정부들이 굴복했다. 국민들이 어떻게 자기들의 정치적 리더십에 대항해서 반항하게 되는가를 설명하기 위한 한 노력에서, 심리학자들, 정치학자들 및 사회학자들은 좌절과 공격 간의 관계에 의지해 왔다.

Gurr(1970)는 **상대적 박탈**(relative deprivation)을 "가치 기대들과 가치 획득가능성들 간의… 하나의 지각된 상위"라고 정의했다(p. 21). 그는 상대적 박탈이 좌절과 대체로 동의적이라고 주장한다. Gurr는 정치적 폭력에 관한 몇 개의 인과모형들을 기술하고 있는데, 이것들 모두에서 상대적 박탈이 핵심적인 역할을 하고 있다. 세 개의 구별되는 상대적 박탈패턴들이 있다.

감소적 박탈(decremental deprivation)은 사람들이 이전에 자기들이 가질 수 있다고 생각했던 것의 상실이다. 그들은 그들 자신의 과거상태를 기준으로 해서 박탈을 느낀다(도 11-1 참조). 다양한 상황들, 즉 경기후퇴나 불경기, 외국의 지배, 어떤 특정 집단에 주어질 수 있는 기회들의 숫자의 감소(점점 더 기술사회

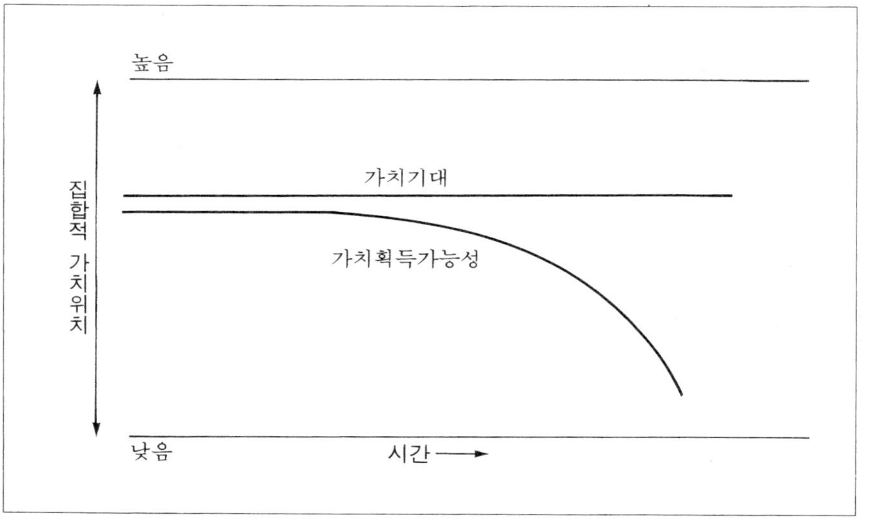

도 11-1. 감소적 박탈
자료원 : Gurr(1970).

로 바뀌는 데에 있어서 비숙련 노동자들과 같은)가 감소적 박탈을 일으킬 수 있다. Cantril(1941)은 나치즘의 뿌리들에 관한 심리학적 분석을 행하면서, 이것이 "옛 규범들이나 옛 문화기준들이 더 이상 그 문화를 구성하는 사람들의 만족스러운 적응에 필요한 체제를 제공해 줄 수 없었기 때문에" 성공할 수 있었다고 결론지었다. 감소적 박탈은 몇 가지 이유들로 일어났다. 즉 많은 사람들이 일차대전의 후유증으로 사회구조들과 아울러 규범체제들이 와해됨에 따라 지위의 저하, 경제적 곤궁 및 개인적 불안으로 고통를 당하고 있었다. 다른 예는 아르헨티나 정부가 대외부채를 상환하기 위해서 급격한 경제변화들을 일으켰을 때에 그 나라에서의 폭동에서 찾아질 수 있다. 감소적 박탈은 역사적으로 어떤 다른 상대적 박탈패턴보다도 더 집합적 폭력의 근원이 된다고 간주되고 있다.

두번째의 불균형패턴은 **포부적 박탈**(aspirational deprivation)이다. 이러한 상황 속에서 사람들은 어떤 상실을 느끼지는 않지만, 새롭거나 강화된 기대들을 달성시키는 아무런 수단을 갖고 있지 못한 것에 대해 분노를 느낀다. 그들의 기대들은 세 가지 형태들 중의 하나를 취할 수 있다. 하나는 제한되게 공급되는 어떤 일용품들에 대한 기대의 증가이다. 일용품은 어떤 물질적 상품, 개인적 자유, 정치적 질서 또는 정의일 수 있다. 사람들은 또한 정치적 참여나 계층들의 평등성과 같은 그들이 이전에 전혀 갖지 못했던 어떤 새로운 가치를 기대하게 될 수 있다. 그리고 셋째로, 사람들은 자기들이 이전에는 거의 관심을 두지 않았던 어떤 것에 대해 강하게 몰입되게 될 수 있다(도 11-2 참조).

포부적 박탈은 루마니아의 최근의 혁명에서 찾아질 수 있다. 오랜 동안 국민들은 물질적 상품들, 난방연료, 식량 및 표현의 자유와 자녀를 가질 여부에

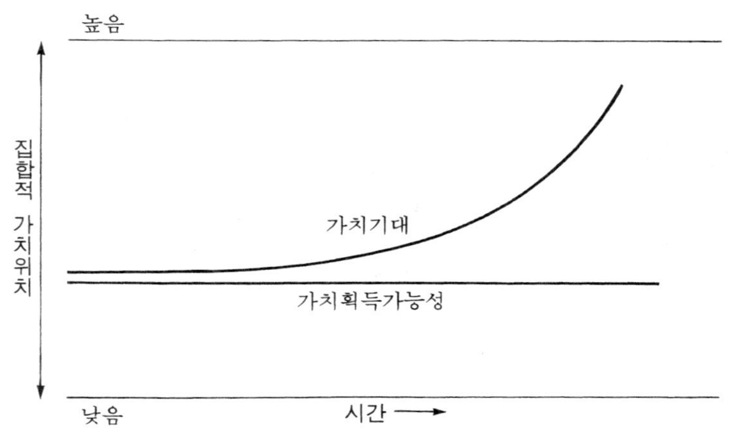

도 11-2. 포부적 박탈
자료원 : Gurr(1970).

대한 의사결정의 자유를 포함하는 다양한 개인적 자유들을 박탈당해 왔다. 인근의 동구 국가들(동독, 폴란드, 헝가리)이 더 많은 자유를 얻기 시작함에 따라, 루마니아인들은 자기들 자신의 국가에서 더 많은 자유를 기대하고 요구하기 시작했다. 그러나 이러한 자유는 다가오지 않았으며 폭동이 뒤따랐다.

상대적 박탈의 세번째 패턴은 **전진적 박탈**(progressive deprivation) 또는 J곡선가설이며, Davies(1962)에 의해서 제안된 모형의 일종의 일반화된 변형이다. 이 연구는 역사적 접근을 주로 취했던 분야에다가 체계적인 경험적 접근을 도입시키는 데에 기초가 되었다. J곡선가설은 장기간의 객관적인 경제적 및 사회적 발전에 단기간의 급격한 역전들이 뒤따르게 될 때에 어떤 혁명이 일어나기가 가장 쉽다고 예언한다. 조건들의 장기간의 다소 안정된 향상 이후에 기대들이 생기게 되며, 사람들은 계속적 향상을 기대하게 된다. 만일 가치획득가능성이 그러한 기간 이후에 안정되거나 감소되어서, 향상이 중단되고 조건들이 정체되거나 후퇴한다면, 전진적 박탈이 뒤따른다고 Davies는 제안한다(도 11-3 참조). 그는 이러한 전개가 상당히 많은 변화를 진행시키고 있는 사회들에서 가장 보편적이라고 생각한다. "그 결정적 요인은 장기간에 걸쳐서 확보한 기반이 신속하게 상실될 것이라는 막연하거나 특수한 두려움이다." 사람들은 급격한 변화가 동독을 변형시킨 속도에 대해 놀라와했다. Egon Krenz가 집권한 지 짧은 3주일 동안에, 국경선이 개방되었고, 무시무시한 비밀경찰의 본부들이 수사를 위해 개방되었고, 자유선거가 공약되었고, 가장 극적으로, 베르린 장벽이 허물어졌다. 이러한 급격한 변화들에도 불구하고, 국민들은 불행했고 새로운 정부를 요구했다. 실제의 변화는 상승하는 기대들과 보조를 맞출 수가 없었으며, 불만

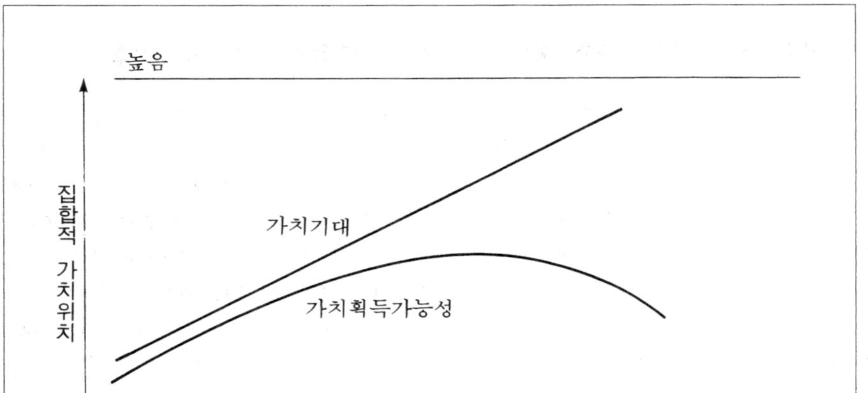

도 11-3. 전진적 박탈
자료원 : Gurr(1970).

이 생겨났다.

다소 상이한 접근을 취하면서, Hopper(1950)는 혁명의 단계들에 관한 한 모형을 제시했다. 혁명의 예비단계는 일반적인 사회적 동요에 의해 특징지어지며, 이것은 욕구, 자살, 여행 및 이민의 증가로 표출된다. 사람들은 어떤 것이 잘못되어 있으며, 집권 정부가 개선을 위한 조치들을 취한다는 것을 인식한다. 만일 이러한 노력들이 불충분하면, 이 과정은 대중단계로 이동하며, 이것은 불만의 확산과 선전의 발전으로 특징지어지게 된다. 이 단계에서 내집단과 외집단 간의 갈등이 있고 집권층의 퇴임에 대한 요구가 있다. 아마 내집단을 외집단으로부터 구분짓는 것을 뒷받침하기 위해서, 갈등이 하나의 핵심 주제가 된다. 그 다음에 공식적 단계가 온다. 이 단계에는 태도들과 가치들의 명확한 확인이 있게 된다. 혁명집단 내의 급진파들, 중도파들 및 보수파들 간의 투쟁이 뒤따른다. 급진파들과 보수파들 그리고 정치적 무경험층의 공격에도 불구하고, 중도파들이 대개 통제력을 장악하고 개혁을 시도한다. 규범들이 공식화되게 되고 교리로 되게 된다. 혁명은 이 시점에서 완전히 광풍에 휩싸인다. 만일 개혁노력들이 성공을 거두지 못하면, 급진파들이 통제력을 장악하고 공포의 통치가 시작된다. 파괴와 대혼란들은 제도적 단계를 일으키며, 여기에서 심리적 허탈과 경제적 곤궁은 통제의 완화에 대한 욕구를 신호한다. 공포의 통치가 종식되고 특별사면이 많은 재소자들에게 허용되게 된다. 새로운 정부가 수립되게 되고, 흔히 집권층들은 대혼란들을 종식시키게 된다. 사람들은 생활스타일상의 변화들을 수용하고 자기들의 태도들을 적절하게 조화시키며, 새로운 집단이 확립되게 된다.

혐오적 사건들에 대한 하나의 반응: 부정적 감정의 역할

당신이 공격적으로 행동했던 경우들을 생각해 보라. 이제 그러한 경우들에서 당신이 어떻게 느꼈는가를 기억해 보라. 당신이 당황했거나 화가 났거나 애를 먹은 느낌을 기억할 가능성이 클 것이다. 간단히 말해서, 당신은 아마 당신이 타인에게 공격했던 상황들에서 어떤 형태의 **부정적 감정**(negative affect)을 경험했을 것이다. 부정적인 불쾌한 감정들과 외현적 공격 간의 이러한 관계는 때로는 **인지적 신연합주의적 견해**(cognitive neoassociationist view)라고 알려진 공격에 관한 세번째의 이론적 관점의 기초가 되고 있다(Berkowitz, 1984, 1988). 이 이론은 혐오적 사건들(우리가 피하고 싶어하는 것들)에 대한 접촉이 부정적 감정(불쾌한 느낌들)을 일으킨다고 시사한다. 그 다음에, 이러한 감정들은 공격과 도주(불쾌한 상황으로부터의 도피노력들)에 대한 경향들과 아울러 생리적 반응들과 사고들 또는 이러한 경험들에 관련된 기억들을 자동적으로 작동시킨다. 그 다음에 외현적 공격이 뒤따르는 여부는 사고와 인지의 더 높은 수준들과 같은 몇 개의 요인들에 달려 있다. 예컨대, 다른 손님의 손수레에 부딪친, 슈퍼마켓에서 물건을 사고 있는 어떤 사람을 고려해 보자. 이러한 경험은 고통스러우며, 이 사람은 공격하려는 경향성들과 아울러 이와 비슷한 사건들에 관련된 사고들과 기억들을 갖고서 반응한다. 그 다음에 상대방

손님은 자기가 바닥에 있는 물기있는 곳에서 발이 미끄러졌다고 설명하면서 정중하게 사과한다. 이 시점에서, 화가 난 사람은 그 상황을 재평가하고 그 사건이 진정으로 하나의 단순한 사고이었다고 결정한다. 그 결과로 이 사람의 분노는 가라앉고, 공격은 일어나지 않을 것이다(도 11-4 참조).

이 이론의 정확성을 지지하는 상당한 증거가 제시되고 있다. 광범한 불쾌하고도 혐오적인 사건들에 접했던 사람들은 그들의 공격이 이러한 부정적 감정의 원인들을 제거시키지 못할 때에라도, 이러한 조건들에 접하지 않았던 사람들보다도 더 공격적으로 행동하는 경향이 있다. 더 나아가서, 몇 가지 방식으로 유발된 부정적 감정은 공격적 사고들과 기억들을 자극시킨다(Rule 등, 1987). 따라서, 인지적 신행동주의적 견해는 공격행동의 근원들과 본질에 대한 유용한 통찰들을 제공해 주는 것 같다. 불행하게도, 불쾌한 사건들과 이것들이 일으키는 부정적 감정들은 일상생활의 다반사의 일들인 것 같다. 결과적으로, 이 현대적 접근은 적어도 한 가지 측면에서 앞의 접근들과 비슷하다. 즉, 이것도 역시 공격의 촉발물들이 만일 공격 자체가 아니라면, 하나 인생에서 상존하고 있는 것들이라고 시사한다.

학습된 사회적 행동

많은 심리학자들은 비록 하등동물들의 공격행동이 본능적 과정들에 의해서 설명될

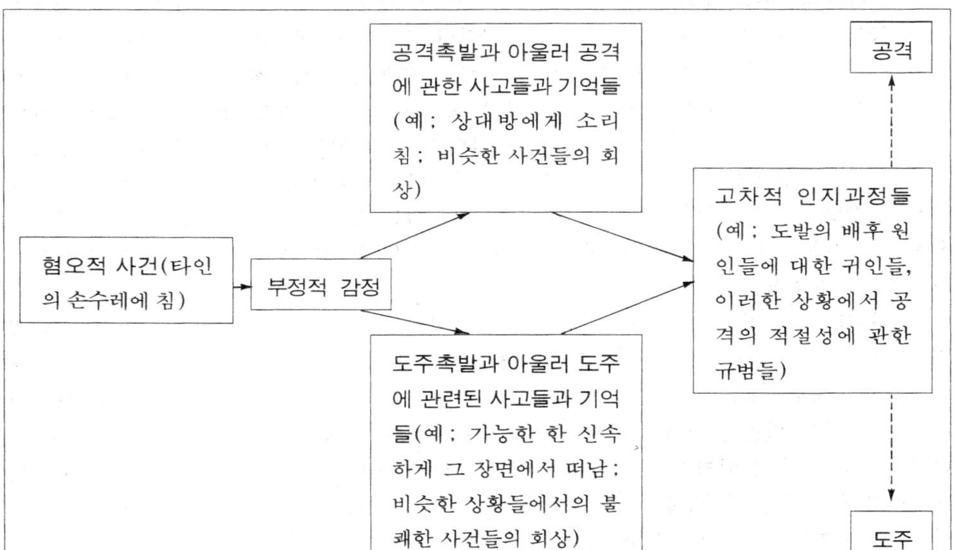

도 11-4. 공격의 한 원인으로서의 부정적 감정. 인지적 신행동주의적 견해에 의하면, 혐오적 경험들은 부정적 감정(괴로움과 화남의 느낌들)을 일으킨다. 이러한 부정적 감정은 공격과 아울러 도주의 경향성들을 작동시킨다. 이들 두 가지 반응 중의 어느 것이 일어나는가는 기억들, 사고들 및 기타의 인지과정들에 달려 있다.
자료원: Berkowitz(1988, 1989).

수 있을지라도, 인간의 공격행동이 내부 충동들에 의해서 조절되지 않으며, 오히려 학습되고 있다고 생각한다. 심리학자인 Scott는 "모든 연구의 발견들이 싸움에 대한 어떤 내부 욕구나 자연적인 추진력이 있다는 아무런 생리학적 증거가 없으며; 공격에 대한 모든 자극들이 결국 물리적 환경 내에 존재하는 힘들로부터 나온다는 사실을 나타낸다"고 결론지어 왔다(1958, p. 58). 만일 공격행동이 정말로 학습된다면, 그러한 학습은 어떻게 일어나는가? 이러한 관점의 제안자들은 두 가지 방법들, 즉 도구적 학습과 관찰학습을 시사해 왔다.

도구적 학습(instrumental learning)의 원리는 강화되거나 보수받는 모든 행동이 장차 발생할 가능성이 더 많다고 주장한다. 따라서, 만일 어떤 사람이 공격적으로 행동하고 그렇게 하는 데 대해서 어떤 보수를 받는다면, 그 사람은 다른 경우들에서도 공격적으로 행동하기가 더 쉽다. 인간에 대해 강화들의 가능한 범위는 폭넓다. 예컨대, 사회적 인정이나 지위의 향상은 공격행동에 대한 하나의 강화로서 작용할 수 있다(Geen과 Stoner, 1971; Gentry, 1970). 금전은 성인들에 대해서 하나의 강화로서 작용할 수 있으며(Buss, 1971; Gaebelein, 1973), 과자는 아동들에 대해 하나의 효과적인 보수가 된다고 판명되어 왔다(Walters와 Brown, 1963). 극도로 화가 나있는 사람에 대해서, 피해자의 고통의 증거가 한 형태의 강화가 되어 줄 수 있어서(Baron, 1974; Feshbach 등, 1967), 대량의 사형들을 집행하는 자들이 그들의 활동들을 수행할 수 있는 어떤 기제를 시사해 주고 있다.

비록 많은 공격반응들이 직접적 강화를 통해서 학습될 수 있지만, 대부분의 연구자들은 **관찰학습**(observational learning) 또는 **사회적 모델링**(social modeling)이 공격행동들을 습득하는 보다 더 흔한 방법이라고 생각한다. 특수하게 말하면, 우리는 타인들(모델들이라고 일컫는)의 행위들을 관찰함으로써 새로운 행동들을 학습할 수 있다. 다음의 상황을 고려해 보자. 보육원에 다니는 한 아동을 방으로 데리고 와서, 실험자가 그 아동에게 어떤 게임을 하라고 요구한다. 그 다음에 실험자는 그 아동을 방의 한쪽 구석으로 데리고 가서 그 아동에게 인쇄된 종이조각들과 색깔있는 스티커들을 사용함으로써 그림들을 만드는 방법을 보여 준다. 그 다음에 바로, 실험자는 한 명의 어른을 그 방으로 데리고 와서 그 어른을 다른 모퉁이로 데리고 가는데, 그곳에는 한 개의 나무메, 팅커장난감 세트, 풍선 보보인형이 놓여 있다.

실험자가 그 방을 나간 후에, 그 성인은 "성인 인형들"을 갖고 놀기 시작한다. 비공격조건에서, 그 성인은 10분 동안 팅커 장난감들을 갖고서 조용히 논다. 공격조건에서, 그 성인은 보보인형을 주먹으로 치고, 발로 차고, 코를 마구 치고, "옛다 코나 맞아라"와 같은 공격적인 말들을 외치면서 그 인형을 공격하는 데에 대부분의 시간을 보낸다. 그 다음에 실험자가 돌아와서, 그 아동을 다른 장난감 세트가 있는 방으로 데리고 간다. 그 아동에게 좋아하는 장난감을 갖고 노는 것이 허락되지 않고 있다고 말해 줌으로써 그 아동을 잠깐 좌절시킨 후에, 실험자는 그 아동에게 방에 있는 다른 장난감들을 갖고 놀 기회를 준다. 이 장난감들에는 공격적 장난감들(보보인형, 나무메, 몇 개의 화살이 나가는 총들과 같은)과 비공격적 장난감들(크레용들, 장난감 곰들, 차 세트 및 플라스틱제의 농장동물들과 같은)이 있다.

이 실험과 이와 유사한 실험들에서, Bandura와 그의 동료들은 성인의 공격행동의 관찰이 아동의 놀이방식의 선택들에 영향을 주는 양식들에 관심을 두었다(Bandura 등, 1961,

1963). 그 성인의 행동은 영향을 주었다. 공격적인 성인모델을 보았던 아동들은 비공격적 모델을 보았던 아동들보다도 일정하게 더 공격적이었다(그들은 또한 전혀 아무런 모델을 보지 않았던 통제집단들의 아동들보다도 더 공격적이었다).

그렇지만, 이러한 아동들의 행동이 실제로 공격이라고 간주될 수 있는가? 우리의 정의가 공격을 다른 유기체에 지향된 행동에 국한시키고 있다는 점을 회상하라. 보보인형은 자격이 있는 것 같지 않다. 그러나, 최근의 연구들은 보보인형에게 향해진 공격들이 다른 형태의 공격들에 관련있다는 것을 보여 왔다. 그 인형에 대해서 가장 폭력적으로 행동했던 보육원 아동들은 또한 그들의 교사들과 또래들에 의해서 일반적으로 가장 공격적이라고 평정받았다(Johnston 등, 1977).

설사 보보인형에 대한 공격이 진정한 공격으로 간주될 수 없더라도, Bandura(1973)는 공격행동들이 습득될 수 있는 양식들을 증명하는 데에 있어서 이 실험들의 중요성을 주장해 왔다. 그는 어떤 반응의 학습(learning)과 수행(performance) 사이를 중요하게 구분했다. 아마 아동들이 공격을 관찰할 때, 그들은 어떤 반응을 학습하거나 습득한다 ; 그 후에 사람들과 상대할 때, 그들은 그 습득된 반응을 수행할 수 있다. 성인들에 대한 많은 연구들은 모델링의 중요성을 입증한다(Bandura, 1973). 비록 대부분의 성인들이 공격적으로 되는 방법을 알고 있지만, 그렇게 행하려는 그들의 경향성은 흔히 어떤 공격모델의 존재에 기초되어 있다. 그 모델은 하나의 가르쳐 주는 원천이 되어 주는 것이 아니라, 하나의 비억제적 요인(disinhibiting factor), 즉 "이 상황에서 공격적으로 되는 것이 아주 적절하다"고 알려 주는 한 실례로서 작용할 수 있다.

공격을 하나의 학습된 반응이라고 설명하는 사람들은 만일 아무런 공격행동이 표출되고 있지 않는 사회들이 있다면, 우리는 본능이 아니라 학습이 공격에서 하나의 지배적 역할을 한다고 결론지을 수 있다고 주장한다. 소수의 그러한 사회들이 존재하고 있다. 예컨대, 기독교의 메노파교도들과 같은 고립된 지역사회들의 멤버들은 평화로운 공존을 성취시키려고 노력한다. 그들은 평화주의자의 생활을 옹호하며 ; 그들의 사회에서 공격적 행위들은 보수받지 않는다(Eaton과 Weil, 1955, Bandura와 Walters, 1963에서 인용됨). Gorer(1968)는 평화적 고립의 목표를 갖고 있는 사회들에 대한 인류학적 증거를 평론해 왔다 ; 이들 사회들에는 뉴기니아의 아라페쉬족, 인도의 시컴지방의 렙차스족 및 중앙 아프리카의 피그미족들이 있다.

Gorer에 의해서 기술된 사회들은 비공격적 행동의 발전과 유지를 촉진시키는 몇 개의 특징들을 공유하고 있다. 첫째로, 그들은 다른 집단들이 하나의 거주지역으로서 탐낼 수 없는 다소 접근 곤란한 지역들에서 존재하는 경향이 있다. 다른 집단들이 그들의 영토를 침범하게 될 때에는 언제나, 이들 사회의 멤버들은 보다 더 접근불가능한 지역들로 퇴각함으로써 반응해 왔다. 둘째로, 이들 사회의 멤버들은 먹는 것, 마시는 것, 성행위와 같은 생활의 구체적 즐거움들을 추구하는 경향이 있으며 이러한 즐거움들의 적절한 공급은 분명히 그들의 욕구들을 충족시키는 것 같다. 아동들에서 성취나 권력의 욕구들은 고무되지 않는다 : "성장하고 있는 아동에 대한 모델은 형이상학적인 상징적 성취들이나 극복해야만 되는 시련들에 관한 것이 아니라, 구체적 실행과 솔직한 즐김에 관한 것이다" (Gorer, 1968, p. 34). 셋째로, 이들 사회는 남자와 여자를 적게 구분한다. 비록 이들 각 사회에 남녀간의 역할 차이들이 있기는 하지만, 예컨대, 용감하고 공격적인 남성성의 어떤

특별논의 11－4. 가정폭력의 사회적 유전

처벌이 표적인물로 하여금 보다 더 공격적이게끔 만드는 경향성은 이것이 모델링 때문에 일어나건 아니면 분노의 증가 때문에 일어나건 간에, 또한 한 세대에서 다음 세대로 전달된다. 가장 좋은 자료는 앞에서 인용된 가정폭력에 관한 전국 조사에서 나온다(Straws 등, 1981).

어렸을 적에 신체적으로 처벌을 받았던 남자들과 여자들 자신은 어른이 되어서 자기 가족들에게 훨씬 더 폭력적으로 되기 쉬웠다. 자기의 부모가 서로 공격을 하는 것을 본 바 있는 기혼 남성들 중에서 35%가 지난 해에 자기 부인을 때렸고, 자기 부모간에 그러한 폭력을 전혀 보지 않았던 기혼 남성들 중에서, 11%만이 자기 부인을 때렸다. 이와 동일한 것이 부인들에 대해서도 나타났다.

즉, 각각 27%와 9%가 자기 남편을 때렸다(아마 이것의 대부분이 자기 남편의 폭력에 대한 단순한 보복이겠지만). 폭력적 부모들은 자기 자신의 폭력적 경향성을 다음 세대로 전달하며 이와 반대로, 비폭력적 부모들은 자기 자신의 보다 더 평화스런 경향성을 전달한다. 성장기에 경험한 가정폭력과 성인이 되어서 저지른 부부간의 폭력 간의 이러한 관계가 다음 그림에서 아주 분명하게 제시되어 있다.

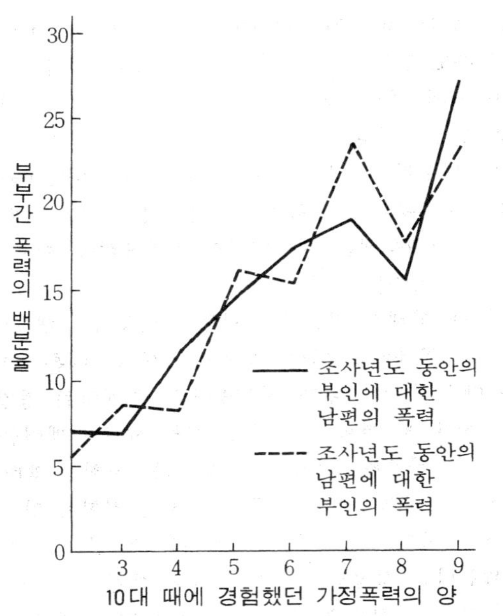

10대에 경험했던 가정폭력의 양에 따른 조사년도에서의 부부간 폭력.

이미지를 투사하려는 시도가 전혀 없다.

비록 전세계의 대다수의 사회들이 몇 가지 형태의 공격들을 나타내지만(Rohner, 1976), 비공격적 사회들의 존재 자체는 우리에게 인간 본성의 유순성과 아울러 사회에 따른 "정상적" 행동들의 커다란 다양성을 일깨워 준다(Eisenberg, 1972). 사회들 내와 사이에서, 다양한 조건들이 공격의 표출을 고무시키거나 억제시킨다. 공격하려는 어떤 본능적 준비성은 확실히 발생되는 학습경험들에 의해서 수정될 수 있다.

따라서, 학습적 관점은 특정 인물이 특정의 상황 속에서 공격하게 될 여부가 그 사람 자신의 과거 경험, 공격과 연합된 현재의 강화들 및 그러한 행동의 적절성과 잠재적 효과들에 관한 개인의 사고들과 지각들을 형성시키는 많은 변인들을 포함하는 광범한 요인들에 달려있다고 시사한다. 이와 같은 견해는 공격이 주로 공격적 본능이나 공격적 충동에서 나온다고 시사하는 견해보다도 훨씬 더 복잡한 것이다. 그렇지만, 이것은 또한 훨씬 더 정확할 가능성이 있다. 한 가지 의미에서, 이것은 또한 다소 더 낙관주의적이다. 결국, 만일 공격이 주로 학습되는 것이라면, 공격은 직접적 수정이나 변화가 가능할 것이다. 이러한 장점들 때문에, 사회적 학습관점은 공격에 관한 우리의 현재의 이해들 중의 많은 것에 기초가 되며 우리가 이 장에서 고려하게 될 다른 이론들의 바탕이 된다. 분명히, 이것은 앞의 견해들보다 더 복잡하다. 그렇지만, 모든 과학에서처럼 사회심리학에서 단순성이 아니라 정확성이 기본원칙이다.

공격의 사회적 결정요인들: 타인들의 행위들과 이것들에 대한 우리의 이해

최근에 당신이 자제를 하지 못하고서 어떤 양식으로 공격했던 일을 돌이켜 생각해보라. 무엇이 당신에게 냉정성을 잃게끔 만들었는가? 당신의 분노와 그 다음의 공격이 타인의 행위들에서 나왔을 가능성이 매우 크다. 다시 말하면, 어떤 사람이 말했거나 행했던 어떤 것이 당신이 화나게 되고, 공격이 정당화되는 것으로 보고, 그리고 나서 실제로 당신의 성가심을 어떤 구체적 형태로 터뜨리게끔 만들었다. 실제로, 이것은 하나의 매우 공통적인 패턴이다. 공격은 흔히 공격의 발생을 개시시키거나 그 강도를 증가시키는 여러 가지 사회적 조건들에서 나온다. 당신이 아마 추측할 수 있는 바와 같이, 많은 요인들이 이러한 면에서 한 역할을 한다. 우리는 이하에서 몇 가지 가장 중요한 것들을 검토할 것이다. 그러나, 그렇게 하기 전에 우리는 하나의 밀접하게 연관된 의문, 즉 인간의 공격, 특히 신체적 공격이 관여된 개인에 대해 어떤 해를 입히는 위험이 없이 어떻게 체계적으로 연구될 수 있는가를 고려할 것이다. 이 문제에 대한 정보를 얻기 위해서는 특별논의 11-5를 보기 바란다.

특별논의 11－5. 실험실에서의 공격의 연구 : 연구자의 딜레마

주의깊게 통제된 조건들하에서 인간의 공격을 연구하고 싶어하는 연구자들은 다음과 같은 패러독스에 당면한다 : 그들은 이러한 중요하지만 잠재적으로 위험한 형태의 행동을 안전한 조건들, 즉 연구참가자들에 대한 어떤 잠재적 위해를 방지하는 조건들 하에서 연구할 수 있는가? 이러한 난제에 대한 하나의 간단하기는 하지만 멋진 해결책이 1960년대 초에 나타났다. 이것은 연구참가자들에게 실제로는 신체적 고통이나 불쾌함을 주지 못하는 어떤 것을 타인에게 줄 수 있다고 알려 주는 것이다. 이와 같은 조건들 하에서, 타인에게 해를 입히려는 참가자들의 의도가 상정된 피해자에 대한 실제의 해의 위험이 없이 연구될 수 있다. 공격이 일반적으로 타인들에 대한 의도적인 해를 포함하고 있는 것으로 정의되고 있는 고로, 이와 같은 절차들은 비록 정확한 형태는 못되더라도, 많은 실제의 맥락들 속에서의 공격의 핵심을 잘 포착하게 될 것이다. 이러한 접근에 대한 몇 가지 변형들이 곧 개발되었다(예 : Berkowitz, 1962). 그러나 가장 널리 사용된 것은 Buss(1961)에 의해서 고안된 것이었다. Buss의 방법은 다음과 같다.

피험자들이 실험참가의 약속을 지키기 위해 도착했을 때, 그들은 그들이 다른 사람과 함께 학습에 미치는 처벌의 영향들에 관계된 연구에 참가하게 될 것이라는 설명을 듣는다. 이러한 주제를 연구하기 위해서, 참석하는 두 사람 중의 한 사람이 선생의 역할을 맡고 다른 한 사람이 학생의 역할을 맡는다는 것이 또한 설명되게 된다. 선생(실제의 피험자)은 학생(실제로는 실험공모자)에게 여러 가지 학습재료들을 제시하게 될 것이다. 학생이 정답반응을 하는 경우들에서, 선생은 그에게 그의 반응이 맞았다고 지적함으로써 보수를 주게 될 것이다. 그러나, 학생이 어떤 착오를 저질렀을 때마다, 선생은 전기쇼크로 그를 처벌하게 될 것이다. 이들 쇼크는 도 11－5에서 보여 주고 있는 것과 비슷한 장치(사회심리학에서 흔히 공격기계라고 알려져 있는 것)에 의해서 실시될 것이고 강도가 매우 약한 것에서 매우 강한 것으로 변화될 수 있다. 각 버튼상의 숫자가 클수록 아마 학생에 대한 쇼크는 더 강할 것이다. 피험자들에게 이 장치가 이러한 식으로 실제로 작동된다는 것을 납득시키기 위해서, 그 다음에 약한 표본 쇼크들이 몇 개의 버튼들에서 실시되었다.

아마 당신이 추측할 수 있는 바와 같이, 피험자는 항상 선생이 되고 실험공모자는 학생이 되게끔 선정되었다. 그 다음에 실험공모자는 사전에 결정된 일련의 착오들을 저질러서, 피험자들에게 전기쇼크들을 실시할 몇 번의 기회를 제공한다. 어떤 쇼크라도, 심지어 가장 약한 쇼크라도 학생에게 자기 자신이 착오를 저질렀다는 것을 알려 주기에 충분한 고로, Buss는 피험자들이 실시하기로 실제로 선택하는 쇼크들의 강도가 공격, 즉 실험공모자에게 해나 부상을 입히려는 그들의 의사에 관한 하나의 측정치를 제공할 것이라고 생각했다(공격의 두번째 지표는 피험자들이 각각의 버튼을 누른 시간의 길이, 즉 학생에 대한 그들의 공격의 지속기간에 의해서 제공되었다). 실험공모자가 실제로 아무런 쇼크들도 전혀 받지

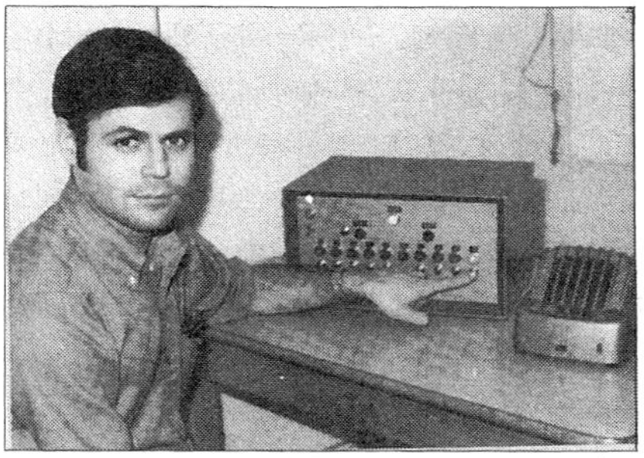

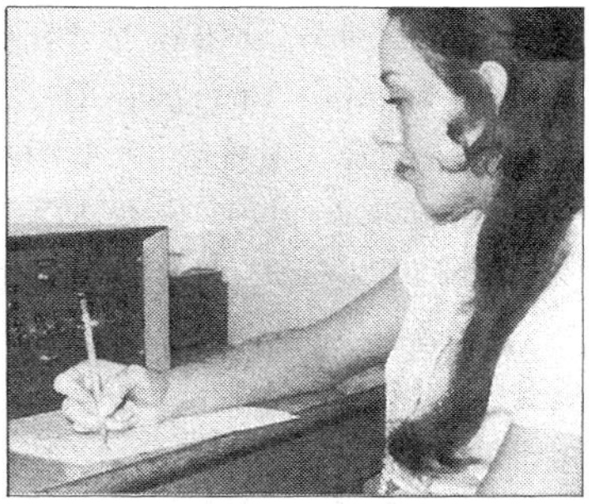

도 11-5. 공격기계 : 통제된 실험실조건들하에서 공격을 연구하기 위한 한 기법. 이와같은 장치가 통제된 실험실조건들 하에서 공격을 연구하기 위해 흔히 사용되고 있다. 피험자들에게 그들이 장치 위에 있는 버튼들을 누름으로써 타인에게 전기쇼크들(또는 어떤 다른 형태의 혐오자극들)을 줄 수 있다고 설명된다. 그들이 누르는 버튼들이 더 높고 더 길수록, 상정된 피해자는 더 많은 고통을 당하게 될 것이다. 실제로, 연구자의 실험공모자인 피해자에게 아무런 불쾌한 자극이 주어지지는 않는다(왼쪽 사진은 공격기계에서 버튼을 누르고 있는 한 피험자를 보여 주며, 오른쪽 사진은 실험 동안에 피해자의 행동을 기록하고 있는 연구자를 보여 준다).

않았다는 점에 유의하라. 그렇지만, 피험자들은 쇼크들이 실시되고 있다고 믿게끔 만들어졌다. 이러한 식으로 참가자들에 대한 실제의 위험이 전혀 없이 한 사람이 다른 사람에게 해를 입히려는 의사가 측정될 수 있었다.

이러한 절차들은 Milgram이 파괴적인 복종현상을 연구하기 위해서 사용한 것들과 비슷하다. 그렇지만, 한 가지 결정적인 차이가 있다. Milgram의 연구에서, 피험자들은 점점 더 큰 숫자의 버튼들을 누르도록 명령받았고, 따라서 그들의 행위들은 그러한 명령들에 따르려는 그들이 의사를 반영했다. 이에 비해서, Buss의 절차들을 사용하는 연구들에서, 피험자들은 마음대로, 자신이 원하는 버튼을 선택한다. 따라서 이들의 행위는 (아마) 학생에게 해를 주려는 이들 자신의 욕망을 반영한다.

최근에, Buss의 절차들은 다른 연구자들에 의해서 몇 가지 측면에서 수정되어 왔다(Baron 등, 1985 : Gustafson, 1989 : Zillman, 1988). 예컨대, 어떤 연구들에서 피험자들은 전기쇼크 대신에 큰 소음이나 불쾌한 열에 의해서 상정된 피해자에게 해를 줄 기회를 제공받았다. 다시 말하면, 이 연구의 목적은 불쾌한 자극들에 대한 생리적 반응들을 연구하는 것이라고 기술되었다. 이것은 선생과 학생의 역할들의 필요성을 제거시키고 따라서 피험자들이 실험공모자가 제시받은 학습재료들을 숙달하는 것을 돕기 위해서 공격기계상에서 높은 숫자의 버튼들을 사용하게 될 가능성을 줄여 준다(물론, 이렇게 하는 것은 실험공모자에게 부가적인 쇼크들을 피하게끔 해 준다). 그러나, 이와 같은 변화들에도 불구하고 기본논리는 동일하게 유지된다 : 피험자들은 실제로는 그렇지 않을 때에 자기들이 타인에게 해를 줄 여러 기회들을 갖고 있다고 믿게끔 만들어지고 있다.

이러한 절차들이 비교적 안전하다는 것이 분명하다. 그러나 관건적 의문은 이것들이 실제로 공격을 연구하기 위한 하나의 타당한 수단을 제공하는가 이다. 몇몇 비평가들은 대부분의 참가자들이 자기들이 실제로 피해자에게 해를 줄 수 있다는 생각을 "실제로 갖고 있지 않다"고 주장해 왔다. 결과적으로, 이들 절차들이 측정하고 있는 것이 모두가 기구상의 여러 버튼들을 누르는 피험자들의 경향성에 불과하고, 이러한 행위들 속에는 아무런 공격적 의도가 없다. 이와 같은 주장들에 대한 반응으로, 이러한 절차들을 사용하는 연구자들은 몇 가지 점들을 지적한다. 첫째로, 그들은 폭력행동의 이전의 내력을 갖고 있는 사람들이 이러한 내력을 갖고 있지 않은 사람들보다도 흔히 더 강한 수준의 쇼크들(또는 열이나 소음)을 선택한다는 것을 나타내는 연구들을 인용한다(예 : Gully와 Dengerink, 1983 : Wolfe와 Baron, 1971). 둘째로, 그들은 이와 같은 연구들에 참가하고 있는 피험자들이 흔히 자기들이 어떤 식으로 상정된 피해자에게 해를 줄 수 있다고 실제로 믿고 있다는 사실에 주의를 환기시킨다(Donnerstein과 Berkowitz, 1982). 그들이 이렇게 하는 한, 그들의 행동은 성질상 공격적이라고, 즉 이것이 타인에게 고통을 입히려는 의식적인 의도들에서 나오는 것이라고 간주될 수 있다. 끝으로, 이들 연구자들은 실험공모자에 의해서 화가 났거나 좌절당했던 피험자들이 화가 나지 않았던 피험자들보다도 일반적으로 더 강한 쇼크들을 준다고 지적한다(Baron과 Richardson, 출간중).

종합적으로, 이들 주장들은 위에서 기술된 방법들이 공격이나 공격의도와 비슷한 이떤 것을 측정하고 있다고 가정하는데 대한 다소의 근거를 제공해 준다. 그렇지만, 확실히 그것들은 완전하지는 못하다. 많은 외재변인들(또는 무작위 오차)이 이 장면 속에 들어가고 실험결과들을 왜곡시킬(심지어 잠재적으로 타당치 못하게 만들) 수 있다. 그렇지만, 이들 절차는 조심, 주의 및 수많은 안전장치들을 갖고서 사용할 경우에, 최소한 우리가 측정하고 싶어하는 핵심 개념, 즉 타인에게 해(신체적이거나 기타의)를 입히려는 사람들의 의사에 관한 하나의 유용한 지표를 제공해 주는 것 같다.

좌 절

당신이 자신이 알고 있는 20명의 사람들에게 공격의 단일한 가장 중요한 원인을 대라고 질문했다고 가정하자. 그들은 어떻게 답변할 것인가? 대다수가 "좌절"이라고 대답할 가능성이 크다. 그리고 좌절을 정의하라고 요구받게 될 경우에, 많은 사람들이 "어떤 것이 어떤 특정의 상황에서 내가 원하거나 얻고자 기대하는 어떤 것을 나에게 얻지 못하게끔 방해할 때에 내가 느끼는 것"이라고 응답할 것이다. 간단히 말해서, 많은 사람들이 자기들의 경험에서, 공격이 흔히 여러 목표들에 도달하려는 자기들의 노력에 대한 방해에서 나온다고 지적할 것이다.

이와 같은 견해들의 광범한 수용이 적어도 부분적으로 50년 이상 전에 Dollard와 그의 동료들(Dollard 등, 1939)에 의해서 최초로 제안된 유명한 좌절-공격가설(frustration-aggression hypothesis)에서 나온다. 이 가설의 시초의 형태에서, 이 가설은 두 가지 매우 일반적인 주장을 제시했다: (1) 좌절은 항상 어떤 형태의 공격을 일으킨다. 그리고 (2) 공격은 항상 좌절로부터 나온다. 간단히 말해서, 이 가설은 좌절당한 사람들이 항상 어떤 형태의 공격을 행하고 반대로 모든 공격행위들이 좌절에서 생긴다고 주장한다. 이와 같은 대담한 주장들은 항상 큰 호소력을 갖는다. 즉 이것들은 비록 아무 것도 아니더라도, 지적으로 자극적인 것이다. 그러나 이것들은 정확한가? 좌절은 정말로 공격에 대해 전적으로 중요한 역할을 하는가? 그 답변은 거의 확실히 아니다 이다. 좌절-공격 가설의 두 가지 부분은 너무나 포괄적이어서 정확하지 못하다.

첫째로, 좌절당한 사람들이 공격적 사고들, 말들 또는 행위들로 항상 반응하지 않는다는 것이 이제 분명하다. 이와는 반대로, 그러한 사람들은 한편으로 분개와 실망에서 다른 한편으로 자신의 좌절원을 극복하려는 시도들의 범위에 이르는 좌절에 대한 광범하게 다양한 반응들을 보인다.

둘째로, 공격의 모든 실례들이 좌절에서 나오지 않는 것이 또한 분명하다. 사람들은 많은 이유로 그리고 많은 상이한 요인들에 대한 반응으로 공격한다. 예컨대, 직업 권투선수들은 그들이 좌절당하고 있기 때문이 아니라, 그것이 그들의 해야 할 역할이기 때문에 그리고 그들이 가치있는 상을 타고 싶어하기 때문에 타인을 주먹으로 치고 때로는 심한 부상을 입힌다. 이와 비슷하게, 전시에 군인들은 심지어 좌절이 전혀 없을지라도, 명령에 따라 타인들에게 강력한 공격을 저지른다. 이러한 그리고 다른 많은 경우들에서, 공격은 좌절 이외의 요인들로부터 나온다.

이와 같은 고려사항들의 견지에서, 현재 소수의 사회심리학자들이 좌절이 유일한 또는 가장 중요한 공격의 원인이라는 제안을 받아들이고 있다. 그 대신에, 대부분은 이것이 단지 공격을 잠재적으로 일으킬 수 있는 수많은 요인들 중의 하나라고 생각한다(Baron, 1977). 이러한 노선에 따라, Berkowitz(1989)는 기존의 증거의 많은 양과 일치하는 것 같은 좌절-공격가설의 하나의 수정판을 최근에 제안해 왔다. 이러한 수정된 견해에 의하면, 좌절은 하나의 혐오적이고 불쾌한 경험이며, 이것 때문에 공격을 일으킨다. 간단히 말해서, 이 견해는 앞 절에서 기술된 부정적 감정들과 공격행동 간의 기본적 관계 때문에, 좌절이 때로는 공격을 일으킨다고 주장한다.

이러한 제안들은 매우 간명하며 공격에서의 좌절의 역할에 관한 우리의 이해에 많은 것을 기여하는 것같이 보인다. 특히, 이것들은 기대되고 있거나 합법적이라고 간주된 좌절보다 기대되지 않은 좌절과 불법적이라고 간주되는 좌절(예: 어떤 사람의 변덕들이나 적의적 동기들의 결과)이 더 강한 공격을 일으키는 이유를 설명하는 데에 도움을 준다. 아마 이것은 기대되지 않았거나 불법적 좌절이 기대되었거나 합법적인 좌절보다도 더 강한 부정적 감정들을 일으키기 때문일 것이다.

더 나아가서, Berkowitz(1989)는 또한 심지어 강하고 기대되지 않았고 불법적일 때에도 좌절이 항상 공격을 일으키지 않는 이유를 설명한다. 그는 좌절에 의해서 생긴 부정적 감정들이 시초에 공격경향성들을 일으킨다고 지적한다. 그러나, 이러한 경향성들은 고등의 인지과정들에 의해 곧 변형되게 된다. 좌절당해 왔던 사람들은 자신의 감정의 성질을 검토하고, 자신이 좌절을 당해 왔던 이유를 이해하고자 시도하고, 공격과 기타의 가능한 반응들의 상대적 적절성을 고려하고, 자신의 분노나 괴로움을 통제하기 위한 노력들을 기울일 수 있다. 이러한 과정들의 예측불가능한 결과들을 전제할 때, 좌절이 항상 공격을 일으키지는 않는 것이 거의 당연할 것이다.

요약하면, 좌절은 정말로 외현적 공격의 하나의 잠재적 원인이다(Gustafson, 1989). 그러나, 이것은 확실히 그러한 행동의 배후에 있는 유일한 원인이 아니며 반드시 그 원인들 중에서 가장 강하거나 가장 중요한 것은 아니다. 따라서, 이것은 많은 사람들이 행하는 인간의 공격에서 매우 핵심적인 역할을 하지는 않는다.

직접적 도발

어느 날 아침 당신이 자신의 상사가 작성하라고 요구해 왔던 어떤 중요한 보고서를 제출했다고 가정하자. 그 날 오후에, 당신의 상사는 당신의 사무실로 불쑥 들어와서, 그 보고서를 당신의 책상 위에 집어던지면서, "당신은 어디에서 보고서 쓰는 것을 배웠어? 이것은 8살짜리 아이가 쓴 것만도 못 하잖아!"라고 말한다. 이러한 말에 이어서, 상사는 가능한 모든 방법으로 당신의 보고서를 호되게 비평한다. 당신은 어떻게 반응할 것인가? 만일 당신이 대개의 사람들과 비슷하다면, 당신은 아마 변명을 하거나 부루퉁해서 말없이 서있을 것이다. 결국, 상대방은 당신의 상사이며 당신이 달리 할 수 있는 일이란 그리 많지 않다. 그러나 당신의 상사가 당신의 작업을 혹평하고 있는 동안에 계속해서, 당신은 "자기가 뭔데, 나에게 이렇게 말할 수 있단 말인가?, 조금만 기다려라. 나는 이 일에 대해서 반드시 보복해 줄 것이다"라고 생각하고 있을 수 있다.

이러한 사건은 공격에 관한 한 가지 중요한 점을 예시해 준다. 흔히, 공격은 타인들로부터의 언어적이거나 신체적인 공격이나 도발(provocation)의 결과이다. 간단히 말해서, 우리가 타인들로부터의 어떤 형태의 공격의 피해자일 때, 우리는 "오른쪽 뺨을 때리면, 왼쪽 뺨을 대 주는 식"으로 대하는 일이 드물다. 그 대신에, 우리는 그러한 심한 대우에 대해서 우리가 받았던 것만큼 또는 아마 약간 더 많은 공격을 되돌려 주면서, 보복하는 경향이 있다. 이러한 효과들에 대한 증거가 몇 개의 연구들에서 얻어져 왔지만(Dengerink 등, 1978; Ohbuchi와 Ogura, 1984), 우리가 언어적 도발을 포함하고 있는 예에서 시작했으므로, 이러한 주제에 관계된 한 연구를 고려해 보자.

이 연구(Baron, 1988)에서, 남자와 여자 피험자들이 먼저 하나의 복잡한 과제, 즉 어떤 새로운 상품에 대한 광고캠페인을 준비하는 것을 수행했다. 그 다음에 그들의 작업은 다른 피험자(실제로는 실험공모자)에 의해서 평가되었는데, 이 사람은 매우 부정적인 평가를 했다(예: 그나 그녀는 피험자들에 대해 창의성의 면에서 7점 중에 3점을 부여했다). 그러나, 이러한 평가치들에 수반되는 언어적 언급들이 두 조건에서 크게 달랐다. 한 집단(파괴적 비평조건)에서, 실험공모자의 글로 된 논평들은 모욕적이고 비하적인 것이었다(예: "나는 당신이 노력해 봤자 창의적인 사람이 못 된다고 생각한다. 우둔한 작품이다. 나는 전혀 인상을 받지 못했다. 전체가 고쳐져야만 된다"). 다른 집단(건설적 비평조건)에서, 이들 논평의 어조는 훨씬 더 배려적이었다(예: "나는 당신이 너무 관습적이고 어떤 새로운 것을 하려고 노력하려는 의지가 없다고 생각한다. 나는 개선의 여지가 많다고 생각한다").

이러한 피드백을 받은 다음에, 피험자들은 그들에게 장차의 경우들에서 그들이 그 실험공모자를 어떻게 대우하게 될 것인가를 나타내도록 요구하는 질문지에 응답했다. 예

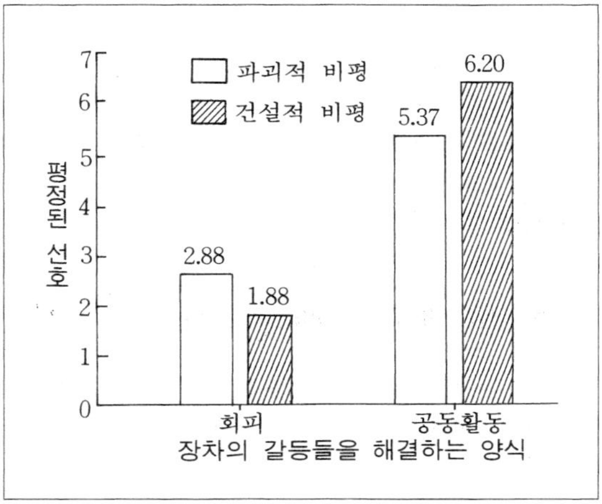

도 11-6. 도발의 영향들: 갈등의 증가는 협동을 감소시킨다. 자신의 이전의 일에 대해 심한 파괴적 비평을 받았던 피험자들이 합리적인 건설적 비평을 받았던 피험자들보다도 비평에 대한 장차의 갈등들을 회피를 통해 처리할 가능성이 더 많다고 보고했다(왼쪽). 파괴적 비평을 받았던 사람들은 또한 비평자와 함께 일할 가능성이 더 적다고 보고했다.
자료원: Baron(1988).

상되는 바와 같이, 파괴적 비평집단의 피험자들은 건설적 비평집단의 피험자들보다도 이 사람을 피하거나 이 사람과 경쟁하려는 더 강한 경향과 이 사람과 함께 일하려는 더 약한 경향을 나타냈다(도 11-6참조). 이러한 결과들은 대부분의 사람들이 언어적이거나 신체적 도발에 대해 반응하는 양식, 즉 대응공격들이나 장차의 공격의 계획들로서 반응하는 것을 예시해 준다.

상호성이 직접적 도발에 대한 반응들을 특징지워 주는 것같이 생각되지만, 우리는 이것이 항상 그렇지는 않다는 것을 추가시켜야만 된다. 몇 개의 요인들이 사람들이 도발에 대해 같은 방법으로 반응하거나 그러한 대우를 간과할 여부와 정도를 결정짓는 것같다. 아마 이러한 요인들 중에서 가장 중요한 것은 도발의 지각된 의도성일 것이다. 사람들이 타인으로부터의 도발이 의도된 것, 즉 고의로 수행된 것이라고 결론지을 때, 그들은 일반적으로 매우 화가 나고 보복하려고 많은 노력을 기울인다. 그 대신에, 만일 그들이 도발이 비의도적인 것, 즉 사고나 타인의 통제력 밖의 요인들의 결과라고 결론짓는다면, 그들은 울화통을 터뜨리고 공격적으로 행동할 가능성이 훨씬 더 적다. 간단히 말해서, 타인에 의한 도발적 행위의 배후의 원인들에 관한 귀인이 우리가 타인에 대해 어떻게 반응할 것인가를 결정짓는 데에 있어서 하나의 관건적 역할을 한다.

도발에 대한 반응들을 결정짓는 데에 있어서 귀인들의 중요성에 대한 증거가 몇 개의 실험들(예; Kremer와 Stephens, 1983)에 의해서 제공되고 있다. 예컨대, 이 주제에 관한 한 연구(Johnson과 Rule, 1986)에서, 피험자들은 실험공모자로부터 강한 도발을 받았다. 그 다음에 연구자들은 그러한 대우에 대한 피험자들의 생리적 반응들과 그 사람에 대한 그들의 그 후의 보복을 측정했다. 절반의 피험자들은 도발당하기 이전에 실험공모자가 화학시험에서의 부당하게 낮은 성적으로 매우 흥분되었었다고 설명받았고, 나머지 절반은 단지 도발당한 이후에 이러한 정보를 받았다. 그 결과들은 완화시켜 주는 상황들에 관한 이러한 정보가 피험자들의 반응에 대해 강한 영향을 주었다는 것을 나타냈다. 도발당하기 이전에 이 정보를 받았던 피험자들은 이러한 정보를 도발당한 후에 겨우 받았던 피험자들보다 실제로 더 낮은 정서적 흥분(심박의 변화들로 측정된)과 실험공모자에 대한 더 낮은 보복(그들이 그에게 실시하기로 선택했던 소음의 크기들로 측정된)을 보였다.

이것들과 이와 관련된 발견들은 우리가 타인에 의해서 도발받았거나 화났을 때에, 우리는 우리가 받았던 것을 자동적으로 갚지는 않는다는 것을 시사한다. 흔히, 우리의 반응들은 타인의 행위의 배후의 원인들에 대한 우리의 해석을 반영한다. 다른 많은 맥락들에서와 마찬가지로, 타인에 대한 우리의 행동은 그 사람에 대한 우리의 사고들에 의해 강력하게 결정되고 있다.

미디어 폭력에 대한 접촉

최근에 일반대중의 관심을 계속 끌어 왔던 한 가지 문제는 영화나 TV의 폭력에 대한 반복적 접촉이 시청자들에게서 유사한 행동을 증가시키게끔 만드는가이다. 이것은 심각한 사회적 함축들을 갖고 있는 하나의 중요한 의문이다. 따라서, 이것이 실제로 수백 개의 연구과제들의 주제가 되어 온 것은 당연한 일일 것이다. 이들 연구들의 발견들은 확실히 완전히 일치해 오지는 않았다. 취급된 문제들의 복잡성을 전제할 때, 이것은 예상된 것이다. 그러나, 종합적으로 볼 때, 그것들은 다음과 같은 결론을 지적한다: 미디어 폭력에 대한 접촉은 실제로 미국과 아울러 기타 지역에서 높은 그리고 상승하는 폭력수준들에 기여하는 한 요인일 수 있다. 매우 상이한 양식들로 수행된 몇 개의 노선들의 연구들은 이러한 해석과 일치한다.

첫째로, 이러한 해석은 많은 단기간의 실험실연구들에 의해서 지지받고 있다. 이러한 연구들 중의 최초의 것에서, Bandura 등(1963)은 어린 아동들에게 두 가지 짧은 필름들 중의 하나를 보여 주었다. 한 필름에서, 성인 모델은 장난감 풍선인형(보보 인형이라는)에 대해서 여러 가지 양식으로(예: 그녀는 장난감에 올라 타서 코를 반복해서 주먹으로 쳤다) 공격했다. 다른 필름에서, 동일한 모델은 조용하고 비공격적 양식으로 행동했다. 그 후에, 이 두 집단의 아동들은 모델에 의해서 사용된 몇 개를 포함해서 많은 장난감들이 있는 방에서 마음껏 놀도록 허용되었다. 그들의 행동에 대한 관찰은 모델이 공격적으로 행동했던 것을 보았던 아동들이 그러한 행동을 목격하지 않았던 아동들보다도 풍선 인형을 공격하는 경향이 훨씬 더 많았다는 것을 나타냈다. 이러한 발견들은 심지어 매우 어린 아동들조차 영화나 TV 폭력에 대한 접촉을 통해서 타인을 공격하는 새로운 방법들을 습득할 수 있다는 것을 시사한다.

그 후의 실험실연구들에서, 피험자들은 실제의 TV 프로들과 필름들을 시청했고 그 다음에 풍선 장난감보다도 실제의 피해자를 (상징적으로) 공격할 기회를 제공받았다(Liebert와 Baron, 1972). 또다시, 결과들은 동일했다. 미디어 폭력을 시청했던 참가자들(아동들과 아울러 성인들)은 이러한 재료들에 접하지 않았던 참가자들보다도 그 후에 더 높은 수준의 공격을 보였다(Liebert 등, 1989). Josephson(1987)에 의해서 잘 수행된 한 연구를 고려해 보자. 이 연구에서, 2학년과 3학년 소년들이 오토바이경기팀에 관한 흥분시키는 필름이나 폭력이 많이 들어있는 인기있는 TV 프로의 발췌물들을 시청했다. 후자의 필름은 특수 수사반의 멤버가 다수의 범죄인들을 죽이거나 정신을 잃을 정도로 구타하는 장면들을 싣고 있었다. 소년들이 이들 필름들 중의 하나를 시청한 후에, 그들의 행동이 그들이 "마루바닥에서 하는 하키게임"을 하는 동안에 관찰되었다. 그 결과들은 자기들의 교사들에 의해서 교실에서 매우 공격적이라고 평정받았던 소년들에 대해서, 폭력 프로들에 대한 접촉이 기대된 효과들을 낳았다는 것을 나타냈다. 즉, 이러한 필름들을 시청했던 소년들이 하키게임 동안에 더 많은 공격행위들을 보였다(예 : 하키 막대로 다른 아이들을 치는 것, 팔꿈치로 미는 것, 모욕을 주는 것). 이러한 발견들은 이전에 비공격적이라고 평정받았던 소년들의 집단에서 얻어지지 않았으며, 이러한 발견은 미디어에서의 폭력이 그러한 행동에 대한 경향이 비교적 약한 사람들보다도 이미 강한 사람들의 공격을 더 증가시키기 쉽다는 것을 시사해 준다.

미디어 폭력의 공격증가효과에 대한 부가적이며 어떤 면에서 보다 더 설득력있는 증거가 상이한 방법들을 사용하는 두번째 그룹의 연구들에 의해 제공되고 있다. 이러한 장기적 연구들에서, 상이한 집단의 피험자들이 미디어 폭력의 대비되는 양들에 접촉되어 왔으며, 그 다음에 자연상황들에서의 그들의 외현적 공격수준이 관찰되었다(Leyens 등, 1975 : Park 등, 1977). 또다시 결과들은 폭력 프로들이나 영화들에 접했던 청소년들이 비폭력적 재료들에 접했던 청소년들보다도 더 높은 수준의 공격을 보인다는 것을 나타냈다.

셋째로, 다른 연구자들은 장기적인 상관연구들을 수행해 왔는데, 여기에서 아동기 때에 시청했던 미디어폭력의 양들이 몇 년이나 심지어 10년 후에 그들의 평정받은 공격수준들에 통계적으로 관련지워지고 있다(Eron, 1982 : Huesmann, 1982). 시청했던 폭력의 양에 관한 정보는 피험자들이 시청했던 프로들에 관한 그들의 보고와 이들 프로들의 폭력도 평가들에 기초되어 있다. 그 후의 피험자들의 폭력수준에 관한 정보는 급우들이나 교사들에 의한 그들의 행동에 대한 평정치들로부터 얻어지고 있다. 이러한 연구들의 결과는 이들 두 개의 변인들이 관련되어 있다는 것을 나타낸다. 즉, 사람들이 아동기 때에 더 많은 미디어폭력을 시청했을수록 성인기 때에 그들의 평정받은 공격수준들은 더 높았다. 더 나아가서, 이러한 관계의 강도는 연령에 따라 증가하는 것 같아서, 미디어폭력의 영향이 시간경과에 따라 누적되고 있다는 것을 시사해 준다. 사람들이 이러한 종류의 프로들을 더 많이 시청할수록, 그들이 광범한 상황들에서 공격적으로 행동할 가능성이 더 크다.

끝으로, 우리는 이와 비슷한 효과들이 단지 공격적인 프로들을 시청하는 것으로부터 뿐만 아니라 공격적인 비디오게임들을 행하는 것의 결과로부터 생기는 것 같다는 것에도 주목해야만 된다(어떤 의미에서, 이와 같은 게임들은 게임을 하는 사람들에게 공격적 활동들이나, 적어도 그것들의 표상들에 참가할 기회를 제공해 준다). 이 주제에 관한 하나의 예시적 연구에서, Schutte 등(1988)은 5세 내지 7세의 남녀 아동들에게 두 개의 흥분시키는 비디오게임들 중의 하나를 행하게 했다. 첫번째의 "카라터카"라는 폭력적 게임에서, 피험자들에 의해서 통제된 주인공은 악당들을 쳐부수기 위해서 여러 악당들을 주먹으로 때리고 발로 찼다. 두번째의 "정글 사냥"이라는 비폭력적 게임에서, 주인공은 정글을 통과하기 위해서 덩굴에서 덩굴로 줄을 흔들어 타면서 갔다. 이들 두 개 중의 한 게임을 행한 후에, 아동들은 특수한 놀이방에서 2인조로 관찰받았다. 그 결과들은 공격적 게임을 행했던 아동들이 비공격적 게임을 행했던 아동들보다 자신의 놀이친구와 아울러 풍선 인형을 때리는 경향이 더 많았다는 것을 나타냈다(도 11-7 참조).

부수적으로, 부가적 발견들은 심지어 성인들에서 난폭한 놀이(공격적인 싸움놀이)를 행하는 경향성이 클수록, 보다 더 해로운 공격행위들은 행하는 경향성이 더 크다는 것을

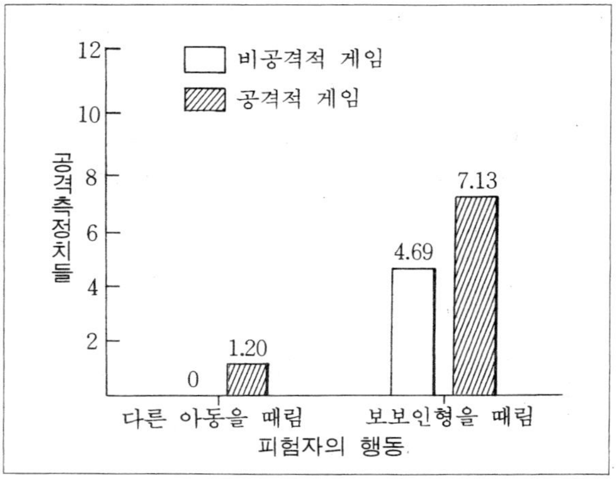

도 11-7. **공격적인 비디오게임들: 몇 가지 부정적 영향들.** 매우 공격적인 비디오게임을 행했던 아동들이 똑같이 흥분시키지만 비공격적 게임을 행했던 아동들보다 그 후에 놀이친구에 대해 더 높은 수준의 실제의 공격을 보였다.
자료원: Schutte 등(1988).

나타낸다(Gergen, 1991). 따라서, 공격적 놀이와 실제의 공격 사이의 관계는 많은 사람들이 생각하고 있는 것보다 더 강할 수 있다.

또다시, 우리는 한 가지 주의사항을 첨가시켜야만 된다. 즉, 모든 발견들이 미디어폭력에 대한 접촉(또는 공격적 비디오게임들에 대한 참여)이 실제의 공격을 증가시킨다는 생각과 일치해 오지는 않았다(Freedman, 1984). 더욱이, 폭력 시청의 비교적 단기적 효과들에 대한 증거가 잠재적인 장기적 효과들보다도 더 확고하게 연구에 의해서 수립되고 있다. 그래도, 종합적으로 볼 때, 기존의 증거는 미디어폭력에 대한 접촉이 많은 다른 요인들과 함께 공격적 행동의 발생에 기여할 수 있다는 결론에 대해 적어도 다소의 지지를 제공해 주는 것 같다(미디어폭력에 대한 접촉이 때로는 시청자들에게서 유사한 행동을 촉진시킬 수 있다는 사실은 그 자체 다소 미해결된 것이다. 그러나, 아마 보다 더 당혹스러운 것은 심지어 무생물의 물체들도 때로는 위험스러운 공격의 실례들을 고무시킬 수 있다는 결론을 지적하고 있는 증거이다. 이와 같은 가능성들에 대한 논의를 알아보기 위해서, 특별논의 11-6을 참조하라).

특별논의 11-6. 공격단서들의 역할: 방아쇠가 때로는 손가락을 당기게끔 만드는가?

당신이 다량의 총기들을 수집한 어떤 친구를 갖고 있다고 가정하자. 어느 날 저녁에, 당신은 그의 개인 총기창고에 앉아 있는 동안에 이 사람과 말다툼을 벌이게 되었다. 당신은 다른 곳보다도 이 상황 속에서 화를 내고 공격적으로 행동할 가능성이 더 많을 것인가? 다시 말해서, 벽의 총걸이들의 존재는 실제로 공격의 가능성을 촉진시키게 될 것인가? (그런데, 모든 총기들이 장탄되어 있지 않다고 가정하자.)

공격에 관한 저명한 권위자인 Berkowitz(1969, 1974)에 의하면, 이것은 충분히 그러할 수 있다. 그는 공격의 한 가지 중요한 결정요인이 그가 이른바 공격단서들(aggressive cues)이라고 일컫는 것의 존재라고 제안해 왔다. 이것들은 과거에 공격과 연합되거나 연관되어 왔던 자극들이다. Berkowitz는 이들 단서들이 화났거나 기타의 공격할 태세가 되어 있는 사람들에게서 공격적 반응들을 일으키게끔 만든다고 시사한다. 따라서, 어떤 장면에서 이와 같은 단서들의 존재가 클수록, 일어나게 될 공격수준은 더 높다.

이것은 위에서 제시된 총기수집의 예에 어떤 관련을 갖고 있는가? Berkowitz에 의하면, 총기수집에서 대상들(총기들)은 수많은 경우들에서 공격과 밀접하게 연합되어 왔다. 그 결과로, 이것들은 공격단서들이 되며, 장면에서 이것들의 단순한 존재는 비록 이것들 자체가 공격행위들에서 사용되지 않았을지라도, 공격행동을 촉진시킬 수 있을 것이다. 이러한 생각에 대한 지지가 20년 이상 전에 이제는 하나의 유명한 실험에서 Berkowitz와 LePage(1967)에 의해서 보고되었다. 이 연구에서, 남자 대학생들은 먼저 실험공모자에 의해서 화났거나 화나지 않았고 그 다음에 전기쇼크에 의해서 그에게 공격할 기회를 제공받았다(피험자들은 실험공모자에게 1개에서 9개의 쇼크를 줌으로써 그의 작업을 평가할 기회를 제공받았다. 분명히, 그들의 평가가 낮을수록 쇼크들의 숫자는 더 크다). 한 조건(대상들이 없는 통제조건)에서, 실험공모자에게 쇼크를 준다고 생각되는 피험자들에 의해서 사용된 장비만이 있었다. 이에 비해서, 두 개의 다른 조건들에서, 한 개의 연발 권총과 한 개의 엽총이 쇼크버튼 근처의 탁자 위에 놓여 있었다. 이들 후자의 집단들 중의 한 집단에서, 피험자들은 그 무기들이 다른 연구에서 사용되는 것이며 현재의 실험과 아무런 연관이 없다고 설명받았다(비연합된 무기들 조건). 다른 집단에서, 피험자들은 그 무기들이 실험공모자가 수행하고 있는 다른 연구에서 그에 의해서 사용되는 것이라는 설명을 받았다(연합된 무기들조건). Berkowitz와 LePage는 무기들의 단순한 존재가 화난 피험자들의 공격을 촉진시키지만, 화나지 않은 피험자들의 공격을 증가시키지 않을 것이라고 예언했다.

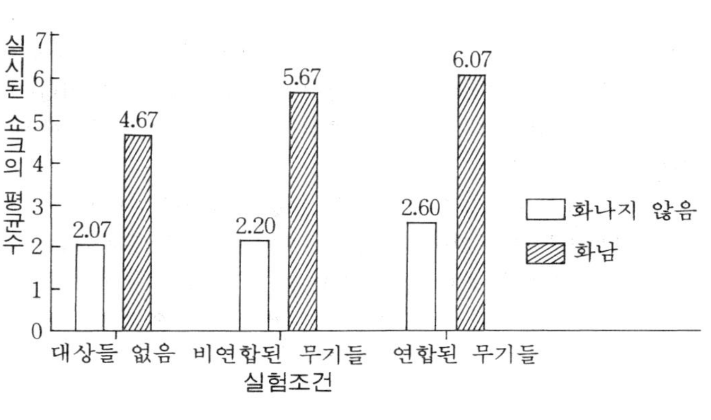

도 11-8. 공격단서들로서의 무기들. 피험자들은 총기들이 없을 때보다도 있을 때에 이전에 자기들을 화나게끔 만들었던 사람에게 더 많은 쇼크를 주었다. 이러한 발견들은 무기들이 이것들의 이전의 공격과의 연합 때문에 공격단서들이 되어 줄 수 있다는 견해를 지지해 준다.

도 11-8에서 보이는 바와 같이, 바로 이것이 나타났다. 실험공모자에 의해서 이전에 화났던 피험자들은 무기들이 존재하지 않을 때보다도 존재할 때에 그에게 더 많은 쇼크들을 실시했다. 그러나, 연합된과 비연합된 무기들 조건들 간에는 아무런 차이가 없었다.

이러한 발견들은 비록 무기들 자체가 차후의 공격들에서 사용되지 않을지라도, 공격이 실제로 무기들의 존재에 의해서 촉진될 수 있다는 것을 시사하는 것 같다. Berkowitz 자신이 진술한 바와 같이(1968, p. 22), "총기들은 폭력을 허용할 뿐만 아니라, 또한 자극시킬 수 있다. 손가락이 방아쇠를 당기지만, 방아쇠가 또한 손가락을 당길 수도 있다."

불행하게도, 이러한 시초의 연구에 의해서 제공된 비교적 깨끗한 양상은 그 후의 연구들에 의해서 다소 복잡화되어 왔다(Buss 등, 1972; Turner와 Simon, 1974). 이러한 그 후의 연구들은 Berkowitz와 LaPage에 의해서 보고되었던 무기들의 효과가 비교적 한정된 조건들(예: 피험자들이 실험실에서 이러한 특이한 물건들의 존재에 관해서 의심이 전혀 없을 때)하에서만 일어날 수 있다는 것을 시사한다. 그러나, 무기들의 효과의 궁극적 타당성에 관계없이, 공격이 단순히 내부로부터 밑쳐지기보다도 외부로부터 이끌려지게 된다는 Berkowitz의 보다 더 일반적인 제안이 사회심리학자들에게서 광범한 수용을 받아 왔다는 데에는 의문의 여지가 거의 없다. 이러한 면에서, 확실히 공격단서들의 영향에 관한 그의 연구는 매우 영향력있어 왔다.

미디어 폭력이 영향있는 이유 TV와 영화상에서의 폭력에 대한 접촉이 시청자들에게서 유사한 행동을 고무시킬 수 있다는 발견은 중요한 함축적 의미들을 갖고 있다. 이것은 그러한 접촉을 제한하거나 TV와 영화공급들에서 폭력내용을 감소시키려고 마련된 조치들이 공격의 한 가지 잠재적 원인을 줄이는 데에 도움을 줄 수도 있다고 시사한다. 그러나 그러한 효과들이 발생한다고 가정한다면, 다른 의문이 일어난다. 즉, 정확하게 어떻게 미디어폭력에 대한 접촉이 시청자들에게서 공격의 증가를 자극시키는가? 몇 개의 과정들이 한 역할을 하는 것 같다.

첫째로, 미디어폭력에 대한 접촉은 그러한 행동을 행하는 데 대한 시청자들의 자제를 약화시킨다. 남자주인공들과 여자주인공들을 포함하는 많은 등장인물들이 공격을 통해 많은 상황들을 처리하는 것을 시청한 후에, 어떤 시청자들은 자신이 그와 비슷한 행위를 행하는 것에 대해서 더 적은 자제를 느낀다. 이러한 사람들은 만일 그들이 이것을 행할 수 있다면, 나도 할 수 있다고 생각하는 것 같다.

둘째로, 미디어폭력에 대한 접촉은 시청자들에게 그들이 이전에는 갖고 있지 않았던 타인을 공격하고 해를 입히는 새로운 기법들을 제공한다. 그리고 일단 습득되면, 이러한 행동들은 적절한 맥락들 속에서 사용되게 되는 경향이 있다.

셋째로, 타인들이 공격적 행위들을 행하는 것을 시청하는 것은 몇 가지 양식으로 시청자들의 인지에 영향을 줄 수 있다(Berkowitz, 1984, 1988). 그러한 재료들은 공격적 사

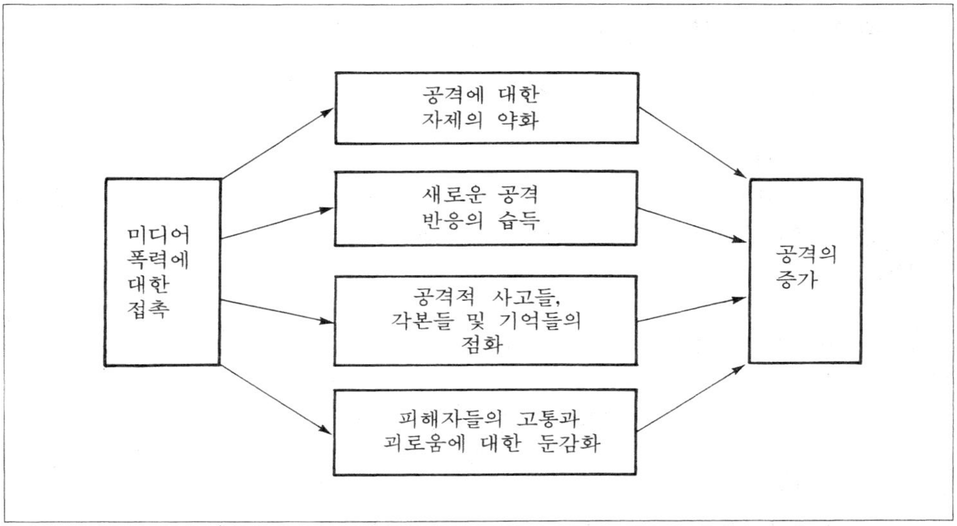

도 11-9. 미디어폭력의 효과들에 대한 몇 가지 저변의 과정들. 미디어폭력에 대한 접촉은 그러한 재료들에 접했던 사람들에 대해 합쳐져서 공격의 증가를 일으킬 수도 있는 몇 가지 효과들을 일으킨다.

고들과 기억들을 점화시켜서, 이것들을 시청자들의 인지체계들 내에서 더욱 쉽게 사용가능하게끔 만들 수 있다(점화에 관해서는 3장 참조). 이와 비슷하게, 공격적 필름들과 TV 프로들에 대한 접촉은 공격에 관련된 각본들(scripts), 즉 특정 환경 속에서 어떤 사상들이 일어나기 쉽다거나 적절하다는 것에 관한 생각들을 강화시키는 동시에 활성화시킬 수 있다(Huesmann, 1988). 예컨대, 미디어의 등장인물들이 폭력을 통해서 대인적 갈등이나 긴장을 처리하는 것을 시청한 후에, 시청자들, 특히 아동들은 공격이 정말로 그러한 상황들에서 일어나기 쉽다고 시사하는 인지적 각본들을 습득할 수 있다. 그러면, 이들 시청자들이 그들 자신의 생활 속에서 이와 비슷한 상황들에 당면하게 될 때, 그러한 각본들, 공격적 사고들 및 관련된 인지들이 활성화되게 된다. 이것이 사실인 한, 외현적 공격 역시 증가될 수 있을 것이다.

끝으로, 미디어폭력에 대한 계속적 접촉은 폭력과 이것의 해로운 결과들에 대한 정서적 민감성을 감소시킬 수 있다. 간단히 말해서, 무수한 살인들, 싸움들 및 폭행들을 시청한 후에, 시청자들은 그러한 재료들에 대해 둔감화되게 되고 그것들에 대해 감소된 정서반응을 보일 수 있다(Geen, 1981). 그러면 그들은 실생활의 공격에 대해 덜 불안하게 느끼고 심지어 피해자들이 상당한 아픔과 고통의 신호들을 보일 때에도, 그들에 대해 감소된 감정이입을 보이게 될 수 있다(Baron, 1971, 1979). 우리가 곧 보게 되는 바와 같이, 이러한 효과들은 이것들이 성폭력을 포함하는 장면들에 대한 접촉에서 생기었을 때에 특히 해로울 수 있다(Linz 등, 1988). 요약하면, 미디어폭력은 몇 가지 상이한 이유들로 그리고 몇 가지 상이한 기제들을 통해서 외현적 공격의 발생을 증가시키는 것 같다(도 11-9 참조). 이러한 사실을 전제할 때, 그러한 재료들이 아동들과 아울러 성인들의 행동에 비슷하게 영향을 주는 것은 당연한 일이다.

높아진 흥분: 정서, 인지 및 공격

당신이 친구를 만나기 위해서 공항으로 차를 몰고 있다고 가정하자. 천천히 달리는 트럭이 당신의 차선의 앞에 있고, 당신은 앞지르기를 시작한다. 당신이 그렇게 할 때, 당신은 긴 경적소리를 듣는다. 당신은 당황해서 급히 브레이크를 밟았고 당신의 왼쪽에서 당신을 앞지르기하려고 하는 차와 가까스로 충돌을 피했다. 상대방 운전자는 화가 나서 계속 경적을 울리면서 당신의 옆을 지나가면서 자신의 주먹을 흔들어댄다. 당신은 매우 당황했고 자신의 심장이 심하게 뛰고 있다는 것을 느낄 수 있다. 이제, 당신은 공항에 도착했다. 당신의 친구가 탄 비행기가 도착할 시간이 다 되었으므로, 당신은 급히 주차를 하고서 공항쪽으로 달려간다. 당신이 보안점검소에 도착했을 때, 당신의 앞에는 한 노인이 있었다. 그가 걸어나가자 부자가 울리고 그는 당황하게 되었다. 보안점검 담당자는 그 노인이 모든 주머니의 물건들을 내놓고서 다시 통과해야만 된다는 것을 그에게 이해시키지 못하고 있다. 당신은 이 지연에 의해서 속타게 되었다. 실제로, 당신은 참을 수 없는 분노가 끓어오르는 것을 느낀다. 이 노인은 도대체 무엇이 잘못되어 있는가?라고 당신은 스스로 생각한다. 이 사람은 간단한 지시도 이해하지 못하는가? 당신은 마음 속으로 중얼대기 시작하고 어이가 없어서 자신의 머리를 흔든다. 당신은 잠시라도 더 오래 걸리면, 나는 이 사람을 밀어 제치고 나가 버릴 것이다라고 생각한다.

이와 같은 상황에서 무엇이 진행되고 있는가? 당신은 조금 전에 교통사고가 날 뻔한 일이 자신의 과도한 분노에서 어떤 몫을 했다고 생각하는가? 간단히 말해서, 그 사건에서 생긴 정서적 흥분이 전혀 무관련한 보안점검대 상황으로 어떻게든 간에 전이되어 왔을 수 있겠는가? 점증하는 증거는 그럴 수 있다고 시사한다(Zillmann, 1983, 1988). 어떤 상황들에서, 높아진 흥분은 이것의 근원에 관계없이 성가심, 좌절 또는 도발에 대한 반응으로 공격을 증가시킬 수 있다. 상이한 실험들에서, 경쟁적 게임들에 대한 참가(Christy 등, 1971), 격렬한 운동(Zillmann, 1979) 및 심지어 어떤 형태의 음악들(Rogers와 Ketcher, 1979)에서 생기는 흥분이 차후의 공격을 촉진시키는 것으로 발견되어 왔다. 그 이유는 무엇인가? 하나의 설득력있는 설명이 **흥분전이이론**(excitation transfer theory)에 의해서 제안되고 있다(Zillmann, 1983, 1988).

이 이론은 어떻게 생기었든 간에, 생리적 흥분은 시간경과에 따라 천천히 사라진다고 지적하면서 시작한다. 그 결과로, 그러한 흥분의 어떤 부분이 사람들이 한 상황에서 다른 상황으로 이동할 때에도 지속될 수 있다. 위의 예에서, 교통사고를 당할 뻔한 결과로 당신이 경험했던 흥분의 어떤 부분이 당신이 공항의 보안점검대에 도착했을 때에도 계속 존재해 왔을 것이다. 그러면, 당신이 사소한 성가심에 당면했을 때에, 그러한 흥분이 그 일에 대한 당신의 정서반응들을 강화시켰다. 그 결과로, 당신은 단지 약간 화가 나기보다도 격노하게 되었다.

이러한 효과들이 가장 일어나기 쉬운 때는 언제인가? 흥분전이이론은 두 개의 관련된 답변들을 제시한다. 첫째로, 이것들은 흥분의 작은 상승들이 탐지하기가 곤란한 고로, 우리가 그러한 잔여 흥분, 즉 하나의 보편적 사건을 비교적 인식하지 못할 때에 일어나기가 가장 쉽다(Zillmann, 1988). 둘째로, 이러한 효과들은 또한 우리가 그러한 흥분의 존재를 인식하기는 하지만 이것을 현재의 상황 속에서 일어나고 있는 사건들에 귀인시킬

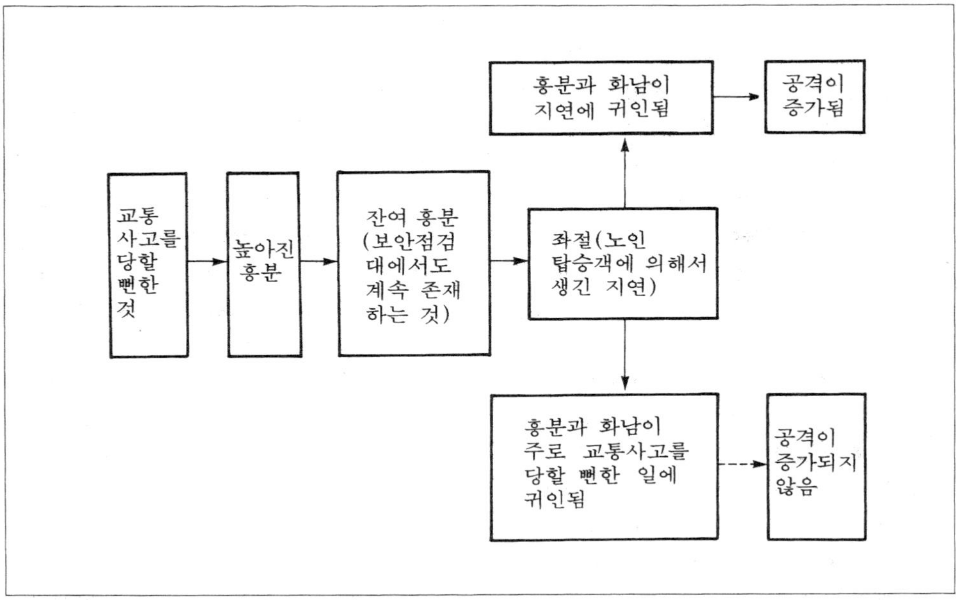

도 11-10. 홍분전이이론의 개관. 홍분전이이론에 의하면, 한 상황에서 생기는 홍분은 그 후의 무관련한 상황들에서 지속되고 정서반응들을 강화시킬 수 있다. 예컨대, 교통사고를 당할 뻔한 것에 의해서 생긴 홍분은 그 후의 공항의 보안점검대에서의 지연에 의해서 생긴 성가심과 좌절의 느낌들을 강화시킬 수 있다. 그러나, 이러한 효과들은 잔여(이월) 홍분이 그러한 지연에 귀인되게 될 경우에만 일어날 것이다.
자료원: Zillmann(1988).

때에 일어나기가 가장 쉽다. 따라서, 우리가 기술해 온 사건에서, 만일 당신이 자신의 잔여의 홍분감들을 당신이 당하고 있는 지연에 귀인시켰다면, 당신의 분노는 강화되게 될 것이다(이러한 상황에 적용시킨 홍분전이이론에 관한 한 요약이 도 11-10에 제시되어 있다).

정서, 인지 및 공격: 복잡한 상호의존들. 홍분전이이론이 홍분이 공격에 영향줄 수 있는 양식에 대한 중요한 통찰들을 제공해 주지만, 이 이론은 최근에 몇 가지 결정적 양식들로 확장되어 왔다(Zillmann, 1988). 이 이론은 이제 정서(홍분)와 인지가 공격적 반응들을 형성짓는 데에 있어서 어떻게 상호작용하는가를 고려한다. 먼저 정서에 대한 인지의 영향을 고려해 보자. 우리의 사고들은 어떻게 홍분에 영향을 주고 따라서 차후의 공격에 영향줄 수 있는가? 한 가지 답변은 우리의 사고가 우리에게 여러 가지 정서유발 사건들을 재평가하게끔 만들 수 있다는 사실을 포함한다. 그러면 그 다음에 그러한 재평가가 그러한 사건들에 대한 우리의 반응들에 영향을 준다. 이러한 과정에 관한 하나의 극적인 예시가 Zillmann과 Cantor(1976)에 의해서 수행된 한 연구에 의해서 제공되고 있다. 이 연구에서, 피험자들은 먼저 무례한 실험자에 의해서 심하게 괴롭힘을 당했고 그 다음에 연구자의 일원으로서 그의 재임명에 찬성하거나 반대하는 투표를 함으로써 그에게 보복할 기회를 제공받았다. 보복을 하기 전에, 두 집단의 참가자들은 그 실험자가 중요한 시험들로 상당히 많은 스트레스를 당하고 있었으며 그 이유로 무례하게 행동했다고 시사하는 완화시켜 주는 정보를 받았다. 한 집단의 피험자들은 그 실험자에게 괴로힘을 당하기 이전에 이 정보를 받았고, 두번째 집단은 그가 무례하게 행동한 후에 비로소 이것을 받았다(그리고 통제조건 속에 있는 피험자들은 아무런 완화시켜 주는 정보를 받지 않았다). 그 결과들은 실험자가 자신을 괴롭히기 이전에 완화시켜 주는 정보를 받았던 피험자들이 도발 후에 매우 적은 흥분을 보인다는 것을 나타냈다. 아무런 그러한 정보를 받지 않았던 피험자들이 가장 높은 수준의 흥분을 보인 반면에, 괴롭힘을 당한 후에 비로소 완화시켜 주는 정보를 받았던 피험자들은 중간수준을 보였다. 이와 비슷한 발견들이 실험공모자에 대한 보복의 측면에서 발견되었다. 즉, 도발당하기 전에 완화시켜 주는 정보를 받았던 피험자들이 가장 낮은 보복수준을 보인 반면에, 통제집단의 피험자들이 가장 높은 수준을 보였다. 흥미있게도, 도발당한 후에 비로소 완화시켜 주는 정보를 받았던 피험자들은 거의 이러한 형태의 정보를 전혀 받지 않았던 피험자들 만큼 강하게 보복했다. 이러한 발견들은 다른 연구들의 발견들과 함께 인지과정들이 여러 가지 형태의 성가심들이나 도발들에 대한 반응으로 흥분에 강하게 영향줄 수 있고 이러한 양식으로 공격에도 또한 강하게 영향줄 수 있다는 것을 시사한다.

이제, 흥분이 인지에 미치는 영향을 검토해 보자. 높은 수준의 흥분들은 타인들의 행동에 대한 우리의 사고에 영향을 주고 따라서 그들에 대해 공격하려는 우리의 경향성에 영향을 주는가? 또다시, 그 답변은 그렇다이다. 이러한 효과들을 매우 분명하게 증명하는 한 연구가 Zillmann(1979)에 의해서 수행되었다. 이 연구에서, 피험자들은 먼저 격렬한 신체운동(붙박이 자전거를 타는 것)을 했거나 하지 않았다. 이러한 처치는 한 집단에서는 높은 수준의 흥분을 일으켰고 다른 집단에서는 낮은 수준의 흥분을 일으켰다. 그 다

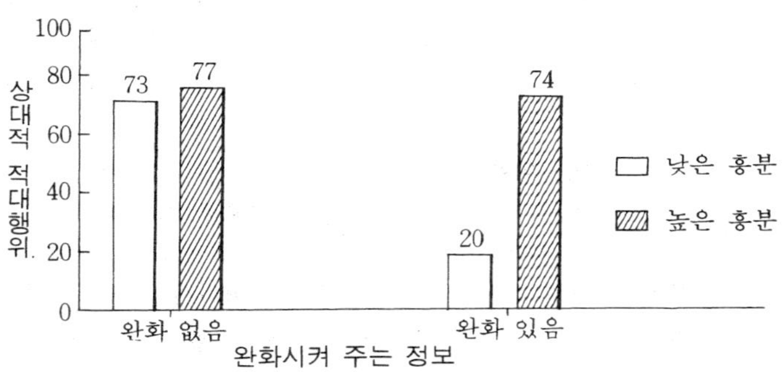

도 11-11. 높은 흥분시에, 인지요인들은 공격에 영향주지 못한다. 실험자에 의해서 강하게 도발당했지만 그 다음에 그가 중요한 시험들 때문에 상당한 스트레스를 받고 있었다는 것을 알았던 피험자들은 이러한 완화시켜 주는 정보를 전혀 받지 않았던 피험자들보다도 그에게 더 적은 공격을 했다. 그러나, 이러한 효과들은 피험자들이 도발당하기 이전에 높게 흥분되었을 때(운동용 자전거를 타는 것에 의해서)에는 얻어지지 않았다. 이러한 발견들은 보통 때에 공격에 영향주는 인지요인들이 흥분이 매우 높을 때에는 거의 영향을 주지 않을 수 있다는 것을 나타낸다.
자료원 : Zillmann(1979).

음에 피험자들은 자기들과 자기들의 수행에 관해서 경멸적인 비평을 하는 무례한 실험자에 의해서 강하게 도발당했다. 그 다음에, 그 실험자에게 보복할(또다시 그를 평가하거나 그의 재임명에 찬성하거나 반대하는 투표를 함으로써) 기회를 제공받기 이전에, 어떤 피험자들은 위에서 기술된 것과 비슷한 완화시켜 주는 정보를 받았다. 즉, 그들은 그 실험자가 큰 스트레스를 받고 있고 그 이유로 무례하게 행동했다는 설명을 들었다. 다른 피험자들은 이러한 정보를 받지 않았다. 피험자들의 흥분수준은 이러한 종류의 처치에 대한 그들의 반응에 영향을 줄 것인가? 도 11-11에서 보이는 바와 같이, 확실히 그러했다. 자전거를 타지 않았고 높게 흥분되지 않았던 피험자들은 그들이 실험자의 행동에 대한 어떤 설명을 들었을 때에 보복의 감소를 보였다. 이와는 반대로, 강하게 흥분되었던 피험자들은 그렇지 않았다. 이러한 발견들은 "정서들이 높이 올라 갈 때에는 이성이 사라진다"는 비공식적 관찰과 일치된다. 다시 말해서, 사람들이 강하게 흥분되어 있을 때, 타인들, 그들의 의도들 및 그들의 행동의 배후의 이유들에 관한 복잡한 정보를 처리하는 데 대한 사람들의 능력은 감소될 수 있다. 그 결과는 따라서 이른바 변호사들이 흔히 "격정의 와중에서"라고 기술하고 있는 타인들에 대한 충동적인 폭언일 것이다.

요약하면, 많은 다른 형태의 사회적 행동들처럼, 공격은 정서와 인지 사이의 복잡한 상호작용에 의해서 영향받고 있는 것 같다. 3장에서 우리가 본 바와 같이, 인지는 흔히 정서반응들에 영향을 주고 역으로 후자들은 인지를 형성시킨다. 다시 말해서, 우리가 생각하는 것이 또한 우리가 무엇을 그리고 어떻게 느끼는가에 영향을 주며, 우리가 느끼는 것이 우리가 무엇을 그리고 어떻게 생각하는가에 영향을 준다. 그리고 사고들과 정서들의 이러한 복잡한 패턴들이 우리가 타인에 대해 공격할 여부와 정도를 결정짓는다.

제삼자의 선동

공격은 항상 두 사람만이 있을 때에 발생되지는 않는다. 흔히 목격자들과 주변인들이 상호작용에 관여되게 된다. 예컨대, 권투 선수권전에서, 관중의 멤버들은 그들이 좋아하는 선수에게 그의 상대방을 가루로 만들어버리도록 열렬하게 응원할 수 있다. 신문들은 보행인들이 어떤 잠재적 자살기도자가 높은 곳에서 뛰어내리도록 부추기는 사건들을 가끔 보도한다. 이런 제삼자의 선동들이 공격행동의 빈도와 강도에 주는 영향은 무엇인가?

13장에서 기술될 복종실험들에서, Milgram(1963, 1965, 1974)은 다른 사람에게 쇼크를 줄 피험자들의 자발성에 미치는 실험자의 명령들의 효과를 탐구했다. 이들 연구들에서, 외부압력의 영향은 분명했다: 공격하도록 촉구받았던 피험자들은 혼자서 행동했던 피험자들보다도 훨씬 더 많은 쇼크를 주었다.

그러나 모든 주변인들이 매우 간여적인 것은 아니다. 어떤 목격자가 공격을 촉구하거나 비난함이 없이 공격행동을 단순하게 관찰할 때에는 무엇이 일어나는가? Bordon (1975)은 관찰자의 영향은 주로 그 사람이 전하는 은연적 가치들에 달려있다는 것을 발견했다. 예컨대, 한 경우에서, 표준의 쇼크실험에 참가하고 있는 남자 피험자들은 한 명의 남자나 여자 학생의 관찰을 받았다. 남자의 관찰을 받았던 피험자들은 여자의 관찰을 받았던 피험자들보다도 유의하게 더 높은 공격수준을 보였다. 남자 관찰자가 자리를 떠난 후에 피험자들은 자신의 공격수준을 감소시킨 반면에, 피험자들의 행동은 여자 관찰자의 떠남에 의해서 비교적 영향받지 않았다. 관찰자의 성별이 왜 이러한 효과를 갖었는가? Bordon은 우리 사회의 규범들이 남자는 폭력을 인정하는 반면에 여자는 반대한다고 은연적으로 시사한다는 가설을 세웠다. 은연적 가치들에 관한 이러한 가설을 검증하기 위해서, Bordon은 관찰자가 태권도 클럽(공격적 관찰자)이나 평화단체(평화적 관찰자)에 속했던 두번째의 실험을 실시했다. 이 경우에서, 관찰자의 성별이 변화되어서, 남자와 아울러 여자는 공격적 및 평화적 역할들을 맡았다. 관찰자의 외현적 가치들이 통제되었을 때, 관찰자의 성별은 아무런 효과가 없었다 ; 그러나 외현적 가치들은 계속 영향이 있었다. 태권도 클럽에 속한 한 멤버의 관찰을 받았던 피험자들은 평화단체에 속한 멤버의 관찰을 받았던 피험자들보다도 더 공격적이었다. 또다시, 공격적 선동자의 떠남은 쇼크수준의 감소를 일으켰지만, 평화주의자의 떠남은 쇼크의 아무런 증가를 일으키지 않았다.

이제 제삼자의 선동의 한 가지 측면을 더 살펴보자. 관점을 조금 달리해서, 이제 공격자가 선동자에게 어떻게 영향을 줄 수 있는가를 살펴보자. 공격의 선동자들은 어떤 사람이 자신의 권유를 따르는 정도에 의해서 영향받게 되는가? Gaebelein은 공격을 선동하는 사람의 행동을 조사하는 일련의 연구들을 실시했다(Gaebelein, 1973, 1978 ; Gaebelein과 Hay, 1974 ; Mander와 Gaebelein, 1977 ; White와 Gruber, 1982). 그녀의 연구들은 선동자들이 만일 자신의 권유가 따라졌을 경우에 더 많은 공격을 부추길 것이라는 것을 보인다. 이와는 반대로, 만일 그 사람이 공격적으로 되는 것을 거부하면, 선동자는 자신의 촉구들을 감소시킬 것이다. 따라서 이 상황에서의 두 사람의 협조는 폭력수준의 증가를 일으킬 것이며, 비협조는 적대감수준을 감소시키는 경향이 있을 것이다. 선동을 감소시키는 다른 방법은 선동자를 상황 속에 직접 관여시켜서, 본인에게 직접 쇼크를 주고 받도록 만드는 것이다. 선동자들은 자기 자신이 쇼크에 취약할 때에는 선동을 "진정시키는" 경향이 있다(Gaebelein과 Hay, 1974).

요약하면, 어떤 관찰자나 관중에 의한 직접적 촉구는 개인이 나타내는 공격의 양을 증가시킬 것이다. 더욱이, 공격적 가치들을 나타내는 관찰자는 공격행동의 증가를 일으킬 수 있다. 선동자는 완전히 국외자는 아니다. 즉, 이 사람의 행동은 공격자의 협조나 비협조에 의해 역으로 영향받으며, 선동들은 권유된 공격이 나타나지 않을 때에 감소될 것이다.

몰개성화

사람들이 확인될 수 없을 때, 그들은 반사회적 행위들을 저지르기가 더 쉽다. 우리가 14장에서 보게 되는 바와 같이, 쇼크를 주는 것이 포함된 실험실실험에 참가했던 학생들은 그들이 명찰에 의해서 확인되었을 때보다도 두건과 시트에 의해서 완전하게 은폐되었을 때에 공격적으로 되기가 더 쉬웠다(Zimbardo, 1970). 다른 실험들은 이와 비슷한 익명성의 조작들을 사용해 왔으며 사람들이 자기 자신의 정체가 강조되지 않을 때에 신체적 및 언어적 적대감을 표현하기가 더 쉽다는 것을 발견해 왔다(Cannavale 등, 1970 ; Festinger 등, 1952, Mann 등, 1982). **몰개성화**(deindividuation ; 또는 몰아)를 논의하면서, Zimbardo(1970)는 익명성을 증가시키는 조건들이 평가에 대한 우려들을 최소화시켜 주고 따라서 죄의식, 수치 및 공포에 기초되어 있는 통상적 자제들을 약화시킨다고 시사해 왔다. 보다 더 최근에, 연구자들은 개인적 자기인식의 개념을 지적해 왔다(8장 참조). 초점이 외부단서들로 이동되게 될 때, 개인적 자기인식은 감소된다(Prentice-Dunn과 Rogers, 1982). 자기 자신에 대해서 더 이상 민감성이 없게 되므로, 사람들은 공격행동을 하려는 자발성이 더 많은 것 같다.

몰개성화의 개념은 피해자와 아울러 공격자에게 적용될 수 있다. 예컨대, Milgram(1965)은 사람들이 자기들이 피해자를 볼 수 없었을 때 그리고 피해자가 자기들을 볼 수 없었을 때에 더 자발적으로 전기쇼크를 주려고 했다는 것을 발견했다. 어떤 식으로, 이러한 조건들하에서의 공격은 몰개성화되어 있다. 사람들이 자신의 행위의 결과를 볼 수 없기 때문에, 이러한 행위들은 수행하기가 더 용이할 것이다. 이차대전 당시의 계획적 대량학살에 원거리에서 조정될 수 있는 가스사형실들과 사형희생자들의 머리에 흔히 씌워진 두건들이 포함되었다는 것이 아마 중요할 것이다. 공격이 심한 것이 아닐 때 조차(예컨대, 당신 앞에 정지된 운전사에 대해 당신의 경적을 울리는 것), "피해자"를 볼 수 없는 운전사는(앞 차의 뒷창에 커튼이 내려져 있기 때문에) 정지된 앞 차의 운전사에게 경적을 울리기가 더 쉬울 것이다(Turner 등, 1975).

성적 흥분과 공격 : 사랑과 미움의 관련성

방금 우리가 보아 온 바와 같이, 적절한 상황들 하에서 광범한 원천들에서 나오는 흥분이 때로는 공격에 영향줄 수 있다. 이러한 사실을 전제할 때, 성적 흥분이 또한 이와 같은 효과들을 가질 수 있는가에 대한 의문을 제기하는 것이 사리에 합당한 것같이 여겨진다. 예컨대, Freud(1933)는 사랑하는 이를 해치거나 그 사람에 의해서 해침을 받으려는 욕망들이 성적 관계들의 하나의 정상적 부분이라고 제안했다. 성적 흥분이 공격에 영향을 주고 그 반대도 마찬가지라는 어떤 증거가 있는가? 그 답변은 명확하게 "그렇다"이다.

몇 개의 연구들의 결과는 나체나 부분적으로 옷을 입은 매력적인 인물들에 관한 사진들을 봄으로써 유발된 것과 같은 약한 수준의 성적 흥분들이 어떤 양식으로 자기에게 이전에 도발해 왔던 사람들에 대한 그 후의 공격을 감소시킬 수 있다는 것을 나타낸다 (Baron, 1974, 1979 ; Baron과 Bell, 1973 ; Ramirez 등, 1983). 그러나, 매우 선정적인 발췌된 문장들을 읽거나 노골적으로 애무하는 장면들을 봄으로써 일어난 것과 같은 더 강한 수준의 성적 흥분들은 정반대의 효과들을 갖는다. 즉, 이러한 활동들은 차후의 공격을 증가시키는 것 같다(Jeffe 등, 1974 ; Zillmann, 1984). 간단히 말해서, 성적 흥분과 외현적 공격 간의 관계는 곡선적인 것 같다. 약한 수준의 흥분들은 성적 흥분이 없을 경우에 보였던 지점 이하로 공격을 감소시키는 반면에, 더 높은 수준들은 실제로 이 지점 이상으로 공격을 증가시킨다. 이러한 U자 형태의 포물선적 함수를 어떻게 설명할 것인가? Zillmann에 의해서 제안된 두 요소 모형이 하나의 유용한 답변을 제공하고 있다.

이 모형에 의하면, 선정적 자극에 대한 접촉은 두 가지 효과들을 일으킨다. 즉, (1) 이것은 흥분을 증가시키고, (2) 현재의 감정상태들, 즉 긍정적 및 부정적 감정들에 영향을 준다. 따라서 성적 흥분이 공격을 증가시키거나 감소시키는 여부는 이러한 효과들의 전체 패턴에 달려있다. 약한 선정적 재료들은 단지 약한 수준의 흥분들과 주로 긍정적인 감정을 일으킨다. 그 결과로, 이러한 재료들에 대한 접촉은 차후의 공격을 감소시키는 경향이 있다. 이와는 반대로, 노골적인 선정적 재료들은 더 강한 수준의 흥분들을 일으킨다. 또한, 많은 사람들이 보여 준 행위들 중의 몇 가지를 불쾌하거나 혐오적으로 느끼는 고로, 그러한 노골적 재료들은 또한 상당한 양의 부정적 감정들을 일으킨다. 그 결과로, 이러한 유형의 외설물은 공격을 증가시킬 수 있다. 몇 개의 연구들의 발견들은 이러한 두 요소이론을 지지한다(Ramirez 등, 1983). 이들 연구들 속의 피험자들이 낮은 수준의 흥분과 긍정적 감정들을 유발시킨 성적 자극들에 접했을 때, 그들의 공격은 감소되었다. 이에 비해서, 그들이 높은 수준의 흥분과 더불어 부정적 감정을 경험했을 때, 그들의 차후의 공격은 증가되었다.

요약하면, 성적 흥분과 공격 사이에 정말로 어떤 연관이 있는 것 같다. 그러나, 이러한 관계의 성질은 처음에 생각했던 것보다도 더 복잡하며, 또다시 감정(정서들)과 아울러 인지의 영향들에 관련되어 있다.

폭력적 외설물의 영향들: 공격적 행위들과 무감각한 태도들

최근 몇십 년 동안에, 필름들과 잡지들에서의 성적 행동의 노골적 묘사에 대한 금지들이 많은 국가들에서 거의 사라져 왔다. 이러한 사실은 비디오카세트 녹화기들의 대량 판매와 합쳐져서, 이러한 재료들에 대한 접근이 이웃집 구멍가게처럼 가까와지는 상황을 낳아 왔다. 더욱이, 입수할 수 있는 음란한 테이프들(그리고 잡지들과 같은 기타의 미디어 소스들) 중의 어떤 것들은 성관계와 폭력을 혼합시키는 장면들을 싣고 있다. 이러한 재료들에서, 여성은 일반적으로 피해자들이며 여러 가지 양식으로 강간당하고 고문당하고 폭행당하는 것으로 보여지고 있다. 미디어폭력에 대한 접촉이 시청자들에게서 유사한 행동을 고무시킬 수 있고 높은 수준의 성적 흥분들(부정적 감정과 합쳐져서)이 또한 공격을 증가시킬 수 있다는 것을 전제할 때, 이러한 폭력적 외설물(violent pornography)이 하나의 위험스러운 종합이 될 수 있을 가능성이 있는 것 같다. 불행하게도, 점증하는 경험적 증거는 이것이 실제로 사실이라는 것을 시사한다.

첫째로, 최근의 몇 개의 연구들은 이러한 재료들에 대한 접촉이 남성들이 여성들에 대해 공격하는 경향성을 증가시킨다는 것을 나타낸다(Malamuth와 Briere, 1986). 예컨대, 이러한 주제에 관한 한 실험(Donnerstein 등, 1987)에서, 남자 피험자들은 여자 실험공모자에 의해서 화가 났다. 그 다음에 그들은 여성들에 대한 폭력(예: 강간과 고문의 장면들)을 포함하고 있는 외설적 필름이나, 노골적인 성행동을 포함하고 있지만 폭력이 없는 음란한 필름이나, 여성에 대한 폭력을 보여 주기는 하지만 성적 내용을 싣고 있지 않은 필름을 시청했다. 그 다음에 피험자들이 여자 실험공모자를 공격할 기회를 제공받았을 때(가공적인 전기쇼크들에 의해서), 폭력적 외설물에 접했던 피험자들이 가장 높은 공격수준을 보였다. 아무런 폭력을 싣고 있지 않은 음란한 필름을 시청했던 피험자들이 가장 낮은 공격수준을 보였으며, 아무런 성적 내용을 싣고 있지 않은 폭력적 필름을 시청했던 피험자들은 그 중간이었지만 폭력적 외설물을 시청했던 피험자들의 공격수준에 보다 더 가까웠다(도 11-12 참조).

부가적 발견들은 폭력적 외설물에 대한 접촉이 또한 다른 해로운 효과들을 가질 수 있다는 것을 시사한다(Linz 등, 1984; Zillmann과 Bryant, 1984). 이들 연구들은 여성들에

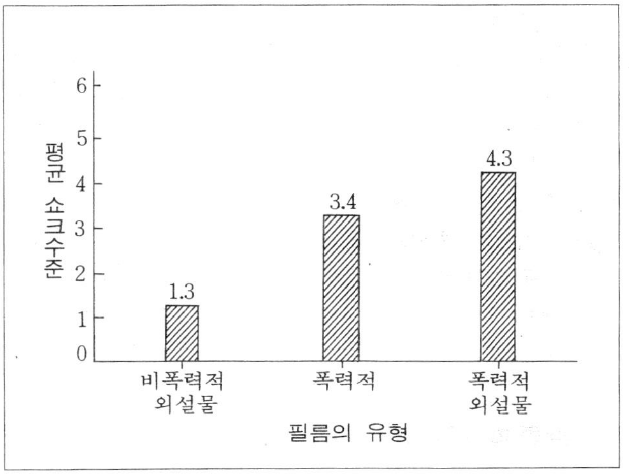

도 11-12. 폭력적 외설물의 유해한 효과들에 대한 증거. 여자들에 대한 공격의 장면들을 싣고 있는 음란한 필름(폭력적 외설물)을 시청했던 남자 피험자들은 성적 내용이 없는 폭력적 필름을 시청했던 피험자들보다도 여자 실험공모자에 대해 더 많은 공격을 보였다. 폭력 내용이 없는 음란한 필름을 시청했던 피험자들은 셋 중에서 가장 공격이 적었다. 이러한 발견들은 노골적인 성적 내용과 여성에 대한 폭력의 종합이 잠재적으로 위험하다는 것을 시사한다.
자료원 : Donnerstein 등(1987).

대한 성폭력을 묘사하는 장면들에 대한 장기적 접촉(그러한 필름들을 몇 시간 동안 시청하는 것) 후에, 남자들과 아울러 여자들이 그러한 행위들에 대한 보다 더 무감각한 태도들을 보고한다는 것을 시사한다. 그들은 강간과 같은 범죄들을 덜 심각하다고 지각하고, 강간피해자들에 대한 더 적은 동정을 보고하고, 강간에 관한 잘못된 신념들(예 : 많은 여성이 실제로 난폭하게 강간당하는 것을 원한다는 미신)의 더 큰 수용을 나타내고, 여러 가지 괴상한 형태의 춘화들을 더 수용하게 된다.

Linz 등(1988)에 의해서 수행된 다른 연구는 이와 비슷한 효과들이 노골적인 성행위를 싣고 있지 않은 필름들을 시청하는 결과로도 또한 생길 수 있다고 시사한다. 정말로, 이 연구는 몇 명의 다른 연구자들에 의해서 보고된 발견들과 함께 결정적인 것이 노골적 성행위가 아니라 폭력적 내용이라고 시사한다. 이 연구에서 피험자들(남학생들)은 3가지 유형의 필름들 중의 하나를 시청했다. 즉, 노골적인 성행동을 보여 주는 음란한 비폭력 영화들, 음란한 폭력 영화들(주로 여성에게 겨냥된 노골적인 폭력장면들을 싣고 있는 "난폭한 폭행" 필름들) 및 여성을 성적 대상으로 묘사하지만 노골적인 성행위의 장면들을 싣고 있는 음란한 필름들(비폭력의 10대들의 성관계 필름들)이다. 여러 집단들 속의 피험자들은 이러한 세 가지 유형의 필름들 중의 하나에 관한 2개나 5개의 필름들을 시청했다. 통제집단들 속의 부가적 피험자들은 아무런 필름을 보지 않았다. 각 필름을 보기 전과 후에, 해당 집단들의 피험자들은 자신의 기분들과 정서반응들을 보고했다. 그 다음에, 모든 피험자들은 하나의 모의 강간재판에 관한 테이프를 시청했다. 재판에 관한 테이프를 시청하기 전과 아울러 후에, 피험자들은 그들의 강간에 관한 미신들의 수용과 이러한 범죄의 피해자들에 대한 동정을 측정하기 위해서 만들어진 질문지에 응답했다.

그 결과들은 음란한 폭력영화들(여성에 대한 공격을 보여 주는 "난폭한 폭행" 필름들)에 대한 접촉이 피험자들에 대해 정서적 둔감화를 일으킨다는 것을 나타냈다. 즉, 그러한 필름들을 시청한 후에, 피험자들은 이전보다도 덜 불안을 느꼈다. 음란한 필름들과 성적 내용을 싣고 있는 음란한 필름들에 접했던 피험자들은 이와 비슷한 경향을 보이지 않았다. "난폭한 폭행" 영화들을 시청했던 피험자들은 또한 일반적으로 다른 조건들이나 통제조건의 피험자들보다도 강간피해자에 대해 덜 동정적이었고 강간 피해자들에 대해 더 적은 감정이입을 보였다. 그러나, 예언들과는 반대로, "난폭한 폭행" 필름들과 이것들이 싣고 있는 성적 폭력에 대한 접촉은 강간에 관한 미신들에 대한 피험자들의 수용이나 성관계들에서 완력의 사용을 인정하는 경향성을 증가시키지는 않았다.

종합적으로, Linz 등(1988)에 의해서 보고된 발견들은 여성에 대한 폭력장면들에 대한 접촉이 시청자들에게 나쁜 영향들을 충분히 줄 수 있다는 것을 시사한다. 그러한 재료들을 시청한 후에, 남자들은 그것들과 아울러 강간과 같은 실제의 범죄들의 피해자들 측의 고통과 괴로움의 신호들에 둔감화되게 되었다. 폭력을 묘사하는 필름들과 특히 여성에 대한 폭력을 싣고 있는 필름들의 엄청난 인기를 전제할 때, 이러한 형태의 오락물들의 장기적인 사회적 비용들이 상당히 클 가능성이 있는 것 같다.

알콜과 공격

상식은 최소한 어떤 사람들이 술을 마셨을 때에 더 공격적으로 된다는 것을 시사한다. 술집들과 나이트클럽들은 충동적인 폭력행위들의 장면으로 소문나 있다. 더욱이, 폭력범죄들(예: 살인, 폭행)로 체포된 75%의 사람들이 그들이 경찰에 의해 구금되었을 당시에 법적으로 술취한 상태에 있었다(Shupe, 1954). 알콜과 공격 간의 하나의 중요한 연관에 대한 증거가 또한 많은 실험실연구들에 의해서 제공되고 있다. 이러한 실험들에서, 사람들을 법적으로 취하게끔 만들기에 충분한 다량의 알콜을 제공받은 피험자들은 알콜이 없는 음료수나 아무런 인식가능한 효과들이 없을 정도의 소량의 알콜이 들어 있는 음료수를 제공받은 사람들보다도 흔히 도발에 대해 더 강력하게 반응한다(Taylor와 Leonard, 1983).

이러한 반응들은 어떻게 설명될 수 있는가? 한 가지 가능성은 알콜이 직접 뇌에 작용해서, 정서와 분노를 통제하는 비교적 원시적 부위들을 대뇌피질에 의한 통제로부터 해방시킨다는 것이다. 만일 이것이 정말로 사실이라면, 알콜을 섭취한 사람들은 그들이 극히 단순하게 더 이상 그러한 자제를 행할 능력이 없기 때문에, 공격적 폭발들을 통제하기가 불가능하지는 않다고 하더라도 극히 곤란할 수 있다(Zeichner와 Pihl, 1980). 다른 보다 덜 불안스러운 가능성은 알콜이 공격적(또는 성적) 행동에 대한 자제들을 약화시키기는 하지만 사람들에게 어느 정도 자기 자신의 행위를 감시하고 규제할 수 있게끔 만든다는 것이다. 따라서, 알콜은 공격에 기여하는 몇 가지 요인들 중의 단 하나에 불과하며, 결코 그러한 행동이 일어나게 되는 것을 보장하지는 않는다.

이러한 후자의 결론이 점증하는 연구의 증거들에 의해서 지지받고 있다(Taylor와 Jeavons, 1985). 예컨대, 이 주제에 관한 한 흥미있는 연구(Taylor와 Sears, 1988)에서, 남자 피험자들은 다량의 알콜이 들어 있거나(18kg의 체중 당 52g의 보트카술) 알콜이 들어있지 않은(알콜 냄새는 나지만 실제로 알콜이 전혀 없는) 음료수를 마셨다. 이 음료수를 마신 후에, 피험자들은 한 반응시간과제에서 타인(실제로는 존재하지 않는)과 경쟁했다. 이 과제에서, 각 시행에서 더 느린 경기자는 그의 상대에 의해서 그에 대해 설정된 쇼크를 받았다. 따라서, 이 가공적 상대에 대한 피험자들의 공격의향은 이들이 이 사람에 대해 선택하는 쇼크의 강도의 측면에서 측정될 수 있다. 반응시간 시행들이 시작되기 이전에,

두 명의 실험공모자가 그 방으로 들어와서, 그들이 자기들의 교수에 의해서 그 연구를 관찰하도록 배정받았다고 설명했다. 이 기간 동안에, 이들 공모자들은 피험자에게 더 높은 숫자의 버튼들을 누르도록(즉, 자기의 상대에게 강한 쇼크를 주도록) 점점 증가되는 사회적 압력을 주었다. 이 실험공모자들은 높은 수준들을 사용하는 것이 피험자와 아울러 그들 자신에 대해 더 많은 홍분을 제공할 것이라고 말했고, 그들은 피험자가 자기들의 권고들에 따랐을 때에 인정을 나타냈거나 그렇지 않았을 때에 불인정을 나타냈다. 그 다음에 이 기간의 끝무렵에, 실험공모자들 중의 한 명이 자기들의 말이 그 실험기간에 방해를 주었을지도 모른다고 말했다. 그 후에, 그들은 조용히 앉아 있었고 피험자에 대해 공격적으로 행동하도록 더 이상의 압력을 주지 않았다.

술취한 피험자들이 실험공모자들의 사회적 압력에 대해서 술취하지 않은 피험자들보다도 더 반응적이어서, 이것의 존재 동안에 그들이 실시한 쇼크들의 강도를 증가시킬 것이라고 예언되었다. 그러나, 사회적 압력이 실험기간의 끝무렵에 제거되었을 때에는 그들은 그들의 공격수준을 감소시킬 것이다. 바로 이것이 일어났다. 술취한 피험자들은 실험공모자의 압력에 대한 반응으로 그들의 공격수준을 처음에는 증가시켰고 그 다음에는 감소시켰다(도 11-13 참조). 술취하지 않은 피험자들은 이 연구의 과정 동안에 거의 변화를 보이지 않았다.

이러한 결과들과 몇 개의 이와 관련된 연구들(Jeavons와 Taylor)의 결과들은 알콜이 이것을 마신 사람들에 의한 공격을 자동적으로 증가시키지는 않는다고 시사한다. 이러한 사람들은 때로는 공격적으로 되지만, 이러한 행동이 적절하다고 시사하고 있는 사회적 및 상황적 단서들(예: 타인들로부터의 강한 도발, 공격적으로 행동하는 데 대한 사회적 압력)의 맥락 속에서만 그러하다. 따라서, 그들은 그들이 섭취한 약물에 의해서 폭력을 저지르게끔 프로그램되어 있지는 않으며, 실제로, 그들은 상당한 자제를 보일 능력을 유지시킨다. 한편, 이러한 발견들은 법적 소송절차들에 대해 중요한 함축들을 갖는다. 이것은 폭력범죄들의 혐의로 기소된 사람들에 대해, 그들 자신이 행하고 있는 바를 알지 못했을 정도로 매우 많은 알콜을 섭취했다는 암시에 기초된 변호들이 대체적으로 볼 때에 매우

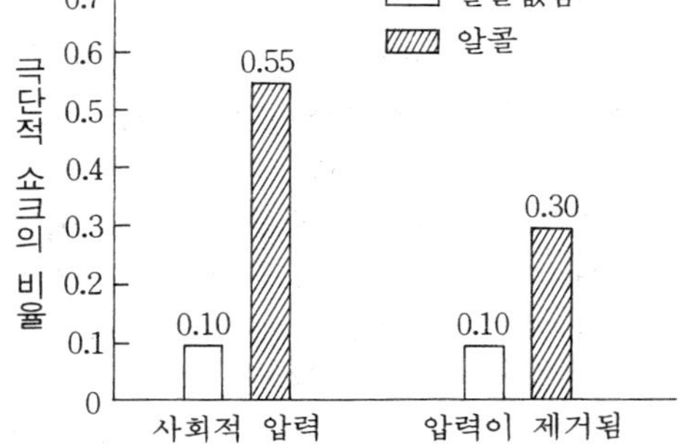

도 11-13. 알콜, 사회적 압력 및 공격. 다량의 알콜을 섭취한 피험자들은 아무런 알콜을 섭취하지 않은 피험자들보다도 그들이 타인을 해치라고 시사하고 있는 사회적 압력에 굴복하려는 의향이 더 많았다. 그러나, 그러한 사회적 압력이 제거되었을 때, 전자는 비교적 비공격적 행위들로 되돌아갔다. 이러한 발견들은 알콜을 섭취한 사람들이 그렇지 않은 사람들보다 자동적으로 또는 항상 더 공격적이지는 않다는 것을 시사한다.
자료원 : Taylor와 Sears(1988).

빈약한 근거에 기초되어 있다는 것을 시사한다(편저자 주: 그러나 술이 만취되었을 때에는 술취했을 당시의 자신의 행동을 전혀 기억하지 못할 수도 있다).

환경조건들

환경의 조건들은 흔히 사람들의 기분에 영향을 준다. 당신은 아마 당신의 방의 에어콘이 무더운 날에 작동되지 않기 때문에 또는 당신의 창문 밖의 건설공사의 소음이 시끄럽기 때문에 기분나쁜 것을 느낀다고 불평할 것이다. 환경조건들은 또한 행동에도 영향을 줄 수 있는가? 18장에서 우리는 환경이 행동에 영향을 주는 몇 가지 양식들을 고려할 것이다. 여기에서 우리는 보다 더 특수한 의문, 즉 소음, 대기오염 및 극도의 온도들과 같은 환경조건들이 개인이 타인들에 대해 공격적으로 행동하게 될 가능성에 영향을 줄 수 있는가를 고려할 것이다.

불쾌한 소음수준들이 공격행동의 증가를 일으킬 수 있다. 예컨대, 실험실실험에서 큰 소음에 접했던 피험자들은 낮은 소음수준이나 전혀 무소음에 접했던 피험자들보다도 상대방에 대해 유의하게 더 높은 수준의 쇼크를 준다(Donnerstein과 Wilson, 1976). 일반적으로, 이러한 공격의 증가는 피험자들이 도발당하거나 분노할 경우에만 발견되고 있다. 알콜의 경우에서와 같이, 외부자극 자체는 공격을 일으키는 데에 충분치 않다. 그러나 외부자극은 식역을 낮추어서, 어떤 공격에 대한 자극이 존재할 때에, 공격행동이 보다 더 쉽게 나타나게 된다.

불쾌한 대기상태(스모그, 담배연기, 옮은 연기)가 또한 공격경향에 영향을 준다. 대기의 질은 오존수준, 즉 대기오염수준의 한 지표의 측정에 의해서 평가될 수 있다. 이 측정치를 사용해서, Rotton과 Frey(1985)는 날씨와 폭력범죄간의 관계를 나타내 준 한 기록문서연구를 실시했다. 오존수준이 증가됨에 따라, 가정 소요들의 보고들이 또한 증가되었다. 다소의 규칙성으로, 높은 기온과 적은 바람의 날들이 폭력 에피소드들에 선행되었는데, 이것은 하나의 시사적 발견이 된다.

많은 사람들이 기온과 폭력 간의 어떤 관계를 시사해 왔다. 1960년대에 미국에서 시민소요들의 광범한 발생 동안에, 매스 미디어는 "길고 무더운 여름" 효과를 자주 강조했다. 무더위가 폭동들의 한 원인이라고 인용되어 왔다. 정말로, 대다수의 소요들이 여름에 일어났다(U.S. Riot Commission, 1968).

그러나, 기온과 공격행동 간의 실제적 관계는 이렇게 매우 간단하지는 않으며 관계의 형태는 실험실상황과 현장상황 사이에서 차이가 있다. 일련의 실험들에서 Baron과 그의 동료들(Baron, 1972; Baron과 Bell, 1975, 1976; Bell과 Baron, 1976)은 어떤 조건들에서 무더위가 분노하지 않았던 피험자들에서조차, 공격경향을 증가시킨다는 것을 발견했다; 그러나 다른 경우들에서, 높은 기온들이 공격경향을 감소시키는 것같다. 비록 시초의 발견들의 세트는 다소 혼동되어 있지만, Baron(1977)은 모든 발견들을 통합시키는 것 같은 하나의 재미있는 설명을 제시했다: 그는 공격이 개인이 경험하는 부정적 감정이나 불쾌감의 수준에 의해서 매개되고 있으며 불쾌감과 공격 간의 관계가 곡선적이라고 시사한다. 다시 말해서, 매우 낮거나 매우 높은 불쾌감 수준들에서 공격은 최소가 된다. 공격은 중간수준의 불쾌들에서 가장 일어나기 쉽다.

이러한 복잡한 설명은 다른 실험실발견들에 의해 지지받아 왔다. 예컨대, Palamarek과 Rule(1979)은 꽤 편안하거나(약 23℃) 꽤 더운(약 35℃) 방에서 대학생들을 모욕하거나 모욕하지 않았다. 그들에게 수행할 과제들의 선택기회를 주었을 때, 모욕받았던 남자들은 기온이 편안했을 때에 자기의 상대에게 공격을 허용하는 과제를 택하는 경향이 더 많았던 반면에, 방이 과도하게 더웠을 때에는 공격적 과제를 택하는 경향이 더 적었다. 또다시 이러한 결과들은 곡선적 해석을 지지해 준다: 모욕이나 무더위에 의해서 생긴 중정도의 흥분이 더 큰 공격을 일으키지만, 이 두 개의 요인들이 있을 때 또는 없을 때에는 더 적은 공격이 일어난다.

이러한 발견들에 대한 대안적 설명이 Anderson과 Anderson(1984)에 의해 시사되어 왔다. 실험실 속에 있는 피험자들은 그들이 실험에 참가하고 있다는 것을 인식할 뿐만 아니라, 대개의 경우들에서 그 실험이 기온의 효과들에 관계되어 있다는 것도 또한 인식하고 있다(잠재적 피험자들에게는 그들이 참가에 동의하기에 앞서서 어떤 위험이나 불쾌한 조건들에 관해서 설명해 주어야만 된다). 결과적으로, 불쾌하게 높은 기온을 경험하고 그 다음에 다른 학생에게 공격적이게 될 기회를 제공받은 피험자는 그 실험이 무엇에 관한 것이라는 것을 잘 추측할 것이다. 실험자가 그들이 보다 더 공격적일 것인가를 알고 싶어한다고 단정하고서, 이 피험자들은 의식적으로 공격적 선택을 자제할 것이다. 따라서 Baron과 그의 동료들에 의해서 보고된 곡선적 관계는 실험절차에 부수되는 하나의 인위성일 수 있다.

기온과 공격 간의 관계에 관한 검토는 또한 실험실 밖에서 수집된 자료에 대해서도 있었다. 이러한 관계에 대한 시초의 검증들 중의 하나에서, Baron과 Ransberger(1978)는 미국에서의 1968년과 1971년 사이의 집단적 폭력의 사례들을 찾아냈다. 그 다음에 그들은 폭력이 일어났던 날짜들의 평균 기온에 관한 기록들을 얻었다. 그들의 발견들은 기온과 공격이 곡선적으로 관련되어 있다는 Baron의 주장을 지지했다: 폭동들은 날들이 점점 더 무더워짐에 따라 일어나기가 더 쉽지만, 어떤 지점까지만 그러했다.

이러한 결론도 또한 비평받아 왔다. Carlsmith와 Anderson(1979)은 Baron과 Rans-

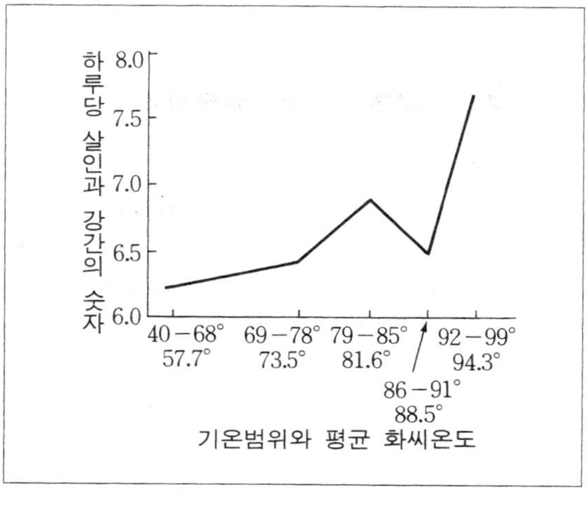

도 11−14. 공격적 범죄(살인과 강간)와 당일의 최대 기온 간의 관계

berger가 상이한 기온 범위들상의 날짜들의 숫자를 고려하지 못했다고 시사했다. 다시 말하면, 만일 섭씨 27°의 날짜들이 32°의 날짜들보다 더 보편적이라면, 단순한 확률원리는 우리로 하여금 후자보다도 전자의 기간들에서 더 많은 폭동들이 있을 것으로 기대하게끔 만들 것이다. 단순한 확률이론을 사용해서, Carlsmith와 Anderson은 각 기온 기간 동안의 폭동의 확률을 계산했다. 그들의 결과들은 단순한 직선적 관계, 즉 기온이 높을수록 폭동이 더 발생하기 쉽다는 것을 시사한다.

직선적 관계를 또 다시 지지해서, Anderson과 Anderson(1984)은 1980년과 1982년 사이의 미국의 휴스턴지역에서의 기온들과 폭력범죄들, 특히, 강간과 살인에 관한 자료를 수집했다. 도 11-14에서 보이는 그들의 발견들은 공격과 기온이 상당히 직선적 양식으로 관련되어 있다는 것을 지지한다. 이 가설을 더욱 깊이 검증하기 위해서, 이 연구자들은 기온과 관련해서 전체 범죄수에 대한 공격범죄수의 비율을 고려했다. 또다시 그들은 직선적 관계를 발견해서, 일반적 범죄들보다도 공격적 범죄들이 기온이 상승할 때에 증가한다고 시사했다.

물론 이러한 관계에는 상한계가 있다. 예컨대, 섭씨 54°의 기온에서 극소수의 사람들만이 돌아다니고 싶어하게 되어서 그들만이 공격적으로 될 것이다. 그러나, 정상 범위의 기온들 내에서, 공격은 기온에 따라 증가되는 것 같다.

공격의 개인적 원인들

어떤 사람들은 그들의 성격이나 기타의 특징들에 의해서 공격하려고 준비되어 있는가? 일상생활에서의 비공식적 관찰은 이것이 그렇다는 것을 시사한다. 어떤 사람들은 화를 내거나 공격적 대면들에 참가하는 일이 드물지만, 다른 사람들은 흔히 심각한 결과들을 가지면서 끊임없이 울화를 터뜨리는 것 같다. 많은 개인적 요인들이 이와 같은 차이들에서 한 역할을 한다. 이 절에서 우리는 상당히 중요한 것같이 보이는 3가지 요인들을 고려할 것이다.

성격과 공격: A형 행동패턴

당신은 당신이 (1) 극히 경쟁적이고, (2) 항상 급히 서두르고, (3) 특히 화를 잘내고 공격적이라고 기술할 수 있는 어떤 사람들을 알고 있는가? 만일 그렇다면, 그들은 심리학자들이 이른바 A형(Type A)이라고 일컫는 사람이 될 가망성이 충분히 있다(Glass, 1977). 이와 같은 일조의 특징들(A형 행동패턴이라고 알려진)은 이들과 그러한 특징들을 갖고 있지 않고 B형(Type B)이라고 기술되고 있는 다른 사람들을 구분지워 준다. 거의 모든 개인차와 마찬가지로, 이것들은 한 차원상의 양극단들을 나타낸다. 그러나 최근의 증거는 A형-B형 간의 구분이 진정하게 이분적인 것 같다는 것을 시사한다. 즉, 대부분의 사람들이 한 범주나 다른 범주에 해당되는 경향이 있다(Strube, 1989).

위에서 언급된 특징들을 전제할 때, A형인들이 B형인들보다도 광범한 상황들에서 더 공격적인 경향이 있을 것이라는 것이 합당한 것 같다. 결국, A형인들은 매우 경쟁적이고 쉽게 화를 내고 항상 서두른다. 몇 개의 실험들의 결과들은 이것이 정말로 사실이라는 것을 나타낸다(Baron 등, 1985; Carver와 Glass, 1978). 더 나아가서, 다른 발견들은 A형인들이 정말로 적의적이라는 것을 나타낸다. 그들은 공격하는 것이 자기 자신의 승진을 촉진시키는 것이나 운동경기들에서 이기는 것과 같은 다른 목표들을 달성하기 위한 하나의 유용한 수단(이것은 수단적 공격－instrumental aggression－이라고 알려져 있다)이기 때문에 단순하게 타인들에게 공격하지는 않는다. 이와는 반대로, A형인들은 B형인들보다도 적의적 공격(hostile aggression), 즉 공격의 주목적이 피해자들에게 고통을 입히거나 괴로움을 주는 것을 행할 가능성이 더 많다(Strube 등, 1984). 부가적 증거는 A형인들이 B형인들보다도 아동학대나 배우자학대와 같은 행위들을 저지르는 경향이 더 많다는 것을 시사한다(Strube 등, 1984).

끝으로, A형인들이 B형인들보다도 직장상황들에서 타인들과의 갈등을 경험할 가능성이 더 많다. 이 문제에 관한 최근의 한 연구에서, Baron(1989)은 큰 집단의 관리자들에게 그들이 자신의 직무수행과정 동안에 부하들이나, 동료들이나, 상사들과의 갈등을 경험했던 빈도를 보고하도록 요구했다. A형인이라고 분류된 사람들이 B형인이라고 분류된 사람들보다도 동료들과 부하들과의 갈등의 더 높은 발생을 보고했다. 두 집단은 모두 상사들과의 많은 갈등을 보고하지는 않았는데, 이것은 공격이 상대적 지위와 같은 사회적 요인들에 의해서 강력하게 영향받고 있다는 다른 증거이다(A형인들은 B형인들보다도 전세계적으로 더 공격적인가? 그렇지 않으면, 이것은 이 현상이 처음으로 체계적으로 연구된 서구 국가들에 한정되어 있는가? 이 문제에 대한 증거를 알아보기 위해서는 특별논의 11－7을 보라).

특별논의 11－7. 다중 문화적 조망에서 본 사회심리학: A형과 B형의 운전사들의 직무상의 공격

심지어 공격경향성이 일반적으로 낮은 사람들조차 한 가지 특별한 맥락, 즉 운전 중에 급격하게 바뀌는 것같이 보인다. 교통혼잡 속에 처하게 될 때, 많은 사람들이 쉽게 화를 내고 자신의 경적을 울리거나, 위험한 운전방법들을 사용하거나, 심지어 상스러운 제스처들을 보임으로써 자신의 분노를 나타낸다(Baron, 1976; Kenrick과 MacFariane, 1986). 공격에 대한 자제들이 운전의 맥락 속에서 비교적 약한 것 같다는 것을 전제할 때, 이러한 활동이 A형인들과 B형인들 간의 차이들을 알아보기 위한 하나의 훌륭한 맥락을 제공해 줄 수 있는 것 같다. 실제로, Evans 등(1987)에 의한 연구는 이러한 절차를 사용했다.

이들 연구자들은 A형이나 B형이라고 분류된(하나의 표준검사에 기초해서) 버스운전사들의 행동과 운전기록들을 비교했다. 두 국가(미국과 인도)의 운전사들이 연구되었다. 운전사들의 직무상의 행동에 관한 증거를 얻기 위해서, 그들의 이전의 사고에 관한 기록들이 그들의 사용자들로부터 얻어졌다. 부가적으로, 연구조수들이 운전사들의 버스에 그들이 알지 못하게끔 타고서, 전형적인 근무일들 동안에 그들의 행동을 관찰했다.

그 결과들은 A형의 운전사들이 B형의 운전사들과 다르게 그리고 보다 더

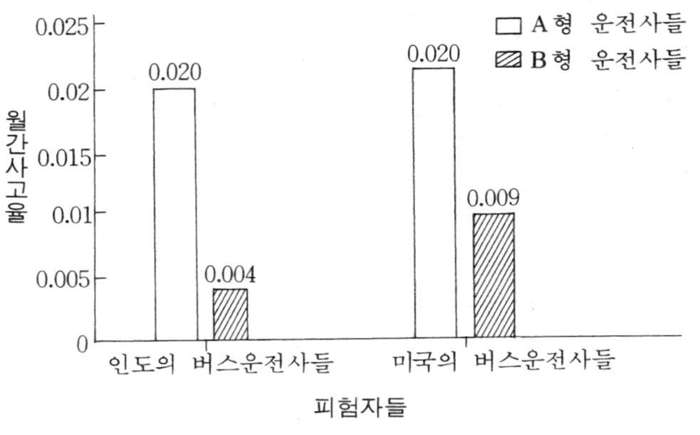

도 11－15. A형 행동패턴과 직무와 관련된 공격. 인도와 미국의 A형 버스운전사들은 B형 버스운전사들보다도 더 많은 사고를 냈다. 부가적으로, 인도에서(그러나 미국에서는 아님) A형 버스운전사들은 직무상에서 더 공격적이었다: 그들은 더 빈번하게 자신의 경적을 울렸고 다른 운전자들을 앞질렀다.
자료원: Evans 등(1987).

공격적으로 행동했다는 것을 나타냈다. 그들은 두 개의 국가에서 더 높은 사고 발생수를 갖졌다. 정말로, 사고율은 B형인들보다도 A형인들에게서 몇 배나 더 높았다. 이러한 차이가 적어도 부분적으로 직무상의 공격적 행위들의 차이에 기인되었다는 것이 운전사들의 일상적 행동에 대한 관찰들에 의해서 시사되었다. 인도에서, A형의 운전사들은 B형의 운전사들보다 다른 운전사들을 더 자주 앞질렀으며, 자기들의 브레이크를 더 자주 밟았으며, 자기들의 경적을 거의 두 배나 울렸다(도 11－15 참조). 이와 비슷한 차이들이 미국의 버스운전사들에게서 관찰되지 않았는데, 이것은 아마 이들이 훨씬 덜 흥분시키는 운전조건들 하에서(미국의 버스운전사들은 드물게 경적을 울리거나 다른 차들을 앞질렀다) 일했기 때문일 것이다. 그러나, A형과 B형의 운전사들이 두 국가에서 사고율들에서 차이가 있었다는 점을 기억하라.

종합적으로, Evans와 그의 동료들에 의해서 보고된 발견들은 A형패턴과 공격 간의 연관이 단일한 문화에 국한되어 있지 않다는 것을 시사한다. 이와는 반대로, A형인들이 B형인들보다도 그들이 살고 있는 장소와는 관계없이 공격적 대면들에 관여되기가 더 쉬운 것 같다. 따라서, 분명히 이것은 주의깊게 검토할 가치가 있는 공격의 하나의 개인적 결정요인이다.

타인들의 악의적 의도의 지각: 적의적 귀인편향

앞에서, 우리는 타인들의 의도에 관한 귀인들이 흔히 공격에서 하나의 중요한 역할을 하고 있다는 것을 지적했다. 사람들이 타인들에 의한 애매한 행위들을 악의적인 의도들에서 나오는 것으로 지각할 때, 그들은 그들이 동일한 행위들을 다른 동기들에서 나오는 것으로 지각할 때보다도 훨씬 더 보복하기 쉽다(Baumeister 등, 1991 ; Johnson과 Rule, 1986). 이러한 사실은 공격의 발생에 때때로 기여하는 다른 개인적 특징, 즉 심지어 적의적 의도가 전혀 없을 때에라도 타인들에게서 그러한 의도를 지각하는 경향성를 지적해 준다. 아마 사람들은 이러한 귀인오류들을 저지르는 경향성에서 큰 차이가 있을 것이다. 그들이 이러한 오류들을 저지르는 한, 그들의 공격 가능성도 또한 증가할 수 있다.

이것이 사실이라는 증거가 몇 개의 연구들에 의해서 제공되어 왔다(Dodge 등, 1984). 아마 적의적 귀인편향(hostile attributional bias)이라고 알려진 이러한 특징상의 개인차들의 중요성에 대한 가장 명료한 지지는 Dodge와 Coie(1987)에 의해 보고된 것일 것이다. 이들 연구자들은 적의적 귀인편향의 개인차들이 반응성 공격(reactive aggression), 즉 이전의 도발에 대한 반응으로서의 공격의 경향성이나 강도에 영향을 줄 가능성에 관계된 일련의 연구들을 수행했다. 이들 연구들 중의 하나에서, 자기들의 교사들에 의해서 반응성 공격이 높거나, 능동성 공격(proactive aggression : 타인들에 대한 지배나 기타의 목표들을 확보하려는 목적으로 도발없이 수행된 공격)이 높거나, 비교적 비공격적인 것으로 사전에 평정되었던 소년들이 한 아이가 다른 아이에게 도발한 사건들에 관한 비디오테이프들을 보았다. 이들 사건들에서 행위자의 외견상의 의도들이 체계적으로 변화되어서, 외부의 성인 관찰자들에 대해서 그들은 분명히 적의적이거나 친사회적(도움을 주려고 의도된)이거나, 애매했다. 그 다음에 피험자들은 각각의 사건 속의 행위자의 의도들을 설명하도록 요구받았다. 예상된 대로, 반응성 공격이 높은 피험자들이 이러한 의도들을 기술하는 데에 있어서 능동성 공격이 높은 피험자들보다도 더 많은 오류들을 저질렀다. 특수하게 말하면, 반응성 공격이 높은 소년들이 다른 소년들보다도 행위자의 의도들이 애매했을 때에 그 의도들을 적의적이라고 지각하는 경향이 더 많았다(표 11-1 참조).

하나의 추적연구에서, Dodge와 Coie(1987)는 이러한 적의적 귀인편향이 높은 율의 과잉반응성 공격(overreactive aggression), 즉 약한 도발에 대한 반응으로 강한 보복을 행하는 경향성들에 정적으로 관련되어 있을 것이라는 가설을 검증했다. 이러한 가설을 검증하기 위해서, 이 연구자들은 먼저 타인들에게 적의적 의도들을 잘못되게 귀인시키는 피험자들의 경향성을 측정했고 그 다음에 다른 아동들과 노는 동안의 그들의 행동을 관찰했다. 그 결과들은 주요 예언을 지지했다. 즉, 적의적 귀인편향을 보이는 피험자들의 경향성이 클수록, 과잉반응성 공격을 행하는 그들의 경향성이 더 컸다.

이러한 발견들이 아동들에게서 얻어졌지만, 성인들도 역시 이러한 차원상에서 차이

표 11-1. 적의적 귀인편향과 공격. 자기들의 교사들에 의해서 반응성 공격이 높다고 평정된 소년들이 다른 소년들보다도 타인들의 애매한 행위들을 적의적 의도들에서 나오는 것으로 지각하는 경향이 더 많았다(제시된 숫자들은 피험자들에 의해서 적의적이라고 판단된 타인들의 애매한 행위들의 백분율이다). 자료원 : Dodge와 Coie(1987).

반응성 공격이 높은 피험자들	능동성 공격이 높은 피험자들	비교적 비공격적인 피험자들
83	38	53

가 있는 것이 분명한 것 같다. 한쪽 극단에는 의문시되는 것을 호의적으로 보아서, 애매한 행위들에 대해 긍정적이거나 적어도 중립적 동기들을 귀인시키는 경향이 있는 사람들이 있다. 다른쪽 극단에는 심지어 악의와 공격의도들이 전혀 존해하지 않는 상황들에서도 악의와 공격의도들을 지각하는 사람들이 있다. 말할 필요도 없이, 후자의 범주에 속하는 사람들은 전자의 범주에 속하는 사람들보다도 공격과 갈등에 관여되게 되기가 더 쉽다. 정말로, 그들은 이러한 행위들이 적의적이고 위험스러운 사회적 세계에 대해서 자기 자신을 방어하는 데에 필요하다고 지각한다.

공격의 성차들

남자들이 여자들보다 더 공격적인가? 일반 사람들의 생각은 그렇다는 것을 시사한다. 그리고 범죄통계치들은 남성들이 여성들보다도 폭력행위들로 체포되는 경향이 더 많다는 것을 나타낸다. 이것은 외현적 공격의 면에서 성별간에 크고도 일관성있는 차이들이 존재한다는 것을 의미하는가? 연구의 발견들은 어떤 혼합된 답변을 제공하고 있다.

이러한 문제에 관한 증거들의 하나의 광범한 표본을 주의깊게 고찰한 후에, Eagly와 Steffen(1986)은 남성들이 실제로 여성들보다 외현적 공격을 저지르는 경향이 다소 더 많다고 결론지었다. 그러나, 이러한 차이의 크기는 매우 작은 것으로 나타났다. 더 나아가서, 이것은 다른 맥락들보다도 어떤 맥락들 속에서 더 컸다. 예컨대, 이러한 공격의 성차는 비신체적 형태의 공격들(예 : 언어적 공격들, 어떤 차원들상에서 타인들을 부정적으로 평정하는 것)을 포함하고 있는 연구들보다도 신체적 형태의 공격들을 포함하고 있는 연구들에서 더 큰 것으로 발견되었다. 이와 비슷하게, 그 차이는 공격이 자의로 선택되기보다도 요구되는(예 : 어떤 사회적 역할에 의해서) 것같이 여겨지는 상황들에서 더 큰 것으로 발견되었다. 이 이외에도, 남자들과 여자들은 공격에 대한 태도에서 다소 차이가 있는 것으로 나타났다. 남자들은 여자들보다도 그러한 행위를 하는 것에 관해서 더 적은 죄의식이나 불안을 나타낸 반면에, 여자들은 타인에 대한 공격이 자기 자신의 안전에 위협을 제공할 수 있는 가능성(예 : 만일 그 피해자가 보복하기로 결정한다면)에 대한 더 큰 우려를 보고했다. 끝으로, Eagly와 Steffen은 양성들이 여성표적들보다도 남성표적들에 대해 약간 더 많은 공격을 보인다는 것을 발견했다.

요약하면, 남성과 여성은 대인관계들을 공격을 통해서 처리하려는 의향에 있어서 어느 정도 차이가 있는 것 같다. 그러면 그 다음의 의문은 분명하다. 즉, 이러한 차이들의 근원은 무엇인가? 남성은 유전요인들(예 : Y염색체의 소유)에 의해서 어떻게든 간에 폭력에 대해 프로그램되어 있는가? 그렇지 않다면, 이러한 차이들이 주로 대비되는 성역할들(문화적 신념들이 남성이 강인하고 공격적이어야만 되는 반면에, 여성이 친절하고 조심성있어야만 된다고 시사하는 것)의 결과인가? Eayly와 Steffen(1986)이 지적한 바와 같이, 이러한 문제에 대한 증거가 거의 없다. 그러나, 양성간의 많은 기타의 "선천적" 차이들이라고 상정된 것들이 면밀하게 검토될 때에, 주로 소년들과 소녀들에 대한 대비되는 성역할들과 사회화 관행들로부터 나온다고 발견되어 온 사실을 전제할 때, 이것 역시 주로 그러한 바탕들에 근거되어 있는 것같이 여겨진다. 이 이외에도, 양성간의 신체적 차이들이 한 역할을 할 수도 있다. 그 결과로, 남성들이 어떤 공격적 행위들을 신체적으로 행하기가 더 용이할 수 있으며 그러한 행동에 성공할(즉 그것의 수행에 대해 보수받게 될) 가능성이 더 많을 수 있다.

성역할들과 사회화 관행들이 존재하고 있는 공격의 성차들에서 한 역할을 하는 한, 이러한 차이들의 크기는 일정하게 정해지지는 않는다. 이와는 반대로, 이것들은 사회의 변화들에 따라 변할 수 있다. 예컨대, 만일 남성성과 여성성에 관한 전통적 고정관념들이 계속 사라진다면, 공격의 성차들도 역시 감소될 것이다. 그러나, 만일 이러한 고정관념들이 지속되거나 심지어 강화된다면, 양성간에 존재하는 차이들도 역시 계속될 것으로 예상될 것이다.

공격의 예방과 통제: 몇 가지 유용한 기법들

공격에 관한 이러한 논의에서 하나의 기본적 주제이며 아마 가장 중요한 주제는 다음과 같은 것이어 왔다: 즉, 공격은 다양한 외부사건들(예: 도발, 좌절), 이러한 사건들에 대한 인지들(귀인들, 기억들, 각본들) 및 몇 개의 관건적 차원들상에서의 개인차들(예: A형 행동패턴)간의 복잡한 상호작용에서 나온다. 이와 같이, 공격은 분명히 하나의 프로그램된 자동적 반응이 아니다. 당신이 이러한 견해를 받아들이는 한, 당신은 또한 우리의 그 다음의 제안, 즉 공격이 예방되거나 적어도 감소 될 수 있다는 것이 합리적이라고 생각될 것이다. 공격은 개인들이나 우리의 전체의 종에 대한 하나의 불가피한 패턴은 아니다. 이와는 반대로, 공격의 발생과 강도를 통제하기 위한 몇 가지 기법들이 있으며 실제로 활용될 수 있다(Baron, 1983). 이 마지막 절에서, 우리는 몇 가지 이들 절차들을 고려할 것이다.

처벌: 폭력에 대한 하나의 효과적 저지책인가?

역사를 통해서, 대부분의 사회들은 인간 폭력을 막기 위한 한 수단으로서 처벌(punishment)을 사용해 왔다. 그들은 살인, 강간 및 폭행과 같은 범죄들에 대해서 감금하거나 중노동을 시키거나 곤장으로 치는 것과 같은 가혹한 처벌들을 확립시켜 왔다. 이와 같은 책략들은 효과적인가? 물론, 한 가지 의미에서 이것들은 효과적이다. 즉, 폭력행위들을 저지른 것으로 투옥되거나 사형이 집행된 사람들은 그러한 공격들을 반복할 수가 없다. 그러나 저지에 대해서는 어떠한가? 심한 처벌의 위협은 사람들에게 애당초에 공격행위들을 저지르지 못하게끔 만들 것인가? 과학적 의견의 진자는 이러한 문제에 대해서 수십 년 동안 앞뒤로 흔들려 왔다. 그러나, 현재로서 현존하고 있는 증거의 무게는 처벌이 적절하게 사용될 경우에는 폭력에 대한 하나의 효과적 저지책이 될 수 있다는 것을 시사하는 것 같다. 그러나, 이것이 성공을 거두기 위해서는 몇 가지 조건들이 충족되어야만 된다(Bower와 Hilgard, 1981).

첫째로, 처벌은 즉각적이어야만 된다. 이것은 가능한 한 신속하게 공격에 뒤따라야만 된다. 둘째로, 이것은 강해야만 된다. 이것은 잠재적 수용자들에 대해 매우 혐오적일 정도로 충분한 강도이어야만 된다. 셋째로, 이것은 틀림없이 있을 것같이 여겨져야만 된다. 즉, 이것이 공격행위들에 뒤따를 가능성이 매우 높아야만 된다. 물론, 불행하게도 이러한 조건들은 바로 많은 국가들의 형사법 체계들에서 결여되어 있는 것들이다. 많은 사회들에서, 공격적 행위들에 대한 처벌의 강도 자체가 지역에 따라 차이가 있으며, 많은 폭력범죄들이 처벌되지 않고 있다는 것, 즉 아무도 그것들로 체포되거나, 재판받거나, 유죄판결을 받지 않는다는 것이 잘 알려져 있다. 이러한 현실들에 비추어 볼 때, 처벌이 폭력범죄에 대한 하나의 저지책으로서 흔히 실패한 것처럼 여겨져 온 것은 거의 놀라운 일이 못된다. 말하자면, 이것의 성공을 방해하는 불리한 조건들이 너무 많다.

요약하면, 처벌이 현재 많은 국가들에서의 상승하는 추세의 폭력을 저지하는 데에 성공을 거두고 있는 것처럼 보이지 않는다는 사실이 처벌 자체가 무용하다는 것을 의미하지는 않는다. 오히려, 이것은 이러한 절차가 거의 실패를 보장하는 양식들로 사용되고 있다는 것을 함축하고 있다. 우리는 만일 이러한 조건들이 변화된다면, 처벌의 잠재적 영향력이 충분히 향상될 수 있다고 생각한다. 그리고 그러면 수많은 무고한 피해자들의 안전과 안녕이 또한 더 잘 보호될 수 있을 것이다.

정화(카타르시스)

공격의 감소와 관련해서, "당신의 몸에서 배출시키는 것", 즉 분노의 감정들을 발산시키는 것이 정말로 효과가 있는가? 이것이 효과적이라는 생각이 널리 퍼져있다. 대부분의 사람들은 어떤 형태의 정화가설(catharsis hypothesis)을 받아들인다(Dollard 등, 1939). 그들은 화난 사람들에게 활발한 행위들에 대한 참가를 통해서 김을 빼게끔 허용하는 것이 두 가지 이점들을 낳는다고 생각한다. 즉 (1) 그들의 정서적 긴장이 감소되게 되고, (2) 그들이 차후의 공격행위들을 행할 가능성이 적어진다. 더 나아가서, 대부분의 사람들은 그러한 행위들이 타인들에 대한 해를 일으킬 필요성이 없다고 가정한다. 모든 정서를 배출시키는 활발한 활동이 효과있을 것이다.

이러한 제안들은 정확한가? 현존하는 증거들은 혼합된 답변을 제공하고 있다(Feschbach, 1984). 첫째로, 활발한 활동들에 대한 참가가 좌절이나 도발에서 나오는 흥분을 감소시킬 수 있다는 가정을 고려해 보자. 여기에서, 어떤 발견들은 신체적으로 체력을 소모시키는 활동들이 흥분을 감소시킬 수 있다고 시사한다(Zillmann, 1979). 그렇지만 불행하게도, 그러한 효과들은 일시적인 것 같다. 좌절이나 도발에서 생기는 흥분은 사람들이 타인들에 의한 실제적이거나 상상된 잘못들을 또다시 머리 속에 떠올리게 될 때에 다시 나타날 수 있다(Zillmann, 1988). 더욱이, 그러한 흥분을 감소시키기 위한 가장 효과적인 기법은 개인의 분노의 원천을 공격하는 것인 것 같다(Hokanson 등, 1963). 이러한 점들은 정화적 활동들에 대한 참가의 이점들이 매우 작을 수 있다는 것을 시사해 준다.

"안전한" 공격적 행위들의 수행이 보다 더 해로운 행위들의 가능성을 줄인다는 아이디어에 대해서, 양상은 보다 더 불확실하다. 이러한 주제에 관한 연구들은 외현적 공격이 (1) 필름이나 TV로 방영된 폭력의 장면들을 시청하는 것이나(Geen, 1978), (2) 무생물의 대상들을 공격하는 것이나(Mallick과 McCandless, 1966), (3) 타인들을 언어적으로 공격하는 것에 의해서 감소되지 않는다는 것을 나타낸다. 정말로, 공격이 실제로 이들 각 조건에 의해서 증가될 수도 있다는 다소의 증거가 있다.

따라서, 대중적인 생각과는 반대로, 정화는 공격을 감소시키는 한 수단으로서 널리 가정되고 있는 만큼 효과적인 것같지는 않다. 체력을 소모시키는 비공격적 활동들에 대한 참가가 흥분의 일시적 감소를 일으킬 수 있고 이러한 방식으로 어떤 상황들에서 공격의 경향성을 낮출 수도 있다. 따라서, 그러한 활동들은 일시적으로 공격을 감소시키는 데에 유용할 수 있으며, 이것은 어떤 맥락들에서는 하나의 중요한 이익이 된다. 그러나, 흥분에 미치는 인지의 강력한 영향력 때문에, 분노와 화남의 느낌들은 사람들이 이전에 자기들을 괴롭혔던 어떤 것에 당면하거나 단순하게 생각할 때에 신속하게 다시 나타날 수 있다. 이러한 이유로, 정화는 흔히 가정되어 온 것보다도 공격의 장기적 감소들을 일으키는 데에 덜 효과적일 수 있다.

인지적 중재들: 사과의 역할

다음과 같은 장면을 상상해 보라: 당신이 만나기로 약속한 어떤 사람을 기다리고 있다. 그녀는 지각하고 있고, 시간이 지남에 따라 당신은 점점 더 당황하기 시작한다. 마침내, 약속시간이 지난 반시간 뒤에서야 그녀가 나타났다. 당신이 어떤 말을 끄내기 전에, 그녀는 "미안해, 차가 시동이 걸리지 않았어, 그리고 고속도로에서 교통체증에 갇혀 버렸지 뭐야, 나는 무척 당황했어, 제발 용서해 주게나"라고 거듭 거듭 사과한다. 당신은 계속 화가 나서 이 사람을 심하게 욕할 것인가? 아마 그렇지 않을 것이다. 그녀의 사과, 즉 잘못의 시인과 아울러 당신에게 용서를 비는 것은 당신의 곤혹감을 해소시키는 데에 효과를 낼 것이다. 물론, 당신의 반응들은 그녀의 사과의 성질에 크게 달려 있을 것이다. 연구의 발견들은 개인의 통제력 내에 있는 사건들을 언급하는 변명들(예: 미안해…단지 잊어먹었어)보다도 개인의 통제력 밖에 있는 외부사건들에 대해 언급하는 변명들이 훨씬 더 효과적이라는 것을 시사한다(Weiner 등, 1987). 요약하면, 상식과 비공식적 관찰은 사과들이 공격을 감소시키기 위한 하나의 효과적 기법일 수 있다는 것을 나타낸다. 이러한 결론은 체계적 연구들의 발견들에 의해서도 또한 지지받고 있다.

이 주제에 관한 하나의 대표적 연구(Ohbuchi 등, 1989)에서, 여자 피험자들이 실험조수에 의해 저질러진 일련의 실수들에 의해서 어떤 복잡한 과제를 수행하는 동안에 곤경에 빠지게 되었다. 그 조수는 실험재료들을 제시하는 동안에 이러한 실수들을 저질러서, 그 결과로 피험자들은 나쁘게 수행했고 주임 실험자로부터 부정적 평가를 받았다. 차후의 피험자들의 반응에 미치는 사과의 영향을 연구하기 위해서, 조수는 자신의 실수들에 대해 사과했거나 사과하지 않았다. 한 조건(공적 사과)에서, 그는 실험자의 앞에서 피험자들에게 사과해서, 피험자들의 좋지 못한 수행에 대한 그들의 책임을 덜어 주었다. 다른 조건(사적 사과)에서, 조수는 마찬가지로 사과했지만 실험자가 없는 동안에 했다. 세번째 조건(사과 없음)에서, 전혀 사과하지 않았다. 마지막으로, 단지 피험자들의 안심을 회복시키는 것이 사과와 마찬가지로 차후의 공격을 감소시키는 데에 효과적일 수 있는지를 알아보기 위해서, 이 연구자들은 네번째 조건(해 제거)을 포함시켰는데, 이 조건에서 주임 실험자는 피험자들의 좋지 못한 수행이 조수의 실수들에 기인되었음에 틀림없다고 진술했다.

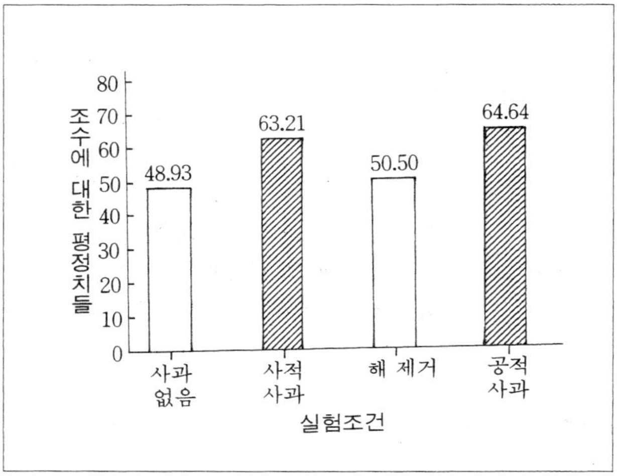

도 11-16. 공격을 저지시키기 위한 하나의 유용한 기법으로서의 공적 사과. 이전에 자기들을 화나게끔 만들었던 조수로부터 사과를 받았던 피험자들은 아무런 사과를 받지 않았던 피험자들보다 그에 대해서 덜 공격적이었다. 더욱이, 피험자들에게 주었던 해를 바로잡았던 사과(즉, 공적 사과)는 그러한 해를 제거시키지 않았던 사과(사적 사과)보다 약간 더 효과적이었다. 사과가 없는 해의 단순한 제거는 또한 차후의 공격을 막는 데에 비교적 비효과적이었다.
자료원: Ohbuchi 등(1989).

이러한 실험조건들 중의 하나에 접한 후에, 피험자들은 몇 개의 차원들(예: 성실하다-불성실하다. 책임감있다-책임감없다) 상에서 피험자들을 평정했고, 자기 자신의 감정상태(불쾌하다-유쾌하다)를 보고했고, 심리학도로서의 조수의 기술들을 평정했다. 이 마지막의 척도는 공격의 한 측정치가 되었는데, 이는 피험자들에게 자신의 평정치가 그 조수의 성적에 영향을 줄 것이라고 설명되었기 때문이다.

도 11-16에서 보이는 바와 같이, 그 결과들은 사과의 가치에 대해 강력한 지지를 제공했다. 사과를 받았던 피험자들은 다른 조건들 속에 있는 피험자들보다도 조수를 더 높게 평정했고, 더 좋은 기분을 보고했고, 더 적은 공격을 보였다. 더 나아가서, 해의 단순한 제거(사적 사과나 조수의 실수들에 대한 실험자의 독립적 인정에 의한)는 사과와 아울러 해의 제거의 종합(공적 사과집단)만큼 효과적이지 못했다.

이러한 발견들과 이와 관련된 연구들(Baron, 1988, 1990)의 결과들은 도발의 소스들에 의한 사과가 그 소스들에 대한 보복을 방지하는 데에 효과적일 수 있다는 것을 시사한다. 잘못을 시인하고 "미안하다"고 말하는 것이 흔히 곤란한 일이기는 하지만, 이렇게 하는 것의 가치는 이와 같은 일시적 불편을 충분히 보람있는 일로 만들 수 있다(주: "말 한 마디에 천냥 빚도 갚는다").

공격을 감소시키기 위한 다른 기법들: 비공격적 모델들, 사교시술의 훈련 및 양립불가능한 반응들

외현적 공격을 감소시키기 위한 많은 다른 기법들이 제안되어 왔다(Baron, 1983). 여기에서, 우리는 분명히 효과적인 것으로 생각되는 세 가지를 간략하게 고려할 것이다.

비공격적 모델들에 대한 접촉: 자제는 전염적인 것인가? 앞에서 우리가 지적한 바와 같이, 필름이나 TV상에서의 타인들에 의한 공격적 행위들의 접촉이 시청자들에게서 공격을 증가시킬 수 있다. 만일 이것이 사실이라면, 도발에 당면해서 자제를 보이거나 강력하게 권고하는 사람들로부터 평행되지만 정반대의 효과들을 예상하는 것이 합당한 것 같다. 그러한 비공격적 모델들에 대한 접촉이 실제로 이러한 효과들을 낳는다는 것이 몇 개의 실험들(Baron, 1972; Donnerstein과 Donnerstein, 1976)의 발견들에 의해 지적되고 있다. 이들 연구들에서, 비공격적 모델들의 행위들에 접촉된 사람들은 비록 이들이 강하게 도발받았을지라도, 이러한 모델들에 접하지 않았던 사람들보다 더 낮은 수준의 공격을 보였다. 이러한 발견들은 긴장되고 위협적인 상황들 속에 자제적인 비공격적 모델들을 두는 것이 유용할 수 있다는 것을 시사한다. 이들의 존재는 충분히 폭력의 발생의 반대쪽으로 균형을 기울게끔 만들어 줄 것이다.

사교기술의 훈련: 타인들과 잘 지내는 것의 학습 많은 사람들이 자신이 피하고 싶어하는 공격적 대면들에 관여되게 되는 한 가지 이유는 분명하다. 그들은 자신에게 그러한 사건들을 피하게끔 만들어 줄 수 있는 기본적 사교기술이 심하게 부족하다. 예컨대, 그들은 타인에게 부정적 피드백(즉 비평)을 제시하는 방법을 알지 못하고 따라서 타인을 화나게끔 만드는 식으로 이것을 행한다(Baron, 1988). 이와 비슷하게, 그들은 자신의 희망사항들을 타인들에게 표현하는 방법을 모르고, 가시돋힌 자기표현스타일을 갖고 있고, 타인들의 정서상태들의 외면적 신호들에 민감치 못하다. 그 결과로, 그들은 심하고 반복적인 좌절들을 경험하고 자기들의 주위에 있는 사람들을 불필요하게 화나게끔 만드는 일들을 말하거나 행한다. 사교기술들이 부족한 사람들이 많은 사회들에서의 폭력의 높은 비율을 설명하는 것 같다(Toch, 1985). 따라서, 이러한 사람들에게 그들이 부족한 사교기술들을 갖추게끔 만드는 것은 공격의 발생을 감소시키는 데 대한 하나의 효과적 방법일 수 있다.

양립불가능한 반응들: 분노를 감소시키는 한 수단으로서의 긍정적 감정 우리가 고려하게 될 마지막의 공격감소기법은 다음과 같은 기본원리에 기초되어 있다: 한꺼번에 두 개의 양립불가능한 반응들(incompatible responses)을 행하거나 두 개의 양립불가능한 정서상태들을 경험하기는 곤란하다. 이러한 아이디어를 공격에 적용시켜서, 분노와 아울러 외현적 공격이 이것들과 양립될 수 없는 반응들이나 정서상태들을 유발시킴으로써 감소될 수 있다. 바로 이것이 실제로 사실이라는 것이 많은 연구의 증거들에 의해서 지적되고 있다. 분노한 사람들이 분노나 공격과 양립불가능한 정서상태들(예: 감정이입, 약한 성적 흥분 또는 유머)을 경험하도록 유도되었을 때, 그들은 감소된 공격수준들을 보인다(Baron, 1983; Ramirez 등, 1983). 이러한 감소는 이러한 반응들에 의해서 생긴 긍정적 감정들이 좌절이나 성가심에서 생기는 부정적 정서들을 감소시키기 때문에 그리고 또한 이러한 긍정적 감정이 심한 분노와 연합된 매우 높은 수준의 흥분들을 낮추는 경향이 있기 때문에(우리가 앞에서 지적한 바와 같이, 높은 수준의 흥분들은 사람들에게 자기 자신의 행동을 조절하기가 곤란하게끔 만든다), 일어날 수 있다. 관여된 정확한 기제들이 무엇이건 간에, 한 가지 사실이 분명한 것 같다: 유쾌하거나 행복한 마음상태에 있는 사람들은 대개 타인들에 대해 공격하는 경향이 훨씬 더 적다. 따라서, 이와 같은 반응들을 일으키려고 고안된 조치들은 공격의 통제를 위한 하나의 유용한 전략일 수 있다.

요 약

1. 공격은 타인을 해치려고 의도된 행위로서 정의되며, 공격행위와 사회규범의 일치여부에 따라 반사회적, 친사회적 및 인가된 공격으로 구분되며, 공격의 목표에 따라 분노적 공격과 수단적 공격으로 구분된다.
2. 공격은 많은 상이한 원인들에 귀속되어 왔다. Freud와 Lorenz와 같은 사람들에 의해서 제안된 **본능이론들**은 공격이 파괴적 행위들을 향한 선천적 충동들에서 나온다고 시사한다. **충동이론들**은 공격이 타인들을 해치거나 부상을 입히려는 외부적으로 발생된 동기들에서 나온다고 시사한다.
3. 위의 두 가지 이론들에 비해서, 현대적 관점들(신연합주의적 견해와 사회적 학습 견해)은 공격이 혐오적 경험들에 대한 부정적 반응들, 기억들, 인지들, 학습 및 공격행위들에 대한 강화나 처벌에서 나온다고 시사한다.
4. 많은 공격행위들이 공격자와 상호작용하고 있는 사람들의 언동이나 일반적인 사회적 조건들에 의해서 촉발되고 있다. 목표지향적 행동에 대한 방해인 **좌절**은 아마 이것이 일으키는 부정적 감정들 때문에, 공격을 촉진시킬 수 있다. 타인들로부터의 **직접적 도발들**은 특히 이러한 행위들이 악의적 의도에서 나온 것같이 보일 때, 공격의 한 중요한 원인이다.
5. 상당히 많은 증거들은 미디어폭력(필름이나 TV프로에 있는)이 시청자들 측의 공격을 증가시킬 수 있다는 것을 시사한다.
6. 높아진 **흥분**이 공격을 증가시킬 수 있다. 그러나, 공격에 미치는 흥분의 영향은 정서들과 인지들간의 복잡한 상호작용에 달려있다. 인지들은 때로는 정서들과 따라서 공격을 형성한다. 이와는 반대로, 정서들이 인지들에 영향을 주며, 이것이 또한 공격적 행동에 영향을 줄 수 있다.
7. 알콜은 어떤 조건들에서 공격을 촉진시킬 수 있다. 그러나, 이러한 약물을 섭취한 사람들은 계속 사회적 단서들에 반응하며 공격이 적절하거나 정당화될 때에만 공격할 것이다.
8. A형인들은 그들의 심한 경쟁성과 적의 때문에 B형인들보다도 많은 상황에서 더 공격적이다. 심지어 타인들의 적의적 의도들이 없을 때에라도 타인들의 행위들의 배후의 적의적 의도를 지각하는 사람들은 그러한 적의적 귀인편향을 보이지 않는 사람들보다도 더 공격적이다.
9. 남성은 여성보다도 다소 더 공격적인 것 같다. 그러나, 이러한 면에서의 양성간의 차이들은 과거에 과장되어 왔다.
10. 몇 가지 기법들이 공격을 감소시키는 데에 효과적이다. 처벌은 이것이 즉각 실시되고, 강하고, 이것의 발생가능성이 높을 경우에, 공격에 대한 하나의 효과적 저지책이 될 수 있다.
11. **정화적 활동들**(즉, 활발한 비공격적 행동들)에 대한 참가는 때로는 흥분과 분노를 감소시킬 수 있다. 이러한 감소들은 일시적인 것 같으며, 분노는 사람들이 공격(또는 과

거의 도발원들)과 연합된 사고들과 기억들을 머리에 떠올리게 될 때에 쉽게 재발할 수 있다.

12. 직접적 사과가 분노와 그 후의 공격을 감소시키는 데에 매우 효과적이다. 사과는 이전의 도발에 의해서 피해자에게 저질러진 해를 제거시키는 노력보다도 이러한 면에서 훨씬 더 효과적이다.

13. 공격을 감소시키는 데에 효과적인 다른 기법들은 비공격적 모델들에 공격자들을 접하게 하는 것, 그들에게 기본적인 사교기술들을 훈련시키는 것 및 분노와 양립불가능한 반응들을 유발시키는 것을 포함한다.

제 12 장

갈등의 심화와 해소

수척한 모습의 비행사가 공항활주로 위에 서있는 기자들에게 말하기 위해서 적막한 제트비행기의 창문에서 상체를 내밀었다. "우리는 계속 수많은 보초병들에 둘러싸여 있다. 보초들은 계속 바뀌고 있다"(Time지, 1985년 7월 1일자, p. 19). TWA 847호 비행기는 아테네에서 로마로 평상적 여행을 개시했지만, 이제는 국제적 관심의 초점이 되었으며 여러 국가들, 여러 종류들 및 여러 문화들의 사람들 간의 도처에 존재하는 갈등들의 한 상징으로 되었다.

847호 비행기가 아테네를 이륙하자 마자, 권총과 수류탄으로 무장한 두 명의 무장 아랍인들이 비행기를 장악했다. 난폭한 격앙 속에서, 테러리스트들은 그 비행기의 승객이었던 젊은 미국 해병수병을 무자비하게 구타했고 총을 쏘았다. 이틀 동안 비행기는 베이루트와 알제리 사이를 왔다 갔다 하다가 마침내 베이루트 공항에 착륙했다. 대부분이 여성들, 어린이들 및 비미국인들인 약 100명의 승객들이 이전의 비행장들에서 비행기를 떠나도록 허락받았다. 이제 나머지의 37명의 미국인 남자 승객들이 비행기에서 끌려나와서 소집단들로 베이루트의 은익장소들로 끌려갔다. 세 명의 미국인 승무원들이 수많은 무장 테러리스트들과 함께 비행기 위에 남아있었다.

이들 40명의 남자들은 테러리스트들의 흥정거리가 되었으며, 그들은 몇 개월 전에 레바논에서 이스라엘이 철수하는 동안에 억류했었던 776명의 시아파교도들을 이스라엘이 석방할 것을 요구했다. 인질들에 대한 걱정의 다소가 비행기를 납치했던 무자비한 테러리스트들이 베리에 의해 통제되는 아말 민병대의 멤버들로 대치되었을 때에 감소되었다. 그러나 이 새로운 집단의 해답도 그들 중의 한 명이 베이루트 항공관제탑에게 다음 날 아침까지 요구사항들에 대한 아무런 진전이 없을 경우에 비행기는 폭발물이 장치되어서 이스라엘의 텔아비브 공항 상공에서 폭파되게 될 것이라고 말했을 때에 바로 분명해졌다.

무대가 설정되었다: 아말 민병대원들은 미국이 이스라엘에게 레바논인 억류자들을

석방하도록 압력을 넣을 때까지 미국인 승객 인질들을 억류할 것이다. 미국의 반응은 어떠했는가? 이 상황의 아이러니는 이 세상에서 사라지지 않았다. 미국의 대통령인 레이건은 50명의 미국인들이 444일 동안 미국 대사관에 감금되었던 이란인 인질위기에 대한 카터의 처리를 비평하고서 대통령에 당선되었다. 레이건은 카터가 납치자들에 대해 충분하게 단호하지 못했다고 공개적으로 비난했다. 따라서, 레이건 대통령과 그의 보좌관들에 대해서, 과제는 인질들을 석방시키는 것 뿐만 아니라 또한 테러행위에 대해 단호하다는 자기들의 이미지를 유지시키는 것이었다.

이스라엘 역시 아이러니칼한 궁지에 몰렸다. 이스라엘인들은 이미 이전에 그 시아파교도들을 석방하려고 계획하고 있었다. 시아파교도 포로들은 아무런 소용이 없었으며 그들의 계속적 억류는 이스라엘에 대해 하나의 골치거리이었다. 그렇지만 이스라엘인들은 이제 자기들이 그들을 석방시킬 수가 없다고 느끼게 되었는데, 이는 그렇게 하는 것이 테러행위에 조건부로 항복하지 않는 나라라는 이스라엘의 평판에 손상을 줄 수도 있기 때문이다.

레바논의 베리 자신도 불편한 입장에 빠졌다. 아말 민병대의 지도자로서, 그는 자기의 추종자들에 대한 통제력을 유지시키는 곤란한 과제에 당면했다. 보다 더 급진주의적인 몇몇 민병대원들은 인질들을 죽이고 미국과 이스라엘에 대해서 자살적 투쟁을 벌이고 싶어했다. 보다 더 온건한 멤버들은 그러한 행위가 레바논 내에서의 그 집단의 세력에 대해 심각한 타격을 줄 것이라고 우려했다. 베리는 자신의 요구사항들이 충족되고 자신의 지도적 지위를 상실함이 없이 인질들을 석방하고 싶어했다. 그는 마치 "호랑이의 등위에 올라탄 사람" 같았다(Time지, 1985년 7월 1일자, p. 22).

갈등에 빠진 당사자들은 어떤 공통목표들을 갖고 있어 왔을 수 있지만, 이것들은 위기의 처음 며칠 동안에는 잊혀져 있다. 레이건 대통령은 "미국인들이 결코 테러리스트들에게 양보하지 않을 것"이라고 단호한 공적 진술을 행했지만, 그는 자신이 위협적인 군사행동에 의해서 갈등을 상승시킨다는 시사들을 부인했다. 이스라엘인들도 역시 아말 민병대에 대한 직접적 위협들을 저지르는 것을 피했지만, 그들은 자기들이 테러리스트의 요구사항들에 굴복해서 시아파교도들을 석방하지는 않을 것이라고 선언했다.

이 교착상태는 지속되었다. 일주일이 지난 후에, 구금자들은 기자회견을 개최했고 중동인들의 앞에서 5명의 인질들을 과시해 보였다. 인질들은 자기들이 연명해 왔다고 보고했지만, 갈등의 종식을 촉구했다. 이스라엘은 31명의 시아파교도들을 석방함으로써 긴장을 완화시키고자 했다. 이스라엘인들은 그 석방이 인질위기와 아무런 관련이 없다고 주장했지만, 중재자들은 베리가 인질들 중의 몇 명을 석방시키면서 성의를 갖고서 반응할 수 있다고 시사했다. 베리의 시초의 반응은 "이제 우리가 할 일이 무엇인가? 우리는 절반의 인질을 석방해야 되는가?"이었다(Time지, 1985년 7월 8일자, p. 11). 그렇지만 심장병이 있는 한 명의 인질만이 그 후에 석방되었다.

협상과정은 각측이 상대방이 더 많은 양보들을 하기를 기다림에 따라 수렁에 빠지기 시작했다. 불신이 증가되었고 루머들이 돌아다니기 시작했다. 한 가지 루머는 유태인과 비슷한 성명을 가진 6명의 인질들이 급진파 테러리스트들의 집단에게 넘겨졌다는 것이었다.

직접적 협상들이 효과가 없을 것이라는 확신을 갖고서, 미국 관리들은 해결을 찾기 위해서 제삼자를 찾으려고 들었다. 이 제삼자는 테러리스트들이 신뢰하는 어떤 사람이어야만 되었다. 시리아의 아사드 대통령이 후보자로 떠올랐다. 시리아는 테러행위를 지지하는 역사를 갖고 있었지만, 아사드는 인질위기가 종식되어서 그가 레바논에 대한 자신의 통제력을 증가시키게 되기를 원했다. 따라서 그는 아말 민병대로부터 인질들을 넘겨 받기로 제안했다. 그는 또한 인질들의 석방의 조건은 아니지만, 시아파교도 포로들의 석방에 대한 이스라엘의 약속을 얻어냈다.

인질들이 석방될 것같이 보인 바로 그 때, 베리는 진행을 중지시키고서 레이건 대통령이 석방 이후에 레바논에 대해 보복을 하지 않을 것을 보장하라고 요구했다. 이들 보장들은 6명의 미국인들이 레바논의 어느 곳에서 계속 인질로 잡혀 있었으므로, 아마 불필요했을 것이다.

세부사항들이 해결되자, 인질들은 마침내 시리아로 이송되었고 그 다음에 집으로 보내졌다. 며칠 후에, 이스라엘은 시아파 포로들을 석방했다. 임박한 위기는 사라졌지만, 안도의 한숨들과 행복의 눈물들이 뒤섞여 있는 중에서 이와 비슷한 갈등이 또다시 일어날 수 있다는 인식이 있었다. 그리고 1987년 1월에 847호 비행기의 그림자는 국제적 장면에 다시 나타났다: TWA 비행기납치에 관련되었던 테러리스트들 중의 한 명이 서독에서 체포되었다. 그 직후에 베이루트에 있는 아메리칸 대학교에서 4명의 인질들이 잡혀갔다. 그리고 1989년에 세계는 또다시 체포된 테러리스트가 자신의 행위들에 대해 재판받게 됨에 따라 숨을 죽이게 되었다. 그 재판 후에 주요 테러사건들은 없었지만, 5년이나 억류되어 있는 몇 명의 인질들의 운명은 1990년에도 계속 협상되고 있었다.

갈등의 정의

TWA 847호 비행기의 재난과 아울러 수세기 동안의 중동에서의 보다 더 폭넓은 맥락의 사건들은 몇 가지 사회심리학적 현상들을 예시해 준다.

인질상황들에 관한 흥미있는 한 분석에서, Merari와 Friedland(1988)는 이 사건들이 갈등을 분석하고 논의하기 위한 풍요한 바탕이 되는 이유를 지적했다. 첫째로, 갈등은 많은 수준들에서 동시에 전개된다; 이것은 어떤 연극 속의 한 연극과 비슷하다. 예컨대, 레이건 대통령은 그가 비행기납치에 대해 어떻게 반응할 것인가, 즉 그가 협상할 것인가 아니면 대량의 군사력으로 보복할 것인가를 결정하려고 했을 당시에 개인내 갈등(intrapersonal conflict)을 경험했다. 이러한 내면적 투쟁의 영향들을 보이면서, 레이건은 "나는 모든 사람들처럼 좌절되었다. 나는 혼자 있을 때에 이 일로 나도 모르게 벽을 쳐왔다"고 말했다(Time지, 1985년 7월 1일자, p. 8). 대인적 갈등(interpersonal conflict)이 레이건과 베리, 베리와 그의 아말 민병대원들 그리고 레이건과 그의 보좌관들 사이에서 쌓였다. 그리고 집단간 및 국제간 분쟁은 미국, 이스라엘 그리고 아말 당을 혼란케 만들었다.

둘째로, 비교적 소수의 사람들을 포함하는 단일한 갈등사건이 직접적으로 광범한 결과들을 가질 수 있고 특수한 상황을 훨씬 넘어서 확장될 수 있다. TWA 인질사태는 관리들에게 단기적 목표(인질들의 방면) 대 장기적 목표(테러리스트들을 취급하기 위한 정책의 수립)를 비교·검토하고 갈등들을 감소시키기 위한 책략들(지연, 협상 및 타협 대 테러리스트들에 대한 아무런 협상이 없는 단호한 정책)을 토론하고, 갈등의 본질을 알아내게끔 만들었다. 이것은 단지 시아파교도 포로들의 석방에 관계되어 있었는가, 아니면 이스라엘 정부의 전복, 팔레스타인들의 지지의 증가 또는 이스라엘과 미국 간의 분쟁의 조성을 시도하는 것과 같은 어떤 보다 더 큰 문제에 관련되어 있었는가? 그 상황은 신뢰, 동맹형성, 흥정, 위협, 의사소통 및 자기제시의 문제들을 제기시켰으며, 우리는 이 장에서 이것들 모두를 검토할 것이다.

갈등은 이것이 우리들의 일상생활에서 매우 보편적이기 때문만이 아니라, 또한 매우 많은 인간 행동들을 포함하고 있기 때문에, 하나의 매혹적인 주제이다. 바로 이러한 이유 때문에 갈등은 거의 모든 사회심리학 이론들에서 하나의 핵심적 역할을 한다. 그 결과로, 이 개념에 대한 관점들은 매우 다양하다. 예컨대, 우리는 개인의 내부를 살펴보면서, 갈등을 "개인이 두 개나 그 이상의 상호 부조화되는 반응들을 행하려는 동기가 있을 때에 존재하는 하나의 상태"라고 정의할 수 있다(Jones와 Gerard, 1967, p. 709). 우리는 또한 개인들간이나 집단들간의 관계에 초점을 두고서, 갈등을 "실제적이거나 원했던 반응들의 부조화에서 생기는 둘이나 그 이상의 사회적 실체들(개인들, 집단들 또는 더 큰 조직체들) 사이의 긴장"이라고 기술할 수 있다(Raven과 Kruglanski, 1970, p. 70). 이들 정의들 속의 하나의 공통요소는 긴장을 조성하고 어떤 반응을 요구하는 대립되는 힘들이다. 앞 장들은 귀인들(3장)과 의사결정들(6장)을 행하는 과정에서 그리고 돕기행동(8장)에서 생기는 개인내 갈등을 취급해 왔다. 이 장은 개인들간과 집단들간에서 일어나는 것들인 개인간 및 집단간 갈등들에 초점을 둘 것이다.

개인간 갈등의 유형들

비록 우리가 갈등에 관한 단일한 정의를 제시할 수 있을지라도, 실제로 많은 유형의 갈등들이 있다. 한 가지 유형은 **합계－영 갈등**(zero-sum conflict)인데, 이것은 한 쪽의 이익이 다른 쪽의 손해를 나타낸다(표 12－1 참조). 합계－영 갈등은 진정한 **경쟁**을 예시한다: 바둑과 장기와 같은 실내 게임들은 한 쪽의 이익이 다른 쪽의 손실이 되기 때문에 진정한 경쟁의 예들이다.

그러나, 대부분의 갈등상황들은 경쟁의 정의에 부합되지 않는다: 오히려 이것들은 **합계－비영 갈등**(nonzero-sum conflict) 또는 **혼합된 동기 갈등**(mixed-motive conflict)의 제목 속에 들어간다. 명칭이 암시하는 바와 같이, 혼합된 동기 갈등들은 당사자들에게 한 쪽이 이기는 반면에 상대쪽이 지는 상황을 제시하지는 않는다. 오히려, 이러한 갈등들은 양측에 이익이 가게끔 해결될 수 있다. 그러나 혼합된 동기 갈등에서 하나의 독특한 상황특징이 최선의 해결책을 선택하기가 곤란하게끔 만든다. 독특한 상황특징이란 양측에 대해 최선의 이익분배를 제공하는 상황이 어떤 한 개인의 입장에서 최선의 것이 못된다는 것이다. 따라서 각측은 최선의 **공동적** 이익분배를 추구할 것인지 아니면 최선의 개인

표 12-1. 합계-영 또는 순수한 갈등상황

	사람 A	
사람 B	반응 1	반응 2
반응 1	+4, -4	+1, -1
반응 2	+7, -7	-6, +6

적 이익분배를 추구할 것인지를 결정해야만 된다. 이러한 상황에서, 신뢰, 탐욕 및 지겠다고 약속해 놓고서 이기기에 대한 관심들이 참가자들에게 큰 압박을 가한다. 혼합된 동기 갈등은 개인 자신의 이익을 최대화시키려는 경향이 서구문화들에 깊게 뿌리박혀있기 때문에 해결하기가 곤란하다(Grzelak, 1988.). 흥미있게도, 연구들은 개인들간의 혼합된 동기 갈등들이 집단에 대해 좋은 것을 개인에 대해 좋은 것보다 상위에 두는 것을 강조하는 일본인들과 러시아인들과 같은 문화에서 해결하기가 매우 곤란하지는 않을 수 있다고 시사한다(Petrovsky, 1985; Triandis 등, 1988).

혼합된 동기 갈등이 매우 보편적이기 때문에, 이것의 호기심을 돋구는 특징들을 드러내 주는 두 개의 상황들을 이하에서 검토해 보자.

죄수의 딜레마

레이건 대통령은 해군 수병을 살해한 테러리스트들을 체포해서 처벌하기를 몹시 갈망했다. 그러나 그는 "총을 쏠 상대방을 확인함이 없이는 우리는 무턱대고 아무에게나 총을 쏠 수는 없다"고 지적했다. 다시 말해서, 그는 그가 어떤 사람을 처벌할 수 있기 위해서는 살해에 책임있는 사람이 누구이었는가를 확인해야만 되었다. 우리가 제시했던 앞의 사건으로 되돌아가서, 이제 미국 관리들이 책임있다고 믿는 두 명의 남자를 체포할 수 있었다고 가정하자. A와 B라고 하는 두 남자가 미국 법무부로 넘겨졌고 수사되었다고 하자. 공교롭게도, 증인의 설명들은 매우 애매하고 모순되어서 이것들은 법정에서 도움이 안될 것이다. 법무부장관은 자백을 필요로 했지만, 그는 어떻게 이 두 남자를 자백시킬 수 있겠는가?

다행스럽게도, 법무부장관은 인간 행동을 잘 배운 사람이었다. 그는 A와 B를 서로 대화할 수 없는 별개의 감방에 가두기 시작한다. 그 다음에 그는 두 사람을 방문해서 그들에게 그들의 선택사항들을 말해 준다. 각자는 해군 수병을 죽인 것을 자백하거나 침묵을 지키고서 자백하지 않을 수 있다. 법무부장관은 자신이 두 사람의 살인행위를 확신할 만한 충분한 증거는 갖고 있지 않지만, 두 사람에게 보다 더 가벼운 죄를 부과할 증거를 갖고 있다고 지적한다. 그는 이제 각 피의자에게 협상을 제안한다(표 12-2 참조). 만일 두 사람이 자백하지 않는다면, 그는 각자에게 폭행, 장물취득, 불법침입과 같은 보다 더 가벼운 죄들을 부과시킬 것이며, 두 사람에 대해 가능한 한 최장의 선고(4년)를 내리도록 만들 것이다. 이와는 반대로, 만일 한 사람이 자백해서 다른 사람에게 불리하게 증언한다면, 법무부장관은 자백자를 방면하고, 자백하지 않은 사람을 기소(99년의 형기)할 것이다.

표 12-2. 죄수의 딜레마의 행렬적 표시

A	B: 자백 안함	B: 자백함
자백 안함	4년, 4년	99년, 석방
자백함	석방, 99년	20년, 20년

주: 양측의 협동적 반응들(자백 안함)은 각자에게 비교적 가벼운 선고들을 일으킬 수 있지만, 각자는 자신이 협동적 반응을 행하기 위해서는 상대방을 신뢰해야만 된다.

그러나 만일 두 사람이 모두 자백하면, 법무부장관은 자신이 아마 이들 두 사람을 방면시킬 수가 없기 때문에, 각자에게 감소된 형기(20년)를 권고할 것이다. 당신이 알 수 있는 바와 같이, 재간있는 법무부장관은 A와 B 사이에 하나의 갈등을 설정했다.

죄수의 딜레마(prisoner's dilemma)라고 알려진 이러한 갈등은 혼합된 동기상황의 특징들을 갖고 있다. 첫째로, 한 사람의 이익은 반드시 다른 사람의 손해가 아니다: 두 사람은 다소 짧은 선고들(4년)를 받을 수 있다. 둘째로, 협동과 경쟁의 두 가지 동기들이 포함되어 있다. 예컨대, 표 12-2에서 우리는 경쟁적 반응이 자백이라는 것을 알 수 있는데, 이는 어느 한 사람의 자백이 상대방의 선고량을 증가시킴으로써 상대방에게 해를 줄 수 있기 때문이다. 경쟁적 반응은 만일 개인이 자기의 파트너를 신뢰하지 않는다면, 분명히 "안전한" 반응이다: 만일 다른 사람이 자백했다면, 자백하지 않는 것은 큰 재난이 될 것이다. 협동적 반응은 자백하지 않는 것일 것이다. 그러나, 이것은 두 가지 이유로 따르기가 곤란한 선택지이다. 첫째로, 개인은 자신이 경쟁적으로 행동하고(자백) 파트너가 그렇지 않을 경우에 최대의 결과를 얻을 수 있다. 따라서 개인은 탐욕에 의해서 협동을 저버리고 싶어지게 된다. 둘째로, 파트너가 협동적으로 행동할 의사에 관한 어떤 불확실성이 있을 경우에는 협동에 위험이 따른다.

두 명의 도박꾼들이나 플레이어들의 관점에서 이 상황을 본다면, 우리는 그들의 공동의 이익분배가 두 사람이 협동하고 아무도 자백하지 않을 경우에 최대가 될 것이라는 것을 알 수 있다. 따라서 한편으로 플레이어는 협동해서 좋은 공동의 이익분배를 얻을 동기가 있다: 다른 한편으로, 그는 경쟁해서 자기 자신에 대해 가능한 최선의 이익분배를 얻을 동기가 있다.

사회적 딜레마

사회적 딜레마(social dilemma)는 사람들이 자기 자신의 즉각적 이익을 증가시키는 것과 집단의 장기적 이익을 위해서 행동하는 것 사이의 선택에 당면해 있는 다른 상황을 나타낸다. Dawes(1980)는 모든 사회적 딜레마들이 두 개의 기본특징들을 갖고 있다고 시사한다: (1) 각 개인에 대해 변절하는 것(개인주의적 접근을 취하는 것)에 대한 이익분배가 협동하는 것에 대한 이익분배보다 더 크며, (2) 모든 사람들은 모두가 협동할 경우보다도 모두가 변절할 경우에 더 적은 이익분배를 받는다. 고전적인 사회적 딜레마는 "공동소유지의 비극"에 의해서 대표되고 있다(Hardin, 1968). 올드 뉴잉글랜드 지역의 읍들은 흔히 어떤 목초지 근처나 주변에 건설되었다 ; 이 목초지는 이것이 모든 농부들이 자기들의 소에게 풀을 뜯어 먹게 하기 위해 사용되었기 때문에 공동소유지라고 일컬어졌다. 이 공동소유지는 이것이 과잉 목축되지 않는 한 모든 사람들의 욕구들을 충족시켰다. 과잉 목축은 목초를 파괴하고 모든 사람들을 위한 지역을 망칠 것이다. 이러한 상황은 각각의 농부에 대해 하나의 딜레마를 제기시켰다 ; 공동소유지에다가 가외의 한두 마리 소를 추가시키는 것은 농부의 개인적 이익을 증가시킬 것이지만, 만일 모든 사람들이 이런 식으로 한다면, 공동소유지는 망쳐지게 될 것이다. 만일 당신이 농부라면, 당신은 이러한 상황에서 어떻게 할 것인가? 너무 흔히, 농부들은 가외의 소를 추가시키는 것을 택한다. 그 결과는 공동소유지의 비극(목초지의 파괴)이다.

이 상황을 검토함에 있어서, 우리는 이러한 결과가 일어난 이유를 알 수 있다. 만일 당신이 농부였다면, 두 가지 점이 머리에 떠오를 것이다. 첫째로, 당신은 한두 마리의 소를 공동소유지에 추가시키는 것이 해가 되거나 남의 눈에 띄지 않을 것이라고 생각할 수 있다. 여기에서의 문제는 만일 농부들이 이러한 식으로 생각한다면, 그 결과로 재난이 생긴다는 것이다. 둘째로, 비록 자신이 궁극적 재난을 예견할지라도, 당신은 당신의 이웃들이 이것을 예견하지 않을 것이라고 의심을 품을 수 있다.

여기에서 우리는 이 딜레마의 기초가 되고 있는 두 가지 동기들을 구분지을 수 있다. 그 중의 하나는 개인이 유일한 협동자가 됨으로써 손해를 볼 것이라는 두려움이다(Rappaport, 1967). 다른 하나는 유일한 비협동자가 되어서 타인들의 협동으로부터 이익을 얻게 되려는 유혹 속에 포함된 탐욕이다. 사회적 딜레마들은 사람들이 집단에 대해 자원을 기부하는 것(예컨대, 자선금을 기부하는 것이나 어떤 집단과업을 위해 일하는 것)과 집단으로부터 이익을 얻어가는 것(아마 공동소유지에 있는 더 많은 땅을 사용하거나 석유부족 동안에 자동차로 장거리 여행을 갖는 것에 의해서) 사이의 선택에 당면하고 있을 때에 생길 수 있다(Fleishman, 1988). 하나의 흥미있는 연구에서, 연구자들은 사람들이 손해의 두려움이나 탐욕이 유발되었을 때에 경쟁했다(이기적 행동을 취했다)는 것을 발견했다. 두려움과 탐욕이 대수롭지 않았을 때만이 사람들은 집단의 이익을 위해서 일했다(Bruins 등, 1989).

사회적 딜레마들은 해결하기가 매우 곤란한 것으로 판명되어 왔다. 우리는 집단 이익을 위한 관심을 장려하기 위해서 어떤 보수-처벌 체제가 개발될 수 있다고 주장할 수 있을 것이다. 그러나, 이것은 개인적 행동을 단속하기 위한 어떤 복잡한 조직체를 요할 것이며, 대부분의 사회적 딜레마들에서 사람들은 자신의 행동이 확인될 수 없다는 것을 안다. 이와 같은 딜레마들에 대한 해결책들이 개인적 보수들과 처벌들에 의지할 수 없다는 것이 시사되어 왔다(Lynn와 Oldenquist, 1986). 그 대신에, 이것들은 이타적 동기들, 도덕적 동기들 및 집단과의 더 깊은 일체감이나 동일시감을 증가시킴으로써 집단에 대한 관심을 발전시키는 것을 겨냥해야만 된다. 불행하게도, 이러한 동기들을 발전시키는 것이 개인적 행동들을 단속하는 것만큼 곤란한 것으로 판명될 수 있다.

이와 같은 노선들에 따라, 연구들은 어떤 딜레마에 당면하고 있는 개인들간의 의사소통이 협동의 양을 증가시킬 수 있다는 것을 증명해 왔다. 그러나, 협동은 모든 사람들이 협동하기로 약속할 때에만 증가한다. 연구자들은 모든 사람들에게 협동하도록 개입시키는 어떤 토론이 또한 집단과의 동일시를 증가시킨다고 시사한다(Orbell 등, 1988). 개인보다도 집단에 대한 강조는 사람들에게 집단의 복지를 위해 자기이익을 희생시키게끔 동기화시킨다.

갈등의 단계적 상승경로

만일 우리가 사회적 딜레마와 같은 상황을 검토한다면, 우리는 이것이 해결하기가 쉬운 것이라고 주장하고 싶어질 것이다. 이것은 모든 사람들의 협동에 대한 장기적 관심에 달려 있으며, 이점은 분명할 것이다. 그러나 갈등들은 항상 가장 논리적인 경로를 따르지는 않는다. 예컨대 비행기납치사건의 경우에서 베리는 미국인 인질들을 석방시키고 싶어했다. 레이건 대통령은 인질들을 고국으로 데려 오고 싶었으며 또한 그는 이스라엘이 시아파교도 포로들을 석방하기를 원했다. 이스라엘인들은 시아파교도들을 석방시키고 싶어했다. 그러나 위기의 신속한 해결을 향하고 있는 이들 모든 힘들에도 불구하고, 당사자들간의 갈등은 위협들과 대응위협들이 그 빈도가 증가되면서 난무하게 되자 상승되게 되었다.

갈등은 흔히 비탈을 굴러내리는 눈덩이와 비슷하다. 이것은 감소와 해소를 향한 코스를 취하기보다도 오히려 크기와 강도가 증가한다. 이러한 상황은 악성 갈등(conflict spiral)이라고 일컬어지고 있다(Deutsch, 1973). 우리가 보게 되는 바와 같이, 갈등은 흔히 당사자들간의 불신의 증가를 일으키며, 그러면 이것이 다시 갈등을 증가시킨다. 갈등은 그 가지가 뻗어 나와서 당사자들을 뒤덮어 버린다. 그리고 사람들은 그들이 갈등을 감소시키는 이성적이고 합리적인 수단들을 갖고 있을 때에라도 갈등의 상승 속에 빠지게 된다(Brockner와 Rubin, 1985). 그들은 그들이 갈등을 감소시키거나 지속시키건 간에 무거운 부담들을 피할 수가 없기 때문에 함정에 빠져 있다. 이 딜레마에 대한 하나의 멋진 예로서, 당신 자신이 다음과 같은 상황 속에 있다고 생각하자. 당신과 세 명의 다른 학생들이 어떤 실험에 참가하기 위해서 도착했는데, 실험자는 1,000원 짜리의 증서를 경매한다고 말했다. 경매의 규칙들은 다소 특이하다 : 비록 이긴 입찰자가 그 증서를 갖게 되겠지만, 그 다음으로 높은 입찰자는 아무런 대가도 없이 자신이 입찰했던 금액을 지불해야만 된다. 처음에 이러한 묘안은 당신에게 대수롭지 않은 것같이 여겨진다. 경매가 시작되어서, 당신은 50원을 제시하고, 다른 학생은 100원을 제시하는 식으로 진행된다. 잠시 후에 경매는 당신과 한 명의 다른 학생으로 좁혀진다. 당신은 750원을 제시하고 그는 800원을 제시한다. 이제 지는 경매자에게 적용되는 대수롭지 않던 규칙이 새롭게 중요성을 갖게 된다. 당신은 만일 자신이 여기에서 중지하면, 750원을 지불하고 아무런 대가를 받지 못한다는 것을 인식하고, 따라서 당신은 850원으로 금액을 높인다. 당신의 상대도 또한 지는 경매자를 기다리고 있는 곤경을 인식하고 있고 900원을 제시한다. 이제 당신들 두 사람은 갈등의 단계적 상승 속에 빠져 있다. 당신은 얼마나 높게 갈 것인가?

이러한 규칙들을 사용하는 한 실험에서, 경매가가 거의 항상 1,000원 수준을 넘었으며, 때로는 2000원까지 높아졌다는 것이 발견되었다(Teger, 1980). 경매가들이 증가됨에 따라, 모든 농담과 친절한 대화는 중지되었다. 불안과 긴장이 높아졌고 참가자들은 심박의 상승과 같은 긴장의 신호들의 증가를 보였다. 입찰자들은 자기들의 상대의 입찰 때문에 할 수 없이 갈등(입찰을 계속하는) 속에 남아 있게 되었다고 보고했다. 그리고 그들은 자기의 상대가 계속 입찰하고 있는 이유를 이해할 수가 없었다. 입찰수준이 높아지게 되자, 참가자들은 더 이상 푼 돈을 따겠다고 생각하지는 않는다 : 이제 그들은 자기의 상대를 패배시키고 자신이 약하거나 어리석게 보이는 것을 피하고 싶어했다. 바로 이것이 TWA 847호 비행기상의 인질들에 대한 갈등을 연장시켰던 것인가?

이러한 과정은 매일 놀랄 만한 규칙성을 갖고서 전개한다. 예컨대, 이스라엘에서, 정착자들은 1967년 전쟁 이후에 이스라엘에 의해서 점령된 웨스트뱅크와 가자 영토에 몇 개의 읍을 건설했다. 팔레스타인인들은 평화정착의 일부로서 이 영토가 반환될 것을 요구하고 있다. 그러나 많은 이스라엘인들은 이제 이 영토에서 이루어지는 광범한 정착 때문에 반환이 지불하기에는 너무 비싼 가격이라고 주장한다. 따라서 갈등은 계속 증대된다.

위협의 사용

847호 비행기가 베이루트에 착륙하자 마자, 위협들과 대응위협들이 나타나기 시작했다. 테러리스트들은 인질들을 죽이고 이스라엘 상공에서 비행기를 폭파시키겠다고 위협했다. 협상들의 한 시점에서, 레이건 대통령은 테러리스트들에게 보복을 가하겠다고 위협했다 : 이러한 위협은 베리로 하여금 자신이 아무런 보복조치들이 없다는 보장을 받을 때까지 인질들의 석방을 지연시키게끔 만들었다. 보다 더 괴상한 사건들 중의 하나에서, 5명의 인질들이 당사자들이 서로 위협을 중지하고 자기들의 석방을 위해 건설적으로 일해달라는 것을 호소하기 위해서 매스미디어와의 인터뷰를 갖도록 허용받았다.

갈등에 대해 당사자들에 의한 위협의 사용은 매우 보편적이다. 이러한 전술은 효과가 있는가, 아니면 위협에 대한 어떤 암시라도 피하라는 레이건 대통령의 보좌관들의 충고가 현명했는가? 당신은 어떻게 생각하는가? 하나의 흥미있는 실험에서, Rothbart와 Hallmark(1988)는 피험자들에게 양측이 위협적 무기들을 개발하고 있는 분쟁에 관련된 한 국가의 국방부장관의 역할을 맡도록 요구했다. 화해를 일으킬 가능성이 가장 큰 전술을 지적하도록 요구받았을 때, 피험자들은 만일 상대측 국가가 위협적인 무기들의 수준을 감소시키는 것과 같은 어떤 유화적 반응을 한다면, 자기의 국가가 가장 긍정적으로 반응할 것이라고 보고했다. 그러나, 그들은 상대측 국가가 증가된 위협에 대한 반응으로 갈등을 해결하는 데에 동의할 가능성이 가장 클 것이라고 믿었다. 따라서 우리는 상대측이 위협의 증가에 의해서 영향받는다고 보지만, 우리 자신은 위협의 어떤 감소에 의해서 가장 크게 영향받는다고 본다. 실제로, 연구는 위협에 대한 반응이 이렇게 일방향적인 것이 아니라고 시사한다 : 위협은 흔히 갈등의 증가를 일으킨다.

위협의 영향들에 관한 최초의 실험들 중의 하나(Deutsch와 Krauss, 1960)에서, 두 명의 피험자들이 그들이 대립적인 트럭회사들(에이컴회사와 볼트회사)의 책임자들이라고 가정하도록 요구받았다. 플레이어들의 과제는 자기들의 트럭을 가능한 한 신속하게 출발점에서 종점으로 이동시키는 것이었다 : 여행이 신속할수록 플레이어는 더 많은 돈을 벌게 되었다. 그 다음에 피험자들에게 각 플레이어가 종점으로 가는 두 가지 루트들을 취할 수 있다는 것을 나타내는 도로지도(도 12-1)가 제시되었다. 가장 긴 루트는 커브들 투성이어서, 이 루트를 취한 플레이어는 확실히 운송에서 돈을 잃게 되었다. 두번째 루트는 가장 직통노선이었지만 한 구역의 일차선 도로를 갖고 있었다. 만일 플레이어들의 트럭들이 이 도로상에서 만난다면, 트럭들 중의 한대가 후진하지 않을 경우에는 두 사람이 모두 전진할 수가 없었다. 바로 여기가 갈등의 지점이었다 : 어느 쪽 플레이어가 후진해서 상대측이 통과하게끔 해 줄 것인가?

문제들을 더 흥미있게끔 만들기 위해서, Deutsch와 Krauss는 또한 위협의 조작을 도입시켰다. 일차선도로 부분의 각 끝에는 그 끝에 인접한 출발점을 갖고 있는 플레이어의 통제하에 있는 한 개의 문이 있었다. 문을 닫음으로써, 한 플레이어는 상대측 플레이어의 트럭이 일차선도로 부분의 길을 경유해서 종점에 도달하는 것을 방해할 수 있었다. 각 플레이어의 문은 플레이어가 문을 닫을 수 있고(따라서 상대측이 통과하지 못하게끔 만들 수 있고) 그 다음에 대안적 루트를 택할 수 있기 때문에 하나의 위협이었다. Deutsch와 Krauss는 문들의 확보가능성을 변화시킴으로써 3개의 조건들을 만들었다 : 위협 없음(문 없음), 일방적 위협(한 플레이어만이 문을 소유함) 및 쌍방적 위협(두 플레이어들이 모두 문을 소유함). 각 시행 후에, 실험자는 각 플레이어가 따거나 잃은 액수를 공표했다. 이 게임은 20회 수행되었다.

그 결과들은 가장 신속한 해결(그리고 가장 많은 이익분배)이 두 플레이어가 위협을 소유하고 있지 않았을 때에 일어났고 가장 느린 해결이 양측이 위협할 수 있었을 때에

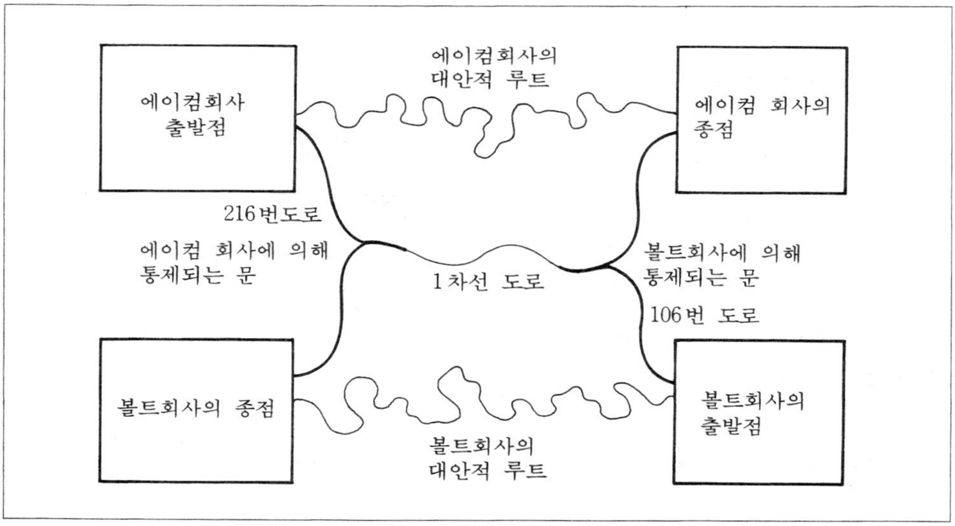

도 12-1. 트럭운송게임에서의 도로지도
자료원 : Deutsch와 Krauss(1960).

일어났다는 것을 매우 극적으로 나타냈다. 실제로, 이익은 위협없는 조건에서만 성취되었다(표 12-3 참조). 두 플레이어들은 아무도 위협을 소유하고 있지 않았을 때에 최고의 이익분배를 받았다. 각 플레이어에 대한 두번째로 높은 이익분배는 일방적 위협조건에서 일어났다. 이것은 위협을 소유했던 플레이어(표 12-3에서 에이컴회사)와 아울러 위협을 소유하지 않았던 플레이어(볼트회사)에 대해서 사실이었다. 양측 플레이어들에 대해 가장 나쁜 이익분배는 쌍방적 위협조건에서 일어났다. 볼트회사측에 대한 이익분배가 자기의 적에 대해 대응위협의 능력(쌍방적 위협)을 갖고 있었을 때보다도 상대측이 갖고 있는 위협능력을 갖고 있지 않았을 때에 더 높았다는 점을 주목하는 것이 흥미있다. 이러한 결과들은 어떤 갈등상황 속에서 위협잠재력이 더 클수록 갈등을 해결하기가 더 곤란하다는 것을 시사한다. 몇 개의 다른 연구들(Deutsch 등, 1971 : Gallo, 1966 : Shomer 등, 1966)의 결과들은 위협이 갈등의 해결을 지연시킨다는 것을 확증했다. 실제로, 위협들의 사용이 협상이 깨지고 있으며 당사자들이 어떤 해결책을 전혀 마련하고 있지 못하다는 하나의 신호일 수 있다고 시사되어 왔다(Barner-Barry와 Rosenwein. 1985).

우리의 논의는 갈등의 해결에서 위협과 세력의 역할에 대해 의문을 제기해 왔다. 우리가 이러한 중요한 문제를 떠나기 이전에, 한 가지 지적이 이루어져야만 된다. 상대측에 대한 위협능력이 갈등을 상승시키고 나쁜 이익분배를 일으키지만, 강력한 상대측을 위협하는 힘의 부족은 사람들의 자존심에 대해 고통을 입히고 해를 줄 수 있다(Apfelbaum, 1974, 1979). Apfelbaum은 비록 실제의 이익분배들이 비동등한 세력관계에서 더 높을 수 있을지라도, 세력이 낮은 측은 그러한 관계에 대해 행복하거나 만족하지 않을 수 있다고 시사했다.

분명히, 갈등에 대한 위협의 영향들에 관한 많은 의문들이 답변되지 않은 채로 남아 있다. 이 분야에서의 계속적 연구는 갈등에 당면했던 사람들이 매우 흔히 위협에 의존하기 때문에 중요성이 크다.

표 12-3. Deutsch와 Krauss의 트럭운송게임에서 이익분배들

	위협수단들		
	위협 없음	일방적 위협 (에이컴회사가 위협을 갖음)	쌍방적 위협
이익분배들의 총계 (에이컴과 볼트)	203.31	−405.88	−875.12
에이컴의 이익분배	122.44	−118.56	−406.56
볼트의 이익분배	80.88	−287.31	−468.56

주 : 각측에 대한 최고의 이익분배가 위협 없음의 조건에서 일어났으며, 최저의 이익분배가 쌍방적 위협조건에서 일어났다.
자료원 : Deutsch와 Krauss(1960).

위협의 제기: 두 개의 사례들

연구들은 위협이 갈등을 증가시키고 소수의 승리자들을 낳는 경향이 있다는 것을 시사한다. 그렇지만 갈등에 빠진 사람들이 얼마나 자주 위협을 제기하는가를 알아보기 위해 우리는 단지 신문을 보거나, TV를 시청하거나, 친구들과 이야기하기만 하면 된다. 앞의 연구들을 염두에 두면서, 위협이 사고와 행동을 지배하는 두 개의 사례들을 살펴보자.

테러행위 전세계가 전율하면서 TWA 847호 비행기의 재난을 시청했다. 대부분의 사람들이 테러리스트들의 비겁한 행위로 분노했으며 승객들의 안전한 석방을 원했다: 그리고 전세계의 시청자들 중의 많은 사람들의 뇌리에는 "그것이 나에게도 일어날 것인가?"라는 골치아픈 의문이 생기었다. 테러행위(terrorism)는 공언된 정치목적들을 위해서 비전투원들에 대한 실제적이거나 위협된 폭력이다(McCauley와 Segal, 1987). 위협과 폭력은 많은 형태를 취한다: 인질들이 붙잡히고(847 비행기 상에서처럼), 사람들이 납치되고, 대사관들이 점거되고, 저명인사들이 암살되고 있다. 그리고 테러행위는 증가하고 있다. 1968년에 142건의 국제적 테러행위가 보고되었으며(미국 중앙정보부, 1981), 1982년에 794건의 그러한 사건들이 있었다(미국 국방부, 1983). 1983년에 테러리스트의 행위들은 720명의 사망자들과 963명의 부상자들을 낳았다(Cordes 등, 1984). 비록 이러한 숫자들이 놀라운 것이지만, 이것들은 우리가 일상적으로 당면하는 다른 위협들에 비해서 작은 것이다. 미국만 해도, 45,000명이 매년 교통사고로 죽는다. 그렇지만 이러한 테러행위들은 광범한 효과들을 가졌다: 사람들은 그들의 여행계획을 바꾸었고, 정부들은 자기들의 정책을 바꾸었고, 안전을 증가시키기 위해서 수백만 달러가 소비되었고, 수많은 사람들이 자신의 생명과 안전에 대한 공포 속에서 살았다(Merari와 Friedland, 1985).

테러행위의 이러한 영향들을 이해하기 위해서, 우리는 이것들의 목표를 검토해야만 된다. 우리가 앞에서 논의했던 상황들과는 달리, 테러행위의 목표는 갈등의 즉각적 해결이 아니다. 테러리스트들의 주요 목표는 전세계의 관심을 끌고 공포를 일으키는 것이다(Friedland, 1988). 테러리스트들은 매스미디어의 부지불식간의 도움을 동원함으로써 주목을 끈다. 수 주 동안 전세계는 847호 비행기상의 테러리스트들의 일거수 일투족을 시청했다. 그들의 얼굴들이 모두 이들의 마음 속에 부각되었고, 우리 모두는 그들의 정치적 목표들을 알았다. 그 행위가 언제 어떻게 나타나는지를 알 수가 없고 미래에 또다시 일어날 수 있기 때문에 공포가 생긴다. 847호 비행기 사건이 인질들의 석방으로 끝났을지라도, 사람들은 스스로 "이것이 언제 또다시 일어날 것인가?"를 묻고 있었다.

광범한 공포를 유발시키는 목표를 넘어서, 테러리스트들은 관계된 정부들 내에서의 갈등을 조성하려고 든다. 정부들은 승리할 수 없는 상황에 놓여지게 된다. 그들은 강경한 방침을 택하고 협상을 거부해서, 무고한 사람들의 안전을 위협할 것인가? 그렇지 않으면 그들은 테러리스트들의 요구에 굴복해서, 자기들을 허약한 것으로 제시하고 장차 더 많은 그러한 요구들을 들어 줄 것인가? 따라서 테러리스트들은 갈등 내에서 갈등을 또다시 조성시킨다. 이러한 갈등을 조성시키려는 한 노력에서, 테러리스트들은 흔히 여자들과 어린이들과 같은 취약한 인질들을 택하고 이미 석방하기로 되어 있는 시아파교도 포로들의 석방과 같은 다소 온당한 요구를 한다. 이러한 방식으로 테러리스트들은 정부들에게 협상하게끔 압력을 가하도록 일반대중의 도움을 동원한다(Merari와 Friedland, 1988).

테러행위는 일반적으로 소수의 자원을 갖고 있는 허약한 집단들에 의한 갈등에 대한 하나의 반응이다. 테러리스트들이 그들의 정치적 목표들을 성취해 온 사례들이 있지만(팔레스타인 내의 유태인 집단들, 케냐의 마우 마우족), 대개 그들은 정치적 변화를 일으키거나 정부를 전복하는 데에 성공하지 못한다. 이러한 결과는 갈등과 갈등해결의 단기적 및 장기적 영향들을 검토할 필요성을 보여 준다.

군비 경쟁 위협이 갈등에 대한 하나의 반응으로서 나타나는 두번째 분야는 핵무기 제조에 대한 일반적 접근에서 찾아지고 있다. 약 50여년간 우리는 평화가 힘과 두려움의 억제력을 통해 가장 잘 성취될 수 있다는 믿음에 의해 지배되는 세계 속에서 살았다(Gralnick, 1988). 그리고 대부분의 이러한 힘과 제지는 핵무기들의 비축을 통해 성취되고 있다. 히로시마와 나가사끼에 원자폭탄을 투하한 이래로, 미국은 116개의 무기체계들에서 사용하기 위해서 60,000개의 핵탄두들을 만드는 데에 7,500억 달러 이상을 소비해 왔다(원자과학자회보, 1985). 소련도 이와 비슷한 비축을 갖고 있다. 군비의 증가는 초강대국들간의 신뢰 부족의 증가를 수반했으며, 이 신뢰 부족은 국가들에게 자기들의 군비를 증강시키도록 동기화시켰다.

평화를 얻기 위한 위협의 사용은 전세계의 사람들에게 광범한 영향을 주어 왔다. 이것은 엄청난 자원들을 소비해 왔을 뿐만 아니라, 젊은이들과 아울러 나이먹은 사람들의 마음을 점유해 왔다. 한 조사에서, 소련의 젊은이들이 핵전쟁을 자기들의 최대의 걱정거리라고 평가했으며, 미국의 젊은이들은 이것을 부모의 사망에 대한 걱정 다음의 자기들의 두번째 최대의 걱정거리라고 평가했다(Doctor 등, 1988). 그리고 연구자료는 이러한 자료들 이외에도 위협의 증가가 기본적 갈등의 해결을 도울 것 같지 않으며, 위협을 행할 수 있는 위치에 있는 사람들이 계속 자기들의 권력을 휘두르고 싶어하고 있다는 것을 시사하고 있다. 이러한 점들에 추가되는 것은 핵무기들이 실제로 한 발은 자기 자신을 향해서 뒷쪽으로 향해져 있는 두 발의 탄환들이 들어 있는 산탄총과 같다는 사실이다(Gralnick, 1988) : 만일 어떤 나라가 핵무기를 휘두른다면, 세계는 아마 모든 사람들이 거주할 수 없는 장소가 될 것이다.

비록 우리가 다소 우울한 상황을 묘사해 왔지만, 밝은 전망도 있다. 수많은 최근의 조사들은 사람들이 핵전쟁의 발생으로 양측이 생존 불가능하다고 보며(Gilbert, 1988), 대다수의 사람들이 한쪽이 독특하게 유리하지 않은 한, 핵무기의 생산과 개발에 대한 양측의 동결을 지지하고 있다(Gilbert, 1988)는 것을 시사한다. 미국과 아울러 소련의 지도자들의 미사여구들과 행위들은 핵무기경쟁을 막는 데에 겨냥되어 왔다. 현재 소련의 붕괴로 핵무기의 위협문제는 새로운 양상으로 발전되고 있으며, 장차의 세계적 양상을 정확하게 예상하기는 힘들다. 그러나 연구의 결과들을 살펴 보면서, 우리는 국가들간의 위협수준을 감소시키는 것이 갈등감소의 길을 열을 수 있다고 기대할 수 있다.

체면에 대한 관심: 체면유지

847호 비행기에 대한 갈등의 한 가지 두드러진 특징은 대량의 매스미디어의 취급이 이것에 기여했다는 것이다. 우리가 지적한 바와 같이, 테러리스트들의 목표들 중의 하나는 주목을 끄는 것이며, 그들은 매스미디어를 이러한 목적을 위해서 활용한다. 테러리스트들은 매스미디어들의 취급이 미국과 이스라엘에 대해 자기들의 요구사항들에 굴복하게끔 압력을 증가시킬 것이라고 믿었다. 그러나 그 결과들은 그들의 예상대로는 아니었다. 갈등은 상승되었고 질질 끌게 되었다. 한 명의 인질은 다음과 같이 말했다: "이러한 모든 TV재료는 일종의 잔학한 서커스입니다. 우리는 단지 그들의 목적에 이용되고 있으며, 우리는 때로는 이 모든 것들에 대해 의문시하고 있습니다"(Time지, 1985년 7월 8일자, p. 15).

만일 우리가 갈등 속의 사람들의 감정들을 주의깊게 검토하면, 우리는 이러한 일반대중에 대한 제시의 전술이 성공을 거두지 못했던 이유를 이해할 수 있다. 갈등상황 속의 사람들은 일반적으로 두 가지 목표들을 갖고 있다: 하나는 갈등으로부터 가능한 한 많은 것을 얻어내는 것이다. 다른 하나는 강하고 단호한 것처럼 보이는 것이다. 몇 가지 이유로, 두번째 목표가 첫번째 목표보다 흔히 더 중요하다. 첫째로, 만일 한쪽이 상대측에게서 허약성이나 결심부족을 지각한다면, 이 한쪽은 다른 대결기회들을 찾을 수 있다. 겉모습에 관심을 두는 두번째 이유는 갈등을 목격하고 있는 자기들의 지지자들에게 인상을 주려는 욕망이다. 베리와 아울러 레이건 대통령은 자기들의 지지자들에게 자기들이 강하고 통제하고 있다는 것을 보이고 싶어했다. 실제로, 레이건은 1980년도 선거유세에서 카터가 이란에서 미국인 인질들을 붙잡고 있는 테러리스트들에게 "너무 약했다"고 시사했다. 이러한 "허약성"은 카터의 재선거 경선에 대해 심한 해를 주었다.

갈등상황들에서 겉모습들에 대한 관심은 체면유지(face saving)라고 일컬어지고 있다. 몇 명의 연구자들(Brockner와 Rubin, 1985; Streufert와 Streufert, 1986)은 체면을 유지하려는 욕망이 흔히 사람들에게 위협에 의지하게끔 동기화시킨다고 시사해 왔다. 사람들은 양보하는 것이 일종의 허약의 인정이라고 느낀다. 이러한 인정은 개인의 자존심에 대해 타격을 줄 뿐만 아니라 다른 사람들이 이러한 허약성을 목격하게 될 경우에 당황과 고통도 일으킬 수 있다. Brown(1968)은 공개적으로 당황해 왔던 피험자들이 비록 위협에 의지하는 것이 자기 자신에 대해 부담을 일으켰을지라도, 체면을 회복하려는 한 수단으로서 위협에 의지할 것이라고 생각했다. 그는 피험자들에게 어떤 실험협조자를 상대로 트럭운송게임 실험을 하게 했다. 피험자들은 자기들이 일방향거울을 통해서 다른 피험자들에 의해 관찰되고 있다는 설명을 들었다. 실험의 전반부 동안에, 실험협조자는 가장 큰 세력을 가졌으며 피험자들을 착취했다. 이 실험의 한 시점에서, 피험자들은 관찰자들에 의해서 쓴 것이라고 생각되는 쪽지를 제공받았다. 절반의 피험자들은 자신이 젖먹이 어린아이처럼 보였다고 말하는 쪽지를 받았으며, 다른 절반은 보다 더 칭찬해 주는 쪽지를 받았다. 쪽지를 받은 후에, 피험자들은 문의 통제권을 부여받았으며 실험협조자가 통과하도록 허락해 주는 대가로 높은 요금을 부과시킬 수 있었다. 한 가지 함정은 문을 이용하는 것과 높은 통행세를 부과하는 것이 또한 피험자 자신의 돈을 딸 능력을 감소시킨다는 것이었다. 이 결과들은 자신이 연구의 전반부 동안에 체면을 잃었다고 느낀(즉, 관찰자들로부터 모욕적인 쪽지를 받았던) 피험자들이 체면을 잃지 않았던 피험자들보다 위협을 사용하는 경향이 더 많았다는 것을 보였다.

공개적 관찰 이외의 조건들도 또한 사람들이 갈등 속에서 체면을 유지하려는 시도에 영향을 줄 수 있다. 어떤 사람이 어떤 갈등 속에 더 많이 투자해 왔을수록, 그 사람은 체면을 유지하고 요구사항들에 대한 양보에 저항하려고 더 많이 시도할 것이다(Teger, 1980). 이러한 투자는 시간, 노력, 개인적 개입 또는 물질의 형태를 취할 수 있다. 이러한 점에 대한 인식은 미국의 하원의원인 Markey(1985)에게 군비를 위한 엄청난 비용이 실제로 미국과 소련 간의 갈등을 장기화시킬 것이라고 제안하게끔 만들었다. 그는 4시간마다 전세계의 군대들이 유엔 아동기금(UNICEF)의 1년간의 예산에 해당되는 것을 소비하고 있다고 지적했다. 이러한 금액이 방위와 국가안전을 위해서 쓰여졌다고 주장될 수 있는 반면에, 이것은 또한 국가들의 갈등에 대한 개입을 증가시키는 목적을 충족시킨다고 주장될 수 있다. 체면유지적 반응들에 영향을 주는 세번째 요인은 장차의 갈등의 가능성이다: 장차의 갈등의 가능성이 더 클수록, 현재의 갈등 속에서 체면을 유지하려는 노력들이 더 크다(Hiltrop과 Rubin, 1981).

보는 자의 시각에서의 갈등: 상대방에 대한 지각들

레이건 대통령은 "비행기 납치자들"을 주목적이 테러를 확산시키는 데에 있는 "범죄자들"이라고 일컬었다. 그는 이러한 테러행위들이 그로 하여금 그것들을 저지른 사람들에 대항해서 공격적 자세를 취하게끔 만들었다고 느꼈다. 베리는 자신의 입장에서 볼 때에 미국과 이스라엘이 아랍인들에게 어쩔 수 없이 조치를 취하게끔 만들은 공격자들이라고 지각했다. 그는 847호 비행기가 만일 이스라엘이 시아파교도 포로들을 붙잡아가지 않았더라면, 납치당하지 않았을 것이라고 주장했다. 따라서 각측은 자기측을 이성적이며 단지 상대측의 공격에 대한 반응에서 행동하는 것으로 보았다.

기억되어야만 될 한 가지 점은 상황이 실제로 어떠한가보다도 당사자들의 상황지각들에 의해 갈등이 형성되게 된다는 것이다. 다시 말해서, 지각들이 현실로 되게 된다.

Kelley와 Stahelski(1970a, 1970b)는 갈등의 상승에서 지각들의 역할을 분명하게 증명했다. 그들은 기본적으로 경쟁과 협동의 두 가지 유형의 사람들이 있다고 제안했다. 이 두 가지 유형의 사람들은 다른 사람들이 반응하려고 의도하는 방식에 관해서 상이한 견해들을 갖고 있다. 경쟁적 유형의 사람은 다른 사람들을 보편적으로 경쟁적이라고 보며, 협동적인 사람은 다른 사람들을 어떤 사람들은 협동적이고 어떤 사람들은 경쟁적으로서 보다 더 다양하다고 본다. 사람들이 타인들과 상대하는 양식은 그들이 타인들에게 귀속시키는 의도들에 의해 일부 결정되게 된다. 만일 이러한 명제들이 옳다면, 경쟁적인 사람들은 그들이 타인들에 대해 경쟁적 의도들을 귀속시키기 때문에 항상 경쟁적으로 상대할 것이다. 그러나, 협동적인 사람들은 협동적인 타인에 대해서는 협동적으로 행동하고 경쟁적인 타인에 대해서는 경쟁적으로 행동할 것이다. 이러한 견해에 의하면, 경쟁적인 사람들이 자기의 파트너의 행동에 적응하지 않는 반면에 협동적인 사람들이 적응하는 고로, 경쟁적인 사람들이 관계의 분위기를 설정하는 데에 책임있다.

자기들의 가설을 검증하기 위해서, Kelley와 Stahelski(1970b)는 동일한 전형을 사용하는 몇 개의 실험들을 고안했다. 일반적으로 그들은 피험자에게 변형된 죄수의 딜레마상황을 보여 줌으로써 자기들의 실험들을 시작했다. 협동적으로 행동할 것으로 기대되는 피험자들과 경쟁적으로 행동할 것으로 기대되는 사람들을 확인한 후에, 그들은 피험자들에게 그들이 어떤 갈등 속에 있는 자기들의 상대측의 반응에 대해 어떻게 기대했는가를 질문했다. 이 실험자들이 예상했던 대로, 경쟁적인 사람들은 자기들의 상대가 경쟁적으로 행동할 것으로 압도적으로 기대했다. 이와는 달리, 협동적인 플레이어들은 자기들의 상대로부터 동일한 양의 협동과 경쟁을 기대했다. 마지막으로, 모든 피험자들은 협동적이거나 경쟁적 행위로 반응했던 어떤 상대와 함께 어떤 죄수의 딜레마게임을 실시했다.

표 12-4가 보이는 바와 같이, 경쟁적인 플레이어들은 상대가 경쟁적이었는지 또는 협동적이었는지에 관계없이, 전시행을 통해서 동일한 백분율의 협동적 조치들을 취했다. 이와는 달리, 협동적 플레이어들은 파트너가 경쟁적이었을 때보다 협동적이었을 때에 유의하게 더 많은 협동적 조치들을 취했다. 따라서 결과들은 협동적 플레이어들이 경쟁적 플레이어들보다도 자기의 파트너의 행동에다가 자신의 행동을 더 많이 적응시킬 것이라는 가설을 지지했다.

지각들의 영향들을 다른 방식으로 검토하면서, 일군의 연구자들은 경쟁적인 사람들이 자신의 상대측의 행동을 세력(강하다-약하다)의 측면에서 해석하는 경향이 있다는 것을 발견했다. 협동적인 사람들은 상대측의 행동을 평가(좋다-나쁘다)의 측면에서 본다(Liebrand 등, 1986). 다른 흥미있는 변형에서, Lanzetta와 Englis(1989)는 피험자들에게 그들이 다른 사람과 협동하거나 경쟁하게 될 것이라고 믿게끔 만들었다. 그 다음에 피험자들은 그 사람이 긍정적 반응(보수)이나 부정적 반응(쇼크)을 받는 것을 목격했다. 피험자들의 정서반응들의 측정치들은 그들이 협동적 파트너에 대해서는 감정이입으로 반응했지만(다른 피험자의 반응을 반영했고) 경쟁적 파트너에 대해서는 역감정이입으로 반응했다는 것(다른 사람이 고통을 당했을 때에 행복했고, 다른 사람이 행복했을 때에 고통을 느꼈다)을

표 12-4. 협동적 반응들의 백분율

	파트너					
	첫번째 10시행		두번째 10시행		세번째 10시행	
행위자	협동적	경쟁적	협동적	경쟁적	협동적	경쟁적
협동적	85%	64%	90%	67%	92%	69%
경쟁적	34	32	31	18	25	27

주: 경쟁적인 사람들은 자신의 파트너의 행동에 관계없이, 매우 적은 협동적 반응들을 보였다. 협동적 플레이어들의 행동은 자신의 파트너의 행동에 의해 더 많이 영향받았다.
자료원: Kelley와 Stahelski(1970b).

보였다.

이러한 모든 연구들의 핵심은 갈등과 갈등에 대한 우리의 반응이 우리가 타인들과 상황을 지각하는 양식에 대해 영향을 주고, 우리의 지각이 우리의 행동에 대해 영향을 준다는 것이다(Bar-Tal, 1990). 더 나아가서, 이들 지각들은 갈등을 강화시키고 연장시켜 준다.

신뢰와 불신

인질위기의 가장 중요한 측면들 중의 하나는 이것에 관련된 모든 당사자들의 불신이었다. 베리는 미국을 믿지 않았고 따라서 그는 미국이 공격해서 인질들을 석방시킬 수 없게끔 이들을 은익장소들로 이동시켰다. 아말 민병대의 급진파는 베리를 믿지 않아서, 그들은 유태인과 비슷한 성명을 가진 것으로 상정되는 일군의 인질들을 베리가 미국과 이스라엘의 요구사항들에 쉽게 굴복하지 못하게끔 다른 은익장소로 데리고 갔다. 그리고 베리가 인질들이 일단 석방되게 되면 레이건이 군사보복을 명령할 것을 두려워해서, 인질들을 시리아의 보호로 넘기는 것을 지연시킨 것도 불신이었다.

"상대측 집단이 믿을 수 없다는 지각들은 아마 갈등을 일으키는 긴장들의 하나의 주요 근원일 것이다. 노사간의 쟁의, 인종간 폭력, 전쟁 및 혁명의 역사는 불신의 중요성을 증명한다"(Webb와 Worchel, 1986, p. 213). 신뢰의 결정적 역할은 Gralnick(1988)의 핵전쟁의 가능성에 관한 가슴 아픈 논의 속에서 갈파되고 있다.

> 신뢰는 핵에 의한 대학살을 방지하려고 고안되거나 의도된 모든 정책의 결정적 고리이다. 신뢰 없이는 핵에 의한 저지정책에서 전혀 안정성이 없다. 현실은 신뢰를 요한다. 신뢰가 없으면 핵에 의한 전인류의 죽음이 있게 될 것이다… 현재의 인간 조건들은 신뢰를 요구한다. 이것은 모든 협상과 인간의 노력의 하나의 분리될 수 없는 측면이다(p. 182).

신뢰는 갈등 악순환에 대해서 특히 결정적이다: 신뢰의 부족은 갈등의 조성을 도우며, 갈등은 당사자들간의 불신의 증가를 일으킨다. 따라서 우리는 불신 → 갈등 → 불신 증가 → 갈등 증가의 악순환을 갖게 된다.

비록 신뢰(trust)가 널리 사용되고 중요한 개념으로 나타나 왔지만, 이것의 정의 방식에 관해서 다소의 의문이 있다. 몇몇 연구자들(Rotter, 1971)은 신뢰를 타인의 말, 약속 또는 언어적이거나 글로 된 진술이 믿어질 수 있다는 기대라고 규정하고 있다. 간단히 말해서, 이것은 타인들이 자기들이 행할 것이라고 말한 바를 실행할 것이라는 것을 뜻한다. Pruitt(1965)는 신뢰를 타인들이 해로운 방식보다도 도움이 되는 방식으로 행동할 것이라는 기대라고 보면서, 이 정의에다가 다른 차원을 추가시켰다.

죄수의 딜레마와 그와 유사한 상황들에 기초된 연구들(Pelton, 1974; Schlenker 등, 1973; Swinth, 1976; Zand, 1972)은 신뢰가 발전하기 위해서는 한 사람이 자신의 경계를 누그러뜨리고, 상대측 사람이 이 취약성을 악용하는지를 알아내기 위해서 취약하게 되어야만 된다고 시사한다. 많은 이러한 시험들이 어떤 신뢰하는 관계가 확립되기 이전에 필요하다.

세 개의 요인들이 신뢰의 발전에 영향을 준다. 그 중의 하나는 사람들의 성격들이다. Ainsworth(1979)는 사람들이 유아기와 초기 아동기 동안에 타인들을 신뢰하거나 불신하는 경향을 발전시킨다고 시사한다 ; 자기 부모(특히 어머니)로부터의 일관성있고도 적절한 행동에 의지할 수 있는 어떤 안전한 환경 속에서 키워진 유아들은 신뢰에 대한 어떤 준비성을 발전시키기가 가장 쉽다. 인간 본성에 관한 철학척도(Wrightsman, 1964) 및 대인관계 신뢰척도(Rotter, 1971)와 같은 척도들이 타인들을 신뢰하는 성향을 갖고 있는 사람들과 불신하는 성향을 갖고 있는 사람들을 구분하기 위해서 개발되어 왔다. 신뢰에 미치는 두번째 영향은 해로운 결과들의 확률들을 나타내주는 환경적 단서들의 존재이다. 이러한 단서들은 상대측이 배반에 의해서 많은 이익을 얻게된다는 지각과 과거에 이기적인 방식으로 행동해 왔다는 지식을 포함한다. 신뢰의 발전에 영향을 주는 마지막 요인은 긍정적 결과들에 대한 개인의 동기이다. 만일 한 사람이 이해관계를 거의 갖고 있지 않고 결과에 대해 관심을 두고 있지 않다면, 그 사람이 다른 사람을 신뢰하는 모험을 걸기가 비교적 쉽다. 그러나 인질위기에서처럼 만일 이해관계가 크다면, 신뢰가 발전하기가 더 곤란하다.

비록 신뢰가 발전하기가 곤란하고 어떤 신뢰하는 관계를 발전시키는 데에 일련의 긍정적 대면들이 흔히 요구되고 있을지라도, Webb와 Worchel(1986)은 "불신을 확립시키기 위해서는 단 한번의 배반만을 요할 수 있다"고 보고한다. 더욱이, "일단 생기게 되면, 불신은 변화에 대해 극히 저항적이다". 불신은 이것이 다른 사람이 하나의 위협이라는 지각을 일으키고 이 지각이 더 큰 불신을 일으키기 때문에 변화시키기가 곤란하다. 일단 한 사람이 한 개의 배반을 저질러 왔다면, 이 사람은 사취당했던 사람이 그 배반이 앞으로 재발할 것이라고 믿을 수 있기 때문에, 다른 사람과 화해하기가 곤란하다.

우리는 불신을 하나의 다소 최종적인 상태, 즉 일단 이것이 발전하면 이것이 계속되는 것으로서 제시해 왔다. 이것은 많은 경우들에서 확실히 사실이지만, 불신의 자세는 사취자가 자신의 배반을 고백하고 사취당한 자에게 자신이 양심의 가책을 느낀다고 납득시킬 경우에는 역전될 수 있다. 더욱이, 만일 사취자가 배반으로부터 이익을 얻었다면, 그 사람은 배상을 시도해야만 된다. 미국 역사에서 가장 인기있는 대통령들 중의 몇 명(죠지 워싱톤, 링컨, 트루만)이 그들이 관련되었던 사건들에 대해 공개적으로 사과했고 개인적 비난을 감수했다는 것은 흥미있는 일이다. 실제로, 트루만은 자기의 책상 위에 "지금부터 강경한 반대는 중지한다"라는 기념 명판을 두었다. 이와는 반대로, 재임중에 인기를 잃었던 몇 명의 대통령들은 책임을 지거나 자신이 관계되었던 의문시되는 상황들에 대한 양심의 가책을 보이는 데에 실패했다. 예컨대, 존슨은 월남전에 대한 자신의 판단이 잘못된 것일 수 있다는 것을 시인하지 못했다. 닉슨은 워터게이트사건에서 자신의 비행을 시인하기를 끝까지 거부했다.

의 사 소 통

신뢰의 개념 속에 함축되어 있는 것은 의사소통이다 ; 신뢰는 의도들과 약속들의 전달의 바탕 위에서 구축되게 되며, 사람들이 정보를 교환함에 따라 발전한다. 의사소통은 또한 갈등의 심화와 해결을 결정짓는 데에 있어서 하나의 중요한 관건이다. 그렇지만 의사소통에 관련된 몇 가지 문제들이 있다. 어떤 갈등 속의 당사자들의 시초의 경향은 후퇴해서 의사소통을 중지하는 것이다. 이러한 반응은 자폐적 적의(autistic hostility)라고 일컬어지고 있다(Newcomb, 1947).

그렇지만, 당사자들은 갈등이 해결되기 위해서 의사소통이 필요할 것이라는 것을 곧 깨닫는다. 그리고 여기에서 하나의 흥미있는 딜레마가 생긴다(McClintock 등, 1983). 한편으로, 양측은 자기측에 대해 불리하게 이용될 수 있는 자기측의 강점들, 약점들 및 욕망들에 관한 정보를 상대방에게 제공하는 것을 원치 않는다. 다른 한편으로, 만일 당사자들이 문제들을 확인하고 문제에 대해 해결책들을 마련하고자 한다면, 의사소통이 절대로 필요하다. 부가적으로, 양측은 의사소통하려는 정보의 유형에 관심을 두고 있다. 한쪽은 자신의 입장을 허위로 전하거나 정보를 은폐시킴으로써 이익을 얻을 수 있다. 그렇지만, 이러한 이점은 만일 상대측이 그것이 허위 정보로 조작되고 있고 연출되고 있다고 믿는다면 재난이 될 수 있다. 예컨대, 베리는 만일 그가 레이건에게 신속한 진전이 이루어지지 않을 경우에 인질들이 사살될 수 있다고 믿게끔 만든다면, 어떤 이점을 갖게 될 것이다. 다른 한편으로, 만일 레이건이 이것을 그대로 믿는다면, 그는 자신이 무슨 짓을 하더라도 인질들의 생명을 구출할 가능성이 없다고 생각하면서, 총력적 공격을 명령했을 수 있다.

전반적으로, 많은 연구들의 결과들은 의사소통이 갈등의 긍정적 해결의 기회들을 증가시킨다는 것을 보인다(Grzelek, 1988). 그러나 갈등에 빠져있는 사람들은 흔히 의사소통을 행하도록 고무받거나 강요받아야만 된다(Deutsch와 Krauss, 1962 : 표 12-5 참조). 마지막으로, 의사소통의 내용과 시기가 중요하다. 예컨대, Caldwell(1976)은 어떤 죄수의 딜레마상황 속의 피험자들간의 의사소통들이 협동하지 않았던 피험자들에게 적용될 수 있는 제재들에 관한 정보를 갖고 있었을 때에 협동을 증가시켰다는 것을 발견했다. 부가적으로, 갈등의 후기에서의 의사소통이 갈등의 초기에서의 의사소통보다도 어떤 긍정적 효과를 갖는 경향이 더 많다는 것이 발견되어 왔다(Stech와 McClintock, 1981). 후기의 의사소통은 관계의 협동적 측면들과 갈등을 감소시키는 방법들에 관심을 집중시킬 수 있는

표 12-5. 변형된 트럭운행게임에서의 시행당 평균 합동이익분배들(에이컴 더하기 볼트)

	위협 없음	일방적 위협	쌍방적 위협
강제적 의사소통	6.09	− 5.14	−41.73
허용적 의사소통	8.54	−34.58	−41.32
의사소통 없음	10.41	−22.13	−47.44

주 : Deutsch와 Krauss(1962)는 세 가지 형태의 의사소통조건들로서, 트럭운행게임을 다시 했다 : 의사소통 없음조건에서 피험자들은 의사소통의 기회를 제공받지 않았다 ; 허용적 의사소통조건에서, 피험자들은 자기들이 원할 경우에 의사소통할 수 있었다 ; 강제적 의사소통조건에서, 피험자들은 그들이 의사소통해야만 된다고 지시받았다. 강제적 의사소통이 일방적 위협조건에서 가장 극적인 효과를 갖었다.

반면에, 초기의 의사소통은 흔히 갈등과 위협들에 초점을 둔다.

종합적으로, 결과들은 의사소통이 갈등에서 하나의 자연적 사건이 아니라 고무되고 조장되어야만 되는 것이라는 것을 시사한다. 더 나아가서, 사람들은 의사소통하는 건설적 방법들에 대해 가르침을 받아야만 된다. 잘못된 방식으로 의사소통하는 것은 불신과 갈등을 증가시킬 수 있다.

갈등의 해결방법

지금까지, 우리는 당신을 철저하게 우울하게끔 만들어 왔을 수 있다: 당신은 갈등이 아무런 치유방법이 없는 하나의 괴로움이라고 생각할 것이다. 매일의 신문지상을 훑어보는 것은 온 세상이 갈등으로 차있는 것처럼 여겨지게끔 만들므로 이러한 우울한 모습을 강화시킬 것이다. 우리가 일상생활에서 상당히 많은 경쟁과 갈등에 당면하고 있는 것은 정말로 사실이다. 그러나 우리는 우리의 불일치들을 해결하는 것을 배우며 흔히 이러한 해결들은 진보와 더 깊은 이해를 일으킨다. 847호 비행기에 대한 위기는 해소되었으며 시아파교도 포로들은 이스라엘에 의해 석방되었다(비록 무고한 해군 수병의 잔인한 살해를 전제할 때에 우리의 위안은 단지 부분적이기는 하지만).

많은 갈등사건들이 무겁게 우리를 내리 누르지만, 이것들의 존재는 사회과학자들에게 하나의 매우 현실적인 도전거리, 즉 갈등을 해결하는 건설적인 방법들의 규명 문제를 제기시킨다. 갈등이 공명정대한 방식으로 해결되는 것이 중요하다: 어느 편에 의해서 불공정하다고 간주되는 해결책들은 지속적이며 안정된 화해를 낳지 못한다. 어떤 의미에서, 불공정한 해결들은 갈등을 영속화시킨다. 이제 갈등의 해결에 영향을 주는 몇 가지 요인들을 검토해 보자.

갈등과 상대측에 대한 올바른 지각

실제에 있어서 당사자들이 공통적 목표들을 함께 갖고 있지만 이것들을 달성하는 수단에 관해서 불일치할 때, 사람들이 자기들의 갈등을 순수한 경쟁(합계-영)이라고 지각하는 것은 하등 이상한 것이 못된다. Filley(1975)는 갈등을 해결하려는 시도들이 양측 당사자들에 의한 특수한 목표들의 목록작성에서 시작해야만 된다고 시사한다: 그들은 이들 목표들이 달성되게 될 방법에 관해서 어떤 입장을 취하는 것을 삼가야만 된다. 자기들의 목표들을 상술한 다음에, 당사자들은 그 목표들이 달성될 수 있는 방법들을 토의해야만 된다. 이러한 접근은 갈등을 하나의 경쟁이라기보다도 오히려 하나의 **통합적 문제해결 상황**(integrative problem-solving situation)으로 전환시킨다. Filley는 이러한 방법이 협상이나 타협에 의지하는 방법들보다도 대인관계적 갈등에 대해 더 신속하고도 더 지속적인 해결을 낳는다고 보고한다.

갈등상황을 포함하는 다른 점들이 중요하다. 첫째로, 갈등의 당사자들이 자기들이 공통의 관심사를 갖고 있다는 것을 인식할 때에 협상이 시작된다(Barner-Barry와 Rosenwein,

1985). 흔히 한 가지 공통적 관심사는 공정성이다: 양측은 갈등이 공정하게 해결되게 될 경우에 이익을 얻는다. 갈등을 해결하려는 시도들은 이러한 공통적 기반에서 시작할 수 있다. 둘째로, 갈등은 시간적으로 전개되며 갈등이 정확한 용어들로 정의되는 것을 필요로 한다. 실제로, 흥정의 기술이 "구체적이며 중재가능한 용어들로 갈등을 표현하는 방법의 발견"에서 시작한다고 주장되어 왔다(Morley 등, 1988, p. 130). 일단 문제들이 구체적 용어들로 제시되게 되면, 당사자들은 자기들이 이것들을 취급하게 될 순서를 선택할 수 있다. 몇 명의 연구자들은 작은 문제들을 해결하는 것이 의사소통의 문호를 개설하고 더 큰 문제들을 처리하기 위한 길을 닦는다는 것을 증명해 왔다(Druckman 등, 1988; Goldberg, 1989).

끝으로, 상대측에 대한 현실적 지각들을 발전시키는 것이 중요하다. 우리가 지적한 바와 같이, 사람들은 자신의 적들을 비인간화시키는 경향이 있다: 그들은 어떤 상대측의 의도들이 그들 자신과는 정반대(거울상)라고 생각한다(Struch와 Schwartz, 1989; White, 1985). 레이건 대통령이 소련을 '악한 제국'(evil empire)이라고 범주화시킨 것을 기억하라. 이러한 지각들은 갈등을 증가시키게 될 위협들과 공격적 접근을 정당화시킨다. 따라서 상대측에 관해 배우고 상대측의 지각들을 이해함으로써 이러한 경향을 역전시키는 것이 중요하다. 상대측과 아울러 갈등상황을 현실적으로 보는 것이 갈등을 감소시키는 방향으로의 하나의 중요한 첫번째 단계이다.

위협의 감소에 의한 갈등의 감소

이 장의 앞 부분에서 우리는 갈등해결에 대한 위협의 파괴적 영향들을 검토했다. 위협이 갈등을 상승시킬 뿐만 아니라, 갈등은 또한 흔히 위협의 사용을 동기화시킨다. Osgood(1962)은 이것을 인식했으며 미국과 소련 간의 협상들이 갈등해결에 정반대되는 경로로 진행되었다고 지적했다. 각측은 위협잠재력을 축적해 왔으며 무기의 엄청난 비축은 우연적 전쟁의 가능성을 더욱 증가시켰다. Osgood은 이러한 갈등의 악순환적 증가에서 벗어나는 방법을 제안했다. 그는 자신의 계획을 긴장감소의 점진적 상호응수(graduated reciprocation in tension reduction: GRIT) 정책이라고 불렀다. 일반대중의 지지를 동원하려고 겨냥된 첫번째 단계에서, 한쪽이 자기측이 긴장감소를 의도하고 있다는 것을 공개적으로 선언하고 이것을 실현시키려고 계획하는 일방적 주도사항들을 분명하게 진술한다. 한쪽은 또한 상대측이 자기들 자신의 주도사항들을 갖고서 상호응수하도록 초청한다. 두번째 단계는 주도자의 신빙성과 진실성을 확립시키는 것을 목표로 삼고 있다. 이 단계 동안에 주도자는 명백하고도 입증될 수 있는 식으로 선언된 긴장감소 조치들을 수행해야만 된다. 이들 단계들은 상호응수가 없을 때에라도 취해져야만 된다. GRIT 전략의 마지막 단계들은 주도자가 상대측에 의해 이용당하는 것을 피할 정도로 충분한 세력을 보유할 필요성에 관련되어 있다. 이들 단계들은 주도사항들이 모험성있고 주도자측에 대한 어떤 취약성을 조성시켜야만 되지만, 이것들이 주도자가 자기측을 방어하거나 상대측이 공격적으로 반응할 경우에 보복할 수 있는 능력을 상실할 정도로 급격한 것이어서는 안된다는 것을 규정한다. GRIT의 배후에 있는 아이디어는 위협잠재능력들을 감소시키려는 한 국가나 개인에 의한 조치들이 상대측에 의한 비슷한 감소들로 응수받게 될 것이라는 것이다(Lindskold, 1986).

전반적으로, 연구들은 GRIT가 효과있다는 것을 시사한다 ; 즉, 위협의 일방적 감축들은 흔히 적대측에 대해 협동적 노력들로 반응받고 있다. 연구는 경쟁이 매우 날카롭고 한동안 지속되었을 때에도 이러한 효과를 발견해 왔다(Walters와 Lindskold, 1982). 다른 연구는 GRIT가 상대측이 주도측과 동등하거나 더 적은 세력을 갖고 있을 때에 가장 성공하기가 쉽다는 것을 발견해 왔다(Lindskold와 Aronoff, 1980). 세력이 큰 사람들은 흔히 자기들의 이점을 포기하는 것이 느리다.

세계평화에 대해 하나의 희망적 신호로서, 소련과 미국은 GRIT와 유사한 정책을 택하고 있는 것 같았다. 군비경쟁 대신에, 양측은 군비와 유럽주둔군을 축소시키는 데에 있어서 상대측을 능가하려고 시도하고 있는 것 같았다. 이제 소련의 붕괴로 초강대국들간의 대립문제는 새로운 양상을 취하고 있지만, 이러한 정책은 긴장들을 감소시키고 희망을 제공해 줄 수 있는 것 같다.

협상과 흥정

TWA 847호 비행기 상에서의 인질위기는 긴장해소의 과정을 목격할 기회를 제공했다. 각측은 자기측의 요구사항들을 진술하면서 시작했고 그 다음에 가능한 한 많은 요구사항들을 충족시키고자 협상했다. 이 과정은 공공연한 흥정(overt bargaining)으로 구성되었는데, 여기에서 (1) 분쟁당사자들은 상이한 이해관계들을 갖고 있으며, (2) 어떤 형태의 의사소통이 가능하며, (3) 당사자들은 잠정적 제안들이나 양보들을 제시할 수 있다(Chertkoff와 Esser, 1976). 우리의 일상생활에서 우리는 흔히 갈등을 해결하기 위해서 흥정한다. 자동차나 집을 사본 사람은 누구나 긴 흥정이 어떤 가격으로 낙착하기 위해서 흔히 필요하다는 것을 안다. 더 나아가서, 이러한 상황들에 처했던 사람들은 누구나 어떤 유리한 해결을 성취시키기 위해서 어떤 전략들이 다른 전략들보다 더 성공적이라는 것을 신속하게 배운다.

협상과 흥정에 관한 문헌은 방대하며, 우리는 단지 요점들만을 취급할 수 있다. 협상은 어떤 사회적 맥락 속에서 일어나는 과정이다. 이것은 자기와 아울러 상대측의 학습, 동기의 변화들 및 지각들의 발전을 포함한다. 대개의 경우들에서, 흥정자들은 현재 뿐만 아니라 과거와 미래도 또한 고려해야만 된다. TWA 사건 동안에, 베리와 아울러 레이건 대통령은 현재의 인질상황 뿐만 아니라 그들이 아마 중동상황에 대한 미래의 토의들에 참가하고 있을 것이라는 사실을 고려해야만 했다.

이러한 복잡한 맥락 속에서도, 연구들은 자기측의 입지를 높이기 위해서 취해질 수 있는 몇 개의 흥미있는 단계들을 규명해 왔다.

1. 시초 입장 여기에서 충고는 협상을 중단시킴이 없이 가능한 한 극단적인 시초의 입장을 취하는 것인 것 같다. 이러한 접근은 상대측에게 당신을 완강한 흥정자라고 보게끔 만들며, 협상의 경계선들을 설정한다.

한 연구(Chertkoff와 Conley, 1967)에서, 피험자들은 자기들이 어떤 자동차를 구입하거나 판매하고 있다고 믿었다. 이 피험자들은 메시지들을 주고 받을 수 있었으며 자기들

표 12-6. 자동차에 대한 평균 최종가격

실험자의 시초 제안	피험자의 역할	
	구입자	판매자
극히 다름	$ 1302.60	$ 1221.01
약간 다름	$ 1189.13	$ 1368.78

주: 피험자가 구입자였을 때, 그는 실험자의 시초의 제안이 극단적이었을 때에 최고의 가격을 지불하는 것으로 낙착되었다. 피험자가 판매자였을 때, 그는 실험자의 제안이 극히 낮았을 때에 최저의 가격을 받았다.
자료원: Chertkoff와 Conley(1967).

이 어떤 가격에서 합의했을 때에는 신호하게 되었다. 실제에 있어서, 보내지는 메시지들을 실험자가 가로채서 자신의 것으로 대치시켰다. 피험자들이 받았던 첫번째 메시지는 그들이 자동차를 팔고(사고) 싶어했던 가격과 약간이나 매우 차이있는 것이었다. 피험자가 자동차에 대해 팔겠다고(또는 사겠다고) 동의했던 최종 가격이 검사되었을 때, 피험자들이 실험자의 시초의 경매가가 매우 차이있었을 때에 더 적은 가격을 받아들이거나 더 많이 지불하려고 들었다는 것이 발견되었다(표 12-6 참조). 이것은 개인적인 흥정자의 관점에서 볼 때, 매우 차이있는 제안들이나 매우 강한 요구사항들을 제시하면서 시작하는 것이 더 낫다는 것을 시사한다.

2. 양보들 증거는 흥정과정 동안에 이루어지는 양보들이 다소 작아야만 되며, 이것들이 맞대응전략(tit for tat strategy)과 일치되게끔 이루어져야만 된다는 것을 시사한다: 즉 어떤 협동적 반응을 하는 상대는 양보들로 보수를 받게 되지만 상대의 경쟁적 행동은 처벌받게 된다. 이것이 하나의 매우 보편적인 전략이기는 하지만, 상대의 협동적 행위들을 강화시키는 것이 특히 중요한 것 같다(Komorita와 Barth, 1985).

맞대응전략은 보수-처벌의 어떤 연계성을 발전시킬 뿐만 아니라 당신의 상대측이 당신에 대해서 행할 수 있는 귀인들에도 영향을 준다. 한 흥정기간을 관찰했던 피험자들은 걸맞추기전략을 따랐던 상대를 부드러운 협동적 전략을 택했던 사람보다 더 강하며, 완강한 경쟁적 자세를 취한 사람보다 더 공정하다고 평가했다(McGillicuddy 등, 1984).

따라서 만일 당신이 항상 협동적이라면, 당신의 상대는 당신을 허약하다고 지각하거나(Swingle, 1970) 당신이 자기를 조작하려고 시도하고 있다고 생각할 수 있다. 흥정에서, 인정많은 사람들(개인들, 집단들)은 가장 마지막에 끝마치고 이용당하게 된다.

3. 시간을 하나의 도구로서 사용하는 것 흥정은 사용가능한 시간을 모두 사용하는 경향이 있다(Kelley, 1966). 각측이 상대방에게 부가적 양보들을 행하기를 기다림에 따라, 지체가 유용성을 갖게 된다. 이러한 문제의 다른 측면을 살펴보면서, 수많은 연구들(Hamner, 1974; Pruitt와 Johnson, 1970; Yukl, 1974)은 시간압력이 협상하는 당사자들로부터의 더 신속한 양보들을 일으킨다는 것을 발견해 왔다. 종합적으로 이들 발견들은 상

대측에게 자기측이 양보들을 받아내기 위해서 언제까지나 기다릴 수 있다는 것을 납득시키는 것이 각측에 대해서 유리하다는 것을 시사한다.

그러나, 시간압력을 이용하려는 시도들은 역효과를 낼 수 있다: 시간압력은 위협과 강요의 사용을 일으킬 수 있다. 따라서 시간이 거의 만기가 되고 있다고 느끼는 측은 힘에 의지할 수 있다. 실제로, 레이건의 보좌관들 중의 몇 명은 그들이 시간이 만기가 되었다는 것을 두려워했기 때문에 그에게 힘을 사용하도록 촉구했다. 부가적으로, 시간압력이 갈등에 대한 신속한 해결을 촉진시킬 수도 있지만, 이것이 의사소통을 억제시키고, 경쟁성의 느낌들을 증가시키고, 흔히 나쁜 공동적 결과들을 낳는다(Carnevale 등, 1979; Yukl 등, 1978).

따라서 시간은 하나의 가치있는 무기가 될 수 있지만, 또한 갈등해결에 대한 협동과 문제해결적 접근들에 불리하게 작용될 수도 있다.

갈등의 비개인화: 규범들의 사용

위기가 계속됨에 따라, 초점은 문제들로부터 벗어나서 갈등에 관계된 사람들쪽으로 바뀌게 된다. 갈등은 누가(베리인가 아니면 레이건인가) 가장 강한 흥정자인가에 대한 하나의 시험으로 간주되기 시작했으며, 그 결과가 자기들의 지지자들의 눈에 비친 이 두 사람의 입장들에 대해 어떤 영향을 줄 것인가에 관심이 집중되었다. 다시 말해서, 갈등은 신속하게 흥정자들에게 집중되게 되며, 상황의 이러한 개인화(personalization)는 해결에 대한 부가적 장애물을 설치한다.

갈등해결에 대한 이러한 유형의 장애물을 제거시키는 한 가지 방법은 차이들을 해결하기 위한 규범들에 의지하는 것이다. 규범들(norms)은 행동이 어떻게 합법적으로 진행되어야만 되는가를 결정짓는 규칙들이다(7장 참조). 이것들은 이것들이 갈등 속의 사람들의 성격들보다도 상황에 관계되고 있기 때문에 비개인적이다. 규범들에 의지하는 갈등해결의 노력들은 더 강하거나 더 유능한 측보다도 공명정대한 해결책을 찾는 데에 지향되어 있다. 이러한 이유로 특히 양측이 동일한 정도로 위협들을 사용할 수 있고 체면유지에 대한 관심이 높을 때에, 규범들이 갈등을 해결하기 위해서 흔히 사용되고 있다(Thibaut, 1968).

몇 가지 규범들이 자원들의 분배에 초점을 둔다. 이러한 한 가지 규범은 두 당사자들의 필요들(needs)을 취급한다. 간단히 말하면, 이 규범은 어떤 사람이 더 많은 필요를 갖고 있을수록 그 사람은 더 많이 받아야만 된다고 진술한다. 두번째 규범은 동등성(equality)에 기초되어 있다. 이러한 규범에 의하면, 자원들은 어떤 사회적 관계에 관여된 사람들 사이에서 똑같게 분배되어야만 된다.

세번째의 그리고 가장 많이 연구된 규범은 형평성(equity)이다. 형평이론(equity theory)은 사람들이 자기들의 이익들을 최대화시키는 동시에 자기들의 관계들에서 형평성을 성취시키려는 동기를 갖고 있다고 주장한다(Adams, 1963, 1965; Walster 등, 1978). 어떤 관계는 그 관계를 자세히 조사한 사람이 다음과 같이 결론지을 수 있을 때에 형평성있다:

$$\frac{\text{성과들 A}}{\text{투입들 A}} = \frac{\text{성과들 B}}{\text{투입들 B}}$$

예컨대, 당신이 담장을 페인트칠하는 데에 8시간을 일했고 당신의 친구가 2시간을 일했다고 하자. 당신들 둘은 그 일의 대가로 10만원을 받았다. 이 관계는 만일 당신이 8만원(80%의 일에 대한 80%의 수당)을 받고 당신의 친구가 2만원(20%의 일에 대한 20%의 수당)을 받는다면, 형평성있게 될 것이다. 알 수 있는 바와 같이, 형평성에 기초해서 갈등을 해결하는 것은 사람들간의 세력과 자원들 상의 차이들을 영속화시킬 수 있다.

규범들은 사람들의 행동에 강하게 영향준다. 예컨대, 자신이 어떤 일에 대해 형평성있는 것보다 더 많이 받는다고 생각하는 사람들이 불편함을 경험하고 흔히 형평성을 확립시키기 위해서 작업량을 증가시킬 것이라는 것이 증명되어 왔다(Austin과 Walster, 1974; Adams, 1965). 사람들은 그들이 어떤 관계에서 마땅히 받아야만 될 것보다 더 적게 받을 때에 훨씬 더 불쾌하고 화나게 된다. 사람들이 자신의 일이나 임금을 변화시킴으로써 실제의 형평성을 회복시킬 수 없을 때, 그들은 관계에 대한 그들 자신의 지각들을 변화시킴으로써 심리적 형평성을 회복시키고자 한다(Austin과 Hatfield, 1980).

그러나, 규범들의 사용가능성이 갈등의 원활한 해결을 보장하지는 않는다. 그 상황에서 어떤 규범을 사용하는 것이 가장 적절한가에 대한 의견불일치가 생길 수 있다(Austin, 1986). 예컨대, 몇몇 취업상황들에서, 남자들은 자기들이 가족을 부양해야만 되기 때문에(필요의 규범), 여자들보다 더 많은 임금을 받아야만 된다고 주장해 왔다. 여자들은 자기들도 또한 가족을 부양하고 공정성이 동일한 근로에 대해 동일한 보수를 요구한다(형평성)고 지적함으로써 반박해 왔다. 동등성규범들은 어떤 긍정적인 사회정서적 분위기를 갖고 있는 응집성있는 집단들에서 사용되기가 가장 쉬운 반면에, 형평성규범들은 응집성이 없는 집단들에서 가장 특출하게 될 것이다. Deutsch(1975)는 형평성규범들이 최대의 관심사가 생산성에 있는 집단들에서 사용되는 반면에, 동등성규범들이 주요 관심이 긍정적인 사회적 관계들을 발전시키는 데에 있을 때에 사용될 것이라고 주장했다. 비록 보수들을 분배하는 데에 사용되게 될 규범에 관해서 의견일치가 있더라도, 다른 의견불일치가 투입들이나 성과들의 가치에 대해서 발생할 수 있다.

당신이 알 수 있는 바와 같이, 갈등을 해결하기 위해서 규범들을 사용하는 것에 많은 이점들이 있다; 규범들은 갈등을 비개인화시키며 당사자들이 체면을 잃음이 없이 양보들을 행하기가 더 쉽게끔 만든다. 그러나 수많은 조건들이 어느 규범이 사용되게 될 것이며 당사자들이 투입들과 결과들을 어떻게 지각할 것인가를 결정짓는다. 따라서, 규범들은 항상 갈등해결에 대한 안정장치라고 판명되지는 않고 있다.

절차의 중요성

앞 절에서 우리는 어떤 규범의 사용이 어떤 갈등의 성과를 지정할 수 있다는 것을 보았다. 그렇지만 어떤 갈등상황에서 성과가 고려되게 되는 유일한 요인은 아니며, 성과에 도달하는 데에 사용된 절차가 또한 매우 중요하다. 예컨대, 이스라엘은 비행기납치 이전에 시아파교도 포로들을 석방시킬 계획을 갖고 있었다. 그렇지만 비행기 납치범들이 포로들의 석방을 요구했을 때, 이스라엘은 포로들이 비행기 납치에 의해서 조성된 조건들하에서 석방될 수 없다고 발표하면서 거절했다.

절차정의(procedural justice)의 분야에 관한 연구들은 갈등을 해결하기 위해서 사용된 절차가 성과의 공정성에 대한 당사자들의 지각들에 어떻게 영향주는가를 검토해 왔다. 대부분의 연구들이 법정에서 사용된 절차들에 초점을 두고 있다(Thibaut와 Walker, 1975, 1978). 대항체제(adversary system)에서, 각측은 자기측의 변호사들을 갖고 있으며 이들은 판사 앞에서 소속한 측을 비호한다. 이것은 미국의 법정들에서 가장 자주 실시되고 있다. 비대항체제(nonadversary system)에서, 법원에 의해 임명된 어떤 단일한 대표가 양측에게서 정보를 수집하고 발견들을 법원에 제시한다. 이러한 체제는 영국과 프랑스의 법원들에서 흔히 사용되고 있다.

일반적으로, 연구들은 사람들이 대항적 절차를 선호하며 이러한 절차하에서 도달된 판결들이 비대항적 체제에 의해서 도달된 판결들보다도 더 공정하고 만족스럽고 편파되지 않은 것으로 지각되고 있다는 것을 시사한다(Lind 등, 1980). 그러나, 대항적 절차가 자율성과 경쟁성이 강조되고 있는 서구문화들에서만 선호받고 있다는 증거가 있다; 홍콩의 중국인 학생들(인화와 집단단결성을 강조하는 문화를 가진)은 대항적 절차를 선호하지 않았다(Leung과 Lind, 1986). 절차들에 대한 주의깊은 검토들은 대항적 체제의 중요한 측면이 이것이 참가자들에게 발언권(voice)을 갖게끔 해 준다는 것이라는 것을 나타낸다(Folger와 Greenberg, 1985); 즉 사람들은 자기들의 의견이 청취되고 있다고 느낀다. 적극적인 참여는 일반적으로 사람들에게 절차와 아울러 성과가 공정하다고 느끼게끔 만든다. 어떤 항소절차의 첨가는 공정성과 만족의 지각들을 높여 준다(Sheppard, 1985). 항소절차가 사용되고 있는 여부에 관계없이, 이것의 존재는 참가자들에게 마음의 편안함을 제공해 준다.

이러한 논의를 결론짓기 이전에, 우리는 한 가지 중요한 예외를 추가시켜야만 된다. 참여가 어떤 결정이 도달되게 될 것이라는 사람들의 희망을 높여줄 수 있기 때문에, 그들은 그 결정이 자기들에게 불리할 때에 특히 실망하게 될 것이다. 참여의 효과는 개인이 어떤 부정적 결정을 받게 되고 타인들도 또한 이것이 불공정하다고 본다는 것을 알게 될 때에 가장 부정적이기 쉽다.

당신이 알 수 있는 바와 같이, 성과와 아울러 이것에 도달하기 위해서 사용된 절차가 사람들의 만족과 갈등해결 노력들의 궁극적 성공의 중요한 결정요인들이다.

친구들과 타인들의 약간의 도움: 동맹들, 중재자들 및 심판자들

자신이 어떤 진정한 위기에 당면하고 있다는 것이 분명해졌을 때, 레이건 대통령은 갈등을 해결하는 데에 자기를 돕게끔 타인들의 지지를 동원하기 시작했다. 비록 인질들이 모두 미국 시민들이었지만, 레이건은 다른 국가들의 지도자들에게 그들의 이해관계가 이 위기와 어떻게 관계되어 있는가를 보여 주고자 노력했다. 이스라엘이 즉시 관여되었지만, 레이건은 또한 프랑스, 영국, 이집트 및 스위스로부터 도움을 구하려고 노력했다. 갈등을 처리하기 위한 동맹들의 발전은 국제적 위기들에 대한 하나의 보편적 반응이다; 1985년 12월에 로마와 비엔나의 공항들이 테러리스트들에 의해서 폭파되었을 때, 레이건은 또다시 리비아에게 제재를 가하기 위해서 동맹국들의 지원을 요청했다. 세계평화의 균형은 오랜 동안 북대서양조약기구(NATO)국가들, 바르샤바조약 국가들 및 비동맹국가들을 포함하는 복잡한 형태의 동맹들에 기초되어 왔다.

하나의 **동맹**(coalition)은 어떤 상호 원하는 결과를 얻기 위해서 협동하기로 공식적으로 동의하는 두 명이나 그 이상의 사람들이라고 정의되어 왔다(Urruti와 Miller, 1984, p. 825). 동맹들은 집단들이 "다수측 승리"의 의결규칙을 사용하고 있을 때에 형성되기가 가장 쉽다(Thompson 등, 1988). 이것들은 집단들이 완전한 합의에 도달했을 때에만 자기들의 갈등을 해결하기로 결정했을 때에는 일어날 가능성이 적다.

사람들은 자신의 적을 이기기 위해서 어떤 동맹 속에 들어간다. 그러나 일단 어떤 동맹이 형성되게 되면, 당사자들은 자기들이 승리할 경우에 이익들을 나누는 방법에 관한 부수적 문제에 즉각 당면하게 된다. 예컨대, 어떤 동맹은 각측이 동맹에 기여한 양에 따라 이익들을 분배할 수 있다(형평성): 따라서 가장 많이 통제하는 측이 가장 많이 받는다. 이와는 달리, 참가자들 중의 어느 한 사람이 철수했을 경우에는 동맹이 성공을 거두지 못했을 것이기 때문에, 이익들이 동일하게 분배되어야만 된다고 주장될 수도 있다. 바로 이것이 어떤 동맹들이 형성될 것이고 이것들이 어떻게 기능할 것인가를 예언하기가 곤란하게끔 만드는 것이다. 이러한 과정을 이해하기 위해서, 하나의 인기있는 동맹형성이론을 검토해 보자. **동맹들에 관한 흥정이론**(bargaining theory of coalitions)은 동맹들 내에서 진행되는 협상과정을 강조한다(Komorita와 Kravitz, 1983). 이 이론은 어떤 동맹의 각 멤버는 최대의 기대된 성과, 최소의 기대된 성과 그리고 가장 가망성 있는 기대된 성과를 갖고 있다고 제안한다. 어떤 동맹 내에서 높은 세력을 가진 사람에 대해서, 최대의 기대된 성과는 형평이며(공헌도에 기초된 이익분배) 최소의 기대된 성과는 동등성이다(보수들의 50대 50의 배분). 낮은 세력을 가진 사람에 대해서, 최대의 기대된 성과는 동등성이며 최소의 기대된 성과는 형평성이다. 양측에 대해서 가장 가망성있는 기대된 성과는 형평성과 동등성의 평균이다. 사람들은 최고의 가능한 성과를 내놓게 될 관계들을 수립하려는 욕망 때문에 동맹 속으로 들어간다. 이와 같은 추리를 계속하면서, 동맹들에 관한 흥정이론은 동맹들이 어떤 동맹에서 배제당하는 사람들이 탈퇴자들에게 현재의 동맹에서 얻어내는 것보다 더 높은 성과들을 제공함으로써 탈퇴자들을 꾀어내게 될 것이기 때문에, 흔히 불안정할 것이라는 부가적 예언을 제시한다.

이러한 협상의 곤란성들 때문에, 동맹들은 적을 타도하는 데에 필요한 최소 숫자의 당사자들로 형성된다(Gamson, 1961, 1964). 사람들은 그들이 자기들에게 최대의 이익분배를 제공해 줄 것이라고 느끼는 동맹들에 가입한다. 어떤 동맹 내에서의 어떤 측의 세력은 그 측이 통제하는 자원들, 대안적 동맹들의 가치(또는 기대된 이익) 그리고 그 측이 가입할 수 있는 사용가능한 대안적 동맹들의 숫자에 기초되어 있다(Komorita와 Miller,

1986). 다시 말해서, 당신은 만일 당신이 어떤 동맹에 대해 첨가시킬 많은 자원들을 갖고 있고 만일 당신이 가입할 수 있는 다른 동맹들이 있다면, 그 동맹으로부터 보수의 약속들을 얻어내는 데에 성공을 거둘 수 있다. 끝으로, 동맹들은 이것들의 멤버들이 보다 더 큰 보수들을 약속할 수 있는 다른 동맹들 쪽으로 탈당하도록 계속 유혹받고 있기 때문에 흔히 불안정하다.

따라서, 갈등해결에 대한 간단한 해결책들을 제시하기보다도 오히려 동맹들은 새로운 딜레마들을 조성할 수 있다. 부가적으로, 시초의 갈등에 직접 관계되어 있지 않을 수 있는 외부 당사자들을 포함시키는 것은 흔히 갈등을 증폭시킨다. 따라서 동맹들은 갈등을 해결할 수도 있으며, 그렇지 않으면 이것들은 갈등의 악순환을 조장시킬 수도 있다.

동맹들이 타인들을 갈등해결에 포함시키는 유일한 수단이 아니다. 갈등들을 해결하기 위해서 중재자들과 심판자들을 사용하는 것에 점점 더 많은 관심이 두어져 왔다(Carnevale, 1985; Duffy, 1991). 중재자(mediator)는 일반적으로 당사자들에게 문제들을 확인하고 갈등에 대해 어떤 해결책에 합의하도록 도와 주면서, 일종의 충고자가 되어 준다. 비록 중재자들이 중립적인 제삼자들일 수 있지만, 이들도 또한 갈등이 해결되는 것에 대해 어떤 관심을 갖고 있을 수 있다. 중재자의 중요한 특징은 이 사람이 갈등의 당사자들로부터 신뢰받고 있다는 것이다(Carnevale, 1985). TWA 비행기 인질사태에서, 시리아의 아사드 대통령이 중재자가 되어 주었다. 중재는 이제 노사분쟁들, 이혼재판들 및 기타의 민사상의 소송들과 아울러 국제정치에서 널리 사용되고 있다. 중재자가 당사자들에게 갈등에 대한 그들 자신의 해결책들을 발전시키는 것을 돕기 때문에, 양측 당사자들은 자기들이 성과에서 어떤 발언권을 갖고 있어 왔다고 느낄 수 있으며, 그들은 자기들에게 제시된 해결책보다도 이러한 해결책에 더 많이 개입되었을 수 있다.

이와는 대조적으로, 심판(arbitration)하에서, 어떤 제삼자가 양측의 주장들을 청취한 후에 최종적 성과를 실제로 판결한다(Morley 등, 1988). 심판자는 일반적으로 갈등에 아무런 이해관계가 없이 시작하는 어떤 중립측이다. 그러나, 심판의 과정 동안에, 심판자는 부지불식간에 갈등에서 하나의 제삼자로 될 수 있다. 심판의 장점은 갈등에 대한 구속력 있는 해결책이 성취되게 된다는 것이다; 이 중재는 어떤 해결책을 성취시키는 데에 성공을 거두지 못할 수도 있다. 단점은 해결책이 분쟁에 관계된 당사자들에 의해서보다도 심판자에 의해서 결정되고 있다는 것이다. 더 나아가서, 당사자들은 자기들의 갈등이 어떤 심판자에 의해서 해결되는 것과 아울러 그 성과에 따르는 것에 합의해야만 된다; 이러한 합의는 흔히 얻어지기 곤란하다.

중재와 심판은 갈등들을 해결하는 수단들로서 그 유용성이 증명되어 왔다. 주요 당사자들이 합의에 도달하지 못할 때, 어떤 제삼자가 때로는 어떤 갈등에 대한 해결책을 가져다 줄 수 있다.

집단간 갈등: 몇 가지 특별한 고려사항들

지금까지 우리는 다소 일반적 양식으로 갈등을 검토해 왔다. 우리의 논의는 개인들간, 개인과 집단간 또는 집단들간의 갈등에 적용될 수 있다. 그러나 우리의 갈등들 중의 많은 것이 우리가 집단들에 소속하기 때문에 생긴다. 그리고 집단간 갈등은 이것 자체로서 연구하는 것을 중요하게끔 만드는 몇 가지 특별한 특징들을 갖고 있다(Worchel과 Austin, 1986). 첫째로, 집단들은 개인들보다도 더 경쟁적으로 되는 경향이 있다(Brown, 1988). 둘째로, 사람들이 자기들의 집단과 더 밀접하게 동일시할수록, 그들은 다른 집단으로부터의 지각된 위협들에 대해 공격적으로 반응하는 경향이 더 많다(Struch와 Schwartz, 1989). 셋째로, 우리가 보게 되는 바와 같이, 집단간 갈등의 뿌리들은 집단들의 단순한 존재 속에 내재해 있을 수 있다. 이 점을 한 단계 더 진척시키면서, Buss는 생식전략의 진화적 기초가 남성들과 여성들 간의 갈등의 대부분에 대해 책임있다고 시사해 왔다. 끝으로, 우리들의 행동 중의 많은 것과 우리가 관찰하는 것들 중의 많은 것이 집단소속에 기초되어 있다. Tajfel(1979)은 그가 "한 집단에 소속한 사람들이 다른 집단이나 그 멤버들과 자기들의 집단동일시를 갖고서 집합적으로나 개인적으로 상호작용할 때에는 언제나, 우리는 집단간 행동의 한 실례를 갖는다"고 진술할 때에 이러한 점을 주장했다. 상당히 많은 연구들이 집단간 갈등과 그 해결책에 초점을 두어 왔다.

집단간 갈등의 기초

경 쟁 이 분야에서 시초의 연구들 중의 하나는 경쟁이 집단간 적의를 일으킨다는 가설을 검토했다. Sherif와 그의 동료들(Sherif 등, 1961)은 미국의 코네티커트, 뉴욕 및 오크라호마 주들에서 소년들의 하계 캠프장들에서 연구를 수행했다. 동일한 기본설계가 모든 연구들에서 사용되었다. 각 캠프장에서 피험자들은 두 집단 속으로 무작위적으로 나뉘어졌다. 이 피험자들은 일주일 동안 자기들의 집단에 매력을 갖고 개입되게끔 만들어졌다. 그들은 합숙소들에서 지냈고, 식사를 지어 먹었고, 자기들의 야영장을 청소했고, 집단멤버들이 서로 게임을 하도록 편성되었다. 집단들은 자기들 자신의 지도력구조들을 발전시켰고, 몇몇 집단들은 자기들에게 비단뱀들, 독수리들 및 붉은 악마들과 같은 이름을 붙였다.

이러한 집단형성의 기간 후에, 실험자들은 두 집단을 함께 만나게끔 만들었다. 집단들이 만났을 때마다, 그들은 매력있는 상을 받기 위해서 럭비, 줄다리기 또는 야구 시합을 했다. 그리고 그들은 장비를 가장 잘 착용하는 것, 가장 깨끗한 오두막을 만드는 것 그리고 텐트를 가장 빨리 치는 것을 경쟁했다.

집단들간의 경쟁을 도입시키는 것의 영향들은 괄목할 만했다. 평온한 야영상황은 집단들이 모욕을 주고 받고 서로 집단이름들을 부르기 시작함에 따라 축소판 전장으로 바뀌어버렸다. 돼지들, 더러운 부랑자들, 바보들 및 기타의 불쾌한 말들이 경쟁팀을 기술하기 위해서 사용되었으며, 소년들은 상대방팀이 폭격당하거나 짓밟혀지는 것을 보여 주는 포스터들을 만들었다. 그들은 게릴라전술들을 사용했다 ; 한 집단은 다른 집단의 합숙소를 습격했고 부수어 버렸다. 두 집단들간에 음식싸움들이 벌어졌을 때에 공공연한 싸움 사건들이 있었다 ; 흔히 야영장에서 경쟁집단들간에 난투극이 벌어졌고, 사과들이 완전한 포격들에서 무기로서 사용되었다.

Sherif의 연구들은 Blake와 Mouton(1961, 1962, 1986)에 의해서 뒤이어졌다. 이들

연구자들이 노사관계들을 조사했을 때, 그들은 경쟁이 집단간 적의를 일으켰다는 것을 발견했다. 그들은 두 집단들간의 "어떤 승리의 자세가 몇 가지 예측가능한 결과들을 가지면서 자연발생적이고도 총동원적 효과를 갖고 있다"고 보고했다.

최소 집단상황 우리는 집단간 경쟁이 외집단의 싫어함과 내집단에 대한 편애를 일으킨다는 것을 알고 있지만, 경쟁이 집단간 적의의 발전에 필수적인지를 질문할 수 있다. 즉, 집단간 적의가 생기기 위해서 경쟁이 반드시 존재해야만 되는가? 그 답변은 아니다이어서, 경쟁이 필수적인 것은 아니다. 연구는 사람들을 단순히 집단들 속에 두는 것이 내집단 편애와 외집단 차별대우를 일으킨다는 것을 보인다.

이 점은 Tajfel과 그의 동료들(Tajfel, 1970, 1972; Tajfel 등, 1971)에 의해서 분명하게 증명되었다. 이들 실험들에서, 연구자들은 남자 국민학생들을 시시한 과제들에 대한 성적에 기초해서 집단들에 할당했다. 예컨대, 한 연구에서 피험자들은 자기들이 두 개의 추상화들에 대한 자기들의 판단에 기초해서 어떤 특정 집단에 할당되었다고 생각했다. 집단들에 대한 그들의 배정 후에, 피험자들은 두 집단에게 어떤 금액을 분배하도록 요구받았다. 그 결과들은 더 많은 돈이 외집단 보다도 내집단에게 제공되었다는 것을 나타냈다. 내집단에 대한 이러한 편애 이외에도, 그 결과들은 피험자들이 내집단의 이익을 증가시키거나 내집단과 외집단 간의 이익의 차이를 최대로 만들게끔 돈을 주는 선택을 했을 때에 그들이 후자의 코스를 택한다는 것을 나타냈다. 그들은 심지어 이 선택이 내집단의 이익을 감소시켰을 때에라도 이 선택을 했다. 따라서 소년들은 내집단에 대한 최대의 이익의 전략을 따르기보다도 경쟁하는 것 같았다. 어떤 집단에 대한 단순한 배정에서 생기는 내집단 편향은 **최소 집단상황**(minimal group situation)이라고 일컬어지고 있다(Tajfel과 Turner, 1986).

무엇이 이러한 효과를 일으키는가? 지지받아 온 하나의 설명은 사회비교과정(7장 참조)에 초점을 둔다. 이 이론에 의하면, 사람들은 자기들 자신을 그들 자신의 집단내의 타인들과 비교함으로써 자기들 자신을 정의하고 자존심을 발전시킨다(Lemyre와 Smith, 1985; Turner, 1987). 이러한 현상 때문에, 사람들은 다른 집단들과 비교해서 자기들 자신의 집단의 지위를 높이고 싶어한다. 여기에서 그 효과는 내집단과 외집단 간의 차이들을 증가시키고 내집단을 호의적 견지에서 지각하는 것이다. 최소 집단상황에 대한 이러한 설명은 외집단의 차별대우가 집단배정이 무관련한 차원들에 기초되어 있었을 때보다도 중요하거나 개인적으로 관련성있는 차원들에 기초되어 있었을 때에 더 크다는 것을 보이는 연구들에서 지지받아 왔다(Turner와 Brown, 1978).

집단간 갈등의 해결

우리들의 세상은 집단간 갈등들로 차 있다. 중동에서, 인도와 스리랑카에서, 중남미에서 분쟁이 만연하고 있다. 종족간 충돌은 소련의 안정을 위협했다. 남아프리카에서의 인종갈등은 혁명이 일어날 것을 위협했다. 영국계와 프랑스계의 캐나다인들 간의 다툼은 주기적으로 나타나고 있다. 미국은 인종갈등과 성차별의 문제들에 당면해 있다. 정말로, 개인들간의 갈등이 집단들간의 갈등보다 해결하기가 더 쉽다는 것이 발견되어 왔다; 한 연구(Allison과 Messick, 1983)는 개인들이 집단들보다 사회적 딜레마들을 해결하는 데에 더 낫다는 것을 발견했다. 그러나 이와 같은 문제들에도 불구하고, 수많은 집단들이 어떻게든 간에 다른 집단들과의 갈등들을 감소시키거나 해소시켜 왔다. 더욱이, 사회과학의 문헌은 이러한 유형의 갈등을 취급하는 건설적 방법들을 확인할 수 있어 왔다.

접 촉

집단간 및 인종간 갈등을 감소시키려는 초기의 시도들 중의 몇 개는 접촉(contact)에 초점을 두었다(Cook, 1985; Stephan, 1985). 집단들간의 접촉이 갈등과 긴장을 줄일 것이라고 주장되어 왔다. 그러나 이러한 접근의 초기 결과들은 일관성있게 긍정적이지는 않았다. 접촉은 때로는 갈등을 감소시켰지만 다른 상황들에서 갈등은 실제로 증가되었다. 실제로, 갈등이 서로 가깝고 따라서 빈번한 접촉을 갖기 쉬운 집단들간에 생기기가 가장 쉽다는 다소의 증거가 있다(Brewer, 1986).

이러한 결과들의 보다 더 면밀한 검토는 접촉이 긍정적 효과들을 갖기가 가장 쉬운 조건들을 확인해 냈다. 첫째로, 동등 지위접촉(equal status contact)이 하나의 관건이라는 것이 발견되었다(Amir, 1969); 즉, 집단멤버들이 접촉하게 되는 상황은 그들이 동등한 지위나 권력을 갖는 것을 보장해야만 된다. 예컨대, 학교들에서의 흑백인종들을 통합시키려는 많은 시도들에서, 이전에 좋은 학교에 다녔던 백인들이 이전에 할 수 없이 나쁜 학교에 다녔던 흑인들과 함께 동일한 학교들에 배정되었다. 그 다음에 학생들은 백인아동들이 그들의 과거 학력 때문에 해결할 준비가 더 잘 되어있는 과제들이 주어졌다. 이러한 접촉은 흑인들과 백인들 간의 차이들을 강조했고 흔히 갈등을 증가시켰다. 둘째로, 접촉상황은 집단멤버들에게 개인적 근거에서 상호작용하는 것을 허용해야만 된다(Wilder, 1986). 셋째로, 외집단에 대한 긍정적 정보가 선행된 다음에 접촉이 이루어져야만 된다. 하나의 흥미있는 연구는 이집트에서의 이스라엘인 관광객들의 태도들을 조사했다(Ben-Ari와 Amir, 1988). 그 결과들은 이스라엘인들은 그들이 이집트를 방문하기 이전에 이집트인들에 관한 정보를 받았을 때에 가장 긍정적인 태도들을 가졌다는 것을 보였다. 긍정적 정보도 접촉도 단독으로는 그들의 태도에 많은 영향을 주지 않았다. 따라서 접촉상황은 개인들로서의 외집단멤버들의 지각을 증진시켜야만 된다. 넷째로, 접촉은 당사자들이 장차의 경쟁을 예상하지 않을 때에 갈등을 감소시키는 데에 가장 효과적이다(Wilder와 Shapiro, 1989). 다섯째로, 접촉상황은 사람들에게 그들이 접촉하게 되는 집단멤버들과 자기들의 집단 간의 관계를 주목하도록 고무시켜야만 된다(Wilder, 1986). 우리는 우리가 긍정적 상호작용들을 갖는 외집단멤버들을 "예외들", 즉 그들의 집단 속에 있는 다른 사람들과 비슷하지 않은 사람들이라고 지각하는 경향이 있다. 여기에서 접촉은 개인적 관계를 촉진시킬 수도 있지만 집단간 갈등은 감소시키지 않을 것이다. 여섯째로, 접촉은 협동과 상호의존을 고무시켜야만 된다.

협동과 상호의존

집단간 갈등을 감소시키기 위한 가장 생산적인 방법들 중의 하나는 협동이다. 이 장의 앞에서 논의된 야영연구들에서(Sherif 등, 1961), 집단간 적의를 감소시키기 위해서 몇 가지 조치들이 취해졌다. 야영장에 있는 성인들이 집단들에게 함께 잘 지내고 친구가 될 필요성에 대해 강의했다. 이 방법은 성공을 거두지 못했다. 그 다음에 두 집단은 단결해서 어떤 공동의 적, 즉 싸우고 있는 두 개의 집단들을 대항해서 경쟁하도록 초청받았던 다른 야영장의 한 집단과 경쟁하게 되었다. 이 두 집단들은 그들이 새로운 집단에 대항해서 경쟁하는 동안에 뭉쳤고 적의가 감소되었지만, "공동의 적"이 철수한 후에 집단간 적의는 재발되었다. 더 나아가서, 이러한 방법은 단지 집단간 갈등과 공격을 재방향짓고 증폭시켜 주었다.

집단간의 적의를 감소시키는 데에 가장 효과적이라고 판명된 방법은 싸우고 있는 두 개의 집단들이 어떤 **최우선 목표**(superordinate goal)를 향해서 함께 일하는 것이었다. 최우선 목표는 두 집단의 멤버들에 대해 매력적이지만 집단들간의 협동이 없이는 성취될 수 없는 것이다. 이 가설을 검증하기 위해서, 성공을 위해서 집단간 협동이 요구되는 몇 개의 과업들이 고안되었다. 예컨대, 소년들이 야영장으로 이동하는 동안에, 그들의 음식을 나르는 트럭이 정지되었다. 트럭이 출발되게끔 만드는 유일한 방법은 트럭을 다소의 거리까지 미는 것이었으며, 어느 집단도 자체로는 이것을 행할 수 없었다. 따라서 두 집단들은 할 수 없이 음식을 얻기 위해서 협동해야만 되었다. 두 집단들이 몇 개의 과업들에서 협동한 후에, 그들간의 적의는 크게 감소되었다.

Aronson과 그의 동료들(Aronson 등, 1978; Aronson 등, 1978)는 교실에서 인종집단간의 협동을 고무시키는 독특한 방법을 개발했다. **조각그림맞추기식 방법**(jigsaw method)은 어떤 학습내용을 배워야만 되는 학생들의 6인 집단들을 포함한다. 집단의 각 멤버는 자신이 다른 집단멤버들에게 제시해야만 되는 수업의 일부를 제시받았다. 따라서 성공적인 집행수행은 학습내용의 자신의 몫에 대한 각 멤버의 숙지에 달려있다. 이러한 상황하에서, 모든 집단멤버들은 자기들의 학습내용의 부분들을 배우도록 서로 돕는 동기가 생기게 되었다. Aronson은 집단들이 상이한 인종의 집단들로 구성되었을 때, 조각그림맞추기식 방법이 인종적 고정관념화를 감소시켰고 여러 인종집단들의 멤버들간의 매력을 증가시켰다는 것을 발견했다.

협동에 관한 추적연구들(Worchel 등, 1977)은 협동이 집단들이 자기들의 노력에서 성공적이었을 경우에 효과적이라고 시사했다. 그러나, 협동적 노력에서의 실패는 속죄양삼기(즉, 다른 집단을 비난하는 것)와 증가된 집단간 적의를 일으킬 수도 있다.

협동은 몇 가지 이유로 적의를 감소시키는 하나의 훌륭한 수단이다. 첫째로, 이것은 집단멤버들의 주의를 그들의 갈등에서 벗어나서 그들이 당면하고 있는 문제의 해결노력 쪽으로 집중시켜 준다. 앞에서 우리는 갈등을 문제해결노력들로 전환시키는 것의 가치를 지적한 바 있다. 둘째로, 협동은 내집단－외집단 간의 구분의 특출성을 감소시킨다(Miller와 Davidson－Podgorny, 1987; Worchel, 1986). 함께 일하는 집단들은 당면한 과업에 더 많은 관심을 두게 되고 자기들 자신을 내집단과 외집단으로 범주화시키는 경향이 더 적다. 어떤 의미에서, 모든 멤버들은 이제 각 개인이 모든 타인들에 의존하고 있기 때문에,

한 집단이 되고 타인들을 긍정적 시각에서 보려는 동기가 증가되었다.

이러한 점을 염두에 두고서, 갈등이 한 집단이 다른 집단에게 일방적으로 도움을 줄 때에 감소되지 않는다는 점을 주목하는 것이 흥미있는 일이다(Worchel 등, 1989). 이와 비슷하게, 대외원조사업들은 흔히 수용자들에게서 나쁜 감정들을 일으킨다(Taormina와 Messick, 1983). 협동과는 달리, 원조는 돕는자와 수혜자 간의 구별되는 경계선을 그리며 돕는자를 보다 더 세력있는 위치에 둔다. 그 결과로, 집단경계선이 계속 특출하며, 갈등이 지속된다.

당신이 알 수 있는 바와 같이, 집단들간의 갈등을 감소시키는 것은 결코 사소한 과업이 아니며, 바로 이 사실이 우리가 집단간 갈등들에 둘러싸여져 있는 이유를 설명해 줄 수 있을 것이다. 이것은 또한 인질위기에 대한 갈등이 해결하기가 매우 곤란했던 이유를 설명하는 데에 도움을 준다: 그 조건들은 당사자들간의 접촉이나 협동을 촉진시켜 주지 않았다. 그러나 집단간 갈등이 해결될 수가 있고 우리가 해결을 일으킬 가능성이 가장 큰 단계들을 확인할 수 있다는 지식으로부터 희망을 가질 수 있을 것이다.

동전의 반대쪽 측면: 갈등의 가치

이 장 전체를 통해서, 그리고 정말로 우리의 인생의 대부분을 통해서, 우리는 갈등을 부정적인 것으로 보며, 갈등을 피하려고 노력하고, 갈등이 일어날 때에 우리는 갈등을 감소시키려고 일한다. 분명히, 인질위기를 일으키는 것과 같은 갈등은 부정적인 것이며 부정적 결과들을 가질 수 있다. 그렇지만 갈등은 다른 측면을 갖고 있다: 이것은 사람들, 집단들 및 관계들에 대해 어떤 긍정적 영향을 줄 수 있다.

갈등은 흔히 문제들을 확인하고 사람들에게 그러한 문제들을 풀게끔 동기화시킨다. 인질위기는 중동상황의 파괴성에다가 관심을 집중시켰으며 그 곳의 문제들에 대한 어떤 해답을 발견할 필요성을 강조했다. 이것은 또한 전세계의 공항보안상에서의 문제들을 확인했으며 공항보안을 향상시키기 위한 협동적 노력들을 낳았다. 갈등은 그렇지 않으면 분리되어 있을 사람들을 함께 모이게 만들 수 있고 그들에게 정보를 교환할 기회를 제공해 준다. 인질들의 석방을 얻어 내기 위한 시리아의 중재는 하나의 긍정적 단계라고 간주되었다. 미국과 시리아 간의 긴장은 위기 이전에는 높았었으며, 아사드 대통령의 조치들은 협동적 노력들이 두 개의 국가들간의 다른 긴장지역들에서도 일어나게 될 것이라는 순간적인 희망을 주었다. 어떤 집단의 입장에서 볼 때, 갈등은 갈등의 경계선들을 확인하고 어떤 정체성확인을 이룩하는 것을 도울 수 있다(Worchel. 1984). 집단들은 흔히 소속성을 공고히 하고 어떤 정체성을 확립시키는 한 가지 방법으로서 갈등을 이용하고 심지어 끌어들이기까지 한다. 인질위기에서, 아말 집단이 매우 두드러지게 되었으며, 그 위기는 그 집단의 경계선들과 그 소속에 관한 분명한 정의를 낳았다.

사회학자인 Simmel(1955)은 갈등의 두 가지 부가적인 긍정적 역할들을 시사했다. 첫째로, 갈등은 사회변화를 일으킨다. 미국에서 흑인들과 백인들 간의 공개적 갈등은 미국 사회에서 동등성을 증가시키는 기회들을 제공해 온 수많은 사회변화들을 일으켜 왔다.

Simmel은 또한 집단들간의 갈등이 각 집단내에서 어떤 새로운 통일과 단결을 일으킬 수 있다고 지적했다: "우리는 싸우기 위해서 결속한다." 미국에서, 흑인들간의 새로운 단결을 일으킨 블랙 파워운동은 인종갈등의 하나의 직접적 결과이다.

Deutsch(1973)는 갈등의 긍정적 역할들을 다음과 같이 요약하고 있다:

> 갈등은 정체를 방지한다. 이것은 관심과 호기심을 자극시킨다. 이것은 발표되고 해결책들이 나올 수 있는 매체이다. 이것은 개인적 및 사회적 변화의 뿌리이다. 갈등은 흔히 자기 자신을 시험하고 평가하는 과정의 일부분이며, 이것만으로도 우리가 자신의 잠재능력들의 완전하고도 적극적인 사용의 즐거움을 경험할 때처럼 매우 즐거울 수 있다. 이 이외에도, 갈등은 집단들을 서로 경계지우며 따라서 집단적 및 개인적 정체들을 확립시키는 것을 돕는다: 외부적 갈등은 흔히 내부적 응집성을 촉진시킨다(p. 9).

요 약

1. 대인적 갈등은 둘이나 그 이상의 사회적 실체들 사이에서 실제적이거나 원하는 반응들의 부조화에서 생기는 긴장이라고 기술될 수 있다.

2. 두 가지 주요 유형의 대인적 갈등은 합계-영(zero-sum)과 혼합된 동기(mixed motive) 갈등들이다. 합계-영 갈등은 순수한 경쟁상황이다. 죄수의 딜레마와 사회적 딜레마는 혼합된 동기 갈등이다.

3. 갈등이 일단 시작되면, 사람들이 갈등을 감소시키는 동시에 지속하는 것과 연관되어 있는 부담들을 인식할 때에 함정에 빠지게 되기 때문에 갈등이 악순환되는 경향이 있다.

4. 위협은 갈등에 대한 하나의 공통적 반응이다. 위협은 갈등을 감소시키기보다도 상승시킨다. 테러리스트들은 공포를 조성시키기 위해서 위협과 예측불가능한 폭력을 사용한다. 그렇지만 테러행위는 주요한 정치적 변화를 일으키는 일이 드물다. 군비경쟁은 어떤 이점을 얻기 위해 위협을 사용하는 것에 기초되어 있다.

5. 사람들은 체면유지와 강하게 보이는 것에 대한 그들의 관심 때문에 흔히 갈등 속에 남아있다. 체면유지에 대한 관심은 갈등에 대한 사람들의 반응들이 공개적일 때에 특히 우세하다. 타인들이 경쟁적이라는 지각은 또한 갈등악순환을 조장시킨다.

6. 불신은 갈등을 증폭시킨다. 신뢰는 발전시키기가 곤란하며 한측이 상대측이 어떻게 반응할 것인지를 알아보기 위해서 모험들을 행할 것을 요한다. 의사소통이 갈등을 감소시키는 데에 도움을 줄 수 있지만 갈등에 빠진 사람들은 흔히 서로 의사소통하기를 원치 않는다. 의사소통은 갈등해결을 촉진시키기 위해서 정확한 정보를 포함시켜야만 되지만, 상대측은 협상에서 이익을 얻기 위해서 그 정보를 이용할 수도 있다.

7. 갈등은 사람들이 상황에 대한 자기들의 지각들을 명료화시키는 경우에 보다 더 쉽게 해결될 수 있다. 더 나아가서, GRIT(긴장감소의 점진적 상호응수)에 관한 연구는 위협잠재력을 감소시키는 것이 갈등을 감소시키는 것을 돕는다는 것을 보여 왔다.

8. 사람들이 의사소통할 수 있을 때, 그들은 양보들을 교환함으로써 홍정할 수 있다. 홍정은 시간에 걸쳐서 어떤 사회적 맥락 속에서 수행되고 있다. 갈등에서 한측은 매우 극단적인 시초의 입장을 취하고 홍정과정에서 단지 작은 양보들을 할 경우에 최고의 이익을 얻게 될 것이다. 계속 협동적 양식으로 반응하는 측은 상대측에 의해 이용당하게 될 것이다. 가장 좋은 홍정전략은 상대측의 행동에 걸맞게 대하는 맞대응전략(tit for tat strategy)이다. 상대측에 의한 협동적 조치들에 대해 보수를 주는 것이 특히 중요하다.

9. 규범들은 이것들이 상황을 비개인화시키고 체면유지의 필요성을 감소시키기 때문에 갈등을 해결하는 데에 사용될 수 있다. 동등성의 규범이 갈등해결연구들에서 가장 많은 관심을 받아 왔다. 상당히 많은 개인의 참여(발언권)를 허용하는 절차들이 갈등해결에서 가장 효과적이라는 것이 증명되어 왔다.

10. 둘이나 그 이상의 당사자들이 어떤 적에 대항해서 자기들의 자원들을 합치는 동맹이 갈등해결에서 효과적일 수 있다. 일반적으로, 동맹들은 혼자서 적을 이기기에는 불충분한 자원을 갖고 있는 당사자들에 의해 형성되고 있다. 중재자는 당사자들이 해결에 이르도록 돕는 외부 충고자이다. 심판은 두 주요 당사자들로부터 정보를 수집한 후에 갈등의 해결책을 실제로 판결하는 제삼자를 포함한다.

11. 집단간 갈등은 사람들이 집단들에 배정되게 될 때에 생길 수 있다. 경쟁은 갈등의 정도를 증폭시킨다. 갈등 속의 집단들은 외집단을 나쁘다고 보고 자기들 자신을 긍정적 측면에서 보는 경향이 있다. 집단멤버들도 또한 외집단 내에서보다도 자기들 자신의 집단 내에서 더 큰 다양성을 지각하는 경향이 있다.

12. 집단들간의 접촉은 집단들이 동등한 지위에서 만나고, 집단멤버들이 개인적 수준에서 상대하고, 접촉이 개인과 그 집단 간의 어떤 관계의 지각들을 촉진시키고, 접촉이 협동과 상호의존을 고무시키고, 집단들이 장차의 경쟁을 예상하지 않는 경우들에서, 갈등을 감소시킬 것이다.

13. 원조는 긍정적 상호작용의 역사를 갖고 있는 집단들간의 갈등을 감소시킬 수도 있지만, 신뢰가 부족하고 이전에 경쟁해 온 집단들간의 갈등을 증폭시킬 수도 있다.

14. 어떤 성공적 성과를 낳는 집단간 협동은 집단간 갈등을 감소시킨다. 협동은 갈등보다도 해결책들에 대한 관심을 집중시키며 내집단과 외집단 간의 경계선의 특출성을 감소시킨다.

15. 갈등이 부정적 결과를 일으킬 수 있지만, 이것은 또한 긍정적 효과들을 낳을 수 있다. 갈등은 사회변화를 개시시키고, 문제들에 대한 창의적인 해결책들을 내놓게끔 동기화시키고, 개인적 및 집단적 정체를 증진시키고, 자기평가를 개시시킨다.

제 6 부

집단내 행동

제 13 장

사회적 영향

사회적 영향에 관한 다음의 예들을 고려해 보자. 1960년대에 한국 대학생들은 거의 모두가 말끔히 면도하고 짧은 머리칼이었다. 많은 남학생들이 상고머리였다. 여대생들은 거의 모두가 짧은 머리칼을 가졌고 블라우스와 스커트를 입었으며, 스커트의 길이는 무릎 훨씬 밑에 닿았다. 1970년대 말에, 양성의 대학생들은 머리를 길게 길렀으며 일정하게 청바지를 입었다. 당신은 오늘날의 당신의 대학교에서의 유행의 추세들을 어떻게 기술할 것인가?

당신이 동네의 슈퍼마켓으로 급히 들어갈 때, 어떤 젊은 여자가 당신을 멈추게 하고서 당신에게 시 당국이 집없는 가족들에게 새로운 주택을 지어줄 것을 촉구하는 청원서에 서명하도록 요구한다. 당신은 다소 꺼려하면서 청원서를 읽고나서 서명한다. 그 다음에 그 여자는 당신에게 무주택자를 돕는 캠페인에 2000원을 기부하라고 요구한다. 당신은 그 여자에게 500원을 주고서 슈퍼마켓 속으로 급히 들어간다. 당신은 왜 적어도 부분적으로, 그녀의 요청에 응했는가?

이차대전 동안의 나치 독일에서, 히틀러는 자기의 부대들에게 전시 동안에 국가 원수들이 행하는 하나의 보편적 관행인 전투를 명령했다. 그러나 그는 또한 수백만 명의 민간인들을 죽이게 된 수용소들을 건설하도록 명령을 내렸다. 왜 그렇게 많은 사람들이 어린이들과 비무장 민간인들을 죽이라는 히틀러의 끔찍한 명령들에 복종했는가?

사회심리학자들은 우리들의 행동이 타인들과 집단들의 영향을 받게 되는 양식들에 관한 이와 같은 의문들에 오랜 동안 관심을 두어 왔다. 정말로, Aronson(1984, p. 6)은 사회심리학의 핵심 주제를 "사람들이 타인들의 신념들과 행동들에 대해서 갖는 영향들"이라고 정의해 왔다. 본서의 앞 장들은 이미 예컨대, 태도변화의 과정(6장)에 관한 우리의 분석과 대인관계들(7장)에서의 세력에 관한 우리의 논의에서, 사회적 영향의 몇 가지 측면들을 논의해 왔다. 이 장은 집단들 내에서 특히 중요한 세 가지 유형의 사회적 영향

많은 10대들이 머리스타일, 복장, 홍미 및 가치에서 자기들의 또래집단의 규범들에 동조한다.

들, 즉 동조, 응종 및 권위에 대한 복종을 검토한다.

어떤 사람이 타인들이 어떤 행위를 하고 있기 때문에 자의적으로 어떤 행위를 수행할 때, 우리는 이것을 **동조**(conformity)라고 부른다. 대학생들은 아마 자기들의 의복들과 머리스타일들을 자유롭게 택할 것이다. 그렇지만 학생들은 흔히 자기들의 사회집단 내의 타인들과 비슷한 복장을 하는 것을 선호하고, 따라서 캠퍼스에서의 최근의 패션의 기준들에 동조하고 있다. 집단 압력들에 대한 동조에 영향주는 요인들은 무엇인가?

설사 사람들이 하기를 좋아하지 않을지라도, 사람들이 자신이 하도록 요구받은 어떤 것을 할 때, 우리는 이것을 **응종**(compliance)이라고 부른다. 응종의 독특한 특징은 우리가 다른 개인이나 집단으로부터의 어떤 요청에 반응하고 있다는 것이다. 응종은 많은 상황들, 즉 어떤 친구가 우리에게 공항까지 차를 태워달라고 할 때, 학생들이 어떤 교수에게 휴강해 달라고 요구할 때 또는 자원단체가 기부를 요구할 때에 일어날 수 있다.

어떤 사회적 상황들에서, 우리는 어떤 개인이나 집단이 우리의 행동에 영향을 줄 합법적 권위(legitimate authority)를 갖고 있다고 지각한다. 정부는 우리들에게 세금들을 내라고 요구할 권리를 갖고 있다 ; 부모들은 자기의 자녀들에게 저녁식사 후에 그릇들을 씻도록 요구할 권리를 갖고 있다 ; 그리고 의료 관계자는 우리에게 어떤 신체검사를 위해서 우리의 의복을 벗도록 요구할 권리를 갖고 있다. 이러한 경우들에서, 사회규범들은 권위를 갖고 있는 사람들에게 요구들을 하도록 허용한다. 비록 권위소유자들이 흔히 합당하고도 적절한 요구들을 할지라도, 그들의 권력은 남용될 수 있다. 이차대전 동안에 나치스의 군부지도자들은 수백만 명의 민간인들의 대량학살을 명령했다. 종전 후에, 아돌프 아이히만과 같은 사람들이 이러한 명령들을 집행한 죄로 재판을 받게 되었을 때, 그들은 흔히 자기들이 명령을 내리는 자들로부터 "그저 명령에 따르고 있었기"때문이라고 자기들의 행동을 변호하고자 했다.

동 조

동조가 이렇게 강력한 현상이기 때문에, 이것이 실험실에서 연구하기가 비교적 용이하다는 것이 판명되어 왔다. 우리는 동조가 어떻게 작용되는가를 예시해 주는 두 개의 고전적 연구들을 논의하면서 시작할 것이다.

어두움 속에서의 추측: Sherif의 연구

Sherif(1935)에 의한 이 고전적 연구에서 과제는 간명한 것처럼 생각된다: 대학생들은 캄캄한 방에 앉아서 한 개의 광점을 제시받았다. 그에게는 불빛이 움직이고 있으며 그가 할 일은 불빛이 얼마나 움직였는가를 추정하는 것이라는 지시가 주어졌다. 대부분의 피험자들은 불빛이 흔히 여러 가지 다른 속도로 그리고 상이한 방향으로 움직이는 것처럼 보였기 때문에, 불빛이 얼마나 멀리 움직였는가를 추정하기가 극히 곤란하다는 것을 발견했다. 실제로, 이 연구는 "자동운동효과"(autokinetic effect)라고 알려져 있는 하나의 지각적 착시를 활용했다: 어두움 속에서 보이는 하나의 광점은 이것이 실제로는 정지되어 있을지라도, 움직이는 것처럼 보인다.

이와 같은 상황의 애매성으로, 피험자들은 자기 자신의 판단들에 대해 확신할 수가 없었으며, 그들의 시초의 추정치들은 엄청난 차이가 있었다. 즉, 몇 명의 피험자들은 불빛이 2.5나 5cm만 움직였다고 생각한 반면에, 한 사람은 24m나 움직였다고 생각했다. 분명히 이 피험자는 실제로는 작은 방에 있었음에도 불구하고 자기가 실내체육관에 있다고 생각했다.

각 피험자가 몇 번의 추정을 행한 후에, 불빛이 얼마나 멀리 움직였는가를 또한 판단할 것으로 생각되는 두번째 사람이 이러한 상황에 도입되었다. 실제로 이 다른 사람은 실험협조자로서, 그는 피험자들의 판단보다 일정하게 낮거나 높게 판단하라는 지시를 받은 사람이다. 동일한 절차가 몇 번의 시행들에서 반복되었다.

이러한 조건들하에서, 피험자는 곧 실험협조자의 추정치들과 점점 더 비슷한 추정을 하기 시작했다. 예컨대, 만일 피험자가 불빛이 25 내지 35cm 사이에서 움직였다고 추정하면서 시작하고 실험협조자가 그 불빛이 5cm만 움직였다고 대답했다면, 그 다음 시행에서 피험자는 자신의 추정치를 더 낮추는 경향이 있었으며, 그 다음의 시행에서는 그는 보다 더 낮출 것이다. 그 계열의 끝 무렵에, 피험자의 추정치들은 실험협조자의 추정치들과 매우 비슷했다.

명약관화한 일: Asch의 연구

Asch는 사람들이 정답에 관해서 매우 불확실하게 느끼는 Sherif의 연구와 같은 애매한 상황들에서만 동조가 일어나는 지에 대해 의문을 품었다. Asch는 사람들이 어떤 명확한 상황을 고려할 때에 그들은 자기 자신의 지각을 믿으며 집단의 모든 맴버들이 자기와 의견이 다를 때에라도 독자적으로 남아 있을 것이라고 생각했다. 그래서, Asch (1951)는 이러한 예상을 검증하기 위한 실험을 설계했다.

다섯 명의 학생들이 지각에 관한 연구에 참가하기 위해서 도착했다. 그들은 탁자주 위에 앉았고 직선들의 길이를 판단하게 될 것이라는 지시를 받았다. 그들에게 제시된 한 장의 흰 카드에는 길이가 다른 세 개의 검은 직선들이 그려져 있고, 두번째 카드에는 한 개의 직선이 그려져 있었다. 그들이 할 일은 두번째 카드에 있는 직선의 길이와 가장 비슷한 직선을 첫번째 카드에서 고르는 것들이었다. 도 13-1에서 보여 주고 있는 바와 같이, 이것은 쉬운 과제이었다. 선들 가운데에서 하나는 표준선과 똑같은 길이인 반면에, 다른 두 개는 아주 다른 것들이었다.

직선들이 제시되게 되면, 피험자들은 큰 목소리로 좌석의 순서대로 대답을 했다. 첫번째 피험자가 자신의 선택을 대답했고 각각의 다른 사람들도 차례로 대답했다. 판단이 매우 쉬운 것이었으므로 의견의 불일치는 없었다. 모든 사람들의 대답이 끝나면 두번째 세트의 직선들이 보여졌고, 이것에 대한 반응들을 했고 그 다음에 세번째 세트가 보여졌다.

이 시점까지 실험은 지루하고 맹목적인 듯 싶다. 그러나 세번째 시행에서, 첫 피험자는 앞에서처럼 직선들을 자세히 들여다보고 나서 분명히 잘못된 대답을 했다. 도 13-1에 있는 예에서 그는 B 대신에 A라고 대답할 것이다. 두번째 피험자도 같은 틀린 대답을 했고, 세번째와 네번째 피험자들도 마찬가지로 틀린 대답을 했다. 다섯번째 피험자가 대답할 차례가 되었을 때, 그는 아주 당황했다. 그가 보기에는 다른 사람들이 틀린 대답을 하고 있음이 분명했다. 그는 X와 가장 비슷한 직선이 B라는 것을 알고 있다. 그러나 다른 모든 사람들은 그것이 A라고 대답했다.

이러한 상황들에서 다섯번째에 앉은 사람들의 많은 수가 틀린 대답을 했다. 즉, 그들은 그 대답이 틀렸다는 것을 알면서도 다른 사람들과 의견을 같이 했다. 실제로, 좋은 시력과 아울러 아마 명석한 두뇌를 가진 이 대학생들 중에서, 틀린 대답은 35%의 경우들에서 제시되었다. 몇몇 피험자들은 틀린 대답을 하는 일이 결코 없었고 몇몇 피험자들은 항상 틀린 대답을 했으나, 전체적으로 평균 셋 중의 하나는 틀린 반응을 했다. 물론 Asch

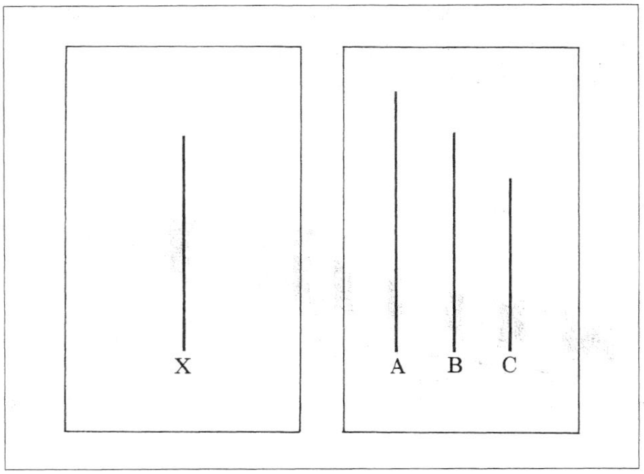

도 13-1. Asch의 연구에 있는 하나의 대표적인 자극. 피험자들은 두 개의 카드 속에 있는 네 개의 직선들을 동시에 제시받고서 어느 직선이 선 X와 길이가 가장 비슷한가를 질문받았다. 몇 명의 실험협조자들이 일률적으로 틀린 대답(예: C)을 할 때에는 피험자들은 약 35%의 경우들에서 동조했다.(Asch, 1951에서 개작됨.)

(1951)의 이 고전적 연구에서 상황은 미리 계획된 것이었다. 첫 네 명의 "피험자들"은 실제로는 실험자의 실험협조자들이었으며 각본에 따라 반응하고 있었다. 그러나 실제의 피험자는 이 사실을 알지 못했고 다른 사람들에게 부동의하기보다는 틀린 대답을 했다.

만일 우리가 이 현상을 이해하고자 한다면, 이러한 상황의 명확성을 유지시키는 것이 중요하다. 동조하는 피험자들이 옳은 선택에 확신이 없고 따라서 대다수측에 의해서 동요되고 있다고 생각하는 경향이 있다. 이것은 그렇지 않다. 피험자들은 옳은 선택에 대해 매우 자신있고, 집단 압력이 없는 통제집단들에서는 100%의 경우에서 옳게 선택했다. 그들이 동조할 때, 그들은 자기가 옳은 답을 알고 있다는 사실에도 불구하고 동조하고 있다.

다른 연구들은 다른 물리적 자극들, 의견 진술들, 사실의 진술들 및 논리적 삼단논법들을 사용하고서 동조를 발견해 왔다. 피험자들은 샌프란시스코와 뉴욕 사이에는 약 9600 km가 떨어져 있기 때문에 미국에서는 인구문제가 없다는 데에 동의했고, 남자는 여자보다 평균적으로 20 내지 22 cm가 더 크고, 남자아기들이 단지 25세의 평균 수명을 갖고 있다는 데에도 동의했다. 다시 말하면, 자극의 형태와 정확한 선택이 얼마나 분명한가에 관계없이, 사람들이 만장일치의 집단 의견에 당면하게 되었을 때에 다수측이 발휘하는 압력은 동조를 일으킬 만큼 충분히 강했다.

이러한 결과들은 매우 분명하다. 사람들은 다른 사람들에게 동조한다. 즉, 동조하는 것이 세상에 대한 자기 자신의 지각과 합치되지 않을 때에라도 동조한다. 그들은 다른 사람들이 말하고 있는 것을 항상 받아들이지는 않으며, 많은 경우들에서 그들은 자신의 개인적 판단이 옳다고 계속 생각한다. 그러나, 공적 반응이 요구될 때에 그들은 다른 사람들이 하는 것과 동일한 틀린 반응을 제시한다. 이것이 바로 동조라는 것이다.

사람들이 동조하는 이유

기본적으로, 사람들은 두 가지 주요 이유들, 즉 옳게 되는 것과 호감을 받게 되는 것 때문에 동조한다(Campbell과 Fairey, 1989). 이것은 앞의 6장에서 제시된 태도변화에 관한 분석과 일치한다. 그 곳에서 우리는 사람들이 지식이 많고 신뢰성있고 호감이 가는 사람(의사전달자)에게서 나오는 설득커뮤니케이션에 의해서 영향받게 되기가 더 쉽다는 것을 보았다. 이와 비슷하게, 사람들은 그들이 집단멤버들이 옳다고 생각할 때 그리고 그 집단에 의해 호감을 받게 되기를 원할 때에 집단행동에 동조하기가 더 쉽다. 동조압력이

"제기랄! 약삭빠른 자네들이 모두 동의를 하면, 이의를 제기하는 나는 무엇이 되는가?"

여대생들의 식사문제에 어떻게 기여할 수 있는가에 관한 한 예를 알아보기 위해서 특별논의 13-1을 참조하라.

정보적 영향(informational influence): **옳은 사람이 되려는 욕망** 동조에 대한 한 가지 이유는 타인들의 행동이 흔히 유용한 정보를 제공해 준다는 것이다. 사하라 사막의 오아시스에서 한 우물에서 물을 마시고 다른 우물에서는 물을 마시지 않는 아랍인들을 목격한 한 목마른 여행자는 그들의 행동을 모방하는 것이 현명할 것이다. 인기있는 우물에서 마심으로써, 이 여행자는 오염된 물을 마시는 것을 피할 수 있을 것이다. 정보적 영향에 기초해서 동조하려는 우리의 성향은 상황의 두 가지 측면들에 의존된다: 즉, 우리가 그 집단이 얼마나 잘 알고 있다고 믿는가와 우리가 자기 자신의 독립적 판단에 얼마나 확신하는가 이다.

우리가 어떤 상황에서의 집단의 정보를 더 많이 신뢰하고 그들의 의견을 더 높이 평가할수록, 우리는 그 집단에 동의하기가 더 쉽다. 만일 사막에서 목마른 여행자가 오아시스에서 물을 마시는 아랍인들이 사막으로 처음 여행하는 도시 주민들이라는 것을 알고 있다면, 이 여행자는 그들이 얼마나 많이 알고 있는가를 의심하고 그들의 본보기에 동조하지 않는 경향이 있을 것이다. 만일 그들이 자기들의 통상의 길을 가고 있는 사막의 유목민들이 분명하다면, 이 여행자는 그들을 신뢰하고 그들의 본보기를 따르려는 경향이 훨씬 더 많을 것이다. 집단의 옳음에 대한 확신을 증가시키는 것은 모두가 동조를 증가시킬 것이고, 반대로 우리에게 집단의 지식이나 신뢰성을 의심하게끔 만드는 것은 모두가 동조를 감소시킬 것이다.

집단에 대한 개인의 믿음을 감소시키는 것은 자기 자신의 견해에 대한 개인의 확신이다. 초기의 연구들(Coleman 등, 1958)은 과제가 더 애매하거나 곤란할수록 사람들이 동조하는 경향이 더 많다는 것을 발견했는데, 이는 아마 그들이 자기 자신의 판단에 대한 확신이 더 적었기 때문일 것이다. 예컨대, Sherif의 과제는 Asch의 과제보다 더 곤란했고, 따라서 더 많은 동조를 일으켰다. 다른 연구들은 우리가 어떤 주제에 대해서 보다 더 유능하고 잘 알고 있다고 느낄수록 우리가 동조하는 경향이 더 적다는 것을 발견했다(Wiesenthal 등, 1976). 최근에 Campbell 등(1986)은 숨겨진 도형들을 찾기 검사를 받는 능력에서의 피험자들의 자신감수준을 실험적으로 조작했으며, 자기 회의감이 높은 사람들이 낮은 사람들보다도 유의하게 더 많이 동조했다는 것을 발견했다.

규범적 영향(normative influence): **호감을 받으려는 욕망** 동조에 대한 두번째의 주요 이유는 집단의 인정을 얻거나 불인정을 피하려는 것이다. 우리는 흔히 집단이 우리를 수용하고, 좋아하고, 잘 대우하기를 원한다. 성장하면서, 사람들은 흔히 집단과 잘 지내는 한 가지 방법이 집단기준들에 동의하는 것이라는 것을 배운다. 대학 4학년의 댄스파티를 위해 어떤 복장을 착용해야만 되는가를 결정함에 있어서, 우리는 우리가 잘 어울리고 좋은 인상을 주고 불인정을 피하게끔 "격에 어울리는" 복장을 착용하려고 들 것이다. 우리는 정장을 착용하는 것을 진정으로 좋아하지 않을 수도 있지만, 어쨌든 간에 그 복장이 그 경우에서 사회적으로 적절하기 때문에 착용한다. 우리가 체중에 신경을 쓰는 친구와 함께 있을 때, 우리는 비록 자신이 특별하게 좋아하지 않을지라도 샐러드와 "건강에 좋은

특별논의 13−1. 대학 여학생클럽들에서의 게걸스런 식사

병적 기아증(bulimia)은 사람들이 먼저 무절제한 게걸스런 식사를 하고 나서 그 다음에 체중증가를 방지하기 위해서 단식하거나 구토를 유발시키는 하나의 식사패턴이다. 병적 기아증은 거의 전적으로 여성들의 한 문제이며, 여대생들의 4% 내지 15%가 병적 기아증의 심각한 문제들을 갖고 있는 것으로 추정되고 있다. 의학전문가들은 병적 기아증이 여성들의 건강과 심리적 안녕에 대해 하나의 심각한 위협을 제기시킨다고 동의하고 있다.

미국에서 꽤 최근의 그리고 갑작스러운 병적 기아증의 증가에 대해 몇 가지 설명들이 제시되어 왔다. 미국, 특히 여성들에서의 날씬함에 대한 전국적인 강박관념은 다이어트의 문화를 조성해 왔다고 주장되어 왔다. 문화요인들의 중요성에 대한 지지가 플레이보이지의 누드사진 페이지들에서 묘사된 여성들과 아울러 미스 아메리카대회의 수상자들의 신체크기가 1960년에서 1980년대쪽으로 유의하게 감소되었다는 것을 보이는 연구들에서 나온다(Garner 등, 1980). 다른 설명들은 여성들에게 병적 기아증의 성향을 갖게끔 만들 수 있는 성격 및 가정 요인들을 강조해 왔다.

최근에, Crandall(1988)은 병적 기아증에 관한 흥미있는 사회심리학적 분석을 제시했다. Crandall은 여성들이 게걸스런 식사행동들을 어떻게 학습하는가에 관한 의문을 제기하고서, 동조가 하나의 중요한 역할을 할 수 있다고 시사했다. 집단규범들에 관한 연구들에 의지하면서, Crandall은 "교우집단들에서의 사회적 압력들이 게걸스런 식사가 습득되고 전파되게 되는 중요한 기제들이다. 운동팀들, 응원단들, 기숙사들, 여학생클럽들과 같은 사회집단들은 그들의 멤버들에 대한 적절한 행동에 관한 사회규범들을 발전시킨다. 만일 식사, 다이어트 및 체중감소가 멤버들에 대해 중요하다면, 개인이 얼마나 많이, 언제 그리고 누구와 함께 식사하거나 다이어트해야만 되는가를 규정하는 규범들이 집단 속에서 생기게 될 것이다"(p. 590)라고 주장한다. 더 나아가서, Crandall은 대학생활에 연관된 스트레스들이 학생들을 그들의 교우집단의 규범들에 동조하도록 만드는 압력들에 특히 취약하게끔 만들 것이라고 시사한다.

이러한 생각들을 검증하기 위해서, Crandall은 대학 여학생클럽들을 연구했다. 그는 게걸스런 식사, 구토, 제한적 다이어트 등을 포함하는 병적 기아증에 연관된 몇 가지 증후들을 측정했다. Crandall이 연구한 여성들 중의 극소수가 병적 기아증의 심한 증후들을 보였지만, 그들 중의 다수가 게걸스런 식사 증후군의 경미한 증후들을 보고했다.

Crandall은 한 여학생클럽에서, 여학생이 더 많은 게걸스런 식사증후들을 보고할수록, 그녀가 더 인기가 많았다는 것을 발견했다. 두번째 여학생클럽에서, 인기는 중간정도로 게걸스러웠던 여자들이 가장 높았다: 너무 많거나 너무 적게 게걸스러웠던 여자들의 인기는 낮았다. 한 학기 동안 추적함으로써, Crandall은 교우집단들이 응집성이 더 많게 될수록 한 여학생의 식사패턴이 그녀의 친구들의 것과 더 비슷해졌다는 것을 보일 수 있었다. 여학생들이 시간경과에

따라 자신의 친구들과 더 비슷해졌다는 사실은 사회적 영향과정들이 작용되었다는 분명한 증거를 제공한다.

사교집단들의 일부라고 느끼고 친구들로부터 호감을 받게 되려는 욕망은 이해가능하다. 그러나 사교집단들에 대한 참가는 또한 집단규범들에 동조하는 것에 대한 강한 압력들의 가능성을 제기시킨다. Crandall의 연구는 사교집단들이 어떻게 날씬함과 신체적 외모에 대한 여성들의 관심을 높이고 아마 부지불식간에, 잠재적으로 매우 해로운 행동들을 조장할 수 있는가를 예시해 준다. 당신 자신의 경험에 비추어 볼 때, 사교집단들에서의 동조압력들이 개인의 약물과 알콜 사용, 학업에 대한 전념 또는 정치적 및 사교적 활동들에 대한 몰입에 어떤 영향을 줄 것으로 생각되는가?

식들"을 먹을 수 있다: 우리가 혼자 있을 때, 햄버거와 계란 프라이를 먹음으로써 자기 자신의 개인적 선호에 따르기가 더 쉽다. 그와 같은 상황들에서, 동조는 공적 행동상의 외면적 변화를 일으키지만, 반드시 개인의 사적 의견들상의 변화를 일으키지는 않는다.

이탈자가 되는 것에 대한 이러한 공포가 이탈에 대한 집단의 반응에 의해서 합당하다는 것으로 증명되고 있다. 어떤 사람이 집단에 찬성하지 않을 때, 그 사람은 동의하게끔 만들기 위한 노력들의 표적으로 되게 되며 마침내 배척의 위험을 맞을 수 있다. 이것은 Schachter(1951)의 연구에서 증명되었는데, 이 연구에서는 한 집단 속에 세 명의 실험협조자들이 있었다. 그들 중의 한 명은 계속해서 집단의 입장에서 이탈된 입장을 취했고, 한 명은 처음에는 이탈했다가 바꾸었고, 한 명은 집단과 동일한 입장을 취했다. 집단의 나머지 멤버들은 이탈된 입장을 취했던 두 명의 실험협조자들의 입장을 바꾸려고 상당한 시간을 소비했다. 그들은 이탈자와 논쟁했고, 자기들의 입장을 뒷받침하는 근거들을 댔고, 구슬렀고, 이탈자들의 입장을 집단과 일치되게끔 바꾸기 위해서 할 수 있는 모든 수단을 다했다. 이러한 집중적 캠페인의 대상이 되는 것은 즐거운 일이 못 된다. 그 사람은 오는 공격들을 멈추게 하기 위해서 변화에 대한 압력을 크게 느끼게 된다. 변화되는 사람은 받아들여지게 되고 집단의 다른 멤버처럼 대우받게 된다. 계속 이탈된 입장을 취하는 사람은 종국에는 무시당하게 된다.

집단은 또한 직접적으로 처벌을 가할 수 있다. 웨스턴 전기회사의 호손 공장에서 하나의 고전적 연구가 수행되었다. 자신의 생산성에 따라 봉급을 지급받는 몇 명의 노동자들의 행동이 관찰되었다. 더 열심히 일하고 더 많이 해낼수록, 각 노동자는 더 높은 봉급을 받을 수 있었다. 그러나, 노동자들은 하루에 할 적정의 작업량에 대해서 그들 자신의 기준을 발전시켰다. 매일 그 작업량을 달성한 후에 그들은 일에 늑장을 부렸다. 그만큼만 일하면, 그들은 상당한 액수의 돈을 벌었고 열심히 일할 필요가 없었다. 열심히 일하는 사람은 누구나 다른 사람들을 나쁘게 보이게끔 만들게 될 것이고, 경영자측으로 하여금 생산량에 대한 기대를 높이게끔 만들 것이다.

집단은 그 멤버들에게 확실히 규칙을 깨지 못하게 하기 위해서 심한 압력을 주었다. 시초에 집단은 행동강령을 정했다. 사람들은 너무 많이 일해서는 안 되며, 그렇지 않으면 그들은 "일벌레"가 된다. 사람들은 또한 너무 적게 일해서도 안 된다; 그렇게 되면, 그들은 "굼벵이"가 된다. 이에 더해서, 집단은 이러한 강령을 실천하기 위한 방법을 고안했다. 너무 빠르거나 너무 느리게 일하는 사람은 누구나 "경고"를 받을 수 있다. 경고는 이탈자의 상박부를 아프게 때리는 것이었다. 이것은 아플 뿐만 아니라 집단에 반대하는 데 대한 상징적인 벌이었다. 집단 멤버는 누구나 벌을 줄 수가 있었고 경고를 받은 사람은 그것에 저항할 수 없었다. 그 멤버는 벌과 이것이 나타내 주는 비난을 감수해야만 되었다. 경고는 멤버들로 하여금 인정된 의견·가치 및 행동에 동조하도록 만드는 것으로서, 모든 집단들에서 존재하는 압력의 종류들에 관한 하나의 극적인 예이다. 많은 경우들에서, 비동조의 잠재적 부담들과 동조의 이익들을 단순하게 인식하게 되는 것은 사람들에게 집단기준들에 따르게끔 만든다. 이것이 실패하게 될 때, 개인들에게 동조하도록 압력을 주기 위해서 집단들은 설득, 추방의 위협들, 직접적 처벌들 및 보수들의 제공을 사용한다.

요약하면, 동조에 대한 동기는 올바르게 되려는 욕망과 집단으로부터 호감을 받게 되려는 욕망에서 나온다. 이들 두 가지 동기들의 강도는 상황에 따라 크게 다르다.

사람들이 동조하는 시기

동조에 영향을 주는 집단상황의 몇 가지 중요한 특징들은 집단에 대한 개입, 집단의 규모 및 집단의 만장일치이다. 연구들은 또한 개별성이나 독자성에 대한 욕망에서 개인차들이 있다는 것을 보인다.

집단에 대한 개입(commitment to the group) 동조는 개인들과 집단 간의 유대들의 강도에 의해서 영향받고 있다. 6장에서, 우리는 개입(commitment)을 어떤 개인에게 어떤 관계를 유지시키게끔 작용하는, 긍정적이며 부정적인 모든 힘(압력)들이라고 정의한 바 있다. 이 개념은 집단소속에 대해서도 또한 적용된다. 어떤 개인을 어떤 집단에 끌리도록 만드는 긍정적 힘들에는 다른 집단멤버들을 좋아하는 것, 집단이 중요한 목표들을 성취시킨다고 믿는 것, 집단이 함께 잘 일한다고 느끼는 것, 집단에 소속하는 것으로부터 이익을 기대하는 것 및 집단의 가치들과 동일시하는 것 등이 있다. 다른 중요한 요인은 집단에 대한 개인의 동일시감이다(Hogg와 Turner, 1987).

어떤 개인이 어떤 집단에서 떠나지 못하게끔 만드는 부정적 압력들은 적은 대안들을 갖고 있는 것이나 포기하기에는 부담이 되는 집단에 대한 큰 투자들을 한 것과 같은 장애들이 포함된다. 어떤 개인이 어떤 집단에 더 많이 개입되었을수록, 동조에 대한 압력들은 더 크다.

우리는 전체의 집단멤버들이 집단에 대해 강하거나 약하게 개입되어 있는 정도를 기술하기 위해서 **응집성**(cohesiveness)이라는 용어를 사용한다. 일반적으로, 집단의 응집성이 높을수록 동조에 대한 잠재적 압력들이 더 크다. 멤버들이 함께 일하는 것을 즐거워하고 자기들이 한 팀으로서 잘 기능한다고 믿고 있는 높은 사기를 갖고 있는 집단들은 응집성이 적은 집단들보다 동조압력들에 더 취약하다. 우리는 "집단사고" 위험성들을 논의할 때에 14장에서 이 문제를 더 깊게 검토할 것이다.

집단의 규모 두 사람이 한 방에 있는데, 그 중의 하나가 방이 매우 따뜻하다고 말했다고 하자. 만일 그 방이 실제로는 아주 춥다면, 두번째 사람은 첫번째 사람에게 동의하려고 들지 않을 것이다. 그는 자신은 춥다고 느낄 수 있고, 상대방이 착각했거나 열병이 있다고 생각할 것이다. 만일 방의 온도에 관해 공적인 진술을 강요받게 되면, 그는 아마 그래도 좀 춥게 생각된다고 대답할 것이다.

만일 방 안에 다섯 사람이 있고 그들 중의 넷이 방이 따뜻하다고 말한다면, 상황은 달라질 것이다. 만일 한 사람이 춥다고 생각하게 되면, 그는 자기 자신의 지각에 의심을 품게 되기가 쉽다. 결국, 네 명의 타인들 모두가 열병이 있거나 착각을 할 것 같지는 않다. 만일 그에게 어떻게 느끼는가를 물어 보면, 그는 상당히 애매해서 나머지 사람들과 의견을 같이할 것이다. 그는 방이 따뜻하다고 대답하고는 자기에게 무엇인가 잘못된 것이 있지 않은가를 생각할 것이다. 만일 한 사람이 당신에게 부동의한다면, 그 사람이 열병이 있을 것이다. 그러나 만일 네 명의 다른 사람들이 부동의한다면, 당신 자신이 몸이 불편함에 틀림없다. 네 사람은 의견들의 정직성과 신뢰성의 모든 측면에서 한 사람보다 더 신빙성이 있는 경향이 있다. 한 사람보다 한 집단을 불신하기가 더 어렵다.

일련의 실험들은 동조가 적어도 어느 지점까지 만장일치의 다수측의 규모가 증가함에 따라 증가된다는 것을 증명해 왔다. Asch(1951)는 그의 초기의 몇 개의 실험들에서 다수측의 크기를 2에서 16까지 변화시켰다. 도 13-2에서 보이고 있는 바와 같이, 그는 두 사람이 한 사람보다 더 많은 압력을 일으키고 세 사람이 두 사람보다 훨씬 더 많고, 네 사람이 세 사람과 거의 같다는 것을 발견했다. 다소 놀라웁게도, 그는 네 명을 넘어선 이후에 집단의 규모를 증가시키는 것이 적어도 16인까지는 동조량을 증가시키지 않았다는 것을 발견했다. 그는 가장 큰 동조를 일으키기 위한 최적의 집단 규모가 3인이나 4인이라고 결론지었다.

아주 다른 절차와 측정치를 사용해서, Milgram 등(1969)은 아주 상이한 결과들을 얻었다. 상황은 매우 간단했다. 뉴욕시의 매우 혼잡한 거리에서 몇 명의 사람들이 다른 사람들도 자기들을 따라 역시 하늘을 쳐다보는가를 알아보기 위해서, 우리가 잘 알고 있는 하늘을 올려다보기 게임을 했다. 이번에는 이것은 용의주도한 실험으로 실시되었고, 행인들에 대한 주의깊은 관찰이 이루어졌다.

실험협조자들은 멈춰 서서 길 건너편에 있는 사무실 건물의 60층 창문을 올려다 보았다. 1, 2, 3, 5, 10이나 15명의 실험협조자들이 모여 서서 창문을 올려다보았다. 주요 측정치는 옆을 지나가는 사람들이 실제로 멈춰 서서 마찬가지로 창문을 올려다보는 백분율이 얼마인가이었다. 한 사람이 올려다보았을 때에는 행인의 4%만이 또한 올려다 보았고, 다섯 사람의 실험협조자들에서는 16%로 올라갔고, 열 사람에서는 22%이었고, 열

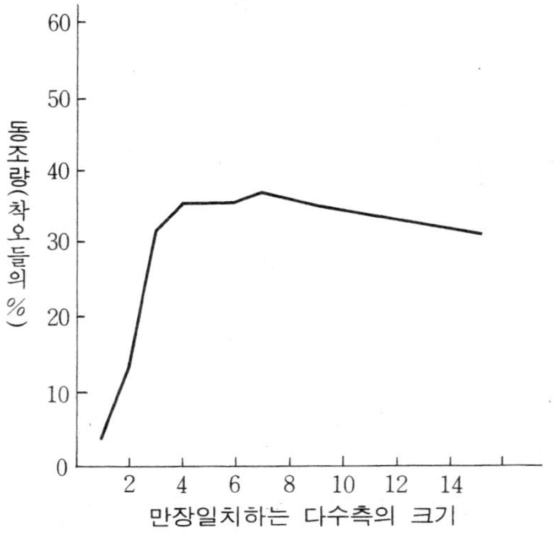

도 13-2. 집단규모와 동조. 한 명의 다른 집단멤버와 함께 있을 때, 피험자들은 소수의 착오들(4% 이하)을 저지른다. 집단규모가 증가됨에 따라, 착오들의 백분율은 증가되어서, 7인의 만장일치의 다수측에서 37%의 틀린 반응들로서 최고에 이른다.(Asch, 1955에서 개작됨.)

다섯 사람에서는 40%이었다. 줄에 사람들이 더 많이 서 있었을수록, 다른 사람들이 따라 할 가능성이 더 많았다.

집단 규모의 증가에 따른 이와 비슷한 동조의 증가가 Mann(1977)에 의한 이스라엘의 예루살렘 버스정류장에서 줄을 지어 기다리는 상황에 대한 연구에서 발견되었다. 2인이나 4인이 줄을 섰을 때에는 다른 사람들이 줄로 서는 경향이 거의 없었다. 그러나 6이나 그 이상이 줄을 섰을 때에는 새로 오는 사람들은 대개 또한 줄로 섰다. 줄에 더 많은 사람이 있었을수록, 다른 사람들이 줄을 서는 경향이 더 많았다.

그러나, Wilder(1977)의 연구는 차이를 일으키는 것이 단순히 사람의 숫자가 아니라는 것을 분명히 했다. 이 연구에서, 피험자들은 여러 인원수의 타인들의 의견을 들었다. 이 연구와 이전 연구 사이의 중요한 차이는 이들 타인들은 때로는 독립적으로 자기의 의견을 표명하고, 때로는 집단멤버들로서 의견을 표명한 것이다. 예컨대, 어떤 피험자들은 모두가 한 집단에 소속하고 있는 네 사람의 의견을 들은 반면에, 어떤 피험자들은 두 개의 상이한 집단에 속한 네 명의 의견을 들었고, 다른 사람들은 네 명의 독립적인 사람들의 의견들을 들었다.

Wilder는 집단규모가 동조량에 거의 영향이 없다는 것을 발견했다. 별개의 집단들이나 개인들에게서 나온 독립적 의견들의 수가 동조에 주 효과를 갖고 있었다. 이것은 집단의 크기를 3인이나 4인 이상으로 증가시키는 것이 왜 동조에 거의 보탬이 되지 않는가를 설명해 줄 수 있다. 일단 그 집단이 한 단위로서 행동하고 있는 것으로 간주되면, 그 집단 내의 부가적인 사람들의 숫자는 문제가 되지 않는다. 그러나 집단 외부의 사람들로부터 독립적 판단들을 첨가시키는 것은 동조를 증가시킬 수 있다.

집단의 만장일치 동조를 일으키는 하나의 극히 중요한 요인은 집단의견의 만장일치이다. 만장일치된 집단의 의사결정에 당면한 사람은 커다란 동조의 압력을 받게 된다. 그러나, 집단이 통일이 안 될 때에는 동조량에서 뚜렷한 감소가 있게 된다. 집단의 사람들을 좇지 않는 사람이 단 한 명이라도 있게 될 때, 동조는 보통 수준의 약 4분의 1로 떨어진다. 이것은 집단의 규모가 작을 때와 15명 정도로 아주 클 때에도 또한 나타난다. 이러한 현상의 가장 인상적인 측면의 하나는 비동조 인물이 누구인가가 문제가 되지 않는 것 같다는 것이다. 그 사람이 높은 권위를 지닌 전문가이든 전혀 전문가가 아닌 낮은 권위의 어떤 인물이든 관계없이, 동조는 매우 낮은 수준들로 떨어지는 경향이 있다(Asch, 1951 ; Morris와 Miller, 1975). 더욱이, 단 한 명의 부동의자는 심지어 틀린 대답들을 제시하더라도 동조를 감소시킬 수 있다. 만일 정답이 A이고, 다수측이 B라고 답변하고, 다른 사람이 C라고 답변하면, 진짜 피험자는 모든 사람들이 하나의 틀린 답변에 동의했을 경우보다도 동조하는 경향이 더 적다. 단순히 집단 내에 어떤 부동의가 있게 되는 것은 개인이 독립성을 유지시키기가 더 쉽게끔 만든다(Allen과 Levine, 1971).

연구는 부동의의 시기가 차이를 일으키게끔 만든다는 것을 보여 왔다(Morris와 Miller, 1975). 한 사람이 다수측이 의견을 표명한 후에 부동의할 때에 동조는 감소되었다. 그러나 부동의자가 다수측보다 먼저 대답했을 때에 동조는 보다 더 많이 감소되었다. 분명히 피험자들이 시초에 정답을 들었을 때에는 다수측의 틀린 입장이 무게를 덜 지니게 되었다.

만장일치가 깨졌을 때에 동조가 극적으로 감소되는 것은 우리가 이미 논의해 온 몇 가지 요인들에 기인되는 것 같다. 첫째로, 다수측에 대한 신뢰의 양이 부동의가 있을 때에는 언제나 감소되는데, 이 감소는 심지어 부동의자가 다수측을 구성하고 있는 사람들보다도 전문성이 더 적고 믿을 수가 더 없을 때에도 나타나게 된다. 어떤 다른 사람이 또한 집단에 부동의한다는 단순한 사실은 의문의 여지가 있고 문제가 완전히 명료하지는 않으며 다수측이 틀렸을 수 있다는 것을 나타낸다. 이는 개인에 대한 정보의 원천으로서의 다수측의 의견에 대한 신뢰를 감소시키고, 따라서 동조를 감소시킨다.

둘째로, 만일 또 다른 사람이 개인이 지지하고 있는 것과 동일한 입장을 취하게 되면 이것은 그 개인 자신의 판단에 대한 자신감을 강화시켜 주게 된다. 앞에서 보아 온 바와 같이, 자신감의 증가는 동조를 감소시킨다. 세번째의 고려사항에는 이탈자로 보이게 되는 것을 꺼려하는 것이 들어 있다. 어떤 사람이 모든 다른 사람들에게 부동의할 때, 그 사람은 두드러지게 되고 자기 자신과 타인의 눈의 모두에서 이탈자로 보이게 된다. 그런데 어떤 사람이 또한 부동의하게 되면, 그 사람 혼자이었을 경우만큼 두 사람이 모두 이탈된 것으로 보이지 않게 된다.

이 마지막의 결과는 아마 개인 자신의 소신을 말하는 데 대한 고무라고 간주될 수 있을 것이다. 예컨대, "임금님의 새 옷"(The Emperor's New Clothes)이라는 이야기에서 모든 군중은 아름다운 새 옷을 입고 있다고 하는 발가벗은 임금님을 바라보았다. 그러나, 단 한 명의 아이가 임금님은 발가벗었다고 말할 수 있는 용기를 가졌을 때, 모든 다른 사람들은 다수측의 압력에 반대하려는 용기를 얻게 되었다. 잠시 후에 그 다수측은 소수측이 되어 버렸고, 아마 없어져 버렸을 것이다.

확실히, 이것은 언론의 자유를 지지하는 강력한 주장이 된다. 왜냐하면, 이것은 내심으로는 다수측과 의견을 달리하는 여러 사람들이 있지만 이것을 말해 버리는 것을 두려워하고 있는 경우에, 한 명의 이탈된 발언도 중요한 효과를 가질 수 있다는 것을 시사하기 때문이다.

이것은 또한 전체주의 국가들과 몇몇 정통적 종교들에서 왜 반대가 허용되지 않고 있는가를 또한 설명할 것이다. 부동의하는 하나의 작은 발언이라도 다른 사람들에게 그와 같이 되게끔 만드는 것을 고무시킬 수 있다. 그렇게 되면, 잠시 후에 그 정권 자체가 위험에 빠지게 될 수 있다. 어떤 부동의이든 간에 동조를 실질적으로 감소시킨다는 발견은 동조의 가장 두드러진 측면들 중의 하나로서 부각되고 있다.

개별성에 대한 욕구 사람들은 타인들로부터 자신을 공적으로 구분짓는 일들을 행하려고 드는 정도에서 차이가 있다. 어떤 사람들은 집단과 어우러지고 집단의 의견들에 찬성하는 것에 대해 더 편안하게 느끼고, 다른 사람들은 두드러지는 것을 더 좋아한다. Maslach와 그녀의 동료들(1985, 1987)은 타인들로부터 자신을 구분짓는 공적 행동을 행하려는 사람들의 적극성을 측정하기 위한 지필검사를 개발해 왔다. 개인은 자신이 "큰 청중에게 강의하는 것", "어떤 논쟁이 되는 주제에 관한 개인적 의견을 제시하는 것", 또는 "자신이 옳은지에 대해 불확실하게 느끼더라도 자기 자신의 생각들을 모두 말해버리는 것"과 같은 일들을 행하려고 든다는 것을 나타냄으로써 개별성(individuation)상에서 높은 점수를 받게 될 것이다. 이와는 반대로, 개별성상에서 낮은 점수를 받는 사람은 이와 같은 행동들을 행하기를 주저할 것이다. 연구들은 개별성이 높은 사람들이 자신이 독특한 복장을 착용하고, 독특한 별명을 사용하고, 특유한 소유물들을 소유한다고 대답하는 경향이 더 많다는 것을 나타낸다. 동조에 관한 실험실연구에서, 개별성이 높은 피험자들은 다수측의 견해에 찬성하는 경향이 더 적고 연구자들이 "창의적 부동의"라고 일컬은 것을 행하는 경향이 더 많았다.

이와 관련된 선의 연구에서, Burger(1987)는 "통제에 대한 욕구"가 높은 사람들이 설득 메시지들에 덜 영향을 받고, Asch형태의 집단동조상황에서 동조하는 경향이 더 적다는 것을 증명했다. 이들 연구들은 집단의 영향에 대한 피영향성의 개인차들의 중요성을 강조한다.

소수측의 영향: 집단들 내의 혁신

다수측(majority)의 패턴들에 대한 동조는 사회생활의 하나의 기본적 측면이다. 그러나 다수측이 갖는 세력(power)에 대한 우리의 강조가 소수측의 영향(minority influence)의 중요성을 간과하도록 해서는 안된다. 때때로 어떤 새로운 아이디어나 독자적인 관점을 소유한 어떤 강력한 소수측이 다수측의 입장을 효과적으로 바꿀 수 있다.

부동의(반대)가 동조를 감소시키는 것을 증명하고 있는 초기의 연구들은 어떤 "전능적인" 다수측의 존재에 관한 의문들을 제기시키기 시작했다. 지난 20여년 동안, 동조연구들에서의 주요한 새로운 발전들은 소수파의 영향력을 이해하고자 시도해 왔다(Maass와 Clark, 1984). 프랑스인 심리학자인 Moscovici(1985)의 개척적 연구는 특히 중요해 왔다.

처음의 실험에서, Moscovici 등(1969)은 Asch유형의 동조 실험패러다임을 사용했지만, 다수측의 순수 피험자들과 소수측의 실험협조자들을 갖고서 실험했다. 피험자들에게 분명한 물리적 자극, 즉 색깔들의 슬라이드들을 보여 주었다. 이 연구에서, 6인 집단들의 멤버들이 슬라이드들의 색깔을 평정하도록 요구받았다. 실제로, 모든 슬라이드들은 청색이었지만 그 밝기(명도)에서 차이가 있었다. 6명의 순진(순수)한 피험자들로 된 통제집단들에서, 거의 모든 슬라이드들이 청색으로 기술되었다. 그러나, 실험집단에서, 두 명의 실험협조자들은 청색

선거권을 얻기 위해서 시위했던 최초의 미국인 여성들은 작은 소수측이었다. 시간이 지남에 따라, 이 기략있고 결의에 찬 소수집단은 여론을 성공적으로 변화시켜서 1920년에 여성에 대한 선거권을 쟁취했다.

슬라이드들을 "녹색"이라고 일관되게 명명했다. 피험자들에게는 이전에 이미 모든 집단 멤버들이 정상시력을 갖고 있다는 지시를 주었으므로, 이러한 "녹색"반응들은 색맹에다가 탓을 돌릴 수가 없었다. 이러한 소수측의 압력이 있을 경우에, 약 1/3의 피험자들이 적어도 한 개의 "녹색" 슬라이드를 본다고 보고했으며, 모든 판단들의 8%가 그 슬라이드들이 "녹색"이라는 것이었다. 분명히, 소수측의 견해는 순수한 다수측에 어떤 괄목할 만한 영향을 주었다.

Moscovici는 어떤 소수측의 행동스타일이 중요하다고 제안했다. 효과를 거두기 위해서는 소수측은 일관성있고 조리성있고 강력해야만 된다. 이러한 행동스타일은 다수측에 의해서 소수측의 입장에 대한 그들의 자신감과 확실성의 한 신호라고 해석되게 된다(Maass와 Clark, 1984). 비록 일관성있는 소수측의 멤버들이 다수측의 멤버들보다 덜 호감을 받을 수 있을지라도, 그들은 더 유능하고 정직한 것으로 간주되는 경향이 있다(Bassili와 Provencal, 1988). 어떤 소수측이 자기들의 입장을 오랫동안 고집함에 따라, 다수측은 자기들의 견해들의 올바름에 대해서 의문을 품기 시작할 것이다. 결국에 가서, 몇몇의 다수측의 멤버들은 소수측의 방향으로 자기들 자신의 입장을 바꿈으로써 "전향"(convert)하게 될 것이다. 만일 충분한 멤버들이 자기들의 견해들을 바꾼다면, 소수측은 하나의 새로운 다수측으로 변형되게 될 것이다.

최근의 연구들은 소수측들의 영향력을 또한 결정짓는 다른 요인들을 확인해 왔다(Maass와 Clark, 1984). 첫째로, 소수측은 그들의 행동스타일이 논리적으로 일관성있지만 "완고하지는" 않을 때, 즉 그들이 어떤 잘 규정된 입장을 갖고 있지만, 어떤 융통성있는 제시 스타일을 갖는 것으로 간주되게 될 때에 가장 효과적이다. 둘째로, 일반적인 사회적 풍토가 또한 차이를 일으킨다. 어떤 소수측은 현재의 사회추세들에 일치되는 어떤 입장을 주장할 경우에 보다 더 효과적일 것이다. 예컨대, 성적인 보수주의가 점증하는 어떤 시대에서, 성적 허용성을 주장하는 어떤 소수측은 성적 제약을 주장하고 있는 어떤 소수측보다도 효과가 더 적을 것이다.

소수측은 또한 그들이 문제의 행동이나 태도를 제외하고서 대부분의 측면들에서 다수측과 비슷할 때에 성공을 거둘 가능성이 더 많다. 이러한 단일 소수측(single minority)은 관련된 문제에 대해서 뿐만 아니라 다른 사회적 특징들에서도 차이가 있는 이중 소수측(double minority)과 대비될 수 있다. 이중 소수측의 한 예는 이성애자들에게 동성애자의 권리들을 주장하는 어떤 동성애자일 것이다: 동성애자는 신념들뿐만 아니라 성적 관점에서도 또한 일반인들의 다수측과 차이가 있다. Maass와 Clark(1984)에 의한 연구는 동성애자의 권리들을 주장하고 있는 동성애자 소수측인 척하는 사람들은 동성애자들의 권리들을 주장하고 있는 어떤 이성애적 소수측보다도 일부 동성애자 소수측이 그 주제에 대해 더 많은 이해관계를 갖고 있는 것으로 간주받고 있기 때문에, 영향력이 더 적었다는 것을 발견했다. 다른 연구(Maass 등, 1984)는 보수적인 남자 피험자들이 낙태에 대한 어떤 진보적 입장을 동일하게 취하는 여자보다도 동일한 진보적 입장을 취하는 남자에 의해서 더 강력하게 영향받았다는 것을 보였다. 어떤 소수측집단이 자기들의 입장에서 어떤 개인적 이해관계를 갖고 있다고 지각될 수 있을 때, 그들의 견해들은 자기의 이익을 반영하는 것으로서 보다 더 쉽게 절감당하게 될 수 있다. 보다 더 일반적으로, 소수측은 그들의 입장이 심각하게 고려되게 될 때 그리고 확신성과 유능성을 반영하는 것으로서 간주되게 될 때에 더 많은 영향력을 갖는다. 그러나 소수측은 그들이 괴상하거나, 독선적이거나, 이해관계를 갖고 있다고 절감될 수 있을 때에는 영향력이 적다.

이 분야에서의 최근의 한 논쟁은 다수측의 영향(동조)과 소수측의 영향(혁신)의 과정들이 근본적으로 같은지 아니면 다른지이다. 이러한 논쟁의 양측에 대한 증거가 있으며, 단일과정 대 이중과정의 관점을 확고하게 판결하기에는 너무 이르다. 각각에 대한 간단한 고찰은 문제들을 분명하게 부각시켜 줄 것이다.

몇 명의 이론가들(Latané와 Wolf, 1981 : Tanford와 Penrod, 1984)은 다수측과 소수측의 영향력이 저변의 어떤 단일한 영향과정을 반영한다는 것을 증명해 왔다. 다수측과 소수측의 영향은 질이 아니라 양에서 차이가 있다: 다수측은 그들이 보다 더 다수이기 때문에 대개 더 많은 영향력을 갖는다. 몇 개의 연구들로부터의 결과들은 이러한 단일 과정 견해와 일치하고 있다.

이와는 반대로, Moscovici와 기타의 연구자들(Maass와 Clark, 1984 : Nemeth, 1986)은 소수측 영향과 다수측 영향 간에 중요한 질적 차이들이 있다고 주장한다. 예컨대, 다수측의 영향은 반드시 사적 태도들의 변화가 아니라 가장 흔히 외적 행동의 변화들을 일으킨다는 증거가 있다. 이에 비해서, 소수측의 영향은 태도의 변화들, 즉, 개인의 의견들에서의 "전향"(conversion)을 일으키기가 더 쉽다.

Nemeth(1986)는 집단들 속에서 부동의가 주는 잠재적 이점들을 강조해 왔다. Nemeth는 소수측이 다른 집단멤버들에게 어떤 문제에 관해서 더 주의깊게 생각하고 더 다양한 가능한 설명들이나 새로운 해결책들을 고려하게끔 만들 수 있다는 것을 증명해 왔다(Nemeth와 Kwan, 1987). 다시 말해서, 소수측 견해의 표명은 때로는 집단의 기능을 향상시킬 수 있고 소수측의 소수의 인원에 비해서 매우 유익한 영향을 제공해 줄 수 있다. 끝으로, Nemeth와 Chiles(1988)는 부동의하는 소수측에 대한 접촉이 갖는 잠재적인 이월효과들을 증명했다. 피험자들은 먼저 일관성있게 부동의하거나, 비일관되게 부동의하거나, 전혀 부동의하지 않는 한 명의 실험협조자와 함께 새로운 색채지각과제에 참가했다. 이 새로운 집단 속에서의 그들의 경험은 Asch의 피험자들의 경험과 매우 비슷했다: 그들은 틀린 그리고 만장일치의 다수측에 당면되었다. 그 결과들은 분명했다. 먼저 부동의하는 소수측에 당면되었던 피험자들은 부동의에 대한 아무런 이전 경험이 없었던 피험자들보다도 실질적으로 더 많이 자신의 독립성을 유지하고 정답들을 제시하는 경향이 있었다.

응 종

우리가 타인들에게 영향을 주는 가장 기본적인 양식들 중의 하나는 그들에게 어떤 것을 행하도록 직접 요구하는 것이다. 당신이 어떤 친구에게 할 수 있는 요청들의 몇 가지를 생각해 보자: 당신이 휴가중에 당신의 화초들에 물을 주는 것, 며칠 동안 약간의 돈을 빌리는 것, 당신의 차 안에서 흡연을 자제하도록 하는 것, 당신이 새로 산 헤어컷에 대해서 진정으로 어떻게 생각하는가를 말해 주는 것, 당신이 조직한 자원자집단에 가담하는 것 등이다. 당신은 자신의 친구가 응낙하게 될 가능성들을 증가시키기 위해서 이러한 요구들을 어떻게 제시할 것인가? 응종에 관한 연구들은 사람들이 요구에 응하게끔(또는 응하는 것을 거부하는) 만드는 과정들의 몇 가지를 이해하고자 해왔다.

때로는 우리는 전혀 아무런 이유없이 요구들에 응하는 것 같다. 한 연구에서, 연구자들은 포토카피 기계를 사용하고 있는 사람들에게 접근하고서 "내가 카피해야만 될 것이 있기" 때문에 줄의 앞에 설 수 있도록 요구했다(Langer 등, 1978). 이러한 겉치레의 설명은 실제로 차례를 어기는 것에 대해서 아무런 진정한 정당화를 제공하지 않는다. 그러나 많은 피험자들이 그 요청에 따라서, 분명히 설명의 내용에 대해서는 그리 주의하지 않는 것 같았다. Langer는 이러한 행동을 사람들이 자기들의 행동을 심각하게 생각함이 없이 반응하기 때문에 무심결(mindlessness)이라고 일컫고 있다. 아마 습관적으로, 우리는 어떤 사람이 어떤 것, 특히 시시한 것을 요구하고, 어떤 이유(심지어 어떤 무의미한 이유)를 제시하면, 우리는 그것에 동의해야만 된다는 것을 학습해 왔을 것이다. 우리는 그 상황에 관해서 생각하는 자신의 정신적 노력을 절약하고 단순히 요구에 응한다. 무심결이라는 것이 응종의 대부분의 실례들을 설명할 수 없을지 모르지만, 이것은 인간 행동의 하나의 호기심이 가는 측면이다.

사회적 세력의 6가지 근거들

Kipnis(1984, p. 186)가 기업체들에서 일하는 관리자들에게 그들이 동료들에게 어떤 것을 하도록 영향을 주기 위해서 어떻게 시도하는가를 물었을 때, 그들은 "나는 그에게 내가 요구하는 바를 그저 명령한다", "나는 나의 요구를 하는 동안에 매우 겸허하게 행동한다" 또는 "나는 나의 요구에 대한 이유들을 설명한다"와 같은 것들을 대답했다. 이와는 대조적으로, 그가 데이트중의 남녀들에게 그들이 자신의 파트너에게 어떻게 영향주는가를 물었을 때, 그들은 "나는 화를 내고 그가 양보하도록 요구한다", "나는 아주 사근사근하게 대해서 그녀가 내가 요구할 때에 거절할 수 없도록 한다" 또는 "우리는 우리가 일치하지 않는 이유에 관해서 이야기한다"와 같은 것들을 대답했다. 사회심리학자들은 사람들이 타인들에게 자신의 소망에 따르게끔 만들려고 노력하는 다양한 양식들을 이해하고자 노력해 왔다. 젊은 연인들이 성적 장면에서 서로에게 어떻게 영향을 주고자 하는가에 대한 한 분석을 보기 위해서, 특별논의 13-2를 참조하라.

영향책략들을 분류하는 하나의 유용한 방법이 Raven과 그의 동료들에 의해 개발된 모형에서 제공되어 있다(French와 Raven, 1959; Raven, 1988). 그들은 각각 사람이 어떤 사람에게 영향을 주기 위해 사용할 수 있는 상이한 유형의 자원을 반영하고 있는 여섯 개의 구별되는 세력의 근거들을 확인했다.

보 수 세력에 대한 한 가지 근거는 타인에 대해 정적 결과들을 제공해 주는 능력, 즉 타인이 원하는 목표의 성취를 돕거나 가치있는 보수를 제공해 주는 능력이다. 어떤 보수들은 어떤 특수한 친구로부터의 승인의 미소와 같이 매우 개인적인 것이다. 금전과 같은 다른 보수들은 비개인적이다. 때로는 사람은 노골적인 흥정을 할 수 있다. 아버지는 만일 딸이 자기 자신의 방을 청소하면 동물원에 데려가 주겠다고 약속할 수 있다. 흔히 명백한 계약은 없지만, 관계에서 보수들이 교환되게 된다는 일반적인 인식이 있다. 만일 내가 당신이 지금 원하는 것을 해 주면, 당신은 내가 그 후에 원하는 것을 해 줄 가능성이 더 많을 것이다.

강 요 강요는 실제의 신체적 완력으로부터 처벌의 위협들이나 미묘한 불인정의 신호들의 범위에 이를 수 있다. 어린 자식에게 낮잠을 자라고 설득하다가 헛수고에 그친 부모는 악을 쓰는 아이를 그저 아기침대에 두고서 문을 닫고 나와 버릴 수 있다. 또는 어떤 감독자는 만일 어떤 부하 직원이 계속 늦게 출근하면, 징계조치로 위협할 수 있다.

보수와 강요는 정반대의 것은 아니다. 보수를 얻기 위해서, 사람들은 자신의 "훌륭한" 행동을 스스로 드러낼 동기를 갖게 된다. 이에 비해서, 강요의 표적인물은 영향자가 원하는 것을 할 수 있지만, 자신이 감시받고 있는 한에서만 그럴 것이다. 강요는 실제의 응종보다도 솔직하지 않은 응종을 일으킬 수 있다. 이것은 세력의 기초들이 영향자에 의한 감시를 요하는 정도에 있어서의 이것들간의 하나의 핵심적 차이를 강조한다: 보수세력은 감시를 요하지 않지만 강요는 감시를 요한다.

전 문 성 특수한 지식, 훈련 및 기술은 세력의 원천들이다. 우리는 전문가들의 특수한 지식이 우리의 목표달성을 도울 것이라고 믿기 때문에 그들을 따르고 그들의 충고에 따른다. 만일 신뢰받는 의사가 어떤 알레르기에 대해서 매일 세 개의 작은 녹색 환약을 먹으라고 권하면, 우리는 그 약의 성분과 그 약이 어떻게 작용하는가를 알거나 모르거나 간에 그 말에 따르기 쉽다. 한 집단의 등산인들은 비록 어떤 산을 오르는 것을 위해서 제안된 루트가 위험하게 보일지라도, 그들의 경험있는 안내인을 따르게 될 것이다.

특별논의 13－2. 다가가기와 피하기 : 성적인 대면장면들에서의 세력

젊은 연인들은 성교를 갖거나 피하기 위해서 서로 어떻게 영향을 주려고 하는가? 이것을 알아보기 위해서, McCormick(1979)은 대학생들에게 자신이 수주일 동안 사귀어 온 매력적인 데이트상대와 함께 호젓이 있다는 것을 상상하도록 요구했다. 그들은 "애무"는 했지만, 아직 성교는 하지 않았다. 하나의 질문에서, 학생들은 자기 식의 말로 자신이 성교를 갖도록 이 파트너에게 어떻게 영향줄 것인가를 기술하도록 요구받았다. 그 다음의 한 질문에서, 그들은 반한 데이트상대와 성관계를 갖는 것을 어떻게 피할 것인가를 기술하도록 요구받았다. 그 다음에 이러한 기술들은 사용된 특수한 세력책략들에 따라 분류되었다.

그들의 목표가 파트너와 성교를 갖는 것이었을 때, 남학생들과 여학생들 모두는 자기들이 유혹의 간접적 전략들을 십중팔구 사용하게 될 것 같다고 대답했다. 한 학생은 다음과 같이 썼다. "우선 나는 어떤 경음악을 틀고 약간의 포도주를 내놓고, 그 다음에는 부드럽게 키스하고 〔그 사람의〕 몸을 애무하기 시작할 것이고, 그 다음에는 기름으로 마사지해 줄 것이다"(p. 199). 즉, 신체언어(더 가까이 앉음, 파트너를 만지는 것)와 환경을 바꾸는 것(음악을 트는 것)의 사용이 보편적이었다. 어떤 학생들은 자신이 자기들의 관계의 성질을 강조할 것이라고 응답했다 : "나는 나의 데이트상대에게 우리가 매우 강렬하고 밀접한 관계를 맺고 있으며 이번이 성교를 통해 그것을 표현할 때라고 말할 것이다."

성관계를 피하기 위한 책략들은 대개 보다 더 직접적이었다. 남자들과 여자들 모두가 좋아하는 접근은 성관계를 갖는 것이 너무 이르다는 것을 강조하는 것이다. 다른 학생들은 논리나 정보의 사용을 제안했다. 예컨대, 상대방에게 자기는 임신에 대해 걱정했다거나 자기는 성관계를 위한 기분이 아니라고 말하는 것이다. 어떤 학생들은 신체언어의 사용(더 멀리 이동함)이나 대화를 바꿈으로써 상호작용을 조작하는 것을 제안했다. 소수는 도덕적 원칙들을 사용할 것이다.

McCormick은 남자들과 여자들이 성적 대면들에서 상이한 세력책략들을 사용하는지에 관심을 가졌다(McCormick과 Jesser, 1983). 위에서 기술된 연구에서, 학생들은 자신이 어떤 상대를 가상적으로 어떻게 유혹하거나 거절할 것인가를 상상하도록 요구받았는데, 적은 성차들이 발견되었다. 남녀 모두가 유사하게 유혹을 사용했고, 성적 진행을 거절하는 유사한 방법들을 모두가 제안했다. 다시 말해서, 유혹이나 논리와 같은 특정의 세력책략의 선택은 개인의 성별이 아니라 목표에 달려 있었다.

그러나, 실제의 데이트에서 남자와 여자는 대개 데이트상황에서 상이한 성적목표들을 갖고 있다. 보다 더 흔히 성적 개시자인 남자는 자신의 상대를 유혹하려고 들고, 한계설정자인 여자는 성관계를 피하려고 든다. 성적 태도들의 변화와 여권운동에도 불구하고, 이러한 전통적인 역할연기는 데이트의 초기 단계들에서 지속된다.

따라서 사람들이 자신이 성적 대면들에서 실제로 어떤 전략을 써 왔는가를 질문받았을 때, 여자들은 대개 성관계를 피하기 위한 책략들을 보고하고, 남자

들은 성관계를 갖기 위한 책략들을 보고한다. 이와 비슷하게, 사람들이 이성들이 전형적으로 어떻게 자기에게 영향을 주려고 들었는가를 질문받았을 때, 여자들은 기도된 유혹의 표적이 됨을 보고하고, 남자들은 거절당하게 되는 것을 보고한다. 남성과 여성이 흔히 성적 대면들에서 상이한 목표들을 갖고 있기 때문에, 그들은 상이한 영향책략들을 사용하는 경향이 있다.

정 보 우리는 흔히 사람들에 대해 올바른 행동코스를 시사한다고 생각되는 정보를 그들에게 제공함으로써 그들에게 영향을 주고자 할 수 있다. 한 친구는 우리에게 우리가 좋아하는 악단이 공연한다는 것을 알려줌으로써 연주회에 가도록 우리를 설득할 수 있다. 이러한 경우들에서, 영향자는 전문가가 아니다. 차라리 원했던 효과를 일으키는 것은 메시지의 내용이다. 정보적 세력에 대한 다른 명칭은 우리가 태도변화에 관한 6장에서 자세하게 취급했던 과정인 설득이다.

준거세력 밀접한 관계들에 특히 관련있는 영향의 한 근거는 준거세력(referent power)이다. 이것은 우리가 어떤 사람을 존경하거나 동일시하고 그 사람처럼 되기를 원할 때에 존재한다. 이러한 경우들에서 우리는 그 사람과 보다 더 유사해지기를 원하기 때문에 그 사람의 행동을 자발적으로 흉내내거나 그 사람이 요구하는 바를 할 수 있다. 일상생활에서 우리는 동일시를 한 형태의 영향이라고 생각하지 않을 수 있지만, 이것은 매우 효과있을 수 있다. 자기 형을 올려다보면서 그의 버릇들을 모방하고 그의 흥미들을 채택하려는 어린아이가 그 한 예이다. TV 상업광고에서 상품의 판촉활동을 하는 운동선수의 "사나이" 이미지와 동일시하기 때문에, 어떤 특정의 상품의 맥주를 마시는 청년은 또한 준거세력에 의해서 영향받고 있다. 최근에, Raven(1988)은 우리가 어떤 싫어하거나 매력없는 개인이나 집단으로부터 자신을 분리시키고 싶어할 때에 일어나는 "부적 준거세력"(negative referent power)의 가능성을 논의했다. 매력없는 타인과 동일시되게 되는 것을 피하기 위해서, 우리는 그들의 행동을 모방하는 것을 고의적으로 피할 수도 있다.

합법적 권위 때로는 한 사람은 다른 사람에게 어떤 식으로 행동하도록 요구할 권리나 권위를 갖고 있다. 부하에게 자신이 원하는 것을 수행하도록 "단순하게 명령하는" 관리자나 자기 부대들에게 전투하도록 명령을 내리는 장군은 합법적 권위를 행사하게 되기 쉽다. 이와 비슷하게, 대부분의 가정에서 부모는 어린 자식에게 언제 잠자야 되는가를 말할 권리를 갖고 있다고 생각하고, 자녀들은 대개 응종할 의무를 느낀다. 자녀들은 잠자는 규칙들을 타협하거나 특별한 경우에 대해 예외를 요구하려고 들 수 있지만, 대개 규칙을 만드는 부모의 권위를 인정한다.

부모-자식, 교사-학생, 감독자-근로자와 같은 사회적 역할들은 흔히 관계 속의 사람들의 합법적인 권리들과 책임들을 지시한다. 심지어 매우 어린 아동들도 의사들이나 치과의사들의 요구들이 복종되어야만 된다고 느끼는 것 같다. 어떤 사람이 합의된 규칙들에서 이탈할 때, 우리는 자신이 그 사람에게 그 사람의 의무들을 생각나게끔 해 줄 권

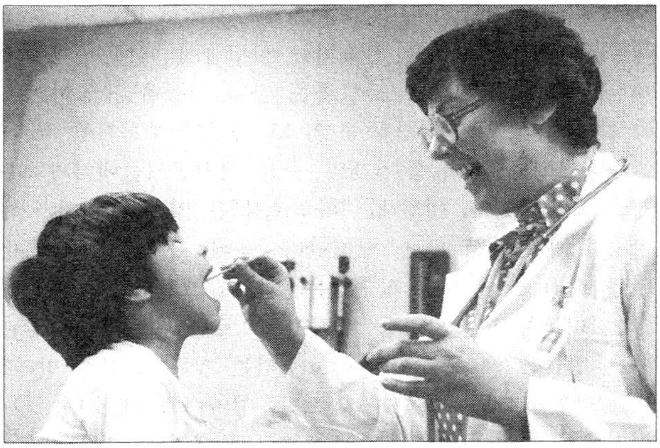

어린이들은 대개 많은 보수를 제공받거나 처벌을 위협받음이 없이, 의사들과 치과의사들의 사무실에서 아주 특이한 일들을 하도록 권유될 수 있다. 의사로부터의 단순한 요구의 세력은 전문성과 아울러 합법적 권위에 기초되어 있다.

리를 갖고 있다고 생각한다. 효과적인 합법적 권위를 위한 선행필수조건은 양측의 사람들이 자기들의 관계에 대한 규범들에 관해 동의하는 것이다.

Bushman(1988)에 의한 현장실험은 어떤 사람이 합법적 권위를 갖고 있다는 것을 나타내는 데에 있어서 유니폼의 잠재적 중요성을 예시해 준다. 이 연구에서, 52세 된 백인 여자 실험협조자가 3가지 양식들 중의 하나로 복장을 착용했다. 거지(권위 없음)조건에서, 그녀는 자주색 페인트가 뿌려진 낡은 T샤쓰와 낡은 갈색 바지를 착용했다. 두번째 조건에서, 그녀는 전문직에 있는 것처럼 보이는 의복과 구두를 착용하고 있는 기업체간부(높은 지위)로 분장되었다. 세번째의 "역할 권위"조건에서, 그녀는 짙은 청색의 바지와 샤쓰 및 금색 기장이 있는 특출하기는 하지만 애매한 유니폼을 착용했다. 이 실험에서 아무 것도 알지 못하는 참가자들은 주요 쇼핑센터에 있는 보행자들이었는데, 그들은 주머니에서 주차미터기에 넣을 동전을 찾고 있는 주차된 차의 옆에 서 있는 한 남자를 목격했다.

모든 조건들에서, 이 여자 실험협조자는 주차미터기 옆에 서 있는 남자를 가리키면서, "이 친구는 너무 오래 주차했는데, 잔돈을 전혀 갖고 있지 않군. 그에게 동전 한 개를 주세요!"라고 말했다. 관심을 두고 있는 의문은 피험자들이 이 요구에 따르는 여부이었다. 대다수의 피험자들이 이러한 사소한 요구에 따랐지만, 그들의 응종수준은 영향자의 복장에 의해서 영향받았다. 다른 조건들에서의 약 50%의 응종에 비해서, 영향자가 유니폼을 착용하고 있었을 때, 72%의 피험자들이 응종했다. 분명히 유니폼에 의해서 전달된 합법적 권위는 실험협조자의 영향력을 증가시켰다.

합법적 세력의 하나의 특수한 예는 이른바 Raven이 "무기력의 세력"(power of helplessness)이라고 일컬은 것이다. 다음과 같은 요구들을 고려해 보자: 꼬마 아이가 자기 엄마에게 눈이 묻어 있는 자기의 장화를 벗는 것을 도와 달라고 요구한다; 정장을 차려 입은 외국인 여행자가 서투른 한국말로 버스정거장으로 가는 방법을 묻는다; 눈이 어두운 식품점 주인이 수프깡통에 인쇄된 가격을 읽어달라고 도움을 청한다. 각각의 경우에서, 도움을 청하는 사람은 능력이 없거나 무력한 상태에 있다. 그리고 각각의 경우에서, 타인들은 그 요구에 응하기 쉽다. 우리의 문화는 어떤 명백한 **사회적 책임의 규범**(norm of social responsibility)을 갖고 있다. 우리는 사람들이 더 불운한 사람들을 돕는 것을 기대하며, 이러한 사회적 의

무는 도움을 요구하는 사람들을 합법적으로 만든다. 그러나, Raven은 합법적인 무기력의 세력이 때로는 이것을 사용하는 사람들에 대해서 큰 부담을 줄 수 있다고 경고한다. 항상 무기력에 의지하는 사람들은 자기 자신을 무능하다고 보게 될 수 있고(따라서 자존심이 깎이는 것으로 고통받을 수 있고) 자신의 무기력한 상황을 실제로 영속화시킬 수 있다.

최근에, Raven은 6개의 주요 세력근거들에다가 하나의 다른 영향 수단에 관한 분석을 보충시켰다. 예컨대, "환경조작"은 영향주는 자가 영향의 표적이 응종해야만 되게끔 상황을 변화시킬 때에 일어난다. 동네 아이들에게 자기집 마당에서 나가라고 고함치는 데에 지친 몹시 화난 집주인은 마침내 그들의 침입을 막기 위해서 튼튼한 울타리를 세울 수 있다. 물리적 환경을 변화시킴으로써 집주인은 아동들의 행동을 변화시키게 되었다. 다른 접근은 제삼자의 힘에 호소하는 것이다. 심한 말다툼중에, 어떤 아이는 자기 언니에게 "만일 네가 중지하지 않으면, 엄마에게 네가 한 짓을 이를테야"라고 말할 수 있다. 여기에서의 아이디어는 부모의 더 큰 세력을 요청하는 것을 위협함으로써 언니의 행동을 변화시키는 것이다. 6개의 주요 세력근거들의 관건적 특징들에 대한 요약이 표 13－1에 제시되어 있다.

표 13－1. 6개의 세력근거들[a]

종 류	정 의	예
보 수	어떤 긍정적 결과를 제공하거나 약속하는 것에 기초된 세력	만일 네가 이번 주에 매일 밤 이를 닦는다면, 나는 토요일에 너에게 극장구경을 시켜 주겠다.
강 요	어떤 부정적 결과를 제공하거나 약속하는 것에 기초된 세력	만일 네가 이를 닦지 않으면, 너는 네가 좋아하는 장난감을 갖고 놀 수 없다.
전 문 성	특수한 지식이나 능력에 기초된 세력	치과의사는 너에게 매일 두번 이를 닦으라고 말했고 그가 가장 지식이 많다.
정 보	메시지의 설득력있는 내용에 기초된 세력	만일 네가 이를 닦지 않으면, 너의 이가 썩게 되고 그것은 아플 것이다. 그리고 치과의사는 충치를 메우기 위해 너의 이빨에 구멍을 뚫어야만 될 것이다.
준 거 세 력	다른 사람이나 집단에 동일시 하거나 비슷해 지고 싶어하는 것에 기초된 세력	네 큰 형인 영수는 항상 매일 두번씩 이를 닦는다.
합법적 권위	어떤 요청을 하는 것에 대한 영향자의 권리나 권위에 기초된 세력	나는 너의 엄마이고 나는 너에게 당장 이를 닦으라고 지시하고 있다.

a: Raven과 그의 동료들에 의하면, 응종은 6개의 주요 세력근거들에 기초되어 있을 수 있다. 여기에서 우리는 부모가 아이에게 이를 닦도록 설득하는 데에 각각의 접근을 어떻게 사용할 수 있는가를 고려하고 있다.

자료원: Raven과 Rubin(1983)에서 개작됨.

특수한 응종기법들

한 선의 연구들은 사람들이 응종을 얻기 위해서 의도적으로 사용하는 기법들을 연구해 왔다. Cialdini(1985)는 사람들에게 자신의 상품을 구입하거나 자신의 획책에 따르게끔 만들음으로써 돈벌이를 하는 자동차 외판원들, 사기꾼들 및 기타 전문가들을 연구해 왔다. 그와 기타의 사회심리학자들은 몇 가지 중요한 응종기법들을 확인해 왔다.

문간에 발 들여놓기 기법 응종을 증가시키는 한 가지 방법은 어떤 사람에게 처음에는 훨씬 더 작은 요구에 동의하게끔 만드는 것이다. 일단 어떤 사람이 작은 행동에 동의하게 되면, 그 사람은 더 큰 요구에 동의하는 경향이 더 많다.

이것은 문간에 발 들여놓기 기법(foot in the door technique)이라고 불린다. 이것은 많은 선전과 광고 캠페인들에서 명백하거나 은연적으로 사용되고 있다. 광고자들은 흔히 소비자들로 하여금 상품에 관련된 어떤 일(그들이 그 상품을 원치 않는다고 응답하는 카드를 보내는 것까지도)을 하도록 하는 데에 노력을 기울인다. 광고자들은 상품에 관계된 어떠한 행위이든 간에 소비자가 장차 그것을 사게 될 가능성을 증가시킨다고 분명히 생각하고 있다.

Freedman과 Fraser(1966)의 연구는 이 효과를 증명했다. 실험자들은 가가호호를 방문해서 주부들에게 자기들이 안전운전위원회를 위해 일하고 있다고 말했다. 그들은 이 캠페인에 대한 부인들의 지원을 원한다는 말을 했고, 그들에게 주 상원위원들에게 보내게 될 진정서에 서명해 달라는 부탁을 했다. 진정서는 상원의원들에게 안전운전을 촉진시키는 입법을 위해 일해 달라고 요구했다. 거의 모든 부인들이 서명에 동의했다. 몇 주 후에, 다른 실험자들이 이들 동일한 부인들과 아울러 이전에 접촉한 일이 없었던 다른 부인들을 접촉했다. 이번에는 모든 부인들은 그들의 앞마당에 "조심해서 차를 몹시다"라고 하는 크고 볼품없는 구호를 붙여 놓도록 요구받았다.

그 결과들은 뚜렷했다. 이전에 진정서에 서명하는 데에(작은 요구) 동의했던 부인들 중의 55% 이상이 구호를 붙이는 데에 동의한 반면에, 다른 부인들 중의 17% 이하가 동의했다. 부인들로부터 처음의 작은 요구에 동의를 얻어 낸 것은 큰 요구에 대한 응종량을 세 배 이상으로 만들었다. 이러한 효과는 몇 개의 연구들에서 반복되어 왔다(예: Seligman 등, 1975).

이러한 방법이 효과를 매우 잘 내는 이유는 그리 분명하지 않다. 가장 그럴듯한 설명은 작은 요구에 동의한 사람들은 이슈 자체나, 그들이 행하는 행동이나, 아마 단순히 어떤 종류의 행위를 취했다는 생각에 관여되고 개입되게 되었다는 것이다. 이러한 요인들은 어느 것이나 어떤 이로 하여금 장차의 요구들에 더 응하기 쉽게끔 만들 것이다.

또 다른 설명은 어떤 식으로 그 사람의 자기상이 변화되었을 수 있다는 것이다. 예컨대, 안전운전 실험에서 부인은 처음에는 자기 자신을 사회적 행동을 취하지 않거나, 진정서에 서명을 하지 않거나, 구호를 붙이지 않거나, 아마 어떤 이가 문간에서 자기에게 요구한 일들에 동의하지도 않는 부류의 사람이라고 생각하고 있었을 수 있다. 일단 그녀가 실제로는 거절하기가 곤란한 작은 요구에 동의하게 되면, 그녀는 자신의 스스로에 대한 지각을 약간 변화시켰을 수 있다. 그녀가 진정서에 서명하는 데에 동의했는 고로, 그녀는 아마 그러한 일을 하는 부류의 사람일 것이다. 그 다음에, 두번째 요구가 있었을 때에 그녀는 앞에서 그러한 일이 없었을 때보다 더 응하는 경향이 있게 되었다.

면전의 문 기법 때로는 문간에 발 들여놓기의 정반대 방법인 면전의 문 기법(door in the face technique)이 또한 효과가 있다. 두 개의 실험들은 처음에 매우 큰 요구를 하고 그 다음에 더 작은 요구를 하는 것이 이 작은 요구에 대한 응종을 증가시킬 수 있다는 것을 증명해 왔다. 한 연구(Cialdini 등, 1975)에서 피험자들은 훌륭한 목적을 위해 시간을 내어 달라는 요구를 받았다. 몇몇 사람들은 처음에 수많은 시간을 내도록 요구받았다. 그들이 거의 누구나가 하듯이 거부했을 때, 실험자는 그러면 그들이 훨씬 더 작은 시간의 개입에 동의해 줄 수 있겠는지를 즉각적으로 물었다. 다른 피험자들은 더 작은 요구만을 받았고, 세번째 집단은 둘 중의 하나를 선택하도록 했다. 비록 작은 요구만의 조건에서 17%와 선택조건에서 25%가 동의했지만, 처음에 큰 요구를 받았던 사람들의 50%가 더 작은 요구에 동의했다.

이러한 효과는 중고차 세일즈맨이나, 노동조합원이나, 경영자측과의 홍정상황에 종사한 일이 있었던 사람은 누구나가 잘 알고 있는 것일 것이다. 그 전술은 처음에는 터무니없는 것을 요구하고, 더 적은 것으로 낙착을 보는 것이다. 당신이 처음에 더 많은 것을 요구할수록, 종국에 가서 당신은 더 많은 것으로 낙착될 것을 기대할 수 있다. 이 아이디어는 당신이 자신의 요구를 줄이게 되면, 상대방 사람은 당신을 타협할 줄 아는 사람으로 생각하고 그 요구의 양이 더 작게 보이게 된다는 것이다. 자선금을 요구하는 것과 같은 응종상황에서, 이와 동일한 것이 적용될 것이다. 즉, 자선기관이 처음에 100,000원을 요구했다면, 500원은 많은 돈같이 느껴지지 않게 된다.

분명히 문간에 발 들여놓기와 그 반대 전술은 모두 때로는 효과가 있지만, 우리는 이것들 각각이 효과가 있을 때를 아직 모르고 있다(Dillard 등, 1984). 이 둘은 관계된 행동이 친사회적인 것일 때, 즉 그 요구가 어떤 값있는 대의를 위해서 돈을 기부하거나 돕는 것일 때에 가장 효과적인 것 같다. 한 가지 차이는 후자의 전술의 효과가 더 작은 요구가 큰 요구 직후에 있게 되고, 분명하게 연결되어 있을 때에 나타났다는 것인 것 같다. 그러나, 문간에 발 들여놓기는 심지어 두 요구가 겉으로 보기에 연관이 없을 때에라도 효과가 있으며 그리고 작은 요구를 수행하는 데 대한 금전과 같은 명백한 유인이 없을 때에 가장 효과적일 것이다.

낮은 공 기법 다음과 같은 경우들의 요구들에 대해서 당신이 동의하게 될 가능성이 어떠한지를 고려해 보자. 한 경우에서, 어떤 연구자가 당신에게 전화를 걸고서 당신에게 오전 7시에 계획된 실험에 참가해 달라고 요구한다. 두번째 경우에서, 어떤 연구자가 당신에게 전화를 걸고서 어떤 연구에 참가해 달라고 요구한다. 당신이 처음에 참가를 동의한 후에 비로소 이 연구자는 당신에게 그 연구가 오전 7시에 계획되어 있다고 알려준다. Cialdini 등(1978)이 이 두 가지 방법들을 비교했을 때, 그들은 두번째 접근, 즉 낮은 공 기법(low ball technique: 주: 야구에서 투수의 공이 낮게 들어오다가 갑자기 높아지는 것을 비유함)이 훨씬 더 효과적이라는 것을 발견했다. 학생들이 처음부터 어떤 실험이 아침 일찌기 실시될 것이라고 들었을 때, 단지 25%만이 참가에 동의했고 제시간에 나타났다. 이에 비해서, 연구의 시간을 은폐하는 두번째 접근을 사용했을 때, 55%의 학생들이 시초의 요구에 동의했으며 그들의 거의 모두가 실제로 이른 아침의 약속을 지켰다. 일단 참가에 동의한 후에, 약속시간이 통보되었을 때에 소수의 사람들만이 자신의 동의를 취소했다.

어떤 사람이 불완전한 정보에 기초해서 어떤 일에 동의하도록 요구받게 되고 그 후에 전체의 요구의 내용을 듣게 되는 이러한 책략은 낮은 공 기법이라고 일컬어지고 있다. 기본적으로, 개인은 어떤 매력적 제안에 대해 속임으로 동의하게끔 되게 되고 자신이 동의한 후에 비로소 요구조건들이 기대했던 것들과 실제로 다르다는 것을 알게 된다. 이 기법은 개인이 일단 어떤 행동코스에서 시초에 개입하게 되면, 심지어 기본 규칙들이 바뀌었을 때에라도, 취소를 꺼려하기 때문에 효과를 내는 것 같다. 비록 이 기법이 효과를 낼 수 있을지라도(Burger와 Petty, 1981), 이것은 분명히 기만적인 것이다. 소비자들을 비양심적인 외판원들로부터 보호하기 위해서, 법률들이 자동차 판매원들과 같은 몇 개의 업체들에 대해 낮은 공기법의 사용을 불법화하기 위해 제정되어 왔다.

문간에 발 들여놓기, 면전의 문 및 낮은 공 기법들에 관한 우리의 논의는 결코 사람들이 응종을 얻기 위해서 사용하는 가능한 모든 책략들을 전부 취급하고 있지는 않다. Burger(1986)에 의한 최근의 연구는 "그것이 전부가 아닙니다" 기법(that"s not all technique)이라고 그가 일컫는 다른 책략을 탐구하기 시작했다. 다음과 같은 상황을 고려해 보자. 어떤 외판원이 잠재적 고객에게 새로운 전자 오븐을 설명하고 가격을 제시한다. 그 다음에, 그 고객이 결정을 신중하게 검토하고 있는 동안에, 외판원은 "그렇지만 그것이 전부가 아닙니다"라고 첨가한다. 오늘에 한해서, 우리는 특별한 판매를 실시하고 있습니다. 당신이 만일 지금 전자 오븐을 구입한다면, 우리는 아무런 가외의 비용이 없이 5개의 전자 오븐용 접시들의 세트를 제공할 것입니다. 실제에 있어서, 이 판매원은 처음부터 전자 오븐에 접시들을 포함시키기로 의도했지만, 그 접시들을 일종의 "특별한 판매"나 "당신만을 위한" 어떤 것이라고 설명함으로써, 판매원은 그 구매를 훨씬 더 매력있게끔 만들고자 한다. 이 기법의 핵심은 어떤 제품을 비싼 가격으로 제시하고, 고객에게 그 가격에 관해서 생각하게끔 만들고, 그 다음에 어떤 부가적 제품을 첨가시키거나 가격을 깎음으로써 그 거래를 좋게 생각되게끔 만든다.

일련의 7개의 실험들에서, Burger(1986)는 이 접근의 잠재적 효과를 증명했다. 한 개의 예시적 연구에서, 실험자들은 대학에서 한 심리학과 학생클럽의 빵 판매 행사를 개최했다. 판매대에 들러서 찻잔 모양의 케이크를 요구했던 무작위적으로 선정된 절반의 사람들은 그들이 한 개의 찻잔 모양의 케이크와 두 개의 과자를 포함하는 포장되기 전의 한 개의 세트를 75센트로 구입할 수 있다는 설명을 들었다. 이러한 통제조건에서, 요구받은 40%의 사람들이 실제로 한 개의 찻잔 모양의 케이크를 구입했다. "그것이 전부가 아닙니다"조건에서, 요구한 사람들은 먼저 찻잔 모양의 케이크들이 각각 75센트라고 설명받았다. 잠시 후에, 그들은 실제로 그들이 75센트의 가격으로 그 찻잔 모양의 케이크뿐만 아니라 2개의 과자를 추가로 갖게 될 것이라고 설명받았다. 이 "그것이 전부가 아닙니다"조건에서, 통제조건보다 상당히 더 높은 비율인 73%의 사람들이 2개의 과자가 추가된 한 개의 찻잔 모양의 케이크를 샀다.

외부압력의 한계점들

우리는 외부압력이 흔히 응종을 증가시킬 수 있다는 것을 보아 왔다. 그러나 우리는 또한 이러한 접근들의 한계점들을 인식해야만 된다. 영웅적인 군인은 고문을 당하더라도 비밀정보를 누설하기를 거부하며, 보통의 비영웅적인 흡연자들은 폐암과 심장질환의 실제적 위험에도 불구하고 담배 끊기를 거부하며, 편지 쓰는 이는 우체국으로부터의 다양한 위협과 설득에도 불구하고 우편번호를 쓰기를 거부한다.

사회심리학연구들은 응종을 얻어내려는 노력들이 실패하는 많은 이유들 중의 몇 가지를 연구해 왔다. 어떤 경우들에서, 영향자들은 단순히 응종을 유발시키는 데에 필요할 수 있는 자원들, 즉 보수들, 처벌들, 전문성 등을 통제하지 못한다. 다른 경우들에서, 반발심과 과잉정당화와 같은 심리적 과정들이 영향시도들의 효과를 감소시킬 수도 있다.

반 발 때로는 너무 많은 압력은 개인에게 영향자가 원하는 것과는 정반대의 것을 행하게끔 만든다. Brehm(1966)은 이러한 현상을 반발심(reactance)이라고 불렀다. 그의 기본적인 생각은 사람들은 자신의 행동의 자유를 유지시키려고 든다는 것이다. 이 자유가 위협받게 될 때, 그들은 이것을 회복시킬 수 있는 것은 무엇이든간에 하게 된다. 어떤 사람에 대해 압력을 증가시키는 것이 행동의 자유를 위협하는 것으로서 지각될 때에는 언제나, 그 사람은 응하기를 거부하거나 요구하는 것의 정반대를 함으로써 그것에 방어한다. 부모가 아이에게 어떤 일을 시키면 "싫어요"라고 대답하지만, 부모가 "좋아, 그러면 그만 둬"라고 말하면 아이는 스스로 나서서 요청된 일을 하는 아이들을 우리 모두는 잘 알고 있다. 이러한 종류의 행동은 성인들에게서도 또한 일어난다.

과잉정당화 외부압력에 대한 또 다른 한계는 귀인에 관한 4장에서 소개된 개념인 과잉정당화(overjustification)에 관련된 것이다. 보수가 클수록 이것이 어떤 사람에게 어떤 일을 하게끔 만드는 데에 더 효과적일 것이라는 것이 항상 사실은 아니다. 때로는 어떤 큰 외적 보수는 어떤 활동에 대한 개인의 내재적 흥미를 해칠 수 있다. 더 큰 보수들은 흔히 우리가 그 보수들을 무한정하게 계속 제공하는 한, 효과적이다. 그러나, 우리는 일단 응하게끔 만드는 데에 흔히 보수를 사용하고, 그 다음에는 보수를 주지 않고도 그들이 계속 행동하게 될 것을 바란다. 예컨대, 우리는 아이에게 자기 잠자리를 까는 데 대해 하나의 과자를 주거나, 손가락으로 그리는 그림에 대해 학생들에게 상을 줄 수 있다. 광고자들은 자기들의 상품을 시험삼아 써 보는 사람들에 대해서 상이나 교환권의 형태로 흔히 작은 보수를 제공한다. 이러한 모든 경우들에서 보수를 제공하는 사람들은 보수들을 영구히 계속해서 제공하기를 바라지는 않았다. 그 대신에, 그들은 그 행동이 보수가 중단된 후에도 계속되기를 바란다.

응종에 대한 과잉정당화의 함축적 의미는 보수가 때로는 역효과를 가질 수 있다는 것이다. 만일 활동이 근본적으로 재미가 없거나 불쾌하기까지 하다면, 보수는 아마 이것이 시초의 응종의 가능성을 증가시킬 것이기 때문에 도움이 될 것이다. 그리고 과제가 재미가 없는 것이므로, 손상되게 될 기본적 흥미는 아무것도 없다. 그러나 활동이 본래 재미가 있거나 만족을 주는 것일 때에 보수는 그 사람의 앞으로의 응종을 감소시킬 수 있다. 만일 당신이 어린이들이 자기의 방을 청소하는 것이나 산수를 공부하는 것에서 내재적 만족을 얻는 것을 배울 수 있다고 생각한다면, 그러한 활동들에 대해 너무 많은 보수를 제공하는 것이 실수가 될 수도 있다.

권위에 대한 복종

이 마지막 절에서 우리는 Raven에 의해서 확인된 6개의 세력의 근거들 중의 하나, 즉 합법적 권위에 대한 복종을 보다 더 면밀하게 검토한다. 어떤 사회적 집단, 조직체 또는 사회에서나, 사람들이 합법적 권위를 갖고 있는 사람들로부터의 명령에 복종하는 것이 중요하다. 전시에, 군대의 장군들은 병사들이 명령에 복종할 것을 기대하며 불복종을 엄벌한다. 우리는 운전사들이 교통정리를 수행하는 경찰관의 명령에 따를 것을 기대한다. 대부분의 사람들은 공중보건 공무원들이 학생들에게 소아마비와 기타의 전염성 질병들에 대한 예방주사들을 요구할 권리를 갖고 있다고 생각한다. 복종은 권위당국자들이 요구할 권리를 갖고 있다는 믿음에 기초되어 있다. 많은 경우들에서, 우리는 공무담당자들의 정책에 동의하고 명령들에 자진해서 복종한다.

그러나 권위자들의 요구들이 우리 자신의 신념과 가치와 모순되는 상황들은 어떠한가? 국민학생들에 대해 요구된 어떤 새로운 예방주사가 자녀들에 대해 잠재적으로 유해하다고 생각할 경우에, 부모들은 어떻게 반응하는가? 자기들의 정부가 잘못되거나 비도덕적 정책을 추진하고 있다고 생각할 경우에, 병사들과 국민들은 어떻게 반응하는가?

Kelman과 Hamilton(1989)은 어떤 권위로부터의 명령에 대한 반응으로 저질러지는 비도덕적이거나 불법적 행위들을 기술하기 위해서 "복종의 범죄들"이라는 용어를 사용했다. Kelman과 Hamilton은 복종의 범죄들이 나치스 독일에서나 광신적 종파들에 의해서만 저질러졌던 과거의 일들이라는 생각을 거부했다. 그 대신에, 그들은 복종의 범죄들

도 13-3 이차대전 동안에, 나치정권은 수용소들에 있는 수백만 명의 사람들을 갖은 방법으로 죽였다(또한 1장 참조).

이 우리들의 사회에서 계속 일어나고 있다고 시사한다. 예컨대, 복종의 범죄들은 회사원들이 회사간부들로부터 받은 법률을 위반하거나 공공복지에 해로운 명령을 수행할 때나, 정치지도자들이 자기 부하들에게 부정한 선거유세방법들을 사용하도록 명령할 때나, 병사들과 게릴라대원들이 비무장의 민간인들을 고문하거나 살해하라는 명령에 복종할 때에 일어난다.

Milgram의 실험들

1960년대에, Milgram(1963, 1974)은 권위에 대한 복종에 관련된 문제들을 이해하기 위해서 중요한 일련의 실험실실험들을 설계했다. Milgram은 남자들에게 심리학연구에 참가해 달라고 요청하는 신문광고를 내는 것에서부터 자신의 연구를 시작했다. 그 지원자들은 2인 1조가 되게끔 계획되었고 연구의 목적은 처벌이 학습에 미치는 영향을 연구하려는 것이라는 지시를 받았다. 그들 중의 한 사람은 우연에 의해서 "학생"으로 지정되었고 다른 사람은 "선생"으로 지정되었다. 선생의 할 일은 학생이 기억해야 될 단어들의 쌍들을 큰 소리로 읽어주는 것이었다. 학생이 착오를 범할 때마다 선생은 벌을 주게 되었다.

선생은 커다란 인상적인 "쇼크기계" 앞에 앉았고, 그 기계에는 많은 수의 지렛대가 있고, 그 각각에는 쇼크량이 표시되어 있었다. 그 범위는 15볼트에서 450볼트까지였다. 전압을 나타내는 숫자들 위에는 쇼크의 심도를 나타내 주는 명칭들, 즉 "경미함", "극히 강한 쇼크" 및 "위험 · 극심한 쇼크"라는 명칭들이 쓰여져 있었다.

학생은 다른 방에 있는 의자에 앉혀졌고, 그의 팔은 끈으로 의자에 매어졌으며, 팔에 전극들이 붙여졌다. 선생이나 어느 누구도 그를 볼 수 없게끔 만들어졌고, 그들은 오로지 연락장치로만 의사전달을 했다. 검사가 실시되기 전에 학생은 자기가 심장이 다소 약하지만, 실험자로부터 쇼크들이 위험스럽지 않다고 확답받았다는 말을 했다. 그 다음에, 실험자는 선생에게 자신이 실시하게 될 쇼크들이 어떤 성질의 것이라는 것을 파악하게끔 표본 쇼크를 주었다. 이것은 실제로 꽤 심했고 상당히 아팠으나, 선생에게는 이것이 약한 쇼크라고 설명되었다.

검사 동안에 학생은 몇 개의 착오를 범했다. 선생은 그에게 그가 틀렸다는 말을 하고 쇼크를 주었다. 쇼크가 주어질 때마다 학생은 투덜댔다. 쇼크의 수준이 증가됨에 따라 학생의 반응은 점점 더 극적으로 되었다. 그는 고함을 쳤고 선생에게 쇼크주는 것을 멈춰 달라고 사정했고 탁자를 쾅쾅 쳤고 벽을 발로 찼다. 끝 무렵에 가서 그는 그저 대답을 중지했고 전혀 아무런 반응을 하지 않았다. 그러나 실험자는 내내 끝까지 선생에게 계속하라고 독촉했다. "실험은 계속되어야 합니다, 당신은 계속할 필요가 있읍니다, 계속해야 됩니다." 그는 또한 책임은 자기가 질 것이며 선생한테는 없다는 말을 했다.

이러한 상황하에서 많은 수의 피험자들이 심한 전기쇼크라고 상정된 것을 충실하게 주었다. 40명의 모든 피험자들이 300볼트의 쇼크를 주었으며, 65%가 최종수준인 450볼트까지 계속 쇼크를 주었다. 그들은 자기가 쇼크를 주고 있는 사람이 제발 살려달라고 비명을 지르고 심장병 증세가 있고 분명히 큰 고통을 당하고 있음에도 그렇게 했다. "학생"은 실제로는 실험자의 실험협조자이었고 아무런 쇼크를 받지 않았다. 착오들 · 불평들

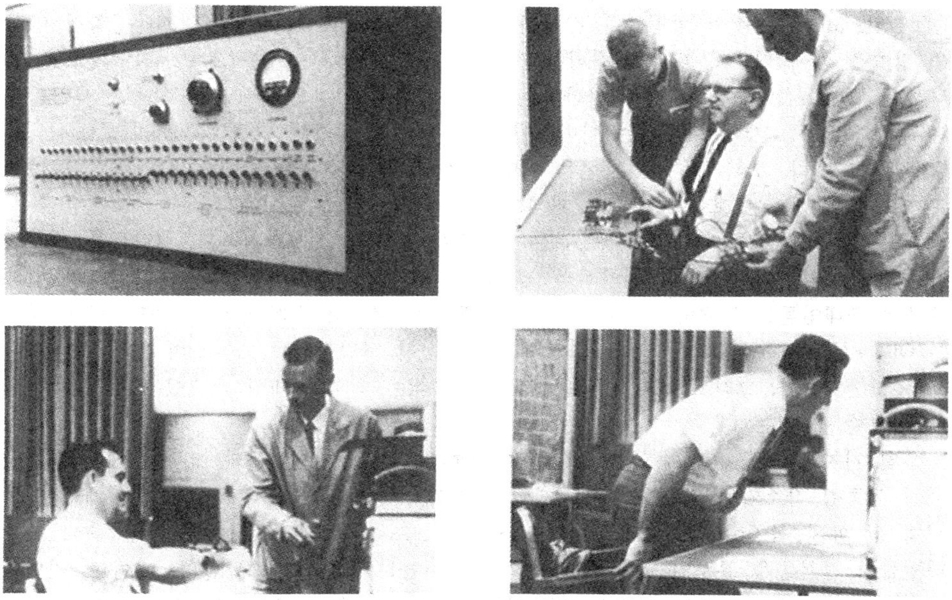

합법적 권위에 대한 복종에 관한 Milgram의 연구의 장면들.

및 신음소리들을 포함하는 모든 반응들이 주의깊게 연습되었고 모든 피험자들에게 동일하게 들리게끔 하기 위해서 녹음되었다. 그러나 "선생"은 그 상황이 꾸며진 것이라는 것을 알 길이 없었다.

일련의 18개의 연구들에서, Milgram(1965, 1974)은 복종을 증가시키는 조건들을 알아내려고 노력했다. 사람들로 하여금 자기 자신의 행동에 대해서 책임감을 더 느끼게끔 만들거나 자신이 행하고 있는 것의 부정적 측면을 강조하는 상황변화들은 복종의 양을 감소시켰다. 예컨대, Mligram은 피해자를 피험자에게로 더 가까이 데려오는 것이 실질적으로 복종을 감소시켰다는 것을 발견했다. 극단적인 케이스에서, 피해자를 피험자의 바로 옆에 두었을 때, 응종은 극단으로 감소되었다. Tilker(1970)는 이러한 발견을 지지했고, 피험자들에게 자신의 행동에 대한 자기 자신의 전적인 책임감을 일깨워 주는 것이 그들에게 쇼크를 줄 가능성을 훨씬 더 적게끔 만든다는 것을 증명했다.

Milgram의 연구들에 참가하고 있는 피험자들은 흔히 상당한 스트레스를 경험했다. 어떤 사람들은 땀을 흘리기 시작했고, 다른 사람들은 갑자기 신경증적인 웃음을 터뜨리거나 말을 더듬었다. 그들은 흔히 실험자에게 그 연구를 끝내 달라고 간청했다. 피험자들은 그 상황에 대해 무감각하지 않았고, 오히려 큰 갈등을 느꼈다. 한편으로, 그들은 상황과 실험자로부터 계속하게끔 매우 큰 압력을 느꼈다. 다른 한편으로, 그들은 피해자의 복지와 아울러 고통을 입히는 데 대한 자신의 개인적 책임에 대해 걱정했다. 피험자들이 실험자에게 책임을 전가시키고 피해자가 인내하고 있는 고통을 그들 자신의 마음 속에서 최소화시키게 되는 한, 복종은 높았다. 그들이 개인적으로 책임감을 느끼고 피해자의 고통을 인식하는 한, 그들은 덜 복종했다.

Milgram은 자신의 발견들을 정상인들이 어떤 합법적 권위로부터 강한 상황적 압력을 받았을 때에 파괴적 행위를 수행하게끔 유도될 수 있다는 것을 보여 주는 것으로 해석했다. Miller(1986)는 이것을 악한 행위들이 반드시 비정상적이거나 "미친" 사람들에 의해서 수행되는 것이 아니라는 아이디어를 의미하는 "정상성 명제"(normality thesis)라고 일컫고 있다. 오히려, 자기 자신을 어떤 조직체 속의 단순한 일원이라고 보고, 명령받은 일들을 수행하는 보통 사람들은 파괴적 양식들로 행동할 수 있다.

비록 합법적 권위에 대해 복종하는 데 대한 압력들이 강할지라도, 사람들은 반드시 복종하지는 않는다. 예컨대, 친사회적 행동과 관련해서, 이차대전 당시에 나치스의 박해로부터 유태인들을 보호하기 위해서 자신의 목숨을 걸었던 수백 명의 기독교인들의 사례들(Oliner와 Oliner, 1988)이 알려져 있다. 무엇이 이 사람들에게 나치스의 정책에 저항하도록 만들었는가, 그리고 보다 더 일반적으로, 우리는 권위에 대한 소신있는 저항을 어떻게 설명할 수 있는가?

몇 가지 요인들이 차이를 일으키는 것 같다. 첫째로, 피해자들의 고통이 매우 특출할 때에 복종이 감소되게 된다. 둘째로, 개인이 자신의 행위에 대해서 개인적으로 책임을 느끼게 될 때에 복종이 감소되게 된다(Hamilton, 1978). 셋째로, 사람들은 상황 속에 있는 타인들이 불복종을 본보일 때에 권위당국들에 저항하는 경향이 더 많다. 넷째로, 권위당국들의 동기, 전문성 또는 판단을 의문시하게끔 사람들을 고무시키는 것이 복종을 감소시킬 수 있다. 마지막으로, 권위당국들의 잠재적 영향력에 대해 사람들을 민감하게끔 만드는 것이 어떤 차이를 일으킬 수 있다.

이 장에서, 당신은 동조, 응종 및 권위에 대한 복종에 관해서 많은 것을 배워 왔다. 영향기법들에 관한 지식은 때로는 사람들에게 사회적 압력들에 저항하고 자신의 개인적 신념에 따르게끔 도움을 줄 수 있다. 이 장에서 제시된 사회적 영향에 관한 사회심리학 연구들로부터 당신은 어떤 교훈들을 이끌어내게 되는가?

요 약

1. 세 개의 중요한 사회적 영향의 유형들은 동조, 응종 및 권위에 대한 복종이다. 동조는 어떤 사람이 타인들이 어떤 행위를 행하고 있기 때문에 그 행위를 자발적으로 수행할 때에 일어난다. 응종은 사람들이 원하거나 원치 않거나 간에 수행할 것을 요구받은 바를 수행할 때에 일어난다. 권위에 대한 복종은 응종의 하나의 특수한 종류이다: 이것은 우리가 요구자가 우리에게 어떤 일을 하도록 요구할 어떤 합법적 권리를 갖고 있다고 믿을 때에 일어난다.
2. 자동운동효과에 관한 Sherif와 직선판단들에 관한 Asch의 고전적 연구들은 사람들이 애매한 것과 아울러 명백한 지각적 판단들을 행함에 있어서 흔히 집단규범들에 따른다는 것을 보였다. 사람들은 두 가지 주요 이유들, 즉 옳게 되는 것(정보적 영향)과 호감을 받게 되는 것(규범적 영향)을 위해서 동조한다.
3. 사람들은 그들이 어떤 집단에 대해 강한 개입을 느낄 때, 집단이 약 3명이나 4명의

멤버들(또는 하위단위들)을 갖고 있을 때, 그리고 다수측의 견해가 만장일치될 때에 가장 동조하기가 쉽다.

4. Moscovici 등은 어떤 강력한 소수측이 어떤 집단 속에서 다수측의 입장을 변화시킬 수 있다는 것을 증명해 왔다. 소수측들은 그들이 지속적일 때, 그리고 그들의 행동이 논리적으로 일관성있지만 "완고"하지 않을 때에 가장 효과적이다. 단일 소수측이 이해관계에서 행동하고 있다고 간주되는 경향이 적기 때문에, 단일 소수측(한 가지 중요한 측면에서만 집단과 상이한)이 이중 소수측(두 가지 측면들에서 상이한)보다는 더 효과적일 것이다.

5. 우리는 많은 상이한 이유들로 어떤 요구에 응할 수 있다. Raven과 그의 동료들은 6가지 세력의 근거들, 즉 보수, 강요, 전문성, 정보, 준거세력 및 합법적 권위를 확인해 왔다. 합법적 권위의 하나의 특수 케이스는 "무기력의 세력"(power of helplessness)이다 ; 이것은 우리가 우리보다 더 불운하고 힘이 없는 사람들을 도와야만 된다고 지시하는 사회적 책임에 대한 하나의 강력한 문화규범이다.

6. 연구자들은 문간에 발 들려놓기기법, 면전의 문기법, 낮은 공기법 및 "이것이 전부가 아닙니다"기법을 포함하는 몇 가지 특수한 응종책략들을 확인해 왔다.

7. 일상생활에서, 합법적 권위에 대한 복종은 적응적이며 원활한 사회적 기능에 기여한다. 그러나 때로는 사람들은 타인들에게 해를 끼치고 그들 자신의 개인적 신념들과 가치들을 위배하는 명령에 복종한다. 사회심리학에서 가장 유명한 연구계획들 중의 하나에서, Milgram은 이러한 현상을 연구했다. 그는 정상 성인들의 대다수가 연구자에 의해서 그렇게 행하도록 명령받았을 경우에 무기력한 피해자에게 심한 전기쇼크들을 실시한다는 것을 발견했다.

8. 합법적 권위에 대한 복종은 사람들이 자신이 일으키는 고통을 인식하고, 자신의 행위에 대해 개인적 책임을 느끼고, 권위에 불복종하는 것을 관찰하게끔 만들어지고, 권위의 동기들과 판단을 의문시하도록 고무받게 될 때에 감소되게 된다.

제 14 장

집 단 역 학

우리 모두는 자신의 생활에 커다란 영향을 주고 있는 집단들의 한 멤버이다. 우리의 대부분은 가족집단 속으로 태어나며 우리의 아동기의 대부분을 부모와 동기들과 상호작용하면서 보낸다. 우리가 보다 더 큰 사회적 세계로 뛰어들게 됨에 따라, 우리는 새로운 집단들, 아마도 이웃집 놀이 집단, 유치원 반, 유년조 소년단이나 소녀단, 또는 교회 내의 한 집단에 당면하게 된다. 우리가 성장함에 따라, 우리는 친목회들, 스포츠팀들, 작업집단들, 정당들 및 그 밖의 조직들에 가입하기 시작한다.

이 장에서 우리는 먼저 집단을 정의하고, 집단의 구조와 발전과정을 취급한다. 그 다음에, 우리는 집단생산성에 관련된 여러 가지 주제들을 취급할 것이다. 셋째로, 집단의사결정의 문제점과 특징들이 취급된다. 넷째로, 집단이 개인 자신의 자기개념과 지각들, 개인적 수행 및 개인적 의사결정에 미치는 영향이 취급된다. 마지막으로, 집단 내에서의 몰아나 몰개성화의 현상이 취급될 것이다.

집단의 기본특징들

집단의 정의

우리는 많은 상이한 종류의 사회적 단위들 속에서 시간을 보내는데, 이것들의 모두가 집단의 자격이 있는 것은 아니다. 표 14-1은 어떤 청중이나 군중의 일부가 되는 것을 포함해서 사회적 단위의 몇 가지 보편적 예들을 제시하고 있다. 일상생활의 언어에서 우리는 흔히 모든 사회적 단위들을 "집단들"이라고 말한다. 그러나 사회과학자들은 전형

표 14－1. 사회적 단위의 유형들

여러 가지 목적을 위해서, 사람들을 다양한 사회적 단위들 속으로 함께 묶는 것이 유용하다. 이들 사회적 집합체들의 모두가 한 "집단"이 되는 것에 대한 준거들에 부합되지는 않는다.

사회적 범주들 : 우리는 흔히 어떤 공통적 속성에 근거해서 사람들을 함께 묶는다. 사회적 범주들에 관한 예들은 10대 소년들, 실직한 가장들, 여성동성애자들, 주일학교 교사들, 트럭 운전사들이다. 사회적 범주의 멤버들은 비록 그들이 서로 알거나 상호작용할 가능성은 없을지라도, 모두 어떤 공통 특징들을 갖고 있다. 사회적 정체에 관한 우리의 논의가 지적한 바와 같이 사회적 범주들은 흔히 개인들에 대해서 상당한 심리적 중요성을 갖고 있다.

시 청 자 : 서울시에서 TV채널 7상의 6시 뉴스를 시청하고 있는 모든 사람들은 설사 그들이 반드시 서로 안면이 있지 않고 상호작용이 있지는 않더라도, 동일한 시청자들 중의 일부이다.

군 중 : 사람들이 물리적으로 근접해 있고 어떤 공통의 상황이나 자극에 반응하고 있을 때, 우리는 그들을 군중이라고 부른다. 그 예들은 록큰롤가수의 분장실 밖에 운집한 팬들, 어떤 특수한 염가판매의 개시를 기다리기 위해서 백화점 밖에 줄 서 있는 사람들, 또는 길거리에서의 어떤 말다툼을 보기 위해서 모인 사람들이다.

팀 : 작업집단, 스포츠팀, 또는 카드놀이 클럽과 같이 어떤 특수한 목적이나 활동을 위해서 정규적으로 상호작용하는 한 조의 사람들은 한 팀이다.

가 족 : 비록 많은 유형들이 있기는 하지만, 가족들은 전형적으로 출생이나 법적 근거들에서 관련되어 있고 대개 공통의 주거를 갖고 있는 한 조의 사람들로 이루어져 있다.

공식 조직 : 보다 더 큰 집합체의 사람들은 흔히 어떤 공동목표를 성취시키기 위해서 어떤 분명하게 구조화된 양식으로 함께 일한다. 그 예들은 어떤 학교체제, 교회나 성당, 정당, 자선단체, 또는 전국 등산연합회이다.

으로 집단이라는 용어를 보다 더 협의로, 그리고 보다 더 기술적인 양식으로 사용한다. 어떤 집단(group) 속에서, 사람들은 상호의존적이며 최소한 공동의 상호작용에 대한 잠재력을 갖고 있다. 대부분의 집단들에서, 멤버들은 정규적인 대면적 접촉을 갖고 있다. 집단에 대한 이러한 정의는 7장에서 제시된 대인관계에 관한 기본적 정의의 한 확장이다.

이러한 정의에 기초하면, 축구선수들 일반과 같은 어떤 통계적 집합체는 이 범주 속의 사람들이 서로 알지 못하거나, 대면 접촉을 갖지 않거나, 서로 영향을 주지 않는 고로, 하나의 집단이 아니다. 조기축구팀의 구성원들은 그들이 정규적으로 상호작용하고 그들의 행동들이 서로 영향을 주기 때문에 하나의 집단이다. 이와 비슷하게, 텔레비전에서 "세서미 스트리트"(sesame street)를 시청하는 모든 아동들은 하나의 공동시청자들의 일부이지만, 하나의 집단은 아니다. 그러나 국민학교에서 김 교사의 2학년 수업을 듣고 있는 모든 아동들은 한 집단의 일부이다.

집단들은 여러 측면들, 즉 크기, 지속기간, 가치들과 목표들 및 범위에서 차이가 있다. 가장 중요한 차원들 중의 하나는 크기이다. 가장 작은 집단은 2인이나 한 쌍이다. 집단들에 관한 대부분의 연구는 약 3인에서 20인에 이르는 범위의 소집단들에 초점을 두고 있다. 사회적 집합체들이 점점 더 커짐에 따라 이것들은 공식 조직으로 되는 경향이 있고 모든 구성원들간의 친분과 상호작용이 더 이상 없을 수 있다. 집단들과 공식조직들간의 구별을 강조하기 위해서, 어떤 연구자들은 구성원들이 대면의 상호작용을 갖고 있는 사회적 단위들에 대해서 "소집단"(small group)이라는 용어를 선호하고 있다.

집단들은 또한 가치들과 목표들의 면에서 큰 차이가 있다. 잠시 동안, 바둑클럽, 지방 청년민자당원 집단, 남녀 동성연애자 연합회 및 종교교육학과 간의 차이들을 고려해 보자. 만일 조금이라도 작용된다면, 이 집단들 중의 어느 집단에 대한 가입이 당신 자신의 개인적 가치들, 흥미들 및 목표들에 크게 의존된다고 생각되는가?

집단들은 지속기간, 즉 집단이 얼마나 오래 존속되는가에서 차이가 있다. 가족들은 새로운 구성원들이 출생이나 결혼을 통해서 집단에 가입되고 다른 구성원들이 사망이나 이혼을 통해서 집단을 떠나면서, 수 세대에 걸쳐 존속될 수 있다. 어떤 특별위원회의 구성원들은 어떤 특수 사업에 대해서 며칠 동안 함께 일할 수 있지만, 그 이후에는 사업의 종료와 더불어 해산되게 될 것이다.

집단에 의해 수행된 활동들의 넓이나 범위는 또 다른 중요한 차원이다. 어떤 집단들은 단일한 문제에 초점을 둔다. 예컨대, 등록금인상의 위협에 대한 반응으로, 일단의 대학생들은 대안들을 마련하고 이것들을 대학당국에게 제시하기 위한 대책위원회를 결성할 수 있다. 여기에서 집단은 하나의 특수 목적을 위해서 조성되었다. 이에 비해서, 가족들과 같은 집단들은 아주 많은 상이한 활동들을 한다.

소집단에 관한 연구들은 때로는 가족들이나, 팀친구들이나, 작업집단들과 같은 자연발생적 집단들을 연구해 왔다. 그러나, 연구자에 의해서 의도적으로 조성된 "꾸며진 집단들"(concocted groups)을 연구해 온 오랜 전통이 또한 있다(McGrath, 1984). 하나의 전형적인 연구에서, 낯모르는 이들(대개 대학생들)의 집단들을 실험실로 불러 모아서, 하나의 집단 의사결정과제를 수행하기 위해서 몇 시간을 보내게끔 만들었다. 우리는 이 장의 뒷부분에서 집단들에 관한 실험연구들의 결과들을 논의하게 될 것이다. 우선, 자연발생적 집단들은 흔히 비교적 지속적이고도 범위가 넓은 반면에, 대부분의 실험집단들은 단기간적이고도 비교적 초점이 좁다는 점을 주목하는 것이 도움이 될 것이다.

집단의 구성과 구조

이 장의 앞 부분에서 정의된 바와 같이, 집단은 특정의 시간과 공간 속에서 동일한 활동을 수행하고 있는 사람들 이상을 내포한다. 집단들은 상호작용, 함께 갖고 있는 지각들과 경험들, 정서적 또는 감정적 유대들의 발전 및 상호의존적 역할들을 포함한다 (DeLamater, 1974).

그러나, 모든 집단들이 비슷하지는 않으며, 이것들은 최소한 개인들만큼 많은 측면들에서 차이가 있다. 집단들이 차이있는 한 가지 측면은 이것들의 **구성**(composition)이다. 집단 속에 얼마나 많은 사람들이 있는가? 멤버들의 성별과 출신지역은 어떠한가? 집단들은 또한 이것들의 구조에 의해 특징지워질 수 있다. **집단구조**(group struture)는 역할들, 규범들 및 멤버들간의 관계들을 일컬으며 이것들은 집단의 기능에 대한 하나의 틀을 제공한다. 집단구조는 집단을 일체로서 유지시키면서, 집단멤버들의 행동의 몇 가지 규칙성들을 설명한다(Forsyth, 1983). 다음 장에서 논의되는 리더십은 하나의 그러한 성질이다. 다른 구조적 성질들은 어떤 집단 속에서 확립되어 있는 의사소통의 말들이나 경로들과 어떤 멤버들이 맡고 있는 특수한 역할들이다.

이 절에서 우리는 집단구성이 다를 수 있는 양식들 중의 하나인 집단크기와 집단구조의 두 가지 측면들, 즉 역할들과 규범들과 아울러 의사소통들을 고려할 것이다.

집단크기 우리가 이 장의 첫머리에서 도입시킨 집단의 정의의 한계 내에서도, 집단규모(gruop size)에서 신혼여행 중인 부부로부터 한국 국회의 모든 의원들에 이르는 집단들을 생각할 수 있다. 그러나, 대부분의 실험연구들은 일반적으로 3인 내지 10인의 소집단들에 집중되어 왔다.

문제해결집단들의 "이상적 크기"를 규정하기 위한 몇 개의 노력이 있어 왔다. 예컨대, Slater(1958)는 5인 집단들이 집단멤버들이 정보를 수집하고 교환하며 그 정보의 평가에 기초된 어떤 의사결정을 행하는 정신적 과업들을 취급하는 데에 가장 효과적이었다고 결론지었다. 브레인스토밍의 개발자인 Osborn(1957)은 이러한 집단들의 최적 크기가 5인 내지 10인 멤버들의 범위라고 시사했다.

그렇지만, 문제해결집단들의 이상적 크기에 대한 결론들은 필연적으로 과잉단순화들이다. 첫째로, 무엇이 성공적인가를 결정짓기 위한 여러 준거들이 있다. 더 작은 집단들이 그 멤버들이 자신의 의견을 충분하게 표현할 기회를 갖기 때문에, 참가자들에게 더 만족을 줄 수도 있다. 몇 명의 더 많은 멤버들의 추가는 기본적 기술들을 첨가시키고 과업에 대한 더 우수한 해결책에 기여할 수 있지만, 이것은 멤버들의 참여와 사기를 해칠 수 있다. 둘째로, 과업구조가 집단크기와 상호작용할 수 있다. 어떤 과업들은 단 한 사람을 요구하는 반면에, 다른 과업들은 몇 명의 사람들에 의해서 수행될 수가 있다. 셋째로, 집단의 구조화의 양이 집단크기와 상호작용한다. 비록 5인 이상으로 구성된 집단들이 흔히 소집단들보다 덜 만족을 줄지라도, 더 큰 집단들이 과업이 구조화되어 있을 때에 사기의 어떤 주요 손실이 없이 효과적일 수 있다. 더 나아가서, 집단의 주위상황들과 지속기간이 고려되어야만 된다. 남극의 탐험기지들과 같이 색다르고 스트레스를 주는 환경들 속에서, 더 큰 집단들이 아마 큰 크기의 집단이 상호작용의 가능성들에 대한 더 큰 다양성을 제공해 주기 때문에, 작은 크기의 집단보다도 더 만족을 주는 것 같다(Harrison과 Connors, 1984).

집단크기의 효과들은 또한 배심원과 같이 덜 색다른 환경들에서도 중요하다. 영국, 미국 및 캐나다의 전통적 배심원은 어떤 만장일치의 판결에 도달해야만 되는 12인으로 구성되었다. 1966년에 영국은 12인 중의 단지 10인의 합의를 요하도록 그 정책을 바꾸었다. 1970년에 미국 대법원은 자기들의 판결을 지지하는 연구발견들을 인용하면서 6인의 배심원이 12인의 배심원과 꼭 마찬가지로 잘 직무를 수행할' 수 있었다고 규정했다(Wrightsman, 1987).

배심원의 크기는 도달되는 판결에 어떻게 영향주는가? 이러한 의문에 대한 답변은 단순한 것이 아니며, 초기의 연구들은 비일관된 결과들을 내놓았다(Hastie 등, 1983; Wrightsman, 1987). 의사결정에 관한 수많은 모형들이 만장일치의 판결에 도달하지 못해서 결정을 보류하는 배심원들의 가능성이 배심원의 크기가 증가함에 따라 증가한다는 것

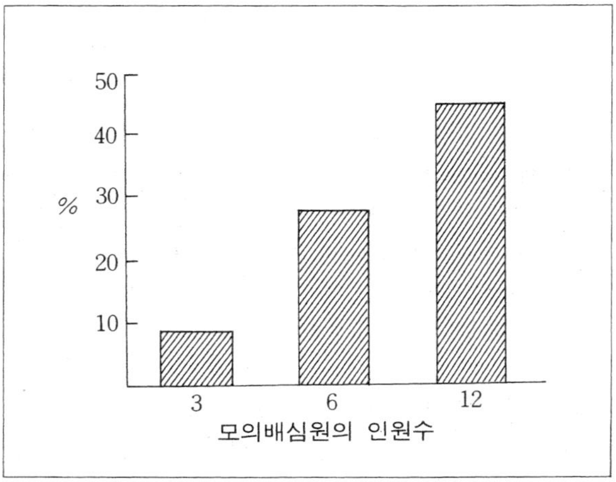

도 14-1. 집단크기가 배심원 판결에 미치는 영향. 만장일치의 판결에 도달하지 못한 배심원들의 백분율이 제시되어 있다.

을 예언한다(Tanford와 Penrod, 1983). 통제된 조건들에서 이러한 가능성을 검증하기 위해서, Kerr와 MacCoun(1985)은 모의 배심원들(실제의 배심원 풀에서 뽑은 시민들보다도 실험에 참가하고 있는 대학생들)을 사용하는 연구를 수행했다. 피험자들은 3인, 6인 또는 12인으로 구성된 모의 배심원들에 배정되었고, 한 세트의 무장강도사건들에 관한 정보를 제공받았고, 사건당 최대로 10분 동안 각각의 사건들을 심의하도록 요구받았다. 이 연구자들은 심의들의 성과 뿐만 아니라 심의과정 자체에 관심을 두었다.

이 연구에서 집단크기는 도 14-1이 보이는 바와 같이, 차이를 일으켰다. 큰 집단들, 이 경우에서 12인 집단들이 3인 집단들보다도 만장일치의 판결에 도달하는 데에 실패하는 경향이 훨씬 더 많았다. 상이한 사건유형들을 더욱 자세하게 검토하면서, 이들 연구자들은 집단크기의 효과가 검사와 변호사의 주장들이 백중한 사건들에서 더욱 뚜렷했다는 것을 발견했다. 더 큰 집단들은 소집단들이 심의기간의 개시 초에 만장일치의 의견들을 가질 가능성이 훨씬 더 많았기 때문에, 판결에 도달하는 데에 더 오래 걸렸다.

이러한 배심원 모의연구의 결과들이 보이는 바와 같이, 크기는 어떤 집단의 단순한 하나의 기술적 특징이 아니라 집단과정에도 영향을 줄 수 있는 한 요인이다.

규 범 들 우리가 구조를 논의할 때, 우리는 두 가지 개념들, 즉 규범들과 역할들에 가장 큰 관심을 두고 있다. 사람들이 어떤 새로운 과업팀을 구성하게 될 때, 그들은 자기들의 구조와 자기들이 지키게 될 규칙들을 토의하는 데에 많은 시간을 보낼 수 있다. 그들이 세운 몇 가지 규칙들은 모든 사람에게 적용될 수 있다. 예컨대, 각자가 20 kg의 짐을 지며, 규정된 시간 이외에는 식사할 수 없으며, 규정된 양의 식사나 식수만을 먹어야만 될 수 있다. 규범(norm)은 특수한 행동을 규제하고 집단내의 모든 사람에게 적용되는 하나의 규칙이다. 다시 말해서, 규범은 "언제 무엇을 해야만 되거나 하지 말아야만 된다"는 것을 규정한다(Steiner, 1972).

규범들은 이것들이 우리에게 집단멤버들의 행동을 예측하도록 해 주기 때문에 가치있다. 이것들은 집단멤버들의 활동들을 조정하는 것을 돕는다. 정말로, 규범들은 집단의 수행에 대해 깊고도 때로는 인식되지 않는 영향을 줄 수 있다. 당신이 소속한 집단들을 생각해 보자. 어떤 시점에서 당신의 집단들의 각각이 당면하고 있는 한 가지 과업은 어떤 의사결정을 행하는 것이다. 당신이 인식하지 못할 수도 있겠지만, 당신의 집단에 의해서 이루어진 의사결정은 집단멤버들의 선호들과 아울러 의사결정이 어떻게 이루어지게 될 것인가에 대한 집단규범의 함수일 것이다(Allison과 Messick, 1987). 어떤 집단들은 종다수규칙(majority-wins rule)을 채택한다. 다른 집단들에서 어떤 규범은 소수의 권력있는 멤버들에게 의사결정을 행할 것을 허용한다. 또 다른 집단들은 만장일치, 즉 어떤 의사결정이 이루어지기 위해서 모든 멤버들이 동의해야만 되는 것을 요구한다. 후자의 두 가지 규범들은 집단에게 멤버들의 다수측이 찬성하는 어떤 입장을 채택하지 못하게끔 만들 수 있다.

어떤 규범들은 명확하고 집단토의를 통해 발전될 것이다. 다른 것들은 관행을 통해서 발전하고 불문율로서 규정되지 않은 채로 유지될 수 있다. 어느 경우에서나, 집단멤버들은 규범들에 따를 것을 기대받고 있다. Milgram 등(1986)은 줄을 서서 기다리는 사람들이 어떤 사람이 새치기하는 것에 관한 불문의 규범을 위반했을 때에 거절했다는 것을 발견했다. 흥미있게도, 가장 높은 거부율은 새치기하는 사람의 바로 뒤에 있는 사람에게서 나왔다. Roethlisberger와 Dickson(1939)은 미국의 서부전기회사에서 일하는 근로자들에 관한 연구에서 규범의 영향들을 보였다. 이 공장의 작업반들은 전기교환대의 조립작업을 했다. 비록 각 작업자의 임금이 조립된 기구들의 숫자에 의해 결정되었을지라도, 작업자들은 한 명의 작업자가 매일 "조립해야만 되는" 비공식적 규범을 발전시켰다. 만일 모두가 이 규범에 따르면, 아무도 다른 사람보다 더 잘하거나 더 못하는 사람이라고 지목될 수가 없었다. 이러한 기준들을 초과한 작업자("속도위반자")나 미달된 작업자("굼벵이")는 자기의 동료 작업자들로부터 괴롭힘을 당했다. 괴롭힘은 악의적인 것은 아니지만 농담과 경고(상박부를 한 대 침)의 형태를 취했다. 경고는 의도를 전달하기에 충분히 심했지만, 개인에게 부상을 입힐 정도는 아니었다.

동조에 관한 장에서 우리는 규범들의 다른 흥미있는 특징들을 논의한 바 있다. Jacobs와 Campbell(1961)은 집단들이 어두움 속에서 보인 광점의 자동운동효과에서의 이동량에 대한 규범들을 발전시켰다는 것을 증명했다. 규범이 발전된 후에, 개개의 집단멤버들이 한 번에 한 명씩 새로운 사람으로 대치되었다. 모든 이전 멤버들이 대치되었을 때에도, 보았던 광점의 이동의 양에 대한 규범들은 그대로 유지되었다. 이 연구는 규범들이 흔히 규범들을 형성시킨 집단멤버들보다 더 오래 유지된다는 것을 증명했다. 이러한 점은 많은 국가들의 법률들에서도 찾아질 수 있다. 한 조사는 사람들이 자신의 말을 매어두는 장소, 성교 중에 사용될 수 있는 신체자세 및 공공장소들에 두어야만 되는 타구의 숫자에 관한 법률들이 아직도 있다는 것을 보일 것이다. 옛 규범들은 느리게 사라지는 것 같다. 다행스럽게도, 합리적 규범들이 비합리적이고 독단적인 규범들보다 더 오래 지속되는 경향이 있다(MacNeil과 Sherif, 1976).

역 할 들 모든 사람들의 행동을 규제하는 규칙들 이외에도, 어떤 직위들에 대해서만 적용되는 규칙들이 있다. 역할(role)은 특정 직위에 있는 사람에 대한 의무들과 기대들을 정의한다. 역할들은 누가 무엇을, 언제, 어떻게 해야만 되는가를 규정한다. 우리는 역할들을 집단들 내의 직위들과 아울러 그러한 직위들을 점유하는 사람들의 행동을 규제하는 규칙들이라고 볼 수 있다. 예컨대, 등반대장은 지도자의 역할을 갖고 있다. 이러한 직위에서 그는 그 집단의 대변인으로서 행동하고 멤버들이 필요한 의무를 수행하는가를 감독하는 것과 같은 어떤 책임들을 갖고 있다. 그는 또한 고위직에 있는 사람들과 식사하고 대원들에 대한 영예들을 받는 것과 같은 어떤 특전들을 갖고 있다. 역할들에는 사회적 직위나 서열, 즉 지위(status)가 관련되어 있다. 예상되는 바와 같이 집단이나 조직체에서 높은 지위의 멤버들은 낮은 지위의 멤버들보다 흔히 더 많은 영향력을 갖고 있다.

다양한 집단들에 관한 수많은 연구들은 흔히 발전되는 두 가지 역할들을 확인했다(Brown, 1988 ; Slater, 1955). 과업전문가(task specialist)는 집단을 목표들을 향해서 일하도록 만드는 기능을 하며, 사회정서전문가(socioemotional specialist)는 주로 집단멤버들의 감정들에 관계하고 있다. 갈등을 감소시키고 모든 멤버들이 집단의 일부분이라고 느끼게끔 보장하기 위해서 활동하는 사회정서전문가가 흔히 집단의 가장 많은 호감을 받는 멤버이다. 이러한 역할들은 일반적으로 비공식적으로 발전하며, 상이한 멤버들이 상이한 시간들에서 이것들을 점유할 수 있다. 가족들과 혼성집단들에 관한 연구들에서의 하나의 흥미있는 발견은 남자가 흔히 과업전문가의 역할을 맡고 여자가 사회정서적 역할을 맡는다는 것이다(Bartol과 Martin, 1986 ; Wood, 1967 ; Zelditch, 1955). 그러나 과업의 성질이 여성멤버가 우수한 것일 때에, 여자가 흔히 과업전문가가 되고 남자는 사회정서전문가가 된다. 따라서, 어떤 역할의 점유는 역할의 성질과 아울러 개인적 특징들, 과업의 요구사항들 및 집단특징들에 의해서 결정되고 있다.

이상적으로, 역할들과 규범들은 집단이 원활하게 기능하는 것을 보장해야만 된다. 멤버들은 행동방법을 알 뿐만 아니라 타인들에게서 무엇을 기대하는가를 또한 알아야만 된다. 그러나 집단들은 완전한 체제를 갖는 일이 드물며, 어느 정도의 갈등들이 흔히 일어난다. 보다 더 보편적 갈등들 중의 하나는 역할들에 관한 것이며, 실제로 두 가지 유형의 역할갈등(role conflict)이 일어날 수 있다. 갈등의 한 가지 유형은 역할 자체 속에 있을 수 있다. 어떤 역할은 개인에게 갈등을 일으키는 행동들을 수행하도록 요구할 수 있다. 예컨대, 많은 부모들은 자기 자녀들을 처벌하고 훈육하면서 온정과 애정을 주는 의무들을 수행하려고 분투한다. 두번째 유형의 갈등은 우리가 동시에 많은 집단들에 소속하기 때문에 생긴다. 한 역할의 요구사항들이 다른 역할의 요구사항들과 갈등을 일으킬 수 있다. 이러한 갈등의 하나의 보편적 형태가 직업역할과 가정역할에서 찾아질 수 있다. 직업역할은 개인에게 사무실이나 여행에 많은 시간을 소비하도록 요구할 수 있는 반면에, 배우자와 부모의 역할들은 개인에게 가족과 함께 시간을 보낼 것을 지시할 수 있다. 당신에 대해 이러한 면에서 당신 자신의 가족을 검토해 보는 것이 흥미있을 수 있다. 당신은 자기 부모가 당면했던 어떤 역할갈등에 대한 증거를 찾아낼 수 있는가?

이와 같은 역할갈등들을 처리하는 많은 방식들이 있다. 하나는 어떤 역할 내에서 경쟁되는 역할들이나 요구들을 단순히 무시하는 것이다(Stryker와 Statham, 1986). 이러한 전략이 갈등에 당면한 개인에 대해 생활을 더 편안하게끔 만들 수도 있지만, 이것은 그 사람의 행동이 다른 집단멤버들에 의해서 예측하기가 더 곤란하게끔 만든다. 두번째 접근은 갈등되는 역할들을 제시하지 않는 집단들을 선택하는 것이다. 예컨대, 어떤 부인은 덜 자기실현적인 직업이 그녀에게 자신의 가족과 함께 시간을 보내는 더 많은 자유를 제공해 주기 때문에 그 직업을 택할 수 있다. 이러한 접근이 직업과 가정의 역할들 간의 갈등을 감소시키기는 하지만, 이 부인은 자신의 직업이 자신의 욕구들을 충족시켜 주지 않기 때문에 분개를 느낄 수 있다. 이러한 예들이 분명히 해 주는 바와 같이, 역할들은 일반적으로 개인의 욕구들보다도 집단의 욕구들을 해결하기 위해서 발전되어 있다. 이러한 이유로, 역할갈등은 흔히 해결하기가 곤란하고 상당한 긴장의 한 근원일 수 있다.

역할갈등 이외에도, 우리는 역할들과 규범들에 대한 다른 골치아픈 점들을 알아낼 수 있다. 예컨대, 규범들과 아울러 역할들이 애매할 수 있다. 즉, 사람들은 특수한 상황들이나 직위들에서 자기들에게 기대되고 있는 바를 알지 못할 수 있다. 역할애매성(role ambiguity)은 많은 조직체들에서 하나의 주요 문제이다. 직원들의 업무수행은 그들이 자기에게 기대되고 있는 바를 알지 못하거나 자신의 역할을 명료화시키려고 시도하는 데에 시간을 소비할 때에 흔히 나빠진다(McGee 등, 1989). 역할애매성은 새로운 직원들이 어떤 집단에 추가되거나 새로운 기술이 도입될 때에 생기기 쉽다. 다른 문제는 역할과중(role overload)인데, 이것은 자신이 담당하는 역할들에서 너무 많은 것을 기대받고 있는 사람을 괴롭힌다.

요약하면, 규범들과 역할들은 집단들에게 구조를 제공한다. 이것들은 이것들이 우리에게 타인들이 어떻게 행동할 것인가를 예측하게 해 주기 때문에 중요하다. 이것들은 또한 우리가 집단 속에서 취하는 모든 조치들에 대한 의식적 결정을 행할 필요성을 경감시켜 주어서, 집단이 원활하게 기능하는 것을 돕는 데에 있어서 지극히 중요한 역할을 한다. 끝으로, 이것들은 갈등을 피하거나 해결하는 것을 도울 수 있다. 예컨대, 야간 방범순찰대원들은 모두가 동일한 시간 동안의 야간 경비근무를 행하기로 결정할 수 있다. 만일 어떤 대원이 자신이 맡은 근무를 피하려고 든다면, 다른 대원들이 단순히 그에게 자기들의 합의사항을 일깨워 준다. 이러한 경우에서, 규범은 어떤 합의를 중재하고 개인적 권력이나 강요를 사용할 필요성을 제거시켜 주는 하나의 제삼자가 된다(Forsyth, 1990). 그러나, 너무 엄격한 규범들과 역할들은 개인적 창의성을 방해하고 집단이 새로운 상황들에 반응하기가 불가능하게끔 만들 수 있다. 마찬가지로, 애매하거나 너무 많이 요구하는 규범들과 역할들은 개인과 집단에 대해 골치거리가 된다.

의사소통망들 커뮤니케이션은 이것이 위원회 회의석상에서의 끝없는 발언이건, 친구들간의 밤 늦게 하는 상호 친밀한 대화이건, 또는 주말여행의 계획을 세우는 가족회의이건 간에 집단활동들에 필수적이다.

거의 모든 집단들이 갖고 있는 하나의 특징은 어떤 사람들이 많이 말하고 다른 사람들이 거의 말하지 않는다는 것이다. 예컨대, 어떤 세미나에서든 간에, 주제에 관계없이 대개 토의를 독점하고 있는 한두 사람이 있는 것 같다. 이들은 말의 대부분을 하고, 그 나머지 사람들은 우연적인 한두 마디만을 한다.

아마 이러한 현상의 가장 괄목할 만한 측면은 이것이 집단의 크기에 관계없이 일어난다는 것이다. 얼마나 많은 멤버들이 있는가에 관계없이, 커뮤니케이션은 꽤 구체적인 패턴을 따르며, 이것은 대수함수에 의해서 나타내질 수 있다. 도 14-2는 4, 6 및 8인 집단에 대한 이러한 패턴을 예시하고 있다. 모든 케이스들에서 한 사람이 상당한 말을 하고 그 다음의 가장 말이 많은 사람이 상당히 더 적게 하는 식으로 된다는 점을 주목

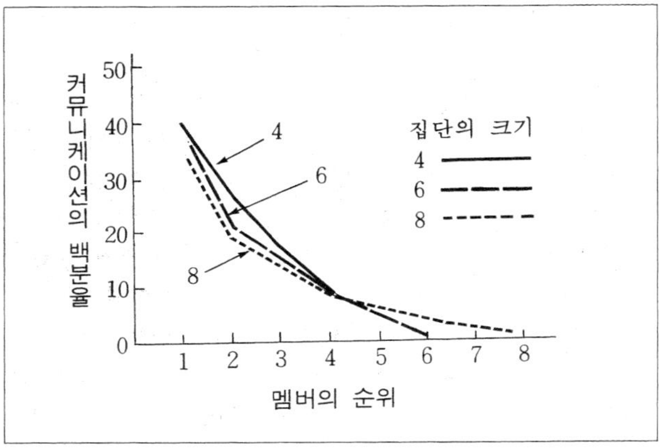

도 14-2. 한 집단의 멤버들의 커뮤티케이션 양은 대수적 또는 지수적 곡선(logarithmic curve)에 따른다. 집단의 크기에 관계없이, 가장 말을 많이 하는 멤버가 약 40%의 말을 하며, 다른 멤버들의 커뮤니케이션은 급격히 떨어진다.(Stephan과 Mishler, 1952에서 개작됨.)

하라. 8인의 집단에서 두 사람이 대화의 60%를 차지하고, 또 다른 한 사람이 14%를 차지하고, 다른 다섯 사람이 그 중의 26%만을 차지한다. 분명히, 각 사람이 기여한 정확한 백분율은 집단에 따라 다를 것이다. 모든 구성원들이 동등한 기여를 하는 몇몇 집단들도 있다. 그러나 대체적으로, 도 14-2에 예시되어 있는 것과 대충 비슷한 패턴이 대부분의 집단들에서 나타난다.

우리는 모든 구성원들이 모든 다른 구성원들과 마음대로 의사소통을 행하는 것처럼 집단들을 논의해 왔다. 비록 이것이 토의집단에서는 사실이지만, 의사소통이 제한되어 있는 많은 집단들이 있다. 몇 개의 연구들은 다양한 이른바 의사소통망들(communication networks)을 연구해 왔다.

이 분야에서 전형적인 연구는 어떤 문제를 해결하기 위한 집단을 만들고서, 그 구성원들 사이에 허용되는 의사소통에 대해 제한을 가한다. 이것은 피험자들을 분리된 방이나 칸막이된 좌석에 앉히고, 그들에게 쪽지나 연락용 통화장치를 통해서만 서로 의사소통을 하도록 함으로써 달성되게 된다. 그 다음에 실험자는 누가 누구에게 이야기할 수 있는가를 통제할 수 있고 수많은 상이한 의사소통패턴들을 부과시킬 수 있다.

몇 가지의 이러한 패턴들이 도 14-3에서 5인의 집단들에 대해 제시되어 있다. 도에서 당신은 구조들이 의사소통의 자유를 결정짓는다는 것을 알 수 있다. 원형에서는 모든 구성원들이 동일하다: 각자는 자기의 두 명의 이웃들과 이야기할 수 있고 다른 사람들과는 이야기할 수 없다. 연쇄형에서는 구성원들 중의 끝의 두 명은 단 한 사람과 이야기할 수 있다. 분명히, 의사소통의 면에서 연쇄의 끝에 있게 되는 것은 이롭지 못하다. 나머지 세 명의 구성원들은 그들이 이야기할 수 있는 사람의 면에서는 동등하지만 가운데에 있는 사람이 보다 더 중심적이게 된다. 중간에 낀 두 명의 사람은 반대쪽 끝에 있는 사람과 다소 분리되어 있다. 이러한 전개는 Y형 구조에서 한 단계 더 진전되어 있다. 세 명의 끝에 있는 구성원들이 있고, 한 명의 구성원만이 두 사람과 이야기할 수 있고, 나머지 한 명만이 세 명과 이야기할 수 있다. 바퀴형에서는 한 구성원은 모든 사람들과 이야기할 수 있지만, 다른 모든 구성원들은 중앙의 구성원에게만 이야기할 수 있다.

연구는 이와 같은 의사소통망들이 집단생활의 많은 측면들에 대해 영향을 준다는 것

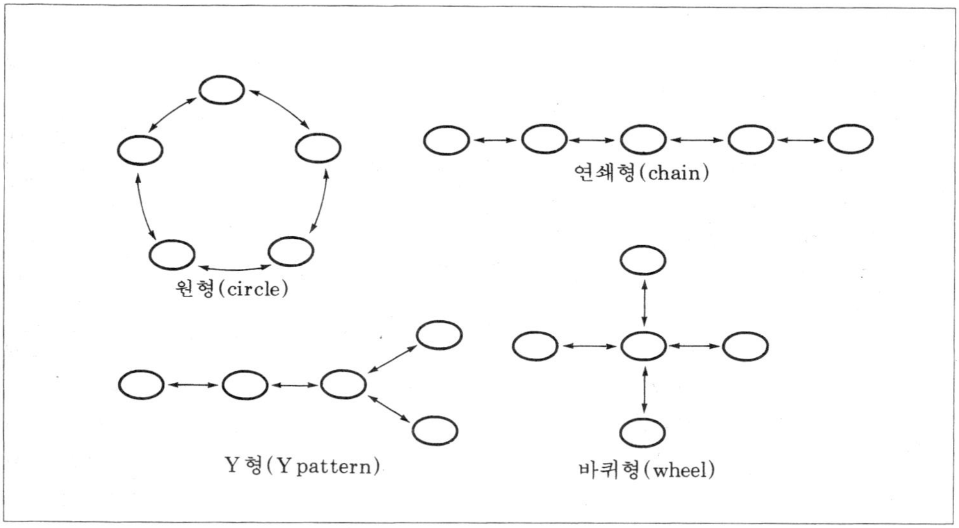

도 14-3. 상이한 유형의 의사소통망들의 예들

을 보이고 있다(Ridgeway, 1983 : Shaw, 1981). 의사소통망들은 집단의 사기(morale)에 영향을 준다. Leavitt(1951)는 집단구성원들이 말할 자유를 더 많이 가졌을수록 그들이 더 만족했다는 것을 발견했다. 따라서 사람들은 흔히 비중앙집중적 집단들에서 더 행복하다. 의사소통망들은 또한 집단 문제해결의 효율성(efficiency)에 영향을 줄 수 있다. 일반적으로, 중앙집중된 집단들이 단순한 문제들을 풀 때에 더 효율적이고, 비중앙집중된 집단들은 복잡한 문제들에서 더 효율적이다. 예컨대, 어떤 집단의 각 구성원에게 상이한 기호를 갖고 있는 하나의 카드를 주고서, 집단과제가 모든 기호들의 목록을 작성하는 것이라고 하자. 이러한 종류의 단순한 과제는 고도로 중앙집중된 의사소통망들을 갖는 집단들에 대해 이상적이다. 지도자는 각 사람에게서 정보를 용이하게 수집하고 최종 목록을 작성할 수 있다. 그러나 복잡한 문제들은 대개 구성원들간의 보다 더 자유로운 상호작용이 가능한 비중앙집중된 의사소통패턴을 갖는 집단들에 의해서 보다 더 효율적으로 해결되게 된다.

응 집 성

어떤 집단들에서, 구성원들간의 유대들은 강력하고도 지속적이다. 다른 집단들에서, 구성원들은 느슨하게 연결되어 있고, "집단소속"(groupness)감이 부족하고, 시간경과에 따라 뿔뿔이 흩어지는 경향이 있다. 응집성(cohesiveness)은 어떤 집단 속에 구성원들을 남아 있게끔 만드는 정적 및 부적인 모든 힘들을 일컫는다(Festinger, 1950). 응집성은 한 집단 전체의 한 특징이다. 이것은 각 집단 구성원이 갖고 있는 개개의 개입수준에 달려 있다.

하나의 핵심적인 정적 힘은 집단구성들간에 존재하는 대인매력이다(Ridgeway, 1983).

집단구성원들이 서로 좋아하고 교우관계의 유대들로 연결되어 있을 때, 응집성은 높다. 정말로, 연구자들은 흔히 집단구원들간의 상호 호감의 양을 평가함으로써 응집성을 측정해 왔다.

둘째로, 어떤 집단에 남아 있으려는 사람들의 동기는 또한 집단의 수단적 목표들에 의해서 영향받게 된다. 우리는 흔히 어떤 목적에 대한 한 수단으로서, 즉 봉급을 받기 위한, 자신이 즐기는 스포츠를 하기 위한, 가치있는 대의를 위해 일하기 위한 하나의 방편으로서 집단들에 참가한다.

따라서 어떤 집단에 대한 우리의 매력은 우리의 목표들과 집단의 목표들 간의 부합과 아울러 집단이 그 목표들을 얼마나 성공적으로 달성하는가에 달려 있다. 이 점은 최근의 한 연구에서 예시되었다. Snyder 등(1986)은 어떤 집단과제를 수행하는 데에 실패하는 어떤 집단(연구자들에 의해서 인위적으로 구성된 집단 조차)에 속할 때에 개인들이 어떻게 반응하는가를 연구했다. 성공적인 집단들 속에 있는 사람들에 비해서, 비성공적 집단들의 멤버들은, 예컨대 자기들의 팀 배지를 착용하지 않는 것에 의해서, 그 집단과 자기들 사이에 더 많은 "거리를 두었다." 사람들은 어떤 비성공 집단과의 동일시를 분명히 피하고 싶어했으며, 이 발견은 사회적 정체의 관점과 일치된다.

응집성에 영향주는 세번째의 정적 요인은 집단이 효과적으로 그리고 조화롭게 상호작용하는 정도이다. 우리는 확실히 자신의 시간과 기술을 낭비하는 팀보다도 효율적으로 일하는 팀에 있게 되는 것을 더 좋아한다. 더 일반적으로 말하면, 집단의 만족과 사기를 증진시키는 것은 무엇이든 간에 응집성을 높일 것이다.

집단응집성은 또한 설사 구성원들이 불만을 느끼더라도, 그들을 떠나가지 못하게끔 저지하는 부적 힘들에 의해서 영향받게 된다. 때로는 사람들은 떠나가는 것이 갖는 부담들이 크거나 아무런 대안을 갖고 있지 않기 때문에 집단 속에 남아 있다. 우리는 공장에서 자기의 동료들을 경멸할 수 있지만, 그 지역에서 다른 일자리들이 없기 때문에 계속 남아 있다. 우리는 자기의 교수들을 싫어할 수 있지만, 이 문제에 대해 아무런 선택권이 없기 때문에 그 과목을 계속 수강한다.

집단형성: 사람들이 집단에 가입하는 이유들

현재, 당신은 아마 몇 개의 상이한 집단들에 속해 있을 것이다. 이 문제에 대한 현존하는 증거들은 사람들이 일반적으로 몇 가지 이유로 집단들 속으로 들어간다는 것을 시사한다. 첫째로, 집단들은 우리에게 소속하거나 관심과 애정을 받는 것들과 같은 중요한 심리적 또는 사회적 욕구들을 충족시키는 데에 도움을 준다(Robbins, 1989). 둘째로, 집단들은 우리에게 개인으로서는 얻을 수가 없는 여러 가지 목표들을 성취시키는 데에 도움을 준다. 여러 집단에 대한 소속은 우리에게 우리가 혼자서 수행할 수가 없는 과업들을 수행하는 데에 도움을 준다. 이 외에도, 집단 소속은 흔히 우리에게 우리가 다른 수단들로서는 입수할 수 없는 지식과 정보를 제공해 준다. 예컨대, 사람들은 흔히 그들이 완전한 멤버로 인정받을 때까지는 어떤 집단이 지니고 있는 민감하거나 제한되어 있는 정보에 접근하는 것을 거부당한다. 그들이 완전한 멤버가 된 이후에만 그들은 그러한 지식을 함께 갖게끔 허용받게 된다.

끝으로, 집단소속은 또한 긍정적인 사회적 정체(social identity)의 확립에 기여하며, 이것은 자기개념의 일부로 된다. 간단히 말해서, 개인이 들어오는 것을 허락받고 있는 집단이 더 권위가 있고 제약적일수록, 그 개인의 자기개념은 더 강화되게 된다. 요약하면, 집단들에 가입하는 많은 이유들이 있으며, 따라서 대부분의 사람들이 그들의 인생 과정에서 많은 집단에 들어 가고자 하는 것은 매우 당연한 일이다.

집단들과 그 멤버들의 발달

어떤 모험적인 과업을 수행하려고 함께 모인 사람들의 집단을 고려해 보자. 멤버들과 그들의 상호 관계들은 시간의 흐름에 따라 변화된다. 멤버들은 그들이 함께 일하게 될 때에 서로 달리 생각하고 행동하고 느끼며, 상이하게 기능하게 된다. 다시 말해서, 집단은 하나의 역동적 단위이어서 끊임없이 변화된다. 최근에 상당히 많은 관심이 집단 발달(group development), 즉 집단이 형성되고 발전하고 쇠퇴하는 과정과 시간에 따라 집단과 그 멤버들에게서 일어나는 변화들에 대해 두어져 왔다.

먼저 개인을 살펴보면, 우리는 집단멤버들의 가망성있는 사람들이 하나의 즉각적 문제, 즉 집단에 가입할 여부의 문제에 당면하고 있다는 것을 알게 된다(Mackie와 Goethals, 1987 ; Montgomery, 1989). 집단멤버가 되는 것은 분명히 이점들을 갖고 있다. 우리는 혼자서 할 수 없는 과업들을 완수할 수 있다. 예컨대, 혼자서는 히말라야에 오를 수가 없을 것이다. 우리가 보게 되는 바와 같이, 타인들과 함께 있는 것은 우리에게 몇 가지 차원들 상에서 우리 자신을 평가하게끔 해 준다. 당신은 벽에다가 테니스볼을 세게 치는 것에 의해서 자신이 얼마나 훌륭한 테니스선수인지를 알아낼 수는 없다. 어떤 집단의 멤버십(회원자격)에서 생기는 보호와 안전감은 수용받은 집단멤버들을 외로운 사람들보다 더 건강하고 행복하게끔 만드는 경향이 있다(Moreland, 1987). 그러나 이러한 그리고 다른 이점들은 손실들에 의해서 균형되게 된다. 어떤 집단의 멤버가 되는 것은 당신에게 당신의 독립성의 몇 가지를 포기할 것을 요구한다. 당신은 그 집단 속에 수용받게 되기 위해서 자신의 태도들과 행동들을 변화시켜야만 될 수도 있다. 당신은 당신 자신 이외에도 타인들의 욕망들을 고려해야만 된다. 따라서 집단멤버가 되는 첫번째 단계는 당신이 자신의 이익들을 얻기 위해서 멤버십의 비용들을 수용할 준비가 되어 있는지의 여부를 결정하는 것이다.

그러나 갈등은 여기에서 끝나지는 않는다. 집단에 신입하게 되면, 그 사람은 신입멤버의 범주에 속하게 된다. 그 집단은 그 사람이 집단에 최대로 기여할 수 있게끔 그 사람을 변화시키려고 든다(Moreland와 Levine, 1982, 1988). 이와 동시에 신입멤버는 그 집단이 자기 자신의 욕구들과 부합되게 되게끔 그 집단을 변화시키려고 든다. 우리는 이러한 협상은, 예컨대 어떤 모험적 과업을 위한 멤버들이 구성되었을 때에 볼 수 있다. 각각의 새로운 멤버가 충원되었을 때, 그 멤버는 자신이 기대했던 바를 진술한다. 그리고 각각의 신입멤버는 집단멤버들로부터의 약속들과 개입들을 얻어내고자 든다. 일단 그 사람이 완전한 멤버가 되면, 협상들의 초점이 다소 바뀐다. 그 집단은, 예컨대 장비담당자나 등반코스담당자와 같이 집단이 그 멤버에게 맡아 주기를 원하는 역할들이나 직위들을 확인한다. 그리고 이 기성 멤버는 자기 자신의 원하는 역할들과 관련된 직무들을 정의한

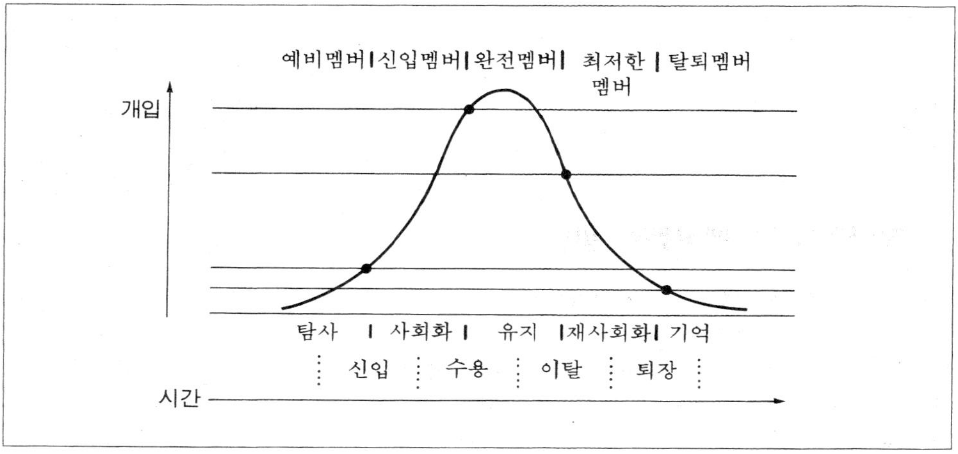

도 14-4. 집단 사회화의 모형
자료원: Moreland와 Levine (1982).

다. 당신이 어떤 집단에 속하고 있는 시기 동안에, 당신은 집단이 당신의 모든 요구사항들에 부합되고 있지 않다는 것을 발견한다. 당신은 그 집단에 대한 멤버십의 가치에 의문을 품기 시작하고, 다른 집단들을 탐색하고, 하나의 최저한의 멤버가 된다(도 14-4 참조). 만일 집단이 당신을 재포섭하기 위해서 활동하지 않는다면, 당신은 그 집단을 떠난다. 다른 집단멤버들은 흔히 자기들의 이전 동료들의 공헌들을 평가하면서 이전 멤버들에 관해서 논의한다. 탈퇴한 멤버도 또한 그 집단의 한 멤버가 되는 것의 이익들과 손실들을 기억하면서 그 집단을 돌이켜 생각한다.

만일 당신이 집단들 속에서의 당신 자신의 경험을 검토한다면, 몇 가지 사항들이 머리에 떠오를 것이다. 첫째로, 당신은 자신이 이들 단계들을 어떻게 통과했는가를 알 수 있을 것이다. 당신은 또한 어떤 시점에서 당신이 수많은 집단들의 한 멤버이며, 당신이 이들 각 집단에서의 멤버십의 상이한 단계에 있을 수 있다는 것을 알 수 있을 것이다. 끝으로, 당신이 소속하는 어떤 한 집단을 검토하면서, 당신은 그 집단이 이들 각 단계상에 있는 멤버들을 갖고 있다는 것을 발견하게 될 것이다. 이러한 의미에서, 집단은 도로상의 여러 지점들에 퍼져 있는 멤버들을 갖고 있는 일종의 고속도로와 비슷하다. 따라서 집단은 어떤 한 시점상에서 이들 다양한 단계들상에 있는 멤버들을 취급해야만 된다.

고속도로의 이미지가 우리에게 어떤 집단을 통과해 나가는 멤버들을 시각화시켜 주기는 하지만, 이것은 만일 이것이 우리에게 고정적이고 불변하는 단위들로서의 집단들을 상상하게끔 만든다면, 잘못된 것일 수도 있다. 개개 멤버들처럼, 집단들은 끊임없는 유동상태 속에 있다. 집단들은 멤버들과 꼭 마찬가지로 변화하고 발달한다. 하나의 분석은 새로운 집단들이 **형성단계**(forming stage)에서 시작한다고 시사했다(Tuckman, 1965). 이 단계 동안에, 집단멤버들은 리더를 확인하고 자기들의 과업의 성질을 논의한다. 그 다음에 집단들은 **소란단계**(storming stage)에 들어 가는데, 이 단계에서 멤버들은 자기들의 개인적 욕구들을 충족시키기 위해서 집단을 변화시키려고 든다. 각 멤버가 통제력을 장악하려고 시도함에 따라 갈등이 분출한다. **규범설정단계**(norming stage)에서 집단은 갈등의 감소에 초점을 두고서 멤버들의 행동을 인도하기 위한 규칙들을 발전시키기 위해 일한다. 네번째인 **수행단계**(performing stage)에서, 멤버들은 공동 목표들을 달성시키기 위해서 함께 일한다.

Tuckman의 분석은 주로 작은 작업집단들에 초점을 두었다. 이러한 초점을 확장시키려는 한 노력에서 Worchel 등(출간중)은 폴란드의 정당들과 연대 노동조합과 같은 더 큰 집단들과 사회운동들을 연구했다. 그들은 어떤 저명인사의 암살이나 통치집단에 의한 억압적 조치와 같은 어떤 중요한 사건이 사람들을 어떤 공동적 대의를 위해 함께 모이게끔 만들 때에 새로운 집단들이 흔히 형성되기 시작한다는 것을 발견했다. 그러면 이 새로운 집단은 Tuckman에 의해서 제안된 형성단계와 매우 비슷한 **정체확립단계**(identification stage)로 들어간다. 이 단계 동안에 집단은 자체의 정체를 확립시키는 것에 관심을 두고 있다. 이 집단은 멤버들로부터 동조를 요구하고 이탈자들을 처벌한다. 이 집단은 집단멤버들을 정의하기 위해서 어떤 제복규칙을 설정할 수 있으며, 흔히 다른 집단들과의 갈등을 야기시키는데, 이것은 이러한 갈등이 집단경계선들을 확립시키기 때문이다. 이 단계 동안에, 집단멤버들은 흔히 집단의 욕구들을 자기들 자신의 욕구들에 우선시키면서 집단의 이익을 위해서 일할 것이다. 그 다음의 **생산단계**(production stage)에서, 집단의 초점은 정체성에서 생산성으로 바뀐다. 집단은 과업목표들을 달성하는 것과 집단멤버들의 욕구들을 충족시키는 것에 관심을 두게 된다. 이러한 목표들을 달성하기 위해서 다른 집단들의 협조가 요청될 수도 있다. 그 다음에 집단들은 **개인화 단계**(individuation stage)로 들어가는데, 여기에서 초점은 개개 맴버들에게 주어진다. 멤버들은 그들이 집단으로부터 받고 있는 바를 검토하기 시작한다. 그들은 자기들의 개인적 성취들이 인정받게 되기를 원한다. 그들은 다른 멤버들과 자신을 구분짓기 위한 옷차림을 할 수도 있다. 그리고 그들은 다른 집단들에 대한 소속의 이점들을 알아 볼 수도 있다. 마지막의 **쇠퇴단계**(deday stage)에서, 자신의 욕구들을 집단으로부터 충족받지 못하는 멤버들은 불평하고 리더십과 구조상의 변화들을 요구하기 시작한다. 집단 단결력은 감소하고 새로운 집단들을 형성하기 위한 단계가 조성된다.

집단과 멤버의 발달에 관한 이러한 논의에서 몇 가지 요점들이 나타난다. 주요 요점은 어떤 집단이든 간에 끊임없이 변화하고 발달한다는 것이다. 한 시점에서 찍힌 집단의 스냅사진은 다른 시점에서 찍힌 스냅사진과는 매우 상이한 모습을 보이게 될 것이다. 집단들을 시간적 틀 속에서 논의하는 것이 중요하다(McGrath, 1988). 더 나아가서, 집단들과 그 멤버들의 발달과정은 어떤 예언가능한 패턴을 따르는 것 같다. 이것은 모든 집단들과 모든 멤버들이 단계적 양식으로 정확하게 동일한 과정을 밟는다고 말하는 것은 아니다. 그렇지만, 대개의 경우에 발달에는 어떤 순서가 있다. 끝으로, 집단멤버들에 의해 경험된 변화들이 집단에 영향을 주며 집단내의 변화들이 멤버들에게 영향준다는 것을 인식하는 것이 중요하다. 이 점을 이해하기 위해서, 당신은 당신 자신의 가족을 검토해 볼 수도 있을 것이다. 당신의 대학입학과 같은 사건들은 가족의 이사가 당신에게 영향을 주었던 것과 꼭 마찬가지로 아마 당신의 가족의 성질을 변화시켰을 것이다. 집단들의 이와 같은 역동적 모습을 염두에 두고서, 이제 집단 생산성의 기본 특징들을 보다 더 면밀하게 살펴 보자.

집단 생산성

집단에 관한 초기의 연구들 중의 몇 개는 집단 생산성과 개인 생산성을 비교하는 문제에 관심을 두었다. 사람들이 해결할 어떤 문제나 완수할 어떤 과업이 있다고 가정할 때, 각 개인이 그 문제나 과업을 수행하도록 하는 것이 더 나은가, 아니면 그들을 한 집단으로 모아서 함께 일하도록 만드는 것이 더 나은가? 예컨대, 어떤 회사의 당면한 노사문제나 기술문제에 대해서 관계된 간부들이나 직원들에게 각자 해결책을 내놓게끔 만드는 것이 더 나은가, 아니면 그들을 함께 모아서 해결책을 내놓게끔 만드는 것이 더 나은가?

이와 같은 의문에 답변하기 위해서, 우리는 문제를 해결하는 데에 있어서 집단이 개인들보다 더 효율적인지를 알 필요가 있다. 이러한 문제는 답변하기가 간단한 것 같다. 우리는 한 집단의 사람들에게 어떤 해결할 문제를 단순하게 주고서 집단의 수행과 개인의 수행을 비교할 필요가 있다. 그러나 이러한 절차는 몇 가지 곤란한 의문을 제기시킨다. 6인 집단의 수행을 혼자서 일하는 개인의 수행과 비교하는 것이 공정한 일인가? 확실히 어떤 문제를 풀기 위해 일하는 6인은 개인적으로 작업하건 함께 작업하건 간에 혼자서 작업하는 1인보다 정답은 내놓을 더 많은 가능성을 갖게 될 것이다.

정말로, 이 의문은 이제 두 개의 의문으로 구분되며, 우리는 조직체들과 직무집단들의 기능에 초점을 두고 있는 조직심리학자들의 핵심적 관심사의 한 영역으로 들어가고 있다. 한 가지 의문은 효과성(effctiveness)에 관한 것이다. 여기에서 우리는 집단이 혼자서 일하는 개인보다도 올바른 해답을 찾아낼 가능성이 더 많은지를 물을 수 있다(Pritchard 등, 1988). 두번째 의문은 효율성(efficiency)에 관한 것인데, 이 용어는 손실들과 보수들에 관계하고 있다. 우리는 집단이 개인보다 어떤 정답을 내놓을 가능성이 더 많다는 것을 발견할 수도 있지만, 과업에 투입된 개인당 시간상의 손실은 어떠한가? 6인 집단은 개인의 효율성과 같게 되기 위해서는 개인보다 6배 빨리 정답을 찾아내야만 할 것이다. 우리는 효과성과 효율성에 관한 자세한 논의를 할 시간과 지면이 부족하다. 여기에서 우리의 관심은 집단 속에서 일하는 특정 숫자의 사람들에 비한 혼자서 일하는 동일한 숫자의 사람들의 효과성에 있다. 다시 말해서, 집단 속에 있는 것이 훌륭한 제품을 생산하거나 어떤 문제에 대한 정답을 발견할 기회를 증가시키거나 감소시키는가? 우리는 어떻게 이러한 의문에 대한 해답을 알아낼 수 있는가?

한 가지 가능성은 혼자서 일하는 6명의 사람들의 작업양을 합치거나 평균하는 것이다. 이러한 조치는 하나의 **명목집단**(nominal group : 독립적으로 문제를 푸는 몇 명의 사람들)을 이룰 것이다. 명목집단의 해답과 실제 집단의 해답의 비교는 집단 속에서 작업하는 것이 문제해결에 도움이 되었는지를 나타내 줄 것이다. 이것은 집단생산성의 분야에서의 연구들이 진행시켜 온 통상적인 방법이다. 이 문제를 달리 접근해서, 우리는 집단의 작업결과와 혼자서 일하는 6인 중의 최우수자의 작업결과를 비교할 수 있다. 그렇지 않으면, 우리는 집단이 명목집단의 최열등자보다 더 효과적인지를 알아보기 위해서 집단의 작업결과와 명목집단의 최열등 멤버의 작업결과를 비교할 수 있다. 이러한 모든 의문들은 집단이 개인보다 더 생산적인지를 결정짓는 데에 중요하며, 연구들은 이것들의 각각을 취급하여 왔다.

집단 생산성에 관한 초기의 연구들은 연구들을 인도할 이론이나 구조가 없이 되는 대로 진행되었다. 하나의 초기의 실험에서, Shaw(1932)는 개인들과 집단들에게 다음과 같은 문제에 대한 해답을 내놓도록 요구했다.

> 강의 한쪽에 세 명의 부인과 세 명의 남편이 있다. 모든 남자들이 노를 저을 수 있지만 여자들은 모두 노를 저을 수 없다. 한 번에 세 명만을 나를 수 있는 배로 이들 모두를 강을 건너게끔 만든다. 남자들은 자기 부인이 반드시 자기와 함께 강을 건너기를 원하며, 자기 아내를 다른 남자와 함께 있게끔 허용하지 않을 것이다.

Shaw는 집단들의 60%와 혼자서 문제를 푼 개인들의 14%가 이 문제에 대한 정답을 내놓았다는 것을 발견했다.

이들 초기의 연구들이 집단들이 개인들보다 일반적으로 더 효과적이었다고 시사했지만, 보다 더 최근의 노력들은 집단의 이점을 설명하고 이 이점이 가장 일어나기 쉬운 경우를 알아내는 데에 초점을 두어 왔다.

예컨대, 작업집단들에 관한 주의깊은 검토는 집단들이 집단멤버들 중의 한 명이 정답을 알아냈을 때에만 개인들보다 문제해결에서 더 효과적이었다는 것을 발견해 왔다(Laughlin과 Futoran, 1985). 이것은 다소 시시한 진술인 것처럼 여겨질 수도 있지만, 이것은 집단 생산성을 이해하는 난제를 위한 중요한 부분을 기여하고 있다. 어떤 문제를 해결하는 것은 적어도 두 단계를 포함한다. 하나는 정답을 발전시키는 것이고 다른 하나는 그 해답이 정답이라고 인식하고 그것을 택하는 것이다. 이러한 발견은 집단들이 혼자서 작업하는 개인들보다도 해답을 내놓는 데에 반드시 더 우수하지는 않지만, 정답이 일단 제시되게 되면 정답을 인식하는 데에 더 우수하다는 것을 시사한다.

비록 우리가 집단들이 정답을 확인하는 데에 우수하다는 입장을 취하고 싶겠지만, 우리는 이러한 진술을 완전하게 하기 위해서 한 가지 단서사항을 덧붙여야만 된다: 집단들은 특히 정답들이 집단내에서 높은 지위를 가진 멤버들에 의해서 제시되게 될 때, 정답을 인식하고 채택하는 데에 우수하다. B-26 폭격기 승무원들의 문제해결을 검토했던 한 연구에서, 정답이 높은 지위의 파일럿들에 의해 제안되었을 때에 94%의 경우에서 정답을 인식했고 채택했다는 것이 발견되었다(Torrance). 그러나 정답이 승무원들 중에서 가장 낮은 지위의 포수에 의해 제안되었을 때, 이것은 승무원들에 의해 62%의 경우만 채택되었다.

집단들이 가장 효과적일 때를 알아내기 위한 시도에서, Steiner(1972, 1976)는 집단의 효과성이 **과정손실**(process loss), 즉 집단의 잠재능력과 실제의 생산성 사이의 차이에 의존한다고 시사했다. 두 가지 유형의 과정 손실들이 집단들에서 일어날 수 있다. 첫째로, **조정손실**(coordination loss)은 집단이 개개 멤버의 기여들을 얼마나 잘 종합하고 활용하는가에 의해서 결정된다. 예컨대, 배를 저어나갈 때에 모든 멤버들이 상이한 시간에 노를 저을 경우에는 조정손실이 높을 것이다. 이러한 노선에 따라, 몇 명의 연구자들은 리더들에 대한 결정적 과업이 집단멤버들의 활동들을 감시하고 조정하는 것이라고 시사해 왔다(Komaki 1986; Komaki 등, 1989). 둘째로, 멤버들이 과업 속으로 자기들의 최대의 노력을 투입하지 않을 때에 **동기손실**(motivation loss)이 일어난다.

우리가 알 수 있는 바와 같이, 집단 생산성에 대한 이러한 접근들을 자원들과 적절한 인원 자체가 집단의 성공을 보장하는 데에 충분치 못하다고 시사한다. 집단은 이러한 인재들을 함께 융합시키고 그 멤버들이 기여하게끔 동기화시켜야만 된다. 많은 요인들이 이것을 행하는 집단의 능력에 영향을 준다. 두 가지 이러한 요인들이 과업유형과 집단특징들이라는 제목하에 들어간다.

과업유형과 수행

Steiner는 과업들의 한 분류체계를 제안했다. 그는 모든 과업들이 동일한 요구사항들을 갖고 있지 않으며, 과업의 수행잠재능력이 과업의 요구조건들에 의해 영향받고 있다고 지적했다. 이러한 상황을 전제할 때, 집단들에 대해 과업의 유형을 인식하고 과업을 수행하기 위한 적절한 책략을 발전시키는 것이 중요하다.

비접합과업들 　**비접합과업**(disjunctive task)은 이것 아니면 저것 식의 의사결정을 요한다. 앞에서 제시되었던 3명의 남편과 3명의 부인의 문제는 하나의 비접합과업이다. 이 문제에서, 집단은 몇 개의 대안적 해답들 중에서 결정해야만 된다. 이 집단은 집단멤버들 중의 최소한 한 명이 정답을 제시하지 않는다면 정답에 도달할 가능성이 없다. 비접합 과업에서, 집단의 최대의 잠재능력은 가장 유능한 멤버의 능력에 달려 있다. 덜 유능한 멤버들이 자기들의 노력이 중요치 않다고 지각하기 때문에 동기손실이 있을 수 있다.

접합과업들 　**접합과업**(conjunctive task)에서, 모든 집단멤버들이 기본적으로 동일한 하위과업을 수행하며, 집단의 전체 수행은 이들 하위과업들의 조합에 달려 있다. 예컨대, 한 팀의 등산반원들의 최대의 수행은 그 집단의 가장 유능치 못한 멤버의 잠재능력에 달려 있다 : 이 등산인들의 집단은 가장 느린 사람보다 더 빨리 산의 정상에 도달할 수가 없다. 이와 같은 접합과업들에서, 집단이 단 한 명의 무능한 멤버에 의해서 심하게 벌점을 받게 될 것이므로, 그 집단 내의 개인들의 평균수행은 그 집단의 수행보다 더 우수할 것이다. 비접합과업에 비해서, 접합과업에서 가장 유능한 멤버들이 자기들의 노력을 감소시키기 때문에 동기손실이 생기게 되기 쉽다.

가산과업들 　**가산과업**(additive task)의 최종적 집단생산은 집단멤버들의 노력들의 합계이다. 줄다리기 경기는 하나의 가산적 과업이다. 어떤 가산과업에서 일하는 집단의 생산은 비록 집단 내의 보통의 개인이 혼자서 수행하고 있는 단일 개인 만큼 열심히 수행하지 않을지라도, 단일 개인의 생산보다 거의 항상 더 우수할 것이다. 이와 같은 경우가 프랑스인 농업 엔지니어인 Ringelmann(1913)이 농부들이 사용하는 잡아당기기 기법들을 연구했을 때에 일어났다. 그는 줄에서 혼자 당기는 한 명의 남자가 63 kg의 평균 힘을 쓴 반면에 8인 집단이 248 kg의 평균 힘을 썼다는 것을 발견했다. 따라서 비록 8인 집단의 각 멤버가 단지 평균 31 kg의 힘을 썼을지라도, 집단이 개인보다 더 우수했다.

조정손실과 아울러 동기손실이 가산과업들에 일어날 수 있다. 멤버들의 노력이 최대의 노력을 얻기 위해서 조정되는 것이 중요하다. 예컨대, 만일 노력들이 동시에 이루어지지 않는다면, 모든 멤버가 줄다리기 과업에 최대의 노력을 기울이는 것도 별로 훌륭치 못할 것이다. 우리가 사회적 태만에 관한 논의에서 보게 되는 바와 같이, 만일 멤버들이 최종의 집단생산에 대해 책임을 느끼지 않는다면 동기손실이 일어날 것이다.

임의과업들 임의과업(discretionary task)은 집단이 어떤 집단적 의사결정에 도달하는 것을 요한다. 예컨대, 등산할 때에 어느 코스로 갈 것인가를 결정하는 것은 하나의 임의적 과업이다. Steiner가 지적한 바와 같이, 이러한 결정은 비접합과업처럼 이것 아니면 저것 식의 해답을 포함하지는 않는다. 더욱이, 최종의 집단결정은 몇 가지 방식으로 도달될 수 있다. 등산반원들은 자기들의 리더의 판단에 전적인 비중을 둘 수도 있다. 그렇지 않으면, 집단의사결정은 각 멤버의 코스의 평균을 취함으로써 도달될 수도 있다. 따라서 임의과업들은 집단이 어떤 의사결정에 도달할 수 있는 몇 가지 대안적 수단들의 사용을 허용하며, 집단의 결정은 선택되는 수단에 의해 강하게 영향받게 될 것이다. 이러한 이유로, 조정손실이 이러한 유형의 과업에서 부딪치는 주요 문제이다.

집단 특징들과 생산성

집단의 생산성은 집단이 수행하고 있는 과업의 유형과 마찬가지로 집단의 특징들에 의해서 강력하게 영향받을 수 있다. 한 가지 중요한 특징은 집단의 크기이다. 에베레스트산의 정복은 보다 더 많은 숫자의 등산반원들에 의해서 더 쉽게 올라갈 수 있을 것인가? 우리는 또한 멤버들의 상호 감정들을 검토할 수 있다. 어떤 새로운 높은 산을 정복하려는 등산반원들은 서로 잘 알고 좋아하는 멤버들을 찾을 수 있다. 이러한 요인이 등산의 성공에 대해 중요한가, 아니면 등산의 전문성에만 근거해서 등산반원들을 모집했을 경우에도 똑같이 성공을 거둘 수 있을 것인가? 집단멤버들의 성격특징들과 집단의 특수한 구조와 같은 많은 다른 특징들이 고려될 수 있다. 그러나, 여기에서 우리는 집단이 크기, 응집성 및 구성에 초점을 둘 것이다.

집단 규모 에베레스트산의 등산을 계획할 경우에, 등산대원의 숫자를 정하는 것은 예산과 장비의 크기에 의해 결정될 수 있을 것이다. 예산과 장비가 충분할 경우에, 집단멤버의 숫자가 클수록 성공할 가능성이 더 높을 것인가?

큰 크기의 집단이 작은 크기의 집단보다 더 우수하게 수행한다고 기대할 수 있는 많은 이유들이 있다. 만일 과업이 비접합적인 것이라면, 집단이 클수록 어떤 사람이 해답을 갖고 있을 가능성이 더 크다. 만일 과업이 가산적인 것이라면, 각각의 부가적 멤버는 집단에다가 무엇인가를 첨가시킬 것이고, 따라서 큰 집단이 작은 집단보다 더 우수하게 수행할 것이다.

그러나 집단크기(group size)를 증가시키는 것은 또한 문제를 일으킨다. 한 가지는 조정손실이다. 6인의 등산대원들의 일을 조정하는 일은 비교적 쉬울 것이다. 만일 60명의 등산대원이 있다면, 각 멤버가 정확한 시각에 올바른 과업을 수행하는가를 알아내는 문제는 훨씬 더 곤란할 것이다. 멤버들의 노력을 조정하려는 일에 시간과 노력이 소모될 수 있을 것이다.

큰 집단들에서 보다 더 심각한 문제는 집단멤버들의 동기와 불만이다. 수많은 연구들이 집단크기가 증가할수록 집단멤버들의 일하려는 동기와 집단에 대한 만족이 감소된다는 것을 발견해 왔다. 예컨대, Wicker와 그의 동료들(1976)은 작은 집단들보다도 큰 집단들에서 관여의 더 큰 변산을 발견했다. 큰 집단들에서 어떤 멤버들은 매우 관여된 반면에 다른 멤버들은 거의 관여를 느끼지 않았다. 만일 당신이 자신이 일했던 큰 집단을 돌이켜 생각해 보면, 당신은 어떤 "혼잡 속에 빠진" 느낌을 회상할 수 있을 것이다. 이러한 느낌은 당신이 그 집단에 기여하려는 욕망을 감소시킨다. 작은 크기의 집단 속에서, 각 멤버는 자신이 어떤 중요한 역할을 담당했다고 느낄 수 있다. 그렇지만 멤버들이 훨씬 더 많게 되면, 멤버들이 자신의 개인적 기여의 중요성을 느끼게 될 가능성이 적어지게 될 것이다. 그 결과로, 멤버들은 과업을 달성하기 위해서 매우 열심히 노력하지 않을 수 있다.

다른 문제는 큰 집단크기가 멤버들에게 억제되어 있다고 느끼게끔 만들 수 있다는 것이다. 아무도 큰 집단의 앞에서 바보가 되는 것을 원치 않는다. 따라서, 큰 집단들 속에서, 멤버들은 제안들을 보류할 것이다. 당신은 아마 자신이 대형 강의에서 어떤 질문을 하려고 생각해 왔을 때에 이와 같은 억제들을 느꼈을 것이다. 당신은 어떤 질문을 하기 위해 손을 들었고, 교수는 당신을 지목한다. 갑자기 당신은 300명의 학생들의 두 눈이 당신에게 집중되는 것을 느낀다. 압력이 가해진다. 당신은 어떤 "훌륭한" 질문을 제시해야만 된다는 것을 느낀다. 당신은 이와 같은 경험을 아슬아슬하게 넘기고서, 또다시 그러한 입장에 처하게 되지 말자고 맹세한다.

전반적으로, 집단의 크기를 증가시키는 것에는 장점들과 단점들이 있다. 큰 집단들은 과업에 투입시킬 더 많은 자원들을 갖고 있지만, 크기의 증가는 또한 큰 과정손실의 가능성을 증가시킨다. 집단과 멤버의 발전에 관한 앞에서의 우리의 논의를 회상할 때, 우리는 큰 집단들이 새로 형성되고 있고 멤버들이 명확한 역할을 갖고 있지 않을 때에 특히 곤란하게 된다는 것을 예상할 것이다. 이와 비슷하게, 큰 집단은 자기들에 대한 수용에 대해 걱정하고 있는 새로운 멤버들에 대해서 아마 가장 큰 곤란을 줄 것이다. 뒤에, 우리는 배심원들을 검토할 때에 집단크기가 집단들이 과업을 수행하는 방식에도 또한 영향을 준다는 것을 보게 될 것이다.

응 집 성 집단행동에서 가장 많이 연구된 변인들 중의 하나는 응집성이다. 우리는 응집성(cohesiveness)을 멤버들이 집단에 머무르고 싶어하는 욕망이라고 가장 잘 정의할 수 있다 ; 앞에서 기술된 바와 같이, 이것은 흔히 집단멤버들이 서로 얼마나 매력을 갖고 있는가를 조사함으로써 측정되고 있다. 제기될 수 있는 하나의 중요한 의문은 매우 응집성있는 집단들이 응집성이 더 적은 집단들보다 더 우수하게 수행하는가이다. 이러한 의문에 대한 우리의 첫 반응은 "확실하다"일 것이다. 어떤 집단의 멤버들이 서로 싫어할 경우에 몇 달 동안 어떤 모험적 과업을 함께 수행해 나가기가 얼마나 어려운 것인가는 쉽게 상상될 것이다.

몇 개의 연구들은 우리의 첫 판단이 옳다는 것을 시사해 왔다. 일반적으로, 집단멤버들은 응집성있는 집단들 속에서 더 행복했고 더 만족을 느꼈다(Zander, 1982). 작업수행을 살펴보면서, Van Zelt(1952)는 목수들과 벽돌공들로 구성된 작업집단들을 조사했다. 어떤 집단들에서 작업자들은 모두 서로 좋아했고(높은 응집성), 다른 집단들에서 더 적은 숫자의 작업자들이 서로 좋아했다. 응집성이 높은 집단들의 작업자들이 더 큰 직무만족을 나타냈고 더 적은 전직과 더 적은 결근을 보였다. 응집성이 높은 집단들은 또한 더 높은 수준에서 수행했다. 배구와 야구 팀들에 관한 연구들은 응집성있는 팀들이 일반적으로 승리하는 팀들이라는 것을 발견했다(Bird, 1977; Long, 1972).

일본의 기업체들은 응집력있는 작업집단들을 만들기 위해서 오랜 동안 힘을 기울여 왔다. 그들은 동일한 학교출신의 친구들을 채용했고 친구들을 동일한 작업팀에 배정하려고 노력했다. 그들은 자기들의 직원들을 위해서 파티들과 친목회들을 후원했다. 회사에 대한 개입을 증가시키기 위해서, 그들은 직원들에게 평생 일터를 약속했고, 큰 액수의 보너스를 주었고, 심지어 직원들을 위한 값싼 주택을 제공해 왔다. 이러한 노력들의 한 가지 결과는 일본인 근로자들이 회사를 바꾸는 일이 드물다는 것이다.

이러한 연구들이 응집성의 장점들을 강력하게 지지하고 있지만, 문제의 다른 측면이 있다. 첫째로, 몇 명의 조직심리학자들은 응집성과 수행 간의 관계의 성질에 의문을 제기해 왔다. 행복한 집단이 생산적인 집단일 수도 있지만, 이 관계는 또한 정반대 방향일 수도 있다고 이들 연구자들은 시사한다. 즉, 생산적인 집단이 행복한 집단일 수도 있다. 연구 (Porter와 Lawler, 1968)는 성공이 집단응집성을 증가시킨다는 것을 발견해 왔다. 다른 연구는 응집성의 긍정적 이미지를 다소 훼손시킨다. 즉, Terborg 등(1976)은 응집성과 생산성 간에 관계가 없음을 발견했다.

이러한 마지막 효과에 대한 몇 가지 이유들이 있다. 가장 중요한 것들 중의 하나는 응집성있는 집단의 멤버들이 응집성이 적은 집단의 멤버들보다도 자기들의 집단에 의해서 더 많이 영향받고 있다는 것이다(McGrath, 1984). 다시 말해서, 어떤 집단에 매우 매력을 느끼고 있는 사람들은 그 집단에 의해서 설정된 규범들에 동조한다. Roethlisberger와 Dickson(1939)에 의해서 연구된 미국의 서부전기회사 공장에서처럼, 어떤 경우들에서 이들 규범들은 작업수준을 개인의 잠재능력 이하로 설정해 둘 수도 있다. 이것이 일어나게 될 때, 응집성있는 집단의 멤버들은 집단규범에 부합시키기 위해서 자기들의 생산성을 감소시킬 것이다. 응집성의 다른 가능한 영향은 멤버들이 집단의 방향에 대해 의문을 제기하기를 꺼려하게 될 것이라는 것이다. 집단 내에 존재하는 긍정적 분위기를 유지시키려는 욕망에서, 멤버들은 심지어 그들이 집단이 틀렸다고 느낄 때에라도 계속 침묵을 지킬 수 있다. 우리는 우리가 집단사고를 검토할 때에 이러한 상황에서 생길 수 있는 재난이 되는 결과들을 보게 될 것이다.

최종적 분석에서, 우리는 응집성이 대개 집단의 생산성을 증가시킨다고 결론지을 수 있다. 그러나, 이러한 법칙에는 또한 고려되어야만 될 예외들이 있다. 따라서 응집성있는 집단멤버들간의 동지애는 그들의 과업성공에 기여하기 쉽겠지만, 확실히 그렇다고는 말할 수 없다.

집단구성: 집단수행의 성차들 대부분의 모험적인 과업들이 전(全)남성 집단에 의해서 수행되어 왔다고 간주될 수 있다. 히말라야 등반과 같은 과업들이 전(全)여성 집단

이나 혼성 집단에 의해서 수행되었을 경우에 그 결과들은 어떠할 것인가? 연구자들은 50년 이상 동안 남성과 여성 집단들을 비교하는 데에 관심을 두어 왔다. 이 문제는 남녀평등이 표어로서 내세워지고 여성이 노동력의 모든 수준들에서 점점 더 중요한 역할을 하고 있는 오늘날의 사회적 및 경제적 풍토에서 특히 중요하다.

성차들의 문제를 취급함에 있어서, 우리는 먼저 전남성 집단들이 전여성 집단들보다 더 우수하게 수행하는지를 물을 수 있을 것이다. 이러한 의문에 관한 52개의 연구들에 대한 한 평론에서 Wood는 증거가 몇 가지 유형의 과업들에서 전남성 집단들이 전여성 집단들보다 더 생산적이라는 것을 시사한다고 결론지었다. 더 나아가서, 연구들은 남성들 일반이 보다 더 과업지향적인 반면에 여성들이 사회적 요인들과 감정들 쪽으로 더 지향되어 있다는 것을 시사했다(Carli, 1982; Amancio, 1989; Wood, 1987). 그러나 이러한 일반적 진술은 이야기의 일부에 지나지 않는다. 연구들에서 사용된 많은 과업들이 수학이나 기계능력들을 포함하는 "남성지향적" 문제해결과업들이다. 남성들은 혼자서 작업할 때에 흔히 이러한 과업들에서 여성들보다 더 우수하게 수행하며, 따라서 우리는 집단적 효과도 또한 남성들에게 유리할 것을 예상할 수 있을 것이다. 남성과 여성 집단들 간의 차이들은 그들의 과업들이 덜 성유형화된 것일 때에 감소한다.

연구들은 다른 흥미있는 문제를 제기한다. 대부분의 집단들이 잘 기능하기 위해서, 과업행동과 집단내의 사회적 상호작용에 주의가 집중되어야만 된다. 앞에서 우리는 응집성있는 집단들이 일반적으로 갈등과 불만을 경험하는 멤버들을 갖고 있는 집단들보다 더 우수하게 수행한다는 것을 본 바 있다. 만일 남성이 지배적으로 과업지향적인 경향이 있고 여성이 집단의 감정들에 관심을 두고 있다면, 우리는 혼성집단들이 동성집단들보다 더 우수하게 기능할 것이라고 기대해야만 될 것이다. 실제로, 이 주제에 관해서 수행되어 온 몇 개의 연구들은 혼성집단들이 동성집단들(전 남성이나 전 여성)보다 더 우수하게 수행한다는 것을 나타낸다. 혼성집단들이 더 광범한 스타일들과 능력들을 갖고 있으므로, 이들 집단들이 당면하는 문제는 이러한 다양성을 최대로 활용하는 것이다. 이러한 문제의 하나의 흥미있는 일면은 파트너의 행동에 미치는 성별의 영향에서 찾아질 수 있다. Carlic(1989)은 남성과 아울러 여성 피험자들이 그들이 여성 작업파트너와 짝지어졌을 때에 보다 더 많은 사회지향적 행동을 보였고 그들의 파트너가 남성이었을 때에 보다 더 많은 과업지향적 행동을 보였다는 것을 발견했다.

이제 우리가 이러한 문제들을 검토했으므로, 우리는 과업들을 수행하려는 사람들에 대해 집단멤버들의 구성에 관해서 무엇을 충고해 줄 수 있겠는가? 그들에 대해 우리가 제시할 수 있는 가장 중요한 제안은 그들이 수행하고자 하는 과업을 주의깊게 검토하라는 것일 것이다. 어떤 과업들은 한쪽 성의 멤버들에게 가장 적합할 수 있다. 그러나 과업들의 성질과 작업상황이 남성이나 여성에게 유리하지 않다는 것을 가정한다면, 혼성집단이 집단의 최대의 기능을 위해서 고려되어야만 될 것이다.

집단의사결정

지금까지 집단에 관한 우리의 검토는 집단이 얼마나 잘 그리고 얼마나 빨리 특정의 직무를 완수하거나 어떤 생산물을 만들 수 있는가에 주로 초점을 두어 왔다. 이러한 면에서, 우리는 어떤 탐험대의 탐험을 하나의 직무나 생산물이라고 간주할 수 있으며, 그 집단이 얼마나 잘 수행했는가를 질문할 수 있다. 그러나, 만일 우리가 그 탐험을 보다 더 주의깊게 검토한다면, 우리는 그 집단이 많은 과업들을 수행할 것을 요구받고 있다는 것을 발견한다. 몇몇 과업들은 장비를 만들거나 험난한 길을 통과해 가는 것과 같은 어떤 특수한 생산물을 내놓는 데에 관계되어 있다. 많은 과업들은 어떤 코스를 택할 것인가와 얼마나 많은 식량을 가지고 갈 것인가와 같은 의사결정들을 행하는 것에 관계되어 있다. 생산물들을 만들어 내기 위해서, 집단들은 흔히 일하는 방법과 최종 생산물의 종류에 관한 의사결정들을 행해야만 된다. 배심원들과 같은 집단들의 유일한 과업은 어떤 의사결정을 행하는 것이다. 그러므로, 이제 물질적 생산물들에 관한 의문으로부터 우리의 관심을 돌려서, 특수한 유형의 생산물, 즉 집단의사결정들에 초점을 두어보자.

집단사고

우리는 집단들이 개인들보다도 더 우수한 의사결정들을 행할 것이라고 믿을 만한 많은 이유들을 갖고 있다. 집단들은 상이한 경험들, 전문성 및 관점들을 지니고 있는 멤버들을 갖고 있다. 응집성에 관한 우리의 앞의 논의에 기초해서, 우리는 더 나아가서 응집성이 높은 집단들이 멤버들의 다양한 재능들을 가장 잘 활용하고 최선의 의사결정들에 도달할 것이라고 예상할 수 있을 것이다. 정말로, 집단이 흔히 분리된 개인들보다도 더 우수한 의사결정들을 행한다는 증거가 있다(Shaw, 1981). 그러나 이와 정반대되는 것에 관한 매우 많은 예들이 있어서 우리는 집단들이 항상 우수한 의사결정자들이라고 결론지을 수 없다. 집단이 좋지 못한 의사결정을 행했던 상황에 관한 가장 분명한 예들 중의 하나가 1961년 4월 17일에 일어났다. 그 날짜에 1400명의 쿠바인 망명객들이 미국에서 쿠바의 픽스만에 상륙했다. 그들의 사명은 해안 교두보를 확보하고 에스카브레이 산맥에서 쿠바인 반란군들과 합류하는 것이었다. 이들 병력들은 함께 연합해서 카스트로 수상을 전복시키는 반란에 쿠바인들을 규합시킬 것으로 기대되었다. 이 망명객들은 미국에 의해서 무장되었다. 그들의 임무는 전세계의 최고의 정보기관들 중의 하나인 미국 정보부(CIA)에 의해서 계획되었으며 그 당시의 가장 인기있는 지도자들 중의 하나인 미국의 케네디 대통령에 의해서 승인되었다. 이러한 모든 이점들에도 불구하고, 전체 계획은 완전히 실패했다. 카스트로의 군대는 침공에 대해 잘 준비되었으며, 쿠바 국민들의 불만이 거의 없었으며, 80마일이나 되는 밀집한 늪지대가 픽스만과 에스카브레이산맥을 분리시켰다. 침공한 지 이틀 이내에, 망명객들은 카스트로의 군대에 포위되었으며 전병력은 사살되거나 생포되었다. 미국은 심한 정치적 타격을 입었고 전세계의 국가로부터 격노와 분개의 공세를 받게 되었다. 침공이 실패했던 이유를 알아내기는 쉽다. 그러나, 어떻게 이와 같이 잘못된 계획이 세워졌고 실시되었는가를 알아내기는 그리 쉽지 않다. Janis (1972, 1982)는 픽스만의 대실수와 이와 비슷한 대실책들(진주만 피습에 대한 대비의 부족과 월남전에 대한 미국의 개입증가)을 일으킨 의사결정과정을 주의깊게 분석했다. 이러한 분석들로부터, 그는 "집단사고"의 어떤 상황이 응집성있는 의사결정집단들에서 발전될 수 있다고 결론지었다. Janis에 의하면, 집단사고(groupthink)는 "사람들이 어떤 응집성있는 집단 속에 깊게 몰입되어 있을 때, 만장일치를 얻으려는 멤버들의 노력이 대안적 행동코스들을 현실적으로 평가하는 그들의 동기에 우선할 때에 사람들이 행하는 하나의 사고양식이다"(1972, p. 9). 다시 말해서, 집단사고는 집단들 내에서의 과도한 의견일치 추구이다 (t"Hart, 1988).

Janis와 그의 동료들(Janis와 Mann, 1977)은 집단사고과정을 보여 주는 한 모형을 개발했다. 도 14－5의 선행조건들이 나타내고 있는 바와 같이, 집단사고는 3개의 주요 원인들을 갖고 있다. 하나는 응집성이 높은 집단이다. 두번째 조건은 조직체의 구조적 결함들이다. 타인들의 세밀한 검토로부터 비교적 분리되어 있고 유사한 태도들과 배경들을 지니고 있는 멤버들을 갖고 있는 집단들은 집단사고를 보이기가 가장 쉽다. 공정한 채로 남아 있지 않은 어떤 강력하고도 존경받는 리더의 존재는 집단사고의 무대를 설정하는 것을 도와 주는 다른 구조상의 문제이다. 실제로, 최근의 연구는 리더의 행동이 집단의 응집성보다도 집단사고에 대해 더 책임있다는 것을 시사한다(t"Hart와 Kroon, 1988; Vinokur 등, 1985). 세번째 조건인 "도전적인 상황적 맥락"이란 단지 집단이 상당히 많은 스트레스하에 있고 멤버들이 과거의 실패들이나 그들의 과업의 곤란성에 의해서 낮아진 자존심을 가질 수 있다는 것을 의미한다.

집단사고를 일으키는 이들 요인들은 여러 가지 관찰가능한 결과들을 갖는다. 당신은 이것들을 도 14－5에서 알아볼 수 있으며, 따라서 보다 더 흥미있는 결과들 중의 몇 개만을 간단하게 살펴보자.

1. 집단은 무취약성(invulnerability)의 착각을 발전시킨다. Schlesinger(1965)가 보고한 바와 같이, 케네디 집단은 자기들이 완전무결한 집단이라고 느꼈다. 그들은 모든 일들을 올바르게 처리해 왔으며, 모든 난관들을 극복하고서 선거에서 승리했다. 그들은 의기양양했으며, 실패의 가능성은 거의 안중에 없었다.

2. 집단멤버들은 자기들 자신이 높은 도덕성을 갖고 있다고 본다. 케네디의 보좌관들은 자기들 자신을 공산주의라는 악한 힘과 싸우고 있다고 보았다.

3. 집단멤버들은 공통적 고정관념들을 함께 갖고 있다. 픽스만의 사례에서, 케네디의 각료들은 쿠바인들이 싸움할 수 없는 한 무리의 오합지졸의 산적들이라는 서로의 견해를 강화시켰다.

4. 가장 비참한 결과들 중의 하나는 집단이 어떤 의견일치와 만장일치의 착각을 발전시키는 것이다. 각자는 단순하게 다른 집단멤버들이 동일한 의견을 갖고 있고 모든 사람들이 일치하는 문제들에 대한 토의를 고무시킬 필요가 전혀 없다고 가정한다.

5. 이러한 착각의 결과로, 동조쪽으로의 강한 집단압력이 있으며 집단멤버들은 부동의를 나타내기를 꺼려한다. 집단의 한 멤버나 멤버들은 "심적 자세의 감시"(mind guard)를 담당하는 역할을 맡으며 의견일치와 집단의 응집력있는 느낌을 보호하려고 노력한다.

선행조건들		집단사고의 결과들	결함있는 의사결정의 결과들
① 높은 응집성 ② 집단의 격리 ③ 조사와 평가를 위한 방법론적 절차들의 부족 ④ 지시적 리더십 ⑤ 리더나 기타의 영향력 있는 인물들이 선호하는 해결책보다 더 나은 해결책을 찾아내는 데 대한 희망의 정도가 낮은 데 대한 높은 스트레스	의견일치 추구경향	① 무취약성의 착각 ② 집단적 합리화 ③ 집단의 본래의 도덕성에 대한 믿음 ④ 외집단들에 관한 고정관념들 ⑤ 부동의자들에 대한 직접적 압력 ⑥ 자기검열 ⑦ 만장일치의 착각 ⑧ 혼자서 정한 심적 자세의 감시들	① 대안들의 불완전한 조사 ② 목적들의 불완전한 조사 ③ 선호된 선택의 위험성들의 검토 실패 ④ 좋지 못한 정보탐사 ⑤ 입수된 정보의 처리에서의 선택적 편향들 ⑥ 대안들의 재평가의 실패 ⑦ 우발사고 대비계획들의 작성 실패

도 14-5. 정책결정집단들에 의한 높은 질과 낮은 질의 의사결정들의 비교들에 기초된 집단사고의 분석
자료원 : Janis(1972).

6. 다른 가능한 결과는 집단 속에서 발전하고 모든 대안들의 검토를 저지시키는 토의패턴이다. 집단 커뮤니케이션에 관한 하나의 주의깊은 분석에서, 연구자들(Stasser와 Titus, 1985)은 정보는 이것이 모두나 대부분의 집단멤버들이 함께 갖고 있을 경우에 집단토의에 포함되기가 더 쉽다는 것을 발견했다. 집단들은 대부분의 집단멤버들이 이미 알고 있지 못한 독특한 정보를 고려하기를 피하는 경향이 있다. 더 나아가서, 집단토의는 일반적으로 집단 내에 이미 있는 선호들을 찬성하는 쪽으로 편향되어 있다. 이러한 경향성은 케네디의 각료들 중의 단 한 사람이 픽스만에서 존재했던 조건들을 알았을 경우에, 비록 이 시초의 멤버가 그것들을 검토하자고 제안했을지라도 다른 멤버들이 그 정보를 많이 고려했을 것 같지는 않다고 시사한다. 이러한 효과는 그 멤버가 집단내에서 낮은 지위를 갖고 있을 경우에 특히 일어나기가 쉽다.

지금까지 다소 우울한 양상을 묘사해 왔으므로, 우리는 강력한 지도자들을 가진 응집성있는 집단이 중요한 의사결정들을 행하고 있을 때에 집단사고가 하나의 불가피한 결과인지를 질문해야만 된다. 다행스럽게도, 그렇지는 않다. 첫째로, 집단사고가 오로지 집단들에 관련된 현상이 아닐 것이라고 지적되어 왔다. 의사결정들을 합리적으로 행하고서도 포함된 위험성들을 주의깊게 검토하는 데에 실패한 개인도 또한 좋지 못한 의사결정을 행한다(Abelson과 Levi, 1985). 집단압력들이 이러한 과정의 가능성을 증가시킬 수도

있지만, 이것들은 이 과정에 유일하게 책임있지는 않다. 둘째로, 응집성있는 집단들이 항상 집단사고에 희생되지는 않는다. 실제로, 그러한 집단들은 그들이 집단사고를 피하는 단계들을 밟을 경우에 우수한 의사결정을 행할 수 있다. 이 점을 증명하기 위해서, Janis는 케네디의 내각에 의해서 이루어진 다른 의사결정들을 인용했다. 픽스만 침공 후 1년이 지날 무렵에, 케네디는 소련이 쿠바에서 핵탄두를 지닌 미사일들을 배치하고 있다는 것을 알았다. 케네디는 자신의 보좌관들과의 일련의 회의들을 갖었으며, 이 보좌관들의 대부분이 픽스만 침공을 계획했던 동일한 사람들이었다. 그러나, 이번에는 케네디는 조치를 위한 수많은 제안들이 토의되고 주의깊게 평가되는 것을 보장하기 위해 엄격하게 지시했으며, 권고안들은 검토되고 다시 검토되었다. 보좌관들의 집단의 외부에 있는 인사들이 정보와 의견들을 제공하기 위해서 초청되었다. 케네디는 자신에 의해서 토론자들이 심하게 영향받게 되지 않게끔 많은 회의들에서 의도적으로 참석하지 않았다. 이 경우에서, 집단사고가 피해졌으며 "훌륭한" 계획이 그 집단에 의해 채택되었다. 소련이 부가적인 인력과 군수품을 쿠바에 공급하는 것을 막기 위해서 해상봉쇄가 이루어졌다. 그 후속 사건들은 쿠바에 이미 설치되어 있는 미사일들의 궁극적 제거를 일으켰다.

이러한 사건이 예시하는 바와 같이, 집단사고는 다음과 같은 단계들이 취해질 경우에 회피될 가능성이 가장 크다.

1. 리더는 어떤 선호를 진술하는 것을 피해야만 되며 집단멤버들에게 모든 대안들을 고려하도록 고무시켜야만 된다.

2. 집단멤버들은 반대자의 역할을 담당하도록 그리고 독특한 정보에 초점을 두는 토의에 애쓰도록 고무받아야만 된다.

3. 가능할 때에, 집단의 외부에 있는 사람들이 의견들을 개진하고 제안들을 제시하기 위해서 초청되어야만 된다.

4. 새로운 정보는 계속적으로 재평가되어야만 된다.

5. 집단은 의견불일치에 대해서 불안해하는 경향이 없는 매우 지배적인 멤버들로 구성되어야만 된다. 연구(Callaway 등, 1985)는 이러한 집단들이 낮은 지배성의 멤버들로 구성된 집단들보다도 집단사고의 증후들을 보이는 경향이 더 적다는 것을 보여 왔다.

6. 개개 멤버들은 자기들이 집단의사결정에 대해 개인적으로 책임을 지게 될 것이며 자신의 결정을 정당화시켜야만 될 것이라는 설명을 받아야만 된다(t"Hart와 Kroon, 1989).

이 마지막 사항에서, 우리는 미국의 노스 중령이 이란과의 무기거래에 대한 자신의 행위들에 대해 개인적 책임을 지게 될 것이라는 것을 미리 알았을 경우에 그가 달리 행동했을 것인지를 물을 수 있다. 정말로, 그러한 행위들에 대한 보도와 그에 대한 종국적인 재판은 정부의 의사결정집단들에서의 집단사고의 가능성을 감소시키게끔 해 줄 것이다.

집단사고는 매우 중요한 개념이다. 이 주제에 관해서 매우 적은 연구가 수행되어 온 것은 불행한 일이다. 이 이론에 대한 대부분의 지지는 사례연구들에서 나온다. 비록 이 이론에 대한 평가가 아직도 계속되고 있을지라도, 집단사고의 개념은 우리에게 의사결정 집단들의 멤버들의 특징들, 구조 및 과정에 대해 주의를 기울이도록 경고해 준다.

집단극화

어떤 모험적인 과업을 계획하고 있는 사람이 몇 명의 보수적인 사람들에게 자기의 생각을 제안했다고 가정하자. 그는 자신의 모험에 대한 개입을 뒤흔들기 시작하는 의혹과 실망에 당면했다. 다소 의기소침한 기분 속에서, 그는 다른 모험가들의 단체에서 그들과 만날 기회를 갖었다. 그 모험의 찬반에 관한 긴 토의 후에, 그는 그 모험적인 과업을 수행하는 것에 완전히 개입되게 되었다. 무엇이 이 사람의 시초의 조심을 완전한 확신으로 전환시켰는가?

만일 우리가 집단의사결정에 관한 초기의 문헌들을 살펴보았다면, 우리는 이러한 일들의 전환에 대해 놀라와했을 것이다. 즉 우리는 이 모험가가 후자의 집단에서 더욱 조심스러운 심적 자세를 갖게 되었을 것이라고 예상할 것이다. "조직체인"(Organization Man)이라는 기업체 관료제도들에 관한 자신의 통찰력있는 분석에서, Whyte(1956)는 집단이 집단멤버들의 창의성과 모험행동을 최소공분모로 낮출 것이라고 생각했다. 사람들은 그들이 보다 더 보수적인 권력구조에 의해 조롱받게 될 것을 두려워 하기 때문에 창의적이고 혁신적으로 되는 모험을 하는 일이 드물다.

개인들에 미치는 집단의 영향들에 관한 견해는 하나의 학위논문 연구에서 도전받았다. Stoner(1961)는 사람들이 혼자 있을 때보다도 집단 속에 있을 때에 더 모험적인 행동코스를 선택한다는 것을 발견했다. 이러한 발견을 계속 추적하면서, 일군의 연구자들(Wallach 등, 1962)은 대학생들의 큰 집단에게 각 선택에 대해 하나의 모험적인 선택지와 하나의 보수적인 선택지를 제시하고 있는 개인이 인생에서 당면할 수도 있는 12개의 잠재적 딜레마들을 포함하고 있는 질문지에 응답하도록 요구했다. 모험적 선택지는 성공할 경우에 매우 높은 보상을 주지만 실패할 경우에는 비참한 결과들을 준다. 이하에는 4개의 딜레마들이 제시되어 있다(Wallach 등, 1962, p. 77).

1. 대학 미식축구팀의 주장이 그 대학의 전통적인 라이벌 대학과의 한 게임의 마지막 순간에 동점을 만들 수 있는 것이 거의 확실한 플레이를 선택하거나, 성공을 거둘 경우에는 확실한 승리를 제공하지만 그렇지 못할 경우에는 확실히 패배하게 될 보다 더 모험적인 플레이를 선택할 수 있다.

2. 사업을 확장하려고 드는 어떤 미국인 회사의 사장이 투자에 대한 보상들이 보통인 미국에 새로운 공장을 건설할 수도 있고, 투자에 대한 보상들이 매우 높기는 하지만 불안정한 정치적 역사를 갖고 있는 어떤 외국에 그 공장을 건설하기로 결정할 수도 있다.

3. 화학분야에서 대학원 공부를 계획하고 있는 어떤 대학 졸업반학생이 엄격한 기준들 때문에 대학원생들 중의 아주 소수만이 박사학위를 받게 되는 X대학에 입학할 수도 있고, 평판은 더 나쁘지만 거의 모든 대학원생들이 박사학위를 받게 되는 Y대학에 입학할 수도 있다.

4. 전국 체스 경기대회에 참가하고 있는 어떤 낮은 등급의 참가자가 최상위급의 사람과 초반의 경기를 치루면서, 성공을 거둘 경우에는 신속하게 승리하게 되지만 실패할

경우에는 거의 실패가 확실한 어떤 모험적인 속임수를 시도하거나 시도하지 않는 선택에 당면해 있다.

학생들은 자기들이 모험적인 선택지를 권고하기 위해서 자기들이 요구하게 될 성공확률이 얼마인가를 질문받았다. 피험자들이 이 질문지를 마쳤을 때, 그들은 5인의 집단들로 함께 모여서 여러 딜레마들을 토의하고 집단 만장일치, 즉 집단의 모든 멤버들이 동의할 수 있는 어떤 권고에 도달하도록 요구받았다. 12개 중의 11개 항목들에서, 집단들은 집단들을 구성했던 개인들에 대해서 잠깐 전에는 수용할 수 있었던 평균 모험보다도 더 모험적인(성공확률이 더 작은 것을 요구했던) 의사결정들에 도달했다.

이 연구의 마지막 단계에서, 피험자들은 개별적으로 재검사받았다. 어떤 모험적 입장쪽으로의 집단이행은 집단멤버들이 공식적으로는 동의하기는 하지만 실제로는 수용하지 않은 것이었을 수도 있을 것이다; 아마 그들은 소수의 강력한 사람들의 의사에 따랐을 수도 있을 것이다. 그 결과들은 집단적 토의와 의사결정이 태도의 변화를 일으켰다는 것을 보였다. 두번째의 개별적 검사시의 피험자들의 의견은 그들이 집단토의 중에 채택했던 모험적 입장에서 유지되었다. 집단토의 후 6주 정도에서 검사받았던 어떤 피험자들은 계속 모험쪽으로의 이행을 보였다.

이 연구와 아울러 이와 비슷한 결과들을 얻은 몇 개의 연구들(Muhleman 등, 1976; Cartwright, 1973)은 연구자들에게 집단 속에 있는 것이 개인들에 대해 더 모험적인 입장을 택하게끔 만든다고 결론짓게끔 만들었다. **모험성이행**(risky shift)이라는 용어가 이러한 효과를 일컫기 위해서 만들어졌다. 그러나 이 양상은 다른 연구들이 집단 내의 사람들이 그들이 집단에 들어가기 이전에 가졌던 것보다도 더 보수적인 입장을 택했다는 것을 발견했을 때에 혼란 속에 빠지게 되었다. 예컨대, Fraser 등(1971)은 피험자들이 조심쪽으로 이행했던 몇 개의 항목들을 확인할 수 있었다. McCauley 등(1973)과 Knox와 Safford (1976)는 경마장에서 말들에 돈을 거는 것을 조사했다. 그들의 현장연구들에서 피험자들은 혼자서나 집단토의 후에 돈을 걸었다. 이들 두 경우들에서, 집단들은 집단들이 개인들보다 더 흔히 우승 예상 말에 돈을 거는 것과 같이, 개인들보다 더 조심스러웠다.

나타난 일반적 양상은 집단들이 반드시 어떤 모험성이행을 일으키지 않는다는 것이었다. 그 대신에, 집단들은 시초에 선호되었던 방향으로의 어떤 극화효과를 일으키는 것 같다. 즉, 집단토의 이후의 평균 반응은 집단토의 이전의 평균 반응과 동일한 방향으로 더 극단적이었다. 만일 시초의 경향이 모험 쪽이었다면, 집단의 반응은 더욱 모험적이었고, 만일 시초의 경향이 보수주의 쪽이었다면, 집단의 반응은 더욱 더 보수적이었다. 이러한 현상은 **집단극화**(group polarization)라고 알려지게 되었다. 집단들이 의사결정들의 극화를 일으킨다고 전제한다면, 그 다음의 의문은 이 효과가 일어나는 이유에 집중되었다. 여러 가설들이 제시되었다.

사회비교(7장 참조)에 초점을 두는 설명은 사람들이 나약하거나 중간의 입장을 취하고 있다고 보이게 되기를 원치 않으며, 최소한 다른 사람들과 마찬가지로 확신있고 극단적인 것처럼 보이는 것을 원한다고 시사한다(Myers, 1982). 이러한 설명에 의하면, 사람들은 집단토의를 자신의 입장과 타인들의 입장을 비교하기 위해서 사용한다. 이러한 비교의 결과로, 그들은 자기 자신의 입장을 최소한 집단멤버들의 입장만큼 극단적일 때까지 이동시킨다. 이러한 노선에 따라, 한 연구는 사람들이 그들이 집단 내의 의견일치를 지각할 때에 자기들의 의견에 더욱 자신을 갖게되고 곧 자기들의 의견에 따라 행동하고 싶어한다는 것을 발견했다(Orive, 1988). 대부분의 집단극화 연구들은 피험자들의 시초의 의견들에서 거의 차이를 발견하지 못한다. 따라서, 당신이 다른 집단멤버들이 당신의 의견에 동의하는 것을 들을 때, 의견에 대한 당신의 확신은 증가될 것이며, 동시에 이 증가된 확신은 당신의 의견을 더욱 극단적으로 되게끔 만들 것이다.

사회비교가 극화효과들의 몇 가지를 일으킬 수도 있지만 모두를 일으키지는 않는다. 집단토의 없이 선호하는 입장들에 관한 정보를 단순히 교환하는 것에 관한 연구들은 대개 어느 정도의 극화를 보이지만, 완전한 토의에서 발견되는 것만큼 많지는 않다. 만일 사람들이 자기들의 입장과 타인들의 입장을 비교하기를 단순하게 원한다면, 이러한 정보교환은 완전한 극화효과들을 일으켜야만 될 것이다. 이러한 발견은 사회비교 자체가 극화에 영향을 주는 한 요인이지만, 다른 요인들이 마찬가지로 중요하다는 것을 시사한다.

두번째 가설(Burnstein과 Vinokur, 1977 ; Burnstein, 1982)은 집단극화를 일으키는 것이 타인들의 입장들 자체가 아니라 그들이 자기들의 입장을 지지하기 위해서 사용하는 주장들이라고 시사한다. 이러한 가설에 의하면, 멤버들은 집단토의 동안에 사람들에 의해서 제시된 주장들에 귀를 기울이고, 그들은 자기들의 의견을 가장 설득력있는 주장들을 갖고 있는 입장 쪽으로 이동시킨다. Laughlin과 Early(1982)는 극화의 방향이 어떤 입장을 지지하고 있는 설득적 주장들의 숫자에 관련되어 있다는 것을 발견했다. 즉, 모험성 이행은 모험적 극단이 가장 많은 주장들을 갖고 있었을 때에 일어났고, 보수적 이행은 보수적인 쪽이 가장 많은 주장들을 갖고 있을 때에 일어났다.

비록 설득적 주장들(pursuasive arguments)이론이 지지를 얻고 있을지라도, Sanders와 Baron(1977)은 이 이론이 가장 설득력있는 주장들이 어떤 특정의 그리고 비교적 극단적인 입장을 지지하는 이유를 설명하지 못한다고 주장한다. 즉, 강한 주장들이 어떤 보다 더 중립적이고 중도적인 입장을 지지할 수도 꼭 마찬가지로 있지 않겠는가?

여러 입장들을 조화시키려는 한 노력에서, 몇 명의 사회심리학자들(Isenberg, 1986 ; Brown, 1986)은 사회비교와 설득적 주장들이 집단극화를 일으키기 위해서 함께 작용한다고 시사했다. 이들 연구자들에 의하면, 집단멤버들은 먼저 자신의 입장과 다른 집단멤버들의 입장을 비교한다. 이러한 비교는 그들에게 자신의 입장을 지지하는 주장들을 제시하게끔 동기화시킨다. 이러한 주장들은 제시자 뿐만 아니라 다른 멤버들에게도 영향을 준다. 다른 흥미있는 아이디어는 사회비교와 아울러 설득적 주장들이 우리의 의견들의 극단성에 영향을 주지만, 이 두 개의 압력들이 상이한 상황들에서 작용한다는 것이다(Kaplan, 1987). 이러한 입장에 의하면, 문제가 사실들을 내포하고 있을 때에 우리는 주장들 속에서 제시된 정보에 관심을 두게 될 것이다. 우리의 입장은 우리가 토의에서 정보를 수집함에 따라 더 극단적이게 된다. 그러나, 가치들을 요하는 과업들(예컨대, 낙태의 권리)상에서, 우리는 자신의 입장과 타인들의 입장(입장에 대한 이유들이 아니라)을 비교한다. 이러한 경우에서, 사회비교가 우리의 의견을 극단 쪽으로 밀어내는 데에 있어서 하나의 강력한 역할을 한다.

집단의사결정에 관한 우리의 논의를 돌이켜 생각해 볼 때, 우리는 집단들이 우리의 의견의 극단성과 확신성을 증가시킨다는 것을 알 수 있다. 이러한 개인적 의견들에서의 극단성 쪽을 향한 이동이 집단사고의 가능성을 증가시킬 수 있다고 생각하는 것이 흥미있는 일이다. 여기에서의 주의사항은 당신이 집단들 속에서 의사결정을 행하는 것을 피해야만 된다는 것은 아니다. 정말로, 우리는 집단들이 의사결정들을 향상시킬 수 있는 풍부한 정보와 조망들을 제공한다는 것을 보아 왔다. 오히려, 집단들이 의사결정과정에 대해 주는 영향을 인식하고 부정적 역할을 경계하는 것이 중요하다. 이러한 충고를 활용해서, 연구자들은 집단역학에 관한 정보를 받았던 집단들이 가장 우수한 개인멤버보다도 더 우수하게 수행할 수 있다는 것을 발견해 왔다(Hall과 Williams, 1970; Michaelson 등, 1989).

의사결정에 대한 다수측과 소수측의 영향

집단사고에 관한 연구는 집단의사결정들의 질에 관계하고 있다. 이제 집단들이 의사결정을 행하는 방식을 살펴보자. 어떤 문제가 처음 제기되었을 때, 다수측이 한 입장을 찬성하고 소수측이 다른 입장을 찬성하는 식으로 의견들은 흔히 분열되어 있다. 집단들은 여러 가지 문제들에 대해 의사결정을 행할 때에 4대 2나 5대 1 식으로 찬반이 갈린다. 대개의 경우들에서 집단은 마침내 다수측의 입장을 택한다.

정말로, 이것은 많은 연구들에서 사실인 것 같다. 즉, 다수측이 대개 이긴다. 이러한 의문에 관한 많은 연구들은 모의 배심원들에 의해서 이루어진 의사결정들을 검토해 왔다. 피험자들은 어떤 사건에 관한 "증거"를 제시받게 되고 어떤 판결에 도달하도록 지시받게 된다. 일련의 연구들(Davis 등, 1975; Davis 등, 1977)은 다수측이 일반적으로 이긴다는 것, 즉 토의가 시작되기 이전에 다수측이 가진 견해가 대개 판결을 결정짓는다는 것을 발견했다. 따라서 만일 우리가 12명 중 10명의 배심원들이 피고가 유죄라고 믿는다는 것을 발견한다면, 배심원들이 만장일치로 심의하도록 강요받게 될 경우에 유죄판결이 다시 일어나기 쉽다. 다른 한편으로, 고려해야만 될 몇 가지 중요한 과정상의 차이들이 있다. 예컨대, Foss(1981)는 12명의 모의 배심원들을 구성하고 그들에게 하나의 재판회의록을 청취시켰다. 몇 개의 배심원들은 그들이 어떤 판결이 수용되기 이전에 만장일치의 결정에 도달해야만 된다는 지시를 받은 반면에, 다른 배심원들은 멤버들의 어떤 다수측(어떤 정족수)에 의해서 지지받은 판결이 수용될 수 있다는 지시를 받았다. 그 결과들은 두 가지 유형의 배심원들에 의해서 도달된 판결들이 대체로 동일하다는 것을 나타냈다. 그러나, 정족수 배심원들이 만장일치 배심원들보다 두 배나 더 빨리 어떤 결정에 도달했으며 정체되는 경향이 더 적었다. 더 나아가서, 정족수 배심원들의 멤버들은 만장일치 배심원들의 멤버들보다 더 협동적이었고, 타협하려고 들었다. 개인은 만장일치 배심원보다 정족수 배심원에서 훨씬 더 적은 권력을 갖는데, 전자는 한 멤버에 의해서 정체될 수 있다. 이러한 발견들은 이것들이 만장일치의 판결에 도달하도록 요구받은 배심원들이 다수결 하의 배심원들보다 모든 증거를 주의깊게 고려할 가능성이 더 많다는 것을 의미할 수 있기 때문에 중요하다. (만일 당신이 재판을 받고 있다면, 당신의 배심원의 멤버들이 자기들이 신속한 판결에 도달하게끔 타협하려고 든다는 것을 아는 것은 매우 기분좋은 일은 못 될 것이다.)

몇 가지 흥미있는 과정들이 다수측의 권력을 보장하는 것을 돕는다. 첫째로, 우리가

13장에서 논의한 바와 같이, 다수측은 단순히 소수측을 거부하고 이들을 집단으로부터 추방할 수 있다. 그러나 이것은 배심원들의 경우에는 해당되지 않고 있다. 둘째로, 고정된 소속인원수를 갖고 있는 집단은 집단의 다수측이 갖고 있는 정보에 초점을 두면서, 흔히 소수측이 갖고 있는 정보를 고려하지 못한다(Stasser와 Titus, 1985). 하나의 흥미있는 연구에서, 3인이나 4인의 집단 속에 있는 피험자들이 학생회장에 입후보한 후보자들에 관한 정보를 제시받았다(Stasser 등, 1989). 몇 개의 정보는 모든 피험자들에게 제시되었고(공유의), 몇 개의 정보는 각 집단 속의 단 한 멤버에게 제시되었다(비공유의). 피험자들이 후보자를 토의하기 위해서 한 집단으로서 만났을 때, 그들이 더 흔히 비공유 정보보다도 공유 정보를 토의했다는 것이 발견되었다. 더 나아가서, 공유 정보의 토의는 3인 집단들보다도 6인 집단들에서 더 컸다. 우리는 집단들이 공유 정보에 초점을 두는 것보다도 비공유 정보를 알아보는 것이 더 낫다고 주장할 수 있을 것이다. 그러나 이러한 문제에 대한 우리의 견해에 관계없이, 우리는 공유 정보에 대한 초점이 다수측의 입장의 채택을 유리하게끔 만든다는 것을 알 수 있다. 소수측은 집단이 어떤 주제에 관한 비공유 정보를 고려하고 토의하는 것을 거부할 경우에 불리한 싸움을 하게 된다.

따라서, 다수측은 흔히 집단이 취하는 입장을 결정짓는다. 그러나 이러한 경향을 하나의 일반법칙으로 받아들이기 이전에 당신이 한 멤버로 있어 왔던 집단들을 고려해 보라. 어떤 사람이 "나는 우리가 그것을 해야만 된다고 생각하지는 않습니다. 나는 우리가 이러한 다른 행동코스를 취해야만 된다고 생각합니다"라고 말할 때, 집단은 얼마나 자주 다수측의 입장을 택하려고 하는가? 다른 집단멤버들은 아마 어떤 인식할 수 있는 불평을 무시하려고 들 것이지만, 부동의자의 마음을 돌리려고 노력한 후에, 집단은 아마 자체의 방향을 서서히 변화시켜 왔을 수 있다. 실제로, 이러한 소수측 영향(minority influence)은 옛날 영화인 "12명의 화난 남자들"의 주제이었는데, 이 영화에서 여배우인 헨리 폰다는 어떤 살인재판에서 12명의 배심원들 중의 한 명의 역할을 맡았다. 증거를 청취한 후에, 그 배심원은 판결을 내리기 위해서 배심원실로 들어갔다. 배심원들 중의 많은 사람들이 자기들의 재판 후에 계획된 다른 일들 때문에 신속하게 결정하기를 원했다. 그들의 첫 투표에서, 11명의 배심원들이 피고에게 유죄를 인정했다. 한 개의 무죄 투표는 헨리 폰다에 의해서 연출되었는데, 그는 피고가 유죄라는 그럴듯한 협의 이외에는 입증할 만한 충분한 증거가 없다고 강력하게 믿었다. 그 영화의 나머지 부분은 다른 배심원들이 어떻게 폰다에게 그 자신의 투표를 번복하도록 만들려고 노력했는가를 보여 준다. 그가 자신의 확신을 계속 유지했을 때, 다른 배심원들은 한 사람씩 그와 동의하기 시작했으며, 마침내 그 배심원은 만장일치로 무죄석방을 투표했다.

폰다나 기타 다른 소수측은 어떻게 다수측의 의견을 변화시킬 수 있었을까? 연구자들(Moscovici와 Mugny, 1983)에 의하면, 소수측은 그들이 다른 집단 멤버들의 눈에 뜨이게 되고 집단내의 갈등과 긴장을 조성할 수 있는 한, 영향력있게 된다. 흔히 집단은 소수측을 침묵시키려고 들지만, 그 긴장은 다른 사람들에게 소수측의 입장을 고려하도록 만들 수도 있다(13장 참조).

사회심리학분야에서의 지역차이의 한 흥미있는 표출에서, 미국 심리학자들은 다수측의 세력에 초점을 두었던 반면에, 몇 명의 유럽 심리학자들은 소수측의 영향을 검토하는 데에 주도권을 잡아 왔다. 이들 연구자들은 만일 소수측이 명확하고 일관성있는 입장을 취한다면 소수측이 집단에 영향줄 수 있다고 주장했다(Moscovici, 1976; Mossovici와 Nemeth, 1974; Maass와 Clark, 1984). 소수측은 다수측의 압력에 맞서서 자체의 입장을 견지해야만 되지만, 소수측은 어떤 더 좋은 대안이 발견될 경우에는 자신이 타협할 의사가 있다는 것을 보여야만 된다(Papastamos와 Mugny, 1989). 이러한 개방성의 제시는 경직성과 독단성의 모습을 피하는 데에 필요하다.

이러한 논의를 염두에 두면서, 당신은 어떤 집단회의로 달려가서 어떤 소수측 입장을 취해 보겠지만, 그 결과로 단지 당신이 집단을 움직이는 데에 실패할 뿐만 아니라 멤버들간에서의 당신의 인기의 다소를 잃는다는 것을 발견하게 된다. 우리는 소수측의 영향에 관해서 잘못 알고 있었는가?

그 답변은 소수측이 집단에 대해서 갖는 영향의 유형에서 찾아지고 있다. 연구자들은 다수측의 영향이 일반적으로 직접적이고 즉각적이고 공적인 것이라는 것을 발견해 왔다. 즉, 집단멤버들의 다수측이 어떤 대안을 제시할 때, 집단은 이 입장을 신속하고도 공개적으로 택할 것이다. 소수측 영향은 보다 더 미묘하다. 소수측은 멤버들의 개인적 신념들에 영향주기가 더 쉽다(Mucchi-Faina, 1989). 이 영향은 지연될 수 있다(Nemeth와 Staw, 1989). 즉, 멤버들은 소수측이 제안한 대안쪽으로 즉각 변화하지는 않을 것이지만, 그들은 소수측 입장에 관해서 생각하고 난 후에 자기들의 입장을 변화시킬 것이다. 그리고 소수측 영향은 간접적 양식들로 나타날 수 있다. 한 연구는 낙태의 권리를 지지하는 소수측의 메시지가 낙태문제에 대해 거의 변화를 일으키지 않았지만, 집단멤버들이 출산조절에 대한 자기들의 이전의 부정적 태도를 변화시켰다는 것을 발견했다(Perez와 Mugny, 1987). 다른 연구들은 집단 속에서 소수측 입장을 청취하는 것이 소수측에 의해서 제시된 문제에 관련되었건 관련되지 않았건 간에, 멤버들에게 문제들에 대한 보다 더 창의적 해결책들을 발전시키게끔 만든다는 것을 보여 왔다(Maas와 Volpato, 1989; Nemeth와 Chiles, 1988).

소수측이 다수측보다도 상이한 종류의 영향을 준다는 제안은 매우 흥미있는 것이다. 연구자들은 다수측의 입장을 듣고 나서, 사람들은 자기들이 이것으로부터 이탈할 경우에 자기들이 어떻게 대우받을 것인가에 관심을 두게 된다고 주장한다. 그들은 다수측이 올바름에 틀림없다고 생각하고, 자기들의 관심을 다수측과 소수측에 의해서 제안된 즉각적 대안들에 집중시킨다. 다시 말하면, 그들의 사고는 소수의 대안들에 수렴된다(Nemeth, 1989). 소수측 입장을 듣는 것은 매우 상이한 과정을 일으킨다. 소수측 입장은 이것이 특유하기 때문에 주목을 끈다(Martin, 1989). 우리가 소수측이 다수측으로부터의 압력에도 불구하고 자기들의 입장을 고수하는 것을 목격할 때, 우리는 소수측이 용기있으며 자기들의 입장을 신봉하고 있다고 보게 된다. 그들이 이것 때문에 고통을 당할 이유가 어디에 있겠는가(Moscovici, 1976)? 그 다음에 우리는 소수측이 자기들의 입장을 택하게 된 이유를 생각해 내고자 노력하며, 이것은 우리에게 다양한 관점들에서 문제를 고려하게끔 만든다. 따라서 우리들의 사고는 진술된 대안들을 넘어서 확산되며 우리는 새로운 대안들과 해결책들을 내놓을 수도 있다(Nemeth, 1989). 이러한 선의 생각을 행하면서, 우리는 연구자들이 다수측이 우리에게 다수측이나 소수측을 찬성하는 어떤 입장을 신속하게 택하게끔 동기화시킨다고 시사하고 있다는 것을 알 수 있다. 이와는 달리, 소수측은 우리에게 어느 한쪽의 입장을 취하도록 강요하지는 않고, 그 대신에 우리가 다양한 입장들을 고려할 수 있게끔 우리의 사고를 해방시킨다.

따라서, 다수측과 아울러 소수측은 집단의 의사결정에 영향을 준다. 우리는 집단이 다수측의 입장을 신속하고도 공적으로 택하는 것을 보게 되기가 더 쉽다. 그러나 소수측은 특히 개개 집단멤버들에 의해서 수용된 개인적 입장들에 대해서, 보다 더 미묘하고도 장기적인 영향을 주게 될 것이다.

개인에 대한 집단의 영향

지금까지 우리는 주로 집단의 행동, 즉 집단들이 어떻게 수행하고 결정을 내리는가에 초점을 두어 왔다. 우리는 이제 우리의 초점을 바꾸어서 집단들이 개인에게 어떻게 영향주는가를 검토할 것이다. 이러한 새로운 초점을 갖고서, 우리는 어떤 집단 속에 있는 것이 개개 멤버들이 지각하고 행동하고 작업하는 양식에 영향주는 여부에 관심을 갖게 된다. 따라서 우리는 어떤 집단에 대한 멤버십이 각각의 멤버에 대해서 어떤 영향을 주는지를 묻게 될 것이다.

집단들이 자기개념에 미치는 영향

어떤 특별한 탐험대의 멤버들은 성공 후에 시가행진을 제공받으면서 환영받게 된다. 그들은 대통령의 초청을 받을 수도 있다. 그들은 전국적이거나 전세계적인 관련 단체들을 방문하고 환영받을 수 있다. 특별 탐험대의 한 멤버가 되는 것은 각 멤버의 자기개념의 일부분이 된다. 이것은 그 개인에게 어떤 정체를 제공한다. 우리가 소속하는 집단들도 또한 우리 자신의 자기개념을 형성시키는 것을 돕는다. 만일 어떤 사람이 우리에게 우리가 누구인가를 기술하도록 요구한다면, 우리는 우리가 소속하고 있는 집단들에 관한 정보를 포함시키게 될 것이다. 우리는 우리 자신을 어떤 대학의 학생, 합창단의 한 멤버, 기독교인 등으로 기술할 수 있다. 따라서 집단들은 우리의 **사회적 정체**(social identity)의 기초를 이룬다(Tajfel, 1981 ; Turner, 1987).

우리의 정체를 결정짓는 데 대한 집단들의 역할은 몇 개의 과정들을 작동시킨다. 우리의 대부분은 자기 자신에 대한 어떤 긍정적 견해를 갖고 싶어한다. 사람들은 실패하는 집단으로부터 자기 자신을 분리시키는 반면에 성공적인 집단과 자기 자신을 연합시키는 경향이 있다(Snyder 등, 1986). 다른 수준에서, 우리는 우리가 소속하는 집단을 좋다고 보고 우리가 소속하지 않는 집단을 나쁘다고 보고 싶어한다. 이러한 욕망은 우리에게 우리 자신의 집단의 긍정적 측면들과 관련된 외집단의 부정적 특징들을 지각하고 강조하게끔 만든다(Mackie와 Goethals, 1987 ; Tajfel과 Turner, 1986). 더 나아가서, 우리가 좋은 집단 속에 있게 되고 나쁜 집단의 일부가 되지 않으려는 우리의 욕망은 우리에게 외집단에 대해 적대하여 차별대우하게끔 만든다. 우리는 외집단에 비해서 우리 자신의 집단을 더욱 긍정적으로 보이게끔 만든다. 그리고 우리가 우리 자신의 집단과 더 동일시할수록, 우리가 외집단에 적대하여 차별대우하는 우리의 경향은 더 크다(Hinkle 등, 1989).

우리는 사람들이 내집단들과 외집단들을 형성하기 쉬움을 증명했던 12장에서 논의된 연구들을 되돌이켜 보아야만 된다. 사람들은 심지어 그들이 집단들에 무작위적이거나, 어떤 그림이나 정치적 태도에 대한 선호와 같이 시시한 문제에 기초해서 배정되고 있을 때에라도 그들 자신의 집단과 다른 집단들 사이를 구분짓는다(Hymes, 1986). 그러나, 내집단과 동일시하고 외집단에 대해 적대하여 차별대우하는 경향은 우리가 성과들을 얻기 위해 우리의 집단에 의존하고 있을 때나 우리의 집단이 위협당하고 있을 때에 더 크다(Rabbie 등, 1989). 심지어 집단들내에서 조차, 멤버들은 근거가 가장 희박한 준거들에 기초해서 내집단과 외집단의 구분들을 갖게 될 것이다. 예컨대, "신입자들"과 "고참자들"간의 구분이 발전되고 이것이 이들 멤버들이 서로를 대우하고 지각하는 양식에 영향줄 수 있다(Moreland, 1985). 그러나 이러한 잠재적으로 분열적인 구분은 시간이 지남에 따라 사라진다.

집단들이 지각들과 평가들에 미치는 영향

어떤 집단들에 소속하는 것은 우리 자신에 대한 우리의 견해를 결정지을 뿐만 아니라, 우리가 타인들과 그들의 산물을 보는 양식에도 또한 심대한 영향을 준다.

내집단을 좋게 그리고 외집단을 나쁘게 보는 것 연구들에서의 보다 더 일관성있는 발견들 중의 하나는 사람들이 자기들 자신의 집단과 그 노력들을 좋게(good) 그리고 외집단과 그 노력들을 나쁘게(bad) 지각하는 것이다. 이러한 효과는 수행의 평정치들에서 분명하게 보이고 있다. Sherif와 그의 동료들(1961 : 12장 참조)에 의해서 수행된 연구의 한 시점에서 야영자들은 가능한 한 많은 콩들을 모으라는 지시를 받았다. 그 다음에 그들은 각 소년이 모은 콩의 숫자를 추정하도록 요구받았다. 그 결과들은 내집단이 자신의 총숫자를 외집단의 총숫자보다 더 크다고 추정했다는 것을 나타냈다. Hinkle과 Schopler(1986)는 마찬가지로 내집단 수행의 과대평가와 외집단 수행의 과소평가를 발견한 일련의 연구들을 보고했다. 내집단을 과대평가하는 경향에 대한 한 가지 예외는 어떤 경쟁에서 분명한 승자가 있을 때에 일어난다. 이러한 경우에서 집단멤버들이 자기들의 집단이 어떤 경쟁에서 이겼고 장차 또다시 경쟁하게 될 것을 예상했을 때에 자기들의 집단의 산출을 유의하게 과대평가하지 않았다는 것이 발견되었다(Worchel 등, 1975). 더 나아가서, 집단 멤버들은 그들이 또다시 경쟁하게 된다고 예상했을 때에 자기들의 집단에 의한 좋지 못한 수행에 대한 평가를 덜 강조하는 경향이 있었다. 사람들이 집단산출의 평가들을 다른 멤버들의 동기에 영향주는 데에 사용한다고 주장되었다. 첫번째 상황(승리하고 장차의 경쟁을 예상하는)에서, 집단멤버들은 자만과 과잉자신감을 피하려는 노력에서 자기들의 집단의 산출에 대해 높은 평가를 하는 것을 자제했다. 만일 집단멤버들이 자기들의 집단이 너무 우수했다고 느꼈다면, 그들은 다음 번의 경쟁에서 자기들의 노력을 줄이게 될 수도 있다. 우리는 코치들이 자기들의 팀의 승리하려는 노력을 토의할 때에 흔히 이러한 효과를 목격한다. 심각한 어조로 그 코치는 "승리는 기분 좋았다. 그러나 우리 팀은 다음 번의 경기에 이기기 위한 준비를 위해서 아직도 많이 노력할 것을 요한다"고 말할 것이다. 이와는 달리, 집단이 어떤 경기에서 졌고 다른 경기에 대비해야만 되었을 때, 멤버들은 집단사기를 높이기 위해서 자기들의 수행을 가장 좋게 볼 동기가 생기게 될 것이다. 우리는 지고 있는 코치가 자기 팀이 형편없다고 선언하는 것을 듣는 일이 드물다. 오히려, 이 코치들은 패배가 불쾌하기는 했지만, 우리 팀의 수행에 많은 밝은 점들이 있었다고 흔히 말한다.

내집단이 외집단보다 더 우수하다고 보는 경향은 수행의 평가들에 국한되어 있는 것은 아니다. 이것은 또한 특성들의 판단에서도 일어난다. 연구자들은 국가들간의 전쟁들과 기타의 분쟁들을 일으켜 온 조건들을 검토함으로써 이 점을 분명하게 예시해 왔다(Burin과 Oskamp, 1989; Sande 등, 1989; White, 1966). 예컨대, 그들은 분쟁이 증가함에 따라 국가들이 어떤 "극악무도한 적의 이미지"(diabolical-enemy image)를 형성한다고 지적한다. 그들은 자기들의 적수를 악하며 싸움을 좋아한다고 본다. 히틀러는 유태인들을 흉악하며 독일을 지배하려고 획책하고 있다고 보았다. 흉악한 적의 관점은 일반적으로 어떤 도덕적이고 씩씩한 자기이미지를 수반하고 있다. 히틀러는 독일과 독일인이 강하고 용감하다(씩씩하다)고 기술했으며, 수많은 경우들에서 자신의 의도들이 평화적이라고 주장했다. 나는 첫째로 내가 어떤 전쟁도 수행하지 않아 왔다는 것을 지적하고 싶습니다. 둘째로, "지난 수년 동안 나는 나 자신이 전쟁을 몹시 싫어한다는 것을 표명해 왔다는 것을 지적하고 싶습니다"(1939년 4월 28일의 히틀러의 연설: White, 1966에서). 이러한 지각패턴들은 미국과 소련이 1985년 11월에 정상회담을 준비할 때에도 반복되었다. 레이건 대통령은 미국을 평화를 애호하는 것으로 묘사했으며 군비축소에 대한 자신의 제안들을 긍정적이고도 건설적이라고 보았다. 그는 소련인들을 세계정복만을 꾀하는 팽창주의자들이라고 특징지웠다. 그는 그들의 군비축소제안들을 허울뿐이며 선전상의 우위를 점유하기 위한 하나의 술책이라고 보았다. 고르바쵸프도 국가의 명칭이 거꾸로 바뀐 것을 제외하고서 거의 동일한 견해를 제시했다. 즉 소련인들은 착한 사람들인 반면에, 미국은 세계평화를 위협한다는 것이었다. 우리는 분쟁의 감소가 어떻게 지각들상의 변화들을 일으키는가를 알아보기 위해서 1989년과 1990년의 신문지들을 읽어보기만 하면 된다. 고르바쵸프와 그의 지지자들은 그 후에 개혁자들이라고 간주되었으며, 소련인들은 미국을 보다 더 긍정적 견지에서 보았다.

연구를 한 단계 더 진전시키면서, 한 연구(Howard와 Rothbart, 1980)는 사람들이 또한 내집단 멤버들의 좋지 못한 행동들보다도 외집단 멤버들의 좋지 못한 행동들을 기억하는 경향이 더 많다는 것을 발견했다. 따라서, 어떤 집단에 배정되게 되는 것은 우리에게 외집단보다도 우리 자신의 집단을 더 호의적으로 보게끔 만들 뿐만 아니라 또한 우리가 외집단의 좋지 못한 행동들을 기억하기가 가장 쉽게끔 우리의 기억들을 구성한다.

내집단 멤버들을 비유사하게 그리고 외집단 멤버들을 유사하게 보는 것 우리는 우리들 자신의 집단내에서 다양성을 주목하고 외집단내에서 유사성을 지각하는 경향이 있다. 예컨대, 한 연구(Jones 등, 1981)에서 한 대학교에 있는 여러 식사서클들의 멤버들은 그들 자신의 서클과 다른 서클의 멤버들이 몇 개의 특성차원들상에서 어떻게 기술될 수 있는가를 질문받았다. 다른 서클들 내에서 보다도 자기 자신의 서클 내에서 더 큰 다양성을 나타내는 유의한 경향이 있었다.

만일 사람들이 외집단을 동질적인 멤버들로 구성되어 있다고 본다면, 우리는 그들이 모든 외집단멤버들에게 동일한 특성들을 부여할 것을 예상할 수 있다. 연구자들

(Quattrone과 Jones, 1980)은 피험자들에게 다양한 활동들에 대한 의사결정을 행하는 어떤 표적인물을 바라보도록 했다. 이 표적인물은 그들 자신의 집단(동일한 대학)의 멤버이거나 외집단(이웃 대학)의 멤버라고 기술되었다. 표적인물이 의사결정들을 행하는 것을 본 후에, 피험자들은 그 사람을 평정했고 표적인물의 대학의 "평균" 학생이 그와 비슷한 상황에서 어떻게 행동했을 것이라고 생각되는가를 나타냈다. 그 결과들은 만일 표적인물이 피험자와는 다른 대학(외집단)의 학생이라면, 그의 행동으로부터 그의 집단의 행동으로 일반화시키는 더 큰 경향이 있다는 것을 나타냈다. 이러한 효과는 피험자들이 특수한 상황에서 사람들이 어떻게 행동할 것인가에 관한 강한 사전의 기대들을 갖고 있었을 경우에는 일어나지 않았다.

이러한 효과에 대한 다양한 설명들이 제시되어 왔다(Quattrone, 1986 그리고 16장 참조). 하나의 설명은 접촉의 빈도에 관계한다. 즉, 우리는 외집단들의 멤버들보다도 우리 자신의 집단의 멤버들과 더 많은 접촉을 갖고 있다. 따라서, 우리는 외집단멤버들보다도 내집단멤버들의 행동들과 태도들의 다양성을 더 많이 본다. 두번째 설명은 우리가 광범한 상황들에서 내집단멤버들과 상호작용하며, 외집단멤버들에 대한 우리의 상호작용들은 흔히 좁은 범위의 상황들에 한정되어 있다는 것이다. 따라서, 우리는 내집단멤버들의 행동이 상황에 따라 얼마나 다른가에 관한 정보를 갖고 있지만, 외집단멤버들에 관한 이러한 정보를 갖고 있지 않다. 예컨대, 어떤 탐험대원들은 자기의 동료 멤버들이 탐험을 준비했을 때, 난관에 봉착했을 때 그리고 성공을 거두었을 때에 그들을 관찰했다. 이와는 달리, 탐험대원들은 궁벽한 산골에 사는 사람들을 단 한 개의 처음 당면하는 상황에서만 상대한다. 끝으로, Quattrone은 외집단멤버들에 대한 이러한 한정된 범위의 경험 때문에, 우리는 흔히 외집단 멤버들에 관한 불확증적 정보를 교묘하게 설명하려고 한다고 시사한다. 즉, 우리는 우리의 기대들에 일치하지 않는 외집단의 멤버들을 "예외들"이라고 본다. 우리가 이러한 가정의 옳음을 결정지을 기회가 거의 없기 때문에 이러한 예외들을 무시하기가 비교적 용이하다. 하나의 이와 관련된 설명은 우리가 내집단에 관해서 갖고 있는 정보의 다양성 때문에, 우리는 내집단에 관한 보다 더 복잡한 인지적 이미지를 갖고 있다는 것이다. 이러한 복잡한 이미지는 우리의 평정치들의 극단성을 감소시킨다(Linville, 1982 ; Linville 등, 1986).

우리가 이러한 논의를 끝마치기 이전에, 한 가지 점이 제기되어야만 된다. 이러한 효과가 잘 확립된 집단들에서 가장 일어나기가 쉽다는 증거가 있다(Worchel 등, 출간중). 실제로, Worchel 등은 집단형성의 초기단계들 동안에는 집단과 지각들 간에 정반대 관계를 발견했다. 즉, 사람들은 외집단 멤버들간보다도 내집단 멤버들간에 더 많은 유사성을 지각했다. 이러한 지각은 집단생활의 초기에 다른 내집단 멤버들에 관한 사람들의 정보 부족을 반영할 것이다. 그렇지 않으면 이것은 자기 자신을 다른 내집단멤버들과 유사하다고 보려는 개인의 욕망을 반영할 것이다. 이러한 초기단계 동안에, 개인은 (1) 내집단을 명확하게 정의하고 (2) 자기 자신이 그 집단에 의해서 수용받게 될 것을 보장하는 것을 원하기 때문에 유사성에 대한 관심이 높을 것이다.

이와 관련된 한 연구에서, Brown과 Smith(1989)는 소수측집단의 멤버들이 다수측 집단의 멤버들보다도 더 많은 내집단 유사성을 지각했다는 것을 발견했다. 아마 소수측 집단 멤버들은 자기들의 집단의 지위를 높이려는 더 큰 욕망을 가졌거나, 그들에 대해서 자기들의 집단에 의해 수용받게 되는 것이 더 중요했을 것이다.

집단이 개인적 수행에 미치는 영향

우리는 집단들이 우리의 지각들과 사고들에 미치는 다양한 영향들을 알 수 있다. 이제 집단들이 우리의 수행에 어떤 영향을 주는가를 검토해 보자. 앞에서 우리는 집단수행에 영향주는 요인들을 취급했다는 것을 기억하라. 그 다음에 우리는 집단에 의해서 생산된 산출에 관심을 두었다. 이제 우리는 초점을 바꾸어서 집단 속에 있는 것이 사람들의 개인적 수행에 영향주는지를 질문할 수 있다. 당신 자신의 관점에서 볼 때, 당신은 당신이 집단 속에서나 혼자서 일하는(공부하고, 시험을 치루고, 조깅을 하는) 것이 더 나은지를 알아보고 싶을 것이다.

사회적 촉진

사회과학자들은 금세기의 전환기 이래로 이와 같은 의문들에 관심을 두어 왔다. 우리가 1장에서 본 바와 같이, 1897년에 Triplett는 그가 아동들에게 혼자서나 다른 아동과의 경쟁 속에서 낚시릴에 줄을 감도록 요구했을 때에 최초의 사회심리학 실험들 중의 하나를 고안했다. Triplett은 아동들이 혼자서보다도 경쟁 속에서 더 빨리 작업했다는 것을 발견했다.

Triplett의 연구들 이후의 많은 연구들도 또한 사람들이 혼자서보다도 집단들 속에서나 관중들 앞에서 더 우수하게 수행했다는 것을 발견했다(Travis, 1925 : Allport, 1924). 이러한 타인들이나 다른 개체들의 영향은 동물들과 곤충들에서도 발견되어 왔다. 예컨대, Chen(1937)은 개미들이 그들의 굴을 만들 때에 파낸 흙덩이들을 세었다. 어떤 경우들에서 그는 한 마리의 개미가 혼자서 일하도록 했고, 다른 경우에들에서 개미는 한 마리나 두 마리의 다른 개미와 함께 일했다. Chen은 개개의 개미가 혼자서 일했을 때보다도 다른 개미들과 함께 일했을 때에 더 열심히 일했다(더 많은 흙덩이를 파냈다)는 것을 발견했다. 이러한 결과들은 타인들의 존재가 수행을 촉진시킨다는 것을 시사해 준다. 몇 개의 연구들에서 피험자들이 어떤 수동적인 관중의 앞에서 수행했으므로, 사회적 촉진효과들이 개체들간의 직접적 경쟁보다도 오히려 타인들의 단순한 존재에 기인되는 것같이 생각된다.

이러한 결과들에서, 우리는 집단들이 사람들(그리고 다른 동물들)에 대해 유익하다고 결론지을 수 있을 것이다. 불행하게도, 양상은 이렇게 매우 분명하지는 않다. 사회적 촉진의 결과들이 보고된 것과 거의 비슷한 시기에 몇 명의 연구자들은 사회적 억제효과들을 보고했다. 예컨대, Pessin과 Husband(1933)는 어떤 관객의 존재가 미로과제와 무의미철자 과제의 학습을 느리게끔 만들었다는 것을 발견했다. 흥미있게도, 피험자들이 미로와 무의미철자 과제들을 학습한 후에는 그들은 관객들의 앞에서 더 우수하게 수행했다. 이와 같은 상반된 결과들은 우리에게 개인의 수행을 높이기 위해서 집단들을 무분별하게 활용하지 말도록 경고해 준다.

Zajonc(1965)이 자신의 사회적 촉진이론을 제안할 때까지, 모순된 결과들에 대한 어떤 이론적 설명이 이루어지지 못했다. Zajonc은 과제수행의 학습이나 습득 단계와 수행이나 방출 단계 사이를 구분지었다. Zajonc(1965, 1972)은 타인들의 단순한 존재가 개인의 흥분과 충동을 증가시킨다고 제안했다. 그는 환경내의 타인들의 존재가 기민성(alertness)을 증가시킨다고 주장했다. 이 기민성(또는 흥분)은 타인들의 존재가 개인에게 신속하거나 새롭거나 특유한 방식들로 행동할 것을 요구할 수 있기 때문에 생긴다. 충동(drive)의 증가가 개인이 지배적 반응을 수행할 가능성을 증가시킨다는 것이 증명되어 왔기 때문에, 충동이 중요하다. 지배적 반응은 개인이 특정의 상황에서 가장 하기 쉬운 반응이다. 그리하여 Zajonc은 타인들의 단순한 존재는 이것이 충동과 흥분을 증가시키기 때문에 지배적 반응의 수행을 촉진시킨다고 제안했다. 더 나아가서, 그는 개인이 어떤 새로운 행동을 학습하고 있을 때에 올바른 반응이 아직 지배적 반응이 되지 못한다고 지적했다. 따라서, Zajonc에 의하면, 타인들의 단순한 존재는 새롭거나 복잡한 반응들의 학습을 억제하지만 잘 학습된 행동들의 수행을 촉진시킬 것이다.

전반적으로, 심리학자들은 집단이 개인적 수행에 미치는 영향에 관해서 일치해 왔지만, 이러한 영향들이 일어나는 이유에 관해서 상당한 불일치가 있어 왔다(Berger 등, 1982; Guerin과 Innes, 1982). 앞의 이론에 대한 하나의 대안적 입장은 관객효과들이 평가받게 되는 것에 관한 수행자의 우려에 기인된다는 것이다(Cottrell 등, 1968). 이러한 평가우려(evaluation apprehension)의 입장에 의하면, 사람들은 타인들이 평가의 잠재적 원천들이라는 것을 배우며 이러한 타인들의 존재는 긍정적이거나 부정적 결과들에 관한 어떤 예상을 일으킨다. 따라서, 사회적 촉진은 관객이 개인의 수행을 평가하는 위치에 있을 때에만 일어날 것이다. 이러한 입장을 지지해서, Henchy와 Glass(1968)는 관객이 과제에 관해서 거의 알지 못할 때보다도 그 과제의 전문가들이라고 지각되었을 때에 더 큰 사회적 촉진을 발견했다. 아마 전문가들은 비전문가들보다도 수행을 평가하는 더 좋은 위치에 있었을 것이다. 이러한 입장에 대한 하나의 흥미있는 변형에서, 몇몇 심리학자들은 개인의 수행에 대한 관객의 영향이 개인이 나쁜 수행에 대한 부정적 평가를 두려워하는지, 아니면 훌륭한 수행에 대한 긍정적 평가를 기대하는지에 달려 있다고 시사한다(Paulus, 1983; Wilke와 Van Knippenberg, 1988). 이 가설은 긍정적 결과에 대한 초점이 단순한 과제와 아울러 복잡한 과제에 대한 수행을 향상시킬 것이라고 시사한다. 이와는 달리, 부정적 결과에 대한 걱정은 단순한 과제에 대한 수행을 촉진시킬 것이지만, 복잡한 과제에 대한 수행을 억제할 것이다. 이러한 아이디어는 아직 주의깊은 검증을 기다리고 있다.

그러나, 다른 연구는 평가에 대한 우려가 사회적 촉진을 일으키는 데에 필요치 않다고 시사한다. 예컨대, 한 연구(Haas와 Roberts, 1975)는 수행을 평가할 수 없었던 눈을 가리운 관객이 눈을 가리우지 않았던 관객만큼 향상시키지는 않았지만, 작업자의 수행을 향상시켰다는 것을 발견했다. 보다 더 최근에, Baumeister 등(1985)의 연구는 평가에 대한 너무 많은 우려가 수행을 오히려 낮출 수 있다는 것을 발견했다. 이 연구의 결과들은 사람들이 성공에 대한 높은 기대를 갖지 않은 관객보다도 성공에 대한 높은 기대를 갖인 관객 앞에서 덜 우수하게 수행했다는 것을 보였다.

다른 대안적 설명(Sanders, 1981)은 관객이 수행자에 대해 하나의 주의분산자가 된다고 시사한다. 이와 같은 상황 속에서, 수행자는 관객이나 과제에 주의를 기울일지를 결정해야만 되는 갈등적 위치에 놓여 있다. 이러한 갈등은 충동의 증가를 일으키고 단순한 과제들의 수행을 촉진시킨다. 이러한 입장을 지지해서, 몇 개의 연구들(Sanders와 Baron, 1975)은 낮은 수준의 주의분산이 단순한 과제들의 수행을 증진시켰다는 것을 발견했다. 비록 주의분산-갈등가설(distration-conflict hypothesis)이 부정확하고(Geen, 1981; Markus, 1981) 사회적 촉진의 자료들의 많은 것을 설명하지 못한다고 비평받아 왔을지라도, 이것은 이 분야에 대한 하나의 흥미있는 대안을 제공하고 있다.

흥분, 평가에 대한 우려 및 주의분산을 포함하는 많은 요인들이 사회적 촉진효과들을 증가시킬 수 있는 것 같다. 실제로, 이러한 모든 과정들이 어떤 상황들에서 동시에 일어날 수도 있다.

사회적 태만

사회적 촉진에 관한 발견들은 매우 뚜렷하고도 분명한 것 같다. 그러나, 흔한 일처럼, 인간 행동은 사회과학자들에 대해서 흥미있는 몇 가지 희안한 일들과 도전거리들을 만들어 낸다. 이와 같은 일에 관한 최초의 힌트는 Ringelmann(1913)의 줄다리기 연구에서 나타났다. 남자 피험자들이 혼자서나, 2인, 3인 및 8인 조건들하에서 줄을 잡아당겼다. Ringelmann은 2인 집단들이 단일 개인보다 1.9배를 당겼고, 3인 집단들이 2.5배를 당겼고, 6인 집단들이 4배를 당겼다는 것을 발견했다. 따라서, 집단이 클수록 줄에 가해진 힘은 더 컸다. 그러나, 집단의 크기가 증가되었을 때에 각 개인이 내놓은 출력은 감소되었다. 다시 말하면, 사람들은 집단 속에서 일했을 때에 덜 열심히 일했거나 "빈둥거렸다."

적절하게도, 이러한 효과는 사회적 태만(social loafing)이라고 일컬어져 왔으며, 연구들은 여러 번 이것을 반복해 왔다. 예컨대, 사람들이 혼자서보다도 집단 속에서 덜 큰 소리로 박수친다는 것이 발견되어 왔다. 그리고 웨이터들과 웨이트리스들에 대해 흥미있는 하나의 결과는 사람들이 혼자 팁을 줄 때보다도 집단의 일부일 때에 더 적은 팁을 준다는 것이다.

우리가 사회적 촉진에 관해서 배웠던 모든 것들을 뒤적거려 보기 이전에, 빈둥거리는 효과에 대한 몇 가지 설명들을 검토해 보자. 기억되는 바와 같이, 사회적 촉진에 관한 연구들에서 피험자들은 혼자나 타인들의 앞에서 수행했으며, 각각의 경우에서 개인은 자기 자신의 수행이 타인들에 의해서 관찰되고 확인될 수 있다는 것을 알고 있었다. 이와는 반대로, 사회적 태만 연구에서, 개인은 타인들과 함께 수행하며 집단생산만이 측정될 수 있다고 믿는다(Harkins와 Szymanski, 1989). 더 나아가서, 집단생산은 개인에 대해 거의 개인적 의미가 없다. 이러한 경우에서, 개인은 자기 자신의 산출이 특별하게 확인되어질 수가 없다고 믿는다. 확인가능성(identifiability)의 중요성을 증명하려는 한 노력에서, Williams 등(1981)은 피험자들에게 혼자나 집단들 속에서 소리치게끔 만들었다. 그러나, 어떤 조건들에서 피험자들은 자기들의 개인적 수행이 항상 감시받고 있다(항상 확인가능하다고)고 믿어졌다. 다른 조건들에서 그들은 그들이 혼자 있을 때에만 확인가능하다고 믿어졌으며, 또 다른 조건들에서 그들은 자기들의 산출이 결코 확인될 수가 없다고 믿어졌다. 도 14－6에서 볼 수 있는 바와 같이, 수행은 피험자들이 자기들의 노력이 확인되고 있지 않다고 느꼈을 때에 더 낮았다. 이러한 입장에 대한 또 다른 지지는 사회적 태만이 집단수행의 결과가 개개 멤버들에 대한 분명한 개인적 관련성을 갖고 있을 경우에 일어나지 않는다는 것을 보이는 연구에서 나온다(Bricker 등, 1986). 따라서 빈둥거림에 대한 하나의 설명은 이 효과가 개인이 어떤 특수한 산출을 내놓는다고 확인될 수가 없고 그 산출이 개인에 대해 거의 의미가 없을 때에 일어난다고 시사한다.

두번째 설명은 무임승객 효과(free rider effect)라고 일컬어져 왔다(Kerr와 Brunn, 1983). 이러한 효과를 이해하기 위해서, 당신이 한 집단의 사람들과 함께 멀리 배를 젓는다고 가정하자. 모든 사람들이 열심히 젓고 당신은 배가 멋지게 나아가고 있는 것을 본다. 모든 것이 잘 되어가고 있기 때문에, 당신은 이러한 상황에서 당신으로부터의 큰 노력이 필요치 않다고 느낄 수 있다. 따라서 당신은 자신의 노력을 줄이고서 하나의 "무임승객"이 된다. 이러한 경우에서 빈둥거림은 집단 멤버들이 자기들의 기여가 없어도 되며 집단이 자기들이 없이도 성공할 것이라고 믿기 때문에 생긴다. 집단의 견지에서 볼 때, 이것은 만일 모든 멤버들이 무임승객이 된다면, 과업수행이 지장받게 될 것이기 때문에 위험한 상황이다.

사회적 태만에 대한 또 다른 흥미있는 설명은 봉(鳳)효과(sucker effect)라고 일컬어져 왔다(Kerr, 1983). 또다시, 당신이 한 집단 속에서 먼 거리를 배를 젓고 있다고 가정하자. 당신은 온 힘을 다해서 배를 젓고 있다가 눈을 돌려 보니, 다른 멤버가 거의 힘을 기울이고 있지 않다는 것을 보게 된다. 당신은 성취된 일에 대해 영예를 받게 되는 것이 집단 전체이고 개인으로서의 당신이 아니라는 것을 깨닫는다. 따라서 게으름을 피우는 그 멤버는 당신을 하나의 봉으로 삼고 있다. 즉, 당신이 모든 일을 하면서도 그는 당신만큼 많은 영예를 받게 될 것이다. 그 결과로, 당신은 자신의 노력을 줄이고 당신이 혼자 일했을 때만큼 열심히 일하지 않게 될 것이다. 이러한 효과를 증명하는 한 연구에서, 피험자들은 나쁘게 수행하는 다른 집단멤버와 함께 과제를 수행했다(Kerr, 1983). 피험자들은 다른 멤버가 더 우수하게 수행할 능력을 갖고 있거나 갖고 있지 않다고 믿었다. 그

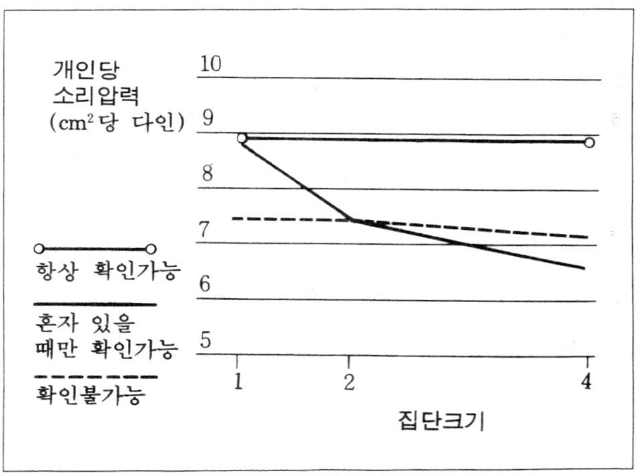

도 14－6. 집단크기와 확인가능성의 함수로서 소리압력
자료원 : Williams(1981).

들은 자기들이 다른 사람이 더 낫게 수행할 수 있었지만 단지 노력하지 않았다고 느꼈을 때에 가장 큰 정도로 자기들의 노력을 줄였다(빈둥거렸다). 우리는 잘 할 수가 있는 데에도 불구하고 의도적으로 게으르게 행동하는 타인들을 위해서 봉이 되는 것을 특히 피하고 싶어하는 것 같다.

당신이 사회적 태만실험들에 관해서 읽을 때에 마지막 점이 당신의 머리 속에 떠올랐을 것이다. 비록 피험자들이 서로 볼 수 있는 가운데에서 자기들의 과업을 수행했을지라도, 그들은 어떤 집단 속에 있다는 느낌을 거의 갖지 않았다. 몇 명의 연구자들은 빈둥거림이 작업자들이 집단의 느낌을 거의 갖지 않을 때에 일어나기가 가장 쉽다고 시사해 왔다(Petrovsky, 1985). 예컨대, 한 연구는 집단멤버들에게 어떤 기준이 제시되었고 그들의 집단이 이 기준에 비추어서 평가될 것이라고 믿게끔 만들었을 때에 아무런 태만을 발견하지 못했다(Harkins와 Szymanski, 1989). 다른 연구에서, 피험자들은 실제로 자기들의 상호의존이 훌륭한 수행에 대한 어떤 집단적 보수의 가능성에 의해서 강조되었을 때에 집단 속에서 더 열심히 일했다. 실제로, 그들은 개인적 보수보다도 어떤 집단적 보수를 위해서 더 열심히 일했다(Worchel 등, 1989). 따라서 태만은 어떤 공동운명으로 함께 묶이여 있다고 느끼는 사람들의 집단들보다도 단순한 집합들 속에서 일어날 것이다.

요약하면, 집단 속에 있는 것은 개인의 산출이 분명하게 확인가능하고, 과업이 쉽고, 집단성의 느낌이 강조되고 있을 때에 개인적 수행을 증가시킨다. 그러나, 산출이 개인에게 연결되어질 수가 없고 사람들이 집단에 대한 소속감을 거의 느끼지 않을 때에, 사회적 태만이 일어날 수 있다.

집단이 개인적 의사결정에 미치는 영향

예컨대, 야심적인 히말라야 등반을 계획하는 등반대원들이 수행하는 결정적인 활동들 중의 하나는 의사결정을 행하는 것이다. 그들은 시초부터 많은 곤란한 문제들에 당면한다. 그들은 어떤 산봉우리를 목표로 삼을 것인가를 결정해야만 된다. 그들은 그들이 갖고 갈 장비들이 종류와 양을 결정해야만 된다. 그들은 누가 어느 과업을 수행하는가를 결정해야만 되며, 탐험적 등반 동안에 자기들의 행동을 규제하는 많은 규칙들을 세워야만 된다. 그들이 행하는 의사결정들은 등반의 성패를 결정지을 수 있으며, 이러한 의사결정들 중의 몇 개는 그들의 생명 자체에 영향을 줄 것이다. 흔히 집단이 문제들을 토의할 것이지만, 최종적 결정들과 조치들은 개개의 대원들에 달려 있다. 이러한 상황은 어떤 집단의 한 멤버가 되는 것이 우리의 개인적 의사결정들과 행위들에 어떤 영향을 주는가에 관한 몇 가지 흥미있는 의문들을 일으킨다.

앞에서 우리는 집단들이 어떻게 의사결정을 행하는가를 검토했다. 이제 우리의 초점은 개인에 대해 두어지고 있다. 이 분야에서 연구되게 된 가장 최초의 의문들 중의 하나는 집단 속에서 결정을 행하는 것이 개인의 행동에 어떤 영향을 주는가이었다(Lewin, 1943). Lewin의 관심은 이차대전 동안에 미국에서 당면되었던 하나의 실제적 문제에서 생겨났다. 전쟁중에 식료품들, 특히 육류의 가격이 급등했고 공급이 달리었다. 소의 콩팥, 뇌 및 지라의 부족은 없었지만, 미국의 주부들은 이러한 것들을 식탁에 내놓는 것에 습관화되지 않았다. 주부들에게 이러한 내장고기들을 요리하게끔 만드는 데에 관심을 둔 미국 정부는 그들이 그렇게 하도록 설득하기 위해 집중적인 미디어 캠페인을 개시했다. Lewin은 이러한 방법이 효과적이 아닐 것이라고 생각했다. 그는 주부들이 소속할 수 있는 집단들이 이러한 재료들을 요리하지 않는다는 규범에 책임이 있으므로, 선전시도들은 개인이 아니라 집단들을 겨냥해야만 된다고 믿었다.

Lewin은 이러한 재료들에 대한 집단규범들을 변화시키는 것이 중요하다고 생각했으며, 이것이 어떻게 실시될 수 있는가를 증명하기 위한 한 실험을 설계했다. 그들은 적십자사 자원자들을 13인 내지 17인의 집단들로 만들었다. 집단들의 절반은 이러한 영양가 있지만 인기없는 부분들을 활용하는 것의 긍정적 가치들과 이것들의 활용이 전쟁노력을 어떻게 도울 것인가에 관한 강의를 들었다(강의조건). 이 강의는 내장고기들이 어떻게 요리될 수 있고 심지어 조리법들로 내놓을 수 있는가를 설명했다. 집단들의 다른 절반은 집단의사결정조건이 되었는데, 여기에서 훈련받은 집단리더가 문제를 간략하게 요약했고 그 다음에 부인들에게 내장고기들을 사용하는 것에 관한 자기들의 기분을 토의하도록 만들었다. 이 토의리더는 이들 고기를 적어도 일주일에 한번 식탁에 내놓는다는 제안을 지지하는 100%의 투표를 얻어내는 데에 성공했다. 일주일 후에, 모든 집단의 부인들이 누가 실제로 내장고기들을 식탁에 내놓았는가를 알아보기 위해서 면접되었다. 집단의사결정조건의 부인들의 52%에 비해서, 강의조건의 부인들의 10%가 그렇게 했다.

Lewin의 연구는 집단 토의와 의사결정이 집단멤버들의 규범과 행동을 변화시키는 데에 사용될 수 있다는 것을 분명하게 증명한다. 그러나, 때로는 집단의 모든 멤버가 토의와 의사결정과정에 관여되게끔 만들기가 곤란하다. 따라서 집단 전체 대신에 집단대표자들의 사용에 의해서 동일한 변화가 성취될 수 있는 것이 바람직스러울 수도 있다. Coch와 French(1948)는 그들이 하나의 파자마공장인 하우드제조회사의 생산성을 검토하도록 요청받았을 때에 이러한 의문을 연구할 기회를 갖었다. 이 공장은 자주 작업절차상의 작은 조정들을 행해야만 되었다. 비록 관리자측이 이와 같은 변화들 후에 생산성상에서 일시적 감소들을 예견했을지라도, 생산성 감소가 흔히 급격하고 장기적이라는 것이 발견되었다. 감독자들이 직원들에게 작업조정들의 이유를 설명했지만, 이러한 설명들은 생산성을 증가시키지 못했다. Coch와 French는 한 연구를 설계했는데, 어떤 집단들의 작업자들은 단순히 그 변화들에 대한 이유들을 설명받고 더 열심히 일할 것을 훈시받았다(관여없음조건). 다른 집단들은 관리자측과 함께 변화들의 이유들과 그들이 작업조건들을 향상시킬 수 있는 방법에 관해서 토의할 기회를 제공받았다. 세번째 조건에서, 집단대표자들이 집합해서 관리자측과 변화들을 토의했다. 그 결과들은 완전 관여조건의 작업자들이 관여없는 조건의 작업자들보다도 변화들에 대해 더 신속하게 적응했으며 완전 관여조건의 작업자들의 생산성이 관여없는 조건의 작업자들의 생산성보다 훨씬 더 높은 수준으로 향상되었다는 것을 나타냈다. 대표자조건의 작업자들의 수행은 관여없는 조건의 작업자들의 수행보다 더 높았지만, 완전 관여조건의 작업자들의 수준에 이르지는 못했다. 따라서 모든 집단멤버들에 의한 토의들에 대한 직접적 관여가 집단의 변화를 일으키기 위한 가장 효과적인 방법이다.

몰개성화: 집단에 대한 몰입

집단역학에 관한 우리의 논의를 끝마치기 이전에, 우리는 집단이 개인들에게 미치는 가장 극적인 영향들 중의 하나를 검토할 것이다. 개인이 집단 속에서 활동할 때, 그 사람은 자기 자신에 대한 관심을 상실하고 집단멤버들에게 주의를 집중시키는 경우들이 있다. 그 사람은 자기 자신의 정체가 집단의 정체로 바뀌는 것을 느낀다. 어떤 사람에 대해서 이것의 영향은 즐거운 것이고 집단활동상에서의 그 사람의 수행을 향상시킨다. 그러나, 다른 경우들에서 이 효과는 긍정적인 것이 못된다. 1985년도의 미식축구 시즌경기 동안에 덴버팀과 샌프란시스코팀 간의 유명한 "눈뭉치"게임에서, 샌프란시스코팀이 공을 차려고 준비하는 동안에 한 개의 눈뭉치가 군중으로부터 날아왔다. 그 눈뭉치는 선수들을 혼란시켰으며 샌프란시스코팀은 공을 실축했고, 덴버팀이 2점 차로 게임을 이겼다. 눈뭉치를 던졌던 젊은 남자는 그가 자신의 행위에 대해 부끄러움을 느꼈다고 말했다. 그는 군중의 흥분에 의해 제정신을 잃게 되었고, 그 결과들에 대해 생각함이 없이 행동했다.

멀리 1895년에, 프랑스의 사회학자인 Le Bon은 사람들이 흔히 군중 속에서 "이성을 잃게 되고" 그들이 혼자 있었을 경우에는 하지 않았을 일들을 저지른다는 것을 관찰했다. 그는 다음과 같이 관찰했다.

> 생활양식, 직업, 성품 또는 지능이 비슷하건 비슷하지 않건 간에 군중을 이루는 개인들은 누구든 간에 그들이 군중으로 전환되었다는 사실은 그들을 어떤 종류의 집단적 정신에 홀리게끔 만든다. (p. 20)

어떤 집단적 정신을 갖는 것 이외에도, 군중(crowd)은 비이성적이며, 그 지적수준은 항상 분리된 개인의 지적수준 이하이다. Le Bon은 또한 군중이 정서적이라고 기술했으며, 군중 속에 있을 때에 개인은 "원초적 인간"의 정서들을 느끼고 표현하기 시작한다고 말했다. Le Bon에 의하면, 세 가지 기제들이 군중이라고 알려진 괴물을 만들어 내는 데에 책임이 있다. 첫째로, 개인이 익명적이기 때문에, 개인은 개인적 책임감을 상실하고 따라서 그 사람이 보통 때에는 하지 않게 될 행위들에 참가한다. 둘째로, 전염(contagion)이 군중 속의 개인에게 자신이 하고 싶은 대로 행동하게끔 만든다. 전염은 개인의 자제들을 감소시키고 개인에게 모델이 행동하는 대로 행동하게끔 해 준다. 셋째로, 사람들은 군중 속에서 더욱 더 암시에 걸리기 쉽게 된다. 군중은 개인에게 최면술을 걸고, 그러면 개인은 다른 멤버들이나 군중의 지도자의 암시들에 따른다.

다른 연구자들은 몰개성화 과정(deindividuation process)의 개념을 확장시켜 왔으며, 세 개의 모형들이 제안되어 왔다. 그 중의 하나는 큰 집단들, 익명성 및 고양된 흥분상태와 같은 조건들이 몰개성화의 선행요인들이라고 시사한다. 이러한 조건들은 사람들에게 자기 자신의 정체감을 상실하면서 집단 속에 빠져버리게끔 만든다(Zimbardo, 1970). 이러한 정체상실이 일어날 때, 사람들은 더 이상 자신의 행동에 대해 책임을 느끼지 않게 되고, 그들의 관심은 집단쪽으로 기울여지고 행동은 즉각적 상황의 순간적인 단서들에 의해서 조정되게 된다. 사람들이 자신의 행위에 대한 개인적 책임감을 상실할 때, 그들은 더 이상 대개의 상황들에서 존재하고 있는 규범들과 자제들에 의해 통제받지 않는다. 그들의 행동은 충동적이고, 정서적이고, 종식시키기가 곤란하게 된다.

극단적으로, 이러한 견해는 몰개성화가 우리들 각자의 동물적인 내면을 해방시킨다고 시사한다. 예컨대, Watson(1973)이 200개 이상의 문화들에서의 전쟁패턴들을 연구했을 때, 그는 마스크와 페인트에 의해서 몰개성화되었던 전사들이 이와 같은 도구들을 사용하지 않았던 전사들보다도 포로들을 고문하는 더 큰 경향이 있었다는 것을 발견했다. 다소 다른 접근을 취해서, Worchel과 Andreoli(1978)는 공격자들이 자기들의 피해자들에게 해를 입히기 이전에 피해자들을 몰개성화시켰다는 것을 발견했다. 이러한 피해자의 몰개성화는 공격자가 선택적으로 정보를 회상하고 그럼으로써 피해자의 정체와 독자성을 제거시키게 될 때에 일어났다. 보다 더 개별화된 피해자보다도 몰개성화된 피해자를 공격하기가 더 쉬웠다. 마지막으로, Diener와 그의 동료들은 만성절(Halloween)날에 장난치는 아동들이 그들이 분명하게 확인가능했을 때보다도 마스크를 착용하고 익명적으로 있었을 때에 과자를 더 훔치기 쉬웠다는 것을 발견했다.

두번째 입장도 또한 사람들이 군중 속에서 자신의 정체를 상실한다고 시사한다. 비제약되고 비한정된 것보다도, 이 입장은 사람들이 집단 속에서의 자신의 역할에 의해서 정의된 어떤 새로운 정체를 취한다고 주장한다(Brown, 1988 ;Reicher, 1984 ; Diener, 1979). 그러면 이 새로운 정체는 그들의 행동을 인도한다. 다음의 실험을 고려해 보자. 한 연구(Johnson과 Downing, 1979)에서, 피험자들은 유니폼에 의해서 몰개성화되었다. 그러나 어떤 경우들에서, 실험자는 그 유니폼이 미국의 비밀폭력단체인 3K단이 착용한 복장과 비슷하다고 언급했다. 다른 경우들에서, 실험자는 그 유니폼이 비폭력집단인 간호사들이 착용한 복장과 비슷하다고 언급했다. 그 다음에 피험자에게 어떤 학습상황에서 타인에게 쇼크를 줄 기회가 제공되었다. 그 유니폼이 3K단의 복장에 비교되었을 때에 공격이 약간 증가되었다. 실시된 쇼크들의 강도는 간호사들에 대한 연관이 특출했을 때에 유의하게 감소되었다. 개인적 정체의 특출성이 감소되었을 때, 피험자들은 자기들이 대표한다고 느끼는 집단과 더 비슷하게 행동했다.

세번째 입장을 이해하기 위해서, 큰 집단들 속에서의 당신 자신의 느낌들을 고려해 보라. 많은 학생들이 혼란감이나 불편함을 일으키는 집단에게 자신의 정체를 빼앗긴다는 것을 느낄 수 있을 것이다. 많은 대규모 대학들에서, 학생들은 군중 속에 파묻히게 되는 것을 불평한다. 그들은 번호처럼 취급받고 있으며 아무도 그들을 알지 못하고 관심을 두지 않는다. 집단 속에 파묻힌다는 느낌은 사람들에게 정체를 확보하고 인정받게 되기 위해서 집단으로부터 두드러지게끔 만드는 어떤 일을 행하도록 동기화시킬 수 있다. 따라서 활발하고, 과장되고, 때로는 반사회적인 행동은 인정을 받으려는 사람들의 시도들을 나타낼 수 있다(Maslach 등, 1985). 따라서 우리는 미식축구게임에서 눈뭉치를 던진 청년을 책임의 상실에 초점을 둠으로써 설명할 수도 있을 것이다. 즉, 집단 속에 있는 것이 그에게 눈뭉치를 던지는 데 대한 자제들을 풀게끔 만들었다. 이와는 달리, 우리는 군중 속에 파묻히게 되는 것이 그에게 인정을 얻기 위해서 어떤 일을 행하게끔 동기화시켰다고 주장할 수도 있다. 즉, 눈뭉치를 던지는 것이 그와 나머지 군중을 분리시켜 주었다.

분명히, 몰개성화는 세 개의 모든 가설들에 의해서 부분적으로 설명될 수도 있는 하나의 복잡한 과정이다. 이러한 과정에 관한 우리의 논의를 끝마치기 이전에, 몰개성화의 다른 측면을 지적해 두자. 우리는 몰개성화가 부정적인 반사회적 행동들을 일으킬 수 있다는 것을 보여 왔지만, 몰개성화는 또한 긍정적 결과들을 일으킬 수 있다. 우리가 13장에서 지적한 바와 같이, 몰개성화는 흔히 집단규범들에 대한 동조의 감소를 일으킨다. 어떤 경우들에서, 집단규범들의 속박으로부터 개인을 해방시키는 것은 그렇지 않으면 억제되어 있을 수 있는 창의성을 일으킬 수 있다. 예컨대, 몇몇 저자들은 그들이 익명적으로 글을 쓸 때에 더 적은 제약들을 느끼기 때문에 필명이나 가명을 사용한다. 끝으로, 우리는 사람들이 자신의 직무를 수행하기 위해서 사회규범들을 위반해야만 되는 몇몇 직업들에서 몰개성화를 발견한다. 예컨대, 외과의사들은 환자들의 신체를 취급하고 칼을 대야만 된다. 오랜 동안 외과의사들이 그들의 환자와 잘 알게 되어서는 안된다고 믿어졌으며, 수술이 실시될 때에 외과의사는 머리에서 발끝까지 몸을 가리었으며 환자는 감염된 부위만 볼 수 있게끔 천으로 덮어졌다. 우리는 여기에서의 몰개성화가 자신의 직무를 방해했을 수도 있는 걱정들과 공포들로부터 외과의사를 해방시켰다고 생각할 수도 있을 것이다. 그러나, 많은 환자들과 의사들은 그들이 이러한 비개인적인 상대에 대해 불편함을 느낀다고 불평했다. 오늘날 많은 의사들은 수술 전에 자신의 환자를 알게 되기 위해서 시간을 보낸다. 어쨌든 간에, 비록 몰개성화가 어두운 측면을 갖고 있을지라도, 이것은 또한 긍정적 효과들을 가질 수 있다.

요 약

1. 집단은 각 사람이 각각의 다른 사람에게 영향을 주고 받는 식으로 서로 상호작용하고 있는 둘이나 그 이상의 사람들이라고 정의될 수 있다. 집단 속에 있는 사람들은 자기들이 함께 소속하고 있고 공동목표들을 함께 갖고 있다고 느낀다. 집단은 구조, 즉 크기, 규범들, 역할들, 의사소통망들 및 응집성의 면에서 차이가 있다.
2. 개인적 관점에서 볼 때, 어떤 집단에 가입하는 것은 긍정적 및 부정적 결과들을 갖는다. 집단들은 사람들에게 혼자서는 성취시킬 수 없는 다양한 과업들을 성취하게끔 해준다. 이와는 반대로, 사람들은 그들이 어떤 집단에 가입할 때에 다소의 자유와 개인적 정체를 포기해야만 된다. 집단멤버들은 신입멤버, 정(正)멤버, 최저한멤버 및 전(前)멤버의 여러 단계들을 통과해 간다. 멤버들처럼, 집단들은 집단들이 발전하고 변화함에 따라 일련의 단계들을 통과해 간다. 이러한 단계들은 집단의 역학과 개개 집단멤버들의 행동에 영향을 준다.
3. 집단들은 일반적으로 혼자 일하는 개인들보다도 더 우수하게 수행한다. 집단들은 특히 정답들이 높은 지위를 가진 멤버들에 의해서 제시되고 있을 때에 정답들을 인식하는 데에 우수하다. 집단들의 효과성은 **과정손실**에 의해서 감소되게 되는데, 후자는 **조정손실**과 **동기손실**을 포함한다. 명확한 집단목표들을 설정하고 수행의 피드백을 제공하는 것이 집단수행을 향상시킬 수 있다. 수행은 또한 집단이 일하고 있는 과업의 유형에 의해서 영향받는다. 예컨대, 큰 집단들은 작은 집단들보다도 **가산과업**들상에서

더 우수하게 수행할 수 있지만, 비접합과업 및 접합과업상에서는 동기손실의 지장을 받을 수 있다. 일반적으로, 만일 응집성있는 집단들이 생산을 제한하는 규범들을 발전시키지만 않는다면, 응집성있는 집단들이 응집성없는 집단들보다도 더 우수하게 수행한다. 응집성은 집단멤버들의 유사성, 다른 집단의 위협, 집단에 대한 멤버들의 희생 및 집단성공에 의해서 높아지게 된다.

4. 연구는 남자들이 흔히 집단 속에서 여자들보다 더 과업지향적인 반면에, 여자들이 더 사회적 및 감정 지향적이라는 것을 시사한다. 파트너들이 여자들에 대해 더 많은 사회적 지향을 갖고서 반응하고 남자들에 대해 더 많은 과업지향성을 갖고서 반응한다는 것이 또한 발견되어 왔다. 비록 전남성 집단들이 전여성 집단들보다 더 우수하게 수행한다는 다소의 징후가 있을지라도, 주의깊은 분석은 이러한 우수성이 남성지향적 과업들상에서 발견되고 있다는 것을 시사한다.

5. 집단이 집단화합을 유지시키기 위해서 신속하고도 잘못 개념화된 의사결정을 행할 때에 집단사고가 일어난다. 집단사고는 강력하고 존경받는 지도자를 갖고 있는 매우 응집성있는 집단들에서 일어나기가 가장 쉽다. 집단사고가 일어날 가능성들은 제안들의 주의깊은 검토, 리더가 어떤 분명한 선호를 진술하는 것을 피하는 것 및 집단의 멤버들이 아닌 사람들의 의견을 구하는 것에 의해서 감소시킬 수 있다.

6. 비록 다수측이 대개 집단의사결정을 결정지을지라도, 소수측은 그들이 일관성있고 단호한 입장을 취할 경우에 효과적일 수 있다. 소수측들은 그들이 분쟁을 일으키고 집단의 동조규범에 도전하기 때문에 효과를 거둔다. 다수측의 영향은 직접적이고, 즉각적이고, 공적인 것이다. 소수측 영향은 대개 간접적이고, 지연적이고, 개인적인 것이다. 소수측은 흔히 창의성을 낳는 확산적 사고를 동기화시킨다.

7. 집단은 멤버들의 자기개념에 영향을 준다. 우리의 사회적 정체는 우리가 소속한 집단들에 의해서 결정되게 된다. 그 결과로, 사람들은 "훌륭한" 집단에 가입하고 자기 자신의 집단을 긍정적으로 지각하려고 든다. 멤버들이 내집단과 외집단의 차이를 높이려고 들 때에 차별이 생긴다. 대부분의 사람들은 내집단멤버들을 비유사하다고 그리고 외집단멤버들을 유사하다고 지각한다. 이러한 효과는 보다 더 확립된 집단들과 다수측집단들에서 특히 뚜렷하다.

8. 집단들은 개개 멤버들의 수행에 영향을 줄 수 있다. 사회적 촉진에 관한 연구들은 사람들이 혼자보다도 집단 속에서 단순하고 잘 학습된 과업들을 더 우수하게 수행하지만, 새로운 재료의 학습이 타인들의 존재에 의해서 억제될 수 있다는 것을 보인다. 후자의 효과는 타인들이 개인을 흥분시키고 지배적 반응을 나타내려는 충동을 증가시키기 때문에 일어나는 것 같다. 평가우려, 주의분산 및 사회비교를 포함해서, 많은 설명들이 사회적 촉진에 대해 제안되어 왔다. 사회적 태만은 사람들이 혼자보다도 집단 속에서 덜 열심히 일하는 경향이다. 이러한 효과는 최종적 생산품에 대한 책임감의 감소와 집단 속에서의 개인적 수행의 확인가능성의 부족의 결과일 수 있다. 사회적 태만은 또한 무임승객효과와 봉효과에 귀인시켜 왔다. 사회적 태만은 사람들이 집단성의 느낌과 집단의 생산이 평가될 수 있다는 걱정을 느낄 때에 감소되게 된다.

9. 집단토의 이후에 집단 속에서 이루어진 의사결정들은 개인의 행동에 영향주기가 가장 쉽다. 어떤 집단내의 멤버십은 흔히 사람들에게 그들이 그 집단의 일부가 되기 이

전에 가졌던 입장보다도 더 극단적인 입장을 택하게끔 만든다. 이러한 효과는 사람들이 집단의사결정들 속에서 느끼는 책임의 감소에서 생길 수 있다. **집단극화**는 또한 사회비교과정과 설득적 주장과정에 의해서도 설명되어 왔다.

10. **몰개성화**는 사람들이 자신의 개인적 정체를 상실하고 집단의 정체를 택할 때에 일어난다. 이것은 일반적으로 사람들이 익명적인 것을 느끼고 흥분이 고양되어 있는 큰 집단들에서 일어난다. 몰개성화된 조건 속에 있는 사람들은 즉각적 단서들에 초점을 둔다. 이렇게 하는 것은 사회적으로 인정받지 못하는 행위들을 수행하는 데 대한 자제를 흔히 감소시킨다. 몰개성화 효과에 대한 두번째 설명은 사람들이 군중 속에서 자신의 개인적 정체를 상실하고 집단 속에서의 자신의 역할에 의해서 정의된 정체를 취한다는 것이다. 몰개성화된 사람들의 행동에 대한 세번째 설명은 그들이 개인적 인정과 독자성을 얻으려고 시도하고 있다는 것이다.

제 15 장

리 더 십

크거나 작거나 간에, 모든 집단들에서 어떤 사람들은 다른 사람들보다 더 많은 권력과 영향력을 갖고 있다. 가장 영향력이 많은 사람은 흔히 집단 내에서 두드러진 지위를 차지하며 리더로서 간주받게 된다. 실제로 우리는 지도자(leader)를 어떤 집단에서 가장 많은 영향력을 발휘하는 사람이라고, 그리고 리더쉽을 "어떤 집단의 한 멤버(즉 지도자)가 특수한 집단목표들의 달성을 향해서 다른 집단멤버들에게 영향을 주는 과정"이라고 정의할 수 있다(Hollander, 1985 ; Shaw, 1981). 많은 상이한 종류의 지도자들과 리더십이 있다. 미국의 민권운동지도자였던 마틴 루터 킹은 하나의 예외적인 지도자였으며, 우리의 정의에 분명히 부합된다. 그는 남부 기독교지도자회의 내외에서 다른 사람들에 대해 극히 높은 정도의 영향력을 가졌다. 여러 번에 걸쳐서 단지 그의 말들은 흑인 자유운동이 폭력적 폭동으로 바뀌는 것을 방지시켰다. 예컨대, 1956년 6월 30일에 그의 집에 폭탄이 던져졌다. 경찰국장과 시장과 함께 몇 명의 경찰관들이 폭발 직후에 현장에 도착했다. 약 1000명의 성난 흑인들의 한 군중이 총기, 돌멩이, 칼 및 몽둥이를 들고서 운집했고 경찰과 싸움을 벌이려고 들었다. 킹은 현관으로 걸어 나와서 흑인들에게 "칼로 일어선 자는 칼로 망한다"는 것을 일깨우면서, 그들에게 비폭력의 원칙을 준수할 것을 요구했다. 군중은 조용히 흩어졌다. 킹목사의 부인은 군중 속에서 한 백인 경찰관이 "흑인목사가 아니었더라면, 우리는 모두 죽었을 것이다"라고 말하는 것을 들었다고 회상했다(King, 1969, p. 130).

몇 명의 과거의 대통령들도 또한 강력한 지도자들이었다. 대통령의 리더십의 여러 종류들을 논의해 온 심리학자들과 정치학자들은 대중의 표현되지 못한 욕구들을 포착하고 그러한 욕구들을 정치체제를 변화시키는 목적을 위해서 표출되게끔 노력하는 사람을 변형적 리더(transformational leader)라고 확인해 왔다(Burns, 1984). 미국의 프랭크린 루즈벨트는 레이건과 같이 하나의 변형적 지도자의 정의에 부합된다. 소련 대통령이었던 고르바쵸프도 아마 어떤 다른 최근의 지도자들보다도 이 개념을 대표할 것이다. 그라스노스트(개방)와 페레스트로이카(재구조화)에 대한 자신의 강조로, 고르바쵸프는 그 자신이 자기들의 사회들을 재구성하기 위해서 소련과 동구의 인민들의 욕구들과 욕망들이 뚜렷하게 확인되고 반영되게 되기를 원한다는 것을 분명하게 나타냈다. 비록 전세계의 지도자들이 여러 양식으로 차이가 있을지라도, 모든 지도자들은 자기들이 통치하는 집단들 내에서 가장 많은 영향력을 발휘하는 공통 특징을 갖고 있다. 어떤 사람은 단지 단기간 동안 그리고 한정된 상황에서 지도자일 수 있지만, 그 당시나 장소에서 그 사람은 가장 큰 영향력을 갖고 있다.

이하에서 우리는 리더십에 관련된 몇 가지 문제들을 검토할 것이다. 첫째로, 우리는 정확하게 누가 지도자로 되는가의 의문, 즉 다른 사람들이 아니라 어떤 사람들이 권위의 직책들로 부상하는 이유를 고려할 것이다. 그 다음에 우리는 지도자들의 행동의 종류들이나 차원들과 그 효과들을 고려할 것이다. 셋째로, 우리는 지도자의 효과성의 문제를 다소 자세하게 고려할 것이다. 마지막으로, 리더십스타일의 발전과 지도자들과 추종자들 간의 상호작용이 고려될 것이다.

지도자로 되게끔 만드는 요인들: 리더십의 이론들

앞에서 우리는 리더가 집단활동의 방향에 영향을 주기 위해서 세력을 발휘하는 사람이라는 것을 지적했다. 우리는 맨먼저 어떤 사람들은 지도자로 부각되고 다른 사람들은 그렇지 못한 이유를 물을 수 있다. 예컨대, 어떤 다른 사람보다도 김구 선생이 우리 나라의 독립운동지도자로 된 이유는 무엇인가? 그것은 김구 선생의 어떤 특징이었는가, 그것은 특수한 상황이었는가? 또는 그것은 이 둘의 어떤 종합이었는가? Hollander(1985)는 리더십에 관한 연구들이 이러한 세 가지 질문들을 차례로 물음으로써 역사적으로 진행되어 왔으며, 그 결과로 처음에는 리더십에 관한 **특성이론들**(trait theories)에, 그 다음에는 **상황이론들**(situational theories)에 그리고 마지막에는 **상호작용이론들**(interactional theories)에 관심이 집중되어 왔다고 지적했다.

특성이론들

우리가 우리의 독립운동지도자였던 김구 선생, 마틴 루터 킹목사, 미하일 고르바쵸프, 프랭크린 루즈벨트 및 마가레트 대처와 같은 강력한 지도자들을 살펴볼 때, 우리는 이들이 범상한 사람들이 아니라는 인상을 얻는다. 그들에게 그러한 강력한 지도자로 되게끔 만들은 그들의 어떤 특별한 것이 틀림없이 있거나 있어 왔을 것이다. 리더십에 관한 최초의 연구들은 어떤 것이 리더들과 추종자들을 분리시킨다는, 즉 리더들이 만들어지는 것이 아니라 선천적이라는 전제에 기초되었다. 만일 이러한 가정이 맞는다면, 리더들을 특징지워 주는 어떤 독특한 특징들을 확인할 수 있을 것이다. 이러한 아이디어들을 갖고 있는 이론은 "리더십에 관한 위인이론" 또는 "특성이론"이라고 명명되어 왔다. 가장 단순한 형태에서, 이 이론은 역사나 어떤 집단의 행동방향이 리더십직위에 있는 특수한 인물에 의해서 형성되며, 사건들의 과정이 그 직위에 어떤 다른 인물이 있었을 경우에는 완전히 다를 것이라고 진술한다(Jacobs, 1971). 미국의 마틴 루터 킹목사의 경우에서, 이 이론은 킹목사가 미국에서의 흑인민권운동의 방향을 형성시키고 결정지었다는 사실과 이 운동이 어떤 다른 사람이 그 지도자로 되었을 경우에는 상이한 양상을 보였을 것이라는 점을 강조한다.

리더십에 관한 위인이론 리더십에 관한 "위인"(great man)이론은 이것의 가장 두드러진 형태에서, 국내적 및 국제적 사건들 중에서 주요 사건들이 리더십의 직위를 가진 사람들에 의해서 영향받으며 "위대한 인물들을 제외하고서 역사상의 모든 요인들이 중요치 않다"(Hook, 1955, p. 14)고 제안한다. 아마 "위인"이론의 가장 유명한 제안자는 역사가인 Thomas Carlyle(1841~1907)인데, 그는 어디에서든 간에 천재가 그 영향력을 발휘할 것이라고 생각했다.

이 이론에 의하면, 위대한 지도자의 어떤 갑작스러운 조치가 한 국가의 운명을 바꾸어 놓는다. 따라서 독일인은 오로지 아돌프 히틀러가 집권했기 때문에 과도하게 국수주의적이고 호전적이게 되었다 ; 이 이론은 만일 히틀러가 없었다면, 이차대전도 없었을 것이라고 주장한다. 이 이론의 극단적 형태는 만일 그 당시에 영국이나 미국에서 어떤 "위인"이 집권했더라면, 이차대전은 히틀러의 호전성에도 불구하고 피해졌을 수 있다고 계속 제안한다. "위인"이론 속에 들어 있는 은연적 가정은 지도자들이 카리스마(charisma), 즉 심지어 큰 장애들에 당면할 때에라도, 그들의 목표의 달성을 촉진시키는 한 세트의 성격특징들을 소지하고 있다는 것이다.

이 리더십이론은 통치하는 지배자들의 개인적 성질들을 그들의 통치하의 국가의 성장이나 쇠퇴의 정도에 연관시킴으로써 검증될 수 있는가? 20세기 초의 미국인 역사가인 프레데릭 애덤스 우드(Wood, 1913)는 그렇다고 생각했다. 그는 서기 1000년과 프랑스혁명 사이에서 살았던 14개의 서부 유럽국들의 386명의 통치자들에 관해 상세한 연구를 수행했다. 그가 연구했던 모든 통치자들은 자기의 왕국들에 대해서 절대적 권력을 가졌다. 각각의 인물은 그 개인의 지능과 개인적 특징들(아마 그 당시의 국가의 힘과 허약성과는 별개로)에 관한 지식에 기초해서 강, 약 또는 중간으로 분류되었다. 각국의 상태도 또한 그 국가가 번영상태, 쇠퇴상태 또는 어느쪽으로의 아무런 분명한 표시가 없는 것을 나타내는지에 의해서 분류되었다(이 분류는 그 국가의 예술적, 교육적 또는 과학적 발달이 아니라, 경제적 및 정치적 지위에 기초되었다).

Wood는 군주들의 성격들과 그들의 국가들의 상태 사이의 관계를 발견했다 : "강한, 중간의 그리고 약한 군주들은 각각 강한, 중간의 그리고 약한 국가의 시기들과 연관되어 있다"(1913, p. 246). 비록 그 상관계수는 하나의 상관으로서 꽤 높았지만(+.60과 +.70 사이), 우리는 직접적인 인과관계를 추론할 수 없다. 그러나, Wood는 강력한 지도자들이 자기의 국가를 번영하게끔 만든다는 해석을 분명히 선호했다. 그렇지만, 한 국가의 번영상태 자체가 총명한 통치들을 출현시키거나 긴장이 거의 없이 성공적으로 통치할 수 있게끔 허용하는 것도 마찬가지로 가능하다. Wood가 선호하는 해석도 또한 어떤 군주의 자질과 그 군주의 국가의 발전에 관한 독립적이며 객관적인 측정치들을 확립시키는 데 대한 문제들 때문에 의문시될 수 있다. 잉글랜드의 왕인 찰스 1세가 한 예이다. 찰스 1세가 자신의 왕관과 목숨을 잃었다는 것만으로 충분치는 않다 ; 그에 대한 최종적인 모욕은 Wood가 그를 이중인격자이고 완고했다고 묘사한 것이었다. 그러나 Hook가 지적한 바와 같이, 다른 관찰자들은 찰스 1세를 "똑똑하고 절조있다"고 기술할 수 있다. 비록 우리가 "위인"에 관한 연구에 대한 Wood의 철저한 접근을 찬양할지라도, 우리는 그의 자료가 그의 의문에 대한 해답을 허용하지 않는다고 결론지어야만 된다.

리더십에 관련된 특성들의 연구 특성이론의 핵심가정들은 경험적 연구들에 의해서 지지받지 못해 왔다. 첫째로, 동일한 특성들을 지닌 사람들이 모든 상황과 모든 시대에서 지도자로 되지 못하는 경향이 있다. 둘째로, 지도자들은 하나의 독특한 부류의 사람들이 아니다. 때로는 그들은 추종자들과 매우 다르지는 않다. 즉, 많은 상이한 부류의 사람들이 상이한 장소들에서 그리고 상이한 시대들에서 지도자와 아울러 추종자로 될 수 있다. 그럼에도 불구하고, 지도자들의 특성들에 관한 수백 개의 연구들은 지도자들이 독특한 특성을 소유하고 있는 경향이 있다는 것을 보여 왔다(Stogdill, 1948). 리더십에 연관되어 온 신체적 및 심리적인 주요 특징들의 몇 가지는 신체의 크기, 체력, 성별, 지능, 다변성(verbosity), 동기 및 카리스마라고 일컬어지는 어떤 포착하기 어려운 성질을 포함한다.

오래 전에 Terman(1904)은 원시부족들이 신체의 크기, 체력 또는 연령에 근거해서 자기들의 지도자를 택한다는 것을 지적했다. 어떤 부족들에서, 지도자는 가장 큰 통나무를 들어 올리고 그것을 가장 멀리 옮길 수 있는 사람이었다. 콜롬비아의 한 부족에서 어떤 사람은 그가 독침으로 쏘는 개미들로 온몸을 뒤덮게 되거나 부족의 다른 멤버들에게서 채찍질을 당하는 어떤 시험에 합격한 후에 비로소 지도자의 역할을 맡게끔 허락받았다. Stogdill의 자료는 심지어 우리들 자신의 문화에서도 지도자들이 평균의 집단멤버들보다도 약간 더 나이먹고, 크고, 무겁고, 건강하고, 정력적인 경향이 있다는 것을 나타낸다. 신체적 특성들에 관한 자료는 우리가 신체적 기능이 중요한 축구팀들, 탐험대들 또는 사냥팀들과 같은 집단들을 고려할 경우에 의미있다. 그러나 가장 힘센 사람이 신체적 힘이 수행하고 있는 과업에 대해 전혀 관련없는 어떤 토론팀의 리더로 될 이유를 이해하기는 곤란할 것이다. Stogdill이 집단이 수행했던 과업에 따라 자신의 자료를 분석하지 않았기 때문에 이들 자료로부터 일반화시키는 것은 다소 위험하다. 김구 선생, 간디, 킹목사, 나폴레옹 및 히틀러와 같은 위대한 지도자들이 대부분의 그들의 추종자들보다 더 힘세거나, 더 키가 크거나, 더 무겁지 않았다는 것을 주목하는 것은 흥미있는 일이다.

비록 그 양상이 급속하게 변화되고 있지만, 성별이 또한 리더십에 관련되어 있는 것으로 발견되어 왔다. 남성과 아울러 여성은 남성이 지도자로 될 것을 기대하며, 초기의 연구들에서 여성은 그들 자신을 잠재적 지도자로서 보는 경향이 더 적었다(Megargee, 1969). 여성보다도 남성이 더 자연적인 리더라는 이러한 고정관념은 여성지도자들이 효과적이고자 노력하는 데에 있어서 그리고 그렇게 지각되는 데에 있어서 하나의 가외의 핸디캡에 당면하고 있다는 것을 의미한다. 그들은 "은(즉 지도자)처럼 보이게 되기 위해서는 금(즉 남성)과 비슷하게 되어야만 된다"(Hollander, 1985).

그러나, 흥미있는 일군의 연구들은 이십년 전보다 현재에 여성이 소집단들에서 지도자로 되는 경향이 더 많다는 것을 보인다. 1969년도의 Megarbee의 연구는 남자가 지배성이 낮고 그의 여자 파트너가 높을 때에 단지 22%의 여성이 리더로 되었다는 것을 보였다. 이에 비해서, 동성의 쌍들에서는 지배성이 높은 사람이 약 70%의 경우에서 리더로 되었고, 남성이 지배성이 높고 여성이 지배성이 낮은 남녀 쌍들에서는 89%의 남성이 리더로 되었다. 1986년도에 출간된 두 개의 연구들은 이러한 수치들상에서의 변화를 보였으며, 한 연구가 다른 연구보다 더 많이 보였다. Nyquist나 Spence(1986)는 지배성이 높은 여성과 지배성이 낮은 남성으로 구성된 쌍들에서 35%의 여성이 리더로 된 것을 발견한 반면에, Fleischer와 Chertkoff(1986)는 그러한 쌍들에서 50%의 여성이 리더로 되었다는 것을 발견했다. 이 두 개의 1986년도의 연구들의 차이있는 발견들을 어떻게 설명하는가는 분명치 않다. 후자의 연구는 Megarbee와 Nyquist 그리고 Spence가 그들의 연구를 수행했던 미국의 남부지역 대신에 중서부지역에서 수행되었다. 아마 미국의 중서부지역의 사람들이 보다 더 전통적인 남부지역의 사람들보다도 지도자들로서의 여성들에 대해 더 습관화되어 왔을 것이다. 어쨌던 간에, 이 두 연구들은 여성이 한 세대 이전보다도 현재에 지도자로 등장하는 경향이 더 많다는 것을 보여 준다.

한 여성사관생도가 사관생도들의 전체 리더로서 최근에 졸업한 미국의 육군사관학교에서의 남성과 여성 리더들에 관한 두 개의 연구는 성별과 리더십의 개념들이 얼마나 빨리 바뀌고 있는가에 관한 하나의 징후를 제공해 준다. 1980년도의 한 연구는 여성이 남성과 마찬가지로 수행했고 자기들의 집단들에서 동등하게 좋은 사기를 갖고 있었으며, 여성들의 성공이 운에 귀인된 반면에 남성들의 성공이 능력에 귀인되었다는 것을 보였다. 이러한 부정적 귀인들은 비록 여성부하들이 계속 여성리더들을 매우 부정적으로 평정했을지라도, 1984년도의 한 연구에서는 발견되지 않았다(Rice 등, 1980 : Rice 등, 1984).

자연적인 리더십직위들상에서의 남성과 여성에 관한 연구들은 행동과 아울러 효과성에서 양성간에 점점 더 적은 차이들을 보이기 시작하고 있다. 남성과 여성이 리더십직위들에 배정되고 있는 실험실연구들은 아마 아직도 리더들은 남성이어야만 된다고 시사하는 지속적인 도식들 때문에, 여성에 대한 더 낮은 평정치들을 보인다(Hollander, 1985). 점점 더 많은 여성이 실제로 리더십직위들을 차지함에 따라, 우리는 그들의 효과성이 남성의 것과 동일하게 될 것이고 여성에 대한 차별이 감소되게 될 것이라고 예상할 수 있다. 점점 더 많은 사람들이 여성들이 지금까지 계속 리더들이어 왔다는 사실을 인식하게 될 것이며 가까운 장래에 리더십직위들상에서 더 많은 여성을 보게 되는 것을 예상하게 될 것이다. 영국의 마가레트 대처 수상은 최근의 강력한 국가지도자였다. 미국의 최초의 집권당 여성부통령후보인 페라로는 1984년에 출마했다. 이 시기는 여성이 멀지 않은 장래에 최고직위를 포함해서 대통령후보자들에 통상적으로 끼게 될 것을 암시하고 있다.

리더십과 가장 일정하게 연관된 특성들 중에는 지능이 있다. 대부분의 집단들의 지도자들은 추종자들보다 다소 더 지능이 높다(Gibb, 1969 : Mann, 1959 : Stogdill, 1948). Simonton(1986)은 미국 대통령들 중에서 제퍼슨, 케네디 및 윌슨이 가장 지적이라고 평가받고 있으며, 지적 총명성이 미국 대통령들의 위대성 평정치들에 일정하게 연관된 소수의 성격특성들 중의 하나라는 것을 발견했다. 그러나, 지능과 리더십 간의 상관은 높지 않다. Mann은 중앙치 상관이 약 .25라고 보고했으며, 몇몇 연구들(예 : Loretto와 Williams, 1974)은 지능과 리더십 간에 관계가 없음을 발견했다. 이러한 낮은 상관에 대한 한 가지 이유는 다른 집담멤버들보다 훨씬 더 지적인 지도자가 집단멤버들과의 관계를 맺을 수가 없을 것이라는 것이다.

지도자가 집단멤버들과의 관계를 맺는 데에 있어서 도움을 줄 수도 있는 지능의 한 가지 종류는 집단멤버들의 욕구들을 지각하고 그에 따라 행동하는 능력이다(Kenny와 Zaccaro, 1983). 높은 자기감시자들(self-monitors : 8장 참조)이 이들 두 가지 능력들을 소유하고 있다. 당연하게도, 높은 자기감시자들이 자연적 집단들에서 지도자로 되는 경향이 더 많다는 것이 최근에 발견되어 왔다(Ellis, 1988). 타인들을 정확하게 지각하는 능력과 아울러 타인들의 기대에 반응하는 능력은 그러한 사람들을 리더십직위로 부상하게끔 해준다. 군사 역사학자인 Keegan(1987)에 의한 관찰들은 이러한 발견들과 일치된다. 영웅적 지도자들에 관한 자신의 저서인 지휘의 가면(The mask of command)에서, Keegan은 리더들이 높은 자기감시자들처럼 연극적이어야만 되며, "연극적 충동이 성공적인 정치가, 교사, 기업가, 운동선수나 성직자에게서 강할 것이며, 그들이 상대해서 공연하고 있는 관객들에 의해서 기대되고 있는 동시에 강화받게 될 것"이라고 주장한다(p. 11). 아마 미국의 가장 위대한 대통령들 중의 하나인 루즈벨트가 그가 고등학교에 다닐 당시에 배우가 되고 싶어했다는 사실과 또 다른 전환적 지도자인 레이건 대통령이 배우였다는 사실을 기억하는 것이 가치있을 것이다.

개인이 리더십쪽으로 부상하는 것을 용이하게끔 만드는 또 다른 특성은 다변성(verbosity) 또는 이야기하기를 좋아하는 것이다. 몇 명의 연구자들(Riecken, 1958 ; Bass, 1949 ; McGrath와 Julian, 1963)은 리더십에 관한 "큰 입" 이론("big mouth" theory), 즉 집단내의 가장 말을 많이 하는 멤버가 리더로서 간주받게 된다는 것을 지지하는 증거를 일정하게 발견해 왔다.

다변성과 리더십 간의 관계는 한 연구(Bavelas 등, 1965)에서 증명되었는데, 이 연구에서 피험자들은 4인 토론집단들 속에서 처음 만났고 관찰자들은 각 멤버가 말하는 데에 보낸 시간을 기록했다. 첫번째 토론 후에, 각 피험자들은 리더십 면에서 서로를 평정했다. 그 다음의 토론기간에, 각 피험자는 적색과 청색 전구들이 있는 상자 앞에 앉았다. 피험자들은 자신이 얼마나 잘 수행했는가에 관한 피드백을 받게 될 것이라는 지시를 들었다. 즉, 초록전구는 훌륭한 수행을 의미하고 적색전구는 나쁜 수행을 의미할 것이다. 첫번째 토론기간 동안에 다변성에서 최하위 근처에 있었던 한 명의 피험자가 말하는 데 대한 긍정적 피드백(또는 강화)을 받게끔 선정되었다. 두번째 토론기간 동안에, 그는 집단내의 누구보다도 더 많은 녹색 불빛들을 제공받았다. 말하는 것에 대한 이러한 긍정적 강화는 그로 하여금 그의 언어산출을 두 배 이상 증가되게끔 만들었고 그 집단은 그 다음에 그를 리더로서 간주하게 되었다. 세번째 토론기간은 불빛들이 없이 실시되었다. 앞에서 강화받았던 피험자들의 언어산출은 높게 유지되었고, 따라서 그의 리더십상의 평정치들도 높게 유지되었다. 이 연구는 리더십의 한 결정요인으로서 다변성의 중요성을 괄목할 만하게 증명했다. 이러한 발견들을 지지해서, Sorrentino와 Boutillier(1975)는 한 집단토의 동안에 실험협조자의 발언의 양과 질을 조작했다. 질이 실험협조자의 리더십 평정치들에 대해 거의 영향이 없었던 반면에, 그가 더 많이 말했을수록 그는 다른 멤버들에 의해서 리더십능력상에서 더 높게 평정받았다.

말하는 것이 리더십에 이르는 확실한 길이 되는 것같이 생각되지만, 이 법칙에 대한 몇 가지 중요한 제한사항들이 있어 왔다. 첫째로, Gintner와 Lindskold(1975)는 발언의 양이 집단멤버들에게 자기들의 대화주제에 관한 전문가들이라고 소개된 사람들의 리더십 평정치들에 영향주지 않았다는 것을 발견했다. 그러나 발언의 양은 비전문가들의 리더십 평정치들에 정적으로 관련있었다. 둘째로, 개인의 발언은 그 논평들이 집단의 효과성에 관한 부정적 진술들을 포함하고 있을 경우에 리더십에 부적으로 관련될 수 있다. 다시 말하면, 만일 어떤 사람이 집단을 배척하면, 집단은 그 사람을 배척할 것이다(Morris와 Hackman, 1969).

동기들(또는 동인들)이 리더십에서 중요하다. 최근의 연구는 성공을 거두려는 자세를 갖고 있고 타인들과 어울리려는 자세를 갖고 있는 것이 모두 오래 지속되는 집단 내에서 리더로 부상하는 데에 중요하다는 것을 보인다(Sorrentino와 Field, 1986). 다른 동기들이 리더의 성공에서 중요할 수 있다. 미국 대통령들에 관한 Wintner(1987)의 연구들은 권력의 동기를 갖고 있고, 일반적으로 정력적이고, 자율적이고, 자기 통제적이고, 다소 자기애적이고, 권위에 관심을 갖고 있고, 타인들에 대한 영향력을 갖고 있는 대통령들이 위대한 대통령들이라고 평정받고, 위대한 의사결정들을 행했던 영예가 있다고 평가받는 경향이 있다는 것을 보여 왔다. 미국대통령 취임연설에 관한 Wintner의 분석에 의하면, 가장 높은 권력동기를 지닌 세 명의 대통령은 트루만, 케네디 및 레이건이었다.

리더십과 흔히 연관되어 있는 하나의 다른 특성인 카리스마(charisma)는 거의 경험적 연구를 받아오지 못했는데, 이 용어는 어떤 지도자들이 소유하고 있는 것 같이 보이는 자석과 같은 견인력을 기술하기 위해서 사용되었다. 이것은 마틴 루터 킹목사, 존 F. 케네디, 아돌프 히틀러, 호치민과 같은 지도자들에게 적용되어 왔다. 몇몇 지도자들은 카리스마를 갖고 있는 것 같이 여겨지지만, 다른 지도자들은 그렇지 못하다. Max Weber (1946)는 이 용어를 "위엄의 재능"(gift of grace)을 의미하기 위해서 사용했다. 카리스마는 기술하기가 곤란하고 연구하기가 불가능할 수 있는 거의 초자연적 성질들을 갖고 있다. 그러나, 최근에 카리스마적 지도자들(charismatic leaders), 즉 자신의 추종자들에게서 엄청난 충성심, 존경 및 찬양을 일으킬 수 있는 지도자들이 다른 지도자들이나 비지도자들과 몇 가지 중요한 측면들에서 정말로 다르다는 증거가 있다(이 문제에 대한 최근의 증거에 관한 한 요약을 알아보기 위해서, 특별논의 15-1을 참조하라). Weber는 지도자의 카리스마가 위기의 시대들에서 특히 뚜렷하며 상황적 사건들이 이것을 드러나게끔 만드는 것 같다고 생각했다. 어떤 지도자의 카리스마도 또한 일부 추종자들의 욕구들과 정서상태들에 의해서 결정되게 된다. 이러한 이유로, 모든 사람이 리더에 의해서 동일한 양식으로 영향받지 않으며, 그 결과로 어떤 카리스마적 지도자는 흔히 강하게 충성하는 한 집단의 추종자들과 많은 강력한 반대자들을 갖게 된다. 마틴 루터 킹목사가 이 경우에 해당되는데, 그는 흑인들 중에서 친밀한 추종자들과 아울러 이의를 제기하는 반대자들을 갖고 있었다.

리더십의 특성들에 관한 지금까지의 논의들에서 계속 시사된 바와 같이, 한 상황에서 리더십을 예언해 주는 성격특성들의 어떤 특정의 군집은 다른 상황에서는 관련이 없을 수 있다. McClelland와 Boyatzis(1982)의 연구는 이러한 측면에 대한 한 예를 제시했다. 이전 연구에 기초해서, 이들 연구자들은 효과적 관리자들의 특징이 되는 한 패턴의 동기들, 즉 높은 권력욕구, 낮은 친화욕구 및 높은 자기통제력을 확인했다. 권력동기가 높은 관리자들은 타인들에 대해 영향력을 갖는 것에 관심을 갖고 있다 : 친화성이 낮은 관리자들은 인기없는 의사결정들이 이루어져야만 될 때에 남들로부터 오감을 받는 것에 덜 관심을 갖고 있다; 그리고 자기통제력이 높은 것은 그 사람에게 자신의 행위들을 조직화되고 규율있게끔 허용해 준다. 1950년대 말에 이들 특성들에 대해서 한 집단의 남자 관리자들을 평가한 후, 이 연구자들은 회사 내에서의 관리자들의 승진을 알아보기 위해서 8년과 16년 후에 재점검했다. 앞선 시기들에서 정의된 점수패턴을 지녔던 사람들은 그 뒤의 시기들에서 더 높은 관리수준들상에 있는 경향이 유의하게 더 많았지만, 그들이 고객담당자들, 마케팅, 회계 및 인사와 같은 비기술분야들상에 있었을 경우에 국한되었다. 이와는 반대로, 이 패턴은 공학과 건설과 같은 기술분야들의 관리자들의 승진을 전혀 예언하지 못했다.

특성적 접근들은 전적으로 포기되어서는 안된다. 그러나 이전의 "단순하고도 독립적" 접근은 사람들과 상황들의 상호작용을 인정하고 보다 더 복잡한 형태의 특성모형들에 의해 대치되어 왔다.

특별논의 15-1. 카리스마적 지도자들: 스타일과 실체

역사를 통해서, 어떤 지도자들은 자기들의 추종자들의 태도나 행동을 변화시키는 데에 있어서 예외적으로 성공을 거두어 왔다. 정말로, 그러한 사람들이 흔히 사회변화의 핵심요소들이 되어서, 그들의 새로운 질서에 대한 시각들을 통해서 전체의 사회를 변혁시킨다고 말하는 것은 조금도 과장이 아니다(Bass, 1988). 이러한 사람들은 흔히 카리스마적 지도자들(charismatic leaders)이라고 기술되었으며, 이들은 리더십의 본질에 관심을 두고 있는 과학자들에 대해 하나의 지속적인 난제가 되어 왔다. 무엇이 이러한 사람들과 다른 사람들을 구분짓는가? 그들은 어떻게 다수의 사람들에게 자신의 견해들과 지시사항들을 매우 자발적으로 받아들이게끔 만드는가? 이와 같은 의문들에 대한 확고한 답변들이 아직 없지만, 점증하는 증거는 카리스마가 하나의 실제적 현상이며, 더욱이 현대 사회심리학의 관점에서 쉽게 이해될 수 있는 것이라는 것을 시사한다(Conger와 Kanungo, 1988). 특히, 카리스마는 주로 지도자들측의 특수한 행동패턴들, 즉 그들의 추종자들에게서 그들에 관한 특수한 귀인들을 일으키는 패턴들의 결과이다.

어떤 특수한 행동형태들이 지도자들에 대해 카리스마를 부여하는 추종자들의 성향들에 기여하는가? 이러한 주제에 관한 주의깊은 분석에 의해서 시사된 것들은 (1) 어떤 사회나 조직체 내의 현재의 불합리한 조건들의 강력한 고발(어떤 사람은 이러한 조건들이 인내불가능하다고 시사하고 있다), (2) 훨씬 더 나은 상태에 대한 타인들의 어떤 정서적(그리고 정서유발적) 시각 및 (3) 이러한 목표들을 달성하기 위해서 위험들을 무릅쓰고 비관례적 행위들을 취하는 어떤 적극성이다. 지도자들의 이러한 행위들이 걸출한 사회적 기술들(예: 신속하고도 정확하게 타인들의 반응들을 파악하는 것에 대한 높은 능력, 인상관리와 이와 관련된 활동들에서의 전문성)과 합쳐지게 될 때, 카리스마적 지도자들의 다대한 영향력이 이해가능하게 된다. 근본적으로, 그들은 어떤 강력한 메시지, 감동시키는 개인적 스타일 및 이러한 조합을 변화에 대한 주 원동력으로 전환시키는 데에 필요한 대인관

계적 기술들을 소유하고 있다.

우리가 어떤 카리스마적 지도자를 생각할 때, 우리는 대개 정치운동들이나 군사력의 충돌과 관련해서 생각한다. 그러나, 점증하는 증거는 카리스마적 지도자들이 보다 더 평범한 상황들에서도 마찬가지로 중요한 역할을 행한다는 것을 시사한다. 예컨대, 그들은 생산성과 따라서 많은 조직체들의 성공에 중요한 공헌을 할 수 있다. 이와 같은 효과들은 Howell과 Frost(1989)에 의해서 수행된 최근의 실험실연구의 결과들에 의해 분명하게 예시되고 있다.

이 연구자들은 남자와 여자 피험자들에게 각자가 관리자의 역할을 담당하고 관리자가 자신의 "미결 서류함"(in-basket; 예: 서신들, 보고서들, 메모들) 속에서 당면하는 몇 개의 사항들에 반응하게 되는 어떤 미결 서류함 과업을 수행하도록 만들었다. 피험자들은 세 가지 대비되는 스타일들, 즉 카리스마적, 구조화적 및 배려적 스타일들 중의 하나를 나타내게끔 특별하게 훈련받은 지도자들의 지시하에서 이러한 과업들을 수행했다(이 지도자들은 이러한 역할들을 수행하는 것을 주의깊게 연습했던 전문 남자배우들이나 여자배우들이었다). 카리스마적 지도자들(charismatic leaders)은 어떤 대국적인 목표를 주의깊게 진술했고, 업무수행에 대한 높은 기대들을 전달했고, 자신의 부하들에 대한 큰 신뢰를 표현했다. 더 나아가서, 이들 지도자들은 높은 수준의 역동성과 정력을 나타냈다(예: 지시를 내리는 동안에 이들은 앞과 뒤로 걸어다녔거나 자신의 책상의 모서리에 앉았고, 호의를 끌지만 이완된 어조를 사용했다). 이에 비해서, 구조화적 지도자들(structuring leaders)은 그들이 당면한 과업에 주로 관심을 두고 있다는 인상을 전달했다. 이들은 냉정하고 사실적인 어조로 지시했고, 자신의 책상에 정식으로 앉았고, 일반적으로 순수하게 사무적인 양식으로 행동했다. 마지막으로, 배려적 지도자들(considerate leaders)은 피험자들에 대한 친절성의 인상을 전달했고 일반적으로 피험자들과 그들의 과업에 대한 만족에 대해 높은 수준의 관심을 나타냈다. 이들 후자의 리더십스타일들은 이것들이 다수의 이전 연구들에서 실제의 지도자들이 상당히 차이있는 기본적 차원들을 반영한다는 것을 발견해 왔기 때문에 이 연구에 포함되었다. 어떤 특정의 지도자는 구조화상이나 부하들에 대해 배려를 보이는 것상에서 높거나 낮을 수 있다(Baron과 Greenberg, 1990). 우리는 리더십의 성차들에 대한 논의에서 이들 차원들을 다시 볼 것이다.

Howell과 Frost(1989)는 전반적으로 카리스마적 지도자들이 가장 좋은 결과들을 낳을 것이라고, 즉 이들이 높은 수준의 생산성과 높은 수준의 만족을 일으킬 것이라고 예언했다. 도 15-1에서 보이는 바와 같이, 이것은 일반적으로 사실이었다. 이러한 발견들은 많은 사람들이 카리스마적이라고 기술하고 있는 어떤 스타일을 보이는 지도자들이 실체와 아울러 스타일을 갖고 있다는 것을 시사한다. 이들은 부하들의 관심과 열의를 포착하고 유지시킬 뿐만 아니라, 또한 부하들의 높은 수준의 노력과 실적을 고무시킨다,

이 연구에서 지도자의 역할을 맡았던 남자배우들과 여자배우들이 세 가지 대비되는 스타일들을 나타내게끔 훈련받았는 고로, 카리스마가 많은 사람들이

생각하고 있는 바와 같은 선천적이거나 변화불가능한 것은 아닌 것 같다. 이와는 반대로, 카리스마는 어떤(아마 많은) 사람들이 습득할 수 있는 하나의 특수한 행동패턴이라고 보다 더 정확하게 간주되고 있다. 이러한 아이디어가 사실로 판명되는 한, 많은 조직체들에 대해 매우 중요한 생산성의 문제에 대한 하나의 잠재적 답변이 논리적으로 귀결된다. 즉, 새로운 그리고 보다 더 카리스마적인 지도자들에 대한 적극적인 물색을 행하지 않는 것이다. 그 대신에, 조직체가 이미 소유하고 있는 지도자들을 고급의 사회적 기술들로 무장시키는 데에 노력을 집중시키는 것이다.

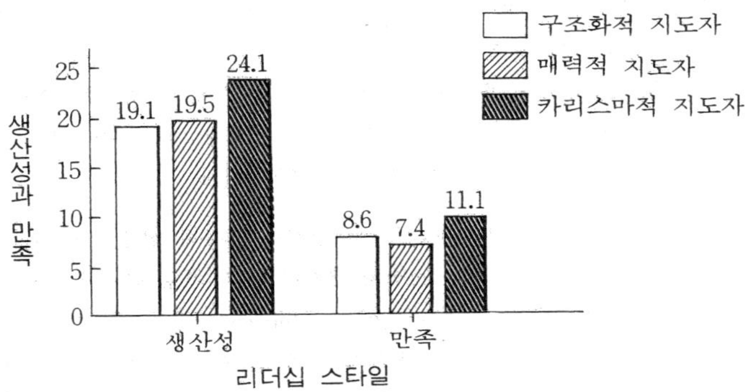

도 15－1. 카리스마적 지도자들의 몇 가지 유익한 효과들. 카리스마적 스타일을 보이도록 훈련받았던 지도자들의 긍정적 효과들에 관한 발견들은 카리스마가 많은 사람들이 습득할 수 있는 한 세트의 구별가능한 행동들을 포함하고 있다는 것을 시사해 준다.
자료원 : Howell과 Frost(1989).

시대정신이론(Zeitgeist theory) : 리더십에 대한 하나의 상황적 접근

심리학자들은 리더십에 대한 특성적 접근이 그 자체로서 누가 리더로 될 것인가를 예언하거나 어떤 사람이 리더로 되는 이유를 설명할 수가 없기 때문에, 이 접근이 불만족스럽다는 것을 발견했다. 따라서 리더십의 연구에서 강조가 개인들의 특성들로부터 누가 리더로서 등장하는가를 결정지을 수 있는 특수한 집단상황들쪽으로 옮겨졌다. 이러한 상황적이거나 시대적 접근은 어떤 사람들이 리더로서 태어난다는 가설을 꺼린다. 상황이론가들은 특정의 시간(또는 시대)이나 상황이 누가 리더로 될 것인가를 결정짓는다는 입장을 취한다.

> 어떤 특수한 시점에서, 한 집단의 사람들은 어떤 욕구들을 갖고 있으며 그 집단에게 그 욕구들을 충족시키는 것을 도와 주는 개인의 서비스들을 요구한다. 어떤 사람이 이러한 욕구들을 충족시키는 데에 있어서 리더의 역할을 맡게 되는가는 기본적으로 우연에 의해서 결정되게 된다: 즉, 어떤 특정의 인물이 결정적 시기에서 결정적 장소에 우연히 있게 된다(Cooper와 McGaugh, 1969, p. 247).

히틀러가 독일 대신에 미국에서 자신의 정책을 택했더라면, 그는 아마 감옥에 갔거나 정신병원에 입원되었을 것이라는 지적이 있어 왔다. 그러나 독일에서 시대와 상황은 사람들이 그러한 인물의 지도에 따르는 것을 적절하게끔 만들었다.

상황은 또한 미국에서 킹목사가 리더로서 등장하는 것에 대해 상당히 관련있었다. 미국에서 흑인들은 그들이 자기들의 자유와 존엄성을 위해서 싸울 수 있는 위치를 쟁취하는 쪽으로 진전을 이루었다. 이차대전이 하나의 결집시켜 주는 원동력이 되어 주었다. 그 당시에 존재했던 불평등들이 또한 강조되었다. 즉, 흑인들은 자기의 국가를 위해서 싸울 수는 있었지만, 투표하거나 공중변소를 사용하거나 버스에서 백인들 옆에 앉을 수 있는 자유를 갖지 못했다. 1955년에 흑인들이 당면했던 상황에 대한 킹목사의 부인의 기술은 또한 어느 정도 리더십에 관한 상황이론을 기술하고 있다.

> 모든 위대한 인간의 진보의 시작 무렵에는 어떤 정신과 욕구와 인물이 있다. 이것들 각각은 역사의 특정 순간에서 적절해야만 되며, 그렇지 못하면 아무 것도 일어나지 않는다. 몽고메리읍에서, 마틴 루터 킹목사가 이른바 시대정신이나 "Zeitgeist"라고 일컬은 것이 흑인들의 외면적인 수동성 속에 내재되어 있었다: 시간이 닥쳐 왔고, 인물이 나타났다. 그렇지만 그곳에서 이루어진 것은 힘들의 축적과 고통의 누적이 없이는 일어날 수가 없었다(C. King, 1969, p. 108).

몇 개의 상황요인들이 리더십에 영향을 주며, 생각지도 못한 어떤 것들이 매우 영향력이 클 수 있다. 예컨대, Howells와 Becker(1962)는 좌석배치가 리더십에 영향을 줄 수 있다고 시사했다. 그들은 커뮤니케이션이 자연적으로 탁자를 마주 건너서 흐르는 경향이 있을 것이라고 시사했다. 그들은 5인 집단들을 사용했는데, 탁자의 한쪽에는 두 사람이 앉고 반대쪽에는 세 사람이 앉도록 만들었다. 그들은 만일 커뮤니케이션이 리더를 결정짓는 데에 중요하고 만일 커뮤니케이션이 탁자를 건너서 이동한다면, 탁자의 2인쪽에 앉은 사람들이 상대편의 3사람과 의사소통을 하게 될 것이므로, 이들이 리더들로서 간주되는 경향이 있을 것이라는 가설을 세웠다. 이 집단들은 몇 개의 단순한 과업들을 수행하도록 지시받았으며 그 다음에 집단멤버들은 자기들의 집단의 리더를 지목하라고 요구받았다. 그 결과들은 탁자의 2인쪽에 앉았던 사람들이 3인쪽에 앉았던 사람들보다도 두 배 이상으로 빈번하게 리더로서 선정되었다는 것을 나타냈다. 또한 리더들이 직사각형 탁자들의 양측면에 있는 좌석들보다도 상부에 있는 좌석들을 자연스럽게 택한다는 것도 발견되었다(Lécuyer, 1976).

연장성(seniority)의 규범이 또한 누가 리더로서 등장하게 될 것인가를 결정짓는 데에 있어서 하나의 중요한 요인이다. Insko 등(1980)은 한 기간 동안 실험집단들을 연구했다. 실험기간 동안에, 피험자들은 한 사람씩 한 집단에서 제거되었고 새로운 멤버들로 대치되었다. 그 결과들은 커뮤니케이션의 중심에 있었던 사람들이 가장 큰 영향력을 가졌으며, 집단들 내에서 가장 연장인 멤버들이 리더십역할들을 부여받았다는 것을 나타냈다. 연장성 – 리더십의 규범이 모든 집단들에서 나타났으며, 이러한 규범은 강력한 집단들에서 특히 강했다. 상상될 수 있는 바와 같이, 이러한 유형의 규범을 갖는 것은 리더십의 질서있는 변화를 허용하고 집단내 갈등의 가능성들을 감소시킨다.

집단이 당면하고 있는 상황도 또한 리더십에 영향을 줄 것이다. 수많은 연구들(Hamblin, 1958; Worchel 등, 1977)은 위협이나 경쟁에 당면하고 있는 집단들이 이러한 난관들에 당면하지 않은 집단들보다 권위적 리더를 받아들이기가 더 쉽다는 것을 발견해 왔다. 위기는 사람들에게 자기들의 지도자를 중심으로 집결시키게끔 만드는 것 같다. 네델란드의 피험자들에 대한 일련의 흥미있는 연구에서, Rabbie와 Bekkers(1976)는 자신의 리더십직위를 상실하게 되는 위협에 당면했던 리더들이 자신의 집단을 경쟁적이고 위협적인 상황들에 참가시키려고 들었다는 것을 발견했다. 분명히 그들은 아무런 위협이 존재하지 않을 경우보다도 자기들이 집단에게 어떤 외부위협을 지각하도록 만들 경우에, 자신의 직위를 상실할 가능성이 더 적을 것이라고 느꼈다.

더 나아가서, 리더십에 관한 상황이론들은 집단의 특수한 **욕구들**(needs)이 누가 리더로서 등장하게 될 것인가를 결정짓는다고 진술한다. "나는 꿈을 갖고 있습니다"라는 킹 목사의 연설이 흑인해방운동에 그렇게 엄청난 영향을 주었던 이유는 무엇인가? 상황이론들은 그 연설이 그 당시의 흑인들의 욕구들과 합치되었다고 말할 것이다. 그것은 분노나 실의가 아니라 희망의 메시지이었다. 그것은 자유와 평등에 대한 희망을 표현했으며, 바로 이것이 그 운동이 쟁취하고자 했던 것이다. 그 연설은 또한 킹목사의 추종자들의 격려에 대한 욕구를 충족시켰으며, 그들의 목표들이 달성가능하다는 것을 시사했다.

상황이론들에 의하면, 집단의 욕구들은 흔히 바뀌며, 이것이 일어나게 될 때에 집단의 리더도 또한 바뀔 것이다. Barnlund(1962)는 과업상의 요구사항들이 변화될 때, 리더십이 보다 더 적절한 자격들을 지닌 개인쪽으로 이동되는 경향이 있다는 것을 발견했다. 어떤 특정 시점에서의 리더의 확인은 집단이 수행하고 있는 과업에 달려있다. 따라서 상황이론은 일반적 리더십특성들이 존재하지 않으며, 한 상황에서 어떤 사람을 리더로 만드는 특성들은 다른 상황에서 그 사람을 리더의 자격을 갖게끔 만들지는 않을 것이라고 주장한다.

끝으로, 몇 명의 심리학자들(Bem과 Funder, 1978; Bem과 Lord, 1979)은 리더의 개인적 특징들이 상황의 요구조건들에 부합되어야만 된다고 시사해 왔다. 미국 대통령의 리더십에 관한 연구들도 또한 상황과 어떤 후보자의 성격 간의 합치가 그 후보자의 당선 가능성들에 상당한 영향력을 가질 수 있다는 것을 보여 왔다. Barber(1977)는 상이한 시대에서 미국인 유권자들이 자기들의 지도자로부터의 적극적 행동, 안심 및 높은 도덕적 대의명분을 원하며, 어떤 후보자의 당선은 일부 이러한 성질들 중의 하나를 투사하는 개인적 능력에 달려있다고 주장했다. Winter(1978)는 권력, 성취 또는 친화와 같은 어떤 대통령후보자의 주요 동기가 유권자들의 주요 동기와 합치될 때, 그 사람은 높은 비율의 일반대중의 표를 얻고, 큰 승리를 거두고, 재선되는 경향이 있다는 것을 발견했다.

상호작용이론들

특성이론들과 아울러 상황이론들이 우리에게 지도자들의 등장에 관한 몇 가지 답변들을 제공해 주지만, 이 둘은 불완전하다. 분명히 킹목사는 그에게 권력의 위치로 부상하게끔 도와 준 특성들을 지니고 있었다. 그렇지만, 다른 사람들도 또한 그러한 특성들 중의 많은 것들을 소유하고 있었지만, 그들은 운동의 지도자들로 되지 못했다. 다른 한편으로, 킹목사를 하나의 독특한 인물로서 고려하지 않는 설명을 받아들이기가 곤란하다. 킹목사는 단순하게 그가 우연히 제때에 제곳에 있게 되었기 때문에 지도자로 되지는 않았다.

몇몇 이론가들(Katz와 Kahn, 1978 : Hollander, 1978)은 어떤 지도자의 등장이 지도자, 추종자 및 상황의 특징들의 결과라고 제안해 왔다. 어떤 특성들은 어떤 개인을 관심의 중심이 되게끔 만들 수 있다. 그렇지만, 만일 그 사람의 능력들이 멤버들이나 추종자들의 욕구들을 충족시키지 못한다면, 리더십은 나타나지 않을 것이다. 또한 상황이 추종자들의 욕구들과 집단의 어떤 지도자의 필요성에 영향을 주고, 따라서 지도자는 추종자들에 의해서 영향받고 추종자들은 지도자에 의해서 영향받게 된다(도 15-2 참조). 상황과 추종자들의 욕구가 바뀜에 따라, 리더로서 받아들여지게 되는 사람도 바뀌게 될 것이다. 그러나 지도자는 그 사람이 어떤 리더십의 직위로 부상하게 되기 위해서 어떤 능력들을 소유해야만 된다. 우리가 보게 되는 바와 같이 상호작용이론들(interactionist theories)은 또한 누가 효과적인 지도자가 될 것인가를 예언하는 데에도 사용되어 왔다(특별논의 15-2 참조).

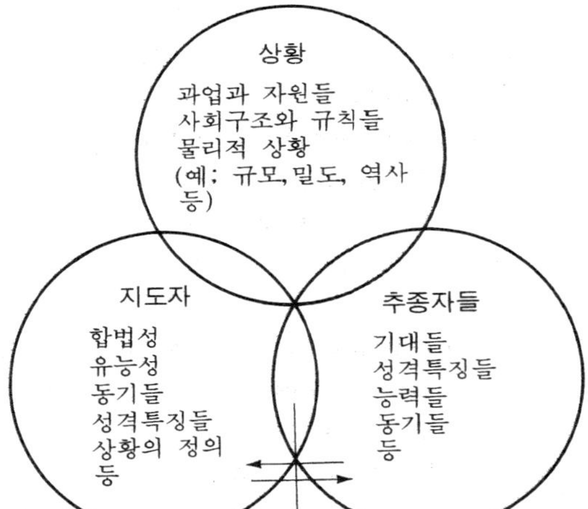

도 15-2. 리더십의 구성요소들. 상황, 지도자 및 추종자들의 리더십의 세 가지 요소들의 교차를 나타내고 있는 겹쳐진 부분은 리더십의 소재지이다. 화살표들은 그곳에서 지도자와 추종자들 간에 일어나는 사회적 교환을 나타낸다.
자료원 : Hollander(1978).

특별논의 15－2. 혁명지도자들의 장기적 성공

사회심리학자인 Suedfeld와 Rank(1976)는 시초의 투쟁단계 동안에, 혁명지도자들은 인지적으로 단순한 자세, 즉 문제들에 대한 그들의 접근에서 범주적이며 단순한 마음을 갖는 것이 필요할 것이라는 가설을 세웠다. 그렇지만 혁명 후에, 성공적 지도자는 세상에 대한 보다 더 폭넓고 복잡한 시각을 필요로 할 수 있다. 한 기록문서연구에서, 연구자들은 역사를 통해서 19명의 지도자들의 혁명 전과 혁명 후의 저술들을 분석함으로써 자기들의 가설을 검증했다. 그들의 가설은 지지받았다. 혁명 후에 계속 걸출했던 지도자들(잉글랜드의 크롬웰, 미국의 제퍼슨, 러시아의 레닌과 스탈린 그리고 쿠바의 카스트로와 같은)은 보다 더 큰 복잡성 쪽으로 이동을 보였다. 그들의 주제들은 더욱 다양해졌으며 그들의 아이디어들은 더욱 복잡해졌다. 이와는 반대로, 혁명 후에 권력이 지속되지 못했던 지도자들(미국의 알렉산더 해밀톤, 러시아의 트로츠키 그리고 쿠바의 게바라와 같은)은 그들의 보다 더 직선적 성질의 진술들상에서 거의 변화를 보이지 않았다.

지도자들의 행동

지도자들의 특성들을 구별짓기 위한 탐구가 비교적 무익한 것은 몇 개의 파생적 결과들을 갖고 있다. 그 중의 하나는 지명받은 지도자와 지도력을 발휘한 사람 사이의 기능상의 차이에 대한 재검토이다(Stogdill, 1974). 1940년대와 1950년대 동안에, 연구들은 지도자들의 기능들(functions)에 집중되었다. 이러한 노력들의 결과는 리더십의 특출한 측면으로서 영향력(influence)이나 영향력의 종류에 대한 새로운 주의집중이었다.

이러한 관점에서 볼 때, 모든 집단의 거의 모든 멤버들이 리더십의 어떤 책임을 지고 있다. 확실히 어떤 축구팀의 모든 멤버들이(만일 물을 가져다 주는 것이 정말로 기운, 노력 그리고 효율성을 복돋아준다면, 심지어 물 나르는 사람까지도) 어떤 그러한 기능을 갖는다. 물론, 어떤 집단멤버들은 다른 멤버들보다도 목표달성에 대해서 훨씬 더 많은 영향력을 발휘한다. 어떤 집단, 팀 또는 조직체의 멤버들은 흔히 그들이 집단의 과업의 각 측면에 대해 발휘하는 영향력의 양에 따라 순위지워질 수 있다. 어떤 미식축구팀에 대해서, 코치진과 쿼터백은 팀을 목표라인쪽으로 이동시키는 데에 성공적인 게임방법들을 선정하게 될 때에 가장 큰 영향력을 발휘할 것이다. 다른 한편으로, 고무와 동기가 고려되게 될 때에는 어떤 다른 선수가 더 중요할 수 있다.

리더십의 차원들

리더십의 기능들을 연구함에 있어서, 연구자들은 지도자들이 집단 내에서 그리고 집단을 위해서 어떤 종류의 일들을 실제로 행하고 있는가를 조사했다. 예컨대, 미국 육군은 11개의 리더십의 원칙들을 채택했으며(Carter, 1952), Gibb(1969, p. 228)는 이것들을 7개의 가능한 행동들로 전환시켰다: 즉 (1) 전문적 및 기술적 직책들을 수행하는 것, (2) 부하들을 알고 그들에게 배려를 보이는 것, (3) 의사소통의 통로들을 열어두는 것, (4) 개인적 책임을 수용하고 어떤 모범을 설정하는 것, (5) 조치를 개시하고 지시하는 것, (6) 멤버들을 하나의 팀으로서 훈련하는 것 및 (7) 의사결정을 행하는 것이다. 이와 비슷하게 미국의 오하이오주의 리더십연구집단에 의한 조사(Hemphill과 Coons, 1950)는 지도자의 행동의 9개의 기본차원들을 제안했으며, 이것들이 표 15-1에 제시되어 있다. 지도자의 기능들에 관한 최근의 요약들(Forsyth, 1990; Lord, 1977)은 이것들 중의 가장 중요한 것들로서 다음의 기능들을 제시하고 있다.

1. 집단목표들을 정의하고 달성하는 것을 돕는 것: 지도자는 정책수립자로서 일하고 계획을 세운다.
2. 집단을 유지시키는 것: 지도자는 긴장들을 감소시키고 견해차이들을 조정하고 집단의 단합을 유지시킬 수 있다.
3. 동일시의 한 상징을 제공하는 것: 하나의 상징으로서 지도자와 동일시함으로써, 집단은 집단의 통일성을 유지시킬 수 있다. 정부지도자들과 노조지도자들은 흔히 이러한 기능을 해 준다.

표 15-1. 지도자의 행동의 9가지 제안된 차원들

1. 주도(initiation). 지도자가 새로운 아이디어들과 새로운 실천들을 착안하거나, 촉진시키거나, 저항하는 빈도로 기술됨.
2. 멤버십(membership). 지도자가 집단과 어울리거나, 자기와 멤버들 간의 비공식적 상호작용을 강조하거나, 멤버들과 개인적 서비스들을 상호교환하는 빈도로 기술됨.
3. 대표(representation). 지도자가 자신의 집단을 공격으로부터 방어하고, 집단의 이익을 향상시키고, 집단을 위해서 행동하는 빈도로 기술됨.
4. 통합(integration). 지도자가 개별적 행동을 경시하거나, 유쾌한 집단분위기를 고무시키거나, 멤버들간의 갈등을 감소시키거나, 개인의 집단에 대한 적응을 증진시키는 빈도로 기술됨.
5. 조직화(organization). 지도자가 자기 자신의 일이나, 다른 멤버들의 일이나, 멤버들의 일의 수행에 있어서 멤버들간의 관계들을 규정하거나 구조화시키는 빈도로 기술됨.
6. 지배(domination). 지도자가 행동중인 개인들이나 집단, 의사결정 또는 의견의 표현에 대해 제약을 가하는 빈도로 기술됨.
7. 의사소통(communication). 지도자가 멤버들에게 정보를 제공해 주거나, 그들로부터 정보를 구하거나, 정보의 교환을 촉진시키거나, 집단에 관련된 일들에 대한 인식을 보이는 빈도로 기술됨.
8. 인정(recognition). 지도자가 집단멤버들에 대한 인정이나 불인정을 표현하는 행동을 하는 빈도로 기술됨.
9. 생산(production). 지도자가 노력이나 성취의 수준들을 설정하거나 멤버들에게 더 큰 노력이나 성취를 촉구하는 빈도로 기술됨.

4. 타인들에 대해 집단을 대표하는 것: 지도자는 다른 집단들과의 관계들과 협상들에서 집단을 대표할 수 있다.
5. 집단을 변형시키는 것: 어떤 경우들에서 지도자는 변형적 기능(transforming function)을 수행할 수 있는데, 여기에서 집단멤버들은 자기들의 추종자들로서의 평상적 역할들을 넘어서고 그들 스스로 정신적 리더십의 요원들이 되게끔 도움받게 된다(Burns, 1978). 인도의 독립을 성취시키는 데에 있어서 간디의 역할이 한 예이다.

리더십의 구체적 차원들에 대한 분석은 이 정도로 해두고서, 도대체 지도자는 실제로 무엇을 행하는가? Halpin과 Winer(1952)는 지도자의 일반적 행동차원들을 경험적으로 확인하고자 했다. 그들은 피험자들이 가장 중요하다고 생각하는 지도자의 특징들을 나타내주는 질문지 문항들을 작성하고서 이것들을 여러 종류의 집단멤버들에게 실시한 후에, 그 반응들을 요인분석했다(Stogdili, 1963). 리더십의 두 개의 주요 요인들 또는 행동들의 군집들, 즉 배려(consideration)와 구조의 주도(initiating structure)가 나타났다. 이들 두 요인들은 서로 독립적이다: 다시 말해서, 어떤 개인의 한 차원상의 위치는 그 사람의 다른 차원상의 위치에 관련되어 있지 않다.

배려는 지도자가 "다른 집단멤버들과의 관계들에서 우정, 상호신뢰, 존경 및 온정성을 나타내는" 행동을 보이는 정도를 의미한다(Halpin, 1966, p. 86). 지도자에 의한 순수한 배려는 집단의 각 멤버의 욕구들에 대한 인식을 나타낸다. 이러한 행동특징이 높은 지도자들은 자기의 동료들에게 자신과 의사소통을 행하고 그들의 감정들을 함께 나누도록 고무시킨다(Korman, 1966). Halpin과 Winer의 연구에서, 배려는 지도자들의 행동의 변량의 약 절반을 설명했다.

구조의 주도는 "자신과 작업집단의 멤버들 간의 관계를 설정하고 잘 정의된 조직체의 패턴들, 의사소통의 경로들 및 절차상의 방법들을 확립시키고자 노력하는 것들에 대한 지도자의 행동"을 일컫는다(Halpin, 1966, p. 86). 따라서, 구조의 주도나 작동은 집단이 자체의 지정된 목표를 향해서 이동하게끔 만드는 지도자의 과업을 일컫는다(구조의 주도의 한 부분은 목표를 확인해내고 합의하는 것일 수 있다). 구조의 주도는 지도자들의 행동의 변량의 약 1/3을 설명했다. 두 개의 부가적 요인들이 또한 확인되었는데, 이것들은 생산강조(production emphasis: "직무가 완수되는 것"을 강조하는 것)와 사회적 민감성(social sensitivity: 계획들을 조정하고 타인들의 의견을 듣는 것들에 대한 융통성)이었다. Lieberman 등(1973)은 이러한 지도자의 임무들이 흔히 모순된다는 것을 지적했다. 예컨대, 직무가 완수되거나 새로운 과업들을 주도하는 데에 관심을 두고 있는 사람은 친목이나 "집단의 일원"이 되는 것에 몰두하게 되기가 곤란하다. 이와 비슷하게, 멤버의 과업수행에 대한 평가자가 되는 동시에 멤버의 감정들에 관심을 두게 되기가 곤란하다.

리더십 기능의 이중성과 과업과 아울러 과업상에서 일하고 있는 사람들의 감정들에 관심을 두어야만 되는 필요성에 수반되는 모순되는 압력들은 우리가 어떤 효과적 지도자로 될 수 없게끔 만든다. 즉, 이들 두 가지 기능들을 동시에 수행하기는 거의 불가능하다. 그러나 Bales와 Slater(1955)는 한 사람이 두 가지 기능들을 일반적으로 수행하지는 않으며, 대개 한 사람이 과업에 관련된 문제들을 지도하고 다른 사람이 사람중심적 기능들을 맡는다는 것을 발견했다. 이 연구자들은 어떤 토의과업에서 일하고 있는 3인 내지

6인의 집단들을 연구했다. 그들은 가장 호감을 많이 받는 사람이 가장 훌륭한 아이디어들을 내놓은 사람이라고 평정되지는 않는 시간경과에 따른 점증하는 경향성을 발견했다. 가장 훌륭한 아이디어들을 가진 사람은 그 사람이 집단 자체의 문제들을 어떻게 해결해야만 되는가에 관한 제안들을 제시했기 때문에, 지도자라고 간주되는 경향이 있었다. Bales와 Slater는 이러한 지도자를 **과업전문가**(task specialist), 즉 직무의 완수에 주로 관심을 둔 지도자라고 명명했다. 가장 호감을 많이 받는 사람은 Bales와 Slater에 의해서 **사회정서전문가**(socio-emotional specialist) 그리고 Thibaut와 Kelley(1959)에 의해서 **유지전문가**(maintenance speialist)라고 일컬어졌다. 이 사람의 주요 관심사는 집단 내의 좋은 사회적 풍토를 만드는 것이었다. Zelditch(1955)는 56개의 사회들에서 가족을 연구했으며 대부분의 가족들에서 과업전문가와 유지전문가가 있다는 것을 발견했다. 일반적으로 남자는 과업전문가였고 여자는 사회정서전문가였다.

따라서 많은 집단들에서 두 명의 지도자가 있을 가능성이 매우 크다. 즉, 한 명의 지도자는 집단멤버들에게 일을 완수하게끔 재촉하고 다른 지도자는 집단멤버들을 행복하게끔 만드는 일을 한다. 아마 두 가지 유형의 지도자들이 자기들의 역할들상에서 상이한 유형의 세력(power)들을 사용하는 것도 또한 사실일 것이다. 과업지도자들은 집단멤버들을 일하게끔 만들기 위해서 합법적, 전문적 및 강요적 세력을 사용하며, 사회정서지도자들은 그들이 준거적 및 보수적 세력을 사용할 경우에 가장 효과적일 것이다.

리더십에 관한 최근의 한 연구는 배려와 구조의 주도를 보이는 것 이외에도, 하나의 중요하고도 일반적인 리더십행동이 단순히 집단 내에서 일어난 바에 대해 전체의 책임을 지는 것이라고 시사한다. 이것은 위기들의 중재에 관한 하나의 흥미있는 연구에서 증명되었다(Baumeister 등, 1988). 당신은 친사회적 행동에 관한 10장 중의 Darley와 Latané(1968)의 간질발작을 이용한 연구에서, 집단들 속의 피험자들이 혼자 있었던 피험자들보다도 훨씬 더 도움을 주는 경향이 적었다는 것을 기억할 것이다. 집단들 속에 있었던 피험자들은 어떤 다른 사람이 도움을 제공해야만 되거나 제공할 것이라고 가정하면서 전형적으로 책임을 분산시켰고, 그 결과로 그들 중의 소수가 행동을 취했고 피해자는 자신이 필요로 하는 도움을 받게 될 가능성이 훨씬 더 적었다. 그러나, Baumeister 등에 의한 연구에서, 어떤 집단의 지도자들로서 지명받았던 사람들은 책임을 분산시키지 않았다. 실제로, 80%의 집단지도자들이 비록 자기의 방에서 나오는 것이 그 실험을 망치고 그들에게 자신의 리더십직위를 잃게끔 만들지라도, 기침을 하고 숨이 막히는 발작을 보이는 집단멤버를 돕기 위해서 자기의 방 밖으로 나갔다. 이러한 80%의 돕는 비율은 다른 실험들에서 혼자 있는 피험자들의 돕는 비율과 비등한 반면에, 이 연구에서 부하들의 35%의 돕기 비율은 그러한 다른 실험들에서 집단 속에 있는 피험자들에게서 관찰된 비율과 비등하다. 지도자의 역할을 맡고 있는 사람들은 비록 자신의 리더십직위가 자기들에게 특별하게 요구하지는 않을지라도, 자신의 집단 내에서 전체의 책임을 지는 것이 중요하다고 여긴다.

지도자의 행동의 평가

지도자의 행동을 평가하는 가장 보편적 방법은 집단멤버들에게 지도자를 표 15-2

에서 제시된 바와 같은 한 세트의 기술진술문들상에서 평정하도록 요구하는 것이다. 이 표에 있는 진술문들은 오하이오 주립대학교의 인사연구위원회에 의해서 고안된 지도자의 행동기술 질문지(Leader Behavior Description Questionnaire: LBDQ)를 구성하고 있다(Halpin, 1966: Schriesheim과 Kerr, 1974: Stogdill, 1963, 1969).

모든 조직화된 집단들에서, 그것이 프로 하키팀이건 국민학교의 교사진이건 또는 석유회사의 방화요원들이건 간에, 지도자의 행동은 배려와 구조의 주도의 측면에서 평가될 수 있다. 어떤 단일 상황에서 동일한 사람이 이들 두 가지 기능들을 완수하기는 곤란할 수 있다. 성취지향적인 리더는 가끔 집단멤버들의 아이디어들이나 조치들을 비평해야만 될 것이다; 이러한 지도자는 계속해서 집단멤버들이 목표를 향하고 있지 않을 때에 그들의 주의를 목표에 다시 지향시킬 것이다. 이와 동시에, 그 조직체의 다른 멤버가 집단유지의 전문가가 되고, 과업지향적 논쟁들을 중재하는 것에 관심을 두고, 긴장을 해소시

표 15-2. 지도자의 행동기술 질문지

구조의 주도(initiating structure)	배려(consideration)
1. 부원들에게 자기 자신의 태도들을 분명히 밝힌다. 2. 부원들과 함께 새로운 아이디어들을 시험해 본다. 3. 철권으로 통제한다.[a] 4. 나쁜 업무수행을 비평한다. 5. 의문의 여지가 없는 식으로 말한다. 6. 부원들에게 특수한 과업들을 부여한다. 7. 어떤 계획이 없이 일한다.[a] 8. 분명한 업무수행기준을 유지시킨다. 9. 업무의 최종 마감시간이 가까움을 강조한다. 10. 일정한 절차들을 따르도록 고무시킨다. 11. 조직체 내에서의 자기 자신의 역할을 모든 멤버들이 확실히 이해하게끔 만든다. 12. 부원들이 표준의 규칙들과 규정들에 따르도록 요구한다. 13. 부원들에게 자기들 자신에게 기대되고 있는 바가 무엇인가를 알도록 한다. 14. 부원들이 최대한으로 능력껏 일하게끔 조치한다. 15. 부원들의 업무가 조정되게끔 조치한다.	1. 부원들에게 개인적 호의를 베푼다. 2. 부원들의 한 멤버가 되는 것을 즐겁게끔 만들기 위해 거의 아무일도 하지 않는다.[a] 3. 이해하기가 쉽다. 4. 부원들의 말을 들을 기회를 찾는다. 5. 남에게 정보를 나누어 주지 않는다.[a] 6. 개개 부원들의 개인적 복지를 향상시킬 방법을 찾는다. 7. 자기 자신의 조치들을 설명하기를 거부한다.[a] 8. 부원들과 상의없이 조치를 내린다.[a] 9. 새로운 아이이어들을 수용하기를 꺼린다.[a] 10. 모든 부원들을 동등하게 대한다. 11. 변화들을 일으킬 의향이 있다. 12. 친절하며 접근가능하다. 13. 부원들에게 이야기할 때에 편하게 느끼게끔 만든다. 14. 부원이 제시한 제안들을 실행에 옮긴다. 15. 일을 추진하기 전에 중요한 문제들에 대한 부원의 승인을 얻는다.

각각의 문항은 항상, 흔히, 가끔, 드물게, 결코 없음의 5개의 부사들 중의 하나에 체크함으로써 대답되게 된다. a: 마이너스로 채점됨.

키고, 모든 사람에게 등을 두드려 주고 의견을 제시할 기회를 줄 수 있다. 그러나, 때로는 어떤 특정의 행동이 두 가지 기능들을 달성할 수 있다 ; 어떤 집단에서 어려운 문제를 해결하게끔 돕는 지도자는 또한 그 행동에 의해서 단결을 발전시키고 사기를 높힐 수 있다(Cartwright와 Zander, 1968).

일반적으로, 두 가지 리더십기능들을 성공적으로 완수하는 데 대한 도전들은 상당히 많다(예컨대, 당신은 얼마나 많은 대통령들이나 수상들이 "국가를 또다시 운영하는" 동시에 사람들을 "모으는" 데에 성공했는가를 고려하고 싶을 수 있다). 그러나, 비록 행동들의 종합이 곤란할지라도, 지도자들은 두 개의 차원들상에서 높은 평가를 받게 될 때에 가장 효과적이라고 평정받고 있다(Stogdill, 1974).

집단의 수행수준은 리더십기술 평정치들과 관련되어 있다. 예컨대, 배려와 구조의 주도의 모두에서 높게 평정받았던 캐나다의 교사들의 학생들은 전체 주(州)의 시험들에서 더 높은 점수를 받았다(Greenfield와 Andrews, 1961). 심지어 이러한 두 개의 차원들상에서의 학교교장들의 순위가 학생들의 성적과 관련있었다(Keeler와 Andrews, 1963). 다른 연구에서, 대학의 교양과정부의 교수들이 그 대학 내에서 가장 잘 지도되고 운영되고 있다는 평판을 가진 5개의 학과들의 이름과 가장 잘못 운영된 5개의 학과들의 이름을 대도록 요구받았다(Hemphill, 1955). 그 다음에 그들은 그 학과들의 학과장을 LBDQ상에서 평정했다. 도 15-3에서 보이는 바와 같이, 그 학과의 행정력 평정치는 그 교수진이 자기들의 학과장에게 주는 평정치들과 일치되었다. 전혀 다른 상황에서, 한국전쟁 참전 공군지휘관들이 그들의 상관들에 의해서 전반적 효율성(각 지휘관의 집단에 대한 실적평가를 포함해서)상에서 평정된 반면에, 그들의 부하들은 LBDQ를 완성했다(Halpin, 1953, 1954). 또다시 리더십효율성 평정치와 집단 수행수준 간에 관계가 있었다. 자기들의 상관에 의해서 전반적 효율성상에서 상위 10% 이내로 평정받았던 9명의 지휘관들 중의 8명이 자기들의 부하승무원들에 의해서 배려와 아울러 구조의 주도상에서 평균이상으로 평정되었다. 가장 효율성이 적다고 평정받았던 10명의 지휘관들 중에서 더 많은 사람들이 지도자 행동의 두 가지 차원들상에서 평균이상보다도 평균이하이었다.

이전 연구들의 결과들에도 불구하고, 몇 가지 의문이 남아 있다. Stogdill은 이들 연구들의 발견들을 다음과 같이 요약하고 있다: 배려와 구조의 주도의 중요성은 리더십의 측면에서가 아니라 추종(followship)의 측면에서 설명되어야만 될 것이다. 두 개의 행동패턴들은 이것들이 지도자에 의해서 나타내지고 있기 때문이 아니라, 추종자들의 행동과 기대들에 대해 상이한 효과들을 일으키기 때문에 중요한 것으로 나타난다(1974, p. 141). (우리는 이 장의 뒷 절에서 추종자들이 하고 있는 중요한 역할을 고려할 것이다.) 다른 연구자들은 LBDQ가 실제의 지도자의 행동에 대한 평정치들을 제공해 주지 않고 오히려 평정을 행하고 있는 사람의 내재적 리더십이론들(implicit leadership theories)을 반영할 수 있다고 주장해 왔다(Lord 등, 1978: Rush 등, 1977). 이러한 설명에 의하면, 대부분의 우리는 "적절한" 리더십행동이 무엇이라는 어떤 생각을 갖고 있다. 따라서 리더의 행동에 관한 최소한의 정보를 갖고서도, 우리는 그 수행이 훌륭할 때에는 지도자의 행동의 차원들상에서 높은 평정치들을 부여하고 수행이 나쁠 때에는 낮은 평정치들을 부여할 것이다. 이러한 설명은 실제의 지도자의 행동들이 LBDQ 평정치들에 대한 발견들의 몇 가지의 근원이 되지 않는다는 것을 뜻하지는 않으며, 오히려 질문지상의 평정치들이 행동의

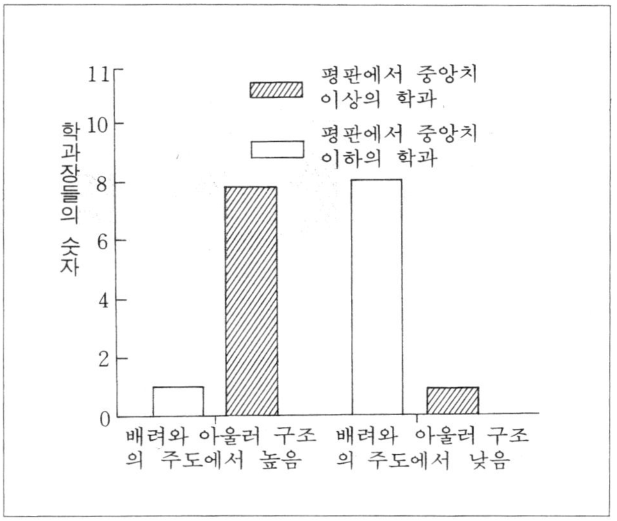

도 15-3. 대학의 학과들이 얻은 평판과 학과장들의 배려와 구조의 주도의 종합적 소유 사이의 관계

완전하게 정확한 대표가 된다고 가정하는 것에 대해 우리에게 경고해 주었다.

평정치들이 실제의 행동을 반영하는지, 아니면 이상적인 지도자의 행동에 관한 사람들의 생각들을 반영하는지의 문제에 대한 한 가지 분명한 해결책은 집단멤버들에 의한 질문지상의 평정치들에 전적으로 의존하기보다도, 실제의 리더십행동을 관찰하는 것이다. 비록 이러한 접근이 곤란하고도 시간을 소비하는 것이기는 하지만, 만일 우리가 리더십 행동의 역할을 충분하게 이해하고자 한다면 이것이 필요하다.

사회적 세력의 사용

지도자는 자신의 세력이나 권력을 많은 방식으로 사용할 수 있으며, 몇 가지 가능한 세력책략들이 표 15-3에 제시되어 있다. 이러한 광범한 가능한 행동들을 전제할 때에 영국의 John Acton이 주장한 바와 같이, 권력이 부패하고 절대권력이 절대적으로 부패하는 이유는 무엇인가? Kipnis(1976)는 몇 가지 이유들을 제시했다. 첫째로, 권력을 잡고 있는 사람들은 특히 그들이 강요적, 보수적 또는 합법적 세력을 사용할 경우에, 자기들의 직위를 자신이 원하는 것을 얻기 위해서 사용할 어떤 권리를 가정하는 경향이 있다. 둘째로, 강력한 세력근거를 갖고 있는 권력소유자들은 표적인물보다도 자기들이 표적인물의 행동을 통제한다고 믿는 경향이 있으며 자기들의 명령이 이행되지 않을 경우에는 이것을 하나의 개인적 모욕(또는 그 이상)으로 간주할 것이다. 군대의 장교들이나 상사들(어떤 경우들에서, 부모들)은 자신의 명령이 이행되지 않을 경우에는 매우 당황하게 된다. 특별논의 15-3는 항공기승무원들이 조종사의 리더십에 감히 의문을 제기하지 못했던 비극적 상황들을 기술하고 있다.

셋째로, 권력소유자의 영향이 성공적이어 온 경우에, 그 사람은 표적인물에 대해서 우월하다고 느낄 수 있고, 따라서 자기 자신과 표적인물 간의 심리적 거리를 증가시키게

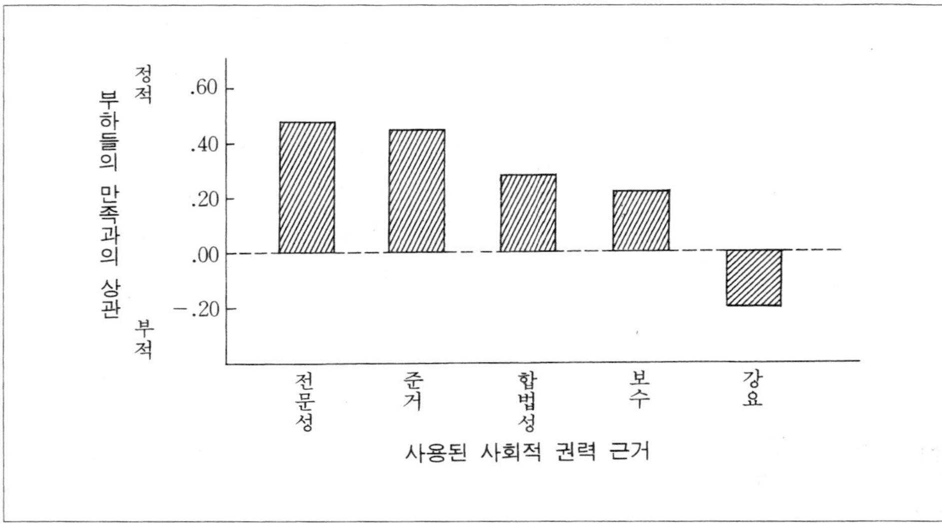

도 15−4. 사회적 세력과 만족. 감독자의 상이한 사회적 권력근거들의 사용에 대한 부하들의 만족
자료원 : Hinkin과 Schriesheim(1989).

된다. 예컨대, 자신의 10대 딸의 행동을 강요를 통해서 통제할 수 있는 어떤 어머니는 자신이 10대 딸보다 우월하고 다르다고 느끼는 것에서 다소 만족을 얻을 수 있다. 그러나 강요적 세력을 사용하는 것은 뒤에 가서 유사성과 동일시에 의존하는 준거적 세력을 사용하는 데 대한 그 어머니의 잠재력을 감소시킬 수 있다. 그 결과로, 두 사람간의 장차의 의사소통이 최소로 되기 쉽다.

당신 자신이 한 직장인이라고 가정해 보자. 당신의 상사는 당신과 상대할 때에 어떤 세력근거들을 사용하기를 선호하는가? 이러한 의문에 답변하기 위해서, Hinkin과 Schriesheim(1989)은 5개의 사회적 세력의 근거들과 감독에 대한 만족을 측정하는 질문지들을 개발했다. 이 질문지들이 몇 개의 표본의 사람들, 즉 경영학과 학생들, 경영학석사 특수과정 학생들 및 정신병원의 직원들에게 실시되었다. 도 15−4가 보여 주는 바와 같이, 종합된 모든 표본들에 대해서 만족은 감독자의 전문성 세력과 준거적 세력의 사용과 강력하게 관련되어 있었고 합법적 세력과 보수적 세력과는 덜 강력하게 관련되어 있었다. 사람들은 강요적 세력의 사용에 대해서 부정적으로 반응했다.

표 15−3. 권력책략들. 기업체, 집단 및 대인관계적 상황들에서 타인들에게 영향을 주기 위해서 사람들이 사용할 수 있는 책략들

책략	정의	실례
토론	이성적 주장이나 설명의 사용	지지되는 이유들을 제시한다. 그 계획을 선호하는 이유를 설명한다. 의논한다.

요청	해야만 될 일을 진술하거나 응종을 요구하는 것	원하는 것을 말한다 기대하는 바를 말한다 수행할 것을 요구한다.
요구	자기 자신을 강력하게 내세우는 것. 응종을 고집하는 것	행할 것을 요구한다. 중지할 것을 주장한다. 명령을 내린다.
훈련	가르치는 것, 실례로 시범 보이는 것	방법을 설명한다. 실례를 보여 준다.
설득	달래고 납득시키는 주장들의 사용	하지 않도록 설득한다. 하도록 설득한다 강력하게 제시한다.
협상	홍정하는 것, 타협하는 것, 호의들을 교환하는 것	협상한다. 타협한다. 원하는 대로 해 주면, 요구를 철회한다.
압력	집단의 영향력을 사용하는 것	상사에게 호소한다 집단이 어떤 개인에 대해 반대하도록 만든다. 다른 사람들을 내편을 들게끔 만든다.
전문성을 내세움	우수한 지식이나 기술을 보여 주거나 주장하는 것	자신의 경험에 의지한다. 타인들에게 자신이 전문가라는 것을 알게끔 만든다. 기술적 세부사항들을 숨긴다.
고집	개인의 영향시도들을 계속하거나 어떤 요지를 반복하는 것	나의 요지를 되풀이 설명한다. 포기하지 않는다. 싫다는 말을 하지 못하게끔 만든다.
조작	거짓말하는 것, 힌트를 주는 것, 속이는 것	거짓말을 한다. 상대방의 아이디어인 것처럼 만든다 넌즈시 힌트를 준다.
탄원	간청하는 것, 겸손하거나 진지하게 요구한다	간청한다. 운다. 무기력하게 행동한다.
아첨	자신의 매력성을 고의로 증가시키는 것	협조적인 것처럼 보이게끔 만든다. 아첨한다. 매력적이게끔 만든다.
이탈	상황에서 철수하는 것, 상호작용을 깨버리는 것	파업을 계속한다. 원하는 것을 할 때까지 상대방을 무시한다. 떠나버린다.
보수	가치있는 강화물들을 제공하는 것	봉급을 올려 준다. 휴가를 준다 크게 칭찬해 준다.
위협	장차의 부정적 결과들을 경고하는 것	봉급을 줄이겠다고 위협한다.

		해고당할 수 있다고 말한다.
		법적 조치를 위협한다.
처벌	부정적 결과들을 부과하는 것	감봉한다.
		견책하다.
		주먹으로 친다.

자료원 : Forsyth(1990).

특별논의 15－3. 조종실 내의 리더십

지도자의 의사결정들에 의문을 제기하기는 심리적으로 곤란하다. 이러한 이해가능한 꺼려함은 비극적 결과들을 낳을 수 있다. 65%의 항공기사고들이 흔히 한 승무원이 적절한 정보를 갖고 있기는 하지만 다른 승무원들에게 이 정보를 제공하지 않을 때에, 인간적 실수에서 생긴다고 추정되어 왔다(Foushee, 1984). 예컨대, 1977년 1월에 일본항공사 수송기가 알래스카를 이륙한 직후에 추락해서, 세 명의 승무원과 두 명의 화물담당자들이 사망했다. 국가수송안전국(NTSB)에 의한 집중적 조사는 그 미국인 조종사가 알래스카의 자동차운전사들에 대한 법적 음주량의 두 배 이상의 혈중 알콜수준을 보였다는 것을 나타냈다. 조종사와 그의 부하인 두 명의 일본인 승무원들을 공항까지 데려다 주었던 택시기사는 그 후에 그 조종사가 부자연스럽게 행동했고, 불안정하고, 술취했다고 진술했다. 조종사의 개인적 친지들이 아닌 몇 명의 다른 사람들은 그가 음주했으며 술취한 증후들을 보였지만, 자기들이 그 사실에 대해 아무 것도 말하거나 행하지 않았다고 말했다. 일단 비행기에 탑승한 후에, 그 조종사는 활주로를 요청하는 동안에도 제정신이 아니었고 시초부터 이륙을 위한 잘못된 활주로를 선정했지만, 그래도 아무도 그에게 말해 주지 않았다. NTSB의 보고서는 다음과 같이 논평했다: "심지어 조종사가 항공기의 안전에 대한 어떤 위협을 제기할 때조차 승무원들이 조종사에게 이의를 제기하기가 극히 곤란하다. 능력상실의 경우를 제외하고서, 지휘자의 권위와 이것의 불가침적 성질의 개념이 예외없는 하나의 관행이 되어 왔다. 그 결과로, 부조종사들은 자기들이 보다 더 주장적으로 되어야만 되는 상황들에서도 무관심하게 반응한다. 이러한 개념에 수동적으로 복종하는 것 대신에, 부조종사들은 조종사에게 어떤 위험스러운 상황들이 존재한다는 것을 확고하게 충고하게끔 고무받아야만 된다"(National Transportation Safety Board, 1979).

녹음된 조종실 내의 대화들은 1982년 1월에 워싱톤 D.C에서 심한 눈보라 속에서의 한 여객기의 이륙 동안에, 조종사가 이륙 동안에 정상이 아니라는 부조종사의 반복적인 포착하기 힘든 기상보고들에 반응하지 못했다. 수분 후에 그 비행기는 포토맥강에 처박혔고, 78명의 승객들이 사망했다(Foushee, 1984).

실험실연구는 감독자의 행동에 대해 의문을 제기하는 것의 곤란성들에 관한 더 많은 증거를 제공해 왔다. 모의항공기 내에서의 항공기승무원들의 행동에 관한 한 연구에서, 실험자들은 승무원이 어떻게 행동하는가를 알아보기 위해서 조종사에게서 포착하기 힘든 어떤 능력상실이 생긴 것처럼 가장하도록 만들었다. 4분의 1의 케이스들에서, 모의항공기들은 부조종사가 주장적으로 반응하지 않았고 제때에 통제하지 않았기 때문에 만일 실제상황이었다면 "추락되었을" 것이다(Harper 등, 1971). 부조종사들과 다른 승무원들이 어떤 이유에서이든 간에 잘 기능하지 못하는 조종사에게 이의를 제기하는 일에 편안하게 느끼게끔 이들에 대한 주장훈련이 높은 우선성을 부여받아야만 된다.

리더십의 성차들

리더십에서 개인적 특징들이 행하는 역할의 주제와 관련되어 있는 동시에 리더십 행동의 주제와 관련된 한 가지 부가적 의문, 즉 남성지도자들과 여성지도자들이 리더십에 대한 스타일이나 접근상에서 차이가 있는가를 고려하는 것이 중요하다. 많은 대중적 서적들(예: Loden, 1985)의 저자들은 양성이 이러한 면에서 정말로 다르다고 주장해 왔다. 특수하게 말하면, 그러한 저자들은 여성지도자들이 흔히 협동성을 강조하는 스타일과 덜 지시적인 접근을 사용하는 반면에, 남성지도자들이 보다 더 "내가 지도직에 있다"는 식의 지시적 전략을 보인다고 시사해 왔다. 이와는 반대로, 사회과학자들은 일반적으로 리더십스타일의 측면에서 양성간에 일관성있거나 주요한 차이들이 없다고 주장해 왔다(예: Nieva와 Gutek, 1981). 이들 결론들 중의 어느 것이 더 정확한가? 분명히 이것은 간단한 답변들이 없는 복잡한 주제이다. 그러나 리더십스타일상에서의 성차들에 관한 기존의 증거에 관한 최근의 한 분석(Eagly와 Johnson, 출간중)은 문제들을 명료화시키는 데에 진전을 이룩하고 있다.

이들 연구자들은 매우 세련된 메타분석(meta-analysis)의 수단에 의해서 리더십에 관한 150개 이상의 연구들의 결과들을 검토했다(이 방법은 많은 상이한 연구들에서의 한 개나 그 이상의 변인들의 영향들을 평가하기 위한 하나의 통계적 절차이다). 세 가지 유형의 연구들이 포함되었다. 즉, 실험실연구들(피험자들이 어떤 낯선 사람과 상호작용했던), 평가연구들(피험자들의 리더십스타일에 대한 측정치들이 얻어진) 및 조직체연구들(실제의 조직체상황들에서의 리더십행동이 평가된)이다. Eagly와 Johnson은 남성과 여성 간의 어떤 차이들이 세 번째 유형보다도 첫번째 두 가지 유형들에서 더 뚜렷할 것이라고 생각했다. 이것은 실제의 조직체들에서 리더십의 역할들이 양성에게서 유사한 행동을 요구할 것이고, 그 결과로 양성간의 어떤 차이들이 사라지게 될 것이기 때문에 그러할 것이다. 이에 비해서, 실험실연구들과 평가연구들에서는 남성과 여성 간의 어떤 차이들이 그러한 역할요구사항들의 지배를 받지 않을 것이다.

남성과 여성 관리자들 간의 잠재적 차이들이 두 개의 차원들상에서 검토되었다. 즉, (1) 과업달성에 대한 관심 대 대인관계들의 유지에 대한 관심과 (2) 참여적(민주적) 대 지시적(독재적) 스타일이다. 성역할 고정관념들은 여성지도자들이 남성지도자들보다도 대인관계들에 더 많은 관심을 보이고 더 민주적으로 행동하는 경향이 있을 것이라는 것을 시사한다. 그러나 그 결과들은 이러한 고정관념들을 확증하지 않았다. 첫번째 차원(과업 대 대인관계에 대한 강조)의 면에서, 양성간의 실질적 차이들의 작은 징후가 있었다. 이러한 차이들이 실험실연구들과 평가연구들에서 관찰되었지만, 그 차이들은 크기가 작았다. 더 나아가서, 결과들은 여성이 남성보다도 과업과 아울러 대인관계들에 대한 강조상에서 약간 더 높았다는 것을 나타냈는데, 이것은 성역할 고정관념들이 예언하는 것과 정반대되는 발견이다. 아마 보다 더 중요하게, 이러한 차원상의 차이들이 실제의 조직체들에서 수행된 연구들에서는 존재하지 않았다.

그러나, 유의한 성차들에 관한 증거가 두번째 차원(민주적 대 독재적 스타일)상에서 나타났다. 여성들은 세 종류의 연구들에서 남성들보다도 더 민주적이거나 참여적 스타일을 사용했다. 무엇이 이러한 차이들을 설명하는가? Eagly와 Johnson은 이것이 최소한 일부 여성이 남성보다도 대인관계기술들이 더 높다는 사실에서 나온다고 시사한다. 이것 때문에, 그들은 참여적 접근, 즉 부하들이 의사결정과정에 참여하도록 초청받게 되는 접근을 사용하기가 더 용이하게 된다. 여성들의 더 나은 대인관계기술들은 그들에게 그러한 입력을 요청하고 또한 필요할 경우에는 그것을 친절하게 거부하기가 더 쉽게끔 만들어 준다. 그 결과로, 참여적 리더십스타일이 여성들에 대해 다소 더 적절하고 아마 또한 더 효과적일 것이다.

물론, 이러한 시사들은 다소 사색적인 것이다. 그러나, 이것들은 남성과 여성의 대인관계기술들상의 차이들에 관한 현존하는 증거들과 일치되고 있다(Rosenthal 등, 1979). 관여된 정확한 기제들이 무엇이건 간에, 남성과 여성 지도자들이 어떤 측면들상에서 차이가 있는 것 같다. 이러한 차이들은 널리 갖고 있는 성역할 고정관념들과 밀접하게 관련되어 있지는 않지만, 실제로 존재하고 있는 것 같다. 이러한 차이들이 중요한 역할을 하고 이것들이 각 성에 대해서 장점이나 단점을 이루는 정확한 상황들을 알아내는 장차의 연구가 필요하다.

효과적 지도자

어떤 집단에서 지도자의 등장에 관한 연구들과 지도자들의 행동들을 검토해 왔으므로, 우리는 이제 효과적이게 되기 쉬운 지도자의 부류와 효과성에 영향을 주는 요인들을 고려해 보자. 비록 두 가지 의문들이 상호관련되어 있을지라도, 지도자의 효과성에 관한 의문은 지도자의 등장에 관한 의문과 구분된다.

민주적 대 독재적 리더십스타일들

리더십에 관한 하나의 초기의 연구는 어떤 유형의 리더가 가장 효과적일 것인가를 질문했다. Lewin 등(1939)은 독재적, 민주적 및 자유방임적 성인 지도자들하에 있는 10세 소년들의 4개의 비등한 집단들을 면밀하게 관찰했다. 이 지도자들은 이들 스타일들 중의 하나로 반응하도록 훈련받았으며 각 집단이 각 유형의 지도자를 갖게끔 매 6주마다 교대되었다. 독재적 지도자(autocratic leader)는 집단의 정책을 결정했고, 집단목표들을 달성시키기 위한 모든 단계들과 기법들을 명령했고, 과업들과 과업파트너들을 지정했고, 집단으로부터 거리를 두었다. 민주적 지도자(democratic leader)는 집단에게 정책을 결정하도록 허락했고, 절차들과 과업들에 관한 제안들을 제시했고, 멤버들에게 그들 자신의 과업들과 과업파트너들을 택하도록 허락했고, 칭찬과 비평에서 객관적이었고, 집단과업들에 참가했다. 자유방임적 지도자(laissez-faire leader)는 자신의 집단에게 완전한 자유를 허용했고 집단과업들에 참가하지 않았다. 그 집단은 가면들을 만들고 물건들을 쌓는 것과 같은 게임들을 했다.

그 결과들은 권위적 지도자하에서, 소년들이 민주적 지도자하에서 보다도 30배나 적의적이고 8배나 공격적이었다는 것을 보였다. 권위적 지도자하에 있는 피험자들은 그들의 공격의 표적들로서 희생양들을 선정하는 경향이 있었다(두 명의 이러한 희생양들이 실제로 집단들을 떠났다). 이러한 행동은 민주적 지도자하에서는 일어나지 않았다. 집단화합은 권위적 지도자하에서보다도 민주적 지도자하에서 더 높았다. 작업의 건설성이 권위적 지도자가 그 방을 떠났을 때에 급격하게 감소되었지만, 이것은 민주적 집단에서 일정하게 유지되었다. 실험적으로 도입된 좌절들이 권위적 지도를 받은 집단에 대해 매우 혼란을 주었지만, 민주적 지도를 받은 집단은 이러한 난관들을 조직화된 노력들로 대처하는 경향이 있었다.

집단들이 지도자를 바꾸었을 때에 흥미있는 일련의 사건들이 일어났다. 도 15-5는 두 개의 집단에서 지도자의 변화의 효과를 보여 준다. 가장 두드러진 효과는 집단이 독재적 지도자로부터 자유방임적 지도자로 바뀌었을 때에 공격성의 급격한 증가이다. 이것은 독재적 감독하에서 억압된 공격성의 결과일 것이다. 그 소년들은 독재적 지도자하에서 화가 났지만, 그들은 그 지도자를 두려워했고 자신의 분노를 표현함으로써 집단이 혼란되는 것을 두려워했을 것이다. 자유방임적 지도자는 그 집단에게 더 자유로운 분위기를 제공했고, 이것은 꼭 막혔던 공격성을 해방시키게끔 해 주었다. 이러한 형태의 효과가 어떤 독재적 통치자의 전복 후에 흔히 일어난다는 것을 주목하는 것은 흥미있는 일이다. 국가들의 역사에서, 우리는 흔히 수 년간의 독재적 통치기간 후에 해방된 국민들이 프랑스에서 루이 15세의 사망에 뒤따랐던 것과 같이 대학살로 꼭 막혔던 적의와 좌절을 방출시킨다는 것을 보아 왔다.

집단의 심리적 분위기로부터 생산성의 의문쪽으로 관심을 돌려서, Lewin과 그의 동료들은 소년들이 민주적 지도자하에서 보다도 독재적 지도자하에서 더 오래 일했고 더 많은 생산품들을 만들어 냈다는 것을 발견했다. 그러나, 그들은 민주적 지도자하에서 다소 더 나은 질의 생산품들을 만들어 내는 경향이 있었다.

그러나, 또다시 우리는 지도자의 효과성이 상황에 의해 영향받고 있다는 것을 발견한다. 연구(Rosenbaum과 Rosenbaum, 1971)는 집단들이 긴장되는 조건들하에서 독재적 지도자를 갖고서 더 생산적이라는 것을 발견했다. 그러나 조건들이 긴장되지 않을 때, 집단들은 민주적 지도자를 갖고서 더 생산적이다. 따라서 가장 효과적인 스타일은 일부 상황의 함수이다.

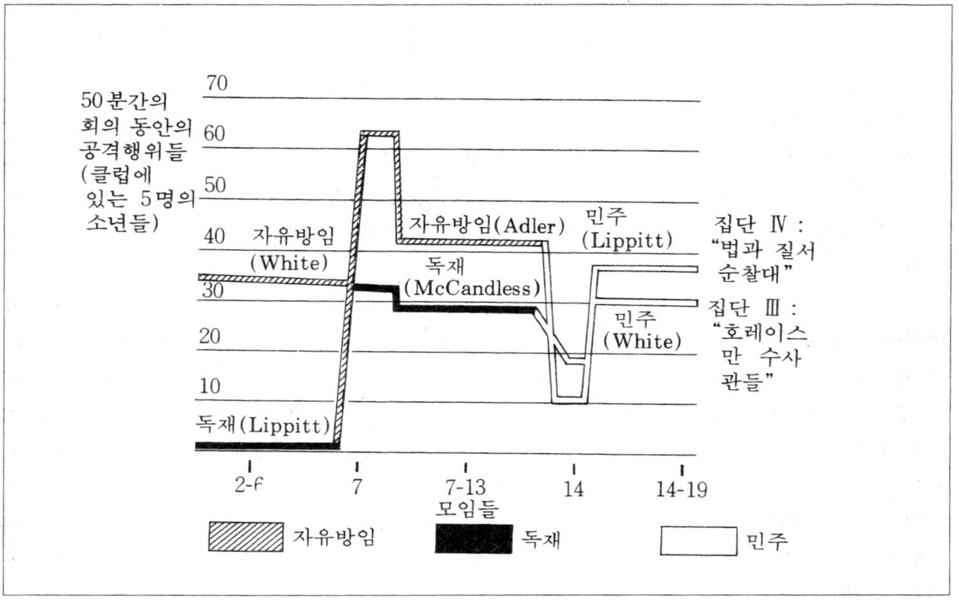

도 15-5. 상이한 리더십스타일들이 집단 내의 공격성에 미치는 영향. 공격성은 독재적 지도자가 자유방임적 지도자로 대치되었을 때에 집단 내에서 크게 증가한다.
자료원 : Lewin 등(1939).

Fiedler의 연계모형

리더십에 대한 기능적 접근은 비록 이것이 단일한 특성들을 강조했던 분석들보다도 몇 가지 측면들에서 하나의 개선이기는 하지만, 그래도 우리에게 리더십행동을 이해하도록 해 주지는 못한다. 대부분의 현대의 연구자들은 지도자의 행동과 아울러 리더십이 발휘되고 있는 상황을 검토하는 것이 필요하다고 생각한다. 다시 말해서, 이러한 새로운 리더십모형들은 어떤 특정의 리더십스타일의 효과가 그 특정의 집단이 처해 있는 여건들이나 조건들에 연계되어 있다고 가정한다. 따라서 연계모형들(contingeney models : 連繫模型들)은 대통령의 효과성 뿐만 아니라 소집단의 수행에 적용될 수 있는 하나의 일반적 관점이다(특별논의 15-4 참조).

몇 개의 연계모형들이 개발되어 왔는데, 각각은 특유한 세트의 리더십행동들과 상황요인들을 강조하고 있다(예컨대, House 1971 : Vroom과 Yetton, 1973). 여기에서 우리는 아마 가장 걸출한 연계모형인 Fiedler(1963, 1978, Fiedler와 Garcia, 1987)에 의해서 개발된 모형에 우선적으로 초점을 둘 것이다. 그 다음에 우리는 Vroom과 Yetton의 규범이론(normative theory)을 검토할 것이다.

Fiedler의 연계모형의 요소들 Fiedler의 연계모형에는 네 개의 기본요소들이 있다. 한 개는 지도자의 성격을 일컫고 있는 반면에, 다른 세 개는 지도자가 처리해야만 되는 상황의 특징들을 기술하고 있다. Fiedler에 대해서 성격요소는 리더십스타일을 의미하고 있는데, 이것은 "여러 가지 리더십상황들에서 개인의 행동을 동기화시키는 개인의 기본적 욕구구조"라고 정의되어 왔다(Graen 등, 1970, p. 286). 리더십스타일은 LPC측정치라는 지도자가 갖고 있는 "가장 선호도가 적은 동료"에 대한 존중이나 호감의 정도에 의해서 평가되고 있다. 각 지도자는 그가 이전에 함께 일해 왔던 모든 사람들을 생각하고, 그 다음에 가장 협동하기가 곤란해 왔던 한 사람을 선정하도록 요구받고 있다. 이 사람은 "최소선호 동료"(least preferred co-worker) 또는 LPC이다. 그 다음에 이 지도자는 한 세트의 양극 평정척도들을 제시받게 되고 가장 선호도가 적은 이 동료를 제시된 차원들의 각각에서 평정하도록 요구받는다. 이러한 차원들의 예들은 유쾌하다—불쾌하다, 친절하다—불친절하다 및 거부적이다—수용적이다를 포함하고 있다(Fiedler, 1967).

이 LPC 점수는 어떤 지도자가 함께 잘 일할 수 없는 사람들에 대한 그 사람의 정서반응의 한 지표라고 간주될 수 있을 것이다(Fiedler, 1972). 자신의 최소선호 동료를 매우 부정적으로 평정하는 낮은 LPC 지도자들은 과업지향적 관리자들이라고 간주되고 있으며, 이 사람은 비록 자신이 과업들이 완수되게끔 만들기 위해서 불쾌한 대인관계들로 고통받아야만 될지라도, 그 과업들에 대한 집단의 완수로부터 만족과 자존심을 얻는다. 이들 지도자들에 대해서, 잘못 수행하는 동료는 자존심에 대한 주요 위협이 된다. 이와는 반대로, 높은 LPC 지도자들(자신의 최소선호동료를 보다 더 호의적으로 평정하는)은 대인관계들에 보다 더 많은 관심을 두고 있다. 높은 LPC 지도자들에 대해서, 만족은 행복한 집단관계들에서 나온다: 그들은 보다 더 이완되어 있고, 고분고분하고, 비지시적이다. 어떤 동료에 의한 낮은 수행성적은 매우 위협을 주지는 않으며, 따라서 그 멤버는 매우 부정적으로 평정받지는 않는다. 따라서 높은 LPC와 낮은 LPC 지도자들은 집단 속에서 상이한 욕구들을 충족시키고자 한다. LPC연구들에 대한 한 평론에서, Rice(1978)는 두 가지 유형의 지도자들이 그들의 기본적 가치지향에서 차이가 있다고 기술하고 있다. 높은 LPC 지도자들은 낮은 LPC 지도자들보다도 대인관계상의 성공에 더 가치를 두며, 그들은 자신, 타인들 및 환경에 대한 광범한 판단들을 대인관계상의 성공에다가 기초를 두는

특별논의 15-4. 리더십: 대통령의 효과성의 케이스

최근의 미국의 역사에서, 대통령들은 흔히 곤란에 처해 왔다. 유권자들의 여러 강도의 요구사항들하에서 당선되고 나서, 대통령들은 그들의 임기가 지나감에 따라 불가피하게 인기가 감소된다. 최근의 모든 미국 대통령들이 임기의 시작 무렵보다도 임기의 종식 무렵에 덜 호의적인 지지를 받아왔다.

대통령의 효과성에 대한 평가들이 매우 부정적인 이유는 무엇인가? 가장 인기있는 설명은 일종의 성향적 설명으로서, 기본적 귀인오류를 나타내는 것이다(4장 참조). 시민들과 아울러 미디어들은 사건들을 사람의 측면에서, 이 경우에서는 대통령 자신의 측면에서 설명하기가 매우 쉽다. 이와 같은 성향적 설명과는 반대로, Wrightsman(1982)은 우리들이 대통령의 성품과 아울러 과업의 성질을 고려한다고 시사해 왔다.

오늘날의 대통령직은 전임자들 때보다도 훨씬 더 복잡하다. 예컨대, 루즈벨

트 대통령은 37명의 백악관보좌관들을 거느린 반면에, 최근의 대통령들은 600명 정도의 많은 보좌관들을 거느리고 있다. 오늘날 미디어는 훨씬 더 중요한 역할을 해서 현직 대통령의 사소한 조치들까지도 대서특필하고 있다. 정부기관들과 개인적 로비스트들의 숫자도 또한 모두 증가해 왔다. 아마 이와 같은 점증하고 있는 복잡성은 어떤 사람이라도 그 직무를 잘 수행할 수가 없다는 것을 뜻할 것이다. 직무의 몇 가지 측면들상에서 잘 하는 사람이라도 다른 측면들상에서는 참담하게 실패할 수 있으며, 모든 실패들은 틀림없이 적어도 인구 중의 어떤 부분들에 의해서 주목받게 될 것이다.

Wrightsman(1985)은 10개의 과업차원들이 대통령의 리더십에 대해 핵심이 된다고 시사해 왔다.

1. 국민을 설득하는 것.
2. 도덕적 리더십을 제공하는 것
3. "대통령답게" 보이는 것
4. 목표들과 우선사항들을 파악하는 것
5. 행정부의 진행중인 활동들을 유지시키는 것
6. 법률들이 통과되게끔 만드는 것
7. 대외정책을 결정하고 집행하는 것
8. 대통령보좌관들을 관리하는 것
9. 위기시에 의사결정을 행하는 것
10. 정당에 대한 리더십을 발휘하는 것

Fiedler의 연계모형의 측면에서, Wrightsman은 상황적 및 개인적 요인들이 효과적 리더십을 결정짓는다고 시사한다. 예컨대, 위에 있는 네번째의 목표를 고려해 보자. 우선사항들을 파악하는 것은 유권자의 요구가 강했던 상황이나 국내의 갈등들이 최소이었을 당시에 보다 더 용이할 것이다. 개인적 측면에서, 우선사항들을 파악하는 것은 강한 내적 가치들을 소지하고 있거나, 정부 내에서 상당한 경험을 갖고 있거나, "전체의 정국"을 쉽게 볼 수 있는 지도자에 대해서는 보다 더 용이할 것이다. 만일 상황이 제대로 되어 있지도 못하고 지도자가 우선사항들을 규정할 능력이 없다면, 효과성은 낮을 것이다.

우리는 또한 이러한 10개의 차원들 중에서 서로 부조화될 수 있는 측면들을 알아낼 수 있다. 예컨대, 행정부의 진행중인 활동들을 유지시키기 위해서, 대통령은 세부사항과 관료제도에 관심을 둘 필요가 있을 수 있다. 이와는 반대로, 목표들을 알아내는 것은 보다 더 폭넓은 시야를 위해서 세부사항을 무시할 것을 요구할 수 있다. 어떤 한 개인이 높은 수준으로 개발된 이 두 가지 기능들을 소유하는 일이 드물 것이다.

그러면 무엇을 할 수 있겠는가? 아무런 손쉬운 해답들도, 신속한 해결책들도 없다. 그러나, 과업과 상황이 리더십의 불가결한 요소들이라는 인식은 대통령의 효과성의 본질이 무엇인가에 대한 보다 더 명료한 개념화를 허용해 준다.

경향이 있다. 이와는 반대로, 낮은 LPC 지도자들은 높은 LPC 지도자들보다도 과업성공에 더 가치를 두며, 그들의 판단들은 따라서 과업에 대한 고려들에 기초되어 있다.

앞에서 지적된 바와 같이, 연계모형들은 지도자의 스타일과 상황의 특징들 간의 상호작용의 중요성을 강조한다. 따라서 연계모형들은 특정 유형의 지도자들에 대한 어떤 상황의 유리성(favorability)을 평가하는 방법을 갖고 있어야만 된다. Fiedler에 대해서, 어떤 상황의 유리성은 그 상황이 지도자에게 집단멤버들에 대해 영향력과 통제력을 발휘하도록 허용해 주는 정도에 달려 있다(Rice와 Kastenbaum, 1983). 이 모형에서 상황통제력(situational control)이라고 정의된 상황유리성은 세 개의 특수한 요인들, 즉 (1) 지도자-멤버 간의 관계들, (2) 과업구조 및 (3) 지도자의 직위권력에 달려 있다고 주장되고 있다. 비록 우리가 상황들의 유리성에 영향줄 수 있는 다른 요인들을 생각할 수도 있겠지만, 이것들은 Fiedler가 자기 자신의 특수한 리더십연계모형에서 사용하기로 선택해 온 세 개의 요소들이다. 이들 각 요인들이 무엇을 지칭하고 있는가를 검토해 보자.

1. 지도자-멤버 간의 관계들(leader/member relations). 지도자의 자기 자신의 조직체의 멤버들에 대한 개인적 관계들은 매우 좋음에서 매우 나쁨의 범위를 가질 수 있다. 어떤 지도자들은 자신의 집단으로부터 호감과 존중을 받고 있는 반면에, 다른 지도자들은 싫어함이나, 불신이나 심지어 완전한 배척을 받을 수 있다. Fiedler는 이러한 일반적인 집단분위기가 어떤 소집단 속에서의 지도자의 영향력을 결정짓는 가장 중요한 단일 요인이라고 제안했다(Fiedler, 1964).

2. 과업구조(task structure). 흔히 "웃사람"으로부터의 지시에 의해, 집단이 할당받은 과업의 구조화정도는 크게 다를 수 있다. 어떤 과업들은 상당히 많은 목표명료성(goal clarity)을 갖고 있다 ; 즉, 과업의 요구사항들이 분명하게 알려져 있거나 프로그램화되어 있다. 예컨대, 자동차나 냉장고를 조립하고 있는 공장팀은 해야 될 일에 대해서 거의 의문이 없다. 특별위원회들, 정책결정 집단들 그리고 창의적 집단들의 과업들과 같은 다른 과업들은 흔히 목표의 명료성과 구조화가 부족해서, 아무도 집단의 목적들이 무엇이라거나 집단이 어떻게 나가야만 되는지를 정확하게 알지 못한다. 과업의 두번째 요소는 해결책의 특유성(solution specificity), 즉 그 과업을 완수하기 위해서 한 가지 이상의 방법이 있는지에 관한 것이다. 과업구조의 세번째 요소는 의사결정의 입증가능성(decision verifiability), 즉 어떤 의사결정이 일단 이루어지게 될 때, 그 집단이 그 결정이 옳은 결정이라는 것을 얼마나 분명하게 아는가이다. 과업의 이러한 모든 측면들이 상이한 유형의 지도자들의 효율성을 결정짓는 데에 있어서 한 역할을 한다.

3. 직위권력(position power). Fiedler의 연계모형의 세번째의 주요 요소는 리더십의 직위에 내재하는 권력과 권위이다. 지도자는 채용이나 해고의 권위를 갖고 있는가? 지도자는 봉급이나 지위를 올림으로써 사람들에게 보수를 줄 수 있는가, 아니면 집단멤버들의 행동을 규제하는 수단에서 제한되어 있는가? 조직체는 그 지도자의 권위를 뒷받침해 주는가? 예컨대, 어떤 정치유세에서 한 집단의 자원봉사자들을 담당하고 있는 사람은 대개 그 자원자들에 대해서 거의 직위권력이 없을 것이다. 어떤 축구코치, 작은 기업체의 사장 그리고 경찰서장은 흔히 높은 정도의 직위권력을 갖고 있을 것이다.

요소들의 종합 이제 우리가 Fiedler의 연계모형의 네 가지 요소들의 각각, 즉 리더십스타일과 상황의 유리성을 결정짓는 세 개의 요인들을 정의했는데, 그러면 우리는 이들 부분들을 어떻게 짜맞출 것인가? 단순화와 분석의 목적을 위해서 Fiedler는 마지막 세 요소들의 각각을 이분적인 것으로서 생각했다. 즉, 지도자-멤버 간의 관계들은 좋거나 나쁘며, 과업구조는 분명하거나 불분명하며, 직위권력은 강하거나 약하다. 이러한 각각의 상황요소들 내에 두 개의 범주들이 있기 때문에, 우리는 가능한 모든 조합들을 포괄하는 8개의 분류들($2 \times 2 \times 2$)의 한 체계를 생각할 수 있다. Fiedler는 도 15-6에서 보이는 바와 같이, 각각의 분류의 중요성에 관한 자신의 특수한 가정들을 기초로 해서, 이들 8개의 분류들을 지도자에 대한 유리성의 한 차원상에서 배열했다.

이 모형에서, 유리한 상황들은 지도자로 하여금 집단에게 상당한 양의 영향력을 발휘하게끔 허용해 주는 조건들이라고 정의되고 있다. 이러한 관점에서 볼 때, 좋은 지도자-멤버 간의 관계들, 강한 직위권력 및 명료한 과업구조는 유리한 조건들이라고 간주되고 있다. 이와는 반대로, 나쁜 지도자-멤버 간의 관계들, 비구조화된 과업 그리고 약한 직위권력은 불리한 조건들이라고 간주되고 있다.

그러나 이것은 이 이론의 첫번째 부분에 불과하다. 두번째 부분은 지도자의 성격스타일이 상이한 유리성조건들에 어떻게 관련되어 있는가에 관한 것이다. Fiedler는 낮은 LPC 지도자들(과업지향적이고 통제적 유형들)이 매우 유리하거나(I, II 및 III의 종류들) 매우 불리한(VII과 VIII의 종류들) 조건들하에서 가장 효과적이라는 가설을 세웠다. 다시 말해서, 낮은 LPC 지도자는 그 사람이 상당히 많은 영향력과 권력을 갖고 있거나 거의 영향력이나 권력이 없을 때에 가장 효과적이다. 이와는 반대로, 높은 LPC 지도자들(관계지향적 유형들)은 중간 정도로 유리하거나 불리하며 지도자의 영향력과 권력이 혼합되어 있거나 중간인 조건들(IV, V VI 종류들)하에서 가장 효과적이다. 이러한 예언들이 도 15-6에 제시되어 있는데, 도에서는 LPC점수와 집단 수행성적 간의 상관들이 도표화되어 있다

해군장교들, 우체국장들, 농구선수들, 상점관리자들, 용광로 근로자들, B29 폭격기 승무원들 및 화학연구자들과 같은 광범하게 다양한 집단들에 대한 수많은 연구들이 리더십에 관한 Fiedler의 연계모형을 지지해 왔다(Chemers, 1983; Strube와 Garcia, 1981). 이들 연구들 중에서 가장 강력한 한 연구에서, 미국 육군사관생도들은 지도자의 직위권력, 지도자-멤버 간의 관계들 및 LPC점수들이 상이한 4인 집단들로 구성되었다(Chemers와 Skrzypek, 1972). 연구자들은 지도자들을 지명했고 각 집단에게 구조화되었거나 비구조화된 과업을 수행하도록 요구했다. 이 연구자들은 8개의 유리성조건들과 LPC점수들이 거의 완전하게 모델과 부합되었다는 것을 발견했다. 이 모형에 대한 하나의 보다 더 제한된 검증에서, Schneier(1978)는 인사관리과목을 수강한 학생들을 관찰했으며 지도자들이 자연스럽게 등장하도록 했다. Fiedler의 모형이 예언하는 대로, 지도자들로 나타났던 사람들은 평균의 집단멤버보다도 더 낮은 LPC점수들을 갖고 있었다; 실제로, 집단들의 74%에서, 종국적인 지도자는 그 집단 내의 4인이나 5인 중에서 가장 낮은 점수를 갖고 있었다. 이 연구가 남성과 아울러 여성에 대해서 비슷한 패턴들을 발견했고, 따라서 이 모형의 일반적 타당성을 확대시키고 있는 것이 또한 흥미있는 일이다. 비록 Fiedler의 연계모형이 인상적인 정도로 지지받고 있지만, 몇몇 연구들은 이 모형과 합치되지 않았

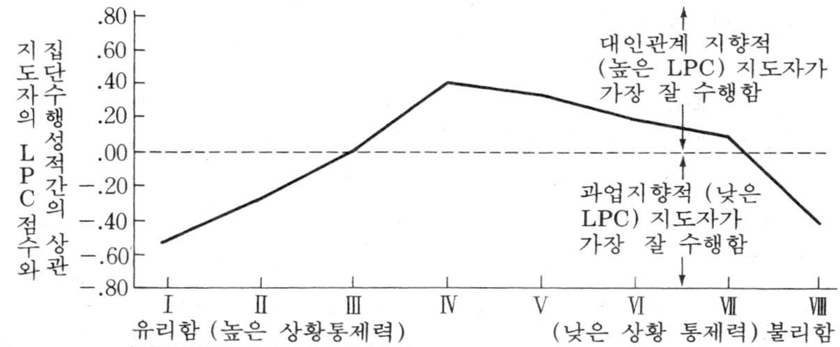

지도자와 멤버 간의 관계들	좋음	좋음	좋음	좋음	나쁨	나쁨	나쁨	나쁨
과업구조	구조화		비구조화		구조화		비구조화	
리더의 지위권력	강함	약함	강함	약함	강함	약함	강함	약함

도 15-6. 리더십스타일과 집단수행성적 간의 관계를 보여 주는 리더십에 관한 연계모형

다. 대부분의 비지지적 연구들이 현장상황들에서 수행되어 왔으므로, 상황유리성의 부가적 요인들이 보다 더 복잡한 상황들에서 중요할 것이다(Peters 등, 1985).

Fiedler의 대규모의 연구프로그램의 가장 기본적인 결론은 모든 상황들에 대해서 훌륭한 지도자같은 것은 없다는 것이다. 예컨대, 과업구조가 매우 분명하지만(강의자는 분명한 숙제를 냈다) 집단지도자의 직위권력이 약한(이 사람은 의사결정들을 행하거나 성적들을 줄 수 있는 권위가 거의 없다) 어떤 화학과목의 실험실집단을 생각해 보자. 이러한 상황에서 누가 가장 훌륭한 형태의 지도자이겠는가? 이것은 아마 집단을 종류 II나 종류 VI으로서 규정해 주는 지도자-멤버 간의 관계들에 달려있을 것이다. 만일 지도자-멤버 간의 관계들이 좋다면, 어떤 과업지향적 지도자(낮은 LPC점수를 가진)가 아마 가장 잘 할 것이다. 이와는 반대로, 만일 지도자-멤버 간의 관계들이 나쁘다면, 어떤 높은 LPC 지도자가 이 집단에서 더 나은 수행성적을 낳을 것이다. 바로 이와 같은 종류의 비교들이 이 모형을 검증하는 데에서 이루어져 왔다. 예컨대, 주장과 다른 팀멤버들 간에 좋은 관계들을 갖고 있는 고등학교 농구팀들(구조화된 과업과 약한 직위권력을 갖고 있다고 정의된)은 만일 주장이 과업지향적 지도자일 경우에 더 많은 게임들에서 승리한다(Fiedler, 1964).

당신은 아마 자신이 소속해 있는 몇 개의 집단들을 분석해 보고서 지도자의 스타일이 어떻게 자기 자신의 집단의 효과적이거나 비효과적 수행성적을 낳는가를 고려해 보고 싶을 수 있을 것이다.

리더십 효과성에 관한 Fiedler의 연계모형은 상당히 많은 연구들을 내놓아 왔으며 당신이 이 이론이 매우 복잡하다는 것에 대해서 상상할 수 있는 바와 같이, 상당히 많은 논쟁을 일으켜 왔다(Fiedler, 1977 ; Schreisheim과 Kerr, 1977a, 1977b). 이 모형에 관한 연구들의 평론들은 이 모형이 많은 양식들로 지지받아 왔지만, 리더십 효과성에 관한 완전한 이해가 리더십스타일과 지도자에 대한 상황의 유리성 이외의 요인들에 대한 고려를 요할 것이라는 것을 시사한다(Rice와 Kastenbaum, 1983 ; Peters 등, 1985).

지도자들과 상황들 : 합치자들과 비합치자들 만일 한쪽 스타일을 지닌 지도자가 다른쪽의 리더십스타일에 대해 가장 적합한 어떤 집단상황 속에 있게 된다면, 어떻게 될 것인가? 보다 더 특수하게 말해서, 만일 어떤 높은 LPC 지도자가 그 지도자에게 상당한 양의 통제력을 제공하는 어떤 상황 속에 있거나, 만일 어떤 낮은 LPC 지도자가 다만 약간의 통제력만을 허용해 주는 어떤 상황 속에 있게 된다면, 어떠할 것인가? Chemers와 그의 동료들(1985)은 이러한 지도자들이 신체적 증후들과 직무수행의 감소에서 표출되게 될 상당한 양의 스트레스를 겪게 될 것이라고 예언했다. 자기들의 가설을 검증하기 위해서, 이 연구자들은 미국의 유타대학교의 51명의 관리자들에게 그들의 직무와 건강에 관한 일련의 질문지들에 반응하도록 요구했다. 이 이외에도, 그들은 LPC 측정용 질문지에 반응했으며, 이것에 기초해서 연구자들은 그들을 높거나 낮은 LPC 지도자들로서 분류했다. 도 15-7은 신체적 증후들, 즉 관리자들이 지난 6개월 동안에 경험했다고 보고한 질병들과 건강문제들의 숫자들의 면에서 연구의 발견들을 보이고 있다. 예언된 바와 같이, Fiedler의 모형에 의해서 정의된 대로, 불리한 상황들 속에 있었던 지도자들은 자신의 리더십스타일에 대해 유리한 상황들 속에 있었던 지도자들보다도 나쁜 건강의 증후들을 보고하는 경향이 더 많았다. 병 때문에 생긴 결근일수들의 보고는 관리자들이 자신의 직무에서 경험했다고 대답했던 스트레스의 양과 동일한 패턴을 보였다.

만일 어떤 지도자가 이러한 종류의 스트레스를 겪고 있으며 효과적이지 못하다면, 어떤 조치를 취해야만 되는가? 우리는 지도자를 변화시켜야만 되는가, 아니면 상황을 변화시켜야만 되는가? Fiedler는 지도자의 성격이나 리더십스타일을 바꾸려고 노력하기보다도 지도자의 근무환경을 변화시키려고 노력하는 것이 더 유익하다고 생각했다. 지도자들에게 이러한 변화를 행하도록 돕기 위해서, Fiedler와 그의 동료들(Fiedler 등, 1976)은 지도자합치(Leader Match)라는 리더십훈련프로그램을 개발했는데, 이것은 지도자들에게 자기 자신이 가장 효과적인 상황들을 규정하고 조성하는 것을 돕는 것이다. 예컨대, 어떤 지도자는 구조화되었거나 애매한 과업부여들에 대해 자원할 수가 있으며 따라서 자기 자신이 선호하는 과업구조화수준을 성취시킬 수 있다 ; 어떤 집단 내에서의 권력은 독재적이거나 참여적인 원칙들에 따라 변동될 수 있다 ; 그리고 지도자는 멤버들과 어울리거나 혼자서 떨어져 있음으로써 지도자-멤버 간의 관계들에 영향을 줄 수 있다. Fiedler는 육군사관생도들, 중간관리자들, 경찰의 경사들 및 라틴 아메리카의 자원 보건단체들의 지도자들을 사용한 일련의 입증을 위한 연구들에서 지도자합치체계에 의해 훈련받은 지도자들이 훈련받지 않은 통제집단의 지도자들보다도 일정하게 더 효과적이라는 것을 발견했다고 보고했다(Fiedler, 1978). 비록 이러한 접근이 아마 효과적인 지도자들을 훈련시키는 문제에 대한 보다 더 직접적 해결책을 나타내지만, 다른 사회과학자들은 정적 강화, 부조화, 반발 및 기타의 심리학적 원리들이 지도자의 성격과 행동을 변형시키는데에 성공적일 수 있다는 것을 보고한다(Varela, 1969). 실제로, 리더십스타일과 특수한 지도자의 행동들 간의 구분은 Fiedler의 모형이 시사하고 있는 것만큼 분명치 않을 수 있으며, 따라서 어떤 변화들은 지도자의 성격과 아울러 지도자가 당면하는 집단상황들의 특징들을 변

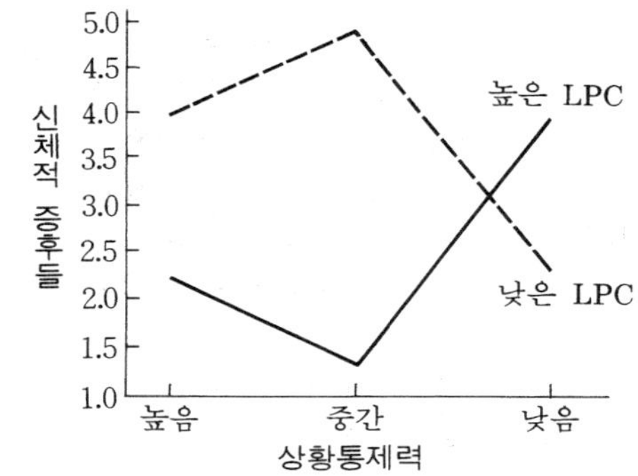

도 15-7. 상황통제력의 각 수준에서 높고 낮은 LPC(최소선호동료)의 관리자들에 의해서 보고된 신체적 건강증후들의 평균 숫자

화시킬 수 있을 것이다.

규범이론: 의사결정과 리더의 효과성

지도자들이 수행하는 핵심과업들 중의 하나는 의사결정들을 행하는 것이다. 정말로, 리더십직위들의 정의적 특징은 이들 직위들이 공리·공론을 중지하고 구체적 조치들이 취해져야만 되는 곳들이라는 것이다. 그러나 지도자들은 사회적 진공 속에서 일하지는 않는다. 그들이 상당한 권력과 권위를 갖고 있을 때에라도, 그들의 의사결정이 부하들에 의해서 수용되거나 실행될 것이라는 아무런 보장이 없다. 따라서, 리더십은 항상 지도자들이 부하들에게 영향을 주고 또한 부하들이 지도자들에 대해 어느 정도 영향을 주는 양방향적인 것이다.

이러한 사실을 전제한다면, 하나의 흥미있는 의문이 제기된다. 즉, 의사결정을 행함에 있어서 지도자들은 부하들의 얼마나 많은 참여를 허용해야만 되는가? 리더십에 관한 규범이론(normative theory) 또는 참여이론에 의하면, 이것은 리더십 효과성의 하나의 중요한 결정요인이다(Vroom과 Yetton, 1973: Vroom은 자신의 이론이 지도자가 될 사람들에게 분명한 제언들을 제시해 주기 때문에, 자신의 이론을 리더십에 관한 규범적 이론이라고 일컬었다). 부하들의 적절한 양의 참여를 허용하는 지도자들은 너무 많거나 너무 적게 허용하는 지도자들보다도 일반적으로 더 효과적이다. 그러나 얼마나 많은 참여가 충분한 것인가? Vroom과 Yetton의 이론은 그 답변이 의사결정의 질의 중요성과 부하들에 의한 이것의 수용의 중요성에 주로 관련되어 있는 몇 가지 문제들에 달려있다고 시사한다. 예컨대, 높은 질의 의사결정이 결정적이고, 지도자가 단독으로 의사결정을 행하기 위한 충분한 정보나 전문성을 갖고 있고, 부하들에 의한 수용이 필수적이지는 않은(그 의사결정이 그들의 지지없이도 실행될 수 있는) 상황을 고려해 보자. 여기에서, 비교적 독재적 스타일(autocratic style)의 의사결정이 가장 좋다. 이것은 의사결정이 실행되게 되는 측면에서 효율적이고 비용이 적을 것이다. 이와는 반대로, 높은 질의 의사결정이 필수적이고,

지도자가 단독으로 의사결정을 행하기 위한 충분한 정보를 갖고 있지만, 부하들에 의한 수용이 결정적인, 즉 그 결정이 그들의 적극적 지지없이는 실행될 수 없는 상황을 고려해 보자. 여기에서는 어떤 보다 더 참여적 스타일(participative style)이 더 나을 것이다.

Vroom과 Yetton의 이론은 일련의 이와 같은 질문들에 답변함으로써 적절한 의사결정스타일, 즉 부하들에게 그들의 사기를 유지시키기 위한 아주 적절한 양의 참여를 허용하면서도 가능한 최고의 효율성을 확보하는 것에 도달할 수 있다고 시사한다. 일반적으로, 이러한 지침들과 제안들은 효과적인 것 같다. 즉, 자기들의 의사결정스타일을 존재하는 조건들에 적응시키는 지도자들은 일정하게 독재적이거나 일정하게 참여적인 스타일을 갖고 있는 지도자들보다도 일반적으로 더 성공적이다(Vroom과 Jago, 1978). 그렇지만, 부가적 증거는 이 이론에 대한 어떤 수정들의 필요성을 시사하고 있다.

첫째로, 대부분의 사람들은 심지어 규범이론이 독재적 스타일을 권고하는 조건들에서조차 자기들의 지도자에 의한 참여적 접근을 선호하는 것 같다(Heilman 등, 1984). 둘째로, 지도자의 특수한 특징들이 여러 가지 의사결정전략들의 상대적 효과성을 결정짓는 데에 있어서 한 가지 중요한 역할을 할 수 있는 것 같다. Crouch와 Yetton(1987)에 의한 연구는 이러한 후자의 결론에 대한 강력한 지지를 제공한다.

이들 연구자들은 갈등규칙(conflict rule)이라고 알려진 규범이론의 한 측면에 초점을 두었다. 이 규칙은 어떤 목표를 달성하는 수단에 대해서 부하들간에 갈등적 의견들이 존재하고 의사결정의 수용이 중요한 상황들에서, 참여적 접근이 최선이라고 시사한다. Crouch와 Yetton은 지도자들이 대인관계적 갈등을 처리하는 능력이 높을 때에 이것이 정말로 사실일 것이라고 생각했다. 그러나, 그들이 이러한 능력상에서 낮을 때, 부하들간의 직접적 접촉(그리고 공개적 갈등의 기회)을 피해 주는 독재적 접근이 더 나을 것이다.

이러한 예언들을 검증하기 위해서, 이 연구자들은 큰 집단의 근로자들에게 자기들의 관리자의 갈등관리기술들을 평정하도록 요구했다. 이 평정들은 제안들을 고무시키고, 개방적 마음을 유지시키고, 타인들로부터의 제안들에 적극적으로 귀를 기울이는 각 관리자의 기술들을 평가하기 위해서 고안된 문항들을 포함했다. 부가적으로, 관리자들은 자기 부하들의 직무수행을 평정했다. 끝으로, 동일한 관리자들은 독재적보다도 참여적 의사결정 스타일들을 사용하는 자기들의 경향성을 평가하는 다른 측정도구에 반응했다. Crouch와 Yetton은 갈등처리기술들이 비교적 높은 관리자들에 대해서 참여적 의사결정을 사용하는 경향이 클수록 그들의 부하들의 수행이 더 높지만, 갈등처리기술들이 낮은 관리자들에 대해서는 정반대일 것이라고 예언했다. 도 15-8이 보이는 바와 같이, 이 두 가지 예언들은 확증되었다. 이러한 발견들은 첫번째 집단의 관리자들(갈등처리기술들이 훌륭한 사람들)이 의사결정들에 도달하기 위한 참여적 전략들을 현명하게 사용하는 반면에, 두번째 집단의 관리자들이 보다 더 독재적 접근들을 사용해서 더 큰 성공을 거둘 것이라는 것을 시사해 준다.

요약하면, 규범이론은 의사결정에 대한 가장 효과적인 접근을 택하는 데에 있어서 지도자들에게 유용한 지침들을 제공해 주는 것 같다. 그렇지만, 참여적 절차들에 대한 강한 선호들과 지도자들의 대인관계기술들을 고려하기 위해서 고안된 이 모형에 대한 수정들이 필요한 것 같다. 이와 같은 변화들의 추가로, 연계이론과 마찬가지로 Vroom과 Yetton의 모형은 특수한 지도자들이 자기들이 지도하는 집단에 대해서 효과적인 기여들

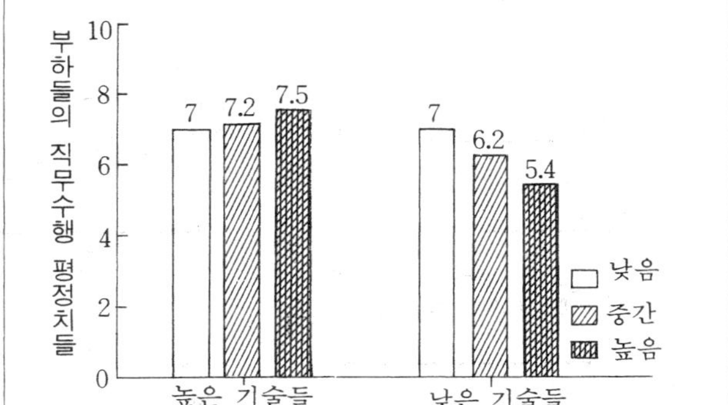

도 15-8. 참여적 의사결정이 항상 최선의 전략이 못된다는 것에 대한 증거. 대인관계의 갈등을 처리하는 능력이 높은 관리자들에 대해서, 참여적 의사결정전략들을 사용하는 그들의 경향성이 더 클수록, 그들의 부하들의 직무수행이 더 높다. 이러한 능력이 낮은 관리자들에 대해서, 정반대의 관계가 있다. 이러한 발견들은 Vroom과 Yetton의 리더십모형을 적용시킴에 있어서 지도자들의 개인적 특징들을 고려할 필요성을 시사해 준다.
자료원: Couch와 Yetton(1987).

을 제공하거나 비효과적인 누(累)들을 끼치게끔 만드는 요인들에 대한 우리의 이해에 상당히 보탬이 된다.

리더십 효과성에 관한 결론

당신이 방금 지도자의 행동과 집단의 수행의 효과성을 결정짓기 쉬운 지도자들, 추종자들 및 상황들의 중요한 측면들에 관해서 배워 왔다. 도 15-9는 이러한 발견들을 요약해 준다. 리더십 상황에서 세 가지의 핵심적으로 중요한 변인들, 즉 지도자, 추종자들 및 상황의 특징들이 있다. 동인들, 인간 본성에 관한 가정들(다음 절에서 좀더 자세하게 논의됨), 과업중심성이나 관계중심성 및 리더십스타일과 같은 지도자의 개인적 특징들이 지도자의 기대들과 행동들에 영향을 줄 것이다. 직위권력의 양, 과업의 명료성 및 지도자-멤버 간의 관계들의 질과 같은 상황의 특징들이 또한 지도자의 기대들과 행동들에 영향을 줄 것이다. 추종자들의 동인들, 지식, 성숙성, 욕구들과 같은 그들의 개인적 특징들이 그들의 기대와 만족감에 영향을 줄 것이다. 추종자들의 행동은 사회규범들, 그들의 기대들, 그들의 만족 및 상황요인들에 의해서 결정되게 될 것이다. 지도자들과 추종자들의 상호작용적 관계가 양쪽 화살표에 의해서 나타내져 있다. 끝으로, 집단의 전체 수행은 지도자들의 행동과 추종자들의 행동 간의 상호작용에 의해서 결정되게 된다.

따라서 효과적 지도자가 되기 위해서, 당신은 많은 요인들을 인식할 필요가 있다. 당신 자신의 사람들에 관한 가정들과 자신의 통상적 리더십스타일의 인식, 집단멤버들의 욕구들과 기대들에 대한 민감성 및 존재하는 상황통제력의 양을 평가하는 능력은 당신의 리더십스타일에 부합되게끔 상황을 변화시키는 방법에 관한 지식과 마찬가지로 결정적이다. 아마 위대한 지도자들과 나머지 사람들을 분리시키는 것은 카리스마, 지능 또는 웅변기술들과 같은 보다 더 단순화된 개념들보다 오히려 기술들과 민감성의 이러한 종합일 것이다.

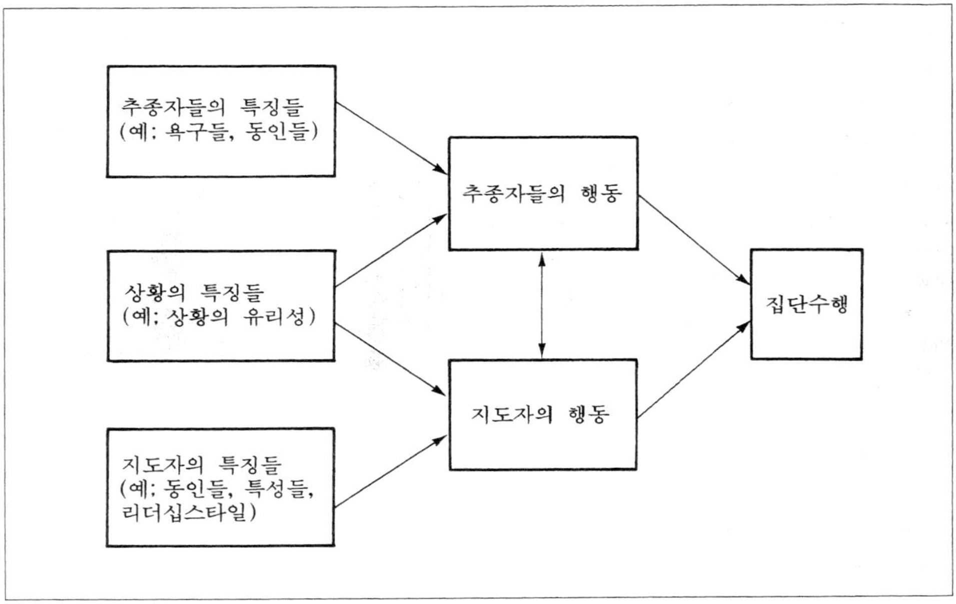

도 15-9. 어떤 과업의 수행에 미치는 지도자들과 추종자들의 행동의 영향
자료원 : Chemers(1983).

리더십 스타일들의 발전

인간 본성에 관한 가정들

여러 리더십스타일들을 분석해 왔으므로, 우리는 이제 이것들이 어떻게 발달하는가를 살펴볼 수 있다. Fiedler는 리더십스타일들이 변화시키기가 매우 곤란한 안정되고 지속적이고 잘 학습된 성격속성들에서 나온다고 주장했다(Chemers, 1984). 지도자들이 자신의 리더십스타일을 발전시킬 수 있는 하나의 토대는 인간 본성에 관한 그들의 가정들이며, Wrightsman(1974)은 이것들을 일련의 연구들에서 측정했다. 그는 사람들의 인간 본성관들이 차이있는 두 가지 주요 차원들, 즉 평가차원(evaluative dimension)과 다중성차원(multiplexity dimension)을 확인했다. 평가차원상에서 높은 점수를 받은 사람들은 대부분의 타인들이 신뢰성있고, 이성적이고, 이타적이고, 독립적이라고 믿는다. 다중성차원상에서 높은 점수를 받는 사람들은 대부분의 타인들이 복잡하고 서로 광범하게 다르다고 믿는다.

인간 본성에 관한 가정들과 그 효과

수십년 동안, 산업-조직심리학자들은 직장상황들에서 가장 효과적인 리더십스타일들을 연구해 왔다. McGregor(1966)에 의해서 개발된 이론X / 이론Y 접근(Theory X / Theory Y approach)은 직무상황에서 관리자들이 지니고 있을 수 있는 인간본성에 관한 가정들에 초점을 두고 있다. 하나의 우세한 견해인 이론X(Theory X)는 대부분의 사람들이 지시받기를 좋아하고, 책임을 지는 것에 관심이 없고, 무엇보다도 안전을 원한다고 가정한다. 이것은 근로자들이 주로 금전, 부가급부들 및 처벌의 위협에 의해서 동기화되고 있다고 가정한다. 이와 같은 가정들을 갖고 있는 관리자들은 자기 부하들을 통제하고 면밀하게 감독하려고 든다. 이 관리자들은 대부분의 사람들이 신뢰성없고 무책임하고 미숙하기 때문에, 외부통제가 사람들을 취급하는 데에 있어서 분명히 적절하다고 믿는다. 이와는 반대로, 이론Y(Theory Y)의 견해는 사람들이 적절하게 동기화 되었을 경우에는 근무상에서 자기통제적이고 창의적일 수 있으며 개인들의 잠재력을 발휘하게끔 만드는 것이 관리자의 과업이라고 가정한다. 따라서 적절하게 동기화된 사람들은 자기 자신의 노력을 조직체의 목표들을 달성하는 쪽으로 지향시킴으로써 자기 자신의 목표들을 가장 잘 성취시킬 수 있다.

운영되고 있는 산업집단들에 관한 28개의 연구들에서, Argyris(1969)는 가장 공통적인 행동패턴이 이론X에서 나왔다는 것을 발견했다. 이론X의 행동은 비교적 비효과적인 대인관계들과 아울러 중요하며 감정들이 실려져 있는 문제들에 대해서 비효과적 문제해결을 일으켰다. 해결책들이 얻어졌을 때에도, 이것들은 오래 지속되지 않는 경향이 있었으며 문제들이 계속 재발하는 것 같았다. 끝으로, 멤버들은 자기 자신이 타인들에게 때때로 주었던 부정적 영향을 모르는 것 같았다. 집단들의 지도자들은 자기의 부하들이 자기들에 대해서 갖고 있는 감정들을 예측하지 못했으며 자기들의 부하들에 대한 자기들의 영향을 정확하게 예측하지 못했다.

이론Y가 많은 현대의 인본주의적인 성격이론들과 더 밀접하게 합치되고 있는 고로, 이론Y의 사고가 훌륭하고 이론X의 사고가 나쁘다는 식의 사고의 함정에 빠지기가 쉬울 것이다. McGregor는 모든 사람이 성숙하고 독립적이고 자발적 동기를 갖고 있다고 시사하지는 않았으며, 그 대신에 대부분의 사람들이 성숙하며 자발적 동기를 갖게 될 잠재력을 갖고 있다고 시사했다. 그는 비록 관리자의 최선의 가정이 대개 이론Y일지라도, 관리자들은 어떤 사람들이 진정으로 이론Y의 사람들이 될 때까지 단기적으로 그들을 "성장"(성숙)하도록 돕기 위해서 그들에 대해서 (마치 자기들이 이론X를 갖고 있는 것처럼) 지시적이고 통제적인 방식으로 행동할 필요가 있을 수 있다고 주장했다.

지도자의 스타일의 영향은 Deci와 Ryan(1985)에 의해서 개발된 **자결성이론**(self-determination theory)의 초점이 되고 있는데, 이 이론은 지도자(예 : 관리자)가 자신의 추종자들(예 : 근로자들)에게 피드백을 제공하는 양식이 결정적이라고 주장한다. 지도자는 개인적 자율성을 지원하고 유능성을 증진시켜 주는 어떤 정보적 양식으로 피드백을 제공함으로써 자결성을 향상시킬 수 있다. 그렇지 않으면, 그 피드백은 자율성을 제한하고 내재적 동기를 감소시키는 어떤 통제적 양식으로 제공될 수도 있다. 연구는 지도자의 의사소통스타일의 다음의 세 가지 측면들이 자결성을 증진시킬 수 있다는 것을 나타낸다. 즉 (1) 추종자들에게 선택하게끔 허용하는 것, (2) 비통제적인 긍정적 피드백을 사용하는 것 및 (3) 타인의 관점을 인정해 주는 것이다(Deci 등, 1989).

연구는 자결성이 근로자들의 창의성, 개념학습, 자존심 및 일반적인 행복을 향상시킨다는 것을 보인다(Deci와 Ryan, 1985). 예컨대, 주요 사무기구회사의 약 1000명의 근로자들에 관한 한 연구에서, Deci 등(1989)은 자결성 방침에 대해서 훈련받았던 관리자들의 부하들이 통제적인 관리자들의 부하들보다도 더 높은 일반적 직무만족과 회사에 대한 더 많은 신뢰를 보였다는 것을 발견했다.

앞 절에서 제시된 리더십에 관한 연계이론들은 모든 상황에 대해 가장 좋은 단일한 리더십스타일이 없다고 지적한다. 효과적 지도자는 상황의 중요한 측면들과 관여된 사람들의 특징들을 인식하고, 자신의 리더십전략을 계획하는 데에 있어서 이것들을 고려할 것이다. 어떤 사람들은 "지도자가 한 상황에서 한 스타일을 사용하고 다른 상황에서 다른 스타일을 사용할 경우에 그 지도자는 일관성이 없는 사람으로 되지 않겠는가?"를 질문할 수도 있다. 전혀 그렇지 않다. 중요한 요지는 효과적 지도자들이란 자신의 스타일을 어떤 상황의 특수한 특징들에 일관성있게 적응시키고 있는 사람들이라는 것이다.

지도자들과 추종자들 간의 상호작용

리더십은 일방적 성질의 것이 아니다. Sanford가 약 40년 전에 지적한 바와 같이, 추종자들은 리더십을 수용하거나 거부할 뿐만 아니라, 지도자와 아울러 상황을 지각하며 자신이 지각하는 바에 따라 반응한다(1950, p. 4). 따라서 리더십에 대한 어떠한 완전한 이해이든 간에 지도자들과 아울러 추종자들에 관한 지식들, 즉 추종자들이 지도자들을 어떻게 지각하며 추종자들의 행동이 지도자들의 행동을 어떻게 변경시킬 수 있는가에 관한 지식들을 포함한다. 이것은 연계모형보다도 훨씬 더 과정지향적 접근이다. 전통적인 리더십모형들에 대한 비평가들은 자기들의 연구주제를 정의하려는 시도에서 과정(process)과 상호거래(transaction)를 강조한다.

지도자들에 대한 지각

리더십의 개념은 많은 복잡한 문제들을 제기시킨다. 최근에 심리학자들이 적극적으로 탐구해 온 하나의 중심적 의문은 지도자들이 어떻게 지각되고 있는가이다(Kinder와 Fiske, 1986). 리더십의 지각에 관한 몇 개의 연구들은 사람들이 어떤 일반화된 리더십도식들(leadership schema)를 갖고 있다는 것을 시사한다(Simonton, 1986, 1987). 즉, 우리는 리더가 무엇이고 무엇을 행하는가에 관한 어떤 전반적 이미지를 갖고 있다. 대통령의 리더십에 관한 연구들은 어떤 위대한 지도자나 "이상적 대통령"에 대한 우리의 일반적인 생각이 힘(strength), 활동성(activity) 및 선량성(goodness)의 세 가지 중요한 특징들을 갖고 있는 사람이라는 것을 나타낸다. 간단히 말해서, 이상적 대통령이나 어떤 집단의 존경받는 지도자는 유능하고 신뢰성있다(Kinder 등, 1980 ; Simonton, 1986). 이러한 접근에 의하면, 사람들이 지도자들을 판단할 때에 지도자들의 행동에 관한 특출한 정보들은 여러 정도들로 어떤 강하고 활동적이고 선량한 지도자에 관한 이러한 전반적 이미지를 작동시킨다. 예컨대, 미국 흑인민권운동지도자인 킹 목사의 "나는 꿈을 갖고 있습니다"라는 극적인 연설에 관한 사람들의 지식은 전반적인 리더십도식들을 상기시키며, 사람들은 그를 강력하고 활동적이고 선량하다고 보는 경향이 있다.

리더십도식들의 접근은 또한 사람들이 지도자들을 판단하는 데에 있어서 성향귀인을 행하는 편향, 즉 **대응편향**(correspondence bias)이라는 것(Gilbert와 Jones, 1986)을 나타낸다는 것을 시사한다. 즉, 그들은 자기들의 지도자의 행동을 상황적 압력들보다도 그 지도자의 개인적 특성들을 반영하고 있다고 본다. 예컨대, 만일 부시 미국대통령이 환경보호에 대한 과감한 접근을 취하는 것과 같이 어떤 대중적 관심분야에서 강력한 리더십을 보이게 되었다면, 미국 국민들은 그의 조치를 환경단체들과 의회로부터의 압력보다도 그의 개인적 리더십특성들에 귀인시킬 것이다. 그러면, 그들은 부시대통령에게 그들이 리더십과 연관시키고 있는 유능성과 신뢰성을 귀속시키게 될 것이다.

리더십도식들의 아이디어와 일치되는 것은 사람들이 지도자들을 판단함에 있어서 후광효과나 **후광오류**(halo error)를 저지르는 경향이 있다는 것을 보이는 한 연구이다(Saal 등, 1980). 즉, 그들은 만일 지도자들이 한 개의 리더십특징을 갖고 있다면, 그들이 그러한 특징들을 모두 갖고 있다고 가정한다. 이 연구는 미국 육군사관학교의 사관생도 리더들이 자기들 자신의 리더십행동들과 기술들을 자기들의 부하들보다도 훨씬 더 다양하게 평정했다는 것을 보였다. 부하들은 사관생도 리더들에게 어떤 영역들에서는 장점을 갖고 있지만 다른 영역들에서는 단점을 갖고 있다기 보다도 리더십특성들의 어떤 일관성있는 범위를 부여하는 것 같았다. 행위자-관찰자편향(4장 참조)과 일치해서, 지도자들인 그 사관생도들 자신은 자기 자신의 행동이 상황과 아울러 리더로서의 자신의 전반적 기술들에 의해서 영향받았다고 인식했다(Frone 등, 1987).

지도자의 행동에 대한 반응들

추종자들은 어떤 지도자의 행동에 대한 그들의 반응을 그 지도자의 행동이 어떤 훌륭한 지도자에 관한 자기들의 도식과 합치되는 정도에 기초할 수 있다. 지도자가 보이는 리더십스타일과 같은 다른 요인들이 또한 부하들의 반응에 영향을 줄 수 있다. 앞에서 우리는 배려와 구조의 주도가 전체의 집단수행성적에 영향을 주는 차원들이라고 논의했다. 이 두 개의 차원들상에서 지도자가 높을 때에, 집단수행성적이 일반적으로 가장 좋다고 보고되고 있다. 집단멤버들의 개인적 반응들도 또한 이러한 차원들상에서의 차이들에 의해 영향받고 있다. 한 실험실실험에서, 대학생들은 온정적이거나 냉정한 그리고 지시적이거나 비지시적인 지도자와 상호작용해서, 각 학생이 네 개의 구별되는 유형의 리더십조건들 중의 하나에 당면하게 되었다(Tjosvold, 1984). 지도자가 온정적인 동시에 지시적이었을 때(배려와 구조의 주도에서 높은 평정을 받은 것에 해당됨), 피험자들은 차후의 어떤 과업을 완수할 동기가 가장 커서, 다른 모든 집단들을 능가했다. 지도자의 지시적 성질들에 관계없이, 지도자의 온정성 자체가 또한 부하들에게서 긍정적 감정들을 조성시켰다. 이러한 조건들하에서, 추종자들은 지도자에 대해 더 개방적이고, 더 만족하고, 장차 그 지도자를 위해서 일하려는 의향이 더 많다는 느낌들을 보고했다.

지도자의 권위의 근거, 즉 그 지도자가 어떤 외부기관에 의해 지명되었거나 멤버들에 의해 선출된 여부도 또한 부하들의 반응들에 영향을 줄 수 있다. 일반적으로, 선출된 지도자가 부하들에게서 더 큰 책임감과 더 높은 기대들을 조성시키는 것 같다(Hollander, 1985). 이와 같은 경우들에서, 집단이 그의 업무수행을 찬성하기 위해서는 지도자는 유능해야만 되고 그 집단은 성공적이어야만 된다. 지명받은 지도자에 대해서, 개인적 유능성이나 집단성공의 둘 중의 하나가 집단의 찬성을 위해서 충분할 것이다. 더욱이, Hollander와 Julian(1970, 1978)의 연구는 선출된 지도자가, 예컨대 집단의 실패가 멤버들이 갖고 있었던 기대들을 위배할 때, 또한 면직되게 되기가 더 쉽다는 것을 시사한다.

추종자들은 자기들의 지도자들을 성과들에 의해서 뿐만 아니라 절차들에 의해서도 평가한다. 따라서 추종자들이 지도자의 조치들이 공정하다고 보는 것이 중요하다. 실험실 연구들은 성과들과 절차들이 똑같이 중요하다는 것을 보인다. Tyler와 Caine(1981)의 한 실험에서, 미국의 일리노이주의 한 시의 주민들은 논쟁이 되는 주택법에 대한 가상적인 시의원의 행위들을 평가하도록 요구받았다. 주민들은 그 시의원이 어떻게 투표했는가와 그의 결정의 근거에 관한 정보를 제시받았다. 불공정조건에서, 그 투표가 문제에 대한 그 시의원의 개인적 감정들에 오로지 근거되었다고 기술되었다. 공정조건에서, 그 투표가 시의 한 회의석상에서 받았던 정보에 근거되었다고 기술되었다. 도 15-10이 보이는 바와 같이, 성과와 아울러 절차가 시의원의 업무수행에 대한 피험자들의 평정치들에 영향주었다. 따라서 성과가 좋을 때에라도, 다시 말해서 응답자 자신의 견해들과 일치되더라도, 업무수행은 그 성과가 얻어진 절차가 불공정하다고 지각될 경우에 평가절하되었다.

비록 이들 피험자들이 지도자를 평가할 때에 성과와 아울러 공정성을 고려했을지라도, Tyler와 Caine의 또 다른 연구들은 몇몇 상황들에서 공정성이 성과보다도 더 중요하다는 것을 시사한다. 학생들에게 실제의 정치지도자들과 정부의 조치들을 평가하도록 요구하면서, 이들 연구자들은 공정성의 지각들이 성과의 가치를 능가했다는 것을 발견했다. 다시 말해서, 비록 사람들이 두 요인들을 고려할 수 있을지라도, 지도자들에 대한 실제의 판단들은 그 지도자들의 조치들의 공정성의 지각들에 더 의존한다. 이러한 결론에 대한 일화적인 지지가 이전의 영국 수상이었던 해롤드 맥밀란의 진술 속에서 발견되고 있는데, 그는 이차대전 동안에 아이젠하워 장군의 업무수행을 평가하도록 요구받았다. 맥밀란 수상에 의하면, 아이젠하워가 갖고 있었던 하나의 긴요한 자질은 공정성이었다(Hollander, 1985).

지도자에 대한 지각들은 집단멤버들에 의한 장차의 행위들에 영향을 준다. 예컨대, 한 집단의 멤버들이 지도자의 행동을 불형평하다고 지각한다고 가정하자. 아마 그 지도자는 자신이 받을 자격이 있는 것보다도 어떤 집단수행에 대해서 더 많은 공로를 차지하거나, 아마 봉급들이 결정되게 될 경우에 지도자가 집단에게는 전체 자원들 중의 부당하게 작은 비율을 배정하고 자기 자신에게는 큰 비율을 배정할 것이다. 당연하게도, 이와 같은 상황들에서 추종자들은 자기들의 지도자에 대한 지지를 감소시킨다(Hollander와 Julian, 1970; Michener와 Lawler, 1975). 그들은 또한 더 나아가서, 자기들의 불형평지각들을 지도자에 대한 반란과 지도자의 행동에 대결하기 위한 동맹들의 형성으로 나타낼 것이다(Lawler와 Thompson, 1978). 이와 같은 반란들은 불형평한 결정의 책임이 어떤 다른 대상에 돌려질 수 있을 때, 예컨대 조직체의 정책이 지도자의 선택들을 제약하고 있는 것으로 간주되고 있을 때보다도 집단멤버들이 지도자가 그 결정에 대해 책임이 있다고 볼 때에 훨씬 더 일어나기 쉽다(Lawler와 Thompson, 1978). 집단멤버들은 심지어 자

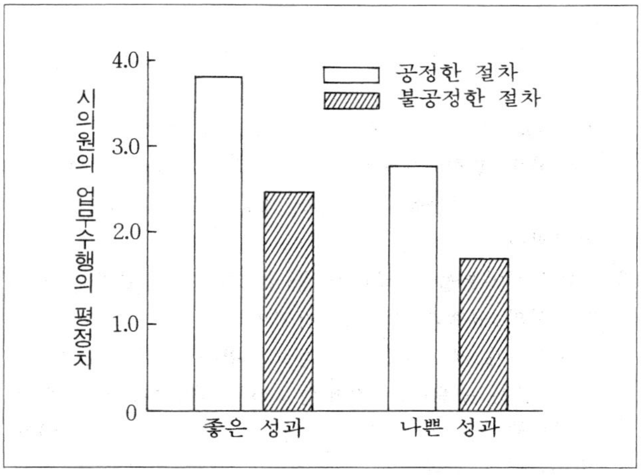

도 15-10. 지도자에 대한 평가에 미치는 절차와 성과의 영향들

기들의 지도자를 해직시키기로 작정할 수도 있다. 비록 어떤 위기가 특히 지도자가 집단에 의해 선출되었을 경우에, 지도자의 영향력을 일시적으로 증가시킬 수 있을지라도, 계속적 실패는 불만족과 만일 그 집단이 지도자를 해임시킬 수 있는 권력을 갖고 있을 경우에는 종국에 가서 지도자의 축출을 일으킬 것이다(Hollander 등, 1977).

추종자들이 지도자들에게 미치는 영향

훌륭한 지도자는 집단멤버들의 반응들에 주의를 기울여야만 되는 것이 분명하다. Weick(1978)은 훌륭한 지도자는 일종의 매개수단으로서 행동하고, 여러 원천들에서 오는 다양한 유형의 메시지들을 접수하고 차후의 행동에서 그러한 메시지들에 대한 이해를 반영시킬 수 있어야만 된다고 시사해 왔다.

비록 지도자가 부하들과 일반적 체제로부터 오는 모든 메시시들을 인식하지 못할지라도, 이러한 메시지들은 계속 지도자의 행동에 유의하게 영향줄 수 있다. 예컨대, Fodor(1978)는 감독자들이 상황이 적은 스트레스를 포함하고 있을 때보다도 상황이 스트레스를 줄 때에 보다 더 권위주의적인 통제스타일을 채택했다는 것을 발견했다. 다른 연구들은 상황적 요구들이 지도자의 성격에 따라 상이한 효과들을 일으킬 수 있다는 것을 증명해 왔다. 상황의 요구사항들이 증가할 때, 과업지향적 지도자들은 더 적은 집단구조화를 보이고 그 대신에 그들의 멤버들에 대한 배려와 관심을 증가시키기 시작한다. 이와 동일한 상황에서, 대인적 상호작용중심적인 지도자들은 사회적 행동들의 감소와 아울러 과업고려들에 대한 관심의 증가를 보인다(Stogdill, 1974).

리더십은 하나의 정태적 과정이 아니다. 지도자들과 추종자들 간에 끊임없는 상호교환이 있으며(Katz와 Kahn, 1978), 각자는 어떤 진행되고 있는 과정 속에서 상대방에 의해서 영향받고 있다. 사건들도 리더십스타일도 정태적인 것이 아니며, 어떤 조직체의 상황 내의 변화하고 있는 패턴들은 동적인 것이며, 상호거래적 과정들에 관심을 둔 사회과학자를 위한 하나의 흥미를 돋구는 검증의 토대를 제공해 준다.

요 약

1. 지도자는 어떤 집단에서 가장 많은 영향력을 주는 사람이다.
2. 리더십에 관한 최초의 이론들 중의 하나는 지도자들이 자기들을 지도자로 만들어주는 어떤 특성들을 소유하고 있다고 시사했다. 그러나 이런 입장은 한정된 지지만을 받아왔다.
3. 시대정신이론들은 상황이 누가 집단의 지도자로 될 것인가를 결정짓는다고 주장한다. 연장성의 규범과 물리적 위치와 같은 몇 가지 상황요인들이 리더십에 영향을 주기는 하지만, 이러한 접근도 또한 그 범위가 너무 한정되어 있다고 판명되어 왔다.
4. 가장 널리 수용받는 견해는 상황, 지도자들과 아울러 추종자들의 개인적 특징들이 상호작용해서 누가 지도자로 될 것인가를 결정짓는다는 것이다.
5. 집단들에서 지명받은 지도자들은 배려와 구조의 주도의 두 가지 주요 기능들을 갖고 있다. 배려는 자신과 다른 집단멤버들 간의 관계들에 대한 지도자의 관심을 일컫는다. 구조의 주도는 집단의 목표를 찾아내고 집단을 그 목표쪽으로 이동시키는 데에 있어서의 지도자의 행동을 일컫는다. 지도자들은 이 두 가지 기능들을 잘 수행한다고 간주받게 될 때에 보다 더 효과적이라고 평가받게 된다.
6. 지도자들은 과업중심적이거나 관계중심적인 경향이 있다. 흔히 집단들은 각각 상이한 정향을 취하는 두 명의 지도자들을 갖고 있다.
7. 지도자는 자신의 권력을 많은 방식으로 사용할 수 있으며, 권력이 부패하는 몇 가지 이유들이 있다. 지도자가 갖고 있거나 사용하는 세력근거들은 추종자들의 만족도와 반응에 영향을 준다.
8. 남성과 여성 지도자들은 과업수행과 대인관계들에 대한 그들의 상대적 관심도에서 차이가 없다. 그러나 여성지도자들은 남성지도자들보다도 더 민주적인 리더십스타일을 사용하는 경향이 있다.
9. 리더십스타일에 관한 연구들은 독재적 지도자들이 생산적 집단을 가질 수도 있지만, 멤버들은 민주적 지도자에 대해 가장 행복해 한다는 것을 보인다.
10. Fiedler의 연계이론에 의하면, 지도자의 효과성은 지도자들의 특징들과 그들이 당면하는 상황들 간의 복잡한 상호작용에서 나온다.
11. Vroom과 Yetton의 규범이론은 리더십효과성의 하나의 중요한 결정요인이 의사결정스타일, 즉 관건적 의사결정들에서 추종자들의 참여를 허용하는 정도라고 제안한다. 어떤 특정 상황에서 추종자들의 참여의 가장 적절한 수준을 허용하는 지도자들이 그렇지 못한 지도자들보다 더 효과적이다.
12. 사람들의 인간 본성에 관한 기본가정들은 그들이 택하는 리더십스타일에 영향을 주기가 쉽다.
13. 리더십을 완전하게 이해하기 위해서는 지도자들과 추종자들이 서로 상호작용하는 것으로 간주해야만 된다. 사람들은 어떤 일반화된 리더십도식들을 갖고 있고 도식들에 따른 편향이나 오류를 저지를 수 있다. 추종자들은 지도자의 여러 특징들에 대해 반응하고 지도자와 지도자의 행동에 영향을 줄 수 있다.

제 7 부

사회심리학의 응용

제 16 장

정치심리학

미국 대통령이었던 케네디의 대통령직 재임 초기인 1961년에, 그의 행정부는 쿠바의 카스트로의 공산당정권을 전복시키기 위한 하나의 노력에서 쿠바에 대한 불운하고도 잘못 개념화된 침공을 공작했다. 그 후에 즉시, 소련은 쿠바에 핵미사일을 배치하기 시작했다. 1962년에, 미국은 이들 미사일의 존재를 알아냈고, 케네디는 이것들의 제거를 요구하면서 쿠바에 대한 해상봉쇄를 명령했다. 케네디도 소련의 지도자인 후루시쵸프도 물러설 것 같지 않았으므로, 이러한 대결은 세계를 위기로 몰아 넣었다. 그것들을 배치하려고 소련과 쿠바가 준비함에 따라, 그것들을 파괴하려는 미국의 대비도 가속되었다. 일주일간의 긴장의 고조는 두 개의 초강대국들이 인간 문명의 대부분을 파괴시킬 수도 있는 핵무기의 교환까지 일으킬 것으로 생각되게끔 만들었다. 마침내 비공식적 흥정이 개시되었고, 이것은 세계의 다른 지역에서의 미국의 양보들의 대가로 소련으로 하여금 미사일들을 철거하게끔 만들었다.

세계는 결코 핵무기 폐기에 더욱 접근한 일이 없어 왔다. 많은 것들이 양측 지도자들 자신, 즉 그들의 정서들(물러서는 것이 너무 창피한 일이었는가?), 그들 자신의 목표들(핵전쟁의 대학살을 피하는 것에 비해서 적에게 승리하는 것이 얼마나 중요했는가?) 및 서로에 대해 그들이 갖고 있었던 지각들(상대방은 모든 부담들을 무릅쓰고서 평화 또는 승리를 원했는가? 그는 설득될 수 있는가?)에 달려 있었다. 더욱이, 각각의 지도자는 참모들과 숙의하면서 매일 장시간을 보냈다. 이들 집단들의 역학은 어떤 역할을 수행했는가?

물론, 케네디와 후루시쵸프는 항상 자기 나라의 지도자들은 아니었다. 그러면, 중요한 의문은 이러한 지도자들이 어떻게 집권하게 되는가 그리고 그들은 어떻게 대치되게 되는가이다. 미국에서 그 답변은 꽤 간단한 것으로 여겨질 것이다 : 대통령은 유권자들에 의해서 선출되게 되고, 따라서 우리는 투표행동의 결정요인들을 살펴보아야만 된다. 케네디 대통령은 그의 후임자인 존슨과 마찬가지로 민주당원이었다. 그러나 그 이후에 5명

중의 4명의 대통령들이 공화당원이었다. 이러한 변화들이 생기는 이유는 무엇인가? 투표자들은 이슈들에 기초해서 이성적이고도 잘 알고서 내린 의사결정을 행하는가? 그렇지 않으면, 그들은 단지 TV상에서의 피상적인 정치광고들에 반응하고 있는가?

이와 같은 의문들은 정치심리학의 재료이다. 이것들은 정치적 사회화, 여론 및 투표행동, 매스미디어의 영향력, 정치지도자들의 성격 및 국제분쟁에 관한 기초연구들을 내놓아 왔다. 바로 이것들이 우리가 이 장에서 논의하게 될 주제들이다.

정치 사회화

우리의 정치생활은 우리의 인생의 많은 다른 측면들처럼 아동기에 시작한다. 기본적인 사회적 및 도덕적 가치들, 인종태도들 및 기타의 중요한 성향들과 같이 기본적인 정치적 태도들은 성인기 이전에 습득되는 것 같다(Hyman, 1959). 정말로, 일반대중의 정치적 의사결정에 관한 대부분의 이론들과 연구들은 투표결정에서의 핵심 변인이 정당동일시(party identification), 즉 성인기 이전에 전형적으로 발달되고 자신의 가족에 의해서 크게 영향받는 한 정당이나 다른 정당에 대한 어떤 지속적 선호라고 결론지어 왔다(예: Campbell 등, 1980). 이것은 성인기 이전의 정치적 사회화를 면밀하게 검토할 것을 시사해 준다.

성인기 이전의 사회화

앞에서 언급된 바와 같이, 태도들은 어떤 다른 성향과 동일한 양식으로 연합, 강화 및 모방을 통해서 학습되는 것으로 가정되고 있다. 이것은 부모들이 큰 영향력을 가질 수 있다는 것을 의미한다. 예컨대, 고교3학년생들에 대한 하나의 주요 전국조사는 그들이 자기 부모의 정당을 좋아하는 강력한 경향이 있으며, 약 10%만이 반대 정당을 좋아한다는 것을 나타냈다(Jennings와 Niemi, 1974). 이것이 표 16-1에 제시되어 있다. 동일한 조사는 지난 선거에서, 고교생들의 83%가 자기 부모가 좋아하는 대통령 후보자를 좋

표 16-1. 부모들과 그들의 청년기 자녀들의 정당선호들 간의 관계

	고등학교 3학년생들(N = 1852)			
부모들	민주당	무소속	공화당	전체
민주당	66.0%	26.7%	7.3%	= 100.0%
무소속	29.2	53.6	17.2	= 100.1
공화당	12.7	36.3	50.9	= 99.9
전 체	43.0	35.7	21.3	= 100.0

자료원: Jennings와 Niemi(1974)에서 개작됨.

아한다는 것을 나타냈다.

그러나 부모-자녀 간의 일치는 다른 많은 분야들에서는 훨씬 더 적었다. 예컨대, 고등학생들이 "공직자들"이 얼마나 신뢰될 수 있는가에 관한 일련의 질문들을 제시받았다. 이들 질문들에 대해서 자기 부모와 일치하는 것만큼의 불일치하는 학생들이 있었다. 부모들이 때로는 자기 자녀들에 대해서 주요 영향력을 갖고 있고 때로는 그렇지 못한 이유는 무엇인가?

놀라웁게도, 자기 부모에 대한 청년들의 감정은 그들의 일치나 불일치에 비교적 관계가 없었다. 자기 부모에 대해서 분노하는 청년들은 자기 부모에 대해 온정적으로 느끼는 청년들과 비슷하게 일치하는 경향이 있었다(Jennings와 Niemi, 1974). 오히려, 가장 중요한 요인은 자기의 자녀들에 대한 부모의 태도들의 전달의 명료성과 빈도인 것 같다. 그리고 이것은 크게 다르다. 부모들은 선거유세가 한창인 때에 자기들의 대통령 선호를 분명하게 그리고 반복적으로 전달했다. 즉 92%의 학생들이 자기 부모가 어느 후보를 좋아했는지를 정확하게 보고할 수 있었다. 그러나 다른 이슈들에서, 그들은 뚜렷하게 부정확해서, 정말로 그들이 자기 부모의 관점들을 단지 추측하고 있는 것처럼 보였다. 예컨대, 그들은 자기 부모가 정치에 얼마나 관심을 갖고 있는가를 평가하는 데에 있어서 매우 부정확했다(Niemi, 1974 ; 또한 Tedin, 1974 참조). 따라서 부모들의 영향은 많은 초기의 관찰자들이 시초에 생각했던 것보다도 훨씬 더 한정되어 있는 경향이 있다(Jennigs와 Niemi, 1974). 일반적으로, 부모들은 정당선택, 종교적 교파 또는 소수인종 집단들에 대한 편견과 같은 단순하고 구체적이고 재현되는 문제들에 대해 최대의 영향력을 갖고 있다. 그들은 종교철학, 정치적 냉소주의, 대인적 신뢰 또는 시민의 자유들과 같은 보다 더 애매하고, 주관적이고, 우연적인 문제들에 대해서 비교적 거의 영향력이 없는데, 여기에서 의사전달은 간헐적이고 산만하기 쉽다. 그리고 또래들은 약물들과 음악과 같이 자기의 부모와 함께 논의하지 않지만 또래들끼리 토의하는 경향이 있는 문제들에 대해서 부모들보다도 더 큰 영향력을 갖는 경향이 있다.

초기 사회화의 지속성

이것은 전생애에 걸친 그러한 초기에 사회화된 성향들의 지속성에 관한 의문을 제기시킨다. 사람들은 실제로 그들의 전생애를 통해서 동일한 정치적 태도들을 유지시키는가? 지속성은 정당동일시와 인종태도들에 대해서 분명히 매우 높다(Converse와 Markus, 1978 ; Jennings와 Markus, 1984). 그러나 이것들조차 때로는 변화된다. 예컨대, 젊은 성인들의 정당동일시들은 월남전이나 인종간 갈등과 같은 주요 정치적 사건들에 대한 반응으로 다소 변화해 왔다(Markus, 1979). 이와 비슷하게, 이것들은 젊은 성인들이 매우 상이한 정당지지들을 갖고 있는 지역으로 큰 지리적 이동을 할 때에 변화될 수 있다(Brown, 1987). 일반적으로, 기본적 태도들은 개인의 사회적 환경의 지배적인 정치적 양상이 바뀔 때에는 언제나 변화될 수 있다. 그리고 이러한 변화들은 태도들이 시간경과에 따라 굳혀져 온 경향이 있는 30세 이상의 성인들보다도 젊은 성인들에게서 일어나기가 더 쉽다.

이와 같은 변화들에 관한 한 가지 특히 흥미있는 사례는 개인이 더 높은 교육을 통해서 새로운 동료집단에 접하게 될 때에 일어난다. 자기의 생애의 대부분을 부모의 집에서 보내왔고 어렸을 때의 친구들에 둘러싸여서 지내 온 학생들은 대학에서 많은 새롭고 상이한 생각들을 가진 많은 새롭고 상이한 부류의 사람들을 접하게 될 수 있다. 당연하게도, 이러한 접촉은 이들 중의 많은 사람들에 대해 어떤 깊은 영향을 줄 수 있다.

이와 같은 변화에 관한 하나의 고전적 증명이 Newcomb(1943)의 베닝톤대학 졸업생들에 관한 연구에서 제시되었다. 미국의 버몬트주에 있는 이 작은 여자대학은 1930년대 초에 매우 진보주의적 교수진을 갖고서 개교되었다. 대부분의 학생들은 부유하고 보수적 가정출신이었지만, 여대생들이 학교에 다니게 됨에 따라 진보주의쪽으로의 크면서도 뚜렷한 변화들이 있었다. 이러한 태도변화들은 베닝톤대학에 대해 가장 많이 동일시했고 다른 학생들과 교수들과의 가까운 사회적 관계들을 가졌던 학생들에게서 가장 보편적이었다. 이들 학생들에 대해서 베닝톤대학은 하나의 중요한 준거집단이 되었으며, 이 대학의 지배적인 진보적 규범들은 상당한 태도변화를 일으켰다.

학생들이 졸업한 후에 그들의 태도에 무엇이 일어났는가? 그들의 진보주의는 지속되었는가, 아니면 그들은 그들의 부모의 보수주의쪽으로 되돌아 갔는가? 실제로, 20년 후에 그들의 정치적 견해들은 꽤 안정되게 유지되었다. 진보주의자였던 학생들은 계속 진보주의자였으며, 보수주의자였던 학생들은 계속 보수주의자였다(Newcomb 등, 1967). 이러한 지속성을 결정짓는 결정적 요인은 여학생들이 대학 졸업 후에 들어갔던 사회적 환경, 특히 그들의 남편과 친구들이었다. 진보적 여학생들은 일반적으로 진보적 남편과 결혼했다. 가끔의 복귀들은 몇몇 진보적 여학생들이 은행원이나 회사법률가 같은 직업을 가진 남편과 결혼했고, 따라서 정치적으로 보수적인 세계로 이동했다는 사실에 귀인시킬 수 있었다. 물론 이 대학은 작고, 여자들만 있고, 고립되어 있고, 매우 진보적인 정치적 동질성을 보이는 드문 대학이다. 베닝톤대학에 대한 연구의 가장 중요한 결론은 정보에 대한 단순한 접촉이 기본적인 정치적 태도들을 변화시키는 데에 충분치 못하다는 것이다. 베닝톤대학에서의 경험과 같이 강한 대인적 접촉이 필요하며, 정말로 만일 변화가 유지되려면 그 후 수 년 동안에도 필요할 것이다. 그리고 그러한 접촉은 만일 이것이 생애에서 비교적 초기에 일어난다면, 변화를 일으키기가 가장 쉬울 것이다.

여론과 투표

정치심리학에 대한 두번째의 주요 영향은 여론과 투표행동에 대한 조사연구이어 왔다. 하나의 영향력있는 초기의 저서는 "국민들의 선택"(The people"s choice)으로서(Lazarsfeld 등, 1948), 이 책은 1940년의 미국의 선거유세 동안에 이루어진 투표자의 의사결정에 관한 하나의 주의깊은 분석이다. 이 책은 사람들의 투표행동이 분명한 정치적 규범들을 가진 사회집단들에 대한 그들의 소속에서 나온다고 설명했다. 카톨릭교도들, 노동계층 및 도시주민들은 민주당에 투표하는 경향이 더 많은 반면에, 신교도들, 중류계층 및 농촌지역주민들은 공화당에 투표하는 경향이 더 많았다. 이러한 차이들은 그 후에 가족구성원들의 직접적인 대인적 영향에서 나오는 것으로서 설명되었다 : 부모들은 자신의 정당노선들을 자녀들에게 전하며, 남편들과 아내들과 동료 작업자들은 서로 영향을 주고, 특히 상대방이 자기들의 사회적 범주에 대한 "올바른" 투표에서 이탈하지 않는 것을 확실하게끔 만든다(Berelson 등, 1954). 지배적인 원인요인들은 집단들과 사회적 영향이었다.

정당동일시

그 후의 전국적 연구들은 개인적 의사결정(사회적 영향 대신에)에 초점을 둔 투표행동이론을 낳았으며, 중요한 책인 "미국의 투표자"(The American Voter)로 출간되었다(Campbell 등, 1960). 이것은 두 개의 지배적 특징들을 갖고 있다. 첫째로, 이 책은 투표자들이 최소의 정보를 갖고 있고 대체로 비이데올로기적이라고 주장했다. 후보자들과 이슈들에 관한 많은 정보가 없이 그리고 강한 이데롤로기적 입장들이 없이, 투표자들은 어떻게 의사결정을 행하는가? 그들은 주로 그들 자신의 정당동일시를 적용시킴으로써, 다른쪽보다 한쪽을 좋아하는 "고정된 의사결정"을 행한다. 인지일관성(5장에서 취급되었음)의 단순한 과정에 의해서, 정당동일시는 현재의 선거유세의 후보자들과 이슈들에 대한 유권자들의 태도를 결정짓는다. 어떤 평생의 공화당원은 부시를 매우 호의적으로 평가하고 그의 민주당 경쟁자를 비호의적으로 평가하고 세금증가들과 "인공위성 전쟁들"과 B-2 폭격기에 대한 지지를 찬성하는 경향이 있을 것이다. 안정되고 강력한 정당동일시에 의해서 형성된 후보자들과 유세의 이슈들에 대한 이러한 태도들이 개인의 투표를 매우 정확하게 예언한다는 것으로 판명되었다.

미국의 투표자라는 저서는 이 저서가 출간된 이후에 몇 개의 다른 관점들로부터 도전받아 왔다. 비평 중의 많은 것들은 핵심 요인들이 정당동일시와 같은 장기적인 심리적 성향들보다도 현재의 정치적 및 경제적 현실들이라고 주장해 왔다. 기본적 의문은 정치심리학적 접근을 관통하고 있는 것, 즉 정치적 인간(homo politicus)이 지식이 없고, 일관성없고, 비이성적이고, 현재의 현실과의 접촉을 상실하고서 시대착오적인 선호들과 편견들에서 작동하고 있는가 아니면 지식이 있고, 일관성있고, 센스있고, 이성적이고 안정된 선호들과 가치들의 어떤 세트에서 작동하며 외부의 현실에 민감한가? 이다.

따라서, 다른 연구자들은 투표자들이 해마다 동일한 정당을 위해서 그저 의례적으로 투표하지는 않고, 오히려 대통령의 과거 실적에 대한 센스있는 판단들을 하고 나서, 그에 따라 그의 재직의 계속을 지지하거나 반대하기 위한 투표를 한다고 주장한다. 실제로 집권 당시의 개인이 지지하는 정당에 의한 나쁜 정책수행은 또한 개인의 정당동일시를 약화시킬 수 있다(Fiorina, 1981). 이와 비슷하게, 그들은 자기들의 선거구 주민들에 대한 현직 국회의원들의 봉사가 그들의 재선 유세에서 하나의 관건요인이라고 시사한다: 어떤 국회의원들은 정부에 대한 자기지역의 주민들의 문제들을 처리함에 있어서 매우 가시적이고 효과적인 반면에, 다른 국회의원들은 그렇지 않다. 관건요인은 선거구주민에 대한 봉사가 효과적으로 이루어졌는지 아닌지의 여부의 현실이다(Mann과 Wolfinger, 1980).

전반적으로, 연구자들의 강조는 아마 정당동일시가 초기 청년기에서 영구적 형태로 습득되고 있다고 믿는 것으로부터 초기 성인기가 지속적 영향들을 갖는 하나의 형성기라고 믿는 쪽으로 바뀌어 왔을 것이다(Jenning과 Markus, 1984 참조). 사람들의 생애의 후기에 변화된 현실들에 순응하기 위해서 자신의 선호를 어떻게 조정하는가(비록 약간이라도)에 대한 더 큰 인식이 있다. 그리고 물론, 시대가 바뀌어서 정당동일시는 1940년대와

1950년대만큼 1970년대와 1980년대에는 초기의 생애에서 사회화되어 오지 않아 왔고, 오늘날의 젊은이들은 그들의 부모와 조부모가 가졌던 강한 정당충성심들을 갖고 있지 않다(Wattenberg, 1984). 그러나 진보주의나 보수주의처럼 인종태도들이나 자기인식과 같은 성인기 동안에 계속 지속되는 다른 태도들이 어느 정도 이것을 대치시킬 수 있다(Sears, 1989).

경제사정에 따른 투표

논쟁의 한 주요 분야는 최근의 경제적 현실들의 역할이다. Kramer(1971)는 선거들의 결과들이 일반 경제사정의 호전과 강력하게 상관되어 있다는 것을 관찰했다. 따라서 대통령의 소속정당은 경제가 약할 때에는 의석을 잃었고 경제가 강할 때에는 의석을 얻었다. 이러한 발견은 표면적으로 투표자들이 자기들의 주머니 속의 사정에 따라 투표했다는 것을 나타내는 것처럼 여겨진다: 그들이 재정적으로 형편이 좋을 때에는 그들은 집권당을 지지했으며, 형편이 좋지 않았을 때에는 악당들을 내쫓아 버렸다. 이것이 이해관계 가설(self-interest hypothesis)이다. 이와는 달리, 유권자들은 비록 그들 자신이 특별하게 해를 입지 않고 있더라도 국가경제가 악화될 때에 대통령의 소속정당에 대해 반대하는 투표를 할 수도 있다. 즉, 사람들은 이기적으로 자기들에 대해 좋은 것에 기초하기보다도 전체의 사회에 대해 좋은 것에 기초해서 투표할 수도 있을 것이다. 이것이 사회지향 가설(sociotropic hypothesis)이다.

이러한 대립가설들을 검증하기 위해서 상당히 주의깊은 연구들이 수행되어 왔다. 분명한 발견은 투표자들의 경제에 관한 "사회지향적" 판단들이 그들의 개인적 경제사정들에 관한 보다 더 자아중심적인 이해관계적 판단들보다도 결정적 요인이라는 것이다(Kinder와 Kiewiet, 1979; Lewis-Beck, 1988). 이것은 물질적 이해관계가 흔히 17장에서 논의된 인종편견들에서 놀라울 정도로 작은 역할을 한다는 발견과 매우 유사하다.

이해관계적 투표가 비교적 드문 이유는 무엇인가? 자기 자신의 개인적인 안녕의 변화에 관한 투표자들의 귀인들이 가장 책임이 있는 것 같이 생각된다. 대부분의 사람들은 그러한 변화들을 보통 정부나 대통령을 포함하는 일반적인 정치상황보다도 자기 자신의 능력과 노력과 같은 개인요인들에다가 귀인시킨다. 만일 우리가 실직하게 되면, 우리는 상사나 자기 자신의 기술부족이나 나태한 근무습관들 또는 아마도 사업에 실패하고 있는 무능한 회사를 탓한다. 우리는 대개 대통령을 탓하지는 않는다. 이것은 미국인들이 이른바 "자조의 윤리"라는 자기 자신의 상황에 대한 내부귀인쪽으로 편향되어 있다는 4장에서의 우리의 관찰과 일치한다.

이와는 반대로, 사람들은 국가의 경제 일반에 대해 대통령에게 책임을 귀속시키는 경향이 있다. 허버트 후버는 크게 유감스럽게도 이것을 발견했다; 그는 1930년대의 경제대공황에 대해 개인적으로 비난받았던 것이다! 따라서 사람들은 대통령이 책임이 없을 것 같은 조건들에 근거하지 않고(유권자 자신의 돈지갑), 대통령이 책임있을 것 같은 조건들(일반 경제의 상태)에 근거해서 투표하는 경향이 있을 것이다(Feldman, 1982).

일관성과 이데올로기

많은 관심을 끌어 온 또 다른 문제는 여론에서의 일관성과 이데올로기적 사고의 정도이다. 이것은 또다시 일반대중이 잘 알고 있고, 센스있고, 조리있고, 세련된 양식으로 정치적으로 사고하는지, 아니면 많은 생각이 없이 정당동일시와 같은 피상적 단서들을 단순하게 사용하는지의 여부에 관한 기본적 의문을 제기시킨다.

초기의 연구들은 일반대중의 대부분이 자유주의나 보수주의와 같은 어떤 일반적인 개인적 이데올로기의 측면에서 정치를 생각하지 않는다는 것을 시사했다(Campbell 등, 1960). 이와 비슷하게, Converse(1964)는 사람들이 정치이슈들에 대해서 강하고 일관성있는 견해들을 갖고 있는 것 같지 않다는 것을 발견했다: 강한 환경보호주의의 사람들이 반드시 국방예산의 삭감을 찬성하거나 아동보육에 대한 정부보조를 찬성하지는 않았으며, 대부분의 사람들이 높은 세금에 반대하고 더 작은 정부를 원하지만(추상적 수준에서), 또한 추진되고 있는 정부의 사회정책들을 유지시키거나 심지어 확장시키기를 원한다(Sears와 Citrin, 1985). 이와 같은 비일관성들은 또한 일반대중에게서 낮은 수준의 이데올로기적 사고를 시사했다. 더욱이, 사람들은 서민의 자유들과 권리들에 관한 이슈들에 대해 흔히 일관성이 없다: 대부분이 추상적 수준에서 관용적이지만, 많은 사람들이 또한 보다 더 구체적 상황들에서 관용적이지 않다. 예컨대, 대부분의 사람들이 모든 사람들에 대한 언론자유를 신봉하지만, 훨씬 더 적은 사람들이 공산주의자들이나 흑인배척 비밀단체와 같은 인기없는 집단들에게 언론자유를 허용할 것이다. 대부분이 추상적 수준에서 흑백인종통합을 지지하기는 하지만 흑백인 아동 공동버스통학에는 반대한다(Sears와 Allen, 1984 : Sullivan 등, 1982).

일반대중이 비일관적이고 비논리적이라는 이러한 견해는 시민들이 정치현실들에 대해 이성적 양식으로 반응한다고 믿는 학자들에 의해 집중적으로 도전받아 왔다. 이들은 일반대중이 일반적으로 그렇지는 않지만 정치엘리트들이 아주 상이한 이데올로기적 대안들을 제시할 때에만 이데올로기적으로 생각하며(Nie 등, 1979), 공산주의자들에 대한 언론자유가 그들이 1950년대 초 때와 같이 위험스럽다고 지각되고 있을 때에만 거부당하며(Sullivan 등, 1982), 백인 대중이 인종통합을 지지하지만 흑백 아동 공동버스통학과 같은 분명하게 비효과적인 정책들은 지지하지 않으며, 대부분의 사람들이 필수적인 정부사업들에 대한 예산을 깎아내리는 것을 원하기보다도 정부의 낭비를 줄이기 위한 세금 삭감들을 지지한다고 주장한다. 그러나 이러한 비일관성들을 합리적이거나 비합리적인 것으로 해석하는가에 관계없이, 이것들이 존재한다는 일반적인 견해일치가 있다.

집단간 갈등

앞에서 지적된 바와 같이, 초기의 투표연구들은 정치적 행동의 관건이 되는 결정요인들로써 사회적 및 정치적 집단들을 강조했다. 오늘날 인종간 및 성별간 갈등에 강조를 두는 정치집단들에 대한 새로워진 관심이 있다. 인종태도들은 흑백아동 공동버스통학과 차별철폐조치, 흑인 정치후보자들의 평가 및 복지, 세금 및 정부예산감축과 같은 이슈들에 대한 정책선호들을 결정짓는 데에 있어서 하나의 중요한 역할을 분명히 행한다(Kinder와

Sears, 1981 : Sears와 Citrin, 1985). 우리가 17장에서 편견에 관해서 보게 되는 바와 같이, 이러한 인종태도들이 주로 성인기 이전의 사회화에서 학습되고 따라서 아마 오늘날의 현실들과 큰 관련이 없을 것인지(Sears, 1988), 아니면 이것들이 미국 사회에서 백인들의 유리한 입장에 대해 흑인들에 의해서 제기된 위협들에 대한 하나의 현실적 반응인지(Bobo, 1988)에 대해서는 견해불일치가 있다. 어느 것이 맞든 간에, 백인들의 개인적 생활에 대한 흑인들에 의해서 제기된 위협들이 훨씬 더 약한 영향들을 갖고 있다고 일반적으로 일치되고 있으며, 그것들은 개인적인 것이 아니라 정치적인 판단들이다(Jessor, 1988).

정치에서의 인종간 갈등에 대한 다른 이론적 접근은 취업, 소득, 주택 및 교육과 같은 분야들에서의 흑인들의 불이익들의 원인들에 관해서 행하는 사람들의 귀인들에 초점을 둔다(Kluegel과 Smith, 1986). 많은 백인들이 갖고 있는 "지배적 이데올로기"는 이러한 불이익들을 흑인들의 노력부족(즉 통제가능한 내부원인들)에 귀인시키는 반면에, 흑인들은 이것들을 차별대우와 기회부족과 같은 상황요인들에 귀인시킨다. 이러한 인종차이는 4장에서 논의된 이기적 귀인들의 하나의 특수 케이스라고 간주될 수 있다. 즉, 사람들은 자기들 자신의 집단을 좋게 보이고 무죄로 만들게끔 만드는 설명들을 제시하는 경향이 있다.

다른 좋은 예는 1960년대의 흑인빈민가 폭동에 대한 흑인들과 백인들의 귀인들이다. 표 16－2가 보이는 바와 같이, 흑인들은 폭동을 흑인들이 당면하는 비참한 상황들과 그러한 조건들이 일으킨 정당화 가능한 적대감에 귀인시키는 경향이 있었다. 이와는 달리, 백인들은 우연적인 외부요인들이나 악질적인 개개 폭도들을 비난하는 경향이 더 많았다.

폭동에 대한 이러한 귀인들의 차이는 큰 정치적 의의를 갖는다. 만일 진정한 원인들이 흑인들이 말한 대로 열악한 지역조건들에 있다면, 그러한 조건들은 정부의 주택, 보건, 취업, 교육시책들, 소득 재분배 등을 통해서 바뀌어져야만 된다. 만일 진정한 원인들이 노력이나 능력의 부족, 범죄성과 같은 흑인들의 내부 특징들에 있거나 폭동의 경우에

표 16－2 무엇이 워츠시에서의 폭동을 일으켰다고 생각합니까?

	흑 인 들		백인들
원인들의 지각	피체포자들	지역 표본	지역 표본
안정된 외부원인들 (사회에 대한 불만들, 억눌린 적대감)	85 %	64 %	34 %
불안정한 외부원인들 (날씨, 사고, 우연적 사건)	8	11	28
안정된 내부원인들 (공산주의자들, 범죄자들, 선동자들)	2	9	29
모르겠음, 무응답	6	17	10
	101 %[a]	101 %[a]	101 %[a]

a : 반올림 오차임.
자료원 : Sears와 McConabay(1973), p. 160에서 개작됨.

서 무더운 날씨와 같은 불안정한 외부요인들에 있다면, 아무 것도 할 필요가 없다. 만일 범죄자들 자신이 책임있었다면, 엄한 "법과 질서"의 정책이 적절할 것이다.

여성운동과 전후의 사회에서의 여성들의 역할들상의 많은 변화들은 정치에서의 여성들의 역할들에 대해 새로운 주목을 촉구했다. 오늘날의 여성들은 30년 전에 비해서, 직장에 다니고, 더 높은 교육을 받고 있고, 미혼이고, 어린 자녀들을 양육하지 않는 경향이 더 많다. 이러한 새로운 현실은 여성에 대한 차별대우에 대해 민감성을 증가시키고, 이러한 지각들을 강력한 정치운동의 동기화요인들로 전환시키기 위한 잠재력을 갖는다.

여성의 사회적 역할에서의 이러한 변화들을 정치적 행동에 연관시키는 주요 가설은 이것들이 그들의 집단의식(group consciousness)에 영향을 주어 왔다는 것이다. 이러한 고양된 의식이 동등한 임금, 차별철폐조치, 육아, 낙태 및 남녀동등권 법안과 같은 여성문제들에 대한 여성들의 지지를 증가시켜 왔다고 말해지고 있다. 그리고 이것은 다른 정치문제들에 대한 그들의 더 큰 진보주의에 기여해 왔다고 말해지고 있다(Klein, 1984; Gurin, 1985).

정말로, 여성들은 점점 더 독특한 정치적 태도들을 가져 왔다. 그들은 이제 일정하게 남성들보다도 더 민주당을 지지하고 진보주의적이며, 사회복지사업들에 대해 더 호의적이고 군사행동에 대해 비호의적이며, 이러한 차이들은 보통 "성별차이"(gender gap)라고 기술되었다. 그리고 이러한 가설과 일치해서, 젊고, 독신이고, 높은 교육을 받았고, 직장을 가진 여성들은 보다 더 전통적인 사회적 역할들을 갖고 있는 여성들, 즉 더 나이가 많고, 결혼했고, 교육을 적게 받은 주부들보다도 이러한 모든 측면들에서 더 진보적이다. 그러나 이러한 차이들이 그들의 집단의식에 기인되는 여부는 덜 분명하다. 여성들의 집단의식감은 정치적 효과들을 설명하기에는 너무 약한 것 같이 생각된다(Gurin, 1985). 일반 여성들 그리고 특정의 이러한 보다 더 현대적인 사회적 역할들을 갖고 있는 여성들은 남성들이나 보다 더 전통적인 여성들보다 여성문제들에 대해 더 호의적이지는 않은 경향이 있다. 여성들은 남성 투표자들보다 여성문제들에 대해 후보자들이 어떤 입장을 취하는가에 기초해서 더 투표하지도 않는다(Mansbridge, 1985). 일반적으로, 여성들의 개인적 생활의 여건들은 그들의 정치적 태도들로 다소 작은 분출을 갖고 있는 것 같다(Sapiro, 1983; Sears와 Huddy, 1990). 오히려, 가장 좋은 증거는 "성별차이"가 전쟁, 사형 또는 범죄에 대한 기타의 가혹한 반응들과 같은 힘의 사용에 대한 여성들의 오래된 더 큰 혐오에 대부분 기인된다는 것이다(Smith, 1984).

매스 미디어

또 다른 주요 연구분야는 정치에서의 매스미디어의 역할에 초점을 두고 있다. 모든 사람들은 TV에서 대통령이 연설하는 것을 보고, 밤에 뉴스를 시청하는 것에 익숙해져 있다. 우리는 사람들이 서로에 대해서보다도 매스미디어와 더 많은 시간을 보내고 있다고 언급되고 있을 정도로, 매스미디어의 시대 속에서 살고 있다. 따라서 때로는 정치에서 일어나는 중요한 어떤 것이 TV상에서 보도되지 않는 것이 전혀 없다. 그러나 우리가 실생활의 행동에 대한 매스미디어 폭력의 영향들을 검토했을 때에 공격에 관한 장에서 시사되는 바와 같이, 매스미디어가 가정되고 있는 것만큼 사람들의 생활을 지배하지 않을 수도 있다(특별논의 16-1 참조).

세 개의 시대들

정치에서 미디어의 영향들에 관한 연구들은 세 개의 단계들을 통해서 진행되어 왔다. 첫단계는 1920년대와 1930년대에 라디오가 서구세계 전체에 광범하게 보급되게 되었고 발성영화들과 그에 부수되는 뉴스영화들이 대중오락의 한 원천이 되었을 때에 시작되었다. 처음으로 히틀러, 무솔리니, 처칠 및 루즈벨트와 같은 정치지도자들은 단지 인쇄된 단어를 통하는 것이 아니라 라디오와 영화들을 통해서 거대한 숫자의 사람들에게 도달할 수 있었다. 이것들은 일반 국민들을 움직이는 어떤 거의 마력적 힘을 갖고 있는 것 같이 생각되었다. 비록 사회과학자들이 경험적 분석을 거의 수행하지 않았을지라도, 그들은 이러한 종류의 선전이 극히 설득력있다고 가정했다. 왜 그랬을까? 그 이유는 그들이 청중이 사로잡혀 있었고, 주의를 하고 있었고, 완전히 속기 쉬웠다고 가정했기 때문이다(선전분석 연구소, 1939).

특별논의 16-1. 평정게임 대 실제의 청취자들

우리는 TV에 대한 이러한 근소한 수의 청중들과 수많은 시청자들에 대한 방송국들의 주장들을 어떻게 조화시킬 수 있는가? 방송국들은 비록 시청자의 일기들을 다소 사용하기도 하지만, 일반적으로 가구의 텔레비전 수상기가 켜져 있느냐나 켜져있지 않느냐에 주로 근거된 Nielsen의 평정치에 의존하고 있다. 예컨대, Nielsen의 평정치들은 1976년에 평균 가구당 1일 6.82시간의 TV시청을 보였다(Comstock 등, 1978, p. 89).

이러한 통계치는 몇 가지 명백한 양식들로 실제의 시청을 과대추정한다. 첫째로, Nielsen의 표본은 Nielsen과 계약한 가정만이 연구에 포함되었는 고로, 아마 과도한 숫자의 정규 TV시청자들만이 포함되었을 것이다. 둘째로, 이것은 누가 TV를 보고 있었는지를 나타내 주고 있지 않다. 아무 것도 보지 않는 채, 그저 안방에서 앉아 있었을 수도 있다. 안방에서 보았다는 영화들은 TV가 켜져 있기는 했지만, 그 시간(한 연구에서 19%)에는 그 방에 아무도 없었으며, 어떤 시간(21%)에는 사람들이 방에 있었고 TV가 켜져 있었지만, 아무도 시청하지 않았다는 것을 나타냈다(Comstock 등, 1978, p. 142 참조). 따라서 TV가 켜져 있었던 40%의 시간에서도 아무도 시청하고 있지 않았다. 그리고 마지막으로, 심지어 시청자들이 시청하고 있다고 가정하더라도, 그들은 어떤 다른 일을 하고 있고, 세심한 주의를 하지 않았을 수 있다. 또 다른 연구는 TV를 보고 있는 사람들을 녹화해 본 결과, 왔다갔다 하고, 다리미질을 하고, 장기게임을 하고, 전화를 받고, 담화를 하고, 장난을 치고, 춤을 추고, 옷을 갈아입는 것을 포함하는 놀랄 만큼 다양한 다른 활동들을 하고 있음을 발견했다(p. 144).

주부들은 흔히 자신이 마침내 다소의 한가한 시간을 갖고 있기는 하지만, 가족들의 시청을 아주 자세하게 기억할 수가 없을 때인 토요일날에 전 주간에 대한 모든 가족들의 시청일기들을 쓰게 되며, 가족들이 실제로 시청했는지의 여부에 관계없이 가족들이 그들의 통상적 프로들을 시청했다고 "기억하기"가 쉽다.

1987년에, Nielsen은 새로운 전자 모니터링체계로 전환했는데, 여기에서 표본 내의 각 개인은 시청을 시작하거나 중지할 때에 버튼을 누르도록 요구받고 있다. 이러한 체계의 신뢰성은 앞으로 두고 볼 일이다(TV평정치들의 분석에 관한 좀더 자세한 분석을 보기 위해서는 Beville, 1985를 참조하라).

이러한 생각들은 미디어의 영향에 관한 보다 더 체계적인 검증의 필요성을 강조했다. 따라서 둘째 단계는 새로운 여론조사법을 사용해서, 매스미디어의 영향에 관한 체계적인 경험적 연구를 하는 것으로 구성되었다. 가장 영향력있는 초기의 연구인 이미 언급된 바 있는 1940년도 선거유세의 연구(Lazarsfeld, 1948)는 네 개의 주요 발견들을 보고했다. 첫째로, 비교적 소수의 응답자들이 전체 유세 동안에 자신의 선호를 바꾸었다. 둘째로, 일어났던 변화들은 초기의 분석가들의 두려움들과는 반대로 매스미디어 접촉과 밀접하게 관련되어 있지 않았다. 그보다도 사람들은 궁극적으로 그들 자신의 사회적 배경과 일치되게 투표했다. 정말로, 많은 투표자들은 마음을 작정하지 못했고, 그 후에 결심을 했지만, 심지어 이러한 사람들도 그들의 사전성향들에 따라 결정했다. 셋째로, 각 후보자의 유세 커뮤니케이션들은 이미 어떤 식으로 그를 지지했었던 사람들에게 주로 도달되었다. 즉, 투표자들은 **선택적 접촉**(selective exposure)이라고 일컬어지는 현상으로서 그들이 이미 선호하는 쪽에 접촉하는 경향이 있었다.

끝으로, 미디어 선전보다도 개인적 접촉들이 더 중요했다. 이 연구자들은 투표 의사결정이 "하나의 사회적 경험"이었다고 결론을 내렸다. 주요 시사점은 미디어가 많은 수의 전향자들을 만들기 보다도 단지 이전의 경향성들을 강화시켰다는 것이었다. 1940년대와 1950년대의 상당량의 이러한 미디어 연구들은 **최소영향모형**(minimal effects model)이라고 일컬어지는 이와 유사한 견해를 내놓았다.

지난 20년은 조용한 가운데에서 제삼의 시대, 즉 정치에서 미디어의 힘에 대한 새로워진 존중의 시대를 인도해 왔다. 매스미디어와 특히 TV가 또다시 강력한 설득효과들을 갖고 있다고 간주되어서, TV시대 이전의 "최소영향모형"(minimal effects model)은 시대에 뒤떨어진 것으로 만들어졌다. 몇 가지 종류의 증거들이 이러한 바뀌어진 관점을 지지하기 위해서 제시되어 왔다. 미국의 일반대중의 TV에 대한 외관상의 몰입이 있으며, 추정상으로 미국의 보통의 성인이 일만큼 많은 시간을 TV의 시청에 보낸다. TV의 정치적 이용에서 중요한 변화들이 있다. 대통령들은 점점 더 TV의 주요 시간대에서 "어전연주"를 통해서 다량의 청중들에 도달할 수 있어 왔다. "미디어 전문가들"이 정치유세들을 위한 TV광고들을 제작하는 데에 있어서 점점 더 눈에 띄게 되어 왔다. 정치적 "스핀 전문가들"(spindoctors)이 사건들에 대한 어떤 긍정적 스핀을 만들어서 매스미디어가 후보자를 호의적으로 해석하게끔 도움받기 위해서 후보자들에 의해 고용되고 있다. 이러한 새로운 미디어 세계에서, 선택적 접촉은 짧은 정치광고들이 오락프로들의 중간에 은밀하게 삽입되고, TV 뉴스들이 유세의 모든 측면들을 취급하고, TV로 방영된 토론들이 모든 후보자들을 대규모의 시청자들에게 제시하기 때문에 더 이상 장애물이 되지 않을 것이다. 그리고 끝으로, 정당동일시, 사회계층, 종교와 같은 사전성향요인들이 투표행동에 대해 영향력이 감소되는 것 같으며, 따라서 이것들은 사람들이 시청하는 내용도 사람들이 그것에 대해서 느끼는 방식도 통제하지 못할 것이다.

그러면, 먼저 정치에서의 미디어의 영향을 평가하고, 그 다음에 미디어가 가장 실질적 역할을 하고 있는 몇 가지 영역들을 살펴보면서, 이제 미디어의 현대적 역할을 면밀히 검토해 보자.

한정된 영향

미디어는 실제로 이러한 "새로운 모습"이 시사하는 것처럼 효과가 있는가? 일반적으로, 매스미디어를 통해 실시된 캠페인들은 우리가 생각하고 있는 것만큼 대량의 태도변화를 일으키는 데에 성공을 거두지 못하고 있다. 대량의 설득이 있다는 많은 명백한 케이스들을 면밀히 검토해 보면, 놀랄만큼 실제의 변화를 거의 일으키지 못한 것으로 판명되고 있다. 최근의 큰 미디어 사건들 가운데에는 주요 대통령후보자들간의 텔레비전으로 방영된 토론이 있었다. 예컨대, 선거일 전주에 실시되었고 흔히 레이건의 최후의 승리를 거둔 쇄도에서 하나의 주요 영향원이라고 간주된 1980년도의 단 한 번의 카터와 레이건의 토론은 토론 직후에 실시된 CBS 뉴스 여론조사에 의하면, 카터의 이전 지지자들 중의 7%만이 레이건쪽으로 전향케 했고, 레이건의 이전 지지자들의 1%를 잃게 했다. 막상막하의 경쟁에서 이러한 변화들이 중요했지만, 이것들이 대량이거나 결정적이라고 일컬어질 수는 없었다.

연구들은 또한 정치적 태도들에 대한 정규의 미디어 프로그램의 영향들을 검토해 왔다. 몇몇 TV 연속극들은 분명하게 인종차별과 편견의 문제들을 다루어 왔으며, 거창한 인기를 끌어 왔다. TV 연속극인 『뿌리』는 1976년도에 기록을 깨는 관중들을 동원했다. 그러나 이 연속극에 대한 접촉은 노예의 고난들이나 인종평등주의에 대한 백인들의 지각에 아무런 유의한 영향이 없었다. 이 연속극에 대한 관람자들의 반응은 그들의 이전의 인종태도들에 의해서 가장 강력하게 결정되었다(Hur와 Robinson, 1978 ; Ball-Rokeach 등, 1981).

이와 비슷하게, 『모든 가족』이라는 연속극의 주인공인 완고한 노동계층의 백인 남자인 벙커에 대한 반응들은 시청자의 사전의 인종편견 수준에 의해서 강력하게 결정되었다(Brigham와 Giesbrecht, 1976). 이 두 케이스들에서, 태도변화보다도 이전 경향성들의 강화가 주 효과인 것 같았다. 미디어가 정치적 태도들의 주요 변화들을 일으키는 데에 있어서 일반적으로 이렇게 비효과적인 이유는 무엇인가? 즉 이것들이 정치생활에서 당면하는 주요 장애들은 무엇인가?

낮은 접촉수준 일반대중의 태도들에 영향을 주는 일에 종사하는 사람들은 자기들의 가장 중요하고도 어려운 문제가 영향을 주고 싶어하는 사람들에게 도달하는 것이라는 것을 알고 있다. 예컨대, TV 뉴스는 매우 많은 사람들이 이것을 시청하기 때문에 매우 흔히 매우 영향력있다고 여겨지고 있다. 그러나 이것들은 실제로 그러한가? 대표적인 한 연구는 평균 주말 저녁에 단지 23%의 성인 인구가 야간 TV 뉴스프로들 중의 하나를 시청했다는 것을 발견했다. 대부분의 성인들(53%)은 2주일 동안 단 한 개의 그러한 프로도 시청하지 않았다(Robinson, 1971). 심지어 이들 비교적 소수의 시청자들조차 매우 주의깊게 시청해 오지 않은 것 같다. 다른 연구에서, 저녁 TV 뉴스를 시청했던 사람들은 그 날 밤의 뒤에서 취급된 이야기들의 단지 6%만을 회상할 수 있었다(Neuman, 1976).

대통령후보자들의 토론들과 같은 주요 정치적 행사들은 예외들인 것 같다. 예컨대, 1976년의 대통령선거유세 동안에 8백만 명의 사람들이 적어도 이들 토론들 중의 하나를 시청했다고 했다. 그러나 보다 더 주의깊은 분석은 소수만이 한 개 이상의 토론을 시청했고, 시청자들의 1/4가량만이 하나의 토론을 전부 시청했다(Sears와 Chaffee, 1979). 대부분의 시청자들이 정치적 연설보다도 상황 코미디, 미식축구게임이나 좋은 영화를 더 재미있다고 생각한다. 따라서 정치와 공적인 일들에서, 어떤 메시지가 잠재적 청중에게 도달되는 비율은 매우 작다. 이것에 의해서 도달되게 되는 소수인들과 이러한 주의부족으로, 대량의 태도변화는 일어나지 않게 될 것이다.

저 항

의사전달자가 자신의 메시지를 표적에게 접촉시키는 데에 성공했다고 가정하더라도, 그에게는 표적의 의견을 변화시키는 먼 길이 아직도 남아 있다. 예컨대, 민주당원들과 공화당원들 모두가 1980년의 레이건–카터 간의 TV 토론을 시청했지만, 그들의 이 두 사람에 대한 평가는 크게 달랐다. 압도적인 신문방송인들은 레이건이 토론에서 "이겼다"는 데에 일치했다. 그러나 표 16–3에서 볼 수 있는 바와 같이, 친 카터 시청자들 중의 10%만이 레이건이 토론에 이겼다고 생각했다. 새로운 정보는 기존의 태도의 측면에서 해석되고 있다. 이것은 대부분의 그러한 매스미디어에 대한 전형적인 반응인 것 같다.

새로운 정보는 그리 많은 변화가 없이도 기존의 태도들 속으로 통합되는 것 같다. 이것은 대부분의 그러한 매스미디어들에 대한 전형적 반응인 것 같다. 이것은 왜 그런가? 대규모의 청중을 끄는 커뮤니케이션들은 대개 또한 대다수의 사람들 내에 있는 강

표 16–3. 1980년도의 카터–레이건 토론에서 누가 이겼는가에 관한 유권자의 판단

토론이 전의 선호	카터	선택 없음	레이건	전체(백분율)
카터	69%	21%	10%	100%
앤더슨	31	28	41	100
결정 안 했음	27	43	30	100
레이건	5	13	82	100

주: 전국적인 CBS뉴스와 『뉴욕 타임즈』의 미국인 유권자연령에 관한 전화조사에서 나온 자료임.
자료원: 1980년 10월 29일의 CBS뉴스의 사전보도자료에서 개작됨.

하고도 매우 개입된 태도들에 당면하게 된다. 그 결과는 사람들이 인지일관성을 회복시키기 위해서 태도변화 이외의 해결양식들을 사용하는 것이다.

6장에서 논의된 모든 해결양식들이 여기에 관련이 있다. 그 가운데 하나로써, 사람들은 단순히 자신의 이전 태도와 상위한 주장을 즉시 거부해 버리는 경향이 있다. 많은 친카터 시청자들은 단지 그 토론이 자기들의 시초의 판단을 재확증시켰고 그것을 더 이상 생각할 필요가 없다고 느꼈다. 소스 격하가 또한 일어난다. 많은 친카터 투표자들은 레이건이 지식이 부족하고 너무 나이가 많으며 카터가 대통령직의 복잡한 업무들을 더 잘 파악하고 있다고 생각했고, 따라서 그들은 단순히 레이건을 거부했다. 투표자들은 이슈들에 대한 후보자들이 취한 입장들을 자기들 자신의 선호와 더 일치되게끔 왜곡시킨다. 많은 친카터 투표자들은 레이건이 전쟁에 뛰어들기 쉽다고 지각하고 "힘을 통한 평화"를 달성하려는 그의 욕망을 무시하면서, 레이건을 전쟁에 굶주린 매파의 일원이라고 보았다. 이와 비슷하게, 그들은 카터의 이란과 소련에 대한 점증하는 대결적 자세를 무시하면서, 그를 평화를 추구하는 사람이라고 지각했다. 이러한 모든 해결양식들을 사용하는 것의 결과는 사람들이 미디어 속의 상위한 정보에 스스로 접할 수 있고 어떤 진정한 태도변화를 보이지 않는 것이다.

하나의 새로운 시각

정치 미디어가 대개의 경우에 커다란 변화를 일으키지 못하는 것이 사실인 것 같다. 그러나 지적된 바와 같이, 연구자들은 점점 더 작은 영향력에 대한 단순한 증명들을 넘어서 이러한 장애들을 돌파하고 그 자체 상당한 변화를 일으키는 미디어 사건들을 면밀하게 검토해 왔다. 이러한 예외적 사건들이 발생하는 것은 어느 때인가?

대량의 접촉 정말로 정치적 사건들에 대한 일반대중의 대량의 접촉은 주요 효과들을 일으킬 수 있다. 1963년 11월 22일 12시 30분쯤 케네디 대통령의 암살 후에, 미국의 세 개의 텔레비전 방송국들이 나흘 동안 거의 쉴 사이 없이 그 내용을 보도했다. 그들은 죽어가는 대통령이 입원한 병원의 혼잡, 그의 후계자인 존슨의 선서, 오스왈드의 살해, 암살에 대한 주장, 장례식, 알링톤 국립묘지로의 장례행렬, 그 곳에서의 매장식, 워싱톤 길거리에서의 몇 개의 행렬들 및 수많은 회고담들과 저명인사들과의 면담들을 보도했다. 방송망들은 이러한 사건들에 대해 평균적으로 약 70시간을 보도했다(Rubin, 1967). 평균적인 미국인 성인이 이러한 보도를 34시간 시청했다.

이 경험이 갖는 정서적 및 태도적 영향들은 엄청났다. 그 다음 주에 실시된 조사에 의하면, 53%가 울었으며, 30%가 대부분의 사람들보다도 더 상심을 느꼈다고(그리고 8%만 덜 느꼈다고) 응답했다. 일반대중의 19%만이 "거의 보통 때처럼" 지냈다고 응답했다(Sheatsley와 Feldman, 1965). 태도적 영향들도 마찬가지로 인상적이었다. 암살 이전에, 케네디는 특별하게 비범한 대통령이라고 간주되어 오지는 않았다. 그는 선거에 가까스로 이겼으며, 일반대중에 의해서 대부분의 대통령들보다 직무를 더 잘 수행하는 것으로 평가되지는 않았으며, 역사가들에 의해서 미국 대통령들 중에서 단지 약간 평균이상인 것으로 판단되었다. 그러나 암살 후의 조사에서, 인구의 절반이 케네디가 미국 역사에서 가장 훌륭한 두세 명의 대통령들 중의 하나라고 지목했으며, 단지 2%만이 그를 "약간 평균이하"라고 평가했다. 이러한 변화들을 일으킴에 있어서 암살 자체의 영향들을 암살에 대한 TV보도의 영향들로부터 분리시키기가 불가능하다. 그러나 TV보도가 이 사건을 미국 역사에서 가장 잘 기억될 수 있게끔 만드는 데에 도움이 되었다는 데 대해 널리 일치하고 있다.

다른 극적인 일련의 사건들은 워터게이트 논쟁이었다. 1972년의 압도적인 재선거 승리 직후에, 자신의 행운의 정점에 있을 당시에 닉슨 대통령이 자신의 선거진들의 몇몇에 의해서 수행된 민주당 본부의 절도를 은폐시키는 데에 참가했다는 것이 점차적이지만 확실하게 드러났다. 대부분의 그의 고위 보좌관들은 조만간에 이 스캔들에 연루되게 되었고 사임을 강요받았고, 닉슨 자신은 결국 수치스럽게도 처음으로 사임한 미국 대통령이 되었다. 이 일련의 사건들은 거의 2년간을 끌면서, 또다시 집중적인 TV의 보도대상이 되었다. 이 사건들은 닉슨의 비밀 대화들의 녹음테이프가 공표되어서 그의 은폐음모가 드러나게 되었을 때에 곪아 터지기 시작했다. 이것은 신속하게 상식적 지식이 되었으며, 단지 3일간에 닉슨의 강제적 대통령직 박탈을 원하는 사람들에서 15%의 증가를 일으켰다(Laing과 Stevenson, 1976). 일반대중의 태도의 이러한 커다란 변화는 대통령의 사임을 강요했다.

주요 미디어의 영향력에 관한 이러한 실례들은 일반대중들의 매우 높은 수준의 미디어 접촉들을 유발시켜 온 비교적 소수의 정치적 사건들이다. 따라서 변화에 대한 장애들을 극복하기 위한 관건의 일부는 대대적 접촉이다.

장기간의 접촉 대부분의 연구들은 비교적 간단하거나 단기간의 매스 커뮤니케이션들, 즉 TV상의 단일 프로들이나 짧은 연속극들 또는 어떤 특수한 캠페인에 대한 신문의 지지들을 다루어 왔다. 그러나 많은 중요한 태도변화들, 즉 전시에 적에 대한 태도들이나, 종교나 성행위와 같은 문제들에 대한 오랫동안에 걸친 가치의 변화들은 장기간의 시간에 걸쳐서 일어날 수 있다. 이러한 보다 더 점차적인 변화들은 동일하게 장기간의 미디어 커뮤니케이션의 패턴들에 대한 반응일 수 있다.

한 예는 한국전쟁과 월남전쟁을 위한 지원에서의 미국인 사상자들의 영향이다. 최초의 사상자들은 일반대중의 지지에서 큰 감소를 일으켰으며, 그 후의 사상자들도 마치 일반대중이 전쟁에 "냉담해지게" 된 것처럼, 전자의 경우와 마찬가지의 결과를 일으켰다(Mueller, 1973). 이 연구는 미디어의 역할에 관해서 아무런 직접적 정보를 제공해 주지 않지만, 미디어는 확실히 일반대중 전체가 사상자들에 관해서 알게 된 주요 전달수단이었다.

약한 태도들 모든 태도들이 정서가 실려 있고, 깊게 간직되고 있는 것은 아니다. 미디어는 시청자들이 자신의 태도에 특별하게 개입되어 있지 않을 때에 주요한 설득적 영향력을 가질 것이다. 이와 비슷하게 환각제인 코카인, 1989년의 미국의 파나마 침공 또는 어떤 새로운 유독 쓰레기문제와 같은 비교적 새롭고 잘 알지 못하는 태도대상들에 대한 태도들은 미디어 보도에 달려 있을 수 있다. 그리고 미디어는 미국의 일반선거들보다도 유권자들의 관심이 적은 일차선거와 비정당선거에서 더 결정적일 수 있는데, 이

특별논의 16-2. 돈이 말해 주는가?

> 장기적 영향력에 관한 다소 더 직접적 검증은 유세경비들을 선거결과들의 한 결정요인으로서 취급한다. 우리는 어떤 후보자가 유세에 더 많은 금전을 소비하고, 미디어 경비와 접촉이 더 많을수록, 더 많은 투표를 얻을 것이라고 생각할 수도 있다.
>
> 그러나 주의깊은 연구는 유세경비의 양이, 예컨대 (1) 세 명이나 네 명의 후보자들이 출마하고 있고, (2) 그들이 모두 비교적 알려져 있지 않고, (3) 중간수준의 경비들이 투입되고 있어서, 후보자들이 거의 알려져 있지 않고 선택이 다소 곤란할 때에 더 결정적이라는 것을 보인다. 따라서 Grush 등(1978)은 하원과 상원의 일차선거들에서 아무런 현직의원이나 "유명한" 후보자(과거의 의원, 유명인물이나 주지사나 검찰총장)가 출마하지 않았을 때에 투표에 강하게 관련있었다는 것을 발견했다. 이와 비슷하게, 대통령 일차유세들에서 경비들은 일차기간의 초기단계에서만, 특히 덜 성공적인 후보자들에 대해서만 투표의 성공도와 관련되어 있다(Grush, 1980). 또다시, 미디어는 일반대중이 미약한 태도를 갖고 있는 후보자들에 대한 대대적 접촉에 대해서 주로 중요하다.

것은 이들 선거들이 더 적은 지속적인 사전성향들을 내포하기 때문이다(특별논의 16-2 참조).

정보의 전달　그러나, 미디어는 깊이 간직된 태도들을 변화시키는 데에 있어서 보다도 정보를 제공하는 데에 있어서 훨씬 더 성공적이다. 대통령후보자 토론들은 유세 이슈들에 관한 입후보자들의 입장들에 대한 유권자들의 친숙성을 증가시킨다(Sears 와 Chaffee, 1979). 아동들은 "세서미 스트리트"(Sesame Street)프로로부터 일기예보에 이르기까지 TV에서 상당히 많은 것을 배운다(Comstock 등, 1978).

이러한 매스미디어로부터의 정보획득에 관한 최초의 증명들 중의 하나는 Hovland 등(1949)에 의한 전쟁시의 연구에서 발견되고 있다. 육군은 그들에게 응소병들과 지원병들에게 보여 준 오리엔테이션 영화들의 효과를 평가하도록 의뢰했다. 이들 영화들은 이차세계대전의 이유들을 설명하고, 신병들에게 전쟁노력에 대해 더 열성적이고 더 싸우고 싶게끔 만들려고 의도되었다.

그들도 역시 원하는 태도변화에 관한 많은 증거들을 발견하지 못했다. 영국인들이 전력을 다하려고 하는지, 그들이 더 많은 폭격으로 항복할 것인지, 또는 그들이 끝까지 저항할 것인지와 같은 영국인들과 전쟁에 대한 태도들은 독일인들과 일본인들에 대한 태도들과 함께 대체로 영향받지 않았다.

그러나 이 연구자들은 영화들을 관람한 결과로써, 전쟁에 대해서 뚜렷하게 증가된 정보수준을 발견했다. 예컨대, 영화들은 영국에 대한 공군 전투에 관한 사실적 세부사항들, 즉 독일과 영국 공군의 상대적 규모, 항만과 선박에 대한 독일의 집중 폭격 및 독일이 영국 공군의 저항을 제외하고는 실질적으로 영국을 침략하고 있다는 사실과 같은 것을 분명하게 전달했다.

그럼에도 불구하고, 매스미디어가 상당히 많은 정보를 전달한다고 기대하는 것은 잘못된 것이다. 우리는 이미 시청자들이 그 날 밤의 앞에서 전국 뉴스들에 대해서 보았고 들었던 이야기들 중의 단지 6%만을 회상할 수 있었다는 것을 나타내는 Neuman(1976)의 연구를 언급한 바 있다. 사람들은 대개 TV뉴스에 세밀한 주의를 기울이지 않는다. 또한 TV뉴스는 그 날의 사건들의 보다 더 흥미있는 측면들을 강조하는 경향이 있다. 예컨대, 선거를 다루게 될 때에 TV뉴스는 이슈들 자체가 아니라 유세의 "열띤 경쟁"이나 "대소동"의 측면을 강조한다. 방송들은 복잡한 정책적 입장들이 아니라, 앞서있는 것이 누구이고, 유세전략들이 무엇이고, 최근에 실수를 저지른 사람이 누구인가, 그리고 자동차행렬의 사진들과 우스꽝스런 모자를 쓴 사람들에 대해 초점을 둔다. 따라서 정규 TV 시청자들은 흔히 비시청자들보다도 후보자들의 정책에 관해서 약간 더 많이 알 뿐이다(Patterson과 McClure, 1976).

의제설정 최근에, 의제설정(agenda setting)에서의 미디어의 역할에 대해 많은 주의가 기울여져 왔다. 상당량의 미디어 보도가 있었던 이슈들이 국가가 당면하고 있는 가장 중요한 문제들이라고 간주되는 경향이 있다. 그러면 정치지도자들은 그러한 문제들을 해결하는 데 대한 그들의 능력의 측면에서 평가되는 경향이 있다. 이러한 의미에서 미디어는 정치적 토론들에 대한 의제를 설정해 준다고 할 수 있다.

하나의 중요한 연구는 문제들의 우선성에 대한 일반대중의 여론("국가가 당면하고 있는 가장 중요한 문제는 무엇입니까?"를 묻는 갤럽 여론조사 질문에 반영된 것으로서)이 여러 이슈들에 두어진 뉴스 취급의 양에 의해서 결정되었다는 것을 보였다. 따라서 1960년대의 월남전, 빈민가폭동들, 암살들 및 학원소요와 워터게이트 사건에 대한 미디어의 취급은 모두 그 사건들을 그 당시의 문제들 중의 가장 중요한 문제들로 만들었다. 매우 흥미있게도, 일반대중의 우선순위들은 월남전에 실제로 참가한 부대들의 숫자, 실제의 범죄율 등과 같은 "현실"의 지표들보다도 미디어 보도의 양에 더 많은 관계를 가졌다(Funkhouser, 1973 ; 또한 Mackuen, 1981 참조).

이러한 연구들은 이미 일반대중에게 우려를 일으켰던 문제들을 보도하려는 미디어측의 의사결정만을 반영할 수도 있다. 즉, 일반대중의 우선사항들이 미디어 보도를 지정할 수 있으며 그 반대가 아닐 수 있다. 그러나 몇 개의 주의깊은 실험들은 더 큰 TV뉴스의 보도가 시청자들의 사전의 우선성들에 관계없이 더 높은 이슈 특출성을 일으킨다는 것을 나타내 왔다. 한 실험에서, 성인들은 특수한 이슈들에 대한 취급의 양이 실험적으로 변화된 TV뉴스 보도를 시청했다. 이러한 조작은 24시간 후에 실시된 질문지상에서조차 이들 이슈들에 대한 중요성의 지각에 유의하게 영향을 주었다. 둘째 실험에서, 특출성 조작은 대통령에 대한 응답자들의 평가의 근거에 영향을 주었다. 그들은 대통령의 업적에 대한 자기들의 인정을 실험에서 특출하게끔 만든 특정의 이슈에 대한 대통령의 처리에 기초하는 경향이 있었다. 예컨대, 에너지부족이 가장 집중적으로 보도되었을 때, 시청자들은 대통령의 전반적 직무수행을 대통령이 에너지문제를 처리하는 것에 대해 자기들이 얼마나 좋게 느꼈는가의 측면에서 주로 평가하는 경향이 있었다(Iyenger와 Kinder, 1986).

이들 실험들은 TV뉴스들이 적절한 상황들에서 의제설정효과를 가질 수 있다는 것을 나타낸다.

따라서, 미디어는 접촉이 대량이거나 매우 오랜 기간일 때를 제외하고서 주요 정치적 태도변화를 흔히 일으키는 것 같지 않다. 이것들은 정보를 제공해 주거나 일반대중의 의제에 영향주는 데에 유의한 효과들을 갖기가 더 쉽다. 그러나 이러한 경우들에서조차 우리는 영향들의 크기를 과대평가해서는 안된다. 미디어 폭력에서처럼, 실생활에서 보다도 실험실에서 영향들을 입증하기가 훨씬 더 용이하다.

성격과 정치

정치심리학의 다른 주요 초점은 정치 지도자들과 추종자들의 성격에 두어져 왔다. 대부분의 심리학자들은 성격을 개인의 상황이나 역할에 관계없이 어떤 특정 양식으로 행동하는 일조의 일반화된 사전성향들이라고 정의할 것이다. 그러면 정치적 행동은 어느 정도로 사람들이 처한 상황보다도 그들 자신의 개인적 성질들에 의해서 결정되게 되는가? 이러한 의문을 이해하는 데에 있어서, 정치심리학에 대한 하나의 주요 영향원은 정신분석 그리고 특히 어떤 특수한 개인을 분석하는 심리전기(psychobiography)이어 왔다.

병리의 의문들

한 가지 접근은 정치적 충원, 즉 어떤 종류의 사람들이 정치지도자로 되는가에 초점을 둔다 : 초기의 주요한 정신분석이론가인 Lasswell(1930)은 사람들이 개인적인 성격적 갈등들을 충족시키기 위해서 정치생활에 뛰어들지만, 그 다음에는 자기들의 신경증적 행동을 공적인 대의에 기인되는 것으로 합리화시킨다고 주장했다. 예컨대, 어떤 청년은 권위에 대한 강한 무의식적 갈등을 갖고 있을 수 있으며, 그 다음에 그는 혜택받지 못한 사람들을 옹호하는 혁명적 대의들을 지지해서, 권위에 대한 자신의 신경증적 갈등을 민주주의와 평등에 대한 고상한 수사학으로 덮어서 가릴 것이다. 특히, Lasswell(1948)은 정치가 낮은 자존심을 지닌 사람들을 끌어들인다고 생각했다. 권력의 행사는 자기들이 얼마나 중요한가를 증명함으로써 그들의 부적절감들을 보상할 것이다. 따라서 "권력에 굶주린" 정치가는 부적절감들에 의해서 동기화된 것으로 간주되고 있다.

이것은 전형적인 것인가? 정치지도자들은 실제로 숨겨진 불안들, 갈등들 또는 신경증들 때문에 정치에 입문하게 되기 쉬운가? 몇 개의 중요한 심리전기들이 실제의 정신병리의 증후들을 보이는 것같이 생각되는 주요 정치 의사결정자들에 대해서 수행되어 왔다. 예컨대, 미국이 일차대전에 개입하게끔 만드는 데에 책임있는 윌슨 미국대통령은 평화를 보장하기 위해서 어떤 세계정부를 창설함으로써 "모든 전쟁들을 종식시키는 전쟁"이 되기를 원했다. 그렇게 하기 위해서, 미국은 국제연맹(UN의 전신임)에 가입할 필요가 있었다. 물론 이 제안은 의회에서 다소 반대를 일으켰지만, 윌슨은 완강하게 타협을 거부했으며, 이 완고성은 마침내 미국이 그 기구에 가입하지 못하게끔 만들었다. Georges

(1956)의 윌슨 대통령에 관한 우수한 전기는 엄격하고 요구적인 아버지에 대한 그의 동일시와 억압된 적대감을 묘사했다. 예컨대, 윌슨이 좌절당하게 되었을 때, 이러한 갈등은 격노와 완고성에 의해서 표현될 수 있었다. Georges는 윌슨의 성격의 이러한 측면이 국제연맹에 대한 그의 엄청난 완고성에 일부 책임있다고 시사한다.

고위직 인물에서의 병리의 다른 예는 최초의 미국의 국방장관인 훠레스탈인데, 그는 냉전의 절정 당시에 자살했다. Rogow(1963)는 훠레스탈의 자살이 진행성 편집증에 의해서 일어났다고 주장했는데, 이것은 확실히 미국의 군대를 책임지고 있는 사람에 대해서는 잠재적으로 위험한 상태이다. 이와 비슷하게, Mazlish(1972)의 닉슨에 관한 전기는 의심성, 사회적 고립, 의사결정의 곤란성과 같은 잠재적으로 유해한 특성들과 어떤 정서적에 대한 욕구와 더불어, 자신의 죽음의 공포에 대처하기 위해 위기들을 조성하려는 그 자신의 욕구를 기술한다. 정치지도자들에 관한 이와 같은 심층적 사례연구들은 실제로 흔히 보편적인 불안감들, 낮은 자존심, 어렸을 때의 애정부족, 충족되지 못한 사회적 및 개인적 욕구들 등을 밝혀내고 있다.

이와는 반대로, Lane(1959)은 성공적인 민주적 정치가가 건전하고, 잘 균형된 성격을 요한다고 주장했다. 성공은 개인이 타인들과 쉽게 일하고, 인기있고, 복잡한 정치유세들을 완전하게 관리할 수 있고, 정치적 직무의 복잡한 사항들을 효과적으로 처리할 수 있을 것을 요한다. 그리고 실제로 대부분의 자료는 보통 시민들에서의 정치적 참여가 건전한 성격들에 연관되어 있다는 것을 보인다. 가장 적극적인 시민들은 높은 자존심과 강한 개인적 효능감을 갖고 있으며, 그들의 기본적인 신체적, 안전적 및 사회적 욕구들이 충족되어 있다(예 : Renshon, 1974).

이와 같은 두 세트의 발견들 사이의 갈등은 또한 정치적 리더들의 내면생활들에 관한 분석들이 그들의 성공들보다도 실패들에 특별히 초점을 두고 있다는 사실에 일부 기인되며, 따라서 실패는 갈등들과 불안들에 연관되기가 가장 쉽다. 예컨대, 이것은 레닌, 윌슨, 루즈벨트, 존슨 및 닉슨에 관한 연구들에서 사실이다.

그러나 대개의 경우에 대부분의 사람들에 비해서 이들은 확실히 괄목할만하게 강력하고 자신있고 효과적인 사람들이었다. 따라서 최근의 연구들은 정치적으로 적극적인 사람들의 정신건강의 전반적 수준을 평가하려고 시도하기보다도 특수한 능력부족들이 어떤 특수한 정치적 과업들이나 역할들에서 어떻게 난점들을 일으킬 수 있는가에 더 초점을 두는 경향이 있다.

성격유형들

개개 지도자들에 대한 이와 같은 연구들은 문제의 개인을 넘어서 일반화시키는 능력에 한계를 가져 왔다. 그 한 결과로, 정치지도자들에 관한 다양한 보다 더 일반적인 유형론들이 정치적 자세의 주요 차이들을 포착하기 위해서 제안되어 왔다. 이와 같은 한 노력에서, 미국 대통령들이 두 개의 교차하는 차원들의 측면에서 분류되었다 : 즉 (1) 그들이 적극적이거나 수동적인 여부, 그리고 (2) 그들의 지배적 감정이 자신의 일을 즐기게끔 만들도록 긍정적인지 아니면 그들이 항상 싸우게끔 만들도록 부정적인지의 여부이다 (Barber, 1985 : 표 16-4 참조). 이 구도에서 볼 때, 가장 위험스러운 것은 윌슨, 존슨 및 닉슨과 같은 "적극적 부정적인 자들"이다. 이러한 유형은 특이한 이기적 관심, 완전주의, 자기지각에서의 전부 아니면 전무 식의 지각, 자기만족의 부인 및 자신의 공격성의 통제에 대한 큰 관심의 특징이 있다. 한 가지의 결과는 그가 어떤 개인적 적에 대한 분노에 초점을 둘 수 있다는 것이다; 다른 것은 그가 어떤 실패하고 있는 정책에 크게 집착하고, 고집을 세워서 투쟁하고, 심지어 다른 사람들에게 자신을 위해 죽도록 명령을 내리는 것이다.

우리는 이미 권력동기(power motive)가 특히 권력의 추구가 낮은 자존심을 보상하는 데에 도움이 되기 때문에 정치지도자들의 성격들에 대해 핵심이 된다는 Lasswell(1930)의 가설을 언급한 바 있다. 하나의 초기의 연구에서, 특별하게 강한 권력동기들이 자신의 정치활동을 개시했던 군(郡)위원들로 당선된 사람들, 비교적 높은 권력의 기회들을 갖는 직위들에 출마했던 사람들 및 더 높은 의원직을 갈망했던 사람들에게서 발견되었다(Browning과 Jacob, 1964). 그 후의 한 연구는 권력동기를 알아내기 위해서 미국 대통령들의 취임연설들을 분석했다. 가장 강한 권력동기들은(역사가들에 의해서 평가되었을 때에) 가장 유능한 대통령들의 연설에서 나타났다. 가장 높은 사람들은 트루먼과 케네디이었고, 레이건과 루즈벨트가 그들의 바로 아래이었다. 권력동기가 가장 낮은 사람들에는 후버, 쿨리지, 하딩 및 포드와 같은 특출하지 않은 대통령들이 있었다(Winter, 1987; Winter와 Stewart, 1977). 그렇지만 이 연구가 권력동기들이 낮은 자존심에 기초되어 있다는 가설을 아직 검증하지 못해 왔다는 점에 유의해야만 된다. 정말로 트루먼, 케네디, 레이건 및 루즈벨트에 관한 대부분의 전기적 연구들은 그들이 예외적인 자신감을 지닌 사람들이었다고 주장해 왔다.

다른 유형은 편견에 관한 장에서 논의되는 권위주의 성격(authoritarian personality)이다. 이러한 사람들은 부하들(또는 나약하거나, 의존적이거나 상이한 사람들)에 대해 권위주의적 공격을 사용하고, 권위에 대해 복종적이고, 부드러움을 경멸하고, 또한 특히 냉소주의적인 경향이 있다(Adorno 등, 1950). 상당히 많은 연구들이 권위주의 성격을 정치적 보수주의와 아울러 인종편견에 연관지어 왔다(Kirscht와 Dillehay, 1967).

세번째의 성격유형은 마키아벨리주의적 성격(machiavellian personality)이다. 마키아벨리는 1913년에 "왕자"(The prince)라는 널리 알려진 책을 썼다. 이 책은 표면상으로 정치적 권력을 획득하고 효과적으로 사용하는 방법에 관한 입문서이었다. 이 책은 인

표 16-4. 대통령들의 유형들

	긍정적	부정적
적극적	루즈벨트	윌슨
	트루만	존슨
	케네디	닉슨
수동적	하딩	쿠리지
	레이건	아이젠하워

자료원 : Barber(1985)

간의 본성에 대한 냉소적 견해를 갖는 경향이 있어서, 인간을 이기적이고 욕심 많고 허영심이 강하고 자기방어적인 것으로 간주했다. Christie와 Geis(1970)는 이와 동일한 인간 본성에 관한 마키아벨리주의적 견해를 지닌 사람들의 경향성을 측정할 수 있는 척도들을 개발했으며, "인간을 대하는 최선의 방법은 그들에게 그들이 듣고 싶어하는 바를 말하는 것이다"와 같은 문항들에 동의하는 것으로 지표를 삼았다. 그들은 마키아벨리주의가 높은 사람들이 대인적 감정의 부족, 이데올로기에 대한 개입 또는 관습적 도덕에 대한 관심을 보일 것이라고 예상했다. 실제로, 실험연구들에서 "높은 마키아벨리주의자들"은 낮은 마키아벨리주의자들보다도 대인관계들에서 더 많은 기만을 사용했으며, 기만을 보다 더 성공적으로 사용했고, 대인적 상호작용에서 냉정하고 냉담했으며 흥정게임들에서 특히 정서들이 관여되어 있었을 때에 더 성공적이었다. 따라서 이와 같은 사람들은 국가원수의 의해서 저지받게 될 수 있는 외무장관의 직위들(비스마르크와 키신저에 의해서 큰 업적을 내고서 차지했던 직위들)에 대해 특히 적격자일 수 있다. 그러나 그들은 대개 보다 더 관습적으로 인정된 행동을 요하는 국가원수의 직위 자체에 대해서는 부적합할 것이다(Elms, 1976).

끝으로, 남성 마치스모(machismo) 또는 "남성 나르시시즘 증후군"(male narcissism syndrome)이 있다. 이것은 엄격한 조치를 취하거나 힘으로 위협하는 남성 지도자들을 만드는 경향이 있다. 그들은 국제관계들을 경쟁적이고 강압적이고 전투적이고 적대적인 측면들에서 지각한다(Etheredge, 1979). 이러한 사람들은 쿠바의 카스트로, 이태리의 무솔리니 또는 파나마의 이전 총통인 노리에가 장군처럼 자기들의 높은 직위나 그 이상의 대가를 치르는 갈등들을 촉발시키는 모험을 저지른다.

성격과 상황

또 다른 의문은 상황과 성격적 성향들을 대립시키고 있다. 어떤 행위는 개인의 성향에 의해서 일어났는가, 아니면 상황에 의해서 일어났는가? 정치에서의 "위인들"은 특이한 개인적 자질들 때문에, 아니면 그들이 그저 좋은 때에 우연히 권력을 잡았기 때문에 위대한가?

한 개의 주요 연구는 미국 대통령의 위대성(역사가들에 의해서 평가된)이 그들의 상황에 의해서 또는 그들 자신의 성격특성들에 의해서 더 잘 설명되었는지를 검증했다. 보다 더 효과적인 대통령들은 다음의 5개의 도움이 되는 상황적 특징들을 공통으로 가졌다: 즉, 그들은 전쟁 영웅들(워싱턴, 잭슨 또는 아이젠하워와 같은)이고, 전쟁 동안에 재임했고 스캔들이 없었고, 비교적 장기간 재임했고 또는 재임시에 암살당한 경향이 더 많았다. 그러나, 아무런 성격차원들(권력이나 친화 동기들, 지배와 외향성의 정향들 또는 독단주의와 같은)도 위대성의 차이들을 설명하지 못했다(Simonton, 1986). 이들 자료들은 대통령의 성공에 관건이 되는 것이 그의 성격이라기 보다도 상황이라고 시사할 것이다.

한 개의 관련된 연구는 선출된 대통령들과 대통령의 사망이나 사임 때문에 대통령직을 맡았던 부통령들을 비교했다. 이들 "사고에 의한" 대통령들은 평균적으로 자기 스스로 선출되었던 대통령들만큼 잘 수행하지 못했다 : 그들의 재임기간들은 각료들의 사직들, 각료와 대법원 추천인들에 대한 상원의 거부들 및 대통령이 거부한 법률들의 국회의

재가결들과 같은 비효율성의 증거로 특징지어졌다. 또다시, 의문은 이것이 상황, 즉 그들이 선출되지 않은 것에 기인되는지, 아니면 그들의 성격들에 기인되는지이다. 선출된 대통령들은 연령, 교육 및 정치적 및 선거의 경험과 같은 개인적 특징들에서 "사고에 의한" 대통령들과 차이가 없는 것으로 판명되었고, 따라서 직무수행상의 차이에 책임있는 것은 상황, 즉 사고에 의한 대통령들이 어떻게 대통령직을 갖게 되었는가인 것 같다(Simonton, 1981, 1985). 아마 사고에 의한 대통령들은 자력으로 당선된 대통령들보다도 합법성이 더 적다고 간주되고 있을 것이다. 이와 같은 조사들이 "개인" 대 "시대"를 궁극적으로 해결하지 못하지만, 이것들은 위대성과 효과적 정치리더십에 대한 우리의 판단들에서 중요한 요인들을 규정하기 시작한다.

국제적 갈등

정치심리학에 대한 또 다른 중요한 영향은 국제적 갈등이어 왔다. 1950년대와 1960년대 동안에, 냉전은 오늘날의 연구가 중동 내나 주위의 국제적 긴장들에 초점을 두고 있는 것과 꼭 마찬가지로, 국제적 갈등에 관한 많은 심리학적 연구들을 고무시켰다. 특수한 위기들이 또한 쿠바 미사일위기나 체코슬로바키아의 영토의 일부를 히틀러가 양도받게끔 만든 1938년의 뮤니히에서의 협상들과 같이 또한 관심의 초점이 되어 왔다.

본서의 앞부분에서 우리는 대인간 또는 집단간 갈등의 기원들에 관한 몇 개의 이론들을 논의한 바 있다(또한 17장 참조). 좌절-공격이론은 한 사람(또는 집단)이 다른 사람을 좌절시킬 때, 그 다른 사람(또는 집단)이 공격적으로 반응할 것이라는 것을 시사한다. 사회적 정체이론은 사람들이 경쟁되는 집단들보다 우수한 어떤 집단과 동일시함으로써 자존심을 얻고 따라서 자기 자신의 집단의 경쟁집단들에 대해서 보다도 자기 자신의 집단에 대해서 더 유리한 결과들을 얻으려고 든다고 시사한다. 현실적 집단갈등이론은 집단들간의 적대들이 부족한 자원들에 대한 실제의 갈등들에서 생긴다고 시사한다. 두 개의 국가들이 그들의 수도들 사이에 위치한 동일한 풍부한 유전지대들을 함께 점유할 수는 없다. 아마 이러한 모든 요인들이 국제분쟁들을 일으키는 데에서 작용할 것이다. 이와 같은 분쟁들에 대한 포괄적인 심리학적 분석들은 분쟁 당사국들에 대한 상호의 지각들, 각측에 대한 태도들(민족주의와 외집단에 대한 반감들과 같은), 경제, 사회적 역할들, 조직행동 및 의사결정 집단들 내의 집단역학 그리고 흥정과 협상을 포함해서 많은 요인들에 대한 고려를 요할 것이다(예: Stagner, 1967). 우리는 다만 이러한 분야의 작은 부분을 여기에서 논의할 수 있다.

이미지들과 오지각

하나의 편리한 출발점은 다투고 있는 적수들이 자기들과 아울러 서로에 대해서 갖고 있는 이미지들이다. 이것들은 국가들, 정치지도자들 또는 민중들에 초점을 둘 수 있다. 예컨대, 우리는 미국의 의사결정자들이 소련 정부를 근본적으로 미국에 대해 적대적으로 보는지의 여부에 관심을 두고 있을 수 있다. 이와 비슷하게, 우리는 미국 국무부의 관리들이 중앙 아메리카에서의 소련 정부의 의도들에 대해서 갖고 있는 이미지들과 아울러 소련의 의사결정자들이 미국의 지도자들의 의도들에 대해서 갖고 있는 이미지들에 관심을 두고 있을 수 있다.

심리학자들에 대해서 첫번째의 우선사항은 오지각의 패턴들을 알아내는 것이어 왔다. 인지적 일관성이론들(5장 참조)은 자신의 사전성향과 이미지와 일치되는 의사결정을 선호하는 의사결정자들의 편향들에 관한 수많은 예들을 내놓는다. 사람들은 어떤 외국의 적을 갖는 것을 즐거워하는 것 같으며, 따라서 적의 모습들을 생성하기 위해서 자기들의 지각들을 왜곡시키는 경향이 있다. 적들은 나쁜 의도들, 나쁜 도덕성들 및 정말로 일반적으로 나쁜 특성들을 지니고 있다고 지각되고 있다(Finlay 등, 1967). 냉전 동안에, 미국의 의사결정자들은 소련을 팽창주의자, 무자비하고 냉혹하고 무신론주의적이고 속임수를 쓴다고 지각하는 경향이 있었다. 소련 지도자들은 우세한 힘에 당면했을 때에만 분쟁에 대해 평화적 해결책들을 지지하는 것으로 간주되었다. 일관성 압력들이 또한 "악마와 같은 적", "도덕적인 자기" 그리고 "씩씩한 자기"와 같은 몇 개의 다른 공통적 오지각들에 대해 책임이 있을 것이다(White, 1970).

그러나 만일 미국인들이 소련인들을 적으로서 그리고 미국을 도덕적이고 정직하다고 지각했다면, 소련인들이 마음 속으로 미국에 대해서 이와 매우 비슷한 흑백논리적 묘사를 하고 있었다는 것도 하등의 놀라운 일이 되지 못할 것이다. 두 개의 적대 국가들에 의해서 상호적으로 저질러지는 이러한 왜곡의 패턴은 거울상(mirror image)이라고 기술되어 왔다(White, 1970). 각측은 자기측이 평화적 의도들을 갖고 있고 상대측을 두려워하고 있다고 믿는다: 상대측은 공격적이고 위협적이라고 지각되고 있고, 따라서 자기측의 군국주의는 자기방어라고 정당화되고 있다.

신념체계들

심리학에서 사회적 인지이론들의 하나의 핵심 교리는 정보처리가 "자료 주도적"이기보다도 "이론주도적"인 경향이 있다는 것이다(3장 참조). 우리는 앞 장에서 이러한 이론들을 기술하기 위해서 도식(schema)이라는 용어를 사용했다. 이것은 우리로 하여금 의사결정자들이 국제적 분쟁들에 관해서 갖고 있는 "도식들"이나 신념체계들을 고려하게끔 만든다.

두 개의 매우 상이한 신념체계들은 국제관계들에 관한 제지모형과 소용돌이모형(spiral model)이다(Jervis, 1976). 제지모형(deterrence model)은 강력한 국가는 해결방식에 있어서 단호해야만 되며, 잠재적 공격자들에게 양보해서는 안되며, 정말로 자국의 이익을 보호하기 위해서 전쟁을 치루려는 자세를 가져야만 된다고 주장한다. 단호함만이 공격을 저지시킬 수 있다. 이 아이디어는 만일 적들에게 양적으로 한 되를 양보한다면, 그들은 한 말을 빼앗아갈 것이라는 것이다. 하나의 고전적 실례가 영국의 수상인 챔버린의 1938년의 뮤니히에서의 히틀러에 대한 합의사항 각서인데, 이 행위는 히틀러의 공격적 야망들을 드러내게끔 만들은 것으로 널리 믿어지고 있다. 그 대신에 소용돌이모형(spiral model)은 다른 국가들이 조만간에 공격적 의도들을 발전시키기가 쉬우며, 따라서 자국의 안전을 보호하기 위해서 항상 공격자가 되는 것이 필요하다고 주장한다. 당연하게도, 이러한 관점은 지각자에게 모든 곳에서 위험을 보게끔 편향시키는 경향이 있다.

하나의 특별히 중요한 개념은 어떤 지도자의 **조작적 규칙**(operational code : Leites, 1951 : George, 1969), 즉 정치와 정치적 갈등의 본질, 역사적 발전들 그리고 전략과 전술에 대한 그의 신념들이다. 이것은 앞에서 논의된 도식의 개념과 비슷하다. Leites는 러시아혁명을 이끌었고 수 년 동안 소련을 이끌었던 볼셰비키 지도자들의 조작적 규칙들이 당대의 미국 지도자들의 것들과 아주 달랐다고 시사하고 있다. 볼셰비키들은 차후의 사건들이 통제될 수가 있고, 따라서 일들의 순서가 잘못된 사건으로 인해서 중지될 수 있는 한, 위험성이 높은 활동들을 하려고 들었다 : 여론에 대한 민감성과 차기 선거에 대한 걱정을 가진 미국 지도자들은 공개적 실패를 매우 싫어했고, 따라서 소련의 지도력을 잘 이해하지 못했다.

의사결정자들이 갖고 있는 특별히 흥미있는 한 세트의 이론들은 그들이 "역사로부터 배웠던" 이론들을 포함하고 있다(Jervis, 1976). 예컨대, 일차세계대전 종전 무렵에 해군참모총장이었던 루즈벨트는 미국이 국제 평화유지기구에 가입하는 데 대한 윌슨 대통령의 실패에 의해서 큰 인상을 받았고, 따라서 이차세계대전의 종전 무렵에 모든 국가들이 UN에 가입되는 것을 보장하기 위해서 소련에 대해 중요한 양보를 하려고 들었다. 이와는 반대로, 영국 정부가 뮤니히에서 히틀러를 달래고 있었을 당시에 자기 아버지가 영국대사이었던 케네디는 뒷날에 소련에 대해 양보하는 것에 대해 결연하게 반대했다. 각자는 자신의 성장기 동안에 "역사로부터 배웠지만", 매우 상이한 교훈을 배웠다. 이러한 사례들에서처럼, 너무 흔히 그러한 교훈들은 매우 어렸을 때에 배우게 되고 따라서 생애의 후기에 적용되게 될 때에는 시대착오적인 것이 되거나, 직접적이거나 생생한 경험들 또는 뜻밖의 우연적 이유들로 성공을 거두었던 노력들에다가 너무 많은 비중을 둔다.

신념체계들은 이것들이 충분한 정보에 기초되어 있고 잘 통합되어 있을 경우에 보다 더 합리적 의사결정들을 일으킬 것이다. **통합적 복잡성**(integrative complexity)의 개념이 이러한 신념체계들을 기술하기 위해서 사용되어 왔다. 이것은 두 가지 차원들, 즉 분화(지도자에 의해서 지각된 문제의 측면들의 숫자)와 통합(문제의 여러 부분들을 상호관련된 것으로서 지각하는 것)으로 구성되어 있다. 어떤 지도자는 그가 러시아의 군사적 의도들에 관해서 생각함에 있어서 많은 요인들, 즉 그들의 경제적 자원들, 그들의 진정한 국가적 이익들, 그들의 침략에 대한 두려움 그리고 그들의 세계지배에 대한 이데올로기적 욕망들을 고려할 경우에 보다 더 센스있다고 간주되기 쉽다. 이와 비슷하게, 그의 사고는 러시아인들의 의도들에 대한 그의 지각들이 그들이 보유하고 있는 군사력의 종류들, 그들의 경제적 자원들, 관련된 지리 등에 관한 그의 지식과 통합되어 있을 경우에 보다 더 합리적이라고 간주되기 쉽다(특별논의 16-3 참조).

의사결정자들의 신념체계들의 통합적 복잡성은 일부 상황에 달려있다. 예컨대, 한 개의 가설은 혁명적 리더십이 대의에 대한 투철한 전념, 추종자들이 결집될 수 있는 단순한 메시지들 그리고 신속하고도 일치된 행동의 기초가 될 수 있는 단순한 목표들을 요한다는 것이다. 그 한 결과로, 워싱턴, 레닌 및 모택동의 저서들은 그들의 혁명단계들 동안에 통합적 복잡성이 다소 낮은 것으로 판명되고 있다. 이와는 반대로, 혁명이 성공을 거두고, 적이 타파되고, 혁명가들이 권력을 장악한 후에, 그들은 국가의 모든 복잡성들 속에서 국가를 관리해야만 된다. 이 시점에서 그들은 복잡성들을 더 인식하고 자기들의 주

특별논의 16－3. 보수파의 완고성

한 가지의 오래 지속되는 가설은 극도로 보수적인 태도들이 아동기로까지 거슬러 올라 갈 수 있는 정신역동적 갈등들에 대한 대처의 한 수단으로서 발전한다는 것이다. 이러한 태도들은 애매성이 자아를 위협하고 있기 때문에, 과잉 단순화되고, 흑백논리적이고, 완고한 인지적 스타일을 수반하고 있다(Adorno 등, 1950 ; Tetlock 등, 1984). 그 한 결과로, 보수주의자들은 애매성을 더 참지 못하고, 독단적이고, 완고하고도 흑백논리적인 측면에서 생각하는 경향이 있다고 일컬어지고 있다.

Tetlock과 그의 동료들은 통합적 복잡성의 측정치들을 개발함으로써 공적 인물들의 공적 진술들로부터 몇 개의 연구들에서 이러한 가설을 검증해 왔다. 예컨대, 그들은 보수적 상원의원들과 대법원판사들이 진보적 상원의원들과 판사들보다도 덜 복잡하고 더 단순화된 방식들로 일정하게 생각해 왔다는 것을 발견했다(Tetlock 등, 1985). 심지어 보수주의자들이 상원을 지배했고, 아마 실제적 입법의 복잡성들과 타협을 위한 흥정들을 처리하는 책임을 지고 있었을 때조차, 비록 그 차이가 훨씬 덜 뚜렷할지라도 진보주의자들보다도 덜 복잡한 사고를 나타냈다 : 입법을 하는 책임은 보다 더 복잡한 사고를 강요했다(Tetlock 등, 1984). 끝으로, 영국 하원의 가장 통합적으로 복잡한 의원들은 온건한 사회주의자들이었으며, 가장 복잡성이 적은 것은 극단적 사회주의자들과 극단적 보수주의자들이었다(Tetlock, 1984). 간단히 말해서, 이들 연구들은 다음과 같은 몇 가지 제한사항들은 두면서, 보수파의 완고성 가설에 대한 상당한 지지를 제공하고 있다 : 즉, 극좌파도 또한 애매성을 매우 참지 못하며, 보수주의자들조차 권력을 휘두르는 실제의 현실문제들을 처리해야만 될 때에는 보다 더 복잡해진다.

장들을 한정시키는 것 등이 필요하다. 실제로 그러한 혁명가들의 수사의 통합적 복잡성은 그들이 집권한 후에 상당히 증가되었다. 그리고 이것은 실패한 경쟁자인 트로츠키와 같은 실패했던 사람들보다도 레닌과 같이 성공했던 사람들에 대해서 더 증가되었다 (Suedfeld와 Rank, 1976).

다른 가설은 국제적 위기들이 의사결정자들이 통합적으로 복잡한 사고를 사용하고 있을 때에 무력의 사용이 없이 해결되기가 더 쉽다는 것이다. 이와 같은 매우 복잡한 상황들에서, 통합된 사고가 모든 가능한 대안들을 토의하고 평가하는 데에 요구되게 된다. 실제로 1950년의 한국전쟁 발발 전의 미국과 소련 지도자들에 의해서 교환된 메시지들의 통합적 복잡성은 매우 낮았다. 그러나 유혈사태가 없이 해결되었던 쿠바 미사일위기 동안에 양측은 훨씬 더 복잡한 사고를 보였다(Suedfeld와 Tetlock, 1977).

많은 이러한 연구들을 동기화시키는 하나의 핵심적 의문은 대외정책 의사결정자들이 이성적이거나 비이성적 결정을 내리는 여부이다. 합리성에 대한 공식적 정의는 확실히 우리가 논의해 온 대부분의 사례들에 부합되지 않을 것이다. 우리가 앞 장들에서 의사결정에 관한 우리의 논의들에서 기대해 온 것과 꼭 마찬가지로, 많은 편향들과 오류들이 끼어든다. 그렇지만 합리성에 관한 보다 더 적절한 정의가 보다 더 가깝게 접근될 수 있다. Simon(1985)은 **한정된 합리성**(bounded rationality)의 개념을 제안했는데, 이것은 실제의 의사결정자들이 그들의 한계들 내에서 꽤 합리적이라고 시사한다. 즉, 그들은 모든 정보들을 갖고 있지는 않으며, 그들이 갖고 있는 정보들을 평가하는 데에 필요한 충분한 시간을 갖고 있지 못하며, 그들은 여러 가지 인지적 지름길들을 사용한다. 그들은 완전한 것보다도 "충분히 좋은" 대안들을 택한다. 그들은 다양한 비합리적 압력들을 받고 있다. 그러나 그래도 그들은 흔히 여건들하에서 기대될 수 있는 것만큼 합리적이다.

분쟁해결

가장 일반적 수준에서, 우리가 집단들에 관한 장에서 본 바와 같이 분쟁이나 갈등(conflict)은 **경쟁적 상호의존**(competitive interdependence)에서 생긴다. 두 개의 집단들이 한쪽이 얻는 결과들이 상대측이 얻는 결과들에 일부 의존하는 어떤 관계 속에 있을 때, 그들은 자원들을 차지하려고 경쟁하고, 분쟁이 생기게 된다(Sherif 등, 1961). 그렇지만 집단들간이나 국가들간에 현실적 갈등이 있을 때, 경쟁은 반드시 심지어 승자에 대해서도 누구에게나 이익을 주지 못한다. 오히려, 흔히 양측에게 보다 더 이익을 주게 될 협동적 해결책들이 있다. 확실히, 미국과 소련은 이차세계대전으로부터 독일이나 일본보다도 더 많은 이익을 얻었다. 그렇지만 이것은 민간인과 군인 사망자들과 부상자들 그리고 폐허화된 도시들과 경제들의 면에서 모든 당사국들에게 엄청난 부담을 주었다. 전쟁중에 러시아인들만해도 2700만 명이 사망했다. 모든 당사국들에게 더 많은 이익을 주었을 수도 있는 협동적 해결책들이 있었을 것이다. 따라서 집단들(또는 개인들)간의 경쟁적 상호의존의 관계들은 흔히 경쟁적 해결책과 아울러 협동적 해결책을 갖고 있다. 두 당사자들은 끝까지 싸워서 한쪽이 이기고 다른쪽이 질 수 있다. 또는 때로는 그들은 끝까지 싸워서 핵무기의 교환에서처럼 양측이 질 수 있다. 또는 때로는 그들은 협동해서, 어느측도 승리한 만큼 이익을 얻지는 못하지만 양측이 장기적으로 이익을 얻는다.

협동과 경쟁의 혼합들인 이와 같은 보수구조들은 흔히 **죄수의 딜레마게임**(prisoner"s dilemma game)의 측면에서 기술되고 있다(12장 참조). 이것은 한쪽 죄수가 자기의 동료와 대화할 수 없는 상황이라는 것을 기억하라. 교도관은 하나의 흥정을 제안한다. 즉, 한쪽 죄수가 자백하고 다른쪽 죄수를 범죄에 관련지운다면, 한쪽 죄수는 석방될 수 있다. 만일 양측이 자백하지 않는다면, 그들은 모두 짧은 형기를 판결받는다. 그러나 만일 그들이 모두 자백한다면, 그들은 긴 형기를 판결받는다. 따라서 죄수는 자신의 공범자와 범죄에 협동하고 침묵을 지켜서 짧은 형기를 판결받을 수 있다. 그렇지 않으면, 그는 경쟁하고 자백해서, 자신이 석방될 수 있거나 최대의 형기를 복역할 수 있다. 국제적 분쟁들은 이와 동일한 성질을 많이 갖고 있다. 우리의 국가와 분쟁을 갖고 있는 다른 국가와 협동함으로써, 우리는 최소한 어떤 것을 얻을 수 있다. 전쟁을 치룸으로써 우리가 승리하거나 양측이 큰 손실을 입을 수 있다.

국제적 분쟁들은 어떻게 가장 잘 해결될 수 있는가? Deutsch(1973)는 그가 이른바 "사회적 관계들의 우직한 법칙"이라고 기술한 것을 제안했다. 즉, 협동적 행동은 차후에 협동을 낳으며 경쟁은 상대측으로부터의 경쟁을 고무시킨다. 다른 집단이나 개인과의 상호작용에서, 시초의 조치를 취하는 사람이 상호작용의 분위기를 조성시킬 수 있다. 죄수의 딜레마게임에서, 만일 한쪽 사람이 시초에 협동적 자세를 취해서, 양측이 작은 이익들을 얻게될 가능성을 위해서 정말로 큰 이익을 얻을 기회를 희생시킨다면, 상대측이 또한 협동하게 될 가능성이 더 많다. 만일 첫번째 인물이 탐욕스럽게 상대측을 해치기 쉬운 반응을 택한다면, 이것은 꼭 마찬가지로 보답받게 되기 쉽다.

맞대응과 GRIT 죄수의 딜레마게임의 흥미있는 측면은 장기적으로 자기측에게 유리한 점수들을 얻기 위한 가장 효과적 전략이 바로 Deutsch의 원리일 수 있다는 것이다. 이것은 **맞대응전략**("tit for tat" strategy)이라고 일컬어지고 있다(12장 참조). 이것은 어떤 협동적 반응으로 상호작용을 개시한다. 그 이후에, 적대측이 협동적으로 반응할 때마다 경기자는 협동한다. 그러나 만일 적대측이 어떤 경쟁적 반응을 택하면, 경기자는 보복한다. Axelrod(1984)는 전자 토너먼트게임을 사용해서 바로 이러한 결과를 얻었다. 그는 게임을 행하기 위한 최적의 전략들을 프로그램하기 위해서 14명의 게임이론 전문가들을 초청했다. 그 다음에 그는 각각 200시행의 게임들을 그들의 각자가 서로 상대해서 그리고 무작위적 반응들을 내놓는 컴퓨터 프로그램을 상대해서 게임하게끔 만들었다. 그는 맞대응전략이 개인에 대해 최선의 결과들을 일정하게 일으킨다는 것을 발견했다. 따라서 이익을 위해서, Axelrod는 가장 훌륭한 경기자는 어떤 싸움으로 시작해서는 안되며(즉, 항상 협동을 개시하거나, 상대측의 협동적 자세에 대해 협동적으로 반응해야만 된다), 악의를 품어서는 안되며(즉, 만일 상대측이 경쟁기간 후에 협동쪽으로 선회하면, 경기자는 보복적으로 경쟁을 계속해서는 안된다), 자기 자신이 이용당하게끔 만들어서는 안된다(즉, 만일 상대측이 경쟁적 자세로 선회하면 보복해야 된다)고 결론지었다.

이것의 함축은 어떤 유화적 제스처가 상대측이 계속 적대적으로 되지 않을 경우에 대개 도움이 된다는 것이다. 이러한 아이디어는 GRIT(graduated reciprocation in tension reduction: 긴장감소의 점진적 상호응수)라는 전략의 형태로 국제관계들에 적용되어 왔다. 이것은 미국과 소련 간의 핵무기에 대한 극도의 긴장 당시에 Osgood(1962)에 의해서 제안되었다. 이것은 두 초강대국들간의 긴장을 완화시키기 위해서 상대측이 상호양보들을 행하게끔 유도하기 위한 한 수단으로서 한쪽이 자진해서 작은 양보조치들을 취하는 것을 제안했다. 이것은 맞대응전략이 일어날 것을 가정했지만, 이것이 긴장감소를 위한 어떤 일방적 제스처에 의해서 촉발되게 되는 것을 요한다고 가정했다.

그는 미국이 일방적으로, 그러나 핵보복의 잠재성이나 재래 무기들의 면에서 미국의 안전을 위협함이 없이 점차 군비를 축소시킬 것을 주장했다. 미국의 군비축소들은 상대측의 반응에 따라 점진적이어야만 된다. 만일 소련이 작은 축소들을 이행한다면, 미국도 마찬가지로 한다. 만일 소련이 큰 축소들을 이행한다면, 미국도 그렇게 한다. 이것들은 확실하고 입증가능하고 공개적이고 상대측이 응수하도록 어떤 분명한 요청을 포함할 필요가 있다. 그리고 이것들은 광범한 지역들과 분쟁차원들, 즉 외교적, 군사적, 교육적 등등의 차원들에 대해서 일어나야만 된다.

GRIT전략의 몇 가지 예들이 냉전 기간 동안에 실시된 것 같이 여겨진다. 후루시쵸프는 소련과 아울러 미국에 의해 점령되었던 오스트리아의 지위를 둘러싼 긴장을 완화시키는 노력으로 이것을 사용한 것 같다. 그 결과의 조약은 그 나라를 중립국으로 만들었다(Larson, 1986). 쿠바 미사일위기에서 세계가 핵전쟁의 아슬아슬한 고비를 맞은지 오래 되지 않아서, 케네디 대통령은 하나의 일방적 조치, 즉 대기권에서의 핵무기실험들의 종식을 선언했다. 몇 개의 작은 상호의 외교적 양보들이 뒤따라서, 우연적 핵전쟁을 피하는 것을 돕기 위한 두 국가지도자들간의 "직통선"(hot line)의 가설에 대한 조약, 모스코바와 뉴욕 간의 직통 항공로, 소련에 대한 잉여 밀의 판매들과 기타 긴장감소조치들이 있었다. 그 해에 케네디가 암살당하기 직전에 긴장들이 또다시 복구되었는데, 이것은 아마 케네디 대통령이 재선을 위한 유세를 계획하기 시작했고 소련에 대해 "유화적"으로 보이는 것을 원치 않았기 때문일 것이다. 그러나 이 에피소드는 국제적 협상에서의 하나의 흥미있는 실험을 나타내 준다(Etzioni, 1967).

제삼자의 중재 국제적 분쟁에 대한 다른 접근은 하나의 중재자의 역할을 행하는 어떤 제삼자의 훌륭한 기능들을 포함한다. 아마 이것에 관한 가장 성공적인 최초의 실례는 베긴 수상이 대표하는 이스라엘과 사다트 대통령이 대표하는 이집트 사이의 분쟁들을 중재하는 데 대한 미국의 카터 대통령의 성공일 것이다. 그는 미국의 캠프 데이비드 지역에 있는 대통령 별장에서 두 지도자를 분리해서 초청하는 데에 성공을 거두었고, 그 다음에 두 지도자들 사이를 개인적으로 왕복하면서 "왕복외교"를 수행했다. 마침내 그는 두 전쟁 당사국들간에 역사적 합의를 얻어내서 상호의 외교적 인정, 평화조약 및 이집트에 대한 점령된 시나이반도의 반환을 낳았다. 적대적 당사자들간의 이해를 성취시키기 위한 이와 비슷한 중재역할을 수행하기 위해서 광범하게 다양한 사회과학자들에 의해 그 후의 노력들이 기울여져 왔다. 그 중의 하나는 팔레스타인들과 이스라엘인들 간의 긴장을 완화시키기 위한 Kelman과 Cohen(1986)의 노력이었다. 그 기본적 아이디어는 참가자들이 자기들 자신뿐만 아니라 상대방의 관점들을 분석하고 문제의 공동적 성질을 인식할 필요가 있다는 것이다. 이러한 접근에 대한 집중적 평가들이 없어 왔지만, 이것은 전망이 좋으며 서로 전쟁을 치르기를 좋아하는 것처럼 빈번하게 간주되고 있는 집단들간의 의사소통을 계속 개방하게끔 만드는 가치를 지니고 있다.

위기관리

정치지도자들은 어떻게 국제적(또는 심지어 국내적) 위기들을 처리하고 있는가? 케네디 대통령과 그의 보좌관들이 쿠바의 미사일들을 처리하고자 했을 때, 그들이 성공을 거두게 될 여부를 결정짓는 것은 무엇이었는가? 분명히 그들은 큰 전쟁을 일으켰을 수도 있었지만 그렇지는 않았다. 이와는 반대로, 그들은 전쟁을 모험함이 없이 긴장을 완화시켰을 수도 있었지만 그렇지는 않았다. 이러한 위기들을 처리함에 있어서 지도자들을 다소 성공적이게끔 만드는 것은 무엇인가?

국제적 위기들에 내재되어 있는 한 가지 요인은 심리적 스트레스이다. 이러한 스트레스는 정보처리의 복잡성을 감소시키는 것과 같은 몇 가지 부정적 결과들을 가질 수 있으며, 방어적 도피와 소망적 사고를 일으킬 수 있다. Janis와 Mann(1977)의 의사결정에 관한 갈등이론은 정서가 실린 의사결정적 갈등들, 이와 같은 갈등들에 공통적인 대처행동의 다양한 패턴들, 이러한 대처패턴들의 선행요인들 및 의사결정의 합리성에 대한 이것들의 여러 결과들에 초점을 두고 있다. Janis와 Mann은 주로 경계에 의지하면서 스트레스에 건설적으로 대처하기 위한 여러 기법들을 제시했다. 의사결정자들은 의사결정에 관해서 사전에 적절하게 알 필요가 있지만, 의사결정에 수반하기 쉬운 정서들과 이것들의 후유증에 관해서 특히 알고 이것들을 잘 처리할 필요가 있다.

마지막으로, 대부분의 대외정책 결정들은 집중적인 소집단 심의로 이루어지고 있으며, 따라서 한 정치심리학자에 의한 가장 영향력있는 노력들 중의 하나가 집단사고(group think)를 포함하고 있다는 것은 아마 당연할 것이다.

14장에서 논의된 바와 같이, 집단사고는 함께 일하는 한 집단의 사람들이 높은 사기를 갖는 매우 응집성있는 단결된 집단을 이룰 때에 일어난다. 미묘하게 그들은 집단에 동의하지 않는 사람들을 배척하고, 상이한 생각들을 거부하고, 어떤 무취약성의 착각을 갖기 시작한다. 그러면 그들은 대안적 가능성들을 불완전하게 검토하는 것, 선호된 선택이 갖는 위험성들을 검토하지 못하는 것 그리고 정보의 평가에 있어서 선택적 편향들과 같은 좋지 못한 의사결정의 많은 증후들을 보이기 시작한다.

우리가 앞에서 지적한 바와 같이, Janis(1982)는 이 이론을 대외정책의 결정의 수많은 케이스들에 적용시켜 왔다. 그는 닥쳐오는 일본의 진주만 기습을 시사하는 정보에 대한 미국 정부의 반응부족이 집단사고, 즉 그들의 최근의 정책들의 기초를 위협할 수 있는 정보를 심각하게 고려하려고 들지 않은 것을 통해 일어났다고 시사한다. 그는 또한 1961년의 픽스만에서 카스트로의 쿠바정권에 대한 미국의 침공의 재난을 일으킨 모든 착각들을 조성하게끔 만든 것이 집단사고라고 시사한다.

다른 한편으로, 집단사고를 예방하거나 최소한 최소화시키기 위해서 이루어질 수 있는 일들이 있다. 우리가 앞에서 지적한 바와 같이, 지도자는 각각의 멤버에게 반대주장들을 말하고 집단의 의견일치에 대해 비평하게끔 고무시킬 수 있다. 외부 전문가들이 집단의 결정에 이의를 제기하기 위해서 초빙될 수도 있다. 어떤 그럴듯한 대안을 찾아내기 위해서 집단 내에 이의제기자들이나 하위 위원회들이 형성될 수 있다. 실제로, Janis는 쿠바 미사일위기를 처리하는 케네디 행정부가 이러한 바람직스러운 측면들의 몇 가지를 보였다고 시사한다. 심지어 대통령은 어떤 중요한 회의들에 출석하지 않도록 계획해서 다른 사람들이 그가 말하는 것에 동의함으로써 자기의 비위를 맞추는 것에 크게 신경쓰지 않도록 만들었다.

결 론 들

정치에 대한 심리학적 접근은 두 가지 측면에서 독특하다. 첫째로, 이것은 하나의 포괄적 접근인 경향이 있다. 심리학자들은 인간 행동에 대한 어떤 그리고 모든 압력들을 고려하고자 노력한다. 많은 영역들에서 하나의 경쟁적 견해는 경제적 접근인데, 이것은 개인을 물질적 이익들의 합리적 추구에 의해 보다 더 좁게 동기화되어 있다고 본다. 더욱이, 정치심리학자는 스트레스, 인지적 일관성, 인지적 편향들 및 집단의 영향과 같은 독특하게 심리학적인 요인들을 강조한다. 이것들은 개인의 행동에 대한 비이성적 영향들을 강조한다. 본서에서 논의된 많은 다른 주제들에 대해서처럼, 관점들의 이러한 대비는 장기적으로 인간의 많은 복잡한 측면들을 밝혀 내게끔 도와 주는 어떤 창의적 긴장을 제공한다.

요 약

1. 기본적인 정치적 태도들은 흔히 성인기 이전에 습득되며 그 이후에 변화에 매우 저항할 수 있다. 정당동일시는 비록 이전에 생각되었던만큼 전적인 것은 아닐지라도, 어느 정도 개인의 부모에 의해서 영향받고 있다. 오늘날의 젊은 투표자들은 그들의 이전 사람들보다도 더 약한 정당동일시를 갖고 있다.

2. 지배적인 투표행동이론은 생애의 초기에 습득된 오래 지속되는 정당동일시를 투표에 대한 주요 영향원이라고 본다. 투표자들은 일반적으로 잘 알지 못하고 비(非)이데올로기적이며, 이슈들에 대해 다소 미약한 태도들을 갖고 있다고 간주되고 있다.

3. 이러한 지배적 이론은 투표자들이 그들의 경제상황들, 후보자들간의 이슈의 차이들, 대통령의 직무수행 및 선거구에 대한 봉사의 면에서 생활의 현실들에 대해 다소 잘 알고 있는 식으로 반응한다는 견해에 의해서 최근에 도전받아 왔다.

4. 인종문제와 성차별문제, 특히 인종문제들과 흑인 후보자들에 대한 백인들의 부정적인 정치적 반응들과 여성들의 정치운동의 근거들은 최근에 많은 관심을 끌고 있다.

5. 1930년대에 매스미디어는 두려울 정도로 강력한 새로운 무기들이라고 간주되었으며 1940년대와 1950년대에는 최소의 영향들을 갖고 있다고 간주되었다. 오늘날 이것들의 역할에 대한 새로워진 존중이 있다. 그럼에도 불구하고 광범한 태도변화들이 미디어에 의해서 드물게 일어나고 있다.

6. 주요 장애물들은 상위한 정보에 대한 접촉부족과 매우 개입된 태도들의 변화에 대한 저항을 포함하고 있다.

7. 미디어는 정치적 태도들에서 큰 변화들을 일으킬 수 있지만, 높은 수준의 접촉이 있을 때에만 그러하다. 그러나 미디어는 의제설정, 정보제공이나 낮게 개입된 태도들을 변화시키는 데에 있어서 또는 장기간의 기간에 걸친 반복적 접촉들을 통해 변화를 일으키는 데에 있어서 효과적일 수 있다.

8. 정치심리학에서의 하나의 주요 논쟁은 정치지도자로 충원되는 사람들이 신경증적 욕구들을 충족시키는 경향이 있는지, 아니면 가장 건전하고 효과적인 인간에 속하는지이다.

9. 국제관계들에 대한 몇 가지 공통적 오지각들이 어떤 적을 알아내려는 욕구, 경쟁하는 세력들이 서로에 대해서 갖고 있는 거울상들 및 "역사의 교훈들"을 과용하는 경향을 포함해서 확인되어 왔다.

10. 국제관계들에서의 엘리트의 의사결정이 또한 이것에 필연적으로 연관된 스트레스와 정서성과 아울러 의사결정 엘리트들의 집단역학에 기인되어서 편향되게 된다.

제 17 장

편　　견

사람들의 편견은 그들의 다른 사람들과 집단들에 대한 지각들과 아울러 태도와 행동에 관계하고 있다. 편견은 본서에서 취급되는 가장 파괴적 성향들 중의 하나이다. 이것은 오싹 몸서리쳐지는 폭력행위들을 일으켜 왔다. 6백만 명 이상의 유럽계의 유태인들이 1940년대에 유럽의 인종적 혈통을 "순수화시킨다"는 미명하에서 나치 독일에 의해 학살되었다. 오늘날 그 숫자의 일부만의 유태인들이 유럽에 남아 있다. 수천 명의 아랍인들이 독립 후에 잰지바르에서 대량학살된 것과 같이, 터키에 살고 있는 백만 명 이상의 아르메니아인들이 금세기 초에 터키인들에 의해 대량학살되었다. 북미의 인디언들의 숫자는 17세기에 3백만으로 추정되던 것에서 오늘날은 60만 명으로 감소되었다. 라틴 아메리카에서 스페인인들의 인디언 대량학살은 보다 더 소름끼치는 일이다.

미국의 흑인들은 역사적으로 편견의 가장 보편적 피해자들이어 왔다. 이차대전 전의 반세기 동안에, 수천명의 흑인들이 백인 폭도들에 의해서 대개 백인들에 대한 범죄에 대한 그들의 관여의 혐의로(흔히 정당성이 없거나 적어도 수사되지 않았던) 린치당했다. 이차대전 후에, 인종적 린치들이 거의 완전히 중지되었지만, 폭력사건들은 계속되고 있다. 1989년에, 네 명의 흑인 청년들이 판매용으로 광고된 중고차를 알아보기 위해서 주로 백인들이 사는 뉴욕시의 부루클린 지역으로 갔다. 그들은 야구방망이, 골프채와 총기를 든 약 30명의 백인 청년들의 집단의 습격을 받았는데, 이들은 인근의 백인 여자가 흑인 청년들 중의 한 명과 데이트하고 있다고 오해했다. 흑인 청년들 중의 한 명이 총에 맞아 죽었다. 그러나 이와 비슷하게 29세의 백인 여자 증권회사직원이 1988년에 뉴욕시의 센트럴 파크지역에서 조깅하고 있는 중에 습격받았으며 거듭 강간당했고 거의 사망할 정도로 칼에 찔리고 구타당했다. 습격자들은 그 날 밤에 백인여자를 습격하기로 분명하게 계획세웠던 일단의 흑인과 스페인계 청년들이었다.

거의 모든 사회집단들이 어느 한 때에 편견의 피해자가 된다. 한 가지 징후는 미국에서 아일랜드인(micks), 독일인들(krauts), 프랑스인들(frogs), 이태리인들(wops, dagos), 폴란드인들(polacks), 유태인들(kikes, hebes, hymies), 흑인들(niggers, coons, jigaboos, jungle bunnies), 스페인계들(spics, greasers, wetbacks, beaners), 아시아계들(slants, slopes, Chinks, Japs, flips)이거나 간에 모든 머리에 떠올릴 수 있는 인종집단들에 광범하게 다양한 멸시적 명칭들이 붙여져 왔다. 심지어 백인 앵글로색슨 청교도들도 항상 호의적이지는 않게 때로는 "WASPS"라고 일컬어지고 있다. 남자 동성애자들, 여자 동성애자들, AIDS에 걸린 사람들 그리고 장애자들도 많은 편견의 다른 피해자들에 속한다.

그러나 백인들의 흑인에 대한 인종편견은 아마 미국이 당면해 왔던 가장 극심하고도 고질적인 사회문제의 하나일 것이다. 이것은 대도시들의 빈곤에 따른 황폐화와 파산에서 흑인 자신들의 짧은 평균 예상수명, 높은 수준의 범죄와 약물남용 및 모든 종류의 인간적 불행에 이르는 거창한 사회병리들의 한 목록을 내놓았다. 인종차별은 적어도 16세기 때의 영국 여행자들과 아프리카인들 간의 먼 옛날의 접촉으로까지 거슬러 올라간다. 영국인들의 회고록들은 그들이 아프리카인들의 외모의 생소함에 의해 인상받았음을 나타내고 있다. 그들은 그 당시의 영국인들에 대해서는 압도적으로 나쁜 의미를 지니고 있는 색깔인 아프리카인들의 검은 색에 특히 인상을 받았다. 그들은 아프리카인들이 원숭이처럼 생겼고, 미개하고 야만적인 행동을 하고, 미개한 종교들을 갖고 있는 것으로 지각했다 (Jordan, 1968). 검은 아프리카인들에 대한 이러한 시초의 백인들의 인상은 20세기에 이르러서도 보편적인 대부분의 반흑인 고정관념들을 내포하고 있다.

노예로서 아프리카인들이 미국으로 수입되었을 때, 그들은 재산으로서, 그리고 흔히 인간 이하의 동물로서 취급되었다. 비록 노예무역이 1808년에 폐지되었지만, 미국에 있는 모든 흑인들의 거의 90퍼센트가 남북전쟁 발발 직전인 1860년까지도 아직 노예들이었다. 그리고 노예해방도 그들의 신분을 괄목할 만하게 향상시키지는 못했다. 이차대전의 시작 무렵에, 대부분의 흑인들은 남부에서 살았고, 그 곳에서 그들은 아직도 법에 의해 크게 인종분리를 당했다. 식당, 영화관 및 버스는 흑인들과 백인들을 위한 별도의 칸이 있었다. 이러한 공식적이고 합법화된 인종분리는 1964년까지 폐지되지 않았다. 민권운동은 흑인들을 위한 많은 개선들을 일으켰다. 그러나 최근에 많은 흑인들의 생활이 다시 나빠져 왔다. 더 많은 흑인들이 최저 빈곤 이하에서 생활하며, 주택과 공립학교들이 도심지역들에서 계속 나빠지고 있으며, 환각제의 유행은 범죄의 증가와 개인적 고통의 대가를 치르게끔 만들어 왔다.

광범하게 다양한 소수인종집단들에 대한 편견과 차별대우는 역사를 통해서 그리고 전세계에 걸쳐서 보편적이어 왔다. 그러나, 괴이한 "노예제도"와 그에 따른 합법화된 인종분리 체제는 흑인들에 대해서만 독특했다. 그 결과로서, 어떤 다른 소수인집단에 대해서보다도 흑인들에 대해서 평등을 성취하는 것이 훨씬 더 곤란해 왔으며, 인종 편견은 하나의 핵심 논제가 되어 왔다. 우리의 논의는 이러한 문제를 주로 취급하게 될 것이다. 이는 이 문제가 미국에서 매우 곤란하고도 중요해 왔고, 편견에 관한 대부분의 연구가 이것에 초점을 두어 왔기 때문이다.

흑인공매공고

공매자: 리차드 클라이젯

1933년 3월 5일 화요일 오후 3시에 아래의 노예들이 찰스턴 S.C.에 있는 포터스 마트에서 판매될 예정임.

잡다하게 많은 흑인들로서, 대부분이 집안의 하인들이고, 몇 명은 농사일용 노예임.

조　　건: 대금의 절반은 현금이고 잔액은 판매일로부터 이자가 붙는 공채로 지불됨. 1년 내지 2년 이내에 지불가능한 경우에는 흑인들에 대한 저당과 개인적 안전성의 평가에 의해서 입수하게 됨. 경매인은 문서대를 지불하게 될 것임.

가치있는 흑인여자로서, 모든 종류의 가사일에 익숙함. 간단한 요리를 잘하고, 우수한 낙농장 일꾼이고, 세탁과 다리미질을 함. 네 명의 자식이 있는데, 하나는 약 13세 된 여아이고 다른 아이는 7세 된 여아이고, 5세 정도의 남아와 11개월 된 젖먹이임. 구매자에게 적합하다면, 2명의 아이는 어미와 함께 팔릴 것이고, 다른 아이는 별개로 팔릴 것임.

매우 가치있는 편자공, 그 아내와 딸들: 편자공은 한창 나이이며, 자기 일을 매우 잘함. 27세 된 그의 아내와 12세와 10세의 그의 두 딸들은 가정하인으로 키워져 왔으며, 따라서 매우 가치있음. 또 팔려고 내놓은 것은 두 명의 젊은 흑인같은 계집애들로서, 하나는 16세이고 다른 하나는 15세이고, 이 둘은 가정하인들의 일을 배워 왔고 해왔음. 16세 된 계집애는 애꾸눈임.

17세나 18세의 황색 같은 계집애는 모든 종류의 집안과 채소밭 일에 익숙해 있음. 이 계집애는 아무런 하자가 없음. 더 말할 수 없는 일꾼임.

가정 하인들: 여기에서 설명된 한 가족의 소유자는 이들을 좋은 값으로만 팔려고 하며, 이들은 하자 없이 내놓았고, 단지 없어도 되고 돈이 필요해서 내놓았음. 그는 1, 250 달러를 요구했음. 그 중에서 30 내지 33세의 남자는 상류의 버지니아 가정에서 가정하인으로 키워져 왔음. 마차운전 등 모든 일들에 능숙함. 그의 마누라는 25 내지 30세 된 하녀로서 식모, 침모, 간호부 등으로서 비슷하게 키워졌고, 12세와 4세나 5세 된 두 딸이 있음. 이들은 똑똑한 흑백혼혈아들이고, 유순한 성품들, 겸손한 매너와 품위있는 외모를 갖고 있고, 이러한 행운을 필요로 하는 신사는 눈여겨 주시기 바람.

또한 16세 내지 25세 범위의 14명의 흑인 여자들도 있으며, 모두가 하자가 없고 집안이나 들에서 온종일 일을 할 수 있음.

주: 미국에 있는 거의 모든 흑인들이 아프리카에서 강제로 수입된 노예들의 자손들인 반면에, 거의 모든 다른 미국인들은 자유선택에 의해 이민을 온 사람들의 자손이다. 도주할 가망이 거의 없는 이러한 "괴이한 제도"에 발목이 잡힌 사람들에 대해서 어떤 종류의 행동들이 적응적이어 왔을까? 그러한 행동들의 어떤 흔적들이 오늘날에도 남아 있을까?

집단적대의 요소들

편견은 한 집단(내집단 ; ingroup이라는)의 멤버들이 다른 집단(외집단 ; outgroup이라는)의 멤버들에 대해 부정적 태도들과 행동들을 보일 때에 나타나게 된다. 이와 같은 적대들은 세 개의 상호관련되어 있지만 구별가능한 요소들을 지니고 있다.

고정관념들(stereotypes)은 흑인들이 게으르고 그리 똑똑하지 못하고 운동을 잘한다거나, 유태인들이 약싹빠르고 돈만 알고 야심있다는 것과 같이 집단멤버들의 전형적 특징들에 관한 신념들이다. 편견(prejudice)은 흑인들이 백인의 이웃에 살아서는 안된다는 것과 같이 외집단에 대한 부정적 태도들을 일컫는다. 차별대우(discrimination)는 어떤 일자리에 동일한 자격을 갖춘 흑인보다도 백인을 채용하는 것과 같이 외현적 행동을 일컫는다.

고정관념들

집단적대(敵對)의 인지요소인 고정관념들(stereotypes)은 어떤 특정 집단이나 사회적 범주의 사람들이 함께 갖고 있는 개인적 속성들에 관한 신념들이다. 예컨대, 소설들, 교과서들 및 필름들에 나타난 19세기의 미국 원주민들에 대한 가장 보편적 고정관념들은 그들이 지저분하고 잔인하고 적대하는 야만인들이고 깃털 장식들이나 전투모를 착용하고 말을 타고 서로 의사를 전달하기 위해서 비언어 신호들을 사용하는 것으로 제시되었다. 20세기의 미국 원주민들은 더 흔히 조용하고 수동적이고 술취하고 게으르고 비도덕적이라고 묘사되고 있다(Trimble, 1988).

고정관념들은 흔히 외집단의 개인적 멤버들에 관한 지각들에 영향을 준다. 예컨대, Sagar와 Schofield(1980)는 6학년생들에게 다른 아이에게 과자를 달라고 요구하거나 복도에서 다른 사람과 부딪치는 것과 같은 두 아동들간의 상호작용들에 관한 짧은 언어적 기술들과 미술가의 그림들을 제시했다. 두 아동의 인종들이 그림들에서 체계적으로 변화되었다. 그 다음에 아동들이 일어난 일에 관한 이야기를 말하도록 요구받았다. 흑인과 아울러 백인 아동들은 백인들보다도 흑인들이 포함되었을 때에 그 행동을 더 천박하고 위협적이라고 기술했다. 아마 이것은 그러한 상호작용들이 흑인들이 포함되어 있을 경우에 친절하기보다도 더 적대적이기 쉽다는 고정관념에 기인되었을 것이다.

편 견

편견(prejudice)은 주로 개인의 집단소속에 기초된 어떤 집단이나 개인의 평가이다. 대개 이것은 주로 사람의 집단소속에 근거되어 있는 어떤 집단이나 어떤 개인에 대한 평가이다. 대개 이것은 부정적 평가이다 ; 우리는 어떤 사람이 어떤 외집단멤버들에 대해 편견을 갖고 있다고 말한다. 그러나 때로는 사람들은 어떤 집단(대개 자기들 자신의 집단)을 애호하는 쪽으로의 편견을 갖고 있다. 그 결과로, 편견은 인상(2장)과 태도(5장)에 대해서 이미 논의된 바 있는 감정적 또는 평가적 차원들과 같은 호(好)-불호(不好)의 성질을 갖는다. 그러나 편견은 속단의 부수적인 성질을 갖고 있다. 지각자는 타인들을 개인들로서의 그들에 대한 정보나 사실에 근거하기보다도 그들의 사회적 또는 인종적 범주에 근거해서 평가한다.

좋지 못한 고정관념들은 흔히 비호의적 편견들과 동반하지만, 이것들이 동일한 것은 아니다. 상이한 집단들에 대한 고정관념들은 인지적 내용에서 상당히 차이가 있을 수 있지만, 똑같이 강한 부정적 편견들을 낳는다. 역사적으로, 우리가 지적한 바와 같이 대다수의 미국인들이 흑인들과 유태인들에 대해 매우 상이한 고정관념들을 갖어 왔지만, 최근까지 이 두 집단들에 대한 편견수준은 매우 비슷했다.

편견의 영향들은 파괴적이고 광범위하다. 그 중의 하나로서, 개인들에 대한 우리의 판단은 그들의 집단에 대한 우리의 편견에 의해서 영향받고 있다. 예컨대, 미드웨스턴 대학교에 있는 백인 대학생들이 배심원 행동에 관한 한 연구에서 배심원들로서 참가하도록 요구받았다. 그들은 캠퍼스에서 21세 남자에 의한 19세 여자에 대한 강간 혐의에 관한 기술을 읽었다. 피해자와 피고 모두의 인종이 변화되었다. 피고에게 불리한 증거도 또한 변화되었다: 강한 증거조건에서 피해자와 증인이 강간자를 확인할 수 있었고, 약한 증거조건에서 양측이 확신이 없었다. 중간의 또는 "경계선"조건에서 증인들과 경찰관에 의한 애매한 보고들과 더불어 피해자의 확인과 피고의 부인들이 상충되었다. 그 다음에 피험자들은 피고가 얼마나 많이 해치려고 의도했는가, 그는 그 강간에 대해 얼마나 책임이 있었는가, 그는 죄가 있었는가 아니면 없었는가, 그는 어떤 형벌을 받아 마땅했는가를 질문받았다. 반응들은 지각된 유죄도의 지수를 만들기 위해서 등급지어졌다.

배심원들의 인종편견이 그들의 판결에 영향주었다. 표 17-1에서 보는 바와 같이, 흑인 피고는 백인 피고보다도 특히 피해자가 백인이고 증거가 경계선적이었을 때에, 더죄가 있다고 간주받았다. 이것은 전형적인 것이다. 그러한 편견들은 대개 실제의 상황에 관한 어떤 애매성이 있을 때에 가장 흔히 개개의 집단멤버들에 대한 지각들에 영향을 준다.

편견은 또한 소수인집단들에 대한 사람들의 정치적 반응들에 영향을 준다. 예컨대, 흑인 후보자와 백인 후보자가 대립되는 선거들에서, 백인 유권자의 편견은 흔히 그 사람이 어느 후보를 지지할 것인가에 관한 가장 좋은 예언요인이 된다. 1984년에 흑인인 잭슨이 처음으로 대통령에 출마했을 때, 그는 가장 많은 편견을 가진 백인들로부터 가장 많이 반대받았고, 덜 편견을 가진 백인들은 그를 더 많이 지지했다(Sears 등, 1987). 이와

표 17-1. 인종과 증거의 강도의 함수로서 남자 피고에 대한 지각된 유죄도

피고의 인종	증거의 강도			
	영에 가까움	경계선	강함	전체
흑 인	7.2	17.1	24.4	15.9
백 인	6.5	12.9	21.7	13.8

자료원: Ugwuegbu(1979)에서 개작됨. 수치들은 36점 척도상에서의 유죄도 평정치들인데, 여기에서 수치들이 클수록 지각된 유죄도가 더 크다.

비슷하게, 흑인들에 대한 편견은 차별폐지조치나 흑백인 아동 공동버스통학에 대한 백인들의 반대를 증가시키며, 스페인계 미국인들에 대한 편견은 두 개의 언어교육들과 스페인계들을 위한 차별폐지조치에 대한 반대를 증가시키며, 아시아계 미국인들에 대한 편견은 그들에게 혜택을 주는 이와 비슷한 정책들에 대한 반대를 증가시킨다(Citrin 등, 1989; Jessor, 1988; Kluegel과 Smith, 1983; Sears와 Huddy, 1989). 간단히 말해서, 편견은 이것이 공공정책에 대한 사람들의 선호들이건 그들의 투표행동이건 간에 그들의 정치적 태도들과 행동들에 강하게 영향준다.

편견은 외집단에 대한 부정적 태도들만을 일컫는다. 자민족중심주의(ethnocentrism)는 내집단이 모든 것의 중심이며 모든 외집단들보다 우수하다는 신념을 일컫는다. 따라서 내집단은 가장 고결하고 우수하며 가장 훌륭한 가치들을 지니고 있다고 지각되게 되며, 외집단은 경멸할 만하며 비도덕적이고 열등하고 약하고 믿을 수 없고 범죄적이라고 지각되게 된다(Brewer, 1986).

내집단에 대한 이러한 긍정적 태도들은 외집단에 대한 편견과 몇 가지 동일한 효과들을 가질 수 있다. 캘리포니아주의 백인 성인들에게서 "전통적 미국인주의"(영어를 말하고 쓰거나 미국이 비난당할 때에 변호하는 것과 같이 어떤 사람을 진정한 미국인으로 만드는 것에 관한 신념들에 기초된 것)는 또한 비영어 사용자들을 위한 투표권들과 같은 스페인계들과 아시아계들에게 혜택을 줄 수 있는 정책들에 대한 반대의 증가를 일으켰다(Citrin 등, 1989).

어떤 집단에 대한 편견은 또한 그 멤버들의 행동의 원인들에 대한 귀인들에 영향준다. 하나의 좋은 예는 사회경제적 지위의 인종차이들에 대한 백인들의 설명이다. 흑인들은 평균적으로 항상 백인들보다 더 낮은 소득, 취업, 교육수준 및 직업적 지위를 갖어왔다. 수년 전에 이러한 상대적인 성공 부족에 대한 백인들의 주요 귀인은 안정적이고 내부적이어서, 흑인들이 여러 가지 면에서 선천적으로 열등하다는 것이었다. 백인들이 점차 이러한 생각을 버려 왔지만, 이 생각을 노력의 부족과 낮은 포부와 같은 불안정한 내부원인들에 대한 귀인들로 대치시켜 왔다. 예컨대, 1981년에 59%의 백인들이 흑인들의 좋지 못한 직업들, 소득 및 주택이 그들의 동기나 의지의 부족에 기인된다고 생각한 반면에 39%가 차별대우를 탓했다. 이와는 반대로, 흑인들은 자기들의 불이익들을 차별대우와 같은 외부원인들에 귀인시키는 경향이 더 많다. 동일 연구에서, 흑인들의 46%만이 동기부족을 탓한 반면에 72%가 차별대우를 탓했다(Bobo, 1989).

두 인종이 갖고 있는 지각들이 이렇게 많은 차이가 나는 이유가 무엇인가? 한 가지 가능성은 흑인들이 단순히 백인들보다 자기들이 당면하는 상황들을 더 잘 알고 있고, 따라서 상황들에 대해 더 정확하다는 것이다. 다른 가능성은 4장에서 논의된 이기적 귀인의 한 변종이 원인이 된다는 것이다. 이 경우에서, 백인들은 흑인들의 성공에 대해서 외부귀인을 하고 실패에 대해서 내부귀인을 해서, 자기들의 내집단(백인들)의 자존심을 강화시키고 외집단(흑인들)을 멸시할 수 있다. 실제로 지각자들은 일반적으로 외집단 멤버들보다도 내집단 멤버들에 대해 더 호의적 귀인들을 행한다(Hamilton과 Trolier, 1986). 그리고 흑인들의 불이익들에 대한 이러한 내부귀인들이 가장 편견이 많고 정치적으로 보수적인 백인들에 의해서 가장 흔히 이루어지는 반면에, 편견이 적은 백인들이 그것들을 차별대우와 교육기회의 부족과 같은 외부요인들에 기인된다고 설명하는 경향이 더 많다는 상당한 증거가 있다(Bobo, 1989 : Apostle 등, 1983). 따라서 인종편견은 많은 백인들에게 흑인들의 생활의 부정적 측면들을 그들의 성향들에다가 귀인시키는 "궁극적 귀인오류"를 저지르게끔 만들 수 있다(Pettigrew, 1985). 그리고 자기들 자신의 집단을 방어하려는 흑인들의 경향은 그들에게 자기들의 성공 부족을 외부요인들의 탓으로 돌리게끔 만들 수 있다.

차별대우

차별대우(discrimination)는 집단적대의 행동적 요소이다. 이것은 개인들의 집단 소속에 근거된 어떤 사람들에 대한 부정적 행동들로 구성되어 있다. 오랫 동안 백인 고객들을 받는 미국 남부지방의 식당들은 아시아인이나 흑인 고객들을 거절했다. 이와 비슷하게, 형사법계통에서 백인들에 대한 편애적 대우에 관한 많은 증거가 있다. 흑인들은 배심원들에서 특히 흑인 피고들이 포함된 사건들에서 배제되기가 더 쉽다 ; 유죄판결을 받을 경우에, 그들은 더 가혹한 선고를 받으며, 감옥에 더 오랫 동안 수감되며, 사형선고를 받을 가능성이(특히 백인여자를 강간한 데 대해) 더 많다. 이러한 인종차별들은 심지어 범죄의 죄질과 빈도와 같은 요인들이 일정하게 유지될 때에도 유지되었다(Nickerson 등, 1986). 끝으로, 대학입학들에서의 인종 배정인원들의 사용이 특히 논쟁을 일으켜왔다. 1960년대 이전에, 많은 사립대학들이 유태인 학생들의 입학생수를 제한하는 배정인원들을 갖고 있었다(그리고 현재 그들이 아시아계 학생들에 대한 이와 비슷한 배정인원들을 갖고 있다고 흔히 비난되고 있다). 보다 더 최근에, 소수인종집단들을 돕기 위한 배정인원들의 사용은 이것이 다수인종집단을 희생시키면서 소수인종집단을 유리하게끔 만들기 때문에 "역차별대우"라고 기술되어 왔다. 이것들 모두는 차별행동의 예들이다.

편견에 의해 동기화된 부정적 행동의 다른 형태는 경멸적인 인종호칭들의 표현이다. 진담이거나 농담이거나 간에, 이것들은 매우 나쁜 영향들을 줄 수 있다. 한 연구에서, 한 모의배심원의 멤버들인 백인 대학생들에게 흑인 변호사와 아울러 절도 차량을 주 경계선을 넘어서 운반한 죄를 지은 백인 피고가 제시되었다. 배심원들 중의 두 명은 실험협조자들이었으며, 한 시점에서, 한 사람이 다른 사람에게 "제기랄, 마이크씨, 나는 이 사실을 믿지 못하겠는데. 저 검둥이 변호사는 아무것도 모른단 말야!" 라고 말했다. 다른 두 조건들에서 "악덕 변호사"라는 단어가 "검둥이"라는 단어로 대치되었거나 전혀 언급이 없었다. 도 17-1에서 보이는 바와 같이, 멸시적 인종명칭은 변호사와 피고에 관한 배심원들의 평가들을 낮추었으며, 유죄 투표를 증가시켰다. 그 변호사를 "악덕 변호사"라고 부르는 것조차 그를 "검둥이"라고 부르는 것보다 더 약한 영향을 주었다(Kirkland 등, 1987).

집단 적대의 행동요소로서 차별대우는 항상 편견적 태도들과 일치하지는 않는다. 이것은 식당과 호텔 주인들이 아시아인 고객들을 받아들이는 것을 언어적으로 거절했지만, 그들의 문간에 나타난 중국인 부부를 행동적으로 받아들인 것을 보이는 연구에 의해서 앞에서(5장) 예시된 바 있다(LaPiere, 1934). 이와는 반대로, 특히 차별행동에 대한 엄격한 법적 금지들이 있을 경우에, 커다란 편견이 매우 작은 차별대우와 함께 존재할 수 있다. 오늘날, 많은 사람들이 계속 인종적으로 편견적 태도들을 갖고 있거나 여성에 대해

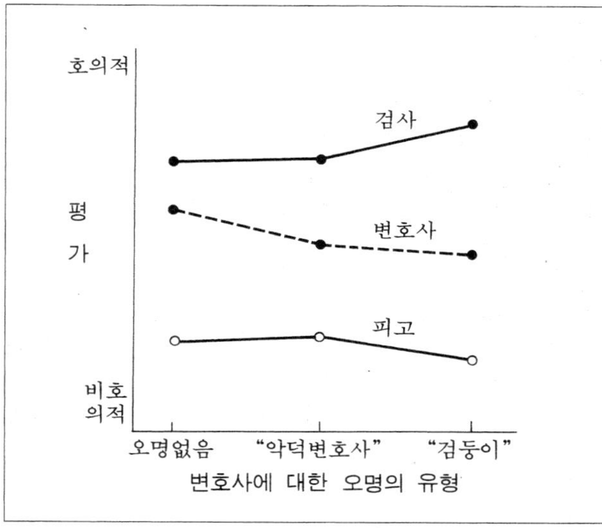

도 17-1. 재판에서 참가자들의 평가에 미치는 인종적 오명의 영향들(Kirkland 등, 1987에서 개작됨.)

편견을 갖고 있지만, 개인의 인종이나 성별에 기초해서 어떤 사람을 거절하는 것은 불법이고, 따라서 차별행동이 덜 흔하다.

편견의 학습

편견의 기원에 관한 몇 개의 이론들이 있으며, 이것들의 대부분은 1장에서 소개된 일반 이론들에서 나왔고 5장에서 태도들에 적용되었다. 아마 가장 단순한 사회적 학습이론은 편견을 사람들이 다른 태도들과 가치들을 학습하는 것과 동일한 방식으로 학습되는 것으로 본다.

사 회 화

아동들은 날 때부터 고정관념들과 편견적 태도들을 갖고서 태어나지는 않는다. 그들은 이것들을 그들의 가족, 또래들, 미디어 및 주위의 사회로부터 배워야만 된다. 사회화(socialization)는 아동들과 청년들이 그러한 태도들을 배우는 과정을 일컫는다. 이것은 앞에서 기술된 사회적 학습기제들의 각각을 통해서 일어날 수 있다: 예컨대, 아동들은 성인들과 친구들의 편견들을 단순하게 모방할 수 있거나, 멸시적인 인종적 유머를 사용하는 데 대해 강화될 수 있거나, 특정의 소수인 집단들과 빈곤, 범죄, 지저분함 및 기타의 나쁜 일들을 단순하게 연합시킬 수 있다.

그러나 많은 편견의 학습은 가정 밖에서 일어난다. 이것은 개인이 살아가고 있는 집단이나 심지어 일반 사회의 하나의 사회규범이다. 이러한 규범들은 사회화과정의 일부로서 학습되고 있다. 전세계의 인종적 및 종족적 편견의 규범들의 존재를 입증하기는 쉽다. 예컨대, 북부 백인 미국인들은 본래 아프리카, 아시아 및 라틴 아메리카 출신의 사람들에 대해서 편견을 갖고 서부 유럽 출신의 사람들을 애호하는 역사적 경향을 가져 왔다 (Lambert와 Klineberg, 1967). 러시아인들은 역사적으로 유태인들에 대해, 영국인들은 아프리카인들에 대해(세익스피어의 희곡인 오셀로에서처럼), 중국인들은 일본인들에 대해, 일본인들은 한국인들에 대해서 등등으로 편견을 가져 왔다.

그리고 이러한 편견의 사회규범들은 흔히 생애의 매우 초기에 습득되고 있다. 국민학교 초 경에, 대부분의 미국인 아동들은 미국 사회에서의 인종차이들과 적어도 어떤 형태로 인종들에 관한 지배적인 규범들을 인식하고 있다. 흑인과 백인 아동들에 관한 하나의 주의깊은 연구에서, Goodman(1952)은 인종적 인식이 3, 4세에서 많은 아동들에게서 이미 존재하며, 4세아들의 25%가 강하게 확립된 인종에 관련된 가치들을 이미 나타냈다는 것을 발견했다. 흑인처럼 되고 싶다는 의사를 표명한 백인아동은 전혀 없는 반면에, 흑인아동들은 자기의 피부색에 대해 훨씬 더 많은 갈등을 나타냈다. 이러한 초년기들 동안에 아동들이 갖는 경험들은 청년의 인종편견이 일찍이 굳어져 왔고 타파시키기가 훨씬 더 곤란하기 때문에 매우 중요하다.

부모는 아동의 편견습득에 있어서 특히 중요한 역할을 한다. 부모들과 자녀들 간의 인종 및 종족적 태도들 사이에는 일정한 상관이 있다(Ashmore와 DelBoca, 1976). 부모들은 흔히 자기 자녀들에게 직접 가르치지 않고서도 이러한 태도들을 전달한다. 이는 태도들이 직접적인 강화와 아울러 연합이나 모방에 의해서 학습될 수 있기 때문이다. 아동들은 자기 부모의 태도들과 행동들을 면밀히 관찰하고 다른 인종의 사람들에 대한 부모의 반응에서 많은 비언어적 단서들을 얻게 된다.

아동들이 나이를 먹게 됨에 따라, 또래집단들이 점점 더 중요하게 된다. 대개 또래집단들은 주로 부모의 관점을 강화시킨다. 이것은 공통적 지역사회환경을 갖고 있는 사람들의 사회적 배경과 가치들이 유사하기 때문이다. 그러나 가끔 부모의 태도들은 또래들의 태도들과 불일치하며, 아동이 나이를 먹을수록 또래들의 영향력은 더 커지게 될 것이다(Tedin, 1974).

미 디 어

미디어는 특히 아동들에 대해서 사회적 학습의 또 다른 잠재적 원천이다. 소수인 집단들은 역사적으로 미디어에서 비교적 주목이 거의 없어 왔다. 예컨대, 텔레비전 이전에, Life와 Saturday Evening Post와 같은 잡지들은 매우 큰 독자들을 갖고 있었다. 1949－50년도에 흑인들은 그들이 미국 인구의 약 10%를 이루고 있다는 사실에도 불구하고, 모든 광고의 단 0.5%와 모든 비광고 재료의 2.5%에 들어 있었다. 그리고 빈약한 등장조차도 고정관념화된 경향이 있었다. 광고에 있는 흑인들의 80%가 하녀, 식모나 백인의 하인들이었다(Greenberg와 Mazingo, 1976).

이러한 것들은 상당히 변화되어 왔다. 텔레비전의 주요 시간대에서, 흑인들은 이전보다도 훨씬 더 자주 나타난다. 1977년과 1978년에 텔레비전 방송들에서 흑인들은 상품광고의 20%, 연속 코미디극의 52% 및 드라마의 59%에서 나타났다(Weigel 등, 1980). 그

표 17－2. 주요 시간대 상업광고들과 프로그램: 백인과 흑인의 등장들, 인종혼합 등장들 및 상호작용들의 상대적 빈도들

시간 범주	인간이 등장하는 시간의 백분율			
	드라마	코미디	전 체	상업광고
백인 등장들	99.5%	86.0%	95.8%	96.6%
흑인 등장들	3.3	22.0	8.3	8.5
인종혼합 등장들	2.8	7.9	4.1	5.1
인종간 상호작용들	1.5	3.6	2.0	1.7

자료원: Weigel 등(1980), p. 888.

리고 몇 년 동안, 흑인 의사와 그의 가족을 취급하는 "코스비 쇼우"는 방송 연속극 중의 가장 인기있는 것 중의 하나이었다. 더욱이, 흑인들은 더 이상 종속적 역할들에서만 보여지고 있지는 않다. 동일한 연구는 인종간의 상호작용들의 70% 이상이 "기관의 상황들에서 일어났다는 것을 보였는데, 여기에서는 적어도 몇 명의 흑인 등장인물들이 권위적 위치들이나 기술적 숙련을 요하는 지위들을 갖고 있는 것으로 등장했다"(Weigel 등, 1980, p. 889). 이러한 상호작용들에서 흑인들과 백인들은 높은 지위의 역할들을 맡는 것이 거의 비슷했다(표 17－2 참조).

그러나 인종간 상호작용들은 드물고, 멀고, 공식적이고, 직장에 집중된 경향이 있었다. 표 17－2는 텔레비전상의 흑인들의 등장들이 매우 짧은 경향이 있었음을 나타낸다. 몇 명의 백인들은 거의 항상 눈에 띄었던 반면에, 한 사람이나 그 이상의 흑인들이 항상 눈에 띈 것은 매우 드물었다. 더욱이, 흑인들의 등장들은 매우 분리되어 있어서, 흑인들과 백인들이 심지어 코메디극들에서조차 4% 이하가 서로 상호작용하는 것으로 보여졌다. 인종간 상호작용들 중의 10%만이 직장 밖에서 일어났던 반면에, 백인들간의 상호작용들의 47%가 직장 밖에서 일어났다. 따라서 만일 아동들이 오늘날의 텔레비전에서 단서를 취하게 되었다면, 그들은 인종들간의 관계들이 다소 드물고, 소원하고, 공식적이고, 주로 직장에서 일어났다고 가정할 것이다. 물론, 이러한 모든 것은 그래도 금세기의 초기에 제시된 비가시성과 고정관념화된 행동에 대한 커다란 개선인 셈이다.

편견의 동인들

편견에 관한 다른 이론들은 개인의 욕구들과 아울러 편견이 이것들을 충족시키는 데에 어떻게 도움을 줄 수 있는가에 초점을 둔다. 이러한 이론들은 이것들이 개인들의 동기들과 아울러 편견적 태도들을 취하는 것에 대해 개인들에게 제공된 유인들에 초점을 두기 때문에 동기적 이론들의 범주에 속한다. 이러한 이론들의 몇 가지 구별되는 하위이론들이 있다.

정신역동적 접근들

편견을 개인 내의 동기적 긴장들에서 나온 것으로서 분석하는 편견이론들은 이것들이 특정 개인의 성격의 특수한 역동을 강조하기 때문에 **정신역동이론들**(psychodynamic theories)이라고 불린다.

이러한 한 이론은 편견을 전위된 **공격**(displaced aggression)으로서 취급한다. 전위는 좌절이나 괴로움의 소스가 두려움이나 단순한 사용불가능 때문에 공격될 수 없을 때에 일어난다. 만일 불경기가 되어 어떤 남자가 일자리를 잃게 되면, 그는 분노와 공격을 느끼게 되지만, 잘못을 저지른 분명한 사람은 없다. 이러한 경우에서, 사람들은 자기의 곤궁을 탓할 수 있고 자신이 공격을 행할 수 있는 희생양(scapegoat)을 찾게 된다.

앞에서 논의된 한 예는 미국 남부지방에서의 흑인들에 대한 린치가 경제조건들이 악화됨에 따라 증가된다는 것을 보이는 연구이다(Hovland와 Sears, 1940). 가난한 백인들은 그들의 진정한 좌절원들, 즉 대규모의 경제적 추세들을 공격할 수 없었고 따라서 그들은 보다 더 편리하고 아마 안전한 표적인 흑인들을 공격했다.

다른 정신역동이론은 편견을 뱀에 대한 공포증이나 인정을 바라는 신경증적 욕구와 똑같이, 하나의 성격장애로서 취급한다. 이 이론 중의 가장 잘 알려진 예는 권위주의적 성격에 관한 연구에서 찾아볼 수 있다(Adorno 등, 1950). 이 인상적인 연구 프로그램은 미국 유태인위원회가 1930년대의 반유태주의의 발생과 독일인들의 히틀러에 대한 맹종적 행동을 이해하고자 후원된 것이었다. 그들의 결론은 반유태주의가 권위주의적 성격이라고 불리는 특수한 성격 증후군에서 생겨났다는 것이었다. 이것은 (1) 전통적인 가치와 행동패턴들에 대한 완고한 집착(과 그로부터의 이탈에 대한 가혹한 처벌), (2) 강력한 권위에 대해 복종하고 동일시하려는 과장된 욕구, (3) 일반화된 적대감과 (4) 신비주의적이고 미신적인 성격을 갖는 특징이 있다고 묘사되었다.

권위주의적 성격들은 지배적인 아버지와 처벌적인 어머니에 의한 초기의 양육에서 생겨난다고 생각되었다. 어른이 되게 되면, 이 사람은 그 경험을 반복하게 되지만, 이제는 주체자의 자리에서 하게 된다. 이 사람은 상이하거나 열등한 사람들을 못살게 굴고 처벌한다. 다른 인종과 종교를 가진 사람들, 모든 종류의 장애자들이나 약한 사람들, 비전통적 생활양식을 가진 사람들은 모두 권위주의자의 쇠발굽에 짓밟히게 된다. 권위주의자는 자기 집단은 굉장하지만, 다른 모든 집단들은 평판이 나쁘고 비위에 거슬린다고 생각한다.

권위주의에 관한 연구들은 곧 자료 해석에 대한 논쟁들에 휘말리게 되었다(Christie와 Jahoda, 1954; Kirscht와 Dillehay, 1967 참조). 방금 제시된 심리학적 분석은 다소 논란거리가 되었다. 한 가지 핵심적 문제는 연구자들이 반유태주의에 대한 설명에서 사회문화적 학습과 성격요인들 간을 적절히 구분짓지 못했다는 것이다. 이것은 성격장애에서 생겨 난 것이 아니라 사회화의 한 정상적 측면으로서 학습되어 왔을 수 있다. 가장 반유태인적인 미국인들의 다수가 극심한 반유태주의가 수세기 동안 크게 유행했던 유럽의 지역들에서 단지 한 세대나 두 세대 이전에 이주했던 가정출신들이었다. 따라서 반유태주의는 어떤 전통적 규범의 학습에서 나온 것이지, 권위와 지배에 사로잡힌 성격에서 나온 것이 아닐 수 있다. 이러한 복잡성들의 결과로, 권위주의적 성격의 관점들은 수년 전만큼 사회심리학에서 인기가 있지 않다.

현실적 집단갈등

현실적 집단갈등이론(theory of realistic group conflict)은 두 집단들이 부족한 자원을 차지하기 위해서 경쟁하게 될 때, 그들은 서로를 위협하게 된다고 주장한다. 이것이 그들간의 적대감을 일으키고 따라서 상호 부정적인 평가들을 일으킨다. 따라서 편견은 양집단이 원하는 자원들에 대한 현실 갈등의 하나의 필연적인 결과이다. 이것은 한 집단이 상대방 집단의 욕구들을 좌절시키는 것에 의해서 생기게 된다. 아마 편견은 만일 어떻게든 간에 양집단이 자기들의 욕구들을 더 많이 충족시킬 수 있게 된다면 최소화될 수가 있을 것이지만, 편견은 이것이 불가피한 현실들에 의해서 생기게 되기 때문에 전부를 제거시킬 수는 없다(Bobo, 1988 ; LeVine과 Campbell, 1972).

이 이론은 우리로 하여금 팔레스타인인들과 이스라엘인들 간의 적대관계를 예언하게끔 만들 것이다. 즉, 그들이 동일한 영토를 자기들의 것이라고 주장하고, 따라서 그들은 서로 싸우게 된다. 만일 흑인들이 차별폐지 구현사업들에 취업하게 되면, 다소의 백인들이 그러한 직업들에서 쫓겨나야만 되고, 따라서 백인들이 흑인들에 대해서 분노를 느끼게 될 것이다. 최근에, 점증하는 숫자의 아시아계 미국인들이 학교공부에서 우수해 왔다. 만일 그들이 권위있는 대학들에 입학하게 된다면, 그에 상응되게 더 적은 다른 배경 출신의 학생들이 입학되게 될 것이다. 따라서 현실적 집단갈등이론에 의하면, 아시아계 미국인들에 대한 편견이 높아지는 것이 당연한 일일 것이다.

실제로 역사적 분석들은 미국에 온 중국인과 일본인 이민들이 아무도 하기를 원치 않는 천한 일을 하는 한, 잘 받아들여졌다는 것을 시사한다. 뒤에 그들이 백인들과 직업의 면에서 경쟁을 하게 될 때만이, 편견이 개시되게 되었다. 이와 비슷하게 남아프리카, 벨기에 및 북아일랜드에서의 인종간 갈등들에 관한 연구들은 이것들을 노동과 주택 시장들과 같은 분야들에서의 현실적 경쟁으로까지 추적하고 있다. 인종분리의 타파는 인종집단들을 그러한 직접적 갈등들 속으로 끌어들이기가 특히 쉽다(Olzak과 Nagel, 1986).

만일 한 집단이 실제로 다른 집단에게 위협을 주기 때문에 편견이 생긴다면, 가장 많이 위협당한 사람들이 또한 가장 편견이 많게 될 것이다. 자기 지역이 흑백인종 통합이나, 흑인들에 의한 범죄나, 흑인아동들의 전학으로 위협을 당하고 있다고 가장 많이 지각하는 백인들이 가장 많은 편견을 갖게 될 것이다(Rothbart, 1976).

그러나 몇 개의 연구들은 백인들 자신의 생활에 대한 흑인들에 의해 제기된 위협들이 그들의 편견수준이나 정부정책들에 대한 선호들에 놀랄 만큼 영향이 거의 없다는 것을 보여 왔다(Sears, 1988). 예컨대, 흑백아동 공동버스통학이 실시되는(또는 흑백아동 공동버스통학으로 위협받은) 학교지역들에서 살고 있는 백인아동들의 부모들은 부모가 아닌 사람들이나 공동버스통학의 어떤 가능성이 희박한 지역들에 살고 있는 사람들보다 흑백아동 공동버스통학에 대해 더 많은 반대를 보이지는 않는다(McConahay, 1982 ; Sears와 Allen, 1984). 다른 연구들은 인종차별폐지조치 정책들의 어떤 백인 자신의 생활에 대한 과거, 현재 또는 미래의 영향이 이것들에 대한 개인의 태도들에 거의 영향을 주지 않는다는 것을 증명해 왔다(Jessor, 1988 ; Kluehel과 Smith, 1983). 이것은 현실적 집단갈등이 결코 중요한 요인이 못된다는 것을 말하고 있는 것은 아니다. 그러나 현실적 집단갈등은 이것이 내집단 멤버들의 개인적 생활들에 직접 영향을 주기 때문에 편견을 일으키지는 않는 것 같다. 이것은 개인이 아니라 집단에 대한 위협들의 지각들을 통해서 그렇게 하는 것 같다.

상대적 박탈

다른 동기이론은 집단간 적대감의 한 근원으로서 박탈당하고 있다는 주관적 느낌에 초점을 둔다. 특히, 사람들이 타인들에 비해서 박탈당한 것을 느낄 때, 그들은 자기들의 분개를 어떤 집단에 대한 적대감의 형태로 표현할 수도 있다. 다른 사람들에 비해 박탈당하고 있다는 이러한 느낌은 **상대적 박탈**(relative deprivation)이라고 기술되고 있다(Bernstein과 Crosby, 1980). 예컨대, 급성장하고 있는 경제상황에서, 대부분의 사람들의 경제사정은 크게 좋아지게 될 것이다. 그러나 경제사정은 대개 어떤 사람들에 대해 더 느리게 향상되고 따라서 그들이 타인들이 자기들이 할 수 없을 정도로 잘 산다고 보게 될 때에 그들에게서 상대적 박탈감을 일으킬 것이다. 그 다음에, 이것은 유리한 집단에 대한 적대감을 일으킬 수 있다. 이것은 1960년대의 빈민가지역 폭동들에 대한 하나의 설명이었다. 비록 모든 사람들이 더 나아졌지만, 흑인들은 자기들의 상황이 백인들의 것만큼 많이 개선되지 않았다고 느꼈고, 그 결과는 반백인 폭력이었다(Sears와 McConahay, 1973).

그러나 두 가지 종류의 상대적 박탈이 있으며, 하나가 다른 것보다 더 강력하다. 하나는 **자아중심적 박탈**(egoistic deprivation), 즉 우리가 비교하고 있는 타인들(일반적으로, 우리가 이미 알고 있고, 따라서 내집단의 멤버들)에 비해서 우리 자신이 박탈되어 있다는 느낌이다. 다른 연구는 관건적 불만이 오히려 우리 자신이 해당되는 여부에 관계없이, 우리 자신의 집단이 다른 집단들에 비해 박탈당하고 있는 것이라고 시사한다. 이것은 **형제적 박탈**(fraternal deprivation)이라고 일컬어지고 있다(Runciman, 1966). 그 위협은 "나에게"가 아니라 "우리에게" 가해지는 것이다. 흑인들이 전혀 없는 읍에 살거나 자식들이 없기 때문에, 흑백아동 공동버스통학에 의해서 직접 영향받고 있지 않은 개개의 백인들은 이것이 흑인들에 의한 백인들의 추방을 신호하기 때문에 당혹감을 느끼게 될 수 있다(Bobo, 1988 ; Sears와 Kinder, 1985).

형제적 박탈은 자아중심적 박탈보다도 집단적대감, 민족주의 및 투표행동에 대해 훨씬 더 강한 영향을 준다. 예컨대, 이것은 오스트레일리아의 실업 청년들이나, 캐나다의 동성연애자들이나, 자기들이 흑인들만큼 신속하게 소득향상이 되지 않는다고 느낀 백인들에게 사회적 및 정치적 시위를 지지하게끔 만드는 데에 있어서 더 강력해 왔다(Birt와 Dion, 1987 ; Bobo, 1988 ; Vanneman과 Pettigrew, 1972 ; Walker와 Mann, 1987).

이기적 불만이 작은 영향력을 갖는 이유의 일부는 사람들이 자기 자신의 상황에 대한 태도들과 사회에 대한 태도들을 분리시키는 경향에 있다. 그리고 편견은 우선적으로 자기 자신의 생활이 어떻게 되어야만 된다는 것에 관한 것이 아니라, 집단들이 사회 내에서 어떤 대우를 받아야만 된다는 것에 관한 한 조의 태도들이다.

편견의 인지적 기초들

앞에서 우리는 한 사람이 다른 사람에 대해 갖는 인상형성들을 일으키는 인지과정들을 집중적으로 분석했다(2장과 3장). 이와 같은 인지이론들을 개인들로부터 집단들과 집단멤버들에 대한 인상들 쪽으로 확장시키는 것이 최근에 편견에 관한 가장 적극적인 연구분야들 중의 하나가 되어 왔다. 핵심적 아이디어는 어떤 체계적 인지편향들이 타인들의 지각에 자연히 부수된다는 것이다. 이러한 겉으로 보기에는 무해한 인지적 편향들은 그 자체만으로도 심지어 편견적 사회화나, 신경증적 동기들이나, 자원들에 대한 집단들간의 현실적 경쟁이 없더라도, 고정관념화와 편견을 일으킨다.

범 주 화

지각자들은 자연스럽게 타인들을 집단들, 즉 가장 보편적인 것들로서 성별, 인종 및 연령 집단들로 분류한다. 우리는 어떤 낯선 사람을 남자나 여자, 흑인이나 백인, 아동이나 성인 또는 노인으로 즉각 확인한다. 이것을 넘어서, 우리는 사람을 계층과 국적과 같은 다른 사회적 범주들로 신속하게 세분한다. 그 다음에 우리는 키 큰 사람들, 예쁜 사람들, 농담을 잘하는 사람들, 보기싫은 사람들 등등과 같은 보다 더 미묘한 범주들을 사용한다.

이러한 범주화과정(categorization process)은 몇 개의 중요한 결과들을 낳는다. 개인들에 관한 정보처리는 그들이 범주들 속에 두어지게 될 경우에는 크게 단순화되고 더 효율적이게 된다. 범주에 기초된 처리(category-based processing)에서, 지각자는 자극인물을 범주화하고 나서, 다만 부가적 정보가 그 범주에 일치되는가를 결정짓기 위해서 이 정보에 주의를 기울인다. 대안적인 것은 개인에 관한 정보를 단편적 근거, 즉 속성에 기초된 처리(attribute-based processing)라고 일컬어지고 있는 속성별로 처리하는 것이다(Fiske 등, 1987). 범주에 기초된 처리의 커다란 이점은 이것이 지각자에게 매우 많은 정보를 신속하고도 손쉽게 처리하게끔 해 준다는 것이다. 지각자는 타인의 모든 개별적 속성들을 고려할 필요가 없게 된다.

문제는 이것이 흔히 단순하게 편견을 조장시키는 단순화된 고정관념들을 일으키는 것이다. "가난한 미국 남부의 백인노동자"나 "공상적 사회개량주의자"와 같은 사회적 범주들은 풍부한 연상들과 함축적 의미들을 즉각적으로 제공해 준다(Anderson과 Klatsky, 1987). 그러나 이것들은 각 범주 내의 사람들의 중요한 개개의 특징들을 가리워 버린다. 예컨대, 2장에서 지적된 바와 같이, 동일한 수의 흑인들과 백인들이 포함되어 있는 집단토론들에 대한 관찰자들은 인종간에서 사람들의 기여의 차이를 혼동하기보다도 한 인종내에서의 사람들의 기여의 차이를 혼동하기가 더 쉬웠다(Taylor 등, 1978) 그 함축은 정보가 특수한 개인들의 면에서가 아니라, 사회적 범주의 면에서 저장되어 있다는 것이다. 관찰자들은 어떤 개인이 어떤 것을 이야기한 것이 아니라, 어떤 흑인이나 백인이 이야기했다고 기억한다. 집단들 속으로의 범주화는 흔히 어떤 두드러진, 특출한 단서들에 단순하게 근거되어 있다. 피부색깔은 흑인과 백인을 구별지우고, 체격, 머리칼의 길이, 의복 및 음성은 남자와 여자를 구별지우며, 억양은 이방인과 본토박이를 구별지우는 식으로 된다.

이러한 종류의 특출성은 우리가 2장에서 본 바와 같이, 몇 가지 예언가능한 효과들을 갖고 있다. 우리는 특출한 자극들에 더 많은 주의를 기울이고, 따라서 이러한 차이들은 우리가 다른 집단의 멤버들을 만나게 될 때, 특히 그들이 환경 속에서 두드러지게 될 때에 우리의 마음 속에 자리잡게 되는 경향이 있다. 빈민지역 학교 속에 있는 백인 연구자는 눈에 띄게 된다. 재키 로빈슨이 첫 흑인 메이저 리그 야구선수가 되었을 때에도 그러했다(특별논의 17-1 참조).

그러면 집단들로의 범주화와 이에 부수되는 고정관념화는 현실에 근거되어 있는가? 만일 그렇다면, 이것은 보통 기술되고 있는 것보다 덜 비이성적이고 부당할 것이다. 어느 정도 이것은 그렇다. 흑인들과 백인들은 상이하게 본다. 그러나 특출성이 우리의 주의가

특별논의 17-1. 단독의 지각된 위력

우리 사회에서 가장 특출한 사람들의 몇몇은 "단독들"(solos)이다. 즉, 어떤 기자회견을 하는 단 한 명의 흑인 우주인, 어떤 사무실에 있는 단 한 명의 여자 기술자, 직업 농구게임에 들어 있는 단 한명의 백인 선수 등이다. 만일 단순한 지각적 특출성이 관찰자들의 원인적 중요성의 지각들을 치우치게끔 만든다면, 우리는 이러한 "단독"의 사람들이 그들의 사회적 상황들에서 과장된 원인적 역할을 갖고 있는 것으로서 지각될 것이라고 생각할 수 있다. 다수측의 집단멤버들에 의해서 지배된 맥락 속에서 어떤 소수측집단의 단독 멤버가 되는 것에 의해서 생긴 특출성의 효과들이 Taylor와 그녀의 동료들(1977; Taylor, 1981)에 의해서 수행된 일련의 연구들 속에서 예시되어 있다. 그들은 모두가 백인들이거나, 한 명의 흑인이 있거나, 흑백인종이 고르게 분포된 집단들에 의한 토의들을 실시함으로써 토의집단 내의 소수측의 인물의 독특성을 변화시켰다. 그 토의는 녹음기를 통해서 제시되었고, 모든 경우들에서 동일한 녹음이 사용되었다. 그러나 각 발언자는 그 사람이 발언할 때의 정지된 슬라이드로 확인되었으며, 이런 식으로 발언자들의 인종이 변화되었다. 이 혼합 매체를 관찰한 사람들은 토의에 대한 공헌의 양의 측면에서 발언자들을 평정했다. "단독"의 흑인은 다른 두 맥락들, 즉 그의 인종이 그가 인종적으로 고른 비율의 집단 속에 있는 한 명의 흑인으로서 묘사되었거나, 모두가 백인인 집단 속의 한 명의 백인으로서 묘사되었기 때문에 발언자를 그렇게 특출하게끔 만들지 못했던 맥락들 속에 있는 동일한 발언자보다도 더 발언을 많이 하고 더 영향력이 많은 것으로서 두드러지게 보였다. 이 상징인물의 기여들이 인종이 합쳐진 집단 속의 소수인종측 인물들의 기여들보다 더 잘 기억되었다. 매우 흥미있게도, 이들 상징인물들 자신은 그들의 상징적 지위의 한 결과로서 인지적 결함들을 가질 수 있다; 한 연구(Lord와 Saenz, 1985)에서, 이 상징인물들은 다른 참가자들이나 관찰자들보다도 그들이 참가했던(그리고 지배적이었다고 생각되었던) 토의에 관해서 더 적게 기억했다.

지향되고 있는 것에 큰 정도로 의존하며, 한편으로 특출성이 우리가 학습해 온 규범들에 큰 정도로 의존한다는 것이 기억되어야만 된다. 예컨대, 미국에서 인종은 주로 아프리카계 미국인 노예들을 하류계층에 두어 온 미국의 역사 때문에 극히 특출하다. 이와는 반대로, 쿠바와 브라질에서 인종은 그리 특출한 것이 못된다. 그곳들에서 사람들의 피부색들은 다양하며 인종에 의한 범주화는 덜 보편적이다. 그리고 레바논에서, 종교적 선호가 범주화에 대한 주요 근거이다. 사람들은 회교도이거나 기독교도이다. 북아일랜드에서도 이와 마찬가지이다. 사람들은 가톨릭교도이거나 신교이고 많은 다른 것들은 문제가 되지 않는다. 이와는 달리, 미국인들은 그들이 종교를 갖기 이전에라도 몇 가지 다른 차원들상에서 범주화하는 경향이 있다. 많은 범주들이 잠재적으로 특출성있지만, 우리는 다만 소수에 크게 의지하는 경향이 있으며 그 선택은 우리들의 사회의 관습적 규범들에 기초되고 있다. 따라서 우리는 특출한 속성들에 기초한 범주화가 이성적이거나 정확하다는 것을 반드시 뜻한다고 생각해서는 안된다.

내집단 대 외집단

수많은 연구들이 단순한 범주화의 행위가 이것이 "우리편"(하나의 내집단)과 "그들편"(하나의 외집단) 속으로 사람들을 범주화시키는 것을 포함할 때에 차별대우를 일으킬 수 있다는 것을 보인다. 내집단의 멤버들은 외집단들에 대해서보다도 자기들의 집단에 대해서 매우 상이하고, 외집단의 멤버들이 지니고 있는 것과는 다른 지각들을 갖고 있다. 미국인들은 일본인들에 대해서 일본인들이 지각하는 것과는 매우 상이하게 지각하기 쉽다. 그리고 일본인들도 마찬가지로 양집단들을 매우 상이하게 지각할 것이다. 어떤 내집단 속에 소속하는 것은 개인을 어떤 독특한 조망을 갖게끔 만든다. 이것은 세 가지 중요한 결과들을 갖는다.

그 중의 하나는 내집단 멤버들이 외집단 멤버들과는 달리 다른 내집단 멤버들을 자기들과 더 유사하다고 지각하는 것이다. 이것이 이른바 가정된 유사성효과(assumed similarity effect)이다. 이러한 더 큰 가정된 유사성은 실제로 독특한 의견들을 갖고 있는 실제의 집단들에 대해서 일어난다. 예컨대, 대학 기숙사써클의 멤버들은 집에서 통학하는 학생들에 대해서보다도 자기들 자신을 서로 더 유사하다고 지각하며, 그 반대도 또한 마찬가지이다(Holtz와 Miller, 1985). 그러나 심지어 집단멤버들이 집단에 인위적으로나 무작위적으로 배정되었을 때에도, 관찰자들은 그 집단의 멤버들을 서로 유사하며 다른 집단들의 멤버들과 비유사하다고 지각한다. 한 연구는 표면상으로 미술적 선호들에 기초해서 학생들을 집단들에 배정했으며, 그들이 다른 내집단멤버들이 미술에 전혀 무관련한 문제들에 대해서도 자기들과 특별하게 유사하다고 가정했다는 것을 발견했다(Allen과 Wilder, 1979). 다른 집단들과의 가능한 갈등들을 토의함으로써 집단소속을 보다 더 특출하게끔 만드는 것은 이러한 가정된 유사성을 더욱 더 증가시킨다(Miller와 Brewer, 1986).

내집단과 외집단으로의 범주화의 두번째 결과는 우리가 외집단을 내집단보다도 특성들, 성격들 및 심지어 "그들이 모두 비슷한 반면에, 우리가 매우 다양하다"는 것들의 하위유형들의 인원수의 면에서 더 동질적이라고 보는 경향이 있다는 것이다. 그 함축적 의미는 우리가 어떤 외집단의 한 멤버를 개인으로서 지각하는 것 대신에 단지 다른 익명적

특별논의 17-2. "그들은" 정말로 모두 비슷하게 보이는가?

외집단 동질성효과가 갖는 한 가지 함축은 증인들이 외집단 멤버들간보다도 내집단멤버들간을 구별하는 데에 더 정확할 것이라는 것이다. 만일 백인 미국인에 대해서 "모든 아시아인들이 비슷하게 보인다면", 그들은 더 쉽게 서로 혼동되게 될 것이다.

이러한 가설을 검증하는 연구들은 대개 흑인과 백인 피험자들에게 양측 인종의 멤버들의 얼굴들에 관한 일련의 슬라이드들을 보여주고 나서, 훨씬 더 큰 숫자의 슬라이드들중에서 그들이 이전에 보았던 얼굴들을 찾아내도록 요구한다. 동일 인종과 다른 인종의 인물확인에 대한 착오율들이 별개로 계산되게 된다. 몇 개의 이와 같은 연구들이 수행되어 왔으며, 모두가 백인 피험자들이 자기 자신의 인종에 대한 편향을 보인다는 것을 증명해 왔으며, 거의 모두가 흑인 피험자들에서도 마찬가지로 이것을 증명했다(Bothwell 등, 1989). 정말로, "그들" 모두가 비슷하게 보이고 "우리" 모두가 매우 독특하게 차이있게 보이는 경향성이 있다.

집단멤버로서 지각하는 경향이 있다는 것이다. 우리는 그 개인을 단순한 개인이 아니라 예컨대, 하나의 일본인이라고 본다.

이것이 이른바 외집단 동질성효과(outgroup homogeneity effect)이다. 예컨대, 한 대학생서클의 멤버들은 그들이 몇 개의 다른 서클들의 각각의 멤버들에 대해서 했던 것보다도 자기들 자신의 서클의 멤버들을 서로 더 비유사하다고 평정했다(Jones 등, 1981; Park와 Rothbart, 1982). 한 가지 이유는 우리가 내집단을 하위범주들의 면에서 지각하는 경향이 더 많다는 것이다. 우리는 우리의 서클 내의 친구들의 몇 개의 상이한 집단들을 구별할 수 있으며, 또한 신참회원들이 고참회원들과는 매우 상이하다고 생각한다. 이와 비슷하게, 나이든 사람들은 젊은이들보다도 할머니들, 원로 정치가들 및 65세 이상의 연금생활자들과 같은 노인들의 하위집단들 사이를 구분짓는 경향이 더 많다(Brewer 등, 1981; 또한 특별논의 17-2를 참조하라).

이와 비슷하게, 사람들은 또한 내집단의 어떤 개인적 멤버를 외집단의 개인적 멤버들보다도 더 복잡하다고 지각한다. 그들의 성격들은 더 다차원적이라고 그리고 더 많은 다양성과 풍부성을 갖고 있다고 간주되고 있다. 예컨대, 백인 피험자들은 흑인들보다도 백인들을 더 복잡하다고 보며, 젊은 피험자들은 노인들보다 젊은이들을 더 복잡하다고 보며, 그 반대도 또한 마찬가지이다(Linville, 1982; Linville과 Jones, 1980; Brewer와 Lui, 1984). 따라서 이와 같은 모든 양식들로 우리는 외집단 내에서 더 적은 다양성을 지각한다.

끝으로, 내집단과 외집단 속으로의 개인들의 이러한 범주화는 내집단의 멤버들에 대한 더 호의적인 태도와 행동을, 그리고 외집단의 멤버들에 대한 덜 호의적인 태도와 행동을 일으킨다. 이것이 이른바 내집단 편애효과(ingroup favoritism effect)이다(Tajfel 등, 1971). 일단 사람들이 자기들이 어떤 집단에 속한다고 느끼면, 그들은 보다 더 호의적 평가들이나 보수들의 보다 더 호의적 배분들의 면에서, 외집단들의 멤버들을 희생시키면서 내집단의 다른 멤버들을 편애하는 경향이 있다.

일반적 발견은 참가자들이 외집단의 멤버들보다도 내집단의 멤버들을 더 긍정적으로 평가했고 이들에게 더 많은 보수를 주었다는 것이어 왔다(Brewer, 1979). 이러한 내집단 편애는 또한 내집단으로부터 더 많은 호의적 대우를 기대하면서 그리고 동료 내집단멤버의 행동에 관한 더 호의적인 귀인들을 행하면서, 다른 내집단멤버들의 특성들에 관한 보다 더 호의적인 기술들에서 나타나 왔다(Allen과 Wilder, 1975; Hamilton과 Trolier, 1986; Howard와 Rothbart, 1980).

이러한 발견들에 대해 호기심이 가는 것은 이것들이 이들 실험들에서의 내집단－외집단 간의 구분이 실제로 거의 전적으로 무의미하다는 사실에도 불구하고 매우 일관성있게 일어난다는 것이다. 이들 피험자들은 자기들 자신에게 보수를 주도록 허용되지 않았으며, 그들은 다른 내집단멤버들에 의해서 보수받을 수도 없었다. 그들은 양집단의 멤버들과 아무런 상호작용을 갖지 않았다. 근거가 무엇이건 간에, 범주화의 순수하게 인지적인 행위는 심지어 얻어지게 되는 이기적 이득이나, 내집단과의 특별하게 유쾌한 상호작용이나, 외집단과의 특별하게 불쾌한 상호작용이 없을 때에도 내집단 편애와 외집단에 대한 차별대우를 일으키는 것 같다.

개인들을 내집단과 외집단으로 범주화시키는 단순한 행위가 집단들간의 지각된 차이들을 과장시키고 내집단 멤버들에 대한 보다 더 호의적 대우를 일으키는 이유는 무엇인가? 세 가지 주요 설명들이 있다. 가장 명백한 것은 우리가 일반적으로 내집단멤버들과의 더 많은 직접적 경험을 갖고 있고, 따라서 이들에 대한 우리의 지각들을 과잉단순화시킬 가능성이 더 적다는 학습적인 아이디어이다. 이것이 의문의 여지 없이 사실이지만, 이것은 새로 형성된 집단들에 관한 실험연구들이 우리가 보아 온 바와 같이, 심지어 이 연구들이 집단멤버들과의 경험을 전혀 제공하지 않거나 양집단들의 멤버들과의 실제의 경험을 일정하게 유지시킬 때에도 동일한 결과들을 내놓는 고로, 설명의 일부분에 지나지 않는다(Judd와 Park, 1988; Linville 등, 1986). 두번째의 가능성은 보다 더 인지적인 것이다. 즉, 사람들은 전체로서의 집단에 관해서 그리고 집단의 특수한 대표들(실례들이나 원형들이라고 하는)에 관해서 정보들을 별개로 저장한다. 셋째로, 내집단 멤버들이 보다 더 친숙하기 때문에 이들에 관한 기억을 인출하기가 더 쉽고, 이것이 외집단 동질성효과를 설명해 줄 것이다(Park과 Rothbart, 1982; Judd와 Park, 1988). 그러나, 이것은 개별적 집단멤버들과의 경험이 없는 집단들에서의 이러한 효과들을 설명하지 못할 것이다.

사회적 정체

아마 가장 보편적 설명은 Tajfel(1982)에 의해서 개발된 사회적 정체이론(social identity theory)에서 나올 것이다. 우리가 집단들에 관한 장에서 지적한 바와 같이, 이것은 동기적 및 인지적 접근들의 한 종합이며 세 개의 기본가정들을 갖고 있다. 첫째로, 사람들은 우리가 보아 온 바와 같이 사회적 세계를 내집단들과 외집단들로 범주화시킨다. 두번째 가정은 사람들이 긍정적 자기개념을 가지려고 노력하고, 내집단 속에서의 그들의 사회적 정체로부터 어떤 자존심을 얻는다는 일종의 동기적 가정이다. 셋째로, 그들의 자기개념은 일부 그들이 다른 집단들에 비해서 자기들의 내집단을 어떻게 평가하는가에 달려 있다. 그러므로 그들은 자기들의 집단과 다른 집단들을 구분짓는 동시에, 외집단멤버들에 비해서 자신의 집단과 동료인 내집단멤버들에게 이익을 주는 행동을 한다(Tajfel과 Turner, 1986). 이 과정은 집단들간의 일종의 사회적 경쟁을 일으키는데, 여기에서 사람들은 그들 자신의 자존심을 높히는 한 수단으로서 그들 자신의 집단의 지위를 높히고자 노력한다.

이 이론은 두 개의 중요한 함축들을 갖고 있다. 첫째로, 만일 개인의 사회적 정체가 어떤 집단 속으로의 자기 범주화에 기초되어 있고, 개인의 자존심이 내집단이 우수하다는 느낌에 부분적으로 기초되어 있다면, 자기 범주화와 아울러 내집단 편애가 개인의 자존심을 지지해 줄 것이다. 자신을 특정의 서클의 한 멤버라고 동일시하고, 학생회 대표선거에서 어떤 동료 서클멤버를 지원해 주는 여학생은 높아진 자존심을 갖게 될 것이다. 한 연구에서, 사람들은 그들이 범주화되지 않고 외집단에 대해 변별될 수 있거나, 범주화되었고 변별될 수 없었던 경우보다도 집단들로 범주화된 동시에 외집단에 대해 변별될 수 있었을 경우에 더 높은 자존심을 가졌다(Lemyre와 Smith, 1985). 사람들은 우수한 어떤 집단의 일부가 되기를 좋아한다.

둘째로, 만일 내집단 편애가 자존심을 높이려는 욕구에 의해 동기화되어 있다면, 이것은 개인의 자존심이 낮거나 위협받고 있을 때에 더 클 것이다. 외집단들에 대한 편견은 또한 이와 동일한 상황들에서 가장 클 것이다. 지금까지 이들 후자의 두 가지 요지들에 관한 증거는 매우 분명치는 않다. 낮은 자존심을 가진 사람들은 대개 가장 편견이 많지만, 또한 내집단에 대해서도 마찬가지로 가장 부정적이다(Wills, 1981). 이들은 단지 모든 것들에 대해서 가장 부정적인 것같다. 그리고 혼합된 결과들이 자아를 위협당한 사람들이 외집단들에 대해 가장 적대적이라는 가정을 검증하고자 설계된 실험들에서 나왔다(예 : Crocker 등, 1987). 따라서 개인의 자존심을 높이는 데에 있어서의 사회적 정체의 가치는 사회적 정체이론에서 가장 취약한 연결고리로 남아 있다. 그러나 이 이론은 인지적 및 동기적 접근들의 하나의 흥미있는 종합이며, 틀림없이 상당한 주목을 계속 일으킬 것이다.

도 식 들

만일 고정관념들이 어떤 사회집단에 대한 한 조의 기대들로 구성되어 있는 인지구조들이라면, 이것들은 우리가 이미 3장에서 논의한 바 있는 것과 동일한 결과들을 갖는 도식들로서 간주될 수 있다. 도식들과 모순되는 새로운 정보는 거부되는 경향이 있으며, 애매한 정보는 집단 고정관념들과 일치되는 것으로 해석되게 된다. 이것은 앞에서 인용된 Sagar와 Schofield(1980)의 연구에서 예시된 바 있는데, 이 연구에서 아동들은 어떤 그림 속의 한 흑인아동의 행동을 백인아동의 행동보다도 더 천하고 위협적이라고 해석했다. 모든 도식들처럼, 고정관념들은 질서를 이루기 위해서 현실을 왜곡시킨다. 이러한 의미에서, 이것들은 반드시 괴상하거나 일탈적이거나 병리적인 것은 아니다. 이것들은 이것들이 현실의 증거를 무시하고 모든 집단멤버들에게 일반화되게 될 때에 파괴적으로 된다.

어떤 도식의 점화(priming)는 우리가 사회적 지각의 장에서 본 바와 같이, 그 도식을 특출하게끔 만들고 개인의 사고에 대한 그것의 영향력을 증가시킬 것이다. 실제로 고정관념들을 상상하는 것은 이것들을 점화시키고 이것들의 신임성을 증가시키는 것 같다. 어떤 직업집단에 관한 하나의 고정관념("공격적인" 변호사와 같이)을 포함하는 상황을 상상하도록 요구받았던 피험자들은 그 후에 이것을 상상하도록 요구받지 않았거나, 어떤 비고정관념적 특성을 가진 장면을 상상하도록 요구받았던 피험자들보다도 그러한 고정관념을 더 많이 믿었다(Slusher와 Anderson, 1987).

그러나 흔히 사람들은 특정의 대상에 관해서 한 개 이상의 도식들을 갖고 있고, 따라서 어느 도식이 점화되고 있는가를 아는 것이 중요하다. 예컨대, 한 연구(Sears와 Huddy, 1989)는 2개 국어의 교육에 관해서 비(非)스페인계인들의 한 전국 표본에게 주어진 점화를 실험적으로 변화시켰다. 어떤 사람들은 날 때부터 스페인어 사용자인 아동들의 스페인어 능력의 유지를 포함한 점화를 제시받았다. 이 점화는 이민온 소수인종들에게 특별한 대우가 주어질 것이고, "인종통합"의 아이디어는 포기되게 될 것이고, 스페인계들이 자기들의 고유 문화를 유지시킬 것이고, 미국의 주류와 동화되지 않을 것이라는 것을 의미했다. 다른 사람들은 단지 영어의 집중훈련을 포함하고 따라서 미국인적 양식들에 대한 신속한 동화를 의미하는 점화를 제시받았다. 유지 점화에 대한 태도들이 인종편견들에 의해서 더욱 강하게 영향받았으므로, 유지 점화는 반(反)스페인계와 반(反)이민자 도식들을 점화시키는 것 같았다.

어떤 내집단의 한 멤버로서의 개인 자신의 **자기범주화**(self-categorization)의 점화는 어떤 다른 도식의 점화와 아주 동일한 효과들을 갖고 있다(Turner 등, 1987). 따라서 사람들은 자기들 자신을 내집단의 고정관념적 속성들을 소유하고 있다고 지각하기가 더 쉽다. 예컨대, Hogg와 Turner(1987)는 작은 토론집단들에서 성별을 특출하게끔 만들었다. 이것은 피험자들의 성별 자기도식을 점화시킨 것 같았는데, 이는 그 다음에 그들이 자기 자신을 그들 자신의 성별집단의 보다 더 전형적인 인물이라고 보았고 그들의 자기기술들을 그들 자신의 성별 고정관념들에 더 밀접하게 연관시켰기 때문이다. 남자들은 자기 자신을 보다 더 경쟁적이고 주장적이고 강력하다고 지각한 반면에, 여자들은 자기 자신을 보다 더 도움을 주고 인정있고 동정적이라고 지각했다.

한편, 외집단에 관한 도식들은 외집단멤버측에서의 그 고정관념을 확증시키는 행동을 일으킬 수 있다. 즉, 우리들의 고정관념들은 우리들 자신의 사고 뿐만 아니라, 우리가 고정관념의 피해자들과 상호작용할 때에 그들의 행동에도 영향을 준다. 이러한 의미에서, 고정관념은 일종의 **자기이행적 예언**(self-fulfilling prophecy)으로 될 수 있다. 과정 내에서 보다 더 진전된 이러한 단계는 몇 가지 양식들로 보다 더 큰 해를 준다. 희생양이 된 집단의 멤버들은 그 고정관념과 일치되게끔 살고, 고정관념이 그들이 갖고 있다고 시사하는 바로 그 특징들을 보이기 시작한다. 만일 우리가 모든 폴란드인들이 실수장이들이라고 생각하면, 우리는 마치 우리가 모든 기회들에서 그들이 실수할 것으로 기대했던 것처럼 그들과 상대하기 쉽다. 그리고 매우 흥미있게도, 이것은 그들이 고정관념을 확증시키는 식으로 행동하고 실제로 실수장이로 될 가능성을 증가시킬 것이다(Word 등, 1974).

자기이행적 예언의 사슬은 도 17-2의 상부에서 보이는 바와 같이, 다음의 다섯 개의 단계들을 포함하고 있다. 즉, (1) 타인이 어떻게 행동할 것인가에 관한 고정관념이 있고, (2) 이것은 고정관념의 소지자 자신의 행동에 영향을 주고, 이것은 (3) 표적인물의 행동에 영향을 주고, 한편 이것은 (4) 고정관념 소지자의 행동에 대한 반응이라기보다도 그 고정관념을 확증시키는 것으로서 표적인물의 행동에 대한 지각에 기여한다. 그러면 이것은 (5) 표적인물이 그 고정관념을 하나의 정확한 자기 기술이라고 받아들이게 되는 것을 일으킨다.

Snyder 와 Swann(1978)은 도 17-2의 하부에서 보이는 바와 같이, 이것을 재간있게 증명했다. 그들은 각 피험자("지각자")에게 다른 피험자("표적")와 상호작용하게 될 것이라는 지시를 주었는데, 이 사람은 적대적이고 몸이 부딪치는 스포츠를 좋아하고 잔인하며 무감각하거나, 그 반대로 비적대적이고 시와 배 여행을 좋아하고 친절하고 협동적이라고 기술되었다. 이러한 기술은 표적에 대한 지각자의 고정관념을 조성하도록 만들었다(1단계). 그 다음에 지각자와 표적(이 사람도 역시 순수한 피험자였다)은 두 사람에게 적대적인 방식으로 행동하도록 만드는(서로 크고, 고통스럽고, 주의를 분산시키는 소음을 줌으로써) 일련의 반응시간 검사들을 받았다.

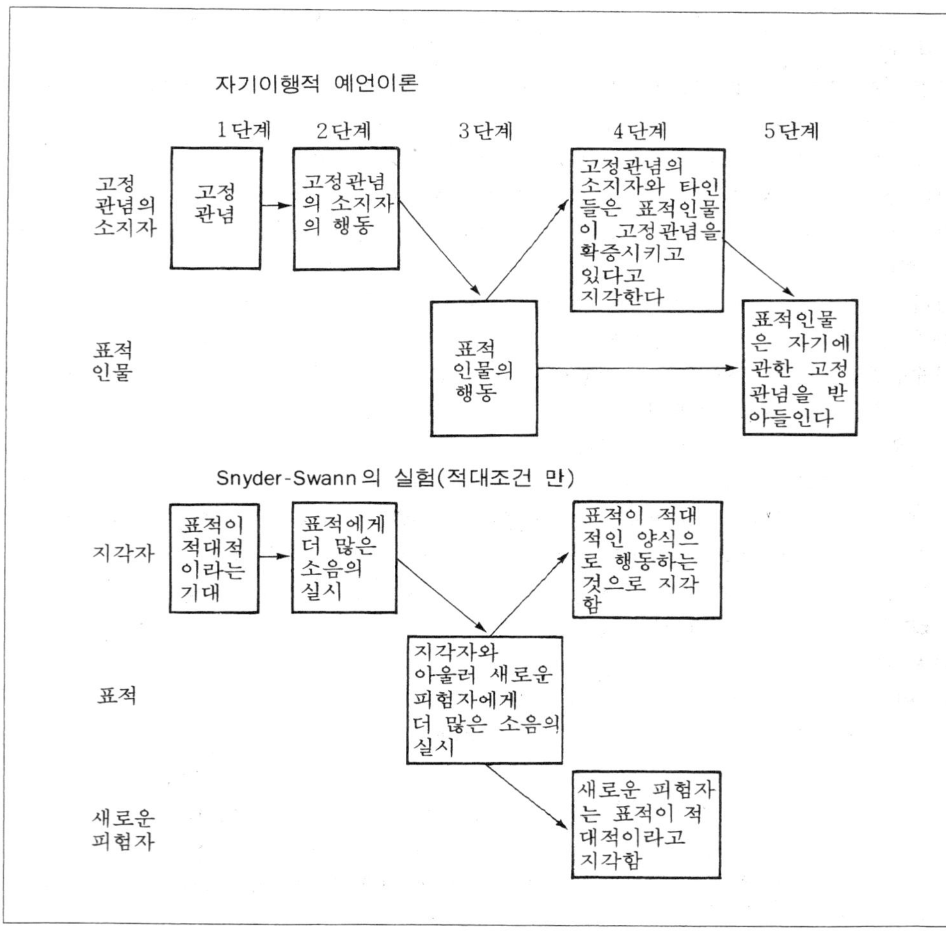

도 17-2. 자기이행적 예언들로서의 고정관념들 : 이론과 실험(Snyder 와 Swann, 1978에서 개작됨.)

놀랄 것도 없이, 적대적 파트너라고 예상하는 것은 지각자들에게 더 높은－강도의 소음을 실시하게끔 만들었음이 드러났다(2단계). 그러나 자기들이 다른 사람에게 어떻게 기술되었는지를 전혀 모르는 표적들은 또한 자기들이 적대적이라고 기술되었을 경우에 더 많은 소음을 주었다(3단계). 표적들이 무작위적으로 적대적이거나 비적대적인 것으로서 기술되었으므로, 이러한 높은 수준의 적대적 행동은 지각자의 기대들에 의해서 일어났음이 분명하다는 점을 기억하라. 그리고 지각자들은 꽤 합당하게도, 자기들의 기대들에 대한 행동적 확증에 비추어서 "적대적인" 표적을 "비적대적인" 표적보다도 더 적대적으로 보았다(4단계).

이 실험의 가장 재미있는 측면이 그 다음에 계속 뒤따랐다. 표적은 실험의 내용을 전혀 알지 못하는 새로운 피험자와 동일한 과제를 하게 되었다. 두 사람 모두가 이전에 "적대적"이거나 "비적대적"인 기술이 표적에게 무작위적으로 부여되었었다는 것을 알지 못했다. 그러나 표적은 계속해서 기대들에 좇아 행동했다. 그는 더 많은 소음을 주었고(또다시, 3단계) 이러한 새로운 상호작용에서 더 적대적인 것으로 간주받았다(또다시, 4단계).

따라서 이 실험은 기대가 개인에 대한 고정관념 소지자 자신의 행동에 영향을 주고, 그 다음에 그 대상인물의 행동이 거꾸로 고정관념을 확증시킨다는 것을 증명하고 있다. 그 뿐만 아니라, 피해자는 그 뒤에 고정관념에 관해 전혀 알지 못하고 있는 사람들에 대해서조차 다른 상황들에서 고정관념을 확증시키는 양식으로 행동했다. 따라서, 중성적 환경들에서조차 편견의 피해자는 고정관념을 갖고 있지 않는 다른 사람들에 대해서 계속 고정관념을 확증시키는 행동을 나타내는 경향이 있다.

아마 가장 해로운 결과는 표적인물이 그 고정관념을 자기 자신에게 정확하게 해당된다고 생각하게 되는 것일 것이다. Fazio와 그의 동료들(1981)에 의한 이와 비슷한 연구에서, 피험자들은 실험 자체에서 자신의 파트너의 기대를 확증시킨 행동을 나타냈다. 그러나 그 다음에 그들은 한 명의 새로운 실험협조자와 상호작용한 아주 상이한 사회적 상황에 놓여졌다. 피험자는 그래도 이 새로운 인물과의 상호작용에서 원래의 기대들에 따라 행동했다. 그리고 피험자 자신의 자기평정치들도 또한 원래의 파트너의 기대들과 부합되었다. 앞에서(4장) 기술된 자기지각 과정을 통해서, 피험자들은 설사 자신의 성격들이 타인의 기대들에 의해서 유발되었을지라도, 자기 자신의 행동이 자기 자신의 성격을 진짜로 반영하고 있다고 간주했다. 간단히 말해서, 고정관념 소지자의 행동이 이러한 인위적인 기대들에 의해서 영향받았을 뿐만 아니라, 피해자의 행동과 자기지각들도 또한 그 고정관념을 반영하게 되었다.

이론들의 비교

이러한 일반적인 이론적 접근들은 편견의 원인들로서 상이한 요인들을 지적하고 있다. 이것들 모두에는 어떤 진리가 들어 있다. 예컨대, 범주화와 특출한 자극에 대한 특별한 주목의 정상적인 인지과정들이 고정관념들과 차별행동을 증가시킬 수 있다. 그러나, 이러한 인지과정들이 그 자체만으로서 일정한 편향의 패턴을 일으키는 데에 충분하다는 것에는 의문의 여지가 있다. 이것들은 특정 집단들에 대한 편견과 특수한 고정관념적 내용을 일으키는 학습들을 필요로 한다. 비록 두 인종들이 백인들의 눈에는 지각적으로 완전히 다르게 보일지라도, 흑인들은 게으르고 음악적이며, 중국인들은 일을 열심히 한다고 고정관념적으로 간주되어졌다. 그러나 이러한 소수인종집단들의 지각적 특이성은 어떤 집단차별대우의 패턴이 시작되게끔 만드는 데에 필요할 수 있으며, 이것은 확실히 그 패턴을 유지시키는 데에 도움이 된다.

일반적으로, 사회적 학습은 무엇이 "적절한" 편견이며, 무엇이 "정확한" 고정관념들이며, 다른 집단들에 대해서 무엇이 인정될 수 있는 행동이고 무엇이 아닌지를 규정하는 데에 주 역할을 한다. 전 세계와 역사에 걸쳐서 어떤 특정 집단에 대한 대우에서의 광범한 차이들은 어떤 사회 내의 상이한 집단들에 대한 대우상에서의 주요한 차이들처럼 사회적 학습을 증명해 준다. 1850년에 흑인들은 가축처럼 사고 팔 수 있었다. 오늘날 정교한 법률체제는 그들이 다른 사람들처럼 대우받을 권리를 보호하고 있다. 미국에서 다른 집단들이 노예가 되는 일은 거의 없으며, 대부분의 다른 사회들에서도 흑인들이 노예가 되는 일은 없다. 대부분의 회교국가들에서 여자들은 베일을 써야 되며, 혼전이나 혼외의 성관계를 갖지 않으며, 남자와 취직경쟁을 하지 않는다. 비록 19세기에 미국 여성들은 오늘날보다 훨씬 자유가 더 적었지만, 오늘날 미국 여성들은 매우 제약받고 있지는 않다. 그러므로 성격적 긴장들과 인지적 편향들은 얼마만큼의 편견이 존재하고, 그것을 언제, 누구에게 표현할 수 있는가를 결정하는 어떤 문화구조 내에서 작용된다. 이러한 문화구조는 학습을 통해 전달되게 된다.

편견양상의 변화

1930년대의 편견에 관한 시초의 사회학적 및 심리학적 연구들 이래로 많은 것이 변화해 왔다. 히틀러는 자신의 유럽계 유태인들의 대학살로 반유태인주의를 훼손시키면서 왔다가 갔다. 여성운동과 AIDS를 가진 사람들과 기타 많은 혜택받지 못한 집단들을 위한 사회운동이 뉴스 시간들과 아울러 가끔 길거리들을 메워 왔다. 무엇이 변화되어 왔고, 무엇이 변화되어 오지 않았는가? 또다시 우리는 주로 인종편견에 초점을 둘 것이다. 이는 이것이 가장 많이 연구되어 왔지만, 이와 비슷한 발견들이 스페인계들, 여성들, 동성연애자들, 장애자들 및 기타 집단들에 대한 편견에 대해 적용되기 때문이다.

옛날식의 인종차별주의의 쇠퇴

흑인들에 대한 인종차별주의의 전통적 형태들은 주택, 학교, 직업 및 결혼과 같은 다양한 분야들에서의 인종통합에 반대하는 편견과 함께 그들의 지능부족, 게으름 등에 관한 고정관념들을 포함했다. 이것은 옛날식의 인종차별주의(old-fashioned racism)라고 일컬어져 왔다(McConahay, 1986). 그리고 이것은 명백하게 쇠퇴되어 왔다. 옛날에는 대부분의 백인들은 흑인들이 백인들보다 야망이 더 적으며, 백인과 흑인 아동들이 분리된 학교에 다녀야만 되며, 백인들이 가능한 직업들에 대해 우선권을 갖어야만 된다고 생각했다. 1964년까지만해도, 25%의 백인들이 인종분리를 찬성했다. 그러나 최근에, 이러한 태도들을 계속 지니고 있는 사람들은 소수이거나 없다(Hochschild와 Herk, 1989 ; Schuman 등, 1985). 몇 가지 그러한 예들이 표 17－3에 제시되어 있다.

인종편견이 흑인 정치입후보자들, 적어도 더 오래 기반을 확립해 온 몇몇 후보자들에 대한 백인들의 반응들에서 하나의 쇠퇴되고 있는 요인일 것이라는 다소의 증거가 또한 있다. 1969년과 1973년에 미국의 로스앤젤레스의 시장직을 위한 흑인인 브래들리의 처음 두번의 선거유세들에서, 백인들의 투표는 어떤 다른 요인보다도 인종편견에 의해서 더 강력하게 영향받았다(Kinder와 Sears, 1981). 그러나 1982년경에, 그가 캘리포니아 주지사로 출마했을 때, 그는 그의 동료 민주당 입후보자들(이들 모두는 백인이다)만큼 많은 백인들의 표를 얻었으며, 인종편견이 한 요인이기는 했지만 백인 러닝메이트들에 대해서보다 더 크지는 않았다(Citrin 등, 1990).

그럼에도 불구하고, 계속적인 인종편견에 관한 상당한 증거가 세 가지 양식들로 존

표 17－3. 인종평등의 일반원칙들과 그 실현정책들에 대한 백인들의 태도들의 시대적 변화

	역사적 시대		
	초 기	후 기	변 화
일반원칙들			
인종분리에 대한 반대	75%(1964)	95%(1978)	＋20%
인종간의 결혼금지법들에 대한 반대	39(1964)	66(1982)	＋27
백인과 흑인 아동들이 같은 학교에 다녀야만 된다	32(1942)	90(1982)	＋58
모든 취업에서 흑인들이 백인들처럼 기회가 주어져야만 된다.	45(1944)	97(1972)	＋52
자기가 지지하는 정당에 의해 지명받았을 경우에 자격있는 흑인 대통령후보에게 투표한다.	37(1958)	81(1983)	＋44
실현정책들			
연방정부는 백인과 흑인 아동들이 같은 학교에 다니는 것을 보장해야만 된다.	42(1964)	25(1978)	－17
흑인과 백인 아동의 공동버스 통학을 찬성한다.	13(1972)	21(1983)	＋8
정부가 소수인종들에 대해 특별보조금을 준다.	22(1970)	18(1982)	－4
흑인들에 대한 정부예산의 증가를 지지한다.	27(1973)	26(1983)	－1

자료원 : Schuman 등 (1985). 비교에 포함된 연도들이 괄호들 안에 제시되어 있다.

재한다.

첫째로, 상당한 숫자의 백인들이 계속 흑인들로부터 거리를 유지하고 싶어한다. 1983년에, 60%가 인종간 결혼을 찬성하지 않았으며, 이것은 13개의 서구 국가들중에서 최고 수준의 반대이다(Pettigrew, 1988 : Schuman 등, 1985). 약 3분의 1이 흑인 이웃들을 원치 않았으며, 약 20%가 계속 흑백 인종이 통합된 학교들을 원치 않았다(Dovidio와 Gaertmer, 1986). 그리고 진정한 인종차별주의자들의 어떤 강한 핵심이 있다 : 1978년까지만 해도, 15%의 백인 성인들이 "흑인들이 백인들보다 더 열등하다"는 데에 동의했다(Hochschild와 Herk, 1989).

둘째로, 대부분의 지표들에 의하면 인종차별이 감소되어 온 반면에, 인종 평등성을 촉진시키기 위한 정부의 정책들에 대한 백인의 지지는 보조를 맞추지 못해 왔다. 차별폐지 실현조치를 위한 뒷받침, 인종개방 주택법률들, 흑백통합을 위한 공용버스제, 또는 흑인들에게 혜택을 주는 기타의 시책들에 대한 정부예산은 미약해 왔으며, 눈에 띄게 증가되지는 않고 있다(Schuman 등, 1985). 이러한 자료들의 몇 가지가 표 17-3에 제시되어 있다.

셋째로, 흑인들은 백인들보다도 편견과 차별대우가 과거의 일들이라는 데 대해 훨씬 덜 믿었다. 1981년에, 60% 이상의 흑인들이 자기들이 취업에서 나쁘게 차별대우를 받았다고 생각한 반면에, 단지 25%의 백인들만이 그렇게 생각했다(Bobo, 1989). 1988년에, 37%의 백인들에 비해서 69%의 흑인들이 백인들이 갖고 있는 것과 동일한 취업기회들을 갖고 있지 못하다고 생각했다(Hochschild와 Herk, 1989).

편견의 새로운 형태들

강한 논쟁들이 옛날식의 인종차별의 외견상의 소멸과 변화에 대한 계속적 저항에 관한 증거들 간의 이러한 대비에 관한 가능한 설명에 관해서 제기되어 왔다. 식별가능하게 상이한 견해들이 있다.

착각적 변화 몇몇 사람들은 인종통합에 대한 백인들의 지지에서의 새로운 진보주의가 단지 착각적 변화들(illusory changes)을 나타낸다고 주장해 왔다. 즉, 백인들은 그러한 질문들에 대한 사회적으로 바람직스러운 반응들을 그저 입으로 말하면서도, 그 배후에서 그들의 진정한 태도들이 동일한 옛날의 인종차별을 유지하고 있다는 것이다. 이러한 견해에 의하면, 옛날식의 인종차별은 이것이 진정으로 사라져 버린 것 때문이 아니라, 단지 이것을 주장하는 것이 사회적으로 수용될 수 없기 때문에 사라지고 있다. 따라서, 질문받았을 때에 백인들은 옛날식의 인종차별을 부인해서, 흑인 아동들이 백인 아동들처럼 지적이라는 데 대해 그렇다고 대답하고, 그들이 같은 학교에 다닐 권리를 가져야만 된다는 데 대해 그렇다고 대답한다. 그러나 인종평등의 문제를 보다 더 간접적으로 제시하는 질문들에서, 즉 평등에 대한 반대가 인종차별주의자라고 간주받게 될 가능성이 적을 경우에, 예컨대 불평등의 영향들을 차별철폐조치로 고치려는 그러한 노력들에 대한 지지에 대해서, 그들은 자기들의 진정한 인종차별주의가 나타나게끔 허용하고 따라서 그들은 저항하고 있다. 이러한 견해를 검증하려고 설계된 실험들은 백인들이 마치 그들이 그것을 의도적으로 소유하고 있었던 것처럼, 백인 면접자들에 대해서보다도 흑인 면접자들에 대해서 옛날식의 인종차별을 덜 표현하는 반면에, 두 종류의 면접자들에 대해서 인종차별의 간접적 형태들의 거의 동일한 양을 나타낸다는 것을 보인다(McConahay 등, 1981).

양면감정 1944년에 스웨덴의 위대한 사회과학자인 Myrdal은 "미국의 딜레마"가 한편으로 모든 사람들에 대한 자유와 평등에 대한 백인 미국인들의 모순적 신념들과 다른 한편으로 인종편견과 차별대우가 제공해 준 부수적인 개인적 편의성과 안전성을 지닌 인종편견과 차별대우에 있다고 진술했다. 현대의 몇몇 사회심리학자들은 오늘날 백인 미국인들에게서 작용하고 있는 동일한 양면감정을 목격하고 있다. 그들의 대부분이 흑인들이 특별한 불이익들로 핸디캡을 받아 왔다는 인식에서 그들에 대해 다소의 특별한 동정을 느끼고 있다고 말해지고 있다. 그러나 그들은 또한 흑인들이 특히 야망의 부족, 범죄행동, 약물과 알콜 남용, 성문란 등을 통해서 그들 자신의 재난을 유발시키고 있다고 지각한다. 이것은 백인에게 "한편으로 친절과 동정 그리고 다른 한편으로 경멸과 혐오로 이루어져 있는 갈등적 감정들"을 남기게 된다(Katz 등, 1986, p. 42).

이와 비슷한 견해는 옛날식의 인종차별주의가 **혐오적 인종차별주의**(aversive racism)라는 새로운 형태로 대치되어 왔다고 시사해 왔다(Kovel, 1970 ; Gaertner와 Dovidio, 1986). 이러한 형태는 백인들을 그들의 순수하게 평등적 가치체계들과 흑인들에 대한 그들의 부정적 감정들 사이에서 갈등을 겪은 것으로 기술한다. 그러나 백인들은 자기들의 부정적 감정들을 부끄럽게 생각하고, 따라서 그들은 흑인들을 피한다. 이것은 그들에게 그들의 진정한 편견들에 대한 당면을 피하게끔 해 주고, 따라서 편견이 없는 사람이라는 그들 자신의 이미지들을 보호해 준다. 그들은 옛날식의 인종차별주의에서처럼 적대감이나 증오보다도 불편함, 거북함 및 공포를 느낀다. 이들 이론들을 우리가 사용해 온 용어로 표현하면, 백인들은 두 개의 도식들을 갖고 있다. 하나는 사회정의(평등의 가치들)에 대한 관심과 인종적 관용을 연결짓는 것이고, 다른 하나는 자립(개인주의)의 강조와 인종편견을 연결짓는 것이다.

이것을 검증하기 위해서, 이것들의 제시순서가 변화되었다(Katz와 Hass, 1988). 백인들이 평등에 관한 질문들을 먼저 대답했을 때, 그들의 편견점수들은 떨어졌다. 그들이 개인주의에 관한 질문들을 먼저 대답했을 때, 그들의 편견점수들은 높아졌다. 이것은 실제로 대부분의 사람들이 정말로 두 개의 도식들을 지니고 있고, 둘 중의 어느 것이 점화될 수 있는 경우에 기대될 수 있는 결과이다.

이러한 견해에 대한 다른 증거는 흑인들과의 상대에서 백인들의 비언어행동에 관한 연구들에서 나온다. 백인들은 다른 백인들에게 이야기할 때보다도 흑인들에게 이야기할 때에 더 멀리 떨어져서 앉고, 덜 친절한 어조들을 사용하고, 더 적은 눈마주침을 갖고, 더 많은 말의 실수들을 저지르고, 면담을 더 일찍 끝내는 경향이 있다(Pettigrew, 1985). 다른 연구들에서, Donnerstein(1972)은 백인 공격자에 대한 흑인들의 보복 가능성이 백인들에 의해 수행된 직접적 공격을 뚜렷하게 감소시켰다는 것을 발견했다. 그 대신에, 이것은 백인들의 은연적, 위장적 및 간접적 공격형태들을 증가시켰다. 그들은 백인의 위협에서 생기는 흑인들에 대한 이와 비슷한 영향들을 발견하지 못했다. 이것도 또한 백인들이 자기들이 흑인들에 대해서 갖고 있는 진정한 부정적 감정들의 직접적 표현을 피한다는 것을 시사한다.

상징적 인종차별주의 다른 사람들은 옛날식의 인종차별주의가 상징적 인종차별주의(symbolic racism)라는 다른 보다 더 현대적 형태로 대치되어 왔다고 시사한다(Kinder와 Sears, 1981 ; McConahay와 Hough, 1976 ; Sears와 McConahay, 1973). 이 견해는 오늘날의 인종편견의 가장 강력한 형태가 "강제 흑백아동 공동버스통학", "역차별대우" 또는 "복지"와 같은 인종적 상징들에 초점을 둔다는 것이다. 백인들의 인종관계 개선에 대한 반대는 흑인들에 대한 그들의 비호의적 정서반응과 아울러 이것이 그들의 다른 가치들을 위배하기 때문에, 추상적이고, 상징적 수준의 것이다. 보다 더 특수하게 말하면, 흑인들에 대한 적대감을 단순하게 반영하는 것 대신에, 상징적 인종차별주의는 반흑인 감정과 인종과 전혀 관계없는 자립, 근면의 가치, 사람들이 일한 만큼 보상을 받아야만 된다는 신념, 어떤 집단이라도 특별한 편애들을 받아서는 안된다는 신념과 같은 전통적인 미국적 가치들을 결합시킨다. 따라서 상징적 인종차별주의는 흑인들이 특별한 대우에 대한 부당한 요구들을 하고 있고 따라서 그들이 취업이나 대학입학과 같은 분야들에서 과분한 이익을 얻고 있다는 것과 같은 태도들 속에 반영되어 있다. 이 상징적 인종차별주의가 도 17-3에 제시되어 있다.

상징적 인종차별주의에 관한 연구는 세 가지 요점들에 초점을 두어 왔다. 첫째로, 이것은 흑백아동 공동버스통학, 차별철폐조치, 2개 국어의 교육 및 복지와 같은 관련된 인종정책들에 관한 백인들의 태도들에 대해 옛날식의 인종차별주의보다 더 강력한 예언요인이다. 이것은 또한 로스앤젤레스의 시장인 브래들리와 잭슨과 같은 흑인 정치지도자들에 대한 반대를 예언한다. 옛날식의 인종차별주의는 이러한 태도들에 대한 하나의 강력한 예언요인이 못된다. 둘째로, 이러한 인종정책들과 지도자들에 대한 태도들은 현실적

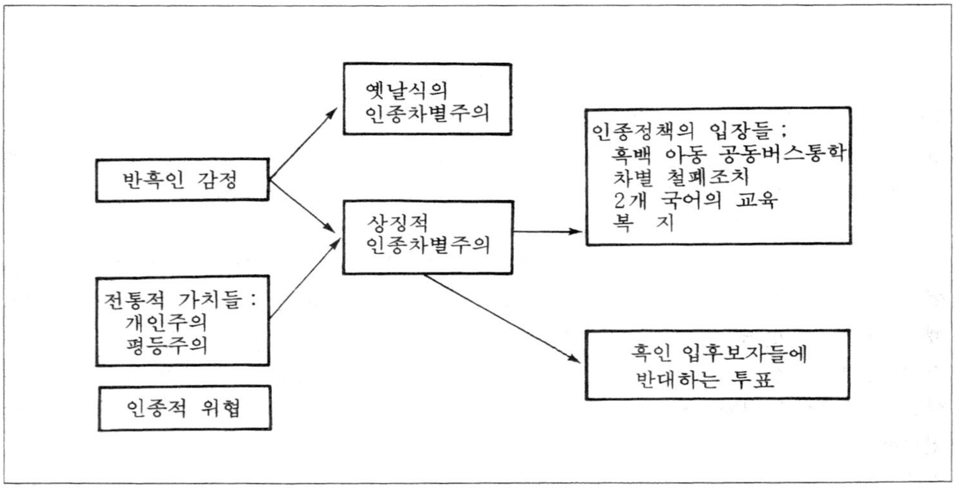

도 17-3. 상징적 인종차별주의의 접근(Sears, 1988에서 개작됨.)

집단갈등이론과 같은 다른 이론들에 핵심이 되는 변인들에 의해서 잘 예언되지 않고 있다. 범죄적 폭력, 흑백아동 공동버스통학 또는 차별철폐조치에 기인되는 실직들과 같은 흑인들이 백인들의 개인생활에 부과시키는 실제의 개인적 위협들은 동일한 영향력을 갖고 있지 않다. 그리고 셋째로, 상징적 인종차별주의 자체는 반흑인 태도들과 비인종적인 전통적 가치들의 하나의 합동적 결과인 것 같다(Jessor, 1988; McConahay, 1982; Sears, 1988 참조).

현실적 집단갈등 끝으로, 현실적 집단갈등(realistic group conflict)의 해석은 또한 평등의 일반원칙들에 대한 새로운 지지가 진정한 것이라고 가정하지만, 이것이 피상적 수준의 것이라고 주장한다. 추상적 수준에서 평등을 지지하기는 쉽지만, 실제의 실현을 지지하는 것은 시내에서 백인아동들이 흑인아동들과 함께 버스통학하는 것과 같은 실제적이고 값비싼 함축들을 갖고 있고, 따라서 백인들은 이것에 저항한다(Jackman, 1978). 다시 말해서, 그러한 실현정책들은 흑인운동에 의해서 백인들의 지배적 지위가 위협당하면서 현실적 집단갈등을 일으키고, 따라서 그들은 백인의 우월성을 직접 위협하는 운동가들과 정책들에 대해 반대한다. 이러한 견해에 의하면, 실현정책들에 대한 반대는 지배적 집단의 이익들의 하나의 이데올로기적 방어를 나타낸다. 근본적으로 백인들은 평등이라는 모호한 약속들로 흑인들을 매수하려고 들지만, 차별철폐조치와 흑백 아동 공동버스통학이나 대통령으로서 잭슨과 같은 흑인 후보를 선출하는 것과 같이 궁지로 몰리게 될 때, 백인들은 어떤 진정한 변화에 저항한다(Bobo, 1988; Jackman과 Muha, 1984).

이러한 견해에 대한 다소의 증거가 있다. 첫째로, 시대적으로 자료는 백인들이 1960년대에 절정기에 달했을 때에 흑인 정치운동에 대해 가장 부정적이었다는 것을 보인다. 둘째로, 인종 평등 실현정책들에 대한 백인들의 저항이 실제로 흑인 정치운동에 대한 부정적 태도들에 밀접하게 연관되어 있다. 그리고 마지막으로, 흑인 정치운동에 대한 백인들의 거부는 형제적 박탈감, 즉 흑인들이 백인들을 희생시키면서 너무 많은 이익을 차지한다는 것에 의해서 영향받았을 수도 있다(Bobo, 1988a, b).

많은 연구들이 현재 몇 개의 이들 이론들을 검증하고 있는 중이다. 이것들은 모두 다소 차이가 있지만, 몇 가지 유사한 요소들을 공유하고 있다. 이것들 모두는 백인들이 일반적인 평등원칙들에 대한 다소의 순수한 동감을 갖고 있고, 대부분이 백인의 우월성과 인종분리의 옛날 생각들을 거부한다고 가정한다. 그러나 이것들 모두는 편견이 분명히 사라지지 않아 왔으며, 초기의 사회화에 기초되었건 아니면 실제의 이익갈등들에 기초되었건 간에 백인들이 계속 흑인들에 대해 적대감을 갖고 있다는 것을 인정한다.

편견의 감소방법

6장에서 요약된 바와 같이, 태도변화의 연구들은 사람들의 태도들이 변화되기 쉽다는 인상을 줄 것이다. 이와 비슷하게, 동조와 복종에 관한 연구들은 사람들의 행동이 다소 쉽게 영향받을 수 있다는 것을 시사한다. 따라서 편견과 차별대우가 마찬가지로 쉽게 통제될 수 있는 것처럼 여겨질 것이다. 그러나 일들은 그렇게 쉽지 않은 것으로 판명되고 있다. Hovland(1959)가 지적한 바와 같이, 실험실의 통제된 환경 내에서 태도들을 변화시키기는 일반적으로 용이하다. 어떤 간단한 인쇄된 글이라도 외국원조나 이닦기에 대한 태도들의 변화를 일으킬 수 있다. 그러나 실험실 밖의 세상에서 사람들의 태도와 행동을 변화시키려는 시도는 적어도 인종편견들과 같은 태도들에서 훨씬 더 성공도가 낮은 경향이 있다.

편견감소에 대한 주요 접근은 직접적인 집단간 접촉이 있어 왔다. 주택, 학교, 직업 및 대부분의 생활영역들에서 미국의 인종분리의 보편성은 이차대전 후의 많은 사회과학자들에게 흑인들과 그들의 생활에 대한 단순한 무지가 백인들의 오도되고 과잉단순화된 인종 고정관념들을 조성하는 것을 도왔다고 결론짓게끔 만들었다. 더 많은 인종간의 접촉이 백인들을 알게끔 만들고, 그들의 고정관념들을 타파시키고, 궁극적으로 그들의 편견을 감소시킬 것으로 기대되었다(Myrdal, 1944).

그러면 접촉이 정말로 편견을 감소시켜 주는가? 초기의 고전적 연구들은 이차대전 후 몇 십년 동안에 미국의 주요 기관들이 점차 인종분리가 적어지게 되는 사실을 이용했다. 군대, 학교들, 직업 스포츠 및 많은 근로상황들의 변화는 사회과학자들에게 접촉의 영향들을 검증할 기회를 제공했다. 최초의 연구들은 군대의 인종차별폐지를 검토했다. 이차대전이 시작되었을 때, 군대시책은 인종이 혼합된 부대들을 피하는 것이었다. 그러나 시간이 지남에 따라 백인 보병 보충병이 모자라게 되어서, 육군은 이전에는 모두 백인들이었던 부대에 흑인 지원병들이 배치되도록 허용했다. 이러한 인종차별폐지 이전의 조사들은 대부분의 백인병사들이 그것에 반대했다는 것을 나타냈으나, 그 이후에는 반대가 훨씬 더 적었다(Stouffer 등, 1949). 가장 큰 지지가 흑인들과 가장 가깝게 연관되었던 백인 병사들에게서 나왔다. 비현실적 고정관념들은 친숙성에 의해서 얻어진 더 많은 지식 때문에 크게 감소되었다. 두 집단들은 경쟁을 하는 대신에 공동의 적과 싸우게 되었기 때문에, 둘 사이에는 아무런 현실적 갈등들이 생기지 않았다.

몇 개의 최초의 다른 연구들은 주택과 근로상황들의 인종차별폐지에 초점을 두었다. Deutsch와 Collins(1951)는 세든 사람들에게 인종을 고려하지 않고 아파트를 할당했던 두 개의 주택건설사업들과 흑·백인들을 다른 건물들에 살도록 한 두 개의 주택건설사업들을 비교했다. 통합건설사업들에 들어 있었던 백인주부들은 편견이 더 적었고, "가장 친한 친구"로서 흑인을 삼는 경향이 더 많았다. 이와 비슷하게, 흑인들이 뉴욕에 있는 백화점들에서 일하도록 고용되었을 때, 백인 서기들은 점차적으로 그들을 더 받아들이게 되었다. 백인 고객들도 비슷한 긍정적 반응을 보였다. 이와 비슷한 결과들이 경찰관들과 공무원들에게서 발견되어 왔다.

보다 더 일반적으로, 흑인 친구들과 친지들을 갖고 있는 백인들이 인종편견이 가장 적은 것으로 밝혀졌다. 교우관계 패턴들에 관한 한 전국조사는 많은 인종분리에 관한 증거를 발견했다. 단지 9%의 백인 성인들이 흑인인 "좋은 친구"를 거명했으며, 단지 21%가 최소한 한 명의 흑인 친지를 거명했다(Jackman과 Crane, 1986). 그러나 한 명의 흑인친구나 친지를 갖고 있었던 이들 백인들이 가장 편견이 적었다. 그들은 도 17-4에서 보이는 바와 같이, 더 많은 백인들이 흑인들보다 더 머리가 좋다고 대답하는 경향이 가장 적었으며, 그들이 모두가 백인인 이웃들 속에서 살기를 선호할 것이라고 대답하는 경향이 가장 적었다. 인종간 접촉은 백인들이 자기들보다 더 높은 사회경제적 지위를 가진 흑인들과 상대했을 때에 편견을 감소시키는 데에 특히 성공적이었다. 실제로, 몇 개의 지표들상에서 낮은 지위의 흑인친구들을 갖는 것은 전혀 흑인과의 접촉들을 갖지 않는 것보다 더 나빴다. 이것은 접촉이 최소한 어떤 조건들하에서 편견을 감소시키는 데에 성공한다는 것을 시사할 것이다.

이와는 달리, 학교의 인종통합은 항상 편견을 감소시키지는 않는다. 미국의 남부 주들에게 백인과 흑인 아동들에 대한 분리된 학교체제들을 유지시키게끔 허용했던 "분리되지만 동등한" 공식정책은 1954년에 브라운 교육청사건 판결에서 대법원에 의해 폐지되었다. 그러나 미국 북부의 수도권지역들에서, 주택분리는 광범한 사실상의 학교분리를 낳았다. 법원 명령에 의한 흑백아동 공동버스통학 계획들은 많은 백인들의 격렬한 반대 속에서 채택되었지만, 많은 경우들에서 이것들은 원했던 효과들을 내놓지 못했다(Aronson과 Gonzalez, 1988 : Gerard, 1988 참조). 그 결과로, 대부분의 전문가들은 단순한 접촉 자체보다도 특수한 형태의 인종간 접촉이 결정적 요인이라고 결론지어 왔다.

접촉이론

시초의 브라운 교육청사건에 대한 미국 대법원판결은 몇 명의 저명한 사회심리학자들에 의해서 준비된 소송사건 적요서에 의해 일부 권고받았다. 이들은 인종분리가 흑인 아동들의 자존심과 학업성적을 낮추었고 백인아동들의 인종편견을 영속화시킨다고 증언

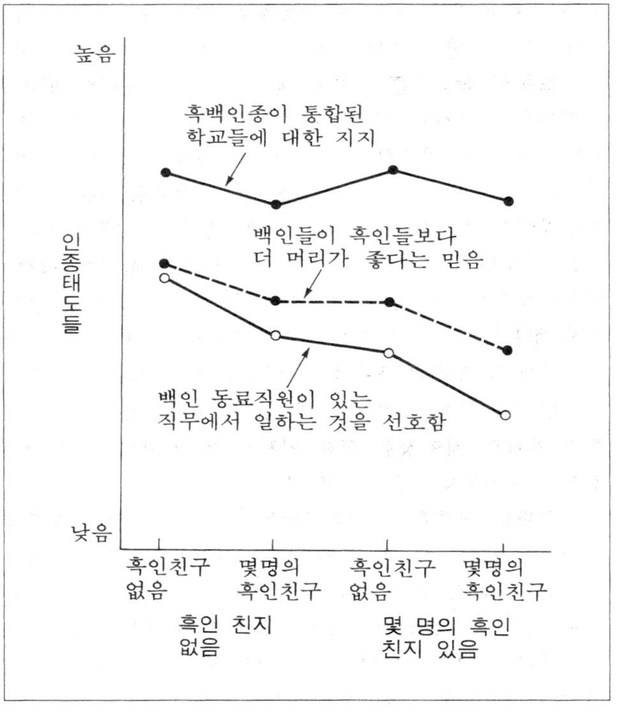

도 17-4. 흑인들과의 교우관계의 함수로서 백인들의 인종편견(Jackman과 Crane, 19866에서 개작됨.)

했다. 그들은 인종차별폐지가 만일 이것이 네 가지 관건조건들, 즉 인종간 접촉, 부족한 자원들에 대한 인종간 경쟁이 없음, 양측 인종들의 멤버들에 대한 동등한 지위 및 관계 당국들로부터의 확고한 지지를 보장하는 식으로 수행된다면, 이러한 문제들을 해결하는 데에 도움을 줄 것이라고 예언했다(Cook, 1988). 이것은 그 당시에 사회심리학 내의 의견 일치를 반영했으며, Allport(1954)의 **접촉이론**(contact theory)* 속에서 가장 잘 나타났다. 이 이론은 집단간 접촉은 접촉이 아래의 네 가지 필요조건들에 부합될 때에만 인종들간의 적대감을 감소시킨다고 주장하고 있다(또한 Brewer와 Miller, 1984 ; Cook, 1978 참조).

지속적인 밀접한 접촉이 중요하다. 사람들이 그저 동일한 지리적 공간 내에 함께 있는 것만으로는 충분치 못하며, 그들은 함께 밀접한 상호작용이 되도록 해야만 한다. 학교나 직장의 몇 가지 인종통합의 형태들은 흑백 학생들이 고등학교에서 다른 "진로의 반들"에 들어 있고 매우 다른 교과목을 배울 때나, 어떤 회사의 간부들이 모두 백인이고 사무원들이 흑인이며 그들이 밀접한 상호작용이 거의 없을 때와 같이, 매우 밀접한 접촉을 제공하지는 않는다.

외집단의 특징들에 관한 지배적인 고정관념들이 부당하다고 증명되는 경우에 지속적 접촉이 요구된다. 우리는 앞에서 사람들이 그들 자신의 도식들, 고정관념들 및 기대들을 극복하는 데에서 갖고 있는 난점들에 관한 수많은 실례들을 보아 왔다. 그 결과로, 특히 이러한 인지구조들이 수년 동안 대치되어 왔고 타인들에 의해서 계속 강화되고 있을 때에, 상당히 많은 새로운 증거들이 변화를 일으키기 위해서 흔히 요구되고 있다. 그리고 개별적인 소수인종멤버들과의 매우 가까운 접촉이 요구될 것이다. 우리는 8장에서 호감을 일으키는 데에 있어서 근접성과 친숙성이 얼마나 중요한가를 본 바 있다. 가끔의 피상적 접촉은 집단들간의 거리를 깨버리는 가까운 관계들을 일으키지 못하기 쉽다.

협동적 상호의존이 또한 필요하다. 두 집단의 멤버들은 이차대전 때와 같이, 부족한 자원들을 차지하기 위해 서로 경쟁하는 것 대신에 공동목표들을 위해서 함께 일하고 서로의 노력들에 의존할 필요가 있다. 경쟁이 집단간 관계들에 미치는 파괴적 영향들을 증명하는 고전적 연구는 Sherif와 그의 동료들(1961)의 실험연구이다. 그들은 처음에 하계야영장에서 두 집단의 소년들간의 경쟁을 고무시켰다. 그러나 이것은 집단들간의 매우 많은 분노와 적대감을 일으켜서 이것들은 심지어 영화를 구경하는 것과 같은 비경쟁적 행사들에서도 나타났다. 이 연구자들은 그 후에 소년들에게 어떤 공동문제를 해결하기 위해 협동적으로 일하도록 만들음으로써 이러한 적대감을 성공적으로 감소시켰다.

셋째로, 접촉은 동등한 지위에서 이루어져야만 된다. 만일 전통적인 지위의 불균형이 지속된다면 분개가 쌓이게 되고, 고정관념들은 쉽사리 타파될 수 없다. 접촉은 흑인 청소부가 유태인 사업장을 위해 일하게 될 때에도 일어나겠지만, 이러한 종류의 상황은 단지 전통적 고정관념들을 영속화시킬 뿐이다.

평등을 애호하는 사회규범들이 관계당국들과 공동사회 일반 사이의 합의사항이어야만 된다. 모든 사람들이 접촉을 반대하는 어떤 상황에서 집단적 접촉이 강제되게 될 때(예컨대, 교육청, 교감, 교사들 및 부모들의 모두가 계속된 인종분리를 원하고 있는 어떤 학교지역에서처럼), 아동들간의 접촉이 유익한 효과들을 내기는 어려울 것이다.

최근에 많은 연구들이 접촉이론에서 나온 이러한 가설들을 검증하기 위해서 수행되어 왔다. 예컨대, Clore와 그의 동료들(1978)은 인종혼합 여름캠프를 운영했는데, 여기에

특별논의 17-3. 인종 대 신념

우리는 인지적 일관성을 향한 압력들이 어떻게 태도나 행동을 변화시키는가를 보아 왔다. 인지적 일관성이론들은 사람들이 자기들의 기존의 성향들 쪽으로 태도들과 행동들을 형성시킨다고 주장한다. 편견의 맥락에서, 이 이론들은 다른 사전의 태도들과의 일관성을 증진시키기 위해서 사람들이 편견적 태도들을 형성시킨다고 시사할 것이다.

일관성과정들의 한 예는 8장에서 지적된 바와 같이, "유사성이 호감을 낳는다"는 아이디어이다. 우리는 새로운 인물이나 집단을 우리 자신과 그들의 태도들과 가치들의 일관성에 기초해서 좋아한다. 하나의 호기심이 가는 함축은 흑인들에 대한 백인들의 편견이 이들이 인종 자체 때문이 아니라, 흑인들이 유사한 태도들과 가치들을 함께 갖고 있지 않다고 가정하기 때문에 생긴다는 것이다. 만일 이것이 사실이라면, 유사한 가치들을 가진 사람들은 그들이 설사 흑인일지라도 호감을 받게 될 것이다. 만일 그렇다면, 이것은 다른 인종의 어떤 사람을 알게 되고 그 사람의 태도들이 자기 자신과 유사하다는 것을 발견하는 것이 우리가 인종차이에 관계없이 그 사람을 좋아하게끔 만들 것이라는 것을 시사할 것이다. 그 함축은 다른 인종들에 관해서 사람들을 교육시키거나 그들과의 접촉에 관한 어떤 단순한 프로그램이 인종간 갈등들을 감소시킬 것이라는 것이다.

일련의 연구들(Byrne과 Wong, 1962 ; Rokach와 Mezei, 1966 ; Stein 등, 1965)은 인종과 태도유사성의 상대적 중요성을 비교해 왔다. 비록 모두는 아니더라도, 전형적 발견은 태도들의 유사성이 동일한 인종집단에 속하는 것보다도 호감을 결정짓는 데에 더 중요하다는 것이었다. 이러한 발견들은 인종차이들이 태도들의 차이들과 비교되었을 때에 비교적 중요치 않다는 것을 나타내는 것으로 해석되어 왔다. 그러나, 이러한 발견들은 함께 일하는 것과 같은 비교적 비친밀한 관계들에 대해서만 나타났다. 인종은 데이트나 결혼과 같은 밀접한 관계들이 관계되었을 때에 신념보다 상당히 더 중요했다. 따라서 일관성의 욕구는 편견의 수준에 대해 다소 영향주었지만, 실제의 집단차이들의 사실을 항상 극복하지는 못한다.

서 야영자들, 집행간부와 카운셀러들이 모두 흑·백인이 고르게 배정되었다. 연구자들은 다음 사항을 최대화시키려고 했다. 즉, (1) 친밀한 접촉(생활배치들을 인종이 혼합되게 함으로써), (2) 협동적 상호의존(불을 피우고, 요리하고, 활동을 계획하는 것과 같이 협동을 요하는 근본적 조건들을 조성함으로써), 그리고 (3) 동등한 지위(비슷한 배경에서 야영자들을 선정함으로써)이다. 일주일간의 경험은 야영자들이 게임을 하는 파트너를 삼는 데에 있어서 인종간 선택들의 백분율을 증가시키는 데에 성공적이었다. 이와 비슷한 발견들이 학교나 직장 상황들에서의 장기적 상호작용들을 포함하는 Cook(1984)의 연구프로그램에서 나와 왔다.

사회심리학자들은 인종차별 폐지가 이러한 조건들이 성숙되었을 때에만 편견을 줄일 수 있다는 생각으로, 인종차별이 폐지된 학교들에 이러한 방법들을 도입시키는 데에 아주 적극성을 띠어 왔다. 학급의 과제들을 완수하기 위해 협동하게끔 만드는 상호의존적인 "팀들"을 도입시키는 새로운 방법들과 표준적인 교육방법들을 비교해 왔다. 예컨대, Aronson과 그의 동료들은 "조각그림맞추기식" 기법이라고 부르는 것을 사용했다. 아동들은 대개 다섯이나 여섯 명의 참가자들로 구성된 소학습집단들에 배치되게 되었다. 그들은 한 개의 특수교과에 집중하기 위해서 하루에 약 한 시간 가량 집단 속에서 만났다. 각 사람은 그 날의 교과의 한 부분을 할당받았고, 집단의 나머지 사람들에게 그 재료를 가르치는 책임을 졌다. 예컨대, 한 개의 연습에서 학생들은 신문발행인인 푸리쳐의 일대기를 제시받았다. 단락1은 그의 선조들에 관한 것이고, 단락2는 그의 성인기 이전의 생활에 관한 것 식으로 되어 있었다. 다른 사람들에 의해 제공된 정보가 없이는 아무도 전체의 일대기를 종합할 수 없으므로, 학생들은 상호의존적이다. 더욱이, 각 아동이 하나의 전문가로서의 역할을 맡도록 되어 있으므로, 그들 모두는 또한 동등한 지위를 갖고 있다. 그들은 협동하는 것을 배우고 서로에게서 배워야만 된다. 궁극적으로 각 학생의 학습은 개인적으로 평가되게 되었지만, 모든 사람이 자신의 독특한 부분에 대한 지식을 제공해서 협동하지 않으면, 아무도 그리 잘할 수가 없다.

Aronson과 그의 동료들은 인종집단들간의 동료적인 호감을 증가시키고, 소수인집단 아동들의 자존심을 증가시키는 데에 이 기법이 좋은 성과를 내었다고 보고했다(Aronson 등, 1978; Aronson과 Gonzalez, 1988). 가장 광범한 평론은 전통적인 경쟁적 학급들의 4%에 비해서, 63%의 협동적 학급들이 학업성적의 향상을 보였다는 것을 발견했다(Slavin, 1983).

관용에 대한 전망들

위에서 설정된 적절한 접촉의 원리들을 사용한다면, 편견감소의 전망들은 어떠한가? 첫째로, 어떤 종류의 상황들이 편견을 줄일 가능성이 있고, 어떤 종류들이 그렇지 못할 것인가? 프로 축구팀에서의 팀동료들이 되는 것이 아마 그럴 것이다. 어떤 탈옥에서의 동료 공모자들이 되는 것이 그럴 것이다. 어떤 사무실빌딩에서 흑인 수위를 두는 것이나 중류 가정에서 스페인계의 식모를 두는 것은 그렇지 못할 것이다. 한 강의실에 단지 두 인종을 두는 것은 그렇지 못할 것이다. 흑인 농구팀과 백인 농구팀을 시합하게 하는 것은 그렇지 못할 것이다. 그러나 어떤 통계학과목에서 숙제를 하기 위해서 인종혼합팀들을 만드는 것은 그렇게 할 것이다.

미국 사회에서 가장 도움이 되는 종류의 인종관계상황이 보편적으로 있는가? 불행하게도, 대부분의 미국의 역사를 통해서, 이것들은 없어 왔다. 1950년대 전에, 미국의 사회는 흑인들과 백인들 사이의 동등한 지위의, 협동적, 상호의존적 접촉에 대한 기회들을 거의 제공치 못하는 식으로 편성되었다. 거의 모든 미국의 기관들이 인종이 분리되었다. 백인 대학들과 흑인 대학들이 있었다. 메이저 리그들에서 백인들만이 프로 스포츠를 하도록 허용되었다. 흑인 선수들은 흑인 리그들에서 전 흑인 팀들 내에서 경기를 해야만 되었다. 군대 부대들은 전 흑인이나 전 백인이었다. 대부분의 흑인들은 남부지역의 살았으며, 물론 남부에서 공공시설들, 학교들, 교통, 정치 및 기타의 모든 사회기관들에서 인종분리가 합법적이었다. 광범한 동등한 지위의 접촉이 최소가 될 정도로 소득, 교육 및 직업적 지위에서 흑백인들간에 커다란 차이들이 있었다.

오늘날, 이러한 형태의 접촉이 군대들, 공장들과 상점들에서 일어나는데, 군대에서 흑인들과 백인들은 다소 동등한 계급(적어도 사병들에서)을 갖고서 함께 일하고 싸우며, 공장이나 상점에서 두 인종의 멤버들은 비등한 직무를 갖고 있다. 그러나 대부분의 생활 영역들에서, 백인들과 흑인들은 서로 접촉하는 일이 비교적 거의 없다. 예컨대, 1988년의 한 조사에서 단지 31%의 백인 성인들이 인종이 혼합된 동네에서 살고 있는 동시에 최소한 한 명의 흑인 이웃의 이름을 알고 있다고 대답했으며, 단지 37%가 지난 해에 자기 가정에서 어떤 흑인을 접대했다고 대답했다(Life지, 1988). 인종차별폐지계획들을 실행해 온 대부분의 도시 학교계통들에서처럼, 인종간 접촉이 시도되고 있을 때조차, 이것은 흔히 우리가 생각하고 있는 것보다 더 적게 일어난다. 백인 아동들이 인종차별폐지가 실시되자 마자 공립학교들을 떠나는 "백인 도주"의 현상은 어떤 인종간 접촉을 보장하기가 얼마나 어려운가를 예시해 준다. 그리고 설사 양측 인종들의 아동들의 실질적 숫자들이 학교 내에 있을지라도, 그들이 많은 유의미한 접촉을 가질 것이라는 보장도 없다. 그들은 다른 인종보다도 자기들 자신의 인종과 더 많이 어울리는 강한 경향을 보인다(Schofield, 1978). 그리고 소수측집단의 어떤 "상징적" 멤버와의 단 한번의 통합된 경험이나 접촉은 고정관념들을 타파시키기에 충분치 못하다. 타파는 단 한 개의 "예외"가 아니라 여러 실례들에 대한 반복 접촉을 요한다(Weber와 Crocker, 1983).

협동적 상호의존이 중요하며 효력을 내는데, 이러한 효과는 이것이 성공을 내놓을 경우에만 국한된다. 만일 사람들이 협동하고 있으면서 실패한다면, 소수측멤버를 비난하기가 너무 쉽다. 만일 사람들이 전쟁들이나, 게임들이나, 교실 활동들에서 함께 일하고서 일이 나쁘게 되면, 그들은 서로 분개를 느끼고 보다 더 적대적으로 될 것이다. 이런 이유로, Cook(1984)은 개인의 인종보다도 집단멤버의 유능성이 타인들로부터의 존경과 매력을 결정짓는 데 있어서 결정적 요인이라고 보고했다. 또 한편으로, Cook은 또한 집단의 성공이 덜 유능한 팀동료들에 대한 존중을 높혀 준다고 보고했다.

다른 곤란사항은 동등한 지위에 관한 것이다(Brewer와 Miller, 1984). 인종통합은 흔히 학생들이나 견습생들이나 최저의 바람직스러운 직무들로서 사다리의 맨 밑에 소수인종들을 둠으로써 일어난다. 그러면 이들은 자기보다 상위직의 백인들과 상대해야만 된다. 학교나 직장 상황은 두 명의 직원들에게 동일한 직함을 부여하거나 한 교사가 두 명의 아동을 똑같게 대할 경우에, 동등한 지위를 부여하는 것처럼 여겨질 수 있다. 그러나 집단지위상의 기존의 차이들이 그 상황 속으로 옮겨질 수 있다. 겨우 영어를 말할 수 있거나 학교에 입고 갈 단 한 개의 옷만을 가진 새로 이민온 아동은 교사의 노력들에 관계없이 부유한 의사의 딸과 동등한 지위를 갖지는 못할 것이다.

끝으로, 주위 지역사회의 규범들이 매우 중요하다. 설사 인종간의 경험이 한 개의 한정된 지역 내에서 성공적이더라도, 사람들은 그들의 정상적 생활 속으로 되돌아가게 될 것이다. 만일 그들이 그렇게 편견이 있는 사람들로 둘러싸이게 되면, 그들은 신속하게 되돌아갈 것이다. 이것은 편견을 가진 부모들의 자녀들에 대해 편견을 막으려고 노력하는 데에 있어서 부딪치는 난점들 중의 하나이다. 그 아동들은 보다 더 관용적 태도들을 발전시키기 시작할 수 있지만, 만일 그들의 부모가 가정에서 그 관용을 지지하지 않는다면, 이것은 학교경험의 효과들을 약화시키게 될 것이다.

그 결과로, 학교에서의 인종차별폐지를 위한 많은 노력들은 이러한 4가지 조건들을 충족시키지 못한다. 자의적인 사교적 접촉들, "백인들의 도주" 및 학교에서의 능력별 학급편성은 인종간 접촉을 제한하며, 전통적인 경쟁적 교실이 규범으로서 남아 왔으며, 백인들이 행정가들, 교사들 또는 학생들이건 간에 최상위의 직책들을 계속 유지해 왔으며, 많은 당국들과 백인 대중이 흑백아동 공동버스통학 계획들에 반대해 왔다(Gerard, 1988). 실행된 비교적 소수의 차별폐지 계획들이 사회심리학자들의 접촉이론에 의해서 규정된 유리한 조건들과 비슷하며, 이것들은 긍정적 효과들을 내놓는 경향이 있다(Cook, 1988; Taylor와 Katz, 1988). 그러나 이것들은 예외들이다.

이러한 실제적 난점들은 중요한 도덕적 및 법적 이유들이 있기 때문에 편견을 감소시키려는 노력이 포기되어야만 된다는 것을 의미하지는 않는다. 그리고 정말로 미국이 더욱 더 인종적으로 다양해지고 동성연애자들과 장애자들과 같은 집단들이 점점 더 평등을 요구하고 있으므로, 이것은 이전보다도 더 중요할 것이다. 그러나 우리는 어떤 한 가지 접근만으로는 이 문제를 해결하지 못한다는 것을 기억해야만 된다.

집단간 적대는 인간조건의 하나의 기본적 측면인 것 같다. 전 세계의 모든 사회는 어떤 개인을 어떻게 대우하는가를 결정할 때에 집단소속을 고려하고 있다. 어떤 의미에서, 미국은 권리의 장전들과 그 후의 헌법 수정안들(특히 14조)의 극히 이상적 지침들에 의해 설정된, 집단 평등의 하나의 특히 야심적 시책을 개시해 왔다. 동시에, 미국은 아프리카인들, 베트남인들, 헝가리인들, 스페인인들, 러시아계 유태인들 그리고 영국계 청교도들을 포함하는 전 세계의 엄청나게 다양한 집단들을 조화시키고자 노력해 왔다. 따라서 이것이 어느 정도 실패하게 된다는 것은 하등 이상한 일이 못된다. 우리는 미국 사회의 너무 많은 고통이 인종편견에 의해서 일어나고 있기 때문에, 만족할 수가 없다. 그러나 인간성의 노아의 방주가 매우 오랫 동안 공존하고 협동하도록 허용해 온 매우 많은 조화와 집단적 관용을 기억하는 것이 또한 좋을 것이다.

요 약

1. 편견, 고정관념들 및 차별대우는 집단간 적대의 감정적, 인지적 및 행동적 요소들에 해당된다.

2. 고정관념들과 편견은 다양한 영역들에서 개인의 태도들과 행동에 강력한 영향을 준다.

3. 사회적 학습은 아마 소수인 집단들에 대한 고정관념들과 편견들의 가장 강력한 결정요인일 것이다. 편견들은 흔히 아동기와 청년기에 발달하며, 그 이후에 변화시키기가 곤란하다.

4. 집단갈등이론들은 편견이 집단간 경쟁의 현실들로부터 나온다고 보고, 정신역동이론들은 개인의 특수한 성격적 역동으로부터 나온다고 본다.

5. 인지적 접근들은 고정관념화와 편견들이 범주화, 특히 내집단과 외집단 속으로의 범주

화와 도식적 처리 그리고 자기 자신의 사회적 정체에서 자존심을 얻는 것과 같은 정상적인 인지과정들에서 생긴다고 본다.

6. 여러 이론들은 동일한 사상들에 대해 경쟁이 되는 설명들을 제공하기보다도 다소 상이한 현상들에 초점을 두는 경향이 있다.

7. 비록 인종편견의 어떤 형태들이 최근에 감소되어 왔지만, 다른 형태들이 이것들 대신에 나타나 왔다.

8. 인종간 접촉은 아마 편견을 줄이기 위한 가장 효과적인 방법일 것이다. 그러나 이것은 그 자체로는 매우 효과적인 것이 못 된다. 이것은 지속적인 밀접한 접촉, 협동적 상호의존 및 동등한 지위가 포함되고 지역사회의 규범들의 지지를 받게 될 경우에 성공을 거둘 가능성이 더 많을 것이다.

9. 미국 사회는 인종편견들을 가장 잘 타파시키게 될 인종간 접촉의 종류들을 제공하기 위해서 매우 잘 조직되어 있지는 않다. 이 이유로, 편견이 실질적으로 감소되기 위해서는 특별한 노력들이 경주되어야만 될 필요가 있다.

제 18 장

환경심리학

오랜 동안 철학자들, 심리학자들 및 기타 전문가들이 물리적 환경이 인간의 행동에 미치는 영향을 논쟁해 왔다. 어떤 사람들은 기후, 도시들의 설계, 건물들의 건축, 방들의 배치 및 환경의 기타 측면들이 인간 행동에 대해서 강력하고도 결정적으로 영향을 준다고 주장해 왔다. 이러한 견해는 환경결정론(environmental determinism) 또는 만일 이 견해가 단순히 건물들의 영향만을 언급한다면, 건축결정론(architectural determinism)이라고 일컬어져 왔다. 한 제안자는 건물들을 조직화된 사회적 과정들이 주조되는 틀들과 "사회생활의 냉혹한 골격"에다가 비유했다(Youtz, 1929, p. 60). 사회심리학자들은 또한 건축이 사회적 상호작용의 패턴들에 영향을 줄 수 있다고 주장해 왔다(Festinger 등, 1950).

환경결정론에 대한 비평가들은 우리가 우리의 물리적 환경들에 대해 수동적으로 반응하지 않고 오히려 우리의 목적들에 적합하도록 자신의 환경들을 적극적으로 조성하거나 자신의 환경들에 대처하기 위해서 자신의 행동을 변화시킨다고 주장한다(Franck, 1984, Lipman, 1969). 결국, 무감각한 건물들이 우리의 행동에 적극적으로 영향줄 수 없다. 그리고 물리적 환경들은 우리의 보다 더 넓은 맥락의 일부분에 지나지 않아서, 이것들은 우리의 지각들, 선택들 및 결정들에 나타나는 많은 요인들 중의 소수만을 갖고 있을 뿐이다. 이러한 견해들에 의하면, 물리적 환경들은 행동을 결정짓지 않고 기껏해야 간접적 영향만을 준다.

이 장은 물리적 상황들과 대인적 행동 간의 연관들에 관한 이론과 증거를 탐색한다. 첫번째 절에서, 우리는 공격, 이타성 및 매력과 같은 행동들에 대한 주위환경의 간접적 영향들을 검토한다. 그 다음 네 개의 절들은 대인적 상호작용을 위한 하나의 맥락으로서 환경을 탐구한다: 이것들은 대화를 위한 방들의 배치, 교우관계들과 집단들에서의 물리적 접근가능성의 중요성, 프라이버시 및 과밀에서의 물리적 상황들의 역할을 논의한다. 물리적 환경의 상징적 측면들이 그 다음에 탐구되게 되며, 장소들에 대한 영토보존적 애착의 논의가 뒤따른다.

전체적으로, 이 장은 물리적 환경이 여러 가지 양식들로 대인적 행동에 개입된다는 것을 시사한다. 물리적 상황들은 스트레스의 근원들, 대화를 위한 맥락들, 개인적 접근가능성에 대한 제약들, 자기정체와 지위의 상징들, 주의분산의 근원들, 프라이버시의 자원들, 이웃들간의 경계선들 등등이 되어 준다.

주 위 환 경

주위환경(ambient environment)은 물리적 상황의 가장 역동적 성질들 중의 몇 가지(기온, 소리, 대기의 질 및 조명)를 포함하고 있다. 환경의 이러한 측면들은 편안함이나 기분에 대한 영향들을 통해서 또는 흥분이나, 스트레스나 과잉부담에 대한 기여들을 통해서 대인적 행동에 간접적으로 영향줄 수 있다. 주위환경이 갖는 하나의 가능한 영향은 **흥분**(arousal), 즉 생리적 및 심리적 흥분의 일반적 상태를 포함하고 있다. 불쾌할 정도로 더운 기온들이나 중간으로 큰 소음에 대한 노출은 적어도 일시적으로 개인의 흥분을 증가시킬 수 있다(Sundstrom, 1986). 한편, 흥분은(11장에서 논의된 공격의 경우에서처럼) 사람들을 어떤 대인적 상황들에 대해 특이하게 민감하게끔 만들 수 있다.

매우 큰 소음이나 심한 열과 같은 나쁜 주위조건들은 또한 스트레스를 일으킬 수 있다. **스트레스**(stress)는 대처를 위한 잠재능력들의 동원을 포함하는 요구, 도발, 위협 또는 역경에 대한 어떤 생리적 및 심리적 반응이라고 대개 정의되고 있다(McGrath, 1970; Selye, 1971; Sundstrom, 1986). 스트레스의 환경적 근원들은 이것들이 강하고 통제불가능한 것들일 때에 가장 장해를 준다(Baum 등, 1981). 그러나, 환경에 의해서 생긴 스트레스의 정도는 이것이 편안함이나 안녕을 위협한다는 주관적 판단에 달려있다(Cohen, 1981).

환경적 스트레스는 이것이 일으키는 흥분이 어떤 사회적 단서들에 대한 과잉반응과 다른 단서들에 대한 무감각을 일으킬 수 있기 때문에 사회적 행동에 중요한 영향을 준다. 스트레스는 적어도 세 가지 양식들로 대인적 단서들에 대한 민감성을 감소시킬 수 있다. 첫째로, 스트레스하의 사람들은 때로는 주의의 협소화를 나타내어서, 그들의 즉각적 목표들에 대해 가장 특출한 단서들에 초점을 두고 다른 것들을 간과한다(Hockey, 1970; Solly, 1969). 둘째로, 어떤 스트레스원은 과잉부담, 즉 개인의 잠재능력들을 초과하는 자극이나 정보의 양을 일으킬 수 있다. 과잉부담을 피하기 위해서 개인은 우선성들을 정하고 그 다음에 "낮은 우선성의 입력들"을 무시할 수 있다(Milgram, 1970; Miller, 1964). 셋째로, 스트레스는 개인의 인지적 잠재능력들을 감소시킬 수 있는, 대처를 위해 노력하는 데에 소비된 노력을 통해서 정신적 부담을 강요할 수 있다(Cohen, 1980).

예컨대, 보도를 걷고 있는 보행자는 지나가는 차들의 큰 소음, 오후의 뜨거운 햇빛, 오염된 공기 및 북적대는 군중들의 한 결과로 스트레스를 느낄 수 있다. 그 결과로, 그 보행자는 방금 짐꾸러미들을 땅바닥에 떨어뜨린 근처의 타인을 간과할 수 있다. 동일한 보행자는 반대방향으로 걸어가고 있는 어떤 사람과의 우연적 충돌에 대해서 과장된 분노로 반응할 수 있다. 환경적 스트레스의 영향은 적응(adaptation), 또는 유기체들에게 자신의 환경에 적응하도록 해 주는 반응들에 달려 있다(Dubos, 1980). 하나의 그러한 반응은 **지각적 적응**(porceptual adaptation), 즉 어떤 환경에 대한 계속적 접촉 후의 지각에서의 어떤 변화이다(Wohlwill, 1974). 예컨대, 왕래가 빈번한 무료 자동차 전용도로의 근처에 살고 있는 사람은 지나가는 차들의 끊임없는 소음을 듣게 된다. 이것은 처음에는 시끄러운 것 같지만, 조만간에 배경의 일부로 되고 더 이상 의식적으로 주목되지 않게 된다. 이와 비슷하게, 대부분의 사람들은 어떤 강한 냄새를 몇 초 이상 맡을 수가 없다. 이러한 적응의 한 결과로, 환경적 스트레서들은 어떤 물리적 환경에 처음 오는 자들에 대해 가장 강한 것 같다.

지각적 적응을 통해서 우리의 각자는 **적응수준**(adaptation level)이라고 불리는 환경들을 평가하기 위한 어떤 개인적 기준을 확립시킨다. 예컨대, 어떤 교외를 방문하는 도회지인은 적어도 도회지인의 기준들에 의해서 그곳이 조용하다고 느낄 수 있다. 그러나 어떤 농장에서 온 방문자는 보다 더 평화로운 주위환경들에 익숙해져서, 동일한 교외를 시끄럽다고 느낄 수 있다. 개인적 비교기준들 또는 적응수준들은 어떤 환경에 대한 계속적 접촉을 통해서 발전된다(Helsen, 1964). 도 18－1은 상이한 환경들에서 온 사람들이 상이한 규모의 지역사회들에서 사진찍힌 일련의 장면들에서 묘사된 과밀과 붐빔의 양을 평정했던 한 연구의 결과들을 예시해 주고 있다. 대도시 거주자들은 소도시 거주자들보다도 그 장면들이 덜 과밀되었다고 평정했다(Wohlwill과 Kohn, 1973).

잠재적으로 스트레스를 주는 환경들에 대해 적응하는 우리의 능력에도 불구하고, 우리는 스트레스원이 없어진 후에도 계속 그것들로부터 나쁜 영향들, 즉 스트레서들의 **잔존효과들**(after effects of stressors)을 받을 수 있다. 한 실험은 크고, 예측불가능하고, 통제불가능한 소음 속에서 일하는 사람들이 서기적 과제들을 나빠지지 않은 속도와 정확성으로 수행할 수 있다는 것을 보였다. 그러나, 그들이 일하기 위해서 상이한, 조용한 방에 갔을 때, 그들은 어떤 원고를 교정보는 데에 몇 개의 실수들을 저질렀으며 그들의 좌절에 대한 인내력을 평가하기 위해 고안된 어떤 과제에서 지구력이 적은 것을 보였다

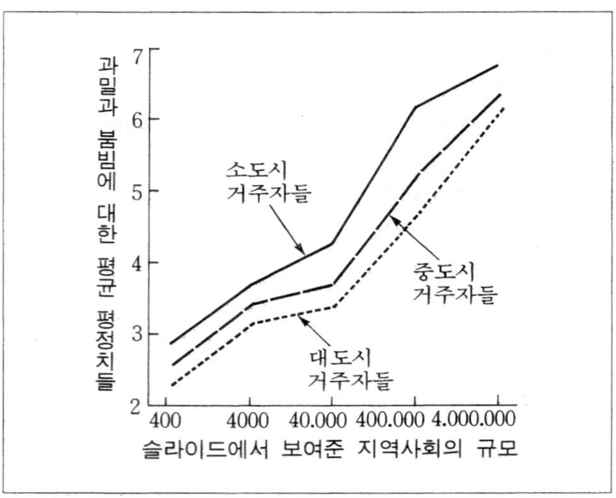

도 18－1. 소도시, 중도시 및 대도시의 거주자들에 의한 상이한 규모들의 지역사회들 내에서의 장면들에 대한 과밀과 붐빔에 대한 평균 평정치들

(Glass와 Singer). 그 뒤의 연구들은 예측불가능하고, 통제불가능한 소음의 나쁜 잔존효과들을 확증했으며 다른 스트레서들이 이와 비슷한 효과들을 가졌다는 것을 발견했다(Cohen, 1980).

스트레서들의 잔존효과들은 대인적 행동에 간접적으로 영향줄 수 있다. 어떤 환경적 스트레서가 종식된 후에도, 예컨대, 사회적 단서들에 대한 무감각이 계속 유지될 수 있다. 그리고 적응 때문에, 이러한 효과들은 의식적 인식이 없이 일어날 수 있다. 따라서 열과 소음과 같은 스트레서들은 아마 관여된 사람들이 알지 못하게, 노출 동안과 후에 대인적 영향들을 가질 수 있다.

기 온

열은 주위의 기온, 상대적 습도 및 기타 요인들에 따라, 불쾌, 흥분 또는 스트레스를 일으킬 수 있다(Sundstrom, 1986). 열에 기인되는 불쾌함이나 약한 흥분의 한 결과로, 사람들은 도발이나 좌절에 대해 특이한 폭력으로 반응할 수 있다(11장에 있는 논의 참조).

폭력범죄에 관한 연구들은 높은 기온들과 공격을 연관시키는 속담을 확증시키고 있다. 두 명의 지리학자들이 기후와 범죄 간의 연관성에 관한 문헌들을 평론했을 때, 그들은 그와 같은 연구들이 일찌기 1833년에도 출간되었음을 발견했다(Harries와 Stadler, 1983). 그들은 미국의 달라스시의 포트워즈 공항에서 나온 일기보고서들과 연관해서 1980년의 3월에서 10월까지 달라스시 경찰서에서 보고된 4309건의 중폭행사건들을 분석했다. 주위 기온과 습도의 이슬점 기온에 기초된 "온도 불쾌성"의 매일의 지수는 달라스시에서의 중폭행의 빈도와 유의한 상관이 있었다. 폭행들은 기온과 습도가 올라갈수록 더 빈번했다(폭행들은 또한 주말들과 하계 동안에 더 빈번했다). 시카고시에서의 이와 비슷한 연구는 범죄적 폭행(살인, 강간, 구타, 무장강도)의 율들이 주위 기온과 상관되었다는 것을 발견했다. 휴스턴에서 나온 자료는 이와 비슷한 상관을 나타내서, 살인율과 강간율이 가장 무더운 날들에서 가장 높았다(Anderson과 Anderson, 1984). DeFronzo(1984)는 142개의 가장 큰 수도권 지역들에서 나온 기후자료와 함께, 연방 범죄수사국의 통일 범죄보고서들에서 나온 7개의 심각한 형태의 폭력범죄들에 관한 총체적 자료를 분석했다. 절도와 살인율들은 기온이 32℃ 이상을 넘었던 연중의 일수들과 크지는 않지만 유의한 상관이 있었다.

기온의 상승은 심지어 운전자들에게 경적을 울리는 경향이 더 많게끔 만들 수 있다. Baron(1976)은 운전자들이 신호등이 녹색으로 바뀐 후에도 교차로에 정지한 채 있는 차의 뒤에서 기다리는 동안에 더운 날들(28℃)과 더 서늘한 날들에서 운전자들을 관찰했다. 더운 날들에, 더 많은 경적이 창문들이 열린(이것은 아마 에어콘이 작동되지 않았던 차들일 것이다)차의 운전자들에게서 울려졌으며, 그들은 더 시원한 날들보다도 더 빨리 경적을 울렸다. 연구자들은 애리조너주의 페닉스에서 신호등이 녹색으로 바뀌었을 때에 교차로 1차선의 진행도로에 계속 정지해 있는 실험용 차의 뒤에서 운전자들을 관찰했다(Kenrick과 MacFarlane, 1986). 관찰들은 실외의 기온이 때로는 38℃를 훨씬 넘어섰을 때인, 4월과 8월 사이에 실시되었다. 연구자들은 기온상의 불쾌지수를 계산하기 위해서 매일의 기온과 습도의 기록들을 사용했다. 불쾌지수가 높아졌을 때, 운전자들은 더 신속하게 경적을 울렸고, 경적에 더 많은 시간을 썼고, 더 많은 횟수의 경적을 울렸다(도 18−2 참조). 가장 무더운 기온들이 가장 많은 경적을 일으켰다. 38℃ 이상의 기온에서, 자신의 경적을 사용했던 운전자들의 1/3이 녹색 신호등의 기간의 절반 이상 경적을 울렸다. 이것은 32℃ 이하에서는 결코 일어나지 않았다.

몇몇 사회심리학자들은 불쾌한 열이 또한 싫어함을 일으킨다고 이론화시켰다. 두 개의 유사한 연구들에서, 자원자들의 집단들이 쾌적하거나 "무더운" 환경(60%의 상대습도를 가진 38℃)의 방에서 45분 동안 간단한 과제들을 수행했다. 그들은 사진, 이력의 약술 및 그 사람이 응답했다고 설명된 태도척도를 포함하고 있는 어떤 낯선 사람의 일건서류를 읽었다. 참가자들은 쾌적조건에서보다도 "무더운" 조건에서 그 낯선 인물을 덜 좋아했다(Griffitt, 1970; Griffitt와 Veitch, 1971). 그 후의 연구들은 참가자들이 낯선 사람이 옆방에 있으며 그들이 자기들에게 방금 어떤 칭찬이나 모욕을 주었다고 믿었을 때에, 어떤 낯선 인물에 대한 호감에 미치는 기온의 나쁜 영향들을 발견하지 못했다(Bell과 Baron, 1974, 1976).

다른 연구는 공동의 스트레스효과(shared stress effect), 즉 스트레스를 주는 환경들을 함께 경험하는 사람들이 서로 매력을 느끼는 것을 시사한다. 나쁜 조건들에서, 어떤 가상적인 낯선 인물보다도 실제 인물에 대한 반응들을 연구하는 한 실험에서, 연구자들은 스트레서로서 열보다는 큰 소음을 사용했으며 자원자들을 스트레스조건이나 쾌적한 조건에 접하게끔 만들었다(Kenrick과 Johnson, 1979). 각 조건의 절반의 피험자들은 동일한 방에 있는 실제의 인물을 자기들이 얼마나 좋아했는지를 나타냈다; 절반은 눈 앞에 없는 낯선 인물의 일건서류에 반응했다. 공동의 스트레스의 가설과 일치해서, 실제의 인물은 쾌적한 환경 속에 있었던 참가자들보다도 스트레스를 주는 환경 속에 있었던 참가자들에 의해서 더 많은 호감을 받았다. 앞의 연구들에서처럼, 참가자들은 쾌적한 조건들보다도 스트레스를 주는 조건들에서 낯모르는 눈앞에 없는 인물을 덜 좋아했다. (이 연구가 한 시간 이내로 지속되었으므로, 공동의 스트레스효과가 스트레스를 주는 환경들에 대한 더 긴 노출들 동안에 일어나는지를 우리에게 알려 주지는 않는다.)

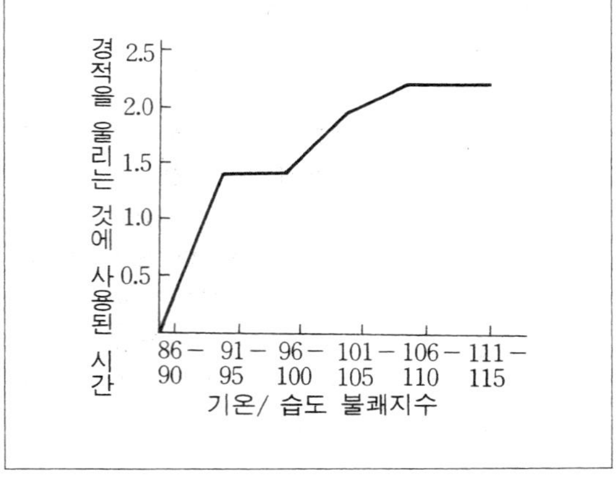

도 18−2. 기온/ 습도의 불쾌지수의 함수로서, 애리조너주의 페닉스에서 녹색 신호등에서 정지한 차의 뒤에서 운전자들이 자신의 경적을 울리는 데에 사용한 평균시간

소 음

소음(noise), 또는 원치 않는 소리는 이것이 흥분, 스트레스 또는 과부하를 일으키는 능력을 통해서 대인적 상호작용들에 영향을 줄 수 있다(Sundstrom, 1986). 예컨대, 소음의 큰 폭발들은 비록 그 효과가 적응을 통해서 수분 이내에 사라졌을지라도, 생리적 흥분에 연관되어 있다고 발견되어 왔다(Glass와 Singer, 1972).

큰 소음에 대한 노출은 어떤 조직관리 모의연구에 대한 참가자들로 하여금 어떤 직무에 대한 가상적 응모자들에 대해 더 낮은 임금들을 부여하게끔 만들었다(Sauser 등, 1978). 큰 소음은 또한 이타성의 가능성을 감소시킨다. 예컨대, 하나의 꾸며진 사건에서 한 보행자가 소형착암기의 여러 크기의 소음 동안에 어떤 건설지역 근처에서 짐꾸러미들을 떨어뜨렸다. 소음조건들, 특히 소음이 매우 컸을 때에 더 적은 행인들이 돕기 위해 발을 멈추었다(Page, 1977). 다른 연구들은 이와 비슷한 결과들을 발견했다(Wicner, 1976; Yinon Bizman, 1980). 한 실험실연구의 참가자들은 크거나 작은 소음에 노출된 동안에 어떤 과제를 수행했다. 그들이 끝마치고서 떠나려고 할 때, 한 학생이 계산을 하는 것이 포함된 어떤 일에 대해 도움을 청했다. 큰 소음에 노출되었던 참가자들이 덜 도와 주었다(Sherrod와 Downs, 1974).

소음조건들에서의 이타성이 더 낮은 율들은 과부하(overload)를 반영할 수 있다; 소음이 개인의 주의의 매우 많은 부분을 점유해서 도움을 필요로 하는 어떤 사람에게 기울일 수 있는 주의가 거의 없다(Cohen, 1978). 이러한 아이디어를 검증하기 위해서, 연구자들은 한 행인이 책상자를 떨어뜨리는 사건들을 길거리에서 연출했다. 절반의 사건들에서 보행자의 손에 깁스를 댔다. 때로는 소음기가 부착되지 않은 시끄러운 전동식 잔디깎는 기계가 근처에서 지나갔다; 다른 때에는 그곳은 조용했다. 비교적 조용했을 때, 지나가는 이들은 보행자의 팔에 깁스가 있었을 때에 더 많이 도왔다. 그러나 큰 소음에 노출되었던 지나가는 사람들은 깁스에 관계없이 덜 도왔다(Mathews와 Canon, 1975; 도 18-3 참조). 큰 소음은 분명히 사람들에게 어떤 낯선 사람과의 짧은 만남 속에서의 중요한 사회적 단서를 간과하거나 무시하게끔 만들었다.

소음은 사회적 단서들에 대한 부주의를 촉진시키는 것 같다. 연구자들은 학생들이 조용한 조건이나 소음조건에서 무의미철자들의 목록들을 학습하는 동안에 그들에게 칼라 슬라이드들을 보여 주었다(Cohen과 Lezak, 1977). 그 슬라이드들은 일상적 활동들이나 위험한 상황들 속에 있는 사람들을 묘사했다. 한 슬라이드는 주유소에서 기름값을 내는 한 남자를 보여 주었다; 다른 슬라이드는 동일한 주유소에서 강도질하려고 하는 한 남자를 보여 주었다. 그 슬라이드들에 관해서 예상치 못하게 질문받았을 때, 소음조건들의 참가자들이 더 적은 위험스러운 상황들을 기술했다. 다른 실험에서, 연구자들은 보도 근처에서 한 개의 큰 노랑 장난감 곰을 갖고 있는 한 명의 여자 연구조수를 포함해서, "신기한 대상들"을 두었다. 이와 같은 물건들을 통과했던 보행자들은 교통소음이 조용하거나 컸을 때에 면접되었다. 소음조건들에서 더 적은 보행자들이 신기한 대상들을 주목했다. 보행자들은 또한 큰 소음 속에서 더 빨리 걸었다(Korte와 Grant, 1980).

열과 같이, 소음은 공격의 가능성들을 증가시킨다. 한 연구에서 자원자들은 폭력행위나 비폭력행위를 묘사하는 한 개의 필름을 보았다. 그 다음에 소음조건이나 조용한 조

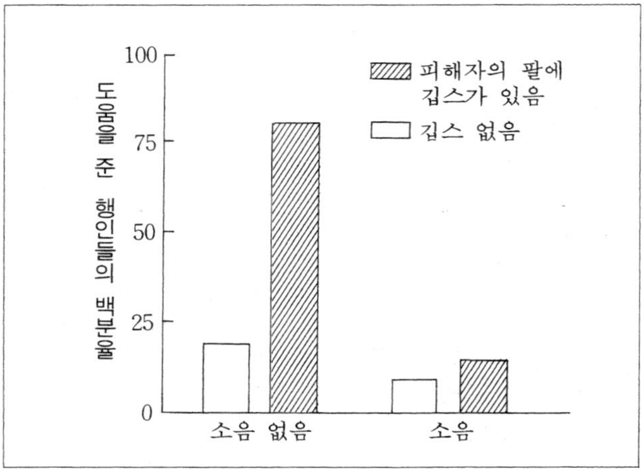

도 18-3. 조용한 조건이나 소음조건에서, 팔에 깁스를 대거나 대지 않는 동안에 책들을 떨어뜨렸던 한 보행자를 돕기 위해서 발걸음을 멈춘 행인들의 백분율. 소음은 분명히 이타성을 방해했으며 행인들에게 팔의 깁스를 간과하게끔 만들었다.

건에 노출된 동안에 그들은 외면상으로 타인(실제로는 전기쇼크를 받지는 않는 실험협조자임)에게 전기쇼크를 줄 기회를 제공받았다. 참가자들은 소음조건들에서 더 많은 쇼크들을 주었다(Geen과 O"Neal, 1969). 다른 연구들도 이와 비슷한 소음의 효과들을 발견했다(Geen, 1978 : Konecni, 1975). 다른 실험실실험에서, 자원자들은 크거나 작은 무작위적인 소음폭발을 들었으며, 그 다음에 외면상으로 다른 사람에게 전기쇼크를 줄 기회를 제공받았다. 다른 조건들보다도 모욕당했고 큰 소음에 노출되었던 참가자들이 더 강한 "쇼크들"을 주었다. 그러나, 각 조건에서 절반의 참가자들은 그들이 소음을 중지시킬 것이라고 생각되는 버튼을 제공받아서, 그들은 어떤 통제력의 느낌을 가졌다. 소음이 통제불가능했던 참가자들과는 달리, 큰 소음에 대한 통제력을 갖고 있었다고 생각했던 참가자들은 비록 그들이 버튼을 사용하지 않았더라도, 더 많은 강한 쇼크들을 제공하는 것으로 반응하지는 않았다(Donnerstein과 Wilson, 1976).

대기오염

미국과 캐나다의 많은 대도시들은 정부보고들에 의하면 대기오염 때문에 "건강에 해로운" 공기를 갖고 있다. 대기오염(air pollution)은 공기의 자연적 성분들 이외의 어떤 먼지, 안개, 기포, 섬유나 가스가 공기 속에 있는 것이다. 우리는 대기오염이 인간의 행동, 특히 대인적 행동에 미치는 영향들에 관해서 거의 알지 못한다(Evans와 Jacobs, 1982). 그러나, 대기오염은 생리적 영향들이나 심리적 스트레스를 통해서 사회적 행동에 간접적으로 영향줄 수 있다. 예컨대, 한 연구는 담배연기가 인지능력들의 검사들에 대한 불량한 성적과 연관되어 있다는 것을 발견했는데(Oborne, 1983), 이것은 대인적 상황들에서 사회적 단서들에 대한 민감성의 감소로서 표출될 수 있을 것이다. 대기오염은 또한 실외의 레크리에이션을 억제시키는 경향성을 통해서 사회적 활동들에 영향줄 수 있다(예컨대, Chapko와 Solomon, 1976은 대기오염이 건강에 해로운 수준들로 상승됨에 따라 뉴욕시의 동물원과 수족관에 대한 관람객의 숫자의 감소를 보고했다).

호감에 미치는 나쁜 냄새의 영향들은 불쾌한 열이나 소음의 영향들과 비슷하다. 실험실 속에 있는 자원자들은 극히 불쾌한 화학적 냄새나 냄새없음에 노출되었으며, 어떤 낯선 인물에 대한 호감을 평정하도록 요구받았다(Rotton 등, 1978). 두 개의 연구들 중의 첫번째 것에서 참가자들은 그 낯선 인물이 옆 방(불쾌한 냄새가 쉽게 스며들 수 있는)에 있다고 믿었다. 냄새에 노출되었던 참가자들은 낯선 인물에 대해 더 높은 호감평정치들을 부여했으며, 이것은 분명히 공동의 스트레스효과의 한 예이다. 두번째 연구에서 실험자는 각 참가자에게 그 자신이 "그날 저녁에 면접받는 유일한 인물"이며 아마 낯선인물을 결코 만나지 않을 것이라고 말했다. 이러한 상황들에서 해로운 냄새에 접했던 참가자들은 "가공의 낯선 인물"기법을 사용했던 환경적 스트레서들에 관한 다른 연구들에서처럼, 아무런 냄새에 접하지 않았던 참가자들보다도 그 낯선 인물을 덜 좋아했다.

담배연기에서 생기는 오염은 비흡연자들에게 괴로움, 흡연자들에 대한 싫어함 및 외면적 적대감까지 일으킨다. Harris와 그의 동료들(1980)은 미국의 한 표본의 사무직근로자들의 35%가 흡연한다고 응답했다고 보고했다. 다수측의 비흡연자 중의 26%가 동료들이 자기 근처에서 담배를 피웠을 때에 "상당히" 괴로웠다고 응답했다. 비흡연자들은 동일인을 흡연하지 않았을 때보다는 자신이 있을 당시에 흡연했을 때에 덜 좋아했다(Bleda와 Sandman, 1977). 이와 비슷하게, 사람들은 만일 침범자가 흡연했을 경우에 자신의 개인공간이 침범당한 후에 더 빨리 쇼핑센터에 있는 벤치들을 피했다(Bleda와 Bleda, 1978). 자원자들은 자신이 도발을 당했건 당하지 않았건 간에, 자신이 담배연기에 접했을 때에 다른 사람에게 더 높은 수준의 혐오적 소음을 주었다(Jones와 Bogat, 1978). 이와 비슷하게, 한 모의 생리학적 실험의 참가자들은 심지어 구경하는 사람이더라도, 그 방 속의 어떤 사람이 흡연했을 때에 연구자들에게 더 "적대적" 평가를 했다(Zillman 등, 1981). 담배연기가 있을 때의 사람들에 대한 부정적 반응들은 괴로움과 아울러 생리적 반응들을 반영할 수 있다.

조 명

하나의 특이한 실험은 조명의 강도와 대화의 목소리의 크기 간의 어떤 연관을 발견했다. 연구자들은 학생들이 모여 있는 교실들 밖의 지역들의 조명을 체계적으로 변화시켰으며 그들의 대화의 소음수준을 기록했다. 조명들이 어두워짐에 따라 점점 더 조용해졌다. 사람들은 낮은 수준의 조명에서 자신의 목소리를 분명히 낮추었으며 조명이 더 밝게 되자 더 큰 목소리로 이야기했다(Sanders 등, 1976). 더 큰 목소리로 말하는 것은 밝은 전등에 의한 흥분효과들을 반영할 수 있다. 그렇지 않다면, 희미한 전등은 어떤 친밀감을 일으킬 수 있으며, 이것이 개인적 주제들을 논의하기 위한 음성들을 낮추는 것에 반영되었을 것이다. 어떤 여론조사에 참가하도록 초청받은 보행자들은 햇빛의 양이 증가됨에 따라 더 많은 질문들에 답변하는 것에 동의했다(Cunningham, 1979). 그들은 지면에 햇빛이 덜 쪼일수록 덜 동의하게 되었다.

희미한 조명은 때로는 익명성의 상태들에 기여해서, 여기에서 사람들은 억제가 비교적 적게 행동했다. 한 실험의 참가자들은 때로는 자신의 정체를 숨기기 위해 마련된 두건과 헐렁한 큰 옷을 입고서 희미한 조명하에서, 전기쇼크를 줄 기회를 제공받았다

(Zimbardo, 1970). "몰개성화된"(deindividuated) 조건들 속에 있는 참가자들은 밝은 조명하에서 명찰을 착용했고 두건과 헐렁한 옷을 착용하지 않았던 참가자들보다도 더 많은 쇼크를 주었다. 하나의 보다 더 극단적인 실험에서, 어떤 참가자들은 조명이 잘 된 방에 들어갔고 다른 참가자들은 완전히 캄캄한 방에 들어갔다. 연구자들은 캄캄한 조건에 있는 참가자들에게 각자가 혼자서 그 방을 떠나게 되고 다른 사람들을 결코 보지 않을 것이라는 설명을 받았다. 모든 집단들에는 남자들과 아울러 여자들이 있었다 : 그들은 자기들이 한 시간 동안 그 방에 함께 있을 것이라는 것을 제외하고서 아무런 특별한 지시를 받지 않았다. 그 방이 조명되었을 때보다도 캄캄했을 때, 녹음들과 면접들은 매우 상이한 행동을 나타냈다. 캄캄한 곳에 있었던 사람들은 처음에는 자신의 환경을 탐색했고 잡담했다. 그러나 잠시 후에 학생들이 신체적으로 상호작용하기 시작함에 따라 대화는 대개 점점 사라졌다. 90% 이상이 자신의 고의로 서로 손을 댔으며, 약 절반이 껴안았다고 대답했다. 대부분(80%)이 자기가 성적으로 흥분했다고 대답했다. 이와는 반대로, 조명이 잘 된 방에 있었던 사람들은 예의바른 거리에 서 있었으며 침착하게 이야기했다(Gergen 등, 1973).

대화의 환경들

방, 특히 좌석배치의 외양과 설계는 기분, 안락함 또는 대인거리에 대한 이것들의 영향을 통해서 대화의 질에 영향을 줄 수 있다. 이 절은 대화를 위한 유쾌한 환경들, 이자관계들과 소집단들을 위한 좌석의 배열들, 대화자간의 심리적 장애물들 및 교실들의 설계를 논의한다.

유쾌한 장소들

유쾌한 환경들이 사람들에 대한 긍정적 반응들을 일으킨다는 아이디어에 대한 한 검증에서, 자원자들이 3개의 방 중의 하나에서 면접에 참가했다. "보통의" 방은 한 교수의 사무실로서, 잘 정리되어 있지만 방사용자의 직무에 관한 신호들이 있었다. "아름다운" 방은 양탄자가 깔린 바닥, 충분한 조명, 매력있는 가구 및 우아한 장식들이 있었다. 한편, "추한" 방은 수위의 물건을 두는 방처럼 보였다. 이것은 회색의 벽이 있었고, 창문들은 지저분한 햇볕 가리개들로 덮여 있었고, 조명은 전등갓이 없는 머리 위의 전구로 되어 있었다. 바께쓰들, 자루걸레들 및 빗자루들이 벽들을 따라 있었으며, 살풍경의 바닥은 급히 청소해야만 될 지경이었다. 피면접자들은 각각 10개의 얼굴사진들을 "피곤하다－기운차다", "불쾌하다－편안하다" 및 기타의 속성들상에서 평정했다. 기대한 대로, 그들은 "아름다운" 방에서 가장 긍정적 평정치들을 주었으며 "추한" 방에서 가장 부정적 평정치들을 주었다(Maslow와 Mintz, 1956). 연구자들 중의 한 명은 두 명의 면접자들을 눈에 띄지 않게 관찰했으며, 그들이 자기들의 인터뷰를 "추한" 방에서 더 빨리 끝마쳤다고 보고했다. 그들은 심지어 "추한" 방에서 사진들에 대해 더 낮은 평정치들을 주었다(Mintz,

1956).

수리된 교실들도 이와 비슷한 효과들을 줄 수 있다. 두 개의 동일한 40개 좌석이 있는 교실들은 회색 벽이었고, 흰색 의자들이 있었고, 썰렁한 외양을 가졌다. 그 중의 한 방은 멋있는 색채들로 페인트칠되었고, 포스터들, 출입구의 양탄자들, 화초들 및 기타의 물건들로 장식되었다. 두 개의 심리학개론 수강생들이 반학기 동안 교대로 그 방들을 사용했다. 학생들은 수리된 방에서 더 높은 성적들을 보였으며, 두 명의 교수들이 더 높은 평정치들을 받았다(교수들은 이 연구의 가설에 관해서 듣지 못했다). 그러나 교실토론에 대한 참가율들은 아마 동일한 횡렬식 좌석배치들 때문에, 두 방에서 차이가 없었다(Wollin과 Montagne, 1981).

다른 연구는 유쾌한 장소들과 사람들에 대한 긍정적 반응들 사이의 어떤 간접적 연관을 시사한다. 자원자들은 외양과 장식이 변화된 교수들의 연구실들에 대한 칼라슬라이드들을 보았다. 화분에 있는 화초와 유리 수조와 같은 물건들이 있었을 때, 학생들은 그 사무실에서 더 환영받고 더 편안한 것을 느낄 것이라고 응답했다(Campbell, 1979). 다른 연구에서 참가자들은 자신의 주거의 긍정적이거나 부정적 특징들을 열거했다. 그 다음에 그 기간을 끝마치면서, 수학문제들을 푸는 것이 포함된 어떤 일에 대해 도움을 구하는 다른 학생(실제로는 실험협조자임)을 만났다. 자신의 주거의 긍정적 특징들에 초점을 두었던 사람들이 더 많이 도왔다. 두번째 실험은 참가자들이 매력있거나 매력없는 환경들에 관한 칼라슬라이드들을 본 후에, 이타성에 대한 이와 비슷한 영향들을 보였다(Sherrod 등, 1977).

좌석배치들

방의 외양 이외에도, 의자들과 다른 가구의 배치는 주로 대화거리에 대한 이것들의 영향을 통해서, 대인매력들에서 한 역할을 할 수 있다. 예컨대, 친한 대화에서 미국인들과 캐나다인들은 $1^1/_2$과 4피트 사이(즉 46 cm－122 cm), 즉 개인거리(personal distance)내의 대인거리를 선호하는 것 같다. Hall(1959, 1966)은 우리가 매우 정서적인 대면들을 위해서 더 작은 거리들, 즉 $1^1/_2$피트(즉 46 cm) 이하를 택한다는 것을 관찰했다 : 이것은 친밀한 거리(intimate distance)이다. 보다 더 공식적인 대화들은 사회적 거리(social distance), 즉 4 내지 12피트(즉 122 cm－366 cm)에서 일어난다. 연설들이나 공적 인물과의 모임들만이 12피트(즉 366 cm) 이상의 거리들, 즉 공적 거리(public distance)를 요한다(Altman과 Vinsel, 1980). (2장은 대인거리와 눈마주침을 더 자세하게 논의하고 있다.) 탁자에 앉아 있으면서 이야기하기 위해서, 사람들은 대개 서로 90°의 각으로 마주 대하면서, 모서리들에 있는 인접의자들을 택한다(Sommer, 1959). 이러한 배치는 눈마주침을 할 것인지의 여부를 선택하도록 해 준다. 사람들은 대면거리가 $5^1/_2$피트(즉 168 cm) 이상이 되지 않을 경우에는, 나란히 보다도 마주 대하고 앉는 것을 선호한다(Sommer, 1962a, 1962b).

대화를 하기 좋도록 만드는 좌석배치들은 사람들을 서로 편리한 눈마주침을 하기에 충분하게 직접 얼굴을 대하는, 안락한 거리 이내로 둔다. Osmond(1957)는 이것들을 사회적 꽃잎식의 공간들(sociopetal spaces : 구심적 꽃잎들, 즉 centripetal과 비슷함)이라고 일컬었으며, 이러한 환경들이 대화의 기회들을 증가시킨다고 시사했다. Hall(1966)은 만일 어떤 "접수계원이 타인, 심지어 어떤 낯선 사람으로부터 10피트(즉 305cm) 이하로 떨어져 있다면, 그 사람은 거의 강요적으로 이야기하게 될 정도로 충분하게 관여되게 될 것이라고" 썼다(p. 123).

어떤 병원의 새로운 노인병동이 사회적 꽃잎식의 공간의 한 예를 제공한다. 기분이 상쾌하게 장식된 새로 마련된 병실은 그 병원이 보여줄 만한 전시실이었다. 그러나 그곳의 환자들은 우울한 것 같았으며, 그들의 새로운 의자에서 허공을 멍청하게 바라보면서 앉아 있었다. 이 병원의 자문가들은 의자들이 벽들을 따라 줄맞추어져서, 모든 의자들이 큰 방의 중앙을 마주보고 있다는 것을 알아냈다(Sommer와 Ross, 1958). 그들은 직원들에게 의자들을 작은 탁자들을 둘러싼 원들로서 재배치하도록 설득했다. 환자들은 처음에 반대했지만, 몇 주 후에 그들의 대화의 빈도는 거의 두 배로 되었다.

보다 더 공식적 실험에서, 학생들은 가구가 잘 갖추어져 있는 방에 쌍이 되어 들어가서 음악을 듣고 그 음악에 관해서 의견들을 제시했다. 그들은 서로 직접 마주보거나 90°나, 180°로 이루어진 의자들에 앉았다. 이 의자들은 3 내지 9피트(즉 91cm−274cm) 떨어져서 즉, "개인적" 또는 "사회적" 거리내에 있었다. 참가자들이 음악이 시작되기를 기다리는 동안에, 관찰자들은 이야기한 진술들의 수와 긍정적인 언어내용과 같은 친화적 행동들을 은밀하게 기록했다. 의자들이 보다 더 직접적으로 마주 대했을수록, 학생들은 더 친화성있게 행동했다(Mehrabian과 Diamond, 1971a). 이와 비슷한 실험에서 4인의 낯선이들의 집단들이 여러 좌석배치들을 허용하는 방에서 그들 자신의 좌석들을 선택했다. 참가자들이 서로 직접 얼굴을 마주 대했을수록, 그들은 이야기하는 데에 더 많은 시간을 보냈다(Mehrabian과 Diamond, 1971b).

"사회도주적"(sociofugal) 환경들은 눈마주침을 곤란하게끔 만들음으로써 대화거리 내의 사람들간의 대화를 억제시킨다(Osmond, 1957). 예컨대, 공항들의 대기실들은 대개 동일방향을 향해서 줄들을 지어서 의자들을 바닥에 볼트로 죄어 두고 있다. 다음 페이지의 사진이 보이는 바와 같이, 서로 마주 대하고 있는 의자들은 대개 편안한 대화를 하기에는 너무 멀리 떨어져 있다. 다른 이러한 공간들에는 버스정류소들, 어떤 교실들 그리고 개인병원들, 인사업무 사무실들 및 큰 병원들의 접수실들을 포함한다. 이러한 배치들은 낯선이들간의 원치 않는 대화를 방지하고 공간점유자들에게 이웃사람들에게 할 수 없이 이야기해야만 된다는 느낌이 없이 자기 일을 보러 다니게끔 만들기 위한 의도적인 시도들을 나타낼 수 있다. 사람들이 대화를 찾는 장소들에서(카페테리아들과 칵테일라운지들과 같은)의자들의 그룹들은 대개 작은 탁자들을 중심으로 또는 원들로 배치되어 있다.

대화하기에 부적합한 환경들에서 이야기하고자 하는 사람들은 불편을 느끼며, 상대방에게 그 탓을 돌릴 수도 있다. 한 실험실실험의 참가자들은 12피트(즉 366cm)의 대인거리를 둔 좌석배치들에 대해서, 특히 개인적 주제들에 관한 대화들에서 불편함을 나타냈다(Scott, 1984). 다른 실험에서 자원자들은 불쾌한 거리의 의자들(355cm 떨어진)이나 편안한 거리에 놓여진 의자들에서 대화를 가졌다. 예상된 대로, 원거리의 배치에 있었던 참가자들이 불편함을 느꼈다. 그리고 설사 대인거리에 대한 아무런 선택권이 없었을지라도, 원거리조건의 참가자들은 자신의 부정적 감정들에 대해서 자신의 파트너에게 그탓을 돌렸다(Aiello와 Thompson, 1980). 아마 "사회도주적"(sociofugal) 상황들 속에 있는 사람들은 환경에 의해서 발생된 그 거리를 공간점유자들측의 냉담함으로써 곡해할 것이다.

사회도주적 공간. 이러한 공항 대기실과 같은 대기실들은 상이한 방향들을 향해서 똑바르게 줄지어 있는 의자들의 배치들을 통해서 대화를 막는다.

소집단들 속에서의 대화는 눈마주침의 기회들이 이와 비슷하다. 원형 탁자의 주위에 앉은 10인의 집단들에서, Steinzor(1950)는 각각의 말의 개시자와 그 다음에 말한 사람을 기록했다. 반응들은 대개 맞은 편의 탁자에서 나왔으며, 말하는 이에게서 하나나 두 좌석 떨어진 사람들에게서는 드물게 나왔으며, 쉽게 눈마주침을 할 수 있는 사람들을 포함하는 경향이 있었다. 다른 연구들은 자연적 상황(Silverstein과 Starg, 1976)과 실험실(Baker, 1984 ; Howells와 1962 ; Ward, 1968)에서 이른바 Steinzor효과를 발견했다.

어떤 집단의 리더는 만일 있다면, 탁자의 윗자리를 차지하는 경향이 있다. 예컨대, 12인으로 된 모의배심원들의 멤버들이 5개 의자가 긴쪽의 양측에 있고 한 개의 의자가 각 끝머리에 있는 직사각형의 탁자들에 앉았다. 그 집단들은 대개 끝쪽의 의자들, 즉 그 집단의 모든 멤버들과 쉽게 눈마주침을 허용해 주는 위치들에 앉았던 사람들은 리더들로서 선택했다. 끝쪽 위치들의 점유자들은 그 집단에서의 영향력상에서 더 높은 평정치들을 받았으며, 다른 멤버들보다도 더 많이 토의에 참가했다(Strodtbeck과 Hook, 1961). 다른 연구들에서, 관찰자들은 탁자의 끝부분의 좌석들의 점유자들에게 더 큰 영향력을 귀속시켰으며(Pelligrini, 1971), 직사각형 탁자들에서 끝쪽의 좌석의 점유자들이 리더로서 가장 많은 지명들을 받았으며(Altemeyer와 Jones, 1974), 리더십상에서 가장 높은 평정치를 받았다(Bass와 Klubeck, 1952). 그러나, 후보 지도자들은 눈에 띌 수 있는 좌석들을 선호했으며(Heckel, 1973), 눈에 띄는 위치들을 택했던 사람들이 지배성(Hare와 Bales, 1963)과 통제력의 부위(Hiers와 Heckel, 1977)상에서 비교적 높은 점수들을 받았다. 지도자가 될 뜻을 품은 사람에 의한 어떤 의도적 선택을 반영하는 것 이외에도, 탁자의 상석의 위치는 어떤 지도자를 지명하고자 하는 집단의 다른 멤버들에 의한 다른 좌석들의 의도적 선택을 반영할 수 있다. Lecuyer(1976)는 집단들이 대개 끝이나 모서리 좌석을 리더를 위해서 남겨 두었다고 보고했다. 다른 한편으로, 눈에 잘 뜨이는 좌석은 그 점유자에게 토의에 참가하도록 만드는 집단의 다른 멤버들로부터의 미묘한 압력들에 접하게 될 것이다.

리더들은 두드러진, 눈에 잘 뜨이는 좌석들에서 토의를 지배할 수 있다. 직사각형이나 원형 탁자들에 앉아 있는 5인 집단들의 한 비교에서, 임무를 부여받은 리더들이 직사각형 탁자의 끝쪽에 앉았다. 리더들은 직사각형 탁자에서 집단의 다른 멤버들보다 더 많이 참가했지만, 원형탁자에서는 그렇지 않았다. 직사각형 탁자에 있었던 리더들은 또한 원형 탁자에 있었던 리더들보다도 자신의 발언의 더 큰 부분을 과업에 관해서 썼으며, 사회정서적 문제들에 관해서 더 적은 시간을 썼다(Lecuyer, 1976). 다른 연구에서 3인, 4인 또는 5인의 집단들이 도 18-4에서 보이는 바와 같이, "중성적" 배치들이나 한 좌석의 위치가 다른 좌석들의 위치보다 더 눈에 잘 뜨이게끔 만들은 "리더중심적" 배치들 속에 앉았다. 중성적 배치들 속의 집단들은 리더중심적 배치들 속에 있었던 집단들보다도 한 복잡한 과제상에서 더 큰 의견일치를 보였으며 더 잘 수행했다(Cummings 등, 1974).

심리적 장애물들

어떤 탁자나 책상을 넘어서 대화를 갖는 것은 심리적 거리를 신호할 수 있다. 기업체와 정부의 사무실들에서, 방문자들은 대개 공간점유자로부터 책상 맞은 편에 앉으며, 대학교수들과 이들에 대한 방문자들은 아마 사회적 거리를 최소화시키려는 어떤 의도적 시도에서, 대개 그들 사이에 책상을 두지 않는다(Joiner, 1976 ; Campbell, 1980). 학생들은 책상을 사이에 둔 배치를 갖는 사무실을 소유한 교수들이 개방적 배치를 갖는 사무실을 소유한 교수들보다도 수업시간 외에 찾아가기가 덜 쉬우며 개인적 관심을 덜 줄 것 같다고 평정했다(Zweigenhaft, 1976). 책상을 사이에 둔 배치를 가진 교수들은 또한 더 나이가 들었고 더 높은 직위를 가졌다 ; 그들의 사무실들은 분명히 사회적 거리를 반영시켰다. 사무실들에 관한 슬라이드들을 보았던 자원자들은 자기들이 개방적 배치들에서보다도 책상을 사이에 둔 배치들에서 덜 편안하고 덜 환영받는다고 느낄 것이라고 대답했으며, 공간점유자를 덜 친절하다고 평정했다(Campbell, 1979 ; Morrow와 McElroy, 1981). 이와는 반대로, 한 의사는 더 많은 환자들이 책상의 맞은편쪽보다도 동일한 쪽에서의 면담에서 "불편해한다"고 보고했다(Coleman, 1968). 다른 연구에서 불안한 피면접자들은 자기들이 책상에 의해서 분리되었을 때에 면접자를 더 친절하다고 평정했다 ; 덜 불안한 피면접자들은 둘 사이에 책상이 없었을 때에 면접자를 더 유쾌하고 상냥하다고 보았다(Widgery와 Stackpole, 1972). 분명히 책상 건너 편에 있는 면접자의 심리적 거리는 불안한 피면접자를 편안하게끔 만들 수 있다.

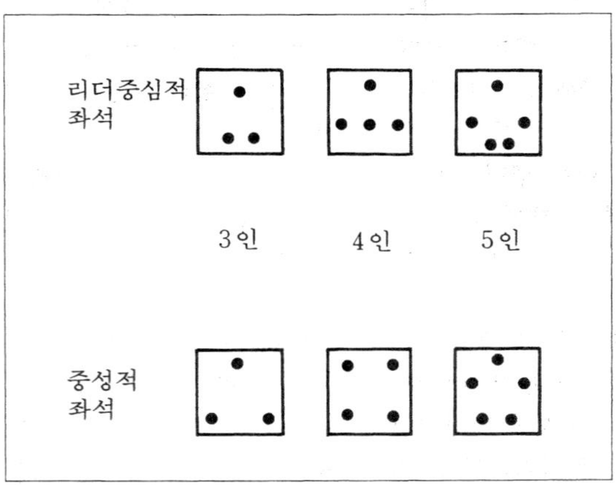

도 18-4. 3인, 4인 및 5인의 집단토의들을 위한 리더중심적 및 중성적 좌석배치들. 중성적 좌석에 앉았던 사람들이 한 실험실과제에 대해서 더 큰 의견일치를 보였고 더 낫게 수행했다.

책상은 탁자보다도 큰 심리적 거리를 의미할 수 있다. 한 선화(즉, 펜화·연필화 등) 속에서 한 교수가 한 학생의 맞은 편의 작은 회의용 탁자나 책상에 앉아 있는 것으로 그려진 것을 평정했을 때, 그들은 책상에서 앉은 위치가 더 공식적이라고 보았으며 그곳에 앉은 교수를 덜 보살펴 주고 대인관계에서 덜 능숙하다고 보았다(Becker 등, 1983).

교실의 설계

연구자들은 토의들에 대한 참여를 고무시키기 위해서 대학교의 한 교실에 사회적 꽃잎식의 좌석배치와 부드러운 외양을 도입시켰다. 이러한 개선 이전에는 그 교실은 많은 대학들에 있는 교실과 비슷해서, 플라스틱으로 된 책상-걸상이 붙은 것들의 줄들이 두개의 큰 탁자들과 한 개의 흑판을 향하고 있었다. 개조 후에 그 방은 6각형으로 배치된, 천이 씌워진 쿠션들로 줄이 맞추어진 3줄의 벤치들을 두었다. 목제 장식판자가 날카로운 모서리들을 감추었다; 조정될 수 있는 조명과 장식용품들이 추가되었다. 각각 20명까지의 10개의 학급들이 이 새로운 "부드러운" 교실 속에서 관찰되었다. 실험실과 비슷한 개조 전의 방들에서의 37%에 비해서, 평균 79%의 학생들이 학급토의들에 참가했다(Sommer와 Olsen, 1980). 재설계된 교실에서의 더 높은 율의 참가들은 사회적 꽃잎식의 좌석배치들에 관한 발견들을 확증한다. 전통적 교실에서 앞자리와 중앙에 앉은 학생들이 가장 많이 참가하는 경향이 있다. 도 18-5에서 보이는 바와 같이, 줄과 열을 맞추어 배치된 의자들을 가진 한 교실에서, 앞 열들의 중앙에 있는 학생들이 마지막 열들 근처에 앉았던 학생들보다도 두 배나 많이 참가했다(Sommer, 1967). 다른 연구자들도 이와 비슷한 결과들을 보고했다(Adams, 1969 : Koneya, 1976 : MacPherson, 1984).

앞과 중앙 좌석들에서의 더 높은 수준의 참가는 강의자에 대한 눈마주침의 용이성과 근접성에서 나올 수 있다. 학생들은 학급에서 적극적 역할을 하기 위해서 이러한 좌석들을 택할 수 있다(Koneya, 1976). 또는 아마 이러한 좌석들에 앉은 학생들은 강의자와의 눈마주침의 더 큰 기회 때문에 할 수 없이 참가해야되겠다고 느낄 수 있다. 뉴질랜드의 한

도 18-5. 좌석위치에 따른 교실 토론들에 대한 참가

학교에서의 면접조사들은 좌석의 의도적 선택들을 나타냈다: 공부주제들에 대해서 주의 집중을 원했던 학생들이 교실의 앞 근처를 택했다; 다른 학생들과의 상호작용들에 가치를 두었고 교사로부터의 통제에서 비교적 자유로운 것을 선호했던 학생들이 뒷 좌석들을 택했다(MacPherson, 1984). 처음에는 자기 자신의 좌석을 택했지만, 그 뒤에 무작위적으로 배정된 좌석에 앉았던 학생들에서, 교실의 앞 자리에 있었던 학생들이 무작위적 배정 이후에도 토의들에 가장 많이 참가했다(Levine 등, 1980). 이러한 발견들은 아마 좌석의 개인적 선택들과 아울러 강의자 근처의 위치들에서의 참가에 대한 압력들을 반영할 것이다.

교실의 앞과 중앙 부분에 앉았던 학생들이 때로는 비교적 더 높은 성적을 얻는다(Becker 등, 1973; Sommer, 1974). Levine과 그의 동료들(1980)은 학생들이 자기 자신의 좌석을 택했을 때에만 교실의 앞 절반에서 가장 높은 성적들을 발견했다. 그러나 학생들이 무작위적으로 좌석을 배정받았던 다른 교실에서, 중앙 부분에 있는 학생들이 더 나은 성적을 얻었다(Stires, 1980). 교실의 중앙 부분에서의 더 나은 성적은 사회적 촉진이나 주위의 학생들의 동기적 영향들에서 나올 수 있다(Knowles, 1982). 교실의 중앙 부분에 있는 좌석의 선택은 또한 주변 부분에서의 주의분산들을 피하려는 욕구를 반영할 수 있다(MacPherson, 1984). 매우 큰 강의실들에서, 교실의 중앙 부분에서의 주위의 학생들의 동기화시키는 효과와 최소의 주의분산들이 앞 좌석들에서의 강의자와의 눈마주침의 용이성이 갖는 중요성을 능가하게 될 것이다.

건축과 상호작용

방들의 외양과 배치 이외에도, 물리적 환경은 건물들의 배치와 설계 그리고 그에 따른 주거지들과 작업장들의 접근가능성을 통해서 사회적 행동에 작용한다. 이 절에서 우리는 건물들의 건축과 대인매력, 사회적 과부하, 집단들의 발전의 연관성들을 검토할 것이다.

근접성과 매력

건축결정론(architectural determinism)의 옹호자들은 물리적 근접성과 교우관계의 상관들을 인용함으로써 자기들의 견해를 뒷받침하고 있다. 연구는 우리가 우리들 자신과 가까운 거주지들이나 작업장들의 점유자들과 대화하며, 우리의 친구들을 이웃 사람들 중에서 택하는 경향이 있다는 것을 일정하게 증명해 왔다. 결혼한 학생들을 위한 종합주택인 미국의 웨스트게이트 웨스트 지역에서의 교우관계들에 관한 한 현장연구의 결과들을 고려해 보자(Festinger 등, 1950). 이 2층건물들은 각 층에 5개의 비슷한 아파트들을 갖고 있었으며, 모든 문들은 동일한 방향이었다. 대기목록상의 부부들은 아파트가 빌 때에 아파트를 배정받았고, 따라서 그들은 자기들이 위치를 전혀 선택하지 않았다. 자기들이 가장 자주 상대하는 세 명의 타인들의 이름을 대도록 요구받은 부부들은 동일한 건물의 동일한 층의 거주자들의 이름을 댔다. 그들은 그들이 댈 수 있었던 모든 이웃집 사람들 중의 41%를 댔으며 2문 떨어진 집들 중의 22%를 댔다. 2층에 사는 부부들은 흔히 계단 근처에 사는 1층의 부부들의 이름을 댔다. 그들은 분명히 건물들이 상호작용할 기회를 가장 많이 제공해 주었던 사람들과 친구가 되었다.

근접성은 또한 다른 상황들에서의 상호작용과 교우관계와 상관되어 있다. 교외지역의 거주자들에서, 모임들과 교우관계들은 대개 동일한 구역의 이웃집 사람들을 포함한다(Gans, 1967; Whyte, 1956). 아파트 건물들의 거주자들은 근처의 아파트들에서 아는 이들이나 친구들을 갖는다(Bochner 등, 1976; Ebbesen 등, 1976; Nahemow와 Lawton, 1975). 사무직 근로자들은 근처의 근무지들에서 일하는 동료들 중에서 대화의 상대들과 친구들을 택하는 경향이 있으며(Conrath, 1973; Gullahorn, 1952; Homans, 1954) 학생들은 대개 교실의 이웃 좌석들에서 친구들을 고른다(Byrne, 1961). 좌석들이 알파벳 철자 순으로 배정되었던 한 경찰학교에 있는 한 학급에서 45%의 피훈련생들이 성이 자기와 알파벳상에서 인접한 철자들을 가진 친구들을 택하기까지 했다(Segal, 1974). 도 18-6은 한 고층빌딩의 동일한 층에서 근무했던 297명의 사무실 근로자들에 관한 연구결과들을 보이고 있다: 책상들이 가까울수록, 친구관계의 가능성이 더 컸다.

어떤 환경으로 새로 이동해 온 동질적 모집단들의 사람들은 특히 근접성에 근거해서 친구들을 택하는 경향이 있는 것 같다. 새로 온 사람들은 자기들의 이웃들과 쉽게 알게 될 수 있으며, 처음에 친구로서 그들을 택할 수 있다. 예컨대, 어떤 기숙사로 이사 온 학생들은 첫 몇 주 동안에는 근접성에 근거해서 교우관계들을 형성했지만, 그 후에는 유사한 태도들을 가진 친구들을 구했다(Newcomb, 1961). 연령, 교육, 사회경제적 배경, 또는 기타의 특징들에서 유사한 모집단들에서, 이웃 사람들은 유지된 교우관계의 유지를 위해 충분할 정도로 화목할 수 있다. 이질적 모집단들에서 사람들은 유사한 사고방식들을 가진 타인들을 찾기 위해서 더 멀리 가야만 될 것이다. 예컨대, 미국의 안아버시에서 확립된 이웃집 사람들에서의 교우관계들은 거주지들의 근접성의 증가에 따라 더 빈번하게 되었을 뿐만 아니라, 유사한 배경들과 기호들을 가진 사람들을 또한 포함했다(Athanasiou와 Yoshioka, 1973). 3개의 고층빌딩의 대부분의 주민들이 동일한 건물 속에서, 대개 비

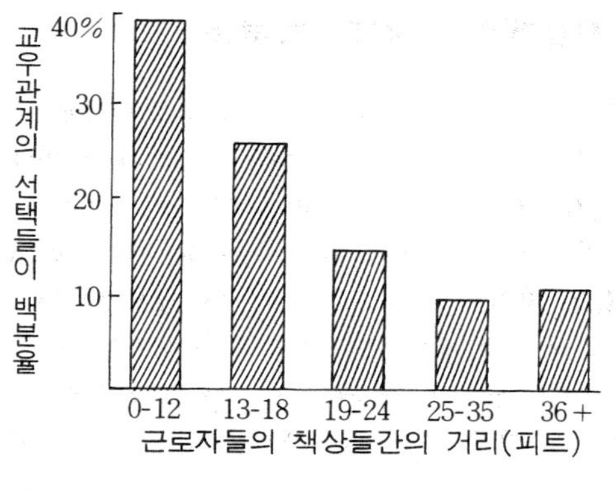

도 18-6. 어떤 사무실에서 책상들간의 거리의 함수로서 동료 직원들 중에서의 교우관계의 선택들의 백분율

슷한 연령과 인종의 친구들을 가졌다(Nahemow와 Lawton, 1975). 그러나, 근접성은 그렇지 않았더라면 서로 알게 되지 않았을 상이한 배경들을 지닌 사람들간의 교우관계를 위한 기회를 제공해 준다. 근접성은 또한 갈등의 가능성을 조성한다. 캘리포니아주의 종합아파트의 주민들이 그들이 가장 적게 그리고 많게 좋아하는 부부들을 댔을때, 그들이 가장 적게 좋아했던 부부들이 그들이 가장 좋아했던 부부들보다 더 가까이 살았다는 것이 발견되었다(Ebbesen 등, 1976).

근접성과 상호작용 사이의 관계는 건축에 달려 있다. 예컨대, 막다른 골목에 있는 집들은 서로 마주보고 있고, 주민들은 동일한 골목이나 통로를 통해서 오고 가고, 따라서 얼굴을 알게 될 많은 기회를 갖고 있다. U형태의 골목길을 가진 집들에 살고 있는 결혼한 학생들은 그들 자신의 골목길에서 친구를 택하며, 반대방향을 향하고 있는 집들을 가진 맞은 편 골목길에서는 드물게 택하는 경향이 있었다(Festinger 등, 1950). 두 개의 다른 연구들에서, 막다른 골목길들의 거주자들은 관통된 골목길들의 거주자들보다도 자기들의 이웃들의 더 큰 비율을 알았다(Brown과 Werner, 1985; Mayo, 1979). 건물내의 막다른 통로들도 이와 동일한 양식으로 작용하는 것 같다. 칸막이가 없는 사무실들에서 일하는 사무직 근로자들이 200명의 동료직원들이 있는 하나의 큰 지역이나, 약 30명의 직원들이 있는 벽이 있는 지역들에서 일했다. 큰 지역에서의 38%에 비해서, 더 작은 지역들에서의 2/3의 교우관계 선택들이 상호적이었다(Wells, 1965). 세 개의 미국 공군의 막사들에서, 칸막이들이 침상들을 6개의 무리들로 나누었다. 나뉘어진 막사의 거주자들은 칸막이들이 없는 세 개의 동일한 건물들에 있는 거주자들보다도 더 적은 사람들과 이야기하는 데에 더 많은 시간을 보냈다(Blake 등, 1956).

가끔 근접성에 의해서 함께 모인 사람들은 소집단들로 발전한다. 예컨대, 웨스트게이트 주택건설사업에서, 소수의 U형태의 막다른 골목길들의 거주자들이 응집성있는 사회집단들을 형성했다(Festinger 등, 1950). 근무처의 이웃지역에서 친구들을 만든 사무실 근로자들 중에서, 몇몇은 공동의 여가활동들을 갖는 작은, 비공식적 집단들을 형성했다(Gullahorn, 1952; Homans, 1950, 1954). 그러나, 집단들은 자기들 자신과 매우 근접한 거주지들이나 작업공간들 속에 있는 타인들과 상대했던 사람들의 일부에서만 발전되었다.

주택설계와 사회적 과부하

어떤 환경들은 거주자들이 원하거나 인내할 수 있는 것보다 더 많은 상호작용의 기회들을 제공하며 사회적 과부하를 일으킨다. 예컨대, 14층의 고층아파트들(각각 110가구가 있는)의 거주자들은 로비, 엘리베이터 또는 계단들에서 각각 12개의 가구가 있는 3층건물들의 거주자들보다 더 많은 사람들과 마주친다(McCarthy와 Saegert, 1979). 고층건물의 거주자들은 자기의 건물에서 보다 더 많은 낯모르는 사람들을 대하며, 그곳이 덜 안전하다고 느끼며, 이웃들이 도우려고 올 것이라는 데 대해 덜 확신을 갖고 있다.

인구가 밀집된 상황들에서의 사회적 과부하를 피하는 한 가지 방법은 사회적 접촉에서 후퇴하는 것이다. 이러한 책략은 1000명의 학생들을 수용한 10층의 "거대한 기숙사"의 거주자들보다도 2 내지 4층의 기숙사들의 학생거주자들이 자기들의 기숙사들에서 더 많은 친구들을 갖고 있다고 보고한 이유를 일부 설명해 줄 것이다(Holahan과 Wilcox,

1978). 놀랄 것도 없이, 거대한 기숙사의 거주자들은 또한 자기들의 생활환경들에 대해 더 낮은 만족을 보고했다.

건물들은 그 규모와 아울러 설계를 통해서 사회적 과부하를 일으킬 수 있다. 스토니브룩지역에 있는 뉴욕 주립대학교의 신입생인 1학년생들은 두 가지 형태의 건물들에 있는 거의 동일한 규모(1인당 대충 150평방 피트의 건물면적)의 2인용 침실들로 이사왔다. 방들은 비슷했으며, 건물들은 건물면적당 거의 동일한 숫자의 학생들을 수용했다. 그러나, 도 18-7이 보이는 바와 같이, 평면설계들이 상당히 달랐다. 학생들은 동일한 목욕실과 라운지를 함께 쓰는 다른 학생들을 위한 길고, 2열식(double-loaded) 복도을 통해서 복도설계식 기숙사들(corridor-design dormitories)에 있는 방들에 들어갔다. 한 벌 설계식 기숙사들(suite-design dormitories)에서 학생들은 세 개의 침실을 위한 작은 라운지를 통해서 자기 방에 들어갔으며, 단지 5명의 다른 학생들과 목욕실을 함께 썼다(Baum과 Valins, 1977). 복도설계식 기숙사들의 거주자들은 한 벌 설계식 기숙사들의 거주자들보다도 더 많은 원치 않는 사회적 접촉을 불평했고, 사람들을 피하려는 더 큰 욕구를 표현했다. 이러한 발견은 복도설계식 기숙사들에서 자신의 이웃들에 대한 학생들의 더 큰 접근가능성을 반영하는 것 같았다. 거주자들이 자기의 문 밖으로 나가게 되면, 그들은 동일한 층의 30명 이상의 다른 거주자들의 누구와도 만날 수 있다. 이와는 반대로, 한 벌식의 거주자들이 자기 방을 나갈 때, 그들은 5명의 기숙사생들과 얼굴을 대할 것을 기대할 수 있었다. 목욕실 근처의 방들을 가진 복도식 거주자들은 그들이 교통패턴의 중앙을 차지함에 따라, 특히 고통을 당했다. 아마 사회적 과부하를 피하기 위해서, 복도식 거주자들은 한 벌식 거주자들보다도 기숙사에서 시간을 덜 보냈다. 이와는 반대로, 한 벌식 거주자들은 자신의 공부의 많은 부분을 기숙사에서 했으며 그 곳에서 다른 비사교적 활동들을 수행했다. 한 벌식 거주자들은 현관과 라운지에서 흔히 목격되었는데, 그 곳들에서 대부분의 사회적 대면들이 일어났다. 복도식 거주자들은 분명히 원치 않는 사회적 접촉을 피하기 위해서, 자기의 방에서 비사교적 활동들만을 했다(Valins와 Baum, 1977).

복도식 거주자들의 물러섬은 기숙사를 넘어서 확장되었다. 두 가지 형태의 기숙사들의 1학년 학생들의 반응들을 비교한 한 실험실연구에서, 학생들은 한 명의 다른 학생(실험자들의 실험협조자)이 이미 앉아 있는 대기실에 도착했다. 복도식의 거주자들은 한 벌식의 거주자들보다 더 멀리 떨어져 앉았으며, 그 학생의 얼굴을 향해서 덜 바라보았으며, 더 적은 대화들을 개시했다. 집단들 속에서, 복도식의 거주자들은 한 벌식의 거주자들보다도 합의에 의지하려는 경향을 덜 보였다(Baum 등, 1975). 다른 캠퍼스에서, 복도식과 한 벌식의 거주자들은 각각 두 명의 다른 사람들(실제로는 실험협조자)과 함께 그룹으로 작업했는데, 이 두 명은 그들을 토의에 포함시켰거나 무시했다. 한 벌식 거주자들에 비해서, 복도식 거주자들은 이들이 무시했을 때에 더 큰 편안함을 나타냈다(Reichner, 1979).

복도식 거주자들에게는 불행하게도, 물러섬은 아마 과부하를 감소시키는 데에 거의 도움이 되지 않았을 것이다. 즉, 이들이 눈마주침과 대화를 피하는 것은 현관에 있는 사람들의 숫자를 거의 바꾸지 못했다. 따라서 아마 이들은 어떤 통제불가능한 원천에서 나오는 반복적 스트레스를 느꼈을 것이다. 이러한 상황들은 학습된 무력(8장 참조)을 일으킬 수 있는데, 이것은 개인이 자신이 일어나는 바에 영향을 줄 수 없다고 생각하고, 시도를 중지하고, 우울하게 될 때에 생긴다.

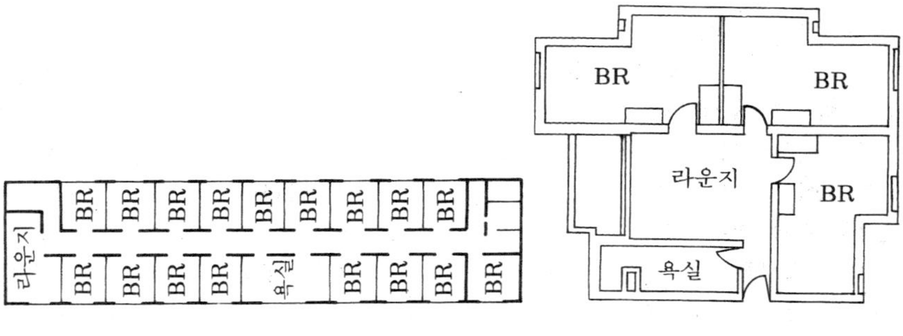

도 18-7. 복도 설계식과 한 벌 설계식 기숙사들의 평면도들 * BR=침실임

복도식의 거주자들이 학습된 무력을 일으켰는지를 알아보기 위해서, 연구자들은 한 벌식이나 복도식 설계의 기숙사들에 무작위적으로 배정되었던 1학년 학생들을 대상으로 한 연구를 실시했다(Baum 등, 1978). 학생들의 캠퍼스에서의 첫번째, 세번째 또는 일곱번째 주 동안에, 그들은 협동적 반응, 경쟁적 반응 또는 물러섬(무력의 한 신호임)을 허용하는 게임에 참가했다. 복도식의 거주자들이 한 벌식의 거주자들보다도 더 많은 경쟁적 반응과 더 적은 협동적 반응을 보였다. 일곱번째 주의 끝무렵에 한 벌식 거주자들이 더 많은 협동을 보였다. 예상한 대로, 복도식 거주자들이 물러섬에 점점 더 많이 의존했다. 복도식 거주자들은 자신의 경쟁적 반응을 비호감을 나타내며 자신의 물러섬이 "나는 게임을 하는 것에 대해 정말로 관심이 없다"는 것과 같은 어떤 것을 의미한다고 설명했다.

다행스럽게도, 복도식 설계 기숙사들에 의해 생긴 문제들은 건축적 해결책들을 갖게 되었다(Baum과 Davis. 1980). 긴 복도식 설계(40명의 학생들)와 짧은 복도식 설계(20명의 학생들)에 대한 한 대안으로서, 한 개의 긴 복도가 나뉘어져서 양측의 현관문들을 통해 들어가는 한 개의 라운지를 갖는 하나의 수정된 복도식 설계가 고안되었다(도 18-8 참조). 긴, 짧은 그리고 수정된 복도식의 학생들이 조사지에 응답했으며 15주 동안 관찰되었다. 잠시 후에 긴 복도식들의 거주자들은 짧은 그리고 수정된 복도식 거주자들과는 달리, 원치 않는 사회적 접촉을 보고하고, 기숙사에 있는 다른 학생들을 피하고, 자신의 문을 닫기 시작했다. 그들은 또한 그들이 한 실험실로 초청을 받았을 때에 사회적 상호작용을 피했다. 이 건축적 조정은 긴 복도식들에 수반된 전형적인 사회적 과부하로부터 거주자들을 분명히 절연시켰다.

개방식 학교들에서의 과부하

물리적 환경의 설계는 거주상황들과 마찬가지로 학교들에서 사회적 과부하를 일으킬 수 있다. 이것은 아마 개방식 사무실들(open-plan offices)처럼, 소수의 내부 벽들이나 구획들을 갖고 있는 개방식 학교들(open-space schools)에서 가장 분명할 것이다. 1960년

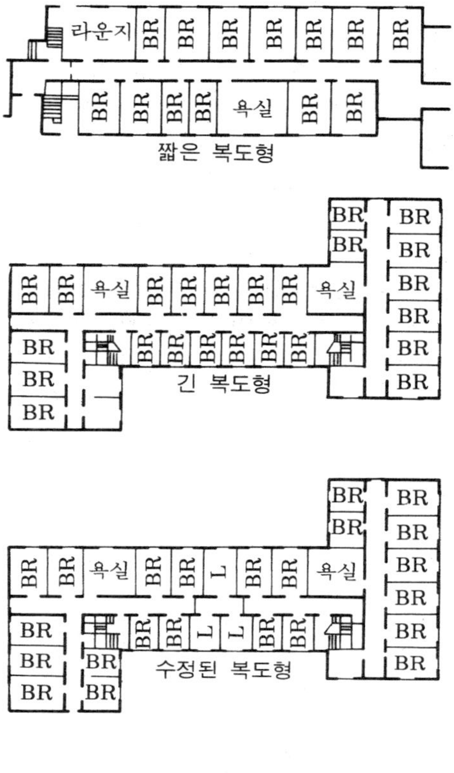

도 18-8. 기숙사 설계의 사회적 영향들. 짧은 복도식 설계(위쪽)로 배치된 기숙사 방들에서, 거주자들은 40명의 학생들이 두 개의 욕실들을 함께 사용했던, 긴 복도식 설계(중앙)에서 발견된 과밀과 사회적 과부하를 거의 느끼지 않았다. 수정된 복도식 설계에서, 한 개의 긴 복도가 세 개의 이전의 침실들과 복도부분에서 만들어진 한 개의 라운지에 의해서 중앙에서 나눠어졌다(아래 그림 : 라운지는 검게 칠해짐). 희망한 대로, 수정된 복도식의 거주자들은 긴 복도식에서 대개 발견된 원치 않는 사회적 접촉을 거의 겪지 않는다.
* BR = 침실 ** L = 라운지

대의 한 혁신으로서, 이것들은 1967년에서 1970년까지 미국에서 건설된 학교들의 절반 이상을 차지했으며 교육에 대한 보다 더 "개방적"이고, 덜 구조화된 접근을 향한 보다 더 광범한 추세의 일부를 나타냈다(Weinstein, 1979).

개방식 학교들의 영향에 관한 연구들은 내부타당도와 아울러 외부타당도의 부족의 취약성을 갖고 있었다(1장 참조). 몇 개의 연구들은 상이한 지역들의 학교들을 비교해 왔는데, 그 지역들에서도 학생들의 모집단들이 또한 차이가 있다. 때로는 교사들이 개방식과 전통식 배치들 중에서 선택할 수가 있어서, 학교유형들간의 차이들은 개개 교사들의 성격들을 반영할 수 있다. 보다 더 나쁘게, 건축적 개방성의 영향들이 흔히 교과과정이나 수업의 영향들로부터 분리시키기가 곤란해 왔다(Ahrentzen 등, 1982). 그렇지만, 몇 개의 일관성있는 발견들도 있다.

개방식 학교들은 교사들에게 자신의 동료들과의 상호작용이 있게끔 만들며 동일한 한 개의 큰 공간을 함께 사용하는 다른 학급들의 소음과 주의분산에 노출되어 있다. 개방식 학교들에 있는 교사들은 보다 더 전통적인 상황들에서 근무하는 교사들보다 더 많은 청각적 주의분산, 시각적 주의분산, 과밀 및 소음을 보고하지만(Ahrentzen 등, 1982; Weinstein, 1979), 또한 다른 교사들과의 더 번번한 접촉들을 보고한다(Ahrentzen과 Evans, 1984; Weinstein, 1979). 개방식 교실들을 관리함에 있어서, 교사들은 다른 학급들을 주의분산시키는 것을 피하기 위해서 자신의 학급활동들을 제한하며(Ahrentzen과 Evans, 1984) 활동들간의 더 빈번하고도 더 오랜 전환들을 도입시킨다(Cotterell, 1984).

개방식 학교들과 전통식 학교들의 학생들은 평균상으로, 학업성취에서 아무런 일정한 차이들을 보이지 않는다. 그러나, 읽기에 난점들을 갖고 있고 낮은 IQ를 가진 학생들은 때로는 개방식 학교들에서 피해를 입는다. 개방식에 있는 학생들은 교사들과 다른 학생들과 더 많이 상호작용하고, 더 많이 돌아다니고, 더 광범한 활동들에 참가하는 경향이 있다(Weinstein, 1979). 한 연구는 개방식 학급들 속에 있는 학생들이 아마 교사들의 노력 때문에, 학교의 규범들을 더 잘 알고 있다는 것을(그들은 학교규칙들을 알았고, 무엇을 하는가와 어디로 가는가를 알았다) 발견했다. 그러나, 동일한 학생들은 자기들이 더 많은 공부문제를 갖고 있다고 말했다. 즉, 더 많은 그들이 학교공부가 어려웠으며, 잘못된 공부를 했으며, 교사들의 질문들에 대답할 수 없었다(Cotterell, 1984). 이러한 모든 발견들은 개방식 학교들 속에 있는 학생들이 전통식 학급들 속에 있는 학생들보다 더 많은 원천들로부터의 더 많은 자극과 입력을 겪으며 이 추가된 요구들에 의해서 잠재능력들이 약화된 학생들이 또한 곤란들을 겪을 수 있다는 것을 시사한다.

프라이버시

프라이버시(privacy)의 정의는 정보에 대한 통제력이나(Margulis, 1977; Westin, 1967), 대인적 상호작용의 조절(Altman과 Chemers, 1980; Sundstrom, 1986b 참조)을 강조한다. 하나의 널리 수용되고 있는 프라이버시의 정의는 자기나 집단에 대한 접근에 대한 선택적 통제력이다(Altman, 1975, 1976). 프라이버시는 흔히 개인들이나 집단들의 접근가능성을 제한하기 위한 물리적 환경의 조작을 포함한다. 예컨대, 기숙사에 있는 학생들은 방문자들을 초청하기 위해서 자기의 방문을 열며, 보거나 남에게 보이기 위해서 자신의 커튼을 열거나, 물러서기 위해서 문이나 커튼을 닫는다.

프라이버시 이론들

몇몇 이론들은 프라이버시가 우리의 개인적 자율성(personal autonomy)에 기여한다고 주장한다(Beardsley, 1971). Goffman(1959)의 자기제시이론(theory of self-presentation)은 우리가 어떤 시청자를 갖고 있을 때, 우리는 외모를 유지시키고, 타인들에 의해 형성된 우리 자신에 대한 인상들을 관리하고자 노력한다고 시사한다. 그러나 외부인들이 접근할 수 없는 보이지 않는 지역들에서, 우리는 이완하며 인상관리에 대해 덜 주의를 기울인다. 예컨대, 크고 개방된 사무실들에서, "사람들은 어떤 근면성의 인상이 유지되어야만 되는 사람의 눈에 항상 띄어야만 될 것이다; 어떤 작은 사무실에서 근무와 단정한 행동에 대

"여보세요, 나는 사람들이 자신의 프라이버시를 침입당하는 것에 대해서 어떻게 느끼는가에 관한 여론을 조사하고 있습니다."

한 모든 가장은 웃사람이 없을 때에는 격감될 수 있다"(p. 26). Kelvin(1973)은 프라이버시가 우리로 하여금 인정가능한 행동의 기준들에 계속 책임을 느끼게끔 만들 수 있는, 원치 않는 시청자들로부터 우리를 절연시킨다는 이론을 세웠다. 프라이버시는 우리의 행위들에 관한 타인들의 지식에 대해 통제를 가할 수 있도록 해 줌으로써, "타인들의 권력에 대한 하나의 적극적 제약을 제공한다"(p. 260).

Altman의 프라이버시 조절이론(theory of privacy regulation)에 의하면, 프라이버시는 우리에게 사회적 상호작용에 대한 우리의 관여를 통제하도록 해 준다. Altman은 우리의 상호작용에 대한 욕망들은 시간에 따라 바뀌지만, 우리는 어떤 최적수준의 사회적 접촉을 유지시키려고 든다고 지적한다.

> 만일 어떤 사람이 다른 사람과의 많은 상호작용을 원하고 있지만 약간만을 얻고 있다면, 그 사람은 고독이나 고립 또는 단절을 느낀다. 그리고 만일 그 사람이 자신이 원래 원하는 것보다 더 많은 상호작용을 실제로 얻는다면, 그 사람은 침범당하거나, 혼잡하거나 과부하되어 있다고 느낀다. 그렇지만, 무엇이 너무 많은 것인지, 너무 적은 것인지 또는 이상적인 것인지는 시간과 상황들에 따라 변해서, 최적이라는 것은 개인이 원하는 프라이버시의 연속선상에서 어디에 있는가에 달려 있다. 만일 내가 혼자 있고 싶다면, 나의 사무실로 와서 15분 동안 이야기하는 어떤 동료는 침입을 하고 있고 너무 오래 머물고 있는 것이다. 만일 내가 타인들과 어울리기를 원한다면, 동일한 15분간의 대화가 너무 짧을 수 있다(1975, p. 25).

이 이론에 의하면, 우리가 현재 경험하고 있는 것보다 더 많거나 적은 상호작용을 우리가 원할 때에는 언제나, 우리는 최적수준을 달성시키기 위해서 프라이버시 조절기제들(privacy-regulation mechanisms)을 사용한다. 이러한 기제들은 개인공간, 영토보존, 언어 및 비언어 행동 및 물리적 환경의 사용들을 포함한다. 복도식과 한 벌식의 기숙사들에서의 반응들은 물리적 상황들의 사용들을 예시해 준다 : 학생들은 사회적 대면들이 흔히 일어나는 라운지들에서 공부함으로써 사회적 접촉을 초청했다. 그들은 자기 방으로 들어가고 문을 닫음으로써 타인들의 접근가능성을 제한했다. 그러나 아마 반개인적인 라운지들이 공적인 복도들로부터 방들을 분리시켰기 때문에, 한 벌식 설계가 사회적 상호작용의 조절에 대해 더 우수한 것으로 밝혀졌다.

Altman의 이론에 의하면, 프라이버시를 얻지 못하는 것은 스트레스와 기타의 문제들을 일으킬 수 있다. 예상된 대로, 공부 외의 이유들로 18개월 이내로 퇴학된 유타 대학교의 기숙사들에서 거주하는 1학년 학생들은 성공적 학생들에 의해서 사용된 프라이버시조절 책략들을 사용하는 데에 실패했었다. 1학년 학생들은 그들이 자신의 방문을 닫았는지, 조용한 장소를 찾았는지, 프라이버시를 위해 방을 배치했는지 또는 조용한 시간에 욕실을 사용했는지를 질문받았다. 퇴학생들은 재학생들보다도 상호작용을 조절하는 더 적은 수단들을 사용했으며, 그 수단들이 효과가 적었다는 것을 발견했다(Vinsel 등, 1980).

건축가들은 물리적 경계선들이 접근가능성의 동심지대들(concentric zones)을 규정하는 종들의 어떤 위계에 기초된 프라이버시이론을 사용한다(Zimring, 1982 참조). 공적 공간들(public spaces)—보도들, 광장들 및 산책길들과 같은—은 대중의 접근에 대한 적은 장애물들을 갖고 있으며 신작로들이 되어 준다. 반공적 공간들(semipublic spaces)—가게들, 전문 상점들, 식당들 및 호텔들의 접수지역들—은 이것들을 구분짓기 위한 물리적 경계선들을 갖고 있지만, 사용자들은 이것들에 쉽게 접근할 수 있다. 반사적 공간들(semiprivate spaces)은 운동클럽들, 사무실 건물들 및 한 벌식 기숙사의 라운지들에서와 같이, 벽들, 담장들, 문들 또는 대문들과 같은 공적 접근을 제한하기 위한 물리적 장애물들을 갖고 있다. 사적 공간들(private spaces)은 침실들, 개인사무실들 및 욕실들에서와 같이 가장 큰 격리를 제공한다. 여러 정도의 접근가능 지역들은 상호작용에 대한 통제력에 대한 개인들이나 집단들의 욕구들에 부합되는 한 범위의 상황들을 제공해 준다. 격리된 공간들은 관찰이나 방해가 없는 고독이나 친밀한 활동들을 허용해 준다(Westin, 1967) ; 접근가능한 공간들은 많은 공적 활동들을 허용한다(Jacobs, 1970). 이 이론은 환경들이 서로 방해되는 활동들을 갖고 있는 사람들의 불충분한 물리적 분리를 통해서 프라이버시를 방해하고, 아마 사회적 과부하를 일으킬 것이라고 시사한다. 특히 복도식 설계의 기숙사들과 같이 사적 공간들이 직접 공적 공간들로 개방되거나, 사적 공간들이 적은 곳에서 문제들이 발생한다.

개방식 설계의 사무실에서의 프라이버시

개방식 사무실들(open-plan offices)에서 근무하는 사람들은 프라이버시를 찾는 데에 곤란을 겪는다. 이러한 형태의 사무실은 독일의 Burloandschaft 또는 "사무실 조망"(office landscape)에서 유래되었는데, 여기에서는 모든 직위의 직원들이 벽들이 적고, 크고도 개방된 지역들에서 일하며, 그들의 근무공간들은 주로 사무실 집기와 화분들에 의해 분리되어 있다(아래의 사진 참조). 이것의 옹호자들은, 직원들이 특히 만일 그들이 작업의 흐름에서 가까운 부서들에 위치해 있을 경우에, 그들이 서로 쉽게 볼 수 있을 때에 가장 잘 의사소통을 한다고 주장했다. 그들은 벽들이 의사소통을 방해하고, 불필요하게 지위를 강조하며, 동기를 저하시킨다고 주장하면서, 전통적 사무실들을 비평했다. "사무실 조망들"은 1960년대 말에 미국에 등장했으며 곧 작업장들을 분리시키기 위한 어깨 높이의 상호연결된 칸막이들로 전개되었다(Pile, 1978). 1970년대 말경에 미국의 사무실 근로자들의 약 1/3이 개방식설계의 사무실들에서 근무했다(Harris 등, 1980).

개방식 설계의 사무실들의 근로자들은 보다 더 폐쇄된 근무공간을 갖고 있는 사무실들의 근로자들보다도 평균적으로, 더 적은 프라이버시를 일정하게 보고한다. 예컨대, 15개의 개방식 사무실들에서 일하는 519명의 근로자들에 대한 한 조사에서, 2/3가 주의집중에 대한 방해를 불평했다 ; 다른 불평들은 소음, 프라이버시의 부족 및 비밀의 대화들을 나누기 곤란한 것에 관한 것이었다(Nemecek과 Grandjean, 1973). 그러나, 대다수가 개방식 사무실들이 "개인적 접촉들"에 도움이 되었고 의사소통을 더 쉽게끔 만들었다고 대답했다. 다른 연구에서, 한 회사 사무실의 근로자들은 새로운 개방식 설계 시설로 이사하기 전과 후에 조사지에 응답했다. 그들은 프라이버시의 감소를 보고했는데, 이것은 비밀대화들을 요하는 관리자들에 대해서는 특히 골치아픈 것이다. 청각 측정치들은 관리자들의 근무공간들이 더 낮은 **대화 프라이버시**(speech privacy : 근무공간 외부에서 알아듣게 됨이 없이 대화할 수 있는 능력)를 가졌다는 것을 확증했다. 이러한 개방식 사무실은 아무런 의사소통의 개선을 낳지 않았다(Sundstrom 등, 1982). 다른 연구들도 또한 개방식설계 사무실들이 프라이버시가 부족하다는 것을 발견했다(Boyce, 1974 ; Hedge, 1982 ; Hundert와 Greenfield, 1969). 어떤 집단이 개방식 사무실들로 이사했을 때, 비공식적 대화는 흔히 더 쉽게 되었지만, 비밀 대화와 감독자들로부터의 피드백은 지장받았다(Sundstrom, 1986).

개방식 설계의 사무실들은 또한 지역사회대학들에서 문제들을 유발시켰는데, 이 대학들에서 교수들은 개인 사무실들이나, 2인용 사무실들이나, 개방식 설계 사무실들을 사용했다(Becker 등, 1983). 개인용 사무실들에서의 11%에 비해서, 개방식 사무실들을 사용

캐나다, 유럽 및 미국의 전역에 있는 개방식 설계 사무실들에서, 근로자들은 사무실 집기, 화분들 및 상호연결된 이동가능한 칸막이들에 의해서 분리된, 벽들이 드문 크고도 개방적인 장소들에 있는 책상들에서 일한다. 의사소통을 증진시키기 위해서 설계된 이러한 사무실들은 비공식적 대화를 편하게끔 해 주지만, 사용자들은 소음과 프라이버시의 부족에 대해 불평한다.

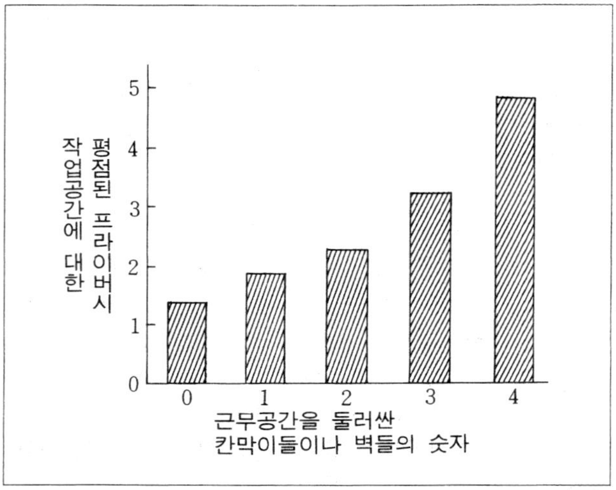

도 18-9. 근무장소들의 폐쇄정도와 프라이버시. 벽이나 적어도 6피트 높이의 울타리에 의해 둘러싸여진 자신의 근무공간의 측면들의 숫자의 함수로서 사무실 근로자들에 의한 근무공간들의 프라이버시에 대한 평정치들이 제시되어 있다.

하는 교수들 중의 84%가 자신의 프라이버시에 대해 불만을 나타냈다. 개방식 설계의 사무실들에 있는 교수들은 방해와 주의분산을 불평했다 : 그들은 프라이버시의 부족이 논의되는 주제들과 학생들을 칭찬하거나 비평하는 자기들의 능력에 영향을 주었다고 말했다. 개방식 설계의 사무실들에 있는 더 많은 교수들이 자신이 다른 장소에서 집무한다고 대답했다. 학생들은 개인적이거나 공동의 사무실들보다도 개방식 설계의 사무실들에 대한 방문에 자유로움을 덜 느꼈고, 교수들이 그 곳에 있을 가능성이 더 적었다고 대답했다.

사무실들에서의 프라이버시는 개인 근무장소들의 폐쇄정도에 달려있다. 한 연구에서, 사무실 근로자들은 자신의 근무공간들을 평정했으며, 연구자들에게 벽들, 칸막이들 또는 적어도 6피트 높이의 울타리들에 의해서 둘러싸여진 근무공간의 측면들의 숫자와 같은 물리적 특징들을 측정하도록 허락했다. 프라이버시는 폐쇄정도에 따라 증가되었다(도 18-9 참조). 문들이 있는 벽으로 된 사무실들이 가장 큰 프라이버시를 가졌다(Sundstrom 등, 1982). 한편, 프라이버시는 직무에 대한 만족과 연관되어 있다(Ferguson과 Weisman, 1986 ; Sundstrom 등, 1980).

과 밀

어떤 면에서, 프라이버시의 반대는 과밀(crowding), 즉 사람들이 빽빽하게 있는 환경들 속에서 때때로 일어나는 한 형태의 스트레스이다. 당신은 승객들로 꽉 찬 엘리베이터, 출퇴근시간의 시내의 보도, 백화점의 홍정탁자 근처, 또는 어떤 인기있는 영화의 상영시의 극장로비에서 과밀을 경험할 수 있다. 그러나 한 형태의 스트레스로서, 과밀은 주관적인 것이고, 따라서 당신의 반응들은 어떤 다른 사람의 반응들과는 다를 수 있다. 공간단위당 인구수나 개인당 공간량으로서 정의된 높은 **인구밀도**(population density)는 반드시 과밀과 동의어는 아니다. 정말로, 우리는 가끔 우리가 칵테일파티들, 축구게임들, 연주회들, 신앙부흥 전도집회들 및 정치적 시위들에 참가할 때와 같이, 즐거움과 자극을 위해서 사람들이 많은 환경들을 찾는다. 어떤 군중 속에서 우리는 심지어 익명성(anonymity), 즉 프라이버시의 한 형태를 느낀다(Westin, 1967). 한 사회심리학자에 의하면, 높은 인구밀도는 긍정적인 것이건 부정적인 것이건 간에, 우리의 정서반응들을 강화시킨다(Freedman, 1975). 이 밀도-강도가설(density-intensity hypothesis)은 군중의 존재가 어떤 선수권 시합에서 홈팀을 구경하는 것과 같이 이미 존재하는 긍정적 경험을 실제로 높혀주지만, 어떤 불쾌한 경험을 더 기분나쁘게끔 만든다고 시사한다. 그러나, 어떤 사람이 과밀된 환경 속에 있는 것은 그 자체 스트레스가 많은 경험이 될 수 있다.

과밀과 사회병리

초기의 연구들은 사회병리가설(social pathology hypothesis), 즉 높은 인구밀도가 질병, 비행, 범죄, 정신이상 및 기타의 사회적 병리들을 일으킨다는 아이디어를 검증했다. 처음에 이러한 아이디어를 지지해 주는 증거는 전반적인 인구밀도(평방 km나 센서스구역당 인구수)와 범죄율, 정신질환율 및 기타의 사회병리들의 발생률들 사이의 상관들을 발견한 연구들로 이루어졌다(Zlutnick과 Altman, 1972). 그러나 이러한 연구들은 결정적 결함을 갖고 있었다: 이것들은 도시들의 인구조밀지역들에서 사는 사람들이 흔히 가난한 사람들이라는 것을 간과했다. 그러한 지역들에서 발견된 병리들은 빈곤으로부터 생길 수 있다. 이러한 가능성을 고려한 연구들은 사회병리가설을 지지하는 데에 실패했다. 시카고시에서 나온 센서스자료에 대한 한 분석은 에이커(즉 4047 m²)당 인구수가 사망률, 결핵환자율, 유아사망률, 생활보호자율, 청소년비행자율과 상관되었다는 것을 나타냈다(Winsborough, 1965). 그러나 직업, 소득, 교육, 인종 및 주택의 질과 같은 요인들이 통계적으로 통제되었을 때, 그 상관들은 사라졌거나 부적(마이너스)으로 되었다.

동물들에 대한 연구들은 사회병리가설을 지지해 준다. 가장 유명한 연구들 중의 하나에서, Calhoun(1962)은 48마리의 놀웨이 쥐들을 4개의 방이 있는 우리에 두었는데, 그 중에서 2개는 단 한 개의 입구를 갖고 있었고 다른 2개는 2개의 입구들을 갖고 있었다. 그는 충분한 음식과 물을 제공해 주었으며 그 쥐들에게 제한없이 생식하도록 허용했다. 그 우리는 80마리로 증가되었다. 과밀된 쥐들은 보금자리 짓기, 구애하기, 짝짓기, 새끼의 양육 및 사회적 조직에서 심각한 이상들을 보이기 시작했다. 몇몇 쥐들은 공격적으로 되고 대개 어떤 싸움을 종식시켜 주는 의식화된 복종신호들을 무시하기 시작했다. 개개 쥐들은 힘으로 영토를 유지시켰다. 암놈들은 가끔 자기 새끼를 등한시했으며, 75%나 되는 유아 쥐들이 죽었다. 행동붕괴(behavioral sink)라고 일컫는 보다 더 많은 병리들이 두 개의 가장 접근가능한 우리들에서 발생했다. 시체해부들은 확대된 부신들과 같은 장기적 스트레스의 신호들을 나타냈다. 다른 연구에서, 메릴랜드주의 연안 근처에 있는 한 섬에서 시카 사슴은 약 300마리 또는 에이커당 1마리의 특이하게 높은 밀도로 번식되었다. 2년 후의 겨울 동안에 비록 음식이 충분했을지라도, 절반 이상의 사슴들이 죽었다. 시체해부들은 장기적 스트레스의 신호들을 나타냈다. 더 많은 사슴들이 그 다음 겨울에 죽었으며, 사슴들은 약 80마리로 안정되었다(Christian 등, 1960). 이와 비슷한 스트레스와 병리의 신호들이 많은 종들에서 높은 밀도에 연관되어 왔다(Freedman, 1972).

가정의 소득을 통제했던 도시주민들에 관한 연구들은 밀도와 사회병리들 간에 거의 또는 전혀 연관을 발견하지 못해 왔다. 예컨대, 연구자들은 가옥내의 방당 인원수가 시카고시에서의 사망률, 생활보호자율 및 청소년비행자율—그들이 사회경제적 지위와 인종을 통제한 후에도—과 상관되었지만 이 상관들이 작았다는 것을 보고했다(Galle 등, 1972). 시카고시의 센서스자료에 대한 다른 연구는 이와 비슷한 약한 상관들을 보였다(Galle과 Gove, 1979). 그러나 다른 연구는 뉴욕시에서(Freedman 등, 1975) 그리고 터론토시에서(Booth, 1976; Kirmeyer, 1978) 가구의 밀도와 사회병리들 간에 약한 연관들조차 발견하지 못했다. 홍콩의 인구밀도는 미국과 캐나다의 도시들을 훨씬 능가하지만, 그 범죄율과 기타의 사회병리들의 율은 훨씬 더 낮아 왔다(Michelson, 1970).

교도소들에 대한 연구들은 높은 인구밀도와 몇 가지 유형의 병리들 간에 어떤 연관을 보이고 있다. 27명이나 그 이상의 다른 수감자들과 함께 개방식 감방들에 수용된 재소자들은 1인용이나 2인용 감방들에 수감된 재소자들보다 더 많은 부정적 반응들을 나타냈으며, 그들은 질병에 대해서 가장 많은 불평들을 나타냈다; 1인용 감방에 있는 재소자들은 가장 적은 부정적 반응들과 자장 낮은 질병률들을 보였다(Cox 등, 1984). 애틀란타에서, 질병에 대한 불평들은 감방당 재소자들의 수가 1인에서 6인으로 증가됨에 따라 증가되었다. 텍사스에서, 큰 인원수(평균 1700명의)를 가진 최대의 보안 교도소들은 비슷한 거주조건들이지만 더 적은 인원들(평균 830명의)을 가진 교도소들보다도 10배 이상의 자살들, 78% 이상의 정신병원 입원들 그리고 3배 이상의 사망들을 보였다. 그리고 텍사스에 있는 작은 정신병 교도소에서, 보고된 사망률은 도 18－10에서 보이는 바와 같이, 동일한 연도의 교도소의 수감 인원수와 유의한 관련(r=+.81)이 있었다(Paulus 등, 1978).

과밀에 관한 모형들

왜 질병률과 사망률은 과밀된 교도소들에서 증가되고 과밀된 도시들에서는 증가되지 않는 것일까? 한 가지 답변은 사람들이 높은 인구밀도를 경험하는 상황의 유형들에 관계하고 있다. Stokols(1976)는 과밀이 "개인이 많은 시간을 보내고, 개인적 근거에서

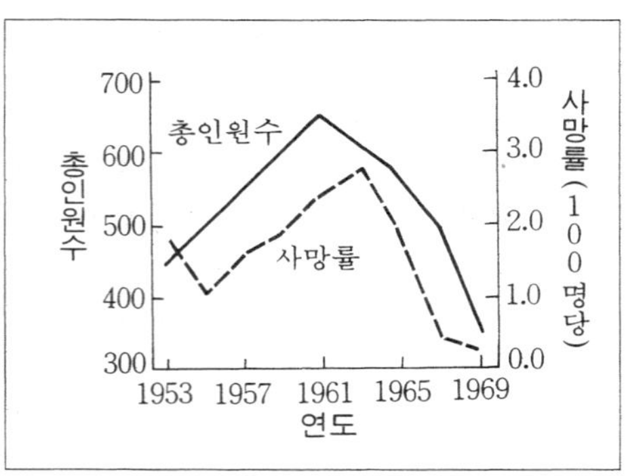

도 18－10. 한 정신병 교도소의 연도별 총인원수와 연간 100명당 사망률

타인들과 관계를 맺고, 광범한 개인적으로 중요한 활동들을 수행하는"(p. 73) 주택들이나 근무장소들과 같은 **일차 환경들**(primary environments)에서 가장 강하고 해결하기 곤란하다는 이론을 세웠다. 여기에서 과부하나 "방해"와 같은 대인적 스트레스원들은 개인의 안녕감을 위협하고 피하기가 곤란할 수 있다(Zlutnick과 Altman, 1972). 이와는 반대로, **이차 환경들**(secondary environments)—쇼핑센터들, 상점들 및 보도들과 같은—에서의 대면들은 비교적 일시적이고, 익명적이고, 중요치 않다. 여기에서의 과밀은 개인이 어쨌든 간에 많은 통제력을 발휘할 것으로 기대하지 않는 장소들에서, 일반적으로 낯선이들과의 짧은 에피소드들 동안에 일어난다. 이러한 아이디어들과 일치해서, 샌프란시스코의 주민들은 그들의 거주지보다도 이웃지역에서의 과밀에 대해 훨씬 더 큰 인내성을 나타냈다(Loo와 Ong, 1984).

두번째의 대답은 과밀이 소수의 대처자원들이나 도피기회들을 제공하는 상황들에서 인내하기가 가장 곤란한 것 같다는 것이다. 예컨대, 가정에서 혼자 있을 수 있는 장소들을 갖고 있었던 과밀된 가옥들의 거주자들은 그러한 장소들이 없는 사람들보다도 높은 가정밀도에 대해서도 더 적은 난점을 가졌다(Verbrugge와 Taylor, 1980). 따라서 우리가 도시환경들(거주자들이 높은 밀도를 처리하기 위한 많은 자원들을 갖고 있는)에서 사회병리를 거의 발견하지 못하고, 도피할 곳이 없는 과밀된 감방들에서 심각한 병리를 발견하는 것이 이해될 수 있다.

세번째의 대답은 과밀의 강도가 높은 밀도 속에서의 특수한 스트레스원들과 아울러 이것들에 대처하기 위한 개인의 능력에 달려 있다는 것이다. 과밀된 상황들에서의 스트레스는 여러 근원들에서 나올 수 있다. Baum과 Paulus에 의해 제안된 **상호작용 요구모형**(interaction-demand model)에서, 높은 밀도의 상황들에서의 증가되는 사람들의 숫자와 감소되는 대인적 거리들에서 생기는 스트레스가 **불확실감**(그리고 통제력 부족), **인지적 부하** 및 **목표 방해**를 포함한다고 한다. 이러한 과밀의 근원들은 표 18-1에서 개요된 몇 개의 이전의 모형들에 의해서 가정된 과정들, 즉 과부하, 흥분, 방해, 통제력 및 프라이버시 조절을 반영한다.

과부하 모형들(overload models)은 과밀된 상황들이 너무 많은 사람들이나 너무 많은 밀접성을 갖는 상호작용들을 일으키고, 이것들이 과잉자극을 일으키고 인지능력들을 고갈시킬 수 있다고 시사한다(Cohen, 1978). 예컨대, 어떤 가게의 손님들은 가게가 점점 더 붐비게 됨에 따라 세부품목들을 더 적게 보았다(Saegert 등, 1975). 아마 과부하를 피하기 위해서, 실험실들에서 함께 과밀된 사람들은 눈마주침을 피했고 물러섰다(Greenberg와 Firestone, 1977 ; Sundstrom, 1975a). 심지어 과밀되게 된다는 예상에서도, 사람들은 큰 대기실에서 한·두 명의 타인들과의 상호작용을 꺼려했다(Baum과 Greenberg, 1975 ; Baum과 Koman, 1976).

2인용으로 설계된 기숙사방들에서 3사람이 사용하게 된 학생들에 관한 연구는 과밀에 관한 과부하모형들과 일치되는 결과들을 내놓았다. 2명의 한방 친구들을 배정받은 학생들은 비슷한 방들에서 1명의 한방 친구들을 배정받은 학생들보다도 이해할 수 있게 더 많은 과밀을 경험했다. 3인의 여학생들은 분명히 그들이 한방 친구들과 함께 상호작용하면서 별도의 시간을 보냄으로써 대처하고자 했기 때문에, 특히 강한 과밀을 경험했다. 이와는 반대로, 3인의 남학생들은 자신의 과밀경험을 경감시키는 것 같은 행동인 물

표 18-1. 과밀에 관한 모형들

과밀모형	높은 인구밀도에서의 경험	즉각적 반응들	장기적 결과들
과 부 하 (overload)	너무 많은 사람들, 가까운 대인적 근접성으로부터의 과잉자극이나 인지적 과부하	물러남 : 사회적 접촉의 회피 : 사회적 단서들에 대한 무관심	계속된 사회적 과부하로, 사회적 접촉으로부터 물러남
흥 분 (arousal)	생리적, 심리적 흥분(가까운 대인적 근접성, 공포, 불확실감으로부터의)	단순과제들의 수행 향상 : 복잡하거나 곤란한 과제들의 수행 감퇴	아무런 예언이 없음
방 해 (interference)	행동을 제약하고, 활동들을 방해하고, 자원들에 대한 접근을 막고 있는 사람들로부터의 좌절	부정적 감정들, 적대감	도발에 대한 폭력적, 공격적 반응의 가능성 증가
통 제 력 (control)	과부하, 방해의 근원들을 통제할 능력이 없음	심리적 스트레스	개인적 통제력을 얻는 데 대한 계속적 실패로, 학습된 무기력이 생김
프라이버시 조 절 (privacy regulation)	대인적 상호작용의 개인적 수준을 최적화시킬 수 없음	사회적 접촉을 감소시키기 위해서 프라이버시 조절기제들(개인공간, 영토보존, 비언어적 의사전달)을 사용함	프라이버시 조절에 대한 계속적 실패로, 심한 스트레스와 개인적 정체의 상실

러서는 것의 경향이 있었다. 한 학기 후에, 과부하모형들이 예언하는 대로, 3인조 학생들은 실험실에서의 복잡한 과제들에서 더 나쁘게 수행했다. 3인조 여학생들은 그들의 강한 과밀경험과 일치되게, 특이하게 빈번한 건강문제를 가졌다(Hopstock 등, 1979). 다른 연구들은 3인조 학생들에서 그들의 더 큰 물러남에도 불구하고, 더 낮은 성적들을 발견했다(Glassman 등, 1978 : 또한 Karlin 등, 1979 참조). 3인조의 한방 친구들은 흔히 2인의 동맹과 한 명의 고립자를 이루었는데, 후자는 특히 심한 문제들을 가졌다(Aiello 등, 1981 : Baum 등, 1979 : Reddy 등, 1981). 이 동맹들(coalitions)은 스트레스에 대한 완충물들로써 작용하는 경향이 있는, 지지적인 사회적 관계들에 대한 하나의 의존을 반영할 수 있다(Switzer와 Taylor, 1983).

과부하모형의 한 변종인, 도시과부하가설(urban overload hypothesis)은 도시거주자들이 타인들과의 관여를 피함으로써 과밀들과 기타의 스트레스원들에 대한 일상적 경험에 적응한다고 주장한다(Korte, 1980 : McCauley와 Taylor, 1976). 불행하게도, 이러한 아이디어는 검증하기가 곤란하다. Milgram(1970)은 도시인들이 교외인들보다도 도움을 구하는 낯선이들을 덜 도우려고 든다는 것을 발견했다. 그러나, 이 차이들은 이것이 과부하를 최소화시키기 위한 물러남을 반영하는 것과 마찬가지로, 도시들의 규범들이나 도시에서 사는 것을 택한 사람들의 성격들을 반영할 수 있다.

도시와 교외 인구들을 비교하는 것을 피하기 위해서, 몇몇 연구자들은 도시들과 아울러 시골읍들 내에서 소음, 자동차교통 및 보행자교통을 측정함으로써 "높은 투입"(high-input) 지역과 "낮은 투입"(low-input) 지역을 확인해 왔다(Korte 등, 1975). 그들은 도움을 필요로 하는 낯선이처럼 행동한 사람이 도시들과 작은 읍들에서 낮은 투입 지역들에서 더 많은 도움을 받는다는 것을 발견했다. 세 개의 다른 읍들에서 이 연구자들은 선정된 지점들에서 보행자교통의 밀도를 측정했으며, 여러 밀도들 속에서 스탬프가 찍힌, 주소가 쓰여진 편지들을 땅바닥에 떨어뜨렸다(Kamman 등, 1979). 이와 비슷하게, 가게들이 있는 거리에서 살고 있는 도시주민들은 가게들이 없는 거리에서 살고 있는 주민들보다도 더 많은 과밀을 보고했으며 보도들과 공공장소들에서 상호작용을 피했다(Baum 등, 1978). 이전의 연구들은 사람들이 교외들이나 작은 읍들보다도 도시들에서 낯선이들과의 눈마주침을 덜 한다는 것을 발견한 바 있다(McCauley와 Newman, 1977). 동일한 사람들이 도시와 아울러 교외에서 어떻게 행동하는가를 알아보기 위해서, 연구자들은 필라델피아시의 번화한 지역에 통근하는 교외주민들을 관찰했다(McCauley 등, 1978). 관찰자들은 아침에 도시의 기차 정거장들과 저녁에 교외 역들에서 서 있었으며 자신의 응시를 되돌려 준 기차를 떠나는 사람들의 숫자를 기록했다. 과부하가설이 예언한 대로, 더 적은 통근자들이 도시에서 눈마주침을 행했다.

과밀에 관한 **흥분모형**들은 사람들이 붐비는 상황들이 생리적 및 심리적 흥분을 일으킨다고 시사한다. 실험실들에서의 매우 높은 밀도들(사람이 꽉찬 연주회를 생각하라)은 상승된 흥분의 신호들, 즉 증가된 피부전도성(Aiello 등, 1975), 혈압 및 심박(Evens, 1979)을 나타낸다. 스웨덴의 통근기차들의 통근자들에게서 수집된 오줌 표본들은 기차들에서 밀도들이 증가함에 따라 증가된 에피네프린 수준들을 보였다(Singer 등, 1978). 재소자들도 또한 비교적 과밀된 감방들에서 더 높은 혈압을 보였다(Paulus 등, 1978).

과밀된 조건들에서의 흥분은 가까운 대인적 근접성과 부적절한 타인들의 인접성(immediacy)의 불쾌(Evans, 1978) 또는 불확실감이나 심지어 피해에 대한 두려움(Paulus, 1980)으로부터 나올 수 있다. 그러나, 스트레스가 생기는 여부는 흥분원에 대한 귀인들에 달려있을 것이다. 과밀은 상황을 불쾌하다고 명명하는 것(Patterson, 1976) 또는 흥분을 어떤 다른 것이 아니라 타인들이나 과밀된 상황에 귀인시키는 것(Aiello 등, 1983; Worchel과 Teddlie, 1976)을 수반할 수 있다.

흥분을 통해서, 과밀은 수행에 영향줄 수 있다. **흥분가설**은 수행이 어떤 지점까지 흥분에 따라 증가하지만, 그 이후에는 감퇴한다고 시사한다(Sundstrom, 1986). 단순한 과제들은 복잡한 과제들보다도 더 높은 최적수준의 흥분들을 갖는다고 간주되고 있다(14장의 사회적 촉진에 대한 논의를 회상하라). 따라서 만일 과밀이 흥분을 자극시킨다면, 과밀은 단순한 과제들의 수행을 촉진시키지만, 복잡한 과제들의 수행을 방해할 것이다. 초기의 실험실실험들은 밀도가 수행에 미치는 영향들을 발견하지 못했다. 자원자들의 집단들이 과밀된 방들에서 앉아 있었으며 몇 시간 동안 수학문제들을 풀었고, 책에 있는 어떤 철자들에 표시했고, 철자들로 단어들을 만들었고, 다른 잡일들을 했다. 그들은 보다 더 편안한 밀도들 속에 있는 집단들보다 더 잘이나 더 나쁘게 수행하지는 않았다(Freedman 등, 1971; Ross 등, 1973; Stokols 등, 1973; Baum과 Paulus, 1987 참조). 그 후에, 보다 더 복잡한 과제들은 예상된 수행감퇴를 보였다. 자원자들은 과밀된 조건들 속에서 삼차원 미로를 더 잘못 추적했다(Paulus 등, 1976 ; 또한 Paulus, 1980 참조 ; Paulus와 Mathews, 1980). 이와 비슷하게, 자원자들은 높은 밀도 속에서 두 개의 동시적 과제들에서 더 많은 착오를 저질렀다(Evans, 1979).

과밀에 관한 **방해모형들**(interference models)에 의하면, 과밀된 상황들 속에서 다른 사람들은 우리의 행동을 제약하고, 우리의 활동들을 방해하고, 목표성취들에 지장을 주고, 좌절을 일으킨다(Schopler와 Stockdale, 1978 ; Stokols, 1976 ; Sundstrom, 1975b). 행동제약은 백화점의 계산대에서 대기하는 줄에서처럼, 타인들의 단순한 존재가 활동들의 완수를 방해할 때에 일어난다(Montano와 Adamopoulos, 1984). 방해는 과밀된 지하철에서 나갈 때처럼, 신체적 방해를 포함할 수 있다. 어느 경우에서나, 이 모형은 타인들에 대한 부정적 감정들, 적대감 및 심지어 공격을 예언한다. 예컨대, 어떤 놀이터에 있는 아동들은 그들의 숫자가 증가됨에 따라 더 공격적으로 행동했다(Hutt와 Vaizey, 1966). 성인들에 대한 실험실실험들에서, 전 남성 집단들의 멤버들은 높은 밀도 속에서 타인들에 대해 일반적으로 부정적으로 반응했지만, 전 여성의 집단들은 긍정적 반응들을 보였다(Sundstrom, 1978). 신체적 방해에 민감한 어떤 과제에서, 붐비는 방들 속에 있는 사람들은 서로 방해했고 비효율적으로 작업했다(Heller 등, 1977). 다른 실험의 자원자들이 어떤 물품들을 찾기 위해서 서류캐비닛을 조사했을 때, 증가된 집단크기는 수행에서의 예상된 감퇴를 일으켰다. 일한 분량만큼 보수를 지불하는 것이 높은 밀도에서 수행을 증가시켰지만, 더 큰 스트레스의 부담을 수반했다(McCallum 등, 1979).

과밀에 관한 **통제력모형**(control model)에 의하면, 스트레스는 높은 밀도 상황들에서 사상들에 대해 영향을 주지 못하는 것에서 생긴다(Rodin과 Baum, 1978). 개인적 통제력에 대한 위협들은 제한된 공간, 과도한 인접성 그리고, 가장 중요하게 관리불가능한 사람들의 숫자를 포함할 수 있다(Baron과 Rodin, 1978). 이 모형은 설사 밀도가 일정하더라도, 개인적 통제력의 감소에 따른 더 큰 과밀을 예언한다. 예컨대, 4명의 타인들(실험협조자들)과 함께 엘리베이터 속에 있는 승객들은 그들이 조종판 가까이에서 섰을 때보다도 그 곳에서 멀리 떨어지게끔 만들어졌을 때에 더 큰 과밀을 경험했다(Rodin 등, 1978). 첫번째 역에서 승차했던 스웨덴의 통근열차들의 승객들은 중간에 승차했던 승객들보다도 (분명히 첫번째 역에서 좌석을 잡는 데 대한 더 큰 통제력 때문에) 더 적은 고통을 보고했으며 그들의 오줌에서 더 적은 에피네프린을 가졌다(Singer 등, 1978). 한 실험실실험에서, 여자들의 집단이 비좁은 조건과 넓은 조건에서 작업했다. 몇몇 사람들은 그들이 어느 때든지 떠날 수 있다는 지시를 들었으며, 따라서 그들은 어떤 통제력의 느낌을 가졌을 것이다. 그 후에, 통제력이 없이 높은 밀도에 접했던 사람들은 다른 사람들보다도 좌절에 대한 인내력 측정치들상에서 더 나쁘게 수행했다. 또한 통제력모형과 일치되게, 한 교도소의 로비 속에 전화들, 수도들 및 기타의 안내들을 나타내는 큰 신호표지물들을 붙이는 것이 방문자들에게서 과밀의 보고들을 감소시키게끔 만들었다(Wener와 Kaminoff, 1983). 이와 비슷하게, 한 실험실에서 높은 밀도상황에 관한 정보는 과밀을 감소시켰다(Baum 등, 1981).

이 통제력모형은 개인적 통제력을 만성적으로 얻지 못하는 것이 긴 복도식의 기숙사들에서처럼, 학습된 무력을 일으킨다고 시사한다. 이 모형과 일치되게 과밀된 3개의 방을 가진 아파트에 사는 아동들은 어떤 해결불가능한 퍼즐을 시도한 후에 어떤 해결가능한 퍼즐을 푸는 데에 있어서 거의 지구력을 보이지 않았다(Rodin, 1976). 수동성 이외에도, 학습된 무력은 우울증을 포함하는데, 이것은 과밀된 교도소들에서의 높은 율의 자살들을 일부 설명해 줄 수 있다.

Altman(1975)의 프라이버시 조절이론에 의하면, 과도한 사회적 접촉은 물러남, 비언어적 인접성의 회피, 영토보존 행동 및 기타의 책략들을 통한 대처를 유발시킨다. 만일 경계선의 통제력을 얻으려는 노력들이 반복해서 실패하게 되면, 개인은 만성적 스트레스와 종국적인 자기정체의 혼란을 경험한다. 이러한 효과들은 또한 과밀된 교도소들에서 발견된 병리들에 기여할 수 있을 것이다.

장소들에 대한 애착

이 절은 물리적 상황들에 대한 애착과 사회적 상호작용과 관계들을 조직화시키는 데에 있어서의 그 역할을 논의한다. 우리는 인간이 영토들을 갖고 있다는 아이디어를 검토하면서 시작하고, 그 다음에 가정환경들, 작업장들, 이웃들 및 공공장소들을 논의한다.

영 토 들

영토(territory)는 통제력과 영향력이 있는 한 지대이다. Altman의 플라이버시 조절이론에 의하면, 영토들은 대인관계들을 조직화시키도록 해 주며 사회적 접촉을 조절하기 위한 하나의 기초를 제공해 준다. 그러나, 어떤 장소에 대한 애착을 기술하기 위해서 영토라는 용어를 사용하는 것은 인간 행동에 관한 동물행동학적 모형을 내놓게끔 만든다.

동물행동학자에 대해서, 영토라는 용어는 어떤 동물이 어떤 외침, 냄새 또는 기타의 신호를 표시하거나 확인하고, 보금자리와 아울러 사냥과 먹이를 찾아다니는 한 기지로서 사용하는 어떤 특수한 장소를 일컫는다. 만일 동일한 종의 다른 멤버들이 이 경계선을 넘으면, 포즈를 잡거나 위협하는 제스처들이나 심지어 의식화된 전투가 더불은 어떤 대결이 뒤따른다. 침범자가 대개 후퇴한다. 그러나, 모든 종들이 영토보존행동을 나타내지는 않으며, 영토보존적 종들도 그들의 본능적인 행동패턴들이 크게 다르다(Wynne-Edwards, 1962 참조).

영토보존(territoriality)은 어떤 종의 생존을 도와 주는 많은 기능들을 해 준다. 이것은 서식지에 고르게 가족들을 퍼져 있게끔 보장해 주며, 한편 이것은 과도하게 풀을 뜯어먹고 과도하게 사냥하는 것을 최소화시킨다. 이것은 새끼의 양육을 위한 보금자리 장소들을 제공한다 ; 이것은 사회적 조직화를 위한 하나의 기초를 제공한다(Carpenter, 1958). 자유롭게 사는 집 고양이들을 관찰한 한 동물행동학자는 두 마리가 자기들의 영토들 밖에서 만났을 때에, 지역의 지배위계에서 더 낮은 서열의 고양이가 대개 후퇴했다는 것을 보았다. 그러나, 그들 자신의 영토들 내에서, 거주자들은 침범자들, 심지어 지배위계에서 더 높은 서열을 가진 동물들이라도 거의 항상 쫓아낸다(Leyhausen, 1965). 이와 같은 영토지배(territorial dominance)는 낮은 서열의 동물들에게까지도 영토를 보존하게끔 해 준다.

인간도 영토보존적인가? 몇몇 사람들은 우리 인간들도 그렇다고 주장하며, 인간의 폭력이 영토침입에 대한 본능적 반응들에서 일부 나온다고 주장한다(Ardrey, 1966: Lorenz, 1966: 11장 참조). 우리들 인간도 장소들을 주장하지만, 동물들보다는 더 복잡한 양식들로 주장한다. 예컨대, 만일 우리가 영토보존적 종에 속한다면, 우리는 손님들을 환대하는 유일한 종이다(Edney, 1974). 비록 동물들의 영토보존성에 대한 관찰들이 인간에게 직접 일반화될 수는 없을지라도, 우리의 행동은 그래도 영토보존성과 유사하다. 우리는 가정과 아파트를 유지하고, 배정된 근무장소들에서 일하며, 식당들, 공원의 공간들, 버스정류장의 벤치들 및 기타의 공공장소들의 일부들에 대해서 일시적으로 권리를 주장한다. 어떤 농부의 밭으로 어쩌다가 들어갔다가 농부의 항의에 당면했던 사람은 아마 이전에 인간이 영토들을 갖고 있다는 생각을 자신이 완전히 잊고 있었다는 사실을 두 번 다시 생각하게 될 것이다.

우리가 우리 자신의 세력권내에서의 대면들을 지배한다는 점에서, 우리 인간들은 영토지배의 한 형태를 보이는 것 같다. 예컨대, 한 의사는 자신의 병원에서는 복종적인 것 같이 보이던 환자들이 그가 그들의 가정을 방문했을 때에는 주장적이고 자신있게 행동했다는 것을 주목했다(Coleman, 1968). 대학기숙사에서의 한 실험도 또한 영토지배를 증명했다. 학생들의 쌍들이 한 학생의 방에서 어떤 가공적 죄수에 대한 적절한 형기에 관해서 토론했다. 한 사람은 검사측을 옹호했고, 다른 사람은 변호사측을 옹호했다. 그들이 검사측을 맡았건 변호사측을 맡았건 간에, 자기 자신의 방에 있는 사람들이 그들의 방문자들보다도 더 설득적으로 주장했으며 이야기하는 데에 더 많은 시간을 보냈다(Martindale, 1971). 다른 기숙사에서, 한 명의 거주자와 한 명의 방문자로 이루어진 쌍들이 거주자의 방에서 하나의 협동적 과제를 수행했다. 쌍들 중의 절반은 유사한 태도들을 가졌고 다른 절반은 비유사한 태도들을 가졌다. 비유사한 태도들을 가진 쌍들에서, 거주자들은 예상된대로, 더 "지배적인 말 패턴들"을 사용했다. 그러나 태도들이 유사했을 때, 거주자들은 협동적 과제에서 방문자들에게 양보해서, "환대효과"(hospitality effect)를 나타냈다(Conroy와 Sundstrom, 1977). 그 후의 한 연구는 3인조의 남대생들에서 영토지배를 탐구했는데, 3인조 중에서 한 사람은 지배성 점수에서 낮은 점수를 가졌고, 한 사람은 중간 점수를 가졌고, 한 사람은 높은 점수를 가졌다. 3인조들은 한 멤버의 방에서 한 문제해결과제를 함께 풀었다. 거주자 자신의 지배성 점수에 관계없이, 3인조의 해답은 두 방문자들보다도 거주자에 의한 더 큰 영향력을 반영했다(Taylor와 Lanni, 1982).

아마 영토지배는 경쟁적 스포츠들에서 잘 알려진 **홈구장 이점**(home-field advantage)에 기여할 것이다. 예컨대, 1979-80년도 경기시즌에, 야구, 미식축구 및 농구 팀들은 원정경기들보다도 홈운동장 경기들에서 유의하게 더 많이 이겼다. 도 18-11은 프로팀들의 기록을 보여 주는데, 농구경기에서 두드러진 홈구장 이점을 나타내고 있다. 대학의 미식축구와 야구 팀들도 또한 원정경기들보다도 홈 경기들에서 더 많은 게임들을 이겼다(Hirt와 Kimble, 1981: Schwartz와 Barsky, 1977). 홈구장들은 이것들에 대한 홈팀들의 빈번한 사용과 통제력 때문에 영토들을 이루고 있을 수 있다. 만일 그렇다면, 아마 원정하는 팀들이 억제되거나 위축된 것을 느끼거나 홈팀이 자기들 자신의 세력권에 대해 주장적이거나 자신감을 느낄 것이다. 그러나 홈팀은 다른 이점들도 갖고 있다. 그 중의 하나로서, 그 멤버들은 구장의 특수한 특징들을 알고 있다. 다른 하나로서, 원정팀은 여행의 피로로 고통을 겪을 수 있다(Schwartz와 Barsky, 1977). 홈팀은 또한 자기들의 팬들의 행동에서 이익을 볼 수 있다. 이러한 현상을 연구하기 위해서, Greer(1983)는 팬들에 의한 야유와 함성이 포함되었던 장기적 항의들 다음의 5분 동안의 남자대학 농구팀들의 성적을 분석했다. 두 개의 경기시즌들 동안의 15개의 모든 에피소드들은 홈팀에 대한 지지를 나타냈다. 그 대부분이 원정팀에게 유리한 심판들의 판정에 대한 항의들이 포함되었다. 이러한 에피소드들 후에 홈팀들의 성적이 향상되었지만 원정팀들의 성적은 감퇴되었다. 홈구장의 이점에 대한 이유들에 관한 논쟁이 계속되고 있다.

만일 우리가 영토보존적이라면, 우리는 한 종류 이상의 영토를 갖고 있다. Altman (1975)은 그 후의 연구들(Brown, 1987 : Taylor와 Stough, 1978)에 의해 지지받았던 한 유형론 속에서, 3가지 유형의 영토들을 확인했다(표 18-2 참조). **일차영토들**(primary territories)은 "개인들이나 집단들에 의해 소유되고 배타적으로 사용되며, …… 타인들에 의해 그들의 소유라고 분명하게 확인되며, …… 비교적 영구적 바탕에서 통제되며, …… 점유자들의 일상생활에 기본이 된다"(p. 112). 우리는 가정과 개인사무실과 같은 우리의 일차영토들을 장기간 동안 사용하며, 개인적이거나 집단적 정체를 나타내기 위해서 이것들을 치장하거나 변형시킨다. 이 장소들은 홀로 있는 것과 친밀성을 위한 프라이버시를 제공해 준다(Taylor와 Ferguson, 1980). **이차영토들**(secondary territories)은 집단들에 의해서 주장되고 사용된 지역들로 이루어져 있으며, 그들은 자기들의 세력권에 대한 접근에 대한 통제력을 유지시키고자 노력한다. 예컨대, 이웃에 있는 술집들의 정규적 사용자들은 때로는 그것들을 영토라고 주장하고 노려보거나 적대적인 말들을 함으로써 외부인들의 기를 죽인다(Cavan, 1963). 청소년 깡패들은 도시의 지역들을 주장한다(Van Vliet, 1983). 친목써클들, 클럽들, 모임들 및 기타의 집단들은 통제된 접근의 지대들을 유지한다. 개인들은 집 밖의 벤치들, 전화박스들, 공공 해수욕장들 및 도서관이나 공원의 탁자들과 같은 실제로 누구나 쓸 수 있는 공간들 속에서는 작은 **공적 영토들**(public territories)을 주장한다. 이러한 장소들은 흔히 사용자들과 그들의 행동에 관한 규범들을

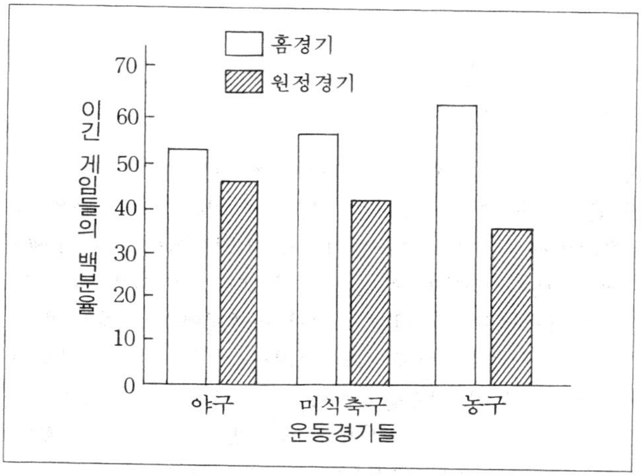

도 18-11. 1979-80 시즌 동안에 프로 야구, 미식추구 및 농구 팀들이 승리했던 홈경기와 원정경기의 백분율들

표 18-2. 3가지 유형의 영토들

영토의 유형	점유자들	사용의 패턴	통제력과 프라이버시	실례들
일차영토 (primary)	개 인, 가 족	정규적인, 빈번한 사용; 장기간의 점유; 개인적으로 중요한 활동들	접근에 대한 높은 정도의 통제력; 높은 수준의 프라이버시	침실; 가족의 주택; 개인 사무실
이차영토 (secondary)	집 단	집단멤버들에 의한 정규적 사용	非멤버들의 접근에 대한 중정도의 통제력	이웃의 술집, 교회, 공원; 집회실; 써클룸, 아파트 건물
공적 영토 (public)	개 인, 집 단	제한된 기간들 동안의 일시적 사용	제한된 통제력; 프라이버시가 있다고 하더라도 작음	식당의 탁자, 버스정류장의 벤치, 극장이나 교실의 좌석

자료원: Altman(1975)에서 개작됨.

갖고 있다. 예컨대, 어떤 식당들은 구두를 신지 않은 손님들을 받지 않으며, 다른 식당들은 양복과 넥타이(비록 웨이터들이 대개 사용할 수 있는 여분들을 준비하고 있을지라도)를 착용하지 않은 남자들의 입장을 거절한다. 공적 영토들은 일반적으로 매우 적은 프라이버시를 허용한다.

몇몇 연구자들은 상호작용영토들(interaction territories)을 어떤 대화를 갖고 있는 둘이나 그 이상의 사람들을 직접 둘러싸고 있는 지역들이라고 정의한다(Lyman과 Scott, 1967). 개인들에 대한 "개인적 공간"과 비슷하게, 이러한 지역들은 이것들 내에서의 대화의 기간 동안만 지속하는 눈에 보이지 않는 기포들과 유사하다. 사람들은 대개 상호작용영토들에 침입하기를 주저한다; 침입하는 사람들은 불편함과 복종성의 신호들을 보인다. 어떤 상호작용 영토의 "투과성"은 집단의 규모, 그들의 외면상의 지위 및 인종과 같은 것들에 달려있다(Cheyne와 Efran, 1972; Brown, 1981; Efran과 Cheyne, 1972, 1973, 1974; Knowles, 1972, 1973).

가정환경들

가정환경들은 통제력의 지대들 이상을 나타낸다: 이것들은 또한 우리의 정체들과 더 큰 지역사회와의 관계들을 나타내 준다. 가옥의 위치, 크기, 설계 및 기타의 특징들은 사회적 지위(Duncan, 1986), 집단소속(Altman과 Gauvain, 1981) 및 자기정체(Dovey, 1986)를 상징한다. 가옥들은 과거와 미래에 대한 우리의 연결들을 내포하고 있다(Werner 등, 1986). 한 연구는 주택에 대한 개입이 경계선들의 물리적 정의와 연관되었다는 것을 발견했다: 담장들, 울타리들, 옹벽들 및 기타의 테두리들에 의해 둘러싸인 집들의 거주자들이 자신의 경계선들이 덜 분명하게 규정된 그들의 이웃들보다도 그 곳에 더 오래 살아 왔고, 더 오래 머물 의도가 있었고, 그들의 초인종들에 더 빨리 응답했다는 것을 발견했다(Edney, 1972). 다른 연구는 이웃이나 지역사회와의 관계를 맺는 것이 가옥들과 정원들의 장식과 연관되었다는 것을 발견했다. 이웃들과 가장 강한 사회적 유대를 가진 거주자들이 가장 많은 장식들을 갖고 있었다(Greenbaum과 Greenbaum, 1981). 연구된 139개의 교외지역의 가정들 중에서, 거주자들간에 더 큰 관계와 접촉을 갖고 있는 거주구역들이나 막다른 골목들 속에 있는 보다 더 많은 가정들이 "만성절"(10월 31일)과 크리스마스를 위해서 장식되었다(Brown과 Werner, 1985).

개인적 정체를 표현하기 위해서 물리적 환경을 사용하는 것 또는 **개인전용화**(personalization)는 어떤 장소에 대한 개입의 한 형태와 아울러 아마도 영토통제력의 한 표현을 나타낸다. 큰 대학교의 기숙사 방들에서, 연구자들은 포스터들, 깔개들, 스테레오들 및 기타의 개인적 물건들과 같은 것들을 세고서, 공부 이외의 이유들로 대학을 그만둔 학생들을 알아보았다(Hansen과 Altman, 1976). 그들은 퇴학생들이 재학생들보다도 더 적은 개인용품들을 진열했다는 것을 발견했다. 동일한 기숙사들에 대한 다른 연구는 남아 있는 학생들의 방들에서보다도 그 후에 퇴학했던 학생들의 방들에서 더 큰 숫자의 개인적 물건들을 발견했지만, 계속 학교에 머물은 학생들과는 달리, 퇴학생들의 표시물들은 이전의 주거지들과 같은 다른 지역들에 관한 것이었다(Vinsel 등, 1980).

가정들은 그들의 가정을 프라이버시와 공동활동들을 위한 지역들로 구분한다. 연구자들은 2 내지 4명의 자녀들을 둔 45개의 가정들에서 네 가지 유형의 공간들을 확인했다(Sebba와 Churchman, 1983). **공적 구역들**(public areas)—모든 복도들과 욕실들, 거의 모든 거실들 그리고 모든 부엌들 중의 약 1/3을 포함하는—은 전체 가족에게 속했다. 한 가족의 모든 멤버들이 **관할 구역들**(jurisdiction areas)을 사용했지만, 이것들을 한 멤버의 영역이라고 인정했다 ; 이 구역들은 어머니가 책임지고 있는 부엌의 56%로 구성되었다. **공동 구역들**(shared areas)은 하위집단들에 속했으며, 모든 부모들의 욕실들과 둘이나 셋의 자녀들이 사용했던 몇몇 침실들을 포함했다. **개인 구역들**(individual areas)은 한 사람의 침실들과 몇몇 부모들의 서재들을 포함했다. 이 네 가지 유형의 구역들은 앞에서 논의된 동심원적 접근가능성 지대들과 비슷하지만, 물리적 경계선들과 장애물들과 아울러 가정규범들에 달려있다(Altman 등, 1972 참조). 몇몇 가정들은 어떤 **프라이버시 경사**(privacy gradient)를 유지시킨다 : 그들은 아는 이들을 거실에서 접대하며, 친구들을 식당에 들어오게 하지만, 친한 친구들과 친척들만을 부엌으로 들어오게 한다(Fisher 등, 1984).

한 집단이 거주구역들을 함께 사용할 때, 그 집단의 성공은 그 집단의 구조와 활동들과 일치되게끔 환경을 질서있게 사용하는 것에 의존할 것이며, 영토패턴들을 확립시키는 것에 대한 실패는 그 집단의 실패와 연관될 수 있다(Altman 등, 1971). 기관들에 국한된 몇 개의 집단들에서, 멤버들의 환경 사용은 그 집단의 지배위계를 반영했다. 어떤 정신과병동에서, 한 집단의 환자들 중의 높은 서열의 멤버들은 전체 병동을 마음대로 이동하는 경향이 있는 반면에, 더 낮은 서열의 환자들은 특수한 장소들의 권리를 주장했다(Esser 등, 1964). 한 교도소에서, 한 집단의 수감자들 중에서 매우 지배적인 멤버들은 대부분의 공간에 접근했으며 가장 마음에 드는 침상들을 차지했다(Austin과 Bates, 1974). 한 소년원에서 한 집단의 소년들 중의 지배적 멤버들은 그 집단의 소속이 안정되게 유지되는 한, 또한 가장 마음에 드는 장소들을 차지했다. 그 집단이 변화되었을 때 (두 명의 매우 지배적인 소년들이 떠나고 두 명의 신입 소년들이 들어왔을 때), 전체 집단의 영토보존행동은 감퇴되었다. 그 소년들은 특수한 위치들을 사용하는 대신에 배회했고, 지배적 소년들이 바람직스러운 장소들을 사용하는 경향이 사라졌다. 이와 동시에, 막사 감독자들은 공격 사건들의 50% 증가를 보고했다. 몇 주 이내에 집단이 평형상태를 되찾게 됨에 따라 공격이 진정되었고 영토보존행동이 회복되었다(Sundstrom과 Altman, 1974).

근무장소들

사무실들과 공장들은 항상 근로자들이 자기 자신의 것이라고 일컬을 만한 장소들을 갖고 있지는 않다. 어떤 공장들에서 근로자들은 매일 다른 작업장들로 가며 ; 그들의 유일한 통제력을 가진 지역들은 로커(옷이나 공구를 넣어두는 함이 있는 곳)들이다. 그러나 어떤 사무실들에서 사람들은 가정에서처럼 자신의 환경에 대해 많은 통제력을 갖고 있다(Sundstrom, 1986, 1987). 개인적으로 배정된 작업장소들 또는 **근무공간들**(work spaces)이 있는 사무실들에서, 환경에 대한 최대의 만족은 근무공간의 개인화, 즉 사진들, 포스터들, 깔개들 및 기타 개인 소유물들의 전시와 연관되어 있다(Brill, 1984).

개인화는 하나의 **지위표시물**(status marker)이나 조직 내에서 점유자의 위치나 공식적 서열을 신호해 주는 근무공간의 어떤 물리적 특징이 되어 줄 수 있다(Konar와 Sundstrom, 1986). 회사간부들의 사무실들은 흔히 그들의 지위를 반영한다 ; 승진은 보다 더 많고 훌륭한 가구를 지닌 더 큰 사무실을 일으킨다. 529명의 사무실근로자들에 관한 한 연구는 전통적인 지위의 상징들의 몇 가지들 — 개인 사무실, 닫을 수 있는 문, 큰 근무공간, 크거나 값비싼 책상 및 개인화를 위한 구역을 포함하는 — 을 연구했으며 이것들이 감독책임을 맡은 사람들에게서 가장 많았다는 것을 발견했다. 이 사람들은 그들이 자신의 지위에 상응하는 것으로 여긴 근무공간들에서 환경에 대해 가장 큰 만족을 보고했다(Konar 등, 1982).

이 웃 들

아마 이웃들의 물리적 특징들에 관한 가장 논쟁이 되는 아이디어들은 이것들의 범죄에 대한 연관성들에 관한 것일 것이다. Newman(1972)은 뉴욕시에서의 공공 주택사업들에서 범죄의 건축적 상관요인들을 연구했으며 절도율들이 건물당 상점수에 따라서 증가되었다는 것을 발견했다(도 18-12). 고층건물들에서의 절도들은 주로 거주자들이나 지나가는 이들에게 쉽게 눈에 띄지 않는 공공장소들 — 특히 엘리베이터들, 복도들 및 로비들 — 에서의 강도들로 이루어져 있었다. 이러한 범죄를 막기 위해서, Newman은 아파트 건물들에서 방어가능한 공간들을 제안했다 : 입구들과 공공지역들은 이것들이 **자연적 감시**(natural surveillance)가 되게끔 배치되어야만 되며, 건물들은 **영토적 영향력의 지대들**(zones of territorial influence) — 지역 거주자들이 서로 알아보고 외부인들을 구별하게끔 해 줄 정도로 작은 구역들 — 로 물리적으로 세분되어야만 될 것이다.

Newman은 방어불가능한 공간의 한 예로서 세인트루이스시에서의 악명높은 프루이트 아이고우 주택건설사업을 인용했다. 이 사업은 1950년대에 수행되었다 : 저소득층 가정들을 위한 총 2764개의 아파트를 가진, 각각 11층 높이의 33개의 건물들이 건설되었다. 몇 년 이내에 이 건물들은 범죄의 소굴과 사회 낙오자들의 피난처로 되었으며, 70% 가량의 아파트들이 비게 되었다. 마침내 시당국은 이 건물들을 철거해 버렸다. 이 사업의 실패는 아마 빈민가에서의 건물들의 위치와 건물들이 설계, 즉 이것들의 큰 규모가 외부인들의 인식을 곤란하게끔 만든 것을 반영할 것이다. 이 탑형의 건물들은 상징적 경계선들조차 없는 특징없는 지면들상에 세워졌으며, 각 건물은 사람들이 거주자들에 의해서 목격됨이 없이 오고 갈 수 있는 몇 개의 출입구들을 갖고 있었다. 그러나, 한 개의 건물은 달랐다. 건설근로자들은 건물의 재료들을 보호하기 위해서 그 건물주위에 쇠사슬 담장을 세웠으며, 주민들은 이들에게 그 건물을 떠나게끔 설득했다. 2년 후에 이 건물은 다른 건물들보다 80% 적은 절도를 당했으며, 그 건물의 95%의 아파트들이 입주되었다. 그 담장은 분명히 외부인들이 접근을 제한했으며 하나의 통제지대를 만들었다(Newman, 1972).

그 후의 연구들은 건축과 범죄 간의 몇 가지 기대된 연관성들을 발견했다. 연구자들은 3, 4층의 기숙사들에서 보다도 6, 10층의 기숙사들에서 두 배의 절도율을 보고했으며, 더 작은 건물의 거주자들이 자기들의 이웃들을 더 잘안다는 것을 발견했다(Bynum과 Purri, 1984). 다른 연구자들은 절도를 당했던 교외의 단독주택 거주자들을 조사했으며 이들과 절도를 당하지 않았던 가정들을 비교했다(Brown과 Altman, 1983). 절도를 당한 가정들은 차도상의 자동차들과 작동하고 있는 잔디용 물뿌리개들과 같은 눈에 띄는 거주의 신호들을 더 적게 갖고 있었다. 절도를 당하지 않은 가정들은 문패와 울타리와 같은 더 많은 실제의 장벽들을 갖고 있었으며, 이웃들에 의한 더 나은 감시를 허용했다.

이웃들 속에서의 영토통제력은 건축과 마찬가지로 사회적 맥락에 달려있다. 도시구역들의 거주자들이 관목과 잔디깎는 기계와 같은 영토 표시물의 효과를 평가하도록 요구받았을 때에 그들은 담장과 같은 실제의 장벽들을 침입억제물로서 보았지만, 보다 더 응집성있는 이웃들 속에서 사는 사람들이 그 표시물들을 더 효과적이라고 보았다(Brower 등, 1983). 다른 연구자들은 사람들이 "서로 돕거나" 자기식대로 행동하는 시 구역들에 사는 448개의 가정들을 조사했다(Taylor 등, 1981). 응집성있는 구역들의 거주자들은 절

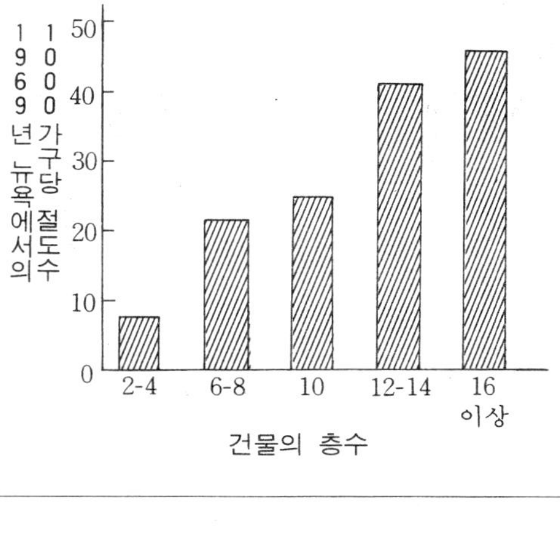

도 18-12. 건물당 점포의 숫자의 함수로서 1000가구당 뉴욕시의 공공주택의 절도율. 건축과 범죄를 연관짓는 하나의 논쟁이 되는 이론은 고층건물들의 거주자들이 이웃들이 인식되고 외부인들과 구별되기에는 너무 숫자가 많게 됨에 따라, 자기들의 건물들에 대한 접근을 규제하기가 더 곤란하다고 제안한다.

도, 쓰레기 버리기, 행패 및 자기의 가정 근처의 영토에 대한 기타의 침입들의 문제들을 더 적게 겪었다. 이러한 문제들은 자가 소요자들이 있는 중류층 소득의 지역들에서 보다도 세를 살고있는 하류층 소득의 지역들에서 더 자주 일어났다.

영토표시물들은 개인적 통제력에 대한 거주자들의 지각들을 반영한다. 자신의 가정이 물리적으로 규정된 경계선들이나 집 외부의 장식들을 갖고 있었던 노인 거주자들은 범죄로부터 비교적 안심을 느꼈다(Pollock과 Patterson, 1980 ; Patterson, 1978). 대도시에 거주하는 노인 부인들에서, 범죄를 두려워하고 있는 사람들은 자신이 영토 통제력을 거의 갖고 있지 않으며 사상들에 대한 개인적 통제력이나 그것들을 예측하는 능력을 거의 갖고 있지 않다고 지각했다(Normoyle과 Lavrakas, 1984).

우리가 집에 더 가까이 있을수록, 우리의 영토 통제력의 느낌이 더 크다고 시사되어 왔다(Taylor와 Brower, 1986). 이러한 "집 근처"의 영토들에 관한 모형은 보다 더 "중심적" 상황들에서의 통제력에 대한 욕망의 증가의 어떤 경사를 내포하고 있다. 도 18－13이 보이는 바와 같이, 원하는 통제력은 가정에서 가장 크며 현관, 마당, 보도, 동네나 구역 및 인근지역에 대해서는 점점 더 작다. 지각된 위협은 중심성의 감소에 따라 증가해서, 도시의 위험한 부분들에서 최대에 이른다. 각 단계는 어떤 경계선, 즉 거주자에 의해 지각되고, 아마 물리적으로 규정된 경계선을 나타낸다.

이 이론에 의하면, 우리가 집 근처의 영토들 속에서 불충분하거나 위협된 통제력에 당면할 때, 우리는 세 가지 방식들로 반응할 수 있다. 그 중의 하나는 어떤 조직체를 결성하고 경찰이 말썽꾼들을 제거하는 것을 도와 줌으로써 빈둥거리는 10대들과 핸드백 날치기에 대처하는 이웃들에서처럼, 영토통제력의 확장과 재주장을 포함한다. 두번째의 책략인 방어물 쌓기(bulwarking)는 막다른 골목길을 만들기 위해서 관통 도로를 폐쇄하고 입구에 어떤

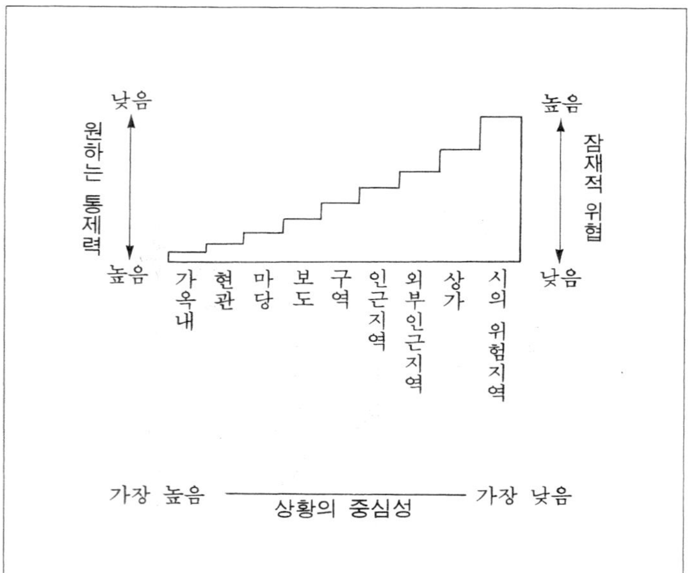

도 18－13. "집근처"의 영토들에서의 원하는 통제력과 잠재적 위협의 경사

문과 방범초소를 첨가시키는 이웃들에서처럼, 물리적 장벽들의 추가나 보강이다. 세번째 책략인 **후퇴**는 이웃지역들에서 거주자들이 자신의 앞마당에 쓰레기를 버리는 것과 싸움질을 하는 것에 대해서 그 장소를 보도의 일부라고 재규정하고서, 그것을 포기하고 물러서는 것으로 반응하는 것과 같은 것이다. 확장은 영토통제력의 기초가 되는 사회질서를 강화시키지만, 방어물쌓기는 당면한 문제들을 분리시키며, 후퇴는 이웃지역에 대한 사회적 및 물리적 질서의 문란을 조장시킬 수 있다(Taylor, 1982 참조).

공적 공간들

공적 영토들을 택함에 있어서, 우리는 자신과 다른 사용자들 간의 어떤 정중한 거리를 선호하는 것 같다. 예컨대, 한 도서관에서 관찰들은 혼자 들어간 학생들이 대개 빈 탁자로 가서 따로 앉았다(64%)는 것을 나타냈다. 다른 학생들이 이미 앉아 있는 탁자에 앉는 학생들은 대개 가장 먼 의자(탁자의 대각선 맞은 편)에 앉았다. 다른 도서관들의 사용자들은 다른 사람들이나 그들의 소지품들로부터 자신의 거리를 최대화시켰으며(Sommer, 1966) 아무도 앉지 않은 가장 먼 곳의 탁자들에 머물렀다(Becker, 1973).

공적 영토들의 점유자들은 비언어적으로 자신의 권리를 신호한다. 예컨대, 한 게임 상가에 대한 연구는 새로 들어온 사람들이 기계들에 손을 대거나 조작함으로써 기계들에 대한 권리를 주장한다는 것을 발견했다. 사용자들은 예기되는 침입에 대해서 자기의 기계에 대해 계속적으로 손을 대는 것으로 반응했다(Werner 등, 1981).

어떤 공적 영토에 대한 통제력의 느낌은 점유자가 그 곳에 있어온 시간의 길이에 달려 있다. 대학 캠퍼스에 있는 스낵 매점에서, 한 실험협조자가 여러 길이의 시간 동안 좌석에 앉아 있던 사람들에게 접근해서 "실례합니다만, 당신은 나의 자리에 앉아 있습니다"라고 말했다. 단지 몇 분간 앉아 있던 사람들은 사과하면서 떠나는 경향이 있었지만, 더 오래 그 곳에 앉아 있던 사람들은 자리이동에 저항했다(Sommer, 1969). 바닷가에서, 사람들의 한 일행이 그 곳에 더 오래 있었을수록, 그들이 "자기들의 것"이라고 간주하는 지역이 더 컸다(Edney와 Edney, 1974).

사람들은 때로는 자기들이 자리에 없는 동안에 개인적 소지품들을 남겨둠으로써 어떤 공적 공간에 대한 계속적 권리를 주장한다. 이와 같은 **영토표시물들**을 연구하기 위해서, Sommer(1969)는 대학캠퍼스 내의 스낵 매점에 있는 한 개의 의자를 자신의 것으로 남겨 두기 위해서 신문지, 작은 책 또는 스웨터를 놓아 두었다. 시행들 중의 단지 14% 동안에 표시된 의자에 어떤 사람이 앉았다. 붐비는 한 독서실에서의 다른 실험은 도 18-14에서 보이는 바와 같이, 여러 형태의 표시물들을 사용했다. 며칠 밤에 걸쳐서 한 관찰자는 어떤 사람이 표시된 의자에 앉거나 무작위적으로 선정된 표시되지 않은 의자에 앉는 데에 소요된 시간을 기록했다. 평균 20분 후에 표시되지 않은 의자에 어떤 사람이 앉았다. 이와는 반대로, 운동복, 노트 그리고 교과서는 표시된 의자를 밤중 내내 남겨 두게끔 만들었다(Sommer와 Becker, 1969). 모든 탁자들이 점거되었고 사람들이 계속 기다리고 있는 한 매점에서, 서류가방이나 책가방과 함께 둔 웃옷은 사용자들이 잠시 그 빈 탁자의 자리를 잡는 것을 막았지만, 그 표시물들은 여자의 것이기 보다도 남자의 것으로 보였을 경우에 더 효과가 있었다. 표시물들은 "높은 상호작용의 잠재성"이 있는 탁자들

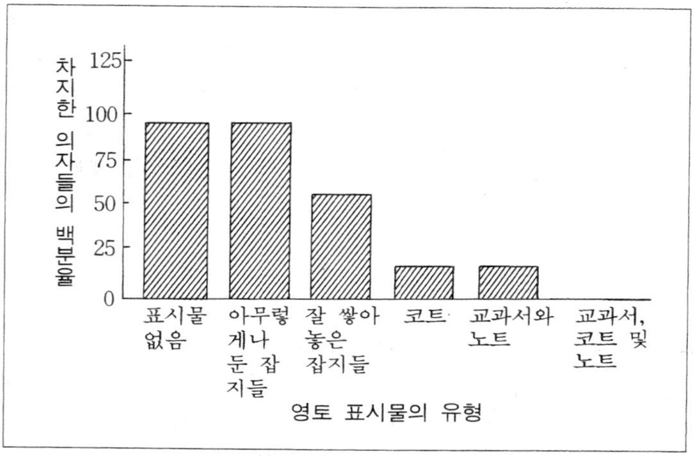

도 18-14. 매우 붐비는 독서실에서 한 의자를 잡아두는데 있어서 영토표시물들의 효과. (다른 학생이 차지했던 의자들의 백분율에 의해서 나타난 것임.)

보다도 변두리의 탁자들에 대해 후보 사용자들을 더 제지시켰다(Shaffer와 Sadowski, 1975; Becker와 Conglio, 1975 참조).

어떤 공적 영토를 잡는 것은 영토의 권리들에 대한 적극적 방어보다도 잠재적 사용자들에 의해 보여진 자제에 더 많이 달려 있다. 어떤 후보 사용자가 표시된 의자에 접근할 때, 그 사람은 대개 옆 사람에게 그 자리가 다른 사람이 맡아 놓은 자리인지를 묻는다. 그러나 옆 사람들은 공간 점유자가 요구하지 않았을 경우에, 그 점유가가 없을 때에 영토의 권리들을 방어해 주는 일이 드물다(Sommer와 Becker, 1969). 사람들이 때로는 자기 자신의 소지품을 자리에 없는 옆 사람의 영토를 표시하기 위해서 사용하지만, 어떤 침입자에게 항의하는 옆 사람은 극히 드물다(Hoppe 등, 1972).

어떤 공적 영토의 "소유자"조차 침입자에 대해 맞서기를 주저할 수 있다(Becker와 Kenny, 1972). 긴 강의의 휴식시간 동안에 한 교실에서 수행된 연구에서, 한 침입자가 다른 학생이 차지했던 좌석에 앉았다. 비록 방의 중앙에 좌석이 있었던 학생들이 좌석들을 더 방어하는 경향이 있었지만, 침입당했던 학생들의 27%만이 침입자에 대해 맞서서 자신의 좌석을 도로 요구했다(Haber, 1980). 다행스럽게도, 이러한 공적 영토들의 침범들은 아마 드물게 일어날 것이다.

요 약

1. 환경결정론에 대한 논의는 기후, 지리 및 건축이 행동에 영향을 줄 수 있는지에 대한 의문을 제기시킨다. 이 장에서 기술된 연구들은 물리적 상황들이 여러 가지 양식으로, 즉 스트레스의 근원들, 대화를 위한 맥락들, 대인적 접근가능성에 대한 제지물들, 주의분산의 근원들, 정체와 지위의 상징들, 이웃사람들과의 경계선들 등등으로서 대인적 행동에 관계한다고 시사한다.

2. 주위환경 — 기온, 공기의 질, 소리 및 광선을 포함하는 — 은 흥분을 자극시키고 심지어 스트레스를 일으킬 수 있다. 큰 소음과 같은 환경적 스트레스원들은 적응수준이라는 개인적 판단기준들에 비추어서 평가되게 된다. 환경적 스트레서들은 과부하를 일으킬 수 있으며 지연적인 나쁜 심리적 영향들을 줄 수 있다. 그러나, 스트레서들은 이것들이 처음 당면되게 될 때에 가장 지장을 준다: 어떤 스트레서에 대한 계속적 노출후에, 개인은 지각들상에서의 적응을 통해서 이것에 익숙해지게 될 수 있다.
3. 불쾌하게 더운 기온들은 폭력범죄율과 기타의 적대감 표현들의 증가와 연관되어 있다. 크고, 통제불가능한 소음은 이타성과 어떤 사회적 단서들에 대한 주목을 감소시키며 도발에 대한 반응성을 증가시킨다. 담배연기에서 생기는 대기오염은 흡연자들에 대한 싫어함과 부정적 평가들 그리고 심지어 실험실실험에서의 적대감과 연관되어 왔다. 어두운 조명보다도 밝은 조명하에서 음성수준들이 더 높은 경향이 있다.
4. 건축은 유쾌한 환경들을 제공함으로써 사회적 행동에 관계하는데, 유쾌한 환경들에서 사람들은 서로 호의적으로 반응한다. 사회적 꽃잎식의 공간들은 사람들에게 눈마주침을 허용하기에 충분하게 서로 직접 대하면서, 편안한 대화거리를 갖게끔 만드는 좌석배치들을 통해서 대화를 고무시킨다. 대화자들 사이의 어떤 책상이나 탁자는 어떤 대면에서 심리적 거리를 더해 준다. 교실들에서의 참가는 학생과 강의자 간의 눈마주침이 가장 일어나기 쉬운 앞좌석과 중앙좌석에서, 그리고 사회적 촉진이 일어나기 쉬운 장소들인 방의 중앙부분에서 가장 크다. 사람들은 분명히 근접성이 상호작용을 위한 편리한 기회들을 제공해 주기 때문에, 대개 거주지들과 근무 장소들이 자기 자신과 가장 가까운 사람들 중에서 친구들을 택한다. 그러나 주택설계는 중앙의 욕실들과 라운지들을 갖고 있고 긴 복도들이 있는 기숙사들에서처럼, 너무 많은 사회적 접촉을 일으킬 수 있다. 복도식 설계의 기숙사들의 거주자들은 원치 않는 상호작용을 보고해 왔으며, 사회적 물러남과 심지어 학습된 무력의 신호들까지 보여 왔다.
5. 물리적 환경은 대인적 상호작용을 조절하고 조직화시키기 위한 그리고 프라이버시를 얻기 위한 하나의 원천이 되어 준다. 프라이버시는 자기제시에 대한 자율성과 통제력에 기여한다. 영토와 개인공간과 같은 프라이버시 조절의 기제들은 개인으로 하여금 자신의 타인들에 대한 관여수준을 최적화시키게끔 해 준다. 공간들의 위계들 — 공적, 반공적, 반사적 및 사적 — 에 관한 이론에 의하면, 개인은 타인들의 접근가능성이 가장 적은 공간들에서 가장 큰 프라이버시를 얻는다. 사무실들에서의 프라이버시는 근무공간들의 물리적 폐쇄에 연관되어 있다. 개방식 설계의 사무실들의 근로자들은 프라이버시의 부족에 관한 불만족을 보고했다. 개방공간 학교들의 교사들은 더 큰 상호작용, 더 많은 소음 그리고 더 많은 주의분산을 보고하며, 학급관리에 더 많은 시간을 기울인다.
6. 스트레스의 한 형태인 과밀은 사람들이 어떤 비교적 작은 공간 속에 집중되어 있을 때, 높은 인구밀도의 조건들에서 일어날 수 있다. 한 때에는 대도시들에서의 높은 밀도가 질병, 범죄 및 정신질환을 조장시킨다고 생각되었다. 그러나 사회병리가설을 지지하는 증거는 강력하지 못한 상관연구들과 동물들에 대한 연구들에서 나왔다. 도시인구들에 대한 엄밀한 연구들은 밀도와 병리 간의 연관성을 거의 발견하지 못한다. 그러나, 교도소들에서의 연구들은 밀도가 질병, 정신병적 입원들과 심지어 사망률들과 연

관되어 있다는 것을 발견해 왔다.

7. 이론가들은 과부하, 흥분, 방해 및 개인적 통제력의 부족을 포함해서, 높은 밀도에서의 몇 가지 스트레스원들을 확인해 왔다. **도시 과부하가설**에 의하면, 도시주민들은 혼잡에 대해서 타인들과의 관여를 피함으로써 반응한다. 높은 밀도는 흥분을 자극할 수 있으며, 이것은 만일 지속적이라면 건강에 나쁜 영향들을 줄 수 있다. 과밀된 조건들에서 타인들에 의한 방해는 공격 가능성들을 증가시키며 ; 개인적 통제력의 부족은 학습된 무력을 일으킬 수 있다. 과밀에 관한 일반 이론들은 이러한 스트레스원들이 동시에 발생될 때, 과밀이 신체건강과 수행에 나쁜 영향을 줄 수 있다고 시사한다.

8. 우리는 어떤 인간 이하의 동물들에 의해 권리가 주장되고 방어된 경계선이 지워진 지역들과 비슷하게, 영토들을 주장함으로써 장소들에 대한 애착을 형성한다. 그러나, 장소들에 대한 인간의 애착들은 복잡하며 몇 가지 형태의 영토들을 내포하고 있다. **일차영토**는 개인의 일상생활에 중심이 되며 상당한 통제력을 허용해 준다. 여기에서 그 점유자는 어떤 경쟁적 대면에서 이점을 갖고 있으며, 이 현상은 **영토지배**라고 불린다. **이차영토**는 어떤 집단에 의해 통제되고 있으며, 이것은 외부인들에 의한 접근을 규제한다. 어떤 공적 장소에서 일시적으로 권리가 주장되는 **공적 영토**는 그 점유자들에게 통제력을 거의 제공하지 않는다. **상호작용 영토**는 진행중인 어떤 대화의 주위를 둘러싸고 있으며, 지나가는 이들은 침입을 주저한다.

9. 가정환경들은 외부의 겉모습, 치장 및 경계선의 표시들을 통해서 우리의 과거, 현재 및 미래의 지역사회에 대한 관계들을 신호한다. 개인적 정체는 **개인화**를 통해서 표현되고 있다. 어떤 거주지의 내부 배치는 어떤 지역들이 외부인들에게 허용되고 다른 지역들은 친밀한 대면들을 위해서 유보되는, 어떤 프라이버시의 경사를 반영할 수 있다. 어떤 환경을 함께 사용하는 집단멤버들의 영토패턴들은 그 집단의 지배위계에 달려 있다. 근무 환경들 내에서, 개인의 **근무공간**과 **지위표시물들**의 특징들은 그 조직체 내에서의 점유자의 서열이나 위치를 신호한다. 이웃지역들에서, 환경의 설계는 분명히 표시된 경계들, 거주자들이 서로 얼굴을 알아볼 수 있도록 충분하게 작은 세분된 지역들 그리고 감시의 기회들을 통합시키는 "방어가능한 공간"을 통해서 범죄의 가능성을 줄일 수 있다. 공적 장소들에서 우리는 타인들의 영토들로부터 먼 영토들을 일시적으로 택하며 **영토표시물들**, 즉 우리가 자리에 없을 동안에 남겨 두는 소지품들을 통해서 그 영토들의 권리를 주장한다. 이러한 표시물들은 존중될 수도 있고 존중되지 않을 수도 있다.

제 19 장

보건심리학

최근 몇 십년 동안에 심리학자들은 심리학적 원리들의 이해와 응용이 신체건강에 대해 하나의 주요 영향력을 가질 수 있다는 것을 보여 왔다. 앞 장들에서 논의된 많은 개념들, 예컨대 응종, 태도변화, 사회적 세력, 귀인들 등은 건강과 건강관리를 향상시키는 것에 직접 관련되어 있다. 이 장에서 우리는 행동의학과 보건심리학에 대한 사회심리학의 응용들을 논의할 것이다. 우리는 사람들에게 흡연, 과도한 음주, 과식 및 불안전한 성관계와 같은 자기파괴적 행동들을 변화시키게끔 만들기 위한 기법들의 효과를 분석할 것이다. 그 다음에 우리는 치료실무자들과 환자들 간의 의사소통의 패턴들을 검토할 것이다. 치료실무자가 가장 효과적이기 위해서는 환자에게 걱정과 관심을 전달해야만 되고 환자에게 약을 적절하게 먹는 것, 특수한 다이어트를 지키는 것 및 생활스타일을 변화시키는 것과 같은 도움이 되는 행동들에 대한 특별한 지시들을 따르게끔 설득해야만 된다. 사회적 세력에 관한 사회심리학적 발견들은 환자들에게 치료상의 지시들에 응종하거나 고수하도록 만드는 데에 특히 중요하다. 그 다음에 우리는 병을 일으킬 수 있는 심리적 요인들, 즉 스트레스, 대처양식, 비관주의, A형행동 및 적대감을 보다 더 면밀하게 검토할 것이다.

의학에 대한 사회심리학의 응용들

최근의 의학문제들의 변화

미국에서 주요 보건문제들의 패턴은 새로운 의학적 발견들이 이전 세기들의 많은 사

표 19-1. 미국에서 사망의 주요 요인들

1900 년	1987 년
1. 폐렴과 독감	* 1. 심장병들
2. 결 핵	2. 악성 종양들(암들) (* 약간)
3. 설사와 장염	* 3. 뇌혈관병들(뇌졸중)
* 4. 심장병들	* 4. 사 고 들
5. 두개골내의 혈관 기시점의 상해들	* 5. 폐질환들(폐기종, 기관지염)
6. 신 장 염	6. 폐렴과 독감
7. 사 고 들	* 7. 당 뇨 병
8. 암과 기타 악성종양들(* 약간)	* 8. 자 살
9. 노 쇠	* 9. 만성적 간장병과 간경변증
* 10. 기관지염	10. 동맥경화증(동맥들이 굳어짐)

* 행동이나 생활양식의 변화들에 의해서 영향받을 수 있는 원인들임.
자료원 : 미국 국립보건통계센터(1989)

망요인들을 근절시켜 옴에 따라 최근에 크게 바뀌어 왔다. 예컨대, 폐렴, 결핵 및 내장염들이 1900년도의 사망원인들 중의 세 가지 최고 원인들이었지만 1987년 경에 이들 세 개의 질병들은 사망의 최고 다섯 개 원인들 속에 더 이상 속하지 못했으며, 심장질환들이 첫번째 순위를 차지했고 암들이 두번째 순위를 차지했다. 오늘날 미국에서 모든 사망들의 절반이 불건전한 행동적 생활양식들에 기인되는 것으로 추정되어 왔다. 적절한 한 예로서, 미국의 보건부장관은 흡연이 미국에서 주된 예방가능한 사망원인이라고 보고했다(Richmond, 1979a). 오늘날의 10개의 주된 사망원인들 중의 7개가 주로 행동적으로 결정되고 있으며(표 19-1), 만일 사람들이 다섯 가지 분야들에서의 습관들을 변화시킨다면, 즉 흡연 중단, 더 나은 다이어트, 더 많은 운동, 알콜사용의 감소 및 필요할 경우에 고혈압에 대한 약을 복용하는 것으로, 급격하게 감소될 수 있다(Richmond, 1979).

우리가 알고 있는 바와 같이, AIDS는 행동에 의해서 결정적으로 영향받고 있는 다른 사망원인이다. 건강을 위협하는 행동들의 채택에 기여하는 심리적 요인들을 이해하는 것이 매우 중요하다.

행동의학과 보건심리학

비록 의학적 및 심리학적 과정들에 대한 관심의 수렴이 최근에 더 많은 관심을 받아 왔지만, 이것은 완전히 새로운 것은 아니다. 실제로, 오래 전에 뒤에 가서 "행동주의의 창시자"라고 알려지게 된 Watson은 "의학 전공생은 그가 수술, 산과학 또는 정신의학을 전공하건 간에 자신의 대상들이 인간들이며 자신의 기술을 과시할 단순한 물체들이 아니라는 것을 배워야만 된다. 가치에 대한 그의 생각들상에서의 이러한 변화는 그에게 심리학적 훈련의 필요성을 느끼고 그 훈련을 수용하게끔 만들 것이다"라고 말했다(Watson, 1912, p. 917). 미국 심리학회는 1년 전인 1911년에 심리학과 의학교육에 관한 최초의 심포지움을 개최했다.

이와 같은 초기의 관심에도 불구하고, 행동의학(behavioral medicine)의 개념은 1970년대에 겨우 관심을 받기 시작했다(Birk, 1973). 행동의학은 신체건강을 이해하기 위한 행동과학적 지식의 개발과 질병의 예방, 진단 및 치료에 대한 이러한 지식의 응용을 일컫는다(Schwartz와 Weiss, 1978). 1960년대에서 시작해서, 몇 개의 의과대학들이 행동과학 학과들을 창설해서 의과대학생들이 의학문제들에 대한 사회과학적 지식의 응용들에 관해서 알 수 있게 되었다. 심리학자들은 미국에서 의과대학들에 채용된 비의사계통의 행동과학자들 중의 최대의 단일 집단이다(Gentry, 1982). Peterson(1988, p. 119)이 진술한 바와 같이, "병원균모형은 죽어버렸다. 이제 질병은 생물학적, 심리적 및 사회적 요인들 간의 상호작용의 측면에서 검토되고 있다." 이러한 입장은 생물-심리학적 모형(bio-psychological model)을 나타낸다(Taylor, 1990).

행동의학과 보건심리학은 미국심리학회 내에서 보건심리학 분과회가 보다 더 큰 분과회들 중의 하나로 됨에 따라, "1980년대의 전문 유행어들"(Pomerleau와 Rodin, 1986)이 되었다. 보건심리학(health psychology)의 주요 초점은 흡연, 과도한 음주, 과식 및 약물남용과 같이 건강에 해로운 행동들의 방지를 돕는 기법들을 발전시키는 것이다. 섭식과 생활양식의 변화들은 몇 가지 유형의 질병들의 가능성들을 감소시키는 데에 극적인 영향을 줄 수 있다. 전문가들은 45세의 사람들이 만일 이들이 이하의 건강 실천사항들 중의 4개 이하를 따르는 사람들에 비해서 적어도 6개를 따른다면, 여성들보다 7세 더 긴 그리고 남성들보다 11세 더 긴 평균 수명기대치를 가질 것이라고 추정한다: 즉 (1) 밤에 7시간이나 8시간의 수면을 취한다, (2) 아침식사를 한다, (3) 정시에 식사하고 간식을 먹지 않는다, (4) 신장에 비한 정상 체중을 유지한다, (5) 흡연을 삼간다, (6) 규칙적으로 운동한다, 그리고 (7) 적당히 술을 마시거나 전혀 마시지 않는다(Whalen, 1977).

과학은 우리에게 건강에 이롭거나 해로운 행동들에 관한 지식을 제공해 왔다. 그러나 이것은 절반의 과업에 불과하다. 행동변화가 없는 지식은 아무런 효과가 없다. 사람들은 건강증진 행동을 행하게끔 유도되어야만 된다. 설득, 사회적 세력, 태도변화, 사회적 학습 및 응종기법들과 같은 사회심리학적 개념들이 유익한 행동변화들을 일으키는 데에 결정적 역할을 할 수 있다.

자기파괴적 행동들의 예방

행동변화에서의 위협의 역할

오랜 동안 위협들이, 예컨대 흡연행동을 감소시키기 위해 고안된 메시지들에서 폐암과 심장병의 위협을 사용하는 것, 알콜소비를 줄이기 위해 간경변증의 위협을 사용하는 것 또는 과식을 감소시키기 위해 심장병과 뇌졸중의 위협을 이용하는 것과 같이, 자기파괴적 행동들을 변화시키려는 시도들에서 널리 사용되어 왔다. 그러나 위협을 주는 메시지들이 항상 효과적인 것은 아니다.

만일 공포가 행동을 동기화시키는 지배적 충동이 되어 준다면, 우리는 공포와 메시지의 수용간의 관계가 거꾸로 된 U형 곡선으로서(도 19-1a), 공포의 방해적 효과들이 촉진적 효과를 압도하기 직전인 중간수준의 공포에서 가장 큰 행동변화가 일어날 것을 예언할 수 있을 것이다(Janis, 1967 ; McGuire, 1968b).

이러한 **공포-충동모형**(fear-drive model)은 많은 사람들에 대해 직관적 호소력을 갖고 있다 : 너무 많은 공포가 어떻게든 간에 태도변화 프로그램을 망치게끔 만들 것이라는 것은 사리에 맞는 것처럼 여겨진다. 그러나 공포유발 커뮤니케이션들에 관한 35개의 연구들의 메타분석(meta analysis : Sutton, 1982)은 공포-충동모형에 대한 지지를 거의 발견하지 못했다. 공포의 유의한 증가들에 단지 드물게 거꾸로 된 U형의 반응패턴이 수반되었으며, 일반적으로 그 관계는 직선적, 즉 공포가 많을수록 변화가 더 많은 것이었다. 이 메타분석은 또한 권고된 행동을 취하는 방법에 관한 특수한 지시들을 제공하는 것이 그 권고와 일치되게끔 행동하는 더 높은 율을 일으켰다는 것을 나타냈다.

공포는 건강에 관련된 어떤 메시지에 대한 유일한 가능한 반응은 아니다. 공포 커뮤니케이션에 대한 반응은 두 개의 병행반응들, 즉 **위험통제**(danger control)와 **공포통제**(fear control)를 포함할 수 있을 것이다(Leventhal, 1970). 위험통제는 환경에 대처하는 것과 위험을 피하기 위한 반응들을 시도하는 것을 포함한다. 이와는 반대로, 공포통제는 내부단서들에 의해 주로 이루어지며 불쾌한 공포감을 감소시키는 반응들을 포함하고 있다. 심한 흡연의 위험들과 폐암과 심장병의 위험들을 기술하고 있는 광고를 시청하는 심한 흡연자들을 고려해 보자. 가장 효과적인 위험통제반응은 흡연을 중지하는 것일 것이다. 그러나 만일 흡연자들이 주로 공포통제의 면에서 반응한다면, 그들은 이들 메시지들을 무시하고 장차의 메시지들을 피하고, 흡연에 대한 더 많은 합리화들을 발전시키고, 흡연이 자기들이 아니라 다른 사람들에게 해로울 수 있다고 스스로 납득할 수 있다. 이러한 행동들은 비록 이것들이 위험통제에 대해서 비효과적일지라도, 공포통제에 대해서 효과적일 수도 있을 것이다.

닥쳐오는 위험으로부터 자기 자신을 방어하려는 동기는 네 개의 신념들에 기초되어 있다 : (1) 위협이 심하다, (2) 자신이 위협에 대해 개인적으로 취약하다, (3) 자신이 대처반응을 수행할 능력을 갖고 있다, 그리고 (4) 대처반응이 위협을 처리하는 데에 효과적이다(Rogers, 1984). 대처반응을 수행하는 자신의 능력에 대한 신념들은 반응의 효과와 자신의 유능성에 관한 판단들 빼기 어떤 예방적 반응을 채택하는 것의 부담들(불편함, 비용, 불쾌성, 부작용들 및 강한 습관들을 바꾸는 것의 곤란성과 같은)에 기초되어 있다. 예컨대, 흡연자들에게 그들이 흡연을 중단시킬 능력이 있다고 설득하는 것(Maddux와 Rogers, 1983)과 비운동자들에게 그들이 규칙적 운동계획을 개시할 능력이 있다고 설득하는 것(Wurtele, 1982)은 이들 활동들을 택하려는 그들의 의도들을 강화시켰다. 그러나 만일 반응이 비교적 비효과적이라면, 위험감들을 증가시키는 것이 실제로 어떤 방어반응을 채택하려는 의도들을 감소시킬 수 있다. 만일 흡연자들이 자기 자신의 현재 행동을 중지시킬 도리가 전혀 없다고 생각한다면, 그들은 자신의 담배소비를 증가시킬 수 있으며(Rogers와 Mewborn, 1976), 사교상의 음주가들은 자신의 알콜소비를 증가시킬 수 있다(Kleinot와 Rogers, 1982).

높은 위협의 메시지들은 위험통제의 대처반응의 세부사항들이 또한 제공되지 않는다

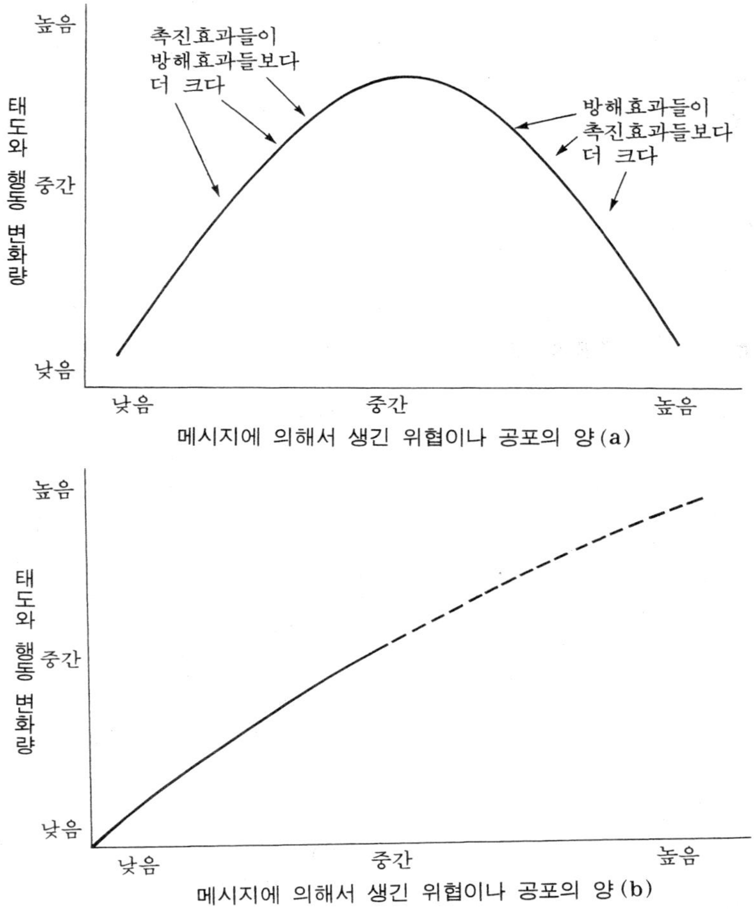

도 19-1. 공포와 태도-행동변화간의 가설적 관계들. (a) 위협과 태도와 행동변화 간의 곡선적 관계가 Janis와 McGuire의 공포-충동모형들에 의해 시사되었다. (b) 위협과 태도와 행동변화 간의 정적 관계들이 Leventhal의 평행반응모형과 Rogers의 방어동기모형의 조건들에 의해서 시사되었다.

* 만일 공포통제와 위험통제(행동을 위한 특별한 권고들)가 가능하거나(Leventhal), 개인이 위협이 심하다고 믿고 또한 대처반응들이 효과적이고 과도한 부담들이 없이도 완전하게 수행될 수 있다고 믿는다면, 변화는 공포의 증가에 따라 계속 증가될 것이다(Rogers).

면, 행동변화를 일으키지 않을 것이다. 예컨대, Leventhal(1974)은 높은 공포와 낮은 공포 메시지와 함께 흡연습관을 통제하는 방법에 관한 특수한 지시들을 받았던 피험자들이

3개월 후의 추적조사에서 유의하게 흡연수준을 감소시켰다는 것을 발견했다. 공포메시지들이 없이 제시되었을 때, 특수한 행동계획들은 흡연 태도들이나 행동에 대해 아무런 영향이 없었다.

비교적 낮은 자존심을 가진 사람들이 다른 사람들보다도 위협들을 처리하는 데에 있어서 무능감을 느끼기가 더 쉽다(Rosen 등, 1982). 낮은 자존심을 가진 사람들은 위협 커뮤니케이션에 대해 두 가지 문제들을 갖고 있는 것 같다: 하나는 내부단서들과 정서들(공포통제)을 포함하며 다른 하나는 대처(위협통제)를 포함한다. Rosen과 그의 동료들은 공포통제와 유능성 부족이 별개의 단계들에서 응종을 억제시킨다고 시사했다. 공포는 커뮤니케이션의 주의나 이해에 부정적 영향을 주는 반면에, 지각된 유능성은 개인이 의도들을 행위들로 바꾸어야만 될 때에 의도들이 형성된 이후에만 설득과정에 영향을 준다.

자기파괴적 행동들의 분석

자기파괴적 습관들은 병의 발생뿐만 아니라 신체적 및 정신적 안녕의 일반수준들에도 영향을 줄 수 있다. Henderson 등(1979)은 미국에서 4백만 내지 8백만 명의 사람들이 과잉체중이고 적절한 영양이 부족하고, 5000만 명이 흡연자들이고, 약 900만 명이 알콜남용자들이라고 추정했다. 자기파괴적 행동들은 생애의 비교적 초기에 시작될 수 있다. 1982년에 고교 3년생들에 대한 한 전국적 조사는 조사 전달에 70%의 학생들이 알콜을 사용했으며, 30%가 담배를 피웠으며, 29%가 마리화나를 사용했다는 것을 발견했다(Cody, 1984). 에이즈 유행병이 중요한 자기파괴적 행동들의 목록에다가 "불안전한 성관계"의 항목을 추가시켜 왔다.

자기파괴적 행동들의 통제는 이것들이 대체로 전통적 의학의 범위 밖에 있기 때문에 특히 곤란하다. 불행하게도, 많은 자기파괴적 행동들이 불쾌한 증후들을 수반하고 있지는 않고 따라서 병의 진전된 단계들에 이를 때까지는 개인들에 의해 알지 못한 채로 진행된다. 예컨대, 고혈압, 흡연 및 포화된 지방, 콜레스테롤 및 당분이 높은 식사는 개인의 관상동맥 심장병의 위험성에 기여한다. 비만증, 신체활동의 부족, 여러 생활 스트레스들 및 몇 가지 행동패턴들은 또한 심장병의 가능성을 증가시킨다. 흡연은 폐암, 폐기종, 만성기관지염 및 심장과 혈관 질환들에 연관되어 왔다. 더욱이, 알콜 남용은 간경화와 신장병들과 같은 몇 가지 신체적 병발증들과 아울러 취업, 결혼 및 가족 관계들 및 지역사회와의 상호작용에서 사교적 및 정서적 문제들을 일으킨다. 자동차 운전 동안의 알콜의 남용은 하나의 주요 사회문제이다.

매스컴을 통해서 건강에 관련된 태도들과 행동들을 변화시키려는 많은 시도들이 있어 왔다. 이것은 결코 쉬운 일이 아니다. 한 가지 방법은 정부에서 예산지원을 하는 전국적 건강문제사업과 같은 학교계통들 내의 사업들을 포함한다. 이들 사업들은 학교 교장이나 의사의 강의들, 포스터들, 교사의 참여, 위협을 주는 필름들 및 학생참여를 포함할 수 있다. 이것들은 일반적으로 흡연의 위험들에 관해서 학생들을 가르치는 데에 성공적이며 참가하는 학생들은 접촉없었던 학생들보다도 더 많은 지식을 획득한다. 그래도, 행동상의 효과들(흡연량의 변화들)은 대개 매우 작거나 없다(Leventhal과 Cleary, 1980). 공적인 건강메시지들이 1980년대 말에 성적으로 전염되는 병들과 "안전한 성관계"에 관한 일반대중의 지식을 증가시킨 것이 분명하다.

몇 개의 지역사회 연구들이 또한 수행되어 왔다. 아마 지금까지의 단일한 최대의 지역사회 연구는 3개의 지역사회들에 대한 연구인 스탠포드 대학교 심장병 예방프로그램일 것이다(Meyer 등, 1980). 한 지역사회는 흡연을 포함하는 심장병 위험요인들에 관한 매스미디어 캠페인에 접했다. 두번째 지역사회는 매스미디어 캠페인을 받았고 선정된 높은 위험성의 인물들이 흡연중단의 기법들에 관한 대면적 지시들을 받았다. 세번째 지역사회는 통제집단이 되었다. 2년 후에 미디어 더하기 대면적 지시의 지역사회에서 흡연자들의 숫자의 17% 감소가 있었고, 미디어만의 지역사회에서 5%의 감소가 있었고, 통제지역에서 12%의 증가가 있었다(도 19-2). 심장병에 특히 높은 위험성들이 있었던 두번째 지역사회의 사람들 중에서 그들의 50%가 2년 동안에 담배를 끊은 반면에, 통제지역의 사람들의 15%만이 끊었다.

매스미디어 기법들이 더 효과적이지 못한 이유는 무엇인가? 적어도 4가지 이유들이 있다. 첫째로, 메시지에 대한 접촉이 통제될 수 있으며 **기정의 선택적 접촉**(de facto selective exposure)이 일어날 수 있다(4장). 즉 그 메시지는 그것에 의해 가장 많이 영향받게 될 사람들에게 결코 도달하지 못한다. 둘째로, 미디어의 메시지들이 대개 추상적이며 청중에 대해 유의미한 구체적 경험들에 초점을 두지 않는다. 셋째로, 메시지들은 흔히 청중에 대한 이것들의 효과와 흥미에 대한 사전의 평가가 없이 예감들에 기초해서 개발되고 있다. 넷째로, 미디어와 메시지가 수용될 수 있는 많은 상이한 맥락들이 있다. 청중은 가정에서 혼자, 친구들과 함께 또는 학교에 있을 수 있으며, 이러한 맥락이 수용을 방해하거나 지원할 수 있다(Leventhal과 Cleary, 1980).

다른 접근은 모델링, 타인들의 행동의 모방 및 자신의 행동의 결과들에 대한 기대들에 초점을 두고 있다. 아동들은 성인이나 또래 모델들의 행동을 바라보고 모델링함으로써 유해한(또는 건전한) 식사, 흡연 또는 알콜 습관들을 학습할 수 있다. 비억제(disinhibition)는 어떤 모델이 관찰자가 사회적으로 금지되어 있다고 가정하는 어떤 분명하게 재미있는 행동(예: 심한 음주)을 하지만, 그 모델이 아무런 부정적 결과들을 받지 않을 때에 일어난다. 이제 당신이 이러한 일반적 접근들을 알았으므로, 우리는 특수한 행동들, 즉 흡연, 음주문제 및 과식에 대해 무엇이 시도되어 왔는가를 살펴 볼 수 있다.

흡연행동의 변화시도

흡연행동의 발전 흡연은 미국에서 조기의 사망과 불구에서 주요 예방가능한 위험이라고 간주되고 있다(미국 보건 및 복지부, 1986). 4개비 이상의 궐련을 피우는 사람들의 약 90%가 마침내 습관적 흡연자들로 된다(Salber 등, 1968). 이러한 이유로, 흡연예방 프로그램들은 청소년들이 몇 개비의 담배를 시도하기 이전의 중요한 형성 연령들에서 그들을 막으려고 고안되어 왔다. 국민학교 6학년이 다른 학년들에서보다도 이 학년수준에서 또래의 압력이 더 적은 것 같기 때문에, 학생들에게 흡연에 관해서 가르치는 최적기간일 수 있다(Chen과 Winder, 1986). 청소년들이 흡연을 개시하는 몇 개의 상이한 이유들이 있기 때문에(사회적 압력들에 대처하는 것과 자신의 내부상태를 통제하는 것이 가장 보편적인 이유들이다), 효과적 흡연예방 프로그램들은 장차의 흡연자가 취하기 쉬운 경로에 따라

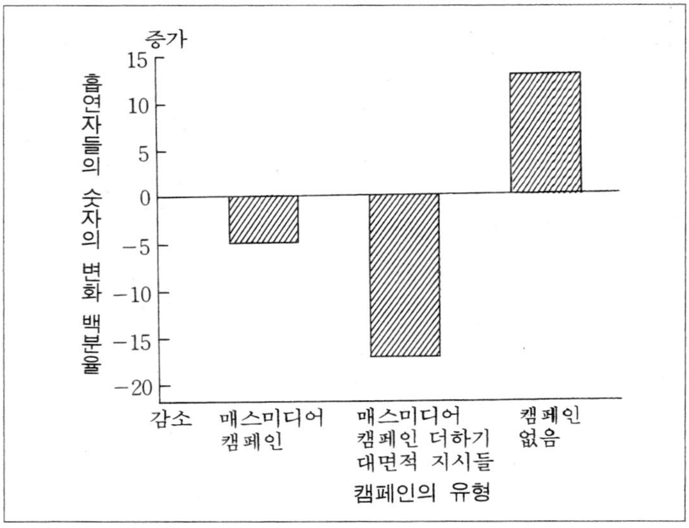

도 19−2. 매스미디어 건강캠페인들. 아무런 캠페인이 없었던 지역에 비한, 2년 후의 흡연율들에 영향을 주는 데에 있어서 두 가지 유형의 매스미디어 캠페인들(스탠포드 대학교 심장병 예방프로그램)의 효과
자료원 : Meyer 등(1980).

몇 개의 측면들을 필요로 할 것이다(Hirschman 등, 1984).

앞 장들에서 논의된 많은 개념들이 직접 관련되어 있다(Chassin 등, 1990). 첫째로, 태도들과 신념들이 청소년들의 흡연시도에 대한 결정들에서 주 요인들이다. 이하에서 검토되는 이성적 행동이론(4장)이 이 과정이 어떻게 작동되는지를 설명한다. 둘째로, 모델들이 되어 주는 흡연하는 부모와 또래들의 영향이 보여 주는 바와 같이, 사회적 영향과정들이 중요하다(Leventhal 등, 1988). 셋째로, 자기개념의 과정들이 주요한 역할을 행한다. 우리는 7장에서 사람들이 흔히 어떤 기존의 자기상을 표현하거나 확증시키는 양식들로 행동하거나, 책략적 자기제시를 통해서 타인들에게 어떤 원하는 인상을 제시하려고 든다는 것을 보았다. 많은 청소년들에 대해서, 흡연은 자기입증이나 자기고양의 한 수단이 되어 줄 수 있다. 많은 10대들에 대해서, 흡연은 강인함, 사교성 및 이성에 대한 관심의 사회적 이미지를 갖고 있다(Burton 등, 1989).

태도들과 신념들을 맨 먼저 살펴봄으로써, 우리는 일반적 신념과 개인적 신념 간을 구분지을 수 있다(Fishbein, 1982). 자기 자신의 행동에 관한 어떤 사람의 개인적 신념들은 그 사람의 의도들에 직접 관련되어 있다. 예컨대, 비록 사람들이 "흡연이 폐암의 가능성을 증가시킨다"(하나의 일반적 신념)고 믿을지라도, 이것은 만일 그들이 또한 "나의 흡연은 폐암에 걸리게 될 나의 가능성들을 증가시키지는 않는다"(하나의 개인적 신념)고 믿는다면, 그들의 흡연 의사결정들에 거의 영향을 주지 않을 것이다.

태도들과 주관적 규범들(지각된 타인들의 기대들과 이러한 기대들에 따르려는 동기)의 상대적 중요성은 연령과 상황에 따라 차이가 있을 것이다. 예컨대, Fishbein(1982)은 국민학생들의 흡연개시에 대한 의도들이 태도적 고려들(흡연을 원했기 때문에)에 의해서 만큼 타인들의 기대들(규범적 통제)에 의해서 영향받았다는 것을 보였다. 이와는 달리, 여대생들의 흡연 의도들은 거의 전적으로 태도적 통제에 달려 있었다. 그러나, 국민학생들의 끊으려는 의도들이 거의 전적으로 태도적 통제에 달려 있었던 반면에, 여대생들의 끊으려는 의도들은 주로 규범적 통제에 달려 있었다. 이러한 발견들은 규범적 압력에 기초된 흡연방지 캠페인이 국민학생들에게 흡연을 개시하는 것을 막아주는 하나의 효과적 수단이 될 수 있지만, 여대생들에 대해서는 효과있을 가능성이 더 적을 것이라는 것을 시사해 준다. 그러나 이와 동시에, 중단에 대한 규범적 압력의 사용이 여대생들에 대해서는 매우 효과적일 것이지만, 국민학생들에게 중단하게끔 만드는 데에는 비효과적일 것이다.

몇 개의 대규모 프로그램들이 아동들에게 흡연을 개시하지 못하게끔 만들려고 시도되어 왔다. Evans와 그의 동료들(Evans, 1980 : Evans 등, 1981)은 흡연에 대한 압력들에 저항하는 면역(6장의 면역이론의 논의를 참조하라)의 책략을 포함하는 사회적 영향과정들에 초점을 두었는데, 이들은 만일 학생들이 그들이 흡연에 대한 사회적 압력들에 대해서 특히 취약한 기간(중학교 고학년들) 동안에 보호받게 된다면, 고등학교 때에 일반적으로 처음 발견되고 있는 심한 중독적 흡연이 일어나게 될 가능성이 더 적을 정도로 학생들이 충분하게 강해지게 될 것이라고 믿었다. 그릇된 일치성효과(4장)에 관한 한 증명에서, 흡연하는 청소년들은 흡연하는 청소년들과 성인들의 비율을 전반적으로 과대평가한다.

미국의 휴스턴시에 있는 13개의 중학교들에 대한 3년간의 연구(Evans 등, 1981)는 집단토의들과 십대에 대한 흡연의 즉각적 효과들을 강조하는 흡연반대 필름들(10대의 해설자들을 사용하는)이 포함된 흡연반대 처치를 검증했다. 필름 속의 메시지들은 외부의(규범적) 영향들에 의해서 좌우되기보다도 흡연에 관한 의식적 결정을 행하는 것을 강조했다. 학생들은 흡연에 대한 사회적 압력들에 대처하기 위한 특수한 책략들을 제시받음으로써 흡연개시에 대한 사회적 압력들에 저항하도록 면역되었다. 흡연예방 프로그램을 받았던 학생들은 아무런 처치를 받지 않았던 학생들보다도 중학교 2, 3학년 때에 더 낮은 흡연율을 보였다(도 19－3).

몇 개의 대규모 연구들은 흡연을 예방하는 데에 일관되게 효과가 가장 좋은 단일한 기법이 없다는 것을 보여 왔다. 접근들의 종합이 가장 효과적이다(Chassin 등, 1984). 한 연구에서 흡연반대 정보, 기술들의 훈련(흡연에 대한 사회적 압력들에 저항하는 방법의 학

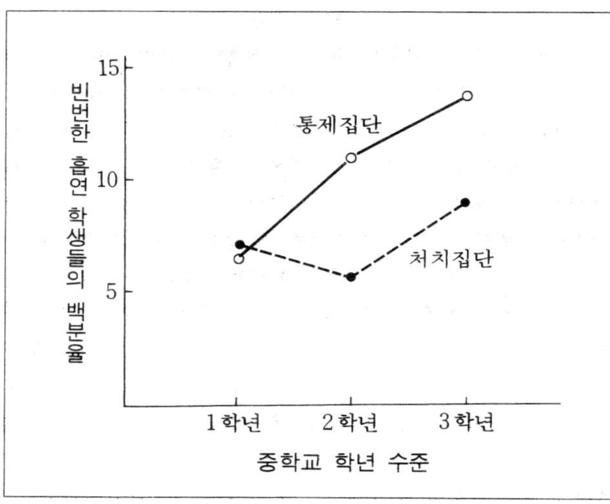

도 19－3. 중학생들이 흡연을 개시하지 못하게끔 만드는 하나의 효과적 프로그램. 빈번한 흡연자들인 중학교 1, 2 및 3학년생들의 백분율이 제시되어 있다. 아무런 처치를 받지 않았던 학생들(통제집단)과 다중 흡연방지 커뮤니케이션들을 받았던 학생들(처치집단)이 비교되고 있다.
자료원 : Evans 등(1981).

습), 의사결정(흡연의 장점들과 단점들의 목록작성) 및 개입(흡연하거나 흡연하지 않는다는 자기 자신의 결정들을 학급 앞에서 선언함)의 종합이 중학생들이 흡연을 개시하지 않게끔 만드는 데에 효과적이었다(Best 등, 1984). 또 다른 연구는 흡연에 대한 압력에 저항하는 것의 학습, 흡연의 단기적인 생리적 영향들의 인식 및 동일한 연령의 또래 토론리더들의 사용이 효과적이라는 것을 발견했다(Murray 등, 1984). 연계관리기법들(contingency management techniques)이 청소년들에게 담배를 피운 후에 그들의 맥박과 혈액 중의 일산화탄소 수준을 측정함으로써 흡연의 생리적 영향들에 관한 개인적 피드백이 제공될 때나(Hansen과 Evans, 1982), 흡연에 대한 또래의 압력에 저항하는 방식들을 묘사하는 가장 훌륭한 풍자문에 대해 상들이 제공되게 될 때(Perry 등, 1980)처럼, 또한 효과적이라고 판명되어 왔다.

성인들의 흡연중단을 도와 주는 것 성인 흡연자들의 10명 중의 9명이 끊으려고 시도해 왔거나 효과적 방법들이 있을 경우에 자기들이 시도할 것이라고 대답한다(미국 공중보건소, 1976). 흡연자들이 끊게끔 도와 주려는 시도에서 사용된 방법들은 교육적 및 태도변화 책략들, 약학적 책략들, 최면술 및 행동수정을 포함한다(Best와 Bloch, 1979). 흡연의 이유들은 복잡하고 사람들에 따라 차이가 있으며, 따라서 치료는 몇 가지 기법들을 사용할 경우에 효과를 거두기가 더 쉬울 것이다.

흡연중단 연구들의 분석들은 4가지 주요 발견들을 시사해 왔다(Leventhal과 Cleary, 1980). 첫째로, 치료기간 자체 동안에는 흔히 흡연의 인상적 감소가 있다. 가장 전망이 좋은 변화노력들 중의 몇 개는 행동치료기법들을 포함하는데, 이것들은 흡연자들이 담배에 불을 붙일 때마다 부저소리를 내는 시간기록장치를 지니고 다니는 것, 흡연행동들이 전기쇼크와 짝지어지는 전기혐오치료법들, 어떤 특정 지역에 대해 흡연을 한정시키고, 흡연이 일어나는 상황들을 점차 피하고, 흡연에 대해 자기실시된 처벌과 같은 다양한 자기통제절차들이다(Elliot와 Denney, 1978). 다른 기법인 급속 흡연은 개인에게 메스꺼울 때까지 평상시의 속도보다 2 내지 3배로 흡연하도록 만들음으로써 혐오나 포만을 일으킨다(Lando, 1977 ; Lando와 McCullogh, 1978).

둘째로, 흔히 시초의 표본에 포함된 사람들의 50%까지의 높은 탈락률이 종종 있다. 따라서, 많은 결과보고들은 치료의 탈락자들이 실패들로서 계산되지 않았기 때문에 과장되어 있다. 셋째로, 치료는 사람들에게 흡연을 중단하도록 돕는 데에 효과가 좋지만 그들을 계속 중단하도록 만드는 데에는 효과가 더 적다 ; 대부분의 재발이 첫 6개월 이내에 일어난다. 사람들은 그들이 지원적인 물리적 및 사회적 환경 속에 있고 봉착되는 문제를 처리하기 위한 인지적 책략들을 학습해 왔을 경우에 변화를 유지시키기가 더 쉽다. 변화의 자기귀인("나는 나의 행동을 통제했고 담배를 끊었다")과 새로운 비흡연 생활양식에 기여하는 효과적인 대안적 행동들의 개발이 또한 도움이 된다. 끝으로, 여러 치료법들에 대한 성공률들은 큰 차이가 없다. 아무 것도 않기보다도 무엇인가를 행하는 것이 단순히 더 낫다.

미국 국립 심장, 혈액 및 폐 연구소는 심장병에 걸릴 높은 위험성이 있는 35세 내지 57세의 남자들에게서 관상동맥 심장병의 기회들을 감소시키고자 20개 지역들에서 6년간의 연구계획을 수행했다. 이 계획의 한 가지 목표는 남자들에게 담배를 끊게끔 만드는 것이었다. 이 계획의 4년 후에, 44%의 흡연자들이 담배를 끊었다. 그 다음에 초기의 프로그램 동안에 끊지 못했던 높은 위험성의 남자들을 위해서 다중방법적 흡연중단 프로그램이 고안되었다. 심리적, 사회적, 생리적 및 행동적 기법들이 일종의 "카페테리아식" 접근에서 사용되었는데, 여기에서 이들 남자들은 자신에게 효과있는 것 같이 생각되는 방법들을 택하고 다른 것들을 무시할 수가 있었다(Powell과 Arnold, 1982). 1년 후에 남자들의 절반이 담배를 끊었다. 이 계획의 성공은 다중 치료방법들이 모든 사람들에 대해 단일한 방법을 사용하는 기법들보다도 더 효과적이기 쉽다는 것을 나타내 준다. 사람들은 몇 개의 치료법들 중에서 하나를 선택하게 될 때에 끊기에 대해 개입된 것을 더 많이 느낄 수 있다.

그러나 모든 흡연자들이 끊기를 시도할 때에 전문가의 도움을 찾지는 않는다. 자기 스스로 끊기를 시도하는 사람들은 어떠한가? 최초의 한 연구는 6개월 기간 동안에 걸쳐서 끊는 데 대한 성공에 관련된 몇 개의 요인들을 찾아냈다. Kirscht 등(1989)은 끊지 못했던 사람들에 비해서 성공적 중단자들이 (1) 그들이 1년 후에는 비흡연자가 될 것이라는 더 강한 신념들을 갖고서 시작했으며, (2) 의사들과 간호사들로부터 끊기 위한 더 많은 전문적 조언을 받았으며, (3) 더 높은 교육수준(아마 끊는 데 대한 더 많은 사회적 지원이나 흡연반대 메시지들에 대한 더 많은 접촉에 관련되었을 것이다)을 가졌으며, (4) 흡연에 대한 더 적은 단서들에 접했다(예 : 집단에 다른 흡연자들이 없었다)는 것을 발견했다.

음주의 사회적 분석들

미국 알콜중독협회에 의한 200개의 학교들에 대한 1990년도의 한 조사에 의하면, 심한 음주가 대학 캠퍼스들에서 가장 중요한 건강문제이다(Esky, 1990). 보다 더 일반적으로, 알콜남용은 자녀와 배우자 학대, 나쁜 직무수행, 치명적인 자동차사고들 및 범죄와 연관되어 있다. 미국 국립 알콜중독협회는 알콜중독이 미국에서 심장병과 암과 더불어 3개의 주요 사망원인들 중의 하나라고 추정했다. 임신부의 심한 음주는 영아 알콜증후군을 통해 임신 중인 아기에게 파괴적인 영향을 줄 수도 있다(Jones 등, 1973).

알콜중독증의 치료는 효과적 방법들을 개발하고 사람들에게 치료를 수용하고 계속하도록 설득하는 데에 있어서 몹시 복잡한 문제들을 내포하고 있다. 최근에, 몇 개의 연구들이 알콜중독에 대해 어떤 강한 유전요소가 있을 것이라는 것을 나타내 온 바와 같이, 유전의 역할에 대한 논쟁이 있어 왔다(Cadoret 등, 1987 ; Straus, 1986). **유전적 소인이론**(theory of genetic predisposition)은 어떤 사람들에게서 알콜의 섭취에 의해서 교정되게 되는 어떤 생리적이거나 생화학적 불균형이 있다고 시사한다. 우리가 명확한 결론들을 내릴 수 있기 위해서는 이 문제에 대한 상당히 더 많은 연구가 필요하다. 평론들(Nathan, 1983 ; Quayle, 1983)은 알콜중독과 약물남용의 폐인으로 만드는 영향들을 예방하는 노력에서의 좌절들과 실패들을 지적해 왔다. 흡연의 경우와 마찬가지로, 심한 음주의 한 사회적 분석은 사람들이 문제들을 회피하고, 이완하고, 어떤 변형된 생리적 상태를 느끼기 위해서 알콜을 사용한다는 것을 발견한다. 심한 음주가들에 의해서 가장 흔히 제시된 음주의 이유들은 지루함, 우울증, 불안, 분노의 발산 및 대인적 갈등이다(Engstrom, 1984).

젊은 캐나다 남성들에 관한 한 연구에서, DiTecco와 Schlegel(1982)은 가장 중요한 태도요인이 음주에 대한 이유들이었다는 것을 발견했다. 심한 음주가들은 절제적 음주가들보다도 음주에 대한 모든 이유들을 보다 더 중요하다고 평정하는 경향이 있었다. 이것은 이것이 이전의 절제적 음주가들에 대해 섭취증가를 일으킬 수 있기 때문에, 우리가 "책임있는 알콜사용에 대한 어떤 긍정적 접근"을 조장하는 데에 조심해야만 된다는 것을 시사한다. 예컨대, 이태리 문화는 절제적 음주에 대한 긍정적 태도를 보이지만, 실제로 이태리인들은 전국적 간경화 이환율이 높아서 주요 알콜문제를 나타내고 있다고 흔히 말해지고 있다(DeLint와 Schmidt, 1971).

문제음주에 관한 널리 수용받는 한 견해는 알콜중독을 단계들로 진행되는 하나의 병으로서 본다(Jellinek, 1952). 비록 이러한 견해가 알콜중독의 치료에서 가치있다고 판명되어 왔지만, 몇 가지 양식들로 이것은 효과적 치료에 방해를 줄 수 있다. 귀인이론으로 돌아가서 생각해 보면, 알콜중독에 관한 질병모형은 자신의 상태에 대한 개인적 책임을 거의 암시하지 않는다. 이 모형은 환자들이 자신의 행동을 안정적이고, 내부적이고, 통제가능한 요인들에 귀인시켰을 경우에 환자들이 자기 자신의 회복에 대해서 행할 수 있는 도움이 되는 귀인들에 대해 불리하게 작용할 수 있다(Davies, 1982). 알콜중독자들에 관한 한 연구에서, 절반은 치료목표들을 달성하는 데 대한 책임이 그들 자신에게 있다고 지시받았으며 진료소에서의 더 이상의 진료약속들과 약물치료들이 제공되지 않았다. 다른 절반은 익명의 알콜중독자단체에 대한 소개, 금단증세에 대처하는 약들, 한 명의 정신과의사와의 앞으로의 진료약속들 및 집중적인 사회사업적 처리를 포함하는 훨씬 더 포괄적인 치료사항들을 제공받았다. 12개월 후에 자기 자신의 상태에 대해 책임을 지도록 단순하게 고무받았던 알콜중독자들이 포괄적인 치료프로그램을 제공받았던 걸맞춘 집단만큼 좋은 회복을 보였다(Edwards 등, 1977).

심한 음주가들은 덜 마시는 음주가들과는 완전히 다른 "부류"의 사람들인가? 몇몇 연구자들은 심한 음주가들이 병리적 행동으로 간주받아서는 안되며, 단순히 음주연속선상에서 심한 쪽에 있는 행동으로서 간주받아야만 된다고 제안해 왔다. 이러한 견해에서, 음주문제를 지닌 사람들은 그들이 더 많이 마시고 따라서 음주에 관련된 더 많은 문제들을 갖고 있는 것을 제외하고서 문제 없는 음주가와 아무런 차이가 없다(Sadava, 1978).

과식과 비만증

만성적 과식은 주요한 사회적 결과들(조소, 사교적 배척, 고정관념화), 심리적 영향들(낮아진 자존심) 및 생리적 영향들(인슐린수준의 변화들)을 갖고 있다. 생리적 수준에서, 사람들이 며칠 이상의 과식으로 적극적 체중증가의 기간을 갖게 될 때, 몇 가지 호르몬과 신진대사의 변화들이 일어난다. 증가된 수준의 인슐린이 생산되게 되면, 하나의 순환과정이 생겨서, 배고픔의 느낌을 증가시키고 따라서 더 많은 식사와 먹은 것에 대한 더 큰 저장의 촉진을 일으킨다. 인슐린의 기초수준들이 높을수록, 맛있게 보이는 음식의 시각, 사고 및 후각에서 더 많은 인슐린이 분비되게 된다(Rodin, 1977). 따라서, 몇몇 과잉체중인들, 특히 환경적 음식단서들에 대해 이미 매우 민감한 사람들은 만성적 과식의 한 결과로서 맛있는 음식들에 의해 유혹되게끔 신체적으로 "점화되게" 될 수 있다(Janis와 Rodin, 1979).

다이어트 수정들에 대한 행동적 접근들은 대개 다음의 3개의 단계들에 초점을 둔다: 현재의 식사습관들을 인식하게 되는 것, 문제의 식사습관들을 확인하는 것 및 문제의 습관들을 변경시키기 위해 특수기법들을 사용하는 것이다(Foreyt 등, 1980). 행동적 기법들은 음식섭취의 주의깊은 감독, 항상 동일한 상황에서의 식사, 작은 부분들을 먹는 것, 천천히 먹는 것, 음식을 완미하는 것, 적절한 식사행동을 고수하는 것에 대해 자신에게 보수를 주는 것을 포함한다(Jeffrey 등, 1978). 행동치료들은 대개 체중감소의 높은 시초의 성공을 일으켜 왔다. 불행하게도, 흡연중단 치료들에 대해서 처럼, 즉각적인 치료후 성공이 장기간에 걸친 변화의 유지에 의해 지속되는 일이 드물어 왔다(Leventhal 등, 1983).

체중감소 프로그램을 고안함에 있어서, 우리는 특수 다이어트들과 신체활동들을 갖고서 시작하고서 참가자들에게 규칙적으로 이러한 활동들의 각각을 행하도록 스스로 공적으로 개입되게끔 만들고 싶을 것이다. 흡연중단에 관한 연구들에서 일반적 신념과 개인적 신념 간을 구분짓는 것이 중요하다는 것을 회상하라. 개인적 신념들("다이어트하기는 나에게 체중감소를 도와 줄 것이다")은 의도들과 행위들의 중요한 결정요인들이다.

중독에 관한 귀인들의 영향

어떤 약물이나 기타의 강박적 행동의 사용이 개인적 존재의 중심으로 되게 될 때에는 언제나, 이 사람은 어떤 중독을 갖고 있다. 중독의 두 가지 특징들, 즉 내성증가와 의존성이 있다. 신체가 장기적 사용 때문에 어떤 물질에 적응함에 따라, 내성이 증가하며 이 사람은 그 물질이 효과를 내기 위해서는 더 많은 물질을 섭취해야만 된다. 의존성은 개인이 특수한 물질이나 활동이 없을 때에 상실이나 불안의 느낌들을 가질 정도로 그 약물이나 활동에 대한 욕구가 매우 심한 것이다. 과학자들은 "중독성 성격"과 같은 것이 있는지에 대해 불일치하고 있다(Lang, 1983). 그러나 충동성과 만족을 지연시킬 수 없음과 같은 어떤 성격특성들이 물질남용의 더 높은 확률에 연관되어 있는 것이 분명하다.

만일 개인이 자신이 어떤 약물에 중독되어 있다거나 자신의 행동이 알콜중독과 같은 "병"을 나타낸다는 자기귀인을 행한다면, 이것은 중요한 결과들을 가질 수 있다. 자신을 병자나 중독자라고 정의하는 약물사용자들은 자신의 행동을 설명해 주는 동시에 그 행동을 변경시키는 데 대한 개인적 책임을 모면케 해 주는 것 같이 생각되는 어떤 설명을 갖고 있다. 중독에 관한 어떤 자기귀인은 어떤 흡연자에게 이전의 끊는 데 대한 실패들에 대한 하나의 설명 뿐만 아니라, 흡연을 계속하는 데 대한 하나의 정당화(아마 부조화감소의 한 수단으로서)를 제공해 줄 것이다.

지각된 행동통제력이 이성적 행동모형에서 발전된 계획된 행동이론(Ajzen, 1988)에서 행동의 3가지 주요 결정요인들 중의 하나라는 점을 회상하라. 어떤 특정 행동을 중단하려는 의도의 가장 중요한 예언요인은 중단하는 것에 대한 자신의 성공가능성들에 대한 사람들의 지각들(Bandura의 용어들로는 자기효능성, 공포호소모형들에서 유능성)이다. 자기자신을 중독된 사람이라고 보는 사람들은 더 낮은 성공기대들과 덜 확고한 중단의도들을 갖고 있다(Eiser, 1982).

모든 연구발견들을 종합하면, 흡연, 과도한 음주 또는 약물사용과 같은 자기파괴적 행동들에 대한 태도들을 변화시키기 위한 가장 효과적인 기법은 위협에 대한 각각의 청중멤버의 개인적 취약성을 강조하는 신빙성있는 의사전달자들(예컨대, 동년령의 또래들)을 사용하고, 각 멤버의 자기 자신의 행동의 통제능력을 강조하고(중독이나 병을 강조하기보다도), 그 위협을 처리하기 위한 효과적 방법들을 제공해 주는 것들이다. 사회적 학습기법들과 효과적 또래모델들의 사용은 또한 중요한 방법들일 수 있다. 일단 확립된 후에, 행동변화를 유지시키는 것이 특히 곤란한 문제이다.

자기파괴적 행동들의 자기치유의 보편성

흡연, 알콜중독, 비만증 및 약물남용의 치료에 관한 연구들은 영구적 변화가 일어나기 곤란하다고 시사하면서 꽤 어두운 측면을 제시하고 있다. 연구들은 세 가지 표적행동들, 즉 흡연, 헤로인 및 알콜의 금단에 대해서 "성공적으로" 치료되었던 사람들의 60%가 치료후 3개월 이내에 그들의 이전의 파괴적 행동패턴들로 되돌아갔다는 것을 발견했다. 치료후 1년 경에, 75%가 그들의 이전의 행동패턴들로 되돌아갔다(Hunt와 Bespalec, 1974). 그렇지만 자기파괴적 행동들의 영구적 변화를 성취시키는 사람들의 능력은 실제로 이들 연구들이 시사하는 것보다 상당히 더 크다. 대부분의 연구들 내의 표본들은 가장 곤란한 케이스들, 즉 사람들이 제 힘으로 자신의 행동을 변화시킬 수 없었기 때문에 도움을 적극적으로 구했던 사람들을 나타낸다. 자기의 힘으로 흡연이나 과식을 성공적으로 중단시킨 사람들은 이들 연구들 속에 포함되지 않을 것이다. 이 점을 예시하기 위해서, Schachter(1982)는 하나의 소규모 조사에서 흡연을 중단하고자 이전에 시도했던 성인들의 64%가 마침내 성공을 거두었고, 비만이고 체중을 감소시키려고 시도했던 사람들의 63%가 체중을 줄이고 계속 유지시키는 데에 성공을 거두었다는 것을 발견했다. 그러나 보다 더 최근에, Cohen 등(1989)은 10개의 별개의 혼자서 끊는 흡연연구들의 결과들이 장기적 흡연중단율들이 단지 20% 내지 30%에 불과한 것을 내놓았다는 것을 지적하면서, Schachter의 결론들에 이의를 제기했다. 흡연을 중단하는 데에 성공을 거둔 사람들의 정확한 백분율을 얻기가 곤란하다. 이는 끊는 것이 하나의 단절된 사건이 아니라 역동적 과정이며, 성공을 거두기 위해서 많은 시도들을 요할 수 있기 때문이다. 공식 프로그램들에 참가하는 사람들은 혼자서 행하는 사람들과 거의 동일한 끊는 율을 갖는 것 같다. 따라서, 비록 연구의 관심이 자신의 행동을 변화시키는 데에 비성공적이어 왔던 사람들에게 주로 집중되어 왔을지라도, 많은 사람들이 자기의 힘으로 이러한 행동들을 변화시킬 수 있고 실제로 변화시킨다는 것을 염두에 두는 것이 중요하다. 필자는 이제 표면상으로는 무관련한 것 같이 여겨지는 두 개의 행동들, 즉 자동차안전벨트의 사용과 "안전한 성관계"를 갖는 것을 살펴볼 것이다. 이들 두 개의 행위들이 공통으로 갖고 있는 것은 이 두 개가 주요한 부정적인 의학적 결과들을 가질 기회들을 감소시키기 위해서 태도와 행동 변화를 내포하고 있는 것이다.

자동차안전벨트의 사용

자동차안전벨트의 비사용은 건강에 대한 중요한 결과들을 갖고 있는 하나의 통제가능한 행동이다. 어떤 자동차사고에서 당신의 사망가능성들은 당신이 안전벨트를 착용하고 있지 않을 경우에 4배나 더 많다(Gruber, 1986). 개인적 비극들을 접어두고서도, 사회에 대한 비용들이 거대하다. 그렇지만 1980년대 중반의 조사들은 85%의 미국인들이 자신의 안전벨트를 착용하는 습관이 없었다는 것을 나타냈다(Rudd와 Geller, 1985). 안전벨트의 사용에 의해서 달성될 수 있는 사망과 부상의 커다란 감소는 일어나지 않았다.

사람들이 안전벨트를 사용하지 않는 이유는 무엇인가? 적어도 세 가지 이유들이 있는 것 같다. 어떤 사람들은 아마 그들이 사고당한 자동차에 끼워져 있던 사람들에 관해서 들어 왔던 이야기들 때문에, 안전벨트의 사용이 오히려 어떤 사고에서 자기들이 사망할 가능성을 증가시킬 수도 있다고 잘못 생각하고 있다. 비록 2장에서 생생한 일화들(예 : 자동차에 끼워져 있던 피해자들에 관한 이야기들)이 통계적 정보보다도 행동에 영향주는 데에 있어서 일반적으로 더 강력하다고 지적되었을지라도, 정보 프로그램들이 이러한 사람들에 대해서 효과적일 수 있다. 다른 사람들은 단순히 벨트를 채우는 것을 잊었을 수도 있다. 이들에 대해서, 이들을 일깨워 주는 프로그램들이 효과적일 것이다. 우리는 이하에서 몇 가지 꽤 창의적인 일깨워 주는 기법들이 개발되어 왔다는 것을 보게 될 것이다. 또 다른 사람들은 그들이 남에게서 지시받는 것을 좋아하지 않기 때문에, 즉 그들이 심리적 반발을 느끼기 때문에, 안전벨트를 착용하는 데에 저항할 수 있다. 아마 법률의 변화들이 만일 실시되게 된다면, 종국에 가서 그들의 행동을 변화시킬 것이다.

법적 강제 1980년대에 미국의 주들은 안전벨트 사용을 장려하기 위한 입법적 조치를 취해서, 안전벨트 사용을 강제하는 법을 통과시켰다. 이러한 법률을 통과시킨 첫번째 주인 뉴욕에서, 안전벨트 사용은 13%에서 60%로 높아졌다(Carter와 Ferrari, 1987). 그러나, 일리노이주에서 비록 79%의 시민들이 그들이 안전벨트법을 찬성한다고 대답했을지라도, 단지 42%가 이 새로운 법이 발효된 후 몇 개월 내에서 안전벨트를 착용하는 것으로 관찰되었다(Gruber, 1986). 이 방법의 종국적 성공을 평가하기는 너무 이를지라도, 인지부조화이론(4장)에 관한 우리의 지식은 만일 법이 엄격하게 실시된다면, 이전에 안전벨트를 사용하지 않았던 사람들이 이러한 역태도적 행동(안전벨트의 착용)을 행하면서 부조화를 느낄 것이고 종국에 가서 안전벨트의 사용이 결국 좋은 일이라고 결정지음으로써 부조화를 감소시킬 것이라고 예언할 것이다. 그러나, 사회가 안전벨트착용을 일관되게 실시하기 위한 수단들을 가질 것 같지는 않기 때문에, 다른 태도적 및 행동적 방법들이 또한 유용할 것이다.

매스미디어의 캠페인들 미국 정부는 사람들에게 안전벨트를 사용하게끔 장려하는 공공 메시지들을 위해 수백만 달러를 사용해 왔다. 불행하게도, 대부분의 분석들은 그 결과로 안전벨트의 사용의 증가가 거의 또는 전혀 없다는 것을 발견해 왔다(Bruskin, 1969 : Kelley, 1979). 이러한 부정적 결과들은 안전벨트 사용을 증가시키게 될 매스미디어 캠페인을 만들기가 불가능하다는 것을 의미하지는 않지만, 우리가 4장에서 본 바와 같이 사람들을 설득메시지들에 단순하게 접촉시키는 것이 그 메시지가 행동에 어떤 영향을 주게 될 것을 보장하지는 않는다는 점을 또다시 증명한다.

행동적 조작들 보다 더 전망이 좋은 접근은 안전벨트의 사용에 대해 사람들에게 보수를 주는 것이다. 일련의 연구들에서, Geller 등은 안전벨트의 사용에 대해 유인들(복권들, 상품할인권들, 상들 등)을 제공하는 것이 안전벨트 사용을 실질적으로 증가시켰다는 것을 보였다(Geller와 Bigelow, 1984). 예컨대, Geller와 그의 동료들(1983)은 일과를 마치고서 퇴근하는 작업자들에게 안전벨트 사용을 권장하는 삐라를 제공했으며, 벨트착용자들은 또한 상들을 받을 기회를 제공받았다. 이 유인들은 기술직(시간제) 근로자들(사용이 3%에서 6%로 증가됨)보다도 사무직(봉급제) 근로자들(사용이 17%에서 51%로 증가됨)에게서 더 효과가 있었다. 그러나 1개월 후에 유인들이 더 이상 제공되지 않았을 때, 대부분의 운전자들이 안전벨트 사용을 일관되게 중지했다. 그렇지만, 한 집단의 근로자들이 계속 착용했다. 세 개나 그 이상의 유인들을 얻기 위해서 이전에 충분하게 응종했던 사람들의 대부분이 유인들이 중단된 후에도 자신의 안전벨트 사용은 계속했다; 이들에 대해서, 안전벨트 사용은 분명히 하나의 습관이 되었다.

다른 산업체들에서의 연구(Geller와 Hahn, 1984)는 상이한 응종기법들이 사무직이나 기술직 근로자들과 같이 상이한 집단의 사람들에 대해 가장 효과적일 수 있다는 것을 보였다. 이들 연구들은 적극적인 사용자의 관여, 유인들, 개인적 개입 및 동료의 압력이 모두 보건을 향상시키는 행동의 변화들을 일으키는 데에 기여할 수 있다는 것을 증명했다.

AIDS에 관련된 행동들의 변화

AIDS의 위험들에 관한 지식이 1980년대에 미국에서 극적으로 증가되었다. 그러나 행동변화는 일반 인구에서 보다 더 천천히 일어났다. 한 연구는 1980년대 말에 코네티컷주에서 대학생들을 연구했다(Fisher와 Misovich, 1989). 비록 그들이 AIDS에 관한 학생들의 지식에서의 실질적 증가들, 보다 더 안전한 성행동들에 대한 호의적 태도들 및 개인적 취약성에 관한 지각들의 증가를 발견했지만, 이것들은 학생들의 성행동들의 안전성에서 대응되는 증가를 분명하게 일으키지는 못했다. 성파트너들의 평균 숫자와 불안전한 성관행들이 1986년과 1988년 사이에 실제로 약간 감소되었다. 학생들의 반응들은 알콜이 그들의 AIDS에 대해 위험한 행동에서 하나의 중요한 역할을 할 수 있다는 것을 시사했다. 더 많이 음주하고 성관계와 음주를 병행했던 학생들이 비방어적 성교와 같은 AIDS에 대해 위험한 행동들을 행하는 경향이 더 많았다. 이와 비슷한 결과들이 미국의 로드아일랜드주와 캘리포니아주에서 발견되었다(Carroll, 1988; Baldwin과 Baldwin, 1988).

이러한 문제가 대학캠퍼스들에 한정되어 있는 것이 아니다. 비록 한 조사에 포함된 모든 14세 내지 19세 청년들의 모두가 그들이 성적으로 전염되는 병을 예방하기 위해서 콘돔이 효과적 방법이라고 믿었다고 대답했지만, 성적으로 활동적인 대부분이 그저 이것을 사용하지 않았다(Kegeles 등, 1988). 대부분이 한 명 이상의 성파트너를 가졌지만, 단지 2%의 여자들과 8%의 남자들이 자기들이 성교를 가질 때마다 콘돔을 사용한다고 보고했다. 많은 사람들에 대해서, 정보만으로는 행동변화를 일으키는 데에 충분치 못하다. 계획된 행동이론이 행동을 결정짓는 데에 포함된 3개의 핵심 변인들을 기술하고 있다는 것을 회상하라. 행동의도들은 행동에 대한 태도, 주관적 규범들(개인의 하위문화의 규범들의 지각과 이것들에 따르려는 개인의 동기) 및 행동에 대한 개인의 지각된 통제력에 의해서 영향받고 있다. 교육은 행동에 대한 태도들을 변화시킬 수 있다. 어떤 집단수준에서, 교육의 주제들은 또한 관련된 문화규범들에 영향을 줄 수 있다. 어떤 유형의 행동들(예컨대, "불안전한" 성행동들)의 바람직스러움에 관한 사회의 규범들이 변할 때, 이것은 만일 사람들이 그 규범들에 따를 동기가 있다면, 그들의 차후의 행동에 영향을 준다. 끝으로, 알콜이나 다른 약물들의 사용이 성적 상황에 대한 개인의 지각된 통제력에 영향줄 수 있다("나는 조심하는 것에 신경을 쓰기에는 너무 술이 취했다").

남자 동성애자단체가 집중적인 성교육 캠페인을 개시함에 따라 1980년대에 동성애 하위문화에서 성규범들이 급격하게 바뀌었다는 증거가 있다. 남자 동성애 사회에서의 AIDS의 확산은 상당히 느려져서(Winkelstein 등, 1987), 몇 명의 심리학자들(Stall 등, 1988)에게 AIDS 교육과 예방캠페인들이 전례없는 개인적 건강에 관련된 행동들의 가장 철저한 수정을 일으켜 왔다고 논평하게끔 만들었다. Stall 등은 자기충족성과 사회적 지원의 느낌들이 성행동패턴들의 변화들을 개시하고 유지시키는 데에 결정적일 것이라고 지적했다. 그 다음에 이 연구자들은 긴 기간 동안 행동변화를 유지했던 남자 동성애자들과 그렇지 못한 남자 동성애자들을 구분지었던 요인들을 찾아내기 시작했다(Des Jarlais와 Friedman, 1988).

지식만으로 항상 충분치는 못하다. 이 점에 관련된 한 사례로서, AIDS와 그 전염성에 관해서 "비상하게 높은" 수준의 지식들을 보였던 양성애적 및 동성애적 남자들의 집단들에 관한 한 연구는 약 2/3가 이전의 6개월 동안에 한 명의 파트너 이상과 매우 위험한 비보호된 성행위들을 가졌다고 보고했다는 것을 발견했다(Valdiserri 등, 1987). O" Keeffe 등(1990)이 최근에 지적한 바와 같이, 이것은 행동을 한편으로 상호관련된 태도, 지식, 의도들 및 기타의 심리적 요인들과 아울러 다른 한편으로 환경요인들의 결과라고 보는 사회심리학자들에 대해서는 거의 놀라운 일이 못된다. AIDS의 확산을 감소시키기 위한 성공적 프로그램들은 많은 일들을 수행해야만 된다. 즉 정보를 제공하고, 태도들을 변화시키고, 원하는 행동들을 실행하려는 동기를 증가시키고, 사람들에게 위험성이 높은 행동이 일어나기 쉬운 상황들을 인식하고 피하게끔 도와 주고, 사람들에게 영향기도들에 대해 저항하는 협상기술들(예 : "거부"나 "콘돔을 착용하시지요"라고 말하는 것)을 제공하는 것 등을 해야만 된다. 이것이 쉬운일은 아니지만 그 이익들은 엄청난 것이다. 1990년대가 시작됨에 따라, AIDS의 위협에 대한 반응들은 남자 동성애 사회에서 성 태도들과 행동상에서 커다란 변화들을 일으켜 왔다. AIDS 예방프로그램들이 종국적으로 일반 인구에서도 마찬가지로 성관계들의 성질에 관한 변화들을 일으킬 것인지는 시간이 말해 줄 것이다.

의학적 권고들에 대한 응종과 고수

응종과 고수의 중요성

의사에게 찾아가 볼 것인지를 결정함에 있어서, 당신은 일련의 의사결정들을 행해야만 된다. 당신은 먼저 의사의 치료를 받아야만 될지를 선택하고, 그 다음에 의사가 권하는 치료를 수용할 것인지를 결정해야만 된다. 그 이후에, 당신은 때로는 매일 약물치료를 받는 것, 운동을 하는 것 또는 당신의 식사습관들을 바꾸는 것과 같은 권고된 치료사항들에서 당신에 대해 설정된 모든 규칙들을 당신이 얼마나 양심적으로 따르려고 하고 있는가와 같이, 일련의 의사결정들을 행해야만 된다. 고수(adherence)는 보건심리학에서 하나의 중요한 개념이다. 의사가 일반적으로 개인의 행위들에 대해 직접적 통제력을 갖고 있지 않으므로, 고수에 대한 책임은 환자에게 있다. 만일 당신이 권고된 프로그램을 고수하기로 작정한다면, 당신은 이것을 자신의 처지에 맞추어서 행해야만 된다.

비응종과 비고수가 매우 흔한 이유

의사와 환자 간의 커뮤니케이션에서의 하나의 주요 문제는 약물치료나 생활양식의 변화들에 관한 의사의 충고에 대한 환자의 비응종(noncompliance)이다. 이 문제는 새로운 것이 아니다: 2000년 이전에, 히포크라테스는 의사가 "환자들이 자신이 어떤 약을 먹었다고 진술할 때에 흔히 거짓말을 한다는 사실을 계속 인식해야만 된다"고 지적했다(Haynes 등, 1979, p. 3에서 인용됨). 두 가지 유형의 비응종들이 있다(Raven, 1988). 즉 환자가 치료의 요구사항들을 잘못 이해하는 그릇된 응종(miscompliance)과 환자가 권고를 이해하지만 이것에 따르지 않는 응종반대(anticompliance)가 있다. 많은 의사들이 비응종의 정도를 알지 못한다(Witenberg 등, 1983).

그릇된 응종은 흔히 의사의 지시사항들을 잊어먹는 데에서 생긴다. 일련의 연구들은 평균적으로, 환자들이 약속 후의 두 시간 이내에 자신의 의사가 행했던 약 절반의 진술들을 잊어먹는다는 것을 발견했다(Ley, 1977). 환자들은 흔히 의사의 메시지가 불분명하거나 용어가 너무 전문적이기 때문에 자신이 들은 내용을 이해하지 못한다. 흔히 보건커뮤니케이션에서 사용된 곤란한 용어들은 환자의 이해수준을 넘어선다. 예컨대, 높은 혈압에 대한 전문용어인 긴장항진증(hypertension)은 높은 수준의 신경과민적 긴장을 뜻하는 것으로 널리 오해되고 있다. 몇 명의 연구자들(Ley 등, 1976)은 진단, 병원, 치료 및 예후에 관해서 환자들에게 제공된 정보의 약 절반이 이해되지 않았다는 것을 발견했다. 약 절반의 경우에 환자들은 처방된 약물치료를 지시에 따라 이행하지 않는다(Sackett, 1976). 표 19-2는 약물치료에 관한 충고를 따르지 못했던 환자들의 백분율들에 관한 세 개의 조사들의 결과들을 보이고 있다. 당신이 볼 수 있는 바와 같이, 의학적 충고에 따르지 않는 사람들의 비율은 6%에서 95%까지 큰 차이가 있었다.

규정식의 제한사항들, 흡연의 중단 및 운동을 더 많이 하는 것과 같이 습관적 행동들의 변화들이 권고되고 있을 경우에, 그릇된 응종(이해하지 못함)에다가 응종반대(응종않기로 결정하는 것)가 추가되고 있기 때문에 더 큰 문제들이 있다. 우리가 앞에서 본 바와 같이, 많은 참가자들이 체중조절과 흡연중단 프로그램들에서 탈락되며, 규정식의 제한사항들이 흔히 무시되고 있다(Kirscht와 Rosenstock, 1979). 고혈압의 조절에 대해서 "3분의 1"의 법칙이 적용되는 것 같다. 고혈압이 탐지된 사람들 중의 3분의 1이 두번째 혈압측정시에 나타나지 않으며, 다시 방문한 사람들 중의 3분의 1이 탈락하거나 치료에 들어가는 데에 실패하며, 치료에 들어간 사람들 중의 3분의 1이 자신의 혈압을 적절하게 조절하지 못한다(Leventhal과 Hirschman, 1982). 그 결과로, 고혈압의 모든 사례들 중의

표 19-2. 의사의 충고에 따르는 것. 환자들이 약물치료에 대한 충고에 따르지 못하는 빈도(%)

약물치료의 유형	연구자 Ley (1972)	 FDA* (1979)	 Barofsky (1980)
항생물질들	49%	48%	52%
정신과 약물	39	42	42
고혈압치료제	–	43	61
결핵치료제	39	42	43
기타 약물치료	48	54	46
비응종의 %의 범위	8-92	11-95	6-83

자료원 : * Food and Drug Administration(식품 및 의약국)

약 70%가 적절하게 치료되지 않고 있다.

개인의 이해와 의도 수준에 따라, 상이한 기법들이 응종을 증가시키는 데에 가장 효과적이기 쉽다. 지식과 이해가 적절치 못하고서 그릇된 응종이 일어났을 때에는 보다 더 명료한 정보가 가장 효과적일 것이다. 지식과 이해가 이미 적절할 때, 설득기법들이나 기계적 보조들이 응종반대를 극복하기 위해서 필요한 것이다. 많은 사람들이 효과적 책략들이 사용되게 될 경우에 응종향상책략들에 대해 긍정적으로 반응할 것이다. 보건실무자들은 그들이 진단, 치료 및 동정적 돌봄을 행할 때에 이해와 응종의 성취에 있어서 환자들과 동일한 수준의 노력을 기울일 의무를 지고 있다.

응종과 고수의 모형들

응종은 적어도 세 가지 관점에서 볼 수 있다 : 의학적 모형(medical model)은 실무자를 잘 알지 못하는 환자에게 도움을 주려고 행동하는 하나의 전문가로서 본다. 의사에 따르는 것이 환자에게 가장 이익이 된다. 따르지 않는 것은 무지, 게으름 또는 고의적인 무시를 시사한다. 이러한 접근에서의 연구는 응종적 인물과 비응종적 인물을 구분지어 주는 특징들을 탐구하게 될 것이다(따라서 환자에 대한 성향귀인들을 행하게 될 것이다). 이러한 접근은 연구자들이 응종적 환자들과 비응종적 환자들 간을 일관성있게 구분지어 주는 많은 성격특징들을 발견하는 데에 실패해 왔기 때문에 생산적이지 못해 왔다(Blackwell, 1973 ; Stunkard, 1979).

행동적 모형(behavioral model)은 고수를 증가시키는 방법들을 탐구한다. 예컨대, 다이어트와 체중조절에 관한 연구자들은 비만인들의 성격들에 관한 연구들에서 벗어나서 비만인들이 어떻게, 언제, 어디에서 그리고 얼마나 자주 식사하는가에 관한 연구들 쪽으로 이동해 왔다. 행동적 접근들은 이것들이 때로는 행동의 미래지향적이거나 목표지향적 성질을 고려하지 않고 있기 때문에 비평받아 왔다(Leventhal 등, 1983).

자기조절모형(self-regulation model)은 행동을 자극들에 의해서 압박당하는 것이라기보다도 목표들쪽으로 이끌리는 것으로서 본다. 이 모형은 만일 사람들이 건강위협들에 관한 자기 자신의 신념들을 발전시킨다면, 그들은 대개 이것들과 일치되게 행동할 것이라는 것을 강조한다. 어떤 유형의 행위가 취해지는가는 적어도 3가지 다른 요인들에 달려있다. 즉, (1) 개인의 자존심이나 유능감, (2) 문제상황들에 대한 개인의 책략들 및 (3) 개인의 특수한 대처행동들의 전체 목록과 이들 반응들의 효과에 관한 신념들이다(Leventhal 등, 1983). 이 모형은 장기적인 자기조절적 행위가 어떤 행동치료가 학습되게 되고, 개인 자신의 것으로서 간주되게 되고, 개인의 전체의 생활맥락 속에서 의미있는 경우에만 일어날 것이라고 예언한다.

이들 모형들간의 가장 중요한 차이는 이것들이 환자의 행동을 어떻게 보는가이다. 의학적 견해는 어떤 의학적 목표를 정의하고서, 병의 과정들이나 치료방법에 대한 환자의 관점이나 이해를 대체로 무시한다. 행동적 모형은 상황요인들을 살펴보기는 하지만 환자의 견해에 많은 관심을 두지는 않는다. 자기조절모형은 중재를 위한 적절한 단계들로서 병에 대한 환자의 견해와 환자의 견해의 내용을 살펴본다.

응종과 고수를 향상시키기 위한 기법들

의학적 메시지들의 개선 의학적 권고들의 오해나 망각이 매우 보편적이기 때문에, 하나의 중요한 단계는 환자가 이해하고 기억하기 위해서 이것들을 보다 더 분명하고도 용이하게끔 만드는 것이다. 커뮤니케이션을 개선하는 효과적 방법들은 지시들의 단순화, 의사에 의한 반복, 환자에 의한 반복, 글로 된 지시들의 사용 및 일반적 진술들보다도 특수한 진술들의 사용을 포함한다. 이들 각각의 기법은 환자들에 의한 이해를 향상시키는 데에 효과가 있다고 밝혀져 왔다(Ley, 1982).

몇 개의 연구들은 비록 장기간보다도 단기간의 약물치료에 대해 응종이 더 많이 향상될지라도, 이해의 증가가 일반적으로 더 나은 응종을 일으킨다는 것을 보인다(Morris와 Halperin, 1979). 이해의 향상을 돕기 위해서, 미국 의학회는 환자 약물치료지시 프로그램(PMI)을 도입시켰다. PMI 지시양식은 보편적으로 처방되는 많은 약물들에 부수되어 있으며, 약물치료의 사용방법들, 그 약물을 사용하기 전에 의사에게 보고할 상태들, 그 약을 적절하게 사용하는 방법 및 가능한 부작용들을 기술한다(Levine, 1984). 이와 같은 간결하고도 직접적 지시들은 오해의 소지를 더 적게끔 만든다.

장기간의 약물치료들을 위해서, 행동을 위한 계획을 작성하는 것이 중요하다. 그 사람은 행동을 일상적 일과로 통합시키고, 행동을 위한 단서들을 알아내고, 행동이 원활하게 수행될 수 있게끔 행동을 연습하는 것을 배워야만 된다. 치료하는 의사전달자는 먼저 환자가 지향하고 있는 목표들을 확인하고 건강문제에 대한 환자의 견해를 이해해야만 된다. 그 다음의 과제는 정의된 목표들에 도달하는 데에 필요한 기술들을 가르치는 것이다. 만일 환자가 행동적 좌절들을 처리하기 위한 새로운 책략들을 적극적으로 탐색하는 하나의 문제해결자로서 자기 자신을 보는 것을 학습한다면, 이것은 그 사람으로 하여금 효과적 책략들과 행동들의 사용을 계속하게끔 동기화시키는 데에 도움을 주는 유능감들을 증진시킨다.

약물치료에 요구되는 행동에 관한 특수한 지식이 결정적이다. 의사가 처방하는 약들이 많을수록, 지시들을 지키기가 더 곤란하다. 또한 하루에 몇 번이나 약물치료를 해야만 되는 것은 더 흔히 틀린 시간들에서 행하게끔 만든다. 환자들의 생활의 습관적인 일들에 약물치료의 시간과 양을 맞추는 것이 실수들을 감소시킨다(Norell, 1979). 의사들은 실수들이 덜 일어나게끔 환자에게 처방되는 약물들의 숫자를 치료목표들에 일치되는 최소의 숫자로 줄여야만 된다(Hulka, 1979). 명료하고 기술적인 약병들상의 명칭은 환자가 약물치료의 방법에 대한 하나의 손쉬운 참고물과 아울러 회상보조물을 갖게끔 도와 준다.

환자와 의사 간의 관계 의사와 환자 간의 상호작용들을 이해하는 하나의 생산적인 방법은 상호작용 자체에 초점을 두는 것일 것이다. 모든 이러한 논의에서, 환자(또는 내담자)는 일종의 문제해결상황 속에 있다. 환자는 그 상황에 대한 전문가의 사상도식에 부합시키기 위해서 어떤 종류의 정보가 얻어져야만 되는가를 알아내야만 된다(Hunt와 McLeod, 1979). 연구는 환자와 의사의 기대들이 일치하고 환자의 기대들이 치료시간 동안에 충족되게 될 때, 환자가 일반적으로 만족하고 의사의 지시들을 고수하기 쉽다는 것을 나타낸다(Leventhal 등, 1983). 환자들은 그들이 의사가 청취했고, 자기들의 의학적 상태를 설명하는 데에 충분한 시간을 썼고, 전화로도 접촉할 수 있었고, 자기들을 사람으로서 관심을 두었다고 만족했을 경우에, 특정의 치료자를 또다시 만나고 싶어하는 경향이 더 많다.

많은 환자들은 그들이 자신이 원하는 것 만큼 많은 정보를 자신의 의사로부터 얻지 못하기 때문에 불만을 갖고 있다(Ley, 1988). 대다수의 환자들은 가능한 한 자신의 병, 즉 그 원인들, 치료방법들 및 결과들에 관해서 많이 알고 싶어한다. 환자들은 대개 전문가들이 그들에게 알려주고 싶은 것보다 자신의 약물치료에 관해서 더 많이 알고 싶어한다(Fleckenstein, 1977 : Joubert와 Lasagne, 1975). 많은 보건전문가들은 환자들이 암의 진단이나 특수 치료법의 위험성들과 같은 문제들에 관해서 알아야만 된다고 생각하지는 않는다. 그들은 그러한 정보들이 좋지 못한 정서반응들, 응종의 감소, 불안한 과잉걱정 및 약물의 부작용들의 더 빈번한 보고를 일으킬 것이라고 예언한다. 그러나 연구는 이것이 일어나지 않는다는 것을 나타낸다. 대부분의 연구들은 환자들에게 약물들의 부작용들에 관한 정보를 제공하는 것이 그들이 그것들을 경험하거나 보고하는 빈도를 증가시키지 않는다는 것을 발견해 왔다(Ley, 1982). 더 많은 정보교환은 흔히 응종과 회복에 대한 유익한 효과들과 더불어 커뮤니케이션을 증진시킨다.

환자들에게 자신의 의사와 함께 행하는 의사결정들에 보다 더 적극적으로 참가하도록 허용하는 것은 4개의 특수한 이점들을 낳을 수 있다. 즉, (1) 보다 더 완전한 의사소통들, (2) 치료에 대한 보다 더 현실적인 기대들, 따라서 충족되지 못한 기대들에 기인되는 분노의 기회들의 감소, (3) 의학적 의사결정의 개선 및 (4) 환자의 더 큰 고수와 응종이다. 이들 각각의 효과를 지지하는 연구증거가 있다(Brody, 1980).

환자가 권고에 응종하게 될 가능성은 환자의 기존의 태도, 응종에 대한 사회적 지지의 양 및 응종이 얼마나 용이할 것인가에 달려 있다. 연구는 사회적 지지의 정도, 즉 중요한 타인들이 행동에 대한 지원을 제공해 주는 정도가 결정적이라는 것을 나타낸다. 타인들, 특히 가족들로부터 도움과 인정을 얻을 수 있는 사람들은 식이요법에 따르는 경향이 더 많다(Green, 1979). 이 시점에서 연구증거는 정서적 지지가 병의 발전을 억제할 수 있는 여부에 관해서 혼합되어 있다(Rodin과 Salovey, 1989). 그렇지만, 분명한 것은 사회적 지지가 치료와 회복을 증진시키는 데에 있어서 중요한 긍정적 역할을 한다는 것이다(Wortman, 1984). 사회적 지지는 스트레스를 줄이고, 사람들에게 치료 식이요법을 고수하는 데에 도움을 주고, 통제력의 느낌들을 증가시킬 수 있다.

사회적 세력 흔히 의사는 환자에게 규칙적으로 약물치료를 행하거나 진료약속들을 지키거나 자신의 생활양식을 바꾸도록 만들기 위해서 사회적 영향을 사용하고 싶어한다. 의사는 어떤 유형의 사회적 세력이 가장 효과적인가를 결정해야만 된다. 의사에 대한 사회적 세력의 가장 분명한 기초는 전문성세력이다. 규정된 역할관계(의사－환자)에 기초된 합법적 세력이 또한 관련있다.

그러나, 이 두 가지 기법들은 환자로부터 의사를 멀어지게끔 만들어서, 환자에게 의

특별논의 19－1. 의사－환자 간의 의사소통

환자들과 효율적으로 의사소통하기 위해서 의사는 두 가지 일반적 일들을 행해야만 된다: (1) 환자에 대한 걱정과 관심을 전달하고, (2) 행동에 대한 특수한 지시사항들을 전달한다. 다음의 단락은 어떤 의사가 어떤 어머니에게 자기가 그녀의 아기에게서 진단했던 어떤 유전문제에 관해서 이야기할 때에 첫번째 기준을 분명하게 어긴 사례를 기술하고 있다. 이 의사의 외견상의 관심부족은 이 부모가 자기들에게 제시되는 어떤 지시사항들에 따르게끔 강력하게 동기화될 가능성이 적게끔 만든다.

그(의사)는 자신의 말들이 나에게 주는 영향을 알지 못했다. 나는 나 자신에게 엄습하는 죄의식, 열등감 및 가망없음의 몇 갈래의 느낌들 속에서 냉정을 유지하려고 애쓰면서 그 곳에 서 있었다. 나는 그의 두 눈에서 눈꼽만큼의 걱정의 신호를 기를 쓰고서 찾으려고 들었다. 나는 정확한 진단을 내리게 된 긍지로 만족해 하는 이 남자가 하나의 동료 인간으로서 나에 대해 눈꼽만큼이나마 걱정을 했다는 것을 느끼고 싶었다. 그의 얼굴에 떤 거의 능글맞음의 표정은 나에게 다른 것을 알게끔 만들었다. 이 의사는 단지 몇 분 이내에 자진해서 신, 유전상담자 그리고 나의 자아와 긍지를 꺾어버리는 사람의 3가지 역할을 해냈다. 나의 남편과 나에게 다가온 관을 덮은 보가 들리워지는 데에는 오랜 시간이 걸렸다. 우리의 정서들은 죄의식에서 수치심과 자기증오로 그 다음에 공포로 급변했다. 우리는 어떻게 우리의 아기에게 이러한 무서운 짓을 했었단 말인가? 우리는 완전히 제정신이 아니었다. 아마 만일 우리가 이 병에 관해서 더 많은 정보를 가졌더라면, 우리는 보다 더 이성적으로 행동할 수도 있었을 것이지만, 이것조차 의문스러울 것이다. 그 의사의 태도 자체가 우리에게 그렇게 반응하게끔 만들었던 것이다(McKay, 1974, p. 66).

사의 걱정의 깊이를 의심하게끔 만들 수 있다. 보수세력과 강요세력은 의사가 보수들과 처벌들에 대한 통제력을 갖고 있지 않기 때문에 대개 관련성이 적다. 정보적 세력이 의사들에 의해 빈번하게 사용되고 있지만, (우리가 보아 온 바와 같이) 항상 효과적이지는 않다. 흔히 의사들은 일부 그들이 환자가 얼마나 적게 알고 있는지를 모르기 때문에, 자신의 권고에 대한 효과적 증거를 제공하는 데에 실패한다.

건강증진에서 강요세력과 보수세력의 하나의 혁신적 활용은 **조건부 계약**(contingency contracting)이다(Raven, 1988). 변화를 원하는 내담자는 프로그램에 들어올 때에 상당한 보증금을 걸도록 요구받게 된다. 이 보증금은 내담자가 식이요법에 따랐을 때에 점차적이거나 한꺼번에 반환되게 된다. 이 기법은 알콜중독환자들에 대해 다소 성공적으로 사용되어 왔다(Nathan과 Briddell, 1976). 이 기법은 강요적 측면보다도("만일 당신이 따르는 데에 실패한다면, 우리는 당신의 보증금을 몰수하는 벌을 당신에게 줄 것이다") 보수적 측면("우리는 이 돈의 모두를 당신에게 되돌려 주는 보수를 주게 될 것이다")에서 제시되었을 때에 더 효과적일 가능성이 있다.

앞 장에서 본 바와 같이, 보수나 강요에 기초된 사회적 영향은 보수를 주거나 처벌을 줄 수 있는 사람들에 의한 감독에 의존하는 응종만을 일으킨다. 이와는 반대로, 준거적, 정보적, 합법적 또는 전문적 세력은 개인적 수용을 일으킬 수 있다. 개인적 수용은 계속적 감시에 의존하는 단순한 응종보다도 장기간 지속되기가 더 쉽다.

사람들은 그들이 어떤 권고된 행위과정을 수행하기로 결정할 때에 세 개의 결정적 단계들을 통과해 간다(Janis, 1983). 첫째로, 치료자는 하나의 중요한 준거인물로서 동기화시키는 힘을 가져야만 된다. 의사는 환자에게 개인적 느낌들을 털어놓게끔 고무시켜야만 되며 수용으로 반응해야만 된다. 두번째 단계에서, 치료자는 하나의 **규범을 전달하는 의사전달자**(norm-sending communicator)로서 기능함으로써, 즉 환자에게 필요한 행동코스를 이행하게끔 고무시킴으로써 자신의 동기화시키는 힘을 활용하기 시작한다. 의사는 권고들을 제시할 때에 지원적 관계를 해침이 없이 사회적 강화를 사용한다. 셋째로, 치료자는 환자들에게 권고된 변화들을 내면화시키게끔 고무시켜서, 그들이 그 행동을 의사의 전문성이나 사회적 세력 보다도 자기들에게 귀인시키도록 만들 수 있다. 필자는 가장 전망이 좋은 두 가지 유형의 사회적 세력, 즉 준거세력과 정보세력을 이하에서 보다 더 자세하게 논의할 것이다.

준거세력의 사용 몇몇 의사들이나 간호사들은 자기들의 직업적 과업들에 매우 열심히 집중하고 매우 사무적이어서, 그들은 환자의 현재의 곤경이나 장차의 복지에 관해서 아무런 관심을 표명하지 않는다. 이들 치료자들은 실제로 그들의 정보적, 합법적 또는 전문적 세력에 크게 의존하는 것 같지만, 준거세력을 또한 획득함으로써 생길 수 있는 환자들에 대한 자기들의 능력의 잠재적 증가를 등한시한다.

준거세력은 의사에 대한 환자의 동일시에 기초되어 있다. 앞에서 지적된 바와 같이, 효과적으로 사용될 때에 준거세력은 안심과 신뢰의 느낌들을 일으킨다. 그러나 유사성을 강조할 수 있는 준거세력은 차이와 우월성의 지각에 기초되어 있는 전문성세력이나 합법성세력과 모순될 수 있다. 사람들은 의사들에게 우수한 지식을 귀속시키는 동시에 의사들을 기본적으로 자기 자신과 비슷하다고 보기가 곤란할 수 있다.

사회적 강화를 제공하는 의사들은 강한 유대를 구축하고 유지시키며 그들의 환자들이나 내담자들에 대해 중요한 준거인물이 될 수 있다. 예컨대, 치료적 관계가 단순히 의사가 자신의 성을 빼고 이름만을 사용해서 소개함으로써 촉진될 수 있다는 증거가 있다(Raven, 1982). 다른 단계는 자신과 환자 사이의, 특히 신념들, 태도들 및 가치들의 측면에서의 유사성들을 강조하는 것이다. 치료의 목표에 기여하는 특별한 성취들이나 의도들에 대한 칭찬이 도움이 된다. 또한 유익한 것은 내담자에게 어떤 약점들과 단점들이 분명히 있을지라도, 하나의 가치있는 인물로서 높은 존중을 받고 있다는 것을 전달하는 "수용적 진술들"이다. 완전히 사무적인 것이 아니고 걱정의 순수한 느낌에서 자진해서 도움을 주려고 하는 태도가 중요하다. 특별논의 19-1은 준거세력을 구축할 수 있는 자신의 기회를 분명히 이용하지 않은 의사의 상황을 기술하고 있다.

환자들이 오로지 의사의 강요세력이나 보수세력 때문에 응종할 때, 그들은 자신의 응종을 외부요인들에 귀인시키기 쉬우며 자기 자신을 자신의 건강에 대해 개인적 책임을 지고 있다고 지각할 가능성이 적다. 따라서 보수나 강요가 더 이상 그 곳에 없게 될 경우에, 치료 식이요법에 대한 응종은 사라지게 될 것이다. 이와는 반대로, 준거세력의 활용은 의사의 권고들의 내면화를 일으키기가 더 쉽다. 계속적 감시가 없이 환자에 의한 자발적 행위를 요하는 모든 치료에 있어서, 내면화가 필수적이다.

정보적 세력의 활용　정보적 세력은 의사의 커뮤니케이션의 실제의 내용에 기초되어 있다. 만일 효과적이라면, 정보적 세력은 내담자가 메시지를 수용했고 그 결과로 자신의 행동을 변화시켰기 때문에, 오래 지속되는 안정된 변화를 일으킬 수 있다. 이러한 행동변화에는 어떤 내부적 자기귀인이 수반되게 된다: "나는 나 자신이 이것이 나에게 가장 좋다고 보았기 때문에 나의 행동을 바꾸었다." 정보적 세력은 또한 사회적으로 독립적인 변화, 즉 (준거세력이 할 수 있는 것처럼) 감시나 영향을 주는 자와의 계속적인 의존적 관계를 요하지 않는 변화를 일으키는 유일한 세력의 기초이다(Raven, 1988).

그러나 이러한 접근의 주요 제한점은 흔히 의사의 메시지 속에 있는 정보가 혼동을 주거나, 너무 전문적이거나, 너무 짧거나, 모순적이라는 것이다. 의사들이 자신의 청중의 이해수준에다가 자신의 메시지를 조절하는 것을 배우고, 환자가 지시받은 내용을 이해하지 못하고 있다는 단서들에 민감해지게 될 때에만, 정보적 세력이 가장 효과적으로 활용되게 될 것이다.

예비연구는 어떤 유형의 세력들을 사용하는 의사들이 다른 세력근거들을 사용하는 의사들보다도 더 큰 개인적 수용을 일으킬 것이라는 생각을 지지한다. Brown과 Raven(1986)은 학생들에게 그들이 있을 수 있는 부작용들 때문에 처음에는 망서렸을 때에, 어떤 약물치료를 받으라는 의사의 권고가 얼마나 훌륭한 생각이라고 간주하게 될 것인가를 말하게 했다. 각 학생에게는 세력기초들 중의 하나를 대표하는 의사에게서 나온 진술이 제시되었다. 도 19-4가 나타내 주는 바와 같이, 의사의 정보적, 준거적 또는 전문적 세력에 기초된 권고를 제시받았던 학생들이 그 권고가 훌륭한 것이라고 생각할 가능성이 가장 많았다.

고수를 증가시키는 기타의 방법들　어떤 치료에 대한 개인의 개입을 공표하는 것이

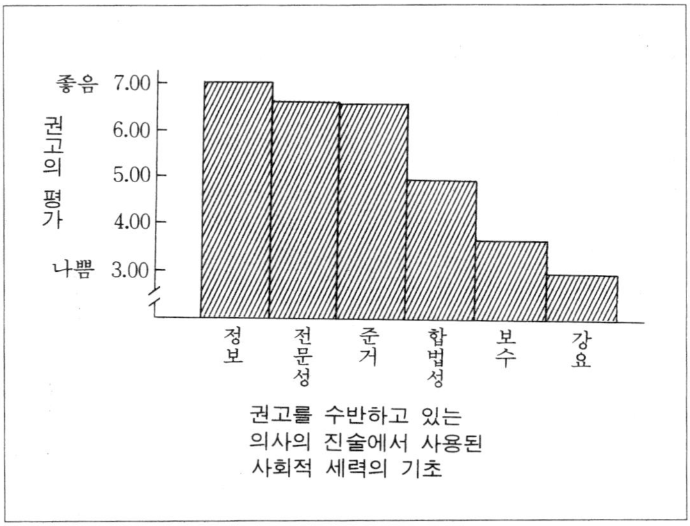

도 19-4. 의사의 사회적 세력과 환자들의 권고 수용. 학생들이 "의사의 권고(하루 네 번 약을 복용함)에 따른 후에도, 당신은 그 권고가 훌륭한 것이거나 나쁜 것이라고 생각합니까?"라고 질문 받았다. 답변들은 1 = "매우 나쁜 권고"에서 9 = "매우 좋은 권고"의 범위에 이르는 9점 척도상에서 제시되었다. 자료원 : Brown과 Raven(1986).

흔히 도움이 된다. 만일 사람들이 의사와 같이 존중받는 사람에게 자신의 의도를 선언하도록 유도되게 된다면, 그들은 단지 예상된 사회적 불인정에 의해서 뿐만 아니라 예상된 자기불인정에 의해서도 또한 그 의사결정에 계류되게 된다(Kiesler, 1971). 스트레스를 주는 상황들에 대해 가장 효과적인 대처책략이라고 Janis와 Mann(1977)에 의해서 기술된 경계(vigilance)는 "대차대조표 절차"(balance sheet procedure), 즉 환자에게 치료를 계속하는 것과 중단하는 것의 이해득실에 관한 정보를 제공해 주는 것에 의해서 높아질 수 있다. 연구들은 대차대조표를 제시받았던 사람들이 동일한 일반적 정보를 제시받았지만 대안적 행동코스들의 이해득실을 고려하도록 고무받지 않았던 사람들보다도 의사가 처방내린 규정식들(Colten과 Janis, 1982)과 처방된 운동프로그램들(Hoyt과 Janis, 1975)을 고수하는 데에 더 성공적이었다는 것을 보여 왔다.

병원에서의 사회적 세력의 사용들 : 하나의 예

미국에서 매년 병원에 입원하는 수백만 명의 환자들 중의 약 5%가 병원에 있는 동안에 새로운 감염을 갖게 될 것이다. 매년 15000명의 미국인 환자들이 병원에서 얻은 감염으로 죽는다(Raven과 Haley, 1982). 병원 내의 감염들이 병원들에서의 집중적인 감염감시와 통제프로그램들로 약 50% 감소될 수 있다고 추정되어 왔다(Bennett, 1978). 미국의 국가적 규정들에 의하면, 각 병원은 한 명의 전염통제간호사(ICN), 즉 전염병학과 전염병들을 전문으로 배웠고 병원의 전염들을 탐지하고 기록하며 전염예방대책들을 실시하는 책임을 지고 있는 등록된 간호사를 두어야만 된다.

그러나 의사들과 간부간호사들은 ICN의 정책들을 지킬 것인가? 이를 알아내기 위해서, Raven과 Haley(1982)는 수백 개의 병원들에서 300명 이상의 ICN들과 700명 이상의 간부간호사들을 면접했다. 사회심리학적 관점에서 특히 관심있는 것은 전염통제정책

표 19-3. 여러 유형의 세력들의 사용. 전염통제 간호사들(ICN들)의 여러 세력근거들의 사용이 간부간호사들과 의사들에게 영향을 줄 가능성에 대한 평균 평가들

세력기초	표적인물	
	의사	간부간호사
강 요	0.17[a]	0.71
보 수	0.06	0.57
합 법 성	0.65	0.86
전 문 성	1.54	0.70
준 거	0.88	0.86
정 보	1.79	1.88

a: 점수들은 0 = 가능성 없음에서 2 = 매우 가능성이 있음의 범위에 있었다. N = 427.
자료원: Raven과 Haley(1982).

들에 대한 간호사들과 의사들의 지킴에 미치는 지위와 사회적 세력의 영향들이었다. 당신이 추측할 수 있는 바와 같이, 지위가 큰 차이를 일으켰다. ICN들은 의사보다도 전염통제조치를 위반한 낮은 지위의 사람(책임 간호사, 간부간호사 또는 실험실기사)에게 어떤 것을 말하는 경향이 더 많았다. 간부간호사들은 동일한 위반에 대해 의사보다도 다른 간부간호사들을 신고하는 경향이 훨씬 더 많았다.

ICN들과 간부간호사들은 또한 간부간호사들이 ICN의 권고들에 따르는 데에 영향주는 데에 있어서 상이한 유형의 세력들의 효과를 평가하도록 요구받았다. ICN들은 정보적 세력이 가장 효과적 기법일 것이라고 생각한 반면에, 대다수의 간부간호사들은 전문성 세력이 가장 효과적 기법일 것이라고 생각했다. 이러한 발견은 ICN은 만일 그녀가 (94%의 ICN들이 여성이다) 전문성 세력을 더 자주 사용한다면, 더 큰 양의 사회적 영향력을 가질 수 있다는 것을 시사한다.

ICN들은 의사들의 행동에 영향을 주고자 할 때에 자기들이 정보적 및 전문성 세력을 사용했다고 대답했다(표 19-3). 비록 의사들을 다루는 데에 있어서 ICN들의 전문성 세력의 사용이 놀라운 것 같지만, 이 연구자들은 ICN들의 전문성 세력의 선택이 다른 수단들, 특히 강요와 보수의 영향들이 의사들을 취급하는 데에 있어서 매우 비효과적이라는 그들의 지각에서 나왔다고 시사했다; 전문성은 그들의 소수의 나머지 선택들 중의 하나일 것이다. ICN들은 간부간호사들을 취급할 때에는 그들이 보다 더 크게 다양한 영향력들을 소지하고 있다고 느꼈다.

고찰: 응종과 고수의 증가방법들

응종과 고수를 증가시키는 데 대한 중요한 요인들이 표 19-4에 요약되어 있다. 일반적으로, 이것들은 의사와 환자 간의 관계의 질의 향상, 메시지 자체의 명료성의 향상 및 요구된 행동들을 가능한 한 간단하고도 명확하게끔 만드는 것을 포함한다. 약물들의

효과들에 관한 분명한 피드백을 제공하고 식이요법을 따르는 데 대해 강화(인정이나 금전과 같은)를 사용하는 기법들이 효과적이다(Epstein과 Cluss, 1982).

종합적으로, 연구발견들은 몇 가지 일반적 결론들을 시사한다: (1) 특정 환자들의 장점들을 동원하기 위해서, 환자들을 건강을 돌보는 과정 속에 책임있는 참가자들로서 포함시키는 것이 유익하다. 이 포함은 과거 수백년 동안에 지배적이어 왔던 역할 정의들(의사-환자)상에서의 어떤 변화들을 요할 것이다. 우리는 또한 더 큰 책임을 부여받은 것으로부터 도움을 받게 될 환자들과 책임을 이해할 수 없는 환자들 간을 구분짓는 방법을 배울 필요가 있다. (2) 건강을 보살펴 주는 사람들은 자기들의 환자들의 행동의 저변에 있는 심리적 과정들을 이해할 필요가 있다. 예컨대, 환자들의 개인적 특징들과 사회문화적 배경들은 어떤 종류의 고수기법들이 가장 효과적이게 될 것인가에 영향을 줄 수 있다. (3) 심리적 과정들의 이해는 정보를 전달하고 지원을 제공하는 대인관계기술들과 연결되어 있어야만 된다. 지식은 실행될 수 없을 경우에는 거의 가치가 없다. 이들 처음의 세 가지 요인들의 중요성은 과잉진술될 수가 없는 것들이다. Hall 등(1988)에 의한 41개의 연구들에 대한 메타분석은 의사들이 자기들의 환자들과의 "파트너 관계 구축"을 수행했고 자주 사회정서적 행동들(예: 몸을 앞으로 기울임, 눈마주침을 유지시킴, 온정을 보임, 환자의 욕구들과 질문들에 세심한 관심을 기울임)을 보였을 때, 치료성과들이 일반적으로 더 성공적이었다는 것을 발견했다. 부가적으로, 사람들은 상호작용의 통제적 스타일보다도 친화적 스타일을 지닌 의사들에 대해 더 많은 만족을 느낀다(Buller와 Buller, 1987). (4) 건

표 19-4. 치료 식이요법들에 대한 응종과 고수를 증가시키기 쉬운 요인들

식이요법의 원천(건강 실무자)	커뮤니케이션	응종과 고수 행동
의사가 동기화시키는 세력을 갖고 있다	분명하고, 모순이 없고, 이해가능한가	비교적 용이하고 복잡하지 않은가
의사가 걱정과 관심을 갖고 있다고 간주되고 있다	환자에 대해 "개인적으로" 대하고 있는가	환자의 기존의 태도들과 합치된다
환자는 일반적으로 의사에 대해 만족을 느끼고 있다	의사와 환자에 의해 반복되고 있는가	중요한 타인들에 의해 사회적으로 지지받고 있는가
의사는 규범을 전달하는 의사전달자이다	환자에게 몰개성화된 것을 느끼게끔 만들지 않는다	환자에게 그 행동을 수행하는 데에 유능하다고 느끼도록 만든다.
의사는 준거세력과 정보세력을 사용한다	환자에게 치료의 이해득실(대차대조표)을 인식시킨다	환자의 전체 생활맥락 속에서 "의미있다"
의사는 환자에게 권고된 변화들을 내면화시키도록 고무시킨다	환자에게 책임있는 참가자인 것처럼 느끼도록 만든다	환자에게 행동에 대해 공개적으로 개입시킨다

강을 돌보는 사람들은 자기들의 환자들이 흔히 처리하고 있는 인지적 또는 정서적 과부하의 조건들을 인식할 필요가 있다. 높은 수준의 정서적 흥분들(자기가 어떤 심각한 병을 갖고 있다고 방금 들었을 때처럼)은 환자들의 이해능력을 방해하고 그들이 제시받고 있는 정보에 작용할 수 있다. 의료인들은 정보를 전달함에 있어서 이러한 일들을 고려할 필요가 있으며 또한 환자에 대한 압력을 경감시키는 방법들에 민감하게 될 필요가 있다.

끝으로, (5) 심리적 과정들에 대한 더 큰 이해는 한 사람이 다른 사람의 신념들이나 행동에 영향을 주고자 기도할 때에는 언제나 제기되는 윤리문제들에 대한 민감성을 갖고서 사용되어야만 된다. 설득에 대한 사회적 세력의 중요한 원천들이 되는 사람들은 자기들의 세력을 매우 조심해서 그리고 민감성을 갖고서 사용해야만 된다. 의사들은 또한 자기들이 도달하는 결정들이 각 개인에 대해 가장 적절한 결정들이라는 것에 대해 매우 조심해야만 된다. 예컨대, 비록 의료팀들이 그들의 의사결정에서 집단사고(14장)의 가능한 발생의 측면에서 아직 연구되어 온 바가 없을지라도, 의료계통의 의사결정자들의 집단들이 집단사고에서 나오는 불량한 의사결정들을 저지르지 않을 것이라고 믿을 만한 아무런 근거가 없다. 이러한 모든 요인들의 결정적 중요성을 인식하고서, 최근에 의과대학들은 의학도들에게 우리가 위에서 분석해 온 중요한 문제들에 관해서 가르치는 "대인관계기술훈련프로그램들"을 개발해 왔다(Burchard와 Rawland-Morin, 1990).

질병의 원인들로서의 행동요인들

스트레스

스트레스와 병 심리적 요인들이 병을 일으킬 수 있다는 생각은 새로운 것이 아니다. 위대한 의사이며 선구적 연구자인 William Harvey 박사는 1628년에 고통이나 유쾌, 희망이나 공포를 수반하고 있는 마음의 모든 정서들이 동요의 원인이며 이것들의 영향은 심장으로까지 확장된다고 진술했으며, 프랑스인 의사인 Trousseau는 1882년에 분노가 사망을 일으킬 정도로 심장병을 악화시킬 수 있다고 시사했다. 그 후 얼마 되지 않아서, William Osler(1892)는 관상동맥질환을 "사람들이 당면하고 있는 높은 긴장과 인간이라는 기계를 최대의 능력까지 작동시키는 습관"에다가 귀인시켰다. 우리는 18장에서 몇 가지 환경적 스트레스들, 즉 과밀, 과도한 소음, 열 및 대기오염의 심리적 영향을 분석했다. 우리는 스트레스가 1979년의 펜실베이니아주의 쓰리마일아일랜드의 원자력발전소에서의 사고와 같이 스트레스를 주는 외부적 사건들에서도 생길 수 있다는 것을 보았다.

어떤 사건을 스트레스로 만드는 것은 무엇인가? 한 사람(예: 부모)에 대해 스트레스를 준다고 간주되고 있는 어떤 사건(예: 큰 소리의 로큰롤음악)이 어떤 다른 사람(예: 어떤 십대)에게는 스트레스를 준다고 여겨지지 않을 수 있으므로, 어느 정도 이것은 보는 자의 시각에 달려 있다. 스트레스(stress)는 어떤 사람의 환경에 대한 평가가 위협과 잠재적 해가 크며 이것을 처리하기 위한 자원들(시간과 주의와 같은)이 최소라는 것을 나타낼 때에 느껴지게 된다(Lazarus와 Folkman, 1984). 스트레스를 주는 사건들은 이것들이 사랑하는 사람의 사망과 같은 어떤 중요한 상실을 포함할 때, 재적응을 요하는 다양한 생활스트레스들의 축적(예컨대, 같은 달에 대학을 졸업하고, 결혼하고, 취직하고, 새로운 도시로 이사가는 것)이 있을 때, 또는 개인이 보통의 사건들을 스트레스를 일으키는 방식으로 해석하기가 특히 쉬울 때에 건강에 강한 영향을 주기가 가장 쉽다. 스트레스는 대처노력들이 실패할 때, 개인이 포기의 일반화된 정서상태 속으로 빠지게 될 때, 심리적 갈등들이 사건들이 지각되고 대처되는 양식에 영향을 줄 때, 또는 성격스타일들이 비효과적 대처행동들을 일으키는 부정적 정서상태들(우울증과 불안과 같은)을 일으킬 때에 병을 일으킬 수 있다(F. Cohen, 1979; J. Cohen, 1980).

Holmes와 Rahe(1963)에 의해 개발된 최근경험 조사지(Schedule of Recent Experience; SRE)는 사람들에게 지난 달들에서 각각의 잠재적으로 스트레스를 주는 사건(승진, 실직, 결혼, 이혼, 체포, 건강문제들, 사랑하는 사람의 사망 등)이 얼마나 많은 회수로 일어나 왔는가를 제시하도록 요구한다. 이 척도는 긍정적 및 부정적 사건들을 모두 측정하는데, 이것은 이 두 가지 유형의 생활사건들이 변화된 환경에 대한 적응들을 행하는 것의 필요성에 기인되어서 증가된 스트레스를 일으킬 수 있다는 증거가 있다는 것에서 연유되고 있다. 예상되는 바와 같이, 바람직스럽지 못한 사건들이 긍정적 사건들보다 더 많은 스트레스를 준다(Liem과 Liem, 1976). 변화 없음의 기간들도 또한 만일 변화가 기대되어 왔다면, 스트레스를 줄 수 있을 것이다(승진하지 못하는 것, 기대한 대로 대학에 다니지 못하는 것, 휴가를 갖지 못하는 것). 연구들은 병의 시작이 이전 6개월의 기간 동안에 일어나 왔던 스트레스를 주는 생활사건들의 전체 숫자와 흔히 관련되어 있다는 것을 보여 왔다(Rahe, 1974; Rahe와 Arthur, 1978). 그렇지만 스트레스를 주는 사건들에 대한 사람들의 신체적 및 심리적 반응들이 그들의 병에 대한 일반적 감수성에 어떻게 영향을 주는가에 관해서 아직도 알아내야 될 것들이 많이 남아있다.

스트레스 면역 사람들에게 닥쳐오는 스트레스에 대해 준비시키고, 그들에게 무엇이 기대될 수 있는가를 사전경고해 주고, 현실적 안심들을 제공해 주는 정보들은 닥쳐오는 위험이나 상실에 대한 그들의 대처능력을 증가시킬 수 있다. 이러한 절차는 스트레스 면역(stress inoculation)이라고 일컬어져 왔다(Janis, 1983b). 수술을 받거나 기타의 치료적 절차들을 기다리고 있는 사람들에 대한 몇 개의 실험들은 수술절차의 스트레스들과 이러한 스트레스들, 불안 및 통증에 대처하는 방법들에 관한 수술 전의 정보를 제공받은 환자들이 더 적은 그 후의 고통과 때로는 더 신속한 회복을 보인다는 것을 발견해 왔다(Johnson 등, 1986). 환자들은 이러한 책략들에 대해 항상 환영하지는 않지만(만일 그들이 회피적 대처스타일을 갖고 있다면, 그들은 그것에 관해서 듣는 것을 원치 않을 수 있다), 그럼에도 불구하고 스트레스 면역은 유익한 결과들을 가질 수 있다.

대처양식

당신이 어떤 꽤 심각한 병에 걸려 있다는 말을 들었다고 하자. 당신은 어떻게 반응할 것인가? 심각한 병에 대처하는 것은 하나의 곤란한 과업이며 당신이 택할 수 있는 많은 행동경로들이 있다: 즉 지원을 구하는 것, 정보를 찾는 것, 기도하는 것, 상황을 재정의하는 것, 그 문제에 관해 생각하기를 피하려고 노력하는 것, 문제해결, 자신이 더 기분좋게 느끼게끔 노력하는 것이다(Stone 등, 1988). 이것들은 3개의 일반적 대처양식들로 요약될 수 있을 것이다: **평가에 기초된 대처**(상황의 의미를 재정의하려고 드는 것), **문제에 초점을 둔 대처**(스트레스의 근원을 수정하거나 제거시키려고 드는 것) 및 **정서에 초점을 둔 대처**(자신의 정서들을 관리하고 지원을 구하는 것)이다(Moos와 Billings, 1982).

어떤 대처반응들은 일정하게 더 효과적인가? **심리적 강인성**(psychological hardiness)이 나쁜 건강에 대한 저항과 관련되어 있을 수 있다는 것이 제안되어 왔다. 강인한 사람들은 자신의 생활에 대한 통제감을 갖고 있고, 자기, 일 그리고 기타의 가치들에 개입되어 있고, 변화를 두려워하지 않고 변화를 정상적이며 자극을 주는 발전이라고 보는 사람들이다(Kobasa 등, 1981). 몇몇 이론가들은 강인한 사람들이 스트레스가 큰 사건들을 보다 더 긍정적 방식들로 처리하고 더 적은 부정적인 건강결과들을 갖는다고 생각한다. 비록 지각된 통제력의 중요성이 잘 지지받고 있는 것 같지만(Anderson과 Arnhoult, 1989), 이러한 개념은 호기심이 가기는 하지만 연구들의 지지는 이 시점에서 불완전하다.

보다 더 일반적으로 대처행동들을 살펴보면서, 43개의 연구들에 대한 하나의 메타분석(Suls와 Fletcher, 1985)은 회피적 대처책략들(예: 정서에 초점을 둔)이 단기적으로 더 효과적이었지만 보다 더 문제중심적 책략들이 장기적으로 더 나은 적응을 일으켰다는 것을 발견했다. 대처양식은 개인의 심리적인 정신상태뿐만 아니라 받는 치료의 유형에도 또한 영향을 줄 수 있다. 암환자들에 관한 한 연구는 부정적 감정들에 대해 불평하고 표현하는 것으로 대처했던 환자들이 더 오래 생존했다는 것을 발견했는데, 이것은 아마 요구적인 환자들이 자기들의 불평사항들을 보다 더 신속하게 처리받을 수 있었기 때문일 것이다(Jensen, 1987). 이하에서 우리는 대처양식에 관련되어 있는 것으로 여겨지는 하나의 성격요인, 즉 낙천주의-비관주의를 검토할 것이다.

낙천주의와 비관주의

신체건강에서의 심리적 요인들의 중요한 역할이 낙천주의자들과 비관주의자들을 연구해 온 Scheier와 Carver에 의해서 분명하게 증명되어 왔다. 수 년 동안 노만 빈센트 필(Peale: 1956)과 같은 작가들은 "긍정적 사고의 힘"을 제창해 왔다. 최근의 연구는 이러한 철학적 견해를 지지한다: 낙천주의자들은 비관주의자들보다도 그들의 일상생활에서 더 적은 의학적 증후들을 갖는 것 같다(Scheier와 Carver, 1985). 낙천주의자들은 또한 관상동맥 바이패스수술에서 더 신속한 회복을 보였다. 즉, 그들은 입원해 있는 동안에 더 신속하게 나아졌으며 또한 그들의 일상생활의 활동들로 더 일찍 복귀할 수 있었다(Scheier 등, 1989). 그 이유는 무엇인가? 낙천주의자들은 스트레스를 주는 상황들에 대해 보다 더 효과적인 대처책략들을 택하는 것 같다. 그들은 비관주의자들이 행하는 것처럼 부인이나 목표들에서 벗어남(회피)을 행하기보다도 계속 문제에 초점을 두고 있다. 낙천주의자들은 또한 오로지 자기들의 부정적 감정들에 초점을 두기보다도, 사회적 지원을 구하고 스트레스를 주는 상황의 긍정적 측면들을 강조하는 경향이 더 많다(Scheier 등, 1986)(이 연구가 상관적인 것이기 때문에 대처양식이 결과들의 차이에 원인이 되었다는 것을 증명할 수 없다는 점을 기억하는 것이 중요하다. 우리는 예컨대, 신체적으로 더 낫게 느끼는 것이 사람들에게 보다 더 낙천적 관점을 갖게끔 만들 수도 있다고 생각할 수 있다).

다른 일련의 최근 연구자들은 사람들이 부정적 생활사건들을 해석하고 설명하는 양식이 신체건강에 영향을 줄 수 있다는 것을 증명해 왔다. 귀인에 관한 장에서 논의된 Weiner의 귀인모형이 원인귀속들이 차이가 날 수 있는 세 가지 차원들, 즉 안정성－불안정성, 일반성－특수성 및 내부부위－외부부위를 포함시키고 있다는 것을 회상하라. 비관주의자는 어떤 부정적 사건에 대해서 안정적("이것이 또 다시 일어날 것이다"), 일반적("이것은 나의 전체 생활에 영향을 준다") 및 내부적("내가 이것을 일으켰다") 귀인으로 반응하기 쉽다. 이와 같은 자세는 수동성, 우울증, 무감각, 자포자기, 낮은 자존심 및 학습된 무기력을 일으키기 쉽다. 연구들은 이러한 반응들이 신체적 병에서 중요한 위험요인들이라는 것을 보인다(Peterson, 1988).

이러한 요인들의 전생애에 걸친 영향을 연구하면서, Peterson 등(1988)은 99명의 남자들의 설명양식(낙천주의적이거나 비관주의적)을 그들이 25세이었던 때인 1946년까지 추적해서 측정했다. 25세 때에 비관주의적 설명양식들을 가진 남자들은 25세 당시의 정신적 및 신체적 건강상의 차이들이 통제되었을 때에도, 45세 내지 60세 동안에 유의하게 더 나쁜 건강을 가졌다. 따라서, 초기 성인기에서의 비관주의적인 인지적 양식은 생애의 후기에서 나쁜 건강에 대한 하나의 중요한 위험요인인 것 같다. 건강에 영향을 주는 다른 개인적 양식요인은 A형 관상동맥질환성향 행동패턴이다.

A형(Type A) 관상동맥질환 성향 행동패턴

심장병에 연관된 행동들 미국에서 매년 60만명 이상의 사람들이 관상동맥심장질환(CHD)으로 사망하며, 이 병은 어떤 다른 단일한 사망원인을 능가하고 있다(표 19－1 참조). 1700년대, 1800년대 그리고 1900년대 초에 몇 명의 의사들이 정서적 폭발들과 심장마비들 사이의 분명한 연관에 관해서 썼지만, 1950년대까지 연구자들은 행동특징들과 관상동맥심장병 사이의 관계를 체계적 양식으로 연구하기 시작하지 않았다. 심장병환자들의 행동에 관한 대규모의 연구를 수행하면서, Friedman과 Rosenman(1974)은 전통적으로 알려진 위험요인들(고혈압, 혈청 콜레스테롤수준, 수축기 혈압, 흡연)이 관상동맥심장병의 새로운 케이스들의 절반 이하를 예언했다는 데 대해 실망하게 되었다. 따라서, 그들은 CHD에 연관된 것 같이 보이는 행동들의 한 집합을 연구하는 데에 그들의 관심을 돌렸으며, 그들은 이것을 A형 관상동맥질환성향 행동패턴(Type A coronary-prone behavior pattern)이라고 명명했다. A형패턴은 과도하게 정력적인 행동, 직무몰입, 성급함, 경쟁성, 시간 급박감, 공격성 및 적대성의 특징이 있다. 이것은 불안, 우울 및 대인적 갈등을 일으킬 수 있다. 연구자들은 직무의 과중과 만성적인 갈등상황들과 합쳐졌을 때에 이러한 행동패턴이 관상동맥심장병을 일으킬 수 있다고 결론지었다.

하나의 대규모 연구에서, 연구가 시작되었을 당시에 관상동맥심장병의 임상적 증후들이 없었던 39세 내지 59세의 3000명의 남자들이 8년 반 동안 연구되었다. 약 절반이 A형성격들로서 분류되었다. A형의 남자들은 8년 반의 기간 동안에 CHD를 일으킬 확률이 B형의 남자들보다 두 배 이상이었다. 더욱이, 이 2대 1의 위험비율이 4개의 전통적인 위험요인들, 즉 연령, 콜레스테롤수준, 수축기 혈압 및 흡연에 대한 통계적 조정 후에도 계속 유지되었다(Rosenman 등, 1976: Brand, 1978). Jenkins(1978)가 지적한 바와 같이, 이것은 의학사에서 정력소모적 행동들(흡연, 심한 음주)이나 임상적 증후들에 직접 연관되어 있지 않은 행동패턴이 심장병의 발생을 예측했던 최초의 것이었다. 국립 심장, 폐 및 혈액 연구소의 주관하에서 과학자들의 한 걸출한 위원회는 A형패턴이 연령, 수축기 혈압, 혈청 콜레스테롤 및 흡연에 의해 부과된 〔위험성들〕을 훨씬 능가해서 CHD의 위험성들을 증가시켰다고 결론지었다. 이 위원회는 A형행동으로 인한 위험성의 증가가 이들 다른 요인들에 대한 것과 거의 동일했다고 추정했다(Cooper 등, 1981).

A형 행동패턴　지난 20년간의 수백 개의 연구들은 A형 행동패턴의 심리적 상관요인들을 탐구해 왔다. 잠재적으로 스트레스를 주는 상황들에 당면했을 때, A형인들은 두 가지 주요 양식들에서 다르다. 첫째로, 그들은 B형인들과 다르게 행동한다(공격, 피로의 부인, 상황의 통제시도들). 둘째로, A형인들은 B형인들보다도 일상생활의 도전적인 일들에 대해 더 강한 생리적 반응을 보인다. A형인들은 증가된 맥박과 아드레날린과 같은 호르몬들의 분비를 포함해서 강한 "방어적인" 생리적 반응을 보인다. 비록 이러한 강한 반응이 어떤 사람이 흔히 즉각 싸우거나 도망가게끔 준비하고 있어야만 되었던 과거 시대에서 적응적인 것이었을지라도, 이것은 현대 사회에서 더 이상 적응적인 것이 못된다. 많은 의사들과 과학자들은 이러한 방어적인 생리적 흥분이 만일 이것이 만성적이거나 장기간 자주 반복되게 된다면, 손상을 입힐 수 있다고 생각한다(Dembroski, 1980).

A형인들은 B형인들보다도 어떤 중요한 과업상에서 자기들의 수행을 방해하는 인물에 대해서 더 큰 공격으로 반응한다(Carver와 Glass,. 1978). A형인들은 B형인들보다도 최대의 보수를 성취시키기 위해서 느리고 고른 보조로 반응하는 것을 요하는 과업들에서 더 나쁘게 수행한다(Glass 등, 1974). A형인들은 더 많은 노력이 요구되고 있을 때에 피로의 증후들을 은폐하거나 부인하는 경향이 더 많다(Weidner와 Matthews, 1978).

스트레스하에 있을 때, A형인들은 B형인들보다도 더 흔히 혼자 남아서 일하는 것을 택한다. 이러한 선호는 작업상황을 통제하고 동료 작업자들이 가지고 있을 수 있는 무능에 대해 경계하려는 강한 욕구들에서 분명히 나온다(Dembroski와 MacDougall, 1978). 대학생들의 일상적 행동들에 관한 한 연구에서, Ditto(1982)는 A형의 대학생들이 B형의 대학생들보다도 강의에 더 많은 시간을, 공부하는 데에 더 많은 시간을, 종교적 봉사활동들에 참가하는 데에 더 많은 시간을, 그리고 친구들과 사교하는 데에 더 적은 시간을 소비했다는 것을 발견했다. 그러나 A형인들은 또한 B형인들보다 서클멤버들이 되는 경향이 더 많았다.

몇 개의 연구들은 생활에서 당면된 통제불가능한 스트레스들이 B형인들보다도 A형인들에 대해 더 나쁜 영향들을 줄 수 있다는 것을 시사한다. Glass(1977)는 A형의 피험자들이 B형의 피험자들보다 어떤 중요한 과제상에서 실패로 위협당했을 때에 더 강력하게 반응했지만, 문제들을 해결하는 노력을 더 일찍 포기했다는 것을 발견했다. 이것은 A형인들이 환경의 통제에 대해 높아진 관심을 갖고 있은 다음에 무기력성향의 경향성들이 뒤따르는 특징을 갖고 있다는 것을 시사한다. B형인들에 비해서, A형인들은 그들이 성취시킬 가망성이 적은 높은 수행목표들을 설정하는 경향이 있다. 비현실적으로 높은 수행기준과 목표들을 달성하지 못하는 것이 A형 행동패턴에 연관되어 있는 부정적인 심리적 상태들(우울증, 적대성, 불안, 자신의 수행에 대한 불만)을 촉발시키는 것들일 것이다(Ward와 Eisler, 1987).

무엇이 A형 행동패턴을 일으키는가에 관한 설명들은 세 가지 요인들, 즉 통제불가능성에 대한 걱정, 부모로부터의 피드백 및 자기평가의 욕구에 초점을 두어 왔다. 아마 어떤 아동들의 선천적 성향들과 양육스타일들 간의 어떤 상호작용에 기인되어서, 어떤 아동들은 자기들의 환경의 통제불가능한 측면들에 대해 대처하려는 강한 욕구를 지니고서 성장할 수 있다(Glass, 1977). 이러한 관점에서 볼 때, A형인들의 정력적이며 시간이 급박한 행위들은 자기들의 환경의 스트레스를 주는 측면들에 대한 통제의 유지나 재회복에 대한 시도들이라고 간주되게 된다. A형인들은 B형인들보다도 통제력을 더 많이 원하는 것으로 가정되고 있으며, 어떤 통제력의 상실의 가능성에 의해서 더 많이 위협받고 있다(Burger, 1985; Dembroski 등, 1984). A형인들은 또한 자신의 선택의 자유가 위협당하고 있을 때에 더 큰 심리적 반발을 보인다(Rhodewalt와 Davidson, 1983). 이러한 반발 경향은 A형인들에게 치료적 권고들에 따르지 않게끔 만들 것이다(Rhodewalt와 Fairfield, 1990). A형인들은 비록 그들이 B형인들보다 더 많은 통제력의 착각을 보이지는 않을지라도, 통제불가능한 사건들에 대해 B형인들보다 더 강하게 반응한다(Strube 등, 1986).

두번째의 원인요인은 부모로부터의 비일관적 피드백일 것이다. 어떤 아동이 성공하도록 강하게 고무받고 있지만 부모가 원하는 높은 목표들쪽으로의 진전을 평가하는 부모의 일관성있는 피드백이 주어지지 않게 될 때, 그 결과로 높기는 하지만 잘못 정의된 목표들을 위해서 계속 노력하는 A형성향의 아동이 생기게 된다(Matthews, 1982). 이러한 견해는 A형 아동들의 어머니들이 B형 아동들의 어머니들보다도 자녀들에게 성취하도록 적극적으로 고무시켰지만 자녀들에게 덜 건설적이고 덜 일관성있는 피드백을 제공했다는 것을 보이는 연구들에 의해 지지받고 있다(Matthews 등, 1977).

Strube(1987)에 의하면, A형인들은 또한 특별하게 강한 자기평가의 욕구를 갖고 있을 수 있다. 그는 이러한 욕구 때문에 A형인들이 자신의 능력에 관한 불확실성에 대해서 불안과 아울러 관련된 진단적 정보를 얻어내려는 과장된 시도들로 반응할 것이라고 제안했다(Shalon과 Strube, 1988). 사회적 인지의 용어를 빌면, 그들은 높은 사회비교욕구를 갖고 있다. 그들의 정력적 스타일은 자기들이 타인들에 비해서 어떻게 하고 있는가를 알기 위한 진단적 정보에 대한 그들의 계속적 욕구에서 나올 것이다.

A형인들이 포기하는 이유 하나의 일관성있지만 원인을 알 수 없는 연구발견은 A형인들이 그들의 통제욕구에도 불구하고, B형인들보다 통제불가능이나 실패에 대한 집중적 노출에 당면해서 포기하는 경향이 많고, 따라서 학습된 무력을 보이는 것 같다는 것이다. 언뜻 보기에, 이것은 그들의 경쟁적인 성격스타일과 합치되는 것 같지 않다. 이러한 발견에 대한 몇 개의 해석들이 제안되어 왔다. 몇몇 연구자들은 포기가 하나의 무기력한 반응이 아니라 오히려 자기에게 핸디캡을 부여하기(self-handicapping)에서처럼(7장), 자존심을 보호하려는 시도에서의 일종의 책략적인 노력 유보를 나타낼 수 있다고 주장해 왔다(Snyder 등, 1981). 즉, "나는 만일 내가 진정으로 원하기만 한다면 일들을 통제할 수 있지만, 이것은 나의 시간과 노력을 들일 만한 가치가 없다"는 방침이 있을 수 있다.

하나의 상이한 설명이 Strube 등(1987)으로부터 나왔는데, 이들은 외견상의 학습된 무력 반응에 관한 자기평가적 분석을 제시했다. 그들은 단어수수께끼 과제에서 계속 실패한 후에 A형인들이 이전 과제들이 요구했던 것과 동일한 능력들을 측정한다고 상정된 새로운 과제에서 나쁘게 수행했다는 것을 발견했다(도 19-5 참조). 이와는 반대로, 상이한 능력을 측정하는 새로운 과제를 제시받았을 때, A형인들은 매우 잘 수행했다. 따라서, 이 연구자들은 이전 과제에 대한 포기가 무기력을 나타내는 것이 아니라 오히려 그 과제가 자신의 능력에 관한 유용한 정보를 제공하지 않았다는 A형인들의 결론을 나타낸다고 주장했다. B형인들은 새로운 과제가 새로운 진단적 정보를 제공해 줄 여부에 관계없이 거의 동일한 수준으로 수행했다.

적 대 성 최근의 한 메타분석(Booth-Kewley와 Friedman, 1987)은 세 가지 만성적 정서반응들, 즉 우울증, 불안 및 적대성(hostility)이 CHD와 관련되어 있는 것 같다는 것을 발견했다. 이 평론가들은 아마 일반적인 만성적인 부정적 정서들이 CHD에서 원인요인들일 수 있다고 생각했다. 한 장기적 연구(Leventhal 등, 1988)는 적대성을 포함하는 10개 요인들의 한 측정치인 정서성에서 높은 점수를 보인 사람들이 10년 후에 몇 배나 더 많은 심리적 고통의 증후들을 가졌다는 것을 발견했다. 지금까지 성격요인들에 관해서 수행된 모든 연구들을 살펴보면, 증거는 병의 한 원인요인으로서 적대성의 역할에 대해서 가장 강력하다. 분노성향, 분개 및 타인들의 불신으로 구성된 이른바 냉소적 적대성(cynical hostility)이라고 일컬어져 온 것이 가장 강력하게 관련된 것 같다(Smith와 Pope, 1990).

다른 연구들은 CHD에 대한 중요한 기여요인들로서 언어상의 경쟁성과 마음 속의 분노(anger-in), 즉 분노나 화남의 적절한 표현들의 억제를 지적하고 있다. 실제로, Dembroski와 MacDougall(1985)은 일반적인 A형 행동패턴의 개념의 유용성이 사라져 버렸을 것이라고 주장했다. 그들은 적대성, 언어상의 경쟁성 및 마음 속에 분노를 유지시

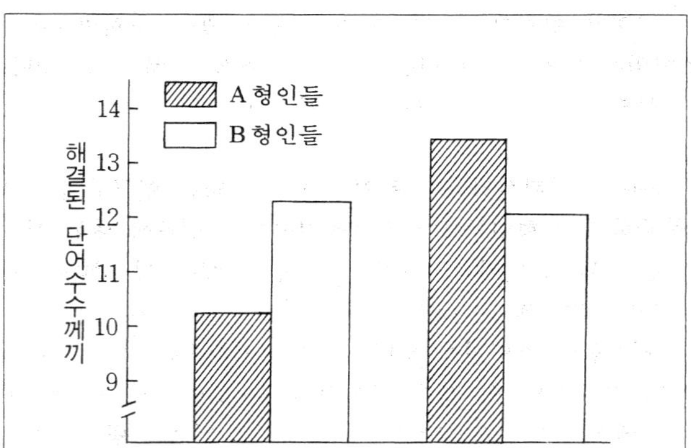

도 19-5. A형 행동과 첫번째와 두번째 과제들에 의해서 검사된 능력들의 유사성의 함수로써의 단어수수께끼 성적
자료원 : Strube 등(1987).

키는 것의 보다 더 특수한 행동요인들이 CHD에 대한 중요한 심리적 원인요인들이었다고 시사했다. Dembroski와 Costa(1987)는 잠재적 적대성의 높은 평정치들이 비협동적이고, 무뚝뚝하고, 적대적이고, 까다롭고, 비동정적이고, 냉담한 특징들, 즉 A형 행동패턴의 모든 특징들을 갖고 있다고 기술된 사람들을 대표한다는 것을 발견했다.

질문지에 의해서 측정된 적대성은 A형 행동패턴과 강력하게 관련되어 있다(Williams 등, 1985). 몇 개의 장기적 연구들은 적대성이 또한 CHD와 조기의 사망과 관련되어 있다는 것을 보여 왔다. 미국의 시카고시의 웨스턴 전기회사에서 근무하는 남자들에 관한 20년간의 종단적 연구는 1957년－1958년에 측정된 적대성점수들이 흡연(다른 중요한 요인)이 고려되었을 때에도, 1978년의 CHD의 가능성과 1978년 이전의 모든 원인들에 기인된 사망의 가능성을 예언했다는 것을 발견했다(Shekelle 등, 1983). 1957년～1958년에 적대성점수들에서 최상위 5분의 1에 속했던 남자들은 적대성점수들에서 최하위 5분의 1에 속했던 남자들보다도 그 다음 20년 동안에 42%나 더 많이 사망할 가능성이 있었다. 다른 장기적 연구는 25년 전에 의과대학 재학중에 적대성척도를 검사받았던 의사들을 추적했다(Barefoot 등, 1983). 또다시, 적대성 척도상에서 높은 점수를 받았던 남자들이 적대성이 더 낮았던 남자들보다도 훨씬 더 높은 CHD율들과 모든 원인들에 기인된 더 높은 사망율들을 가졌다는 것이 발견되었다. 적대성점수들에 따른 이 남자들에 대한 생존율들이 도 19－6에 제시되어 있다. 보다 더 최근에, Barefoot와 그의 동료들(1987)은 의심성(적대성과 밀접하게 관련된) 수준이 연령, 의사들의 건강평정치들, 흡연, 콜레스테롤수준 및 알콜사용과 같은 다른 중요한 요인들이 고려되었을 때에도, 더 나이든 성인들(의심성이 측정되었을 당시에 평균 연령 59세)의 한 표본에서 그 이후의 15년간에 모든 원인들에 기인된 사망확률에 관련되어 있었다는 것을 발견했다.

적대성이 CHD의 증가들과 아울러 다른 원인들에 기인된 사망의 증가들과 연관되어 있는 이유는 무엇인가? 그 중의 하나로서, 적대성은 적대적인 사람이 타인들에 대해 냉소적이고 의심하는 경향이 있기 때문에, 경계적 행동을 일으키는 경향이 있다는 것이다. 만성적 경계가 호르몬들의 분비의 증가를 일으킨다는 것이 증명되어 왔는데, 이것이 CHD의 가능성들을 증가시킬 수 있다(Zumoff 등, 1983). 연구자들은 만성적 적대성이 스트레스처럼 또한 신체의 면역기능을 방해할 것이라고 생각한다(Williams 등, 1985). 더 나아가서 만성적 적대성은 대인관계들을 곤란하게끔 만들고(Becker와 Byrne, 1984) 고생을 당할 때에 개인이 받게 되는 사회적 지원이 양을 감소시키기 쉽다. 일반적으로 낮은 수준의 사회적 지원을 가진 사람들은 모든 원인들에 기인된 더 높은 사망율을 갖는다(Barefoot 등, 1983; Berkman과 Syme, 1979). 심리학적 및 의학적 연구가 앞으로 계속됨에 따라, 우리는 CHD에 기여하는 심리적 및 행동적 요인들에 관해서 훨씬 더 정확한 정보를 기대할 수 있다. 우리는 또한 CHD에 관련된 행동패턴들을 변화시키는 가장 효과적인 방법들에 관해서 더 많이 알게 될 것이다.

A형 행동들의 변화방법 A형 행동들, 적대성 및 CHD 간의 이러한 연관성에 관심을 두고서, 몇몇 심리학자들과 의사들은 CHD를 감소시키려는 희망을 갖고서, A형 행동들을 수정하고 만성적 적대성을 감소시키기 위한 프로그램들을 개발해 왔다. 17개의 치료연구들의 한 메타분석은 대체로 이 연구들이 A형 행동들의 보고된 발생을 감소시키

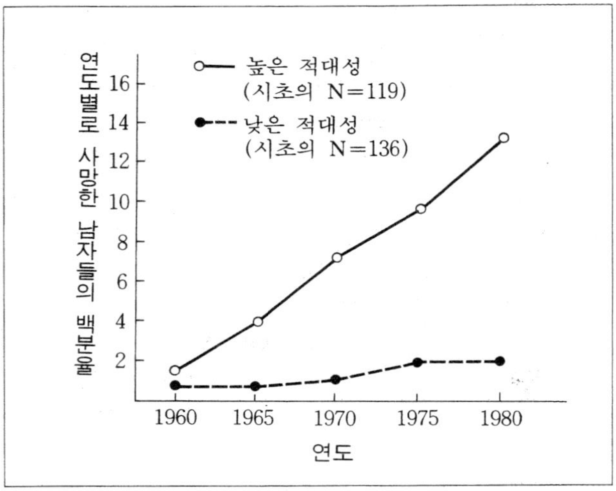

도 19-6. 만성적 적대성과 사망율. 남자 의사들이 1950년대 말에 의과대학에 재학할 당시에, 질문지로 측정된 적대성 수준에 따른 각 연도 이전에 사망한 의사들의 백분율.
자료원 : Barefoot 등(1983)

는 데에 성공적이었다는 것을 발견했다(Nunes 등, 1987). 치료들은 교육(A형 행동들, 적대성 및 CHD에 관한), 이완훈련(명상과 요가를 포함하는), 불안관리훈련, 인지치료법(A형 인지들의 변화를 배우는 것), 행동수정(B형 대처기술들을 연습하는 것) 및 정서적 지원(지원적 환경 속에서 고통스러운 정서들과 경험들의 표현)을 포함시켰다. 이들 기법들의 몇 개를 한꺼번에 사용했던 치료프로그램들이 일반적으로 가장 효과적이었다. 두 개의 연구들(Friedman 등, 1984 : Rahe 등, 1979)은 이와 같은 치료프로그램들을 받았던 사람들에서 그 다음 3년간에 CHD의 확률의 감소를 증명해 왔다. 비록 연구의 증거가 아직 예비적일지라도, 인지적 행동책략들이 장기적 변화들을 일으키는 데에 있어서 심리치료보다도 더 유망하다는 다소의 증거가 있다(Kendall과 Turk, 1984).

하나의 대안적 책략은 A형인들에게 그들의 환경(직무, 레크리에이션)을 변화시키도록 고무시켜서, 그들이 A형 행동을 일으키는 통제불가능한 경쟁적 상황들에 당면할 가능성이 적게끔 만드는 것이다. 특별논의 19-2는 우리가 만성적 적대성을 감소시키고 아마 우리의 더 오래 살 가능성들은 증가시키기 위해서 취할 수 있는 몇 개의 단계들을 기술하고 있다.

특별논의 19-2. "신뢰하는 마음"을 발전시키는 방법들

Williams라는 의사는 자신의 저서인 "신뢰하는 마음 : A형 행동에 관한 큰 뉴스"(Trusting heart : Great news about Type A behavior)에서 개인이 심장발작들을 일으키는 신체반응들을 유발시킬 수 있는 A형 행동의 냉소주의적 및 적대적 특징을 감소시켜서 보다 더 신뢰하는 사람이 되기 위해서 취할 수 있는 12개의 단계들을 개요했다.

1. 당신의 냉소적 및 적대적 사고들을 감시한다. 주머니 속에 "적대성 일

지"를 갖고서 다닌다. 적대적 사고들이 일어났던 각각의 사건, 당신이 느꼈던 정서들의 성질 및 당신이 취했던 행위들을 기록한다. 매 주말에 공통적 주제들이 있는지를 알아보기 위해서 당신의 일지를 검토한다.

2. 고백은 당신의 정신적 평화를 위해서 좋다. 친구들에게 당신이 적대성의 문제를 지니고 있다는 것을 인정하고, 그들을 신뢰하고, 그들의 도움을 구하라.

3. 그러한 사고들을 중지시켜라! 당신이 적대적 사고들을 갖고 있다고 인식하자마자, 당신이 할 수 있는 큰 소리로(마음 속으로) "중지"라고 소리쳐라.

4. 당신 자신과 의논한다. 냉소적이거나 적대적 사고들이 개시될 때, 일어난 일에 대한 어떤 비냉소적이고, 비적대적이고, 합리적인 설명을 발전시키려고 노력한다.

5. 다른 사람의 입장 속에 자신을 둔다. 앞 장들에서 본 바와 같이 감정이입은 적대성과 공격을 감소시키고 친사회적 행동을 증가시키는 하나의 훌륭한 방법이다.

6. 자기 자신에 대해 농담하는 것을 배운다. 우리는 또한 유머가 공격을 발산시키는 하나의 훌륭한 방법이라는 것을 보았다. 당신 자신을 덜 심각하게 보는 것이 우울한 사고패턴들을 타파시킬 수 있다.

7. 이완하는 것을 배운다. 깊은 이완기법들이나 명상을 사용하는 것을 배우는 것은 적대적이거나 냉소적 사고들을 쫓아버리는 하나의 효과적 방법일 것이다.

8. 신뢰를 연습한다. 어떤 사람을 신뢰하는 기회들을 찾아보기 시작하는데, 만일 이것이 제대로 해결되지 않더라도 실제의 해는 전혀 없게 된다.

9. 듣는 것을 배운다. 주의를 기울이는 청취자가 되어서, 당신이 타인들과 그들의 생각들을 높이 평가한다는 메시지를 전한다.

10. 주장적으로 되는 것을 배운다. 타인들의 행동의 어떤 것이 당신을 괴롭히고 그 이유가 무엇인지에 관해서 어떤 사람에게 조용하게 말하는 것을 배운다. 문제에 대한 상호 수용가능한 해결책을 시도하고 제안한다.

11. 용서를 연습한다. 당신을 학대하거나 화나게끔 만들어 왔던 사람들을 용서하는 것은 당신의 두 어깨로부터 분노와 보복의 짐을 벗게끔 만든다.

12. 오늘이 당신의 최후의 날이라고 가정하라. 이러한 관점에서 보게 될 때, 위의 단계들은 보다 더 중요하게 여겨지고, 시시한 괴로움들은 덜 중요하게 여겨질 것이다. 심장병환자들은 여러 번 다음과 같이 말하게 될 것이다: "그래, 나는 습관적으로 많이 화를 냈었지. 그러나 나의 심장발작 이후로 나는 나를 짜증나게끔 만들었던 모든 사소한 골치거리들이 걱정할 가치가 전혀 없다는 것을 깨달아 왔다."

A형 행동들의 장점들　지금까지 우리는 A형 행동의 잠재적인 부정적 건강측면들(심장병)과 심리적 상관물들(불안, 불만족, 적대성)에 초점을 두어 왔다. 그러나 우리는 또

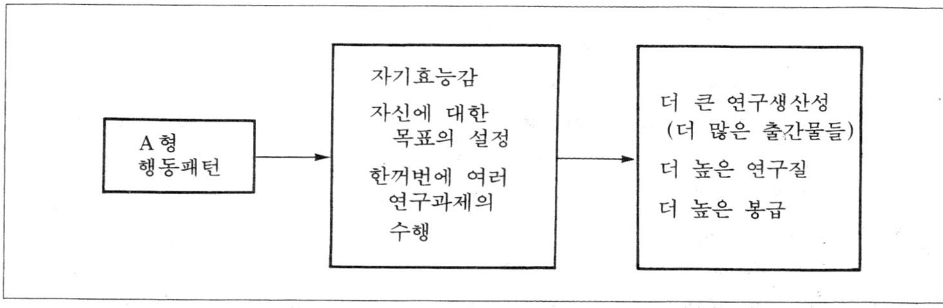

도 19－7. 대학교수들에서의 A형 행동. A형 행동패턴을 보인 대학교수들은 B형 행동패턴을 보인 교수들보다도 더 생산적이고, 더 높은 봉급을 받고, 더 높은 수준의 자기효능감을 느끼는 경향이 있었다.
자료원 : Taylor 등(1984).

한 다른 측면, 즉 이들 동일한 행동들이 개인에게 매우 생산적으로 되게끔 만들 수 있다는 점을 유의해야만 된다. A형인들은 열심히 일하고, 높은 기준을 세우고, 곤란한 조건들하에서 더 많이 성취시키고, 어떤 과업의 기본적 측면들에 초점을 두고 주의분산들을 무시할 수 있다(Humphres 등, 1983). 광범한 학과들에 있는 대학교수들에 관한 연구들은 A형 교수들이 B형 교수들보다 일반적으로 더 많이 더 우수한 연구를 했다는 것을 발견했다(Matthews 등, 1980; Taylor 등, 1984). A형 교수들은 B형 교수들보다도 더 높은 자기효능감을 가졌고, 자신에 대해 더 높은 목표를 설정했고, 한꺼번에 여러 연구과제들을 수행하는 경향이 더 많았다(도 19－7 참조). 이러한 A형과 B형의 차이는 자기들 자신의 목표들과 연구수준을 설정하는 데에 큰 자유를 갖고 있는 대학교수들에 대해 특히 적용가능할 것이다. 이러한 차이는 작업습관들에서 더 적은 융통성을 허용하는 다른 직업들에서는 덜 눈에 띈다(Locke 등, 1981).

여기에서의 전반적 결론은 각 행동스타일에 대해 장점들과 아울러 단점들이 있다는 것이다. A형인들은 직장에서 더 많이 성취할 것이지만, 때로는 그들의 건강이나 개인적 관계들의 측면에서는 높은 대가를 치룬다. 앞에서 지적된 바와 같이, 한 가지 해결책은 A형 행동들 전체를 감소시키는 것을 배우는 것일 수 있다. 다른 가능성은 신체적 및 정신적 건강을 방해하는 부정적 기대들(비현실적 목표들, 강한 통제욕구)과 정서들(적대성, 좌절, 우울증)을 최소화시키기 위해 노력하면서, A형 행동의 성취지향적 측면들을 유지시키는 것일 것이다.

요 약

1. 좋은 건강은 개인들로서, 가족들로서, 그리고 우리 사회의 모든 사람들의 복지에 관계하고 있는 사람들로서 우리 모두에 대해 커다란 관심이 있는 문제이다.
2. 비록 건강에 관련된 행동들에 대한 사회심리학적 이론의 체계적 응용이 비교적 새로

운 분야일지라도, 이것은 거창한 가능성을 갖고 잇다.

3. 연구발견들의 응용은 사람들에게 흡연, 과도한 음주, 과식 및 "불안전한 성관계"와 같은 자기파괴적 행동들을 피하거나 중지하기가 더 용이하게끔 만들 수 있다.

4. 더욱이, 발견들은 의사－환자 간의 커뮤니케이션의 질의 향상에 대한 통찰들을 제공하고 사람들이 의학적 지시사항들에 따르고 적절하게 약물치료를 이행하게 될 가능성을 증가시킨다.

5. A형 행동패턴, 부적절한 대처스타일, 비관주의 및 적대성과 같은 병의 가능성을 증가시키고 병이나 수술로부터의 회복을 방해하는 활동들에 관한 연구는 사람들의 생활스타일들을 바꾸고 그들이 병에 의해 쓰러지게 될 가능성을 더 적게끔 만드는 데에 활용될 수 있다.

6. 만일 심리학자들에게서 나온 개념들과 연구들이 생활스타일들을 변형시키는 프로그램들을 개발하고, 평가하고, 실행하고 따라서 AIDS, 암 및 심장병과 같은 사망질병들의 예방에 기여하는 데에 이용될 수 있다면, 이것은 20세기 후반에서 행동과학들의 가장 중요한 기여가 될 수 있을 것이다.

색 인

편저자 약력

문학박사(서울대학교)
서울대·성균관대·이화여대 강사역임
한국교육개발원 연구원역임
전북대학교 교수역임
충북대학교 교수역임
한국심리학회 산하 사회심리학회장 역임
현재 : 성신여대 교수

역서 및 저서

심리학개론(Hilgard 등 著, 1979)
사회심리학(Freedman 등 著, 1981)
사회심리학 이론(Shaw와 Costanzo 등 著, 1982)
심리학의 역사와 체계(Brennan 등 著, 1982)
심리학개론(Atkinson 등 著, 1983)
심리학개론 학습지침서(Atkinson 著, 1983)
리더십의 인간심리(Deville 著, 1984)
사회심리학(Sears 등 著, 1985)
심리학개론(Atkinson 등 著, 1987)
응용사회심리학(편역, 1989)
독학사를 위한 심리학개론(1992)
인간관계의 심리—호감·우정·사랑·행복(편역, 1992)
심리연구법(편저, 1993)
현대 심리학개론(편저, 1998)
봉도운동(2000)
연애와 결혼 심리학(2002)

사회심리학

1994년 3월 30일 초판발행
2012년 9월 5일 중판발행

편저자 홍 대 식
발행인 안 종 만
발행처 (주) 박영사
서울특별시 종로구 평동 13-31번지
전화 (733)6771 FAX (736)4818
등록 1959. 3. 11. 제300-1959-1호(倫)

www.pybook.co.kr e-mail: pys@pybook.co.kr

정 가 37,000원 ISBN 89-7189-071-1